〔清〕楊守敬等 編繪

水經注圖（外二種）

中華書局

圖書在版編目(CIP)數據

水經注圖:外二種/(清)楊守敬等編繪.—影印本.
北京:中華書局,2009.9(2021.8 重印)
ISBN 978-7-101-06806-1

Ⅰ.水… Ⅱ.楊… Ⅲ古水道-歷史地理-中國
Ⅳ.K928.4

中國版本圖書館 CIP 數據核字(2009)第 090476 號

責任編輯:王 勛

水經注圖(外二種)
〔清〕楊守敬等 編繪
*
中 華 書 局 出 版 發 行
(北京市豐臺區太平橋西里 38 號 100073)
http://www.zhbc.com.cn
E-mail:zhbc@zhbc.com.cn
北京市白帆印務有限公司印刷
*
880×1230 毫米 1/16 · 64½印張 · 100 千字
2009 年 9 月第 1 版 2021 年 8 月北京第 3 次印刷
印數:1301-1800 冊 定價:460.00 元

ISBN 978-7-101-06806-1

出版説明

酈道元的《水經注》一書，撰寫於北魏時期，以河流水道爲脈絡，記述古往今來各項地理要素，是研究北魏以前地理問題的重要文獻，將書中的文字記述轉繪成地圖，無疑會給讀者提供很大便利。

根據現有文獻記載，最早致力於這項研究的人，應屬清代初年的江蘇常熟學者黄儀（字子鴻）。黄儀究心輿地沿革，與顧祖禹、閻若璩、胡渭等人一道進入《大清一統志》局，「嘗謂班固《地志》所載諸川，第言其所出所入，而中間經歷之地不可得而聞，惟《水經注》備著之，乃即經所著之水，每水各爲一圖。如某水出某縣向某方流，徑某縣某方，至某縣合某水、某縣入某水，無一不具。閻若璩見之，歎曰：『酈道元千古以下第一知己也。』」（錢林《文獻徵存録》卷三《顧祖禹傳》附《黄儀傳》）乾隆年間研究《水經注》成就卓著的學者趙一清，曾描述此圖狀况説：「黄子鴻依酈注，每水各寫一圖，兩岸翼帶諸小水，精細絶倫，參伍錯綜，各得其理。」（趙一清《水經注釋》卷首《水經注參校諸本》）遺憾的是這部地圖没有能夠流傳下來。不過黄儀《水經注圖》的品質，估計不會很高。這是因爲《水經注》一書傳世版本，存在着包括經注混淆在内的諸多嚴重舛誤，若非先行加以系統整理，便驟然繪製地圖，會遇到大量難以逾越的障礙。

及至乾隆年間，經過全祖望、趙一清、戴震諸人的校勘整理，《水經注》始大致恢復原貌，從而才能比較準確地繪製書中各項地理要素。

在這一學術背景下，江蘇陽湖人董祐誠（字方立），於嘉慶二十年前後，「節取《水經注》，證以今之水道，分圖系説，自成一書。爲之累年，僅得四卷。卷中圖、説俱備，惟河水自採桑津以下，有圖而無説。圖大者徑數尺，小者亦徑尺許」。不幸的是董祐誠著此《圖説》未及終卷，竟於道光三年英年早逝。道光十年，祐誠兄基誠，裒集匯刻其著述爲《董方立遺書》。

令人遺憾的是，大概是由於《水經注圖》圖幅過於闊大，刊刻困難，基誠準備將來「別爲一册」，另行刊印，僅僅是以「水經注圖説殘稾」爲名，在《遺書》中刊入其文字疏釋內容（董祐誠《水經注圖説殘稾》卷首董基誠序）。結果圖稿部分却始終没有刊行，以至失傳。流傳下來的《水經注圖説殘稾》，側重引證相關史籍箋釋地理沿革，並多注解今地所在，這正是編繪《水經注圖》的前期工作。

在董祐誠之後，江蘇江寧人汪士鐸，大致在道光年間，又勾稽群籍，編繪出一部內容比較詳細的《水經注圖》。汪士鐸對《水經注》研究，傾注很多心血，撰著有《水經注釋文》一書（朱記榮《國朝未刊遺書志略》），正與此圖相輔相成。令人惋惜的是，這部《水經注圖》毁棄於道咸之際的兵燹之中，同樣没有能夠流傳下來。咸豐五年，在安徽績溪山中躲避戰亂的時候，汪氏於授徒之暇，復又「補爲《水經注圖》二卷」（汪士鐸《水經注圖》卷首胡林翼序）。但汪士鐸補繪此圖，僅僅是爲疏釋班固的《漢書·地理志》而作，內容遠不如舊圖詳備。汪氏自言當時「所居深谷，考證無書，舛誤之處，良多不免」（汪士鐸《水經注圖》卷末汪氏自撰跋語），可見他本人對圖上內容的考訂並不滿意。加之僻處深山，看不到詳細的底圖，圖上標繪的水道也很不準確，頗似隨手畫出的示意性草圖。咸豐九年，汪士鐸應邀到湖北巡撫胡林翼幕府供職，胡氏乃於咸豐十年出資刊印此圖，同時還附印有汪氏所撰《漢志釋地略》和《漢志志疑》這兩種短篇著述。惟勘定印製成書，是在兩年之後的同治元年，卷末附有汪士鐸在這一年所作覆校校記。

光緒二十八年至三十一年期間，湖北宜都人楊守敬，在弟子熊會貞的襄助下，重又編繪出一部篇幅宏大的《水經注圖》。楊、熊師弟二人，以清代中期全祖望、趙一清、戴震等名家的精湛考證成果爲基礎，潛心多年，進一步深入研究，寫就《水經注疏》一書，成爲清人研究此書的集大成著述。楊守敬在序言中説，他編繪這部圖集，乃是鑒於汪士鐸舊圖「參稽未周，沿溯不審，往往與酈書違異」，因而「既同熊君會貞撰《水經注疏》，復爲圖以經緯之」，即與所撰《水經注疏》相併而行，互爲表裏。楊氏此圖最初刊印於光緒三十一年，採用胡林翼刊印的《皇朝中外一統輿圖》（亦即所謂《大清一統輿圖》）作爲底圖，用朱墨兩色分别套印今古地名，不僅內容空前詳備精準，形式也最爲得體，允稱一代巔峰之作。

雖然楊守敬《水經注圖》的編製水準，總體上遠遠超出於董祐誠和汪士鐸書之上，但並不能完全取代後者，董、汪兩人的著述，仍有獨到之處；特別是對於中國古代歷史地圖編繪史的研究來説，價值愈爲重要。這三種書籍的舊刻本，現在查找都很不方便。近年雖有出版社印行過其中某些圖籍，但或者是收録在部頭較大的叢書當中，不便備置案頭檢讀，或者選擇底本存在嚴重缺陷，學者利用仍然存在一定困難。

有鑒於此，現將董祐誠《水經注圖説殘稿》同汪士鐸、楊守敬分别編繪的兩部《水經注圖》合編在一起，影印出版。《董方立遺書》的道光原刻本，書版損毁於太平天國時期的戰亂，印本流傳稀少，故董祐誠《水經注圖説殘稿》這次採用祐誠子貽清同治八年成都重刻本作爲底本。汪士鐸《水經注圖》，採用咸豐、同治間原刻本。楊守敬《水經注圖》，僅有光緒三十一年楊氏觀海堂原刻本一種版本，這次即據以影印。

需要説明的是，汪士鐸繪《水經注圖》，劉錦藻《清朝續文獻通考·經籍考》、平步青《霞外捃屑》卷二「國史儒林傳目」條，以及《清史稿·藝文志》等書均著録爲兩卷，但現在見到的刊本，所有地圖都是統合在一起，没有再劃分卷次，即均屬一卷本。此書卷首丁取忠序云：「此本叢雜，君目眊不復能綜理。……余爲分圖及附録爲二卷，督長沙張偉夫刊之。」因知所謂「二卷」者乃連同附録一卷計之，汪氏此圖從未分作兩卷，孫殿起《販書偶記》著録此書，作「《水經注圖》一卷、《附録》一卷」，洵屬允當。劉錦藻《清朝續文獻通考》與平步青《霞外捃屑》，於所謂「《水經注圖》二卷」之外，尚同時著録「附《漢志釋地略》、《漢志志疑》各一卷」，差誤更多。另外，楊守敬《水經注圖》刻成之後，書版陸續做有很多剜改，楊氏隨改隨印，故前後不同時期的印本，内容會有一定出入，讀者在深入研究某些問題時，需要留意這一情況。

中華書局編輯部

二〇〇九年五月

總目

水經注圖

卷十六

卷十七

卷十八

卷十九

卷二十

卷二十一

卷三十二

卷三十七

淹水

卷三十八

卷三十九

水經注圖及附録共二卷

水經注圖説殘稾四卷

水經注圖

水經注圖

東莞黃志孚題

光緒乙巳

觀海堂刊

水經注圖序

酈亭自序云尋圖訪蹟又云在渚交奇洄湍決瀨知其所據必有至精至詳之圖如濟渠蒗蕩屯氏張甲然蛛細蟲篆非腦實心空寢饋弗諼

者不能得其端緒惜當日不并其圖而傳之沿歷千餘載簡策奪亂脩葺焉信好學之士亦不過粗綴津要未遑究析纏綴至　國朝常熟黃子鴻儀始創為補圖而未聞傳世咸豐

聞江寧汪梅村士鐸爲之圖，治此學者寖有津逮，惜其參稽未周，沿溯不審，往往與酈書違異。余既同熊君會貞撰水經注疏，復爲圖以經緯之，昕夕商榷，年歷三週乃成。昔酈氏據

圖以為書今乃據書以為圖
川土流移未必悉還舊觀然
如鬱水之至交趾泿水之至龍
川更始水之入蜀僕水之出沈
黎葉榆水之絕溫水穀水之逕
烏傷皆與地勢水道不合此類

卷以墨綫後之酈云脈水尋
梁初非闚究輿徒之説自獻
匯見竊取此義以質通人
光緒乙巳秋八月宜都楊守敬記

漢陽黃明誠刊

水經注圖凡例

今圖以胡文忠圖爲底本胡圖未盡可據近修會典圖尚未出閒得各省新圖其犬牙交錯之處未能悉合不便以意遷就故仍以胡圖爲據

胡圖每方百里茲展爲每方五十里西域則每方八百里

胡圖尊　京師以順天爲中其北爲北幾卷南爲南幾卷茲圖水經注卷葉一同底本以便對照

凡山水城地俱博考括地志後漢書注元和志通典寰宇記諸書圖之古地志不載者則參稽方輿紀要一統志及近儒說地諸書西域以歷史西域傳及佛國記大唐西域記諸書爲據亦有諸書所載與酈書方位不合者則直就酈書圖之

注文左右及東西南北等字往往譌誤亦有脫漏及錯簡未經前賢訂正者俱改定圖之說詳注疏中

水經與注多不相合酈氏往往駁正之亦有明明差違而酈氏無說者當是經文傳寫之誤故不別爲圖

亦有經文不誤而酈氏誤指者如廬江水經文之三天子都本指黟歙之黃山而酈氏移之廬山今則兩圖之

又如涓水注據地理志西流入海駁經東入海之文但經本許氏說文蓋與地理志各指一水今亦兩圖之

又如潛水經本漢書地理志以出宕渠之水當之江水注亦以宕渠水爲潛水渝水而潛水注則以爲卽西漢水今亦兩圖之

至桓水行羌中入南海無此水道當是班志有誤而水經沿之故酈氏引地理志截去入南海三字不照今就注所敘禹貢桓水之道圖之

凡水作≀≀故瀆作（注所敘有誤者亦作（山谷作⋀⋀陂澤作◯北魏之州作回郡作□縣作○故城則州郡作■縣作●或州廢而郡縣存者則

作□或州存而郡縣廢者則作▣或州郡存而縣廢者則作回或郡存而縣廢者則作⊡或郡廢而縣存者則作◘其他地名及亭臺等槪作•

凡州郡縣及地名山名有考者則作記其無考者則約略其方位書其名

又有注但言逕某地某山而不言逕其東西南北者或不能確知所在則亦但書其名於圖隙其方位無定也

水經原本一百三十七水今鈌十三水全趙所補互有出入未能定爲孰是今據他書引經注之水皆爲補出又有他書未引而漢志所有之大水經注不應遺之亦爲補出於水名加漢志二字稍示區別

洛陽長安鄴城歷城等城內外故蹟山水甚多非五十里之開方所能容別爲圖附後

禹貢山水澤地謂九江在下雋西北酈氏無注而水經不出九江據事類賦引酈注系九江於潯陽與漢志合豈酈氏有詳說在江水篇中耶今槪

依而圖之

木質套印之書往往小有伸縮閱者須意會之若城池水道相去甚遠者必有遷徙流移之故未可一律論也

西圖凡水多用單綫與界畫易混凡山欲連屬脈絡而占地太多看似精詳其實簡畧反不如中法之明了惟楚中梓人少至良者加以經費不足又刻期成書未極觀美有好事者易以銅板則毫髮無憾矣

水經注圖經流編目

卷七

卷八

卷九

清水　南四西二　南四西一

沁水　南三西二　南四西二

淇水　南四西二　南四西一　南三西一　南二西一
　　　南二中　南一中　中中　中東一

蕩水　南四西一

洹水　南三西二　南三西一

卷十

濁漳水　南三西二　南三西一　南二西一　南一中
　　　中中　中東一

清漳水　南二西二　南三西二

卷十一

易水　中西一　中中　南一中　中中
中東一

卷十二

滱水　中西二　中西一　南一西一　南一中
聖水　中中
巨馬水　中西一　中中　中東一

卷十三

㶟水　中西二　中西一　北一西一　北一中
中中

卷十四

濕餘水　北一中　中中
沽河　北二西一　北二中　北一中　中中

渭水三　南五西五　南五西四

卷二十

漾水　南五西六　南五西七　南六西七　南六西六
　　　南七西六　南八西六　南九西六　南十西六

丹水　南六西四　南六西三

卷二十一

汝水　南六西三　南五西三　南五西二　南六西二
　　　南六西一　南七西一

卷二十二

潁水　南五西二　南六西二　南六西一　南六中
　　　南七中

洧水　南五西二　南五西一　南六西一

卷二十三

卷二十四

南二東一

汶水　南三東一　南三中　南四中

卷二十五

泗水　南四東一　南四中　南五中　南五東一

南六東一

沂水　南三東一　南四東一　南五東一

洙水　南三東一　南四東一　南四中

卷二十六

沭水　南三東一　南四東一　南五東一

巨洋水　南三東一　南二東一

淄水　南三東一　南二東一

汶水　南三東一　南三東二

卷二十七

卷二十八

卷二十九

濦水　南五西二　南六西二　南六西一
瀷水　南六西二
瀙水　南六西二　南六西一
潕水　南六西二　南六西一
溳水　南八西二　南九西二

卷三十二

漻水　南八西二
蘄水　南九西一
決水　南八西一　南七西一
泚水　南八中　南七中
泄水　南八中　南七中
肥水　南八中　南七中

施水 南八中

沮水 南八西三 南九西三

漳水 南八西三 南九西三

夏水 南九西三 南九西二

羌水 南五西七 南六西七 南六西六 南七西六

涪水 南七西七 南八西七 南九西七 南九西六

梓潼水 南七西七 南八西七 南八西六 南九西六

涔水 南七西五 南六西五

卷三十三

江水一 南六西八 南七西八 南七西七 南八西七

南八西八 南九西八 南九西七 南十西七

南十一西七 南十一西六 南十西六 南十西五

南九西五　南八西五　南八西四

卷三十四

江水二　南八西四　南九西四　南九西三

卷三十五

江水三　南九西三　南十西三　南十西二　南九西二

南九西一　南十西一　以下補南十中　南九中

南九東一　南八東一　南七東一　南七東二

南七東三

卷三十六

青衣水　南九西八　南十西八　南十西七

桓水　南六西八　南六西七　南六西六　南七西六

若水　南六西十　南七西十　南七西九　南八西九

南九西九　南十西九　南十一西九　南十二西九
南十三西九　南十四西九　南十三西九　南十三西八
南十二西八　南十一西七
沫水　南八西八　南九西八　南十西八　南十西七
延江水　南十三西八　南十三西七　南十二西七　南十三西七
南十三西六　南十二西六　南十二西五　南十一西五
南十西五
存水　南十三西七　南十三西六　南十四西六　南十四西五
温水　南十四西八　南十五西八　南十六西八　南十五西八
南十五西七　南十六西七　南十六西六　南十七西六
南十七西五　南十六西五　南十六西四　南十六西三
南十七西三　南十七西二　南十七西三　南十八西三

南十八西四　南十九西四　南十九西五　南十八西五

南十八西六　越南上　越南中　越南下

卷三十七

淹水　南十二西十　南十三西十　南十三西九

葉榆水　南十三西十　南十四西十　南十四西九　南十五西九

南十五西八　南十五西七　南十六西七　南十六西八

南十七西八　越南上　越南中

夷水　南八西四　南九西四　南九西三

油水　南九西三

澧水　南十西四　南十西三

沅水　南十三西六　南十三西五　南十三西四　南十二西四

南十一西四　南十一西三　南十西三

泿水　南十四西四　南十五西四　南十六西四　南十六西三
　　　南十六西二

卷三十八

資水　南十三西四　南十二西四　南十三西四　南十三西三
　　　南十二西三　南十二西四　南十一西四　南十一西三
漣水　南十二西三　南十二西二
湘水　南十四西四　南十四西三　南十三西三　南十二西三
　　　南十二西二　南十一西二　南十西二
灕水　南十四西四　南十五西四　南十六西四
溱水　南十四西三　南十四西二　南十五西二　南十六西二
　　　南十六西三　南十七西三　南十七西二

卷三十九

洭水	南十四西三	南十五西三	南十五西二	
深水	南十四西三	南十三西三		
鍾水	南十四西三	南十三西三		
耒水	南十四西二	南十三西二	南十三西三	
洣水	南十三西二	南十二西二		
漉水	南十二西二			
瀏水	南十一西二			
溳水	南十一西二			
贛水	南十四西二	南十四西一	南十三西一	南十二西一
	南十一西一	南十西一	南十中	
廬江水	南九東一	南十東一	南十中	南十一中
	南十中			

卷四十

漸江水　南十東一　南十東二　南九東二

斤江水　越南上　南十七西六　南十七西五

侵離水　南十七西六　南十七西五

補

洤水　南三西一

洺水　南三西一　南二西一

潙水　南三西一　南二西一

泜水　南二西一

滹沱河　中西二　南一西二　南一西一　南一中

中中　中東一

泒水　中西一　南一西一

滋水	南一西二	南一西一		
沛水	北三東四	北四東四	北三東三	
南蘇水	北三東五	北四東五		
馬訾水	北二東五	北一東五	北一東四	中東四
鹽難水	北三東五	北二東五	北二東四	北二東五
列水	南一東六	南二東六	南二東五	
帶水	南二東六	南二東五		
洛水	南二西五	南三西五	南三西四	南四西四
	南五西四			
豐水	南六西四	南五西四		
涇水	南四西六	南四西五	南五西五	南五西四
芮水	南四西六	南四西五		

聲洋丹水	南二東二	南二東三		
治水	南二東二	南三東二		
滁水	南八東一	南七東一		
弱水	南一西八	中西八	中西九	北一西九
	北二西九	北二西八		
黑水	南一西九	南一西八	中西八	
谷水	南一西八	南一西七	中西七	北一西七
柗陝水	南二西七	南一西七		
呼蠶水	南一西十	南一西九	中西九	北一西九
籍端水	南一西十	中西十	中西十一	中西十二
氐置水	南二西十	南一西十	南一西十一	中西十一
	中西十二			

山陰城圖　漸江水篇

禹貢山水澤地所在圖

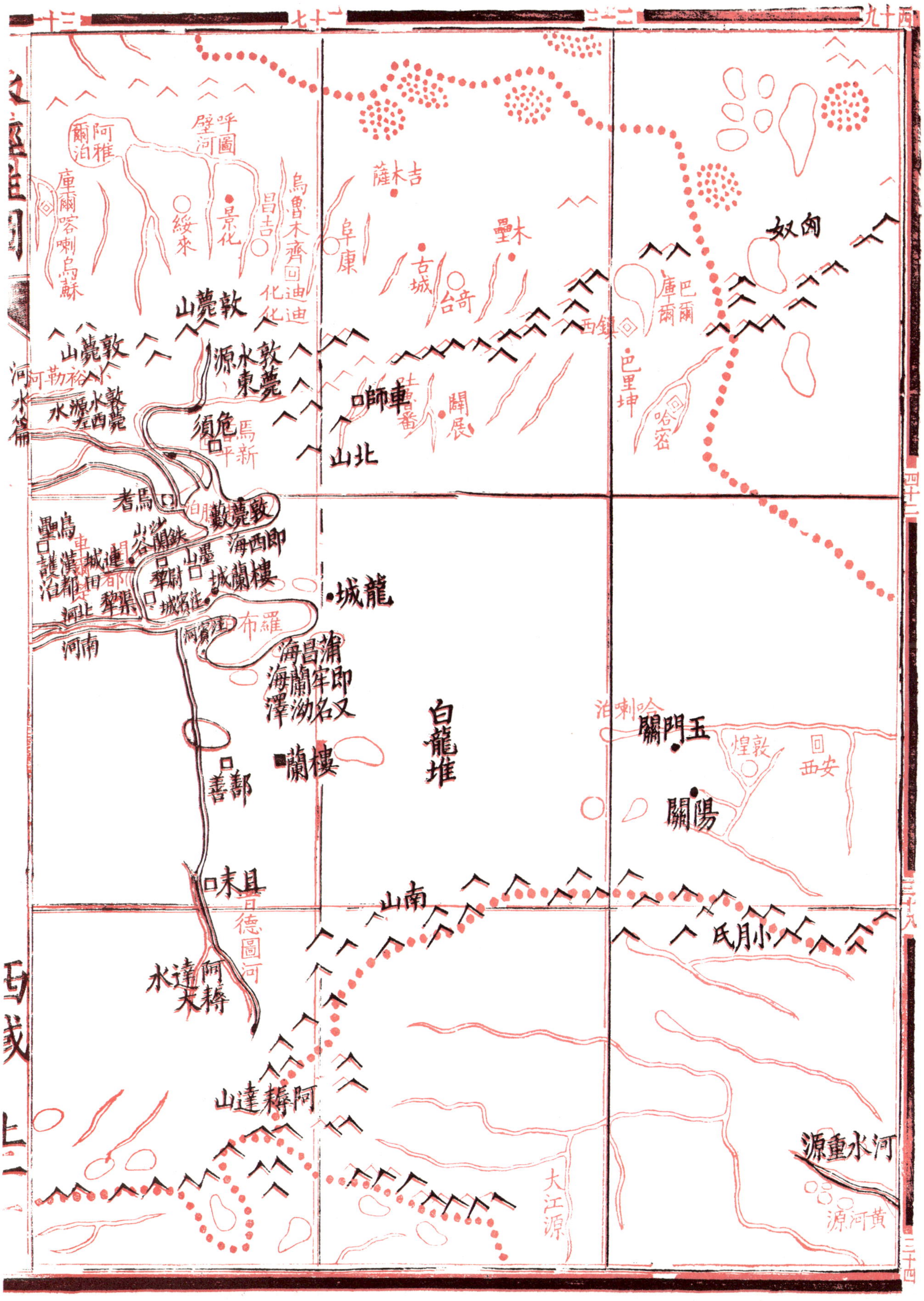

西域上二
阿雅爾泊
呼圖壁河
庫爾喀喇烏蘇
綏來
景化
昌吉
烏魯木齊
迪化
阜康
吉木薩
古城
奇台
木壘
巴爾庫爾
鎮西
巴里坤
哈密
肉奴
敦薨山
敦薨水源
敦薨東源
敦薨西源水
車師
吐魯番
闢展
北山
新平
烏者
敦薨藪
即西海
樓蘭城
龍城
羅布
蒲昌海
即牢蘭海
又名泑澤
白龍堆
樓蘭
鄯善
且末
阿耨達水
阿耨達山
南山
小月氏
玉門關
陽關
哈喇泊
敦煌
安西
大江源
河水重源
黃河源

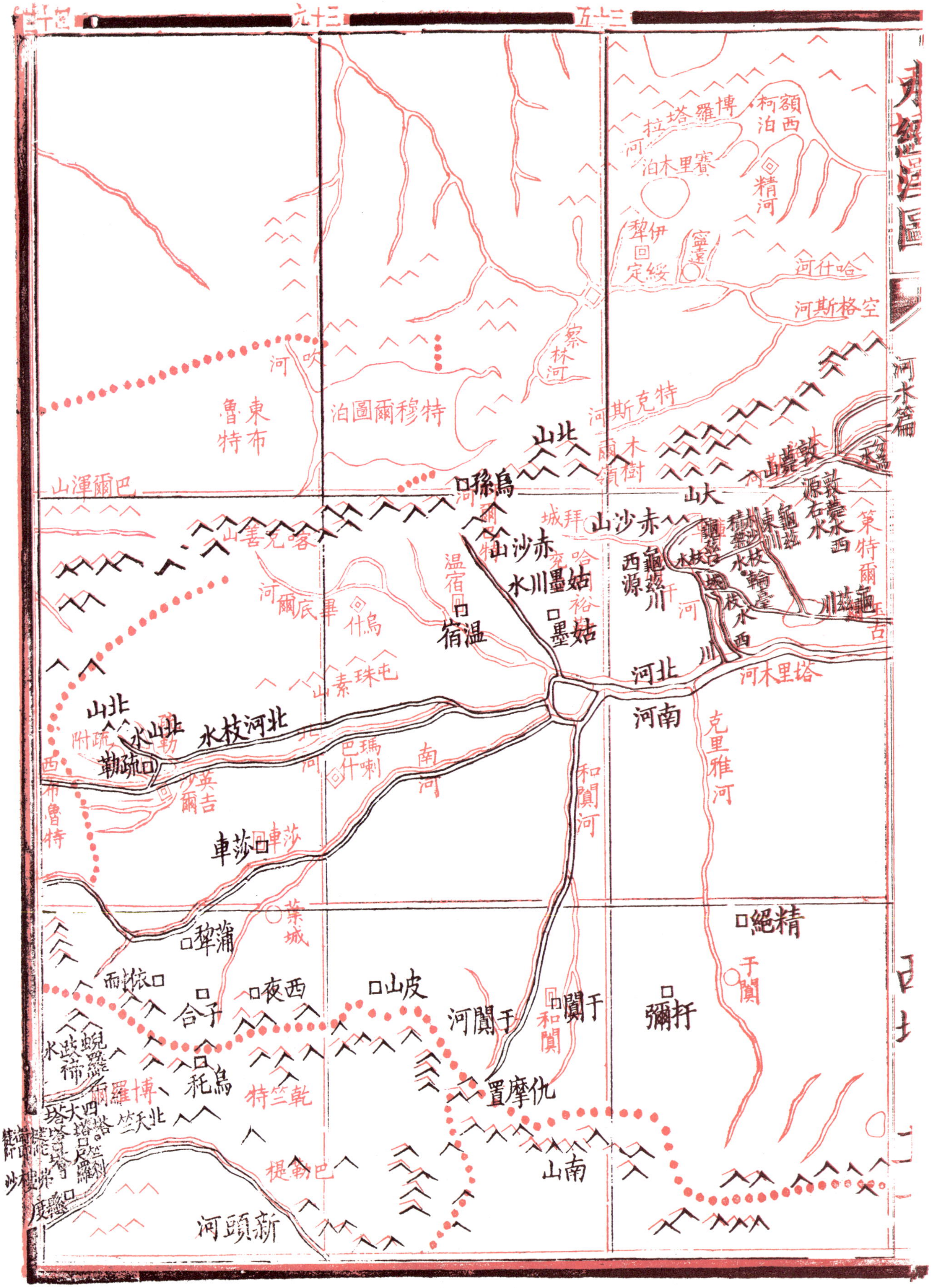
水經注圖
河水篇
北山
烏孫
赤沙山
姑墨川水
姑墨
溫宿
北河枝水
北山
北山水
疏勒
莎車
蒲犂
北河
南河
西夜
皮山
子合
烏秅
于闐河
于闐
仇摩置
南山
新頭河
精絕
扜彌
大山

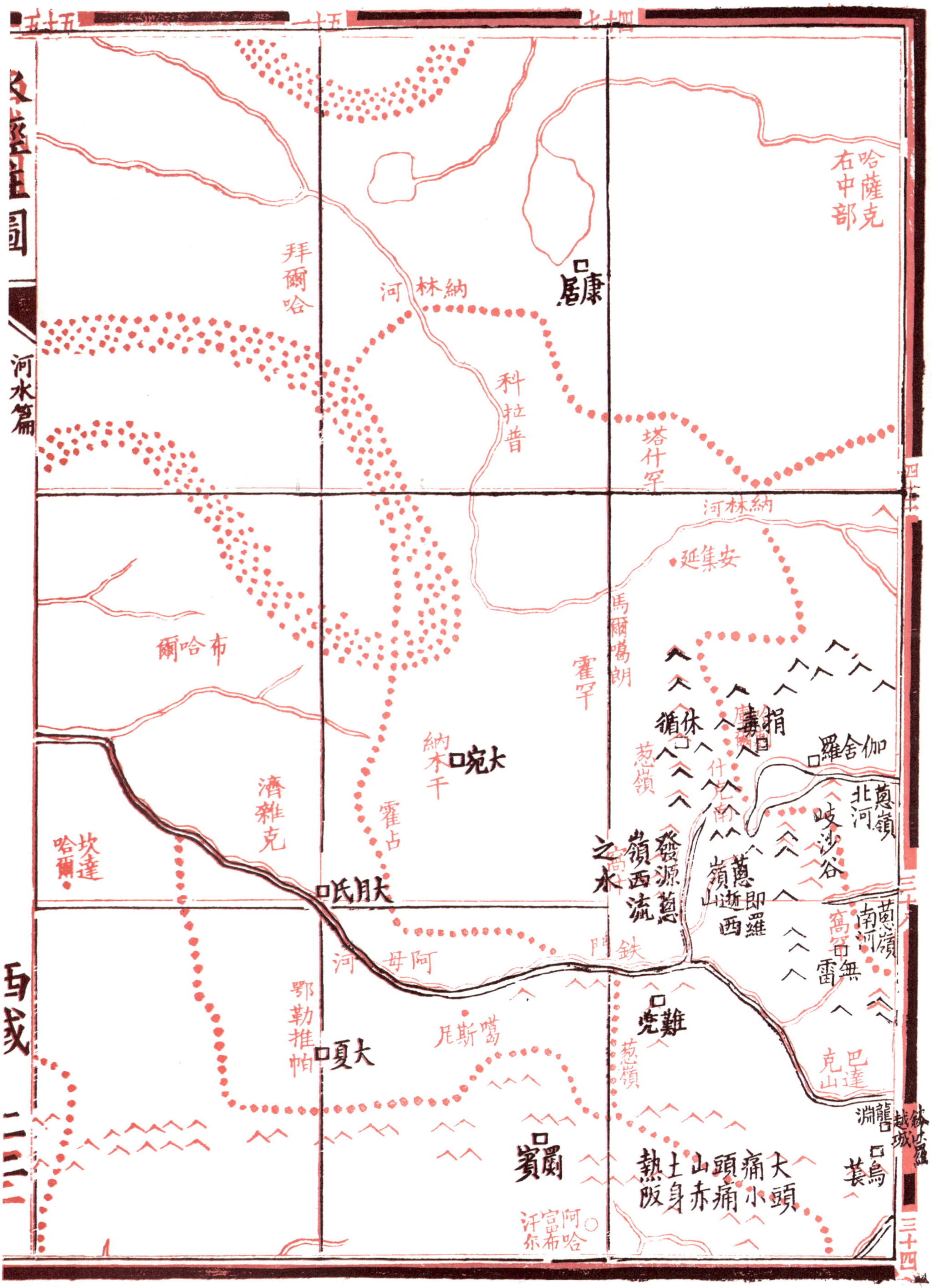
河水篇
哈薩克右中部
康居
拜爾哈
納林河
科拉普
塔什罕
納林河
安集延
馬爾噶朗
霍罕
布哈爾
休循
捐毒
伽舍羅
蔥嶺
大宛
納木干
濟雜克
霍占
坎達哈爾
蔥嶺北河
岐沙谷
發源蔥嶺西流之水
大月氏
阿母河
鐵門
蔥嶺南河
無雷
難兜
大夏
鄂勒推帕
尼斯噶
蔥嶺
巴達克山
烏萇
罽賓
大頭痛小頭痛山赤土身熱阪

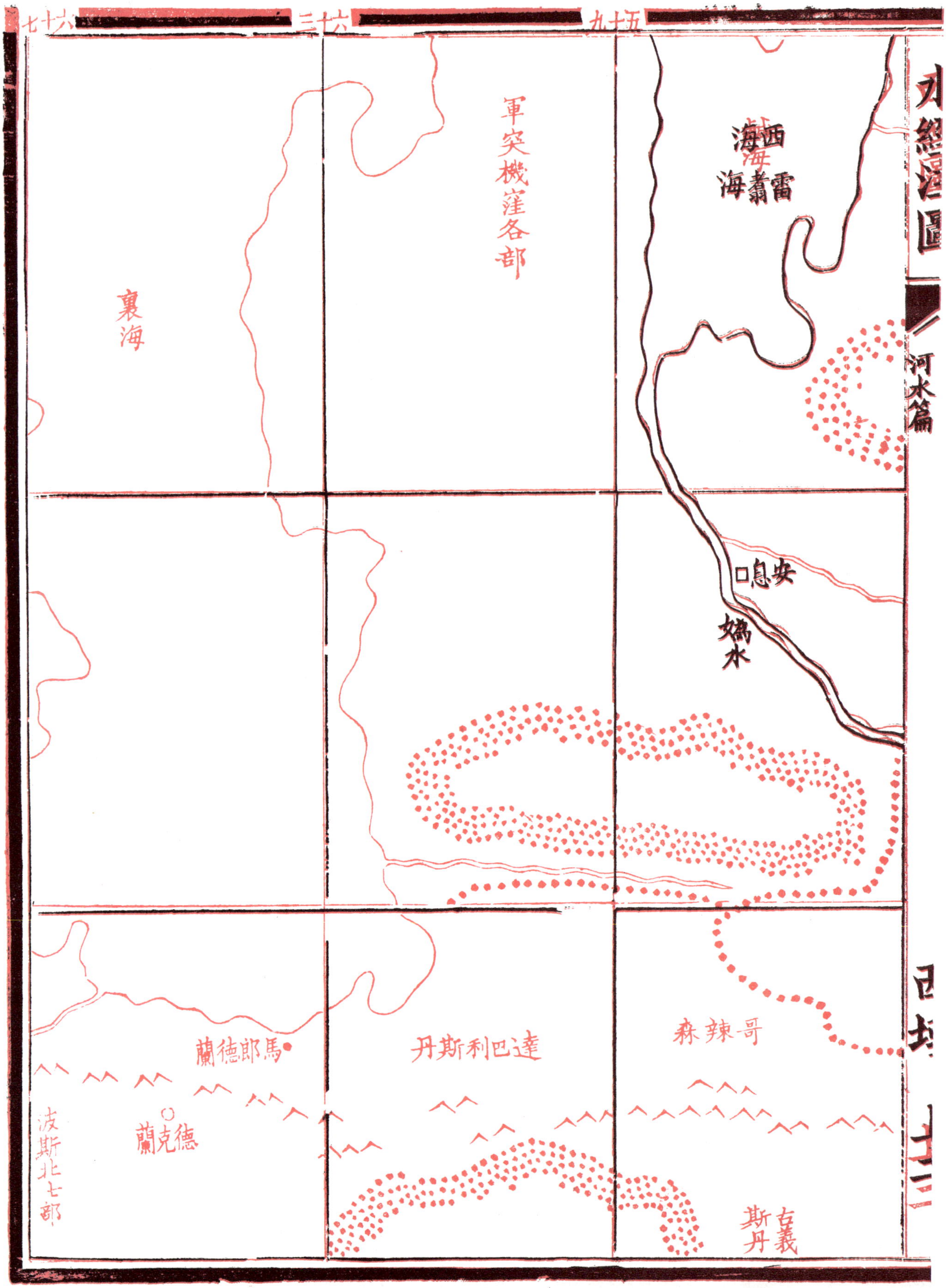

六十七
六十三
五十九
水經注圖
河水篇
裏海
軍突機窪各部
西海
雷翥海
安息口
媯水
馬郎德蘭
達巴利斯丹
哥辣森
德克蘭
波斯北七部
古義斯丹

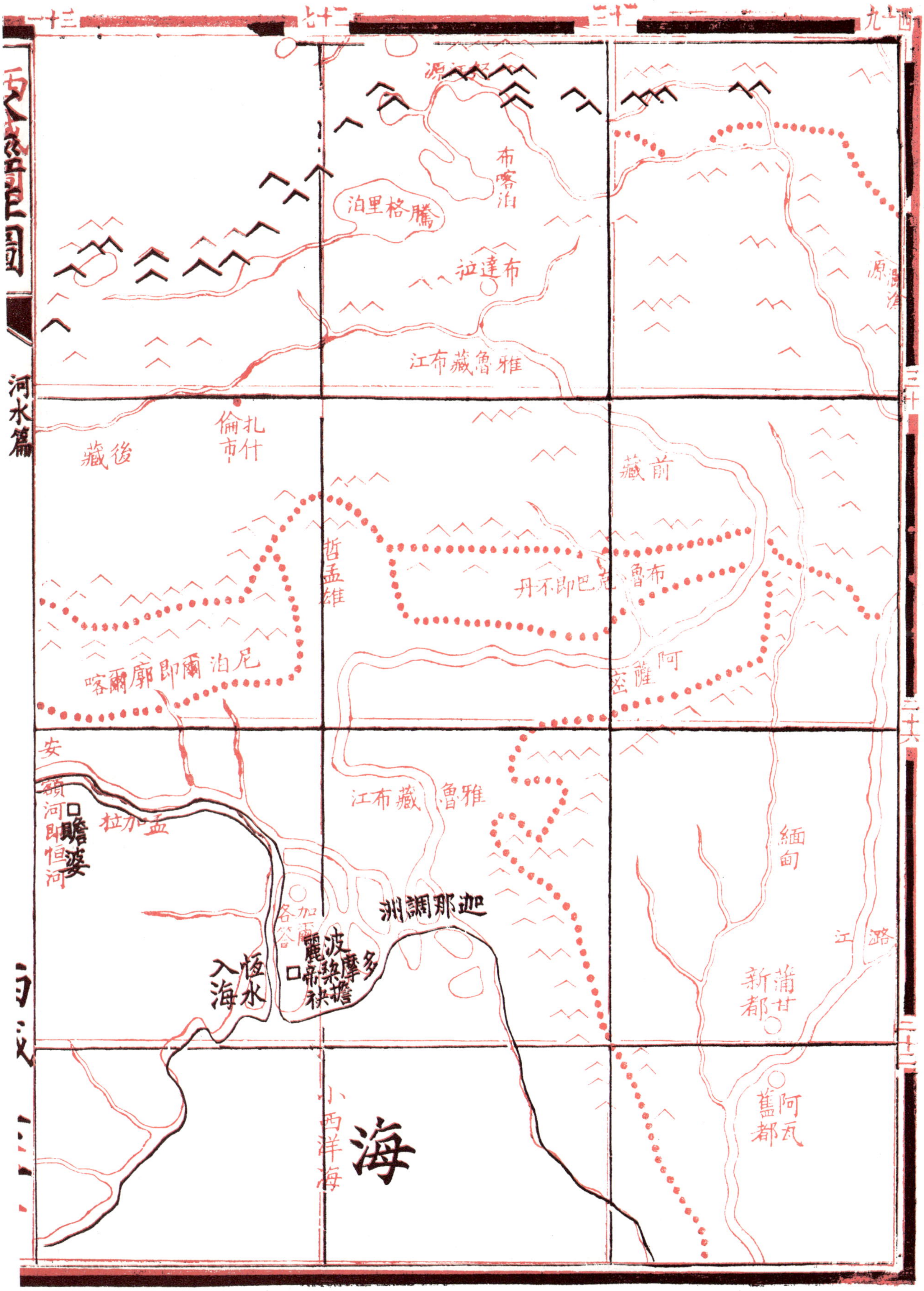
河水篇
騰格里泊
布喀泊
布達拉
雅魯藏布江
後藏
扎什倫布
前藏
哲孟雄
布魯克巴即不丹
阿薩密
尼泊爾即廓爾喀
安額河即恒河
孟加拉
瞻婆
雅魯藏布江
緬甸
迦那調洲
加爾各答
恒水入海
蒲甘新都
阿瓦舊都
小西洋海
海

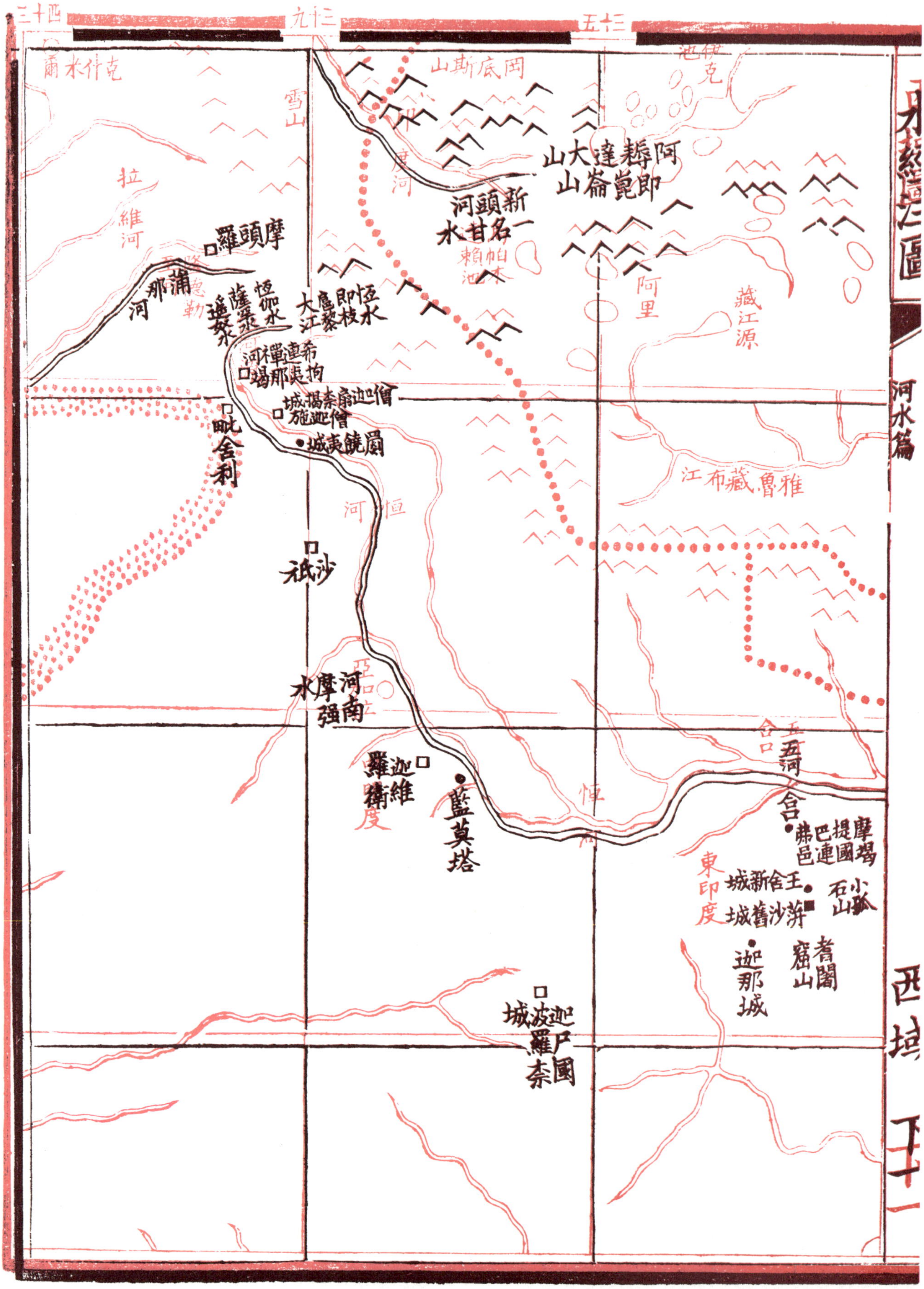

水經注圖
河水篇
西域 下十一
阿耨達大山
即崑崙山
新頭河
一名甘水
摩頭羅
蒲那河
恆水
即枝扈黎大江
希連禪河
僧迦施
罽饒夷城
毗舍利
沙祇
迦維羅衛
藍莫塔
五河合
摩竭提國
巴連弗邑
小孤石山
王舍新城
蓱沙舊城
耆闍崛山
迦那城
迦尸國
波羅柰城
雪山
拉維河
岡底斯山
阿里
藏江源
雅魯藏布江
恆河
東印度

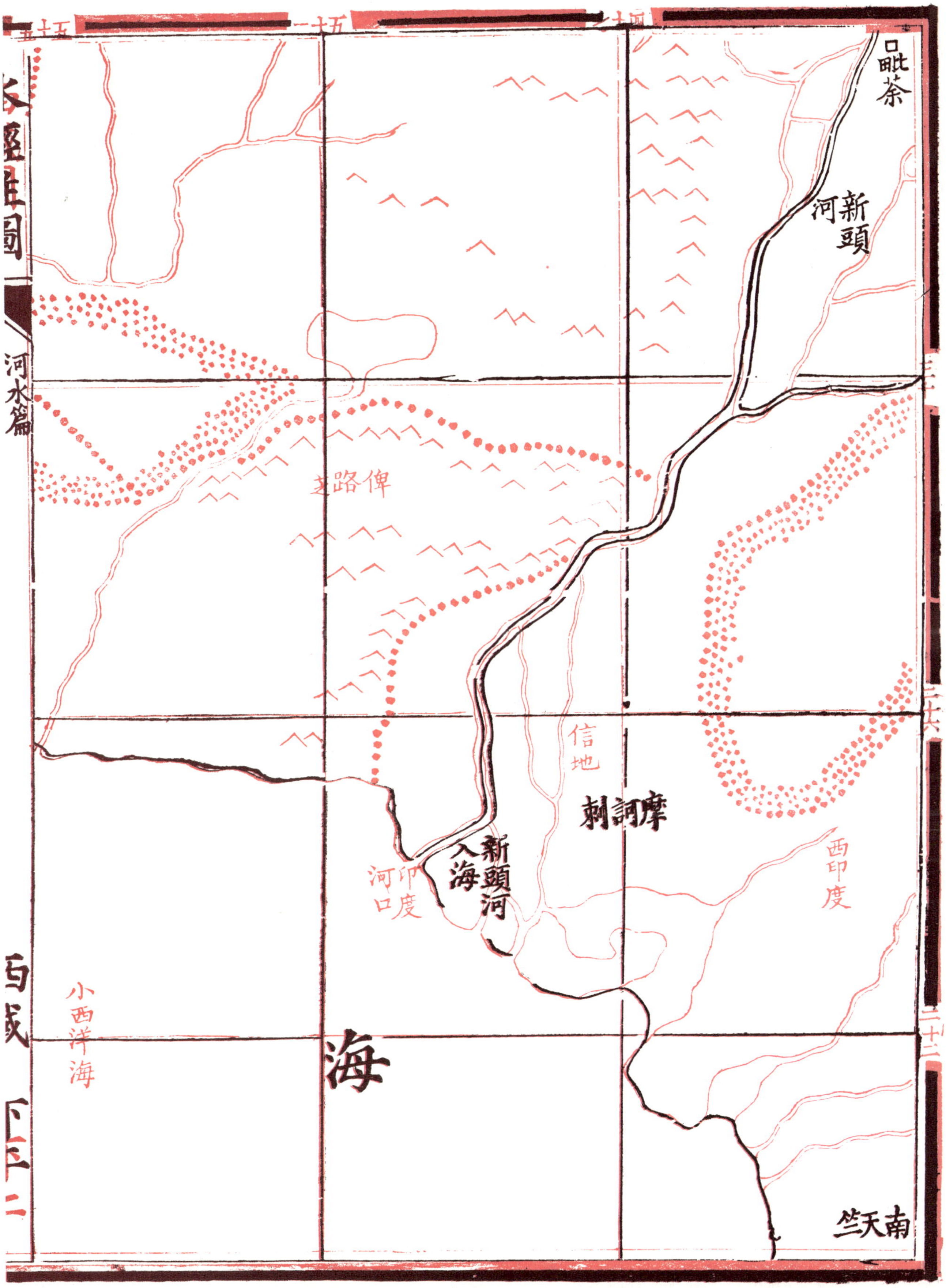
河水篇
新頭河
俾路芝
信地
摩訶剌
新頭河入海
印度河口
西印度
小西洋海
海
南天竺

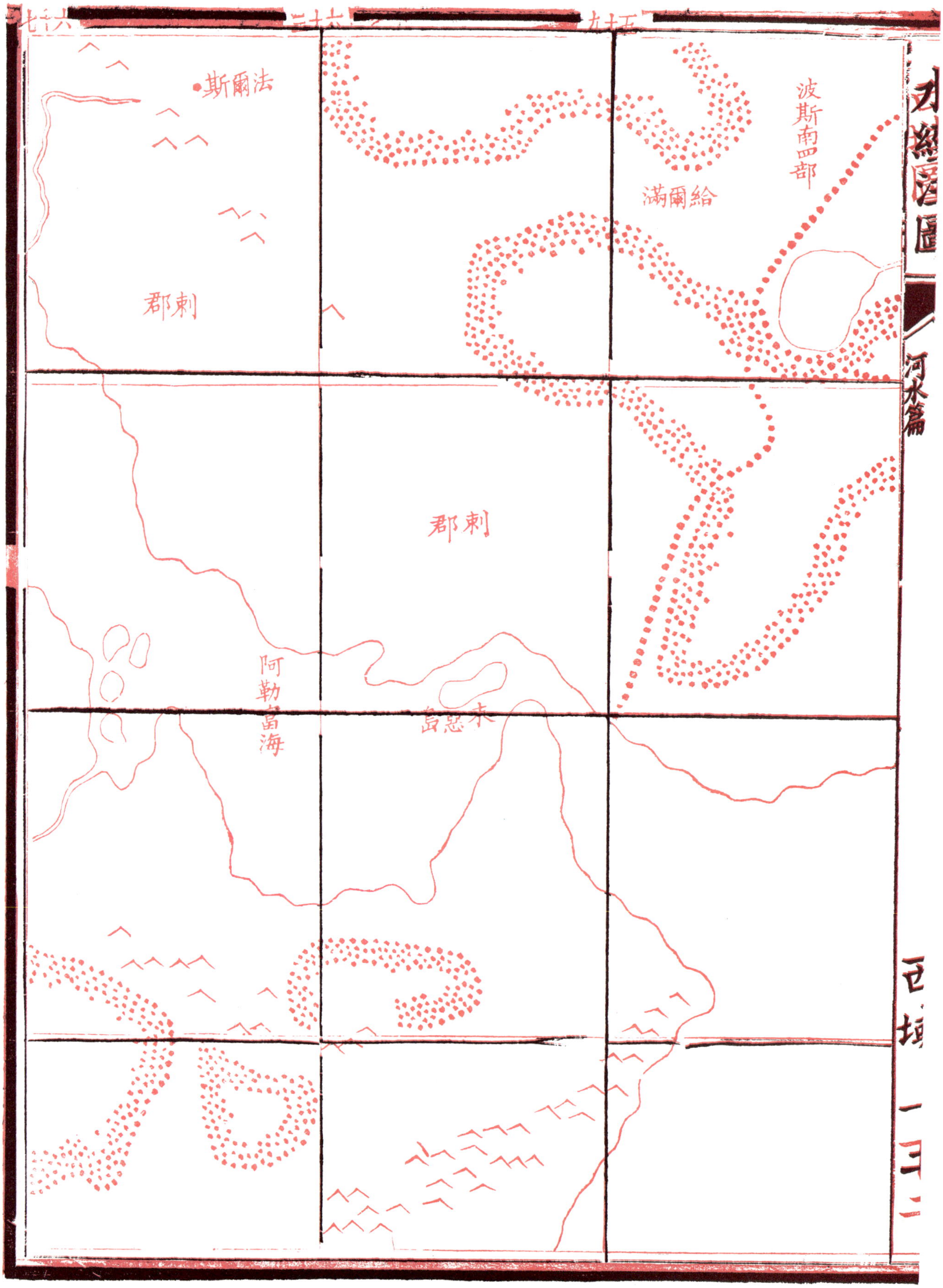
法爾斯
給爾滿
波斯南四部
刺郡
刺郡
阿勒富海
木忽島

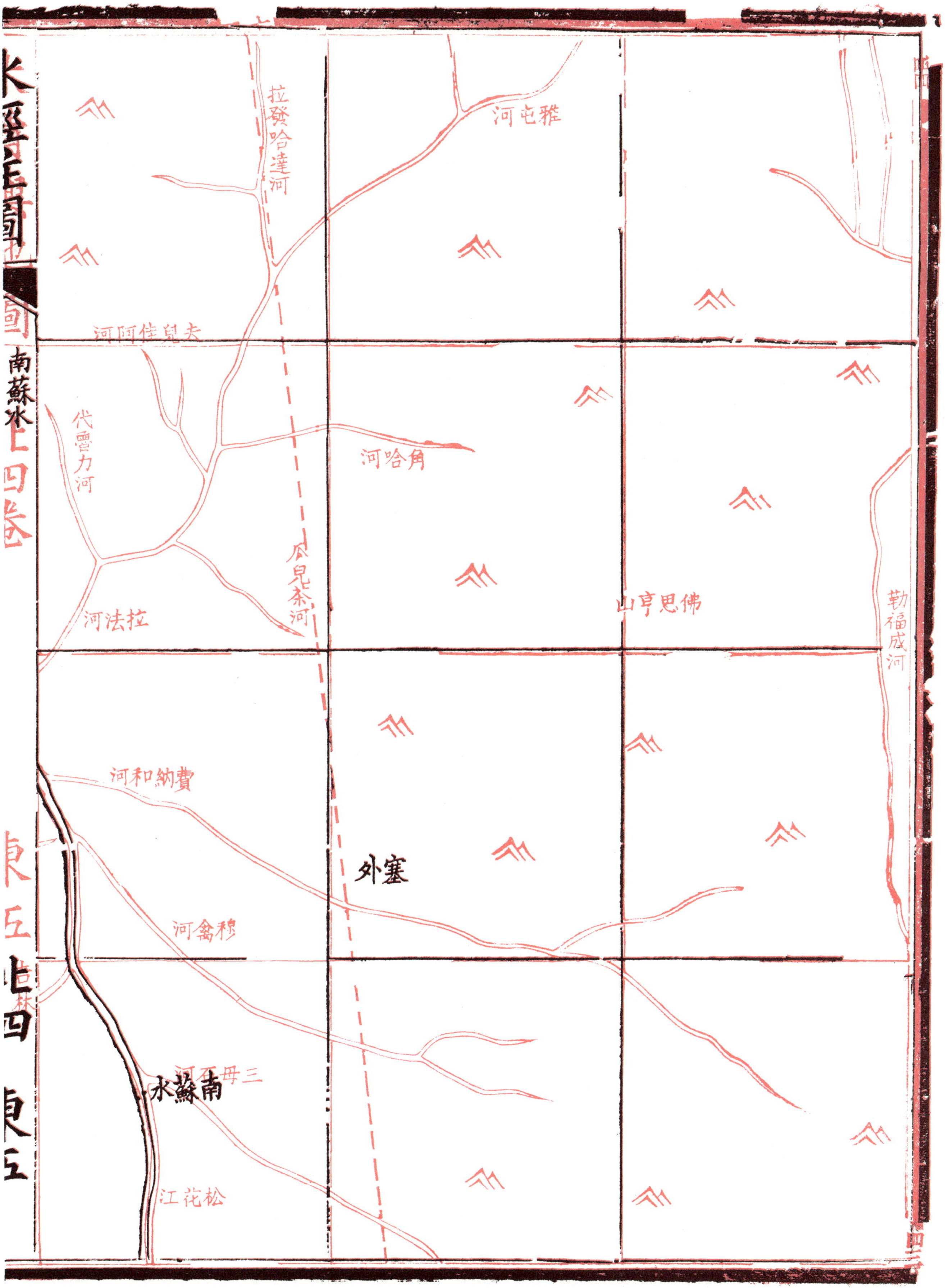
南蘇水
拉發哈達河
雅屯河
夫兒佳阿河
角哈河
拉法河
佛思亨山
勒福成河
費納和河
塞外
穆禽河
南蘇水
松花江

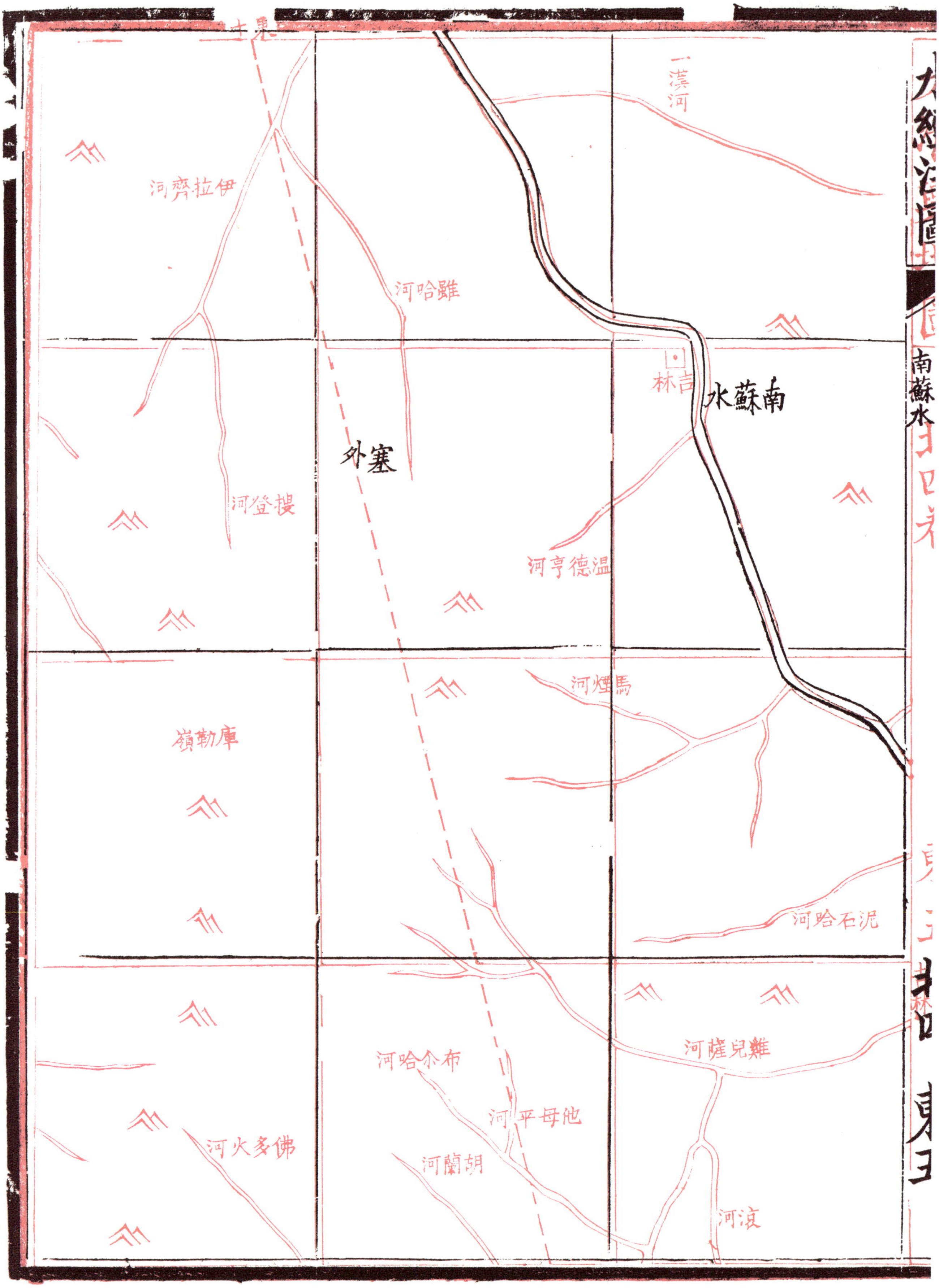

伊拉齊河
雖哈河
南蘇水
吉林
外塞
提登河
溫德亨河
漢河
庫勒嶺
馬煙河
泥石哈河
難兒薩河
布尒哈河
他母平河
佛多火河
胡蘭河
浪河

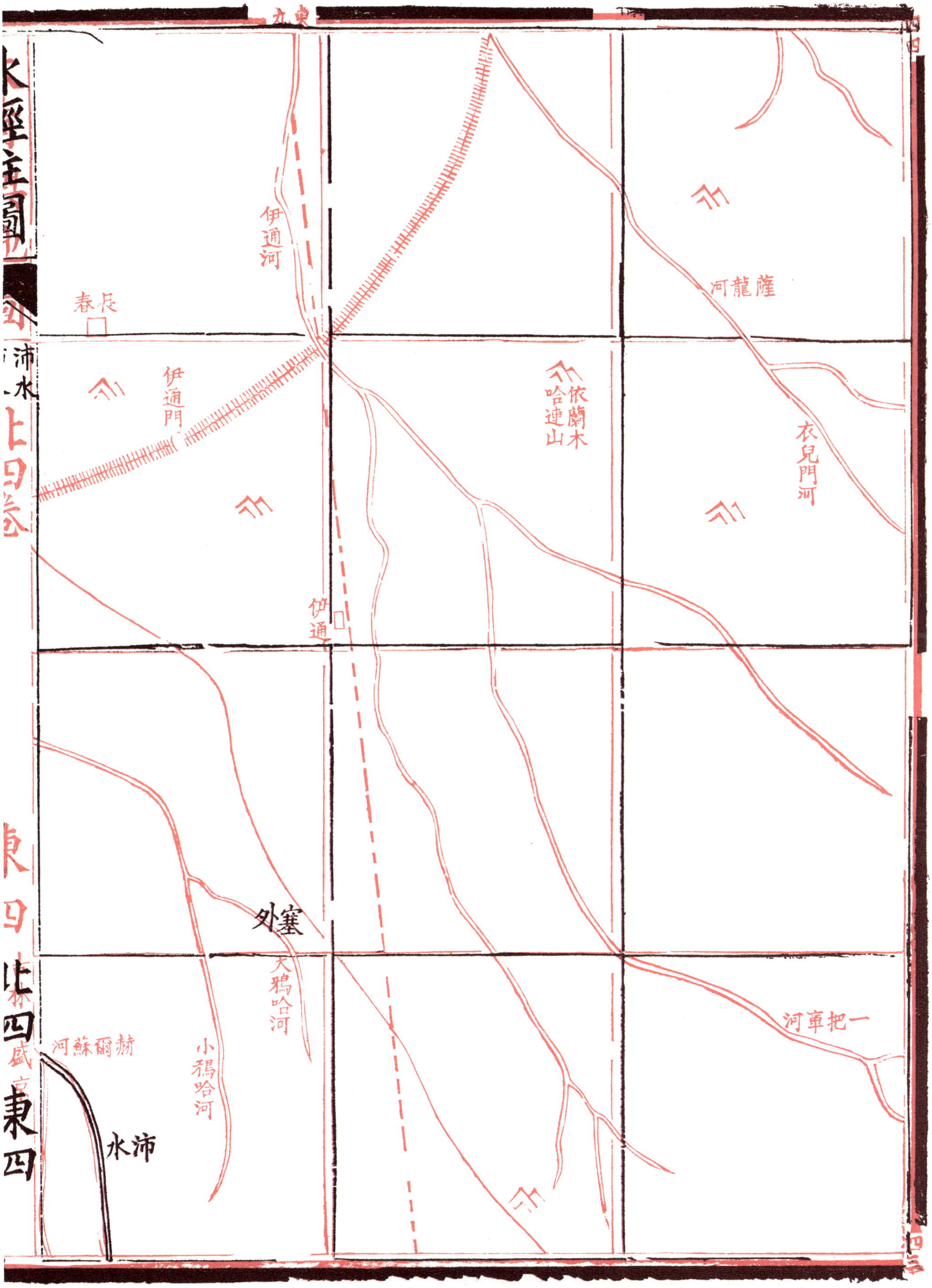
水經注圖
沛水
東四
北四
東四
伊通河
長春
伊通門
依蘭木哈連山
薩龍河
衣兒門河
伊通
塞外
大鴉哈河
小鴉哈河
赫爾蘇河
沛水
一把車河

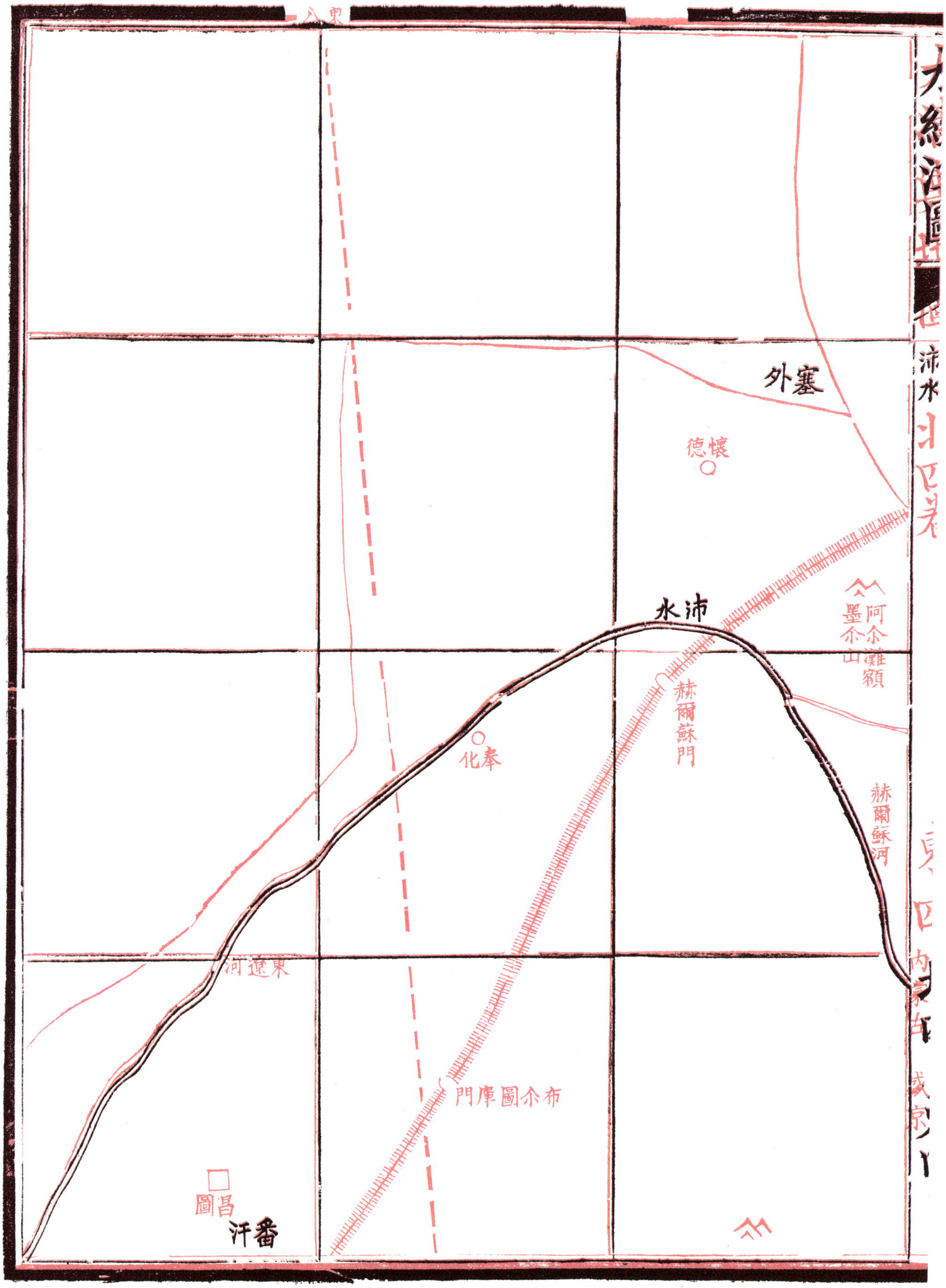

塞外
懷德
沛水
阿尔灘額
墨尔山
赫爾蘇門
奉化
赫爾蘇河
東遼河
布尔圖庫門
昌圖
番汗

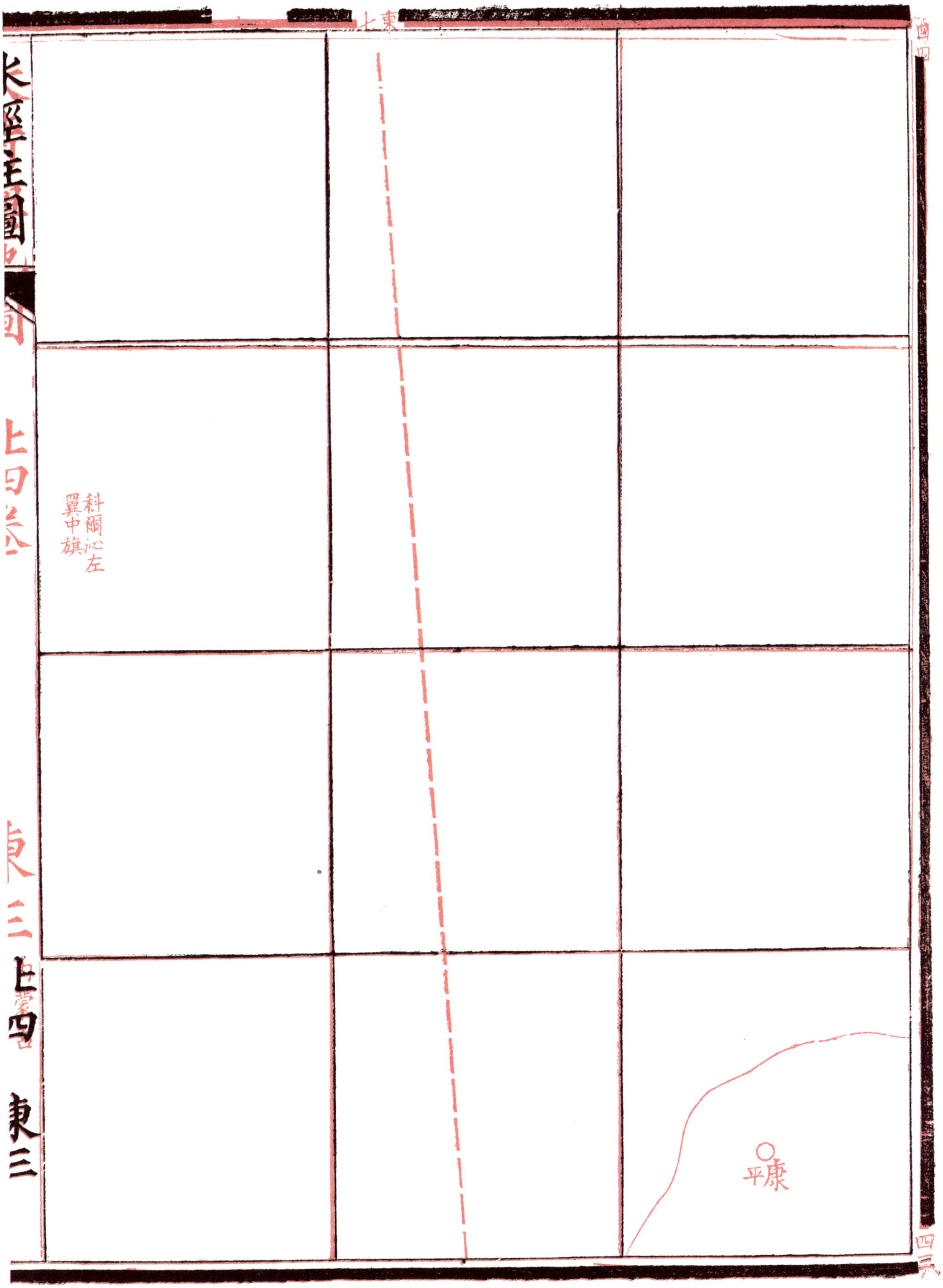
東七
科爾沁左翼中旗
康平
北四
東三

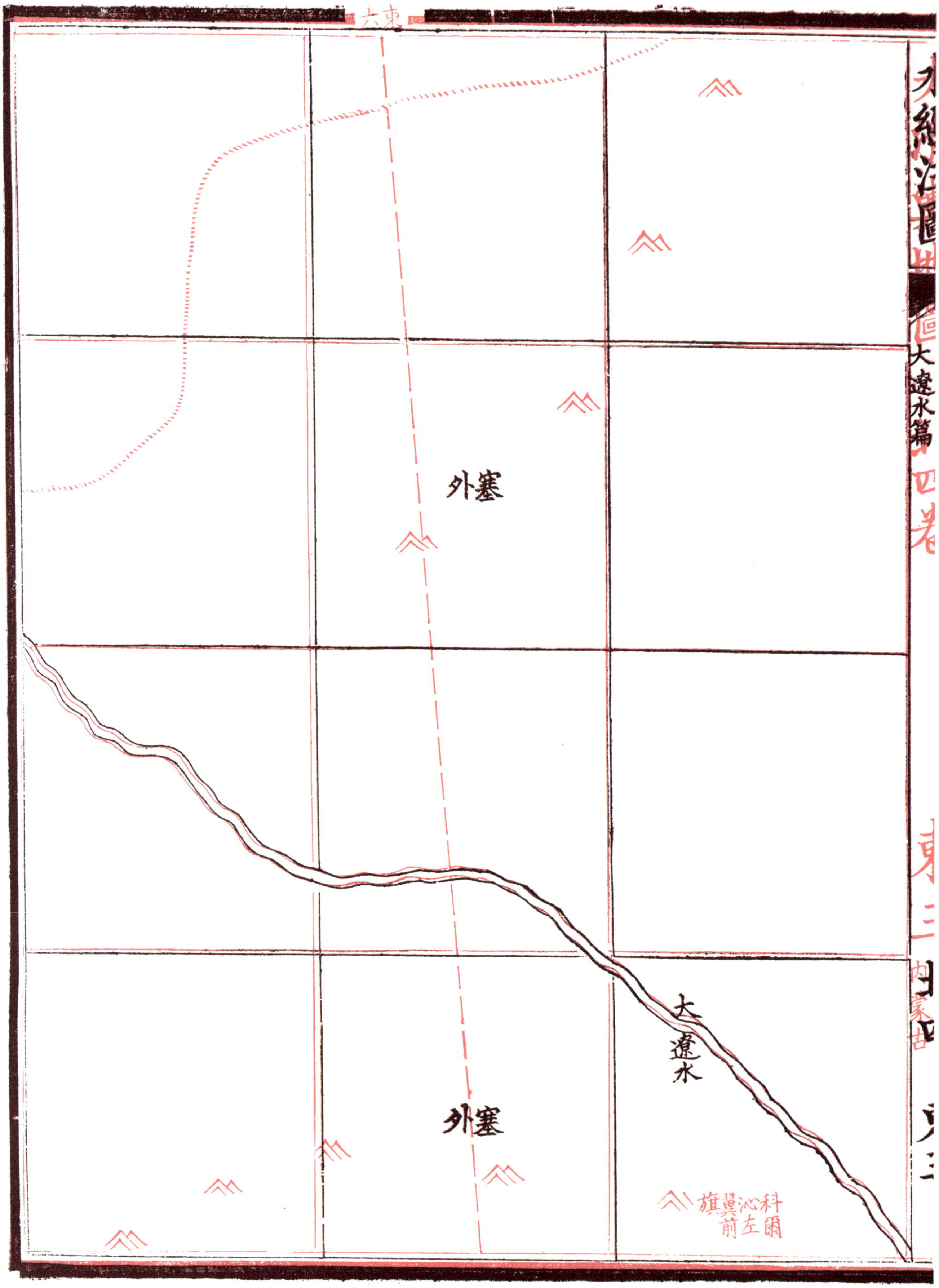
東六
大遼水篇
塞外
塞外
大遼水
科爾沁左翼前旗

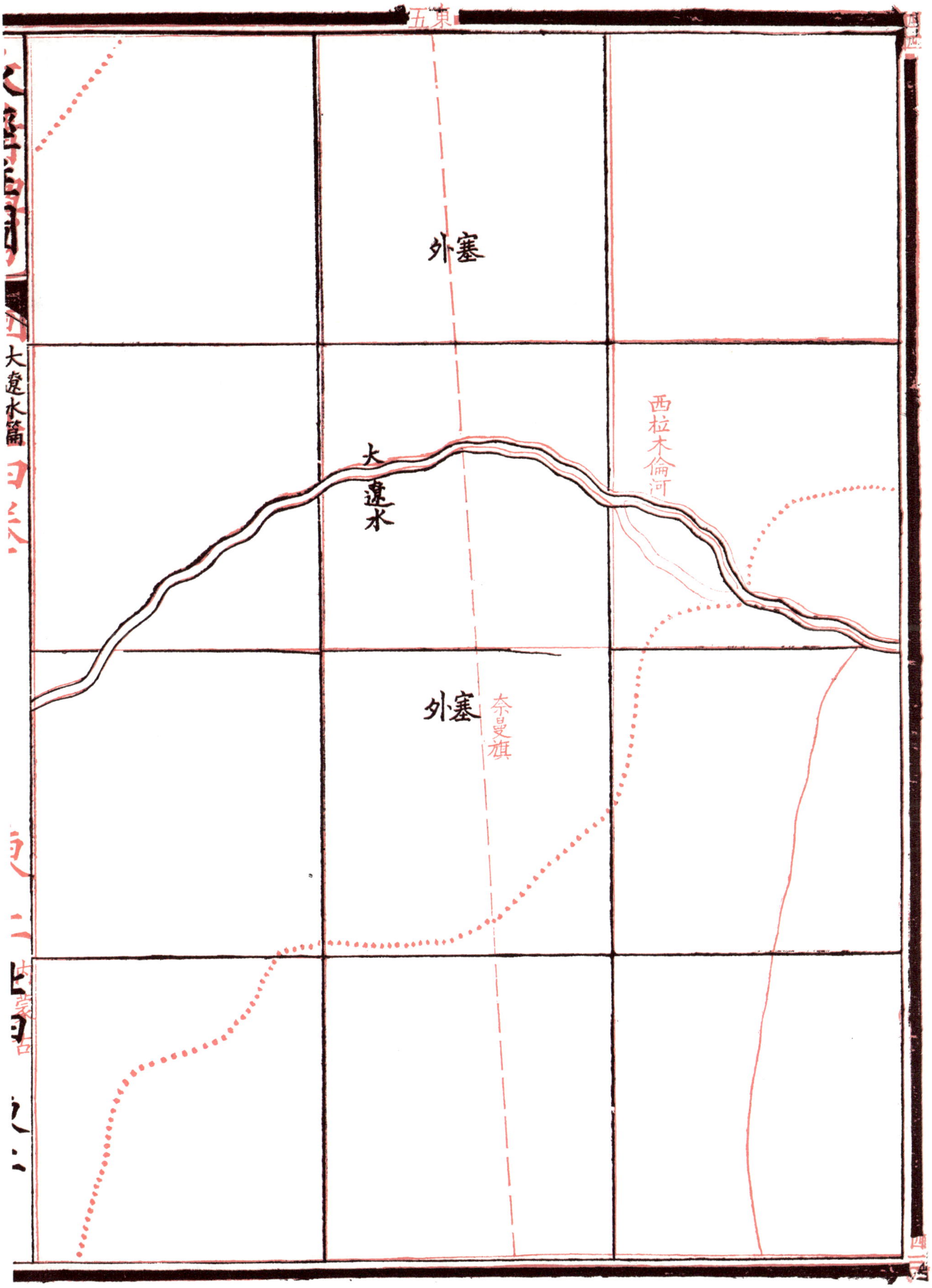
五東
大遼水篇
外塞
大遼水
西拉木倫河
外塞
奈曼旗

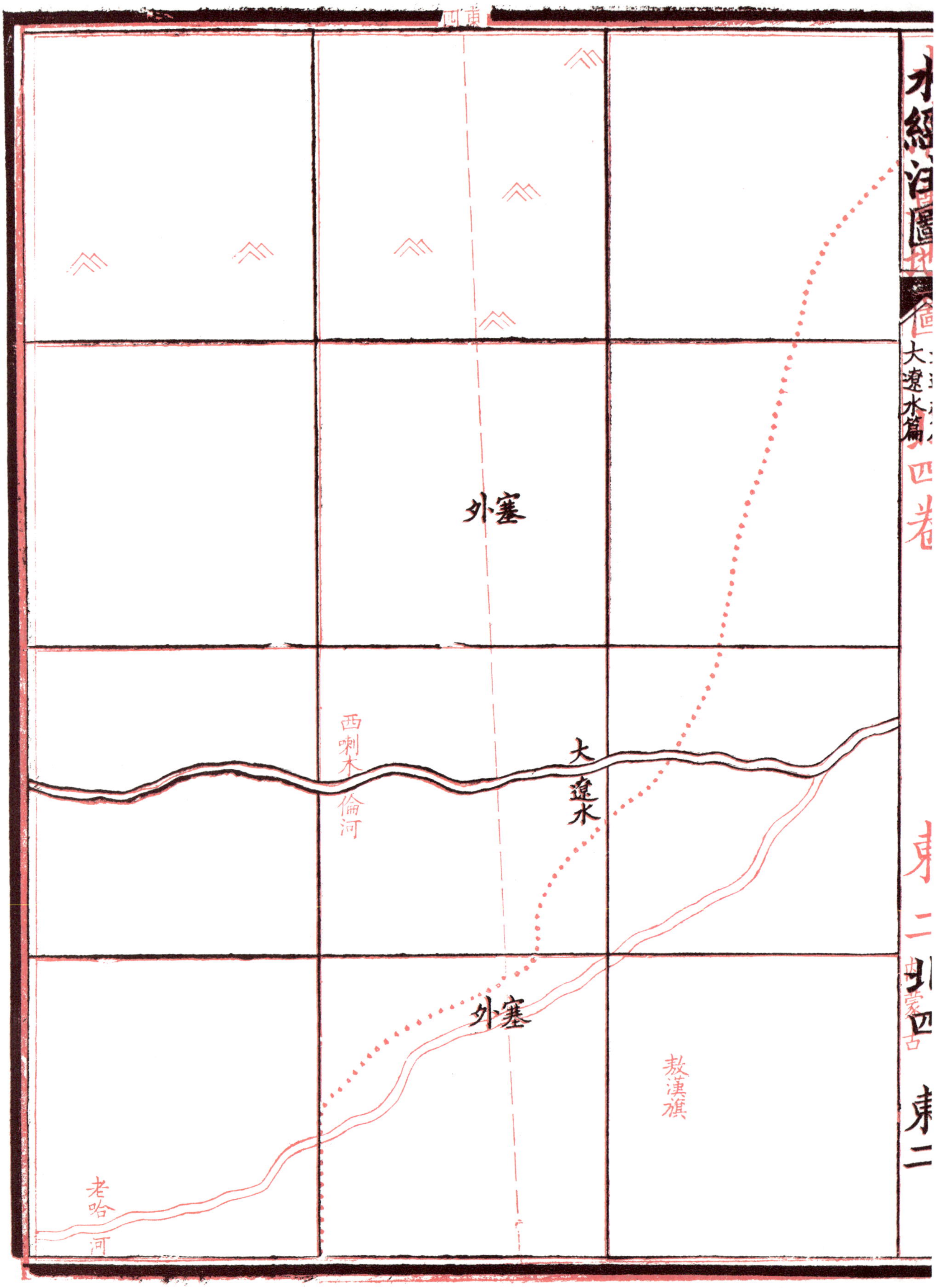
水經注圖
大遼水篇
塞外
西喇木倫河
大遼水
塞外
敖漢旗
老哈河

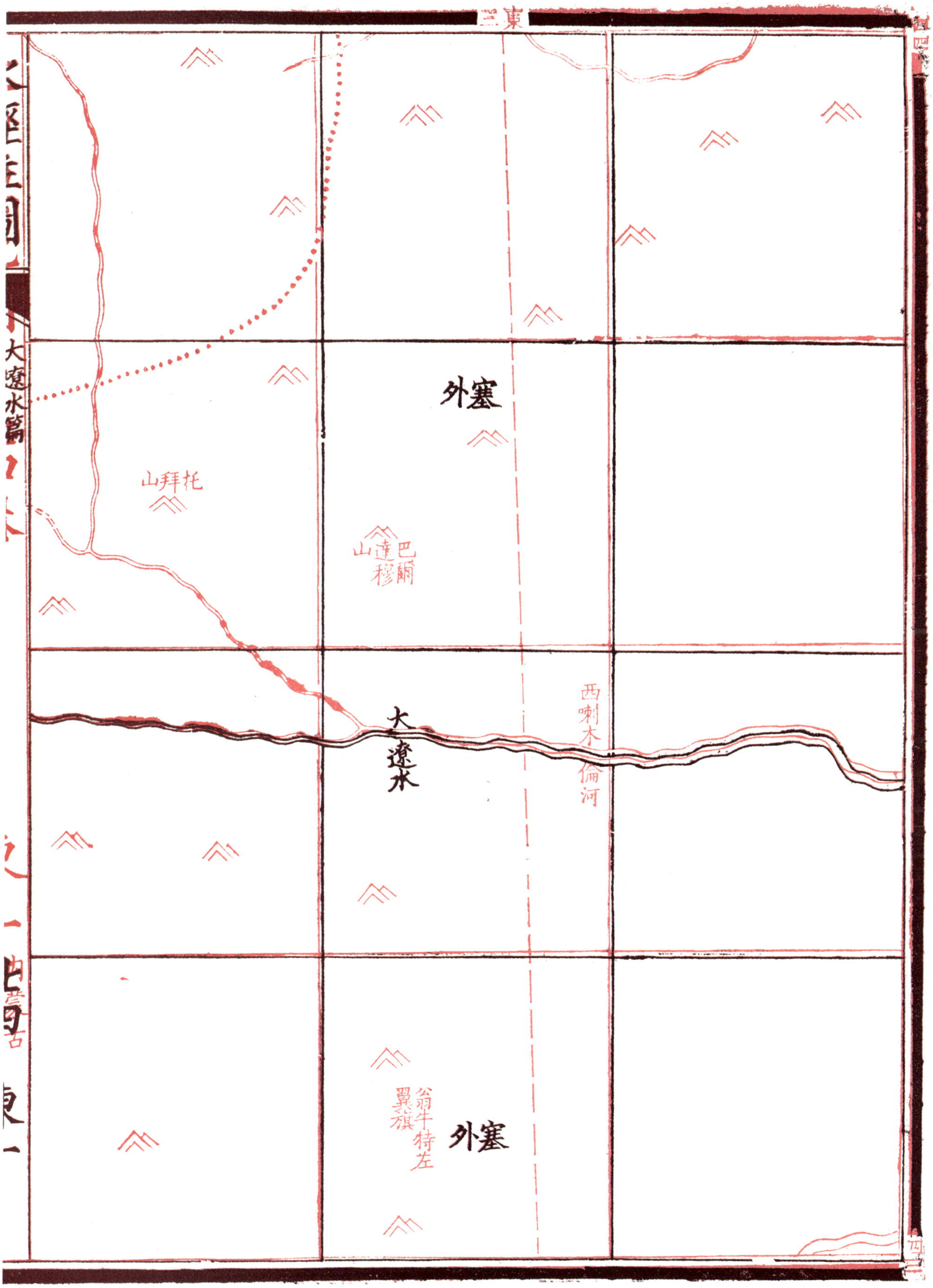
大遼水篇
塞外
托拜山
巴爾達穆山
大遼水
西喇木倫河
翁牛特左翼旗
塞外

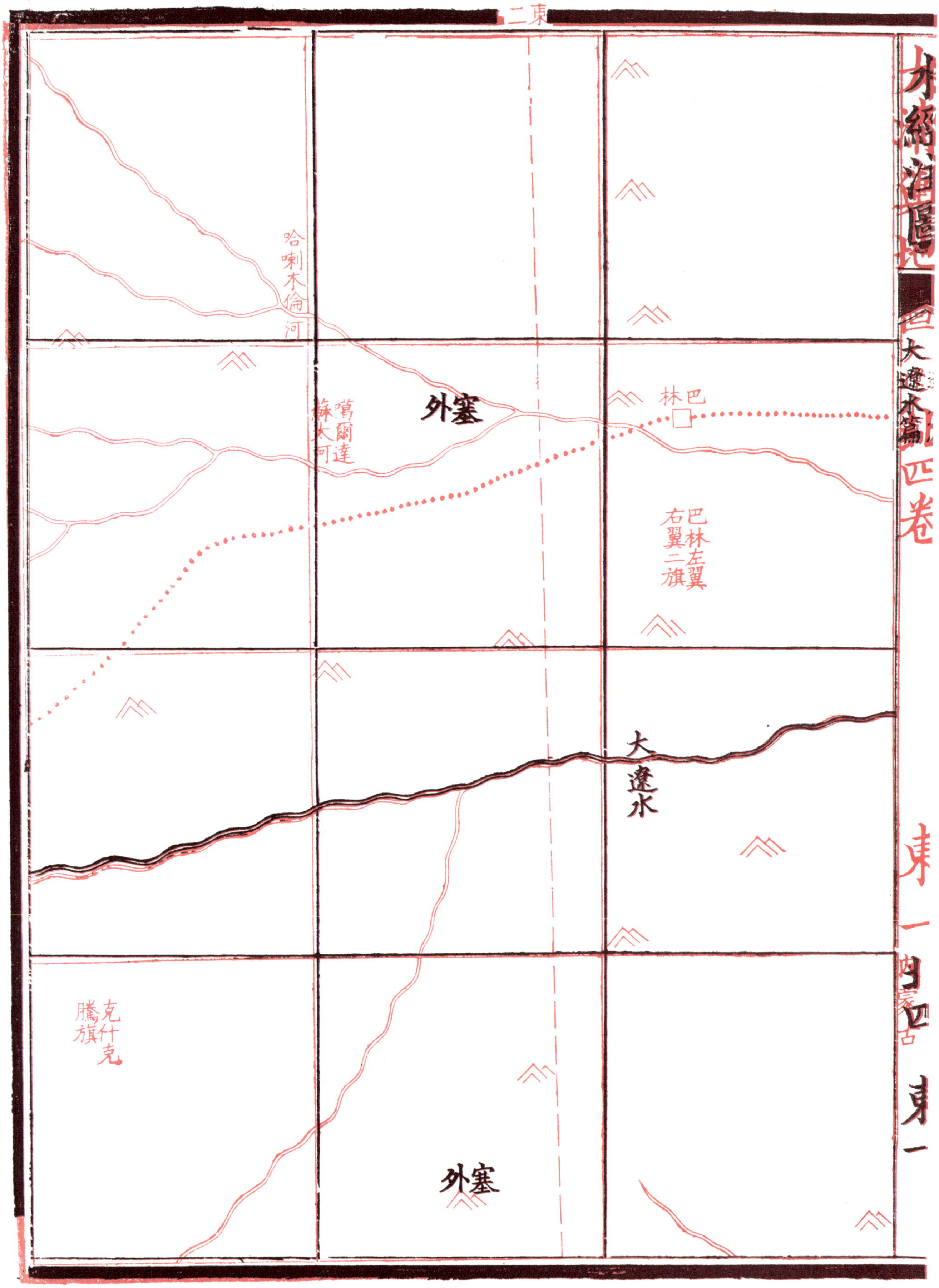
二東
水經注圖
四
大遼水篇
卷四
東一
内蒙古
東一
哈喇木倫河
噶爾達蘇太河
塞外
巴林
巴林左翼右翼二旗
大遼水
克什克騰旗
塞外

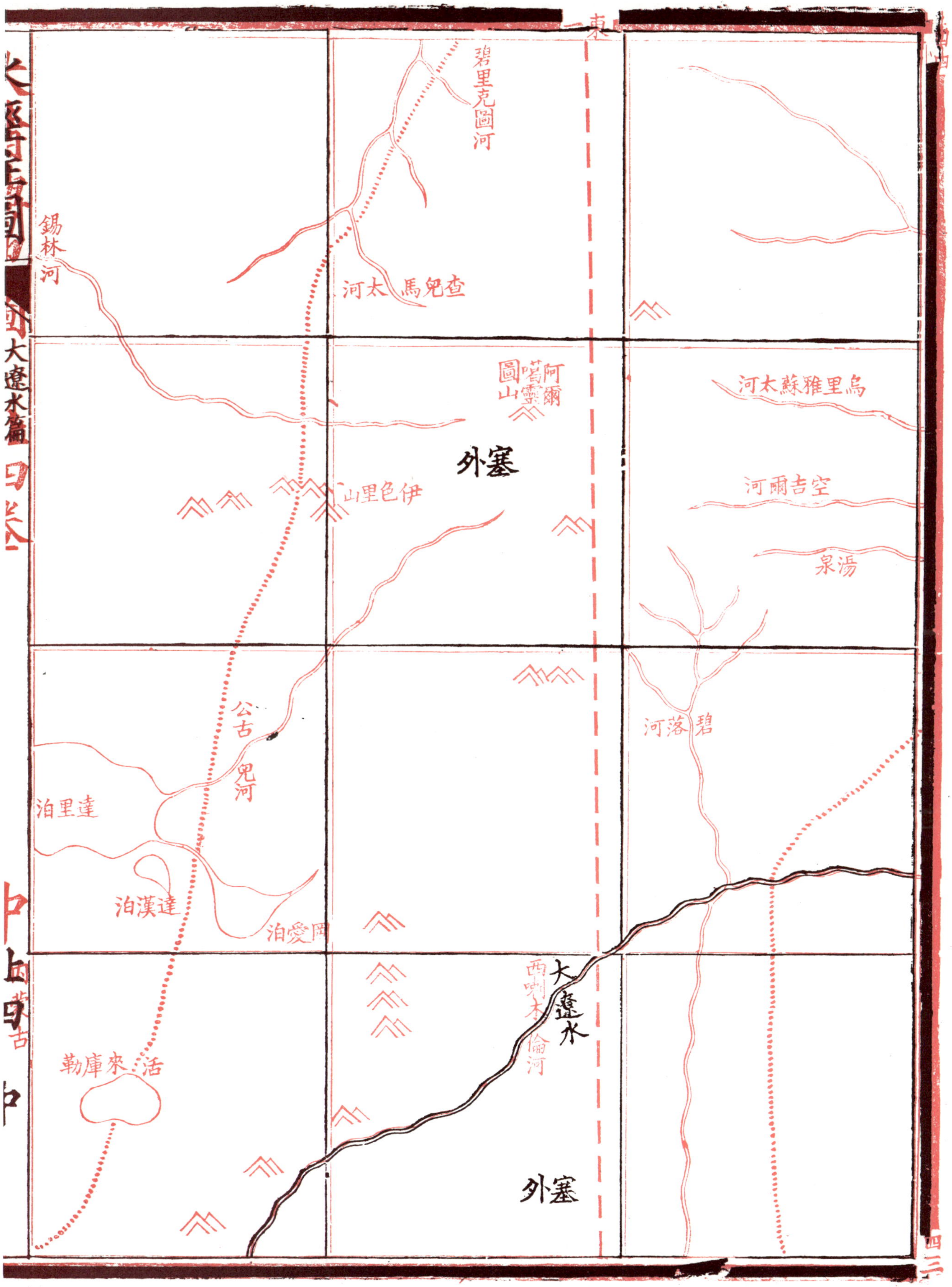
東
碧里克圖河
錫林河
查兒馬太河
阿爾噶靈圖山
烏里雅蘇太河
塞外
伊色里山
空吉爾河
湯泉
碧落河
公古兒河
達里泊
達漢泊
岡愛泊
大遼水
西喇木倫河
活來庫勒
塞外
大遼水篇

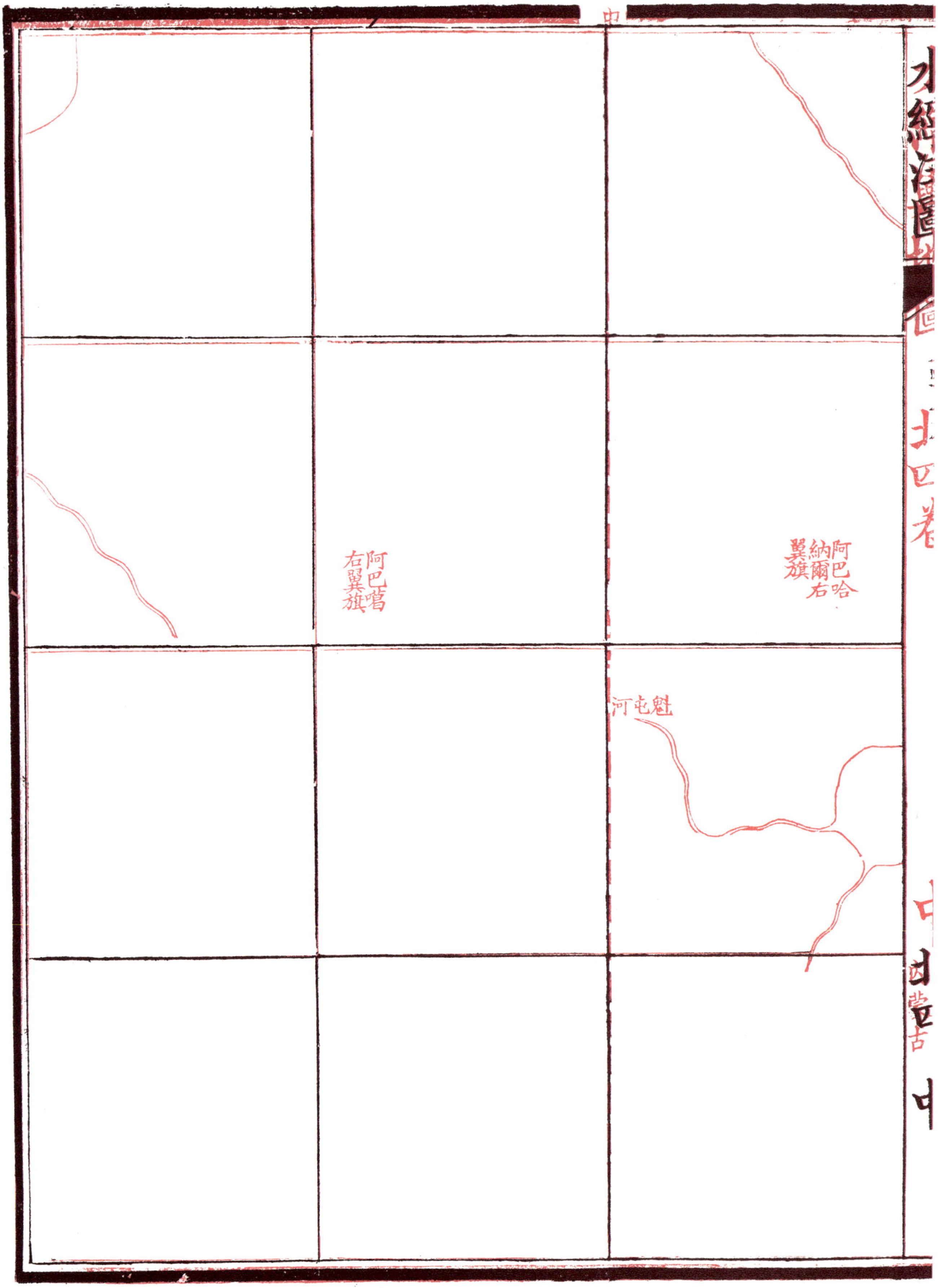
阿巴噶右翼旗
阿巴哈納爾右翼旗
魁屯河

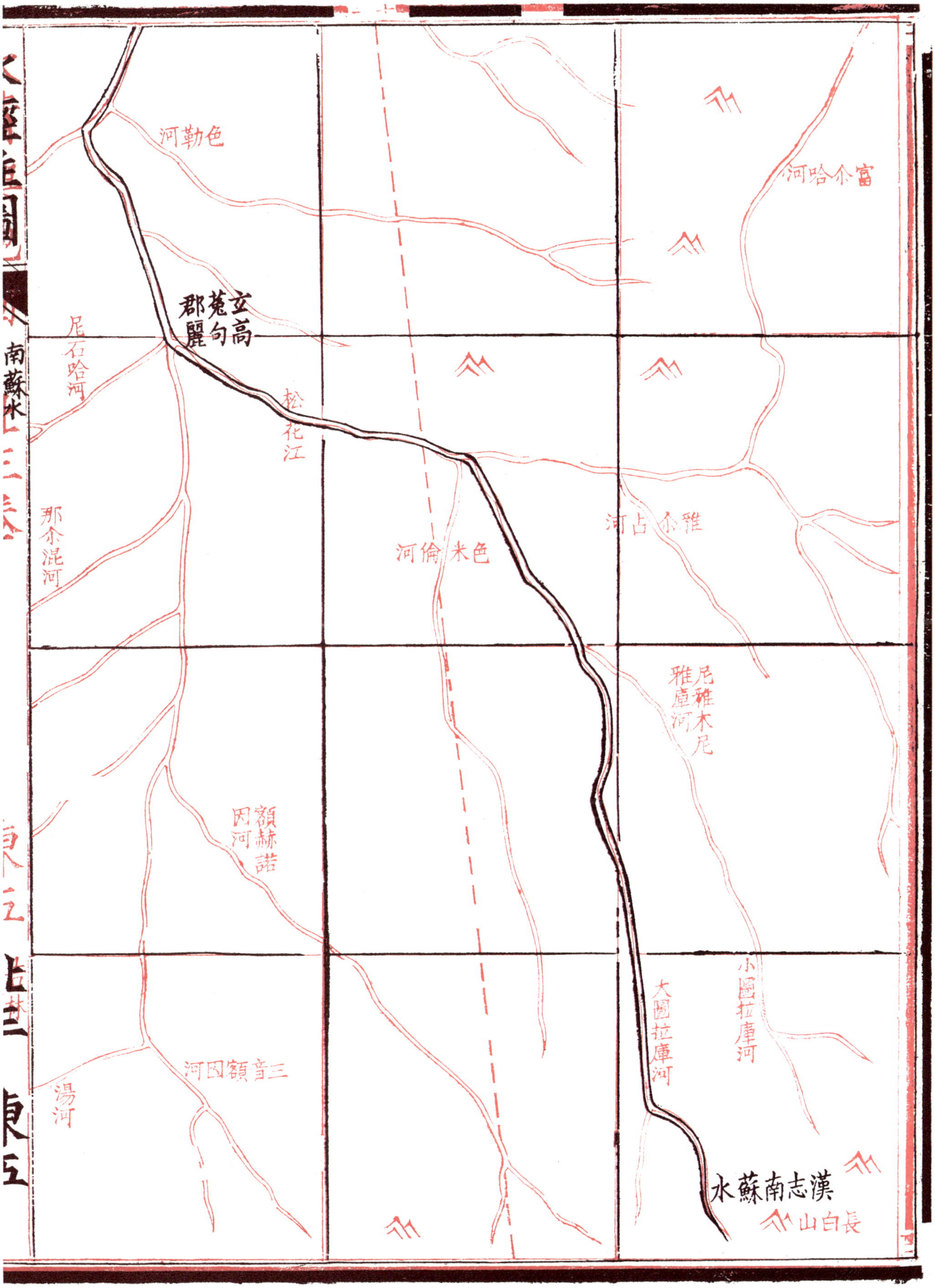
南蘇水
色勒河
富尔哈河
玄菟郡
高句麗
尼石哈河
松花江
那尔混河
色米倫河
雅尔占河
尼雅木尼雅庫河
額赫諾因河
三音額因河
湯河
大圖拉庫河
小圖拉庫河
漢志南蘇水
長白山

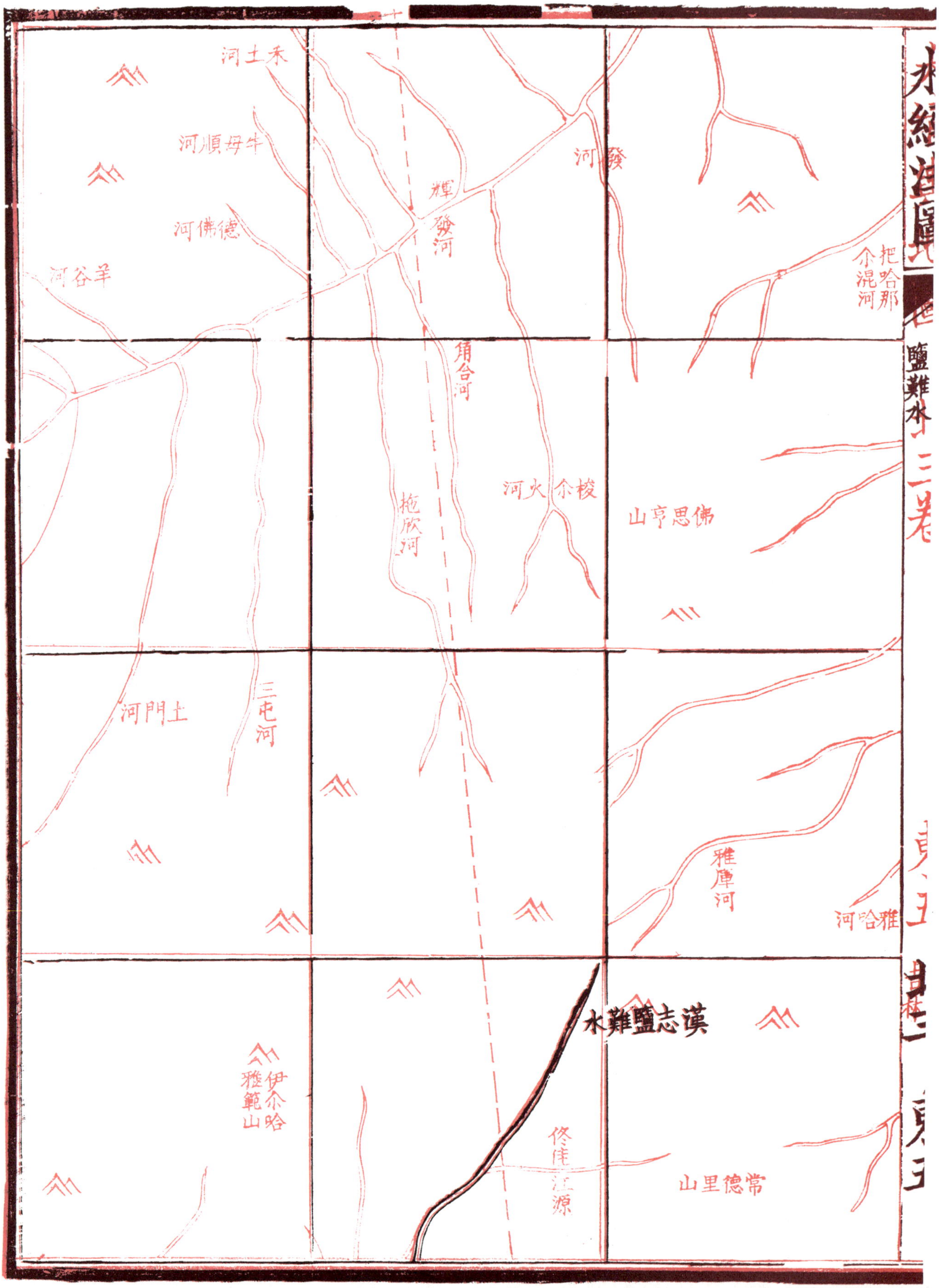
水經注圖
鹽難水
禾土河
牛毋順河
德佛河
羊谷河
發河
輝發河
把哈那介混河
角合河
拖欣河
梭介火河
佛思亨山
土門河
三屯河
雅庫河
雅哈河
漢志鹽難水
伊介哈雅範山
佟佳江源
常德里山

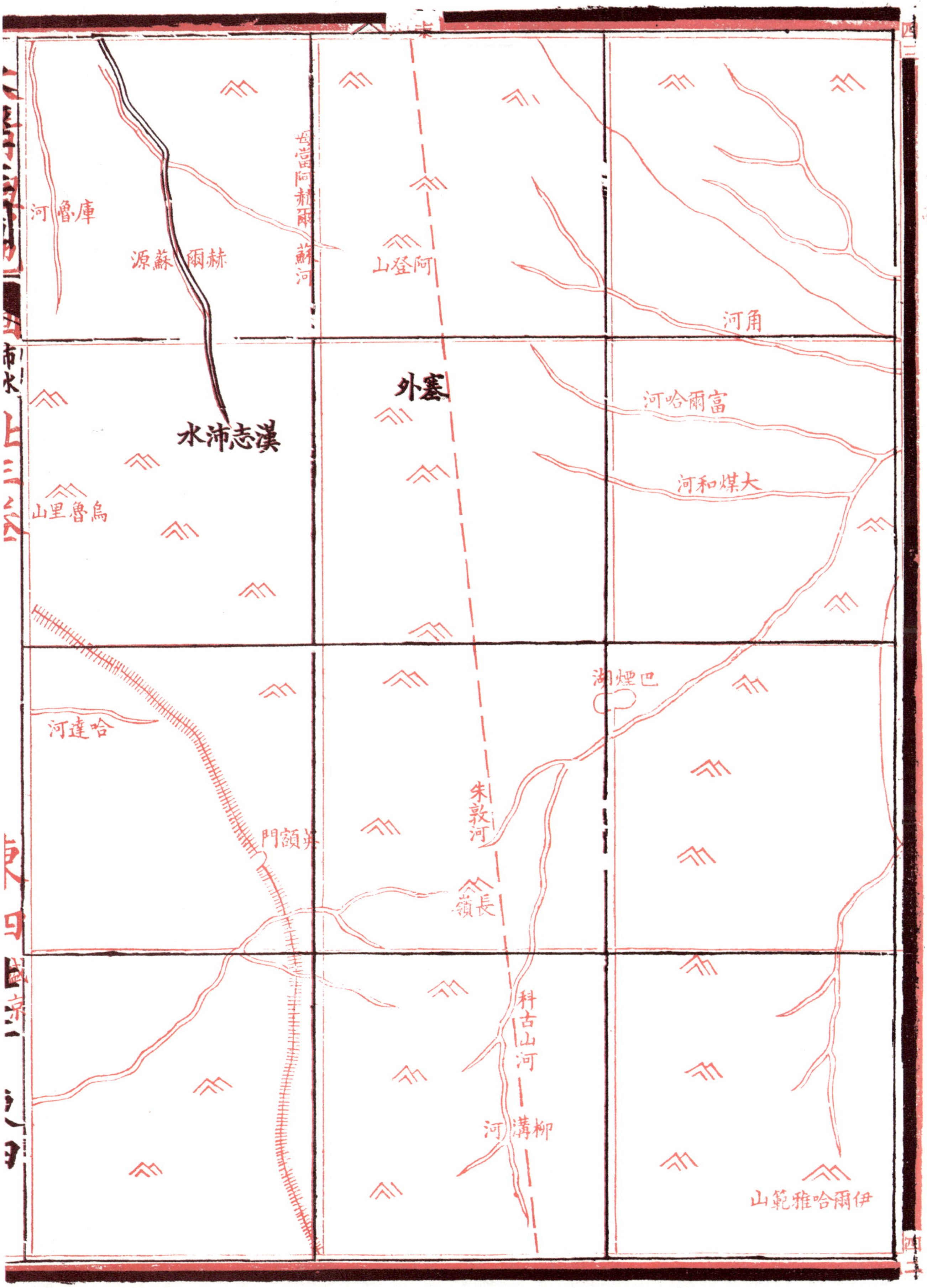

庫魯河
赫爾蘇源
毋當阿赫爾蘇河
阿登山
角河
塞外
漢志沛水
富爾哈河
大煤和河
烏魯里山
哈達河
巴煙湖
英額門
朱敦河
長嶺
科古山河
柳溝河
伊爾哈雅範山

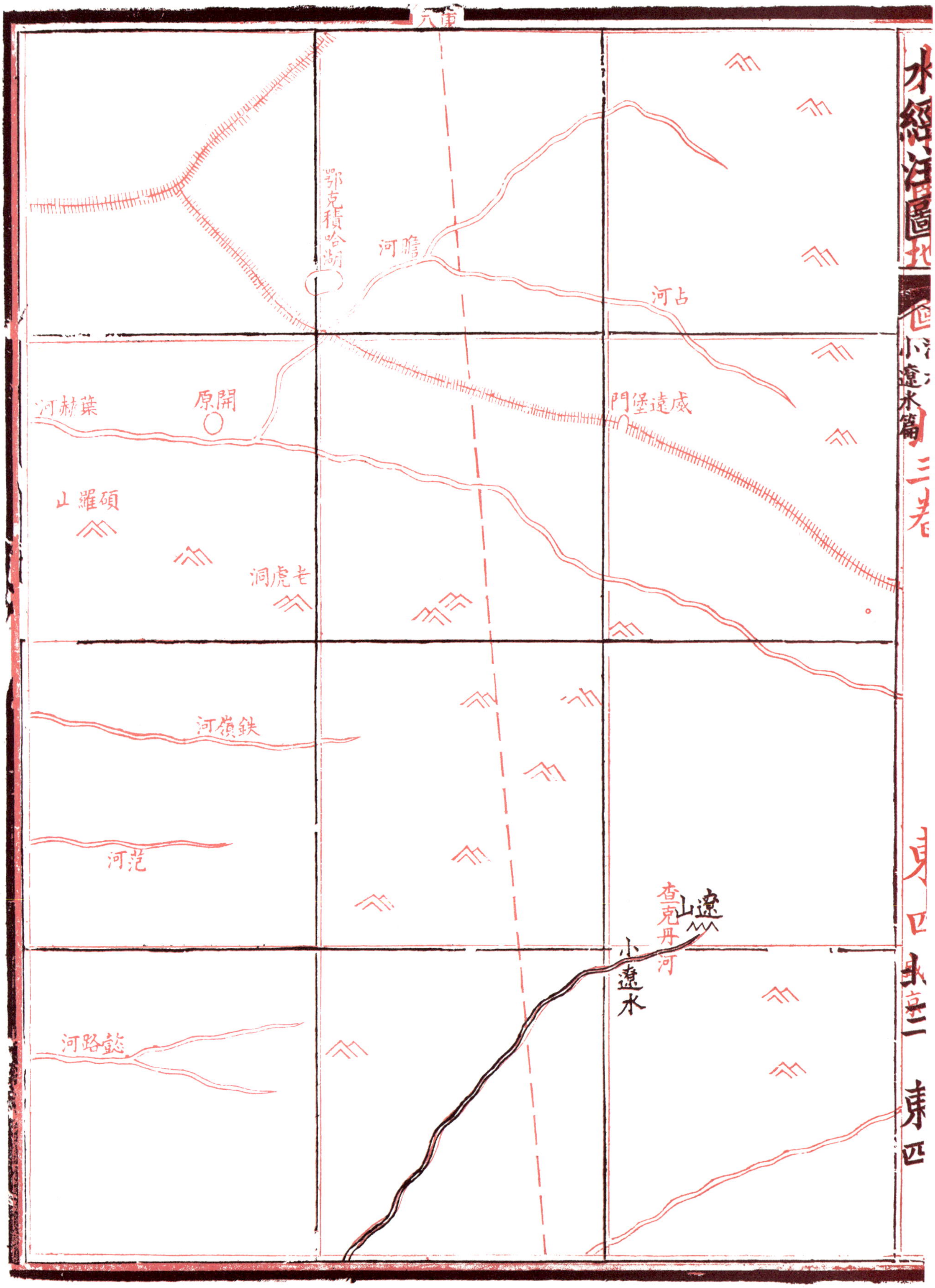
水經注圖
卷三
小遼水篇
東四北三
東四
鄂克積哈湖
瞻河
占河
葉赫河
開原
威遠堡門
頑羅山
乇虎洞
鐵嶺河
范河
遼山
查克丹河
小遼水
懿路河

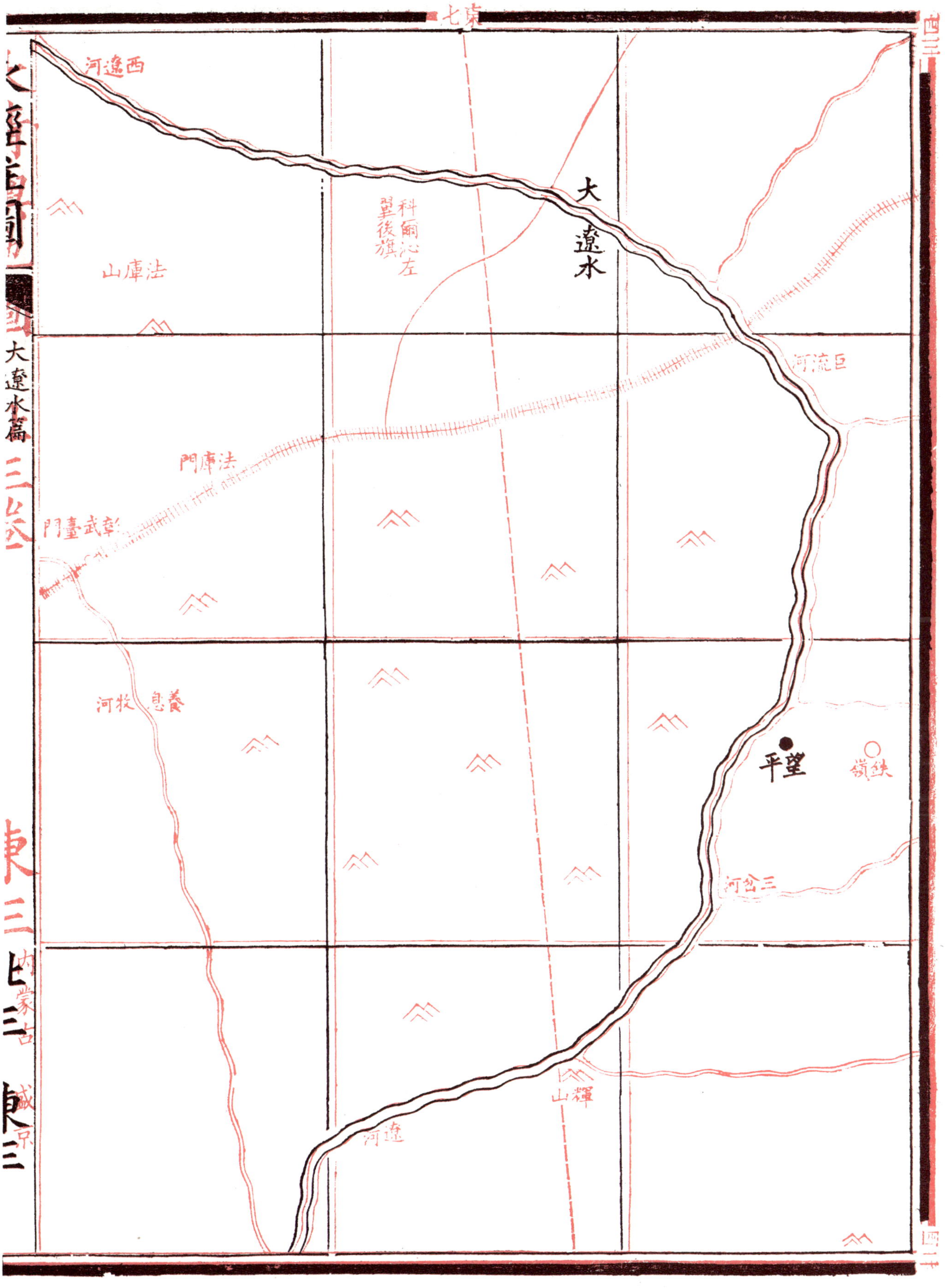
水經注圖
大遼水篇
三卷
東三北三東三
內蒙古
盛京
東七
西遼河
法庫山
科爾沁左翼後旗
大遼水
巨流河
法庫門
彰武臺門
養息牧河
望平
鉄嶺
三岔河
糧山
遼河

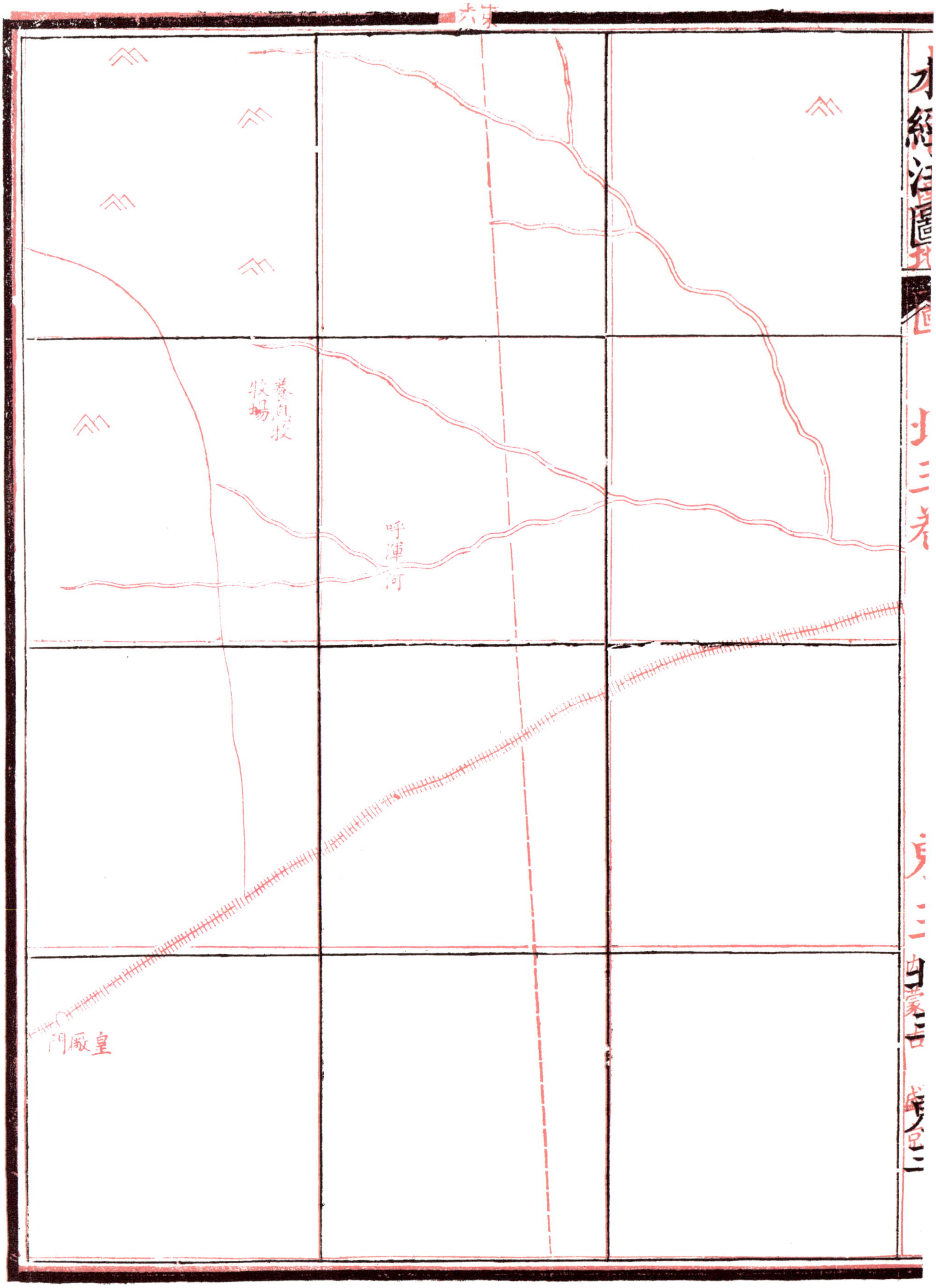
養息牧牧場
呼渾河
皇厰門

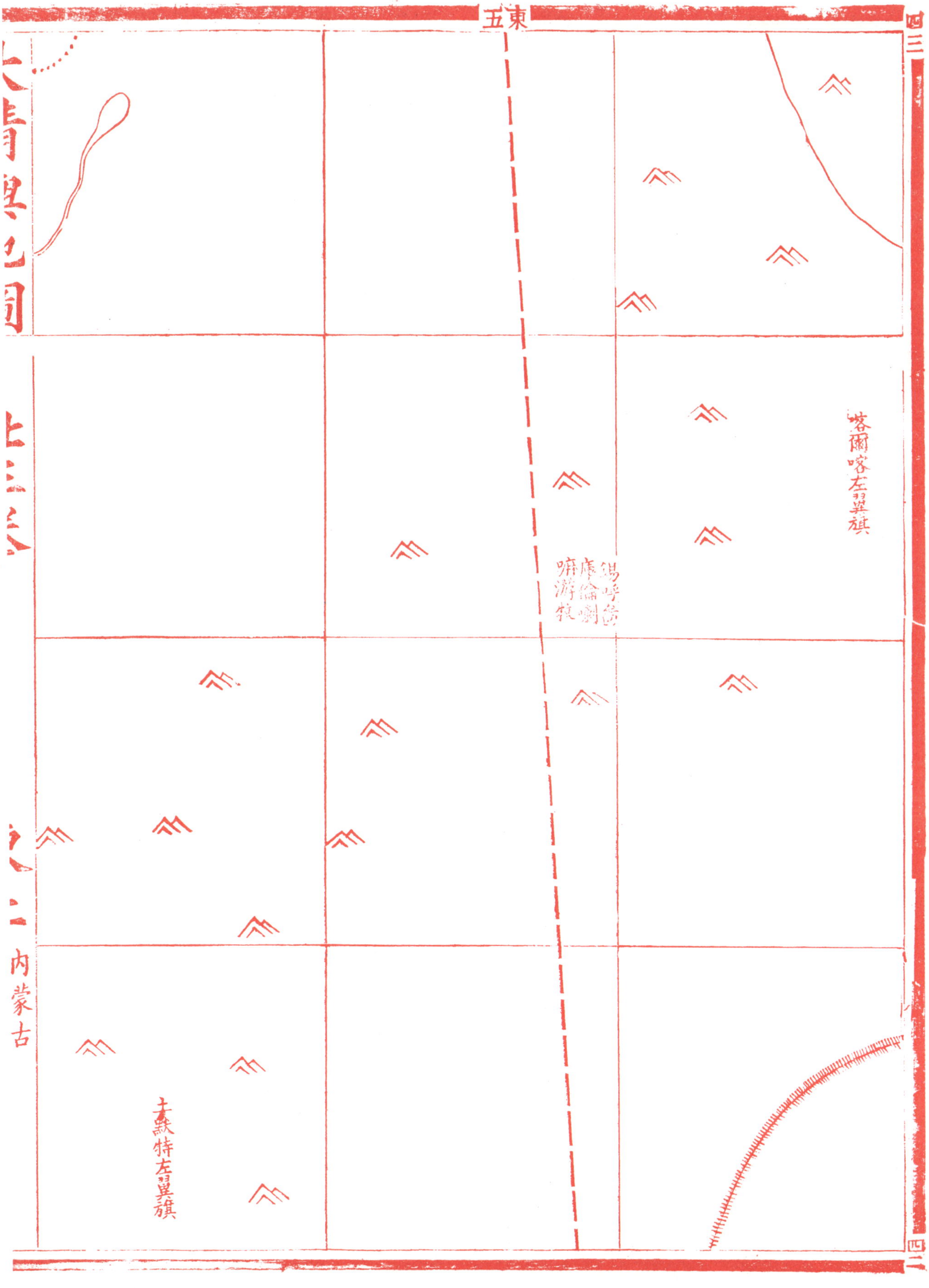
東五
四三
四二
大清輿地全圖
内蒙古
喀爾喀左翼旗
錫呼圖庫倫喇嘛游牧
土默特左翼旗

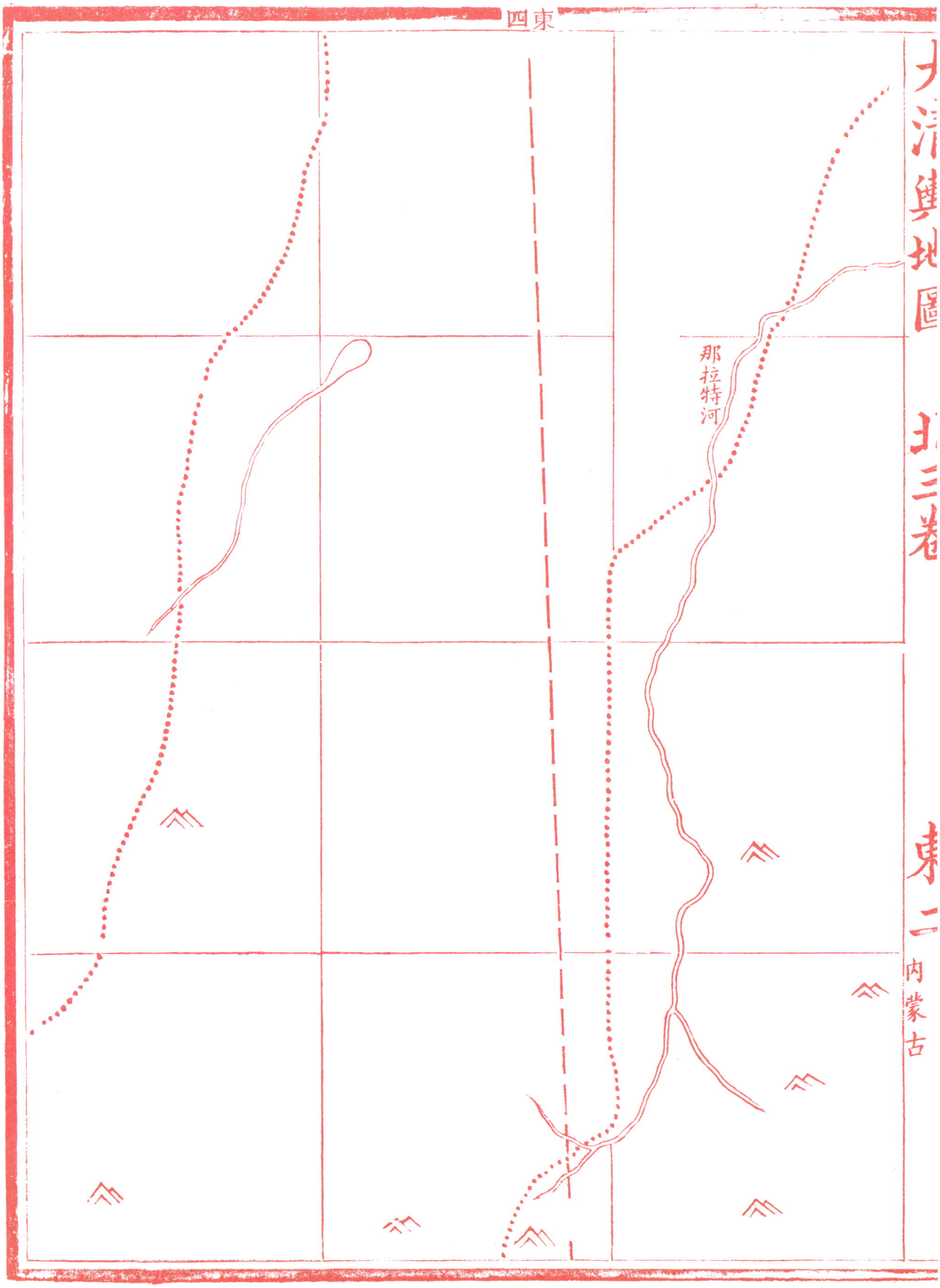
四東
大清輿地圖 北三卷 東二
那拉特河
内蒙古

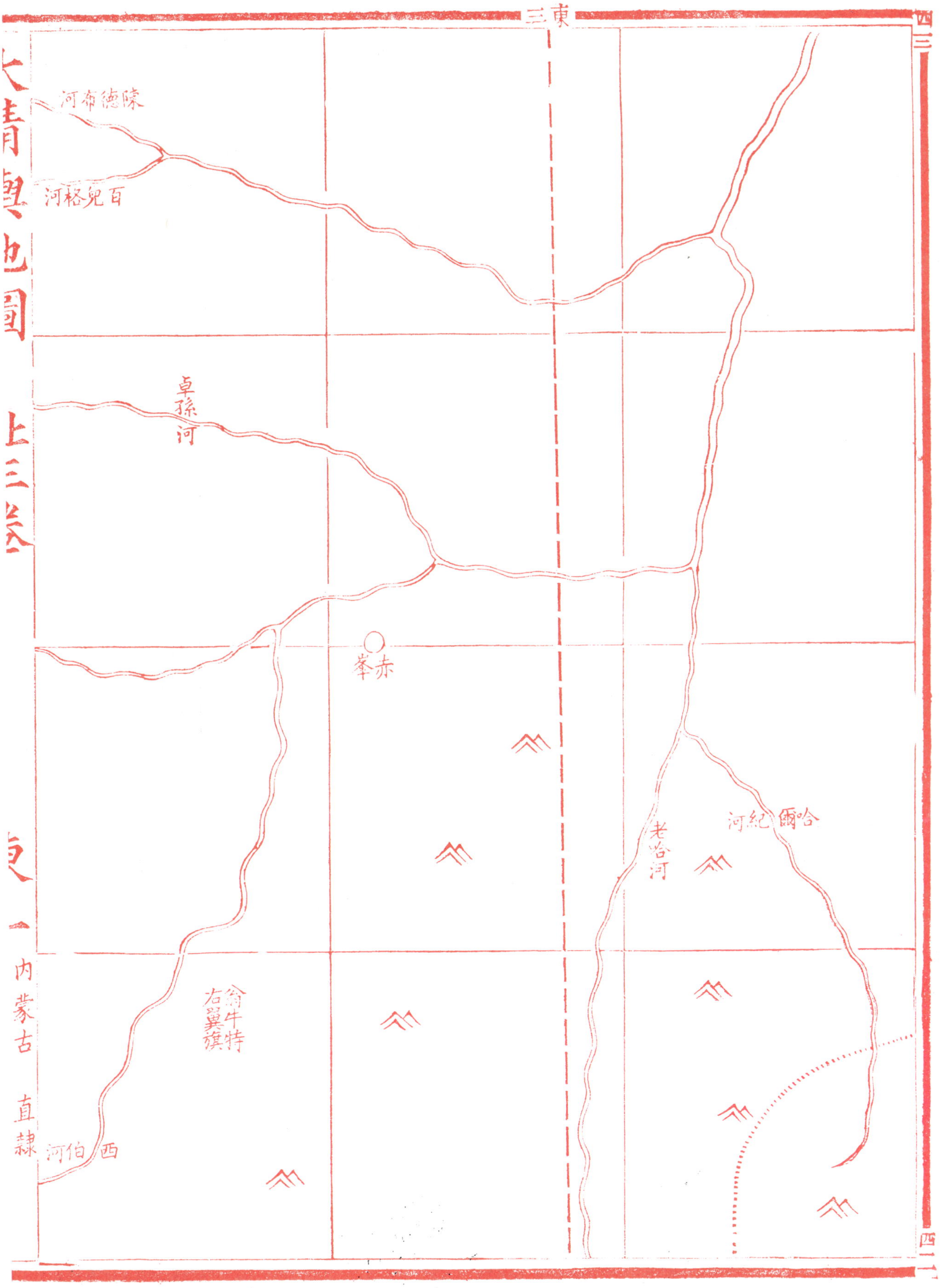
大清輿地圖 上三卷 東一
內蒙古 直隸
東三
四三
西一
陳德布河
百兒格河
卓孫河
赤峯
老哈河
哈爾紀河
翁牛特
右翼旗
西伯河

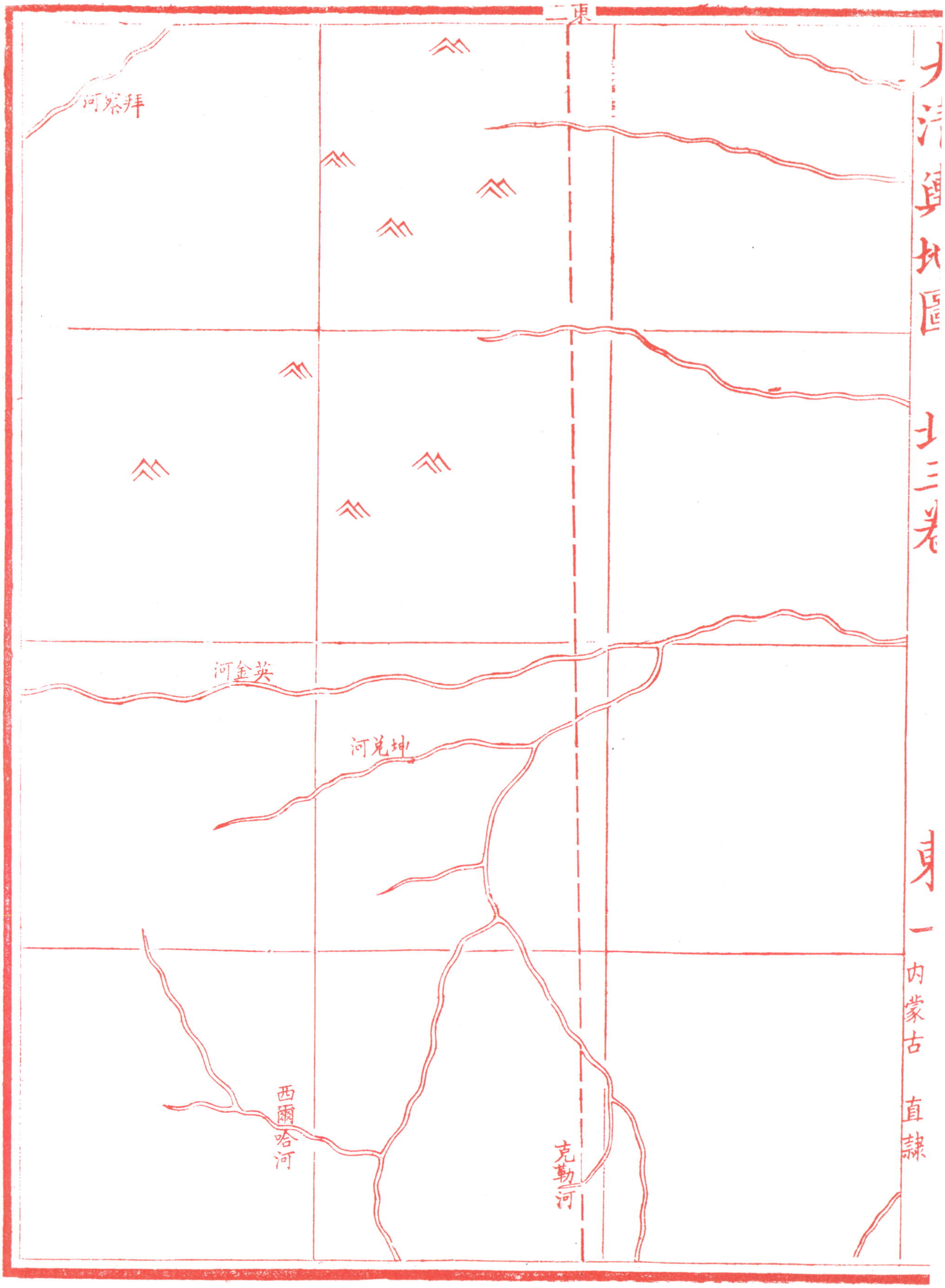
二東
大清輿地圖
北三卷
東一
內蒙古
直隸
拜察河
英金河
坤兑河
西爾哈河
克勒河

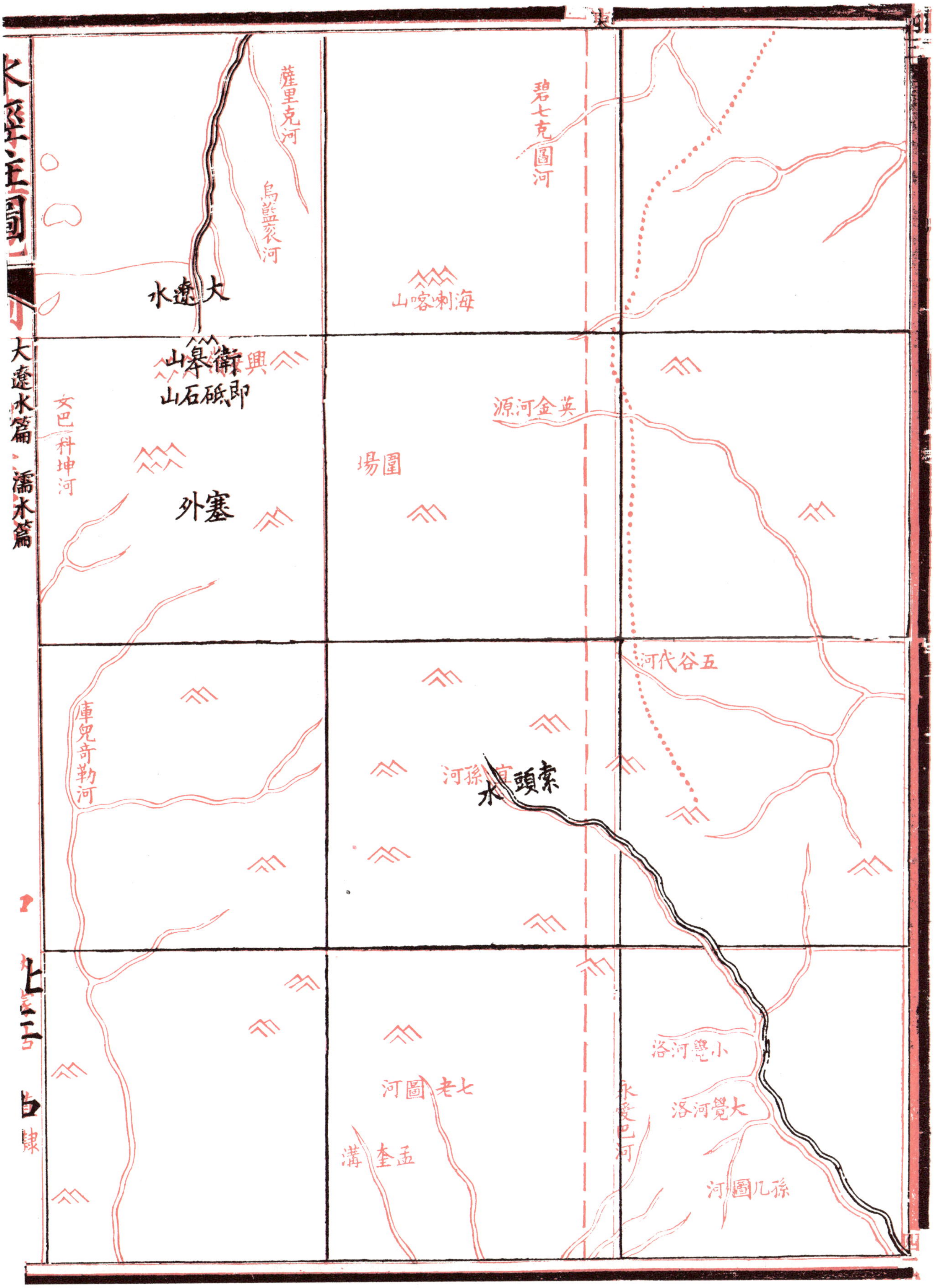
水經注圖
大遼水篇 濡水篇
薩里克河
烏藍袞河
碧七克圖河
大遼水
海喇喀山
衛皋山
即砥石山
文巴科坤河
英金河源
圍場
塞外
五谷代河
庫兒奇勒河
宜孫河
索頭水
小覺洛河
七老圖河
大覺洛河
永愛巴河
孟奎溝
孫几圖河

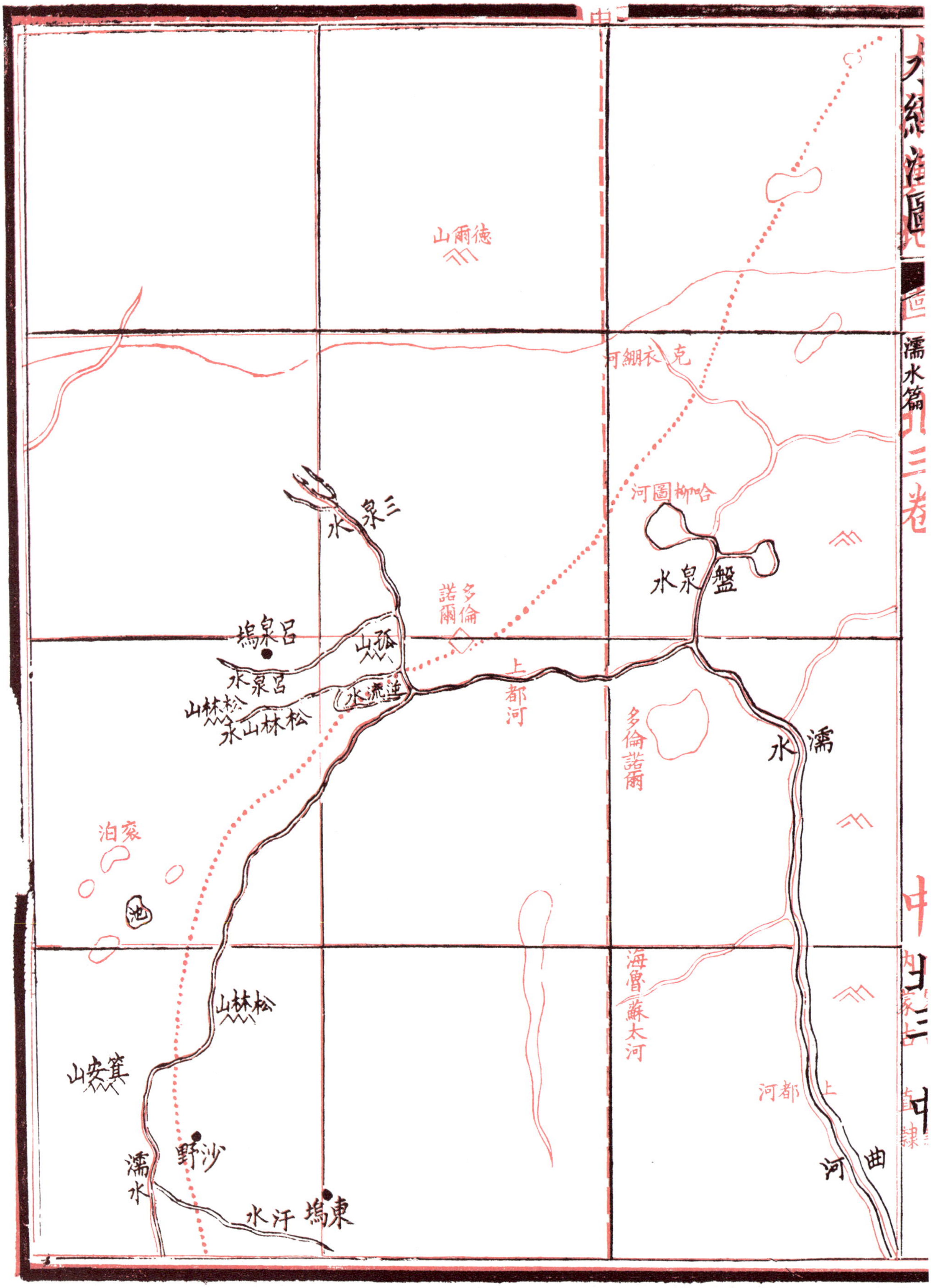
水經注圖
濡水篇
德爾山
克衣綳河
哈柳圖河
盤泉水
三泉水
多倫諾爾
呂泉塢
孤山
呂泉水
逆流水
松林山
松林山水
上都河
濡水
多倫諾爾
袞泊
池
松林山
海魯蘇太河
箕安山
上都河
沙野
濡水
曲河
汙水
東塢

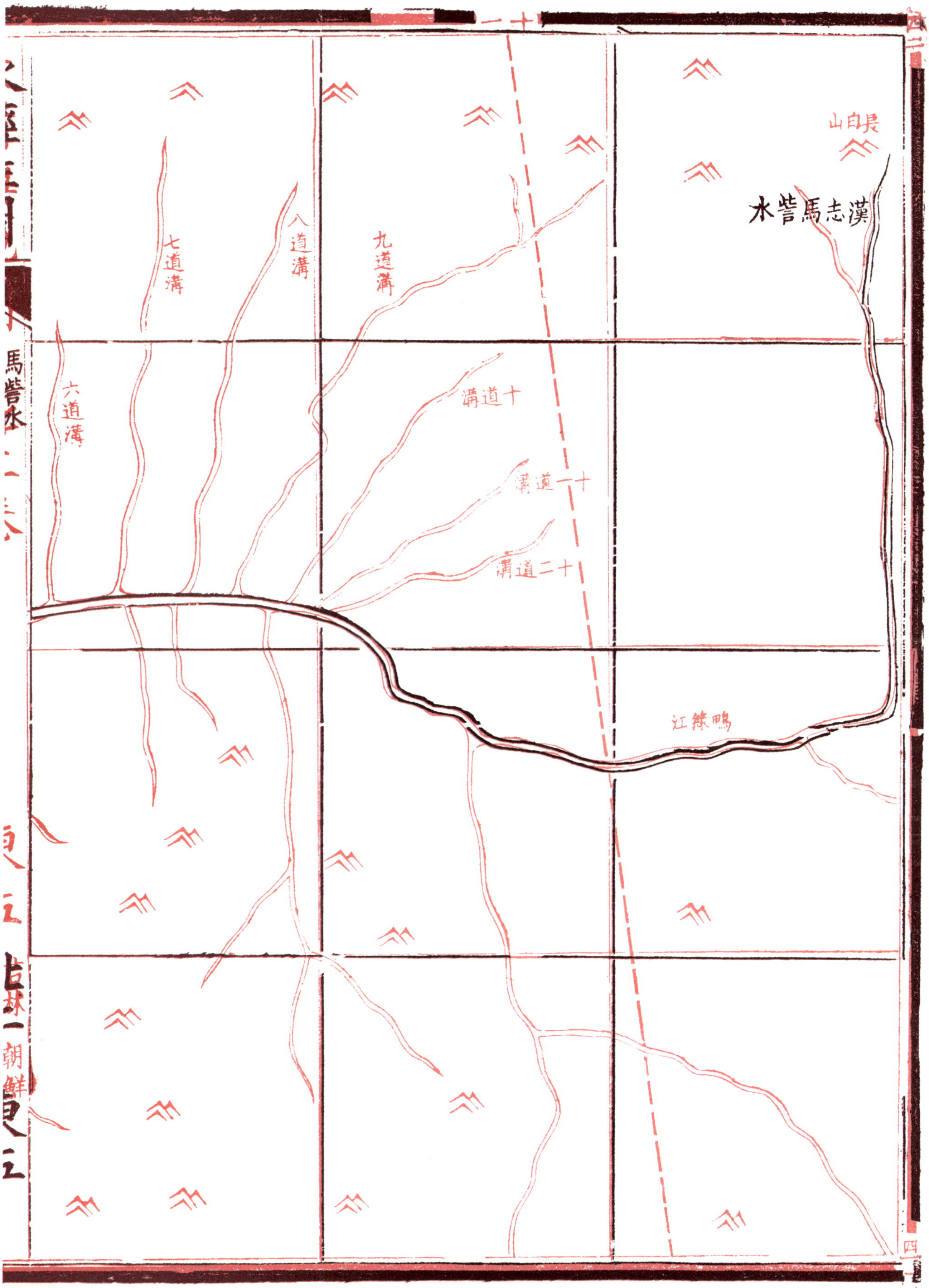
長白山
漢志馬訾水
六道溝
七道溝
八道溝
九道溝
十道溝
十一道溝
十二道溝
鴨綠江
馬訾水
朝鮮

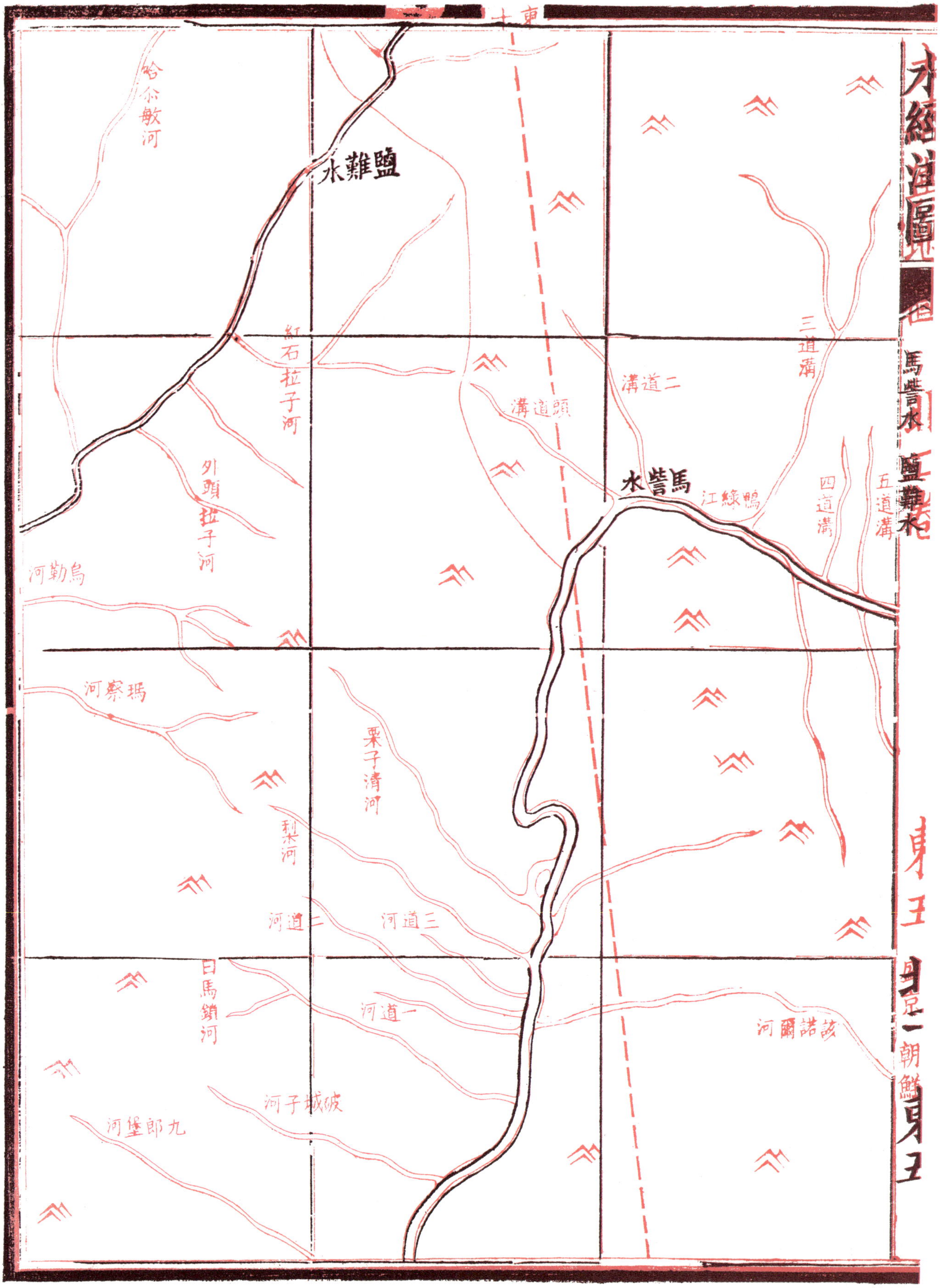
水經注圖
馬訾水
鹽難水
朝鮮
哈尓敏河
鹽難水
紅石拉子河
外頭拉子河
烏勒河
瑪察河
栗子清河
梨河
二道河
三道河
白馬鎖河
一道河
破城子河
九郎堡河
頭道溝
二道溝
三道溝
四道溝
五道溝
馬訾水
鴨綠江
該諾爾河

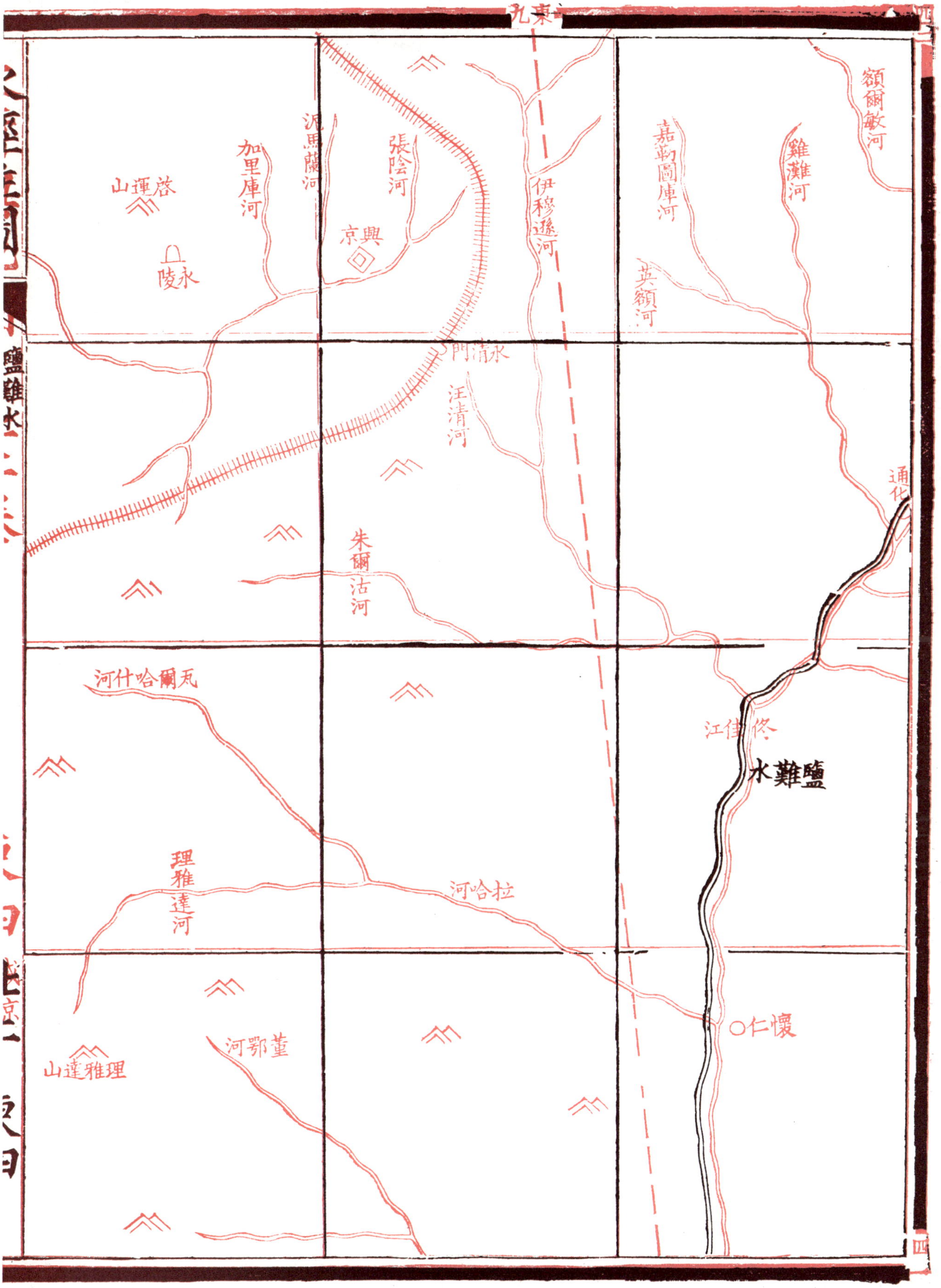
東九
鹽難水
啓運山
永陵
加里庫河
泥馬藍河
張陰河
興京
伊穆遜河
嘉勒圖庫河
雞灘河
額爾敏河
英額河
水清門
汪清河
朱爾沽河
通化
瓦爾哈什河
佟佳江
鹽難水
理雅達河
拉哈河
懷仁
董鄂河
理雅達山

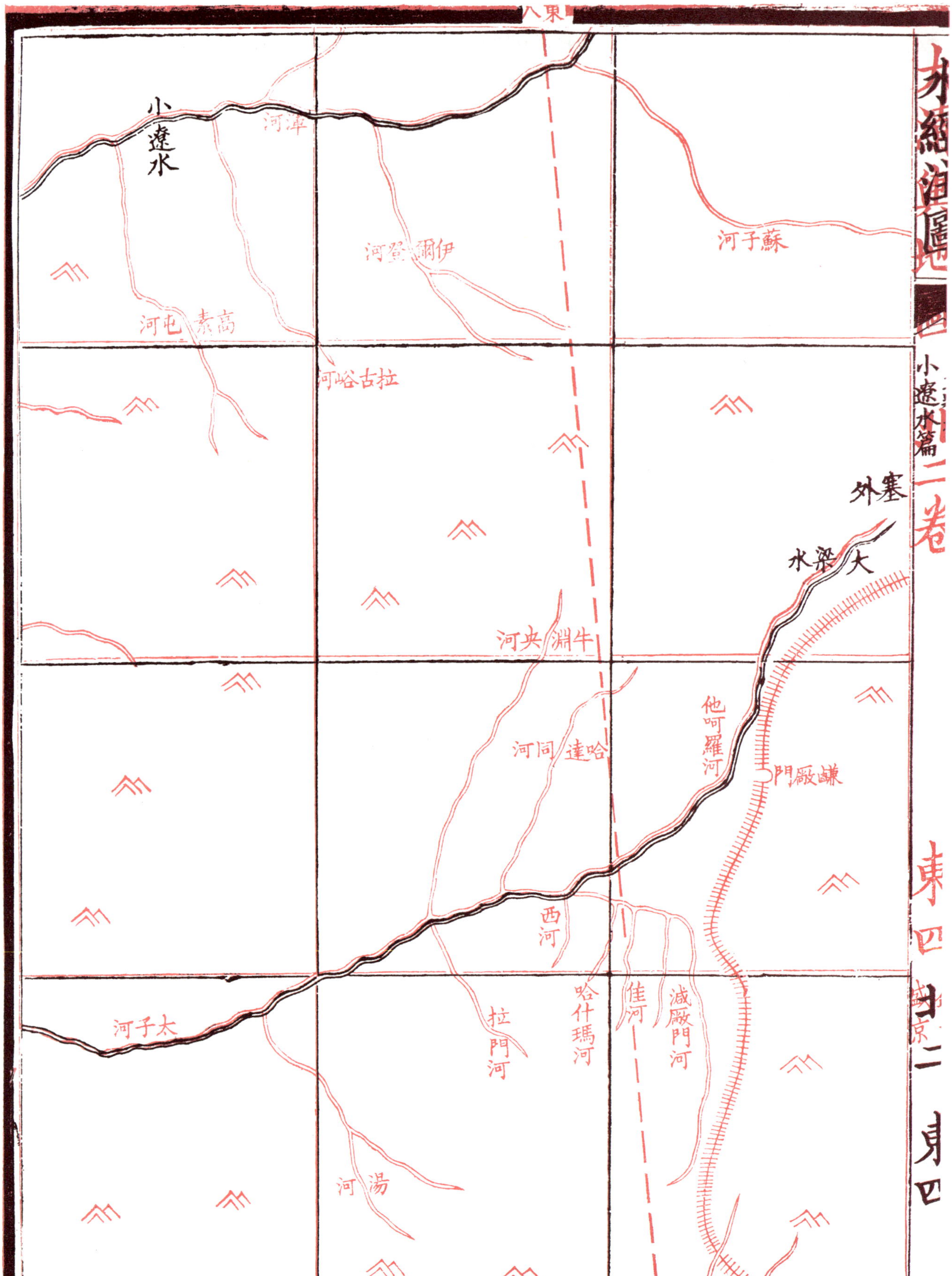
東八
小遼水篇
小遼水
渾河
伊爾登河
蘇子河
高素屯河
拉古峪河
牛淵央河
哈達同河
他呵羅河
鹻廠門
大梁水
塞外
西河
哈什瑪河
佳河
減廠門河
拉門河
太子河
湯河

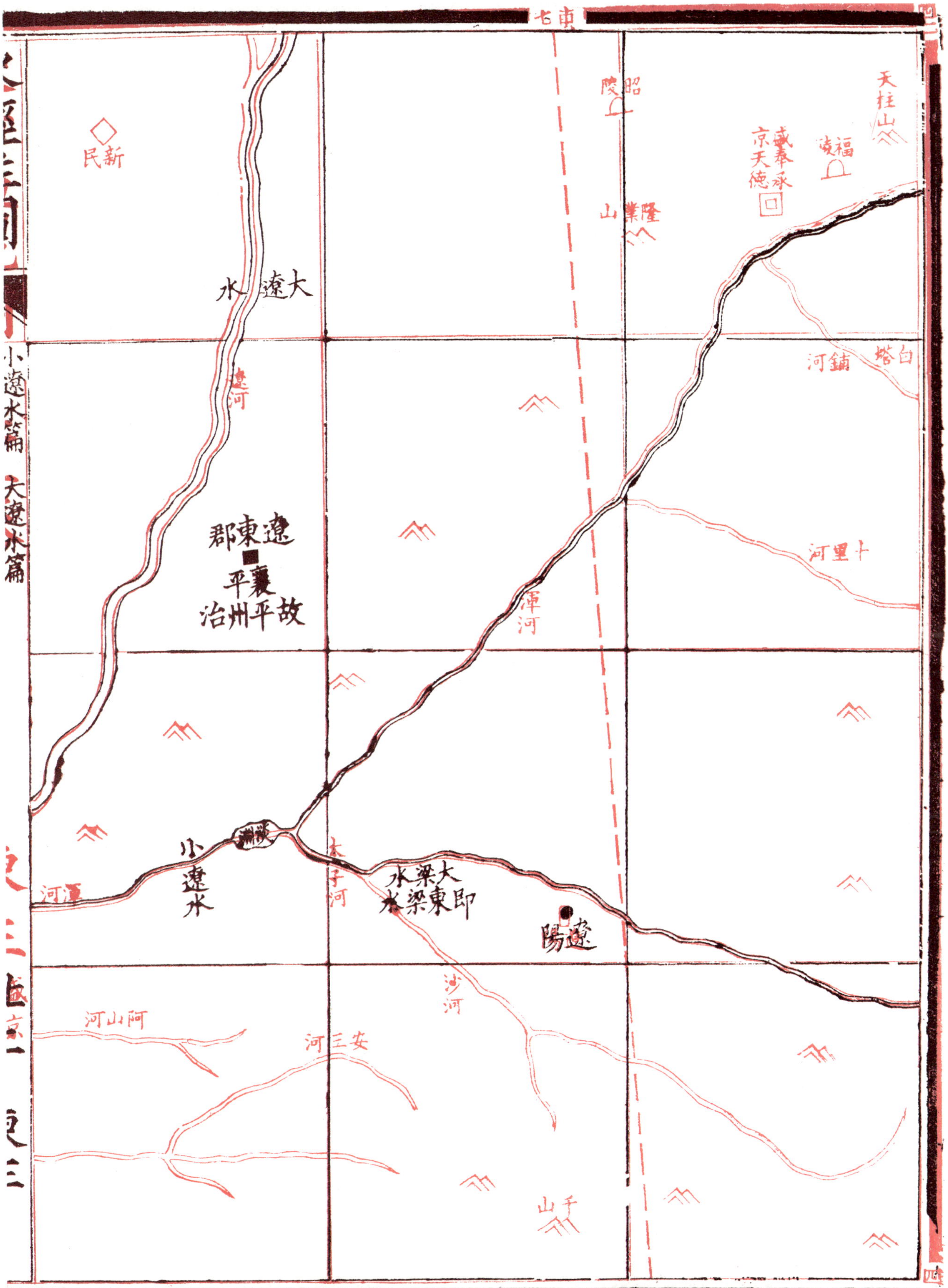
東七
水經注圖
小遼水篇 大遼水篇
新民
昭陵
天柱山
盛京
奉天
承德
福陵
隆業山
大遼水
遼河
白塔
鎮河
十里河
遼東郡
襄平
故平州治
渾河
小遼水
渾河
太子河
大梁水
即東梁水
遼陽
沙河
阿山河
安三河
千山

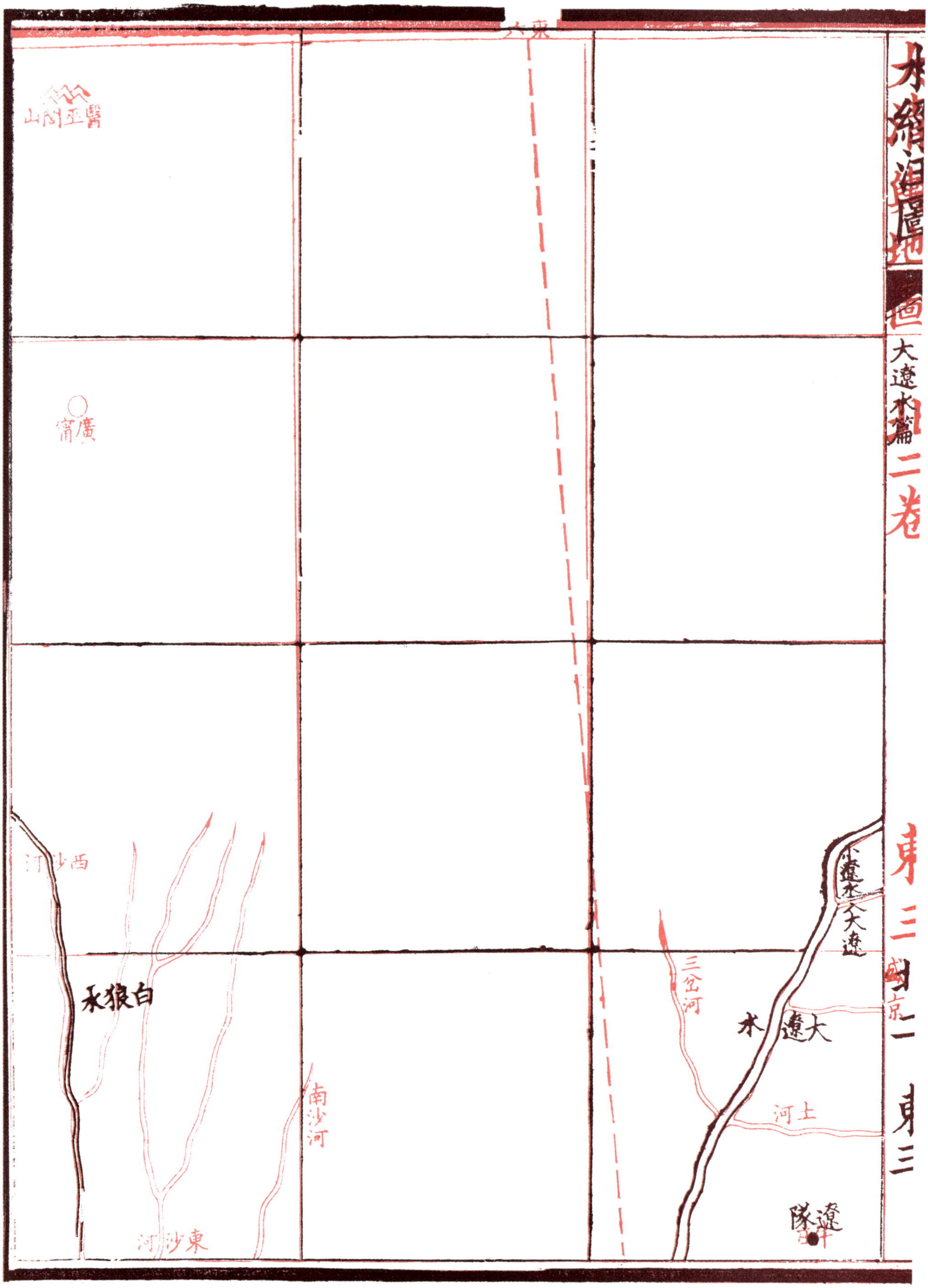
醫巫閭山
廣寧
西沙河
白狼水
南沙河
東沙河
三岔河
大遼水
上河
遼隊
小遼水入大遼
大遼水篇
東三

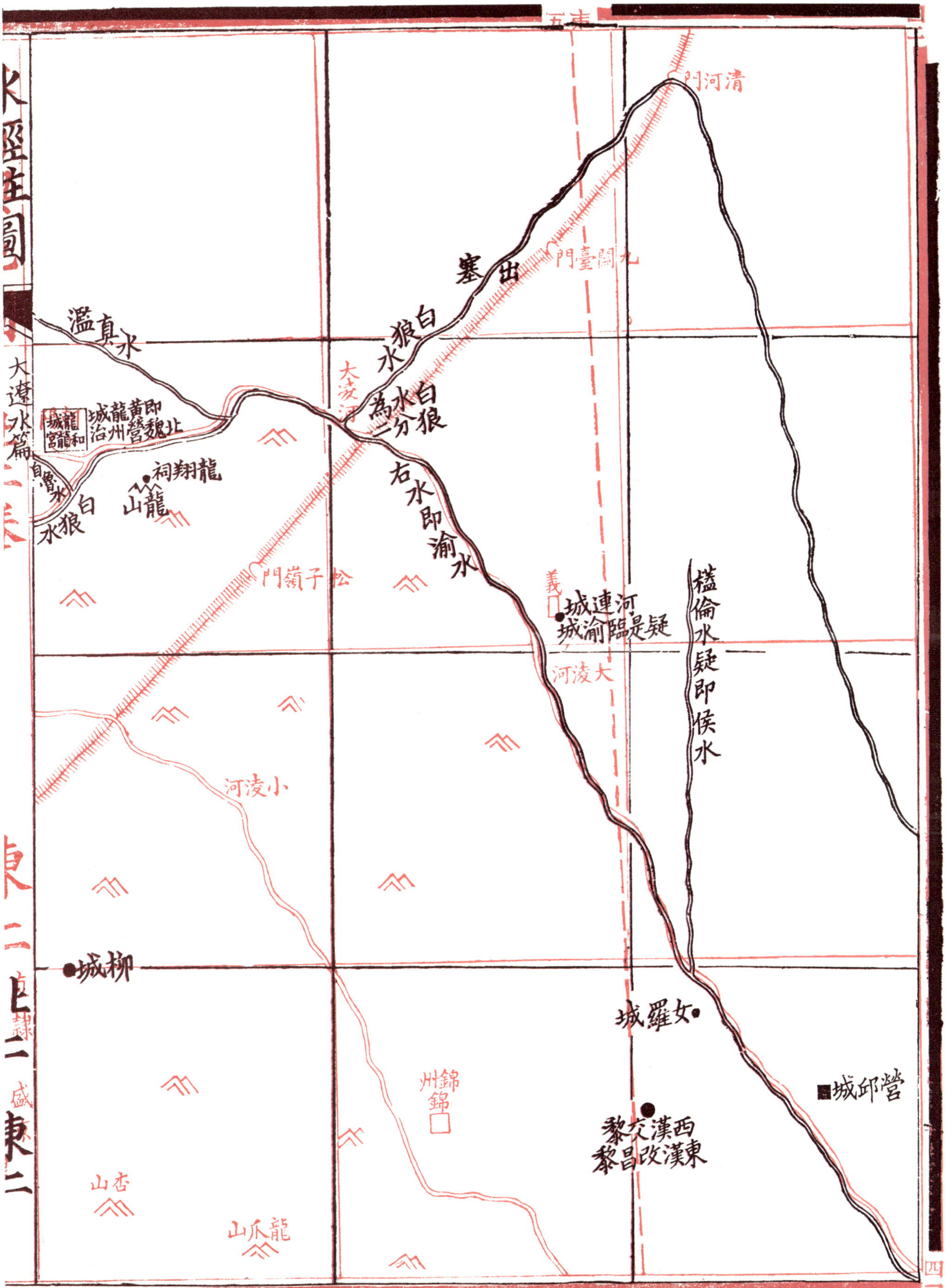

水經注圖
大遼水篇
東二北二
清河門
九關臺門
出塞
白狼水
濫真水
大凌河
白狼水分為二
即北魏營州黃龍城治
和龍宮城
龍翔祠
龍山
白狼水
右水即渝水
松子嶺門
義
河連城
疑是臨渝城
大凌河
檻倫水疑即侯水
小凌河
柳城
女羅城
營邱城
錦州
錦
西漢交黎
東漢改昌黎
杏山
龍爪山

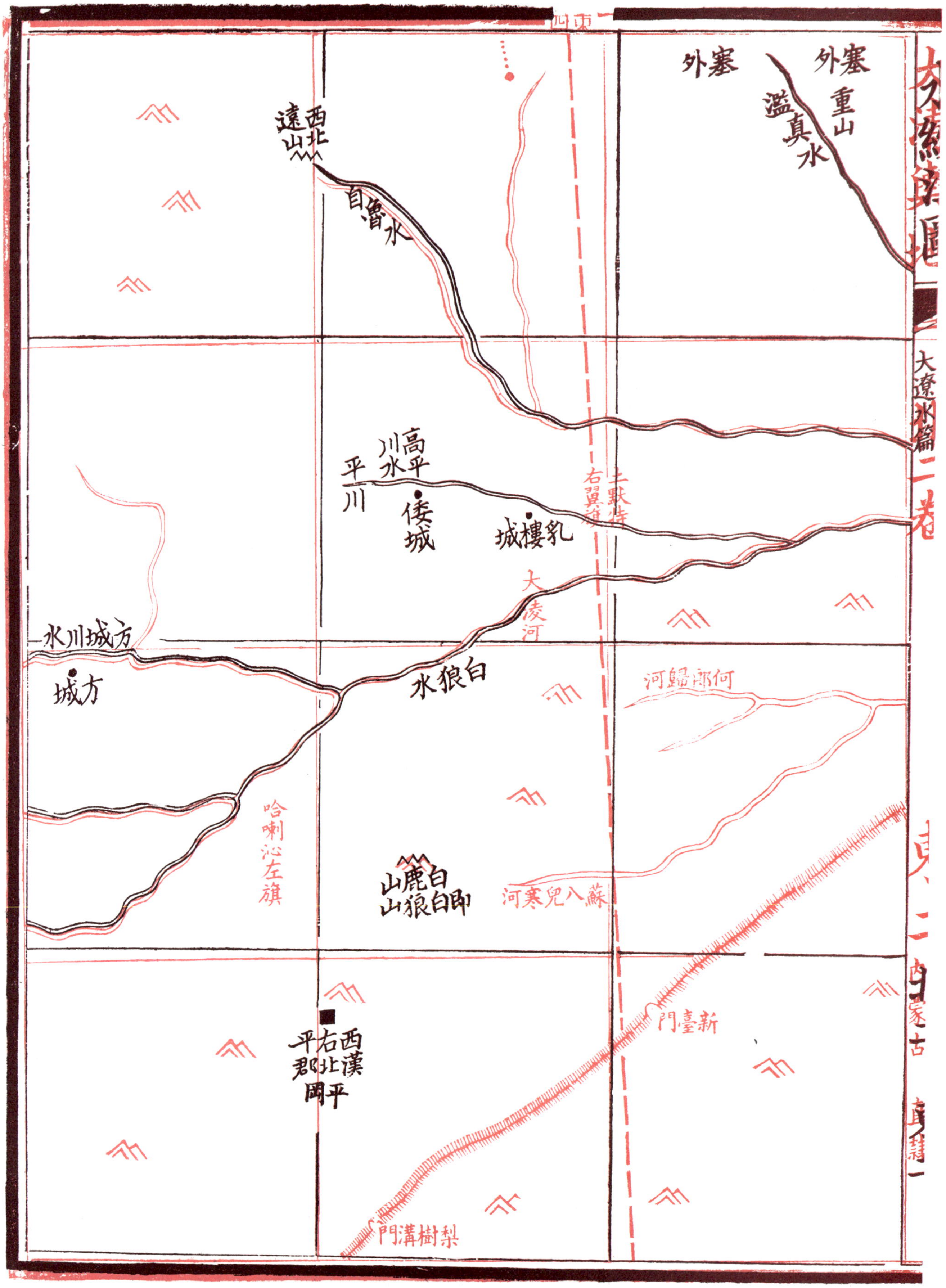
塞外
塞外
重山
濫真水
西北遠山
魯水
高平川水
平川
倭城
乳樓城
土默特右翼旗
大淩河
方城川水
方城
白狼水
何郎歸河
哈喇沁左旗
白鹿山
即白狼山
蘇八兒寨河
西漢右北平郡平岡
新臺門
梨樹溝門
大遼水篇
二卷

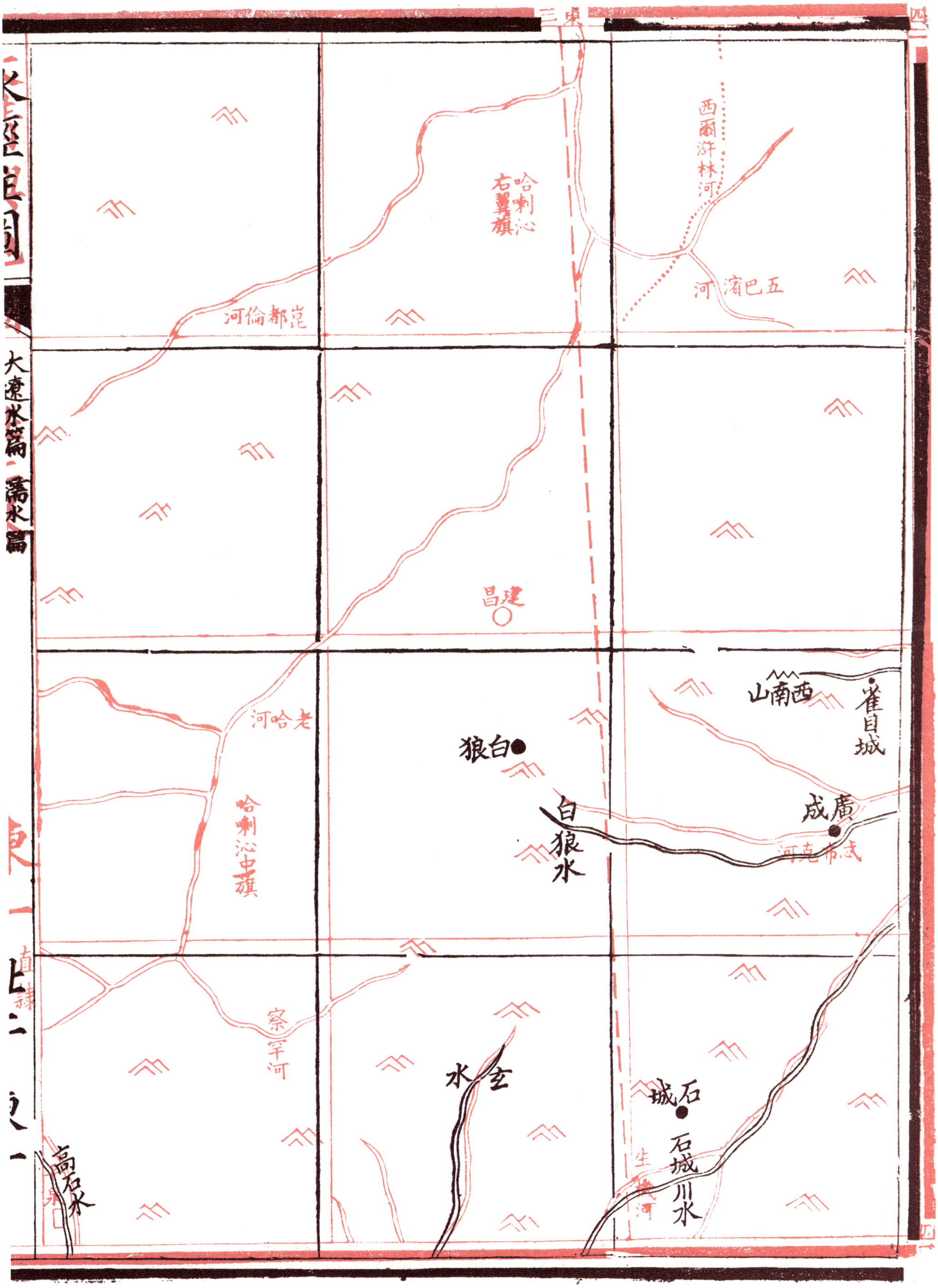

水經注圖
大遼水篇 濡水篇
哈喇沁右翼旗
崑都倫河
建昌
老哈河
哈喇沁中旗
察罕河
白狼
白狼水
西南山
雀目城
廣成
石城
石城川水
玄水
高石水

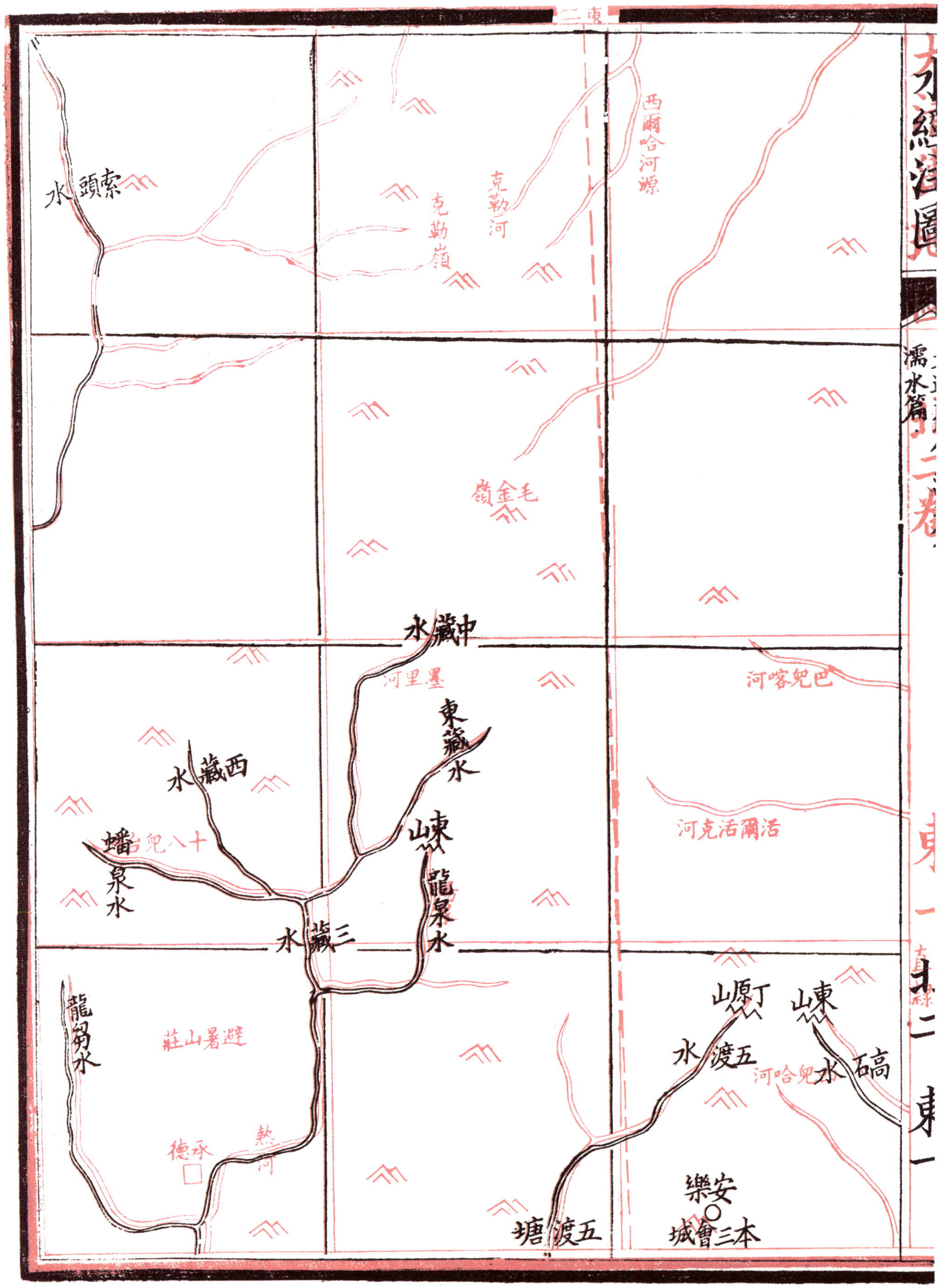
水經注圖
濡水篇
東二
西爾哈河源
克勒河
克勒嶺
索頭水
毛金嶺
中藏水
墨里河
東藏水
西藏水
巴兒喀河
活爾活克河
十八兒台
東龍泉水
三藏水
丁原山
東山
五渡水
高石水
哈兒河
龍芻水
避暑山莊
承德
熱河
安樂
本三會城
五渡塘

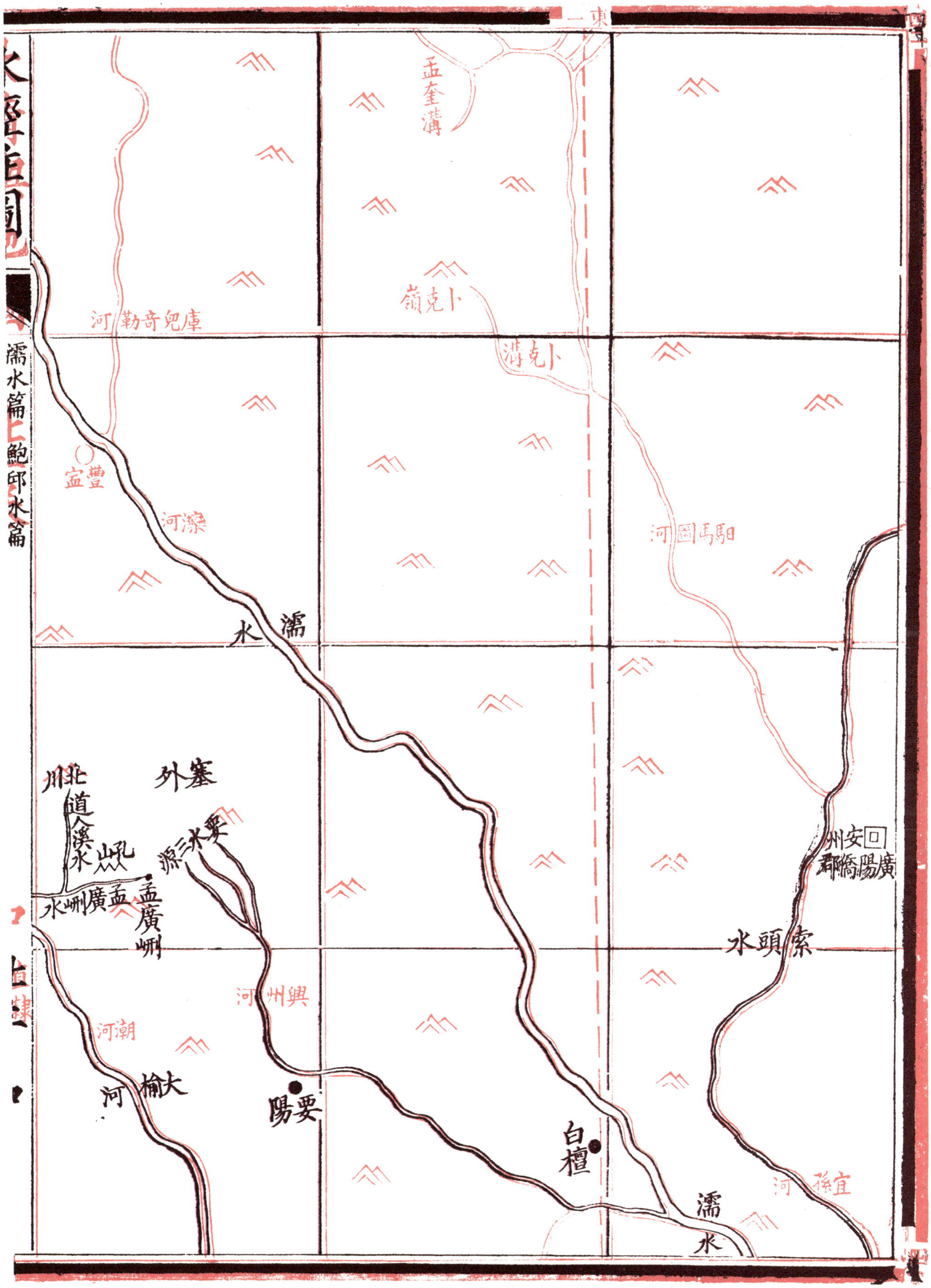
水經注圖
濡水篇 鮑邱水篇
東一
孟奎溝
卜克嶺
卜克溝
庫兜奇勒河
灤河
濡水
塞外
北道溪水
孔山
要水三源
孟廣㟭
廣孟㟭水
安州
廣陽僑郡
索頭水
興州河
潮河
大榆河
要陽
白檀
宜孫河
濡水

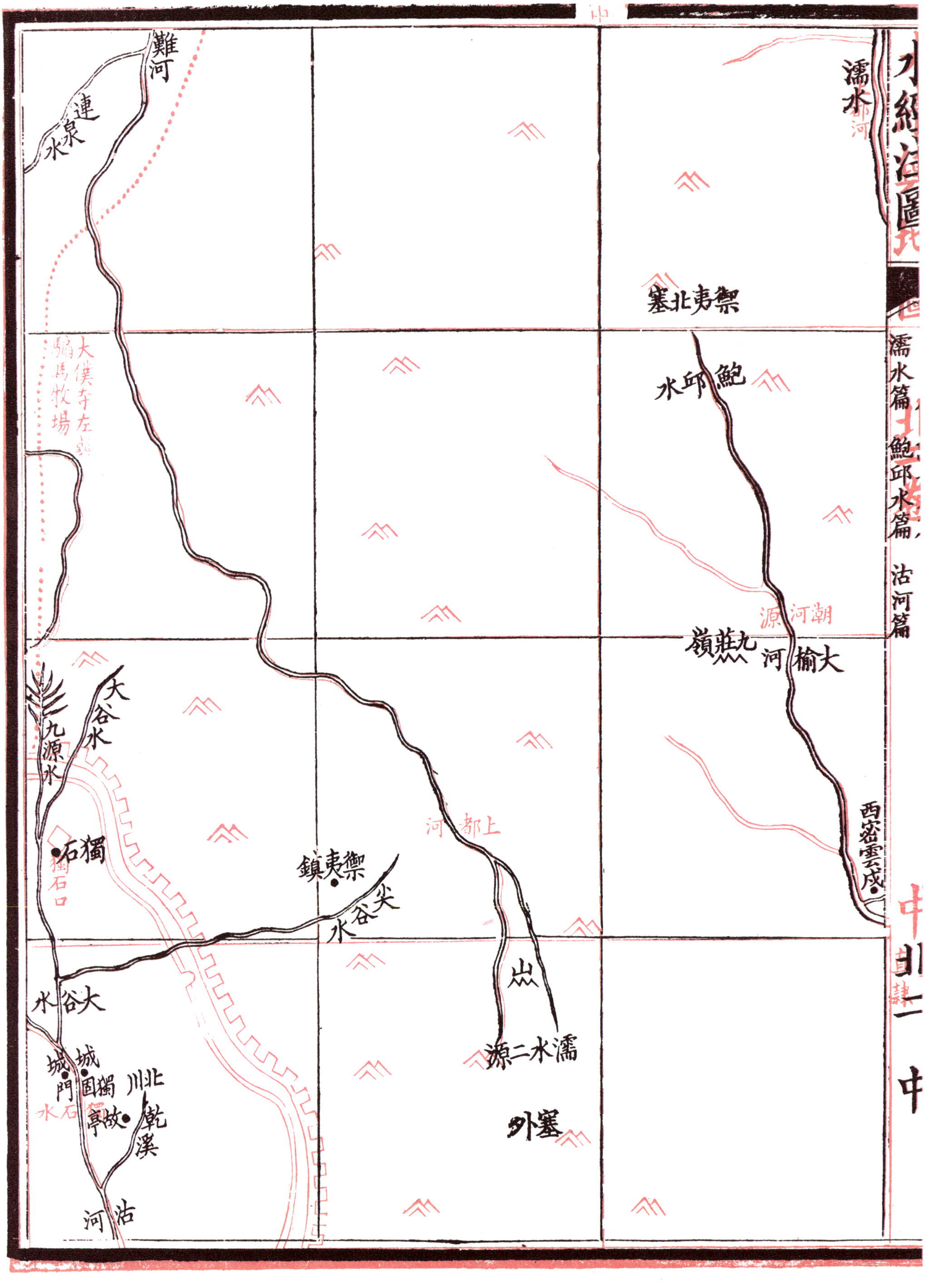
水經注圖
濡水篇 鮑邱水篇 沽河篇
難河
連泉水
濡水
禦夷北塞
鮑邱水
潮河源
大榆河
西密雲戍
大僕寺左翼騸馬牧場
大谷水
九源水
獨石
獨石口
禦夷鎮
尖谷水
上都河
濡水二源
塞外
城門
北川
乾溪
沽河

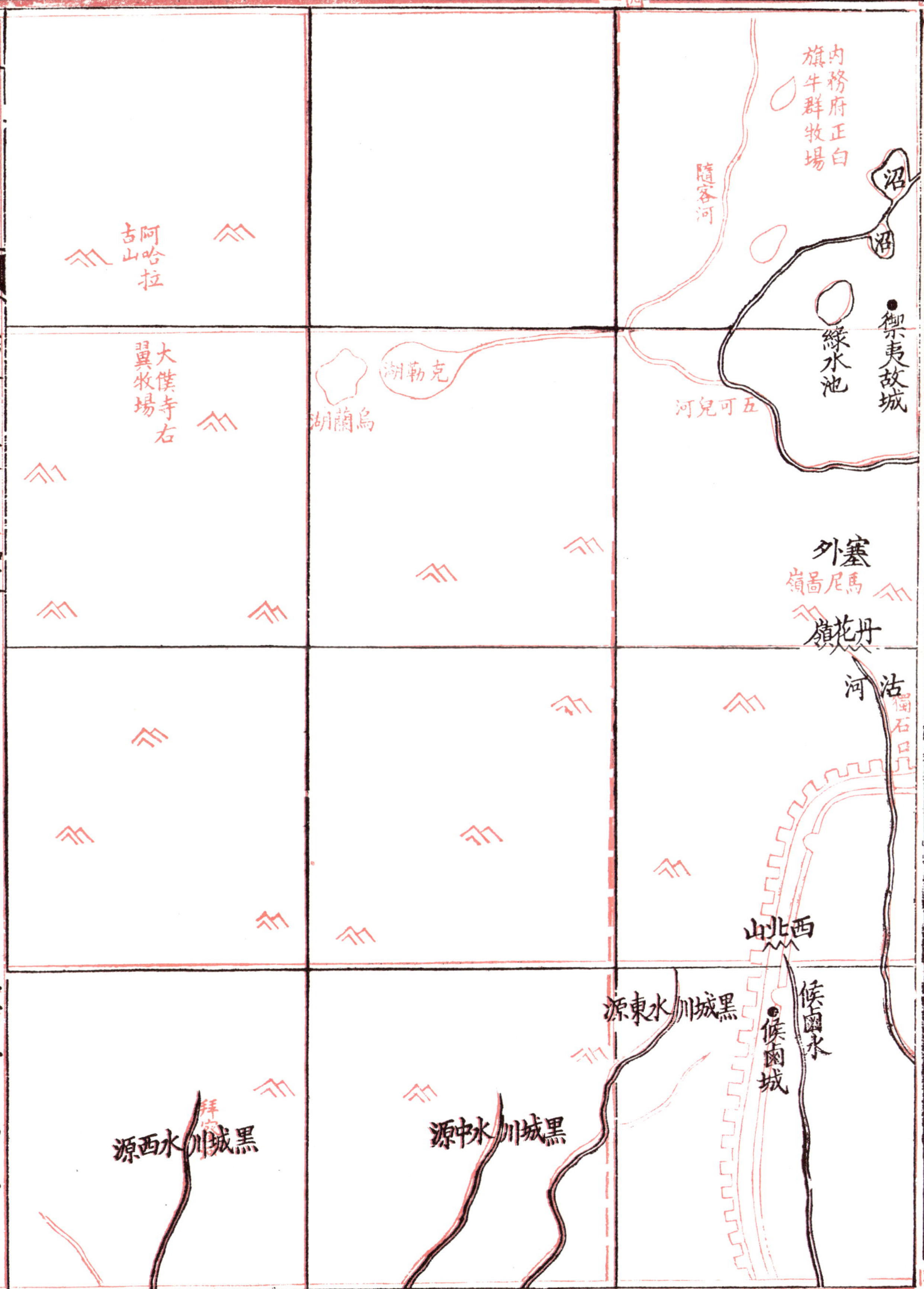
內務府正白旗牛群牧場
隨客河
沼
沼
綠水池
禦夷故城
阿哈拉古山
大僕寺右翼牧場
克勒湖
烏蘭湖
五可兒河
塞外
馬尼圖嶺
丹花嶺
沽河
獨石口
西北山
侯圖水
侯圖城
黑城川水東源
黑城川水中源
黑城川水西源

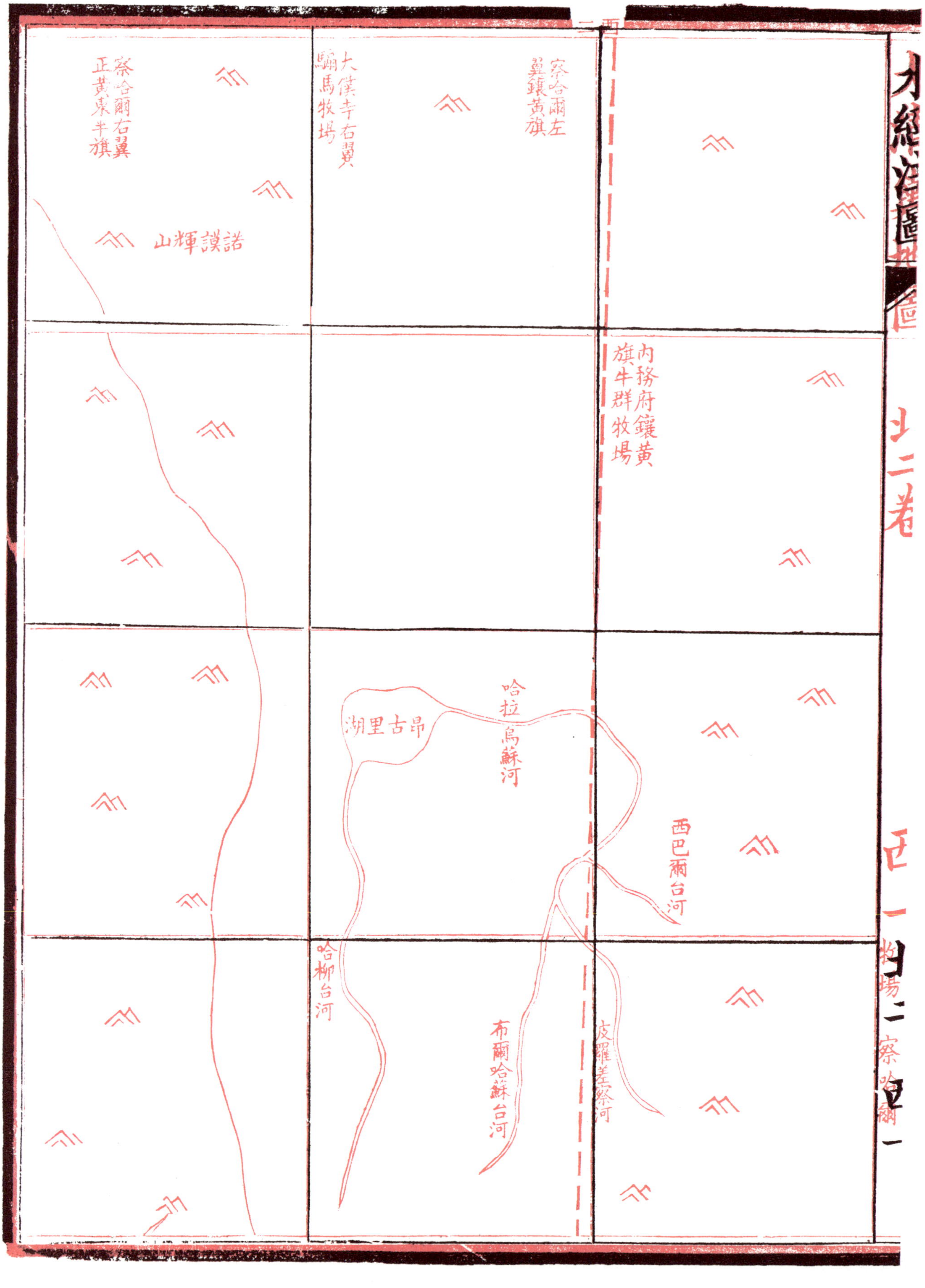

察哈爾右翼
正黃東半旗
大僕寺右翼
騸馬牧場
察哈爾左
翼鑲黃旗
諾謨輝山
內務府鑲黃
旗牛群牧場
昂古里湖
哈拉烏蘇河
西巴爾台河
哈柳台河
布爾哈蘇台河
皮羅差祭河
北二卷
西一
牧場二
察哈爾一

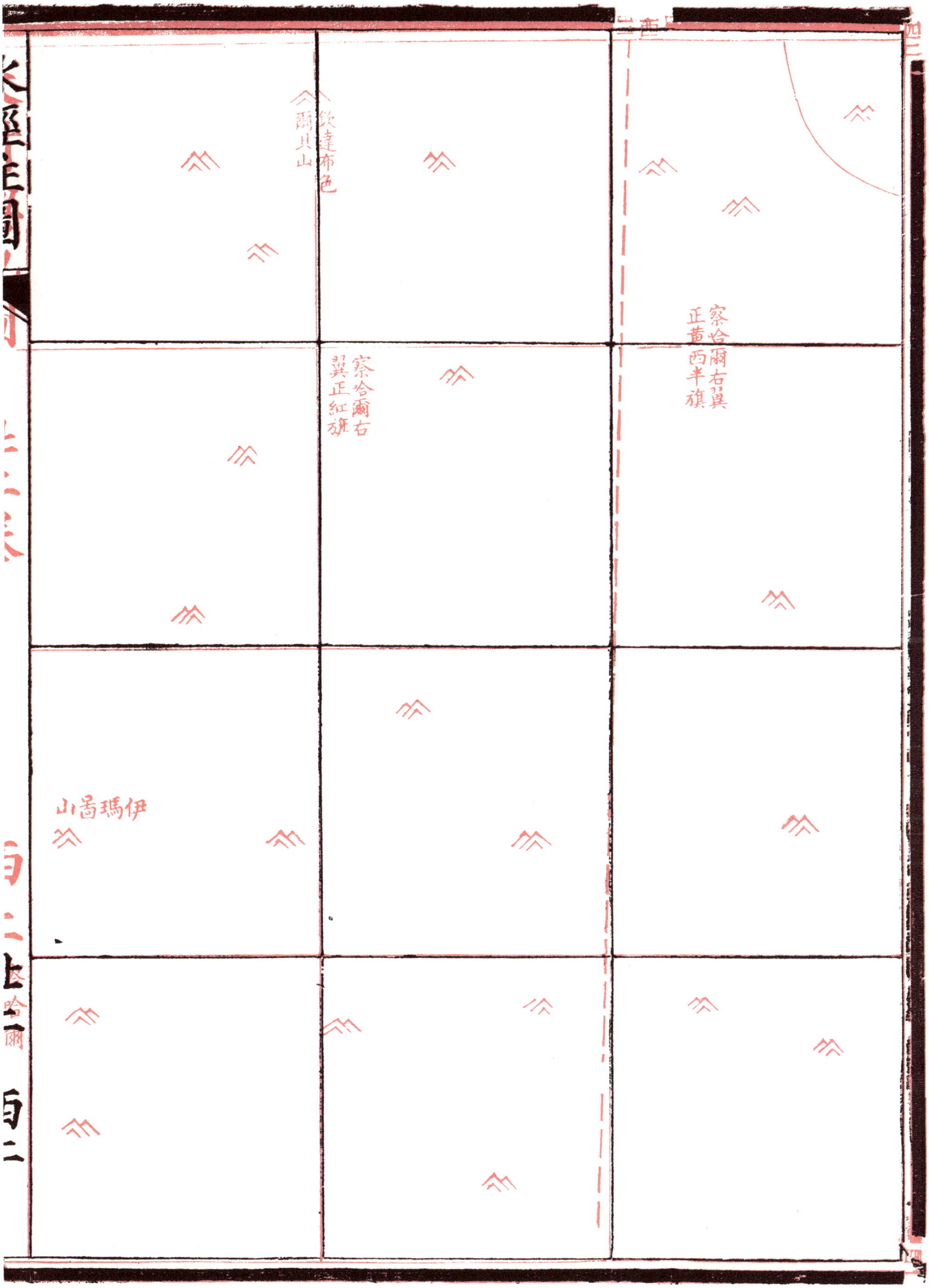
欽達布色
爾貝山
察哈爾右翼正紅旗
察哈爾右翼正黃西半旗
伊瑪啚山

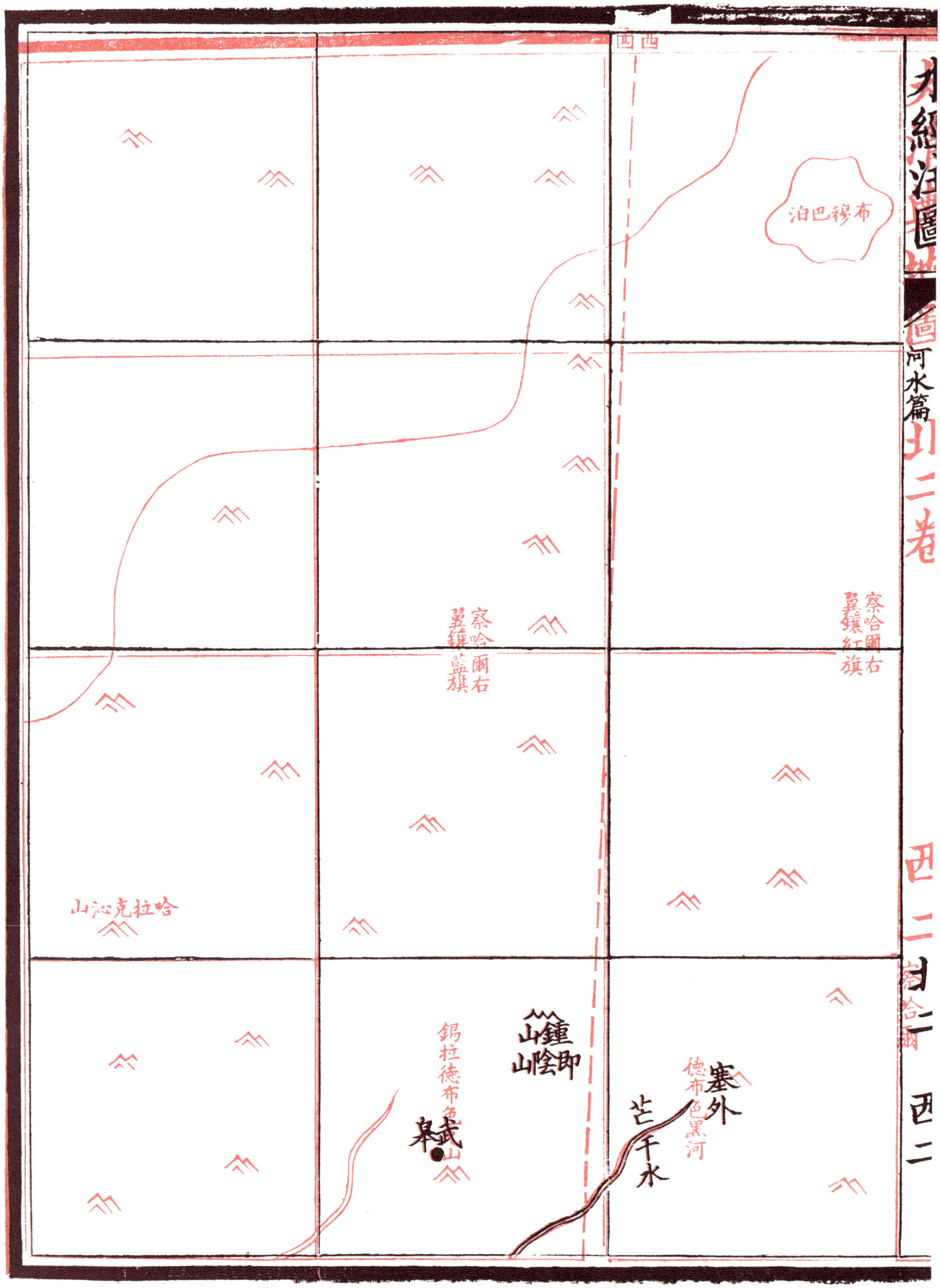
水經注圖
河水篇
西二
西
布穆巴泊
察哈爾右翼鑲藍旗
察哈爾右翼鑲紅旗
哈拉克沁山
鍾山即陰山
錫拉德布色山
武皋
塞外
芒干水
德布色黑河

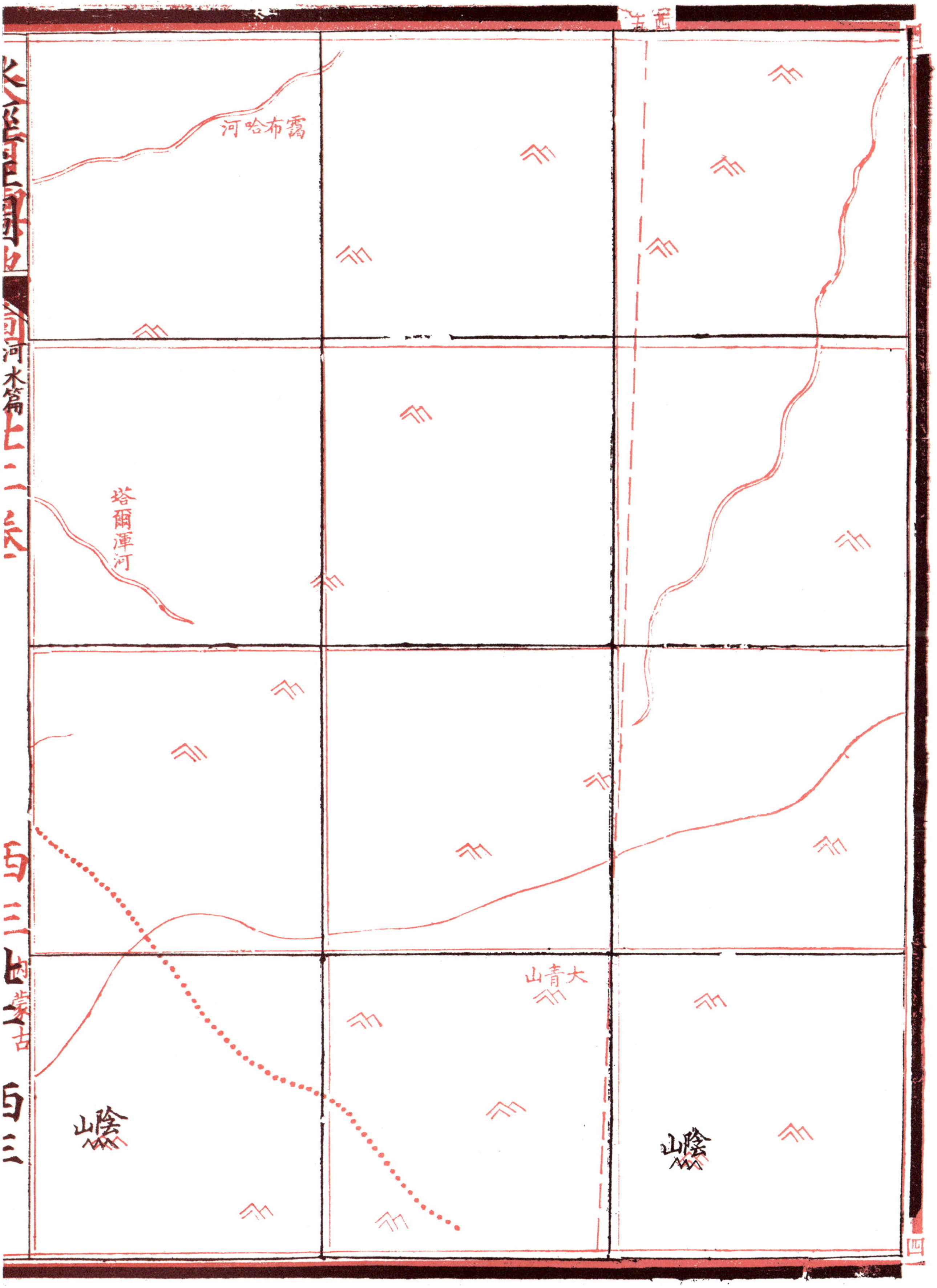
河水篇
露布哈河
塔爾渾河
大青山
陰山
陰山

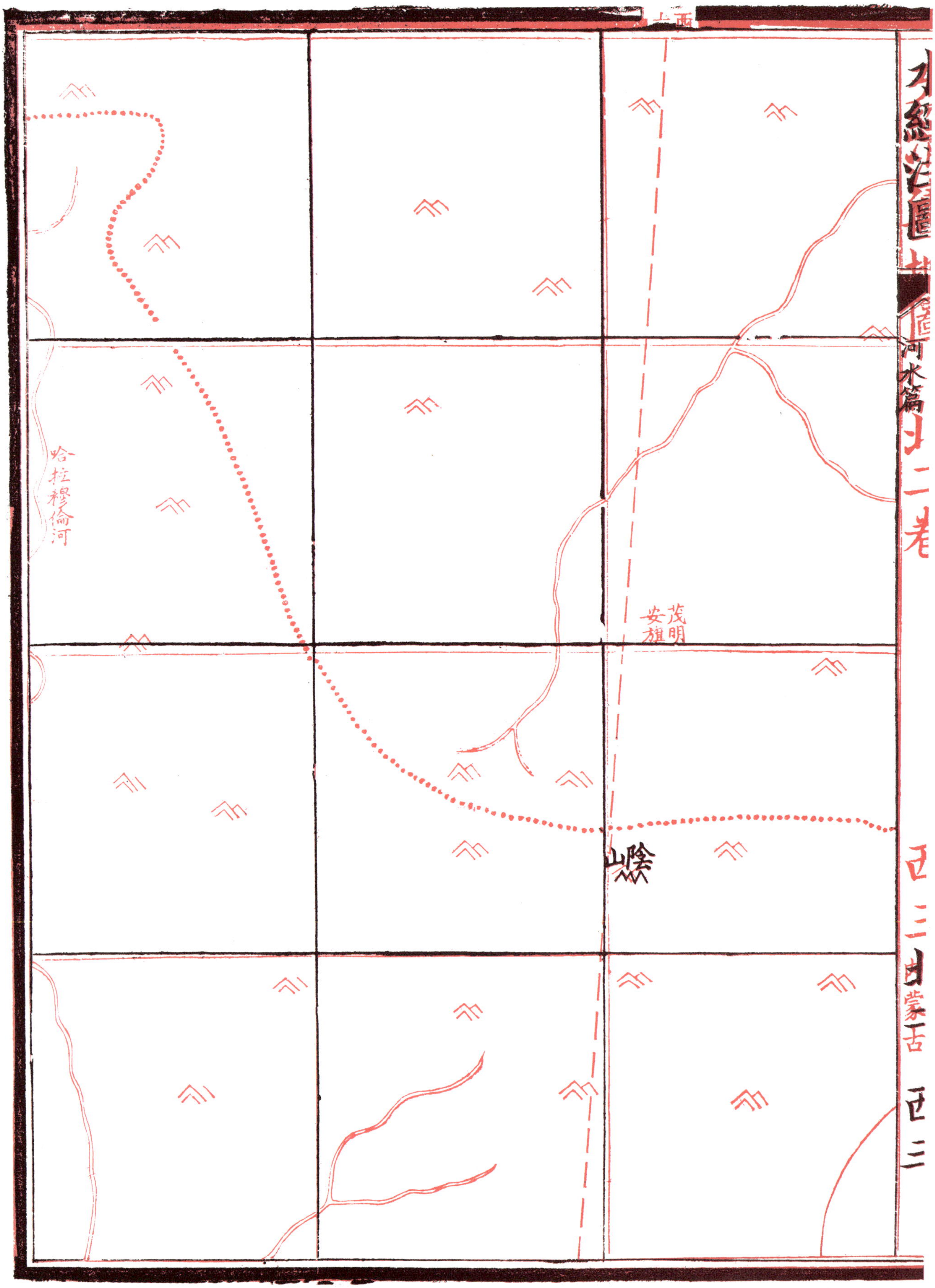

哈拉穆倫河
茂明安旗
陰山
水經注圖
河水篇
北二卷
西三
蒙古
西三

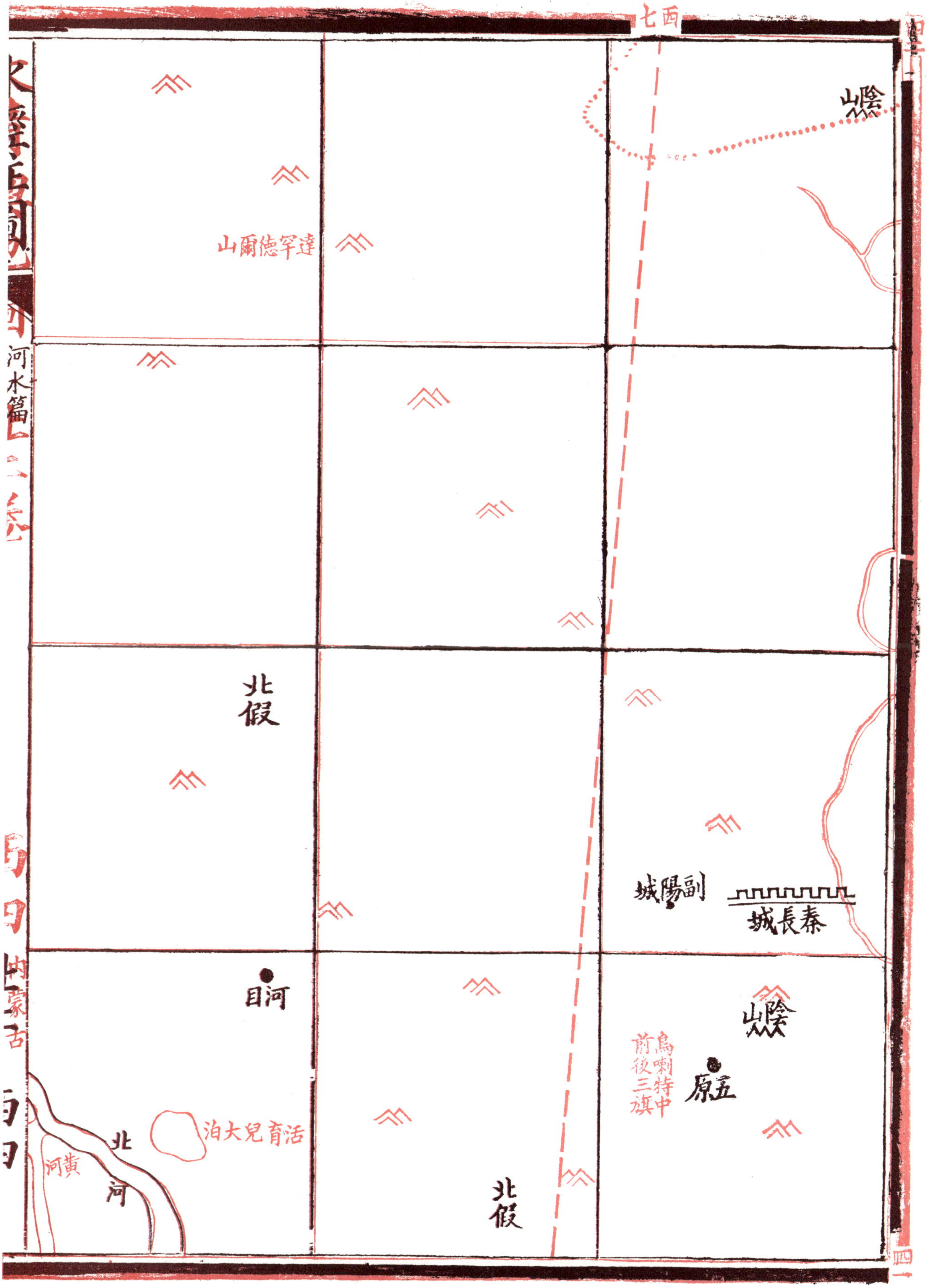
西七
陰山
達罕德爾山
北假
副陽城
秦長城
河目
陰山
烏喇特中前後三旗
五原
活育兒大泊
北河
黃河
北假

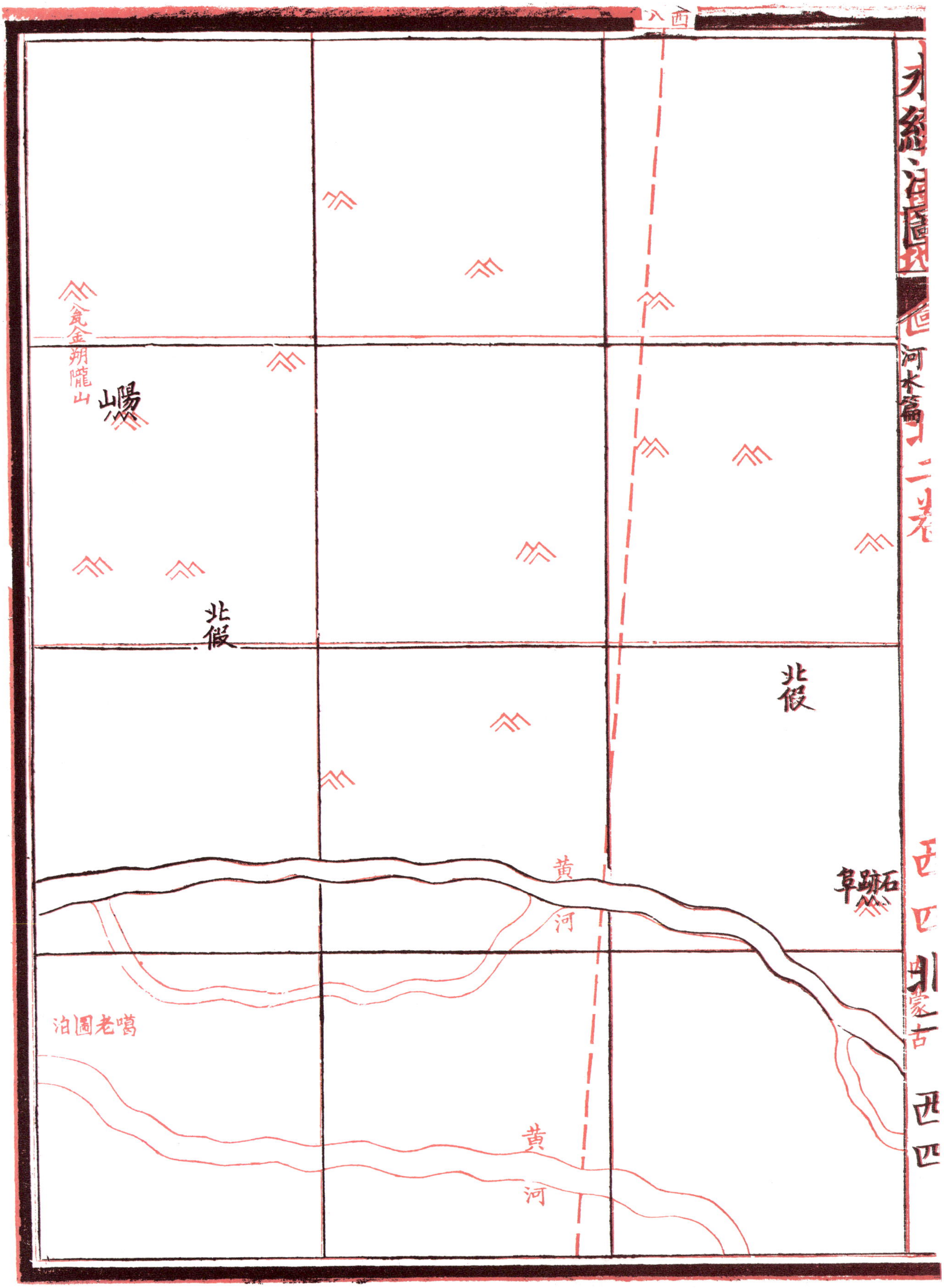
水經注圖
河水篇二卷
西四
北
蒙古
西四
陽山
北假
北假
石跡阜
黃河
黃河
噶老圖泊

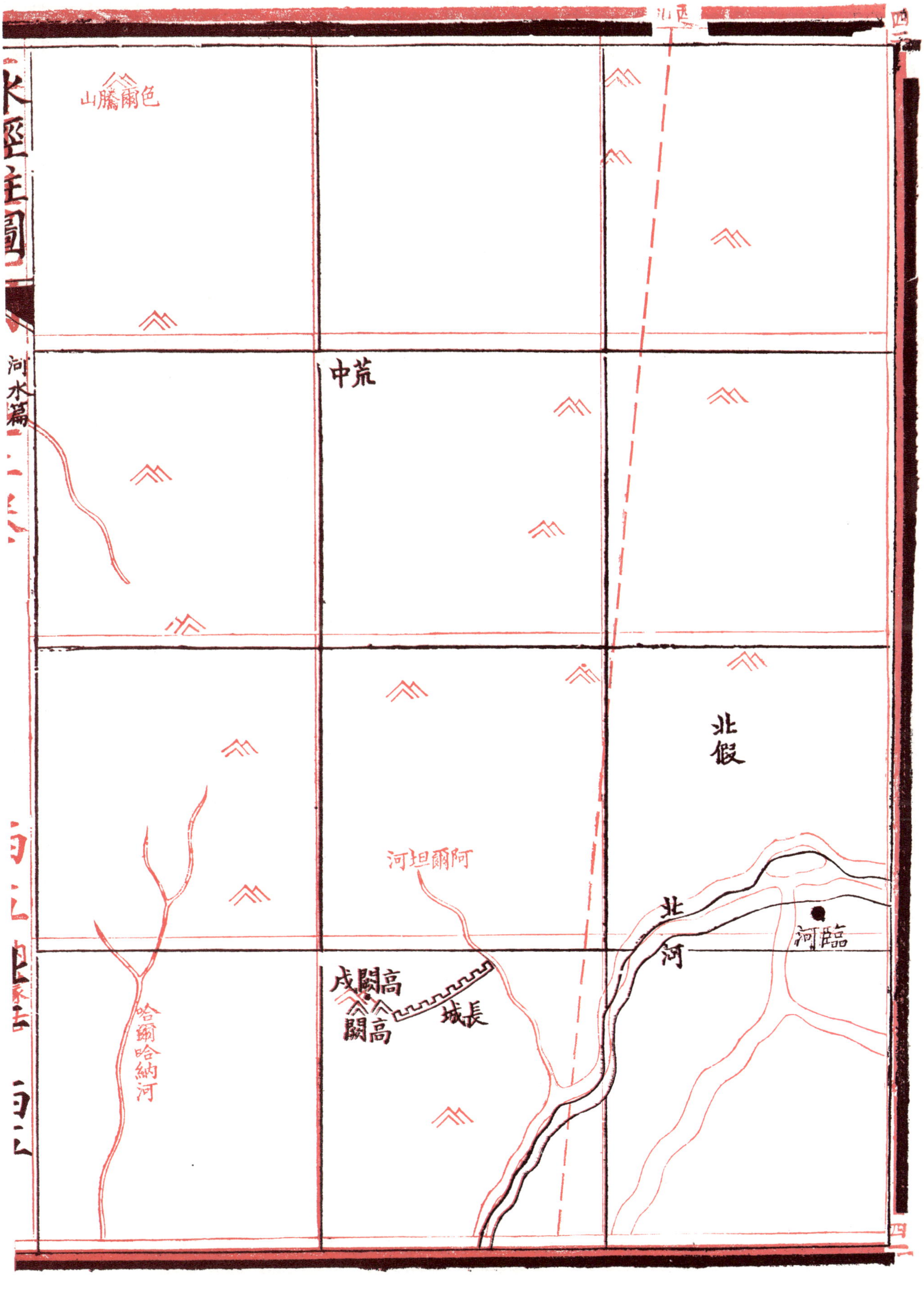
水經注圖
河水篇
色爾騰山
荒中
北假
阿爾坦河
北河
臨河
高闕戍
高闕
長城
哈鞥哈納河

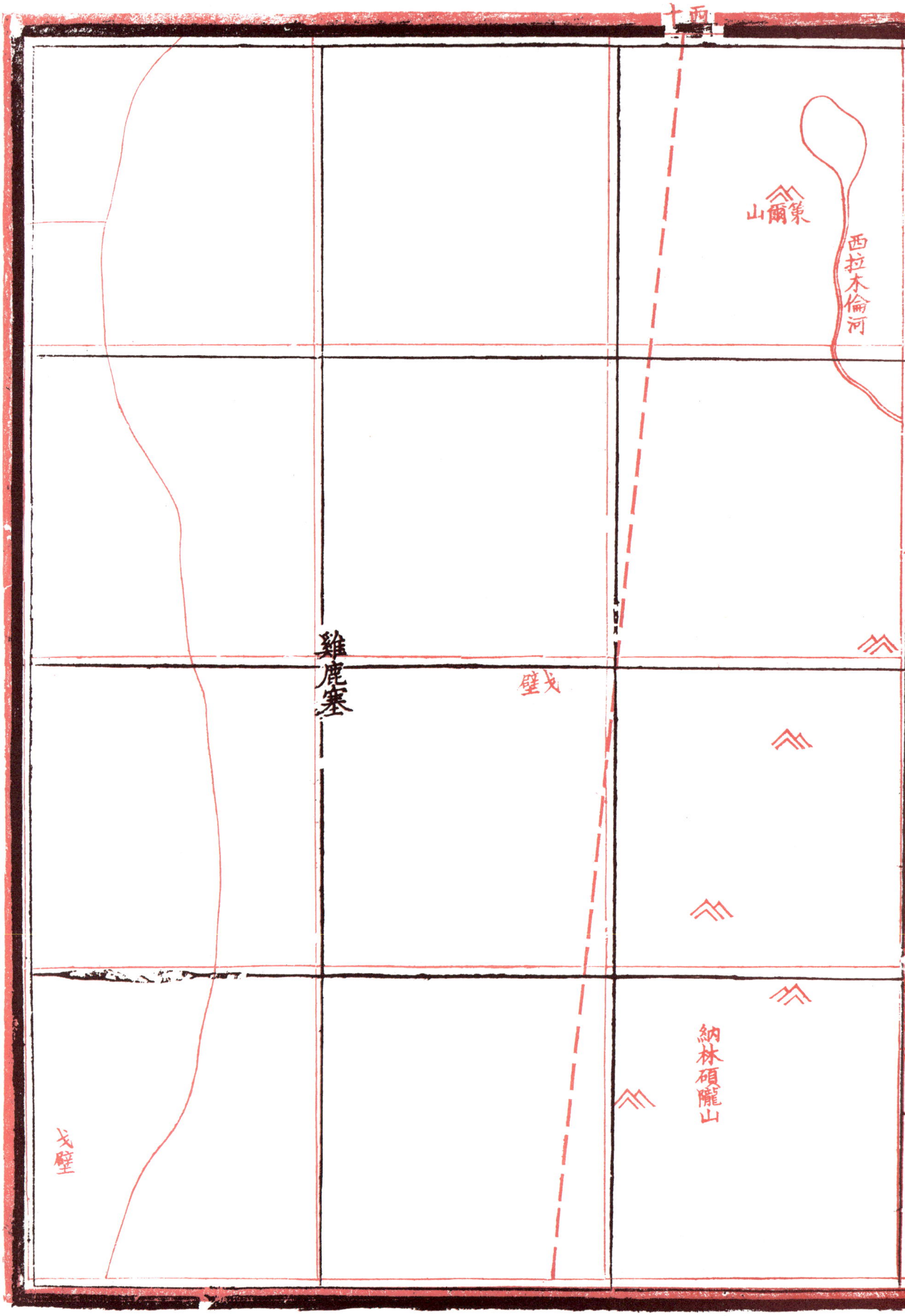
西十
策爾山
西拉木倫河
雞鹿塞
戈壁
納林碩隴山
戈壁

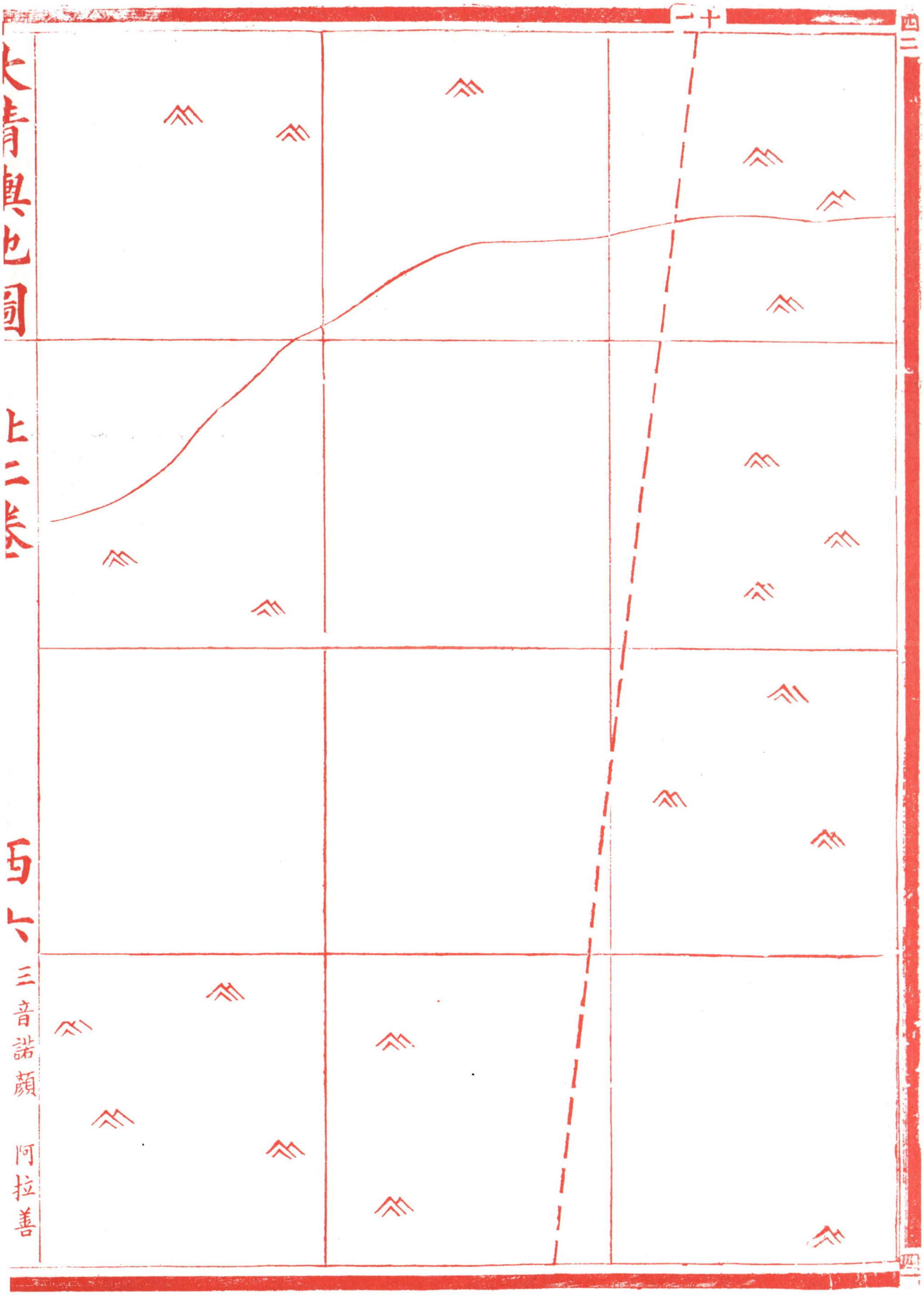
大清輿地圖
北二卷
西六
三音諾顏
阿拉善
一十

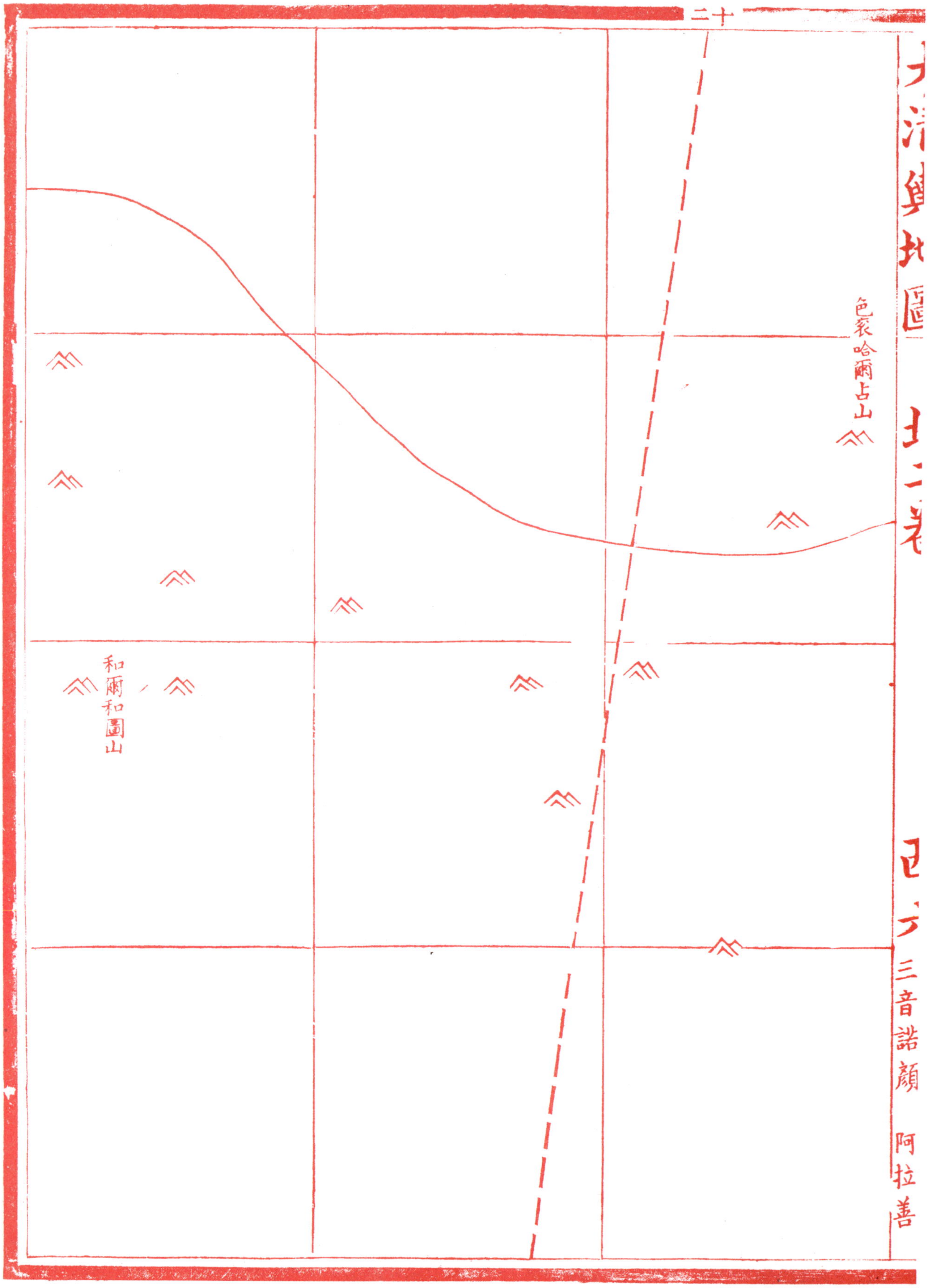
二十
色衮哈爾占山
和爾和圖山
三音諾顏
阿拉善

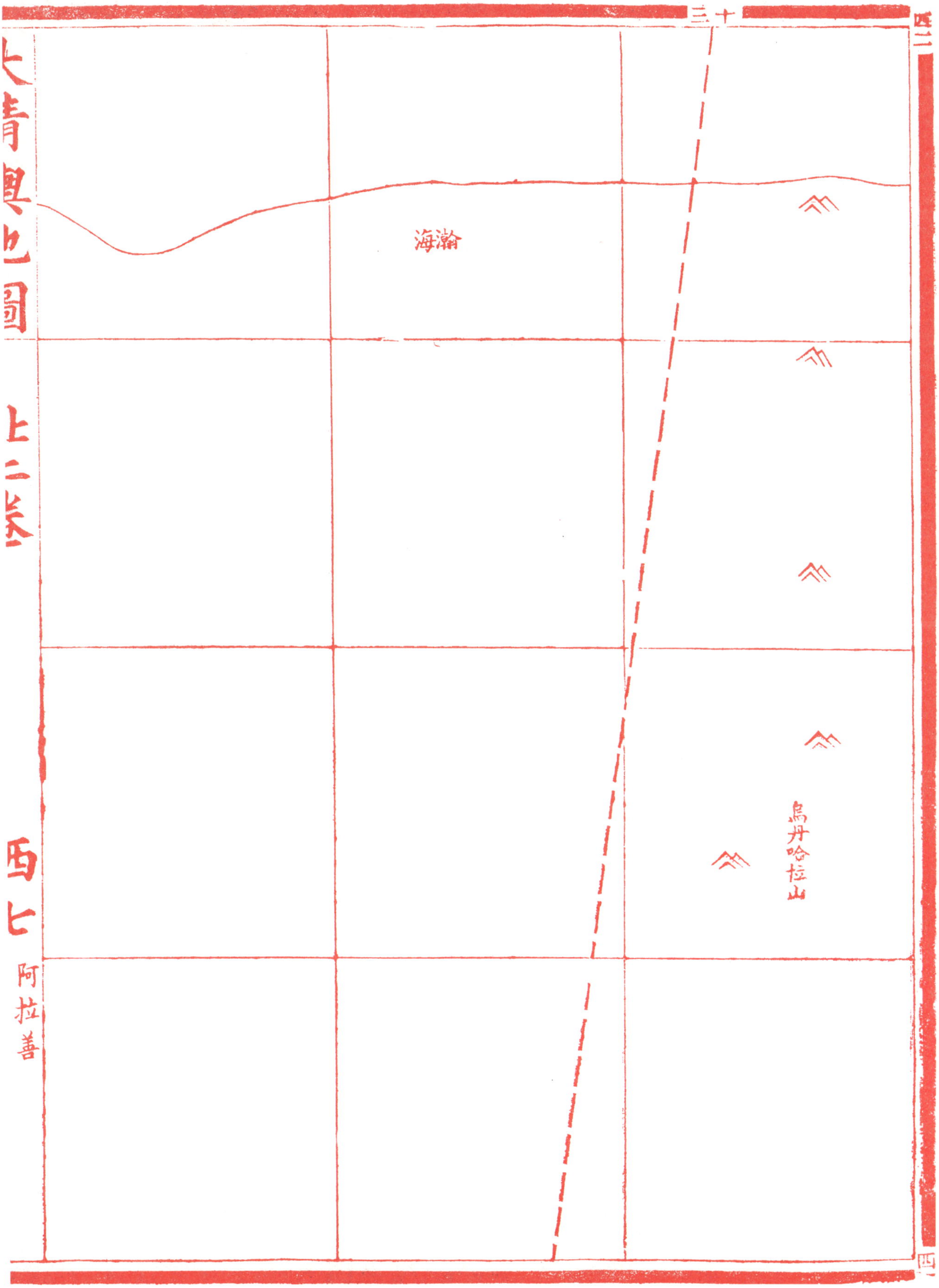
大清輿地圖
上二卷
西七
阿拉善
三十
四二
四
瀚海
烏丹哈拉山

大清壹統圖 十二卷

日 阿拉善

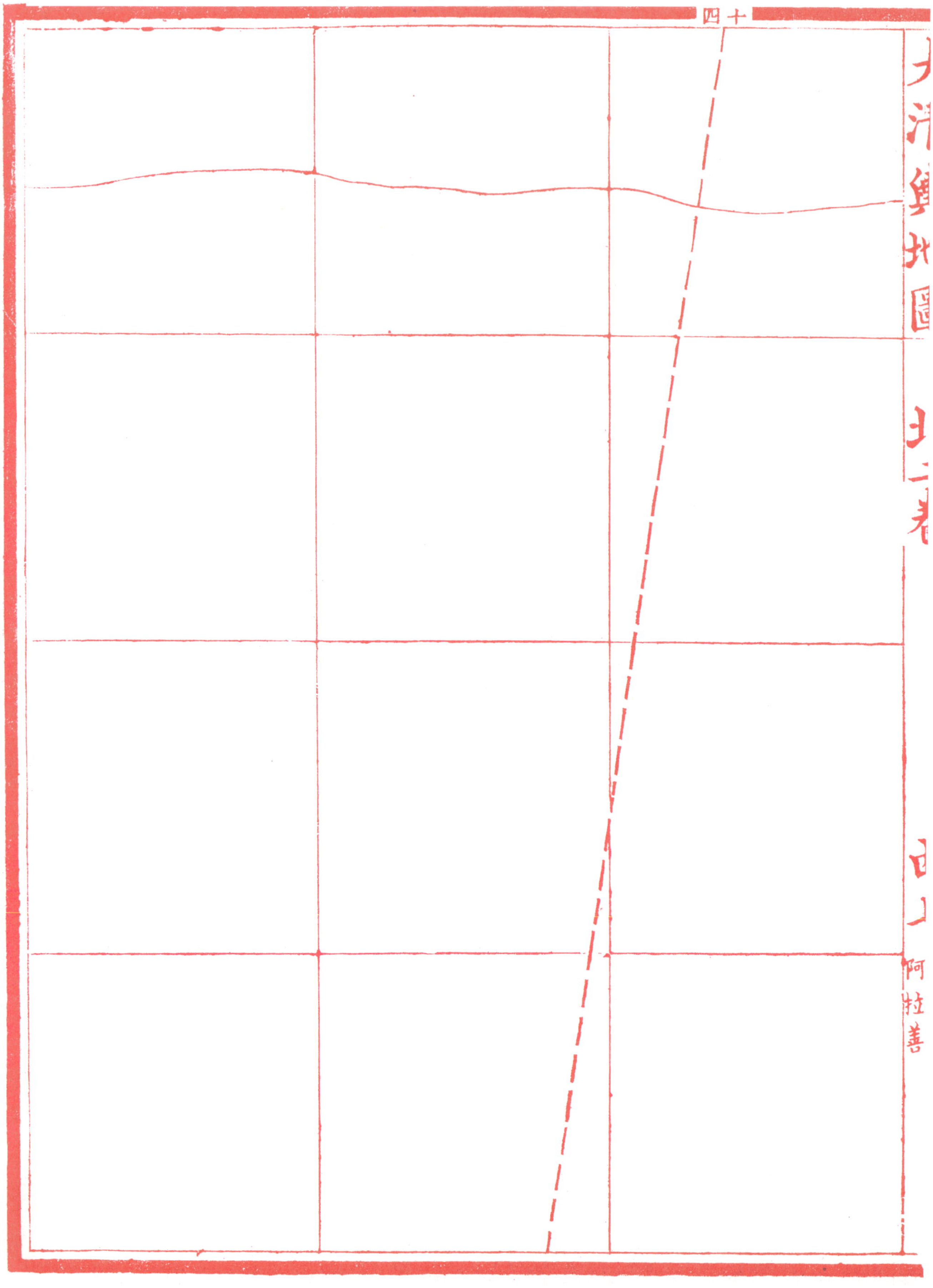

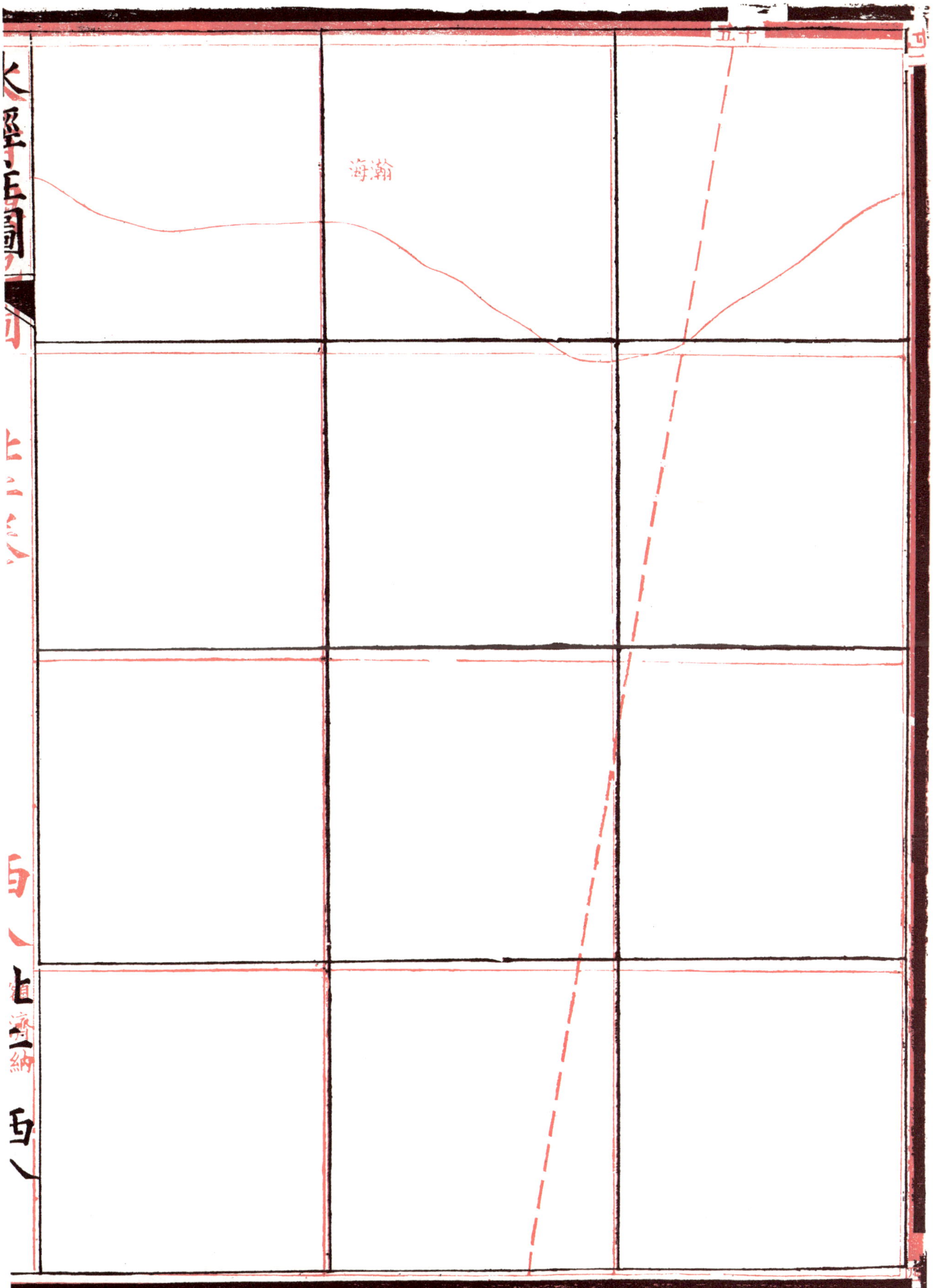
五十
瀚海

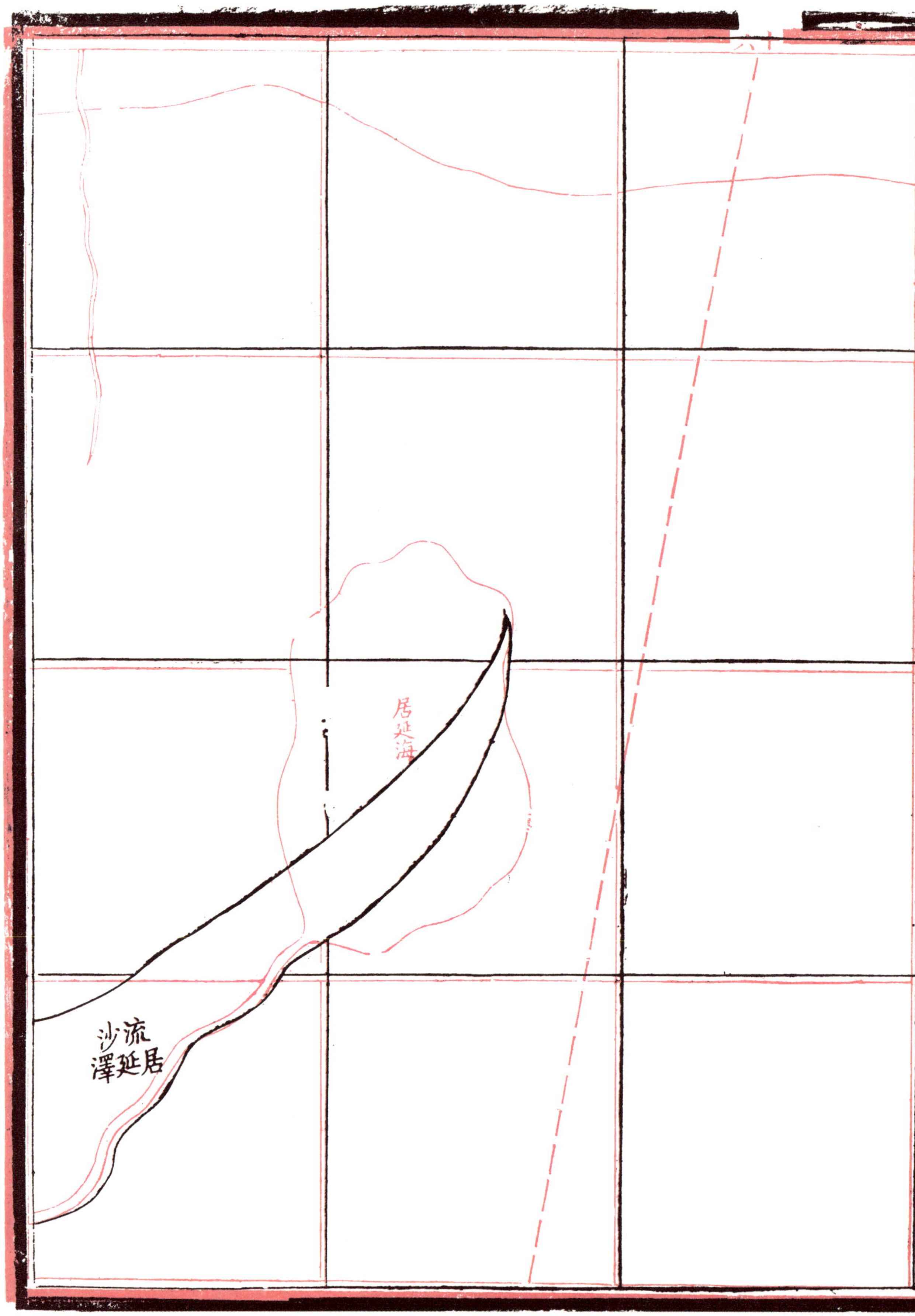
居延海
居延流沙澤

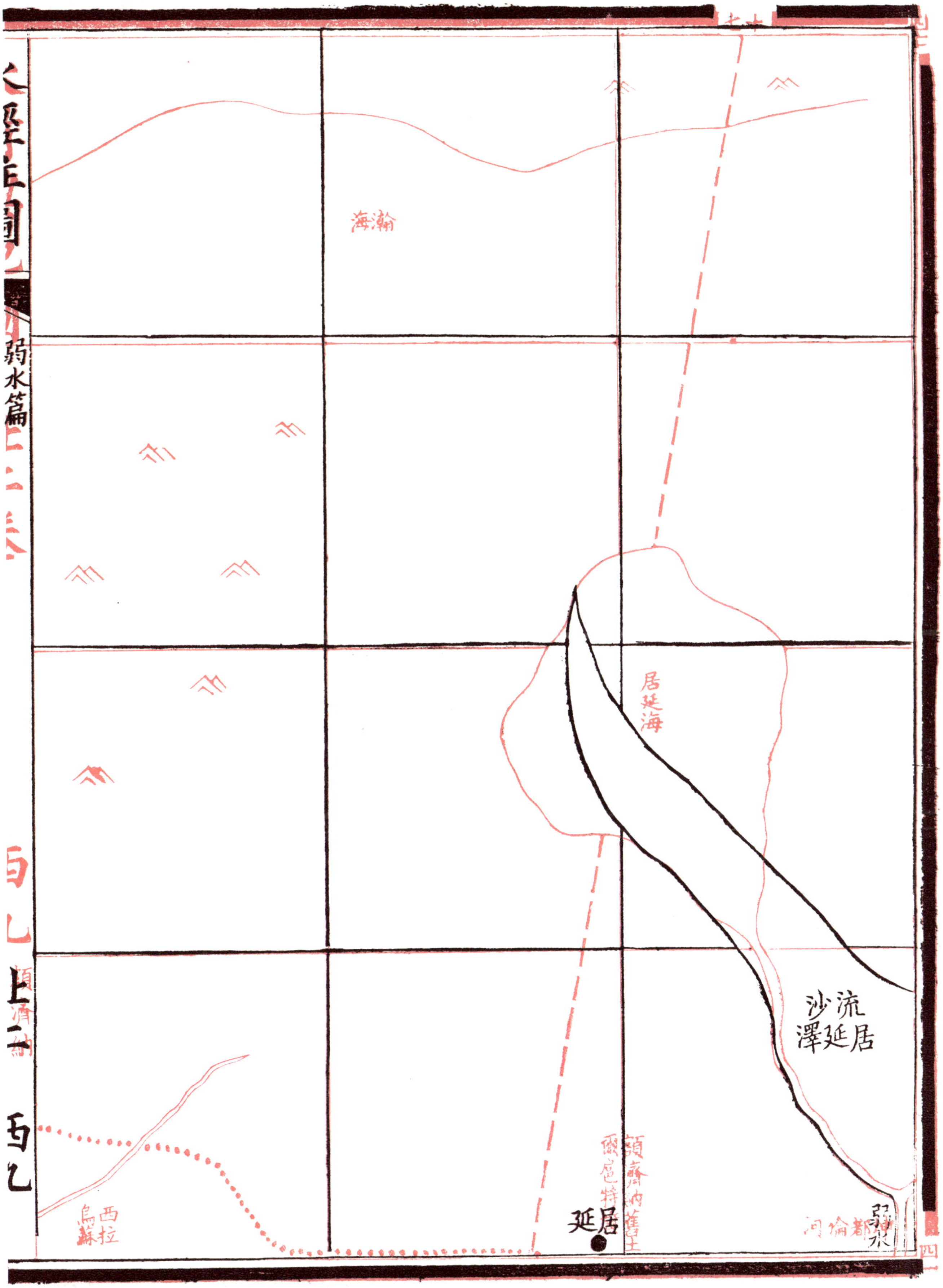
瀚海
居延海
流沙
居延澤
額濟納舊土
爾扈特
居延
西拉
烏蘇
都倫河
弱水

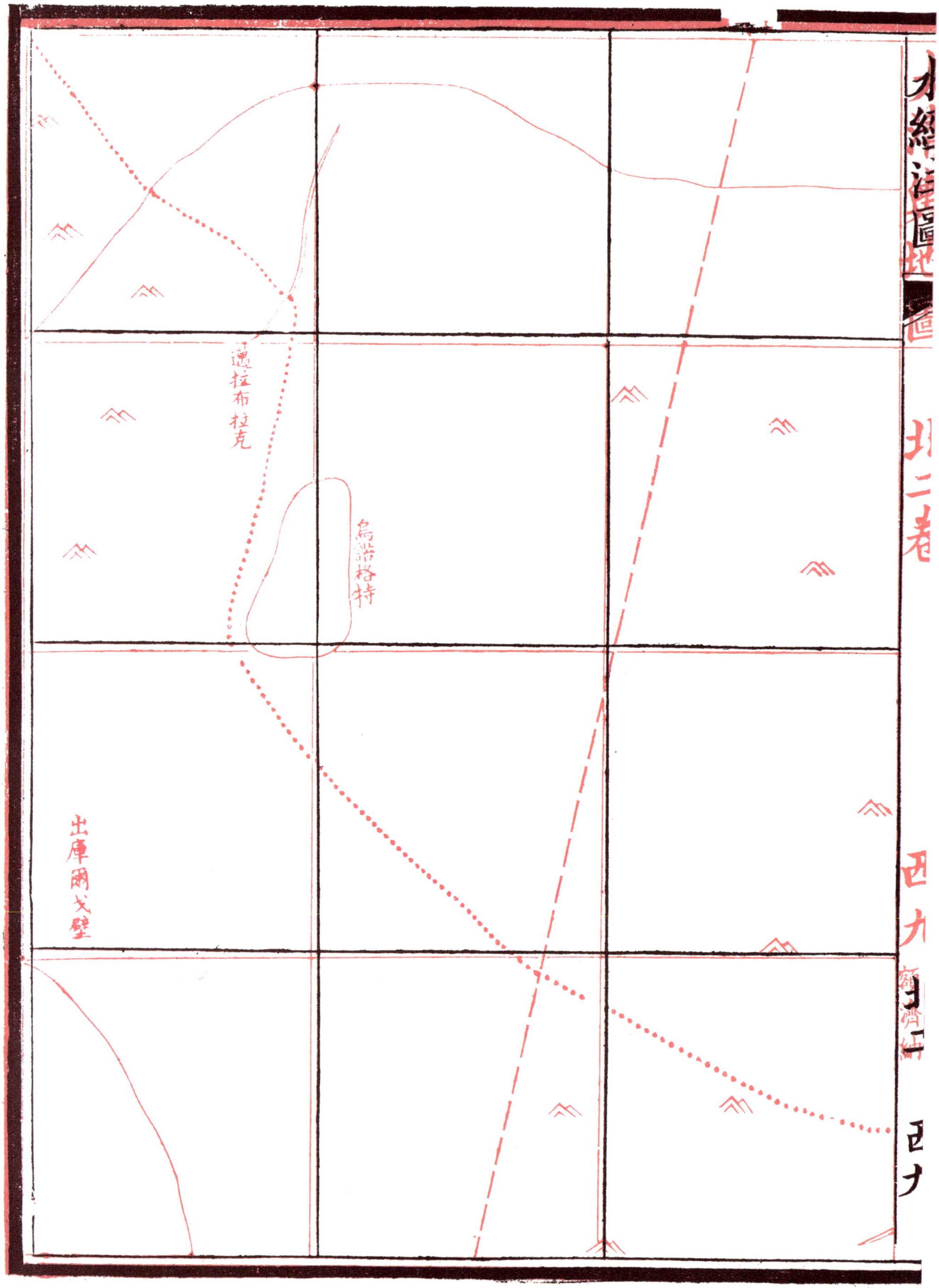
邏拉布拉克
烏諾格特
出庫爾戈壁
北二卷
西九

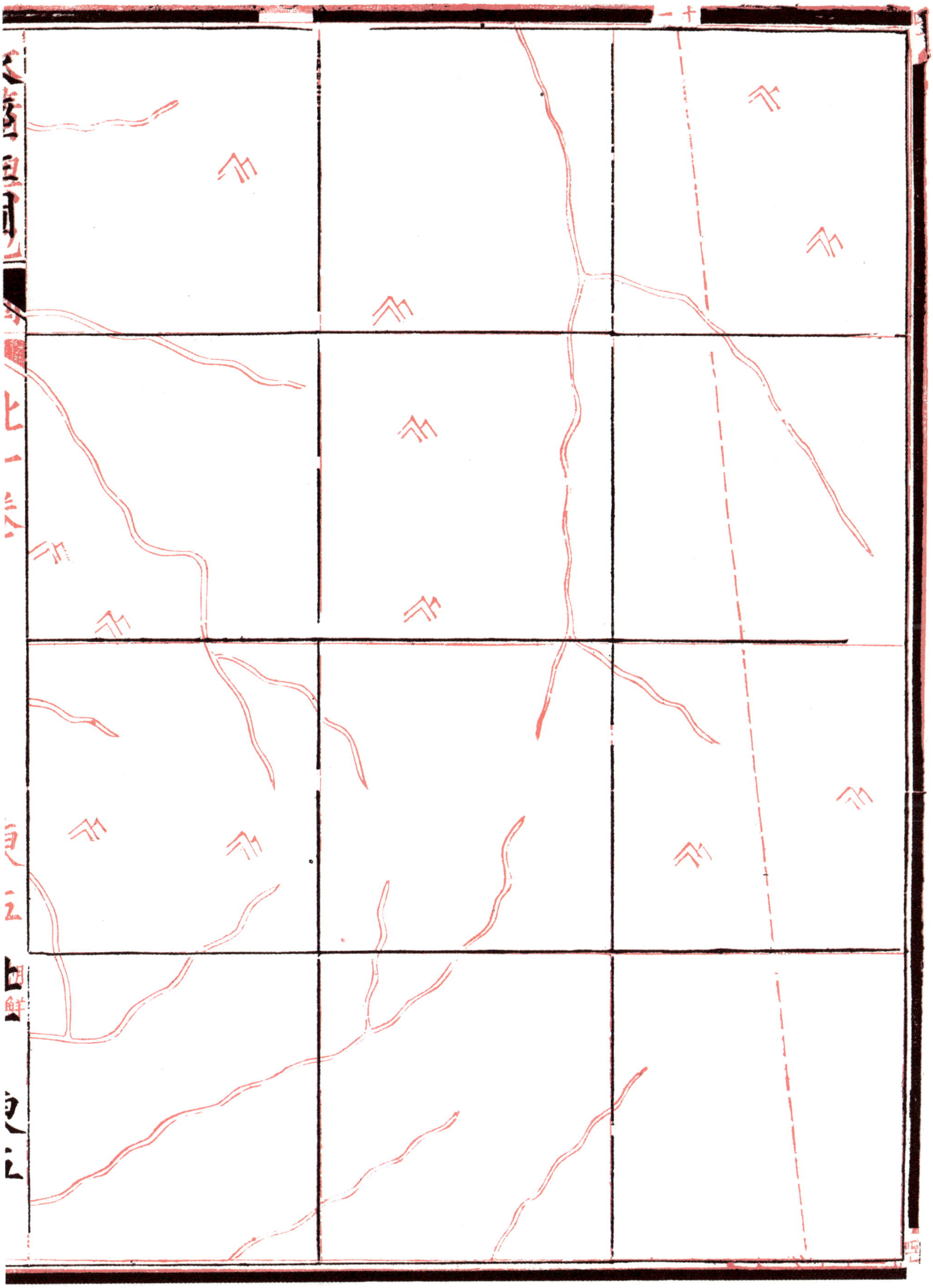

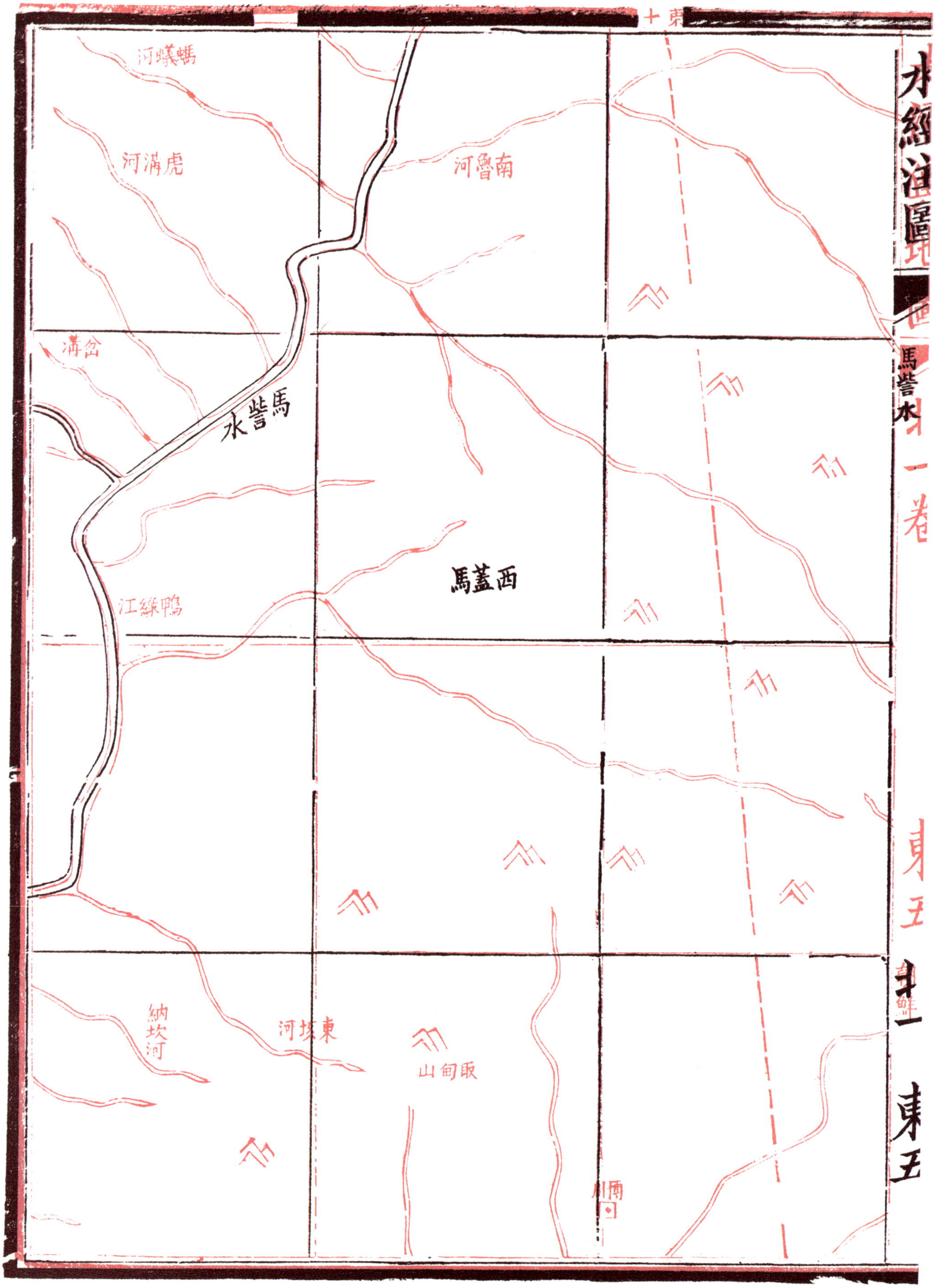
東十
水經注圖
北一卷
馬訾水
東五
北一
東五
螞蟻河
虎滿河
南魯河
岔溝
馬訾水
西蓋馬
鴨綠江
納坡河
東坡河
取甸山
佃川

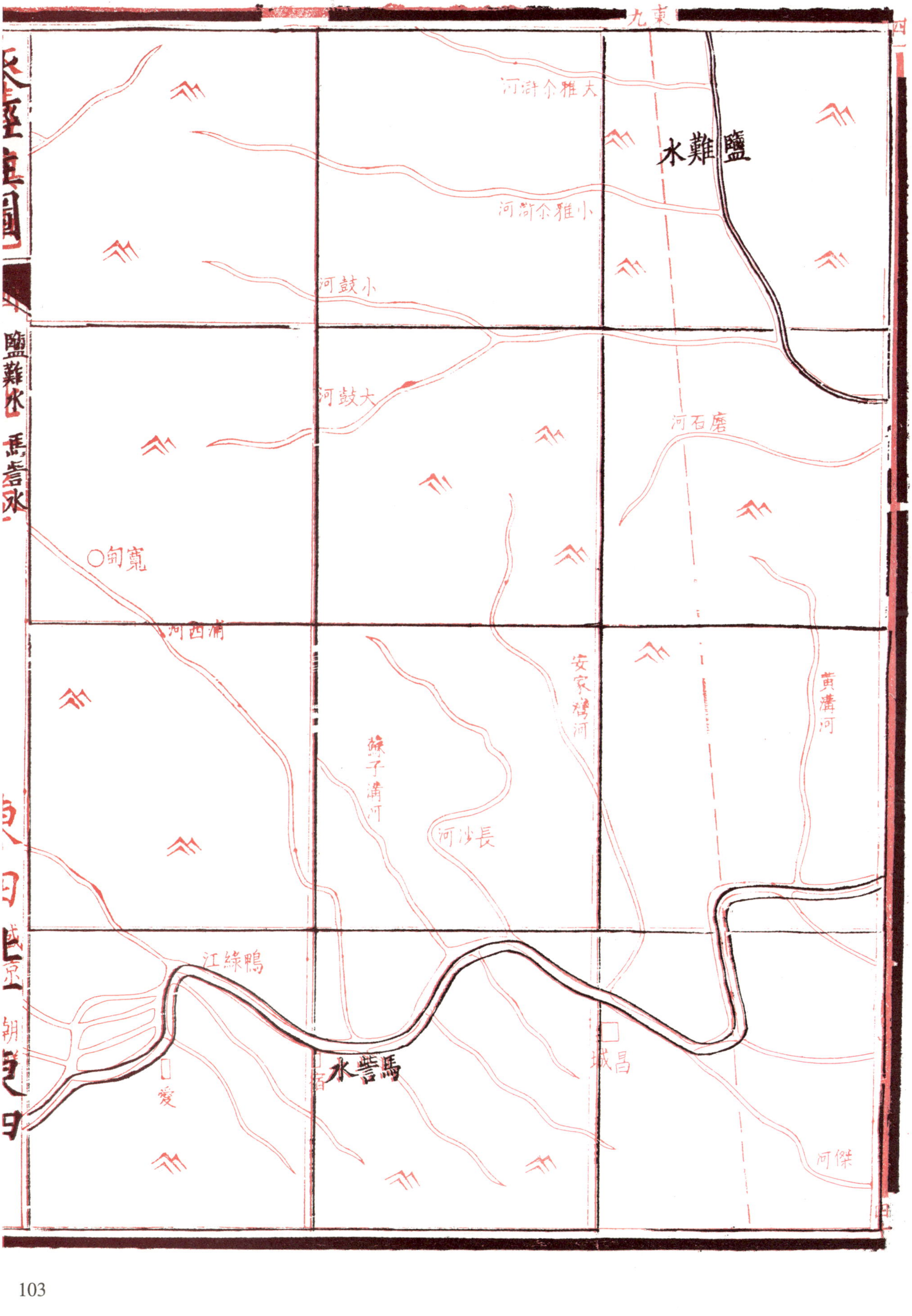

鹽難水
大雅尒滸河
小雅尒滸河
小鼓河
大鼓河
磨石河
寬甸
蒲西河
安家𤃩河
黄溝河
蘇子溝河
長沙河
鴨綠江
馬訾水
昌城
傑河
鹽難水
馬訾水

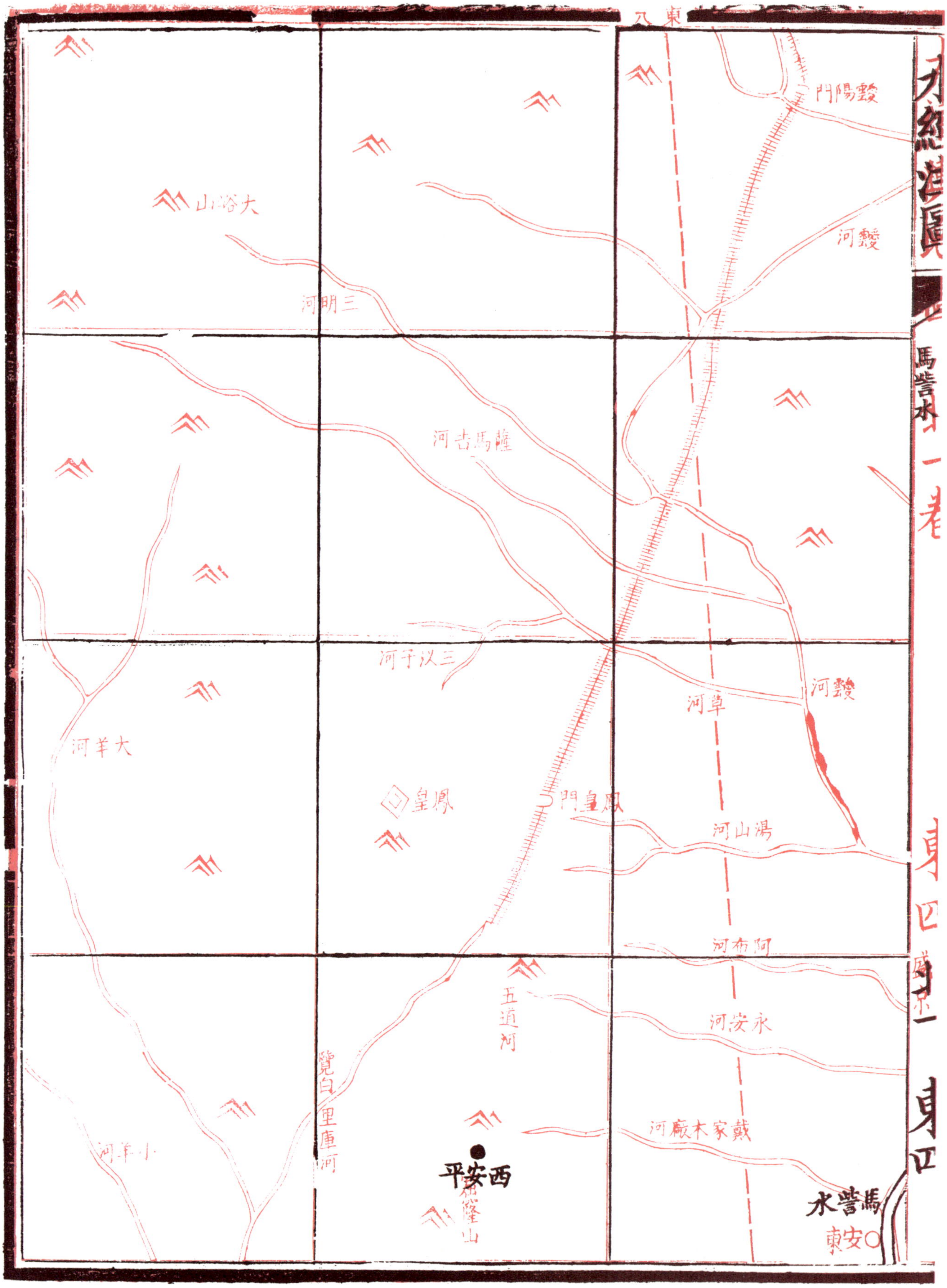
水經注圖
馬訾水
一卷
東四
靉陽門
靉河
大谷山
三明河
薩馬吉河
三汊子河
大羊河
鳳皇
鳳皇門
草河
湯山河
阿布河
五道河
永安河
靉白里厘河
戴家木廠河
小羊河
西安平
馬訾水
安東

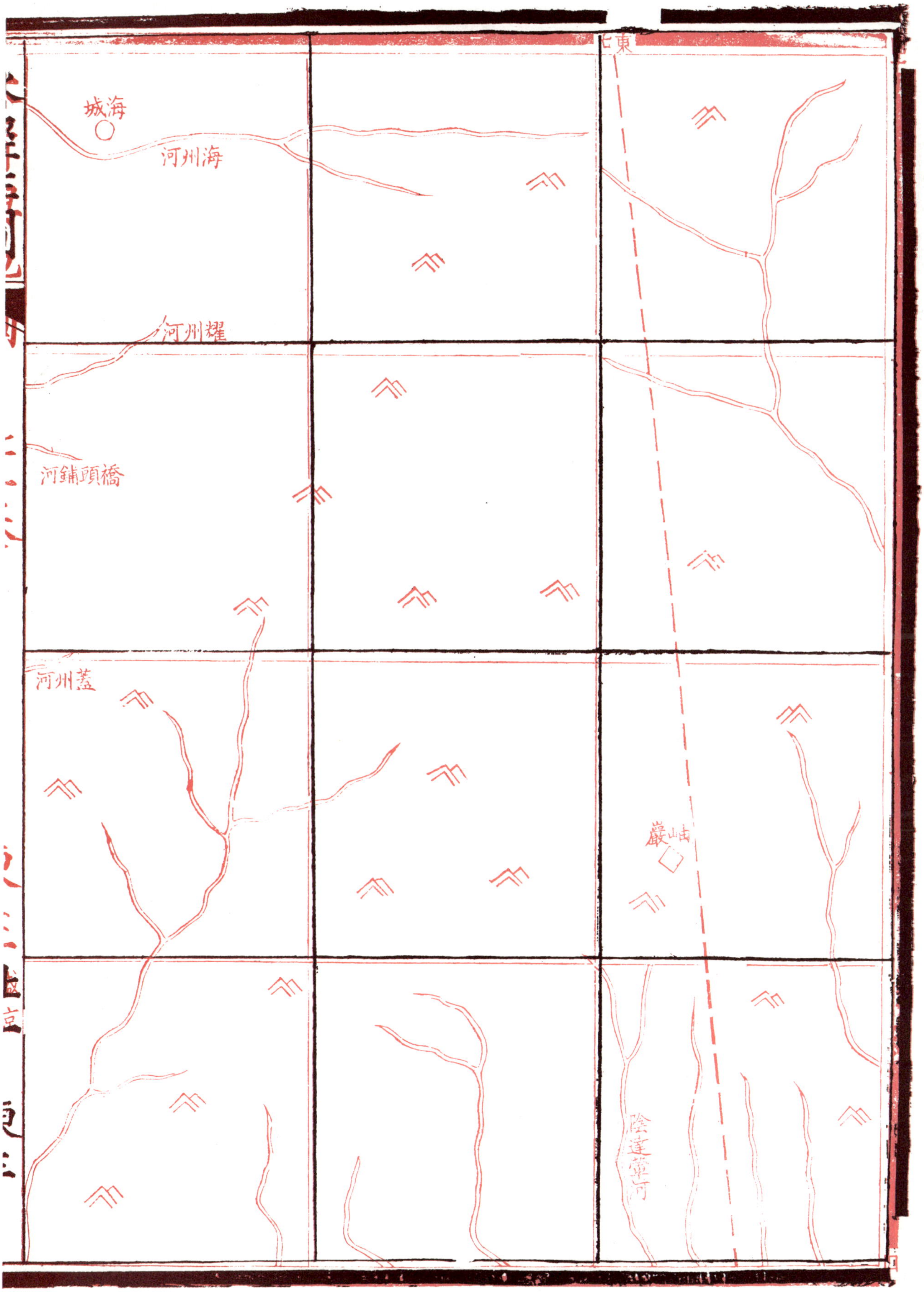
東七
海城
海州河
耀州河
橋頭鋪河
蓋州河
岫巖
陰達葦河

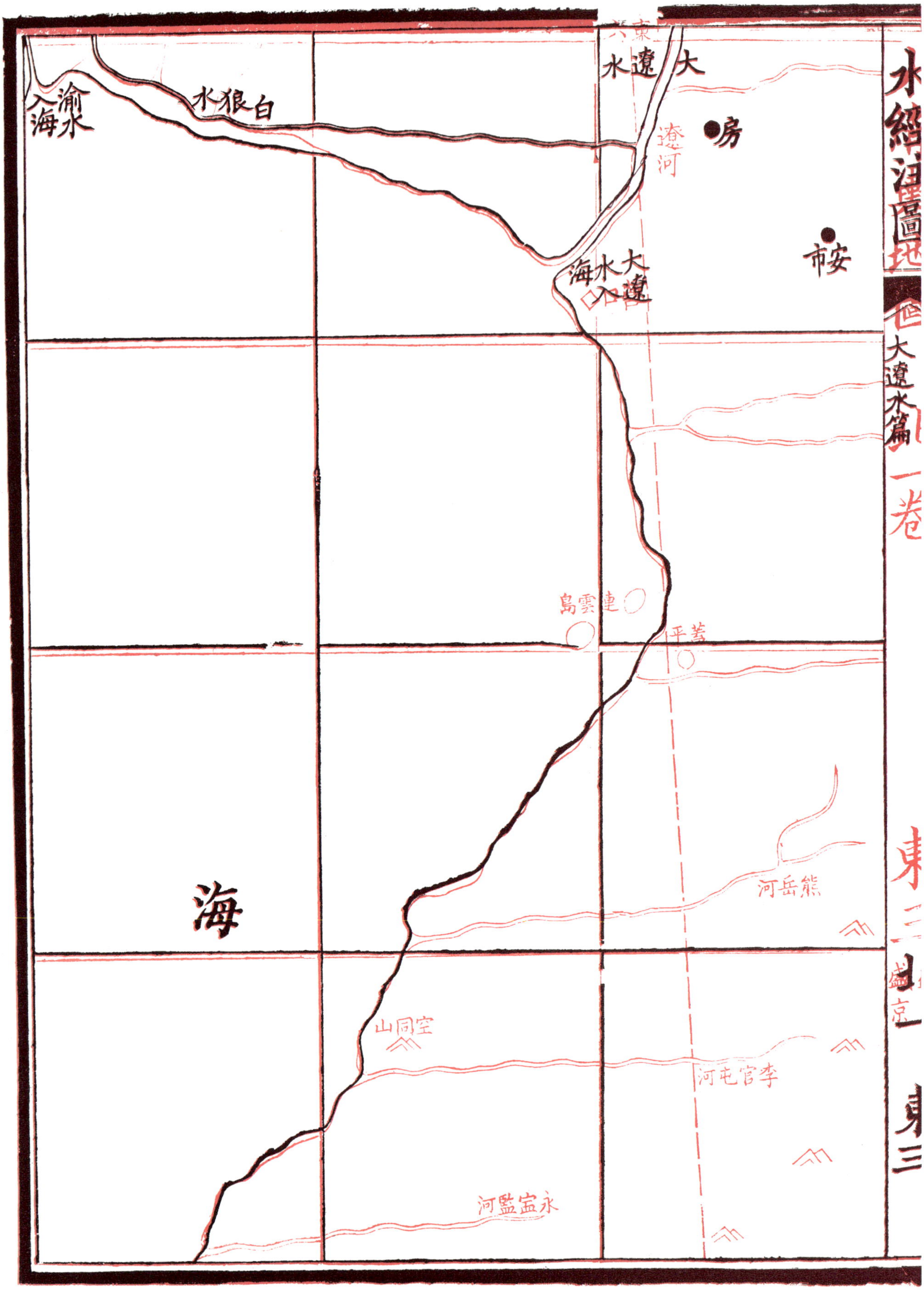
水經注圖
大遼水篇
東三
渝水入海
白狼水
大遼水
遼河
房
安市
大遼水入海
連雲島
蓋平
熊岳河
海
空同山
李官屯河
永寍監河

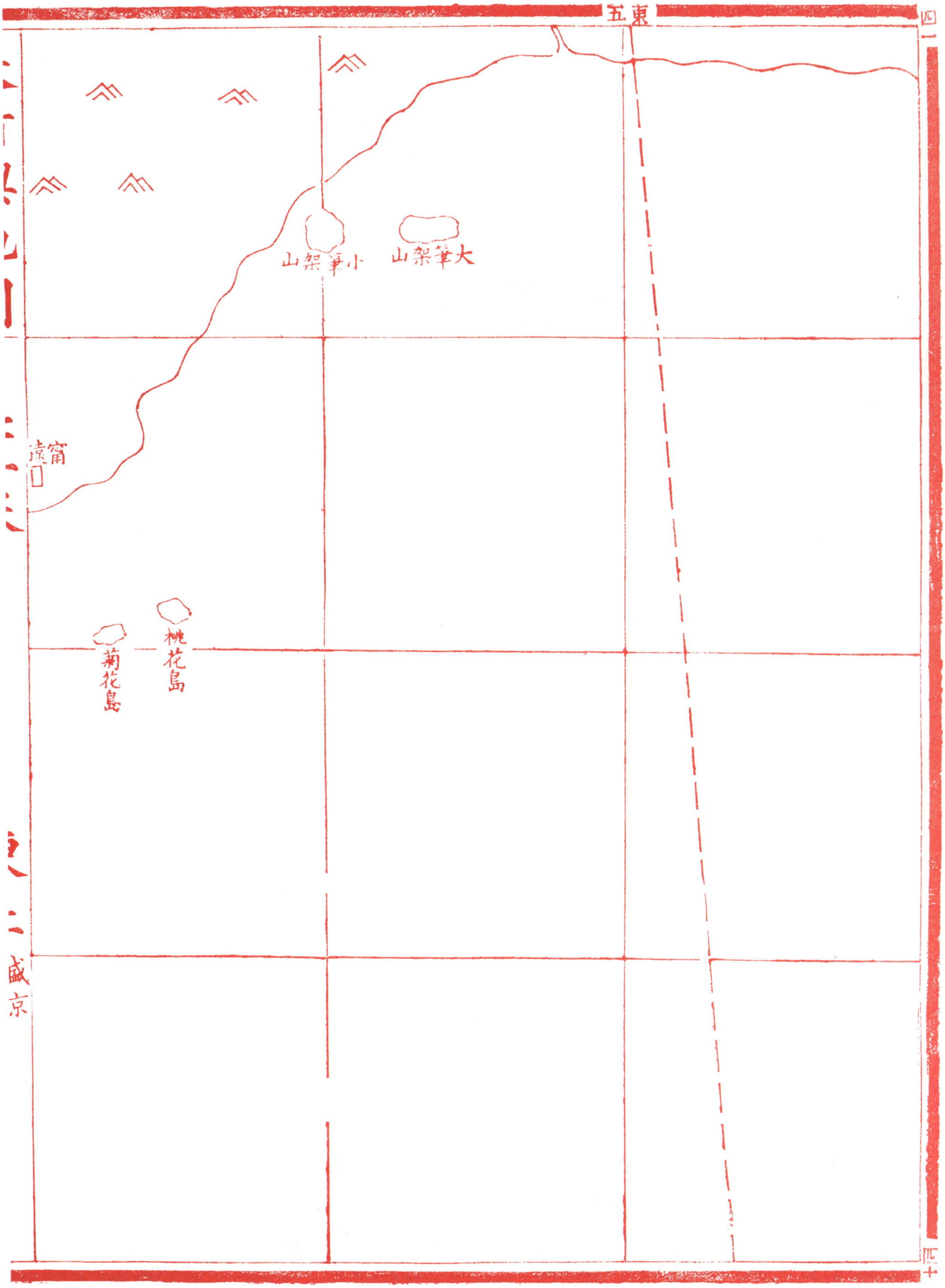
東五
小筆架山
大筆架山
寧遠
桃花島
菊花島
盛京

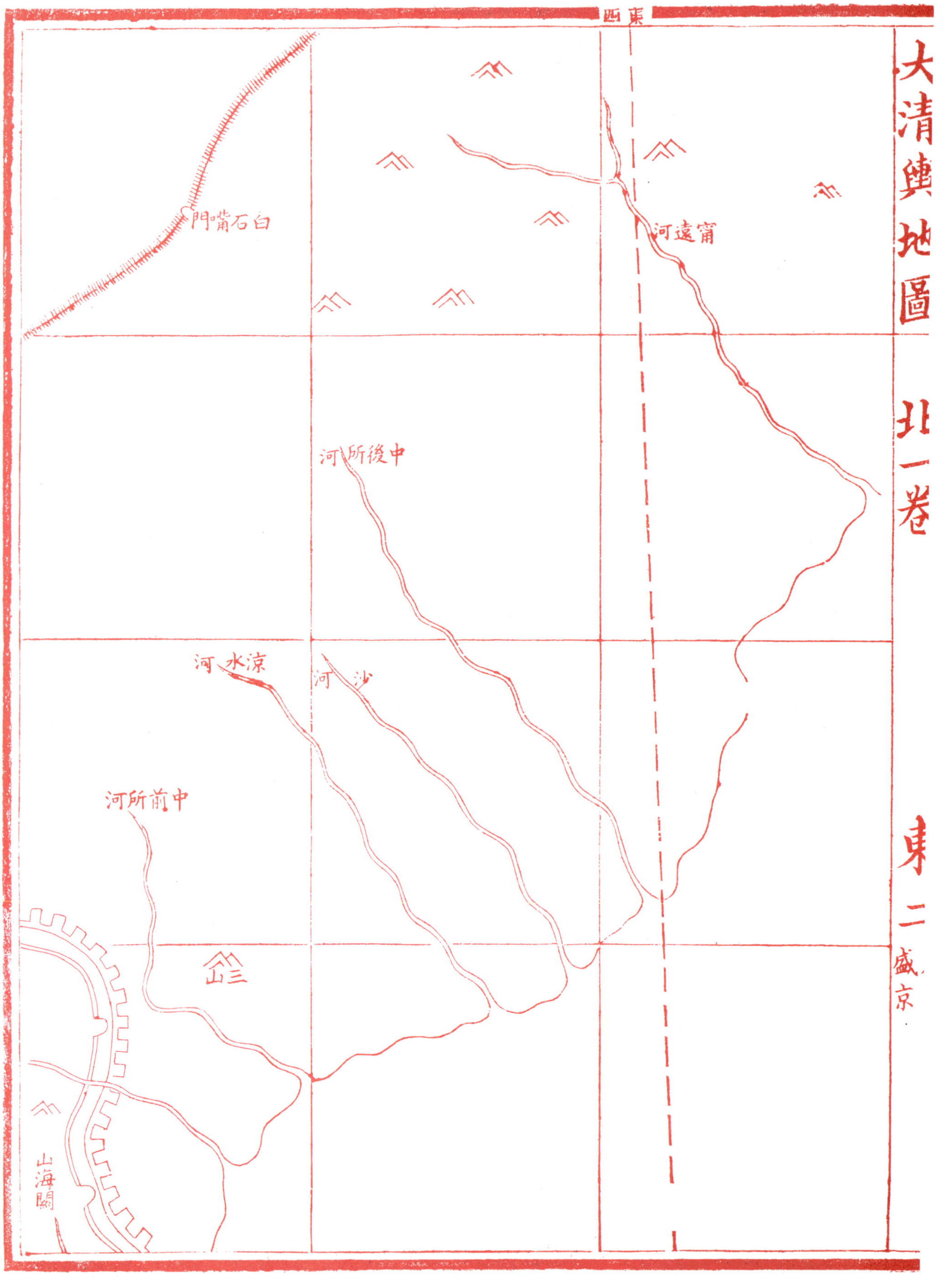
東
西
白石嘴門
甯遠河
中後所河
涼水河
沙河
中前所河
山海關

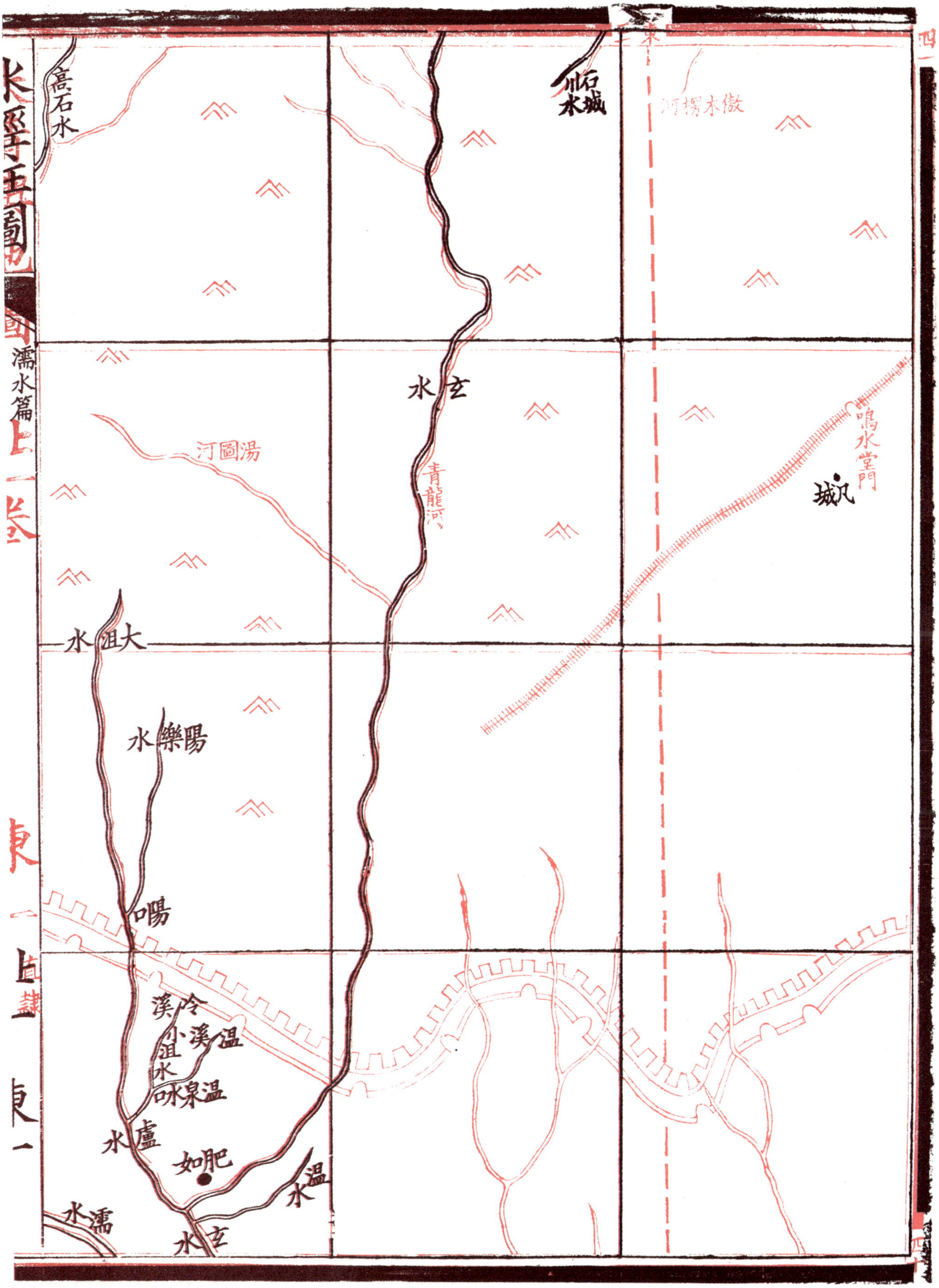
水經注圖
濡水篇
高石水
石城川水
徼木撈河
玄水
青龍河
湯圖河
鳴水堂門
凡城
大沮水
陽樂水
陽口
冷溪
溫溪
小沮水
溫泉水口
盧水
肥如
溫水
濡水
玄水

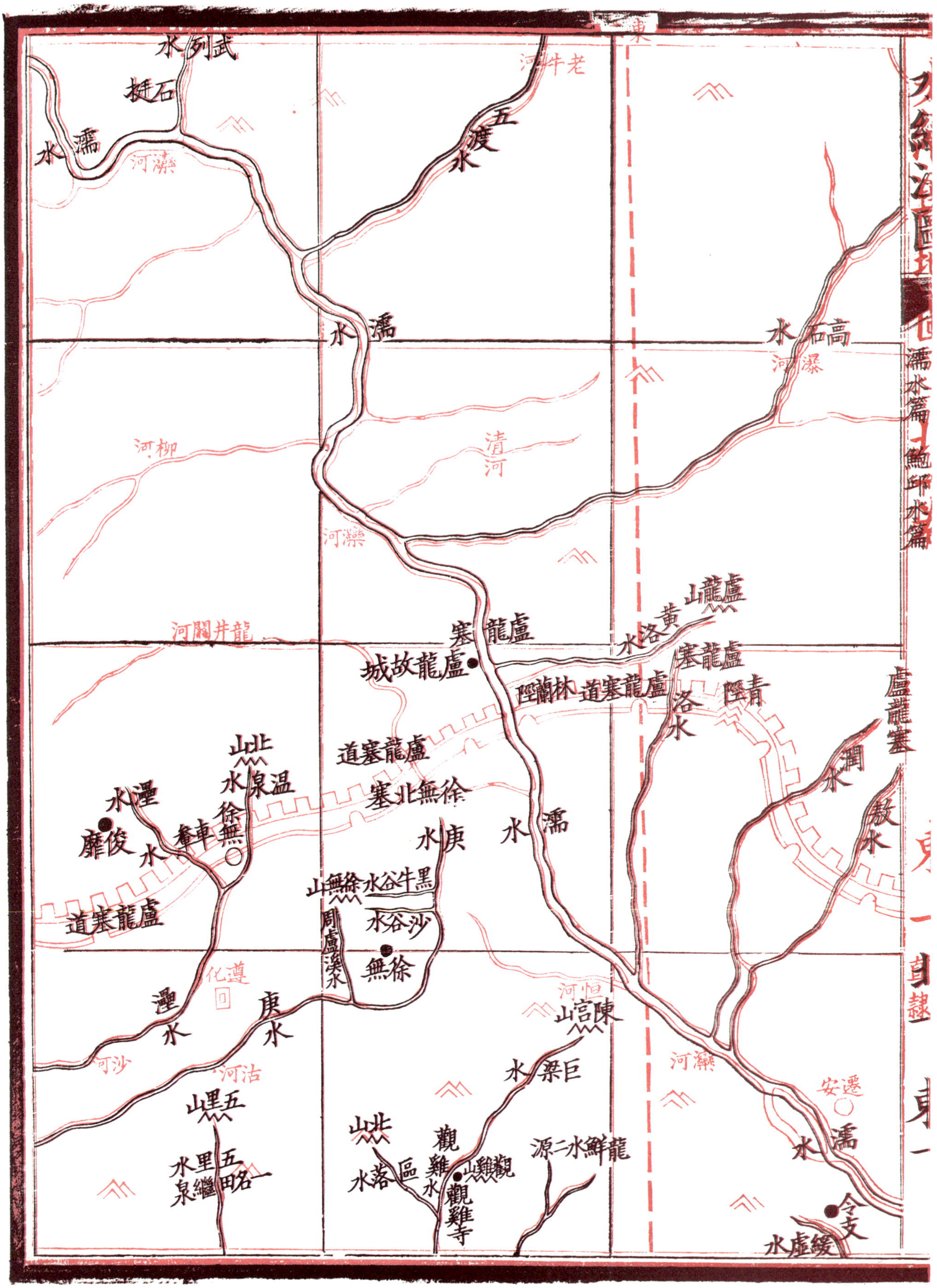
水經注圖
濡水篇 鮑邱水篇
東一
直隸
東一
武列水
石挺
濡水
灤河
老牛河
五渡水
濡水
高石水
瀑河
柳河
清河
灤河
盧龍山
黃洛水
龍井關河
盧龍塞
盧龍故城
盧龍塞
盧龍塞道
林蘭陘
青陘
洛水
盧龍塞
潤水
溫泉水
北山
灅水
徐無
車𡸫水
俊靡
盧龍塞道
徐無北塞
盧龍塞道
庚水
黑牛谷水
徐無山
沙谷水
周盧溪水
徐無
遵化
灅水
庚水
沙河
沽河
陳宮山
恒河
巨梁水
灤河
遷安
濡水
五里山
五田名一
里繼泉水
北山
區落水
觀雞水
觀雞山
觀雞寺
龍鮮水二源
令支
緩虛水

水經注圖

濡水篇 鮑邱水篇 沽河篇

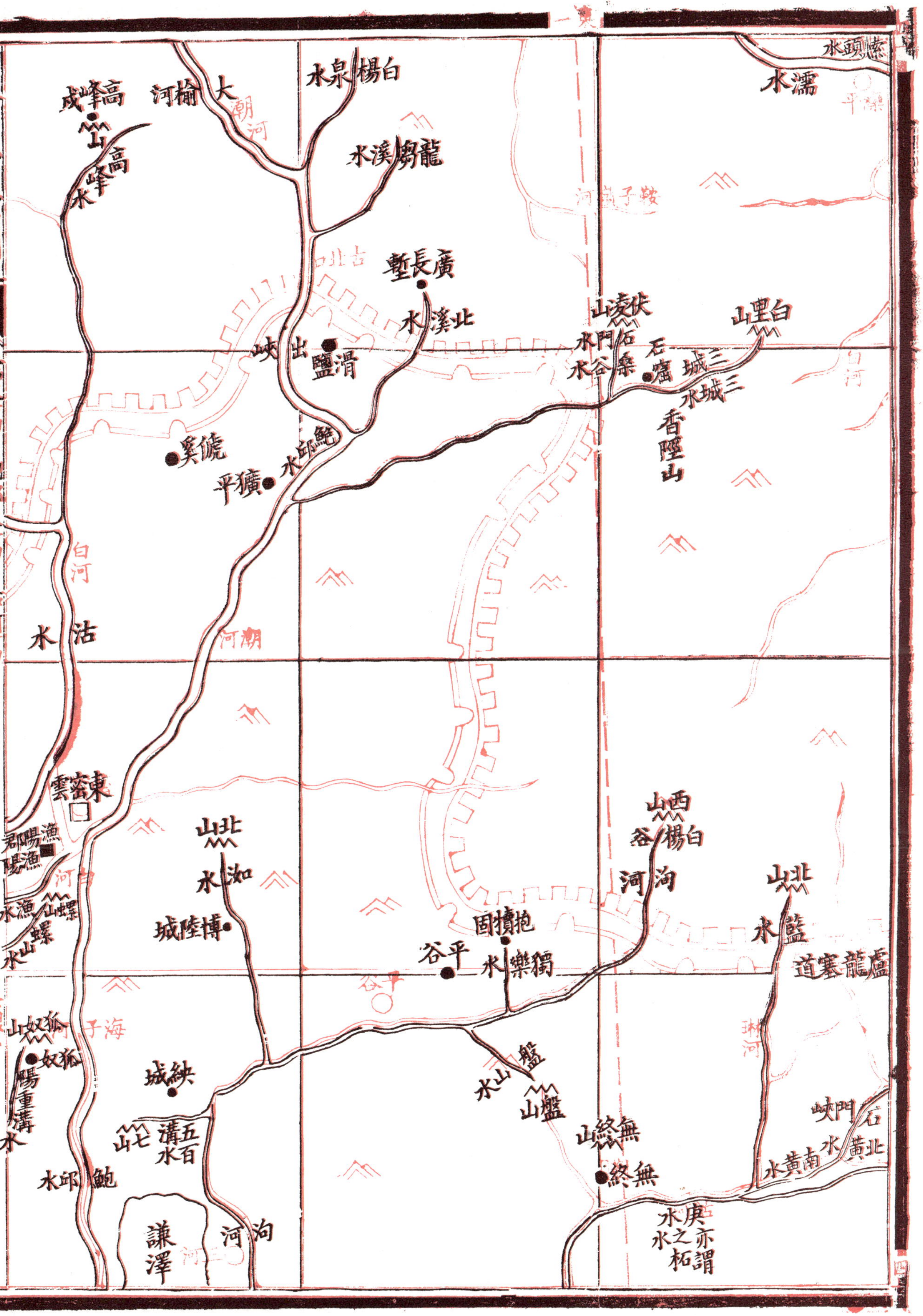

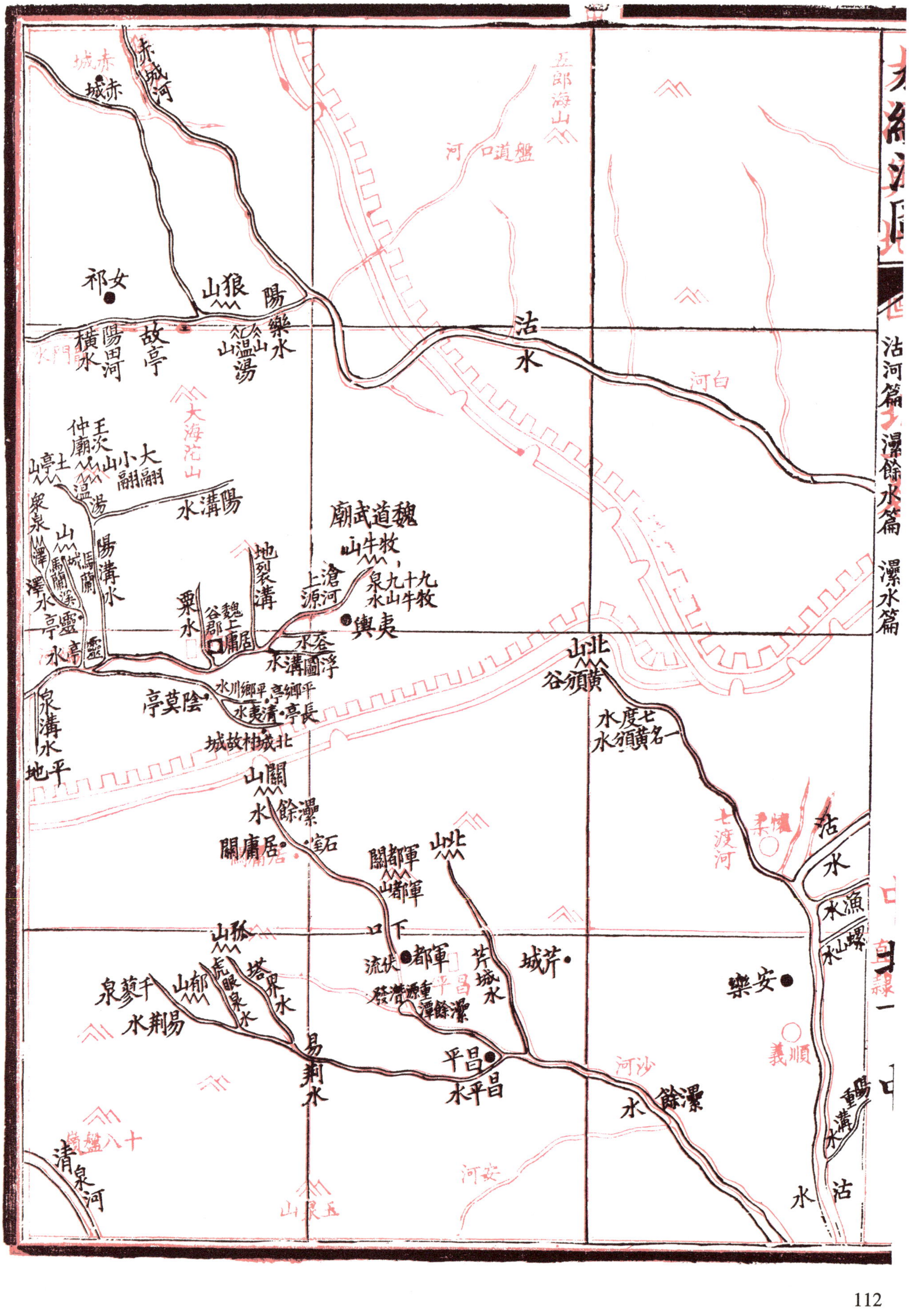
沽河篇
㶟餘水篇
㶟水篇
赤城河
赤城
女祁
狼山
陽樂水
故亭
陽田河
橫水
溫湯
沽水
大翮
小翮山
王次仲廟
上亭山
陽溝水
泉澤
魏道武廟
牧牛山
九十九泉
牧牛山水
滄河上源
地裂溝
夷輿
魏上谷郡
居庸
粟水
浮圖溝水
北山
黃須谷
七度水
一名黃須水
陰莫亭
長亭
北城村故城
關山
㶟餘水
居庸關
石窟
軍都關
軍都山
下口
軍都
伏流
芹城水
芹城
安樂
漁水
螺山水
陽重溝水
千蓼泉
郁山
虎眼泉水
塔界水
孤山
易荊水
昌平
昌平水
清泉河
盤道口河
五郎海山
白河
大海陀山
七渡河
懷柔
順義
沙河
安河
五泉山
十八盤嶺

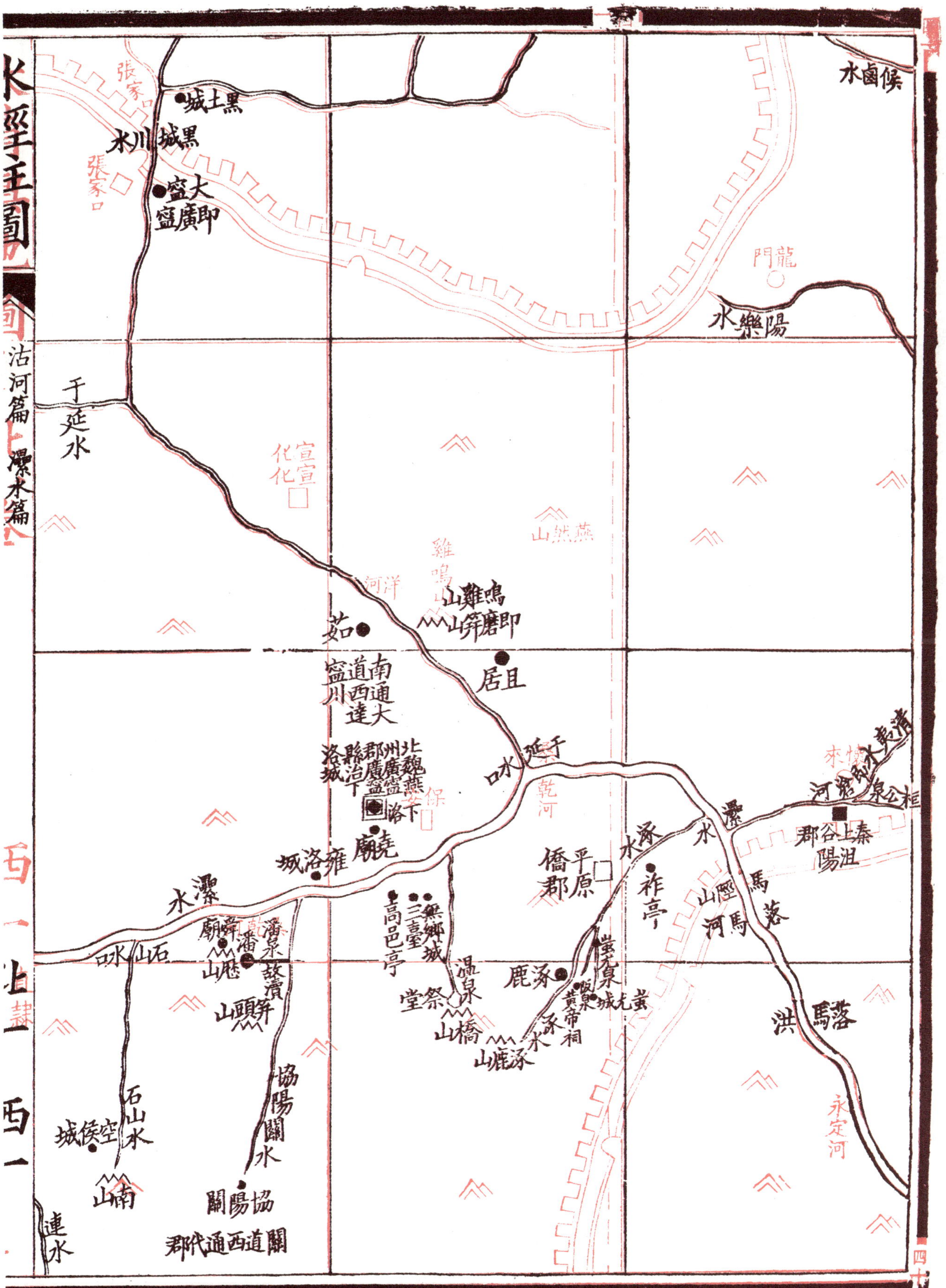
水經注圖
沽河篇
濕水篇
黑土城
黑城
川水
大甯
即廣甯
張家口
龍門
陽樂水
侯鹵水
于延水
宣化
燕然山
雞鳴山
鳴雞山
即磨笄山
洋河
茹
且居
南通大道西通川甯
北魏燕州廣甯郡廣甯縣治下洛城
下洛
堯廟
雍洛城
于延水口
乾河
保安
濕水
桓公泉
清夷水
秦上谷郡沮陽
涿水
平原僑郡
祚亭
馬陘山
落馬河
洪落馬
永定河
石山水口
舜廟
潘泉故瀆
潘
歷山
笄頭山
高邑亭
三臺
無鄉城
溫泉
祭堂
橋山
涿鹿
蚩尤泉
阪泉
黃帝祠
蚩尤城
涿水
涿鹿山
協陽關水
石山水
空侯城
南山
協陽關
關道西通代郡
連水
四十

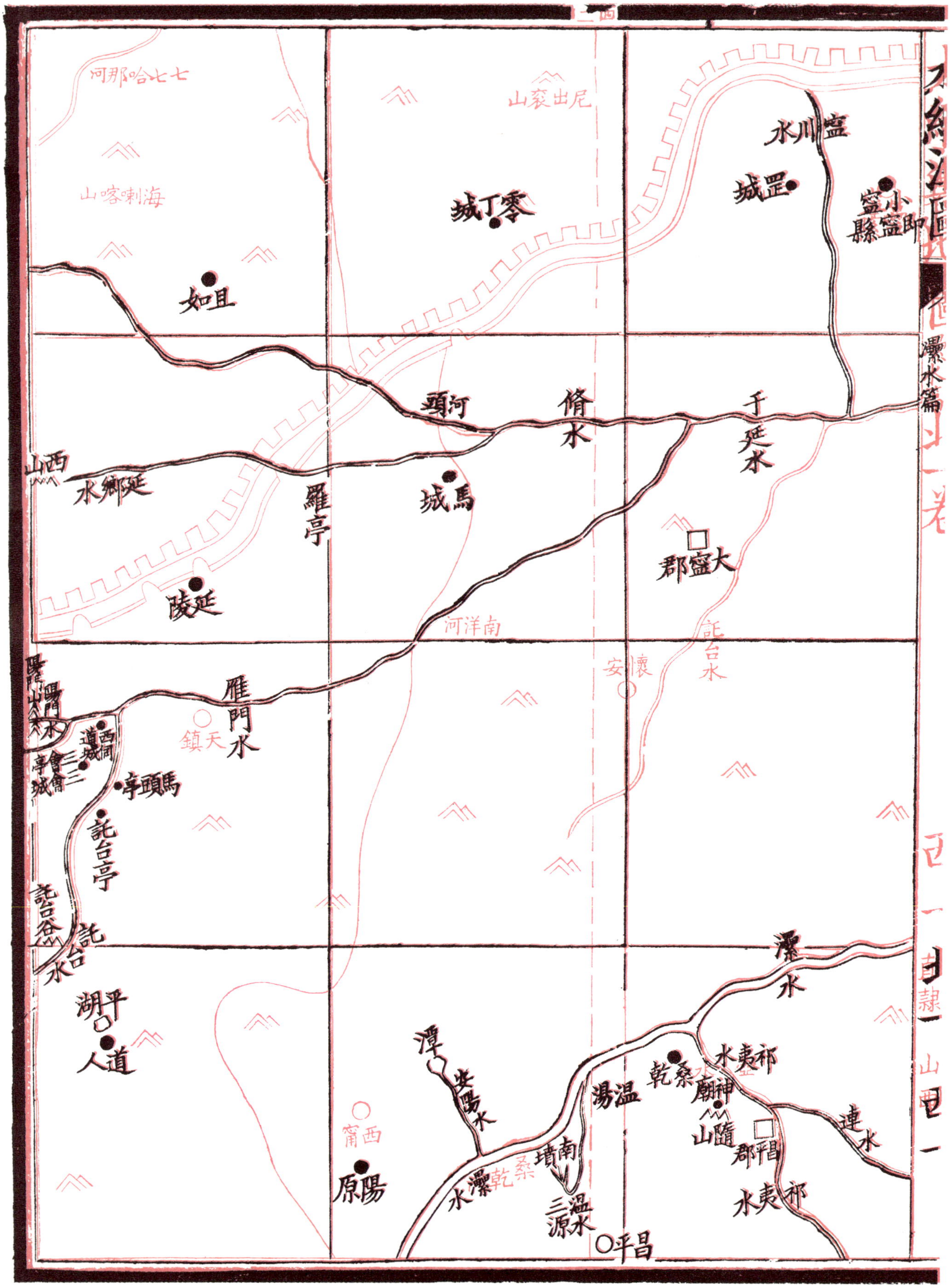

水經注圖
濕水篇
卷
七十七哈那河
尼出袞山
海喇喀山
零丁城
罡城
小寗
即寗縣
且如
河頭
脩水
于延水
西山
延鄉水
馬城
羅亭
大寗郡
延陵
南洋河
懷安
託台水
雁門水
天鎮
馬頭亭
託台亭
託台水
平湖
道人
濕水
祁夷水
桑乾
溫湯
神廟
隨山
連水
西甯
陽原
桑乾濕水
溫水三源
昌平
甘肅
山西

水經注圖 漯水篇

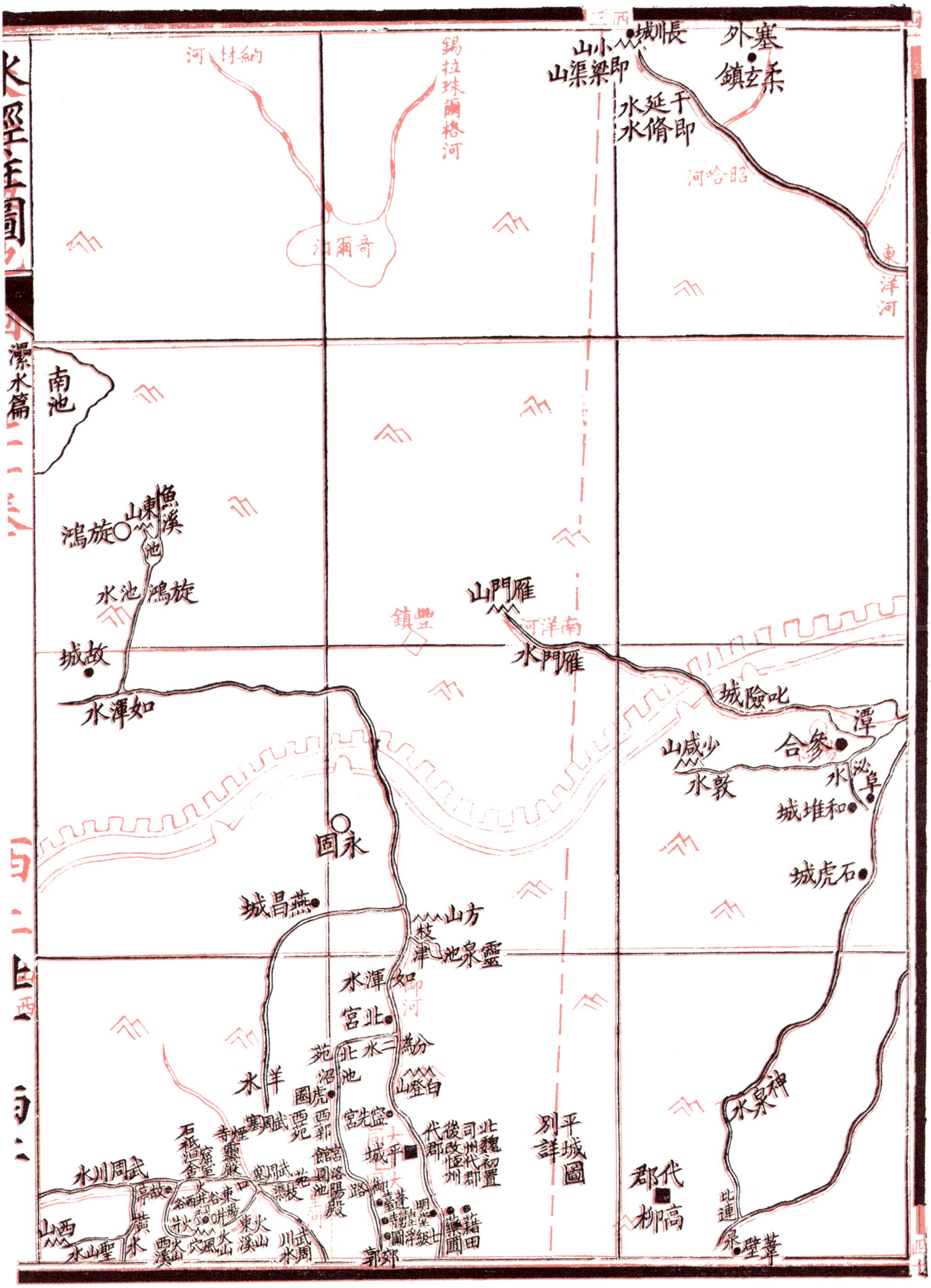

納林河
錫拉珠爾格河
奇爾泊
長川城
小山
即梁渠山
于延水
即脩水
塞外
柔玄鎮
昭哈河
東洋河
南池
東山
魚溪
旋鴻
池
旋鴻池水
故城
如渾水
雁門山
豐鎮
南洋河
雁門水
叱險城
潭
參合
少咸山
敦水
和堆城
石虎城
永固
燕昌城
方山
枝津
靈泉池
如渾水
御河
北宮
分二水
北苑
沼池
白登山
羊水
虎圈
西苑
西郭
平城
代郡
北魏初置司州代郡後改恒州
平城圖別詳
代郡
高柳
神泉水
武周川水
西山
聖山水
郊郭
華壁

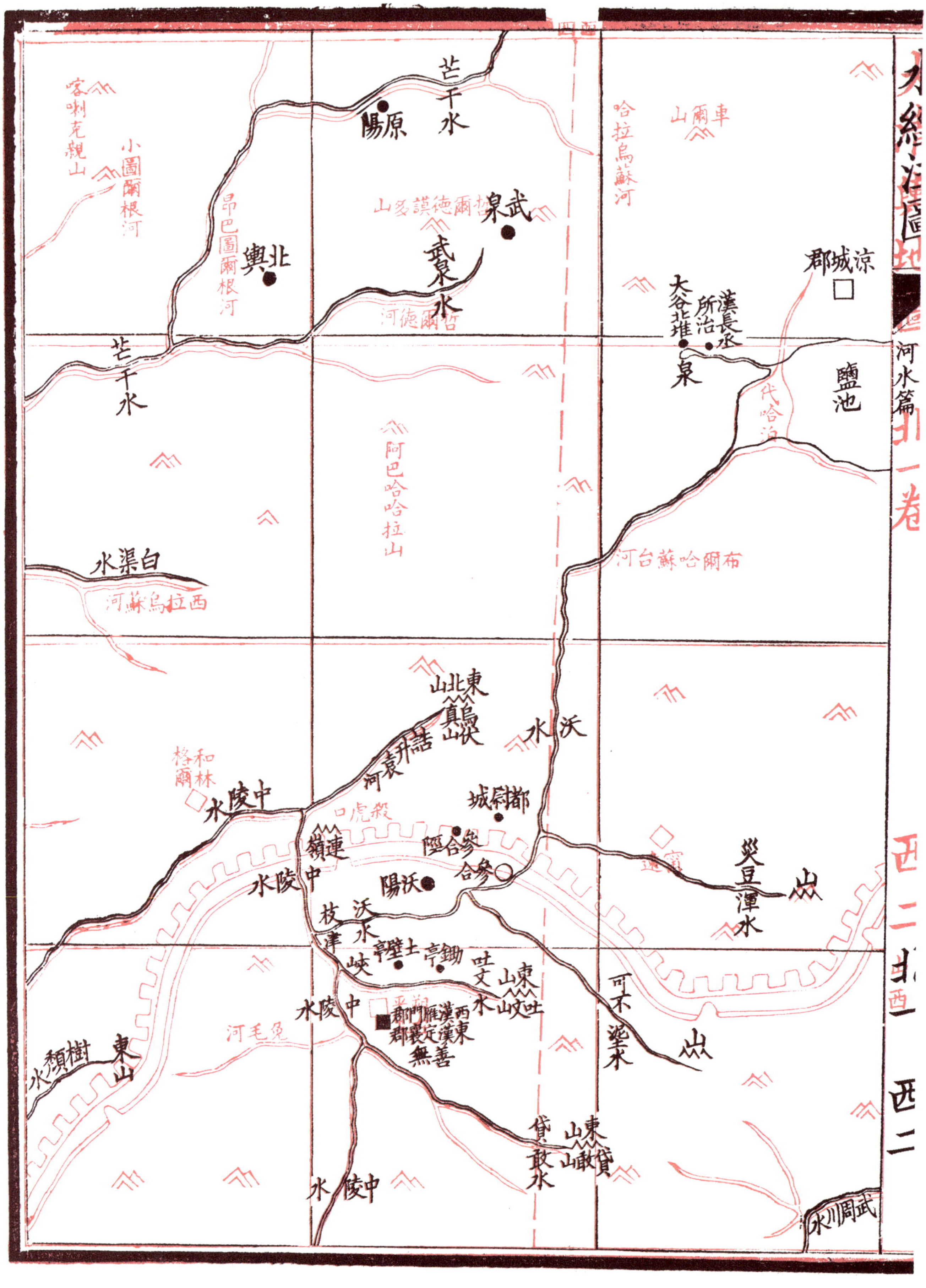
水經注圖
河水篇
北一卷
西二
北一
西一
西二
芒干水
原陽
武泉
武泉水
北輿
車爾山
哈拉烏蘇河
喀喇克覲山
小圖爾根河
昂巴圖爾根河
哲爾德河
涼城郡
漢長丞所治
泉
鹽池
代哈泊
阿巴哈哈拉山
白渠水
西拉烏蘇河
布爾哈蘇台河
東北山
沃水
和林格爾
中陵水
都尉城
殺虎口
參合陘
參合
沃陽
枝津
土壁亭
東山
西漢
東漢
善無
兔毛河
樹頹水
中陵水
武周川水

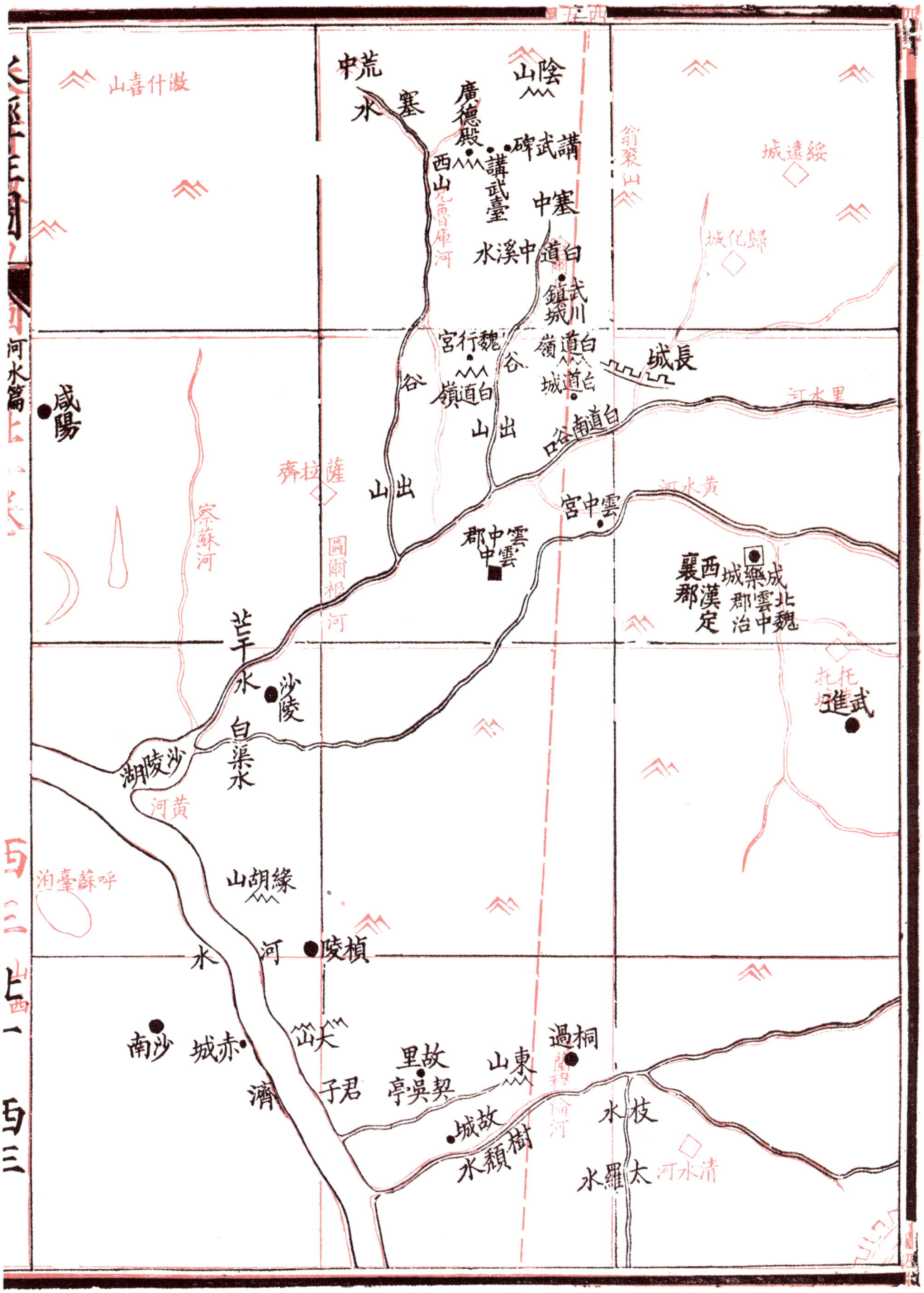

河水篇上
陰山
潡什喜山
廣德殿
講武碑
西山
講武臺
塞中
白道中溪水
武川鎮城
魏行宮
白道嶺
谷
白道嶺
白道城
長城
白道南谷
出山
出山
翁袞山
綏遠城
歸化城
咸陽
薩拉齊
察蘇河
圖爾根河
雲中宮
雲中
雲中郡
黃水河
成樂城
北魏雲中郡治
西漢定襄郡
武進
芒干水
沙陵
白渠水
沙陵湖
黃河
呼蘇臺泊
緣胡山
河水
楨陵
沙南
赤城
故里
契吳亭
君子濟
東山
桐過
故城
樹頹水
枝水
太羅水
清水河

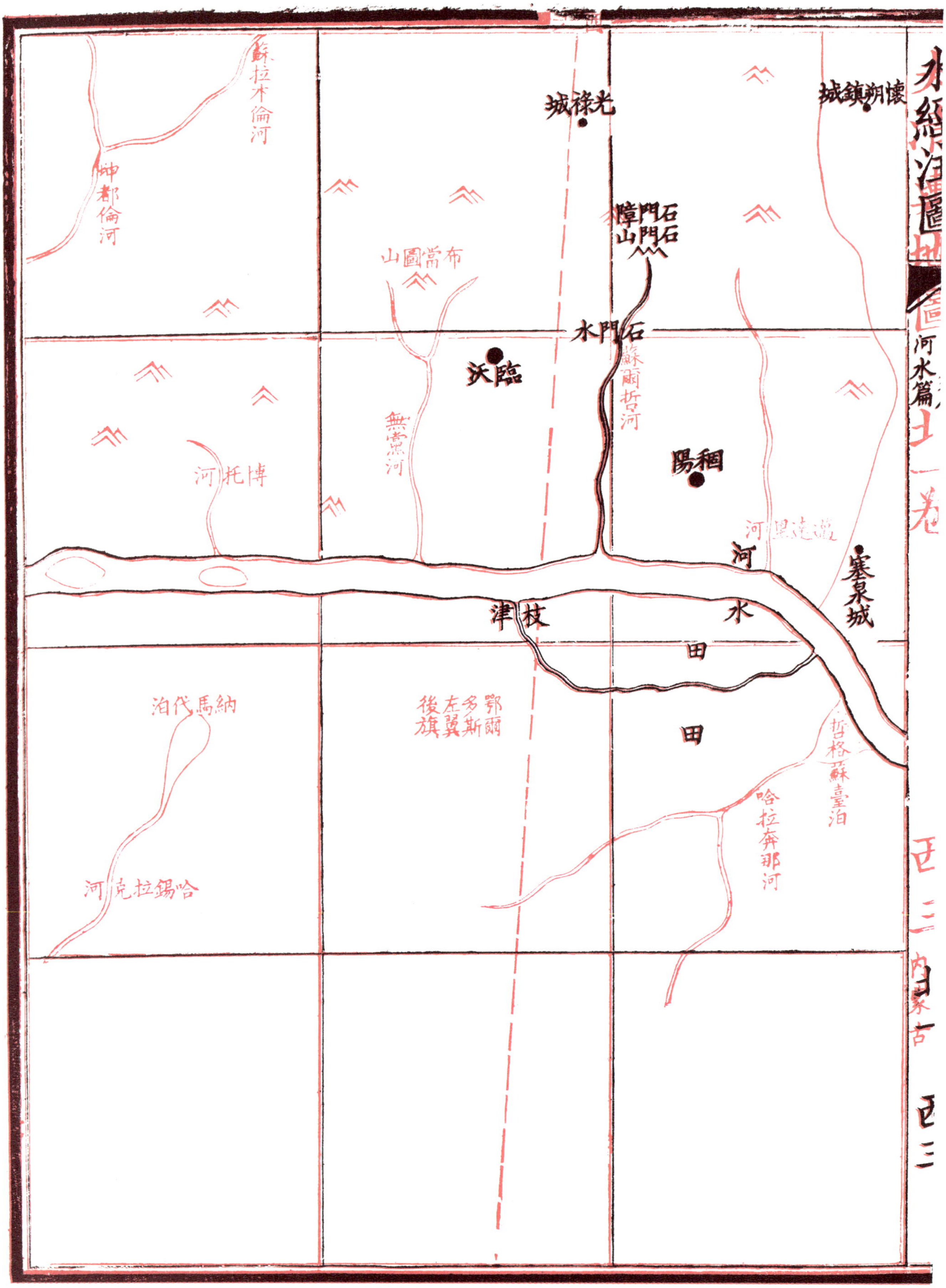
水經注圖
河水篇
蘇拉木倫河
坤都倫河
光祿城
懷朔鎮城
石門障
石門山
布當圖山
石門水
臨沃
蘇爾哲河
稒陽
博托河
河水
塞泉城
枝津
田
田
納馬代泊
鄂爾多斯左翼後旗
哲格蘇臺泊
哈拉奔那河
哈錫拉克河

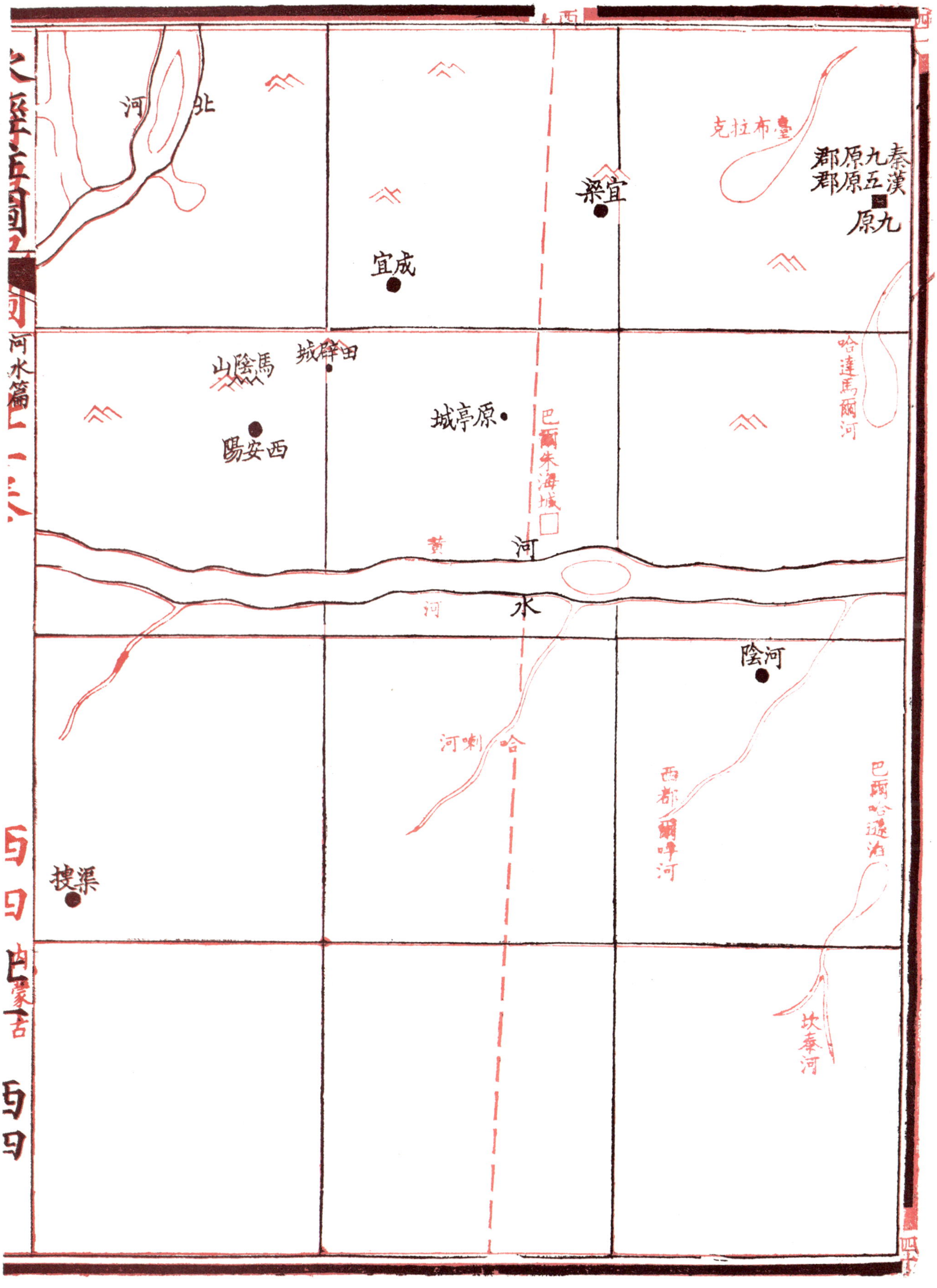
河水篇
北河
成宜
宜梁
秦九原郡
漢五原郡
九原
克拉布臺
田辟城
馬陰山
西安陽
原亭城
巴爾朱海城
哈達馬爾河
黃河
河水
河陰
哈喇河
西都爾哼河
巴爾哈遜泊
渠搜
内蒙古

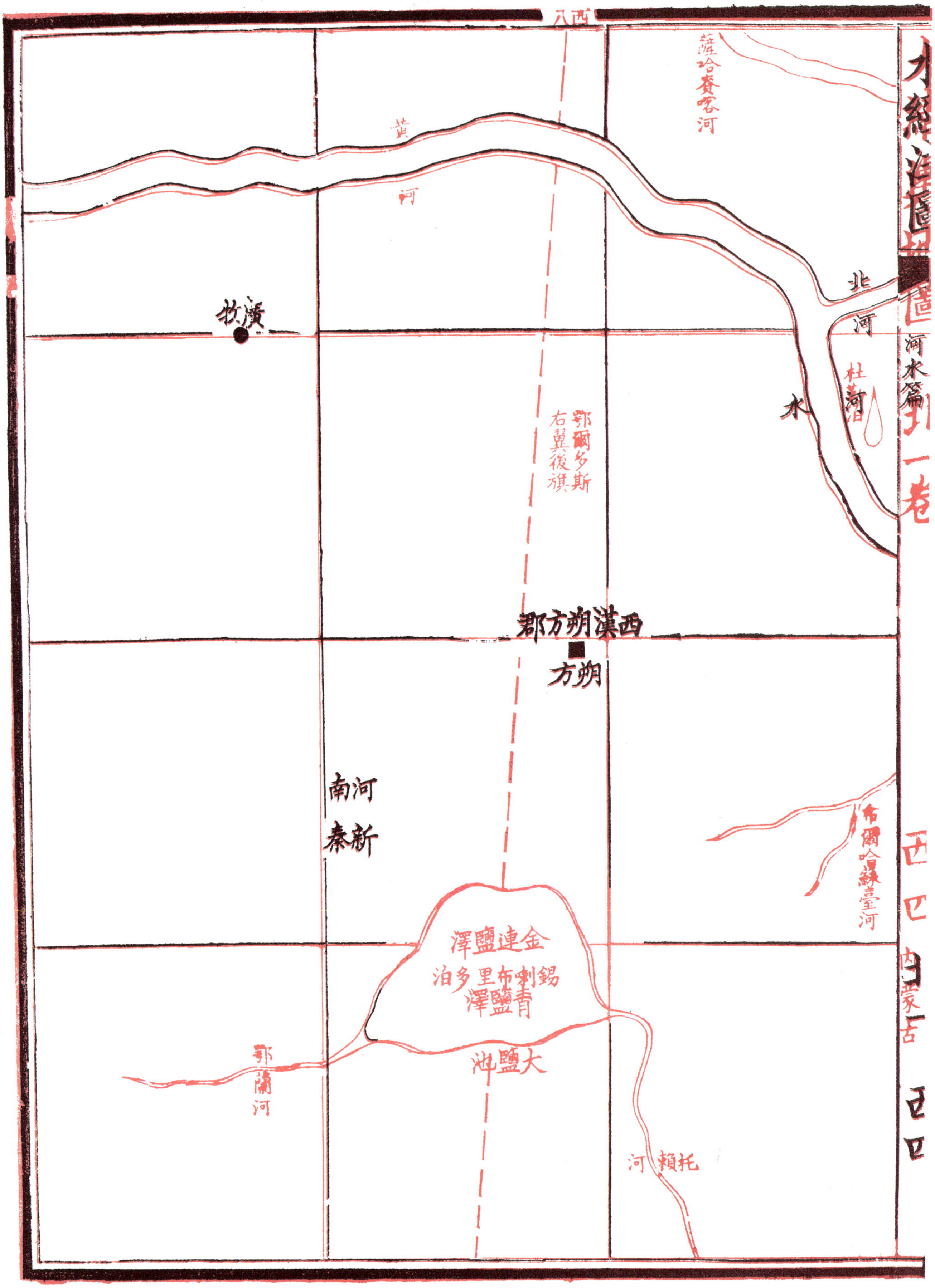
水經注圖
北一卷
河水篇
黃河
北河
水
西漢朔方郡
朔方
廣牧
南河
新秦
鄂爾多斯右翼後旗
金連鹽澤
錫喇布里多泊
青鹽澤
大鹽池
托賴河
布爾哈蘇臺河
內蒙古

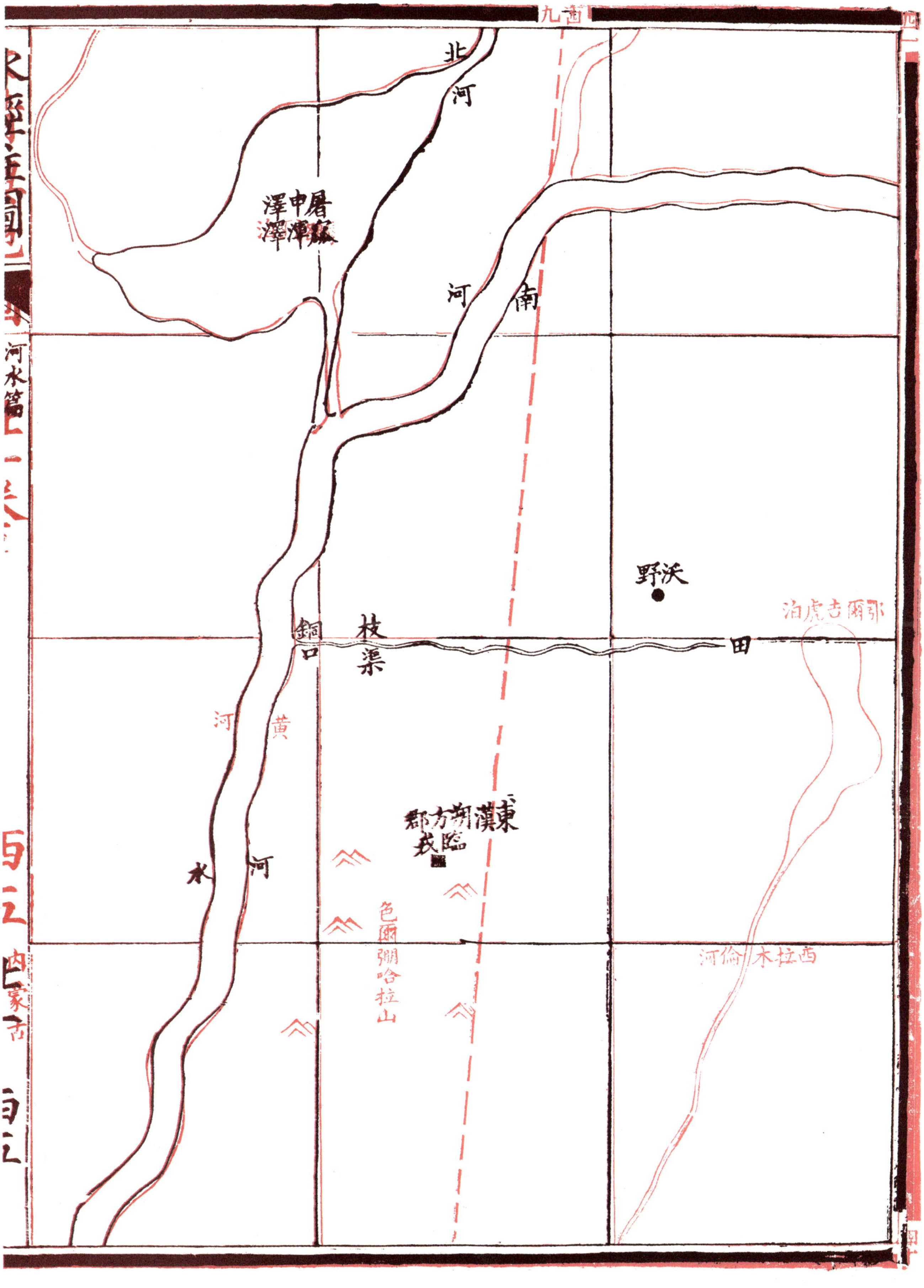
九面
河水篇
北河
屠申澤
窳渾澤
南河
沃野
鄂爾吉虎泊
銅口
枝渠
田
黄河
東漢朔方郡
臨戎
河水
色爾弸哈拉山
西拉木倫河

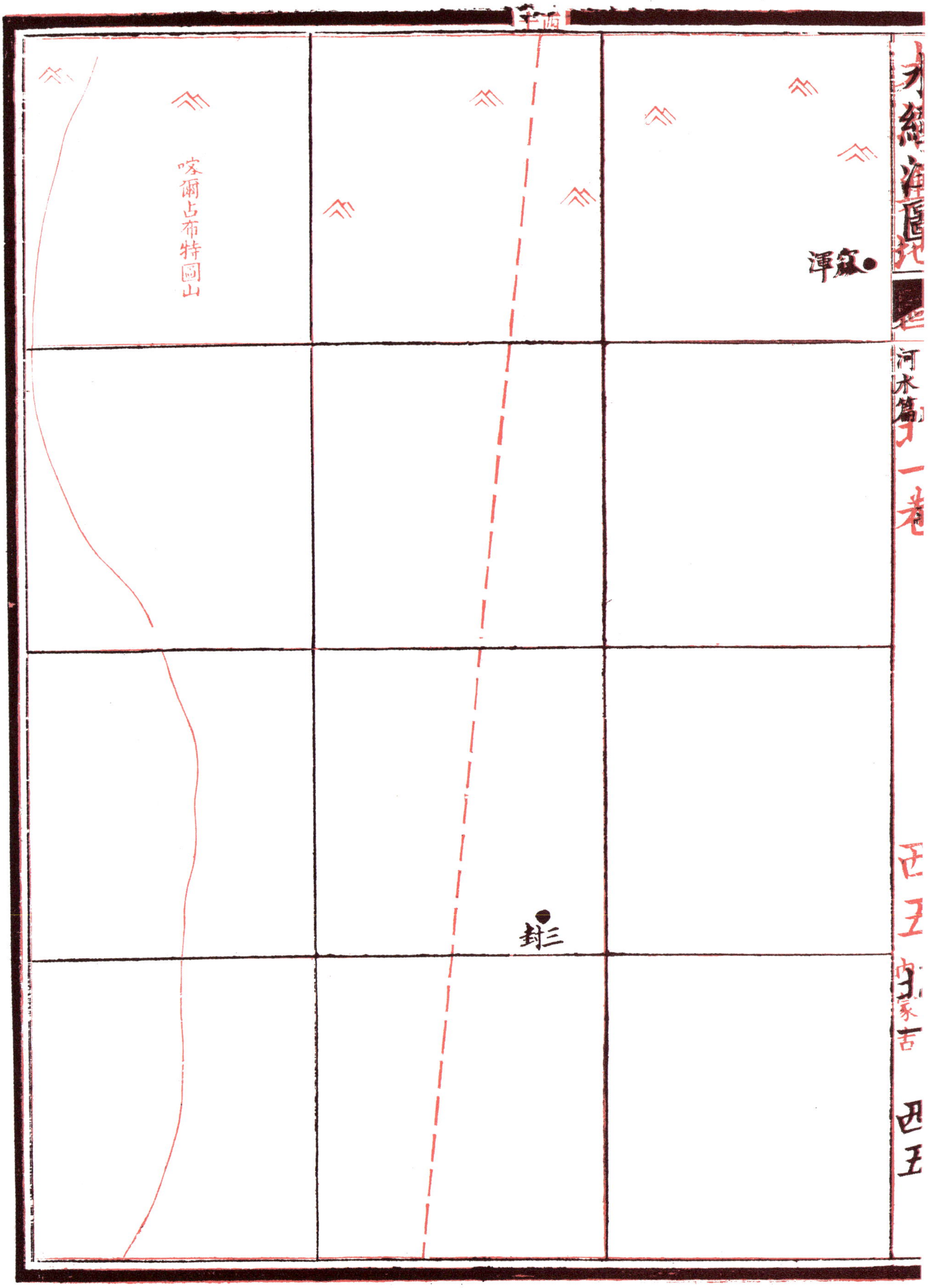
喀爾占布特圖山
窳渾
三封
水經注圖
河水篇第一卷
西五
北一
西五

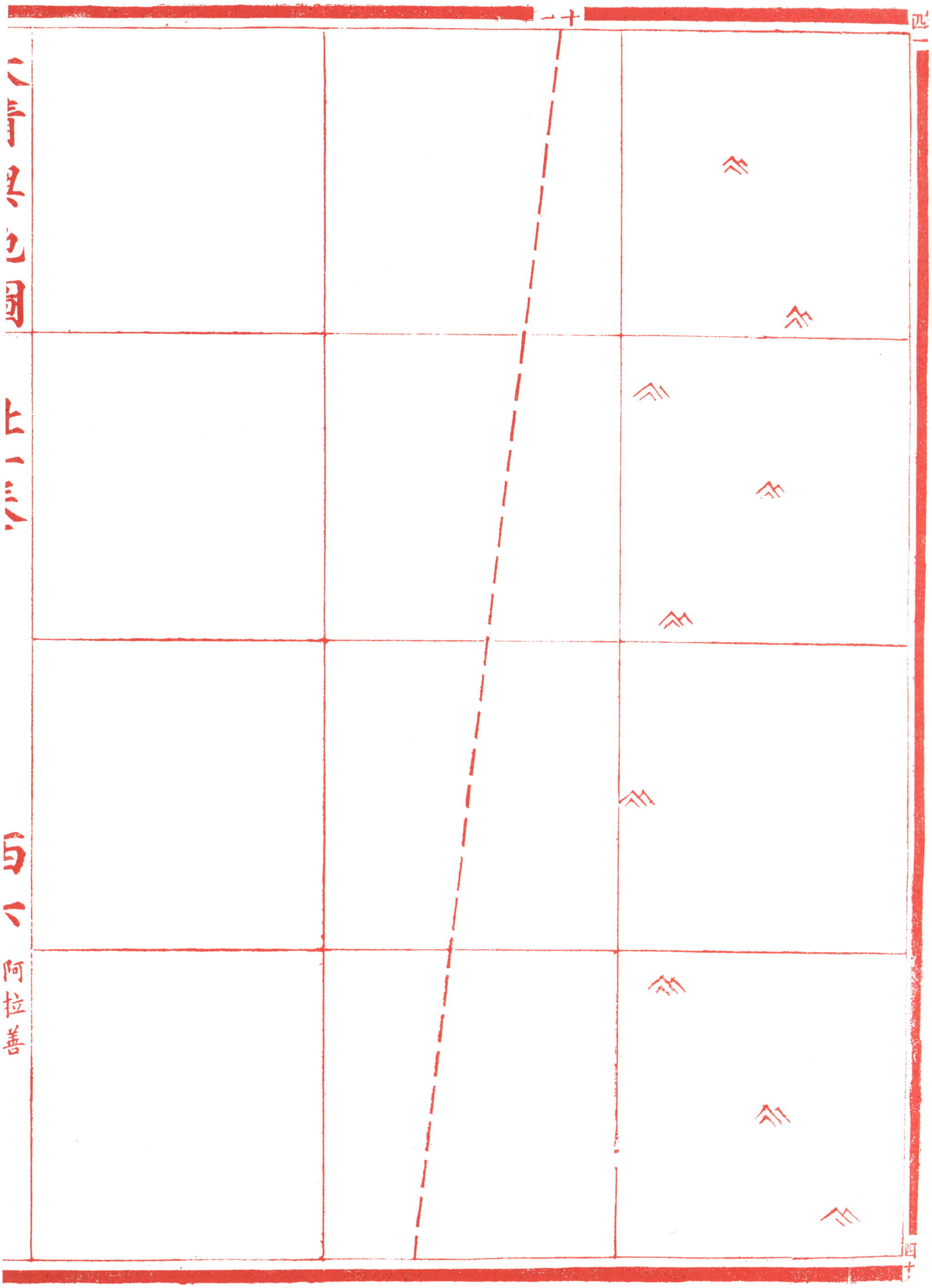
阿拉善

大清輿地圖 共一卷 西六 阿拉善

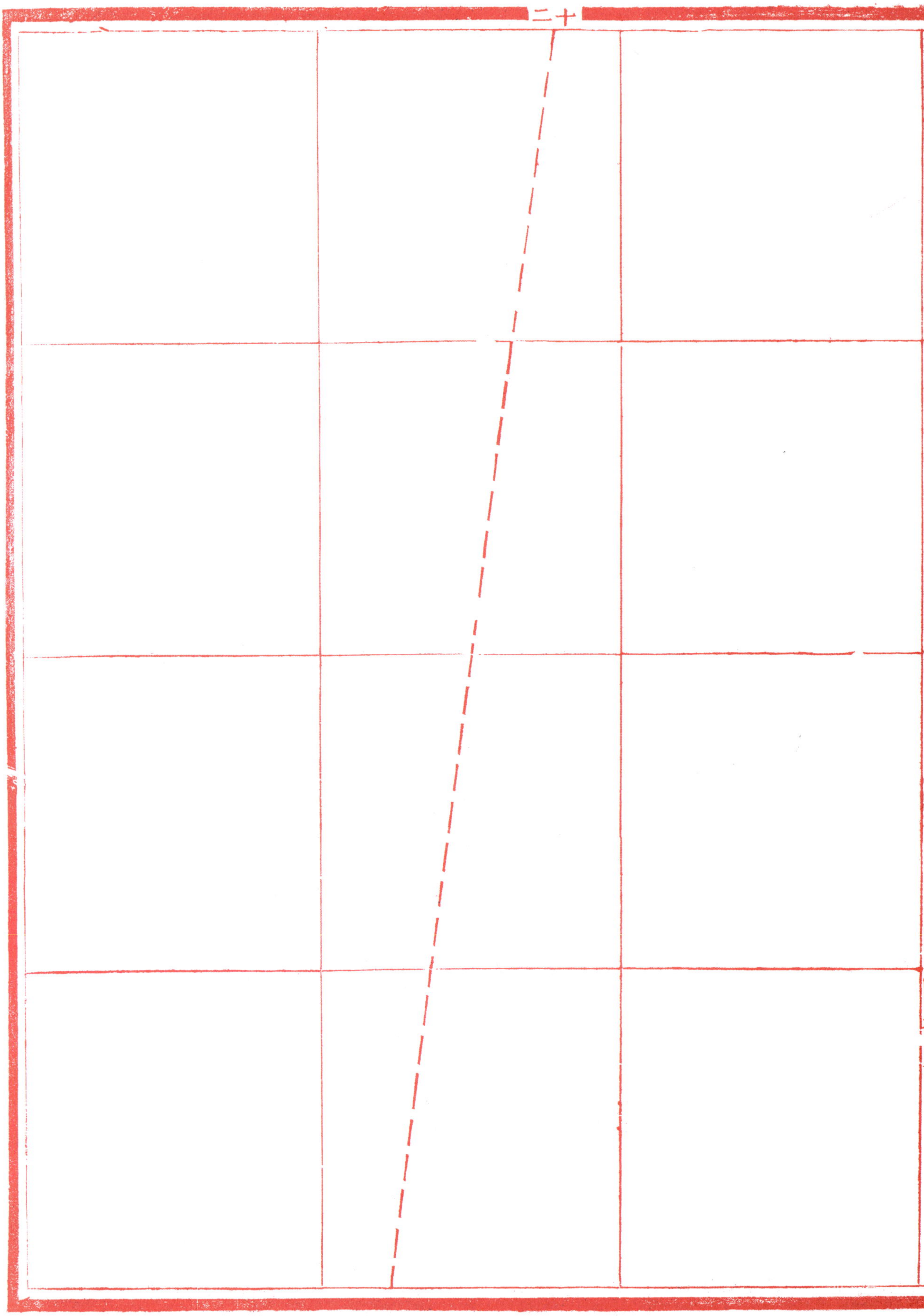

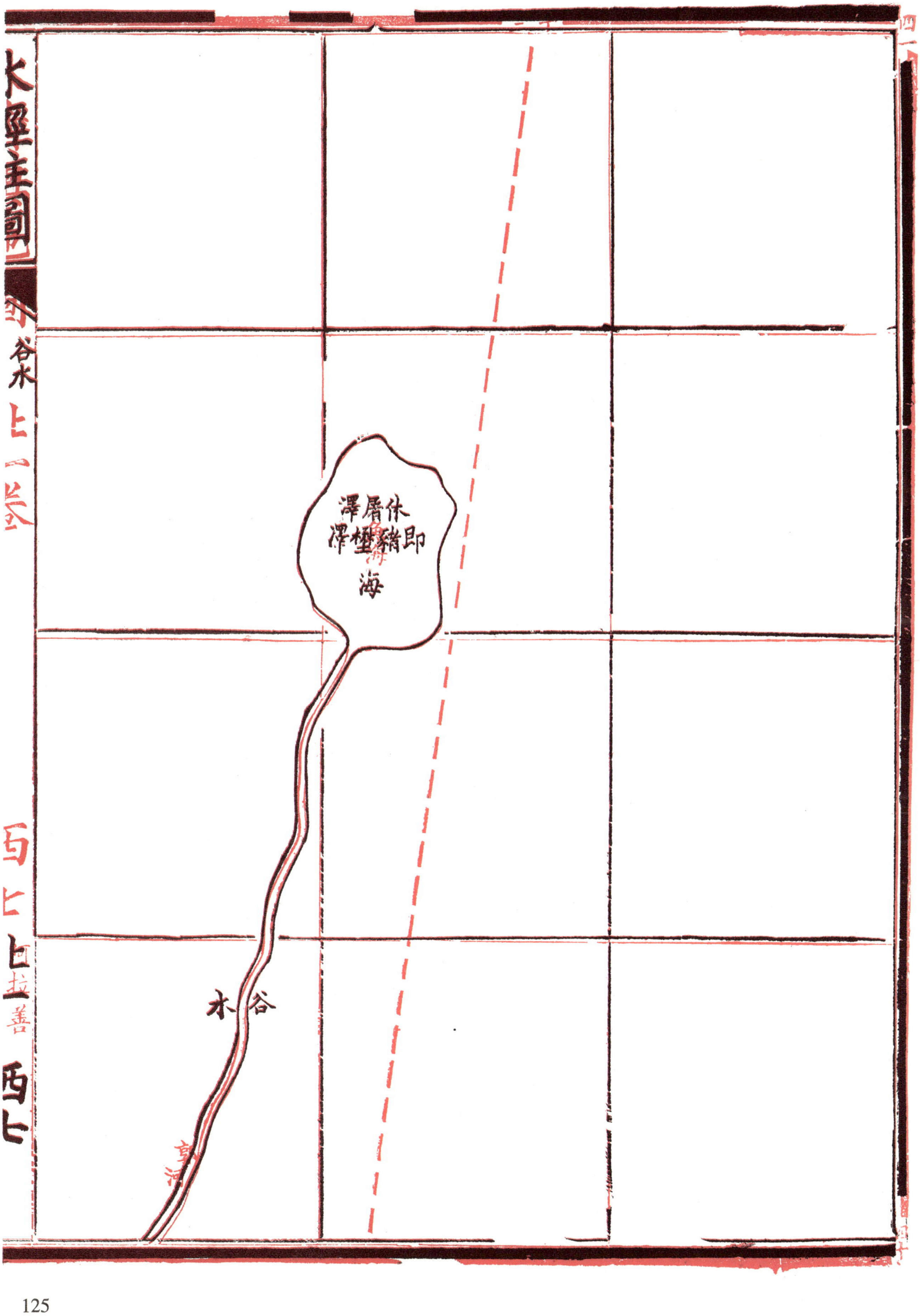
水經注圖
谷水
休屠澤
即豬壄澤
魚海
海
谷水

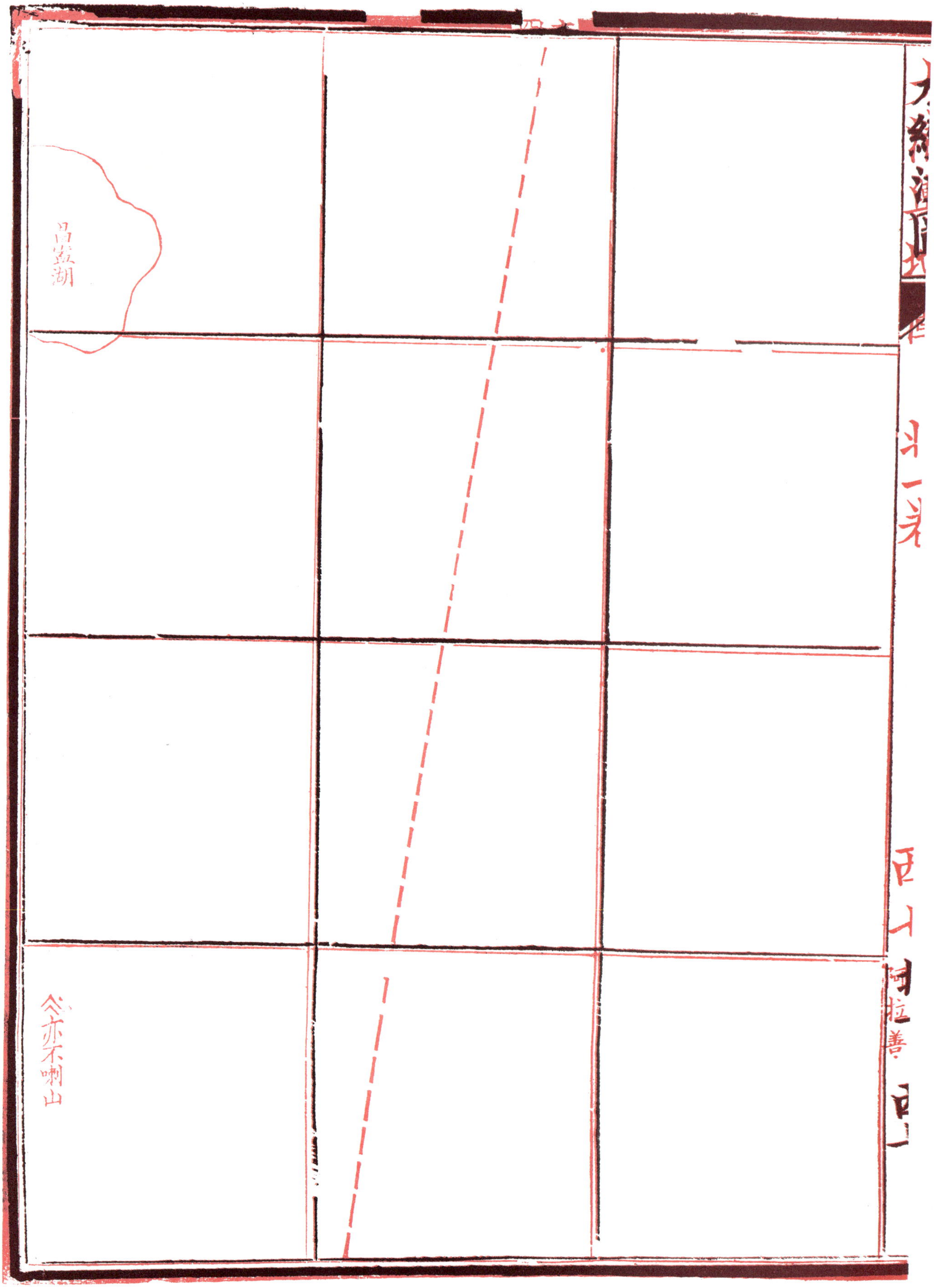
亦不喇山
阿拉善

大清輿地圖 上一長

五

百八

頴濟納

豐五
大泉

水磨川

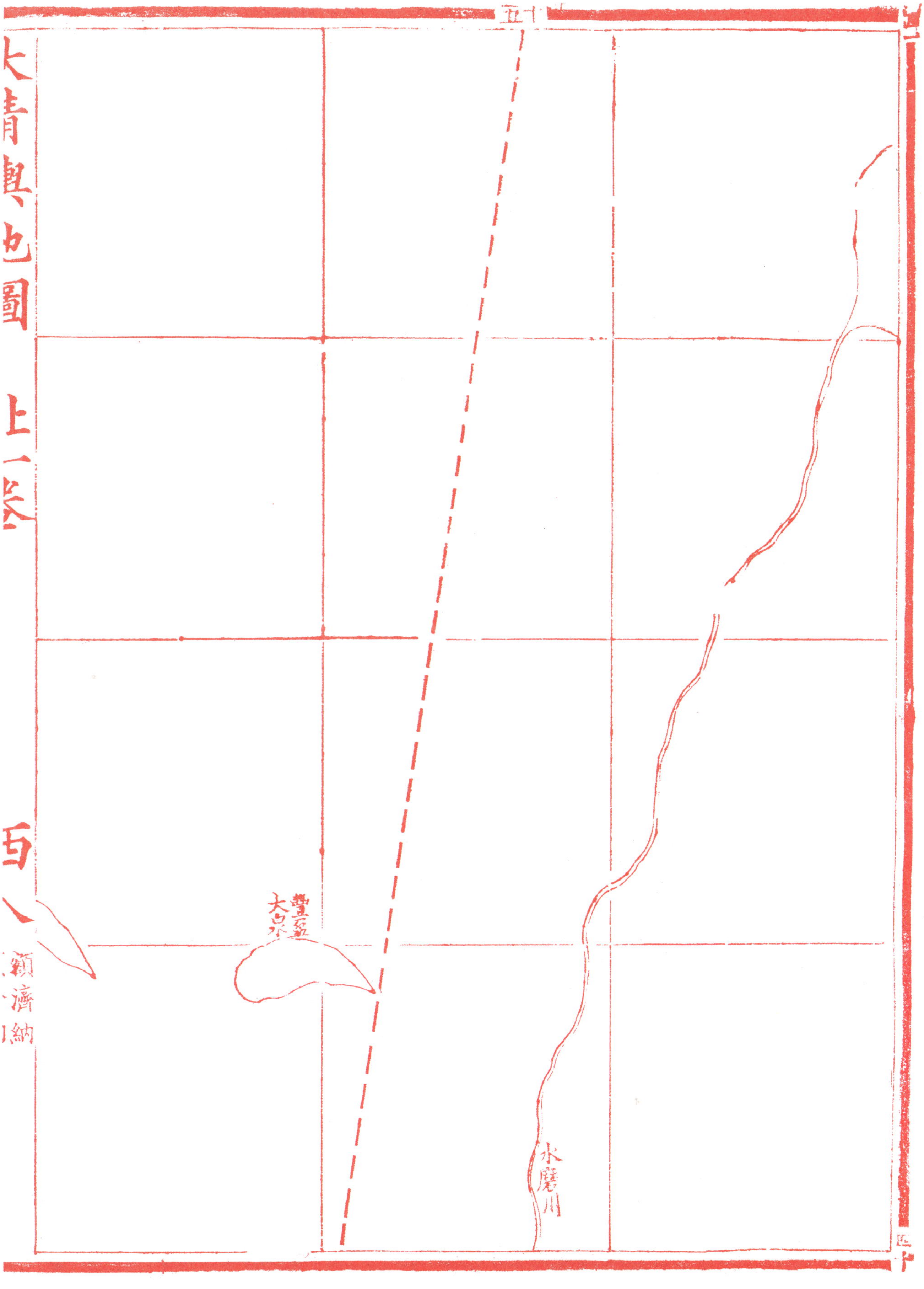

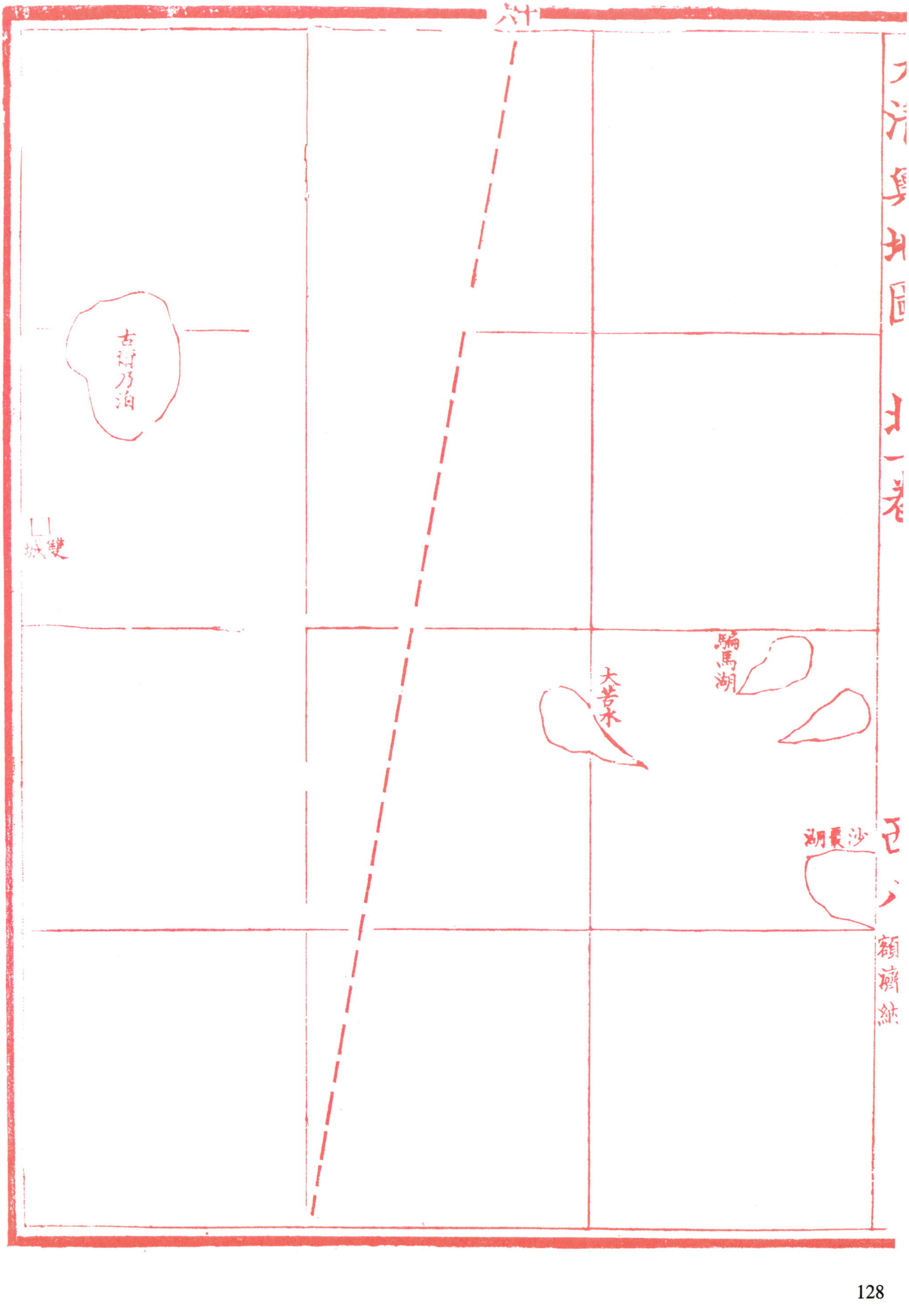
大清輿地圖
北二卷
百八
古爾乃泊
雙城
大苦水
騙馬湖
沙囊湖
額齊納

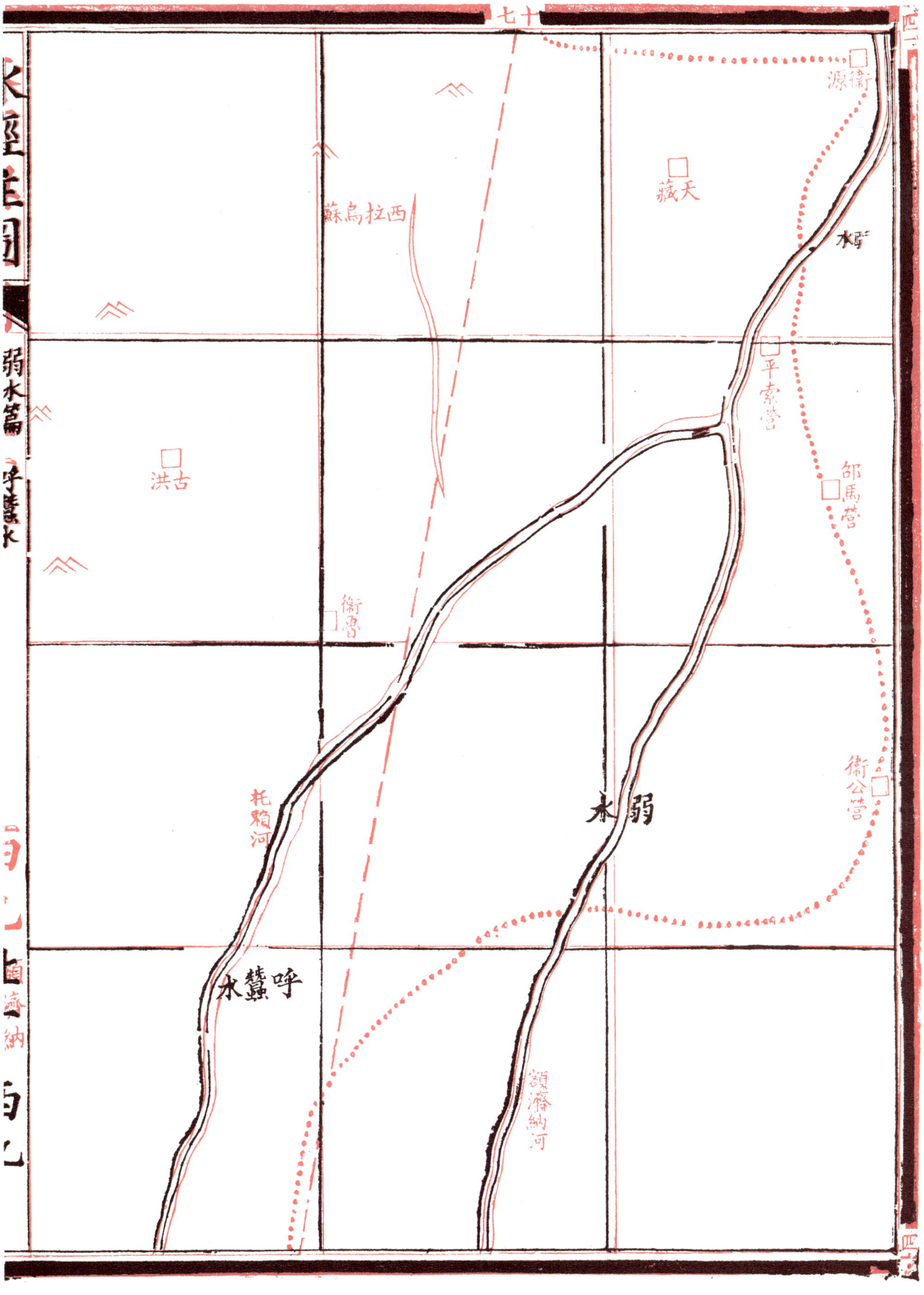
七十
弱水篇
呼蠶水
西拉烏蘇
天藏
衛源
平索營
部馬營
古洪
衛魯
衛公營
托賴河
弱水
呼蠶水
額濟納河

齊格景

丑九
納
丑九

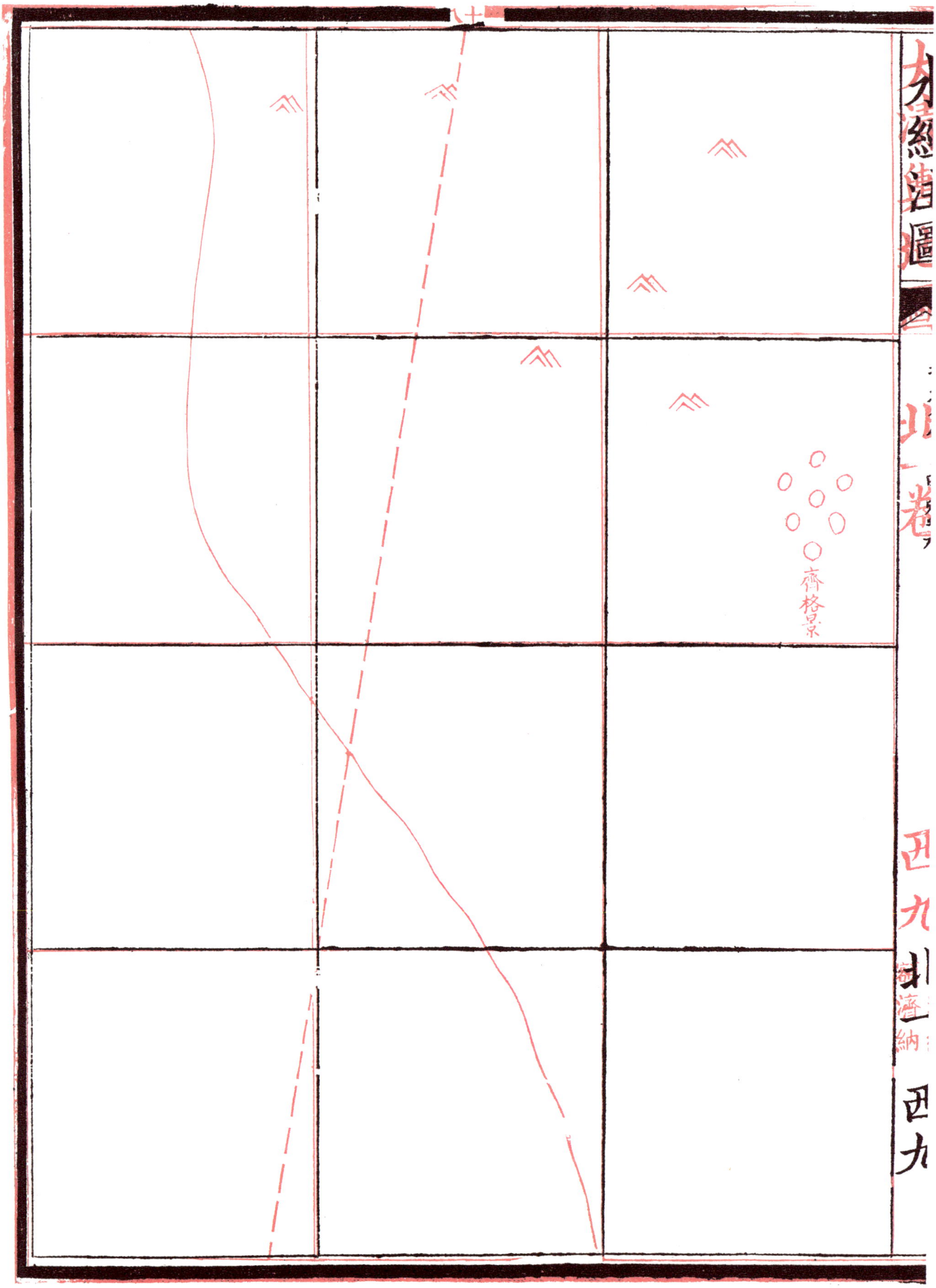

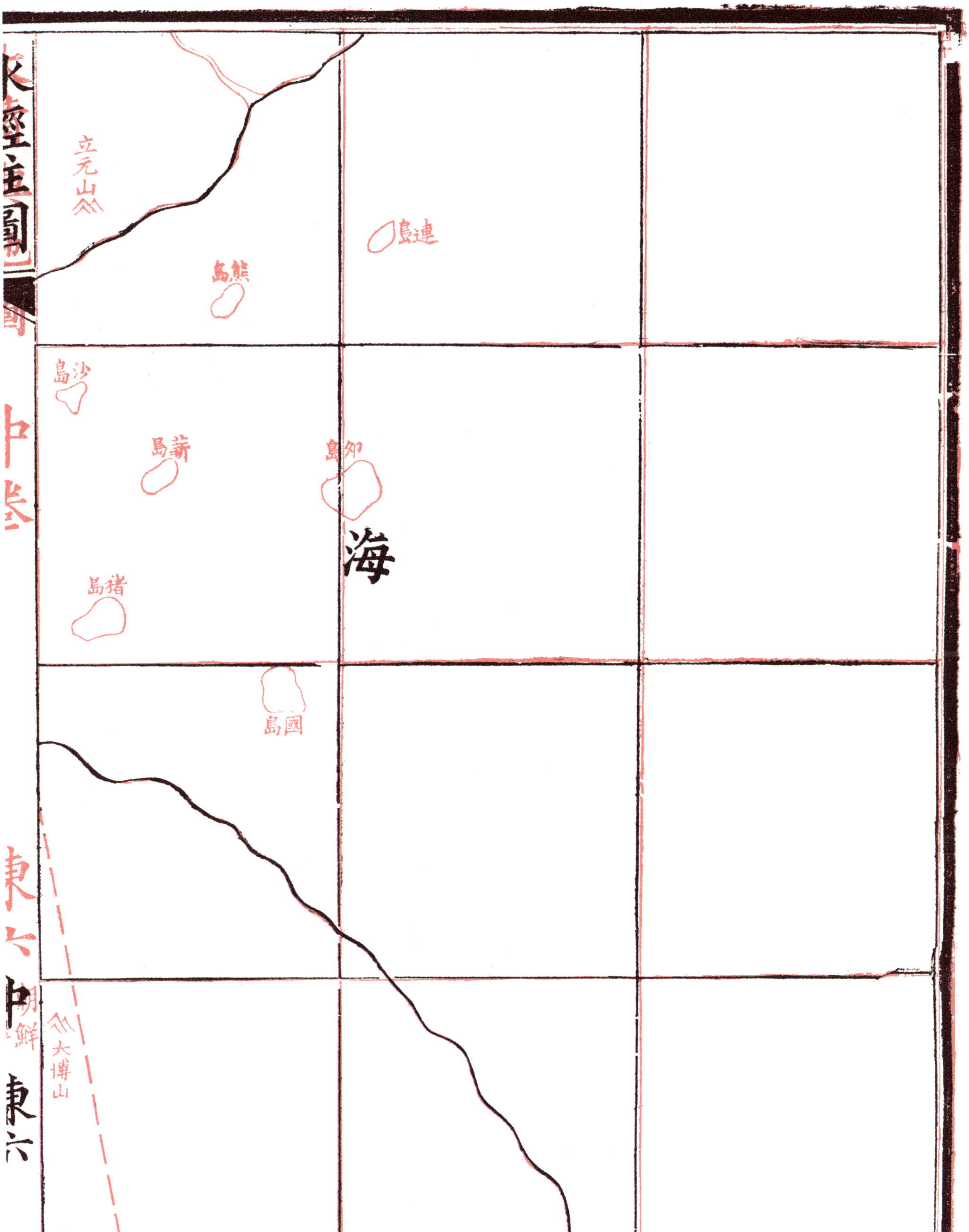
立元山
連島
熊島
沙島
薪島
如島
海
猪島
國島
朝鮮
大博山

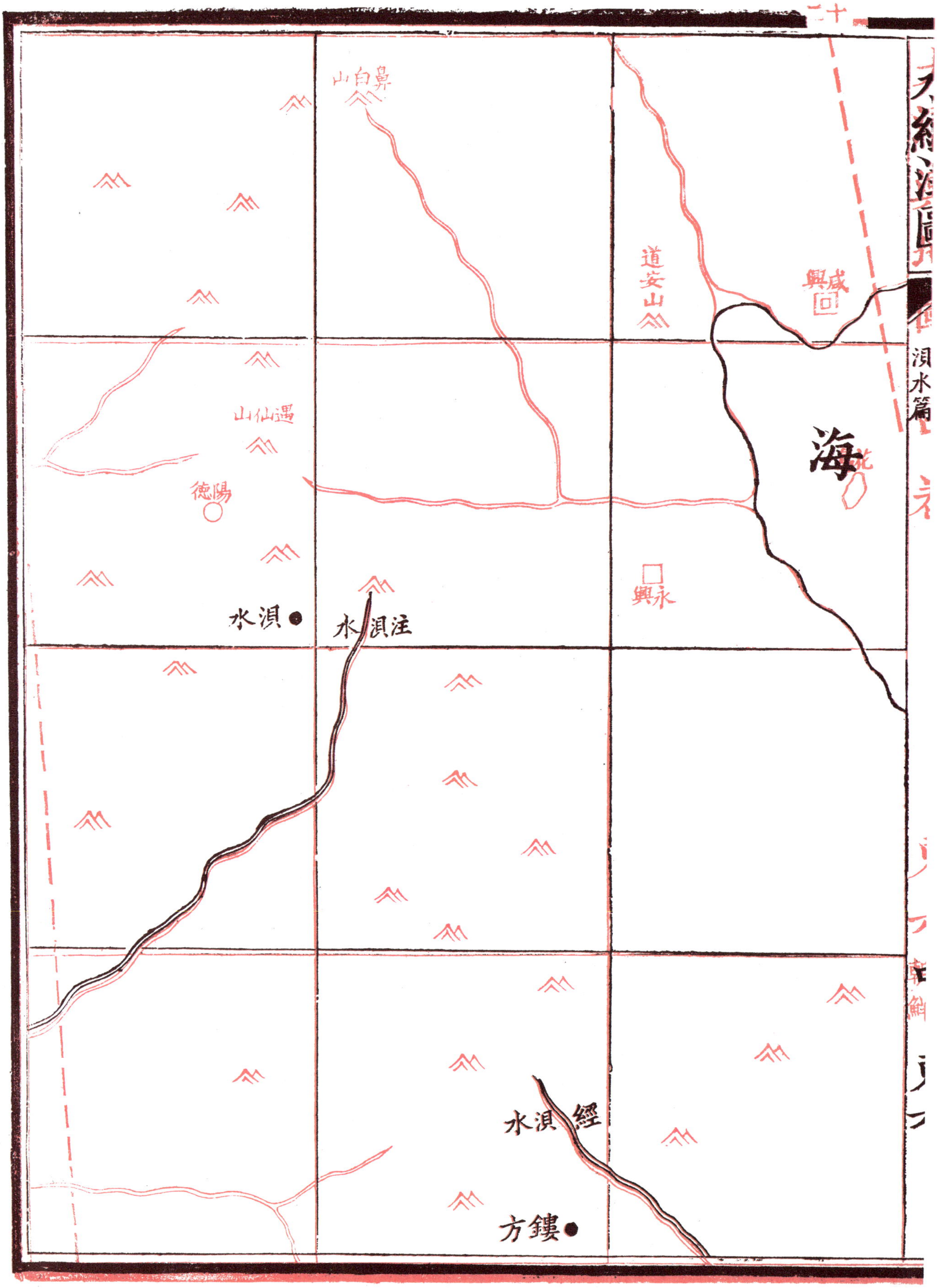
二十
浿水篇
鼻白山
道安山
咸興
遇仙山
陽德
海
永興
浿水
注浿水
經浿水
鏤方

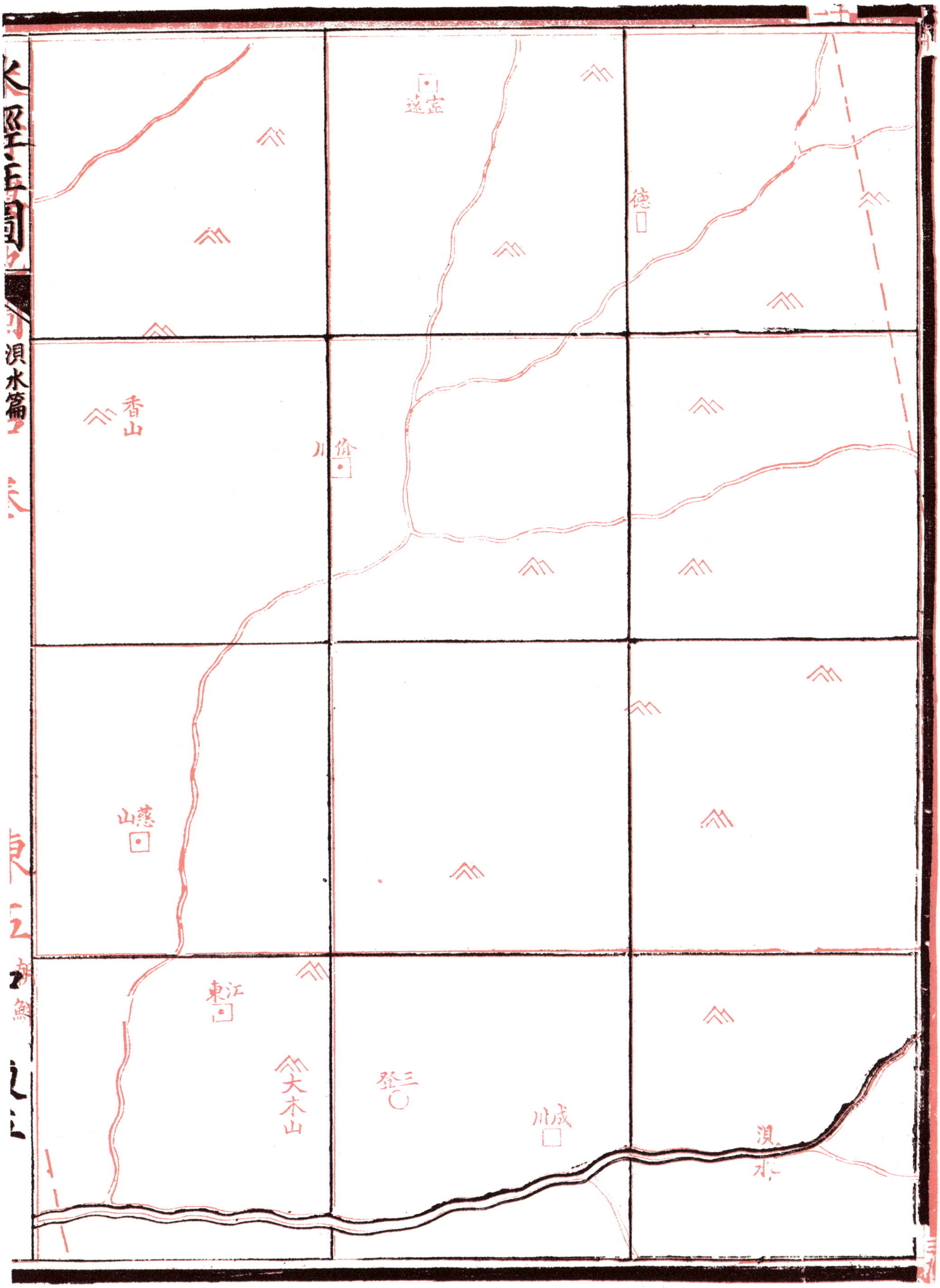
香山
德
慈山
江東
大木山
三登
成川
浿水

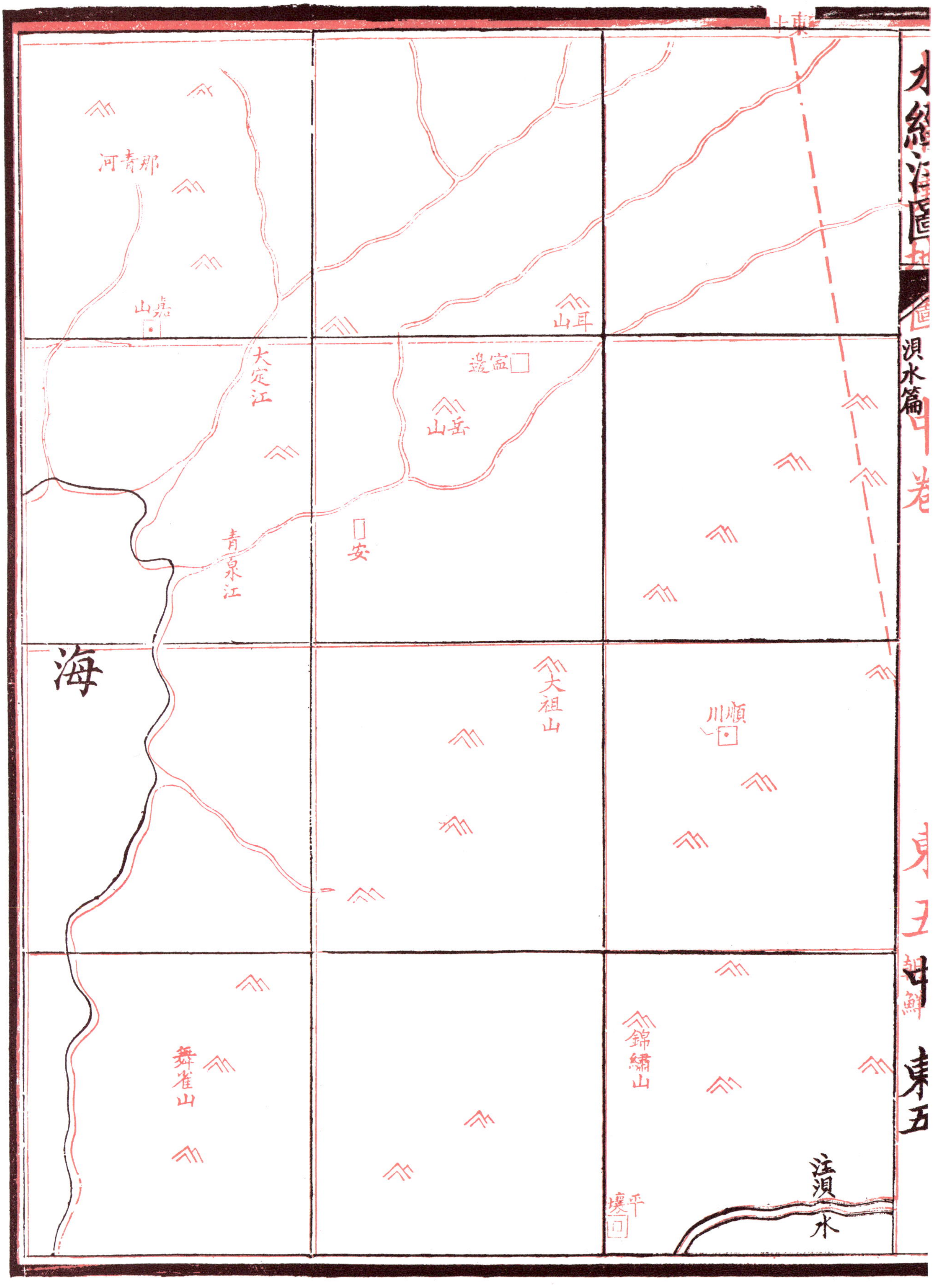
水經注圖
浿水篇
海
嘉山
耳山
大定江
岳山
青泉江
安
大祖山
順川
舞雀山
錦繡山
平壤
浿水

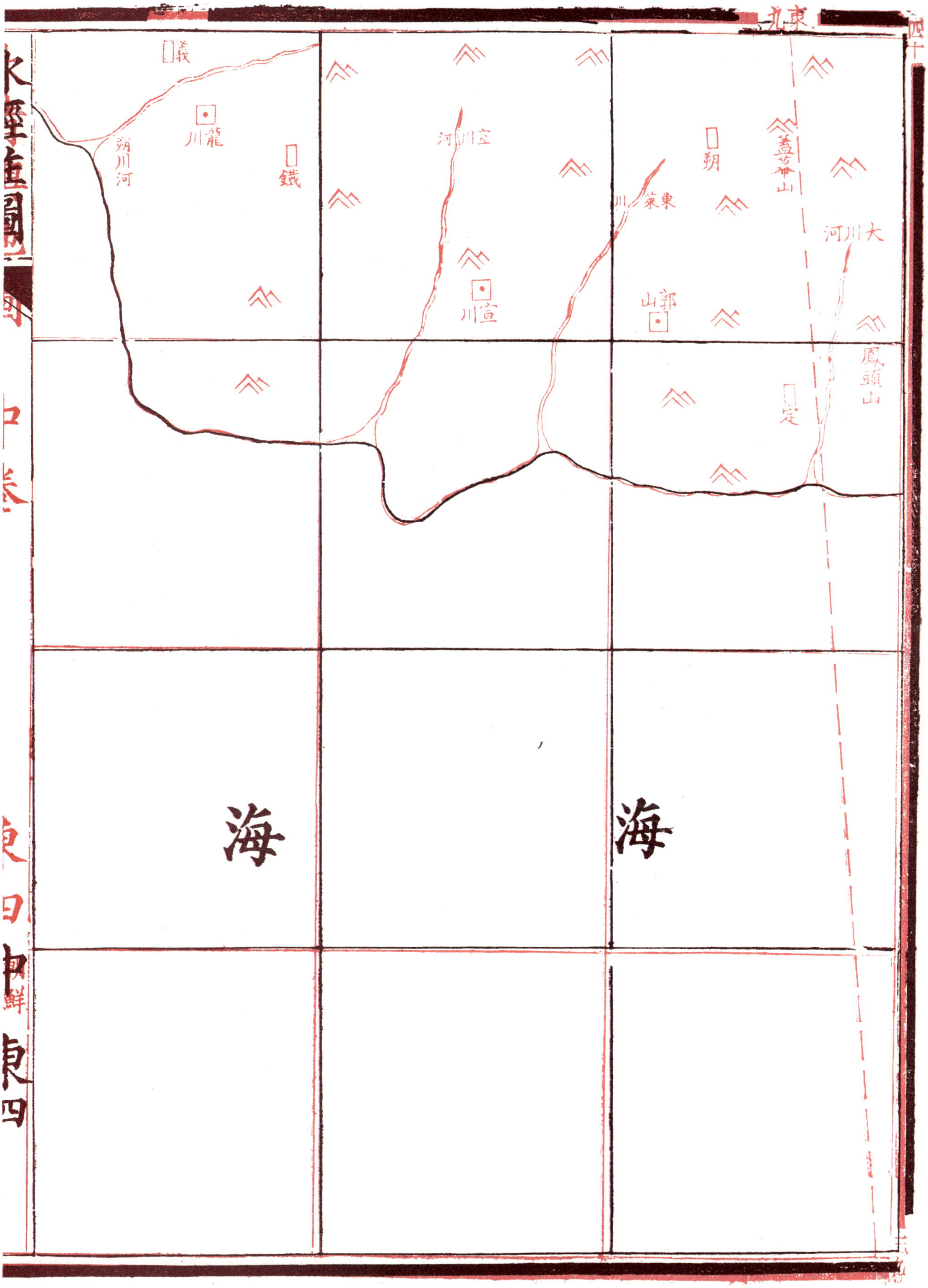

水經注圖
義
龍川
朔川河
鐵
宣川河
宣川
東萊川
朔
郭山
大川河
鳳頭山
定
海
海
朝鮮

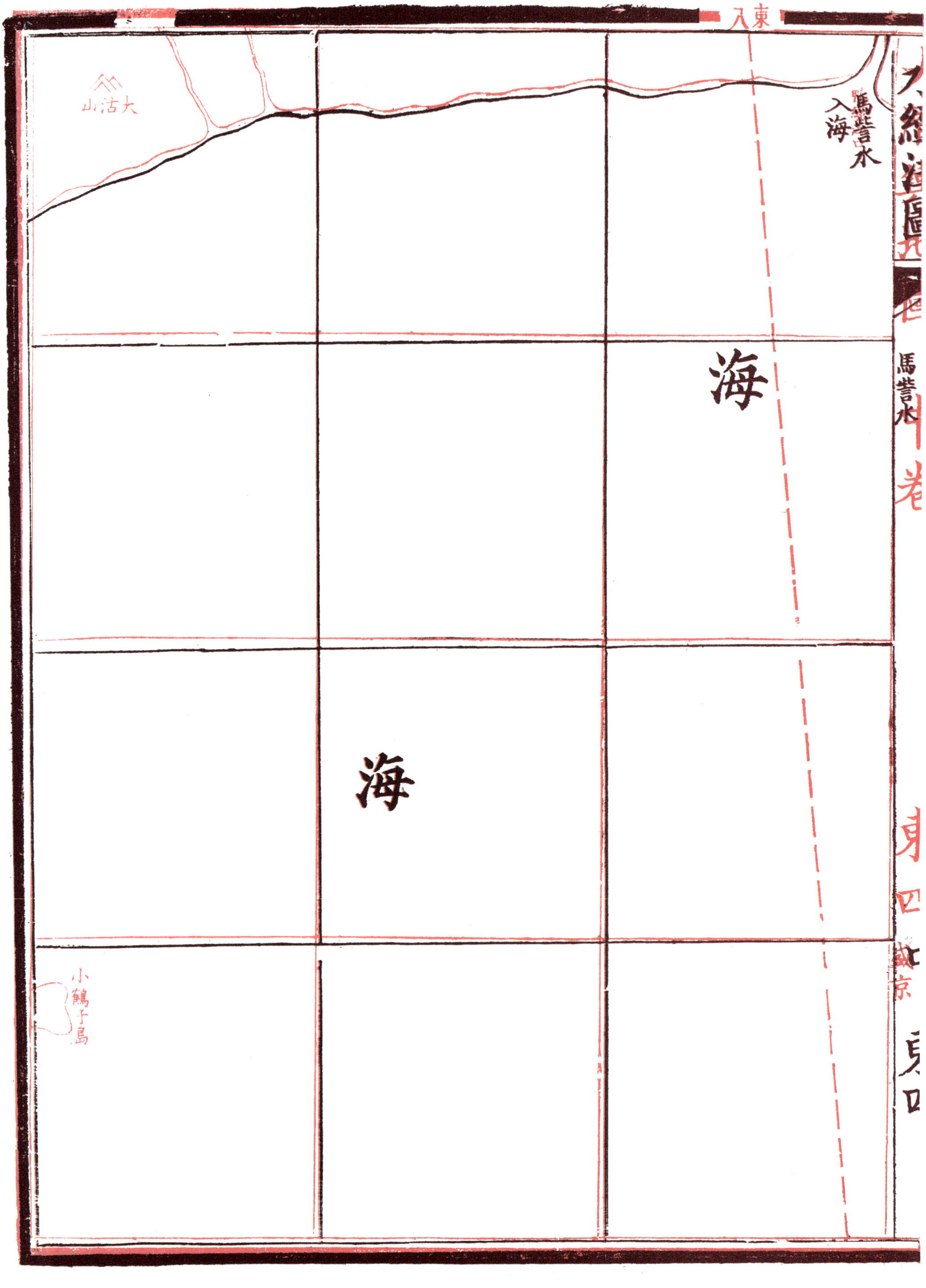
大沽山
馬訾水入海
海
海
小鶴子島
馬訾水

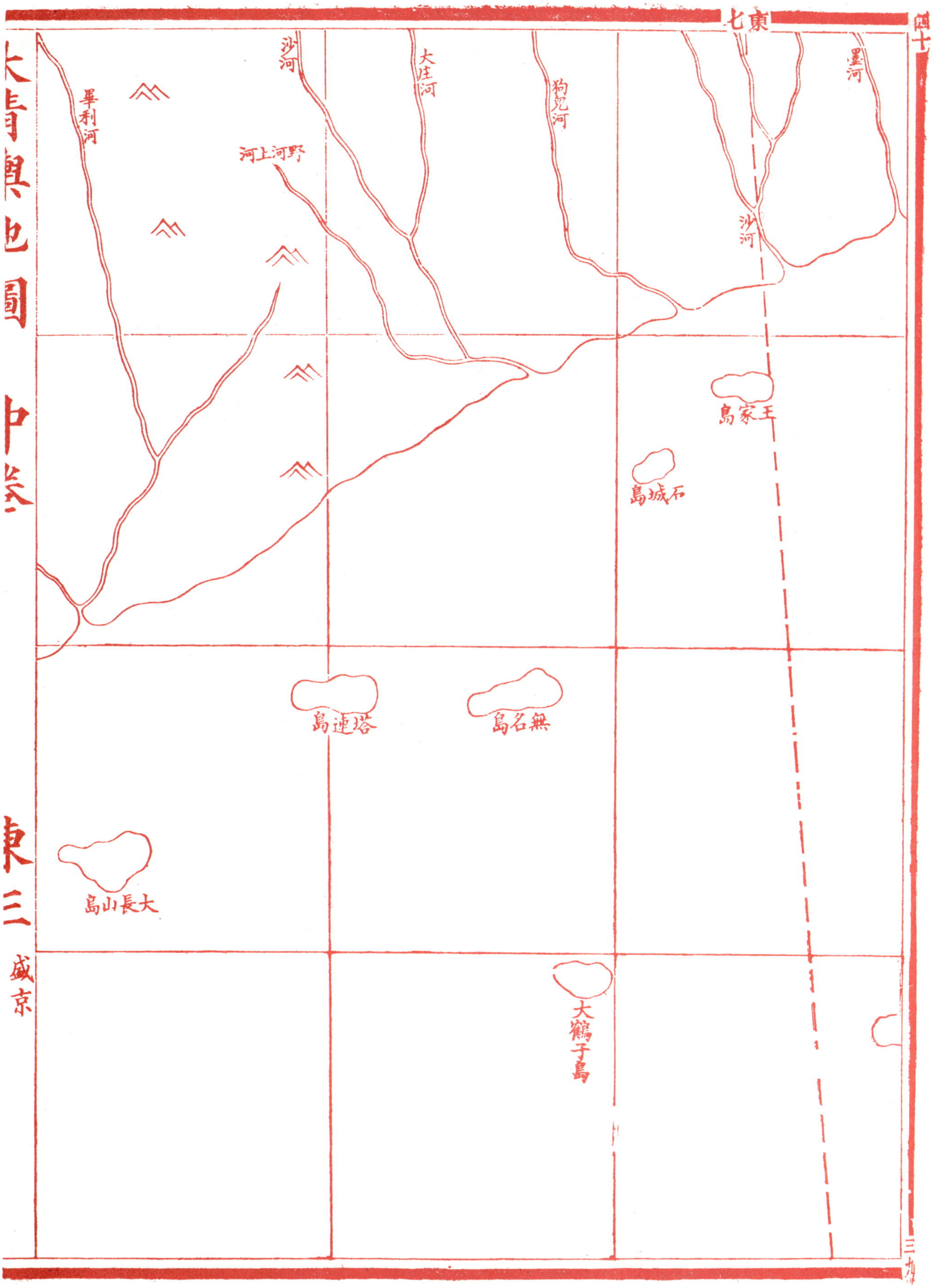
大清輿地圖中卷
東三
盛京
東七
畢利河
沙河
大庄河
狗兒河
墨河
野河上河
沙河
王家島
石城島
塔連島
無名島
大長山島
大鶴子島

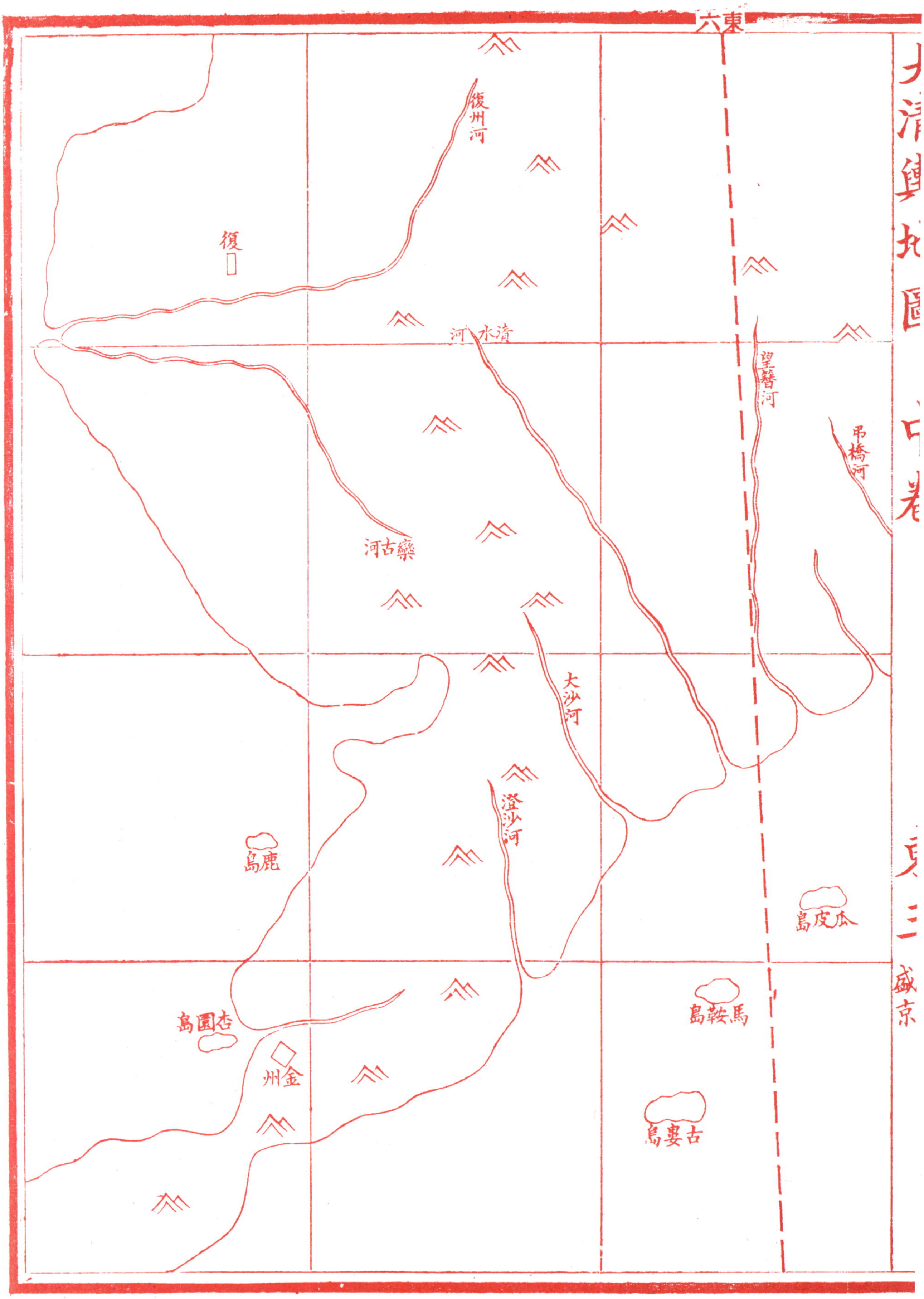
東六
大清輿地圖 中卷
東三
盛京
復州河
復
清水河
欒古河
望簪河
弔橋河
大沙河
澄沙河
鹿島
杏園島
金州
瓜皮島
馬鞍島
古婁島

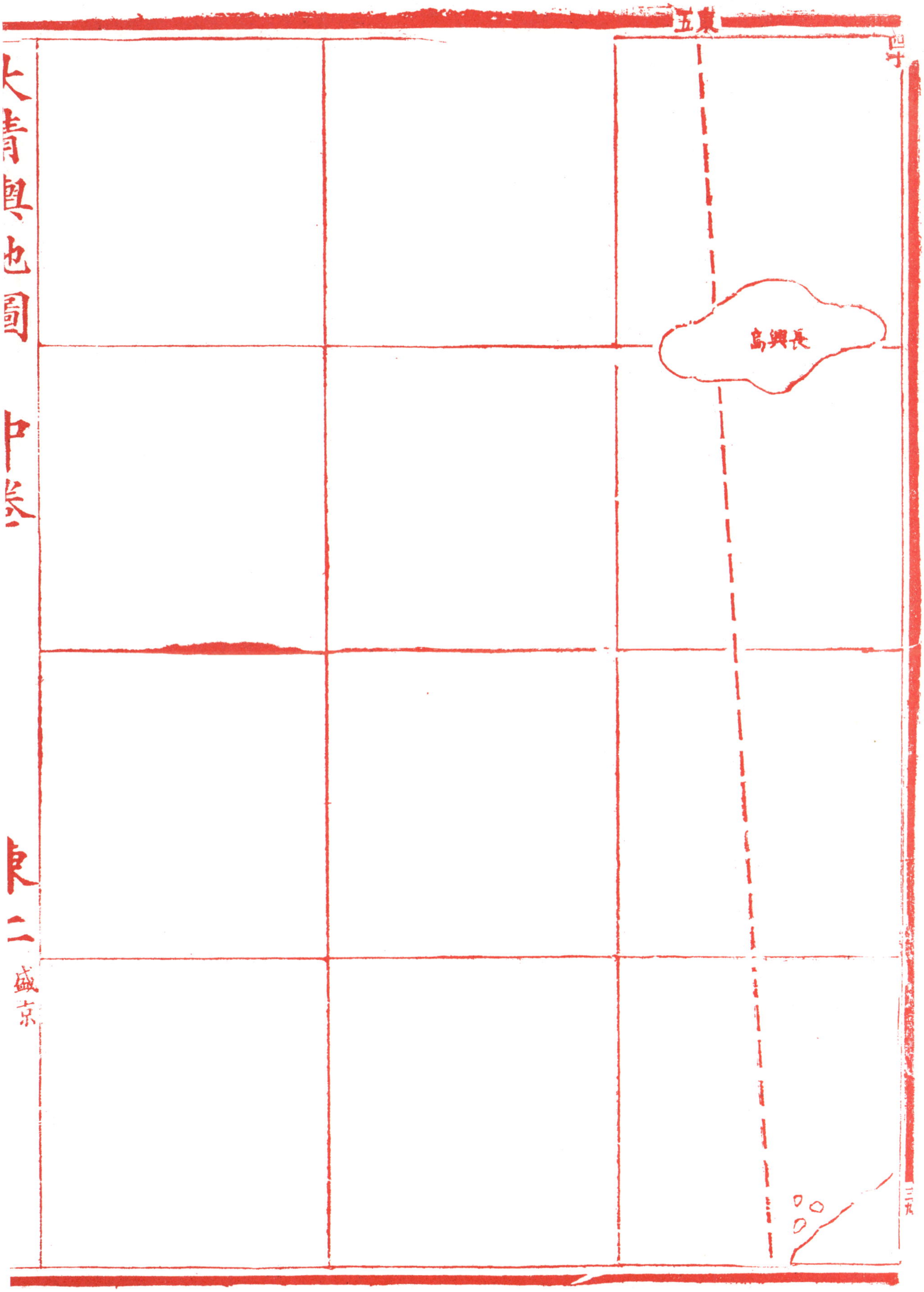
大清輿地圖
中卷
東二
盛京
東五
四十
長興島
三十九

東
臨榆
大清輿地圖 中卷 東二
直隸

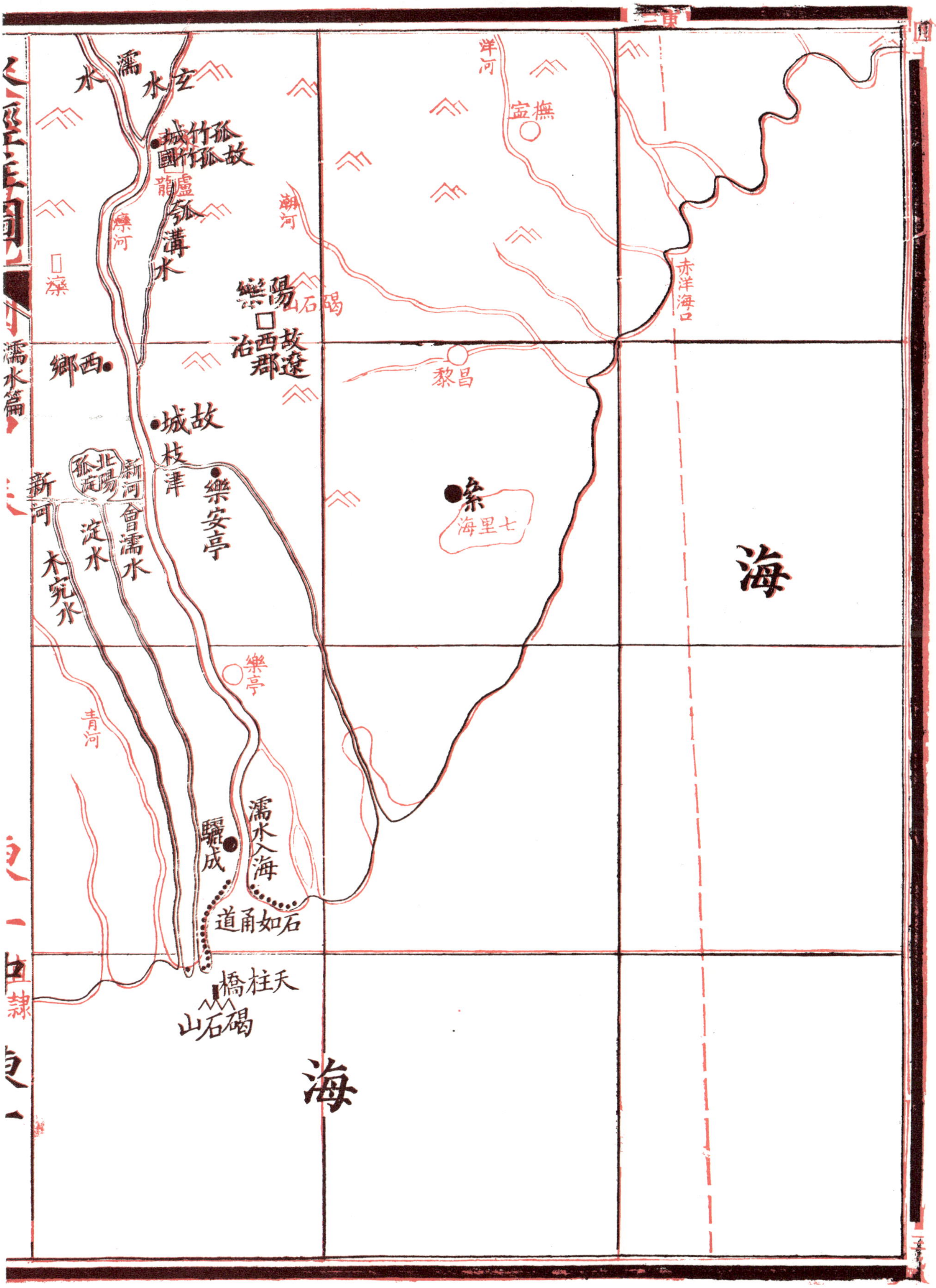
水經注圖
濡水篇
玄水
濡水
洋河
撫寧
灤河
赤洋海口
陽樂
碣石山
故遼西郡治
黎昌
西鄉
故城
枝津
樂安亭
新河
新河會濡水
淀水
木究水
絫
七里海
海
樂亭
青河
濡水入海
驪成
石如甬道
天柱橋
碣石山
海

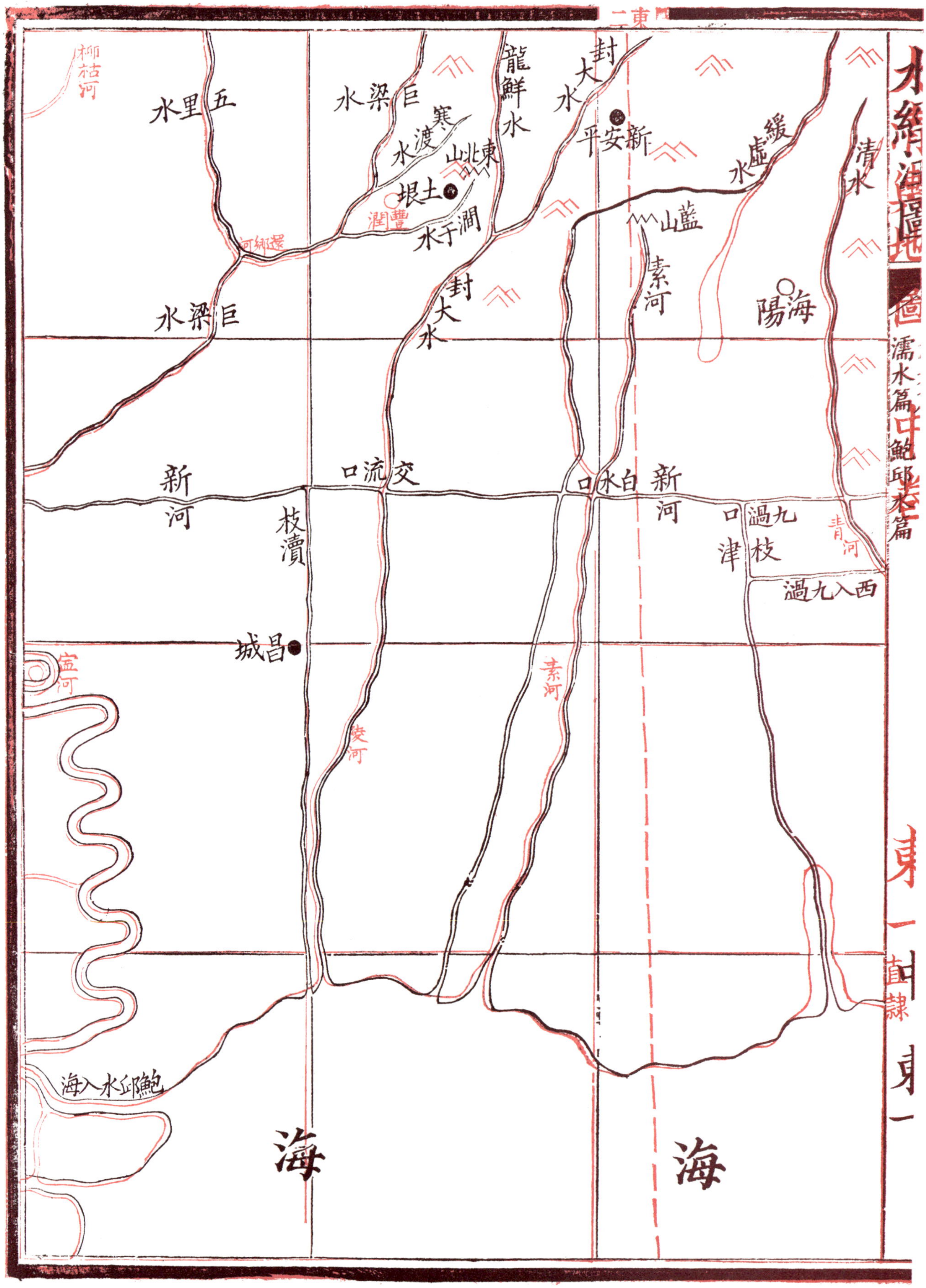
水經注圖
濡水篇
鮑邱水篇
東一
直隸
東一
東二
柳枯河
五里水
巨梁水
寒渡水
東北山
土垠
豐潤
還鄉河
澗于水
龍鮮水
大封水
新安平
緩虛水
藍山
素河
海陽
清水
巨梁水
大封水
新河
交流口
白水口
新河
九過口
津枝
青河
西入九過
潰枝
昌城
素河
陡河
宣河
鮑邱水入海
海
海

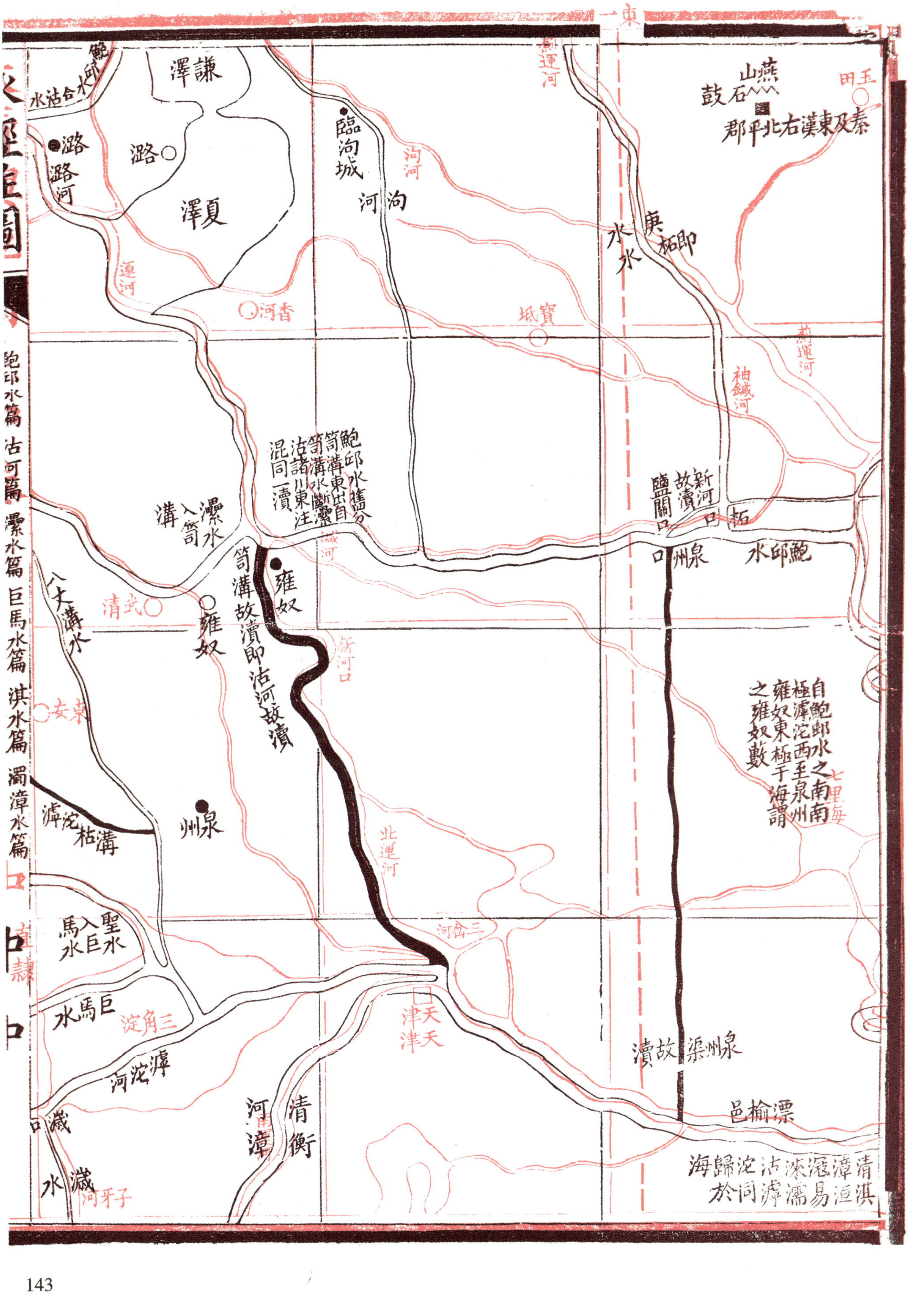
鮑邱水篇 沽河篇 濕水篇 巨馬水篇 淇水篇 濁漳水篇
鮑邱水合沽水
謙澤
潞
潞
潞河
夏澤
臨泃城
泃河
泃河
運河
香河
寶坻
燕山
石鼓
秦及東漢右北平郡
玉田
薊運河
薊運河
鮑邱水舊分笥溝東出自笥溝水斷灅沽諸川東注混同一瀆
灅水入笥溝
雍奴
笥溝故瀆即沽河故瀆
雍奴
武清
八大溝水
新河口
故瀆
鹽關口
柘口
鮑邱水
泉州口
自鮑邱水之南南極滹沱西至泉州雍奴東極于海謂之雍奴藪
七里海
減河
新河口
泉州
北運河
滹沱枯溝
聖水入巨馬水
三岔河
巨馬水
三角淀
天津
天津
滹沱河
清河
衡漳
泉州渠故瀆
漂榆邑
滱水
子牙河
清淇漳洹濕易灅濡沽滹沱同歸於海

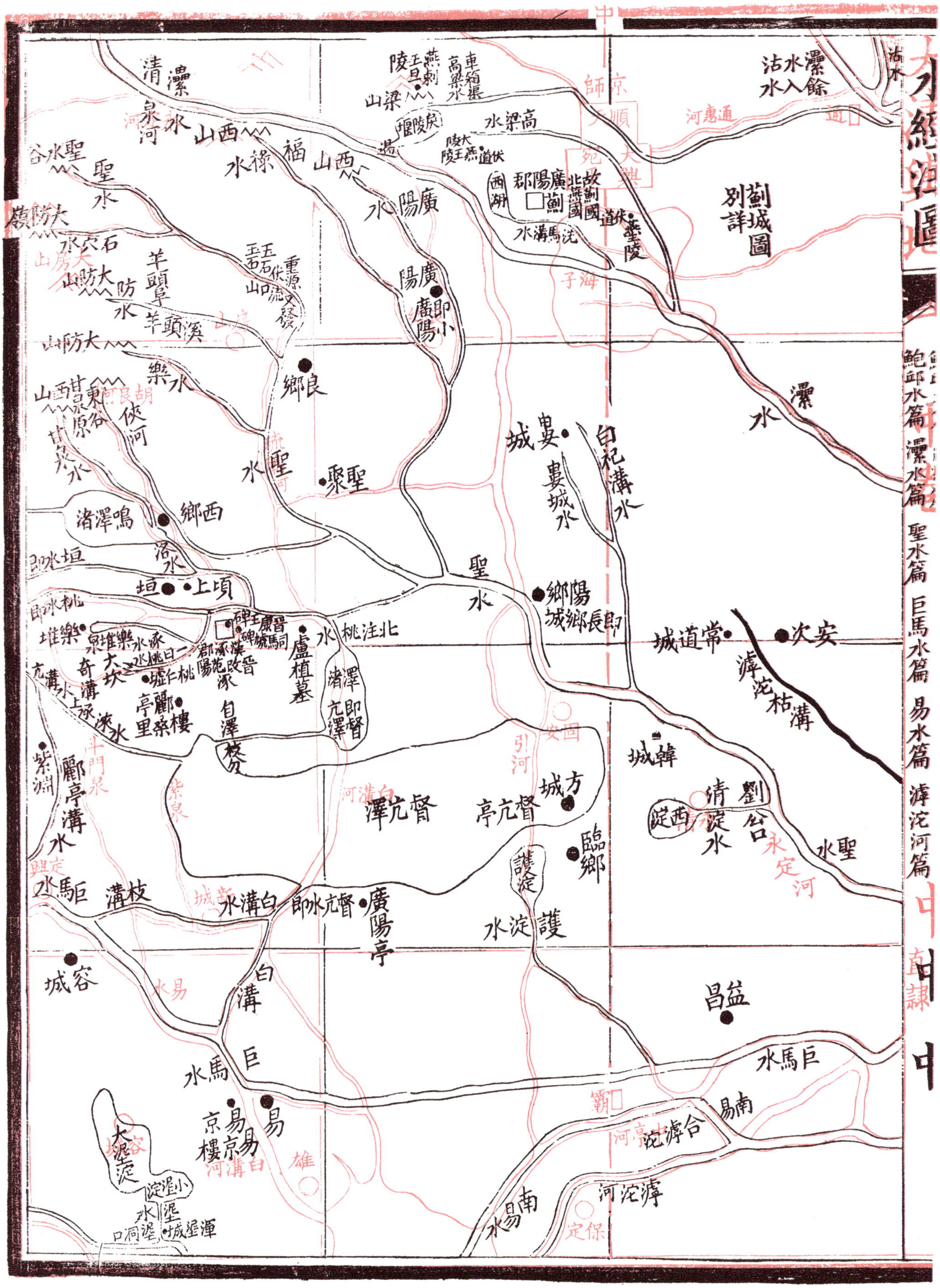
水經注圖
鮑邱水篇
濕水篇
聖水篇
巨馬水篇
易水篇
滹沱河篇
劉城圖
別詳
濕餘水入沽水
高梁水
廣陽郡
薊
北燕國
故薊國
西湖
清泉河
西山
梁山
廣陽水
福祿水
聖水
大防山
良鄉
西鄉
鳴澤渚
垣水
上頃
聖聚
陽鄉
長鄉城
婁城
婁城水
白杞溝水
常道城
安次
滹沱枯溝
盧植墓
督亢澤
韓城
方城
督亢亭
臨鄉
清淀水
劉台
西淀
聖水
巨馬水
枝溝
白溝水
督亢水
廣陽亭
護淀水
護淀
容城
益昌
白溝
巨馬水
易
易京
易京樓
京樓
合滹沱
南易
滹沱河
南易水
大泥淀
小泥淀

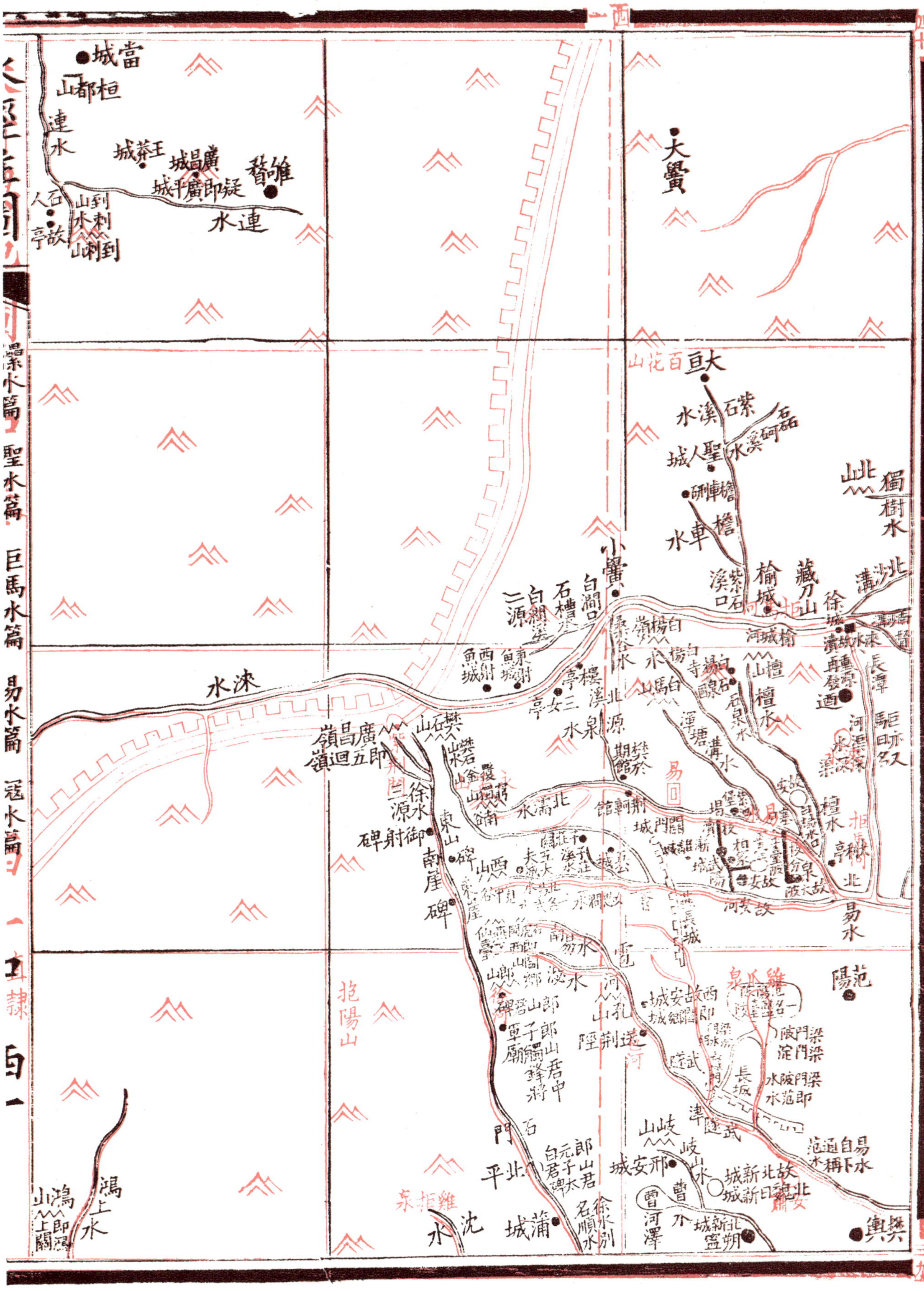
灅水篇 聖水篇 巨馬水篇 易水篇 滱水篇
直隸
西一
當城
恒都山
連水
王莽城
廣昌城
疑郎廣平城
雊瞀
水連
大甯
百花山
大巨
紫石溪水
聖人城
檀車水
小甯
藏刀山
榆城
徐城
沫水
樊石山
廣昌嶺
郎五迴嶺
徐水
御射碑
南崖碑
北平
蒲城
沈水
鴻上水
抱陽山
長城
易水
范陽
武遂津
岐山
邢安城
曹河澤
北新城
樊輿
北新城朔
易水自下通范

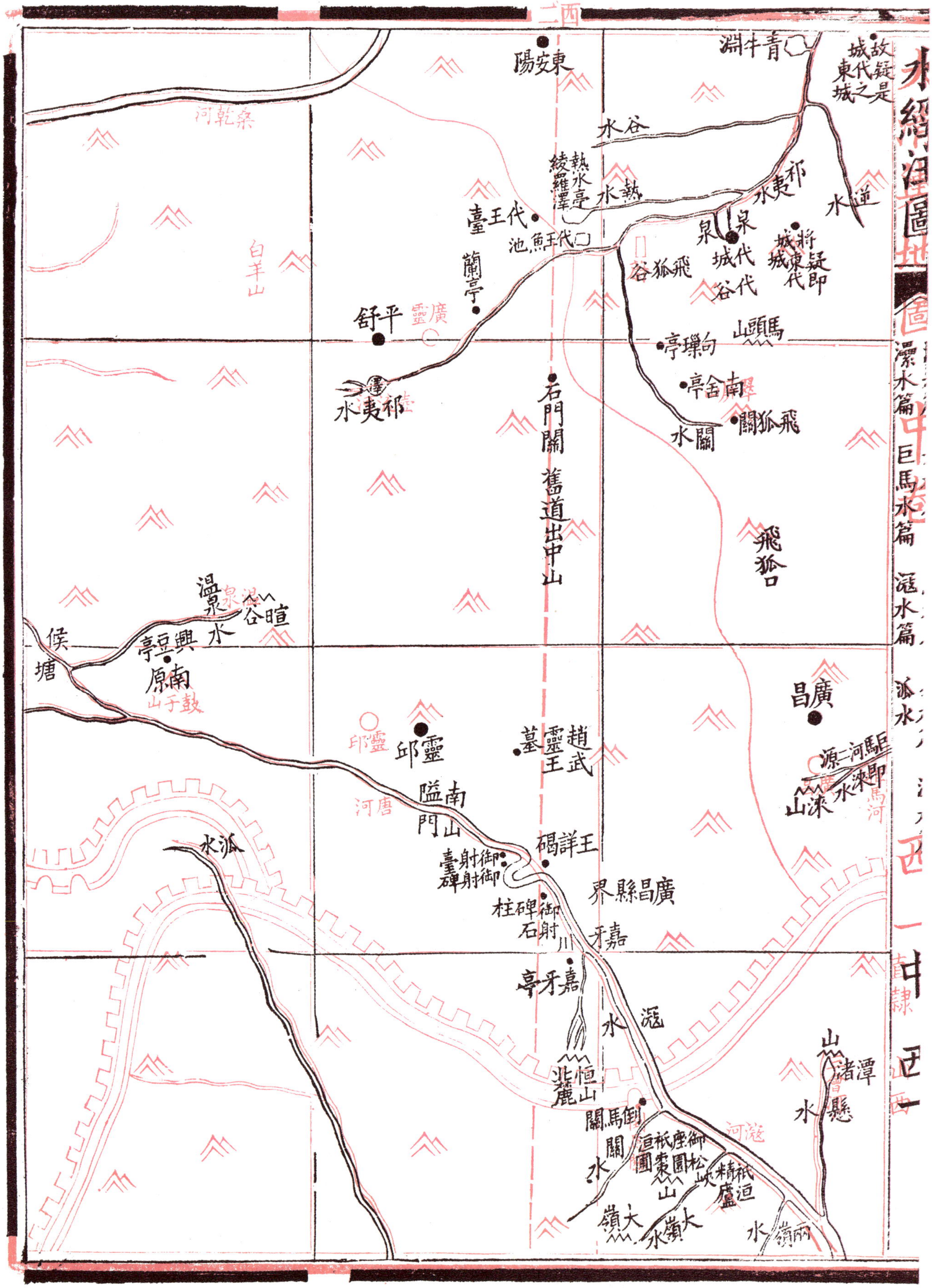
西二
水經注圖
灅水篇 巨馬水篇 滱水篇 泒水
西一 中
東安陽
青牛淵
是疑故代城之東城
谷水
祁夷水
逆水
熱水
熱水亭
綾羅澤
代王臺
代王魚池
泉
泉
代城
將即疑代城東城
飛狐谷
代谷
蘭亭
平舒
廣靈
馬頭山
句欅亭
南舍亭
飛狐關
關水
祁夷水
石門關舊道出中山
飛狐口
湯泉
暄谷
水
興豆亭
南原
鼓子山
侯塘
靈丘
趙武靈王墓
廣昌
即拒馬河源
淶山
淶水
南臨門山
王詳碣
御射臺
御射碑
御射碑石柱
廣昌縣界
嘉牙川
嘉牙亭
滱水
泒水
北恒山麓
倒馬關
關水
御座松園
祇洹精廬
大嶺
大嶺水
兩嶺水
諸潭山
懸水
直隸

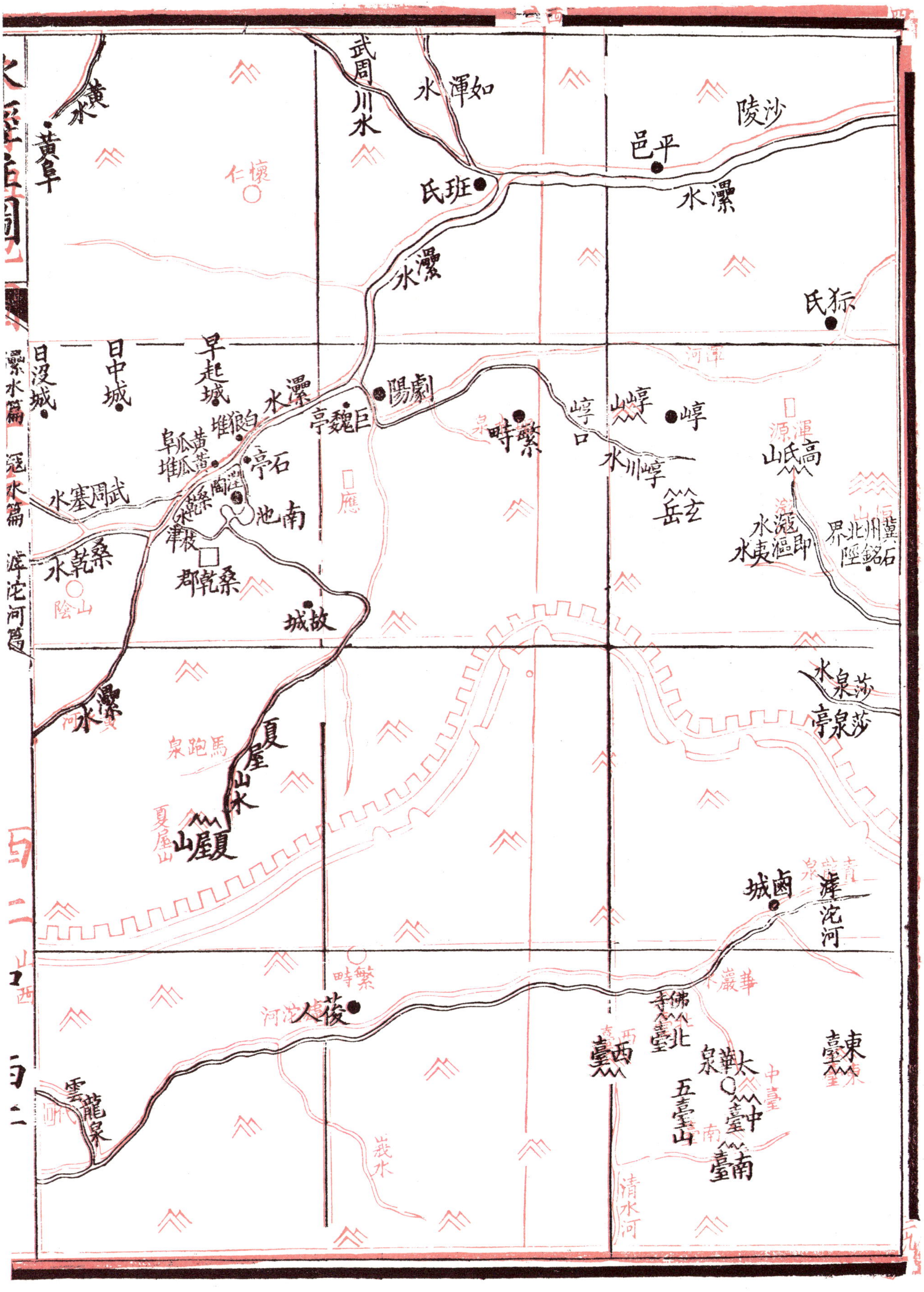
㶟水篇
滱水篇
滹沱河篇
黃水
黃皋
如渾水
武周川水
沙陵
平邑
班氏
㶟水
狋氏
日没城
日中城
早起城
白狼堆
黃瓜阜
黃瓜堆
石亭
巨魏亭
劇陽
繁畤
崞口
崞山
崞
崞川水
玄岳
高氏山
渾源
滱水
即滬夷水
冀州北界
石銘陘
武周塞水
南池
桑乾水
桑乾郡
故城
馬跑泉
夏屋山水
夏屋山
莎泉水
莎泉亭
鹵城
滹沱河
葰人
雲龍泉
佛寺
北臺
西臺
太華泉
五臺山
中臺
南臺
東臺
清水河

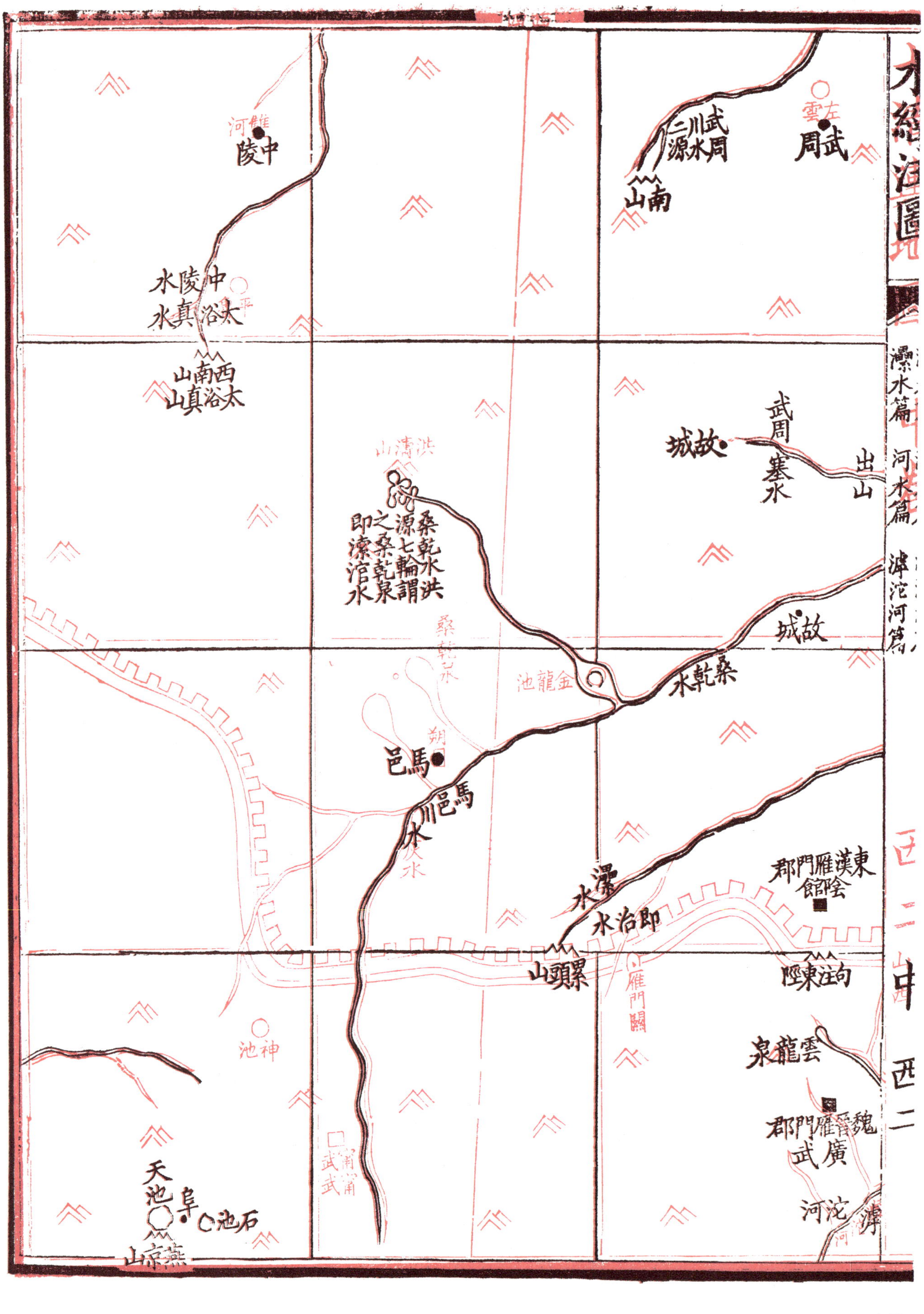

水經注圖
㶟水篇
河水篇
滹沱河篇
西二
中陵
中陵水
太谷真水
西南山
太谷真山
武周川水二源
武周
南山
故城
武周塞水
出山
洪濤山
桑乾水洪源七輪謂之桑乾泉即溹涫水
故城
桑乾水
金龍池
馬邑
馬邑川水
㶟水
即治水
東漢雁門郡陰館
累頭山
句注東陘
雁門關
雲龍泉
魏雁門郡
廣武
滹沱河
神池
天池
阜
石池
燕京山

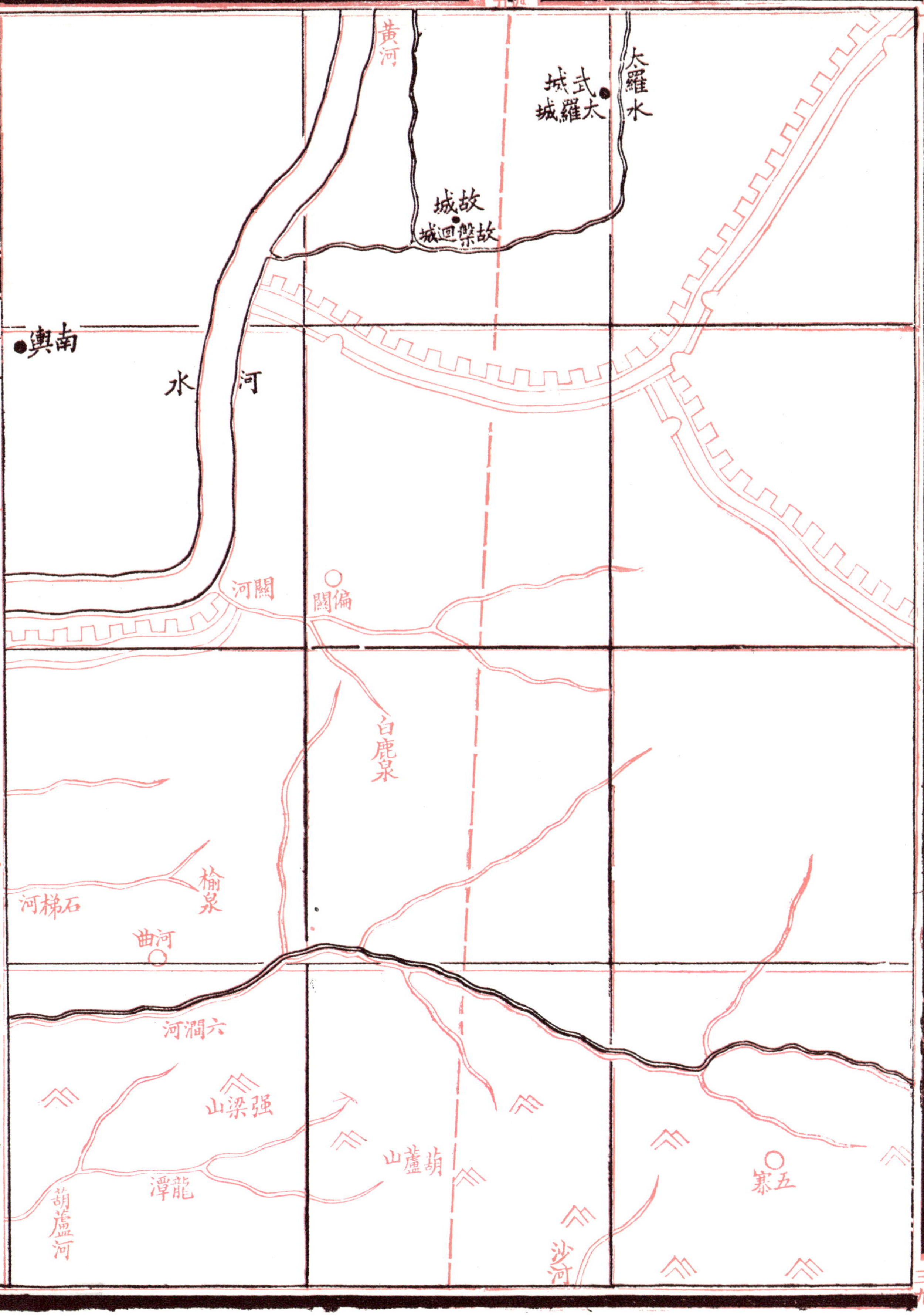
黃河
大羅水
武城
太羅城
故城
故槃迴城
南輿
河水
關河
偏關
白鹿泉
榆泉
石梯河
河曲
六澗河
强梁山
龍潭
葫蘆山
葫蘆河
五寨
沙河

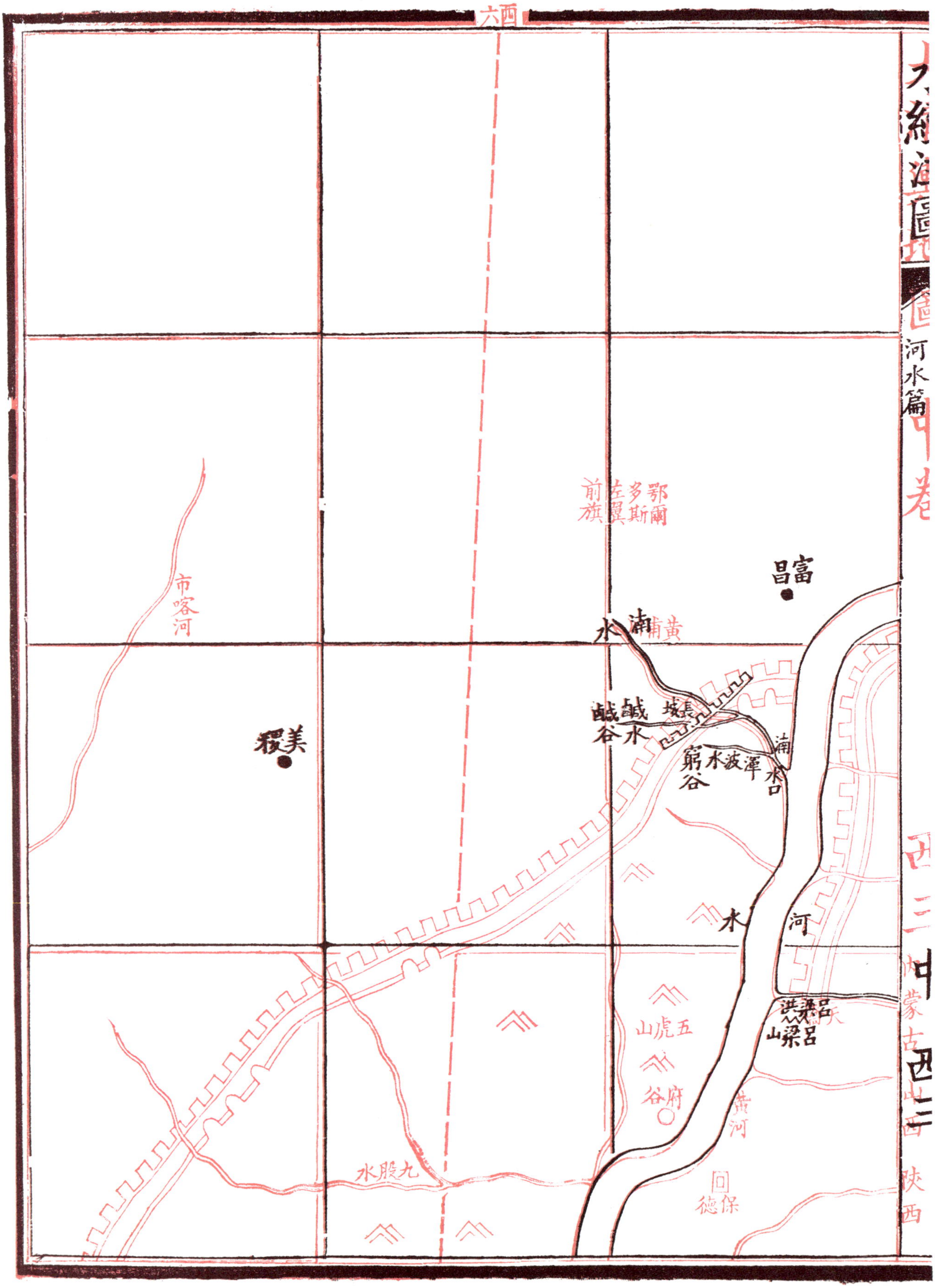
西六
河水篇
鄂爾多斯左翼前旗
富昌
市喀河
淸水
黃甫
長城
鹹水
鹹谷
美稷
窮谷
澤波水
淸水口
河水
呂梁洪
呂梁山
五虎山
府谷
黃河
保德
九股水
內蒙古
山西
陝西

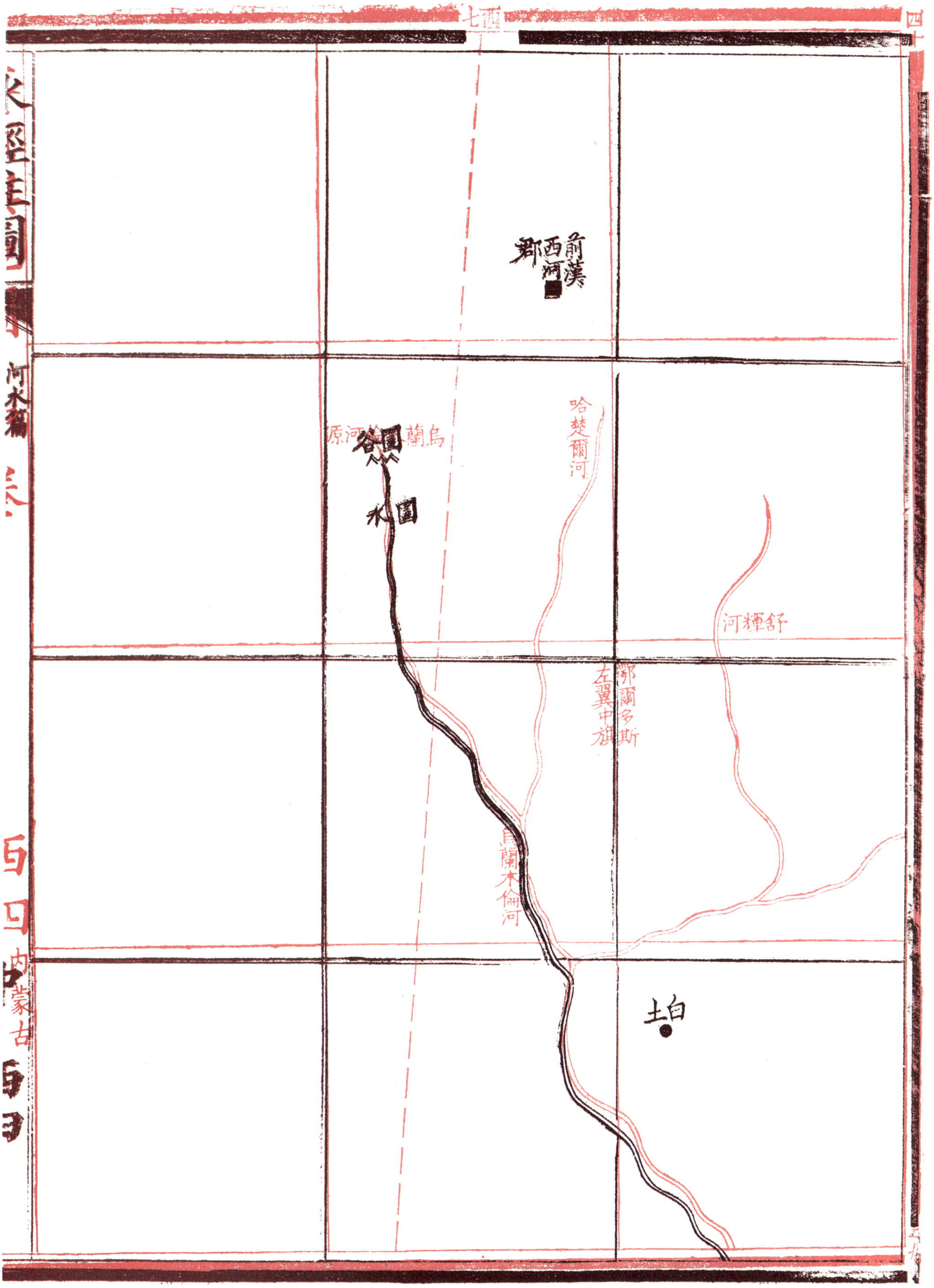
水經注圖
河水篇
前漢西河郡
哈楚爾河
舒輝河
鄂爾多斯左翼中旗
烏蘭木倫河
白土
內蒙古

大清統率輿地圖

河水篇卷

臣 口 内蒙古 四 口

河南
新
泰

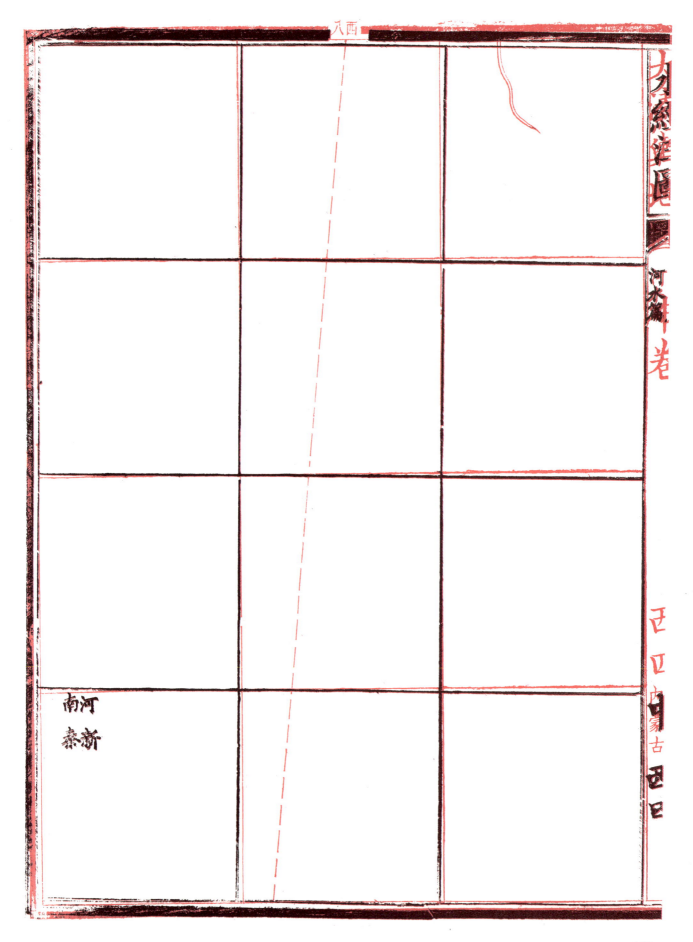

河水
黃河
鄂爾多斯右翼中旗
河水篇
蒙古

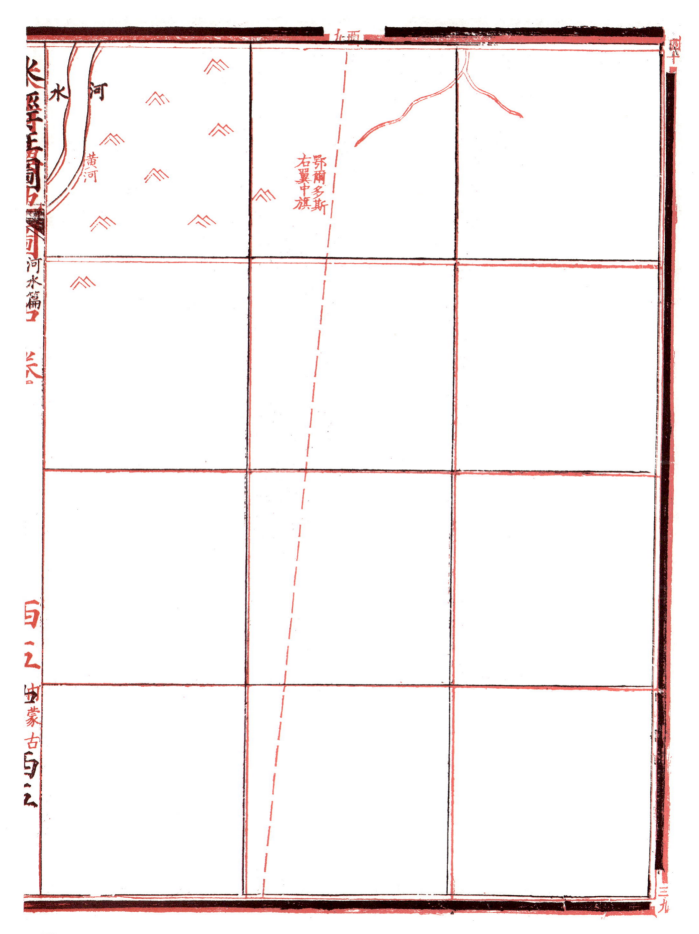

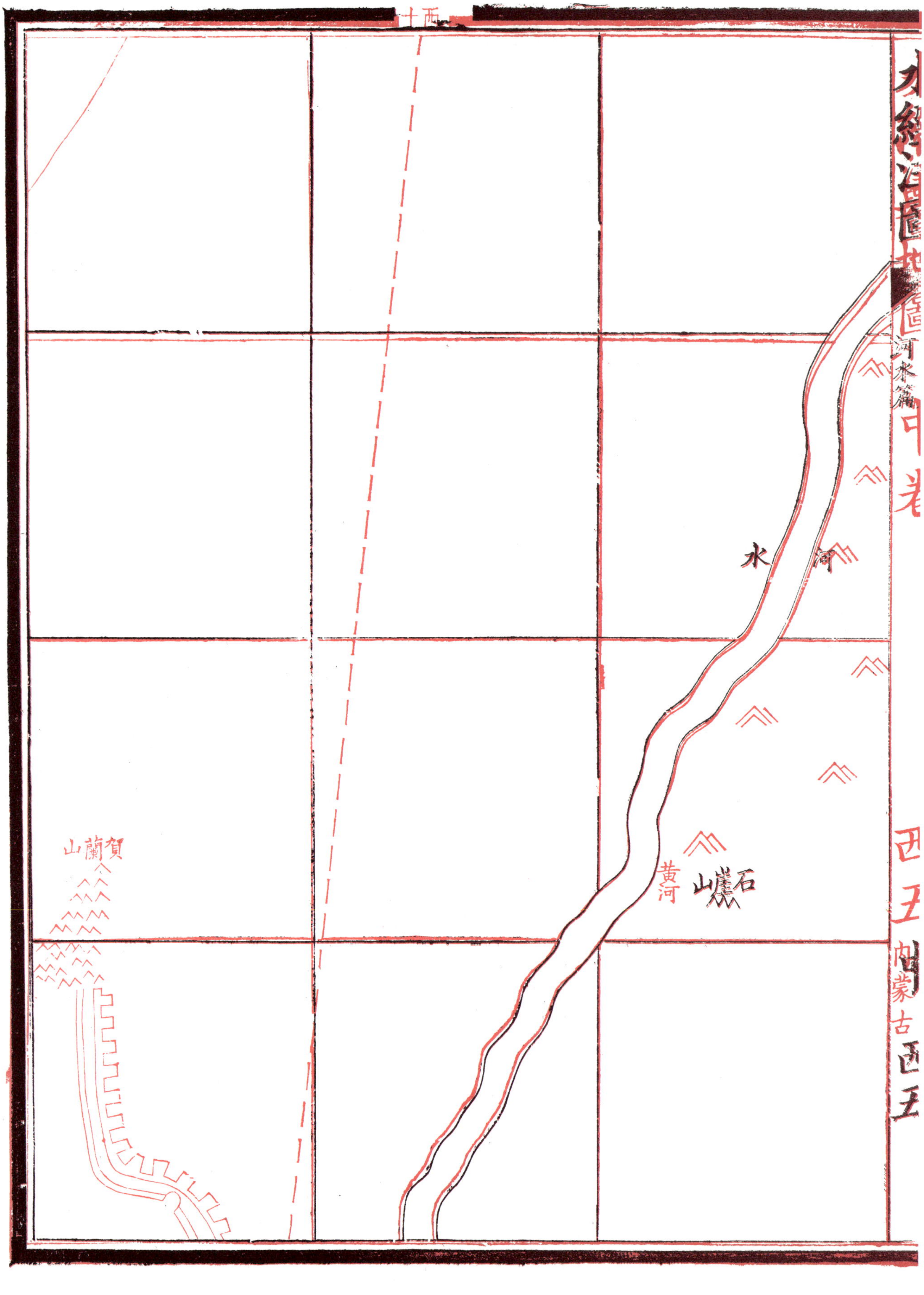
十西
水經注圖
北五圖
河水篇中卷
西五圖
內蒙古
西五
河水
黃河
石嘴山
賀蘭山

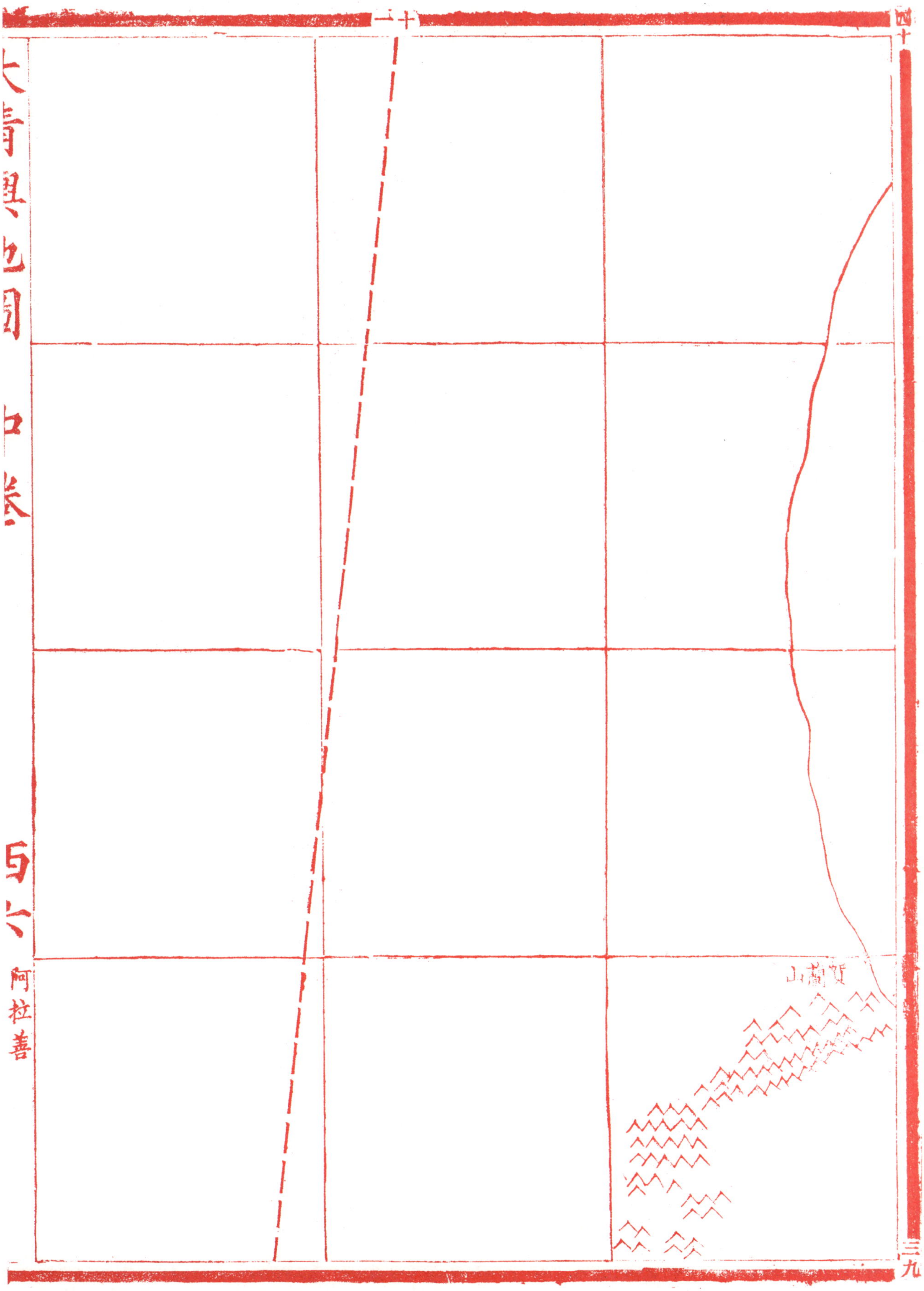
大清輿地圖
中卷
西六
二十
四十
三九
阿拉善
賀蘭山

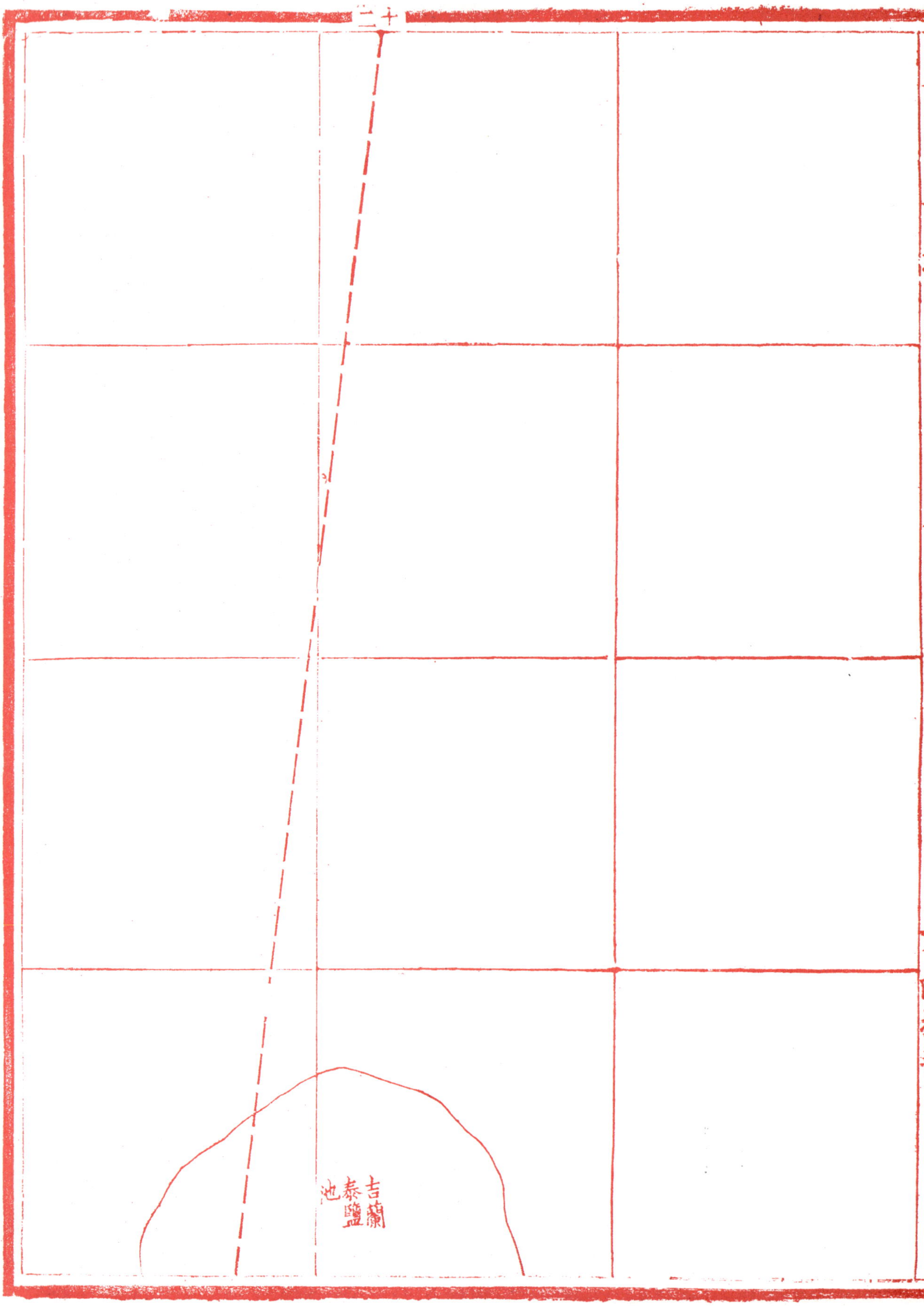
吉蘭泰鹽池

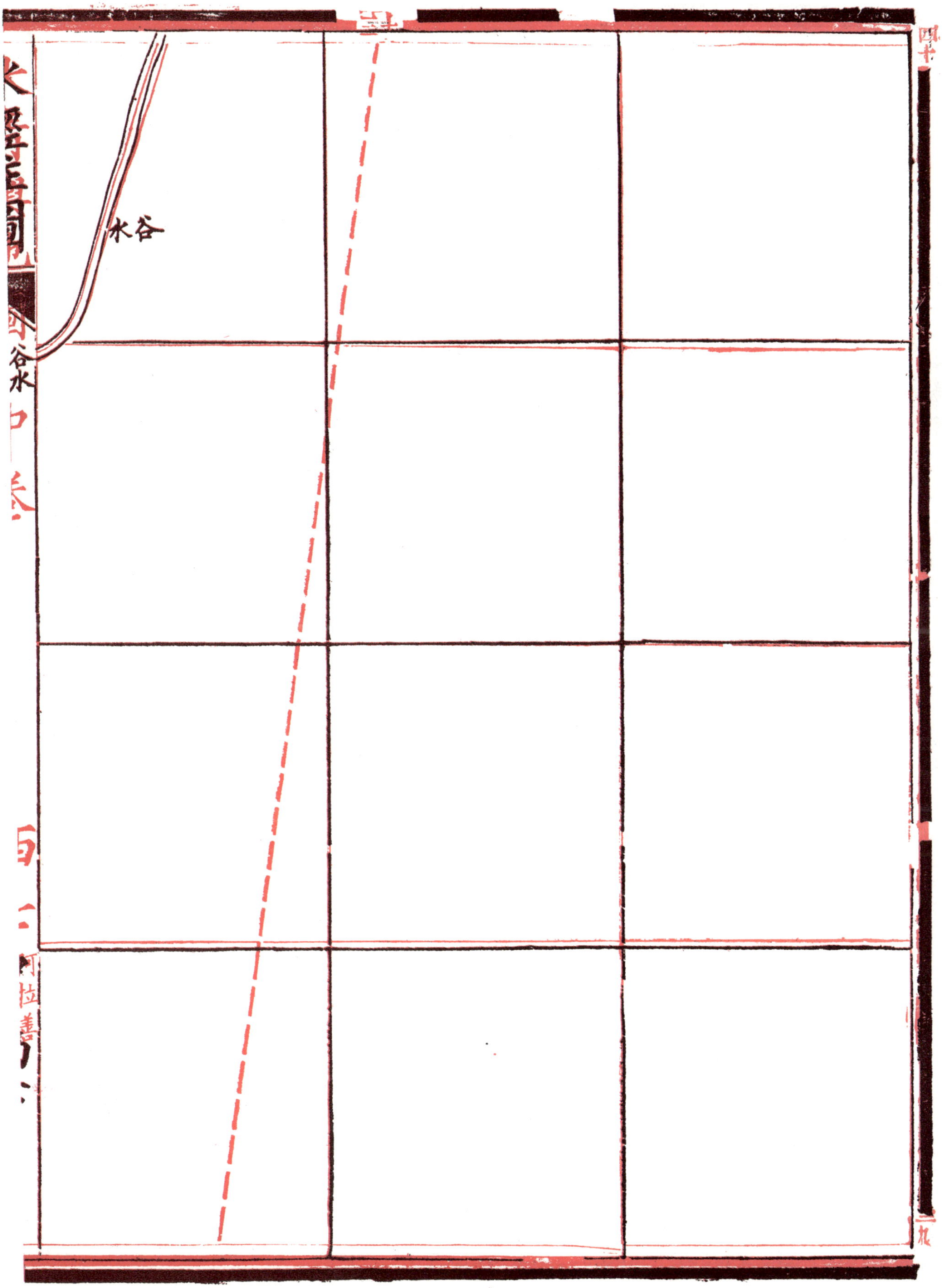
谷水
谷水

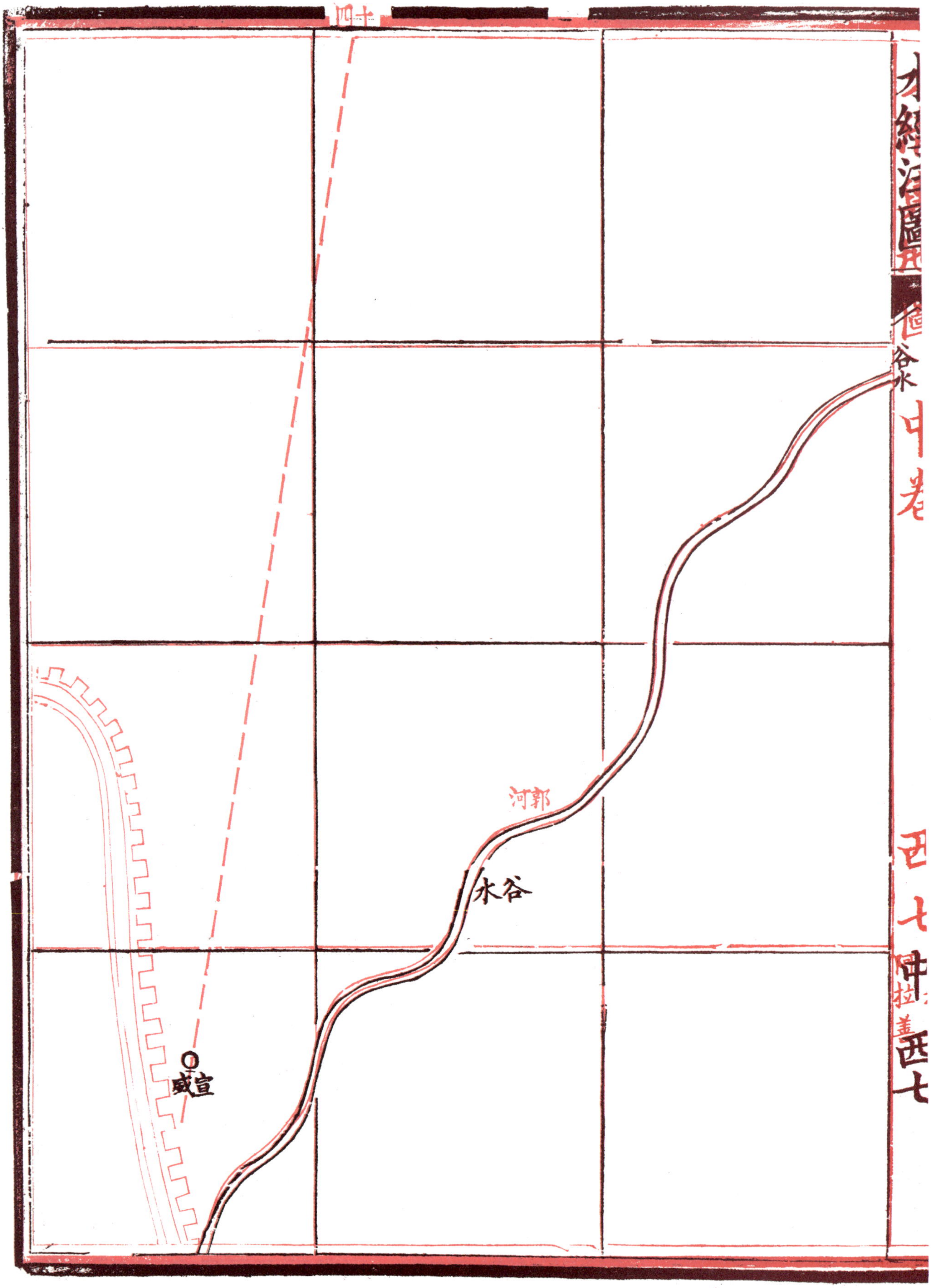
四十
水經注圖
谷水
中卷
西七
拉
西七
河郭
水谷
威宜

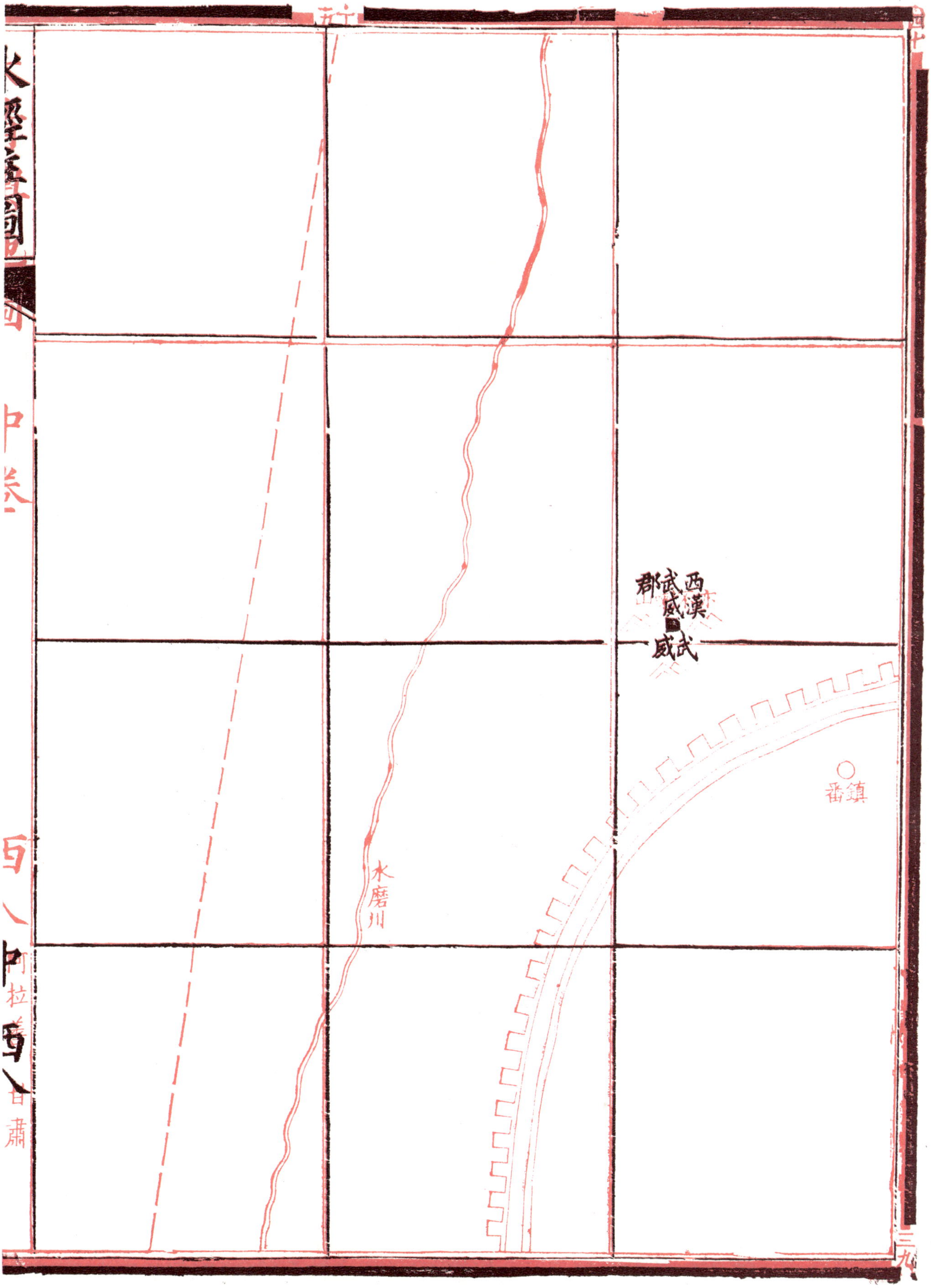
西漢武威郡
武威
鎮番
水磨川

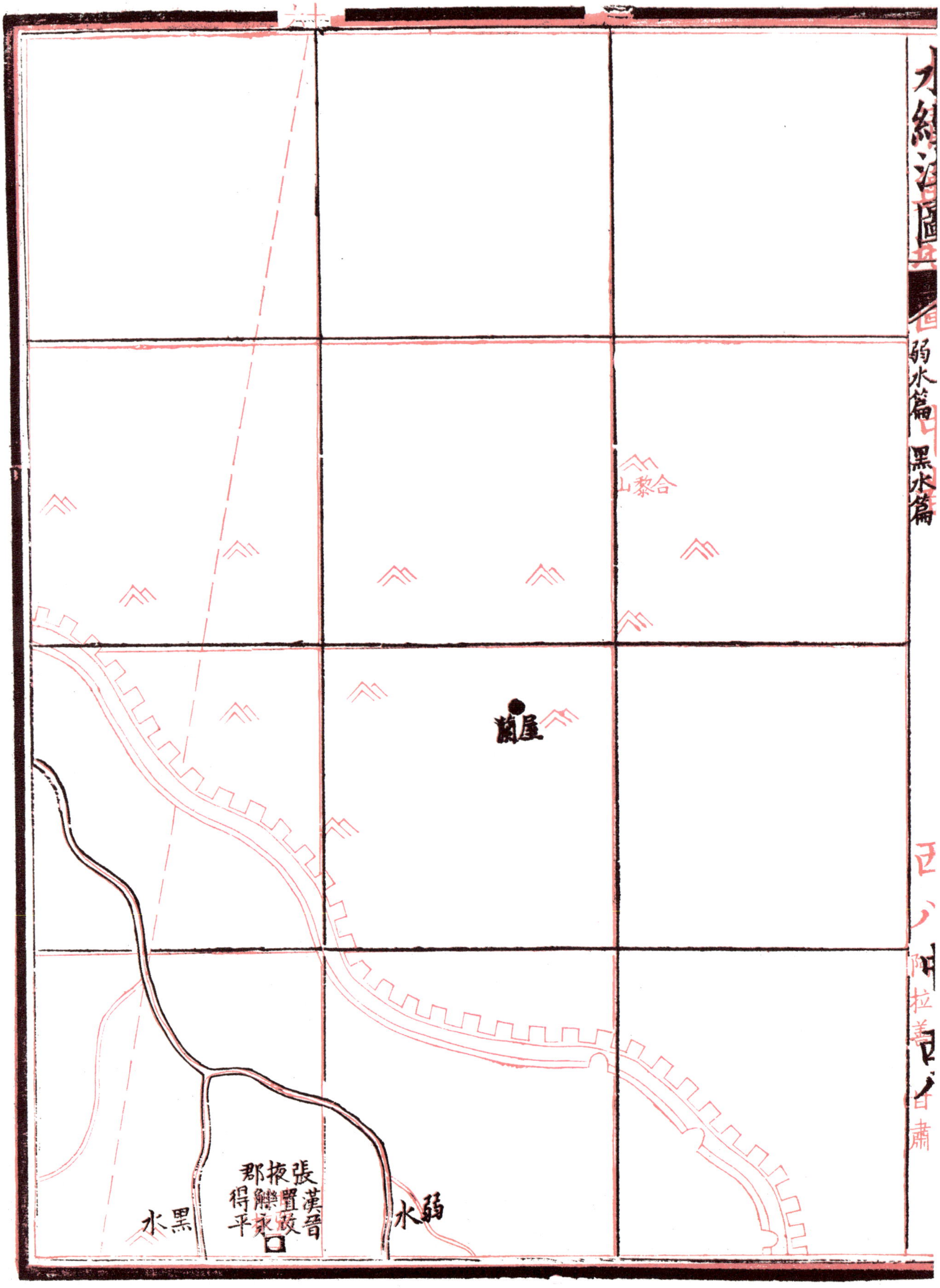

水經注圖
弱水篇　黑水篇
阿拉善
甘肅
合黎山
屋蘭
晉漢置張掖郡得平縣
弱水
黑水

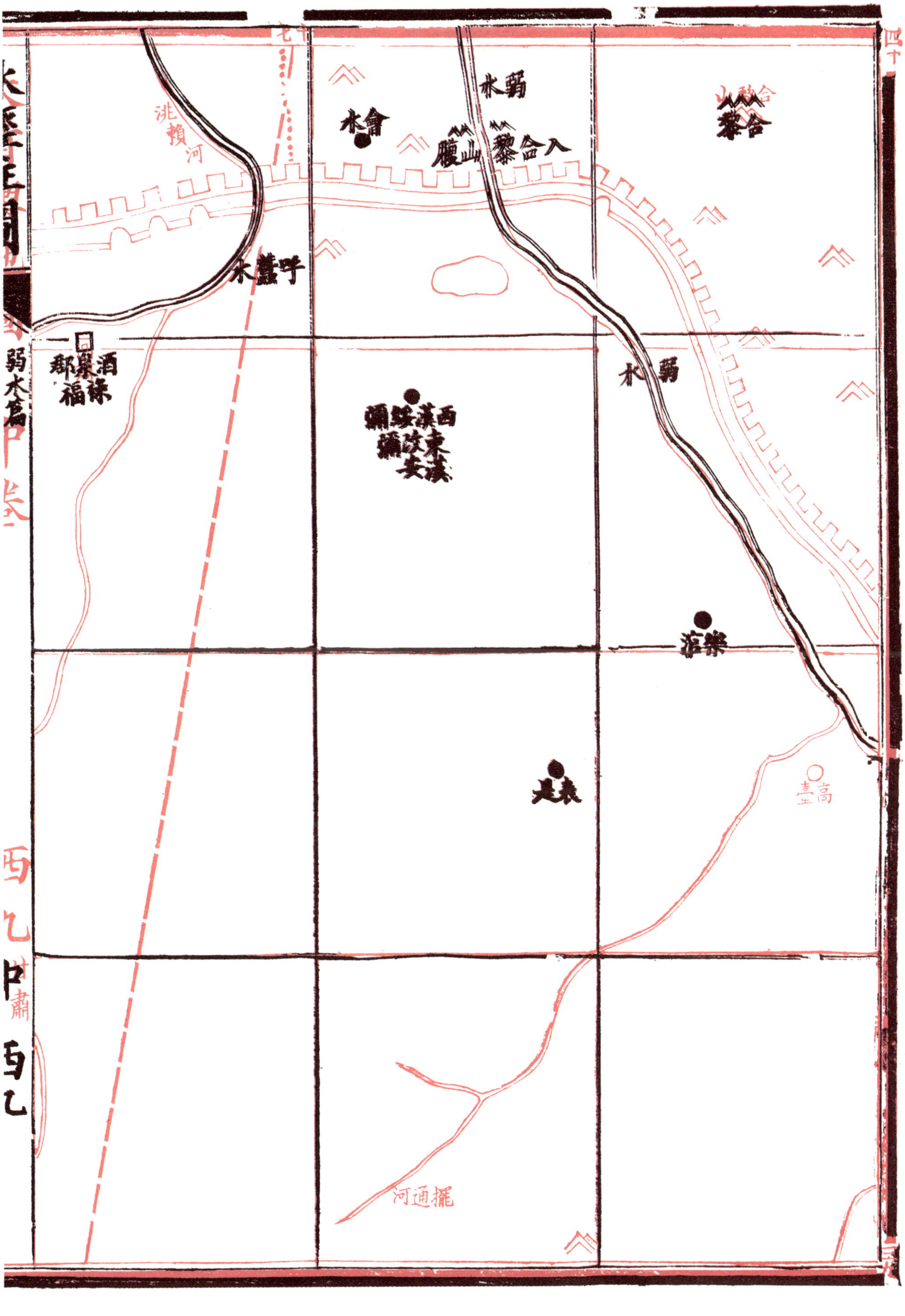

弱水篇
弱水
會水
入合黎山腹
合黎
呼蠶水
酒泉郡祿福
西漢綏彌
東漢改安彌
樂涫
表是

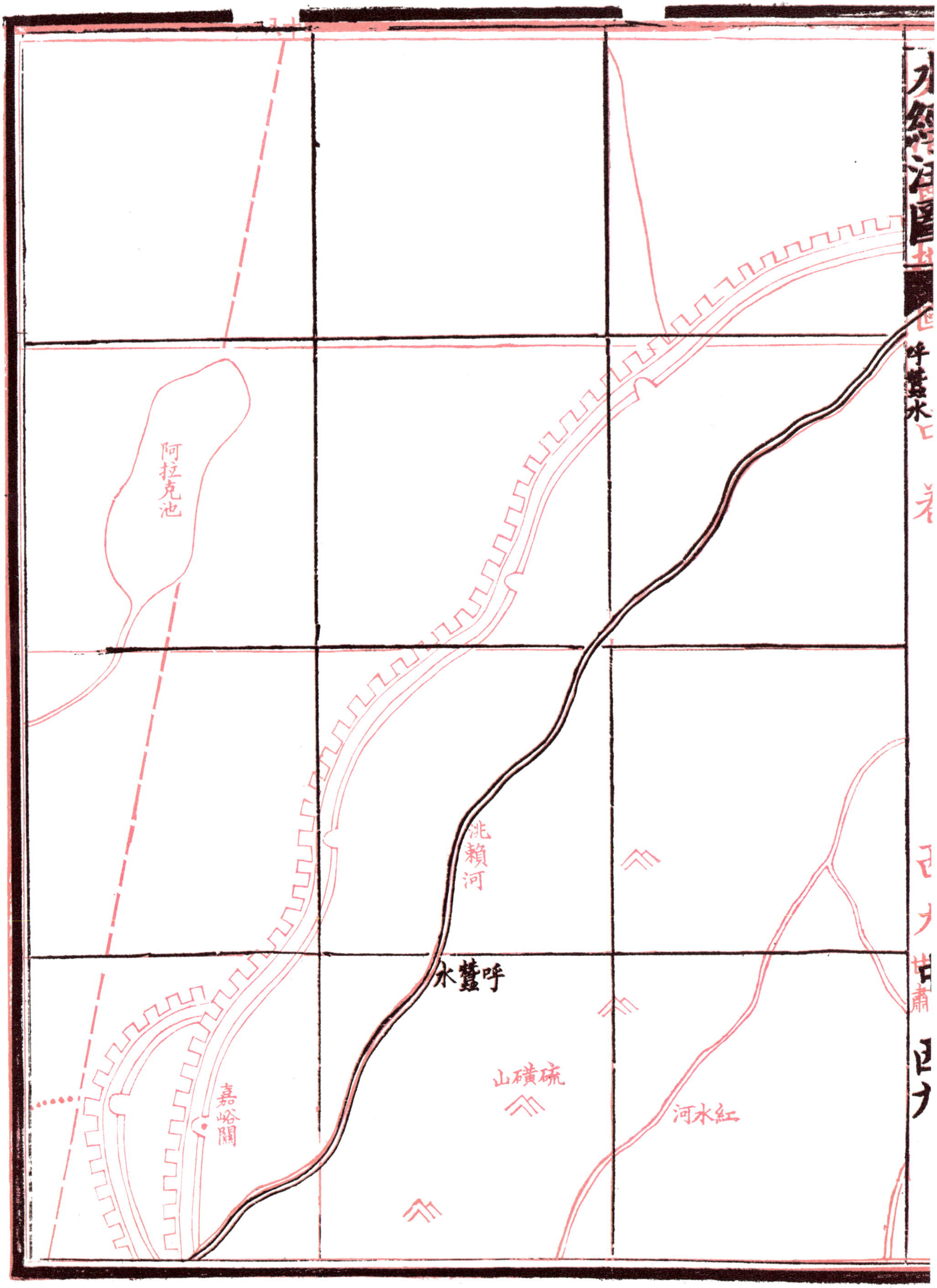
阿拉克池
呼蠶水
洮賴河
呼蠶水
嘉峪關
硫磺山
紅水河

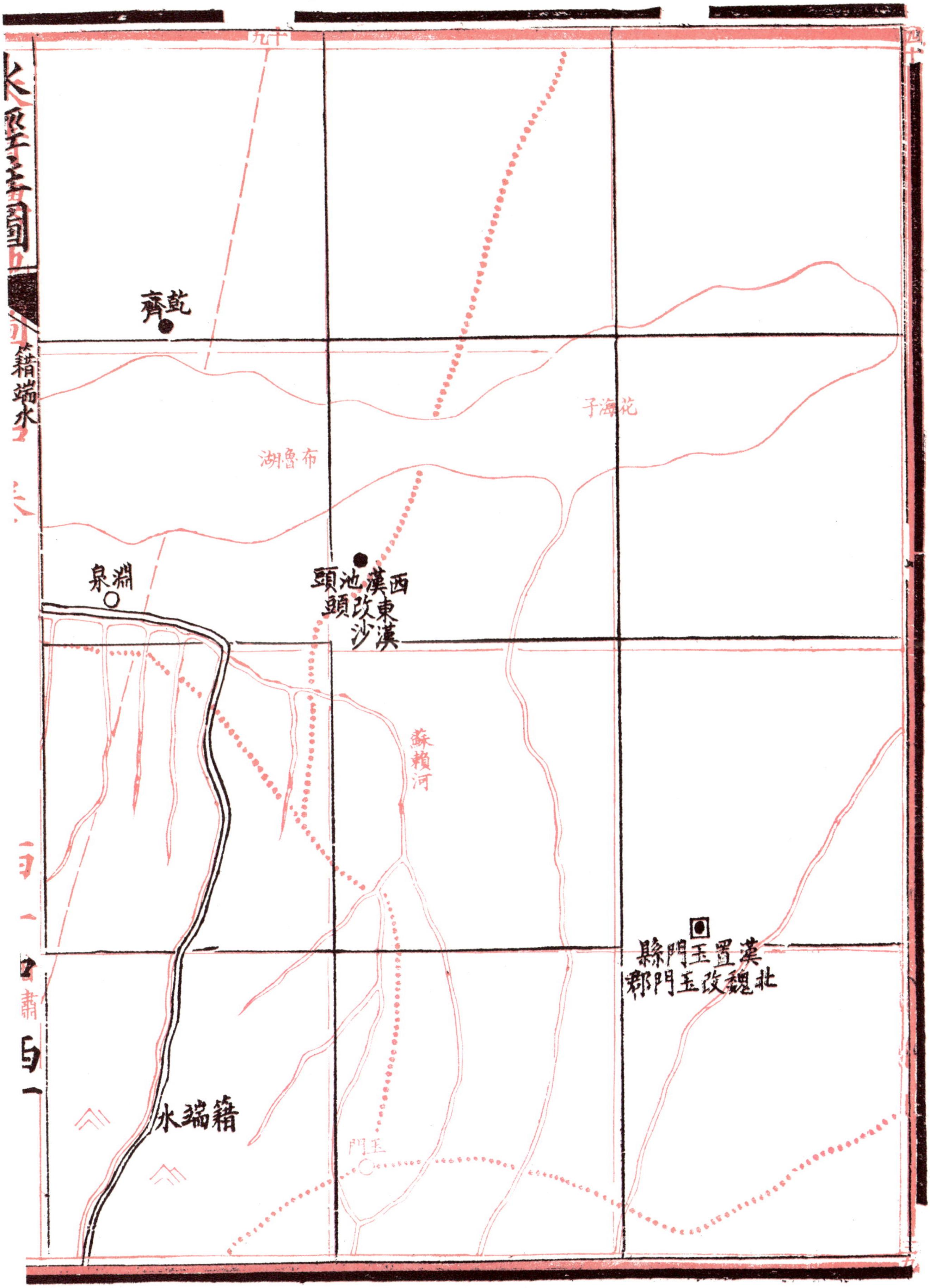
乾齊
淵泉
西漢池頭
東漢改沙頭
布魯湖
花海子
蘇賴河
籍端水
籍端水
玉門
漢置玉門縣
北魏改玉門郡

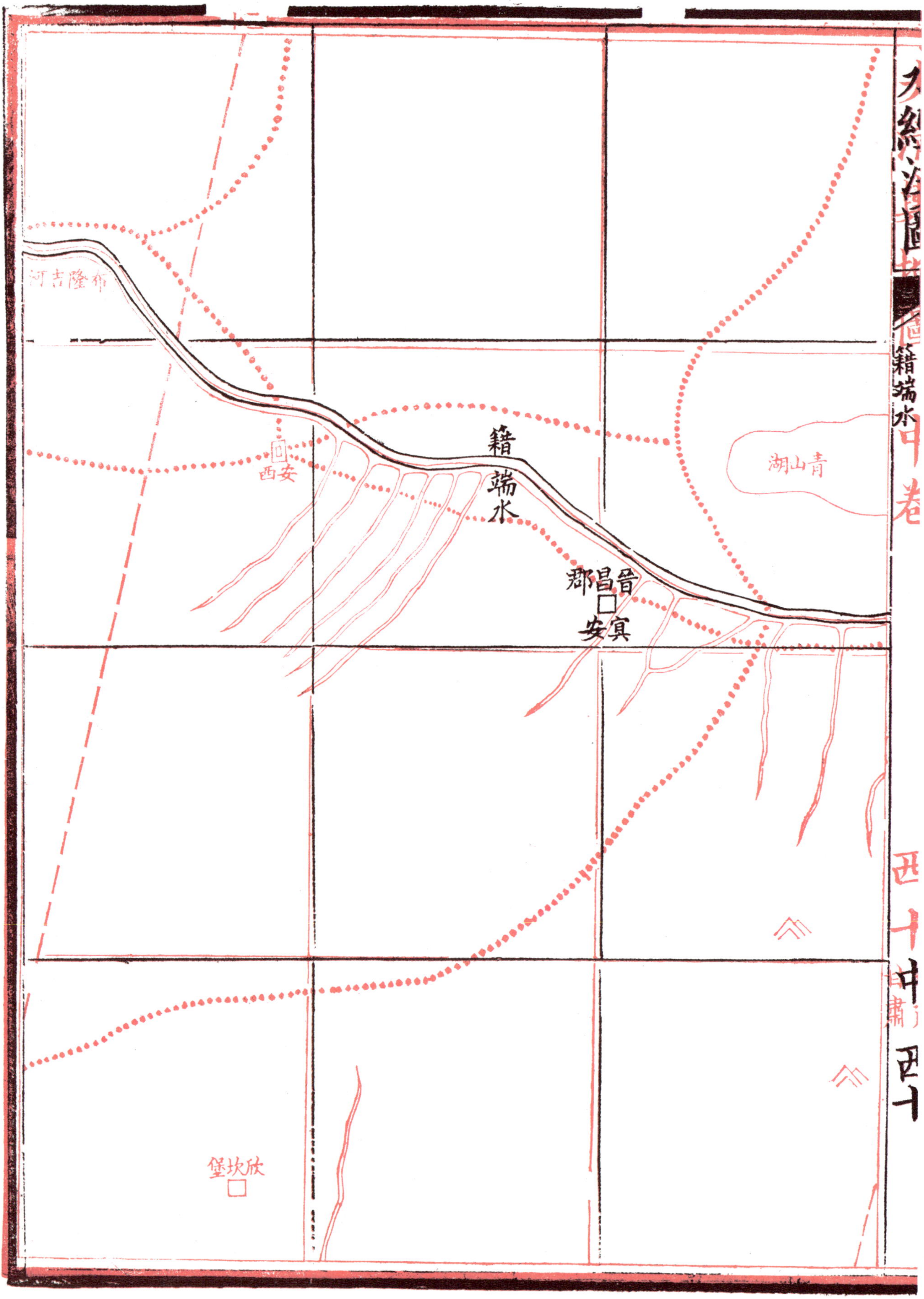
籍端水
籍端水
晉昌郡
宜安
安西
布隆吉河
青山湖
欣坎堡

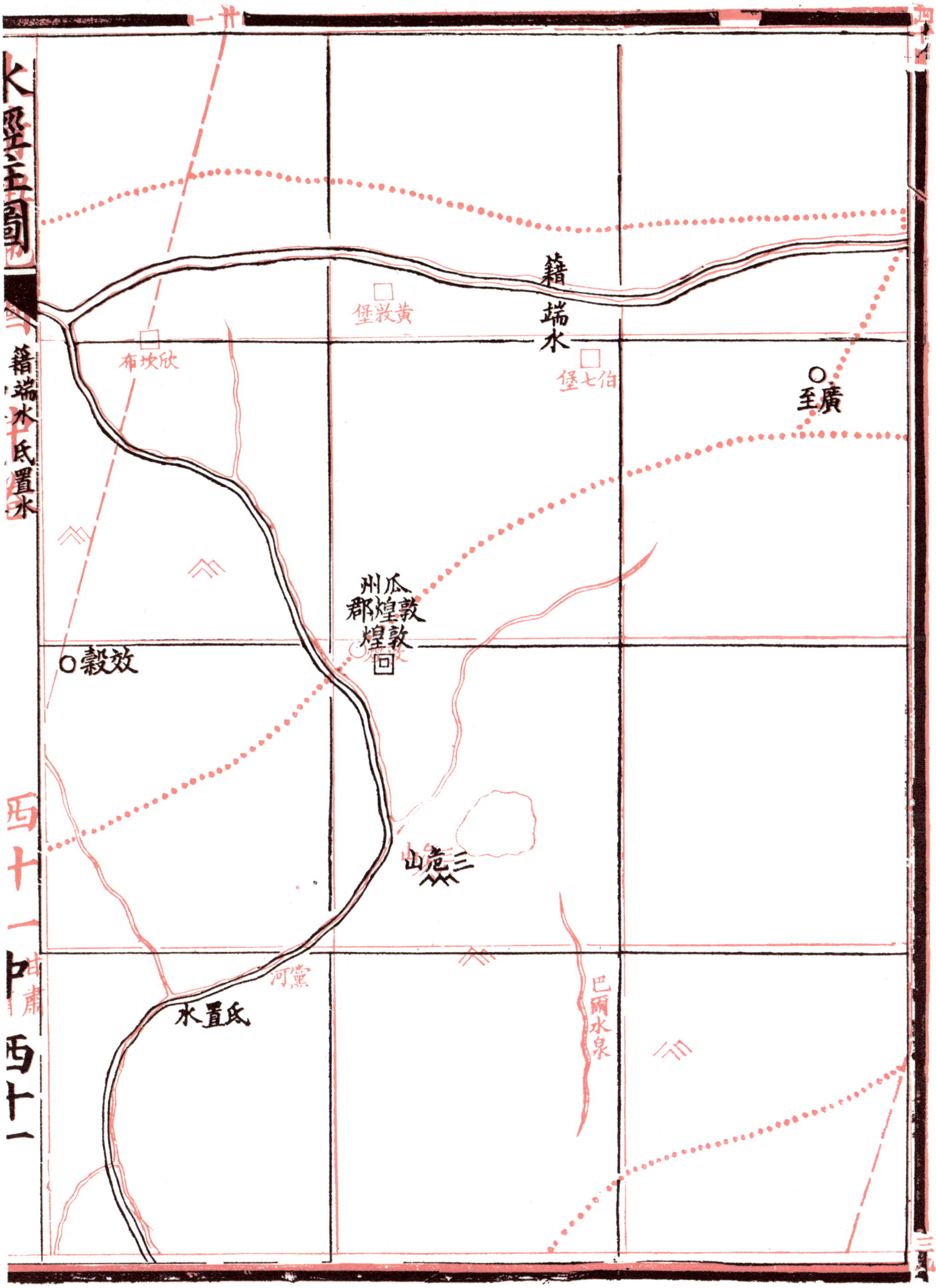
水經注圖
籍端水 氐置水
籍端水
黃穀堡
欣坎布
伯七堡
廣至
瓜州
敦煌郡
敦煌
效穀
三危山
黨河
氐置水
巴爾水泉
西十一
中
西十一

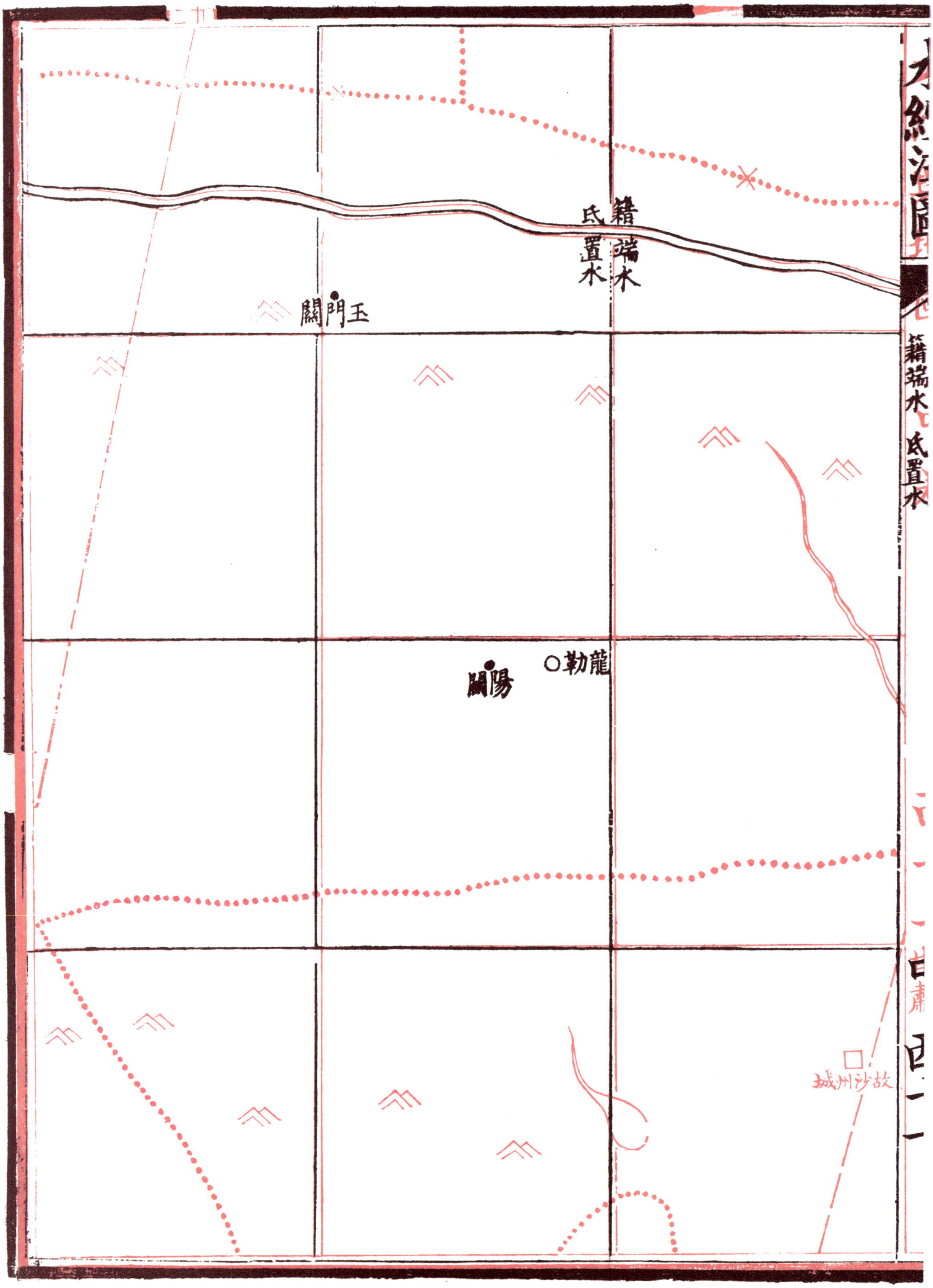
籍端水
氏置水
玉門關
龍勒
陽關
故沙州城

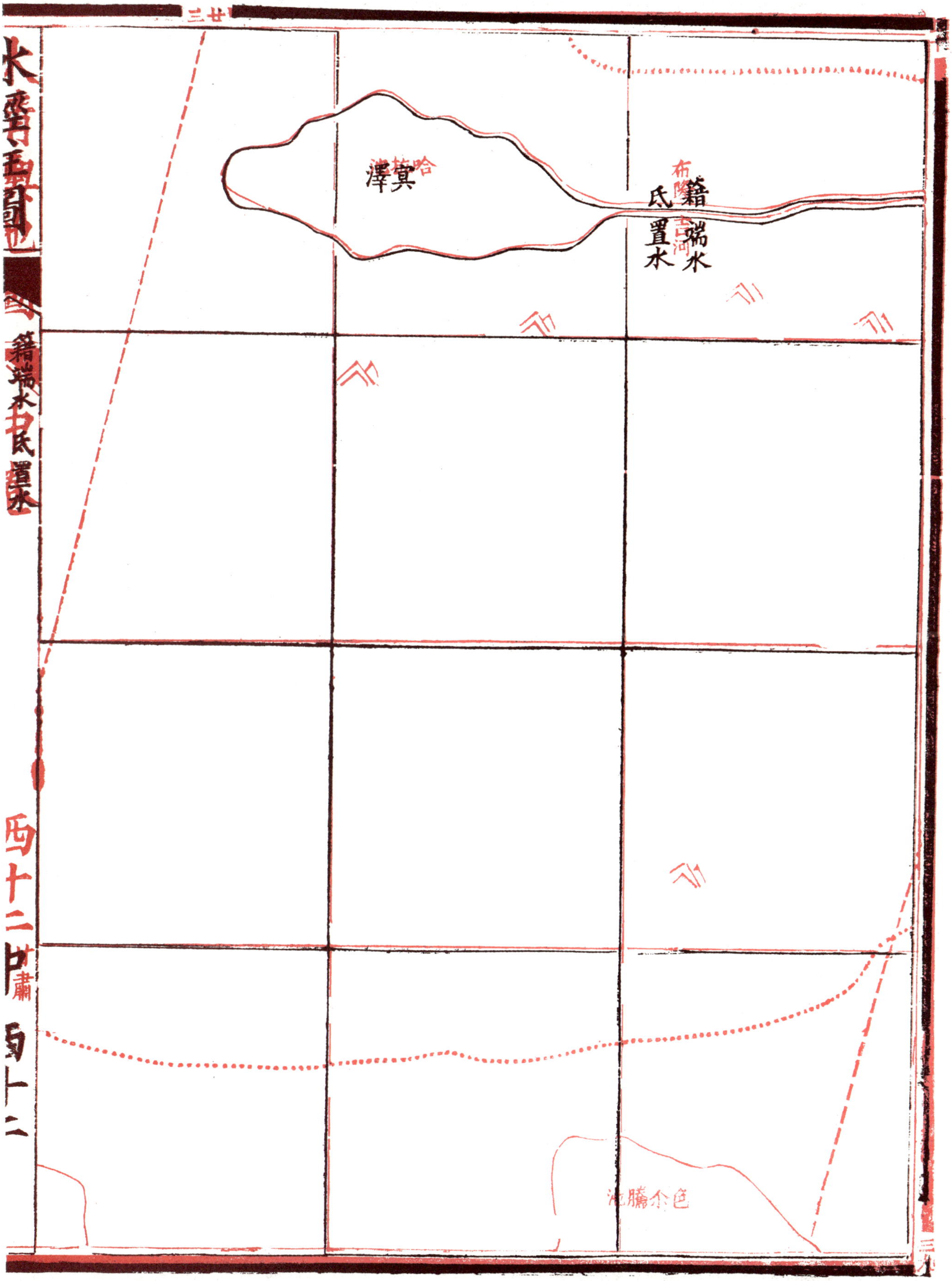
廿三
水經注圖
籍端水氏置水
西十二
中
肅
南十二
哈拉淖
冥澤
布隆吉河
籍端水
氏置水
色尒騰淖

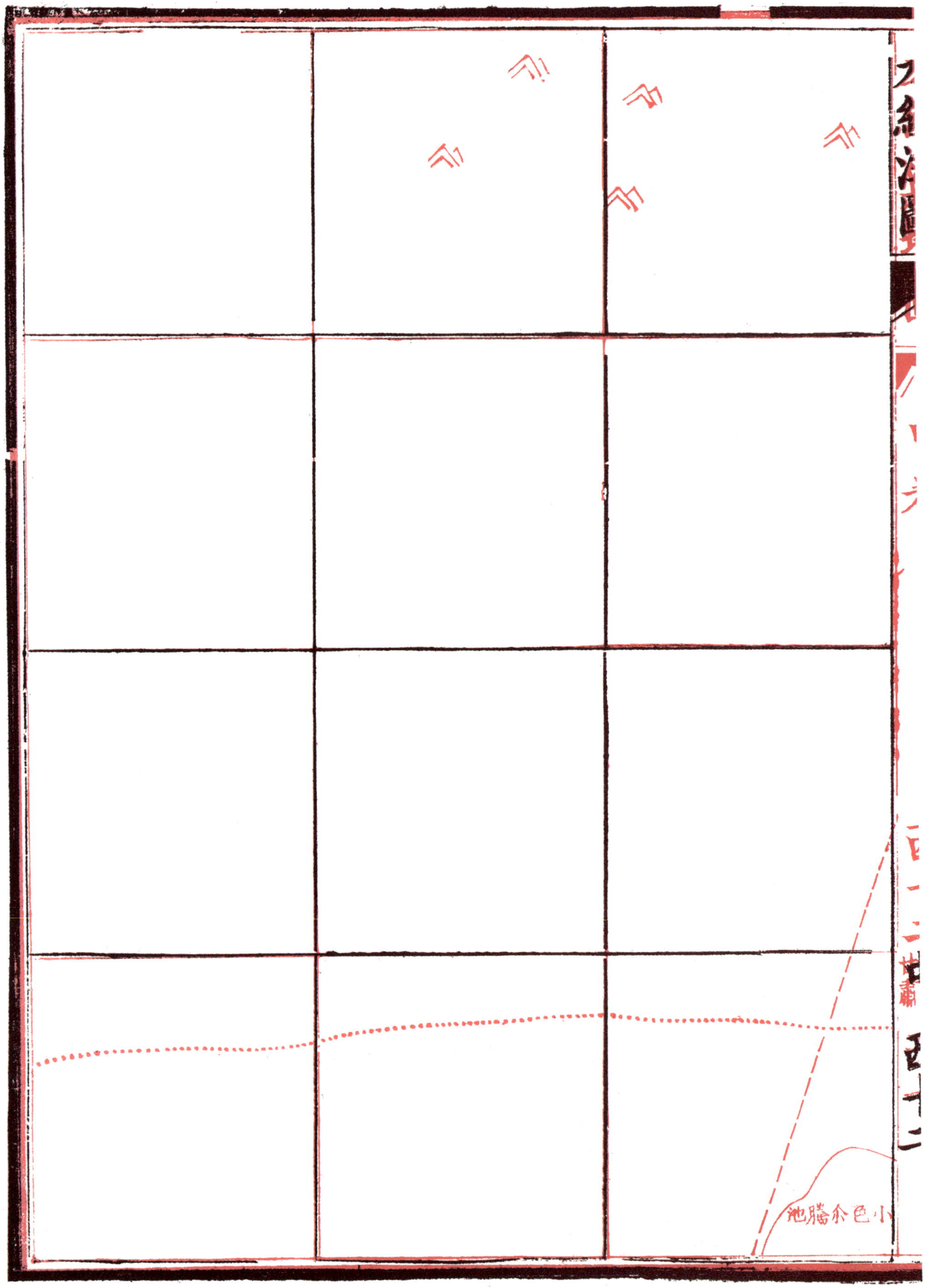
小邑介腾池

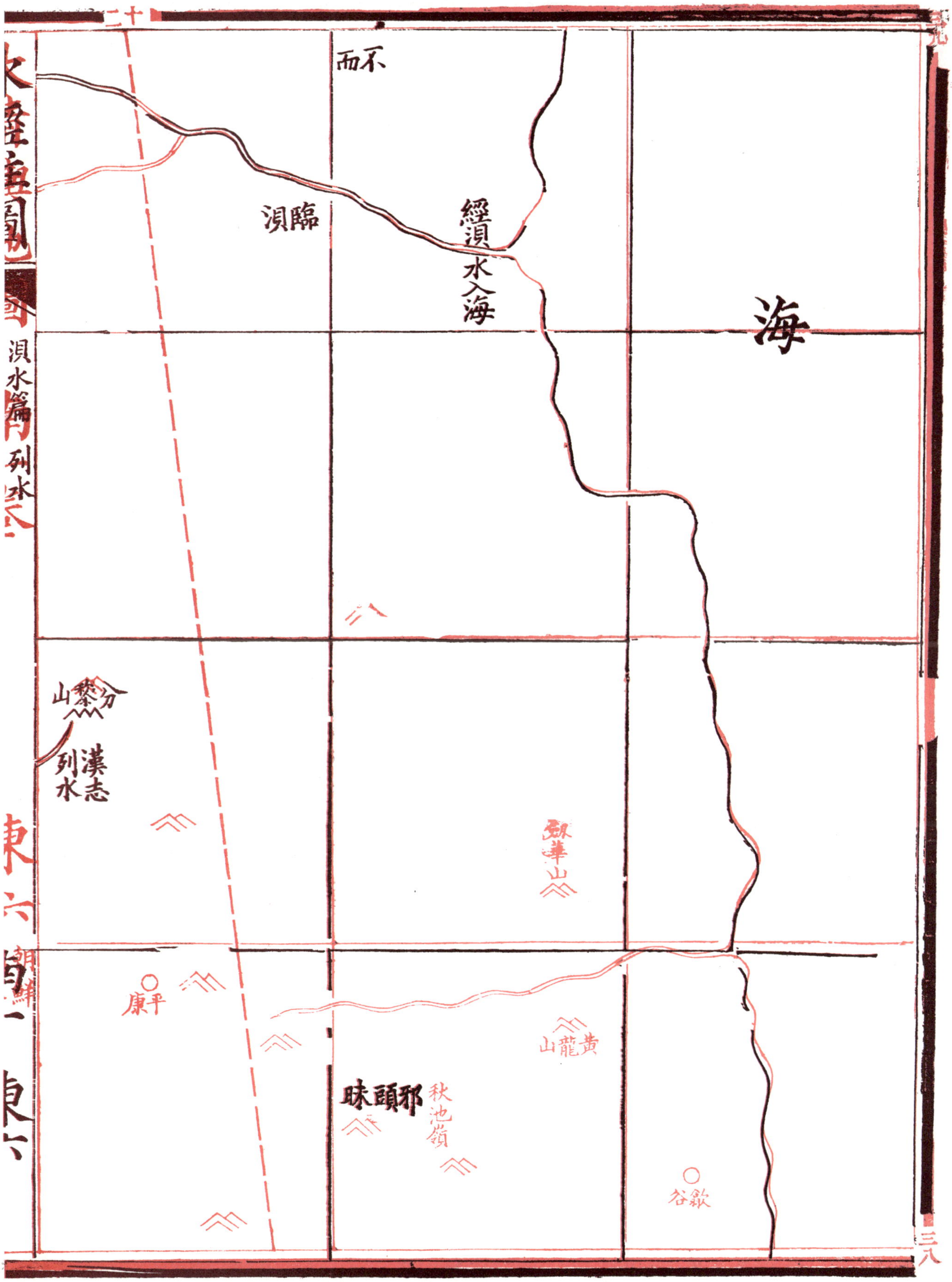

水經注圖
浿水篇 列水
不而
臨浿
經浿水入海
海
分黎山
漢志列水
平康
黄龍山
耶頭昧
秋池嶺
歙谷

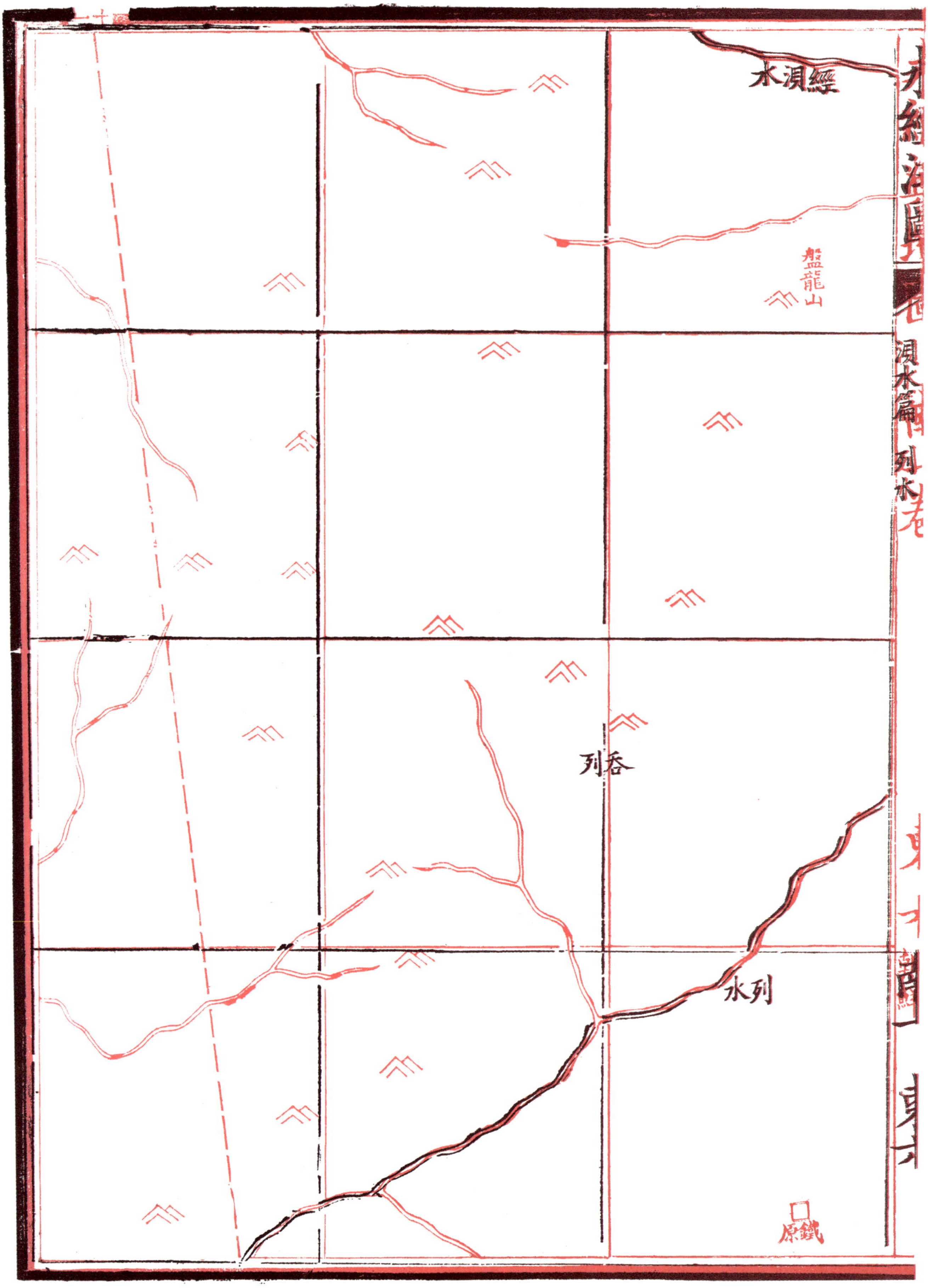
水經注圖
卷
浿水篇 列水
經浿水
盤龍山
吞列
列水
鐵原

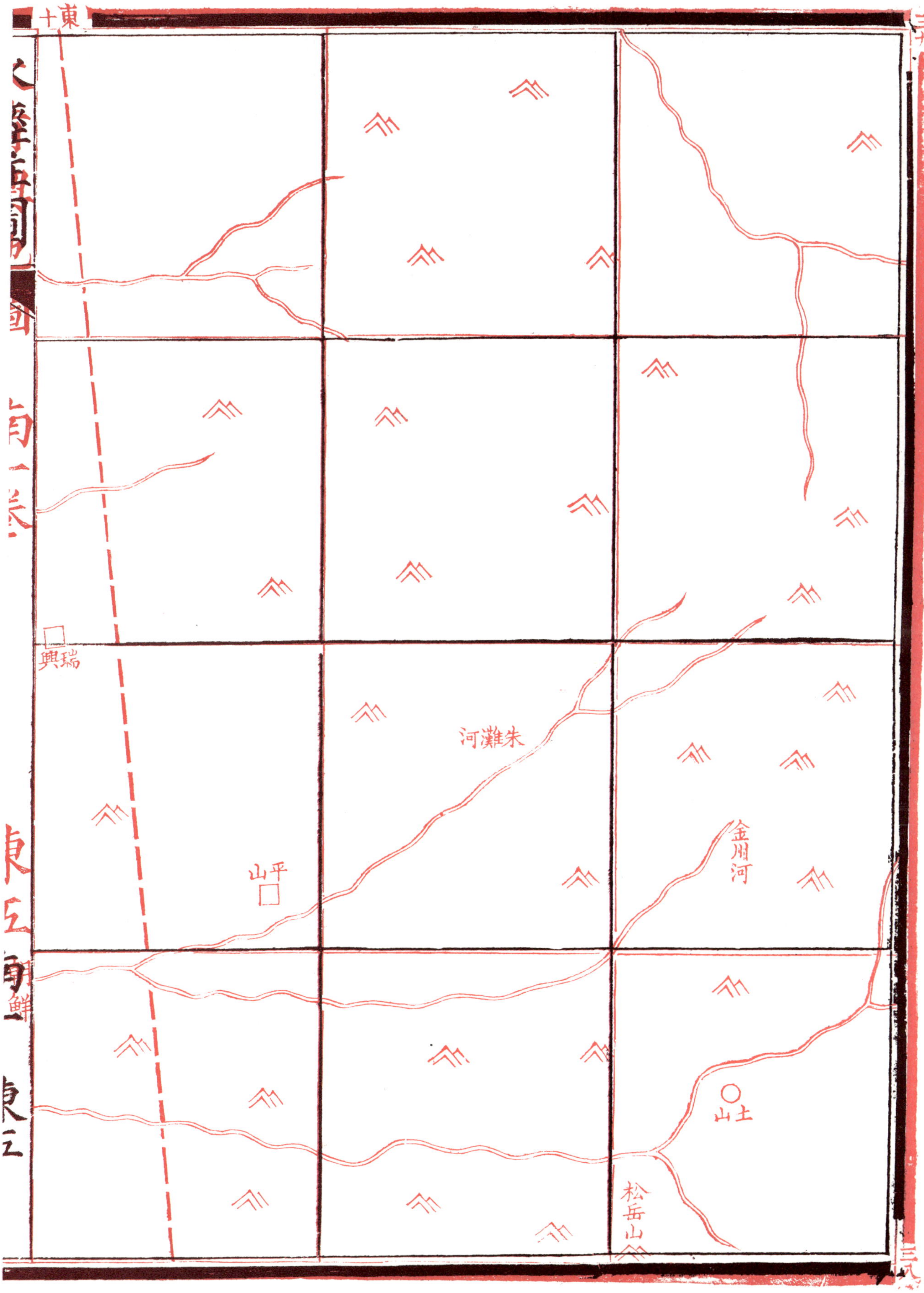

東十
瑞興
朱灘河
平山
金川河
土山
松岳山

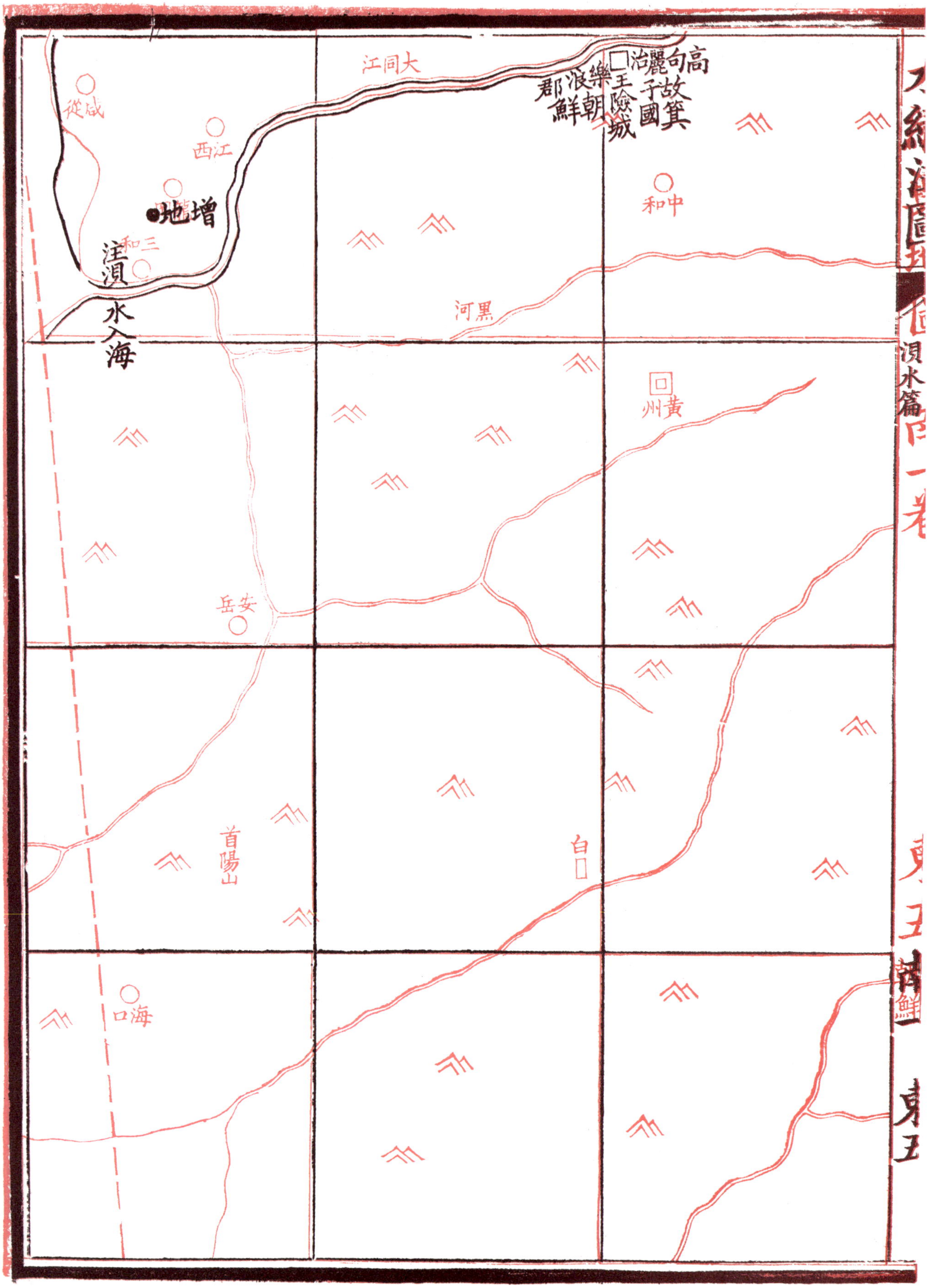

高句麗治
故箕子國
王險城
樂浪朝鮮郡
大同江
咸從
江西
增地
三和
浿水入海
中和
黑河
黃州
安岳
首陽山
海口

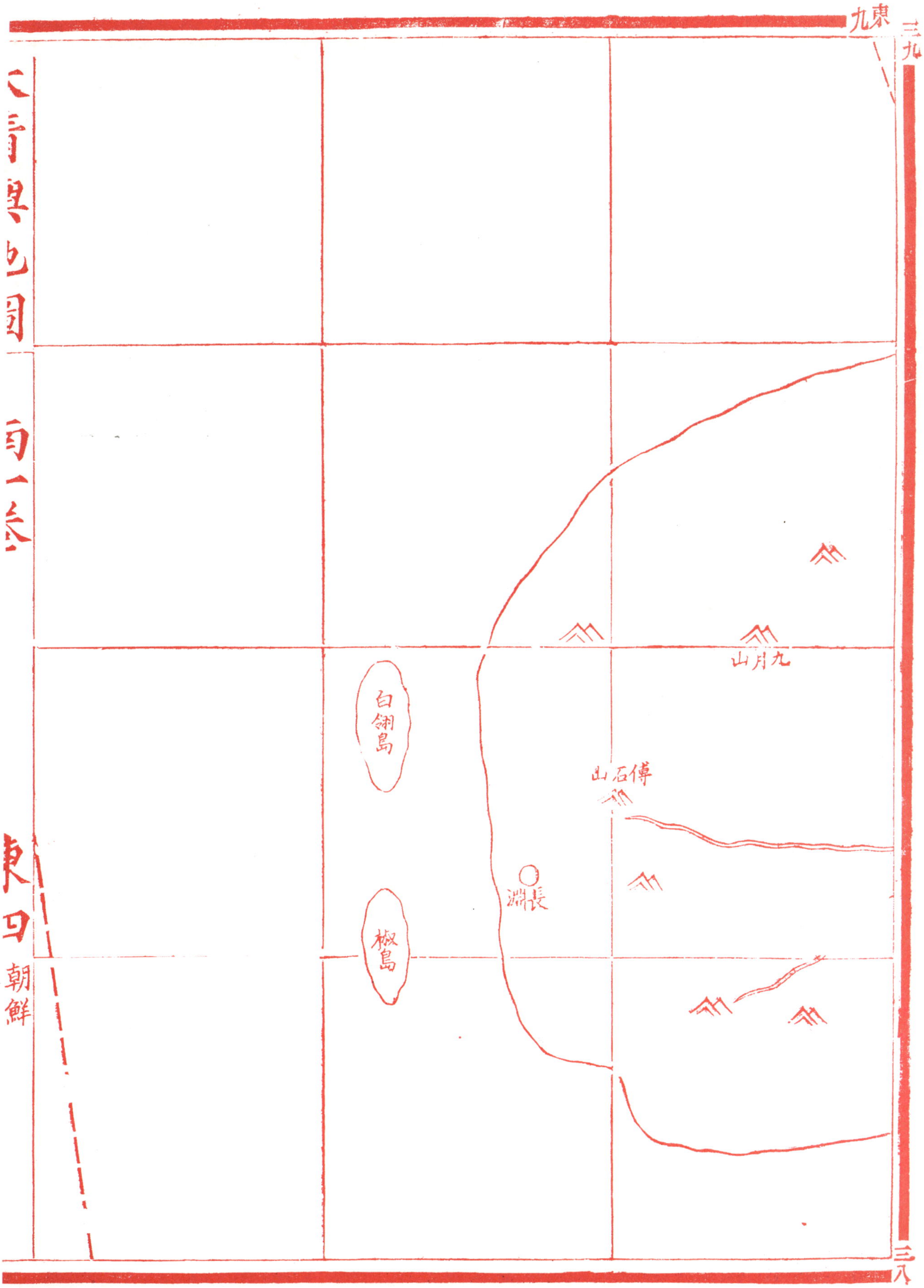
東九
三九
九月山
傅石山
白翎島
長淵
椒島
朝鮮
三八

東

東七

三九
三八

六東

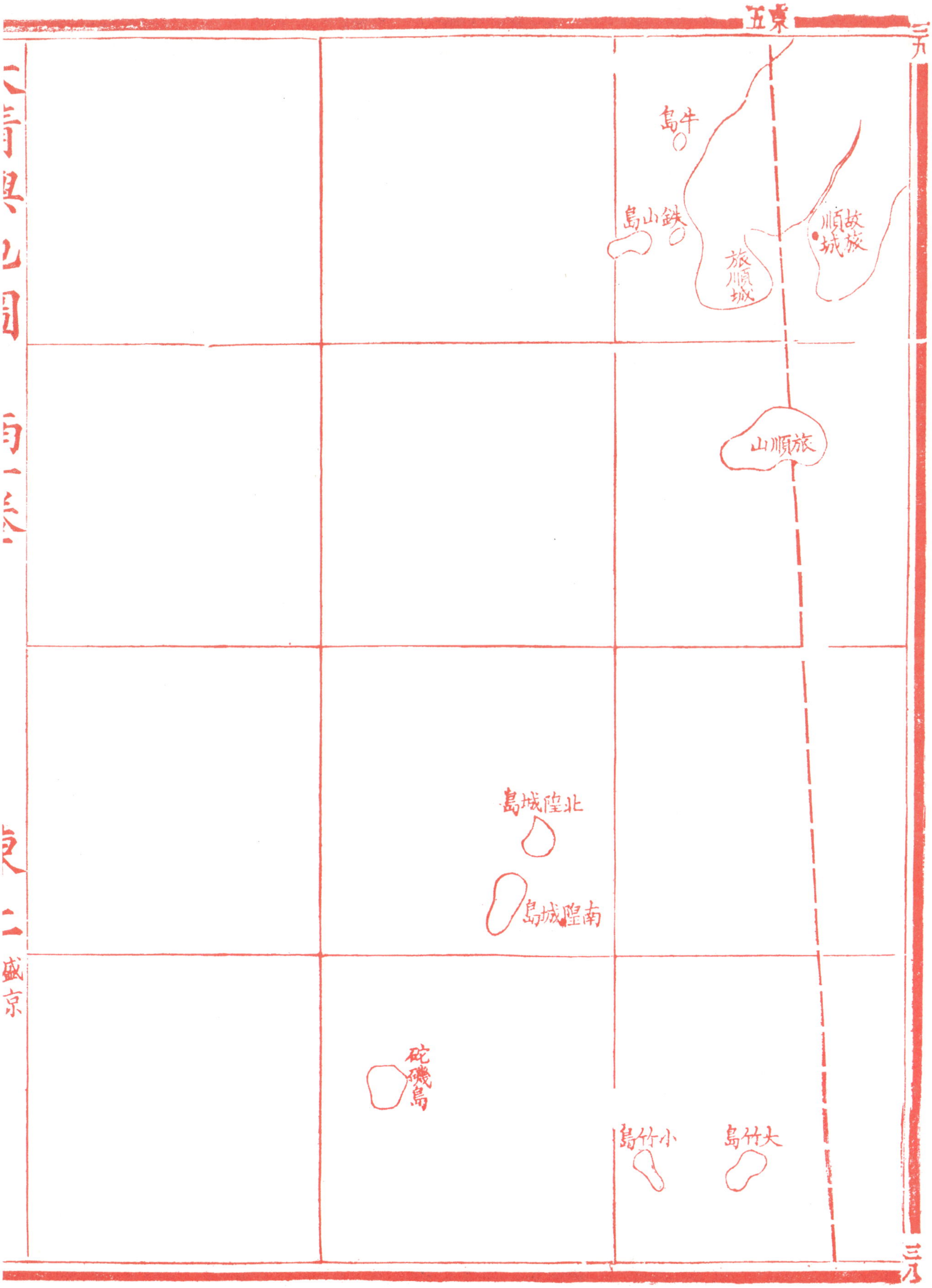
大清輿地圖
南一卷
東二
盛京
東五
三九
三八
牛島
鐵山島
旅順城
故旅順城
旅順山
北隍城島
南隍城島
砣磯島
小竹島
大竹島

東
大清輿地圖
南一卷
東二

東

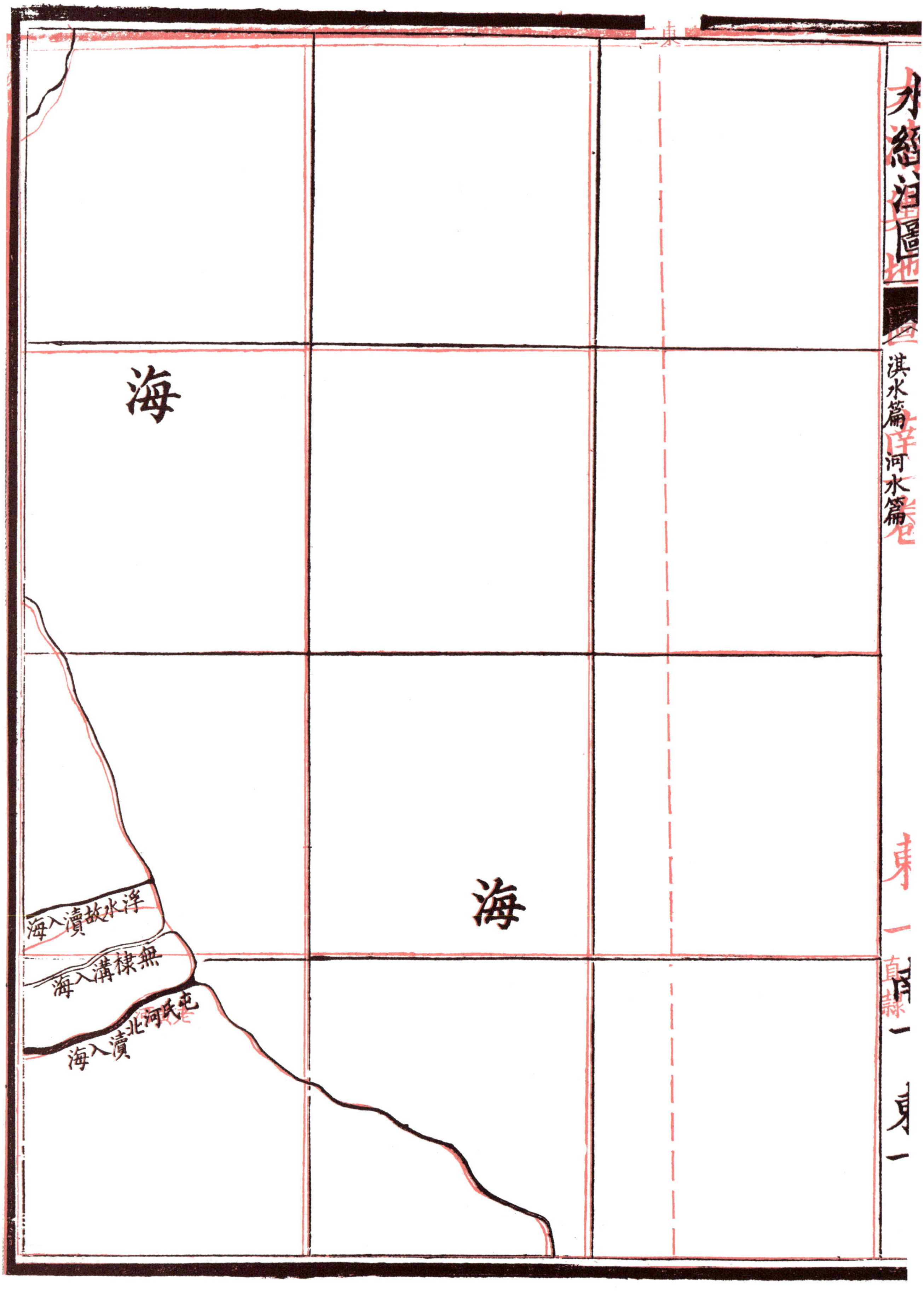
水經注圖
淇水篇
河水篇
南一
東一
海
海
浮水故瀆入海
無棣溝入海
屯氏河北瀆入海

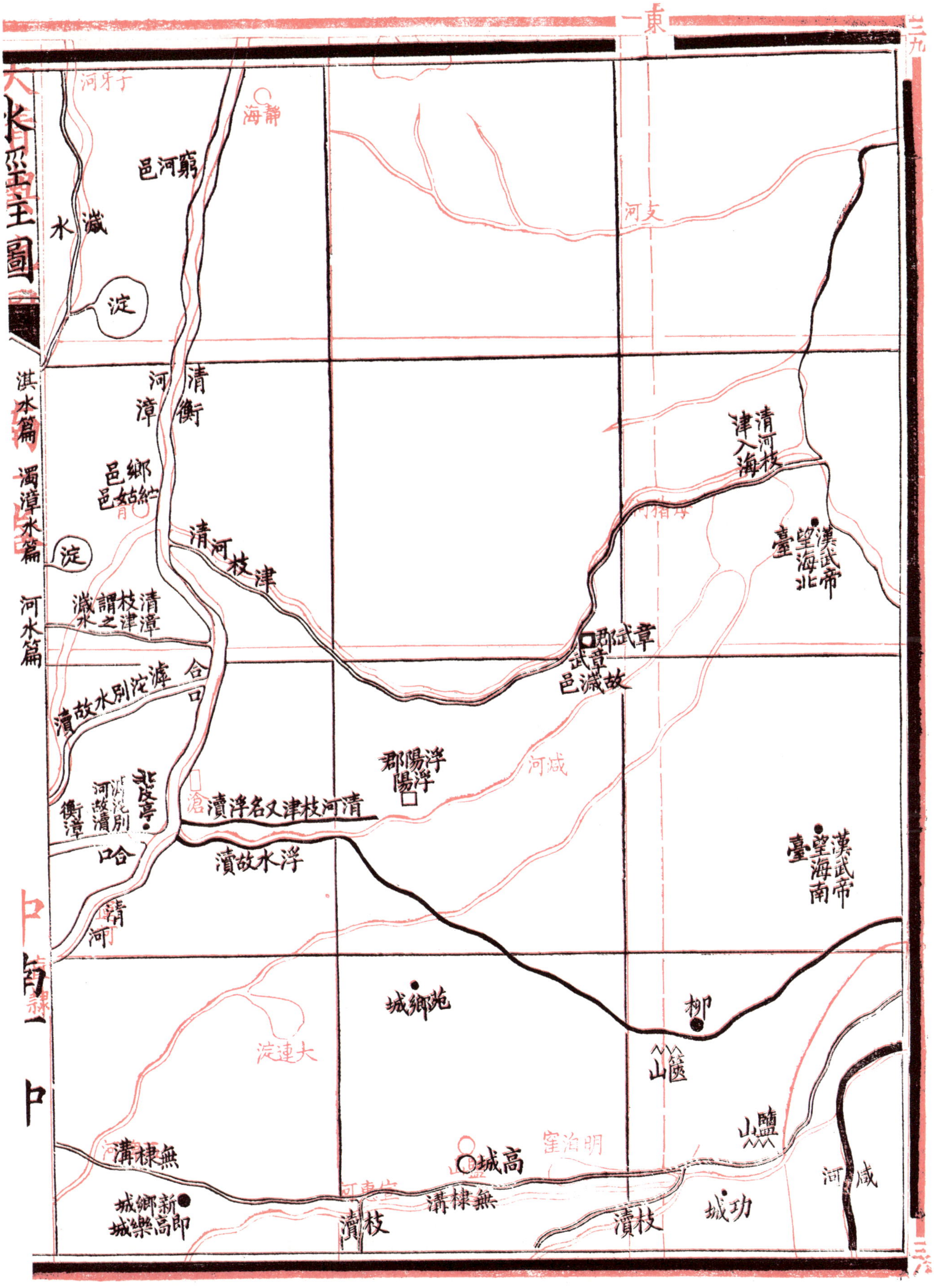
東
淇水篇
濁漳水篇
河水篇
窮河邑
濊水
淀
清河
衡漳
清河枝津
清漳枝津之謂濊水
合口
滹沱別水故瀆
北皮亭
清河枝津又名浮瀆
浮陽
浮陽郡
浮水故瀆
清河枝津入海
漢武帝望海臺
章武郡
章武故濊邑
柳
鹽山
高城
無棣溝
枝瀆
功城
文河
大連淀

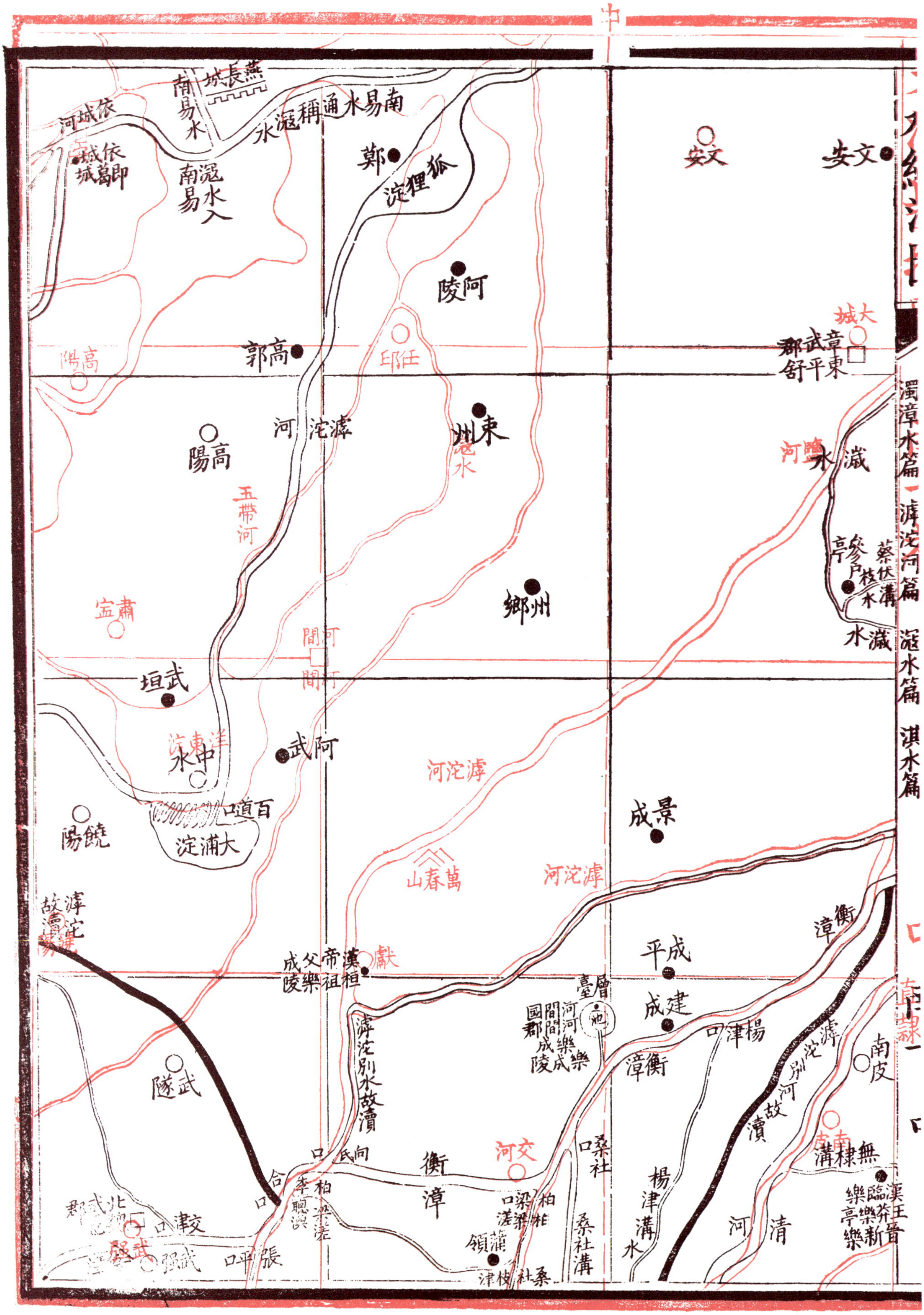
中
燕長城
依城河
南易水
南易水通稱滱水
即鄗依城
滱水入南易
鄚
狐狸淀
文安
文安
阿陵
高郭
高陽
任邱
大城
章武郡
東平舒
滹沱河
東州
滱水
高陽
五帶河
滱水
蔡伏溝
參户枝
亭
肅寧
鄚州
河間
河間
武垣
洋東淀
中水
阿武
滹沱河
百道口
大浦淀
饒陽
景成
萬春山
滹沱河
滹沱故瀆
衡漳
成平
獻
漢桓帝父樂成陵
層臺
樂成
河間樂成
河間國郡
池
建成
滹沱別水故瀆
衡漳
楊津口
滹沱別河故瀆
南皮
武遂
向氏口
衡漳
交河
桑社口
楊津溝水
無棣溝
合口
柏李
聰渠
柏梁渠
梁柏口
蒲領
桑社溝
清河
漢王晉樂新樂亭臨樂
北武強
交津口
武強
張平口
桑社
枝津
濁漳水篇 一 滹沱河篇 滱水篇 淇水篇

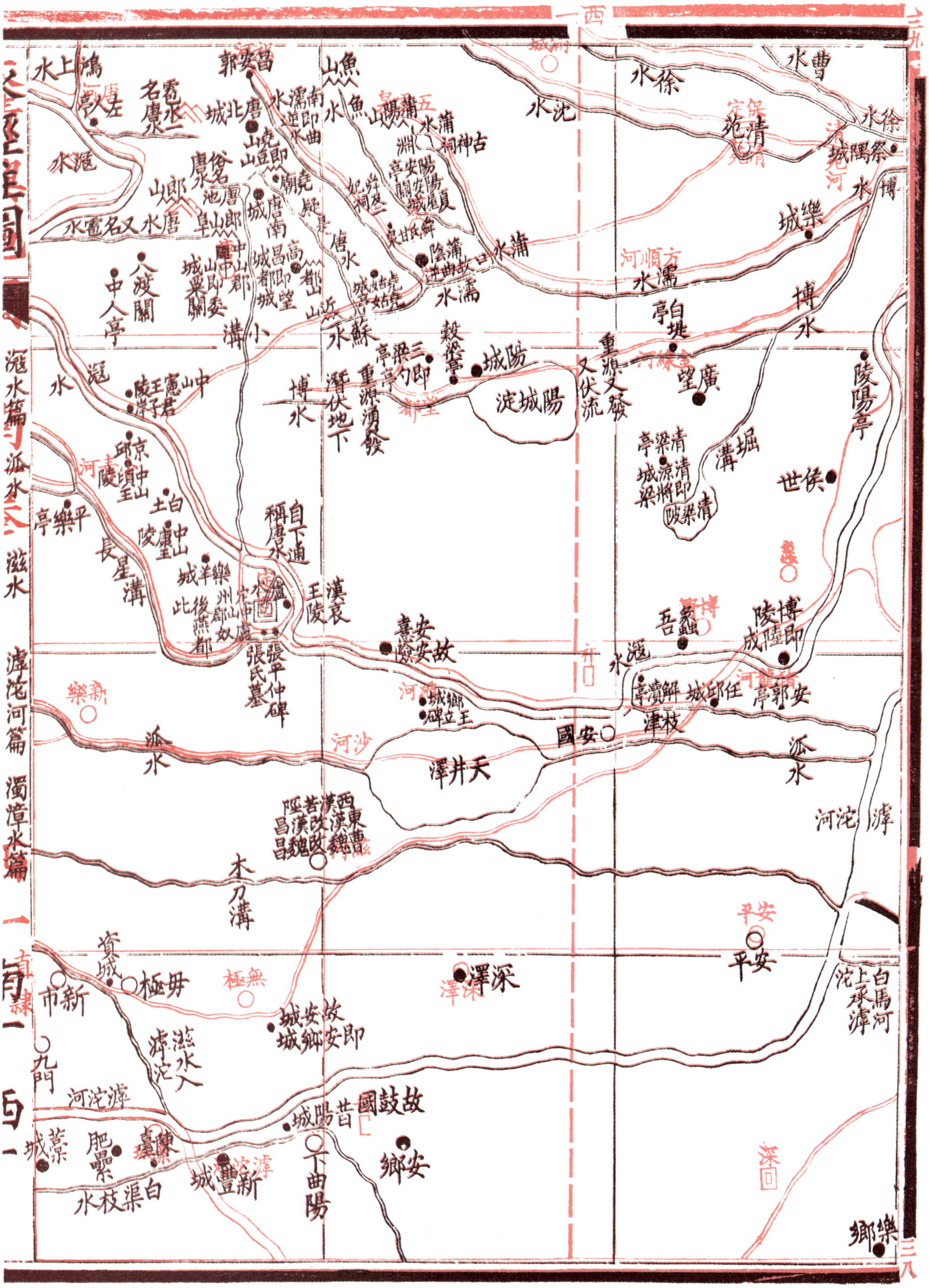

水經注圖
滱水篇 泒水 滋水
滹沱河篇 濁漳水篇
一西
鴻上水
左人亭
滱水
郎山
唐水
又名雹水
安喜郭
唐北城
魚山
魚水
蒲陽山
蒲水
古神祠
沈水
徐水
曹水
清苑
祭陽城
博水
樂城
蒲陰
方順河
濡水
白堤亭
陽城淀
陽城
廣望
陵陽亭
侯世
堀溝
中人亭
八渡關
平樂亭
長星溝
漢哀王陵
故安憙
安國
天井澤
泒水
沙河
新樂
任邱城
安郭亭
滹沱河
木刀溝
深澤
毋極
安平
新市
九門
滋水入滹沱
故安郎
昔陽城
故鼓國
安鄉
下曲陽
新豐城
白渠枝水
肥纍
藁城
樂鄉

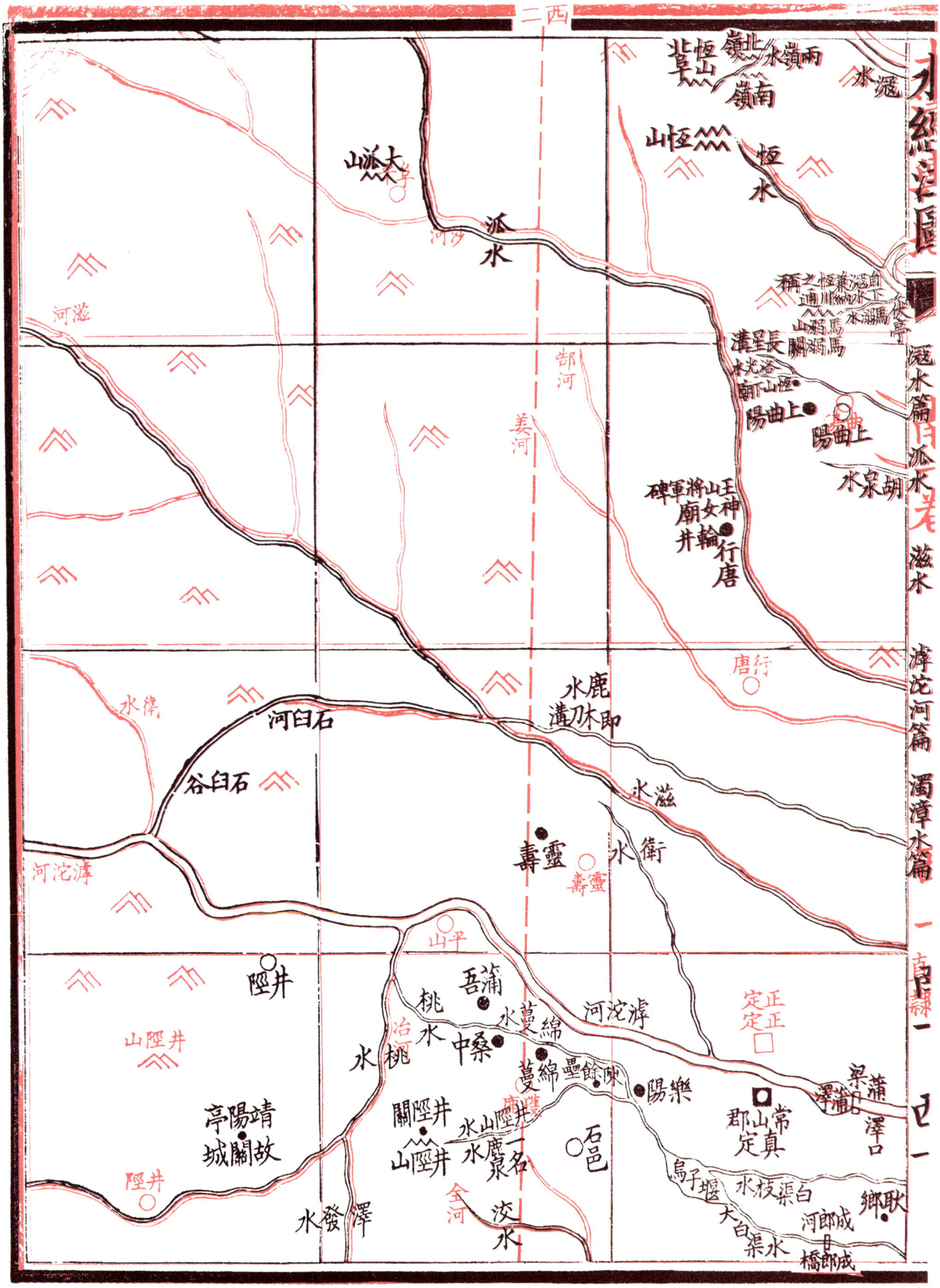

西二
水經注圖
滱水篇 泒水 滋水 滹沱河篇 濁漳水篇
兩嶺水
北嶺
恆山
南嶺
滱水
恆山
恆水
大泒山
泒水
滋河
長星溝
上曲陽
上曲陽
胡泉水
王山神女廟
將軍碑
輪井
行唐
行唐
部河
姜河
鹿水
石臼河
石臼谷
滋水
衛水
靈壽
靈壽
滹沱河
平山
井陘
蒲吾
桃水
桃水
桑中
綿蔓水
綿蔓
冶河
陝餘壘
樂陽
滹沱河
正定
常山郡
真定
蒲澤口
井陘關
井陘山
井陘山水
鹿泉水
名泉
石邑
井陘山
靖陽亭
故關城
井陘
澤發水
金河
洨水
白渠枝水
烏子堰
大白渠水
成郎河
成郎橋
耿鄉

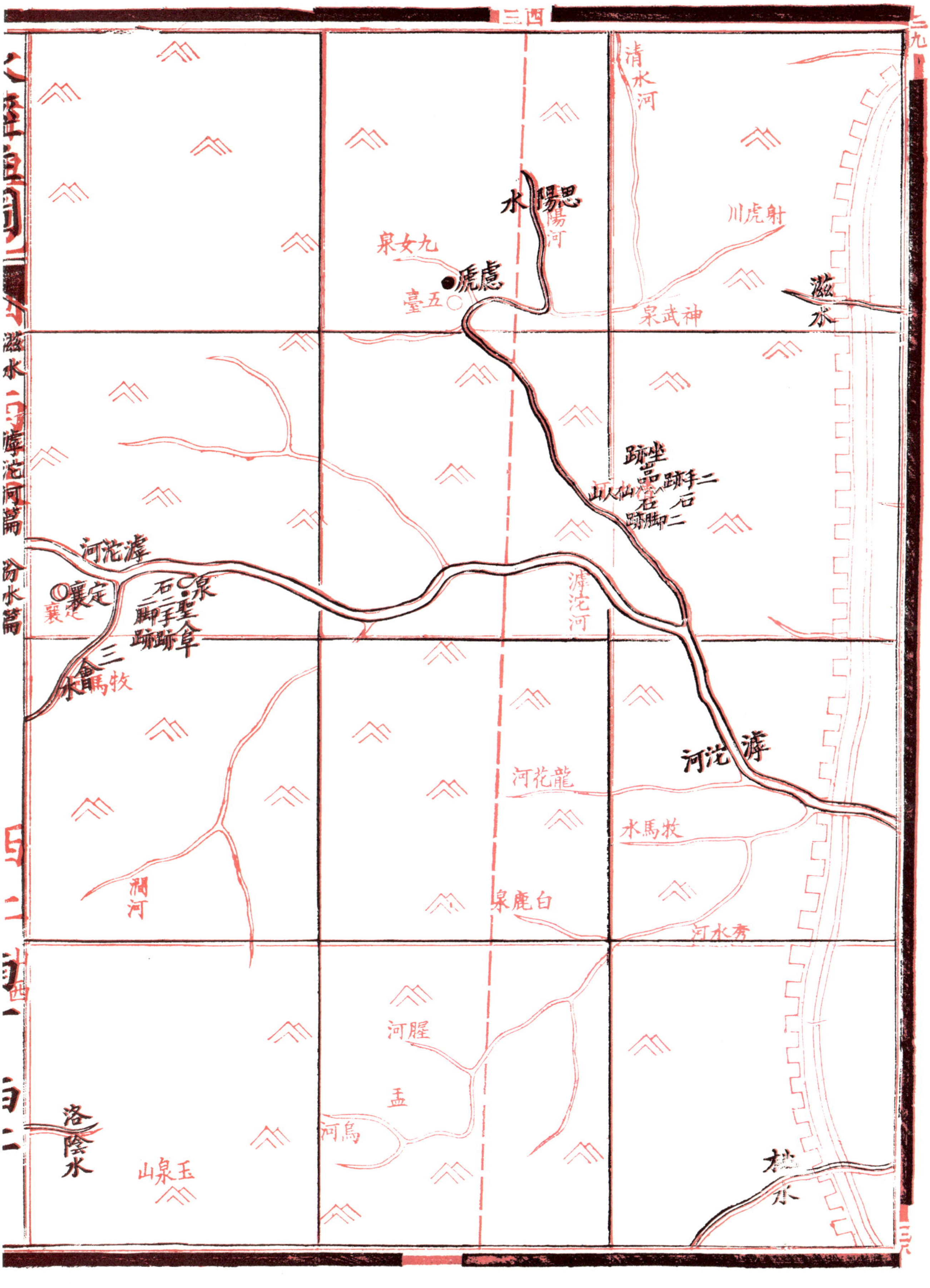
西三
滋水
滹沱河篇
汾水篇
清水河
思陽水
陽河
九女泉
慮虒
五臺
射虎川
神武泉
滋水
定襄
滹沱河
龍花河
牧馬水
白鹿泉
秀水河
澗河
腥河
烏河
盂
玉泉山
洛陰水

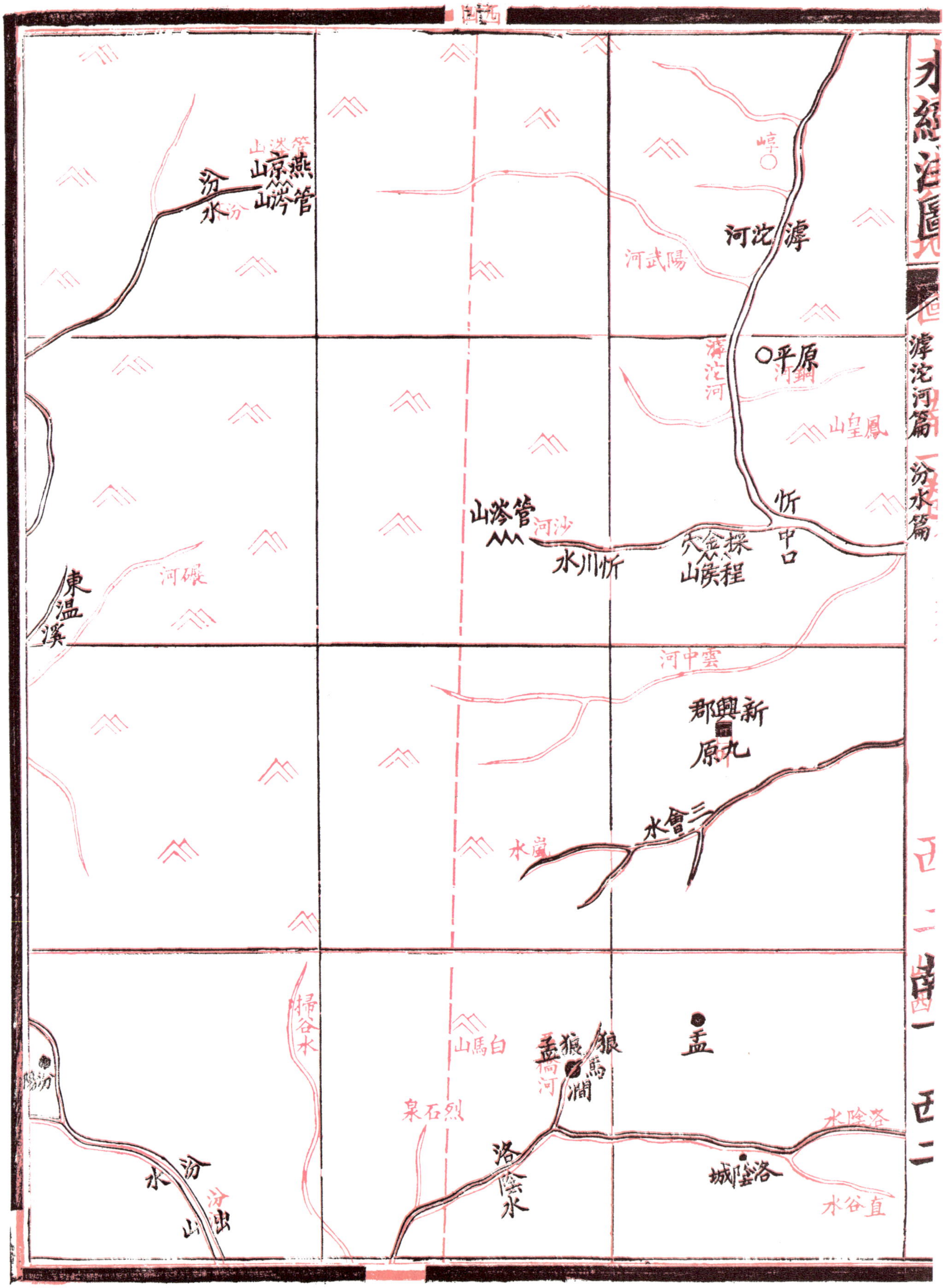
汾水
燕京山
管涔山
滹沱河
陽武河
平原
銅河
鳳皇山
忻口
程侯山
管涔山
沙河
忻川水
碾河
東溫溪
雲中河
新興郡
九原
三會水
嵐水
汾陽
汾水
掃谷水
白馬山
狼孟
狼馬澗
橋河
孟
烈石泉
洛陰水
洛陰城
直谷水

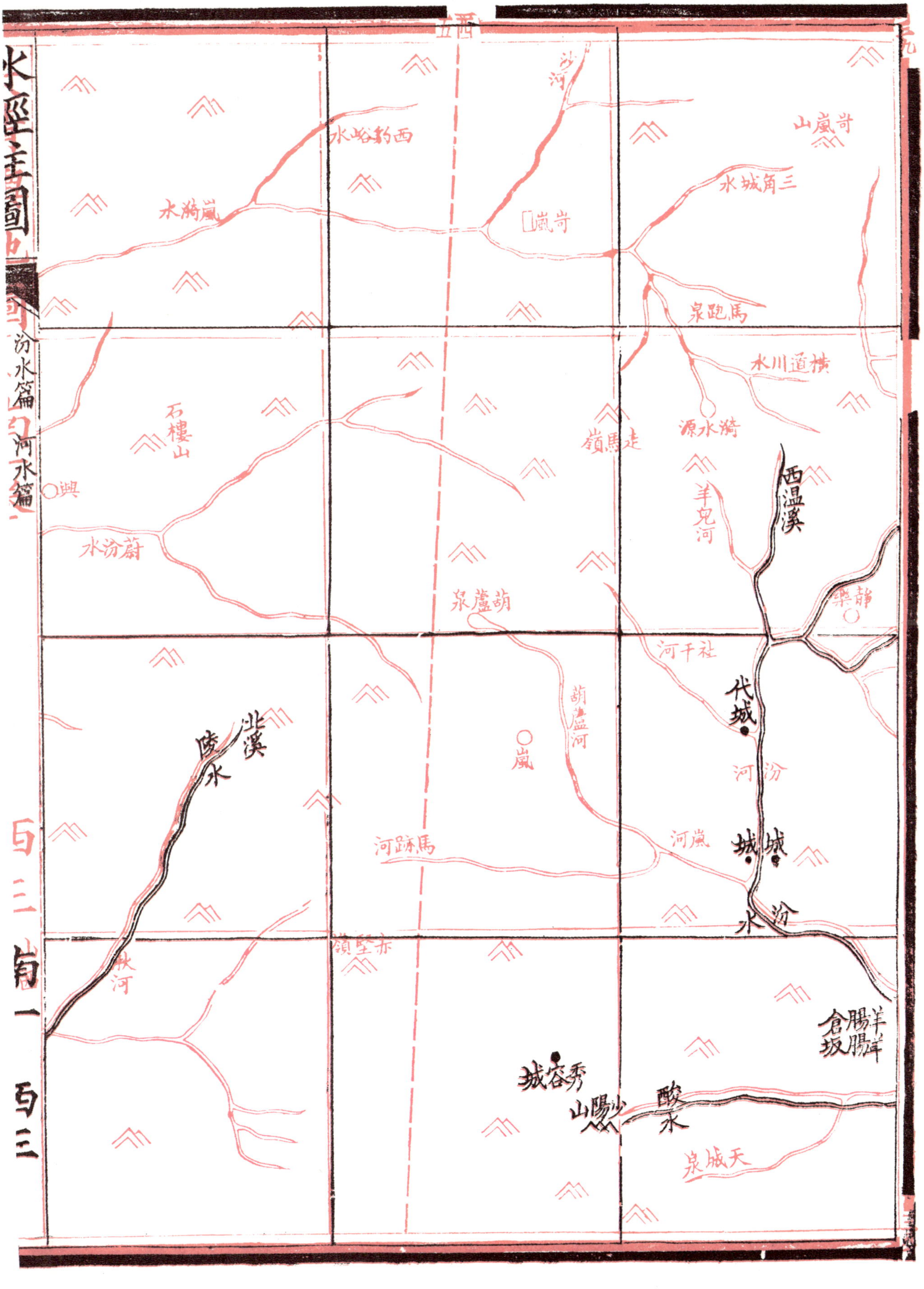
沙河
西豹峪水
嵐漪水
岢嵐
三角城水
岢嵐山
馬跑泉
橫道川水
漪水源
走馬嶺
石樓山
興
蔚汾水
西溫溪
羊兔河
葫蘆泉
靜樂
社干河
代城
葫蘆河
嵐
汾河
北溪
陵水
馬跡河
嵐河
城
城
汾水
赤堅嶺
秋河
羊腸倉
羊腸坂
秀容城
少陽山
酸水
天城泉

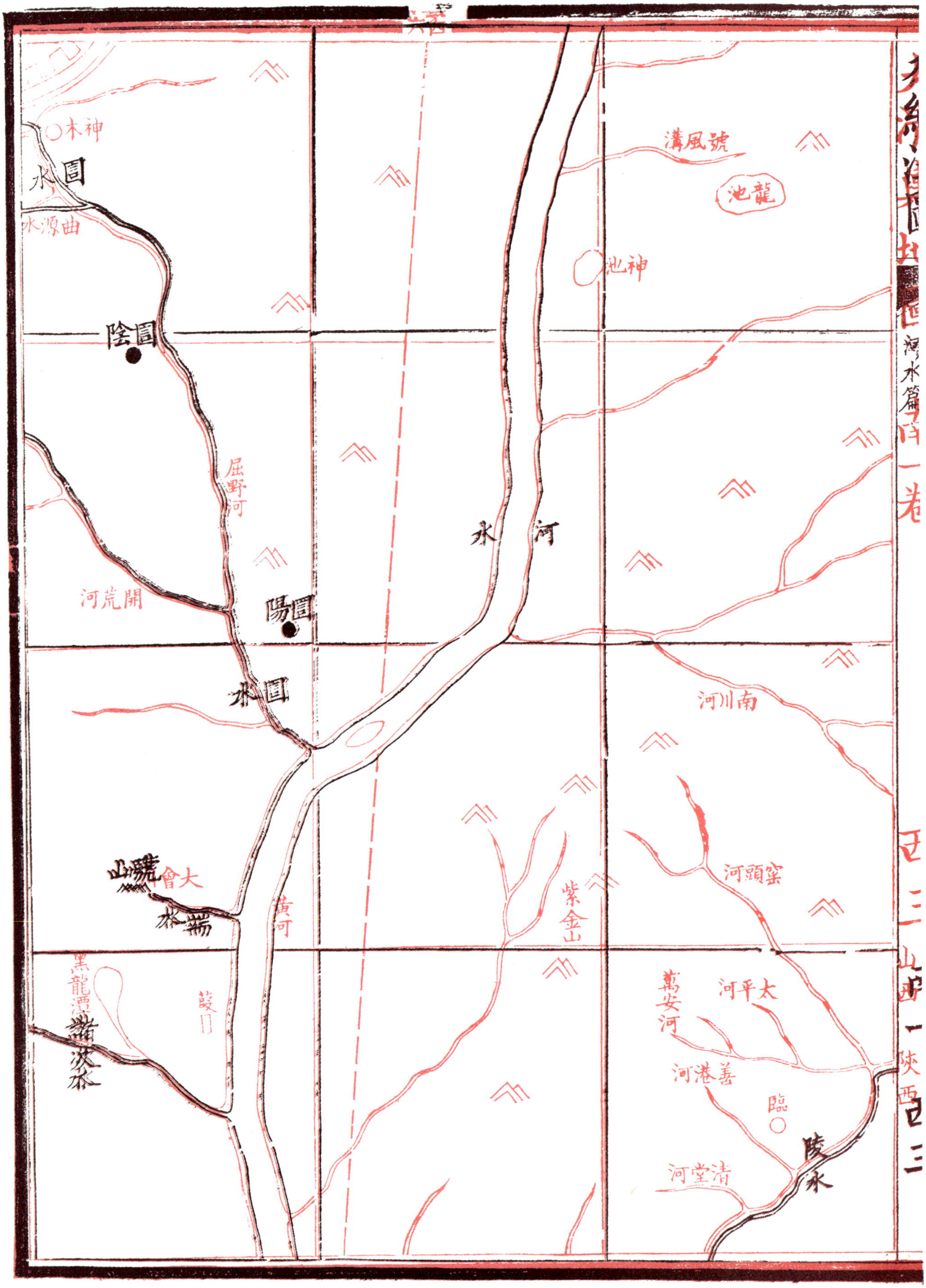

神木
圁水
曲源水
號風溝
龍池
神池
圁陰
屈野河
河水
開荒河
圁陽
圁水
南川河
大會山
端水
黃河
紫金山
窯頭河
黑龍潭
太平河
萬安河
善港河
臨
清堂河
陵水

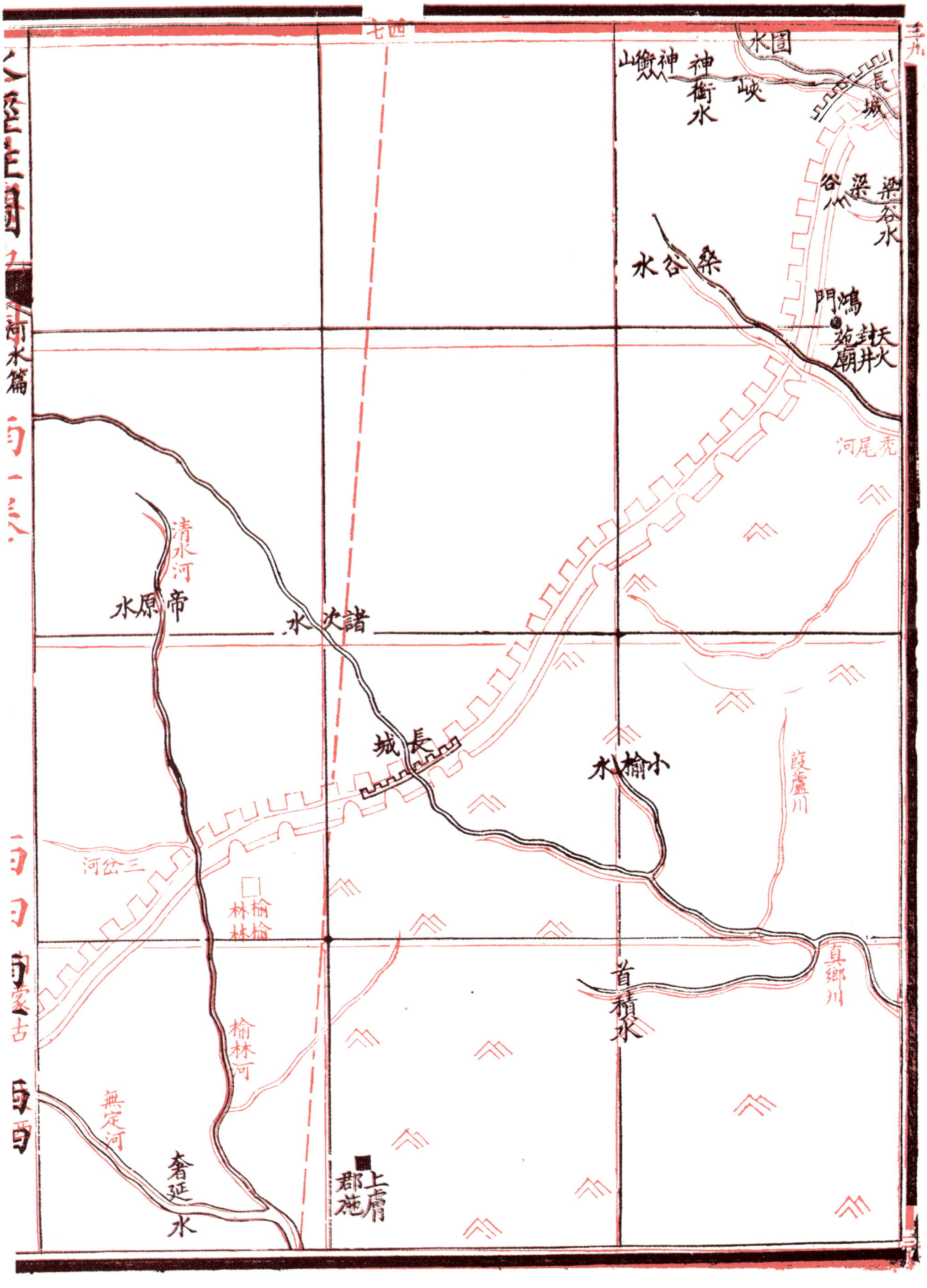
水經注圖
河水篇
七四
圁水
神銜山
神銜水
峽
長城
梁谷
梁谷水
桑谷水
鴻門
天封苑火井廟
禿尾河
清水河
帝原水
諸次水
長城
小榆水
葭蘆川
三岔河
榆林
榆林
真鄉川
首積水
榆林河
無定河
奢延水
上郡膚施

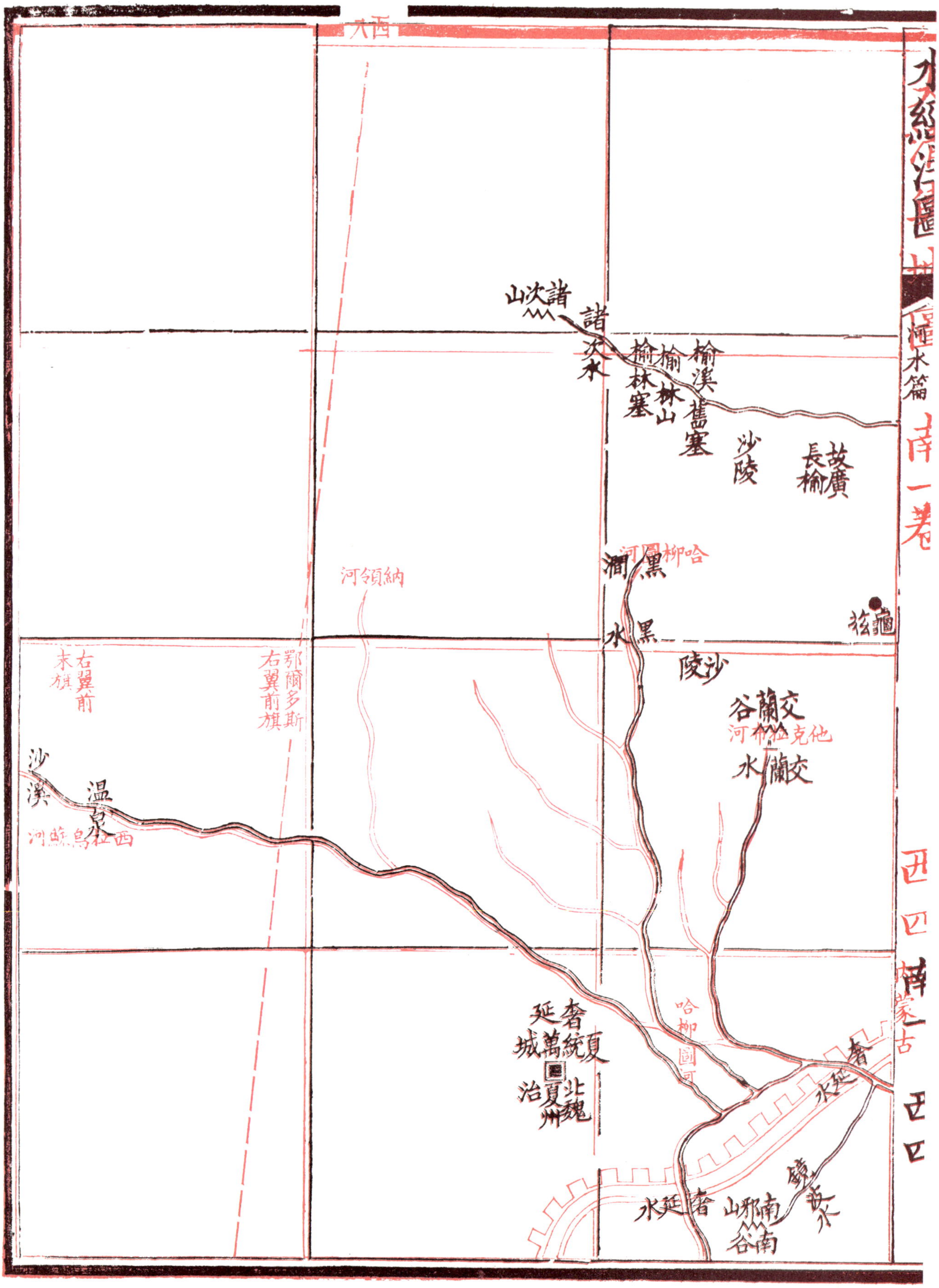

西六
水經注圖
南一
諸次山
諸次水
榆溪舊塞
榆林山
榆林塞
故廣長榆
沙陵
哈柳圖河
黑澗
納領河
龜茲
黑水
沙陵
右翼末旗
鄂爾多斯右翼前旗
交蘭谷
他克拉布河
交蘭水
沙溪
温泉水
西拉烏蘇河
奢延縣夏統萬城
北魏夏州治
哈柳圖河
蒙古
奢延水
奢延水
南邪山
南谷
鏡波水

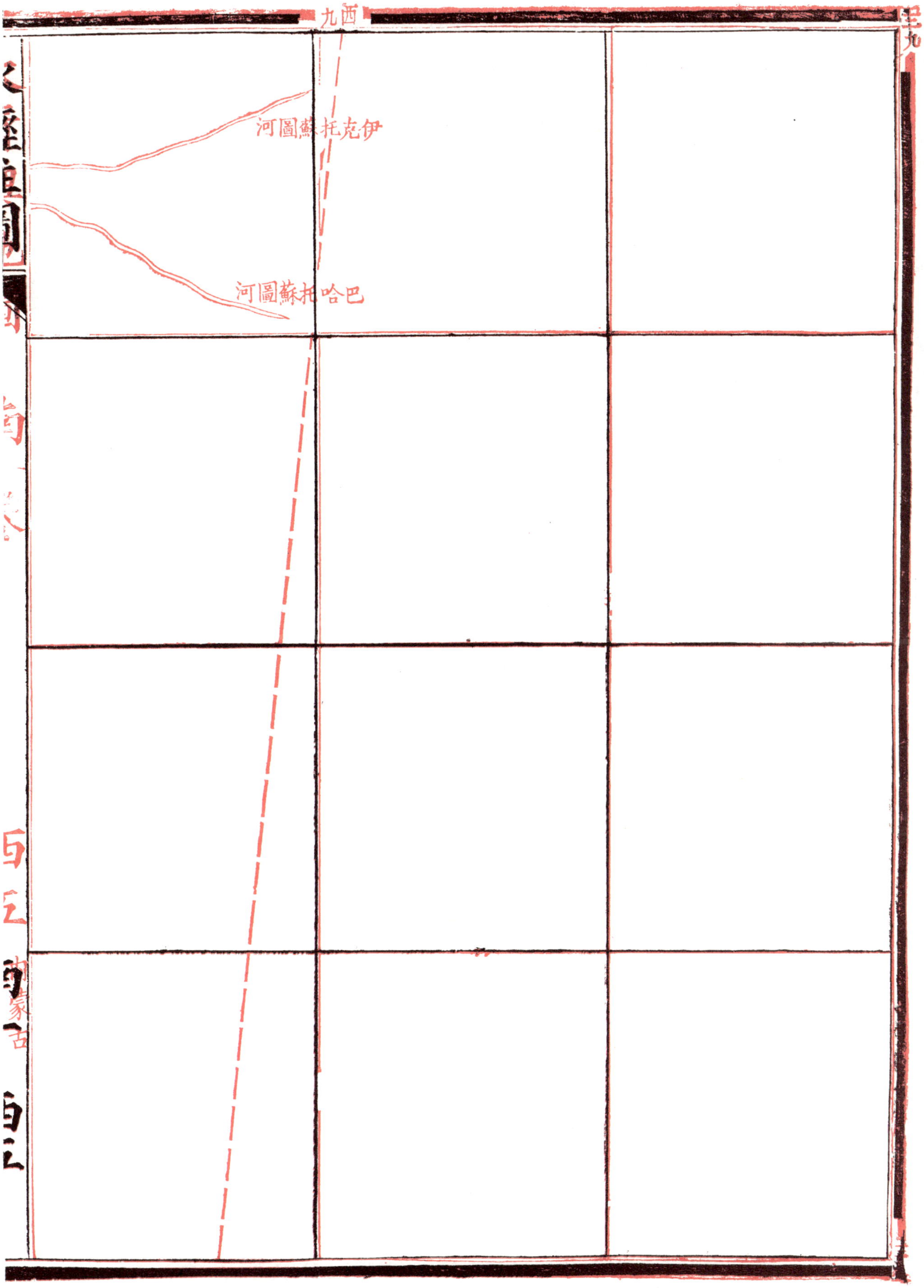
西九
伊克托蘇圖河
巴哈托蘇圖河

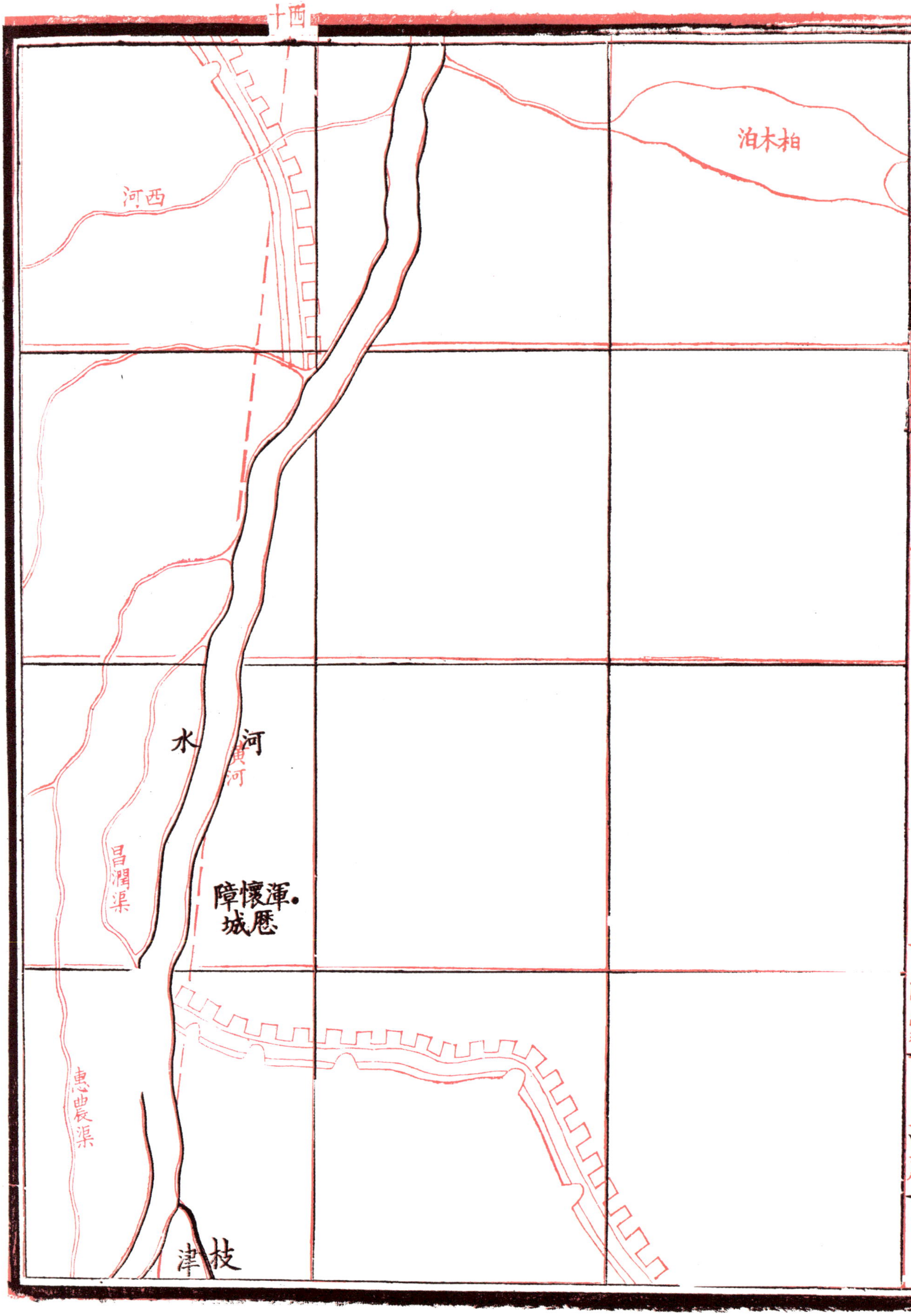

西十
西河
柏木泊
河水
黃河
昌潤渠
渾懷障
歷城
惠農渠
枝津

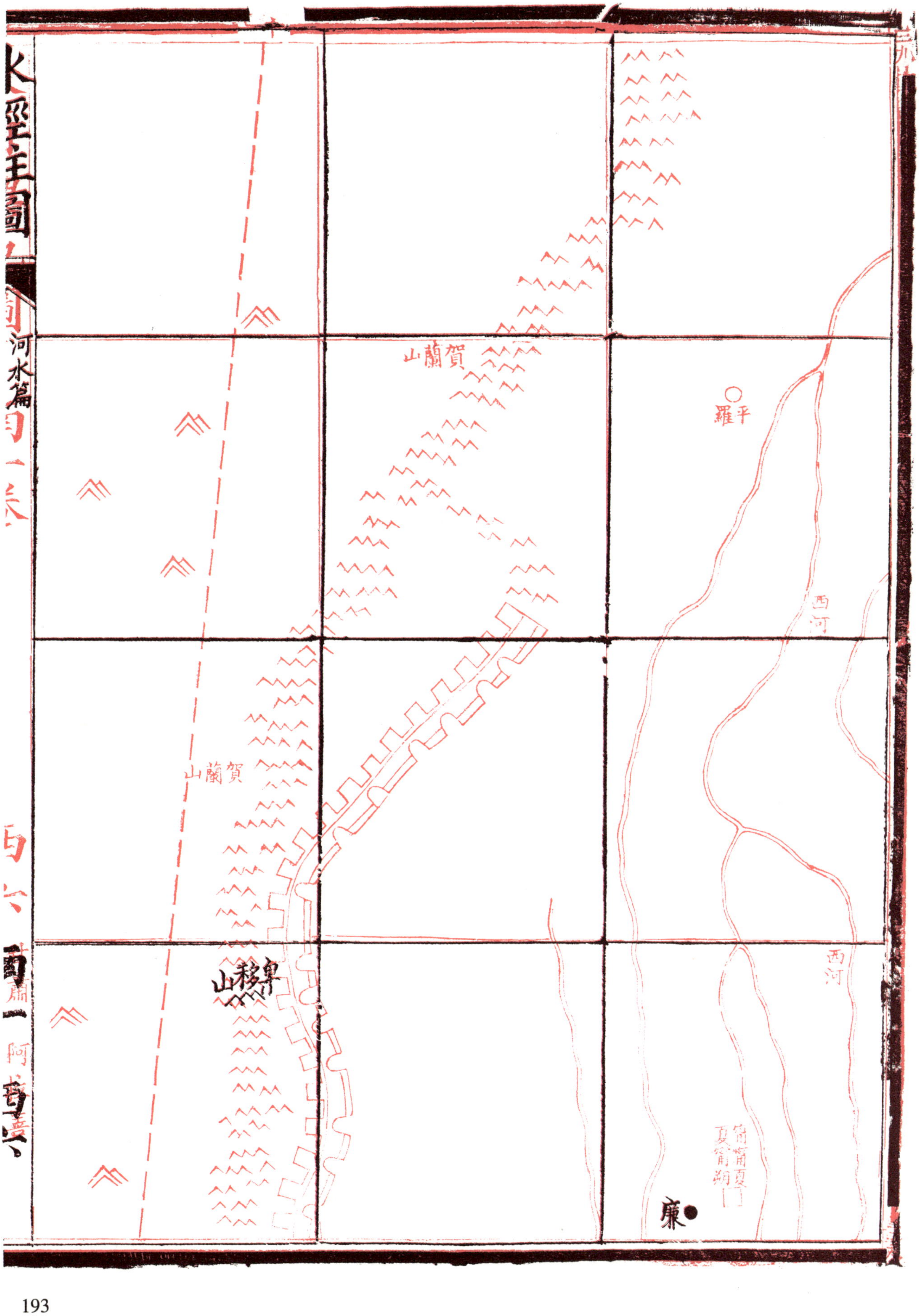
水經注圖
河水篇
賀蘭山
賀蘭山
平羅
西河
西河
卑移山
廉

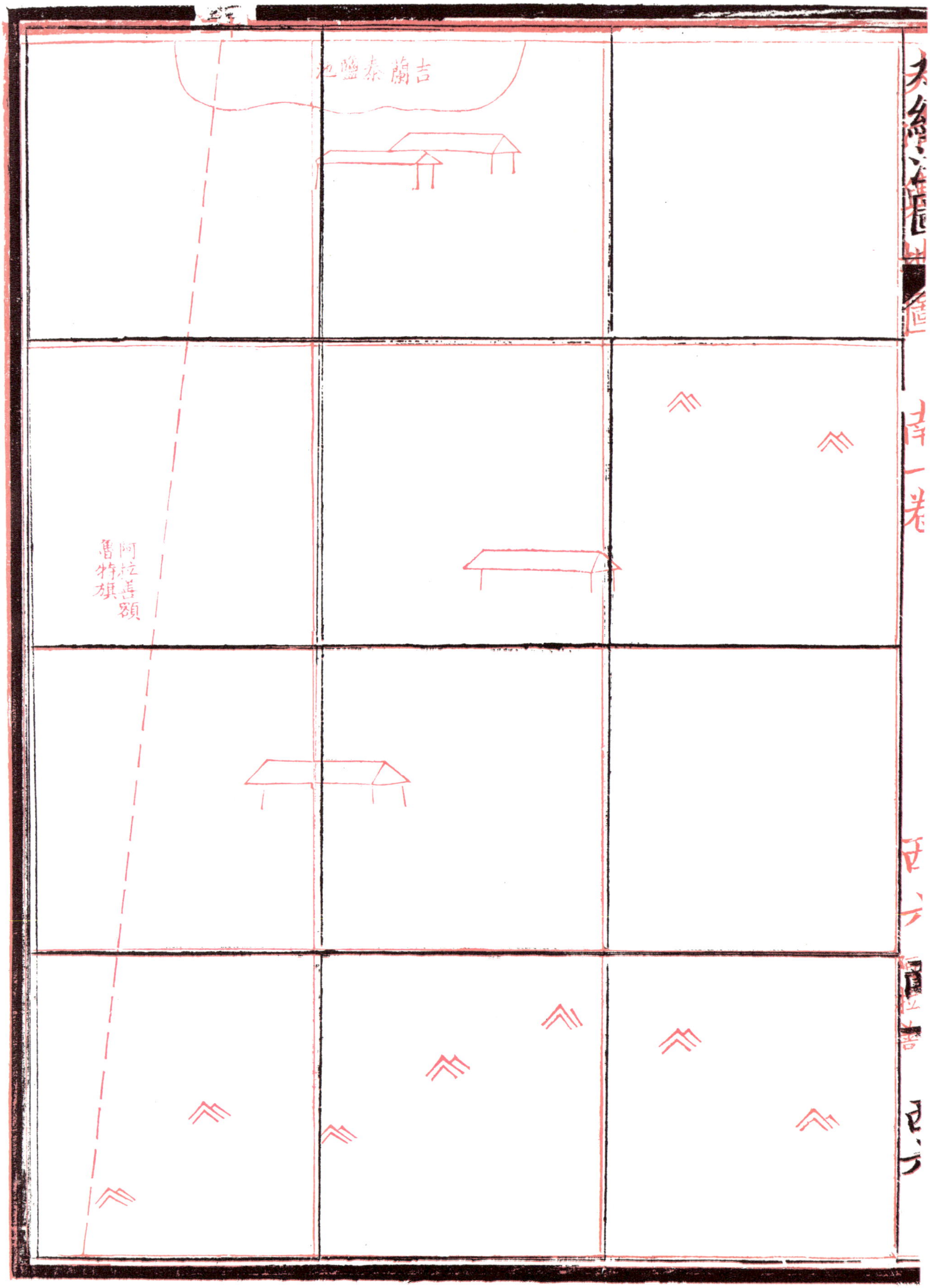
吉蘭泰鹽池
阿拉善額魯特旗

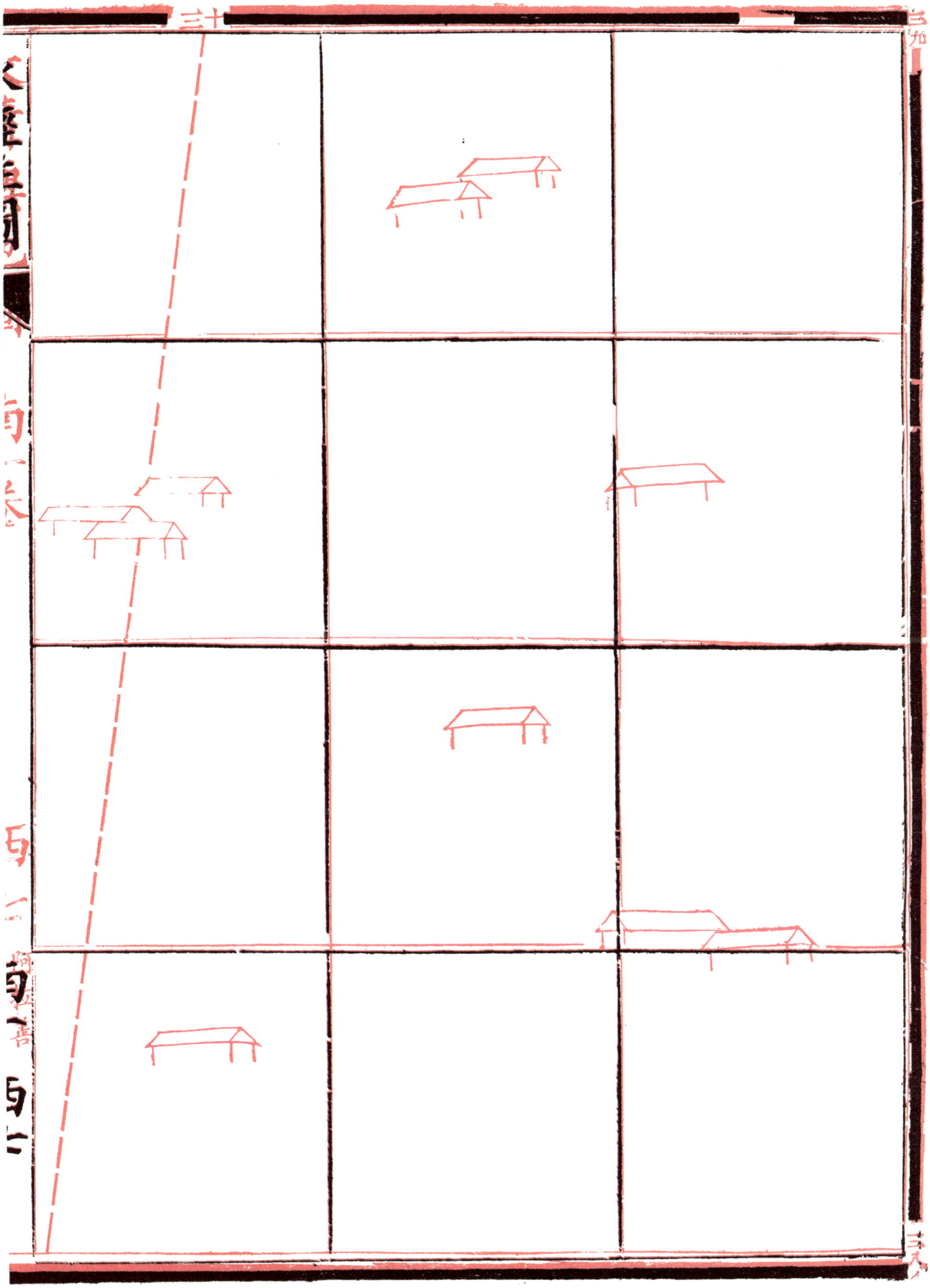

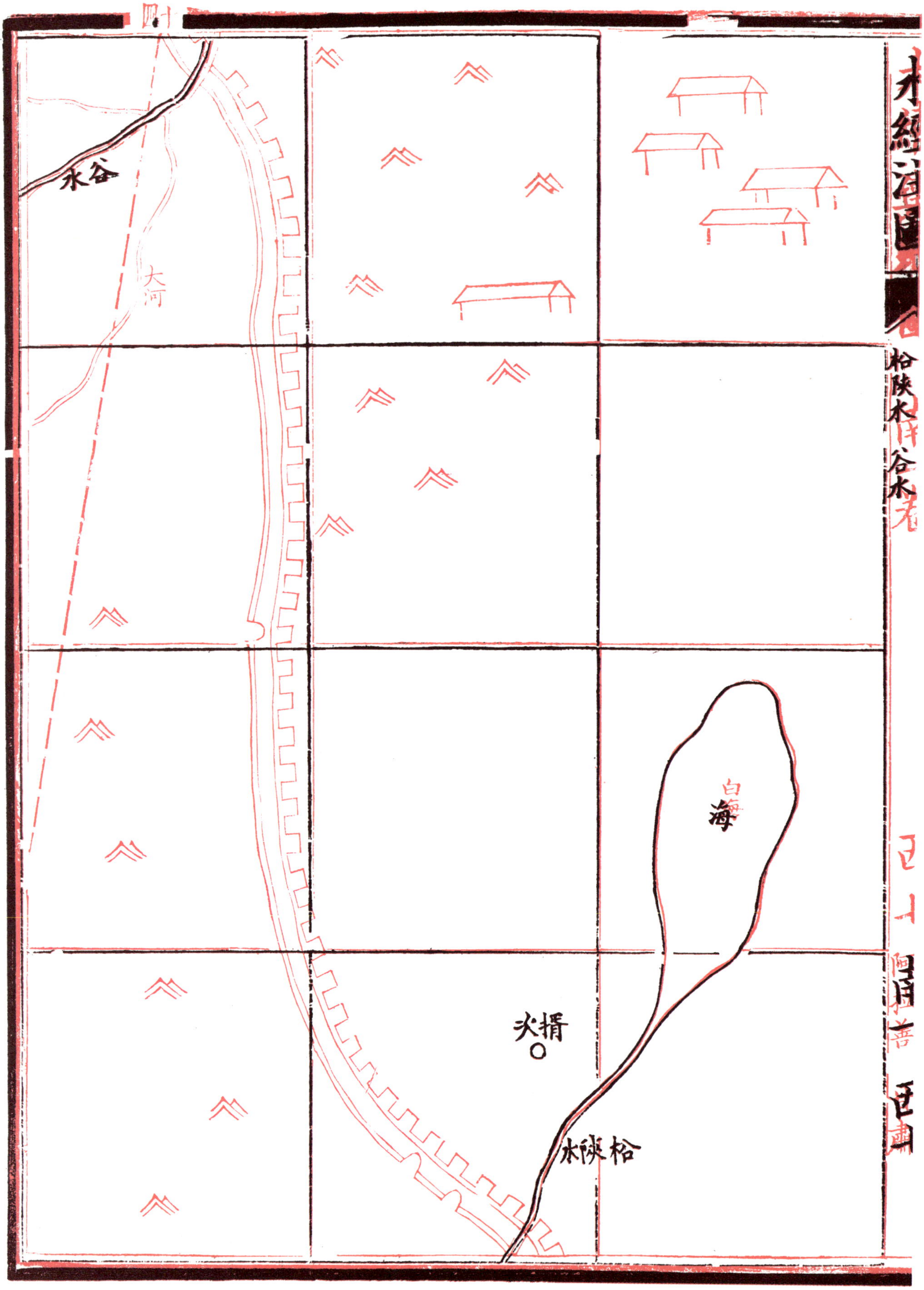
水經注圖
柗陜水、谷水
谷水
大河
白
海
揖次
柗陜水

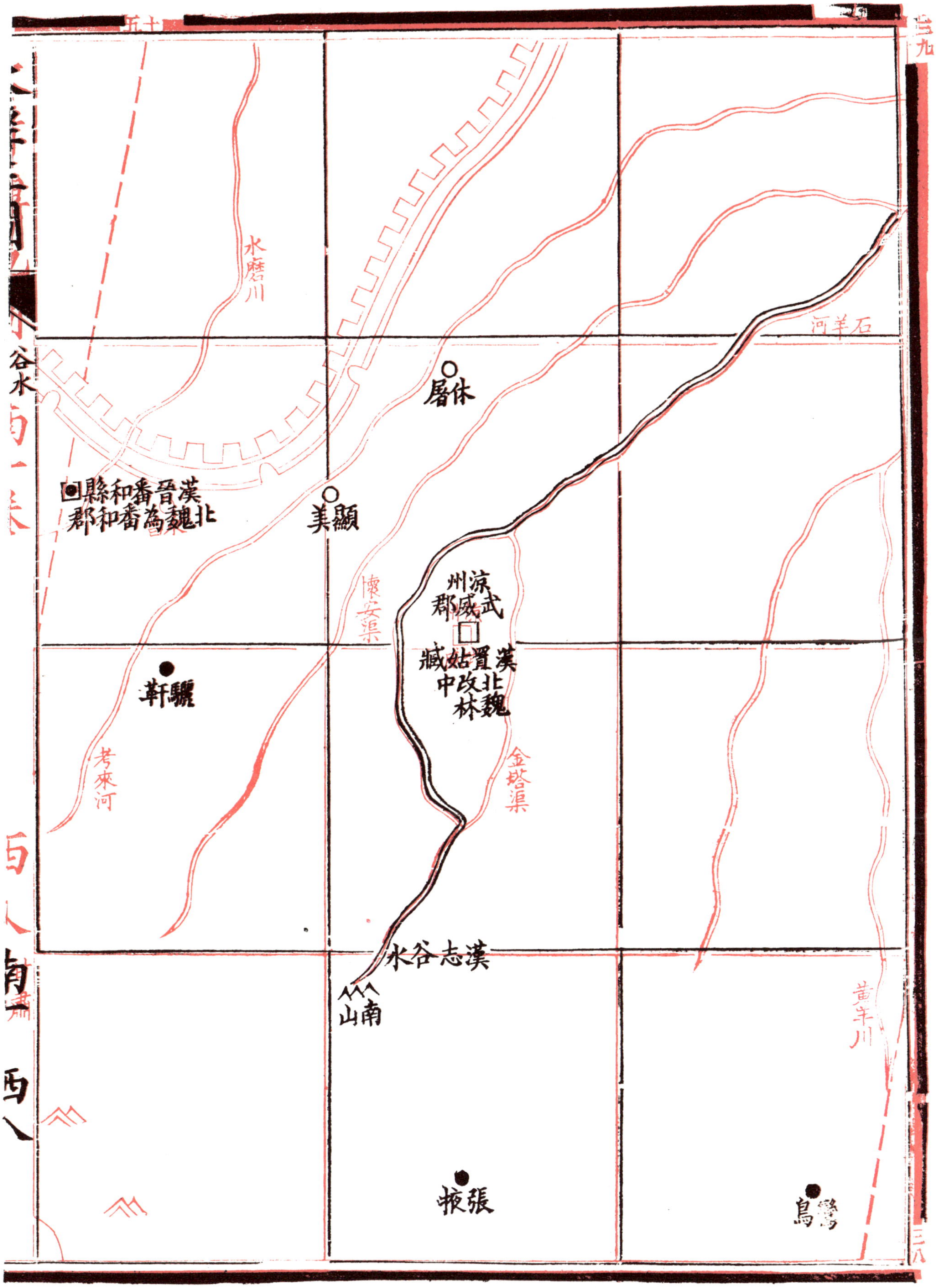
休屠
顯美
漢晉番和縣
北魏為番和郡
涼州
武威郡
漢置姑臧
北魏改林中
驪靬
漢志谷水
南山
張掖
鸞鳥
谷水
水磨川
懷安渠
考來河
金塔渠
石羊河
黃羊川

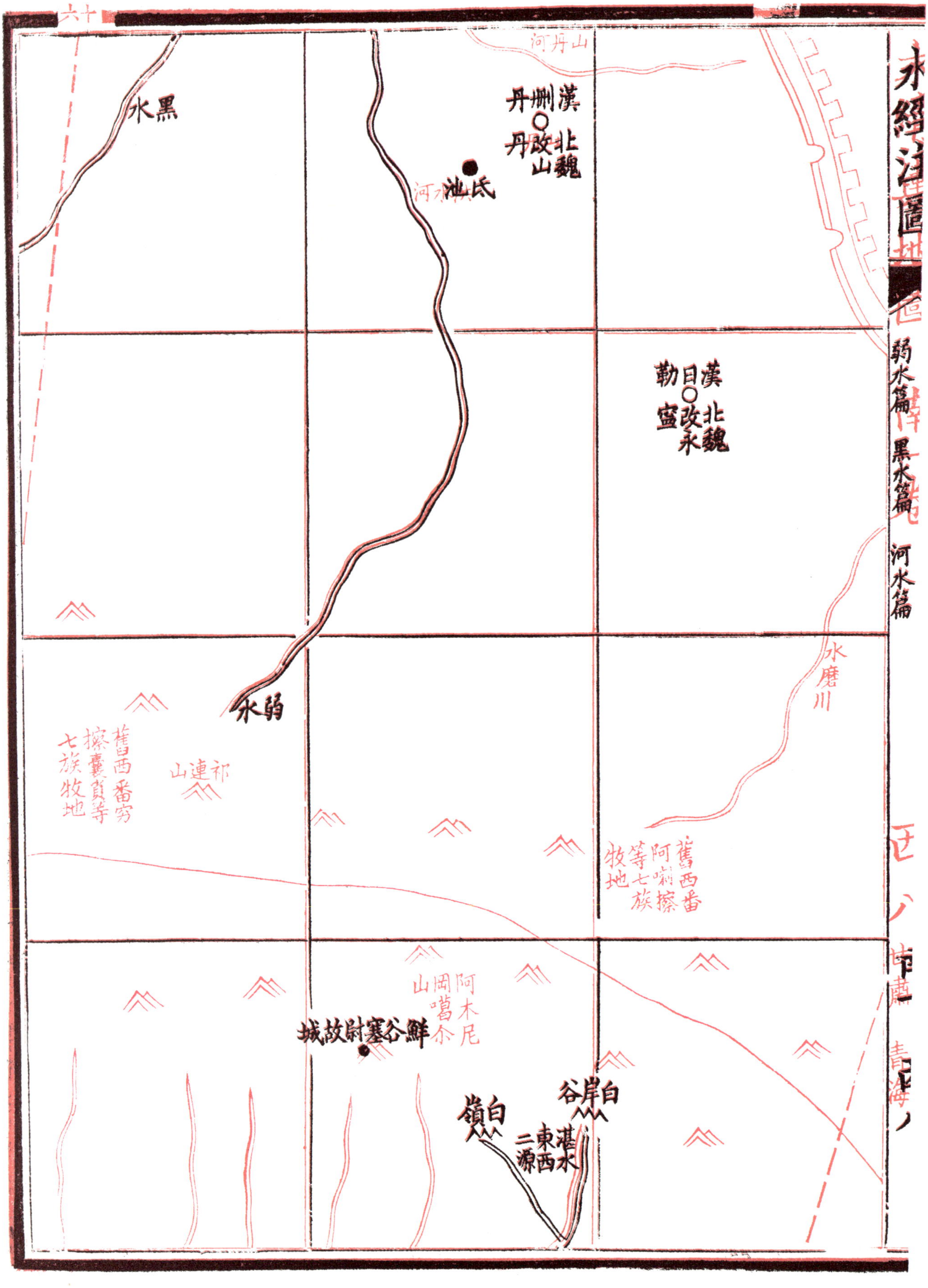

水經注圖
弱水篇
黑水篇
河水篇
六十
黑水
弱水
山丹河
漢刪丹
北魏改山丹
氐池
漢日勒
北魏改永寍
水磨川
祁連山
舊西番寫擦囊貢等七族牧地
舊西番阿喇擦等七族牧地
阿木尼岡噶尒山
鮮谷塞尉故城
白嶺
白岸谷
湛水東西二源

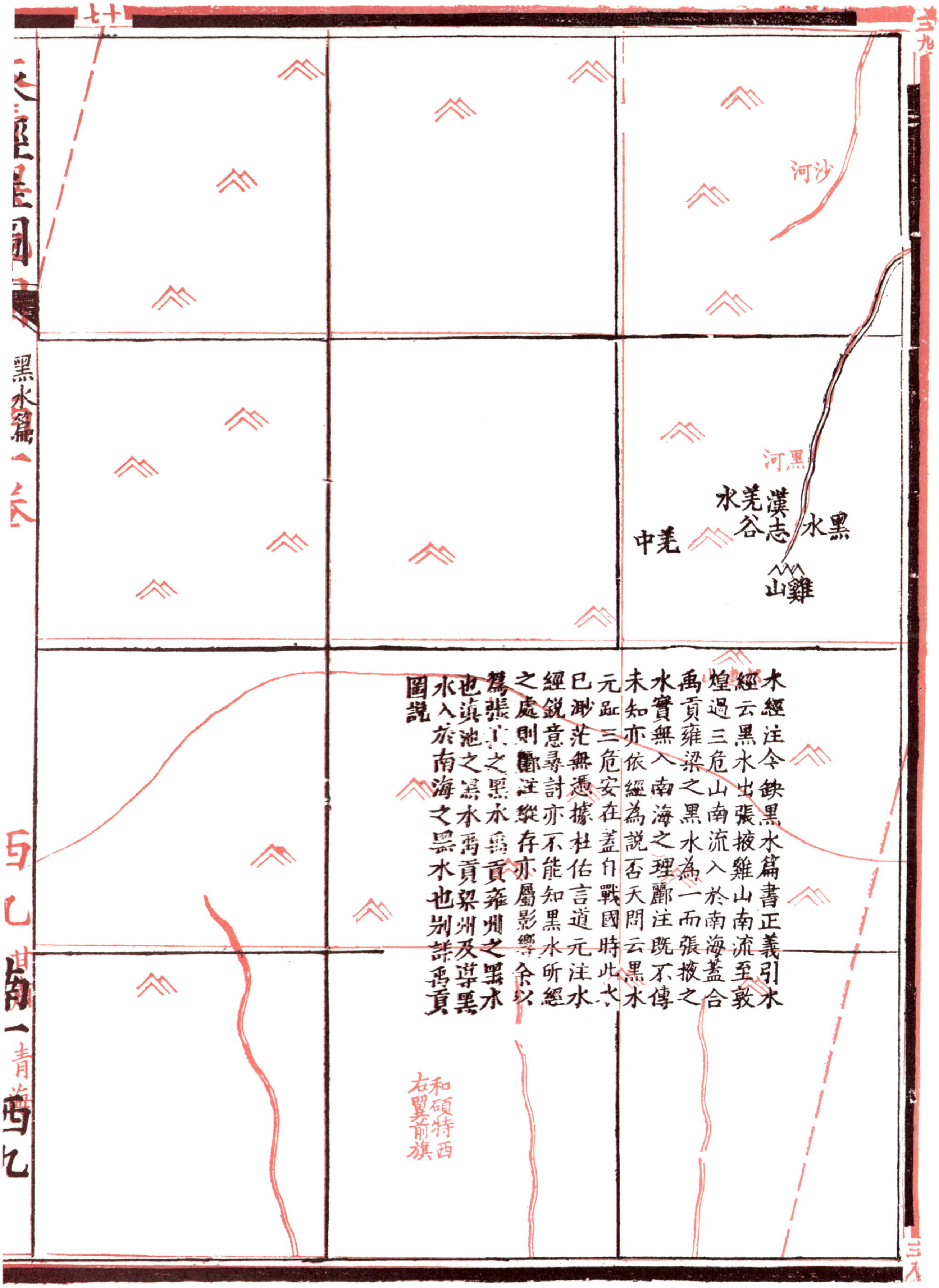
沙河
黑河
漢志羌谷水
黑水
羌中
雞山
水經注今缺黑水篇書正義引水經云黑水出張掖雞山南流至敦煌過三危山南流入於南海蓋合禹貢雍梁之黑水為一而張掖之水實無入南海之理酈注既不傳未知亦依經為說否天問云黑水元趾三危安在蓋自戰國時此水已渺茫無憑據杜佑言道元注水經鋭意尋討亦不能知黑水所經之處則酈注縱存亦屬影響余以爲張氏之黑水禹貢雍州之黑水也滇池之黑水禹貢梁州及導黑水入於南海之黑水也別詳禹貢圖說
和碩特西右翼前旗

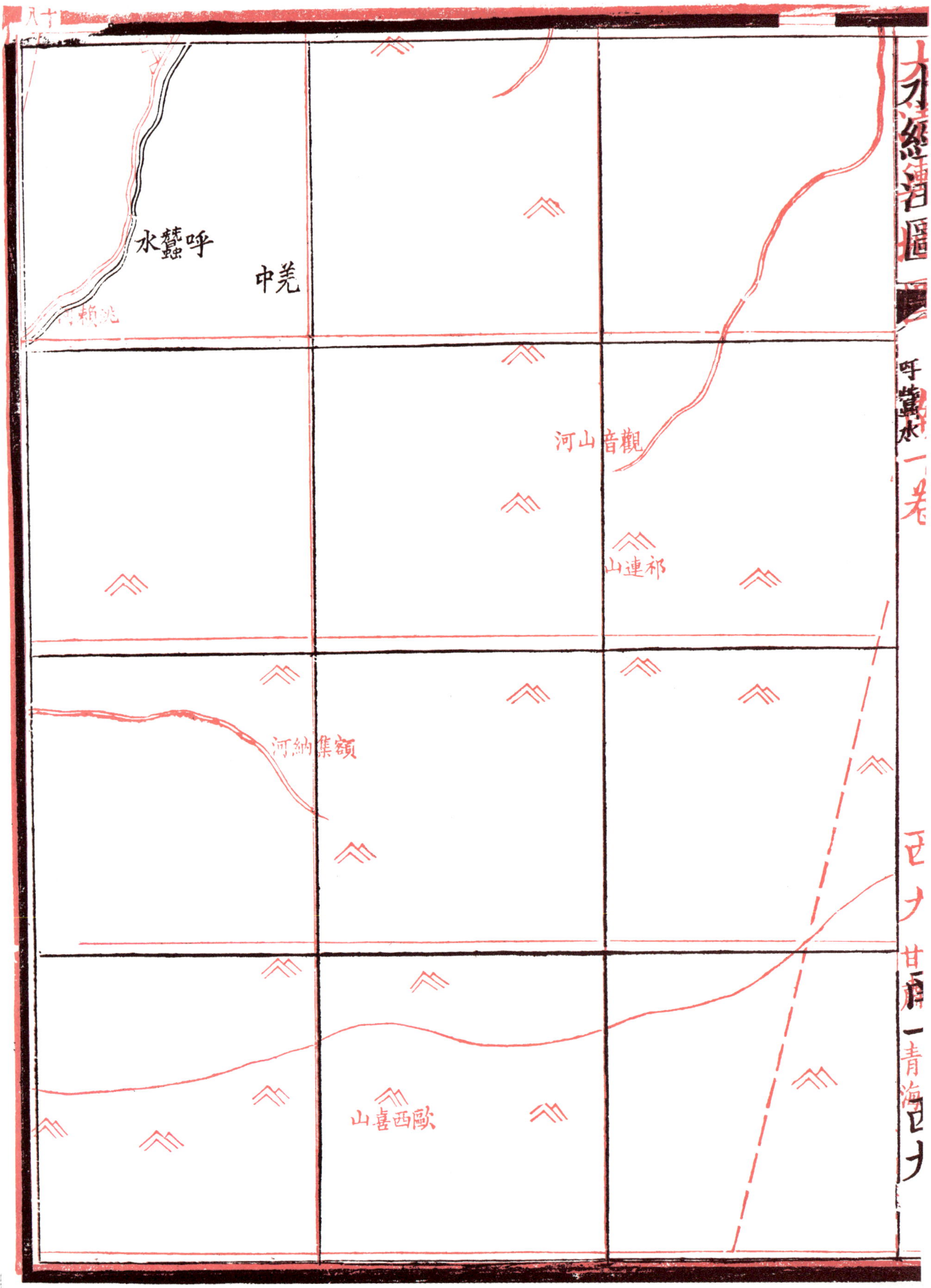
水經注圖
呼蠶水
羌中
觀音山河
祁連山
額集納河
歐西喜山

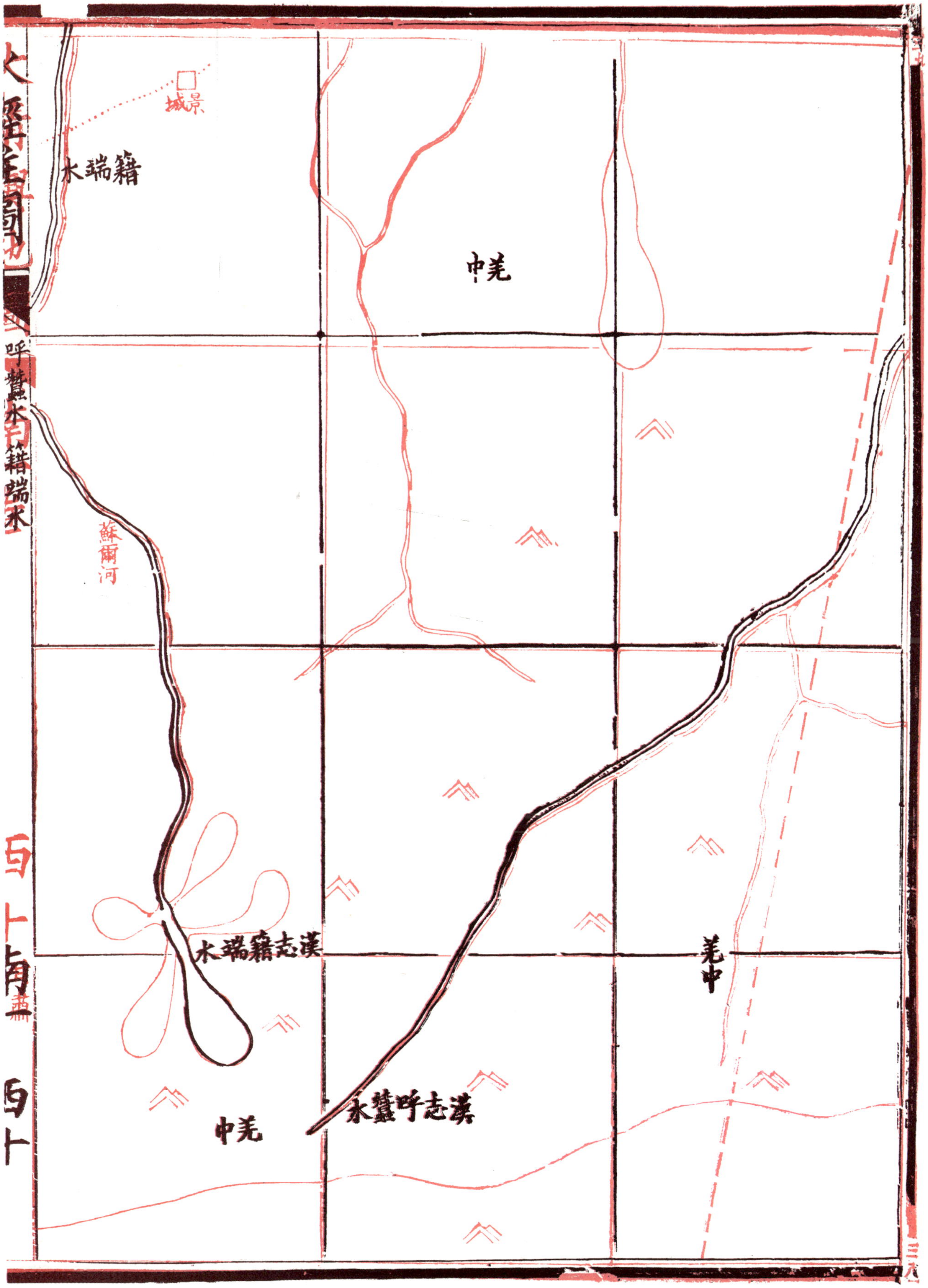
景城
籍端水
羌中
呼蠶水
籍端水
蘇爾河
漢志籍端水
羌中
漢志呼蠶水
羌中

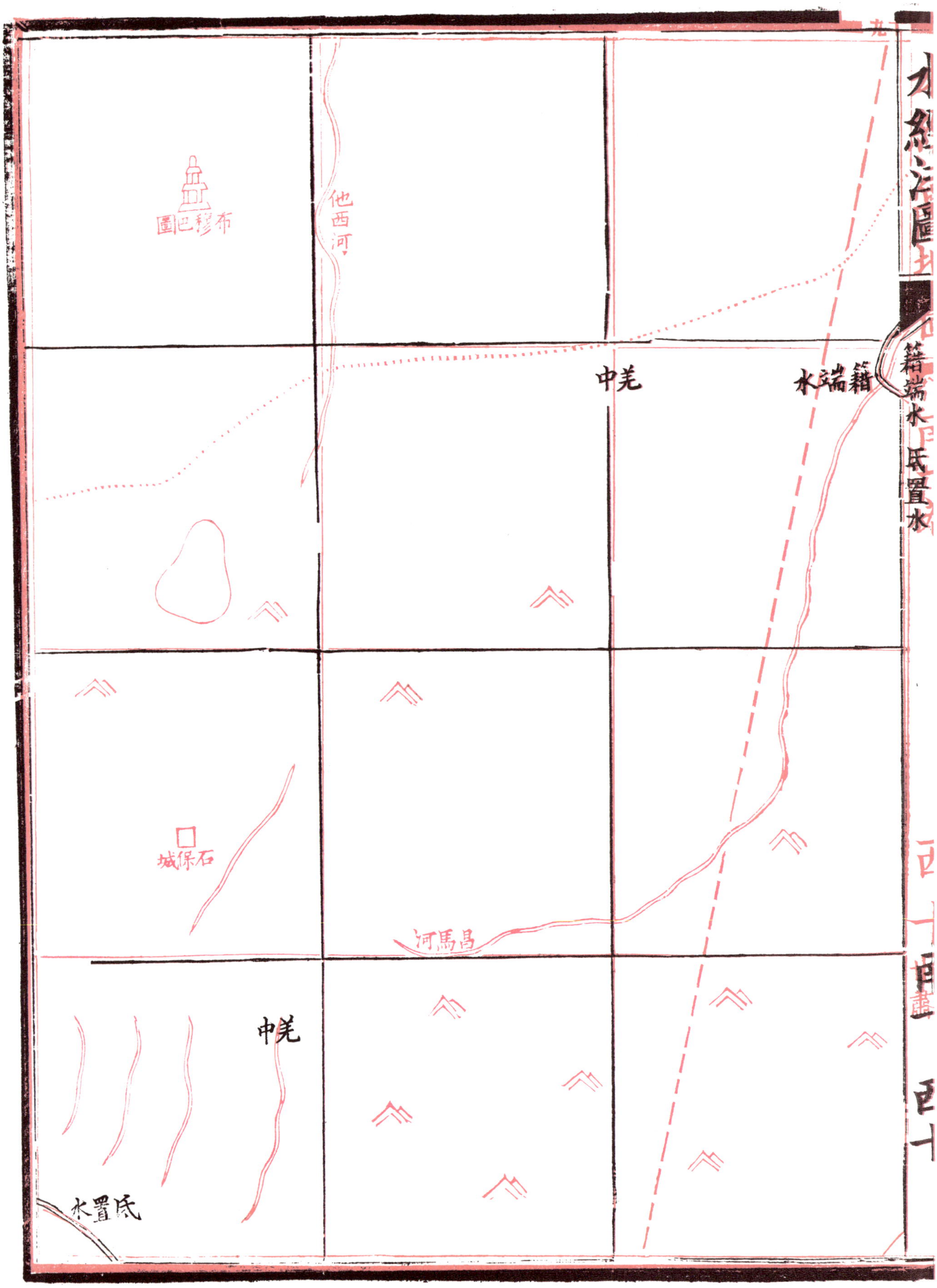
水經注圖
布穆巴圖
他西河
羌中
籍端水
籍端水氐置水
石保城
昌馬河
羌中
氐置水

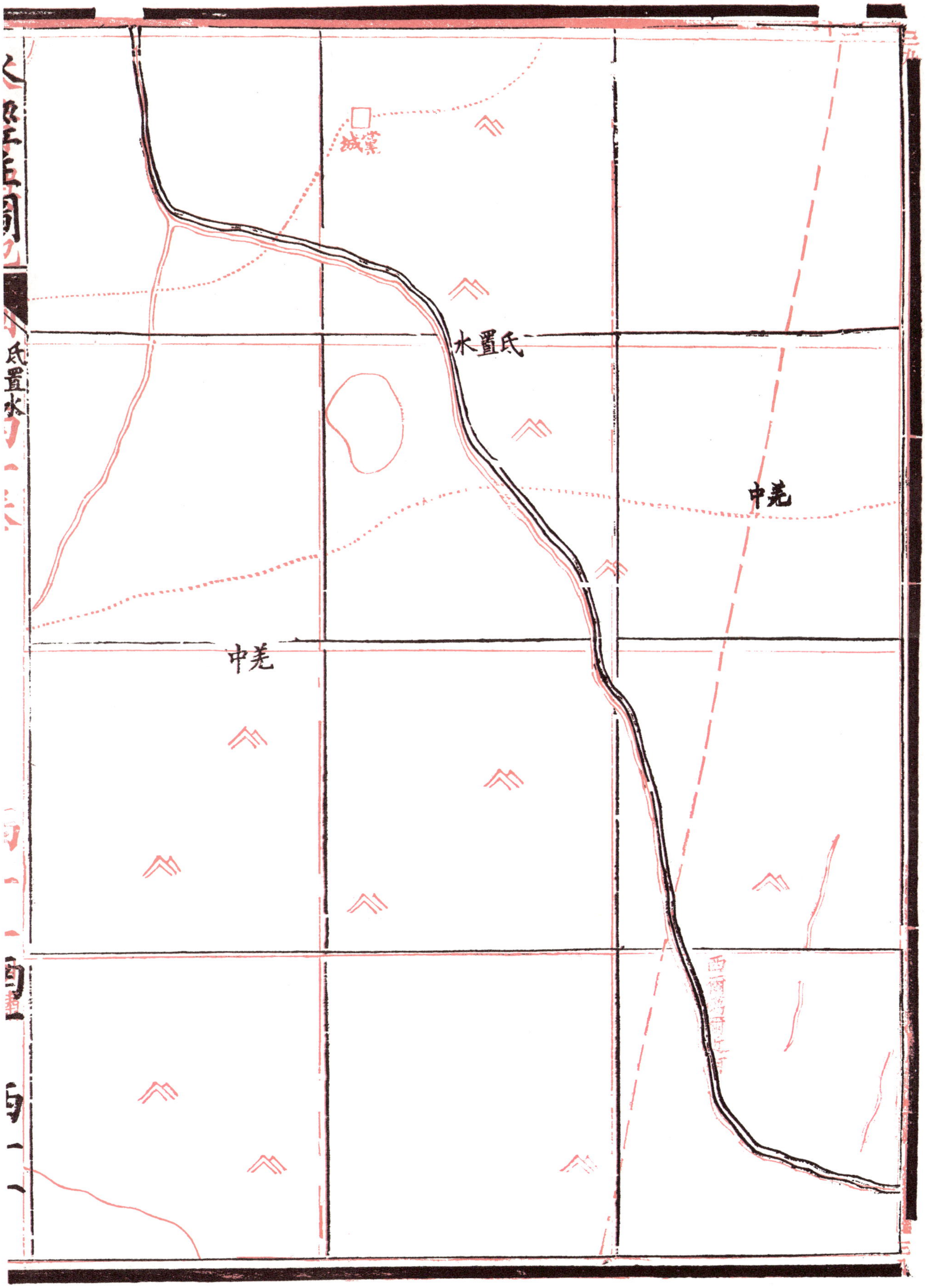

氏置水
氏置水
羌中
羌中
黨城

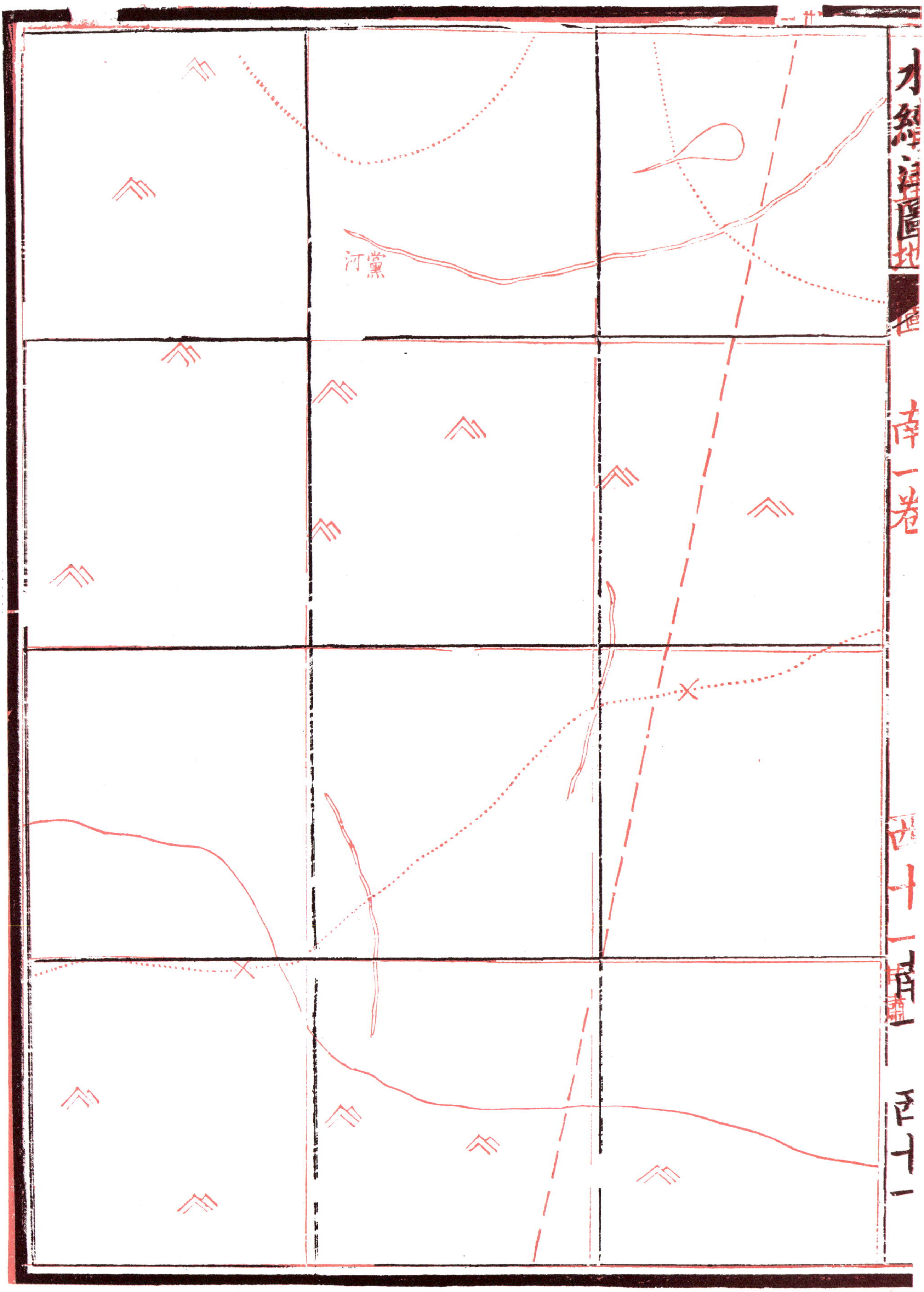
黨河

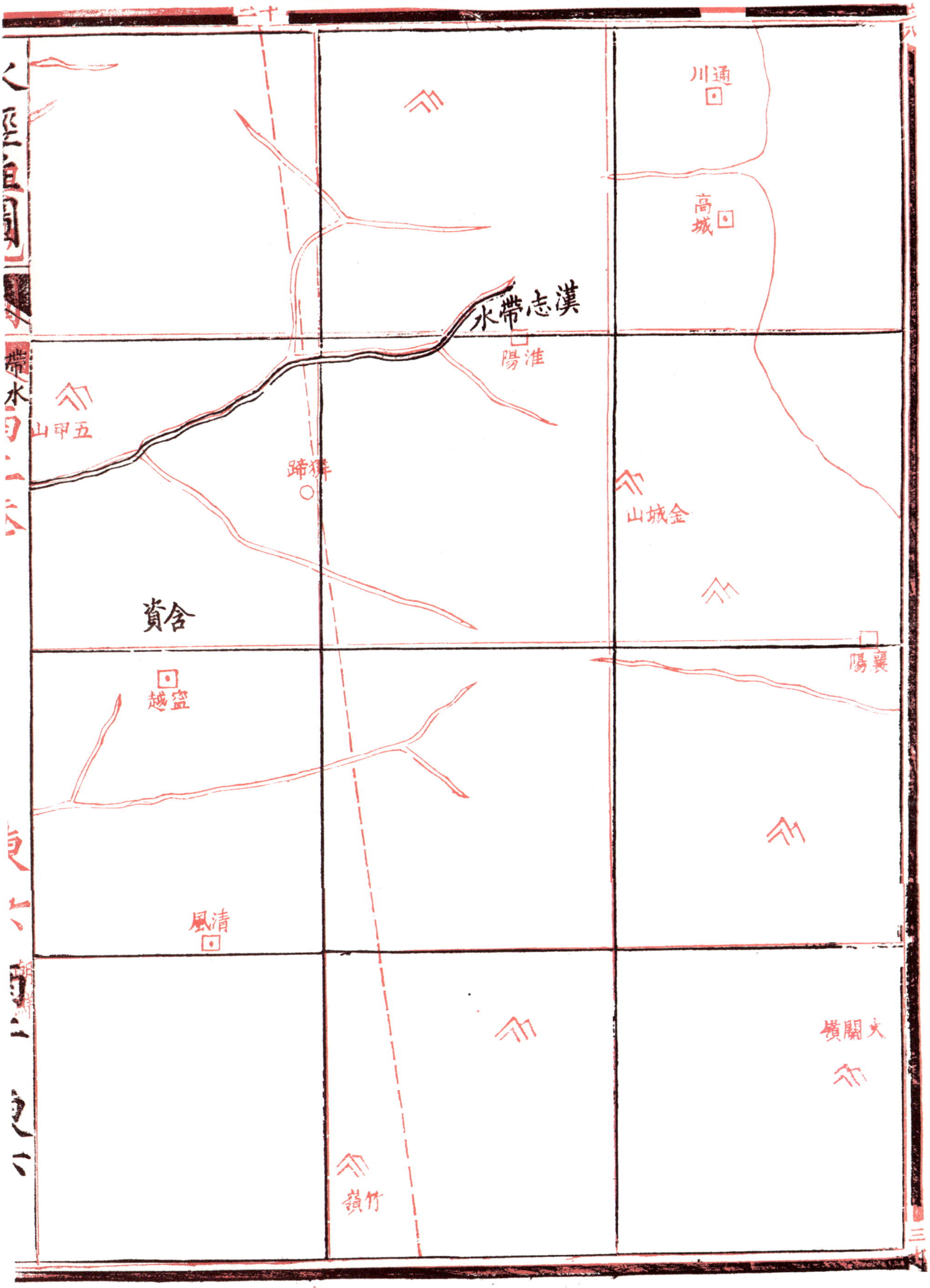
通川
高城
漢志帶水
淮陽
五甲山
獅蹄
金城山
含資
襄陽
盜越
清風
大關嶺
竹嶺

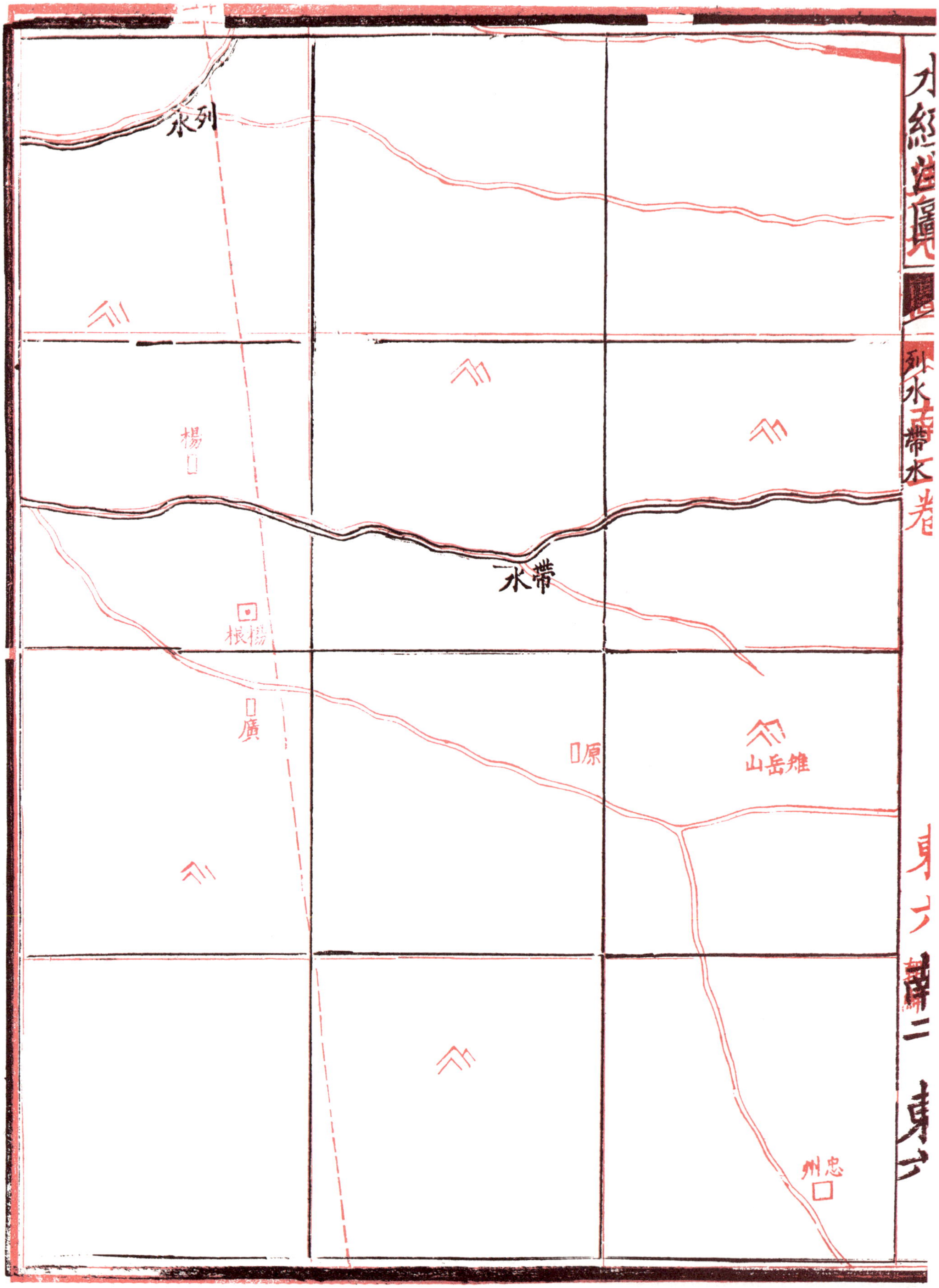
列水
楊
帶水
楊根
廣
原
雉岳山
忠州
列水 帶水

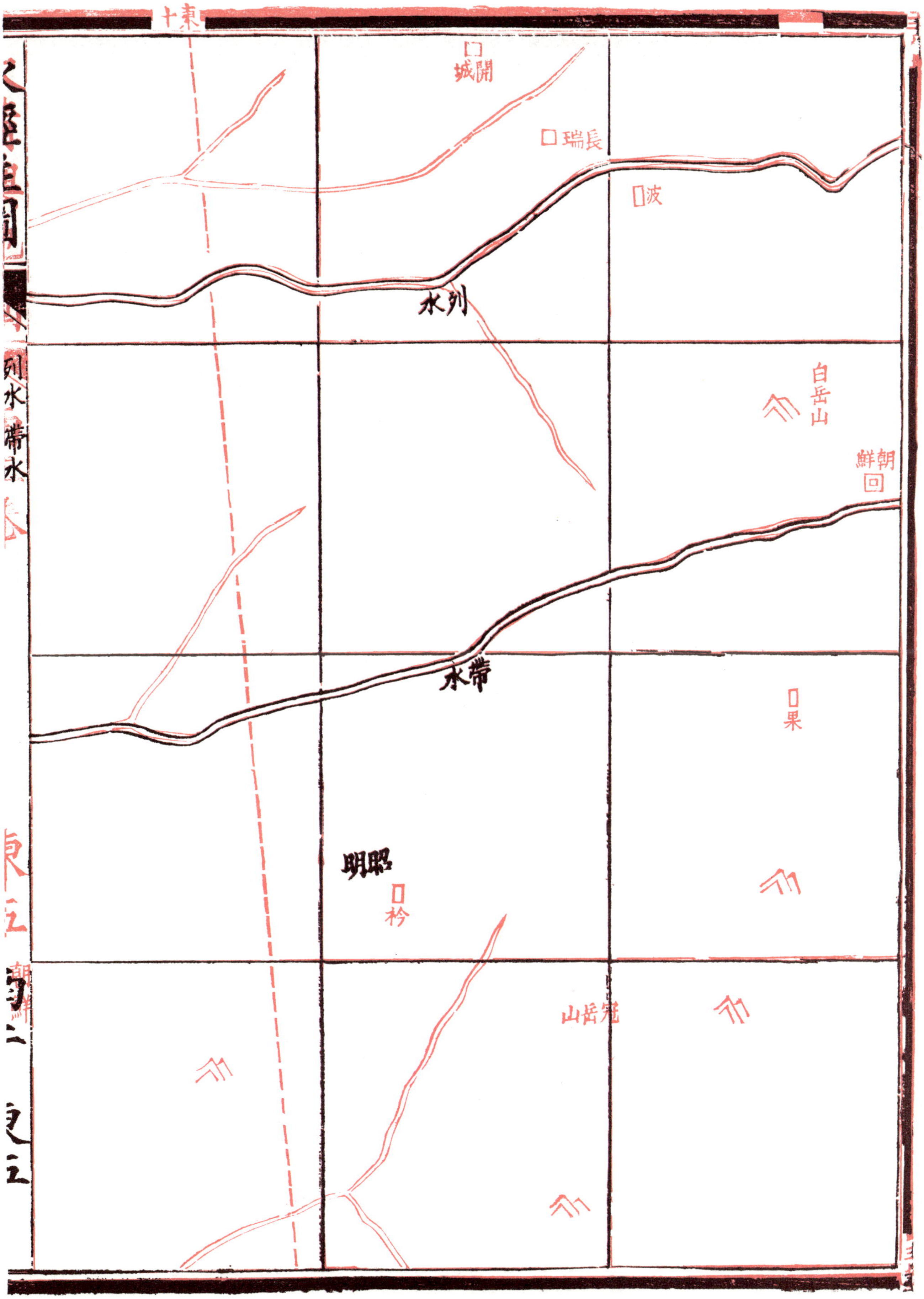
開城
長瑞
波
列水
白岳山
朝鮮
帶水
果
昭明
冤岳山
列水 帶水

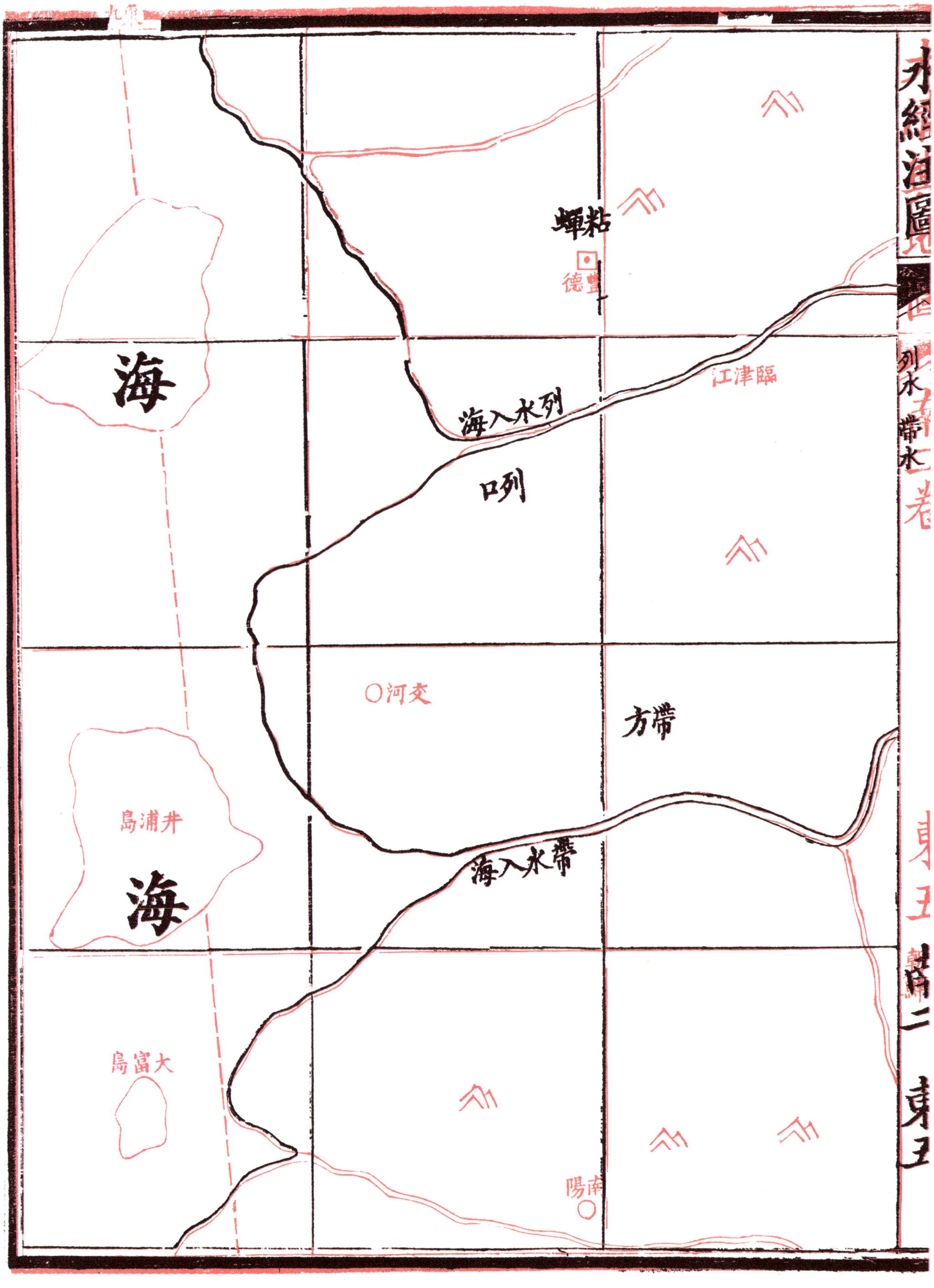
水經注圖
列水
帶水
粘蟬
豐德
列水入海
列口
臨津江
海
交河
帶方
井浦島
帶水入海
海
大富島
南陽

八東

大清輿地圖 南二卷

東四 朝鮮

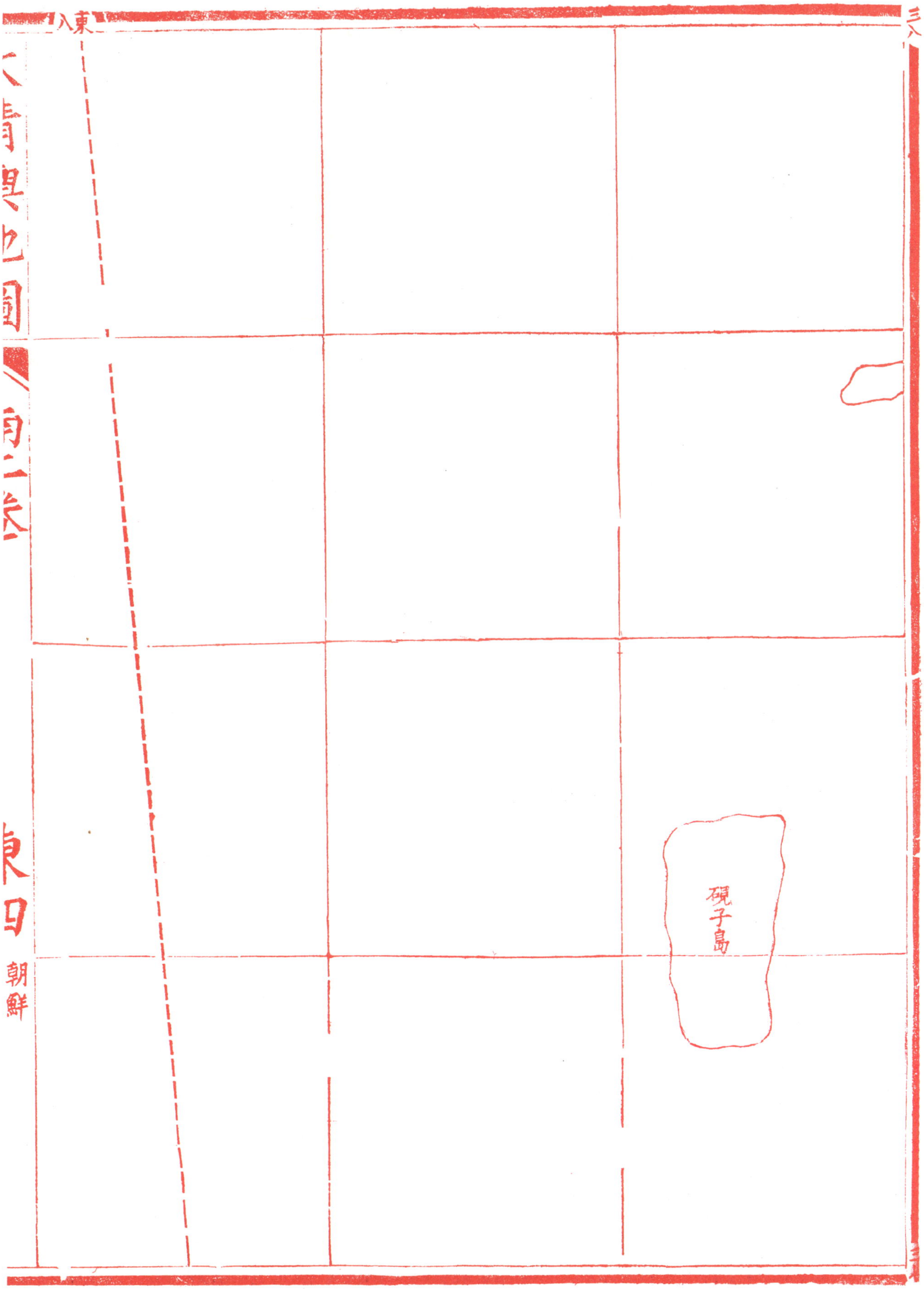

東七

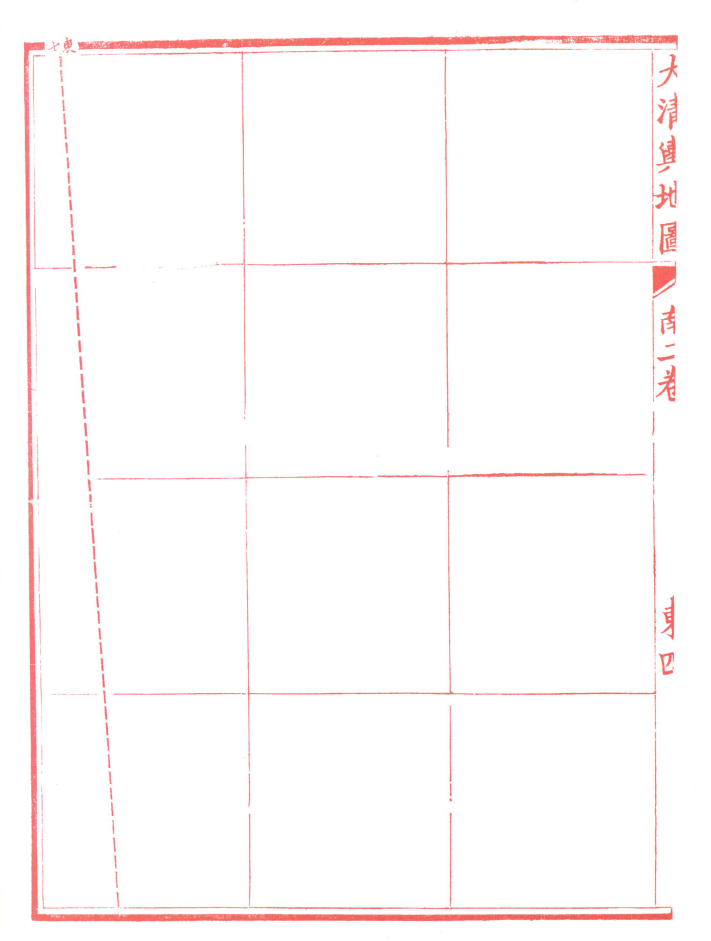

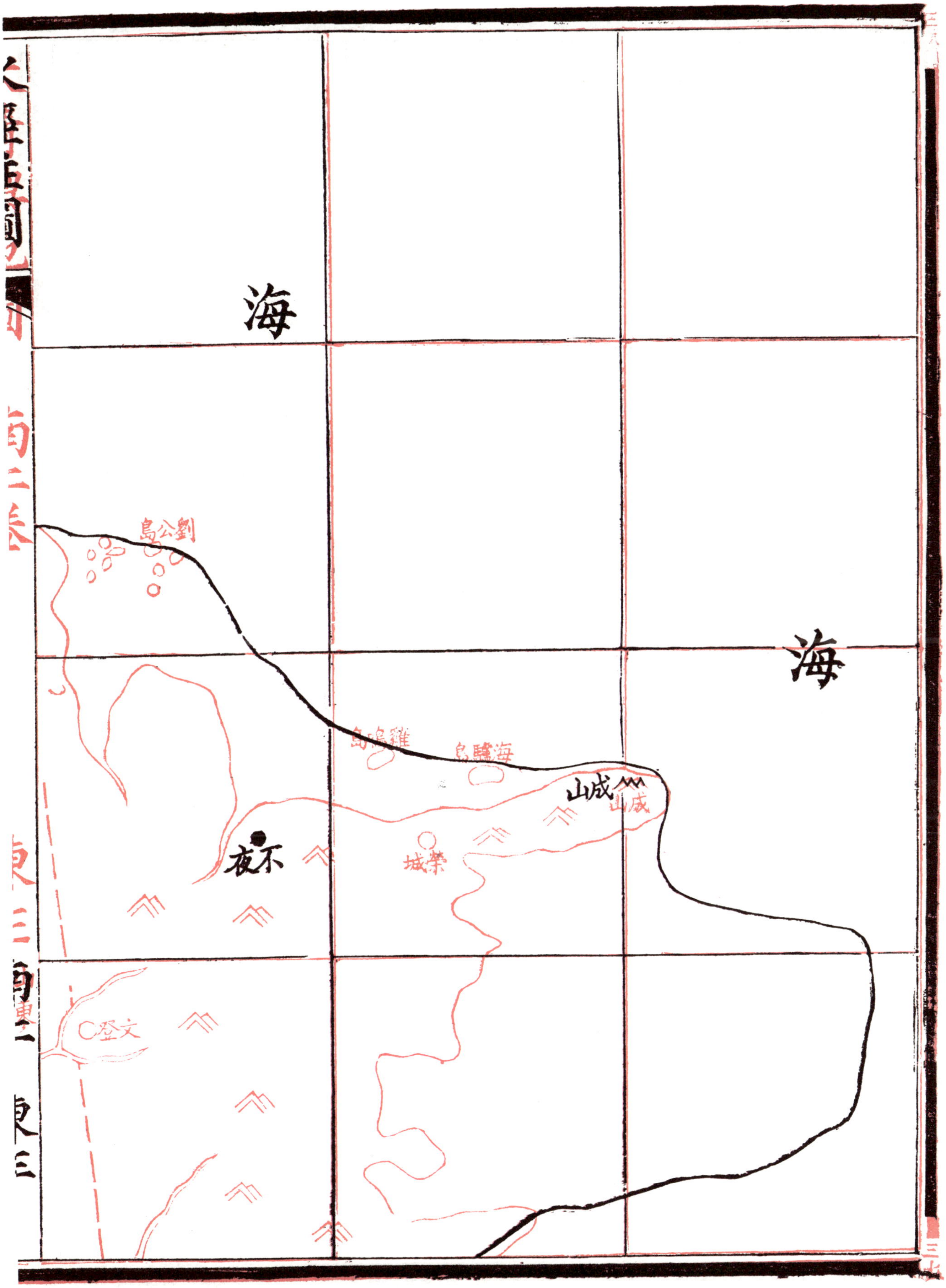
海
劉公島
海
雞鳴島
海驢島
成山
成山
不夜
榮城
文登

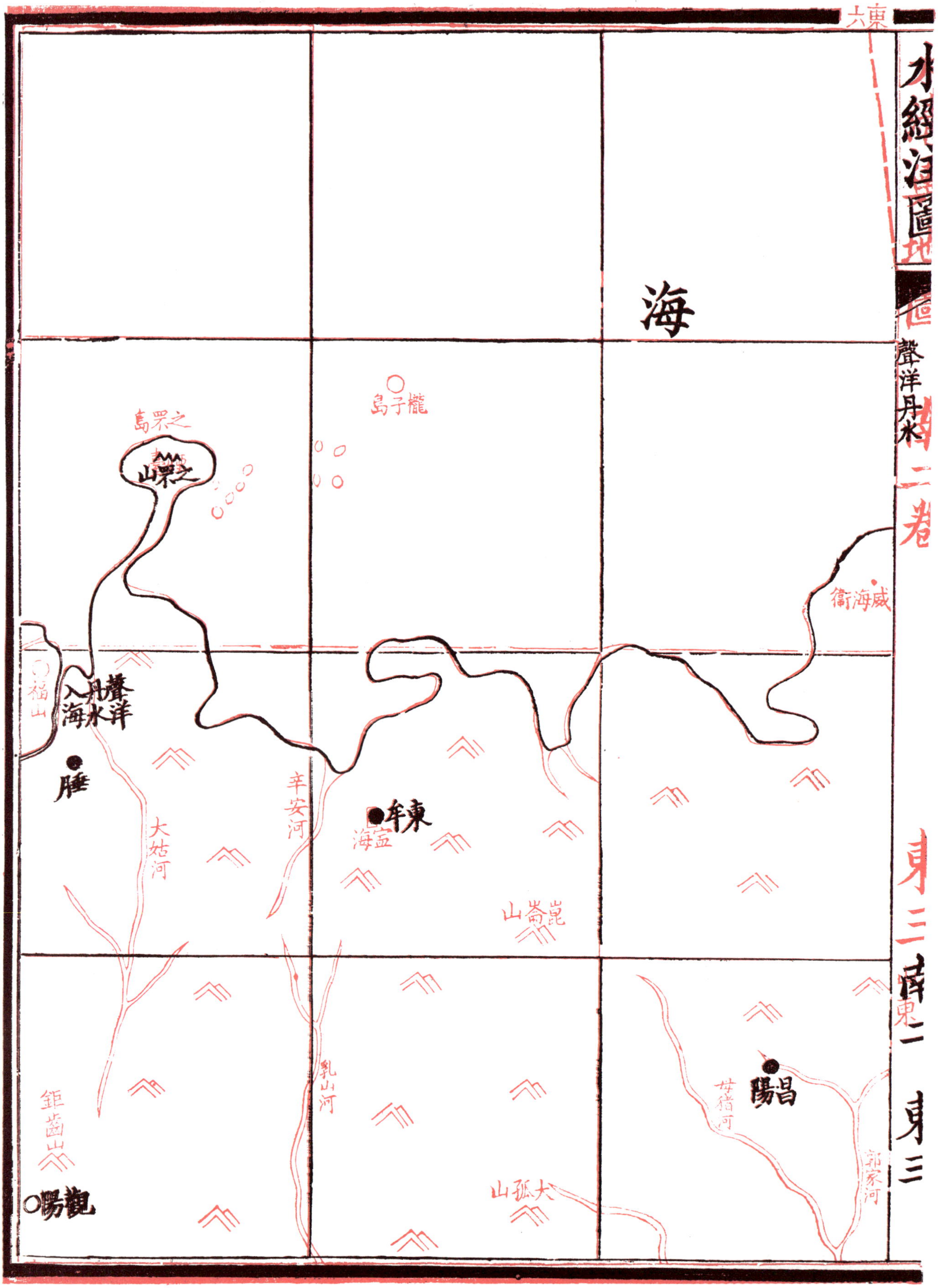
水經注圖
聲洋丹水
海
龍子島
之罘島
之罘山
威海衛
福山
聲洋丹水入海
腄
辛安河
大姑河
東牟
寧海
崑崙山
乳山河
鉅齒山
觀陽
大孤山
昌陽
母猪河
郭家河

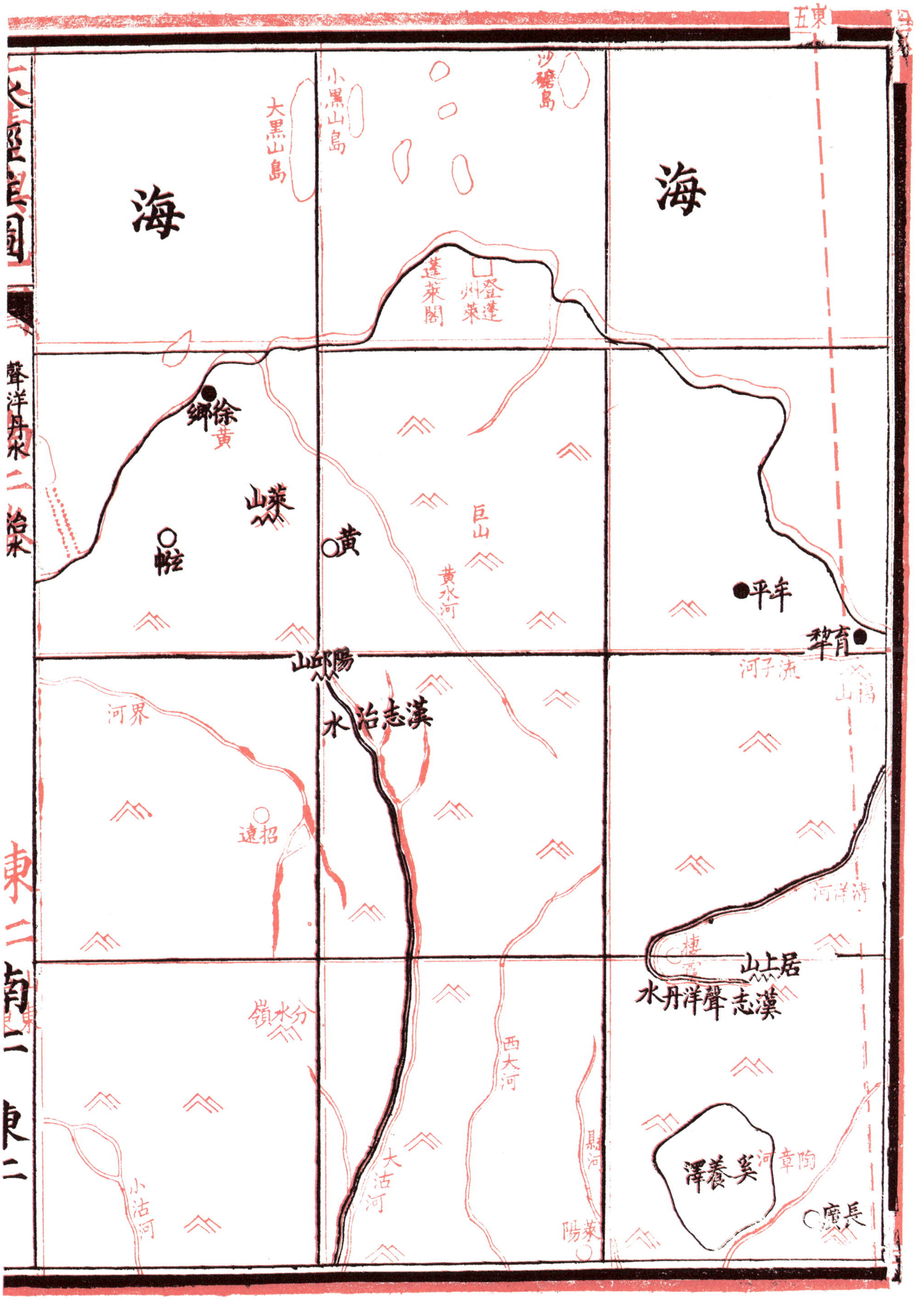
東五
海
海
大黑山島
小黑山島
蓬萊閣
登州
蓬萊
徐鄉
黃
萊山
掖
黃
巨山
黃水河
牟平
育犂
流子河
陽邱山
漢志治水
界河
招遠
棲霞
居上山
漢志聲洋丹水
分水嶺
西大河
大沽河
小沽河
萊陽
奚養澤
陶章河
長廣
聲洋丹水二治水
東二
南二
東二

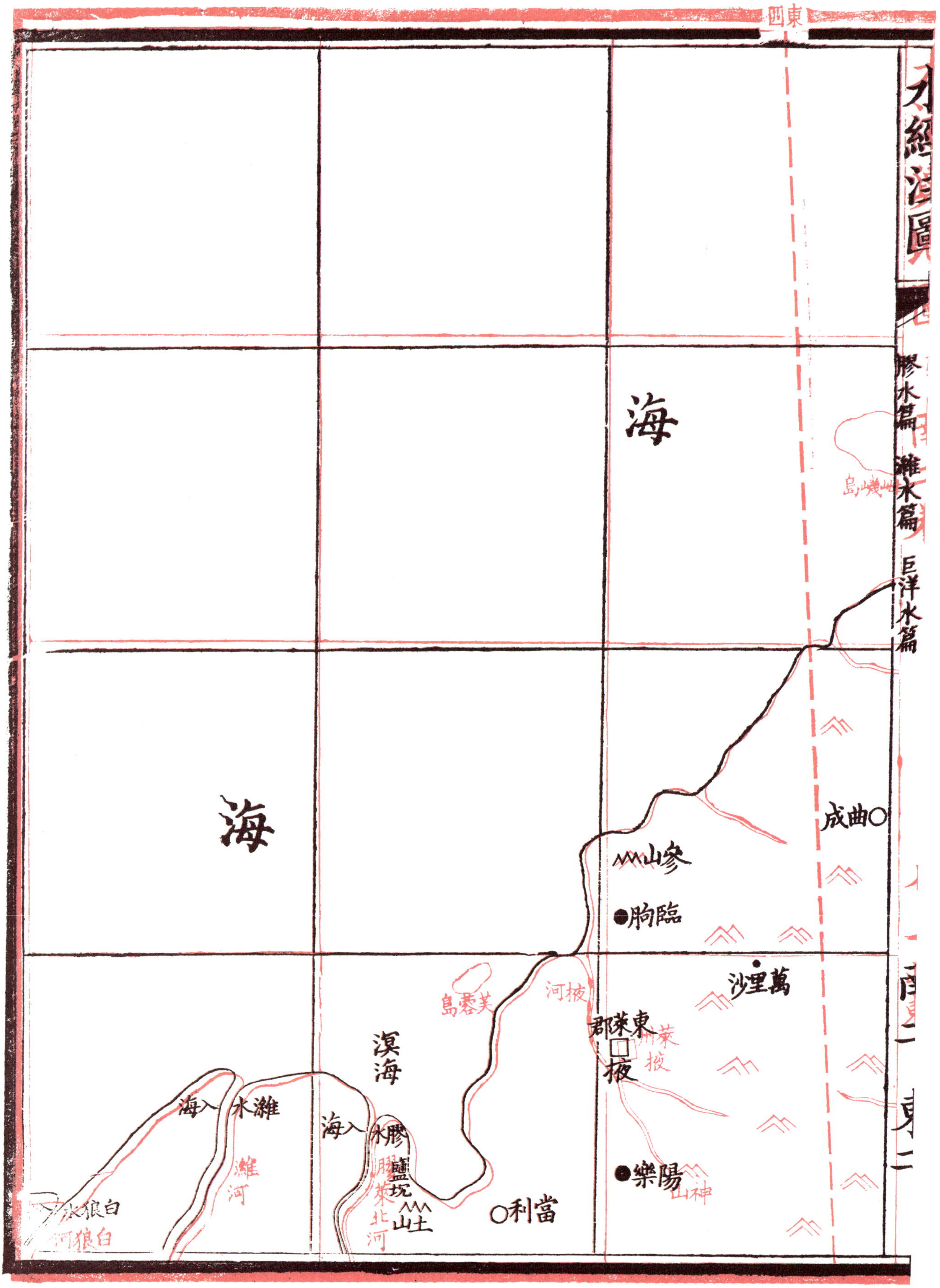
東四
水經注圖
膠水篇
濰水篇
巨洋水篇
海
海
曲成
參山
臨朐
萬里沙
東萊郡
掖
掖河
萊州
芙蓉島
溟海
濰水
入海
膠水
入海
濰河
膠萊北河
土山
當利
陽樂
神山
白狼水
白狼河

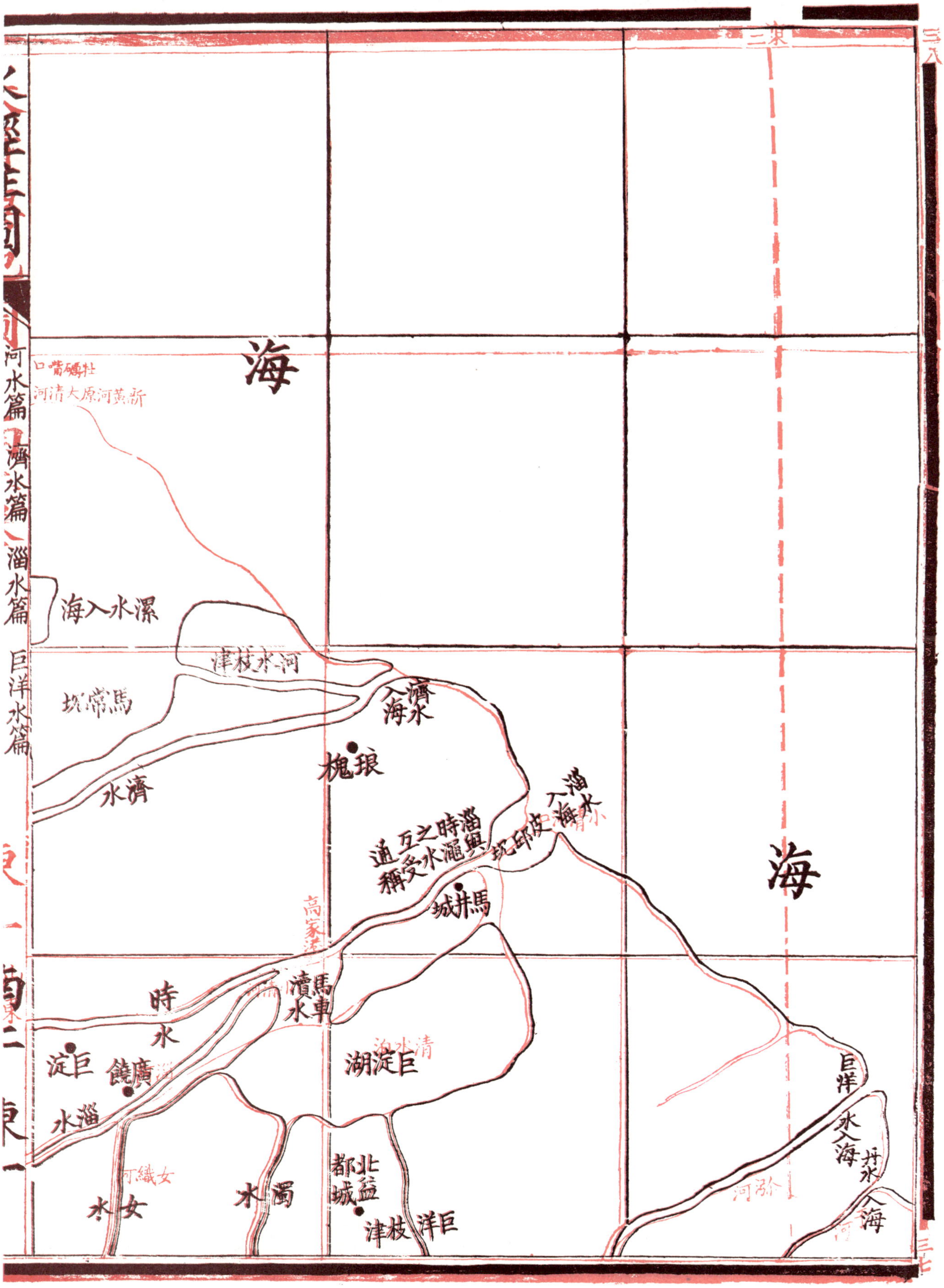
河水篇
濟水篇
淄水篇
巨洋水篇
南二
東一
海
新黃河原大清河
濕水入海
河水枝津
馬常坑
濟水入海
琅槐
濟水
淄水入海
淄與時澠之水互受通稱
皮邱坑
小清河口
馬井城
高家港
時水
馬車瀆水
清水泊
巨淀湖
巨淀
廣饒
淄水
女織河
女水
濁水
北益都城
巨洋枝津
海
巨洋水入海
丹水入海
瀰河

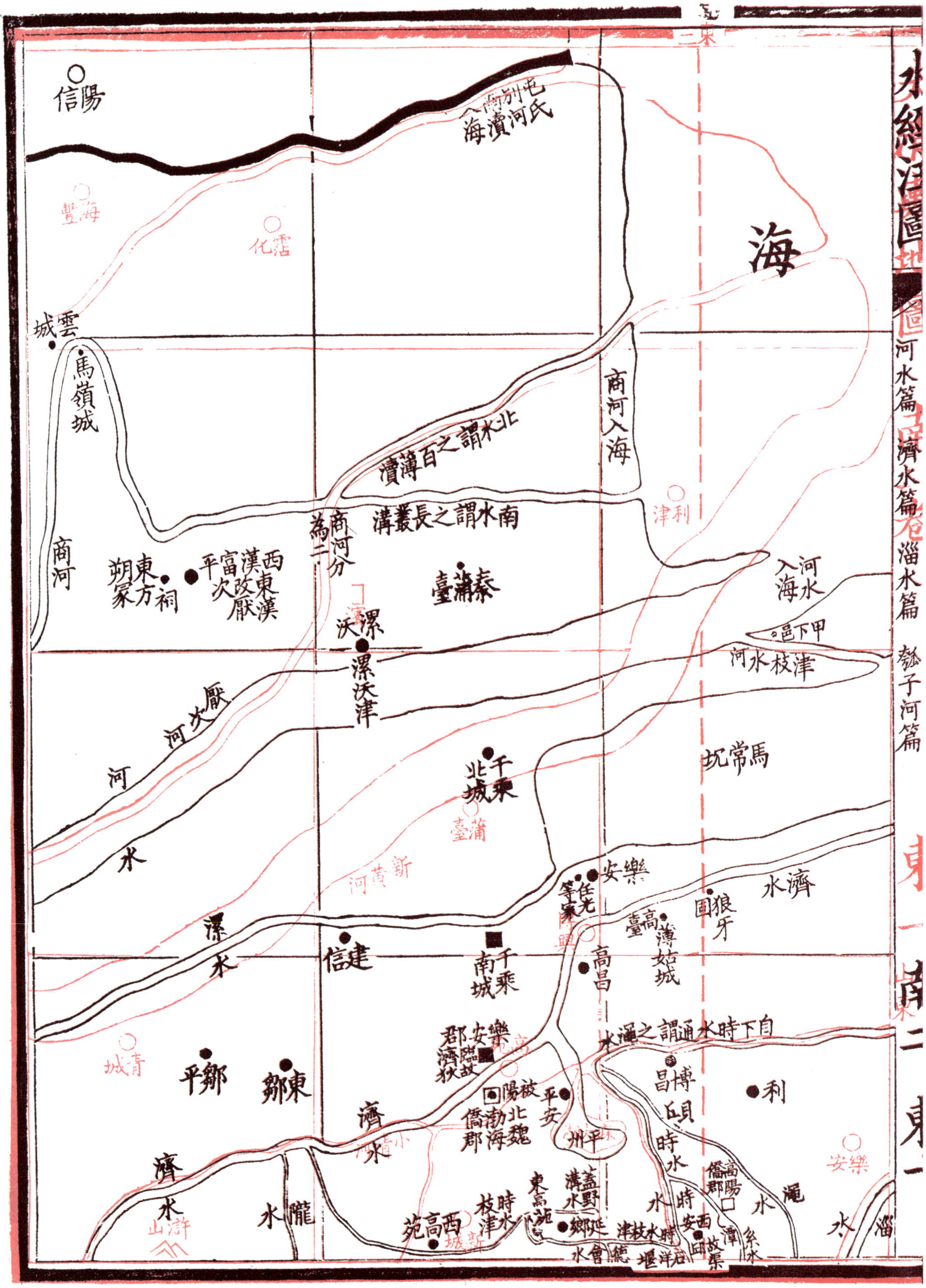
水經注圖
河水篇
濟水篇
淄水篇
信陽
海
雲城
馬嶺城
商河入海
北水謂之百薄瀆
南水謂之長叢溝
商河分為二
商河
秦臺
漯沃
漯沃津
厭次河
河水
千乘北城
馬常坑
河水入海
甲下邑
漯水
建信
千乘南城
樂安
高昌
濟水
狼牙固
薄姑城
自時下水通謂之澠水
博昌
貝丘
利
時水
平安
鄒平
東鄒
隴水
西高苑
時水枝津
西安
澠水
淄水
霑化
利津
蒲臺
新黃河
青城
安樂

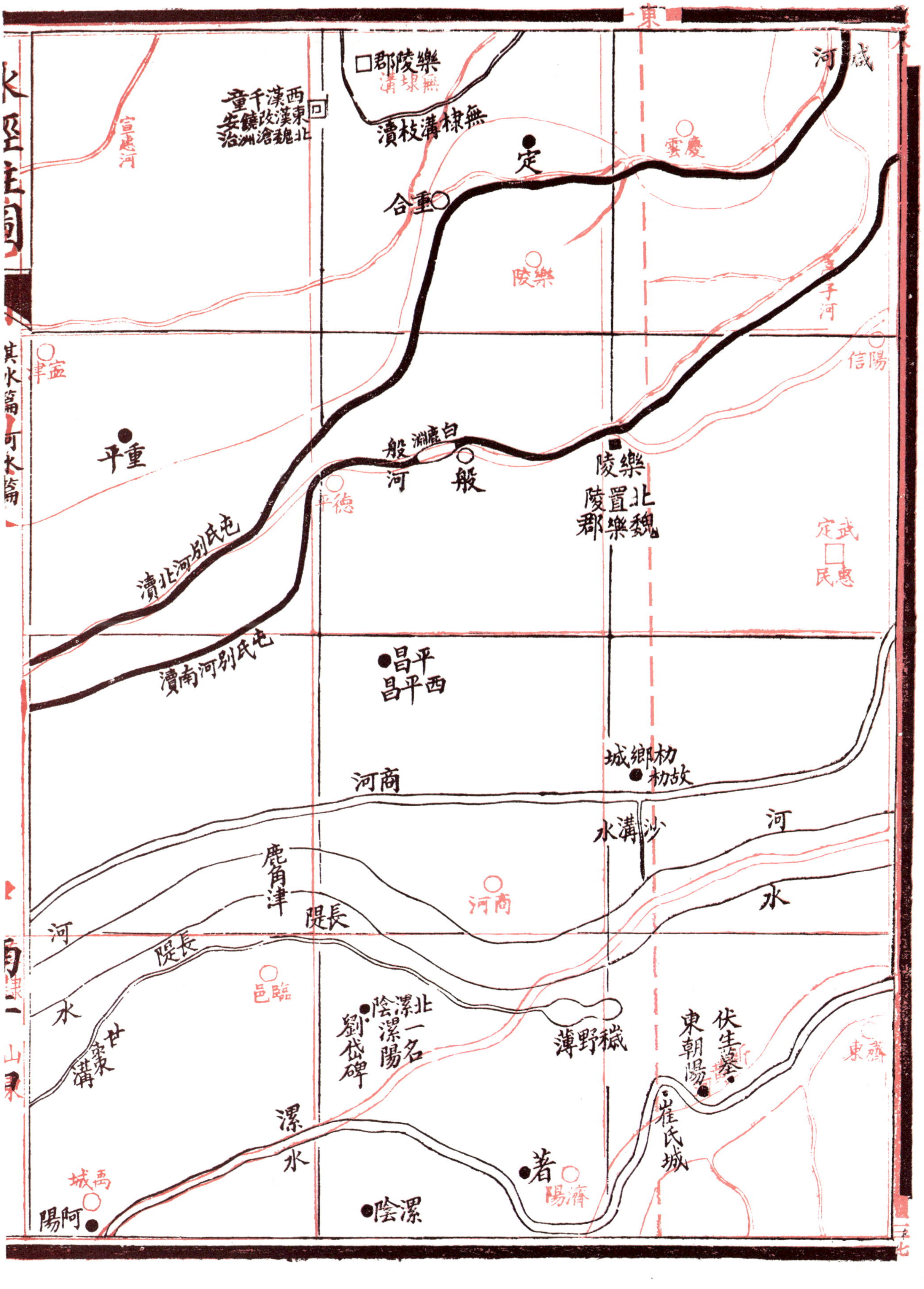
水經注圖
其水篇 河水篇
東
樂陵郡
無棣溝
西漢千童
東漢改饒安
北魏滄洲治
無棣溝枝瀆
宣惠河
定
重合
慶雲
咸河
樂陵
鬲津
重平
白鹿淵
般河
般
德平
樂陵
北魏置樂陵郡
陽信
武定
惠民
屯氏別河北瀆
屯氏別河南瀆
平昌
西平昌
朸鄉城
故朸
商河
沙溝水
河水
鹿角津
長隄
商河
長隄
河水
臨邑
北漯陰 一名漯陽
劉岱碑
甘棗溝
穢野薄
伏生墓
東朝陽
齊東
崔氏城
漯水
著
濟陽
禹城
阿陽
漯陰

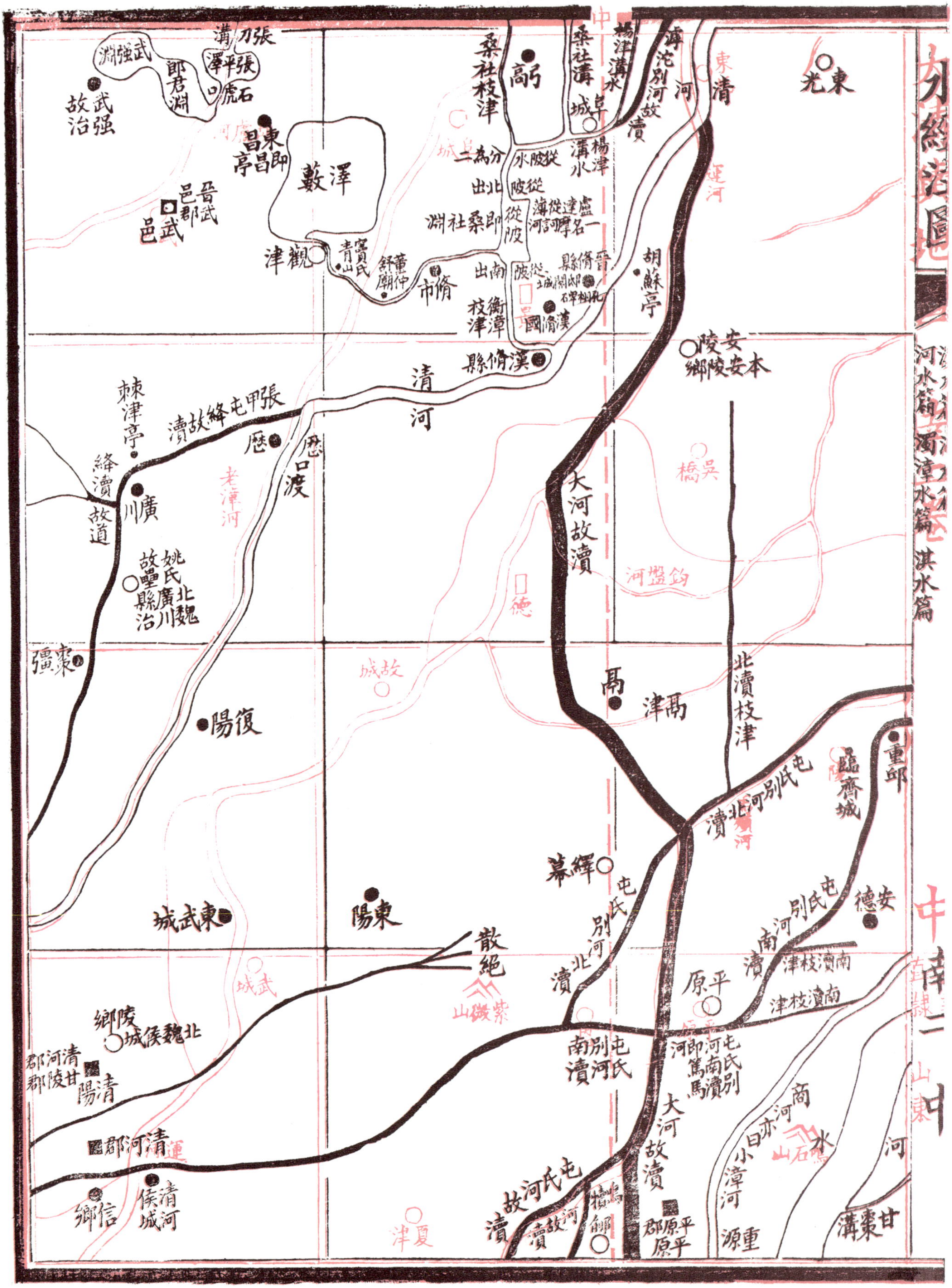

水經注圖
河水篇 濁漳水篇 淇水篇
東光
清河
滹沱別河故瀆
楊津溝水
桑社溝
阜城
高
桑社枝津
武強淵
張平澤
張刀溝
石虎口
郎君淵
武強故治
東昌亭 即昌亭
澤藪
晉武邑郡
武邑
觀津
寶氏青山
董仲舒廟
脩市
漢脩縣
清河
張甲屯絳故瀆
棘津亭
絳瀆故道
廣川
歷
歷口渡
老漳河
姚氏故壘 北魏廣川縣治
棗強
復陽
胡蘇亭
安陵 本安陵鄉
吳橋
大河故瀆
鉤盤河
德
故城
鬲
鬲津
北瀆枝津
臨齊城
重丘
屯氏別河北瀆
繹幕
屯氏別河北瀆
安德
屯氏別河南瀆
南瀆枝津
南瀆枝津
平原
東陽
東武城
散絕
武城
北魏侯城 陵鄉
清河郡 甘陵郡
清陽
屯氏別河南瀆
屯氏別河南瀆 即篤馬河
大河故瀆
商河
小漳河
石山
清河郡
清河侯城
信鄉
屯氏河故瀆
故河瀆
夏津
平原郡 平原
重源
甘棗溝
河

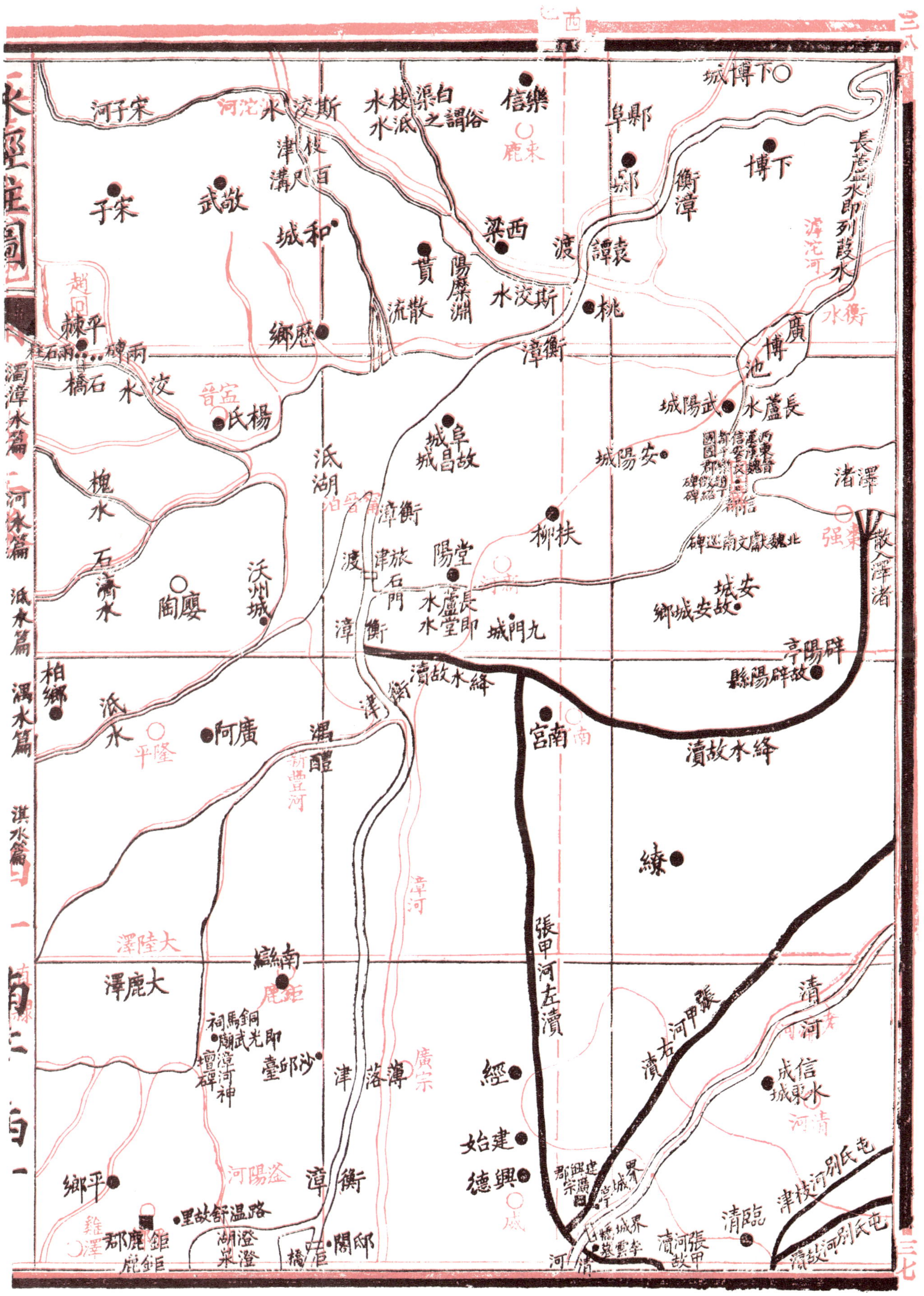
水經注圖
宋子河
斯洨水
枝水
泜水
白渠
俗謂之
樂信
下博城
宋子
敬武
和城
西梁
貰
歷鄉
桃
衡漳
下博
長蘆水即列葭水
廣博池
武陽城
長蘆水
安陽城
扶柳
故昌城
泜湖
堂陽
九門城
故安城鄉
辟陽亭
故辟陽縣
絳水故瀆
南宮
廣阿
柏鄉
泜水
平鄉
大陸澤
大鹿澤
沙邱臺
經
建始
興德
張甲河左瀆
張甲河右瀆
臨清
屯氏別河
鉅鹿郡
路溫舒故里
澄湖
邸閣
衡漳
薄落津
槐水
石濟水
沃州城
廮陶
平棘
楊氏
洨水
石橋
繚

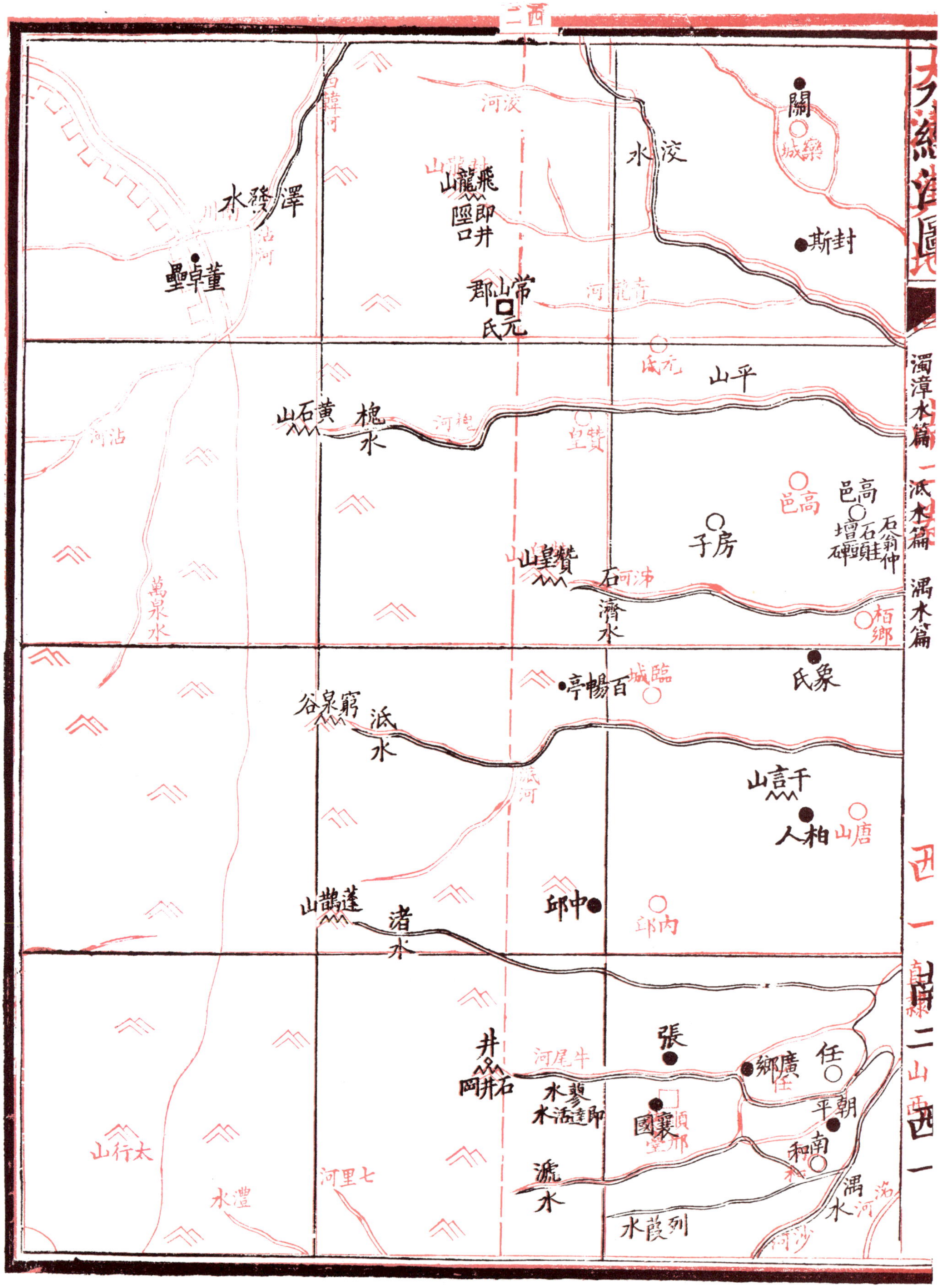
西二
水經注圖
濁漳水篇
泜水篇
濡水篇
澤發水
董卓壘
飛龍山
即井陘口
常山郡
元氏
洨水
洨河
關
欒城
封斯
平山
黄石山
槐水
贊皇山
石濟水
房子
高邑
仲翁石頭石獸碑壇
栢鄉
百暢亭
臨城
象氏
窮泉谷
泜水
泜河
干言山
柏人
唐山
蓬鵲山
渚水
中邱
內邱
井陘
石井岡
牛尾河
張
廣鄉
任
蓼水
即達活水
襄國
朝平
南和
湡水
洺河
沙河
列葭水
澧水
七里河
太行山
萬泉水
沾河

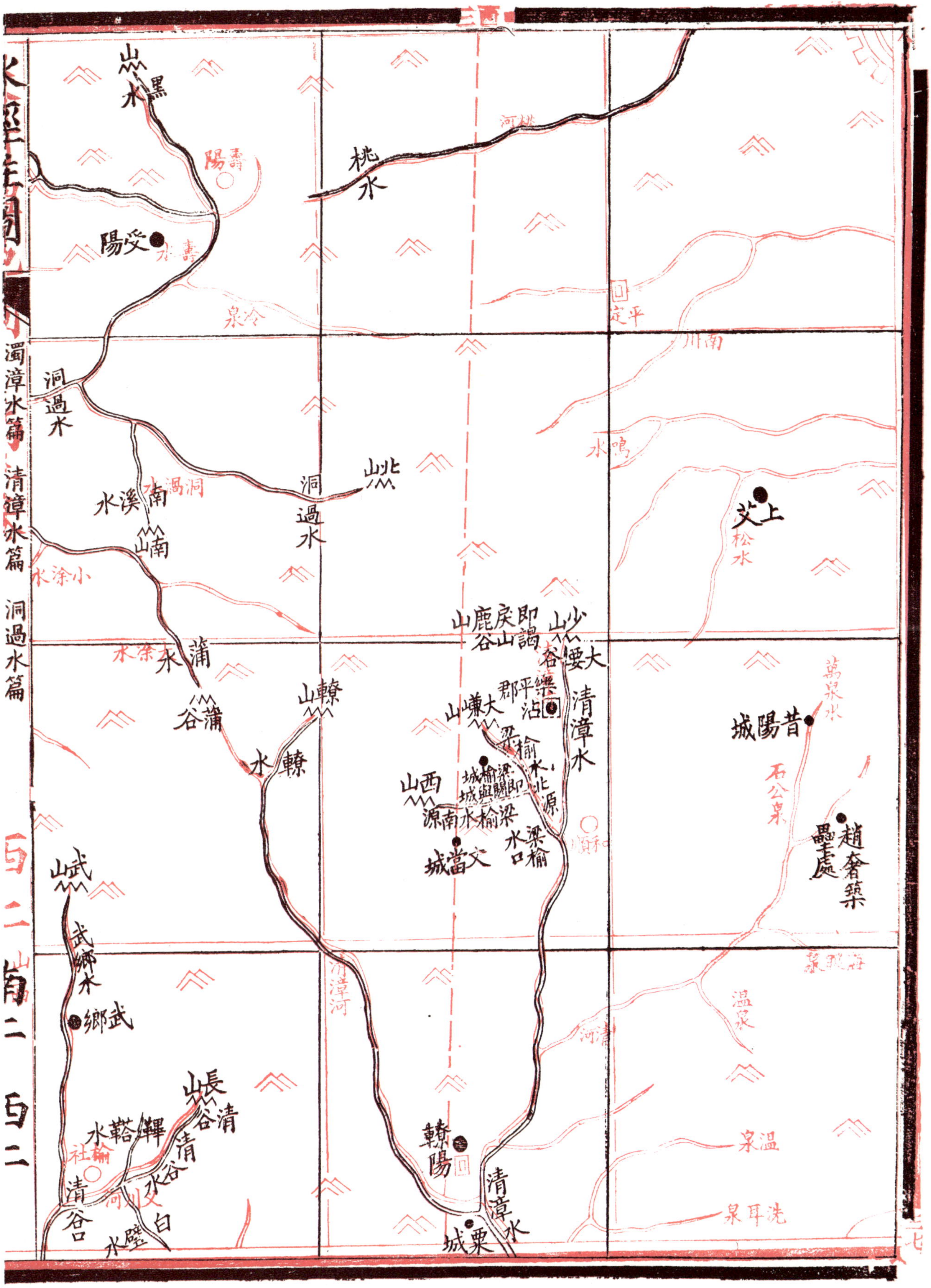
水經注圖
濁漳水篇 清漳水篇 洞過水篇
南二 西二
黑水
壽陽
受陽
壽水
冷泉
桃水
桃河
平定
南川
鳴水
上艾
松水
洞過水
洞過山
洞過水
洞渦水
南溪水
南山
小涂水
涂水
蒲水
蒲谷
轑山
轑水
即謁戾山
鹿谷山
少山
大要谷
樂平郡
沾
大嵰山
梁榆水
北源
清漳水
梁榆城即閼與城
西山
梁榆水南源
梁榆水口
昔陽城
萬泉水
石公泉
趙奢築壘處
武山
武鄉水
武鄉
長山
清谷
榆社
清谷水
白壁水
轑陽
清漳水
栗城
清漳河
溫泉
洗耳泉

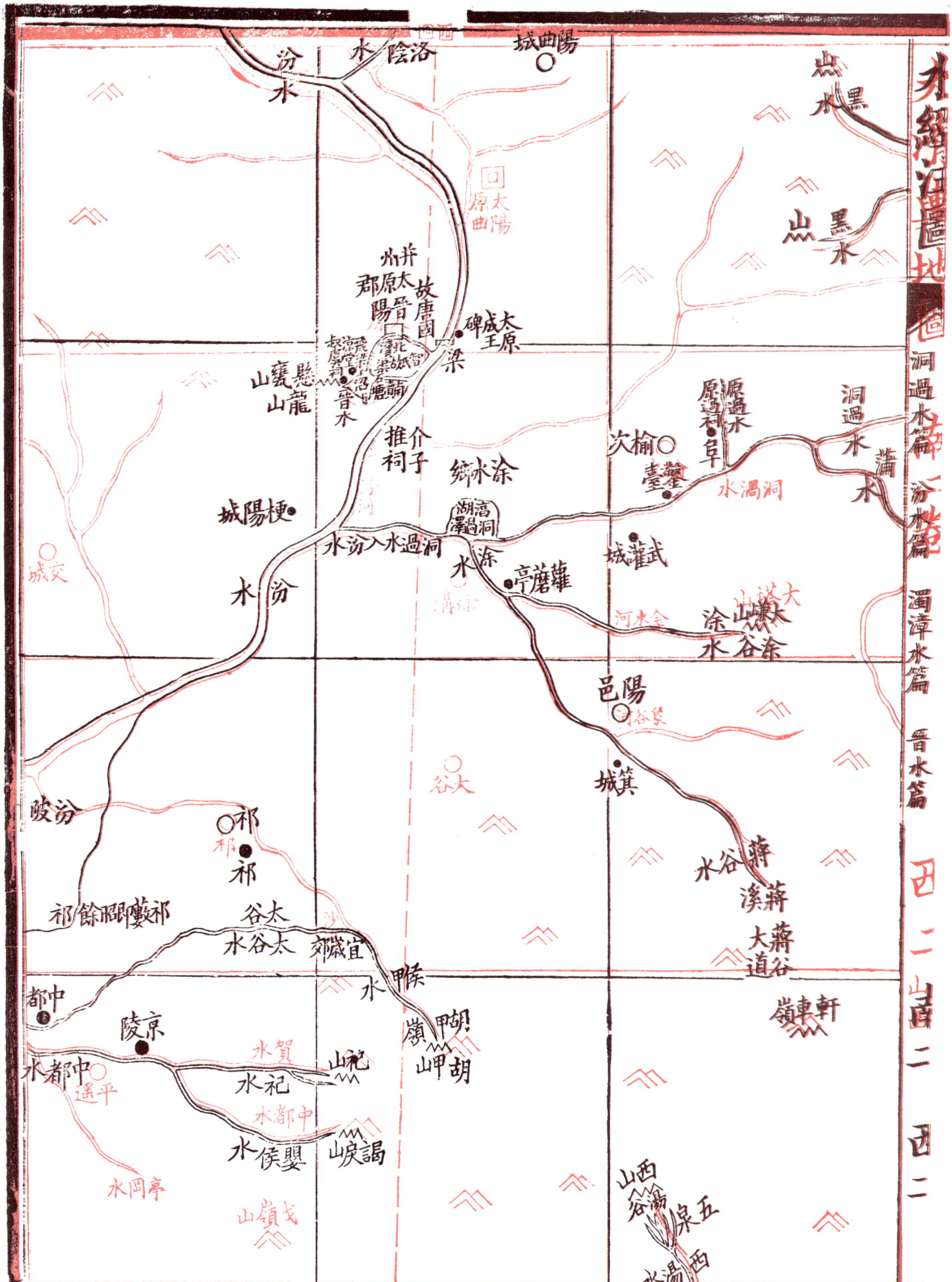
洞過水篇
汾水篇
濁漳水篇
晉水篇
西二
洛陰水
汾水
陽曲城
黑水
并州
太原郡
晉陽
故唐國
懸甕山
龍山
晉水
介子推祠
涂水
洞過水入汾水
梗陽城
交城
蘿磨亭
武灌城
榆次
鑿臺
洞過水
蒲水
原過水
原過祠
涂谷水
陽邑
箕城
大谷
汾陂
祁
祁藪
蔣谷水
蔣溪
蔣谷大道
軒東嶺
太谷
太谷水
侯甲水
胡甲嶺
胡甲山
中都
京陵
中都水
祀水
賀水
嬰侯水
謁戾山
平遙
湯谷
五泉
西湯水

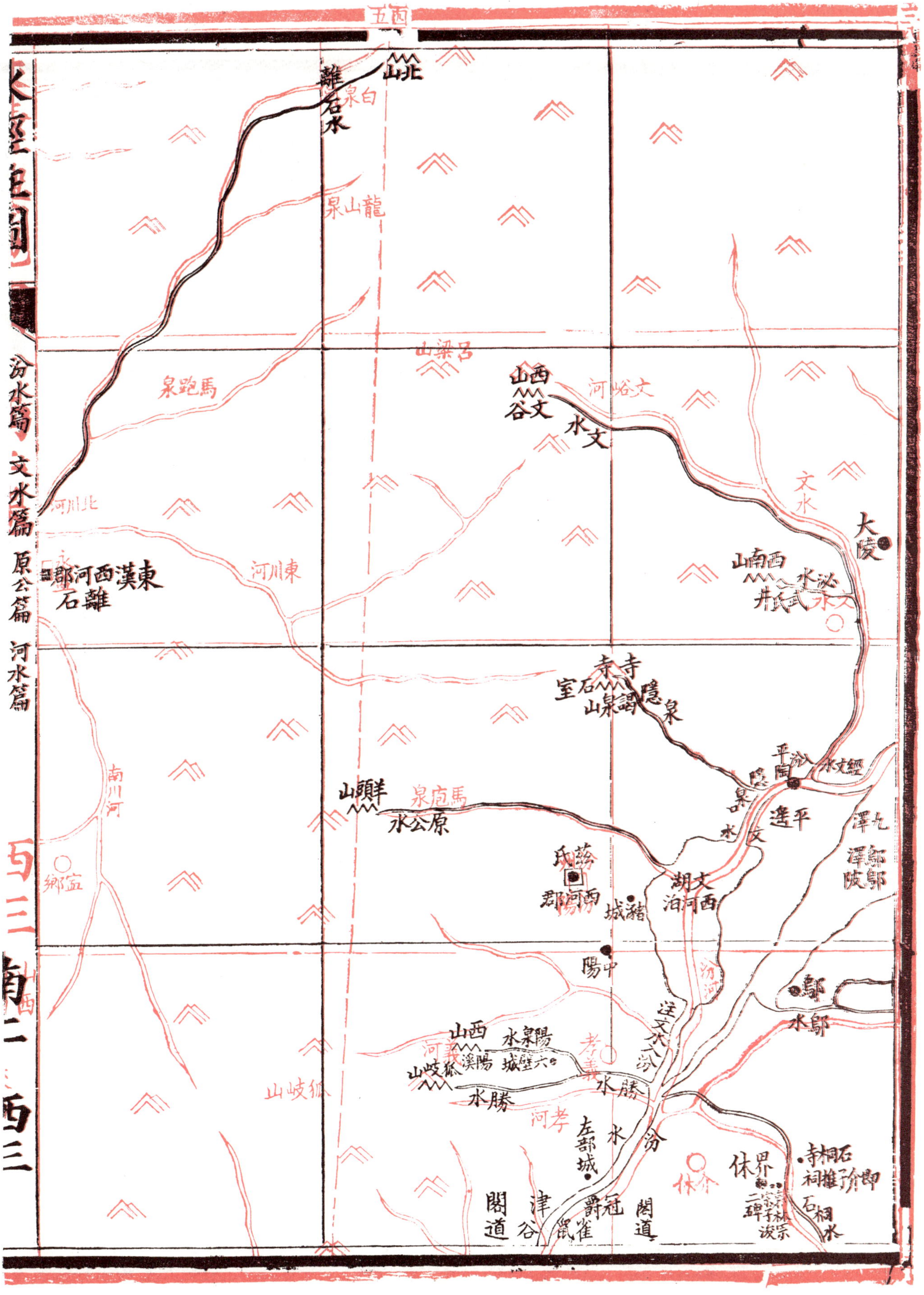
水經注圖
汾水篇 文水篇 原公篇 河水篇
北山
離石水
白泉
龍山泉
馬跑泉
呂梁山
西山
文谷
文水
文峪河
大陵
西南山
泌水
武氏井
東漢西河郡離石
東川河
北川河
南川河
寺
石室
謁泉山
隱泉
隱泉水
平陶
文水經
羊頭山
馬庖泉
原公水
平遙
九澤
鄔澤
鄔陂
茲氏
西河郡
豬城
文湖
西河泊
中陽
汾河
鄔
鄔水
陽泉水
狐岐山
陽溪
六壁城
勝水
孝義
孝河
汾水
左部城
介休
休界
石桐寺
即介推祠
石桐水
閣道
冠爵津
雀鼠谷

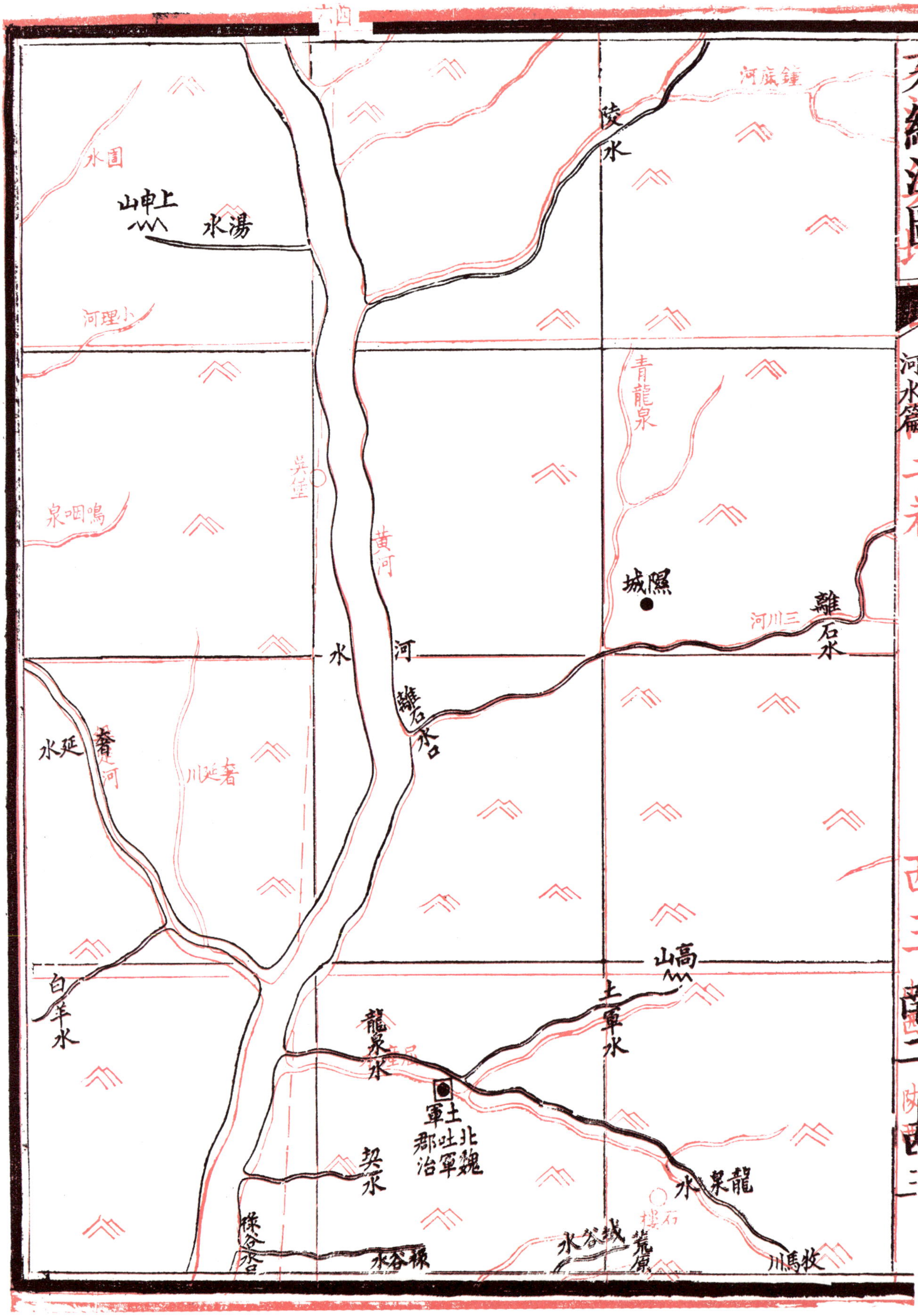

鍾底河
陵水
圁水
上申山
湯水
小理河
青龍泉
吳堡
黃河
鳴咽泉
隰城
三川河
離石水
水
河
離石水口
延水
奢延河
奢延川
白羊水
高山
土軍水
龍泉水
土軍
北魏吐軍郡治
契水
龍泉水
石樓
牧馬川
祿谷水
祿谷水口

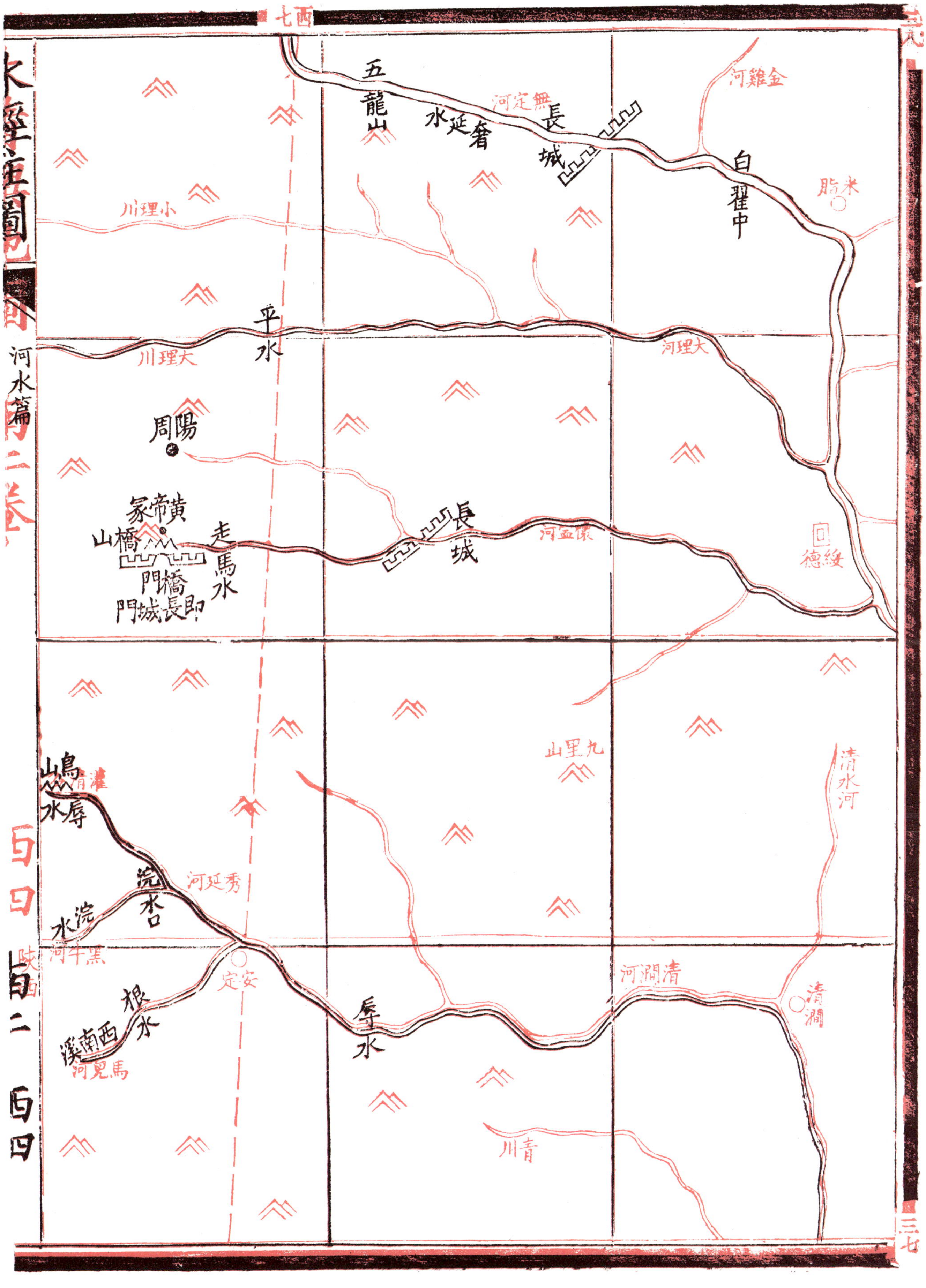
西七
五龍山
奢延水
無定河
長城
金雞河
白翟中
脂米
小理川
平水
大理川
大理河
周陽
黃帝冢
橋山
橋門
即長城門
走馬水
長城
懷盈河
綏德
九里山
清水河
辱水
秀延河
安定
根水
西南溪
清澗河
清澗
辱水
青川

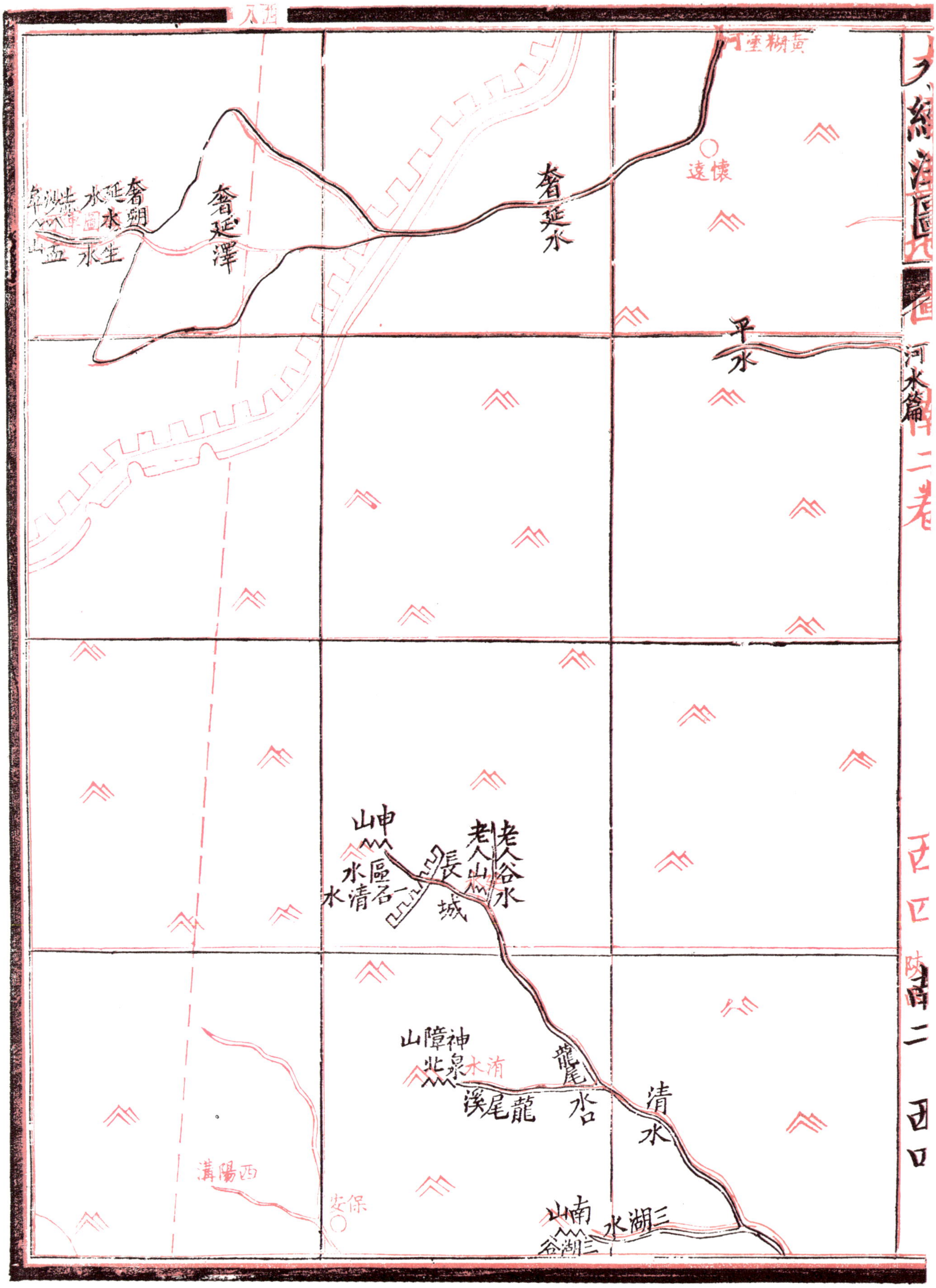
奢延水
奢延澤
懷遠
平水
河水篇
申山
長城
老人山
老人谷水
一名區水
清水
神障山
龍尾溪
龍尾水口
清水
三湖水
南山
三湖谷
保安

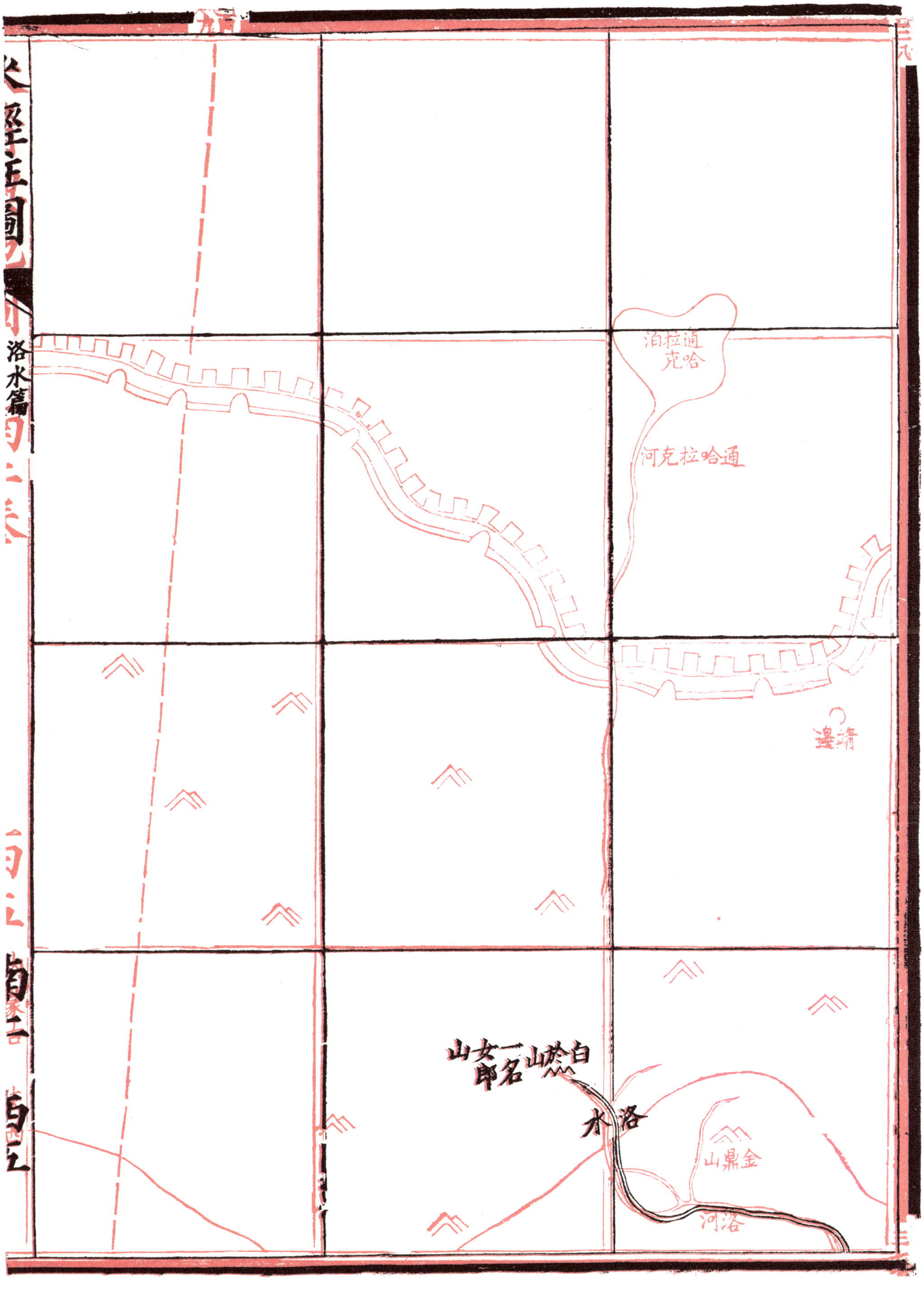
通哈拉克泊
通哈拉克河
靖邊
白於山一名女郎山
洛水
金鼎山
洛河

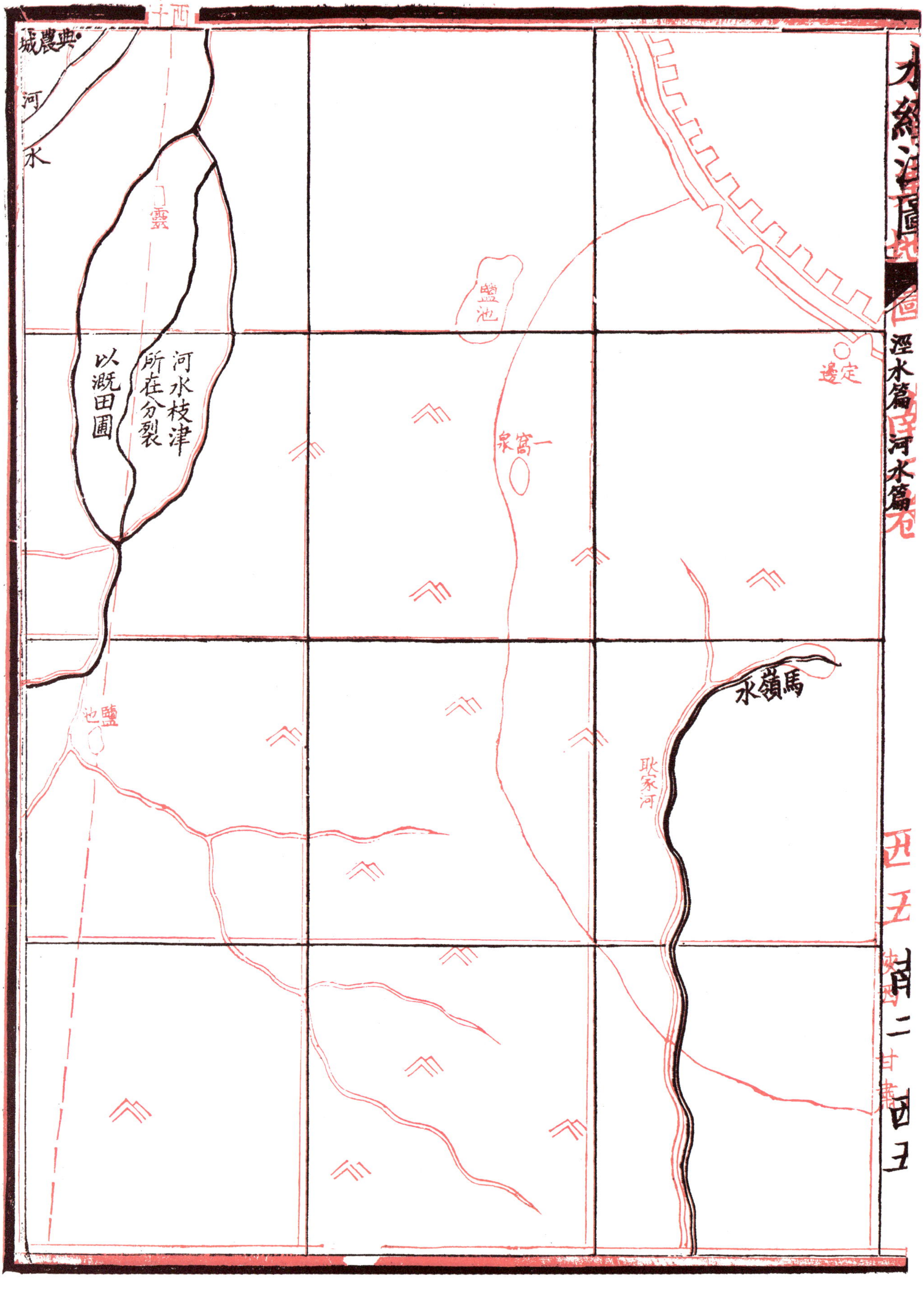
涇水篇
河水篇
典農城
河水
河水枝津所在分裂以溉田圃
鹽池
一窩泉
定邊
馬嶺水
耿家河
鹽池

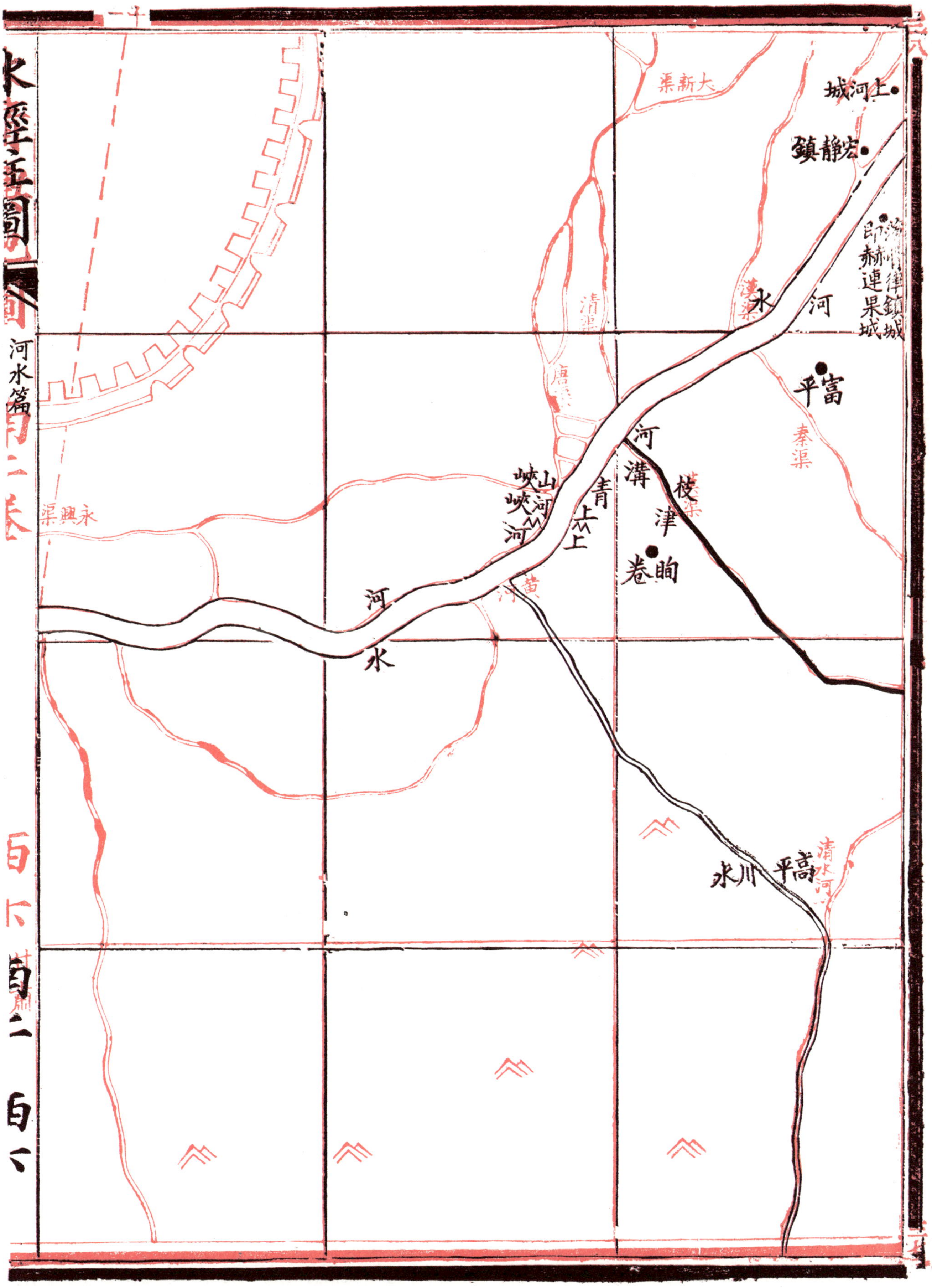
水經注圖
河水篇
上河城
宏靜鎮
律鎮城
即赫連果城
大新渠
漢渠
清渠
唐渠
河水
富平
秦渠
河溝
枝津
昫卷
青山峽
上河峽
河峽
黃河
永興渠
高平川水
清水河

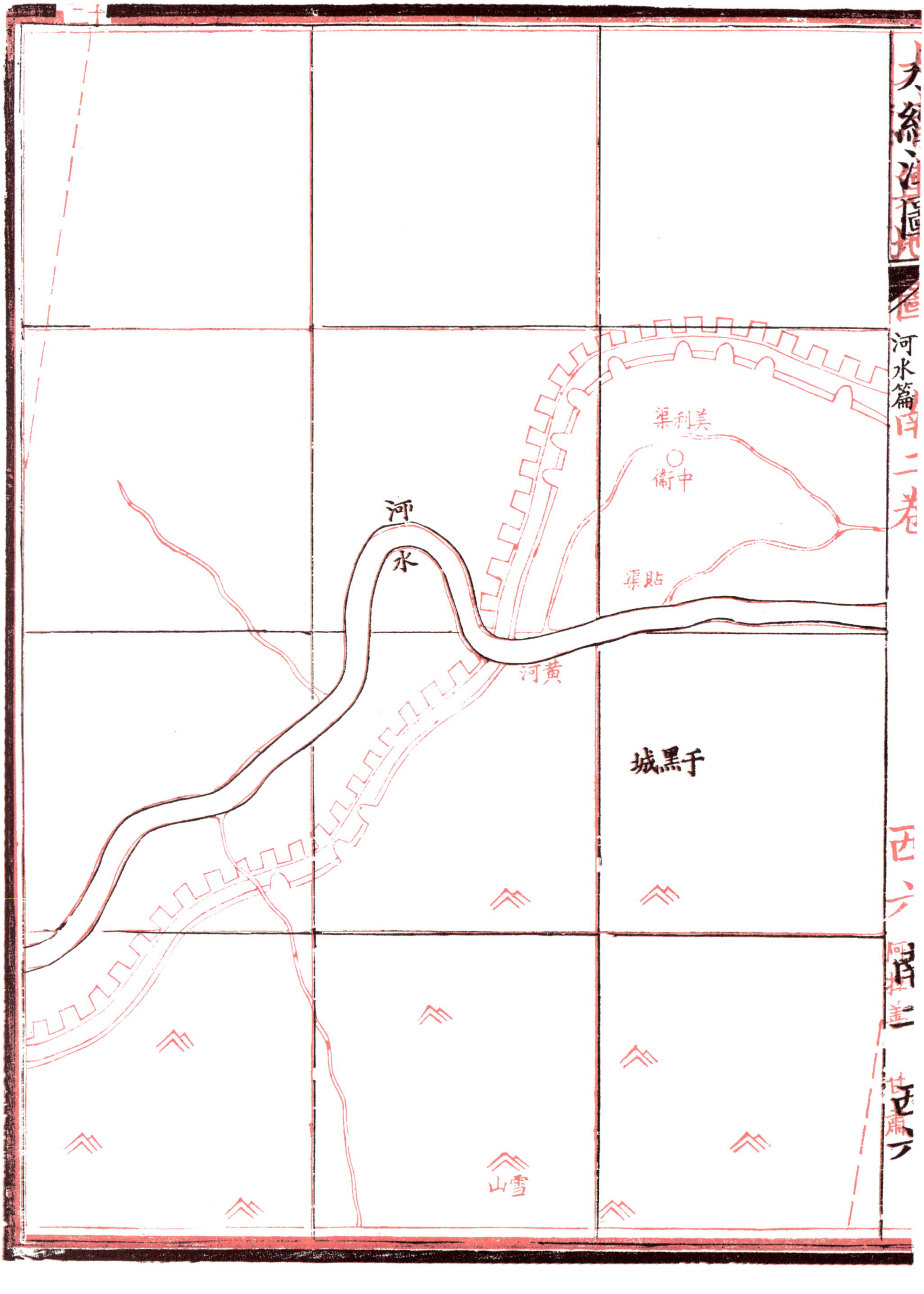
河水篇
美利渠
中衛
河水
貼渠
黃河
于黑城
雪山

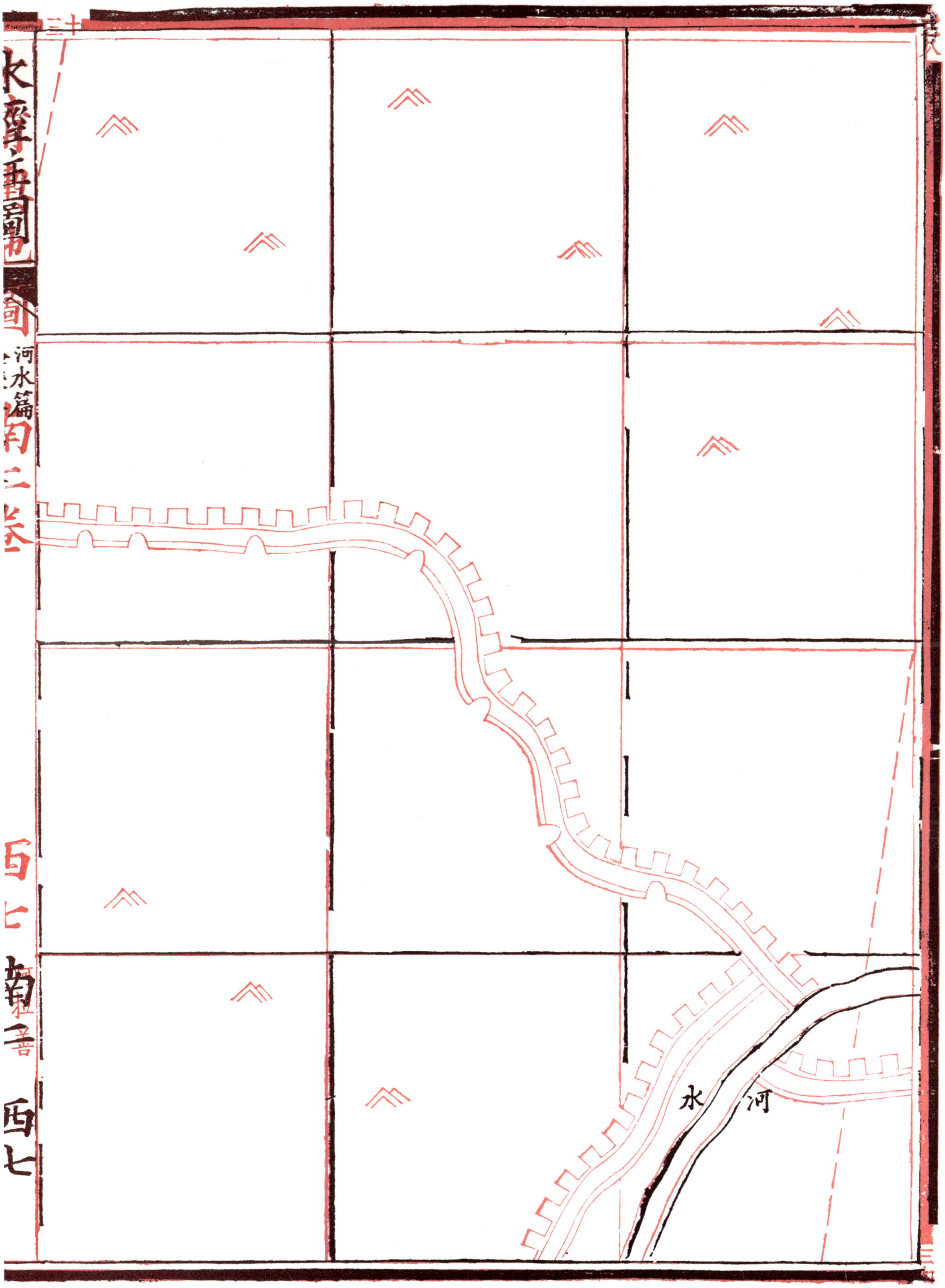
河水篇
河水

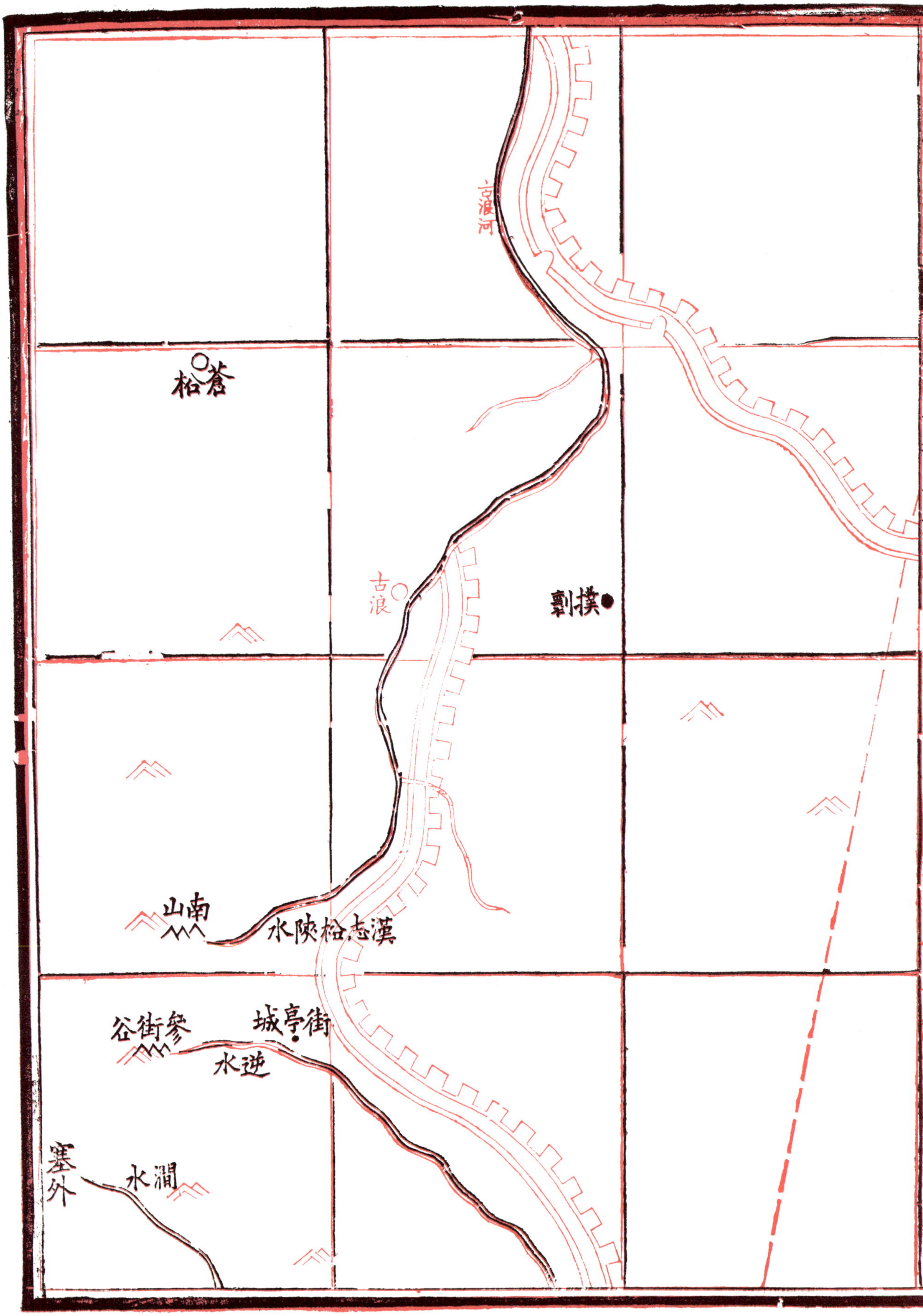
古浪河
蒼柗
古浪
撲劇
南山
漢志柗陝水
參街谷
街亭城
逆水
塞外
澗水

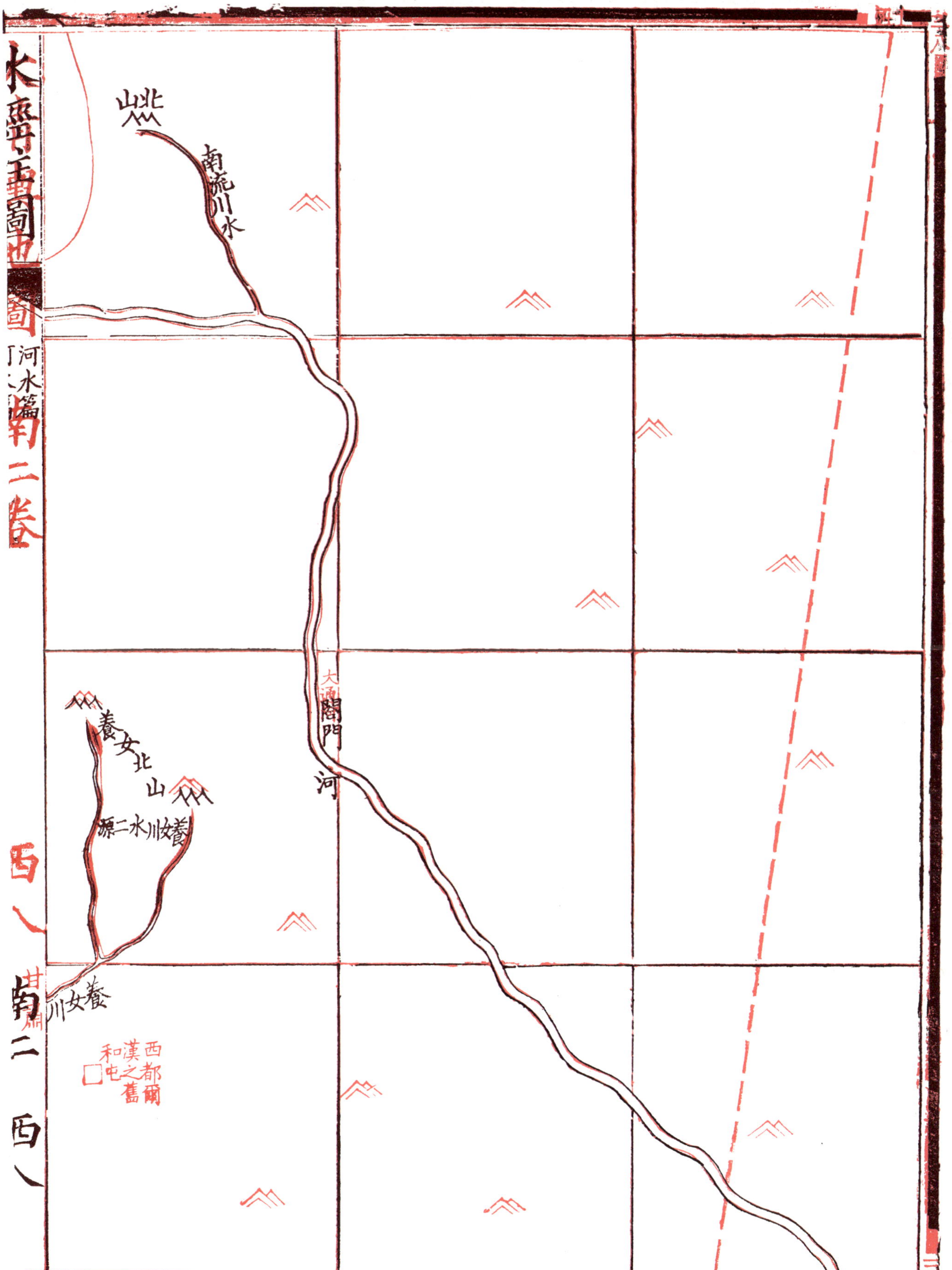
水經注圖
河水篇
第二卷
西八
南二
西八
北山
南流川水
大通
閤門
河
養女北山
養女川水二源
養女川
甘肅
西寧都爾漢之舊和屯

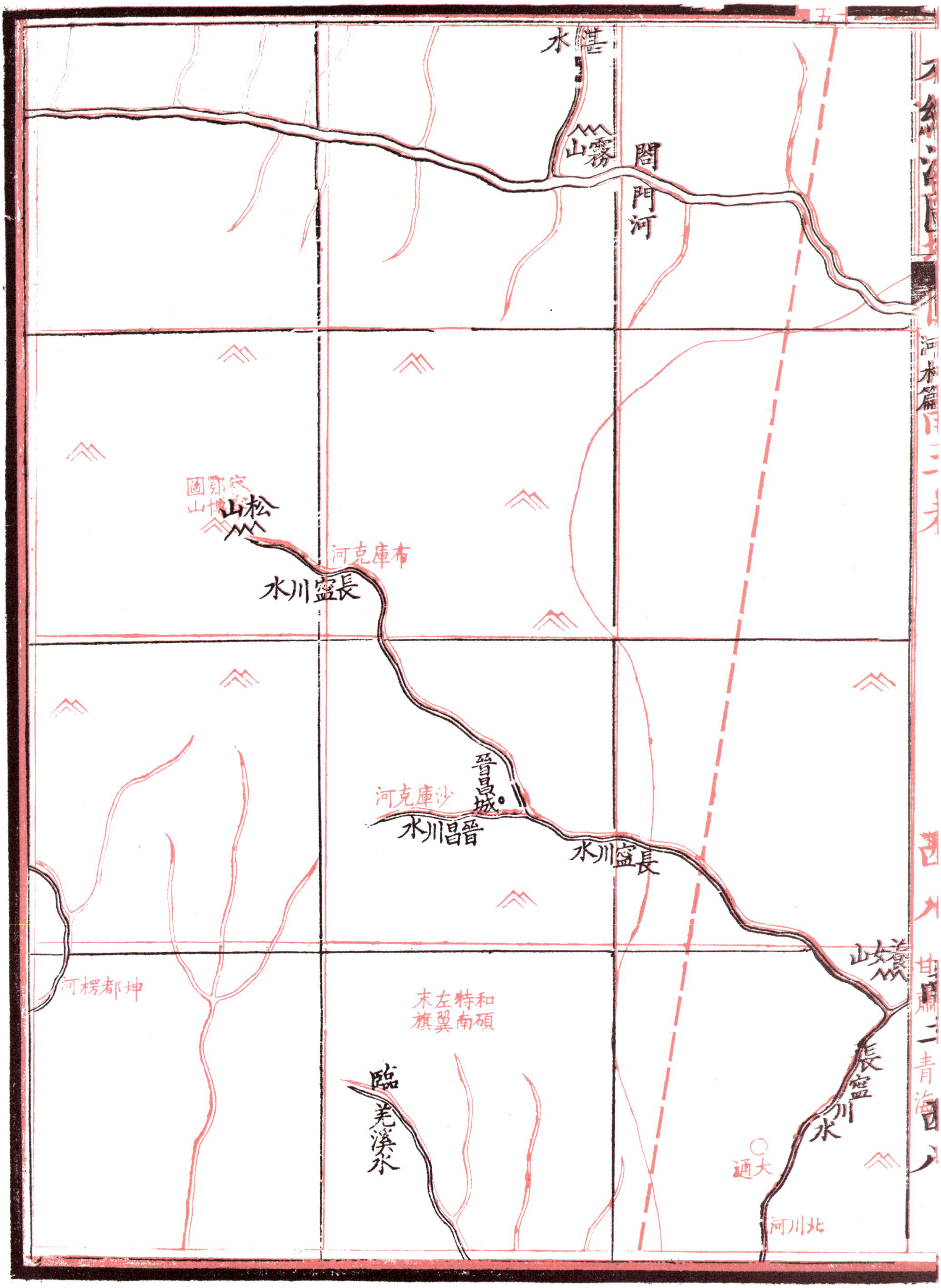
霧山
閻門河
松山
布庫克河
長寍川水
晉昌城
沙庫克河
晉昌川水
長寍川水
坤都楞河
和碩特南左翼末旗
臨羌溪水
長寍川水
大通
北川河

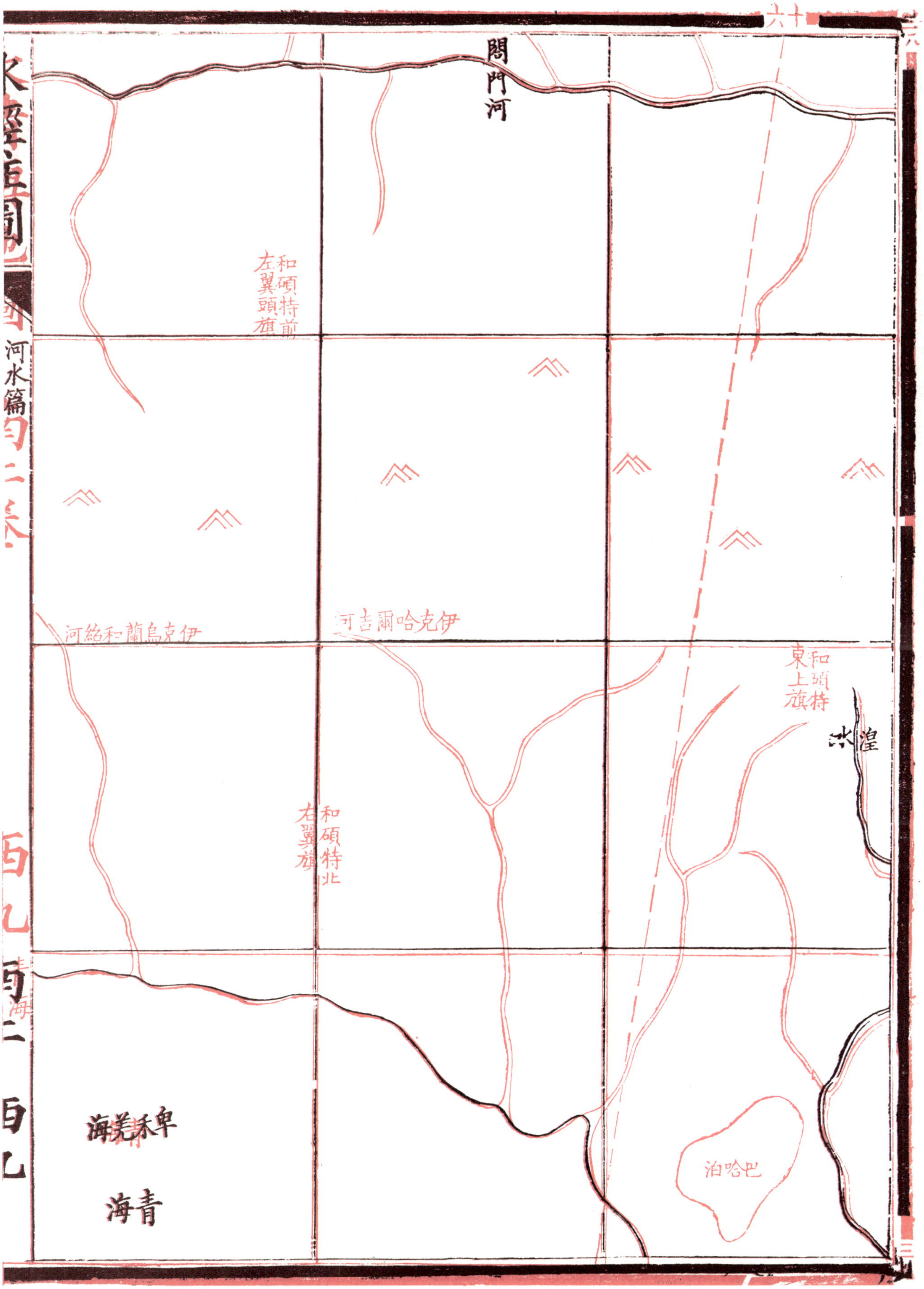
水經注圖
河水篇
閼門河
和碩特前左翼頭旗
伊克烏蘭和紹河
伊克哈爾吉河
和碩特東上旗
湟水
和碩特北右翼旗
卑禾羌海
青海
巴哈泊

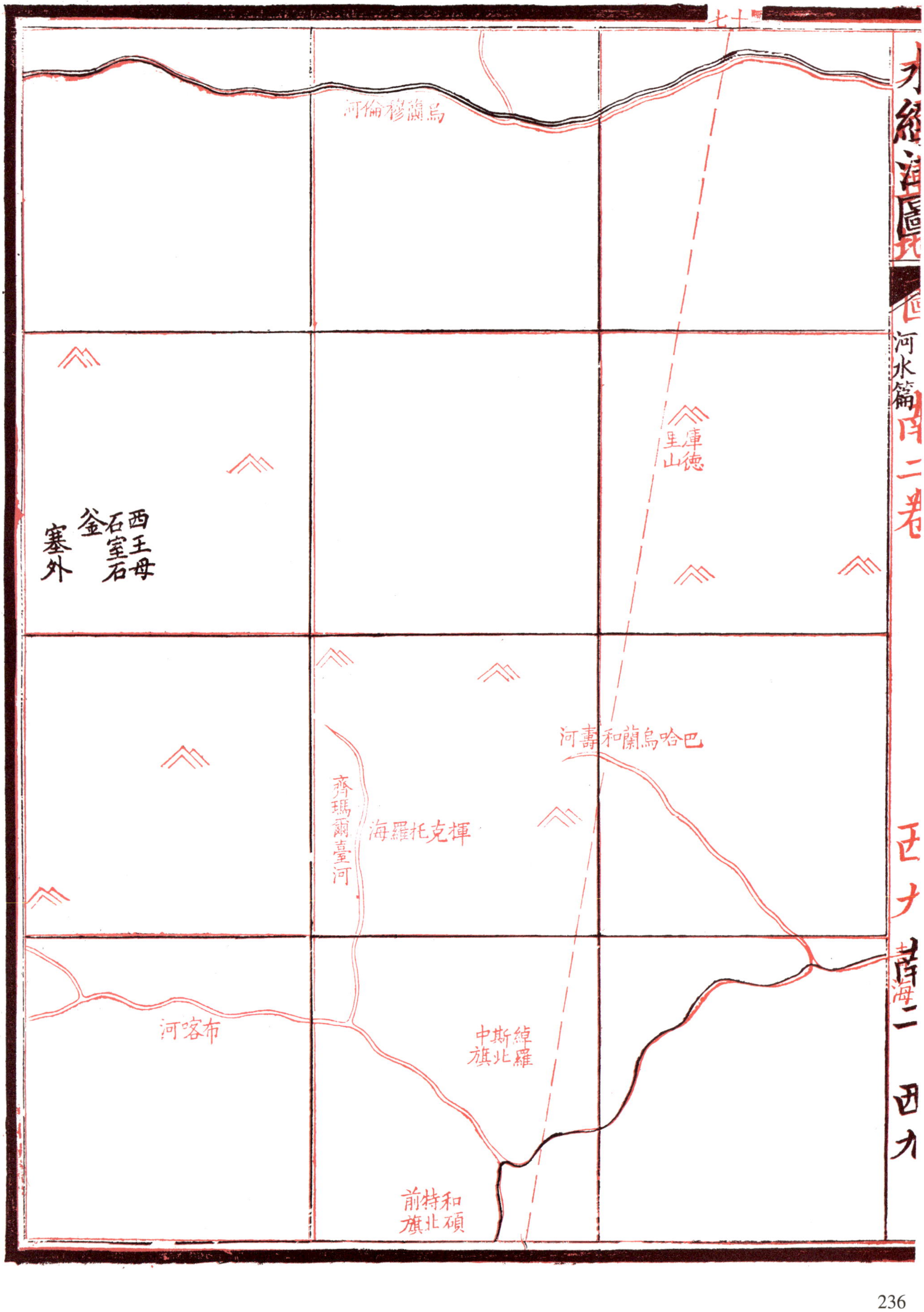

七十
烏蘭穆倫河
庫德里山
西王母石室
石釜
塞外
巴哈烏蘭和壽河
齊瑪爾臺河
揮克托羅海
布喀河
綽羅斯北中旗
和碩特北前旗
水經注圖
河水篇

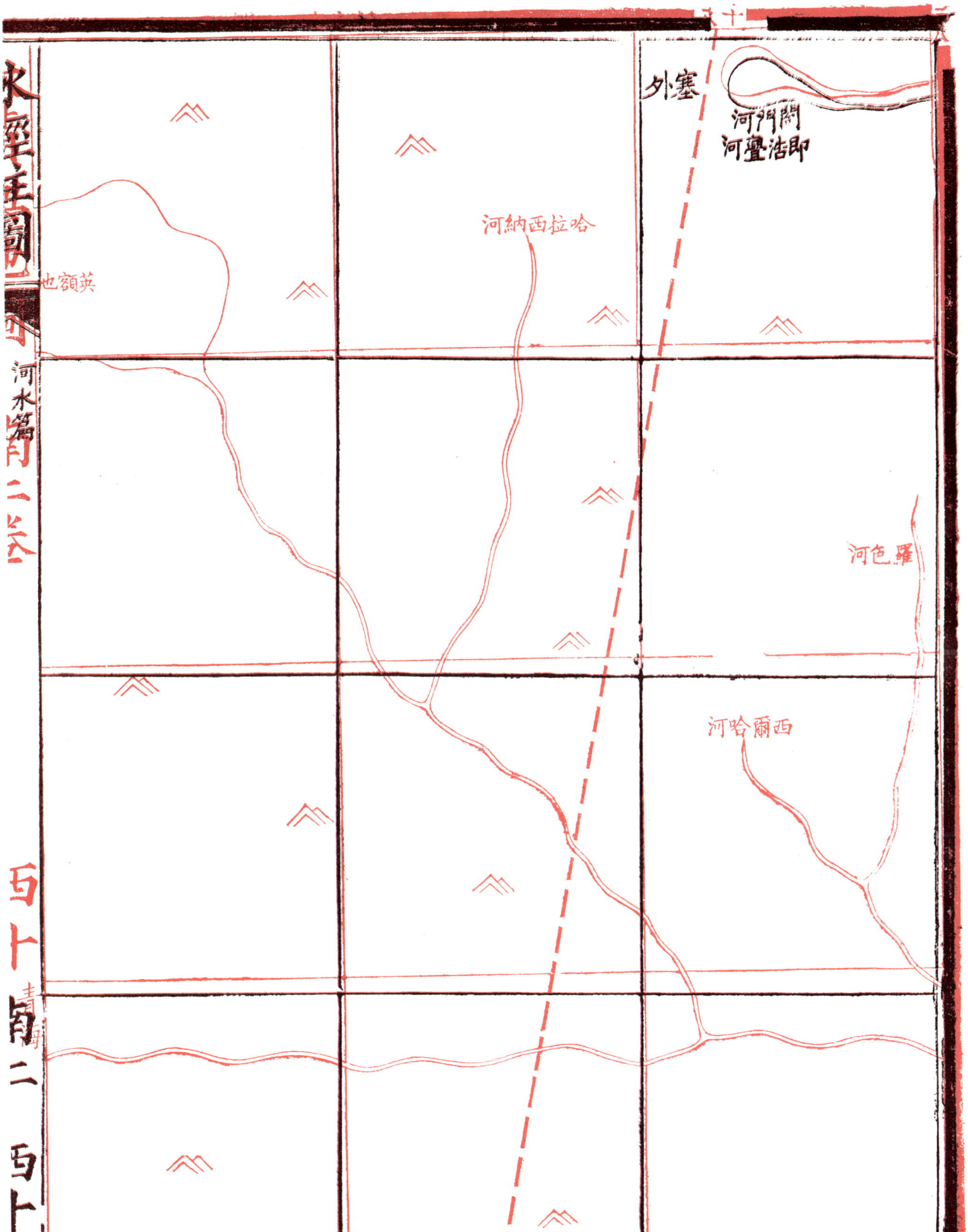
水經注圖
河水篇
南二卷
西十
南二
西十
塞外
闊門河
即浩亹河
哈拉西納河
英額也
羅色河
西爾哈河

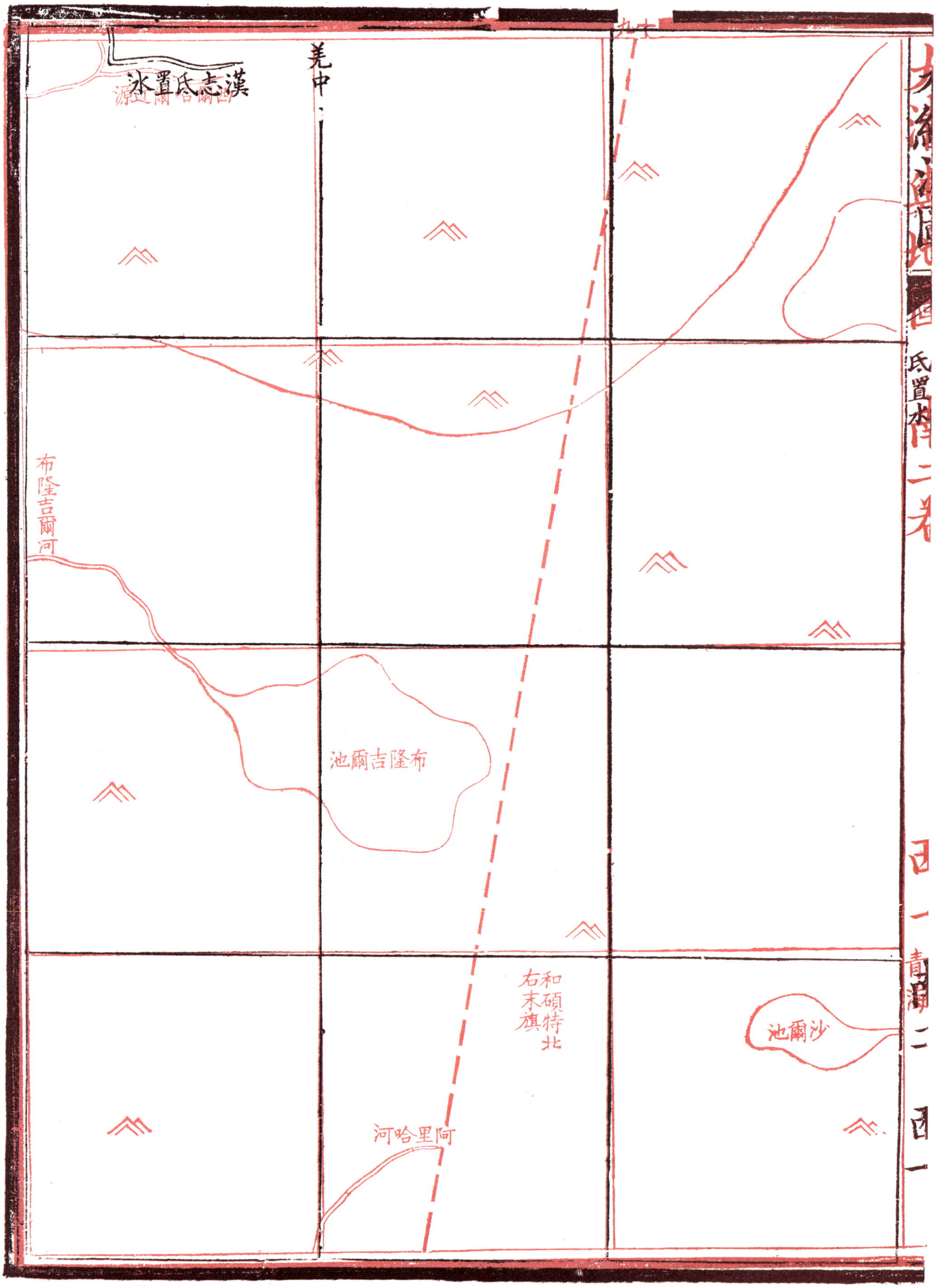
九十
漢志氐置冰
羌中
布隆吉爾河
布隆吉爾池
和碩特北右末旗
沙爾池
阿里哈河

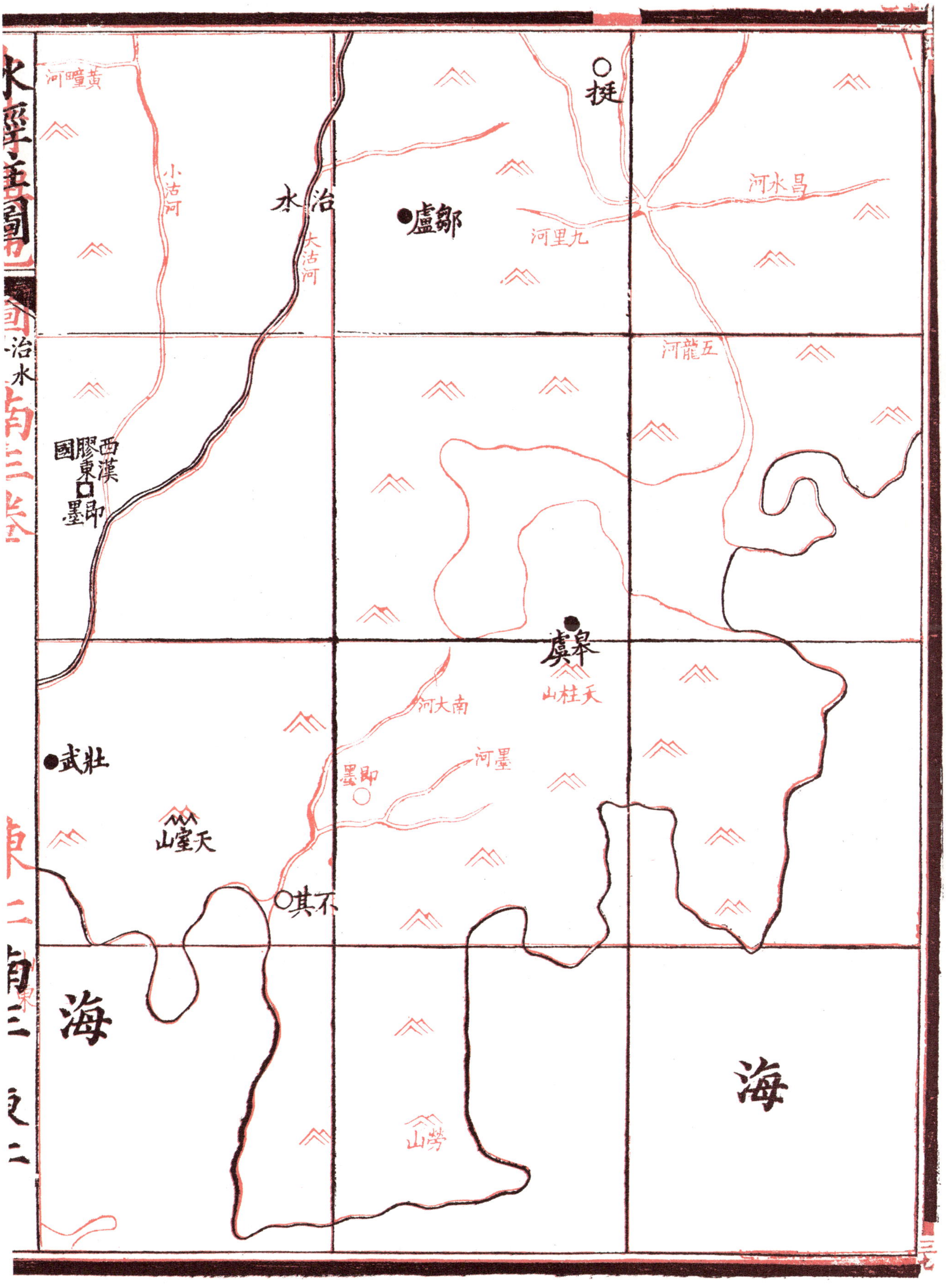
水經注圖
治水
南三
東二
南三
東二
黃疃河
小沽河
治水
大沽河
盧鄉
挺
昌水河
九里河
五龍河
西漢膠東國即墨
皋虞
天柱山
南大河
墨河
即墨
壯武
天室山
不其
海
勞山
海

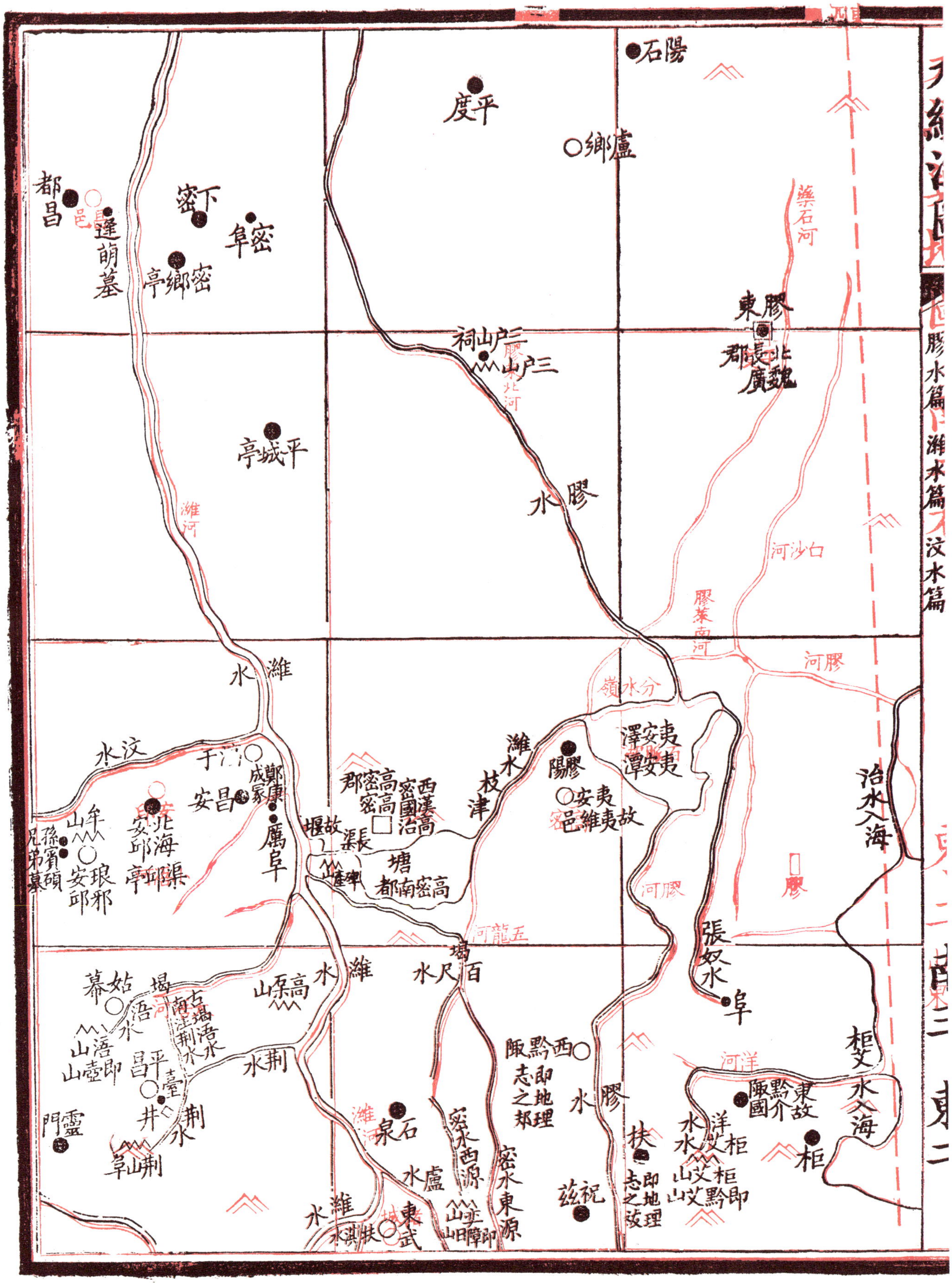
膠水篇下
濰水篇
汶水篇
石陽
平度
盧鄉
都昌
逢萌墓
下密
密阜
密鄉亭
膠東
北海郡
魏長廣
三户山祠
三户山
平城亭
膠水
濰河
白沙河
膠萊南河
膠河
分水嶺
濰水
汶水
于
安昌
鄭康成冢
厲阜
故堰
長渠
西漢高密國治
高密郡
高密
塘
高密南都
濰水
枝津
膠陽
夷安澤
夷安潭
夷安
故夷維邑
治水入海
五龍河
膠河
張奴水
阜
百尺
姑幕
高柔山
濰水
荊水
西黔陬
即地理志之邦
膠水
石泉
盧水
密水西源
密水東源
祝茲
扶
即地理志之扶
洋水
柜艾水
柜艾山
即黔柜山
故黔陬國
柜
柜艾水入海
濰水
東武
淇水
扶
障日山
靈門
荊山
平昌
臺井
琅邪
安邱
孫賓碩兄弟墓

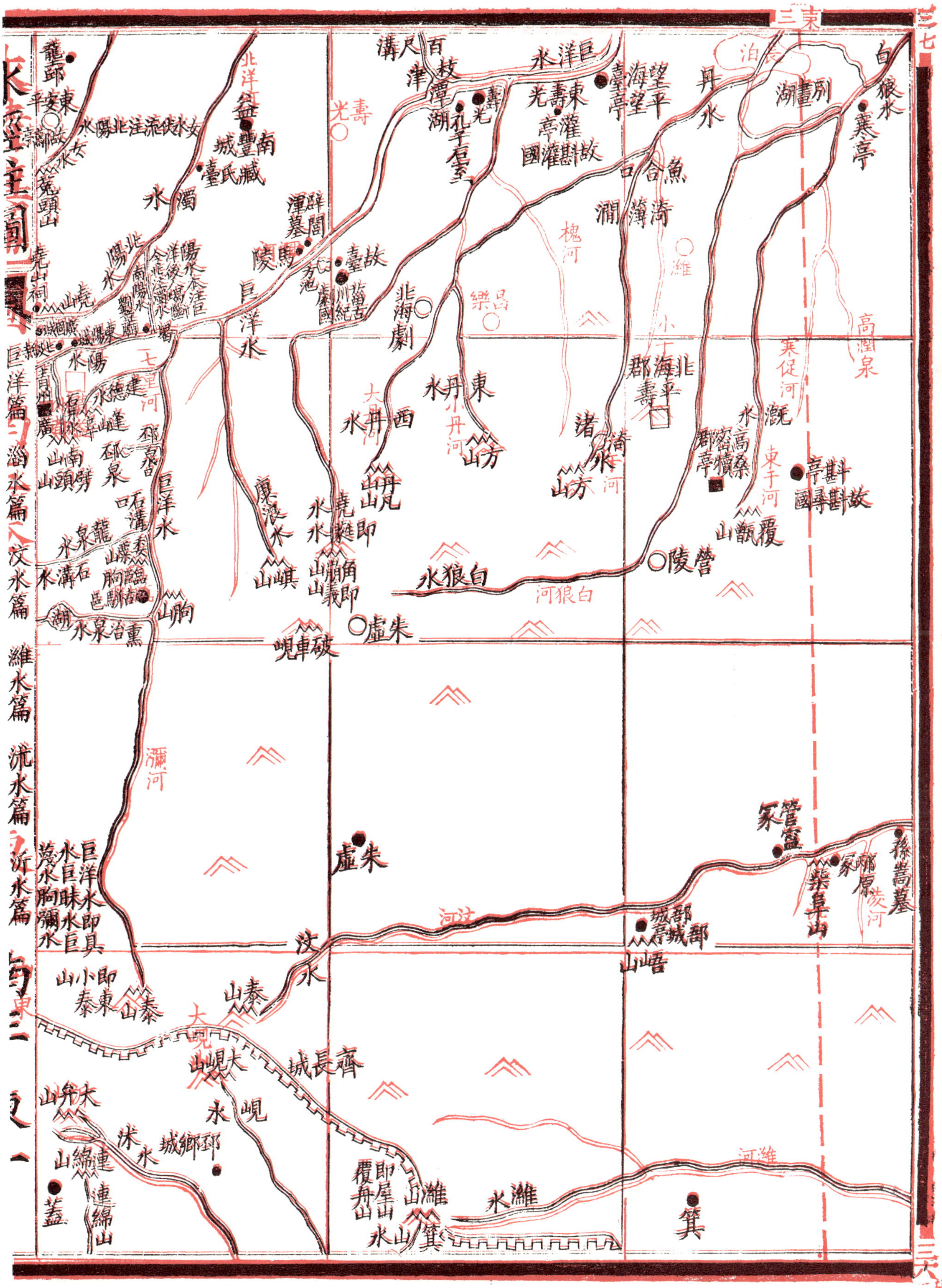

水經注圖
巨洋篇 淄水篇 汶水篇 濰水篇 沭水篇 沂水篇
巨洋水
白狼水
丹水
東丹水
西丹水
汶水
濰水
沭水
峴水
濁水
齊長城
朱虛
破車峴
營陵
方山
泰山
大峴山
箕
莒
別畫湖
寒亭

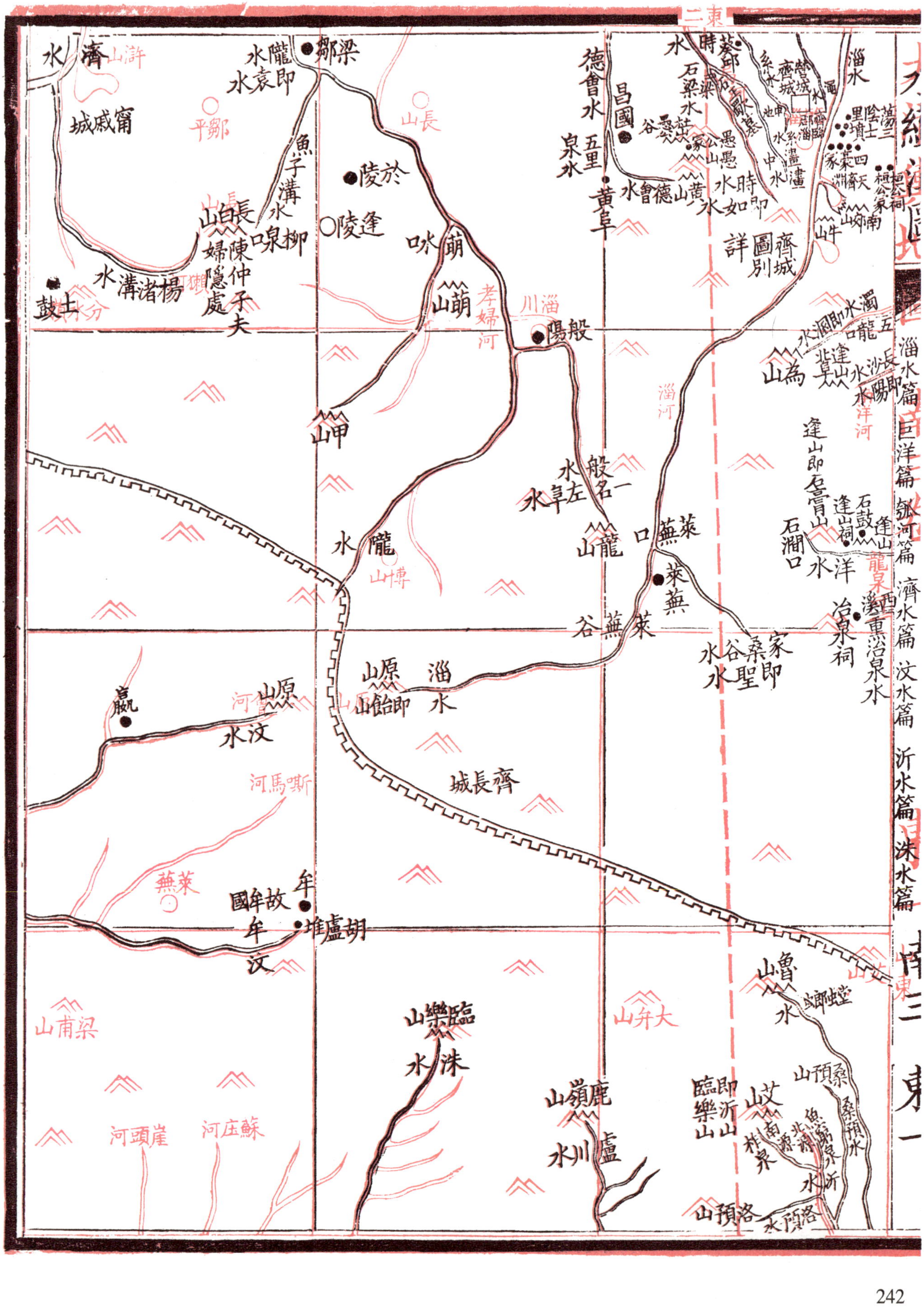
水經注圖
淄水篇 巨洋篇 瓠河篇 濟水篇 汶水篇 沂水篇 洙水篇
南三東一
東二
濟水
許山
梁鄒
隴水即袁水
窮戚城
鄒平
長山
魚子溝水
於陵
逢陵
柳泉口
長白山
陳仲子夫婦隱處
楊渚溝水
土鼓
萌水口
萌山
孝婦河
淄川
般陽
甲山
隴水
博山
般水一名左阜水
龍山
萊蕪口
萊蕪
萊蕪谷
原山即飴山
淄水
家桑谷水即聖水
嬴
原山
汶水
嘶馬河
齊長城
萊蕪
牟
故牟國
胡盧堆
牟汶
梁甫山
臨樂山
洙水
大弁山
鹿嶺山
盧川水
崖頭河
蘇庄河
魯山
螳螂水
桑預山
桑預水
艾山
臨樂山即沂山
洛預山
洛預水
沂水
德會水
昌國
五里泉水
黃阜
德會水
黃山
時水即如水
齊城別詳圖
爲山
五龍口
濁水即澠水
長沙水即陽水
北阜
逢山
洋河
淄河
石膏山即逢山
逢山祠
石鼓
石澗口
洋水
龍泉
治泉祠
西溪
東溪
治泉水

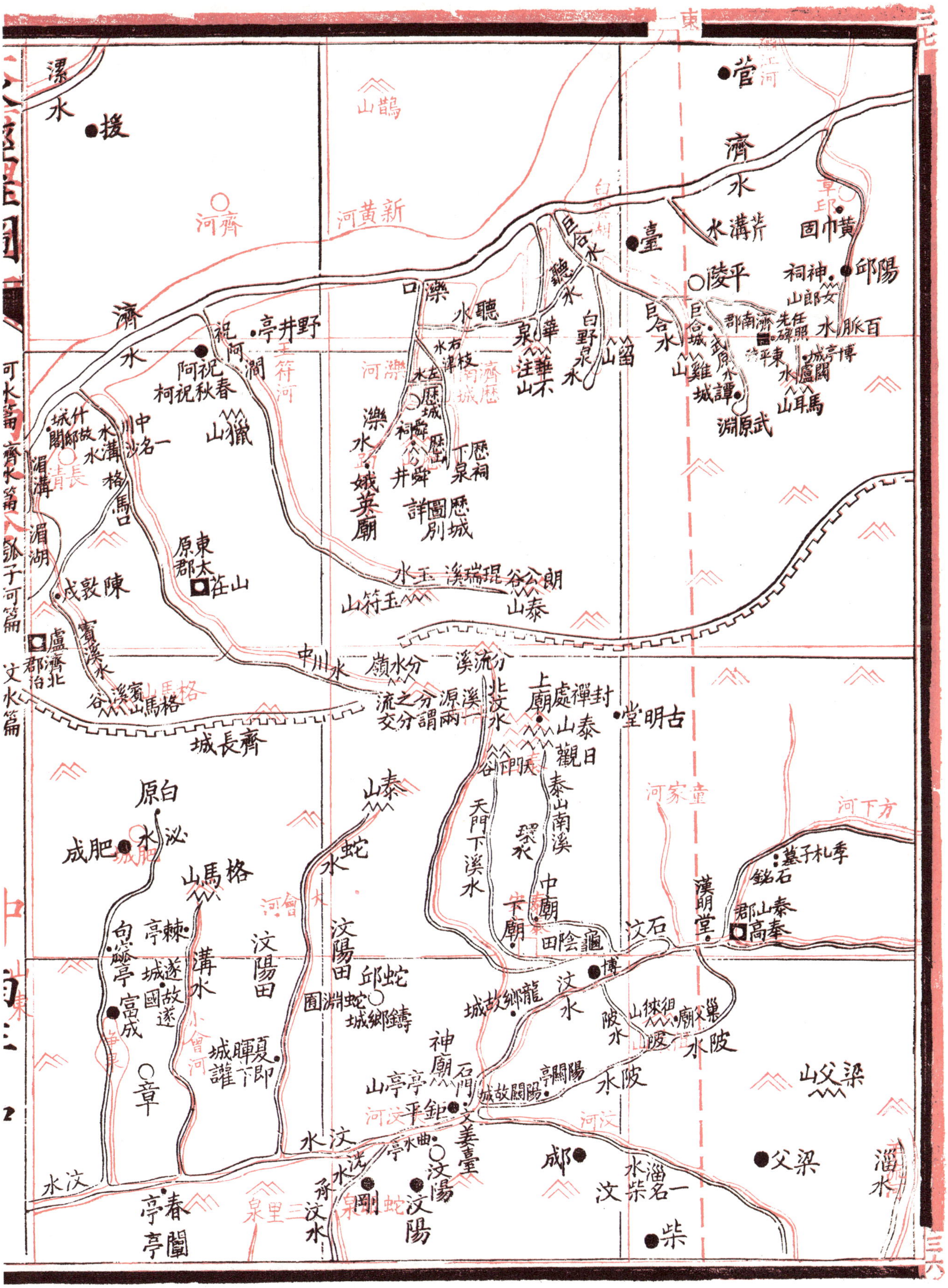

河水篇 濟水篇 瓠子河篇 汶水篇
漯水
管
濟水
新黄河
濟河
平陵
臺
陽邱
黄巾固
芹溝水
野井亭
祝阿
春秋祝柯
祝阿澗
濟水
猴山
樂口
聽水
華泉
華不注山
白野泉水
留山
歷城
舜井
歷祠下泉
娥英廟
歷城詳別圖
東太原郡
山茌
陳敖戍
盧濟北郡治
朗公谷
瑞現溪
玉水
玉符山
泰山
中川水
分水嶺
分流溪
兩溪謂之分流交
封禪處上廟
北汶水
泰山
日觀
古明堂
格馬山
齊長城
白原
泌水
肥成
格馬山
泰山
蛇水
汶陽田
天門下溪水
環水
泰山南溪
中廟
下廟
龜陰田
石汶
漢明堂
泰山郡奉高
季札子墓石銘
博
汶水
蛇邱
鑄鄉故城
龍鄉故城
陂水
梁父山
夏暉城
章
富成
汶水
春亭
闡亭
剛
汶陽
郕
柴
梁父
淄水

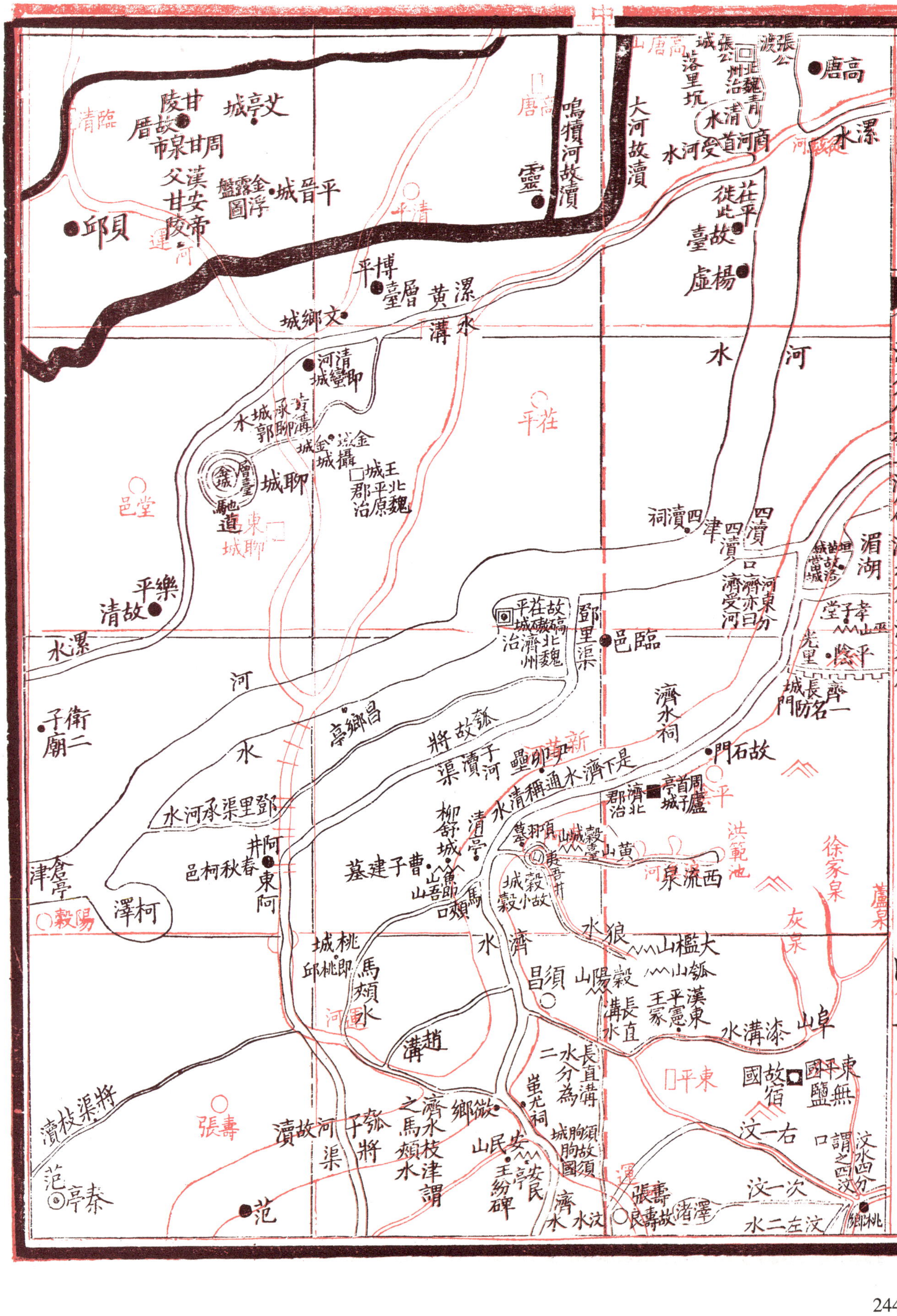
高唐
張公渡
漯水
河水
大河故瀆
鳴犢河故瀆
靈
文亭城
甘陵
周甘泉市
平晉城
貝丘
博平
漯水
黃溝
文鄉城
清河
聊城
樂平
故清
漯水
河水
衛子二廟
臨邑
四瀆津
故石門
漯河
鄧里渠
柯澤
濟水
大檻山
桃城
馬頰水
須昌
趙溝
東平
無鹽
東平
張壽
范
秦亭
范
汶水
右一汶
次一汶
左二汶
桃鄉
平陰
長城
茌平
楊虛
洪範池
灰泉
徐家泉
西流泉
故宿國
皋山
漆溝水

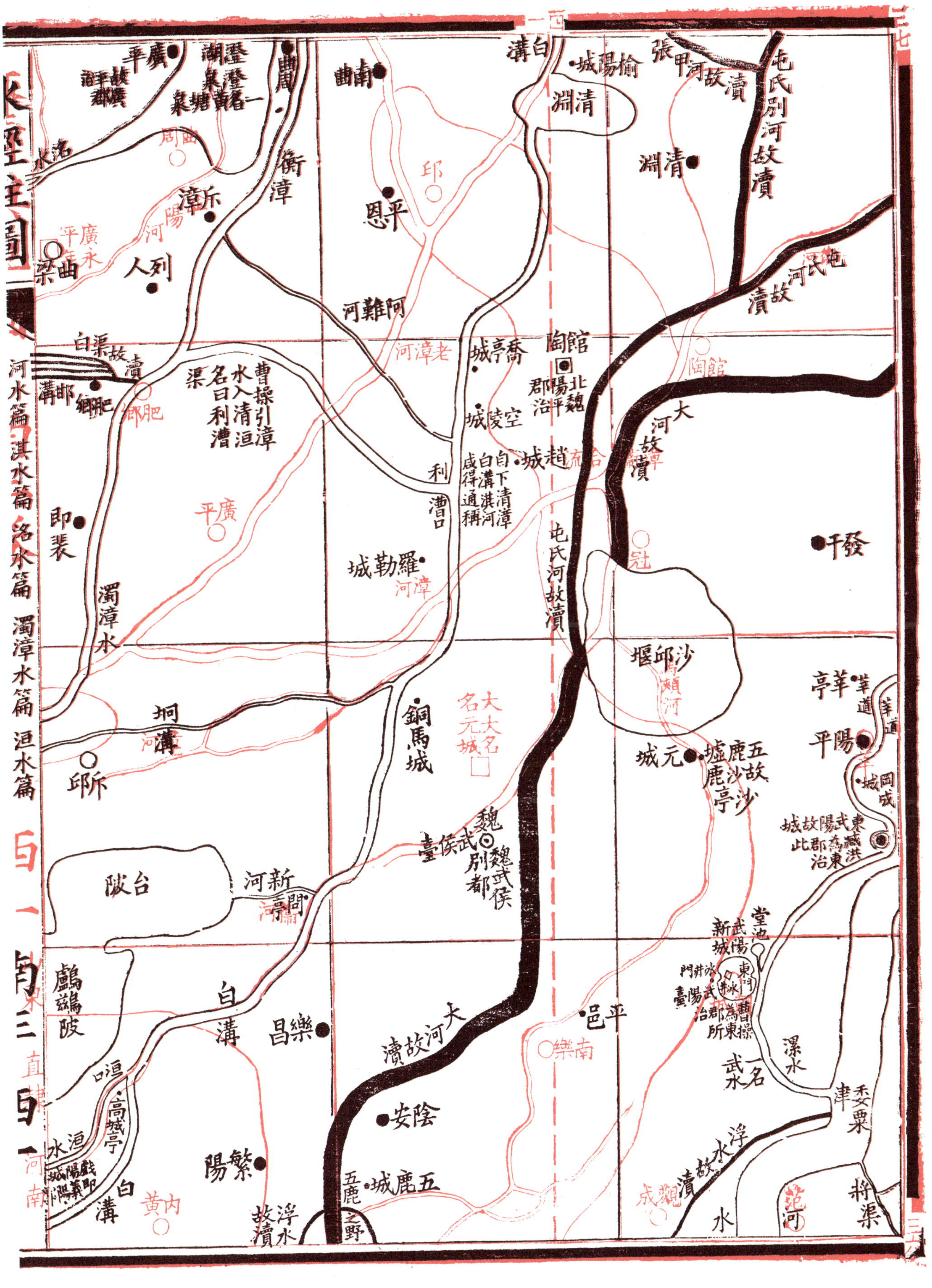
水經注圖
河水篇 淇水篇 洛水篇 濁漳水篇 洹水篇
廣平
南曲
白溝
榆陽城
張甲河故瀆
屯氏別河故瀆
清淵
平恩
列人
斥漳
衛漳
曲梁
阿難河
館陶
北魏陽平郡治
喬亭城
空陵城
趙城
白溝下清漳自淇河通稱
大河故瀆
屯氏河故瀆
屯氏河故瀆
發干
沙邱堰
元城
五鹿故墟
沙鹿亭
陽平
莘亭
銅馬城
羅勒城
曹操引漳水入清洹名曰利漕渠
利漕口
即裴
濁漳水
魏武侯別都
武侯臺
台陂
新河
鸕鷀陂
白溝
樂昌
大河故瀆
陰安
繁陽
五鹿城
浮水故瀆
平邑
漯水
武水一名
委粟津
浮水故瀆
將渠
洹水
高城亭
白溝

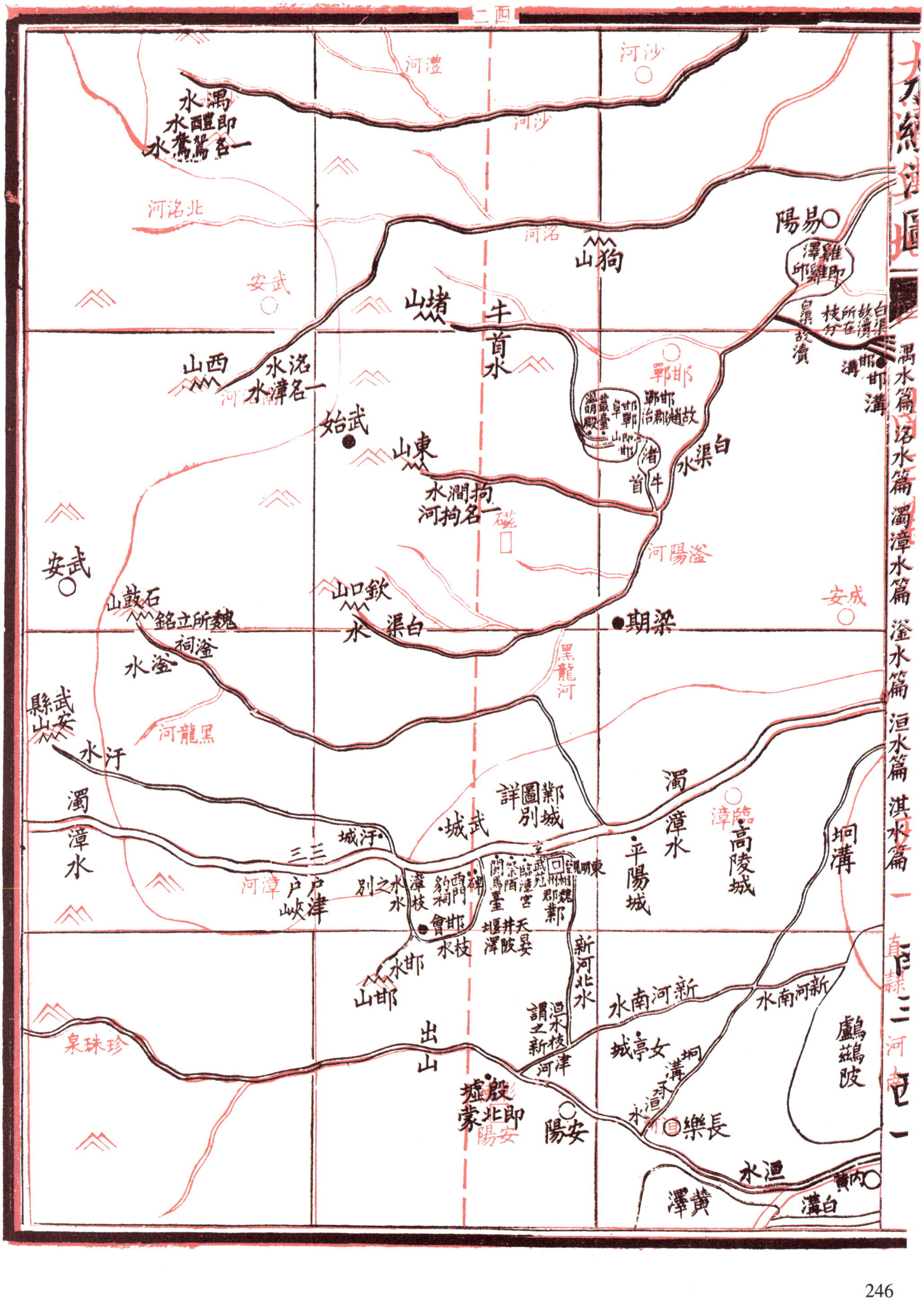
西二
漯水 即醴水 一名鶩水
灃河
沙河
沙河
北洺河
洺河
武安
易陽
狗山
雞澤
堵山
牛首水
西山
洺水 一名漳水
武始
東山
拘澗水 一名拘河
邯鄲
白渠水
牛首
滏陽河
武安
成安
石鼓山
魏所立銘
滏祠
滏水
欽口山
白渠水
梁期
黑龍河
武安縣山
汙水
黑龍河
濁漳水
鄴城詳別圖
武城
濁漳水
臨漳
高陵城
平陽城
洹溝
汙城
三戶津
三戶峽
漳河
別之
漳水枝水
邯會
邯水
邯山
新河北水
新河南水
新河南水
女亭城
洹溝
鸕鷀陂
珍珠泉
出山
殷墟 即北蒙
安陽
洹水枝津謂之新河
長樂
洹水
黃澤
白溝
內黃
直隸 河南
漯水篇 洺水篇 濁漳水篇 滏水篇 洹水篇 淇水篇

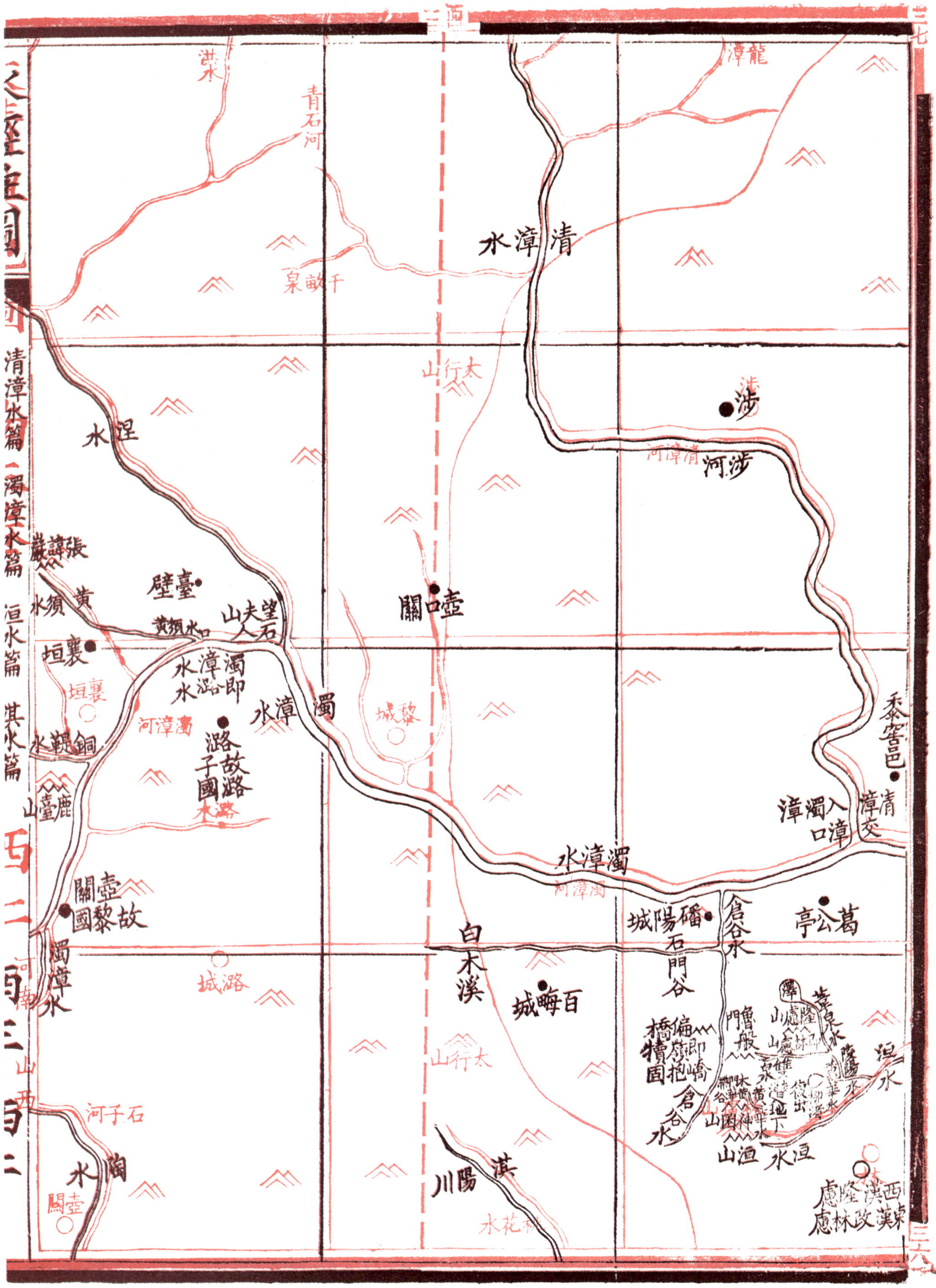

清漳水篇 濁漳水篇 洹水篇 淇水篇
清漳水
涉
涉河
清漳河
壺口關
涅水
臺壁
黃須水
黃須水口
襄垣
濁漳水
故潞路子國
銅鞮水
鹿臺山
故黎國 壺關
交漳
葛公亭
磻陽城
倉谷水
石門谷
白木溪
百畮城
淇陽川
洹水
洪水
青石河
千畝泉
太行山
黎城
濁漳河
路城
石子河
壺關

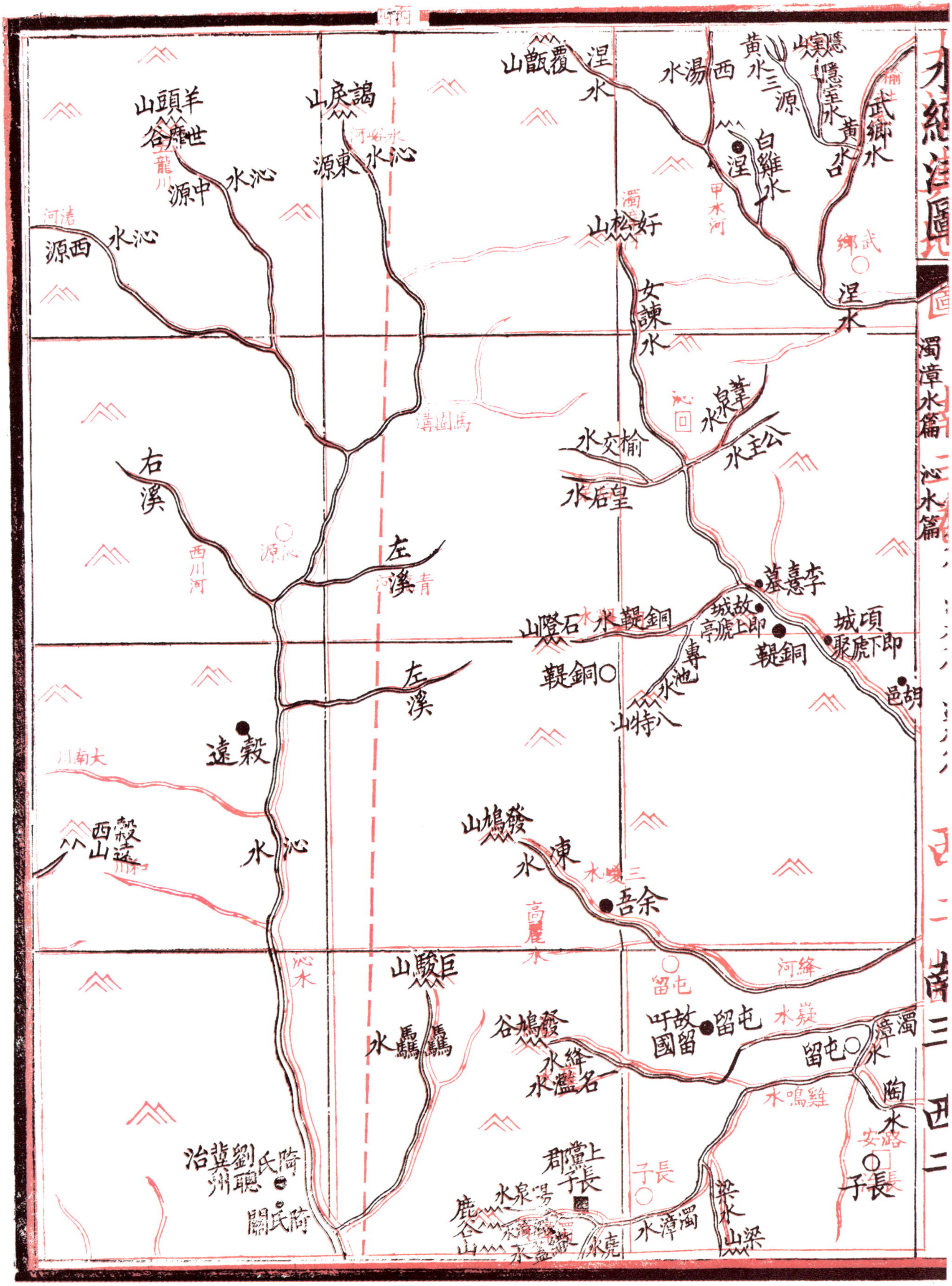
水經注圖
濁漳水篇
沁水篇
南三
西二
羊頭山
世靡谷
沁水中源
謁戾山
沁水東源
沁水西源
覆甑山
涅水
西湯水
黃水三源
隱室山
隱室水
黃谷
武鄉水
涅
白雞水
好松山
女諫水
葦泉水
公主水
榆交水
皇后水
右溪
左溪
李憙墓
故城
上虒亭
下虒聚
項城
銅鞮水
石磴山
銅鞮
專池水
八特山
胡邑
左溪
穀遠
穀遠西山
沁水
發鳩山
陳水
余吾
巨駿山
驫驫水
發鳩谷
絳水
名濫水
故留吁國
屯留
屯留
濁漳水
陶水
雞鳴水
上黨郡長子
湯泉水
鹿谷山
濁漳水
梁水
梁山
堯水
長子
猗氏劉聰冀州治
猗氏關
大南川
西川河
沁源
絳河
三嵕水
長子
武鄉
甲水河
沁水

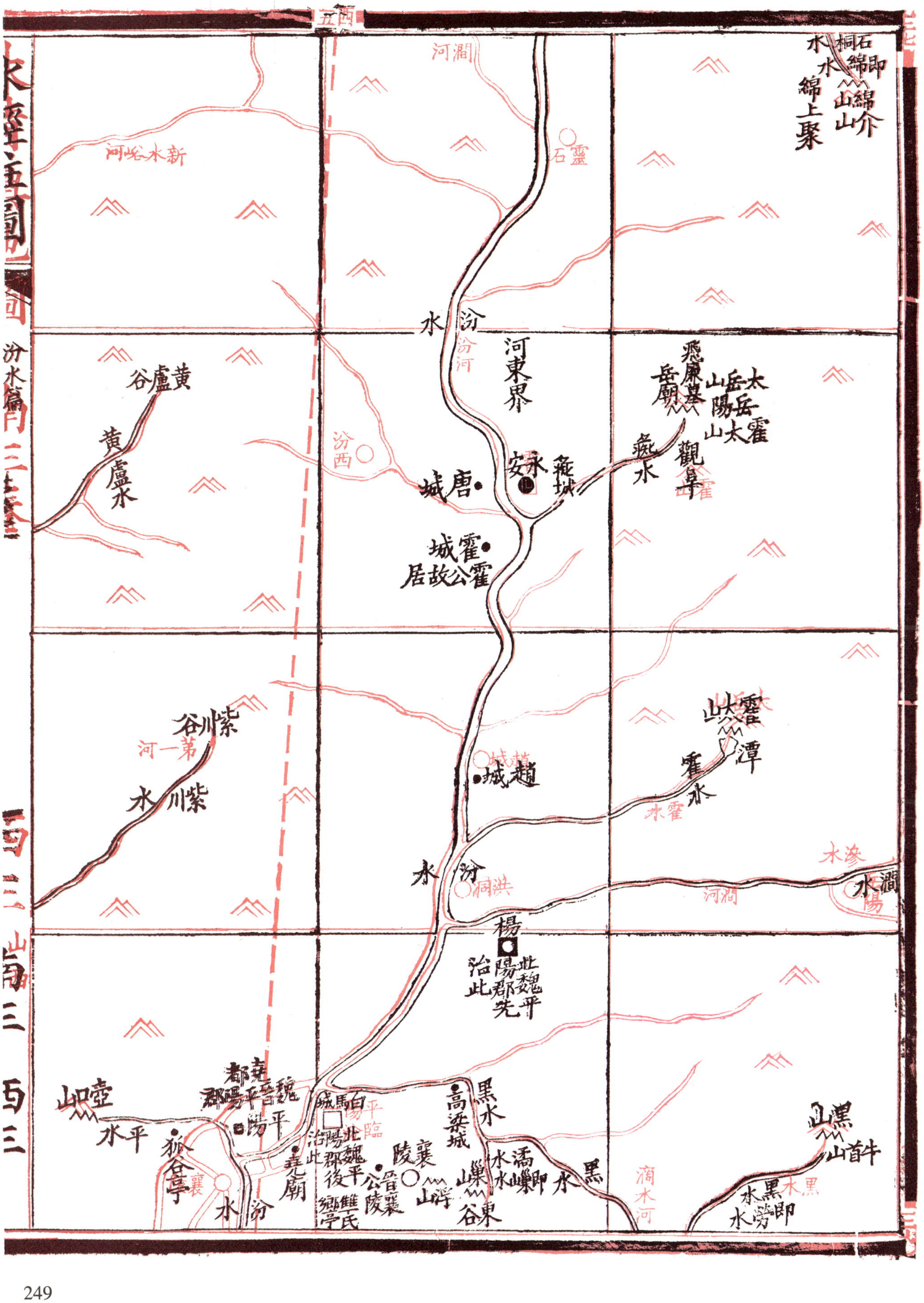
水經注圖
汾水篇
汾水
河東界
永安
彘城
彘水
唐城
霍城
霍公故居
太岳山
霍太山
太岳廟
觀阜
黃盧谷
黃盧水
紫川谷
紫川水
趙城
霍水
霍太山
潭
汾水
楊
北魏平陽郡先治此
澗水
介山
綿山
綿上聚
壺口山
平水
平陽
白馬城
高梁城
黑水
襄陵
晉襄公陵
東谷
浮山
黑水
黑山
牛首山

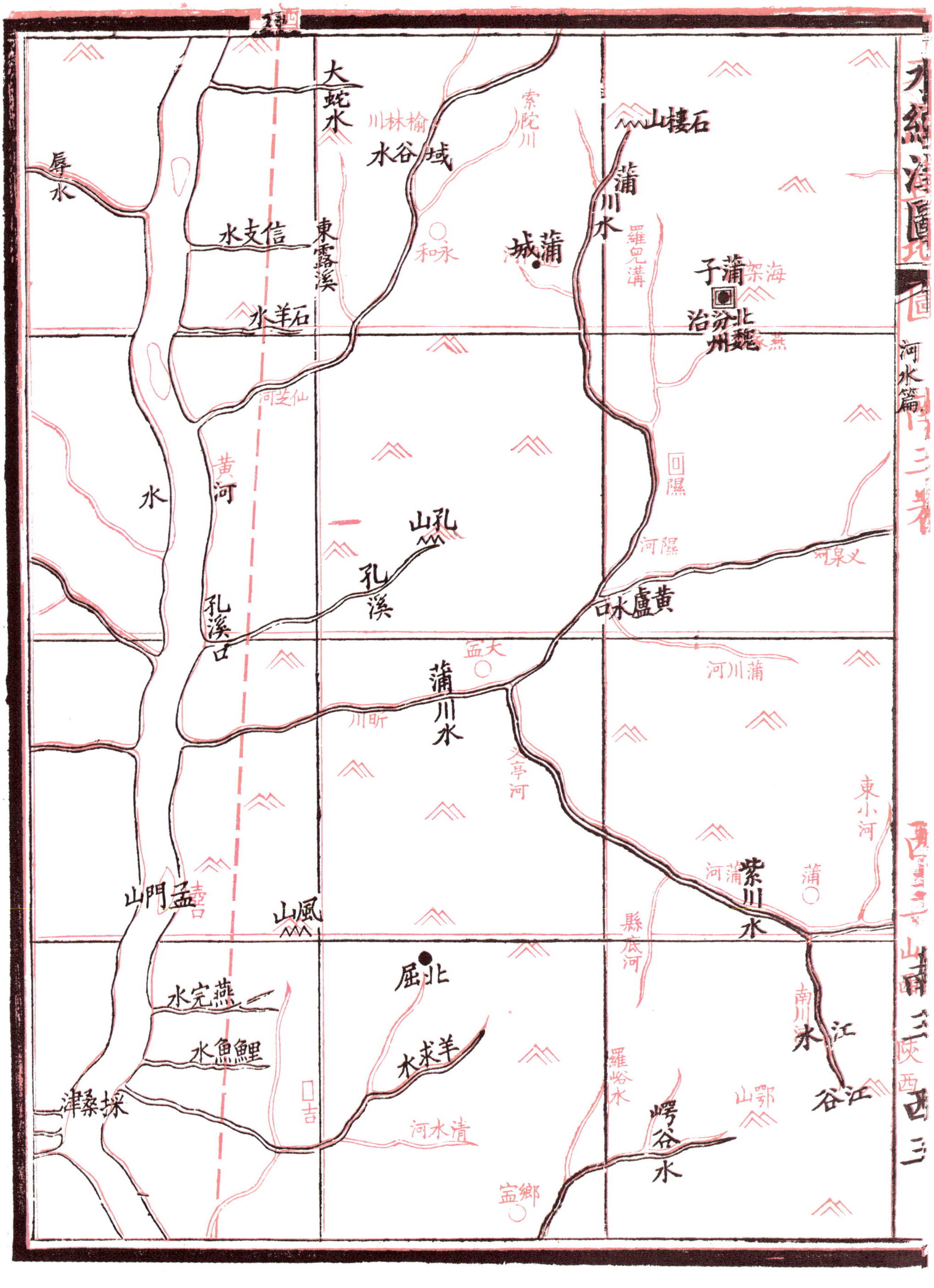
水經注圖
河水篇
大蛇水
辱水
信支水
東露溪
石羊水
域谷水
榆林川
索陀川
永和
蒲城
石樓山
蒲川水
羅兒溝
蒲子
北魏汾州治
仙芝河
黃河
水
回隰
隰河
孔山
孔溪
孔溪口
黃盧水口
蒲川河
蒲川水
义亭河
東小河
紫川水
蒲河
孟門山
風山
縣底河
北屈
燕完水
鯉魚水
羊求水
南川河
江水
江谷
羅峪水
採桑津
吉
清水河
崿谷水
鄉寧

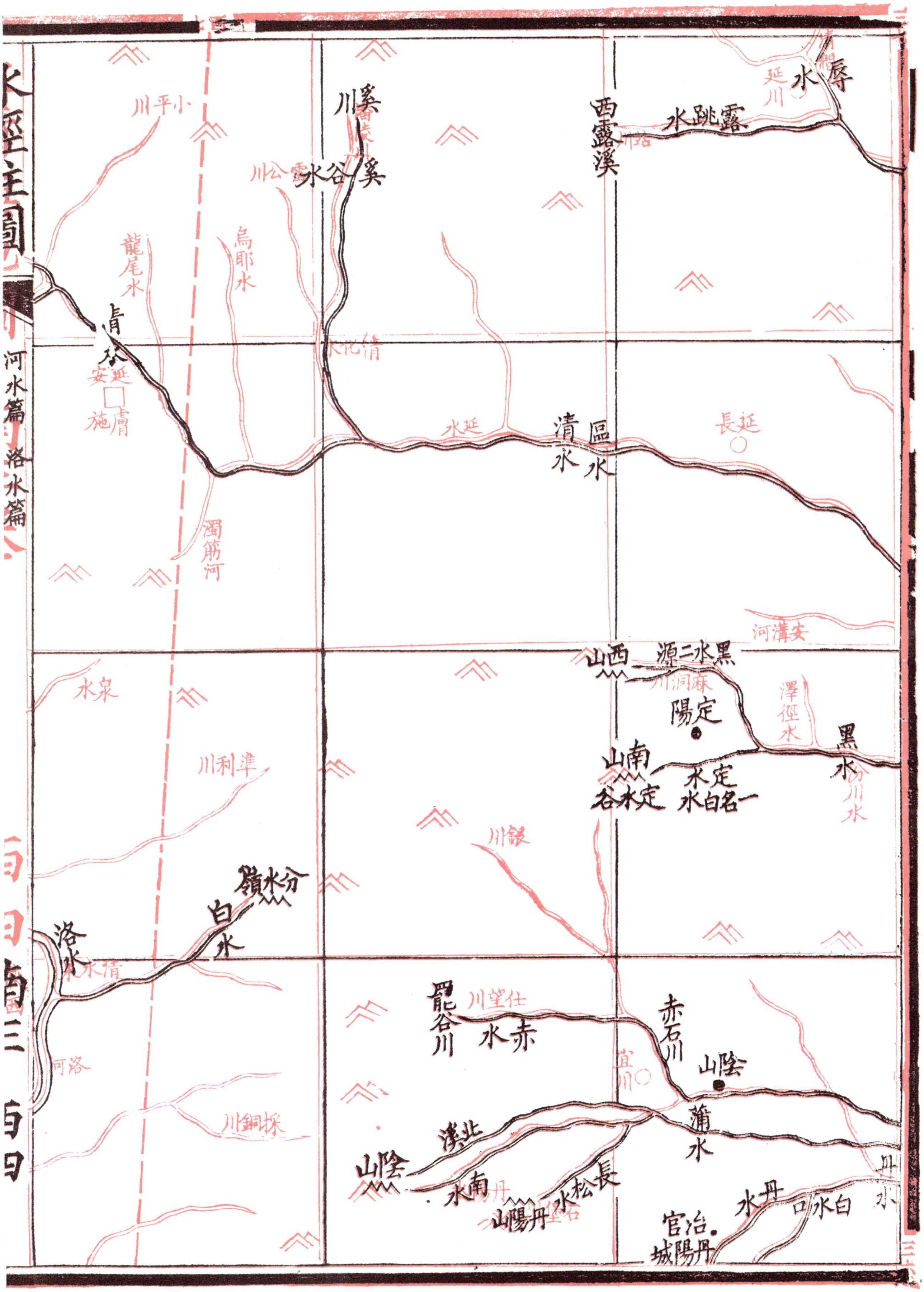
水經注圖
河水篇 洛水篇
小平川
奚川
雲谷水
公川
奚
西露溪
露跳水
延川
龍尾水
烏耶水
清
安延
膚施
延水
清水
區水
延長
濁筋河
安溝河
黑水二源
西山
麻洞川
定陽
澤徑水
黑水
南山
定水
定水谷
一名白水
汾川水
泉水
准利川
銀川
分水嶺
白水
洛水
清水
仕望川
罷谷川
赤水
赤石川
宜川
陰山
洛河
採銅川
北溪
蒲水
陰山
南水
丹陽山
長松水
丹水
白水口
治官
丹陽城

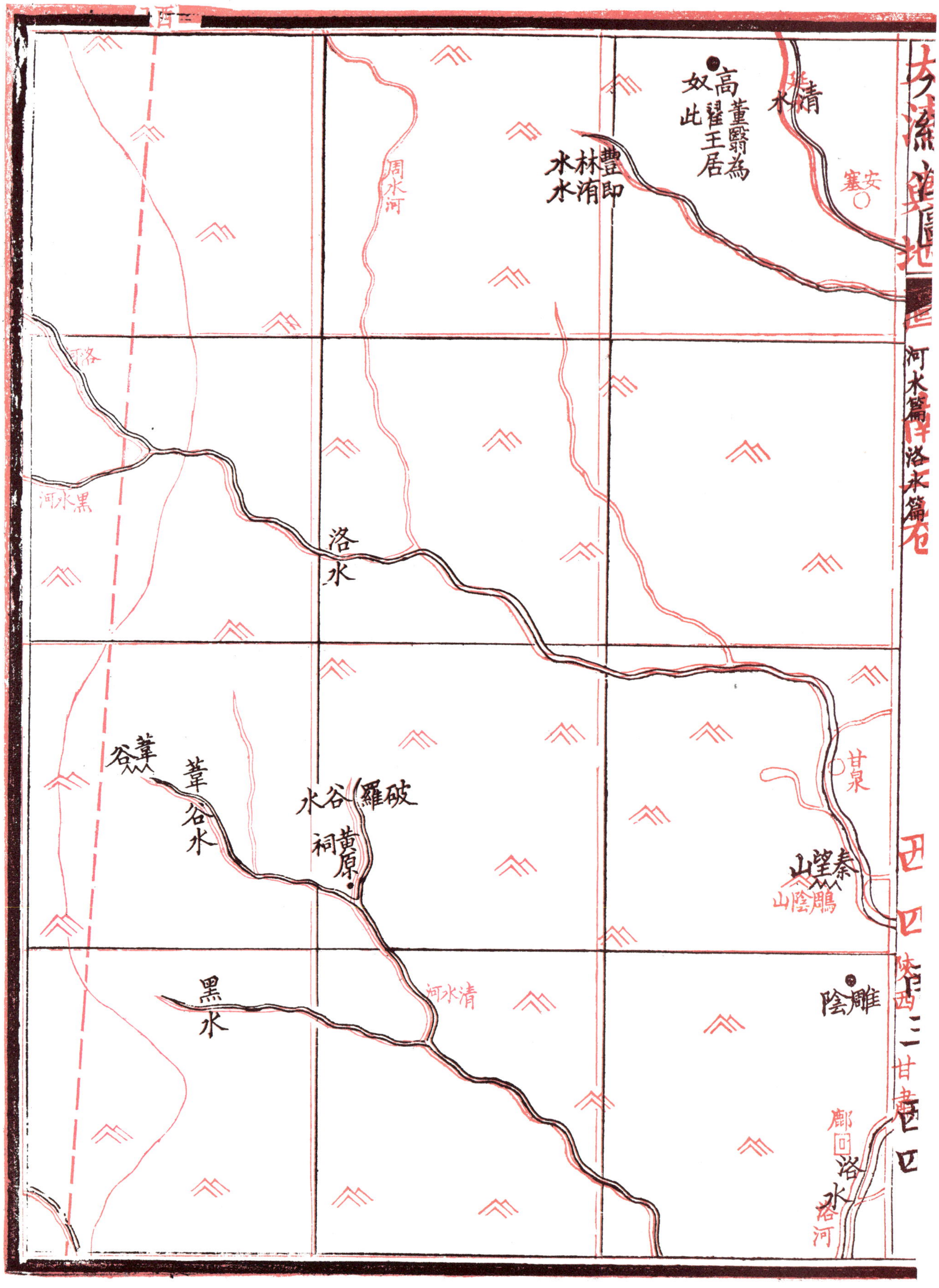

河水篇
洛水篇
清水
安塞
高奴
董翳為翟王居此
豐林水
即洧水
周水河
洛河
黑水河
洛水
葦谷
葦谷水
破羅谷水
黃原祠
甘泉
秦望山
鵰陰山
清水河
黑水
雕陰
鄜
洛水
洛河

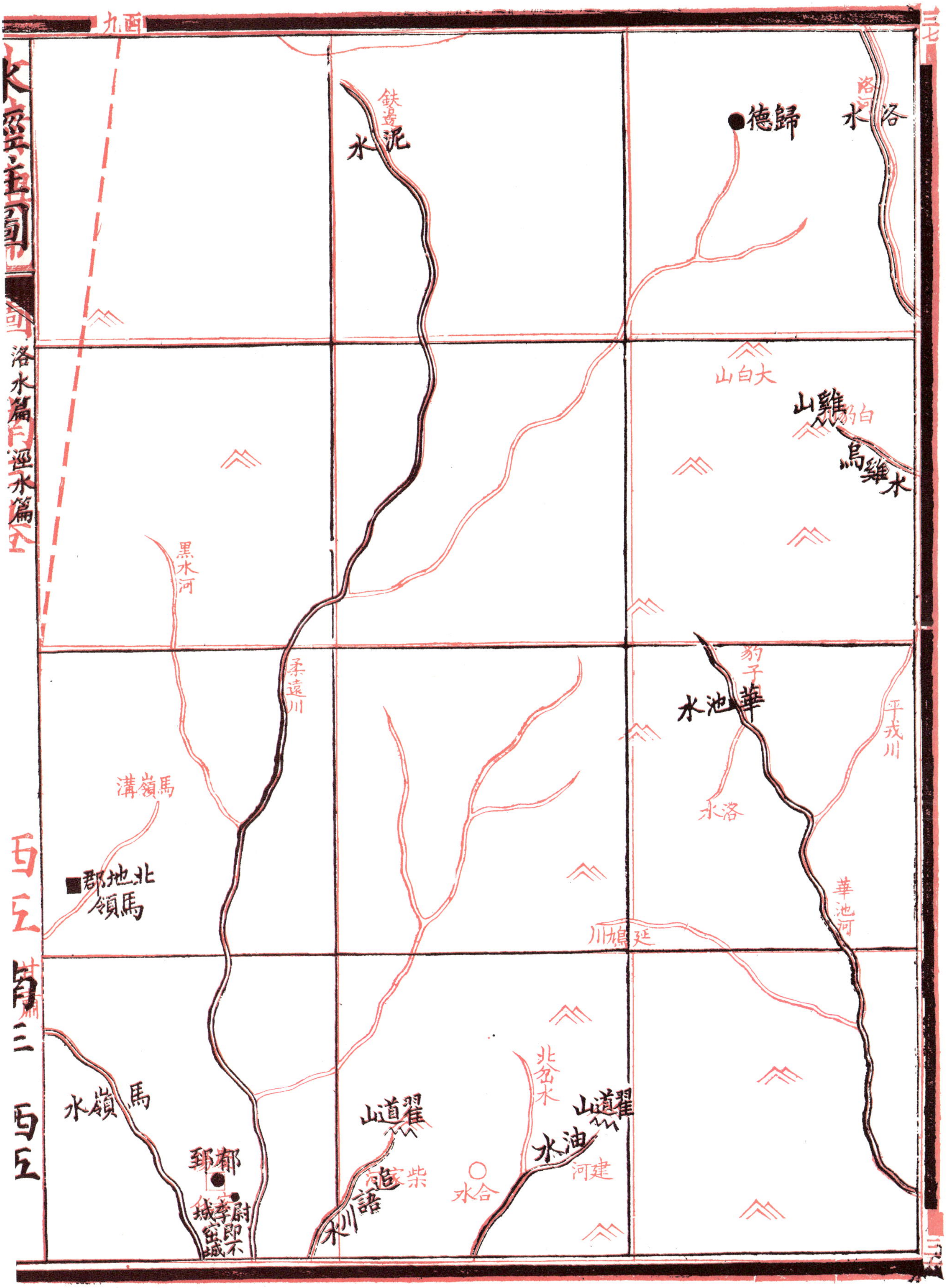
水經注圖
洛水篇 涇水篇
泥水
歸德
洛水
大白山
雞山
烏雞水
黑水河
柔遠川
馬嶺溝
北地郡
馬領
華池水
平戎川
洛水
華池河
馬嶺水
翟道山
翟道山
油水
建河
合水
北谷水

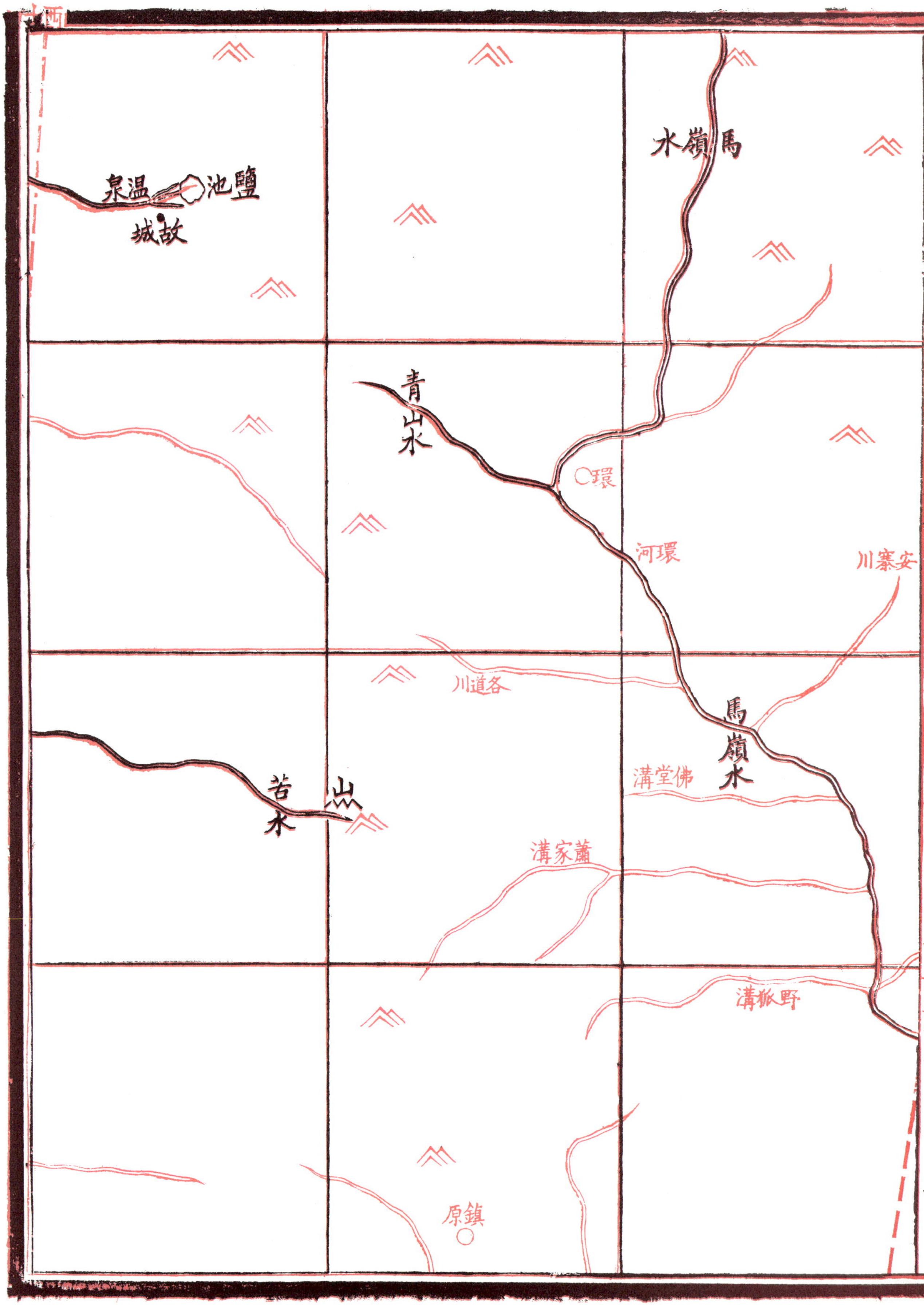
鹽池
溫泉
故城
馬嶺水
青山水
環
環河
安寨川
各道川
馬嶺水
苦水
出
佛堂溝
蕭家溝
野狐溝
鎮原

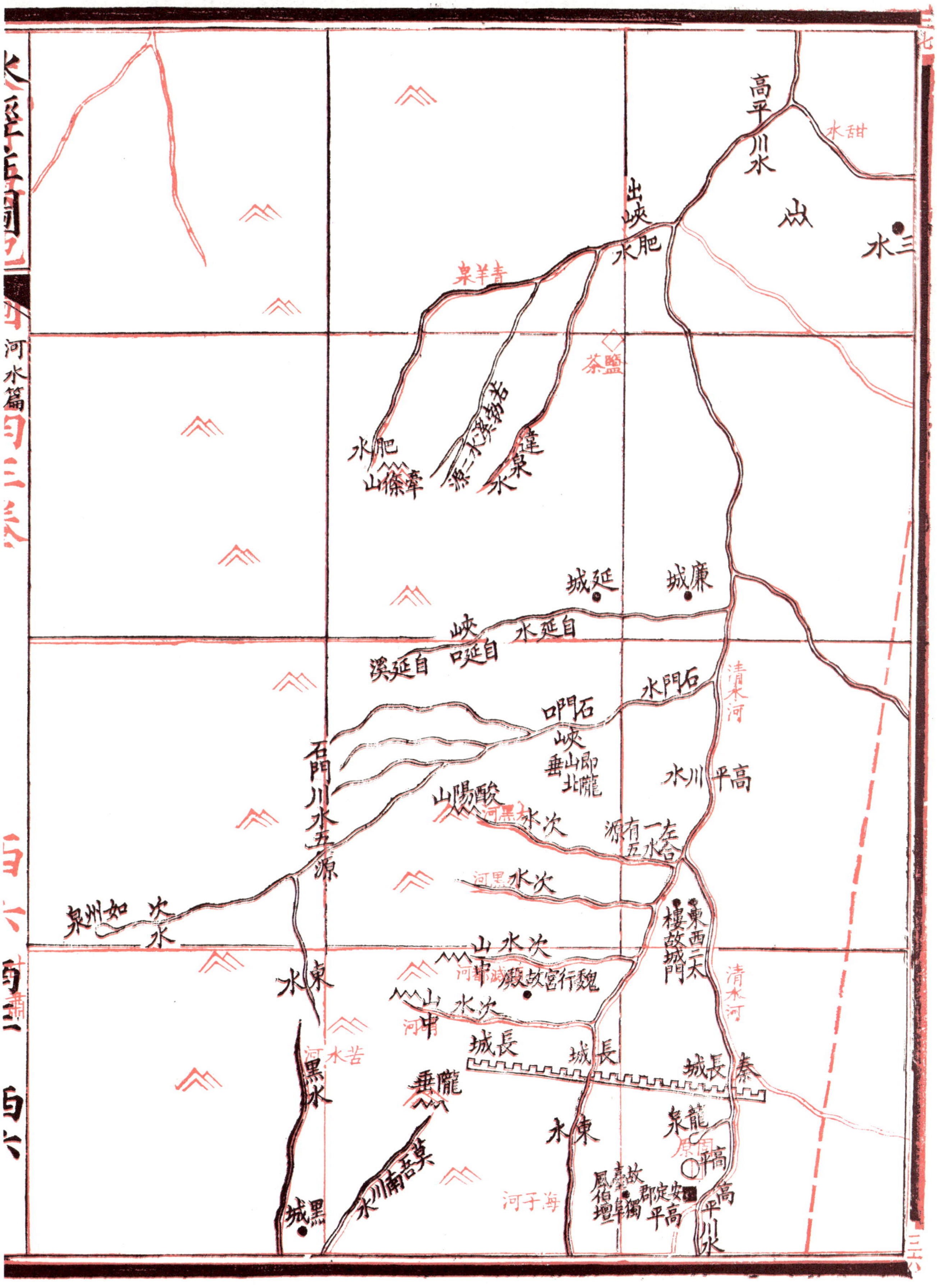

水經注圖
河水篇
高平川水
甘水
山
三水
出峽
肥水
青羊泉
鹽茶
肥水
牽條山
達泉水
延城
廉城
自延水
峽
自延口
自延溪
石門水
石門口
清水河
高平川水
石門川水五源
黑水河
次水
左合一水有五源
黑水河
次水
如州泉
次水
東西二太樓故城門
次水
山
東水
魏行宮故殿
清水河
次水
中山
長城
長城
秦長城
黑水
苦水河
隴垂
龍泉
高平
莫吾南川水
東水
海子河
故安定郡高平
黑城
高平川水

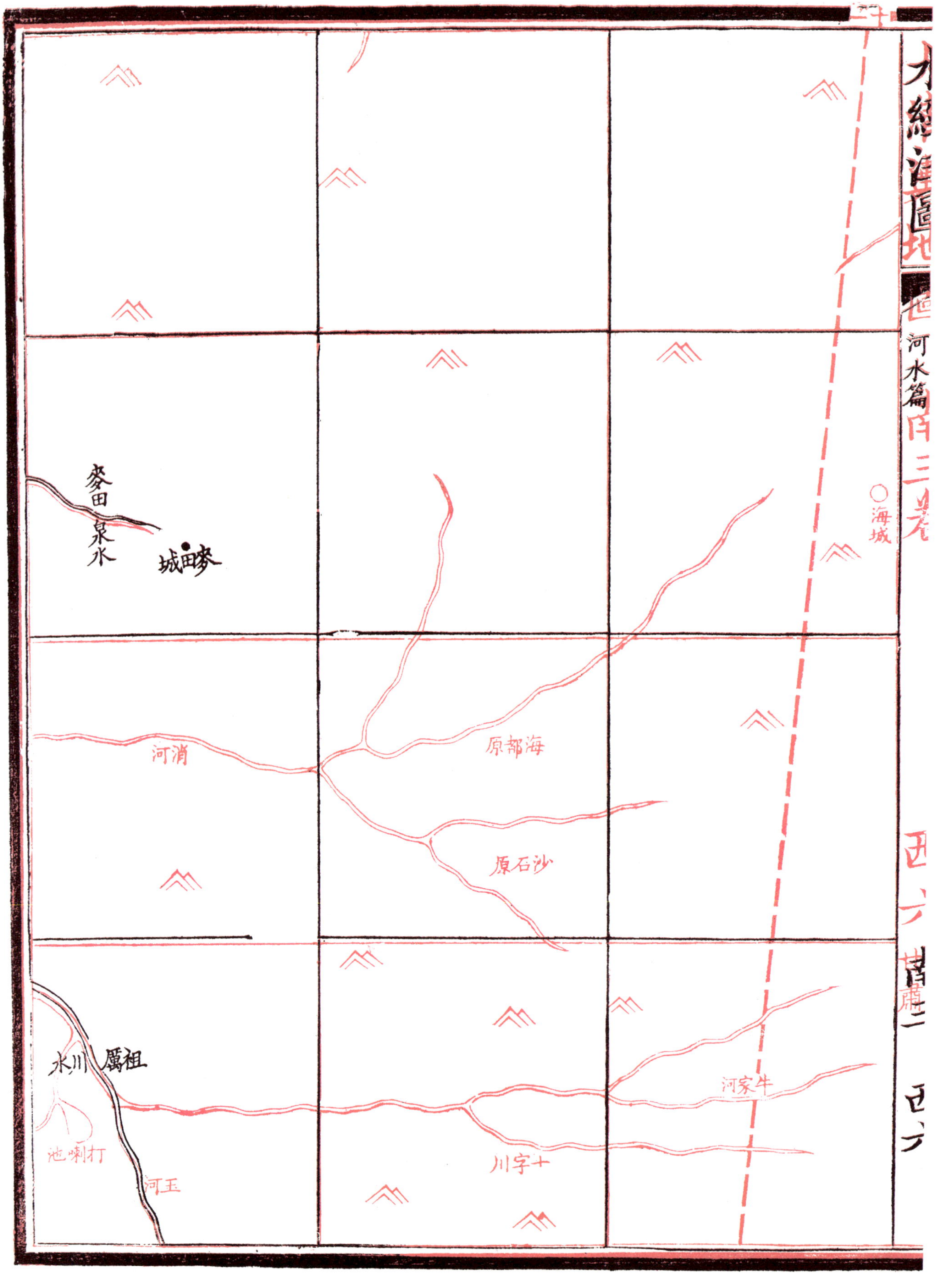
麥田泉水
麥田城
海城
消河
海都原
沙石原
祖厲川水
打喇池
玉河
牛家河
十字川

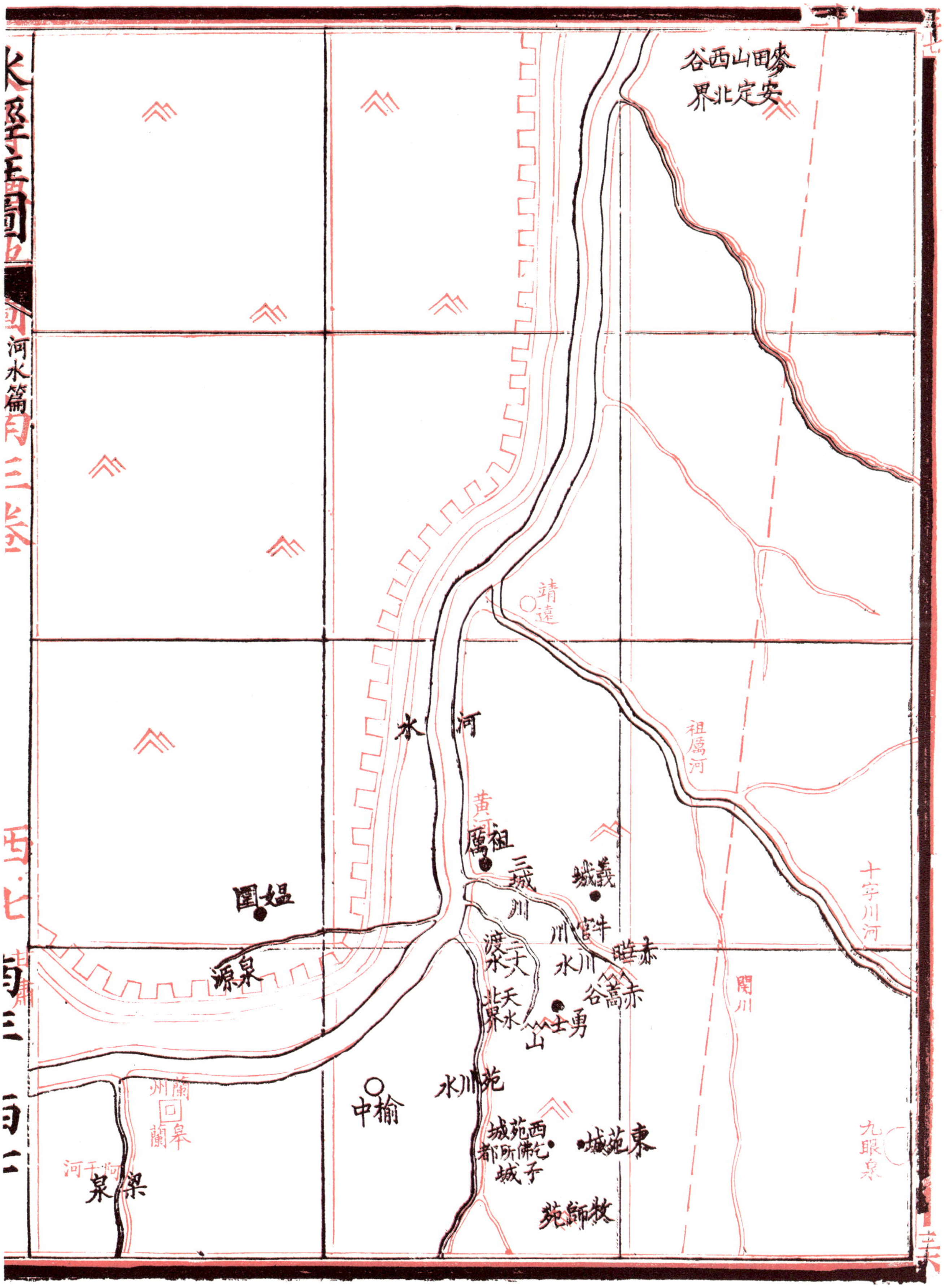
水經注圖
河水篇
參田山西谷
安定北界
河水
祖厲
三城川
義城
牛官
川水
赤高谷
勇士
山
媼圍
泉源
榆中
苑川水
東苑城
西苑城
子城
牧師苑
梁泉
靖遠
黃河
祖厲河
十字川河
關川
九眼泉
蘭州
皐蘭

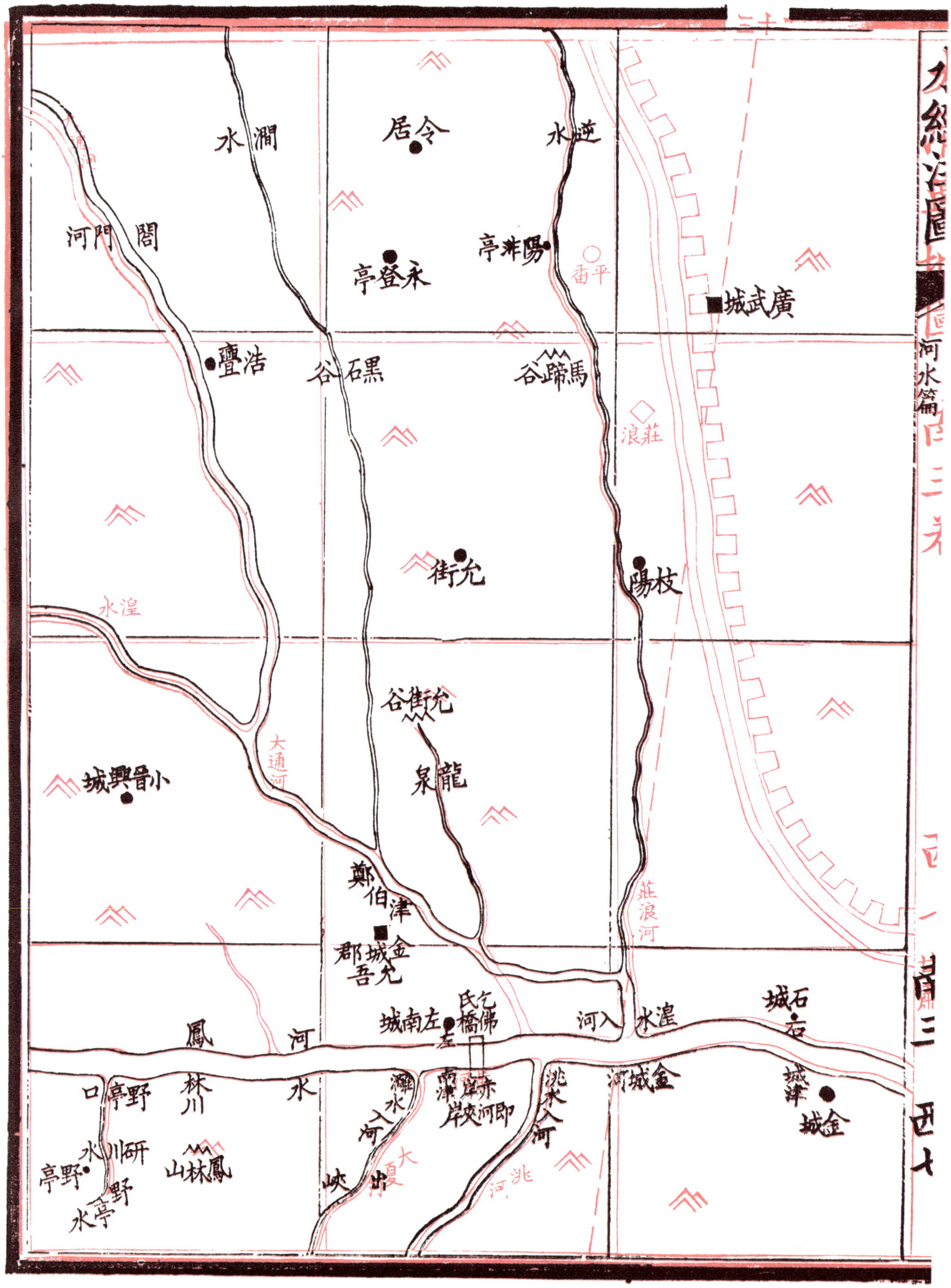

澗水
令居
逆水
闇門河
永登亭
陽非亭
廣武城
浩亹
黑石谷
馬蹄谷
莊浪
允街
枝陽
湟水
允街谷
大通河
龍泉
小晉興城
鄭伯津
莊浪河
金城郡
允吾
左南城
湟水入河
石城
鳳
河
水
金城河
洮水入河
灕水入河
鳳林川
鳳林山
野亭
金城
河水篇

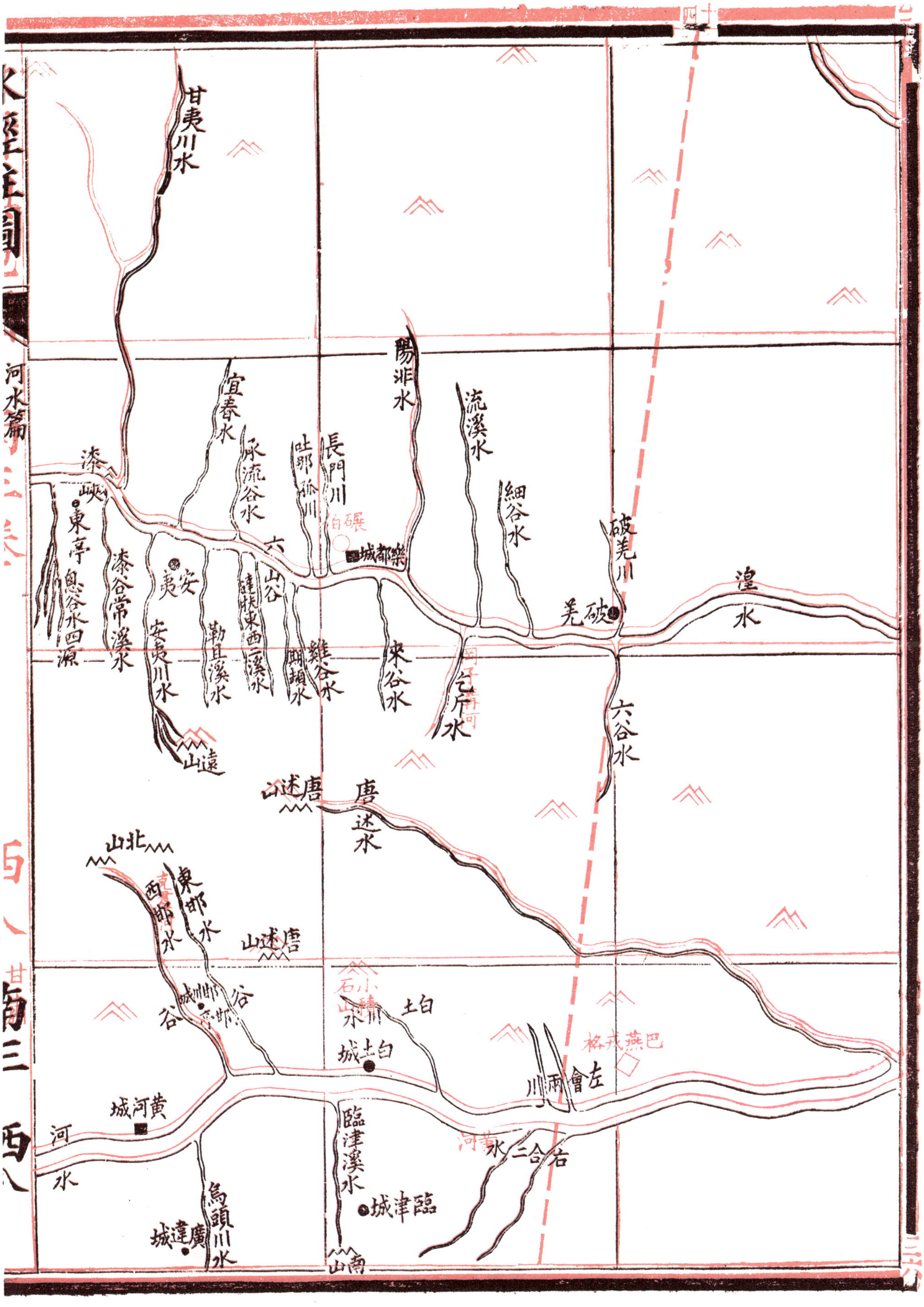
水經注圖
河水篇
甘夷川水
宜春水
陽非水
流溪水
細谷水
破羌川
承流谷水
吐那孫川
長門川
碾伯
樂都城
破羌
湟水
漆峽
東亭
漆谷常溪水
安夷
安夷川水
勒且溪水
六山谷
雞谷水
來谷水
乞斤水
六谷水
遠山
唐述山
唐述水
北山
東邯水
西邯水
唐述山
小積石山
白土
白土城
巴燕戎格
左會兩川
黃河城
河水
右合二水
臨津溪水
臨津城
烏頭川水
廣違城
南山

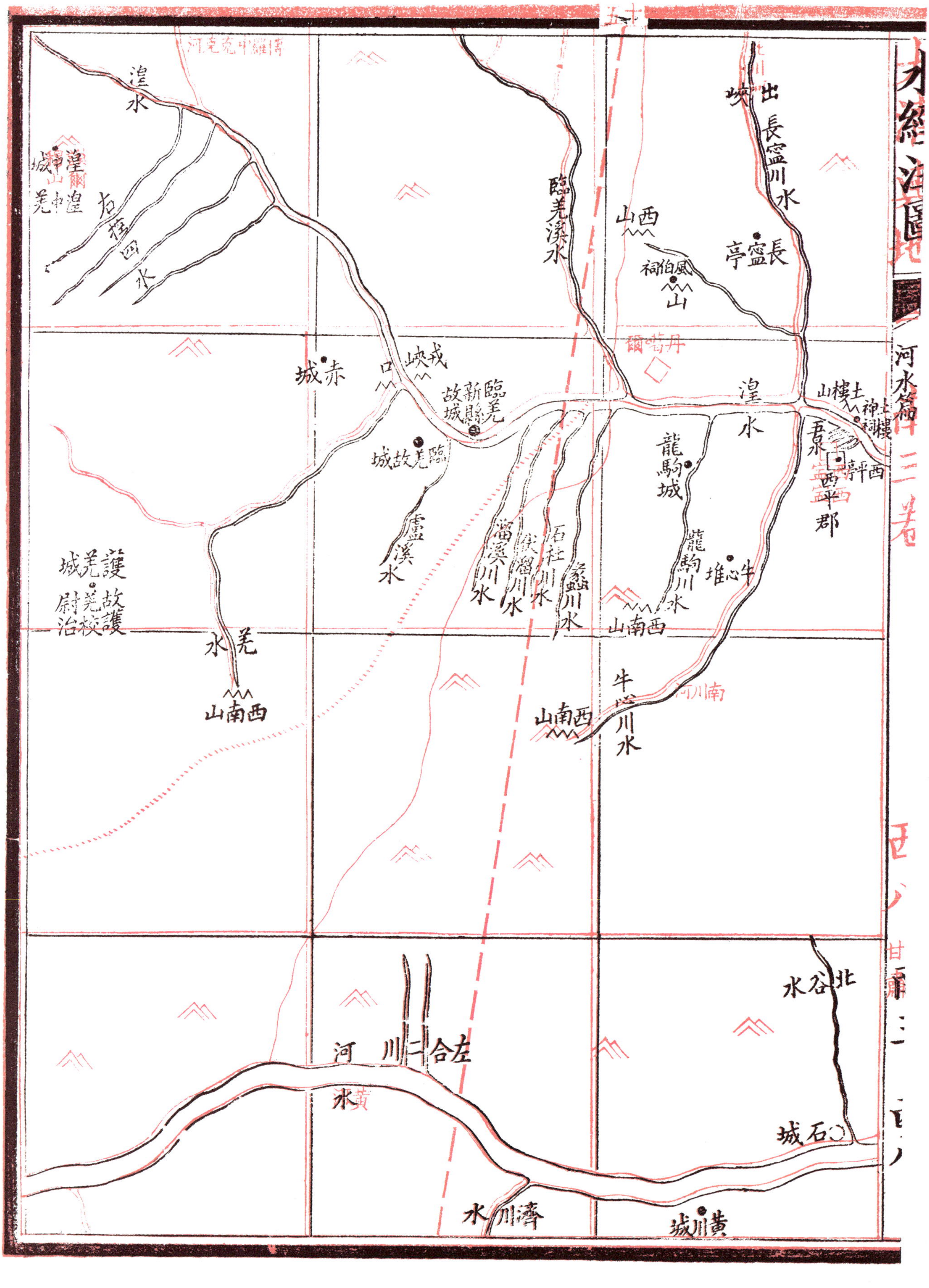
水經注圖
河水篇三卷
湟水
湟中城
右控四水
臨羌溪水
西山
風伯祠山
長寧亭
出長寧川水峽
戎峽口
赤城
臨羌新縣故城
臨羌故城
盧溪水
溜溪川水
伏溜川水
石杜川水
龍駒城
龍駒川水
牛心堆
西南山
土樓山
土樓神祠
西平亭
西平郡
湟水
護羌城
故護羌校尉治
羌水
西南山
西南山
牛心川水
北谷水
左合二川
河水
石城
濟川水
黃川城

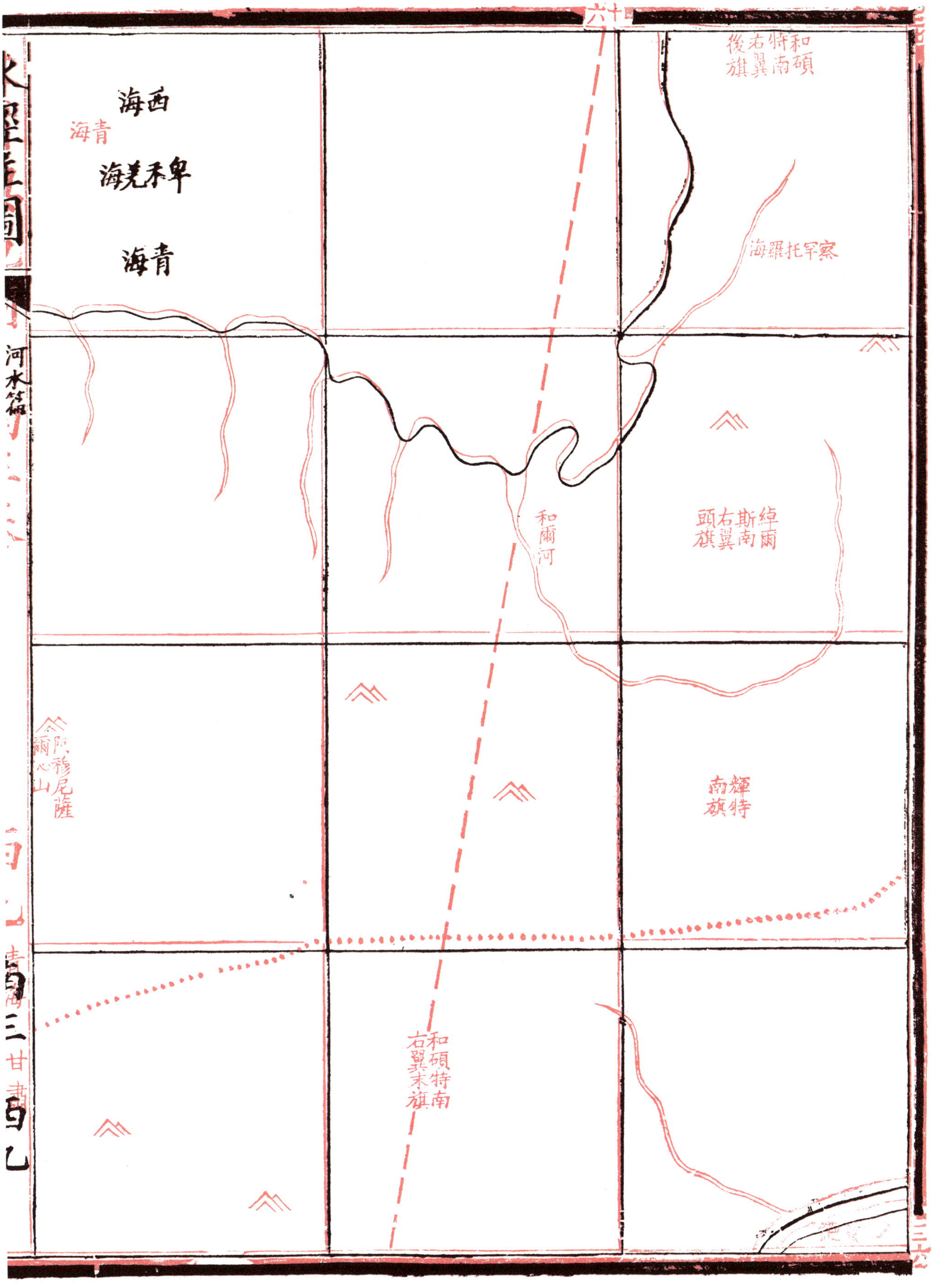
水經注圖
河水篇
六十
西海
青海
卑禾羌海
青海
和碩特南右翼後旗
察罕托羅海
和爾河
綽爾斯南右翼頭旗
阿穆尼薩爾沁山
輝特南旗
和碩特南右翼末旗

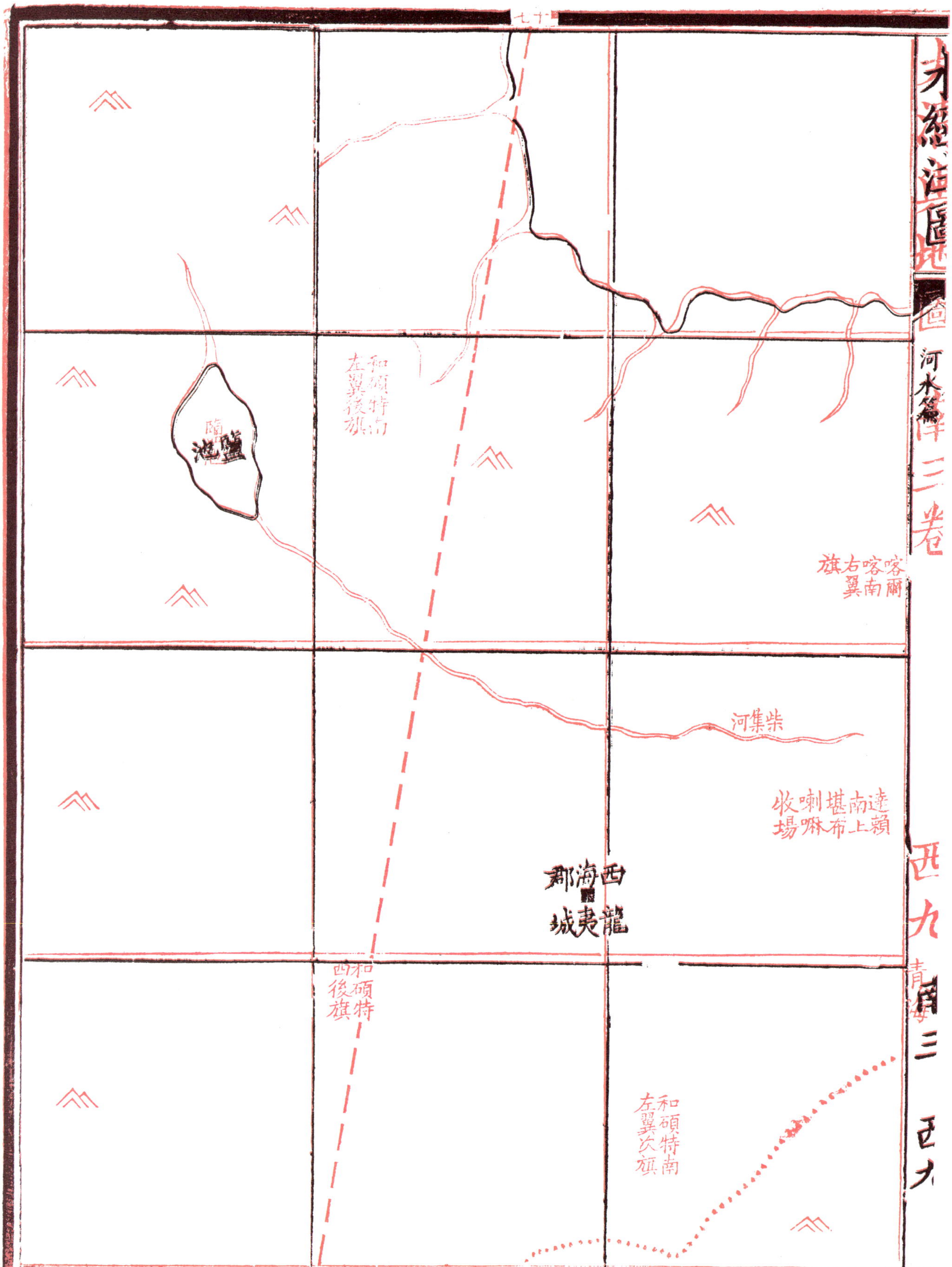
水經注圖
河水篇
三卷
西九
南三
青海
鹽池
和碩特前左翼後旗
喀爾喀南右翼旗
柴集河
達賴南上堪布喇嘛收場
西海郡
龍夷城
和碩特西後旗
和碩特南左翼次旗

水經注圖

南四　東二

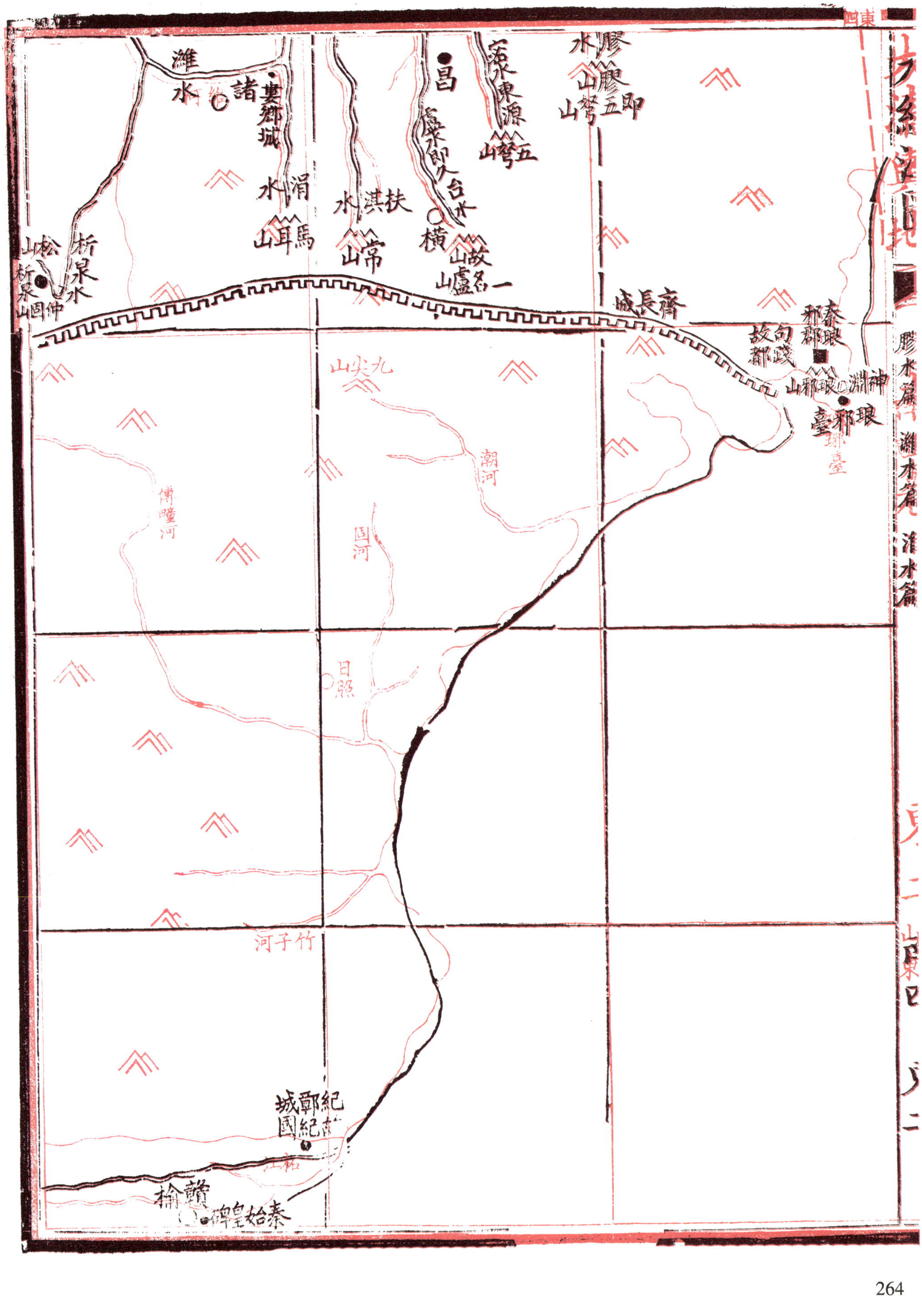
濰水
諸
婁鄉城
涓水
馬耳山
扶淇水
常山
昌
横
台水
故山一名盧山
膠水
齊長城
琅邪郡
故句踐都
琅邪山
神淵
琅邪臺
九尖山
潮河
傅疃河
日照
竹子河
紀鄣城
故紀國
贛榆
秦始皇碑
松山
析泉水
膠水篇
濰水篇
沭水篇

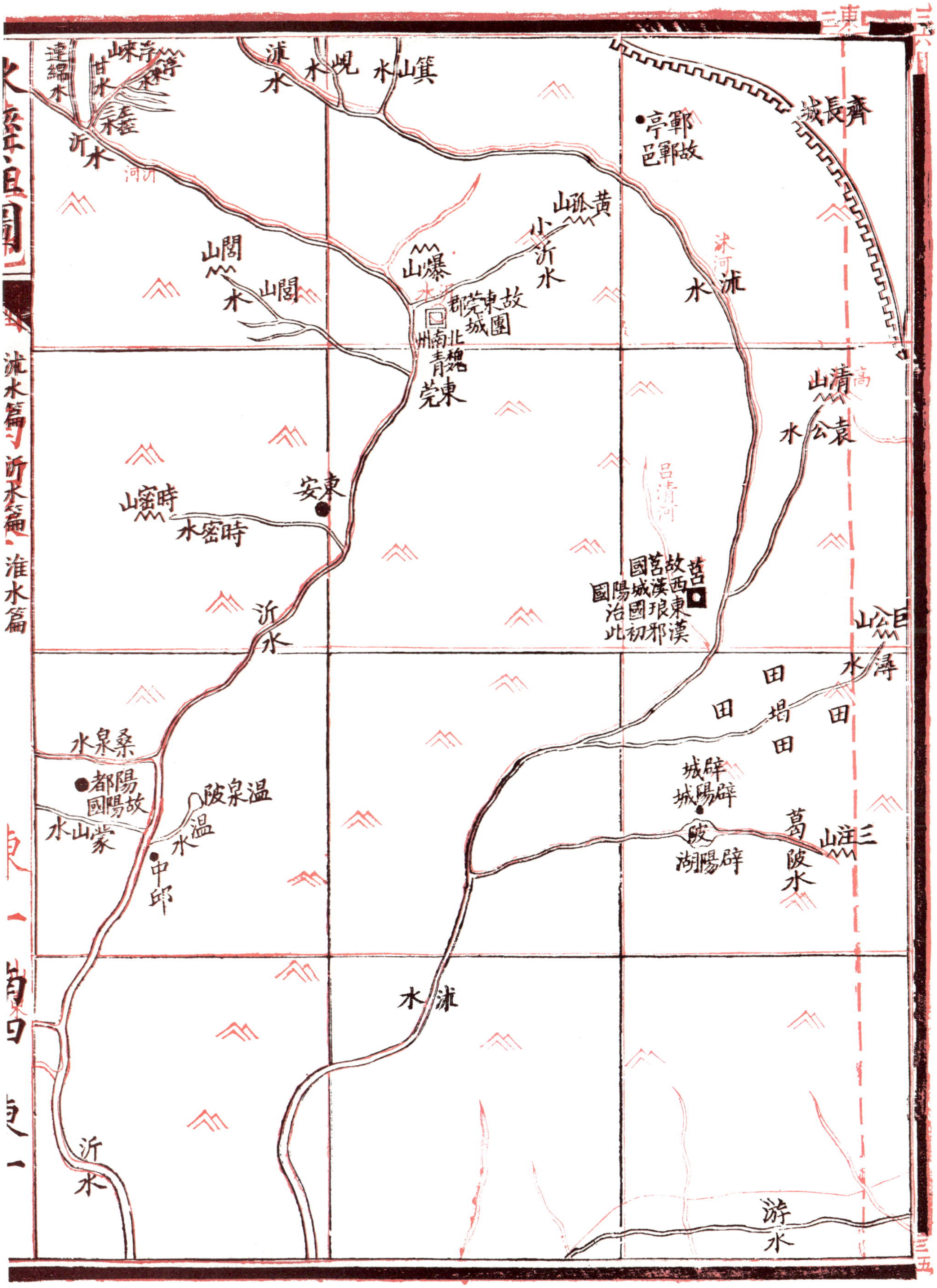
沭水篇
沂水篇
淮水篇
齊長城
鄆亭
故鄆邑
箕山水
峴水
黃孤山
小沂水
沭水
暴山
閭山
閭山水
東莞
東安
時密山
時密水
沂水
清山
袁公水
莒
巨公山
潯水
桑泉水
故陽都
蒙山水
溫泉陂
溫水
中邱
辟陽城
辟陽湖
三注山
葛陂水
游水

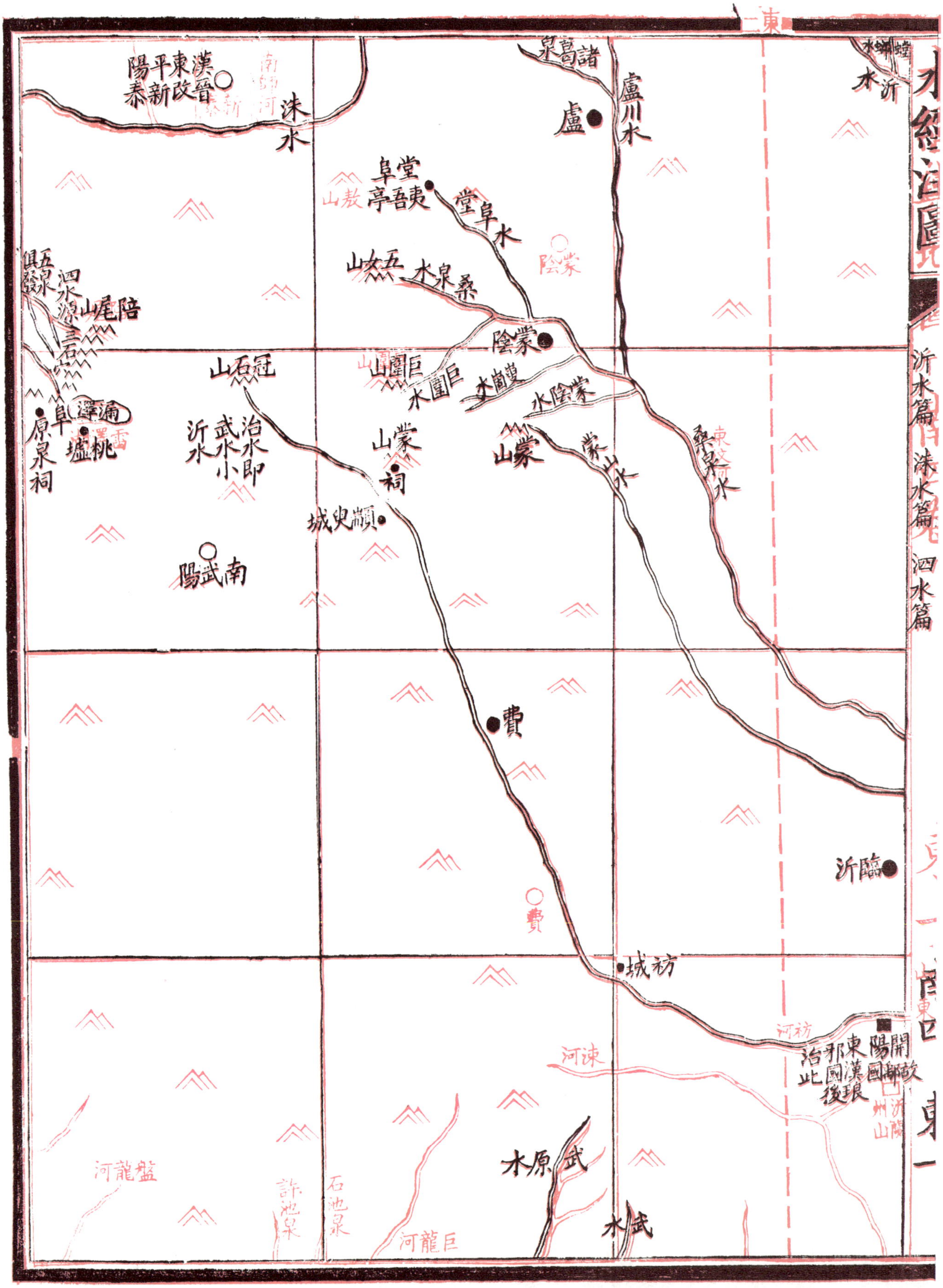

水經注圖
沂水篇
沭水篇
泗水篇
東二
漢東平陽 晉改新泰
沭水
諸葛泉
盧川水
盧
沂水
堂阜夷吾亭
堂阜水
桑泉水
蒙陰
陪尾山
泗水源
五泉俱發
冠石山
巨圍山
巨圍水
蒙陰水
蒙山
蒙山水
蒙山祠
湧澤
桃墟
治水即武水小沂水
顓臾城
南武陽
費
臨沂
祊城
開陽故鄅國漢東琅邪國治此
武原水
武水
東汶河
祊河
涑河
盤龍河
許池泉
石池泉
巨龍河

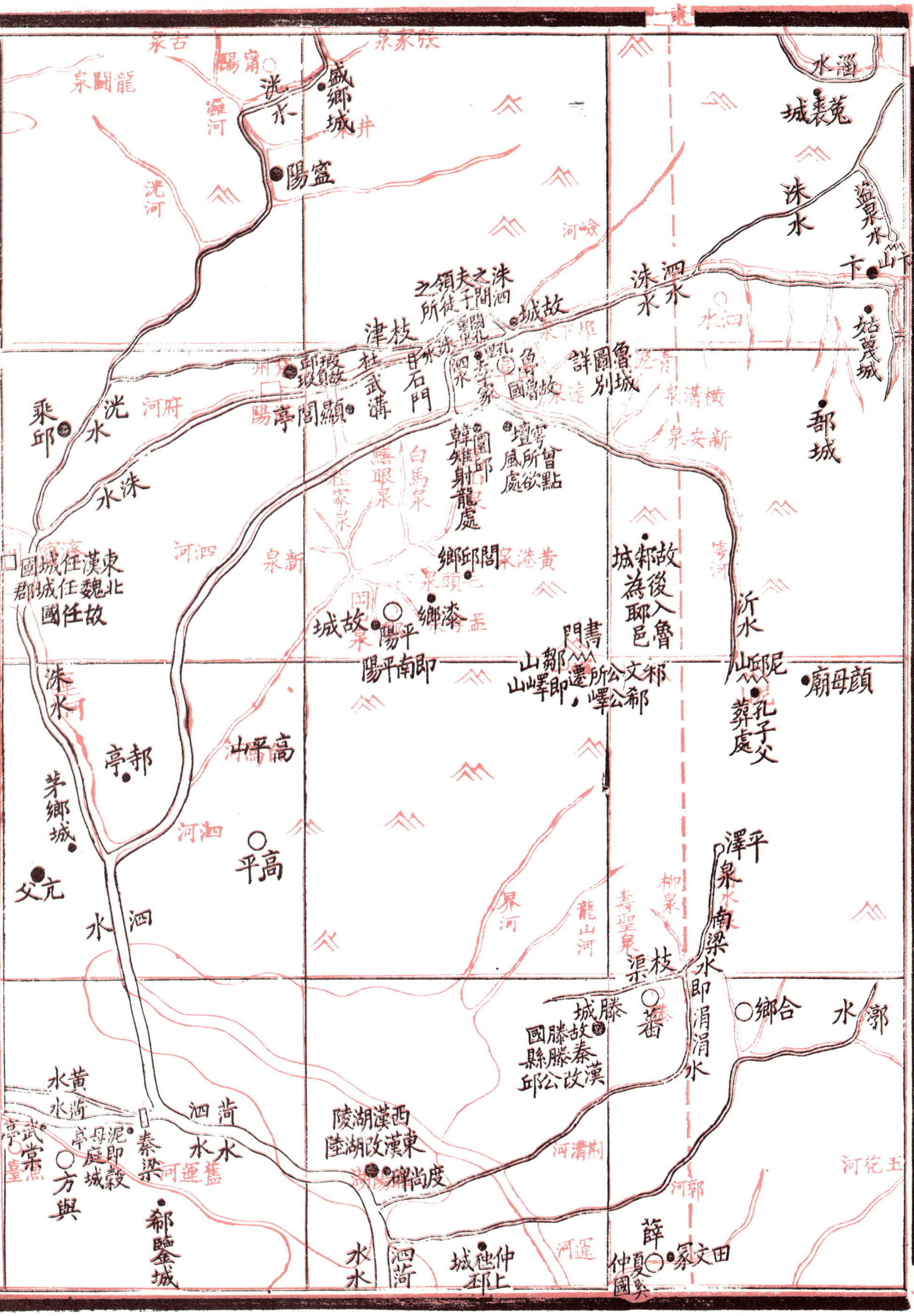
盛鄉城
洸水
沭水
泗水
故城
魯城
乘邱
菟裘城
姑蔑城
鄅城
枝津
沂水
尼丘山
顏母廟
平陽
故城
高平山
郕亭
茅鄉城
亢父
高平
平澤泉
枝渠
滕城
蕃
合鄉
漷水
黃水
菏水
方與
薛
田文冢
鄒山

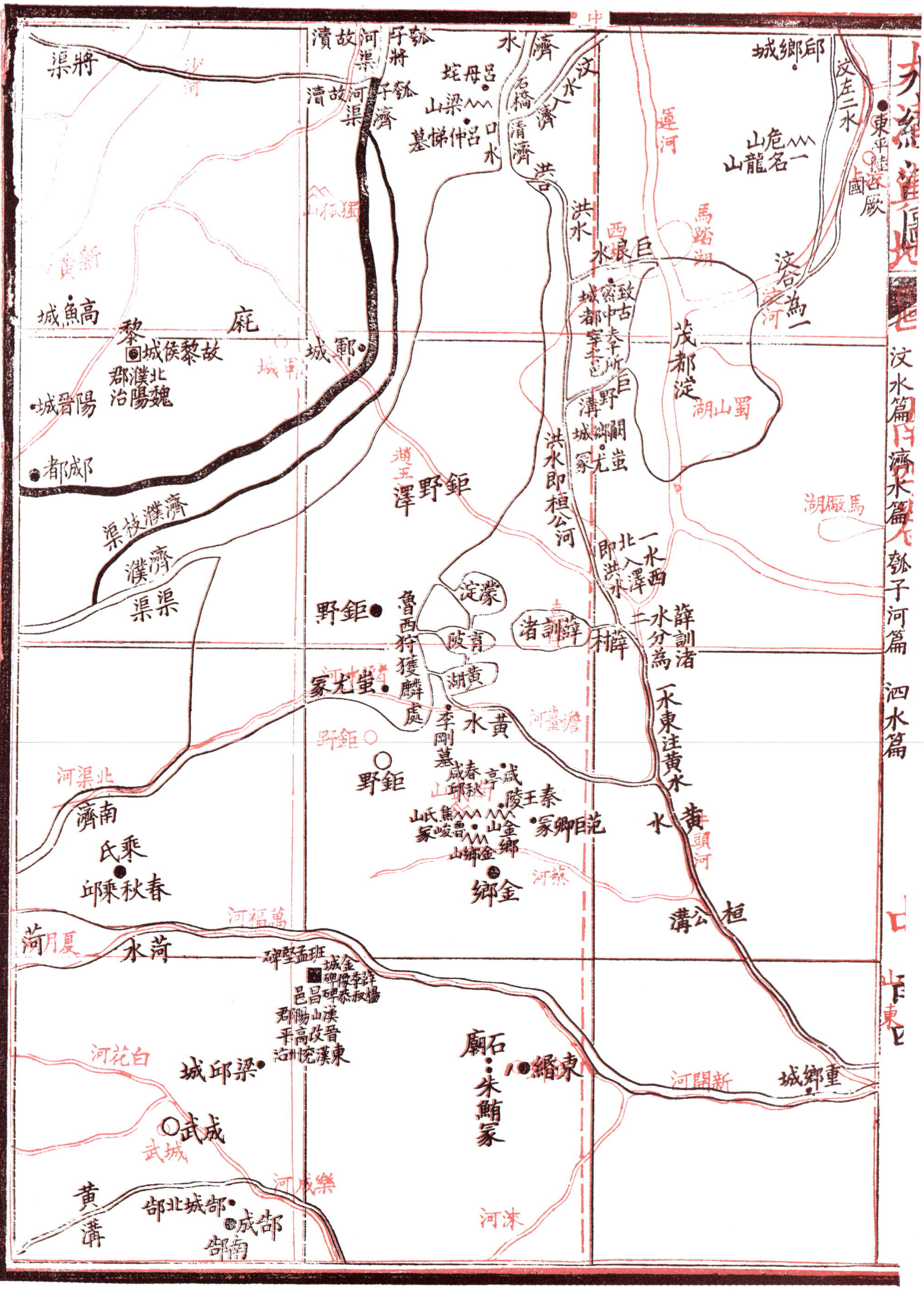
汶水篇
濟水篇
瓠子河篇
泗水篇
將渠
故瀆
郕都
高魚城
陽晉城
濟濮枝渠
巨野澤
巨野
鉅野
蒙淀
育陂
黃湖
薛訓渚
黃水
茂都淀
蜀山湖
馬踏湖
馬廠湖
洪水
春秋乘邱
金鄉
荷水
桓公溝
東緡
朱鮪冢
梁邱城
武成
重鄉城
新開河
白花河
黃溝

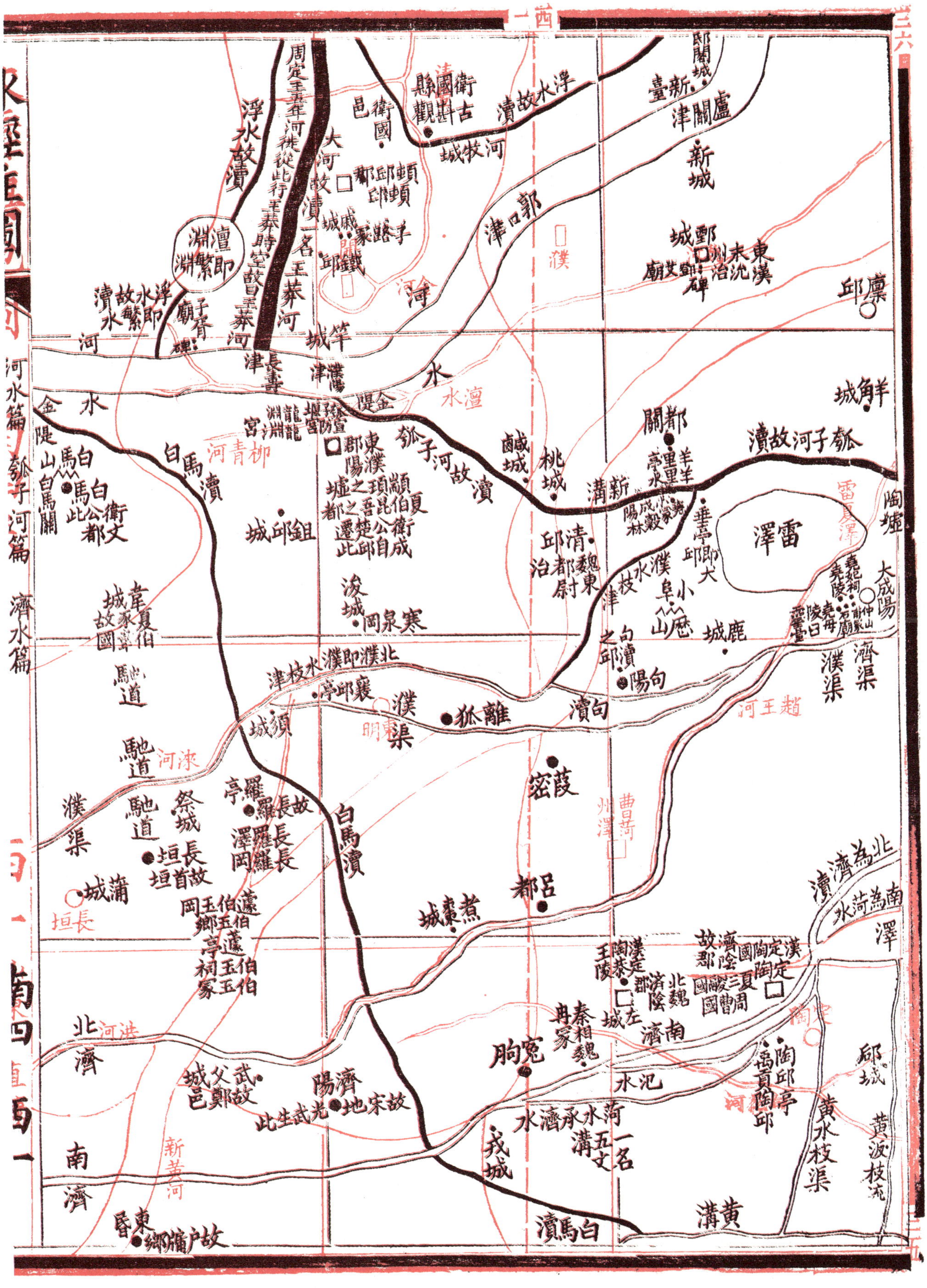
水經注圖
河水篇
瓠子河篇
濟水篇
浮水故瀆
衛國
頓丘
新臺
盧關津
新城
河牧城
郭口津
東漢
廩丘
羊角城
瓠子河故瀆
都關
桃城
鹹城
雷澤
雷夏澤
陶墟
大成陽
新溝
清丘
句陽
鹿城
濮渠
離狐
濟渠
趙王河
呂都
煮棗城
蒲城
長垣
祭城
長羅澤
白馬瀆
白馬
金隄
長壽津
柳青河
寒泉岡
浚城
鉏丘城
韋城
馳道
須城
北濟
南濟
武父城
濟陽
故宋地
冤朐
戎城
定陶
濟陰
左城
氾水
黃溝
黃水枝渠
黃溝枝流
郜城
北為濟瀆
南為菏水
菏澤
故戶牖鄉東昏

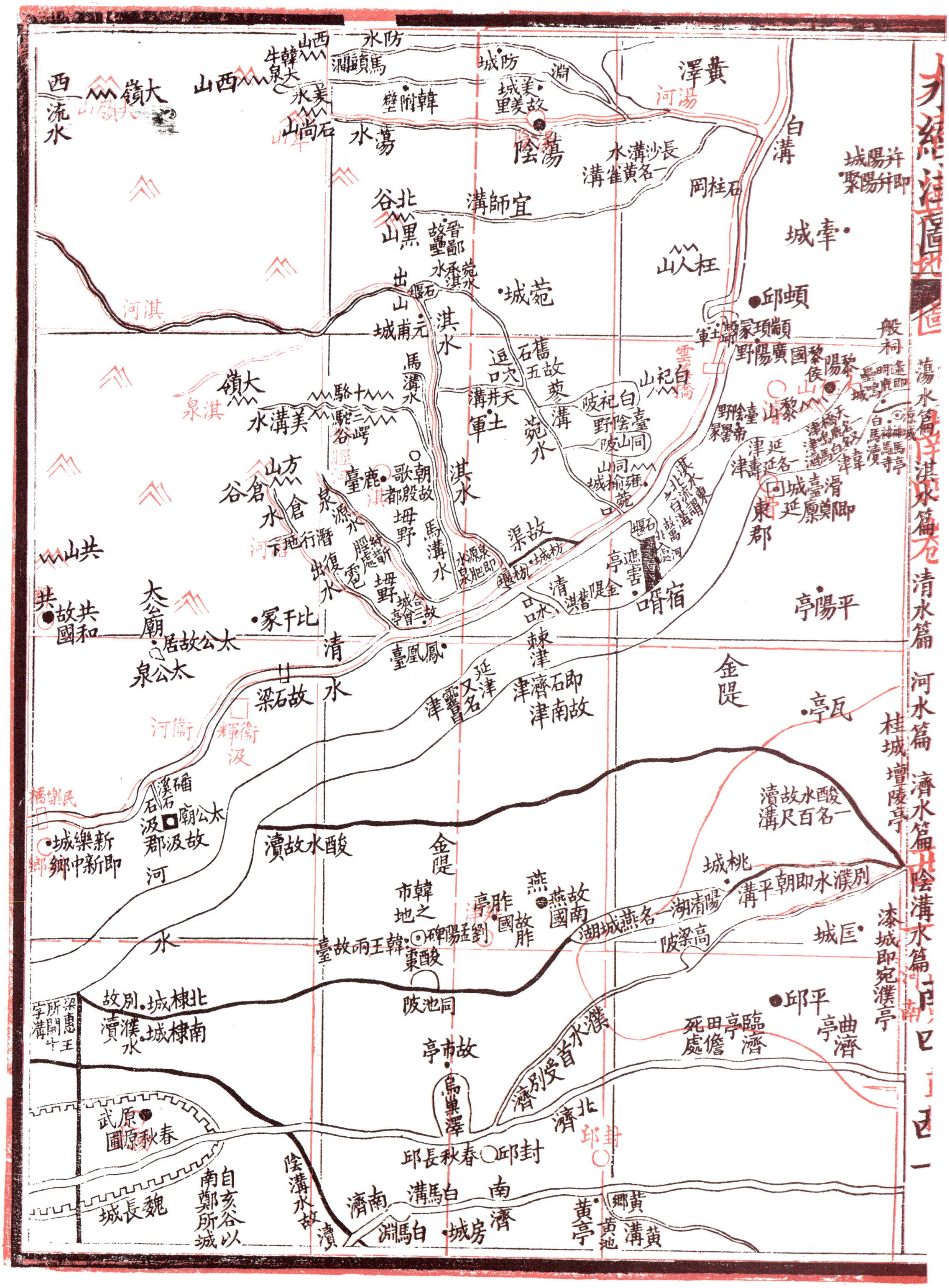

水經注圖
蕩水篇 淇水篇 清水篇 河水篇 濟水篇 陰溝水篇
黃澤
蕩陰
大嶺
西山
石尚山
蕩水
韓附壁
防城
宜師溝
長沙溝水一名黃雀溝
石柱岡
白溝
牽城
頓丘
杜人山
北谷
黑山
菀城
元甫城
淇水
馬溝水
舊石逗五穴口
故蔡溝
天井溝
土軍
菀水
白祀山
臺陰野
黎陽
黎國
頓丘
顓頊冢
黃陽野
宿胥口
東郡
滑臺城
廣阿澤
朝歌故殷都
鹿臺
倉水
方山
倉谷
共山
共和故國
太公廟
太公故居
比干冢
太公泉
清水
故石梁
鳳凰臺
延津又名靈昌津
石濟津即故南津
金隄
平陽亭
瓦亭
桂城
壇陵亭
新鄉城即新樂城
故汲郡
太公廟
河水
酸水故瀆
酸水故瀆一名百尺溝
桃城
濮水別即朝平溝
燕故國
南燕
胙亭
故胙國
韓市
韓王所支臺故
酸棗
同池陂
北棣城
南棣城
濮水故瀆
匡城
平丘
曲濟亭
臨濟亭
田儋死處
漆城即宛濮亭
故市亭
烏巢澤
濟北
濮水首受別濟
封丘
長秋丘
原武
春秋原圃
魏長城
陰溝水故瀆
白馬溝
南濟
黃亭
黃池
黃溝
黃鄉
白馬淵
房城

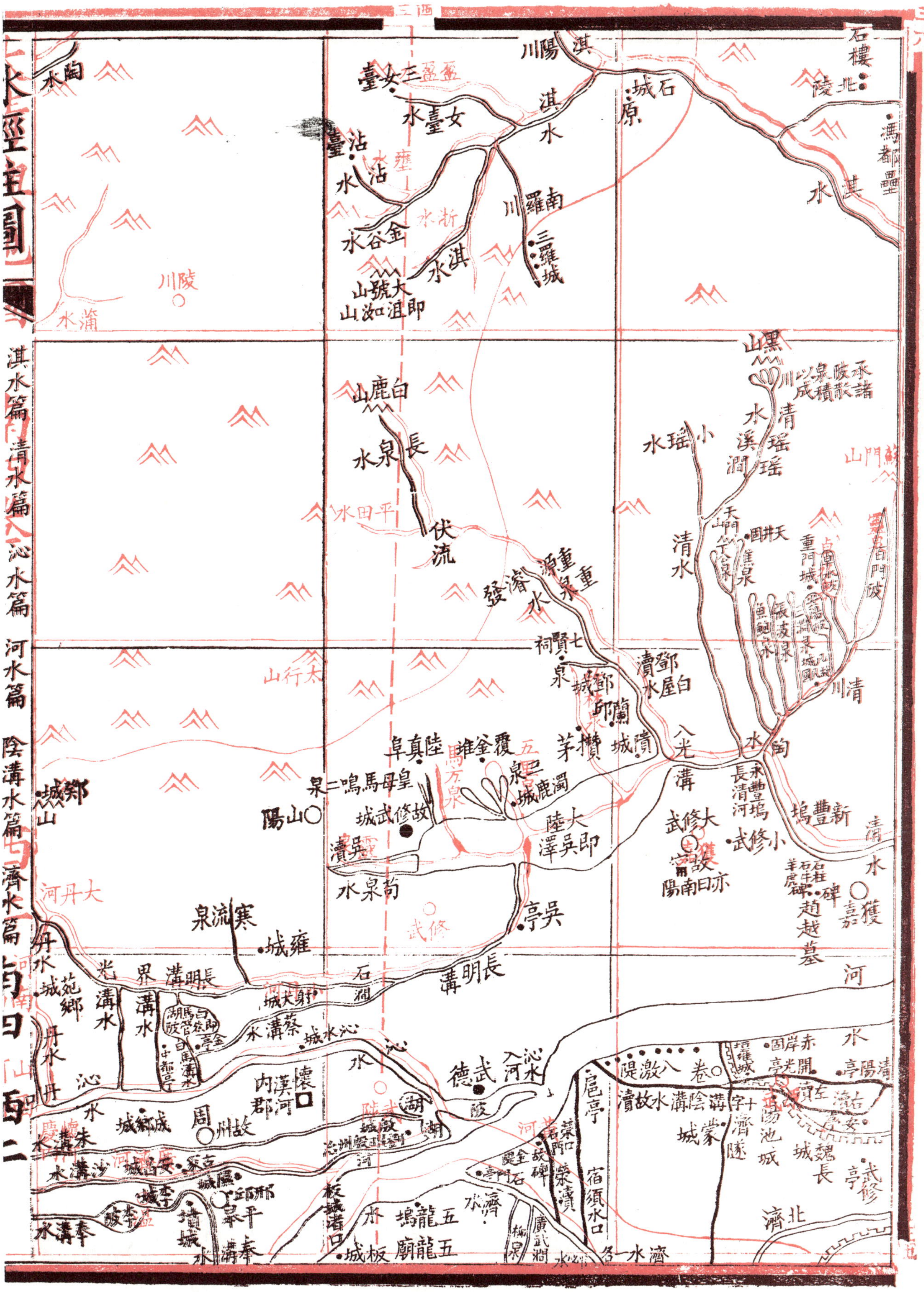

水經注圖
淇水篇 清水篇 沁水篇 河水篇 陰溝水篇 濟水篇
南四西二
陶水
淇陽川
石城
原
三女臺
女臺水
淇水
沾臺
沾水
南羅川
三羅城
金谷水
淇水
大號山
即沮洳山
陵川
石樓
北陵
白鹿山
長泉水
伏流
平田水
黑山
小瑤水
清水
重泉
重源
發
七賢祠
鄧屋
白
太行山
清川
陶水
八光溝
新豐塢
陸真阜
覆釜堆
皇母馬鳴二泉
鄭城
山陽
修武故城
大陸
即吳澤
大修武
小修武
吳瀆
苟泉水
吳亭
寒流泉
雍城
大丹河
長明溝
石澗
光溝水
界溝水
丹水
蔡溝水
沁水城
沁水
沁入河
武德
懷
漢河內郡
故州
周
成鄉城
朱溝水
沙溝水
五龍塢
五龍廟
板城
板城渚口
卷
八激隄
故瀆
陰溝水
十字溝
蒙城
濟隧
宿須水口
長城
北濟
武修亭
清陽亭
赤岸
開光亭
清水
獲嘉
趙越墓
河
濟水

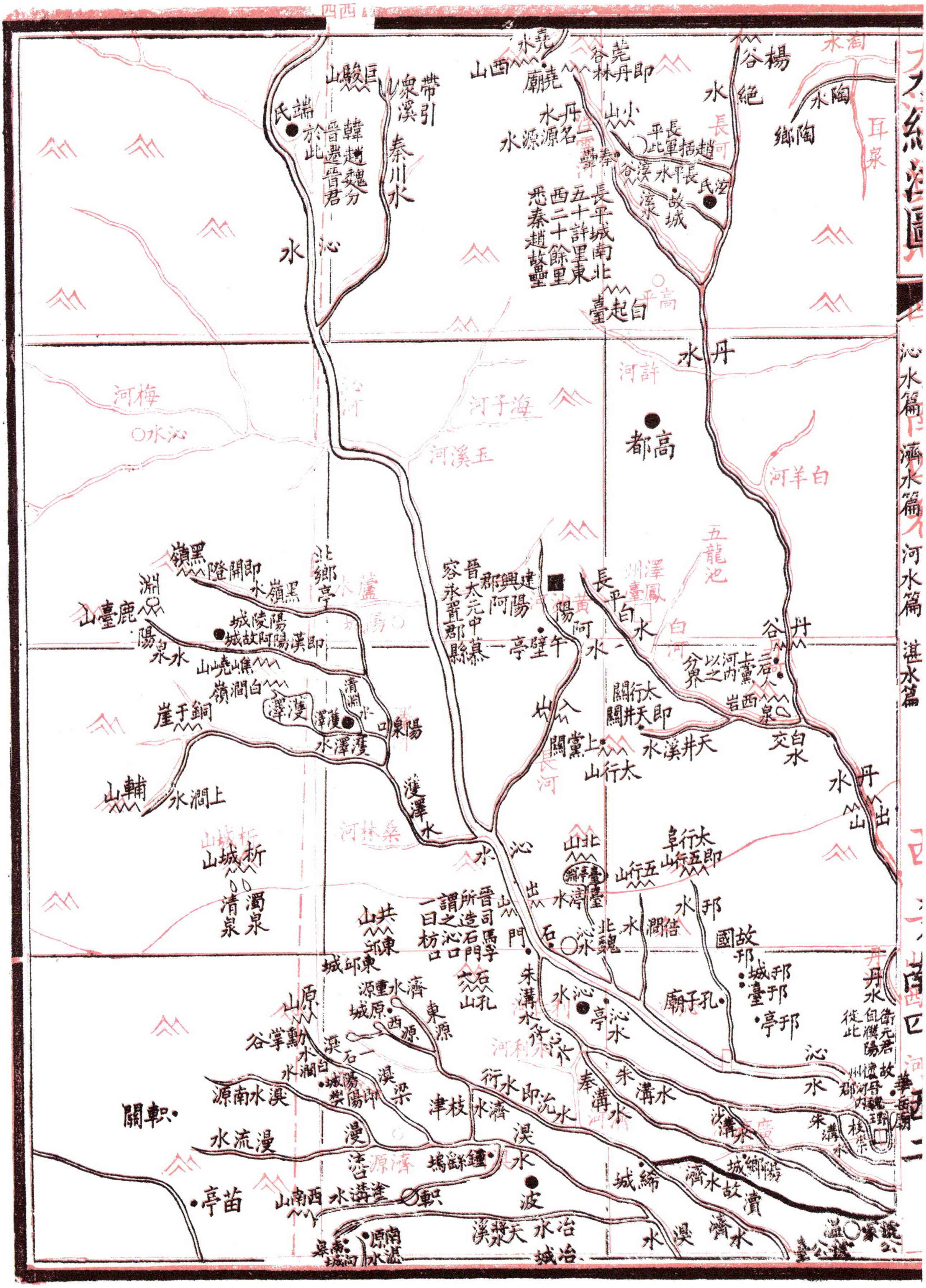
四西
沁水篇 濟水篇 河水篇 湛水篇
沁水
丹水
高都
長平故城
白起臺
太行山
上黨關
天井溪水
天井關
白水
黑嶺水
鹿臺山
濩澤水
上澗水
輔山
析城山
濩澤
銅于崖
沁水亭
邘國故城
孔子廟
朱溝水
奉溝水
溴水
濟水
波
苗亭
軹關
漫流水
溴南水源
原山
軹
西南山
絺城
冶城
溫
平皋
清泉
濁泉
東邘城
沁水故城
析城山

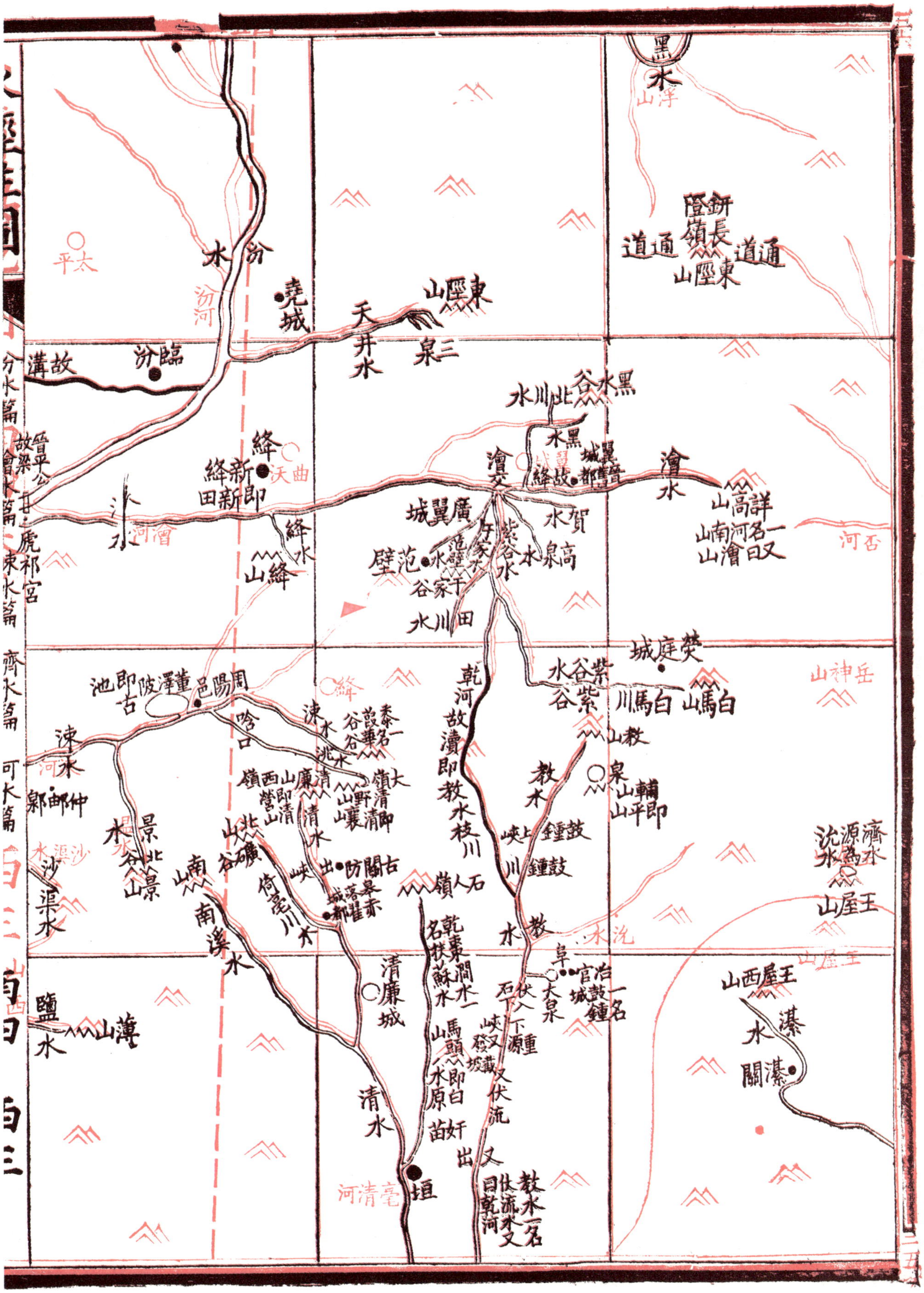

汾水
汾河
太平
堯城
東陘山
天井水
三泉
臨汾
故溝
絳
曲沃
新絳
即新田
絳水
絳山
澮河
黑水谷
北川水
黑水
翼城
故絳
澮交
澮水
廣翼城
賀水
高泉水
紫谷水
范壁
田川水
詳高山
又名河南山
又曰澮山
熒庭城
紫谷水
白馬川
白馬山
周陽邑
董澤陂
即古池
涑水
景水
乾河
故瀆即教水枝川
教山
教水
鼓鍾
鼓鍾川
石人嶺
清水
南山
南溪水
鹽水
薄山
清廉城
垣
亳清河
王屋山
濩水
濩關
沇水
東陘山
通道

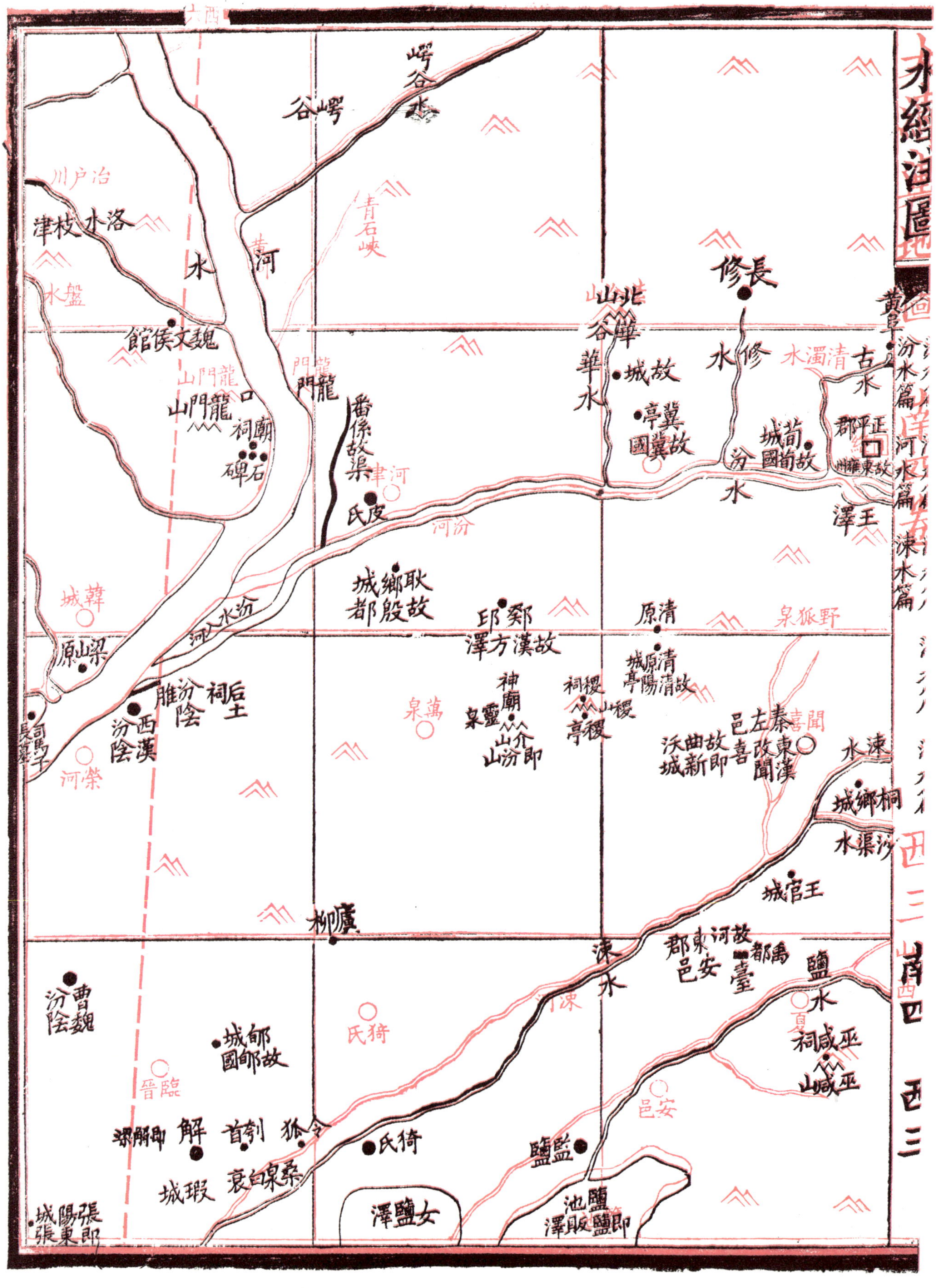
水經注圖
汾水篇
河水篇
涑水篇
崿谷
崿谷水
洛水枝津
黃河
魏文侯館
龍門山
龍門
長修
北華山
華谷
華水
修水
故城
冀亭
故冀國
故荀國
荀城
汾水
王澤
耿鄉城
故殷都
鄈邱
故漢方澤
梁山原
汾陰脽
后土祠
西漢汾陰
清原
清原城
故清陽亭
稷山
稷亭
介山即汾山
故曲沃城
故左邑
涑水
桐鄉城
王官城
虞柳
故東安邑郡
禹都
鹽水
巫咸祠
巫咸山
曹魏汾陰
故郇國
郇城
解
猗氏
女鹽澤
鹽池
瑕城
張陽城

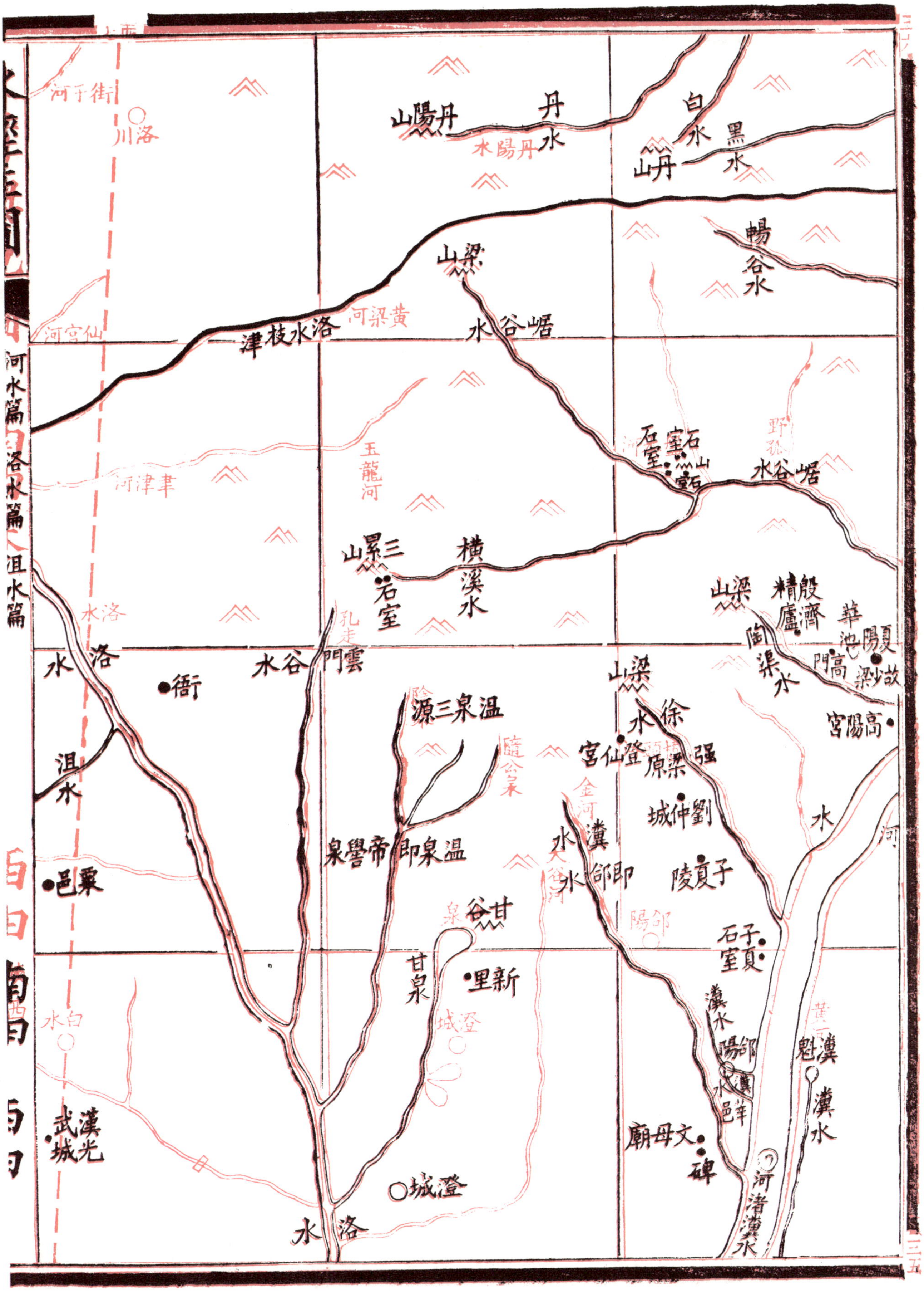
水經注圖
河水篇 洛水篇 沮水篇
丹陽山
丹水
丹陽水
白水
黑水
丹山
暢谷水
梁山
黃梁河
洛水枝津
崌谷水
仙宫河
聿津河
玉龍河
石室
石室山
崌谷水
三累山
横溪水
石室
洛水
雲門谷水
衙
温泉三源
沮水
温泉即帝嚳泉
粟邑
甘谷
甘泉
新里
漢光武城
澄城
洛水
梁山
徐水
登仙宫
强梁原
劉仲城
漢水
即郃水
子夏陵
子夏石室
漢水
郃陽
文母廟
碑
河渚漢水
漢魁
漢水
梁山
陶渠水
殷濟精廬
華池
夏陽
高門
故少梁
高陽宫
水
河

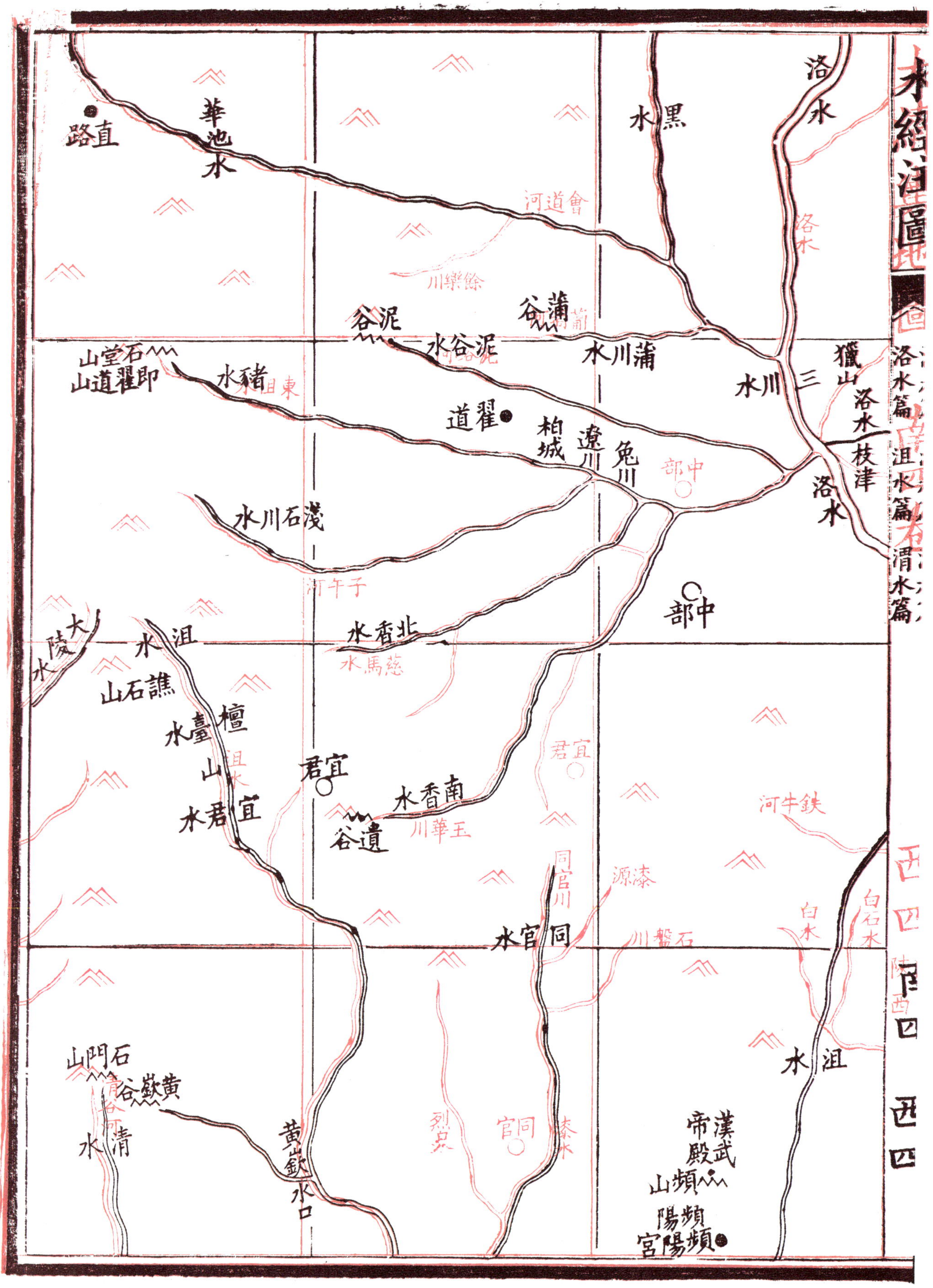
水經注圖
洛水篇
沮水篇
渭水篇
直路
華池水
黑水
洛水
泥谷
蒲谷
泥谷水
蒲川水
石堂山
即翟道山
豬水
翟道
三川水
獵山
洛水枝津
柏城
遼川
兔川
中部
淺石川水
中部
北香水
大陵水
沮水
譙石山
檀臺水
山
宜君
宜君水
南香水
遺谷
同官水
石門山
黃嶔谷
清水
沮水
黃嶔水口
漢武帝殿
頻山
頻陽
頻陽宮

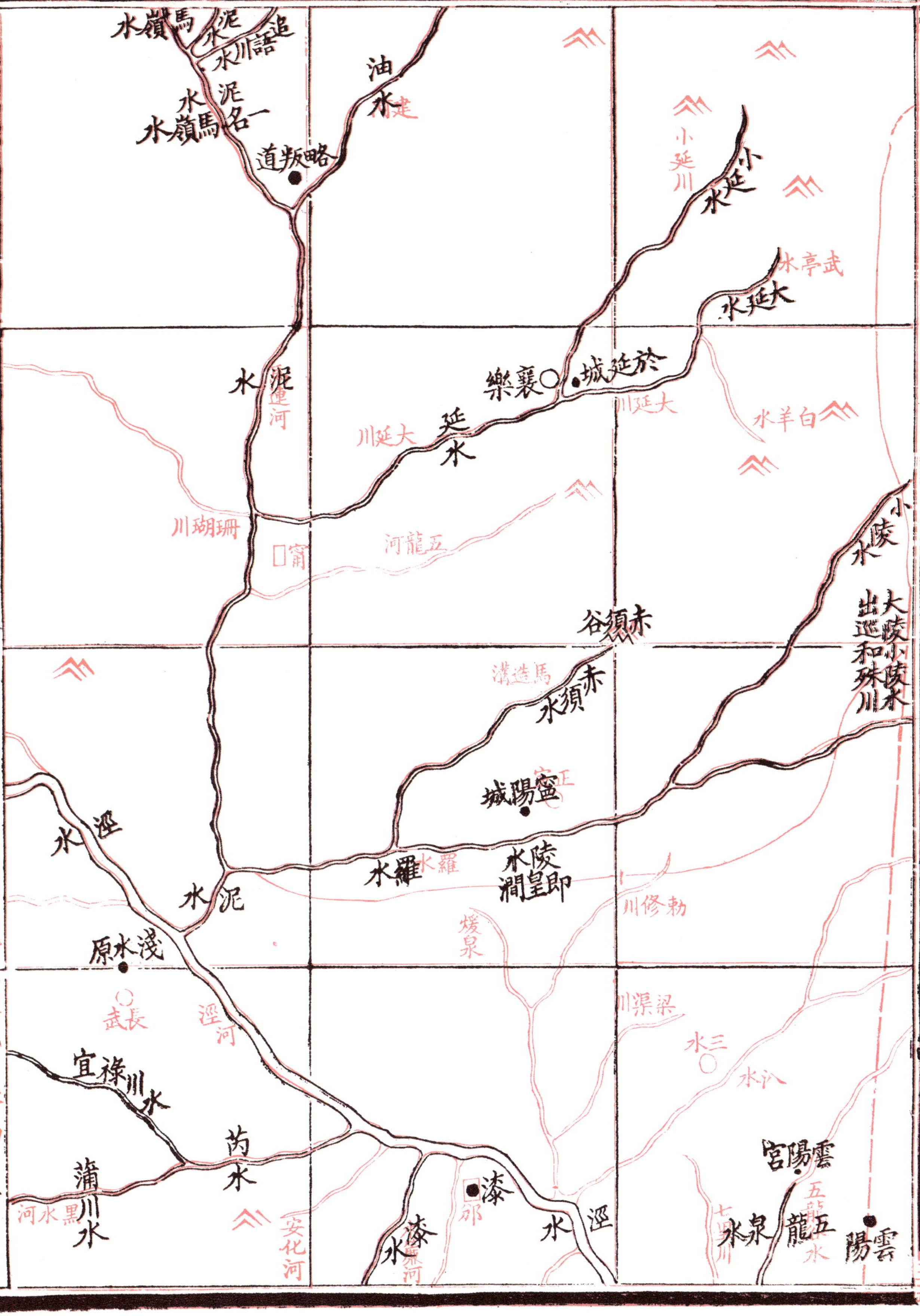

馬嶺水
泥水
追語川水
一名馬嶺水
泥水
油水
略畔道
小延水
武亭水
大延水
於延城
襄樂
泥水
延水
小陵水
赤須谷
大陵小陵水出巡和殊川
赤須水
盌陽城
涇水
羅水
陵水即皇澗
泥水
淺水原
宜祿川水
芮水
蒲川水
漆
漆水
涇水
雲陽宮
五龍泉水
雲陽

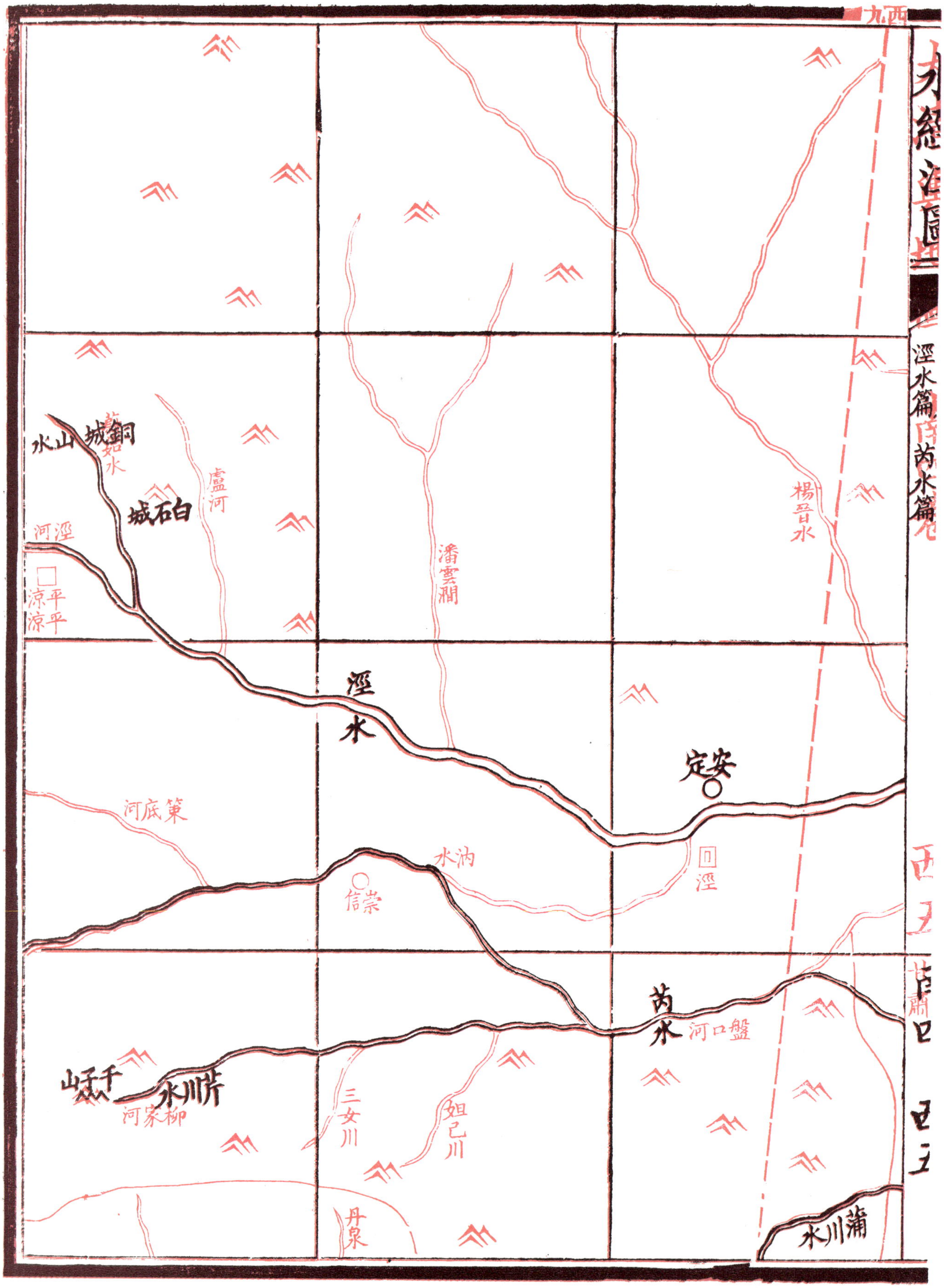

銅城
山水
白石城
盧河
涇河
平涼
平涼
潘雲澗
楊晉水
涇水
安定
策底河
汭水
崇信
涇
芮水
盤口河
千子山
芹川水
柳家河
三女川
妲己川
丹泉
蒲川水

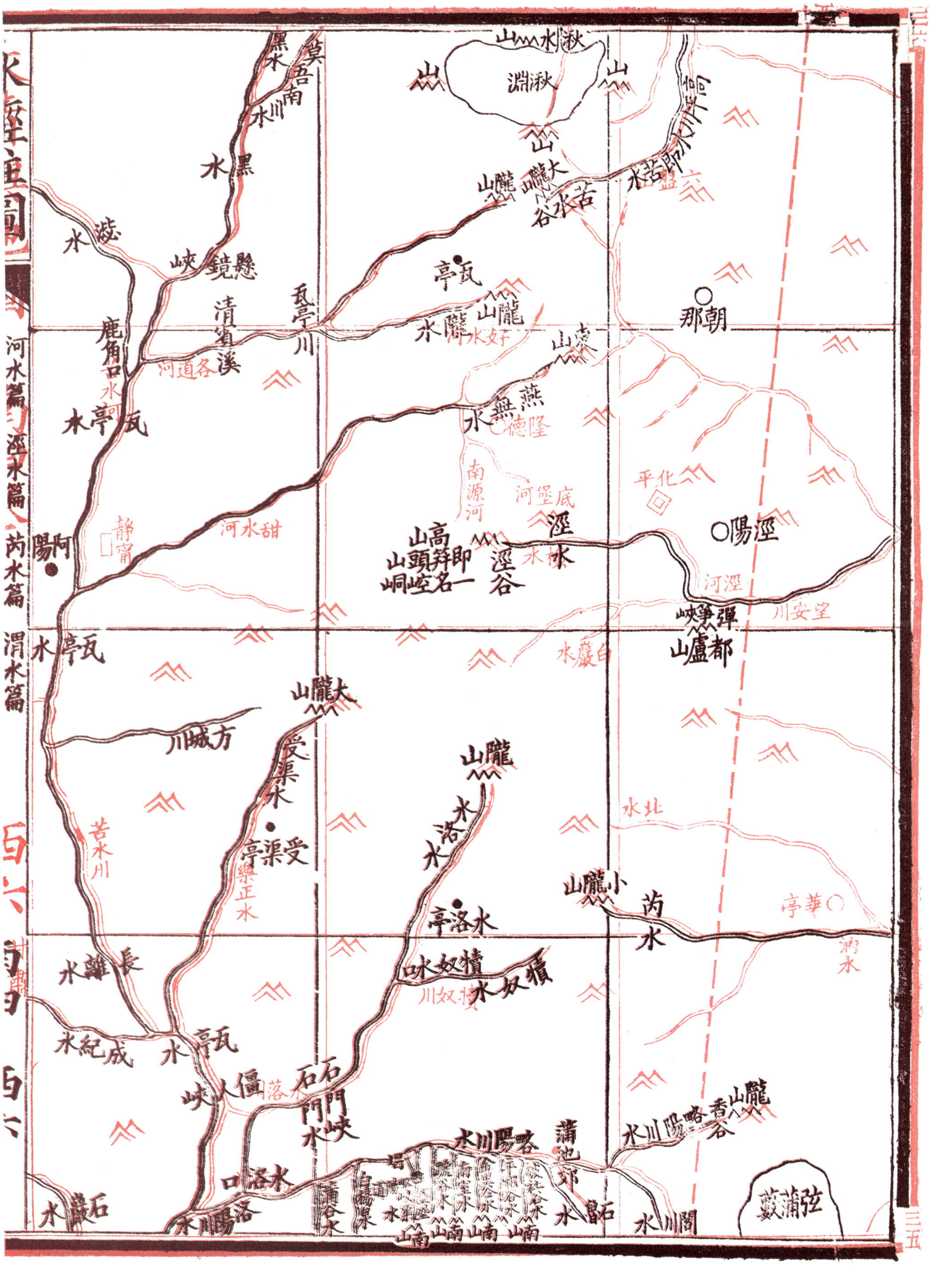
水經注圖
河水篇 涇水篇 芮水篇 渭水篇
湫淵
大隴山
苦水谷
黑水
懸鏡峽
鹿角口
瓦亭川
瓦亭水
瓦亭
隴山
隴水
好水
朝那
甘水河
陽向
靜寧
南源河
底堡河
隆德
化平
涇陽
涇水
涇谷
高山即笄頭山一名崆峒
涇河
彈箏峽
都盧山
望安川
白巖水
方城川
受渠水
受渠亭
洛水
苦水川
小隴山
芮水
華亭
水洛亭
牘奴水口
牘奴水
牘奴川
長離水
成紀水
偏人峽
石門峽
石門水
略陽川水
蒲池
香谷
洛水口
洛陽川水
石巖水
蒲谷水
閻川水
弦蒲藪
南山

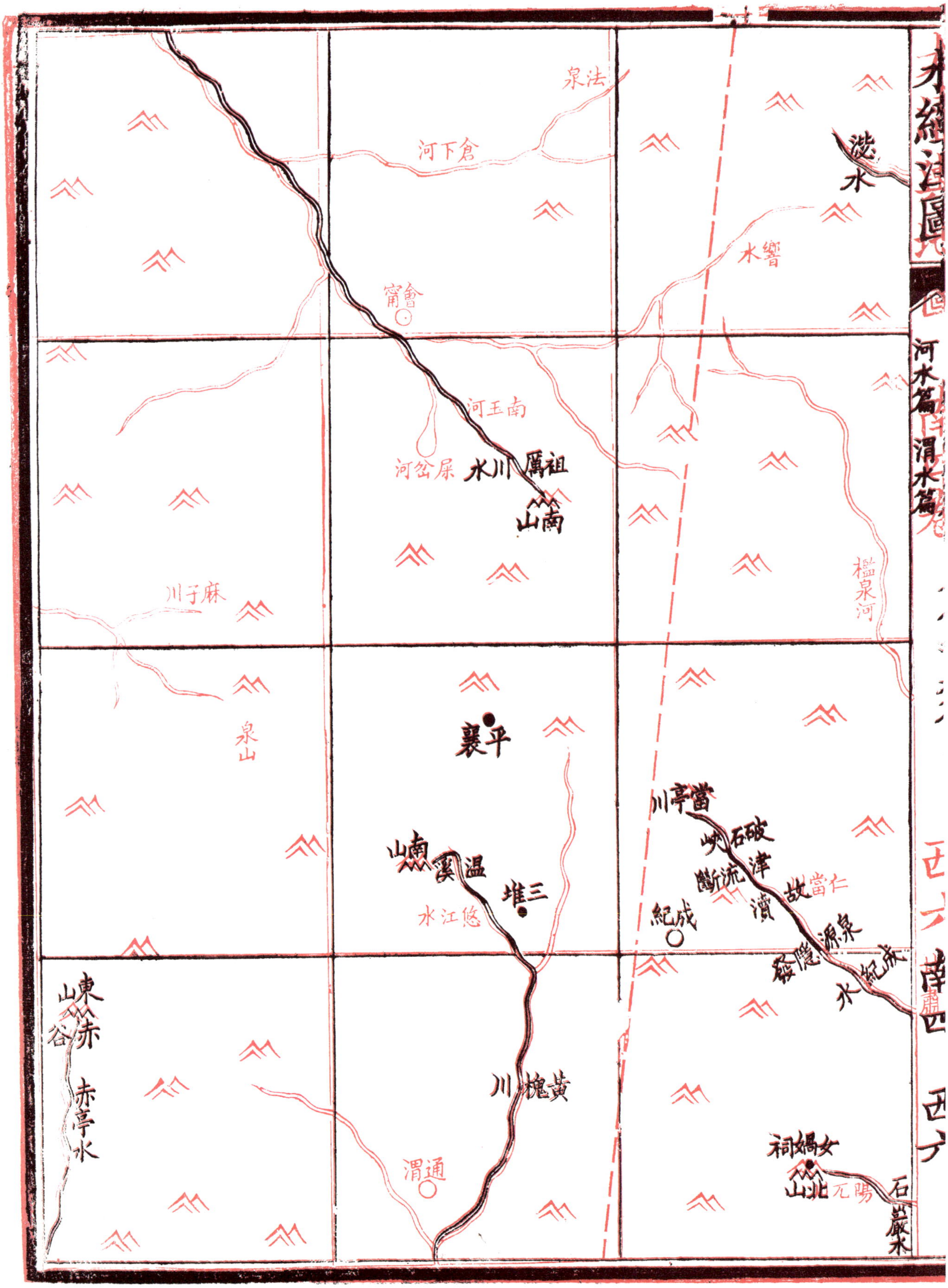
水經注圖
河水篇 渭水篇
泉法
河下倉
澇水
水響
會甯
河王南
河岔屎
祖厲川水
南山
檻泉河
川子麻
泉山
平襄
南山
溫溪
三堆
悠江水
當亭川
破石峽
津流斷
瀆
故當仁
成紀
泉源
隱溪
成紀水
東山
赤谷
赤亭水
黄槐川
通渭
女媧祠
北山
陽兀
石巖水

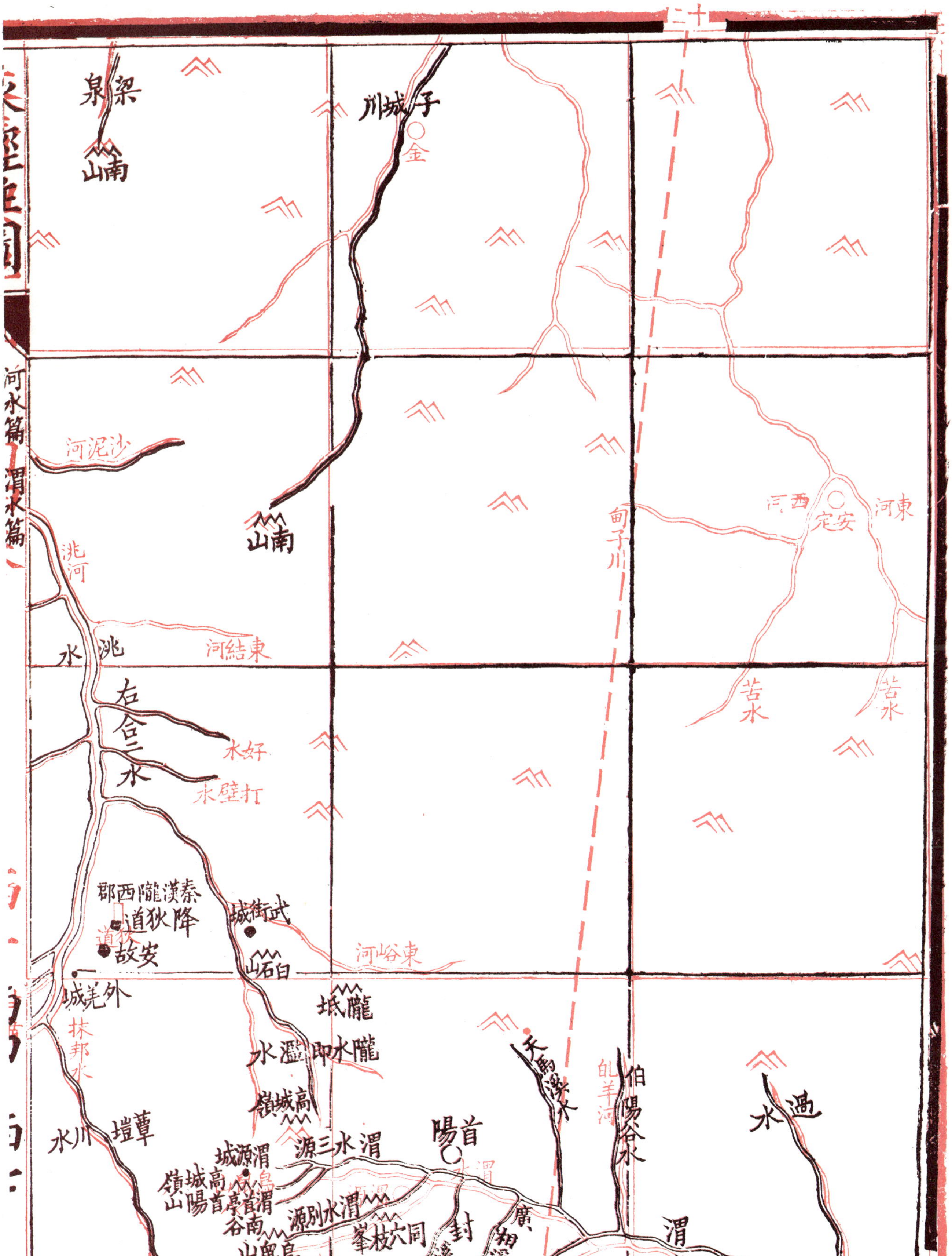
二十
水經注圖
河水篇
渭水篇
梁泉
南山
子城川
金
沙泥河
南山
洮河
東結河
洮水
右合三水
好水
打壁水
秦漢隴西郡
降狄道
狄道
安故
武街城
東峪河
白石山
外羌城
隴坻
隴水即溫水
高城嶺
抹邦水
草塢川水
渭水
三源
渭源城
高城嶺
首陽山
渭首亭
南谷
渭水別源
同穴枝峯
鳥鼠山
谷水
首陽
封溪水
廣相溪水
天馬溪水
伯陽谷水
過水
渭水
安定
西河
東河
甸子川
苦水
苦水

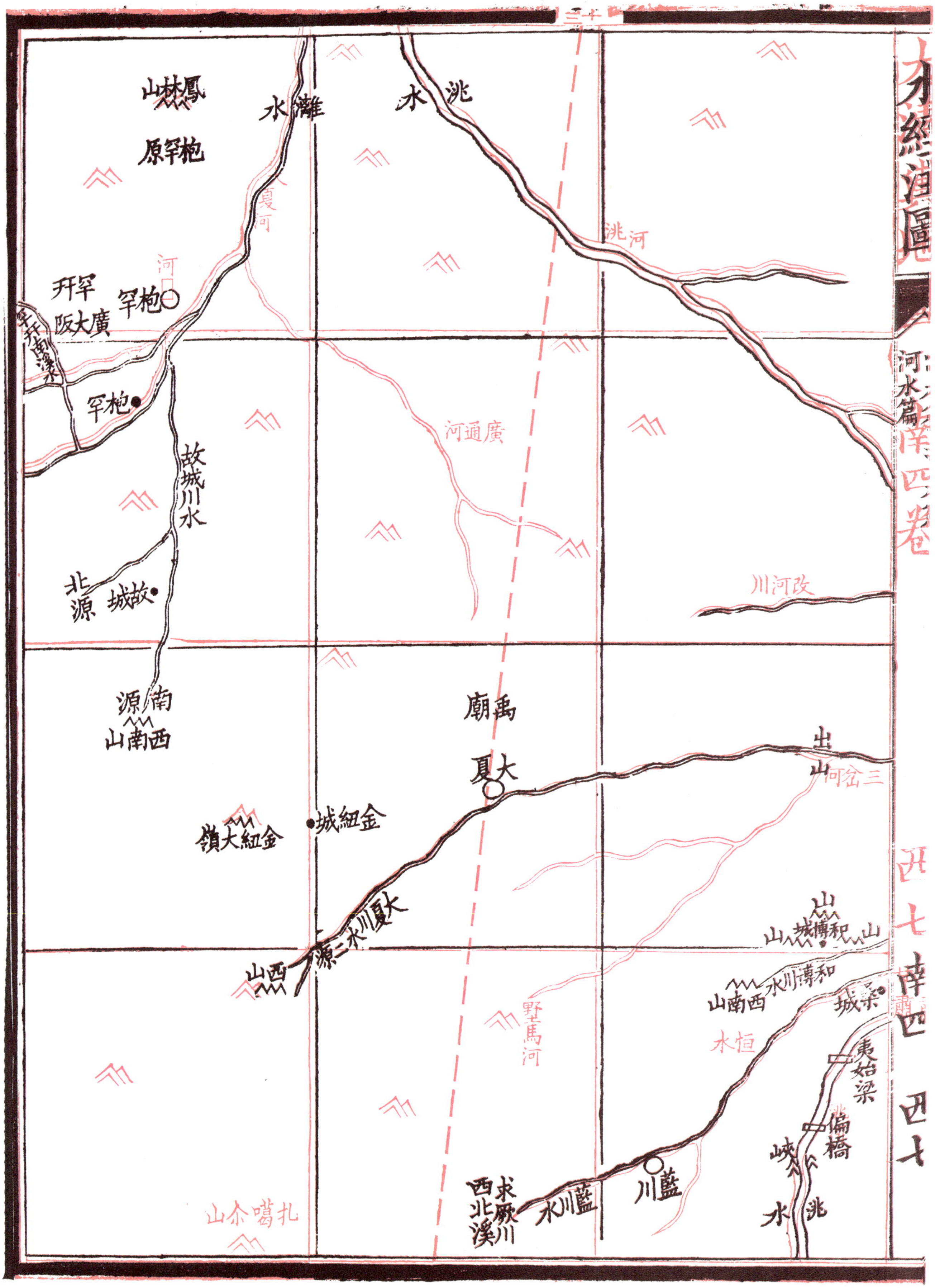
水經注圖
河水篇
鳳林山
枹罕原
灕水
洮水
洮河
大夏河
枹罕
罕幵
廣大阪
枹罕
故城川水
北源
故城
南源
西南山
廣通河
改河川
禹廟
大夏
金紐城
金紐大嶺
大夏川水
二源
西山
三岔河
出山
和博城
和博川水
西南山
桑城
恒水
野馬河
東始梁
偏橋
峽
洮水
藍川
藍川水
求厥川
西北溪
扎噶尒山

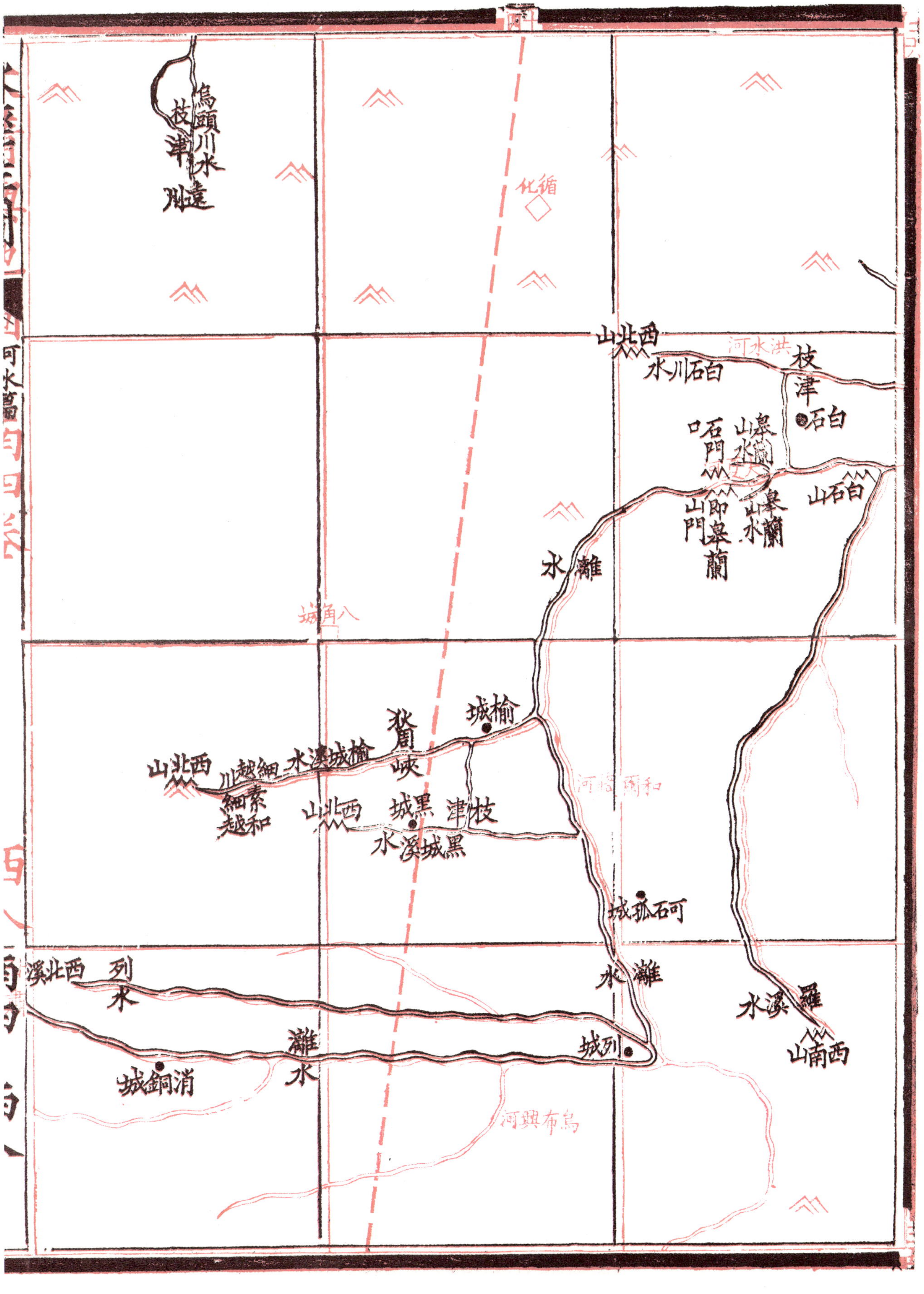
烏頭川水
枝津
循化
西北山
白石川水
洪水河
枝津
白石
石門口
白石山
灕水
八角城
榆城
榆城溪水
西北山
黑城
枝津
黑城溪水
可石孤城
灕水
羅溪水
西南山
西北溪
列水
列城
灕水
消銅城
烏布興河

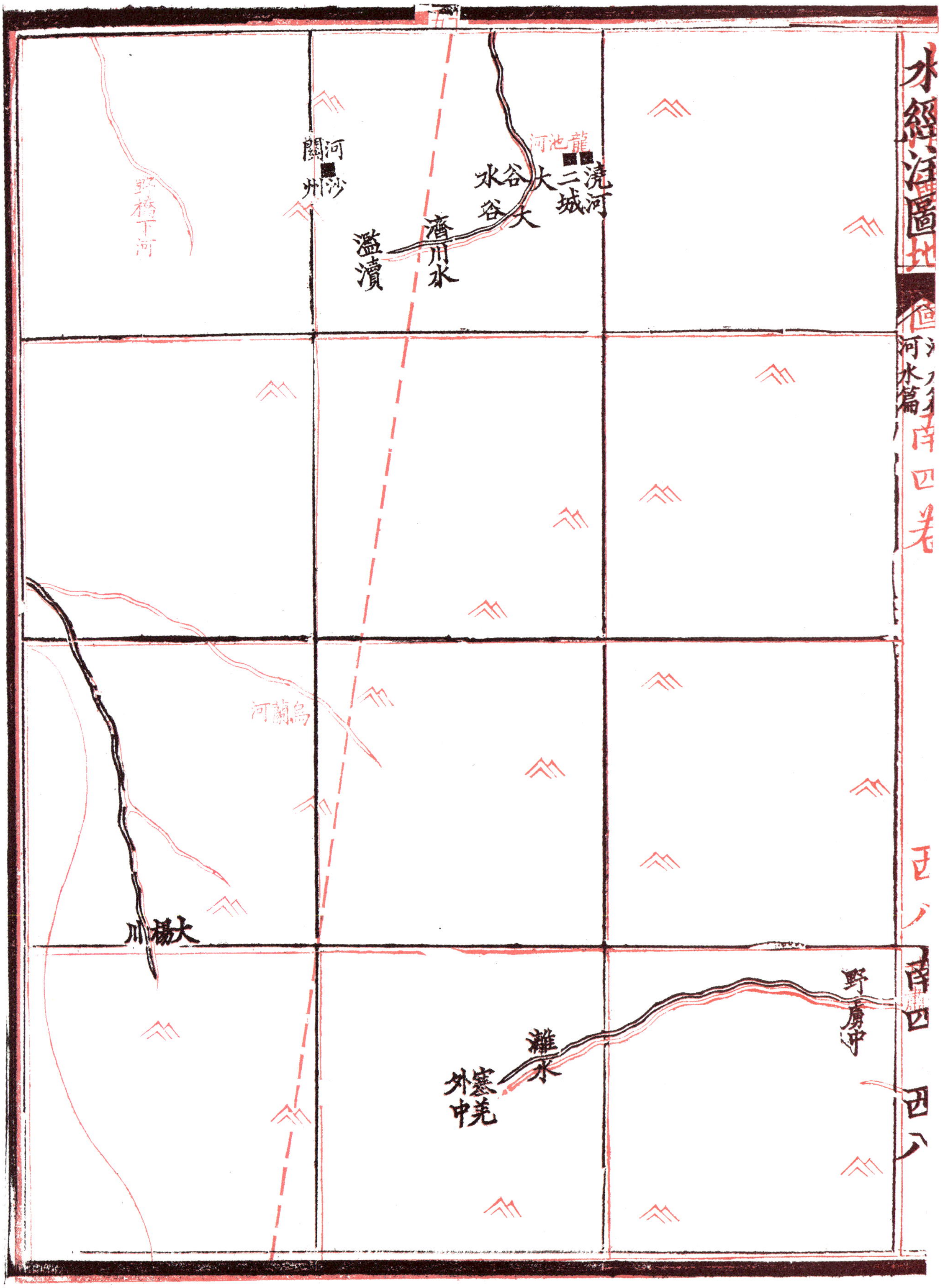
水經注圖
河水篇
南四卷
西八
南四
西八
河關
沙州
野橋下河
龍池河
澆河二城
大谷水
大谷
濇川水
濫瀆
烏蘭河
大楊川
野虜中
灘水
塞外羌中

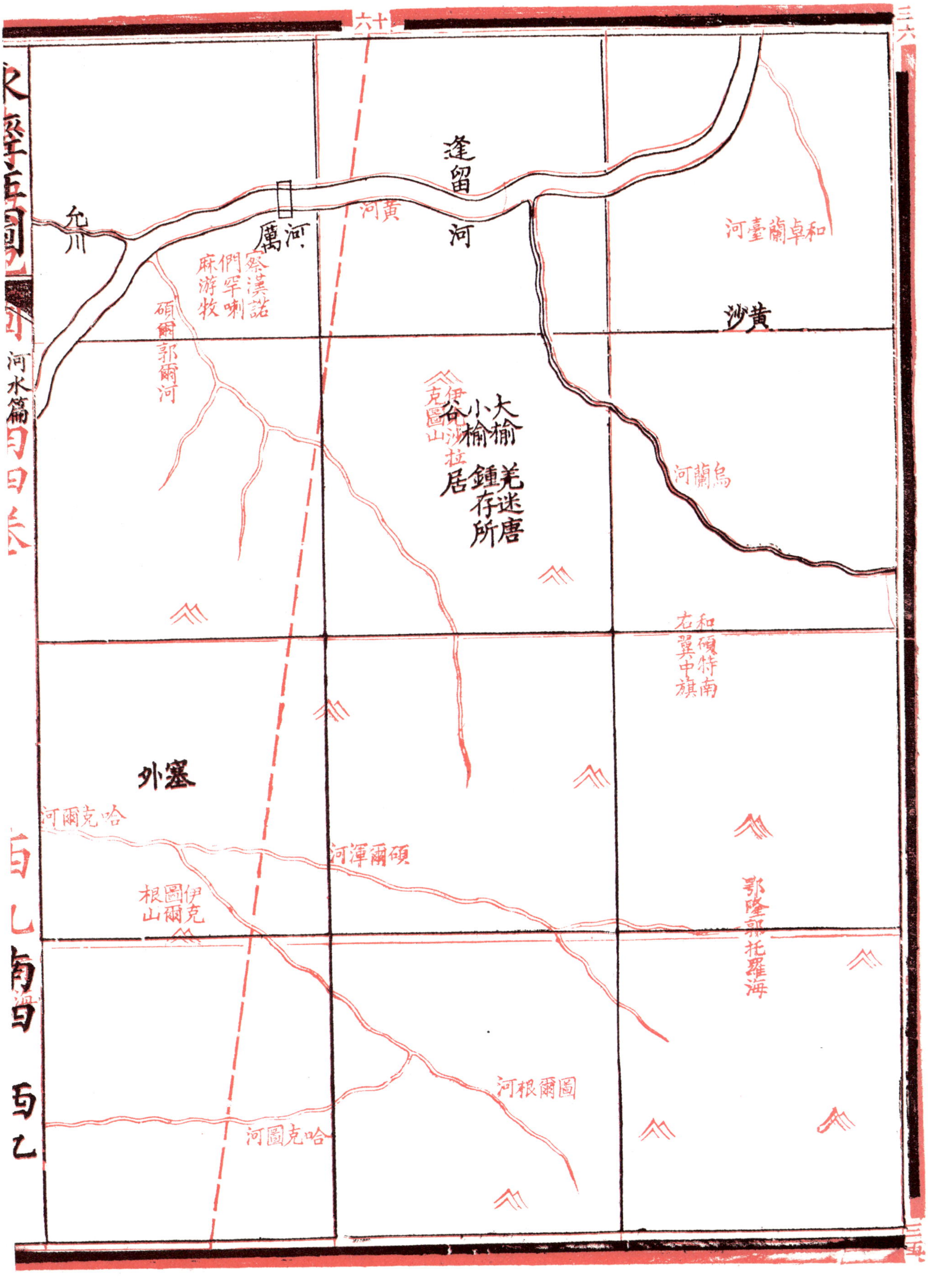
六十
河水篇
逢留河
厲河
允川
黃河
和卓蘭臺河
黃沙
碩爾郭爾河
烏蘭河
大榆谷
小榆谷
羌迷唐鍾存所居
塞外
哈克爾河
碩爾渾河
伊克圖爾根山
圖爾根河
哈克圖河
和碩特南右翼中旗
鄂隆郭托羅海

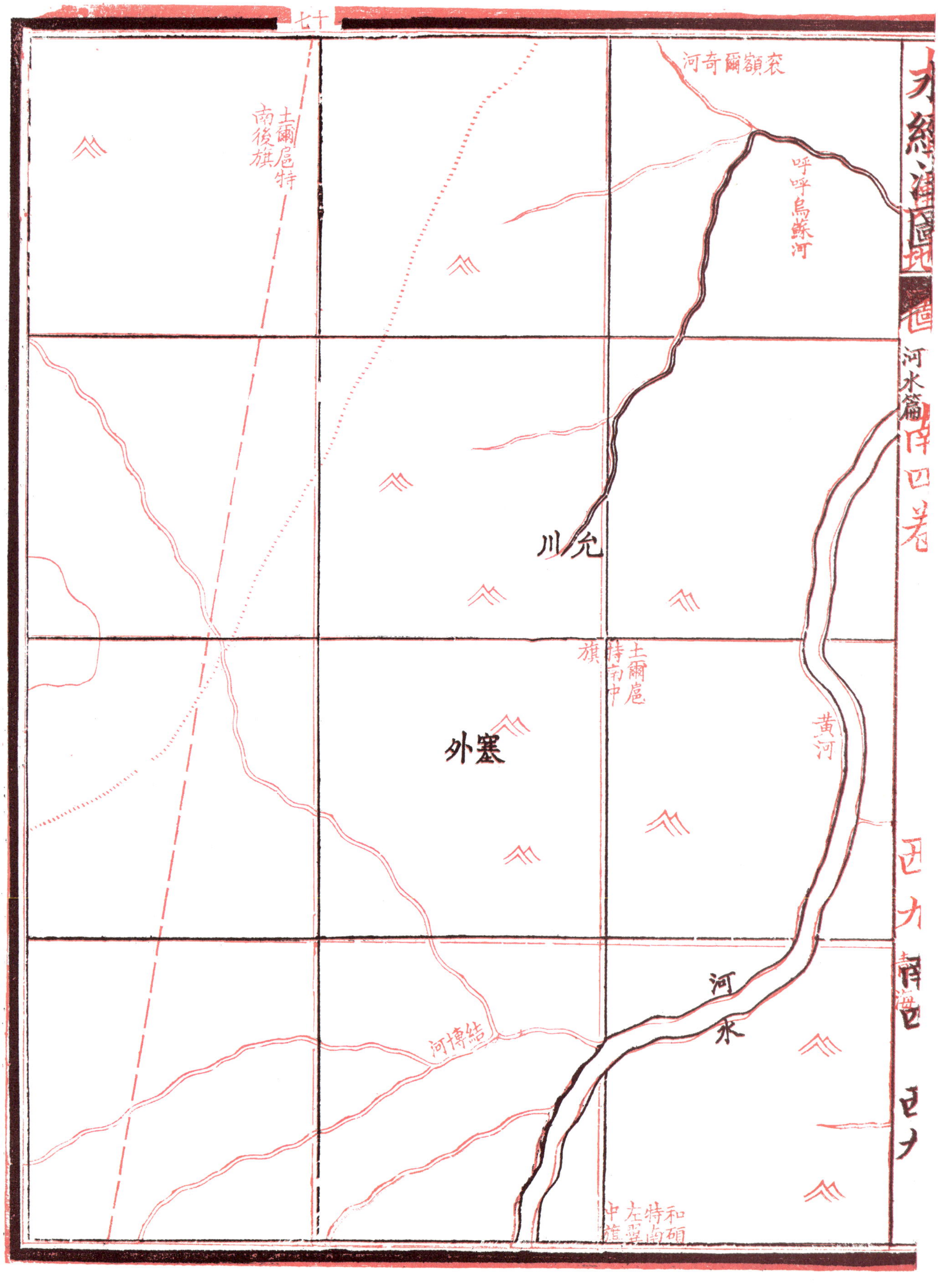
七十
袞額爾奇河
土爾扈特南後旗
呼呼烏蘇河
允川
土爾扈特南中旗
塞外
黃河
河水
結博河
和碩特南右翼中旗
河水篇

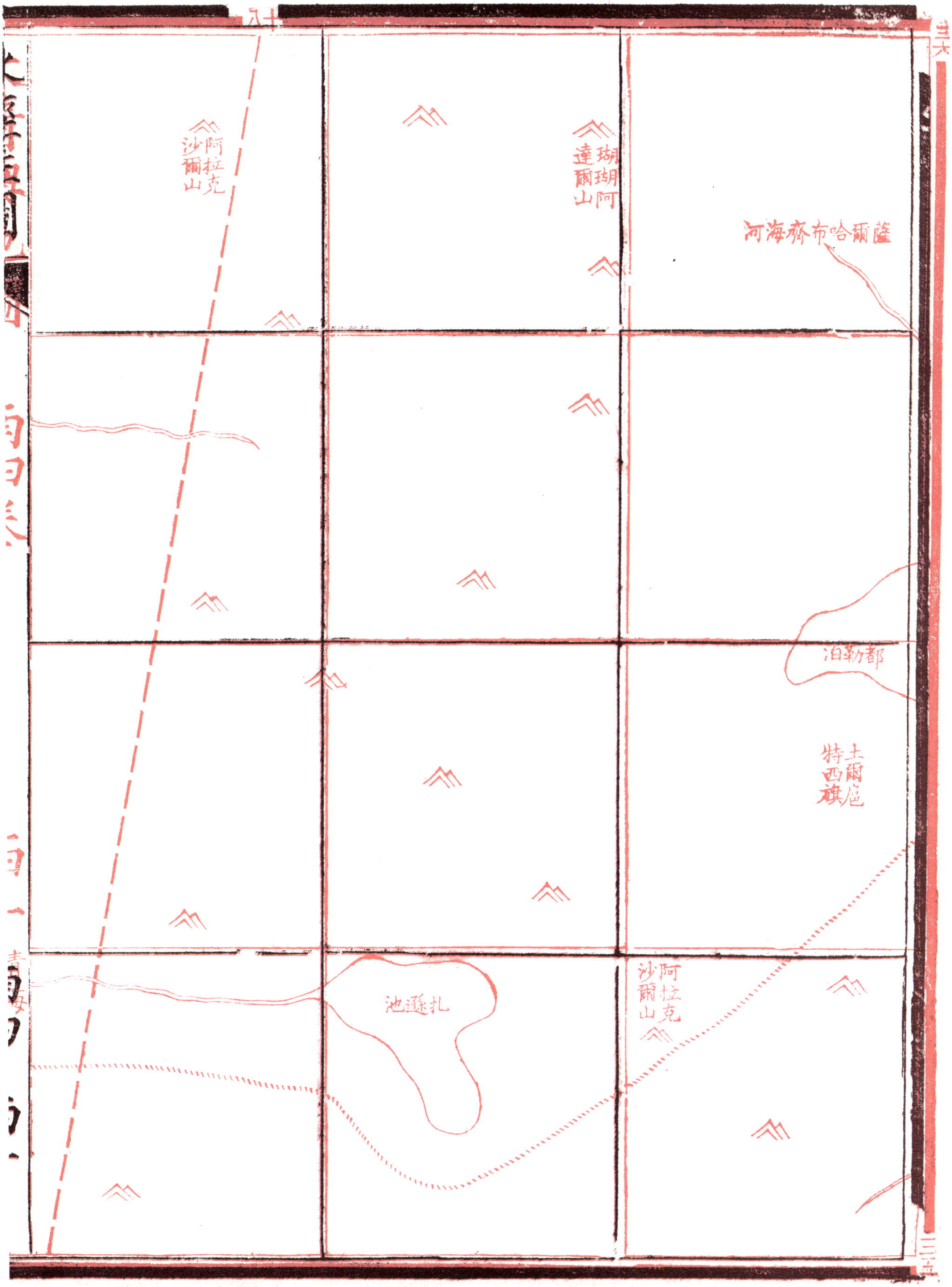
八十
三十六
阿拉克沙爾山
瑚瑚阿達爾山
薩爾哈布齊海河
都勒泊
土爾扈特西旗
扎遜池
阿拉克沙爾山
三十五

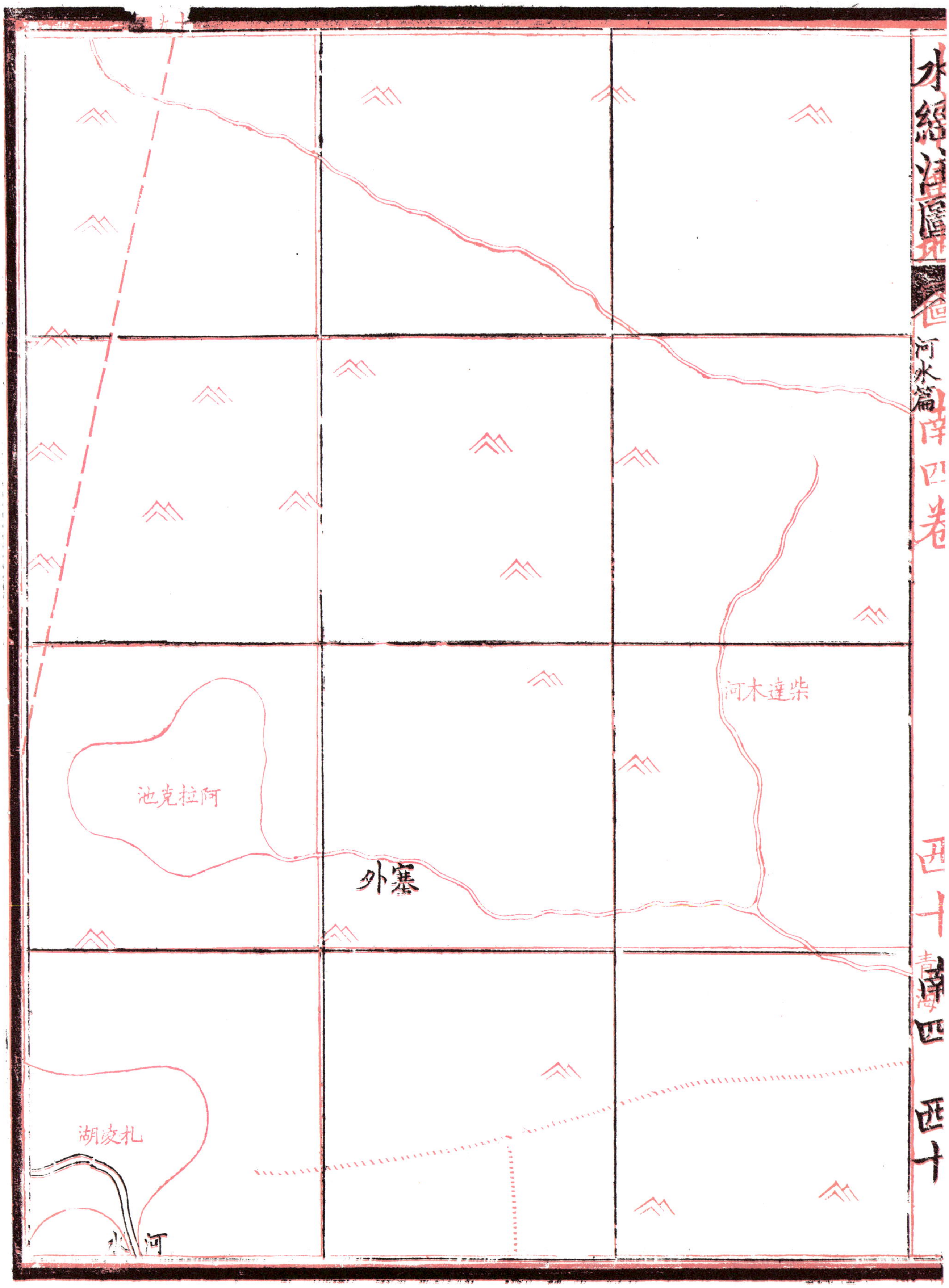
阿拉克池
塞外
柴達木河
札凌湖
河水
南四卷
西十
青海
南四
西十

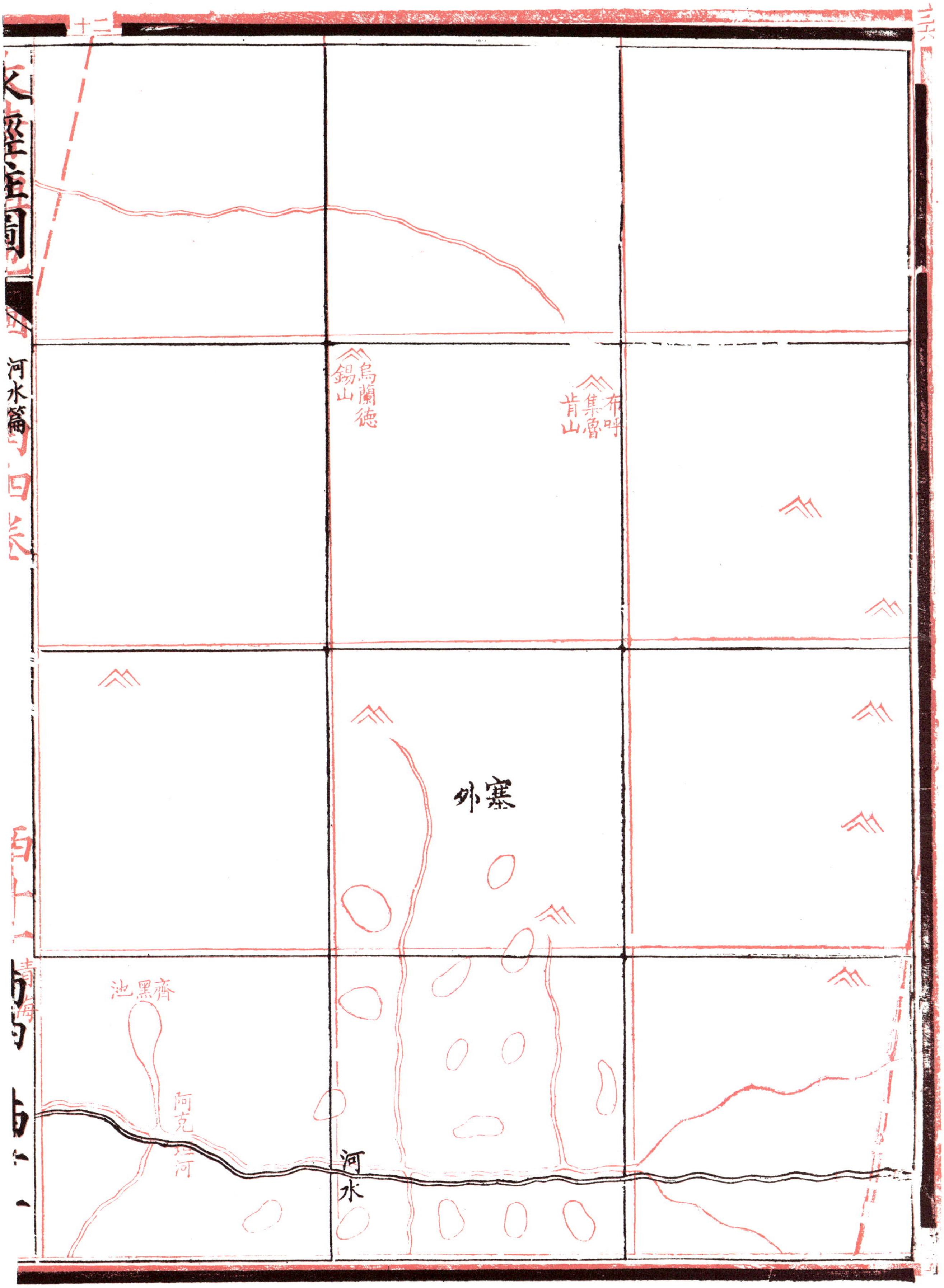
十二
水經注圖
河水篇
烏蘭德錫山
布呼集魯肯山
塞外
齊黑池
青海
阿克
河
河水

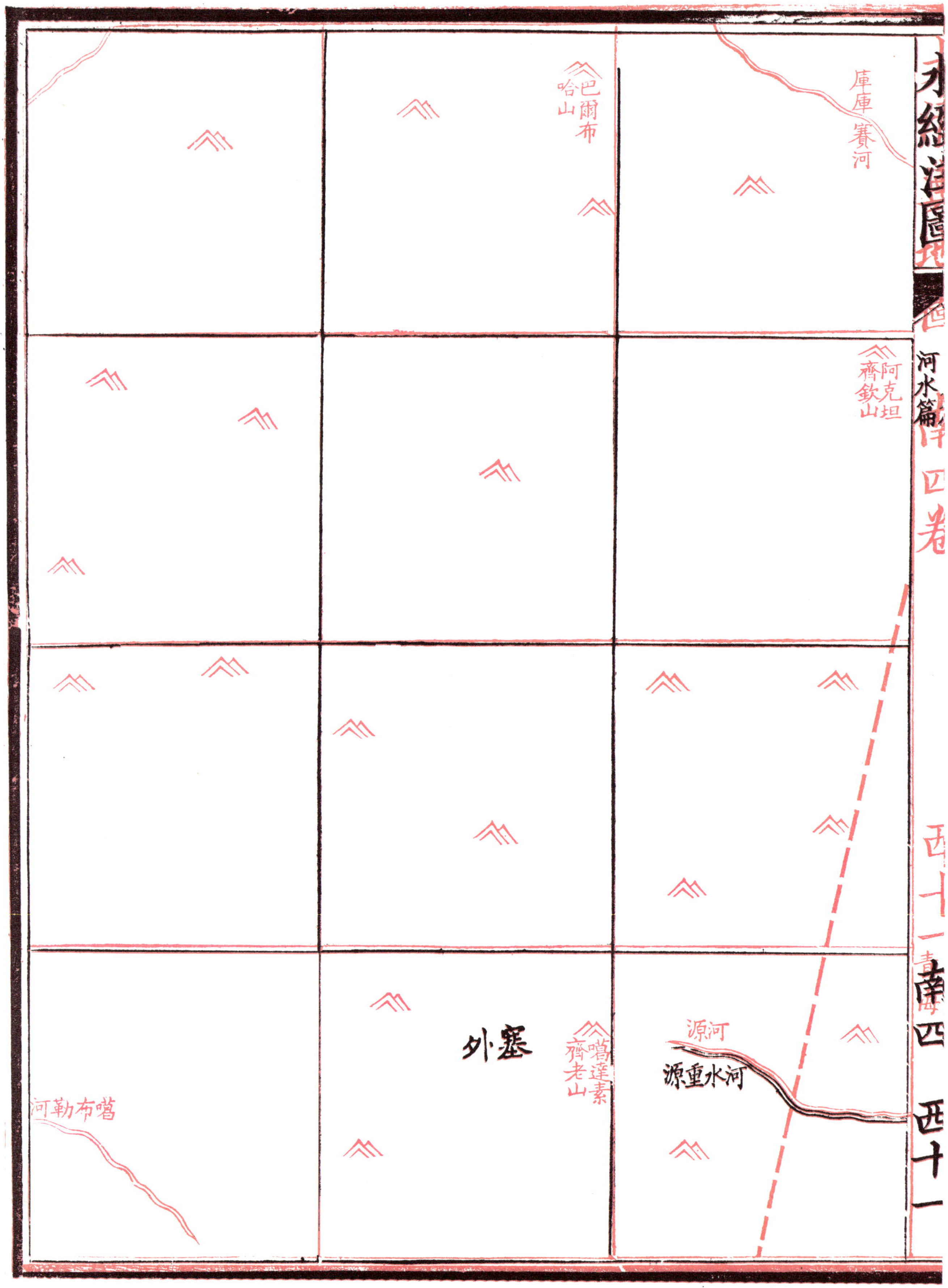
巴爾布哈山
庫庫賽河
阿克坦齊欽山
塞外
嗒達素齊老山
源河
源重水河
嗒布勒河
西四十一
南四
西十一

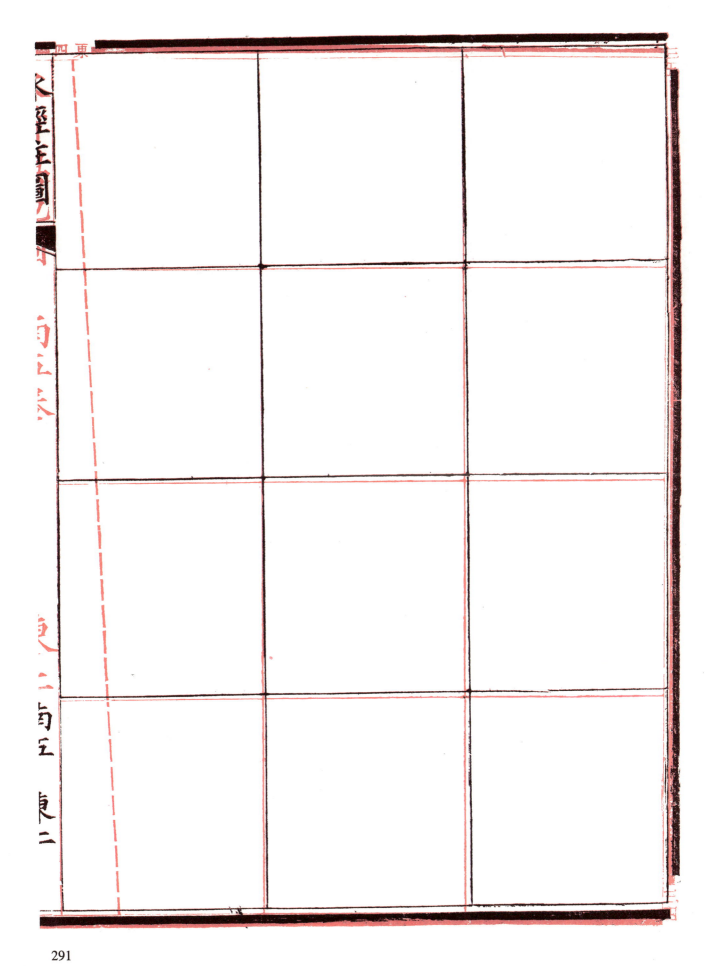

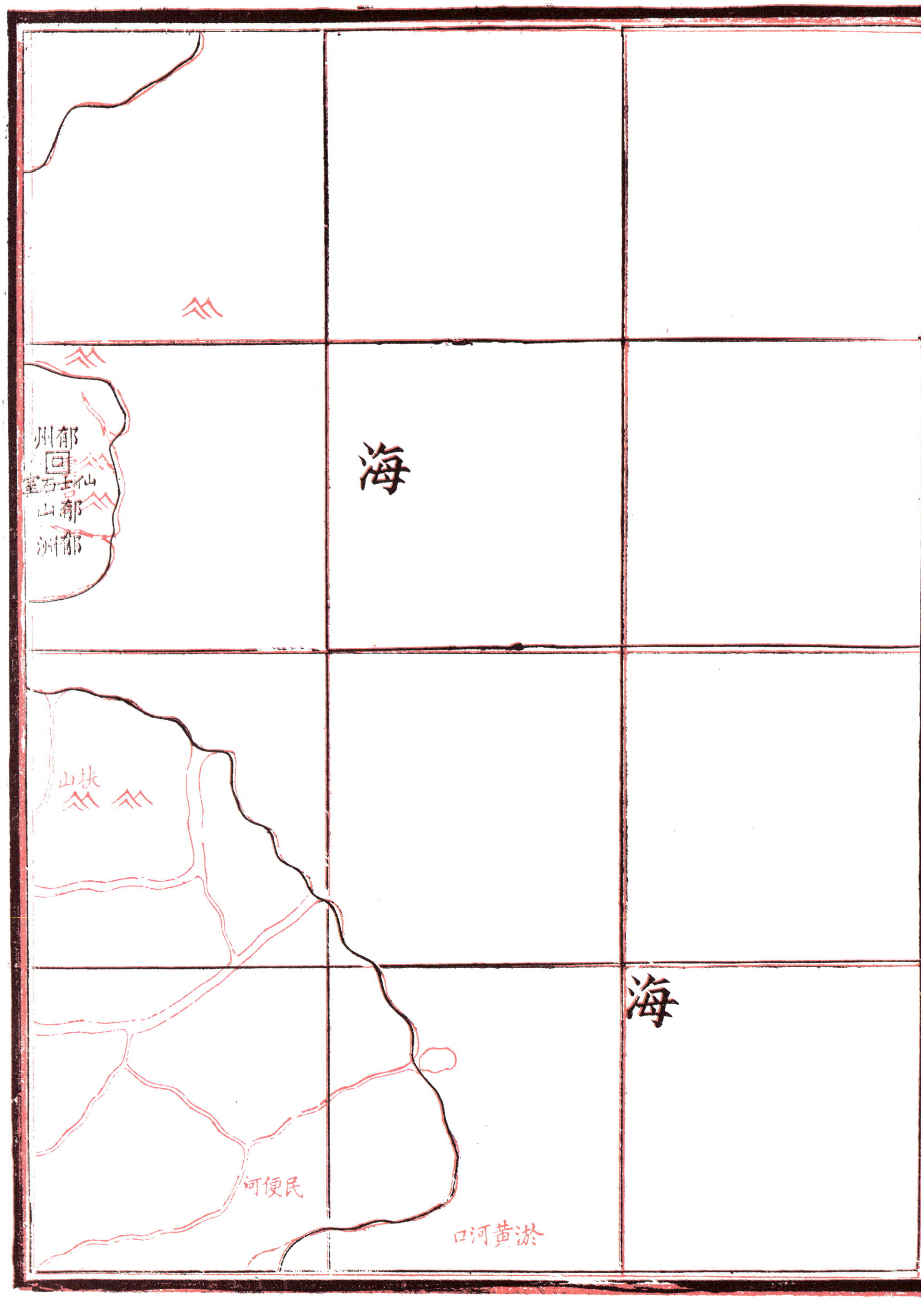
海
海
郁州
石室
仙山
郁山
郁洲
扶山
民便河
淤黃河口

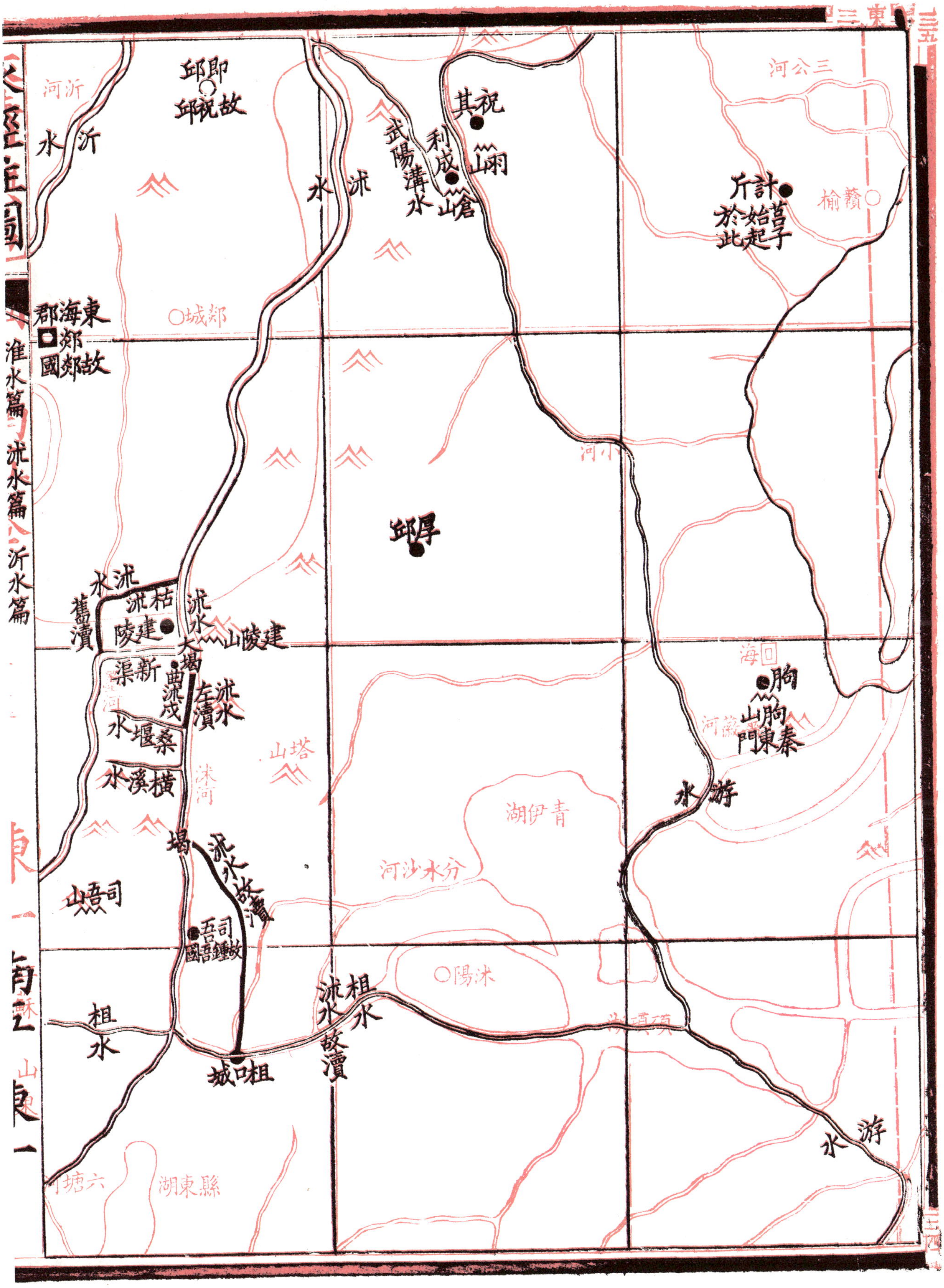
水經注圖
淮水篇 沭水篇 沂水篇
即丘
故祝丘
沂河
沂水
沭水
祝其
羽山
利成
武陽溝水
倉山
三公河
計斤
莒子始起於此
贛榆
東海郡
故郯國
郯城
小河
厚丘
沭水
舊瀆
桔沭
建陵
沭水
建陵山
大堨
新渠
曲沭戍
左沭水
瀆
桑堰水
橫溪水
塔山
沭河
海
胊
胊山
秦東門
游水
青伊湖
分水沙河
堨
沭水故瀆
司吾山
司吾
故鍾吾國
沭陽
相水
沭水故瀆
相水
祖口城
游水
六塘河
縣東湖

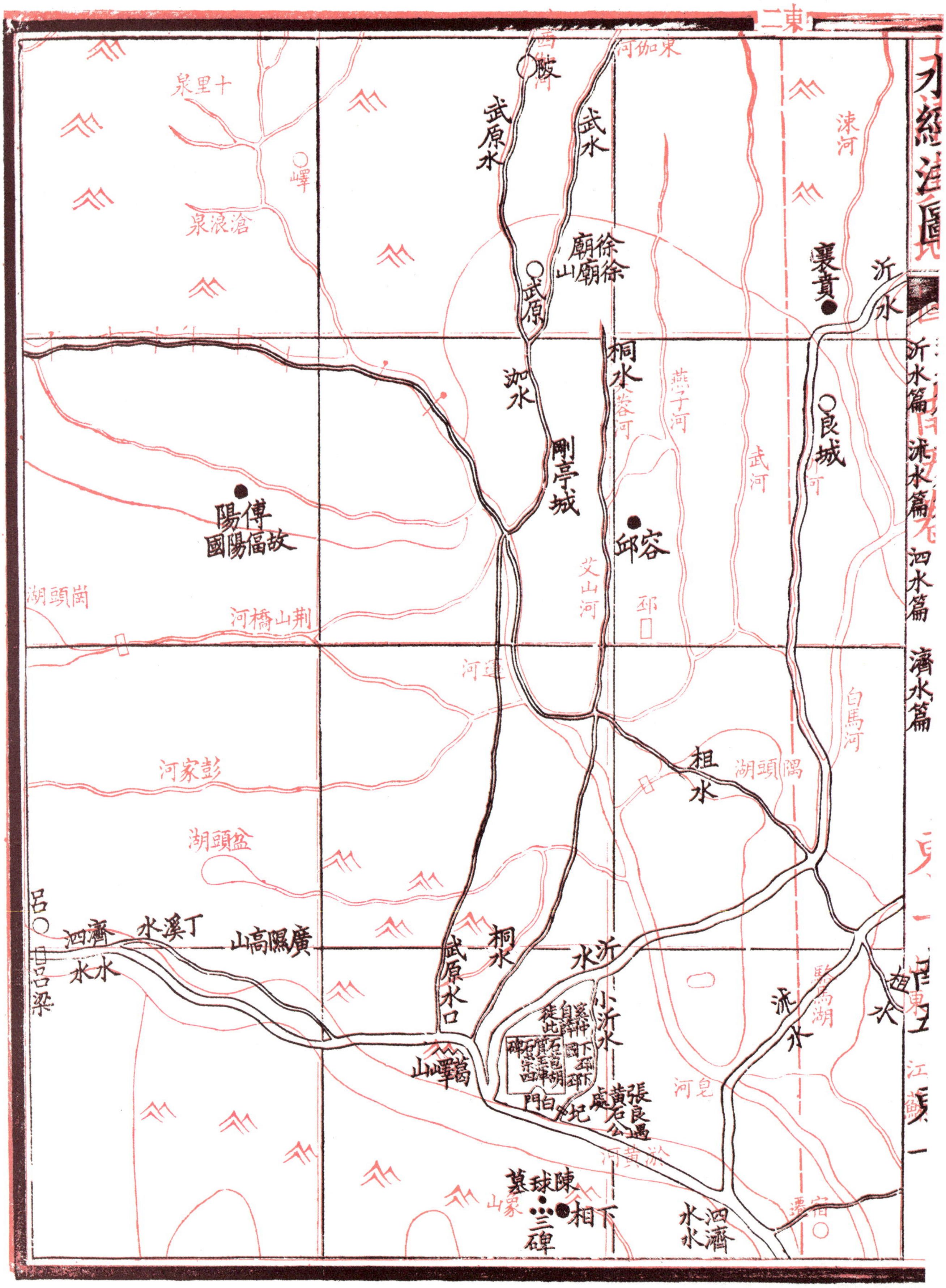
水經注圖
東二
沂水篇
沭水篇
泗水篇
濟水篇
十里泉
嶧
滄浪泉
武原水
武水
東伽河
徐廟
徐廟山
武原
泇水
桐水
剛亭城
傅陽
故偪陽國
容邱
崗頭湖
荊山橋河
艾山河
燕子河
武河
襄賁
良城
沂水
沭河
白馬河
彭家河
盆頭湖
相水
隅頭湖
呂
呂梁
濟水
泗水
丁溪水
廣隰高山
桐水
武原水口
沂水
小沂水
葛嶧山
張良遇黃石公處
圯
白門
沭水
駱馬湖
皂河
陳球墓
下相
三碑
象山
濟水
泗水
宿遷

東
沭水篇
濟水篇
泗水篇
獲水篇
睢水篇
黃水
黃溝
枝水
豐水
豐
豐水
黃水即豐水泡水清水
泡橋
泗水
濟水
秦泗水郡沛
劉備為徐州治此
小沛
垞上
泗水亭漢高祖廟碑
漢高祖為泗水亭長即此
奚仲冢
山
廣戚
楚之祖地
祖水
運河
留
張良廟
留鄉
藍田鄉郭
獲水
洪溝
杼秋
微山
微山湖
垞城
崇侯虎廟
相魋墓
山
故蕭國
宋移沛郡於此
蕭
石梁
紅鴻溝亭
鄭陂
西流水即睢水
蕭城南山
谷
龍城
同孝
淨淨溝水即白溝水
獲水
劉向冢
龍華寺
濟泗水
龔勝墓
古彭祖國
項羽都此
徐州
彭城郡
彭城
涼馬臺
阿育王寺
黎城
范增冢
安陂水
安陂
梧桐陂
梧桐山
白溝水
宋共公冢
秦泗水郡漢改沛郡相
馬援墓
睢水
湖澤
靈壁
睢水即穀水

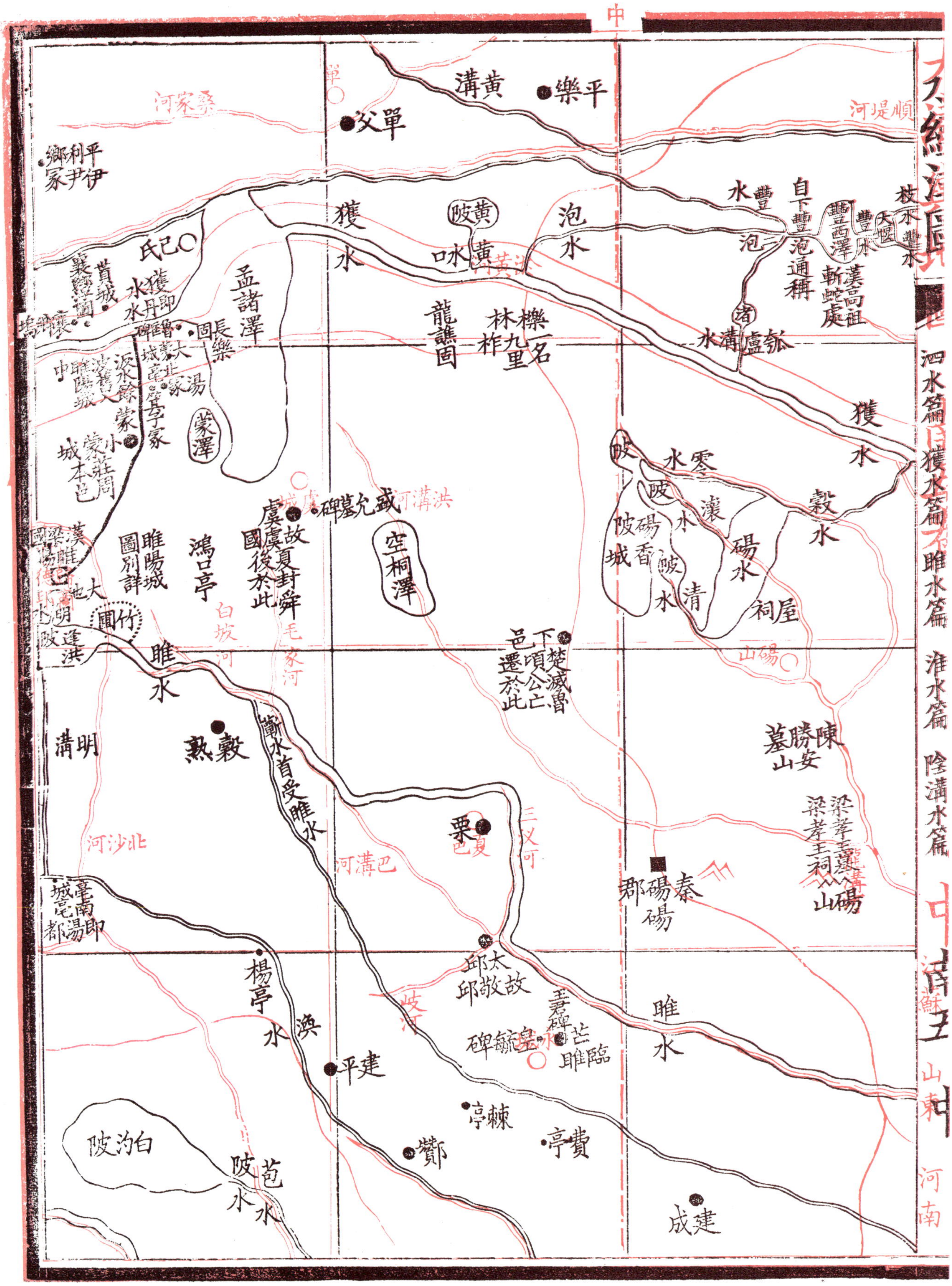
中
水經注圖
泗水篇 獲水篇 睢水篇 淮水篇 陰溝水篇
中
南五
平樂
黃溝
單父
平利鄉
伊尹冢
順堤河
桑家河
獲水
黃陂
泡水
豐水
泡
自下豐泡通稱
豐西澤
漢高祖斬蛇處
大澤
枝水
豐水
黃水口
己氏
黃城
孟諸澤
長樂固
龍譙固
櫟林一名九里柞
渚
蒙澤
小蒙莊周本邑城
獲水
零水
陂
濊水
穀水
碭水
陂
碭香城
清水
屋祠
碭山
空桐澤
虞
故虞國夏封舜後於此
洪溝河
鴻口亭
睢陽城圖別詳
漢睢陽梁國
竹圃
逢洪陂
白坡河
毛家河
下邑楚滅魯頃公亡遷於此
陳勝墓
安山
梁孝王墓
梁孝王祠
碭山
睢水
明溝
穀熟
蘄水首受睢水
栗
北沙河
巴溝河
三叉河
秦碭郡
亳南湯都
楊亭
太丘
故邸
渙水
建平
王君碑
臨睢
芒
睢水
山東
棘亭
費亭
酇
白溝陂
苞水
陂
建成
河南

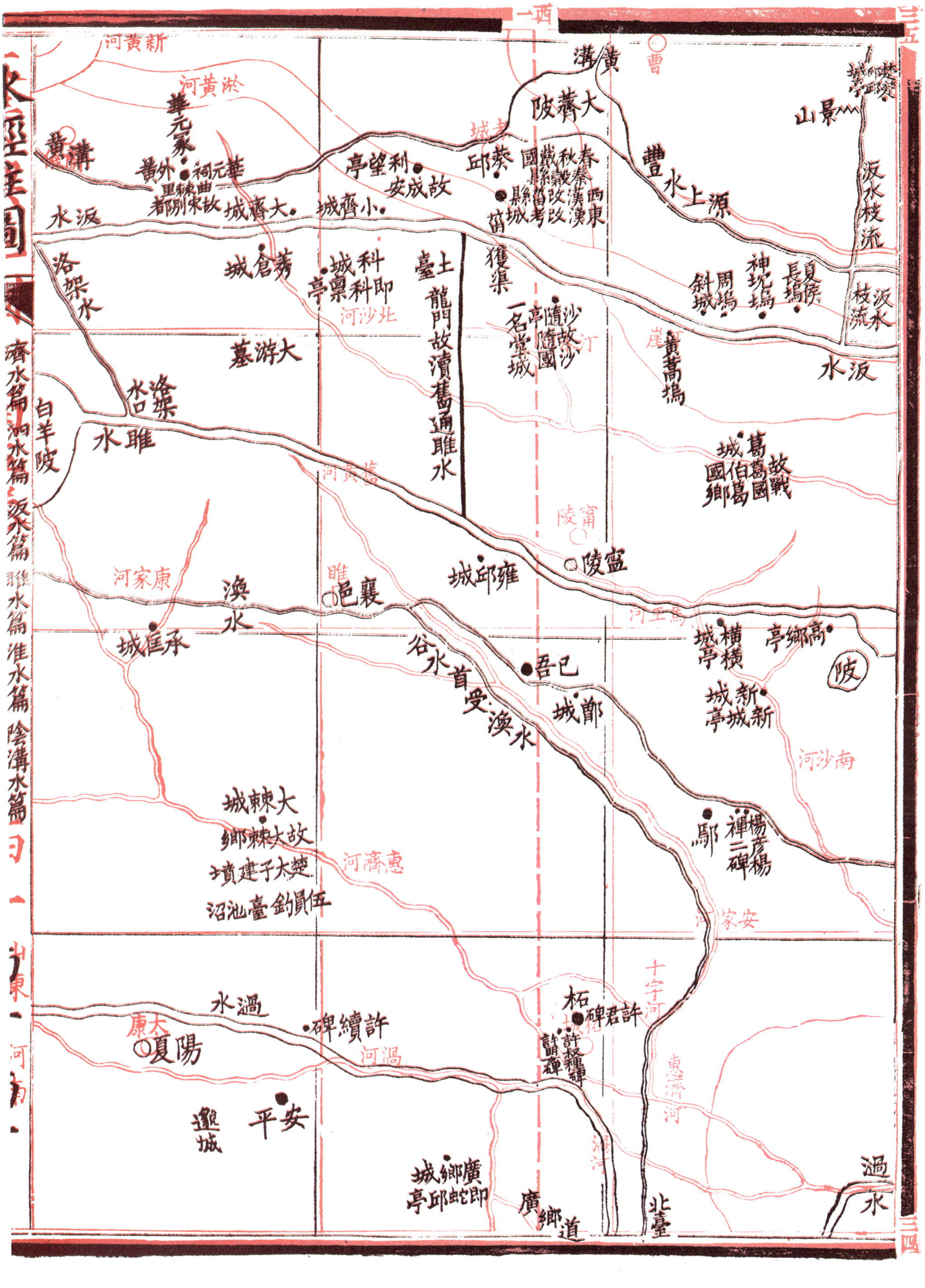

水經注圖
濟水篇 汳水篇 獲水篇 睢水篇 淮水篇 陰溝水篇
新黃河
淤黃河
黃溝
華元冢
華元祠
外黃
大齊城
小齊城
汳水
利望亭
故成安
葵丘
大薺陂
黃溝
曹
景山
豐水上源
汳水枝流
洛架水
土臺
龍門故瀆舊通睢水
獲渠
北沙河
大游墓
沙隨故國
神坑塢
夏侯長塢
周塢
斜城
汳水枝流
汳水
黃蒿塢
洛架水口
白羊陂
睢水
故葛伯國
戰國葛鄉
舊黃河
寗陵
康家河
渙水
襄邑
雍丘城
承匡城
已吾
谷水首受渙水
鄫城
高鄉亭
橫城
橫亭
新城
新城亭
陂
南沙河
大棘城
故大棘鄉
楚太子建墳
伍員釣臺
惠濟河
楊彥碑
楊二碑
鄢
安家河
十字河
渦水
許續碑
許君碑
柘
渦河
陽夏
大康
安平
廣鄉城
廣鄉道
北臺
惠濟河
渦水

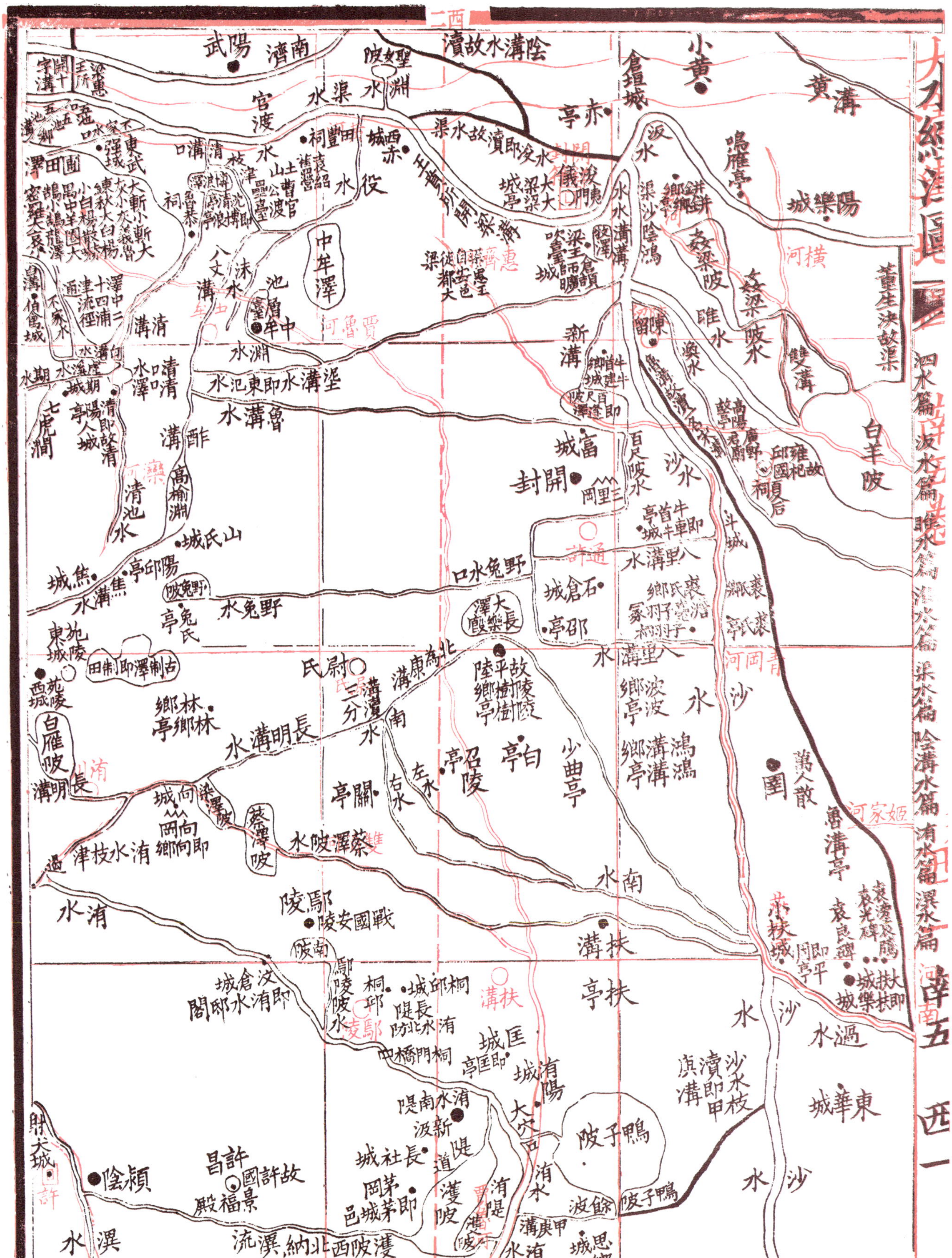
中牟澤
開封
扶溝
扶溝亭
鴨子陂
潁陰
白雁陂

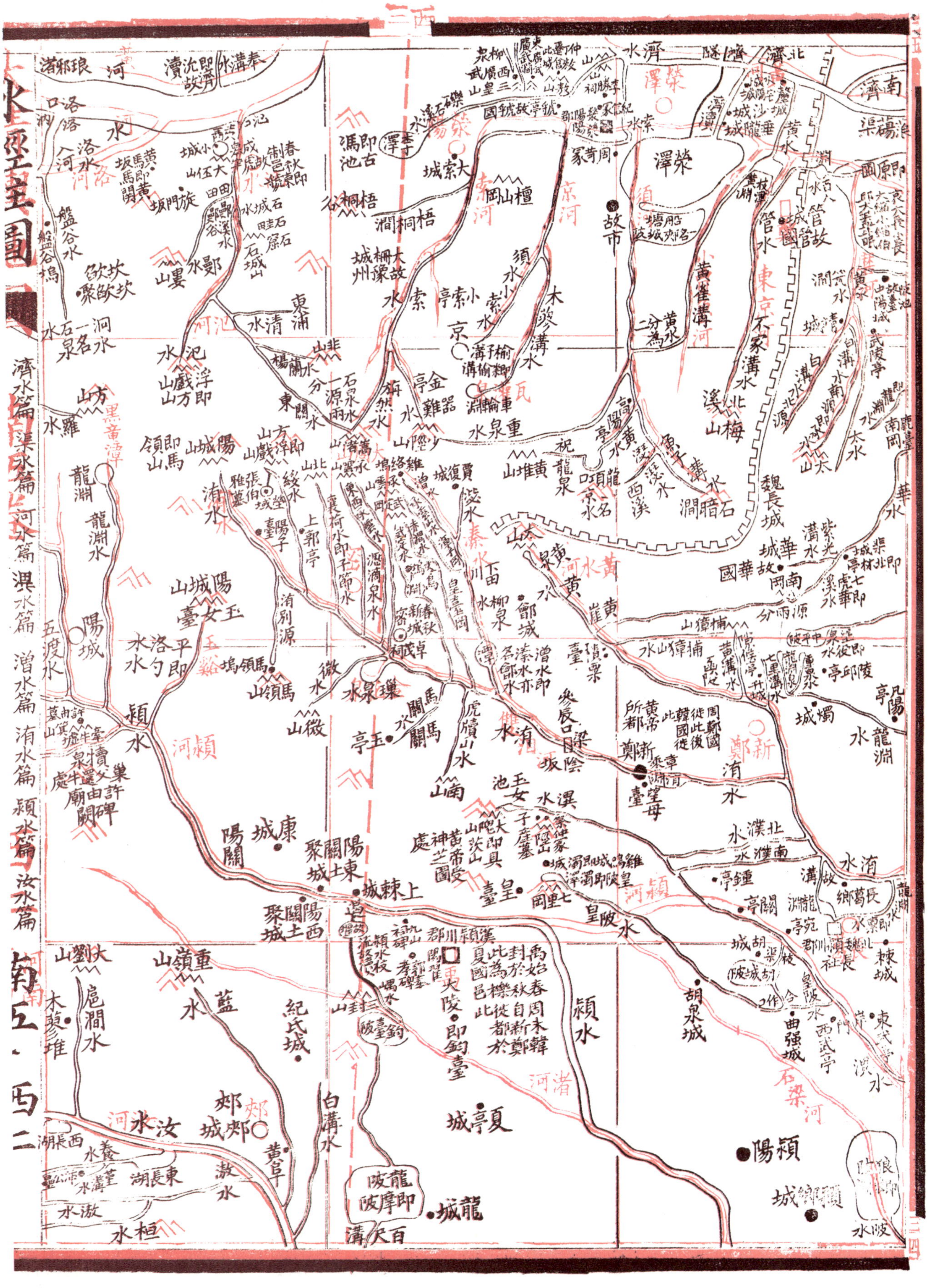
水經注圖
南五西二
濟水篇
渠水篇
河水篇
淇水篇
洧水篇
潁水篇
汝水篇
滎澤
故市
潁水
汝水
上棘城
夏亭城
龍城
潁陽
郟城
白溝水
黃崖
鄭城

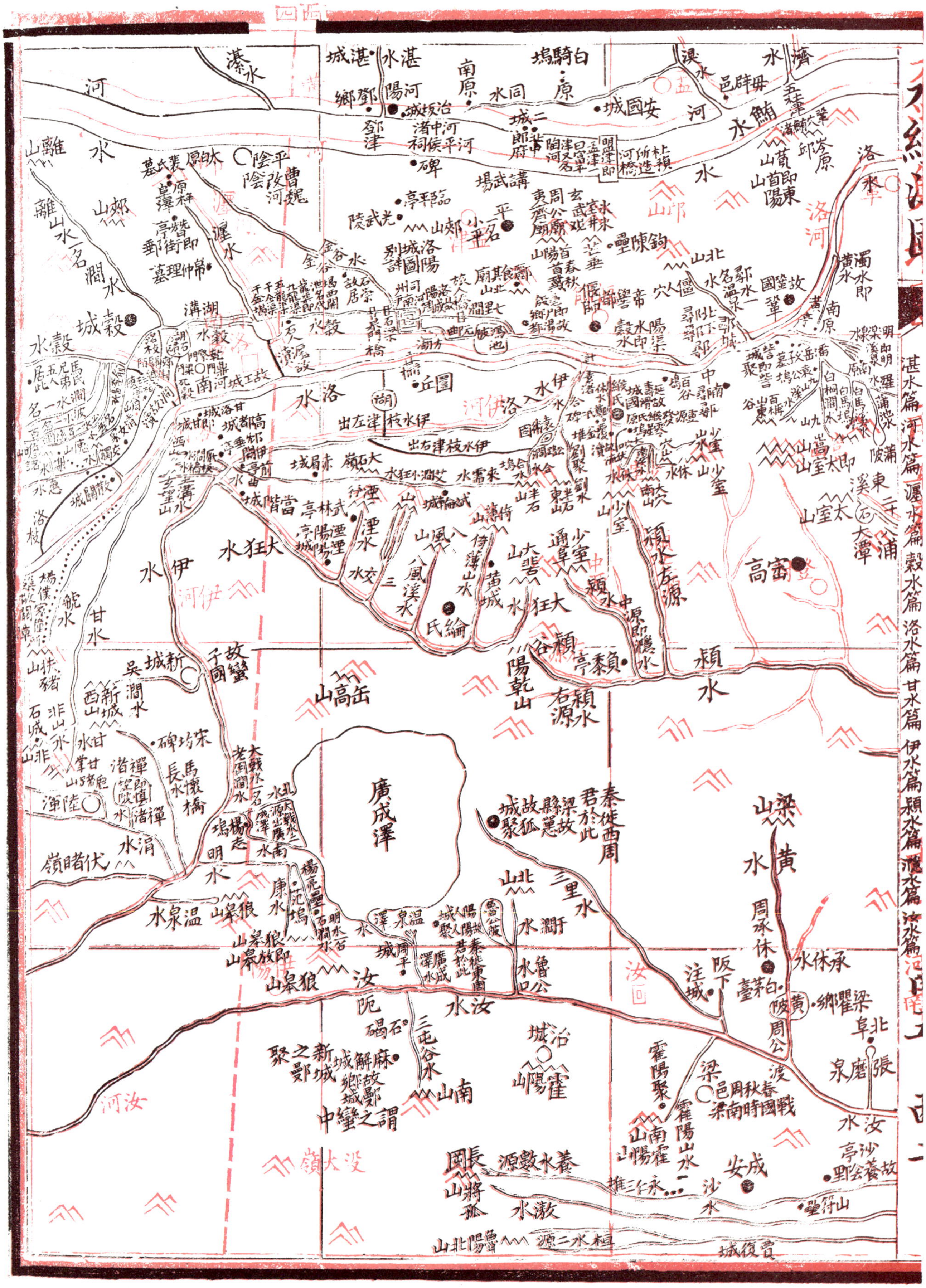

湛水篇 河水篇 瀍水篇 穀水篇 洛水篇 甘水篇 伊水篇 潁水篇
湛水
湛城
白騎塢
南原
河陽
安國城
毋辟邑
濟水
河
洛水
洛河
黃水
穀城
穀水
離山
甘水
新城
伊水
大狂水
伊河
潁水
太室山
廣成澤
梁山
黃水
三里水
明水
溫泉水
汝水
汝河
霍陽山
成安
沙水

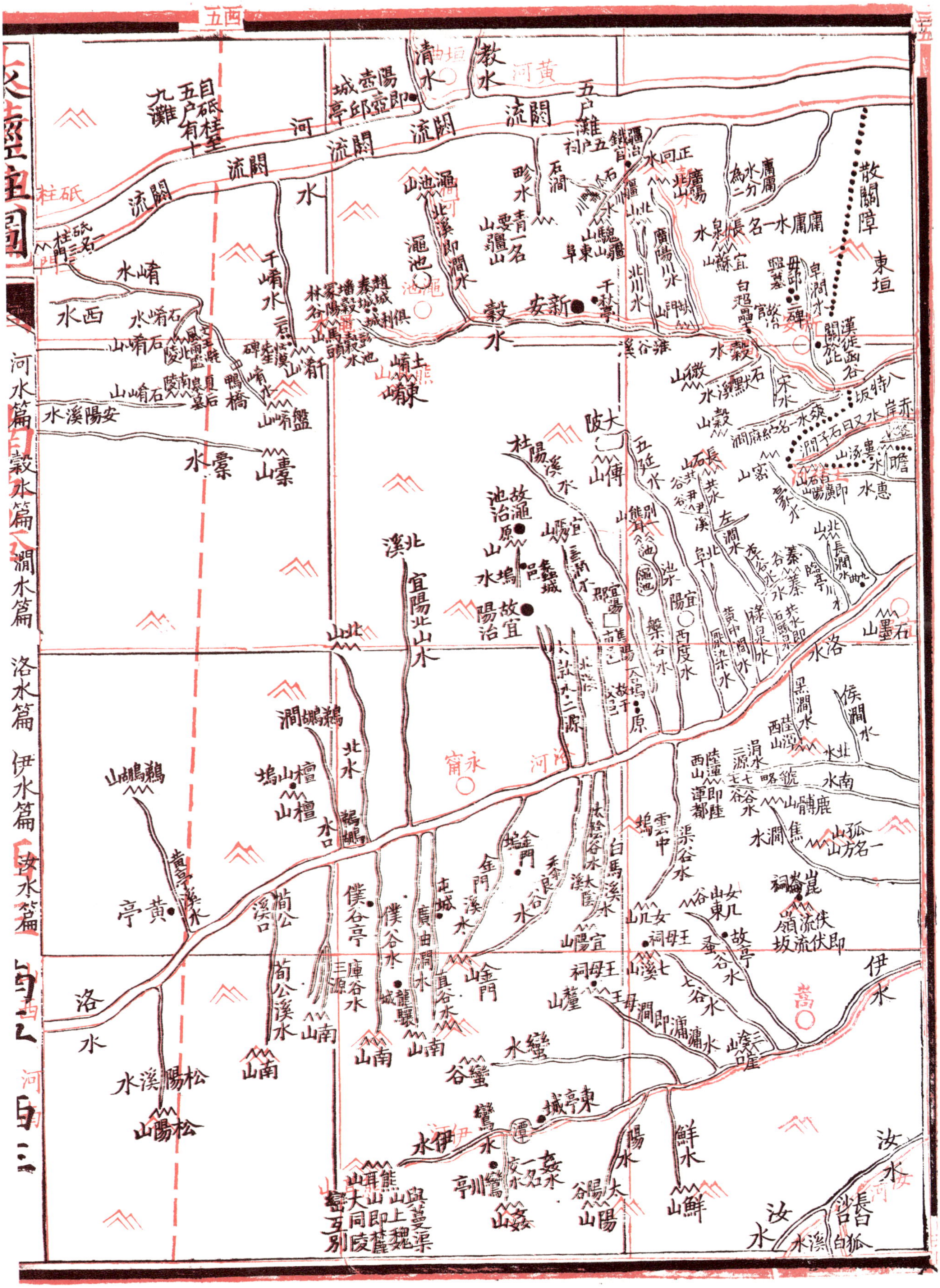

水經注圖
河水篇 穀水篇 澗水篇 洛水篇 伊水篇 汝水篇
五西
河黃
清水
教水
陽壺郎亭
河
流閼
砥柱
水崤
水西
千崤水
澠池
新安
穀水
東垣
散關障
漢函谷關
八特坂
赤岸水
缺門
大陂
杜陽溪水
故澠池治原
北溪
宜陽北山水
故宜陽治
洛水
渠谷水
伊水
嵩
鸞水
鸞谷
東亭城
陽水
鮮水
山鮮
汝水
長谷
白狐溪水
松陽溪水
山陽松
黃亭
黃亭溪水
荀公溪水
山南
山橐
橐水
安陽溪水
盤崤山
土崤
崤東
永甯
雲中塢
白馬溪水
金門山
王母祠
七谷水
故亭
女几山
伏流嶺
崑崙祠
焦澗水
鹿蹄山
南水
北水
侯澗水
梁澗水
石墨山
惠水

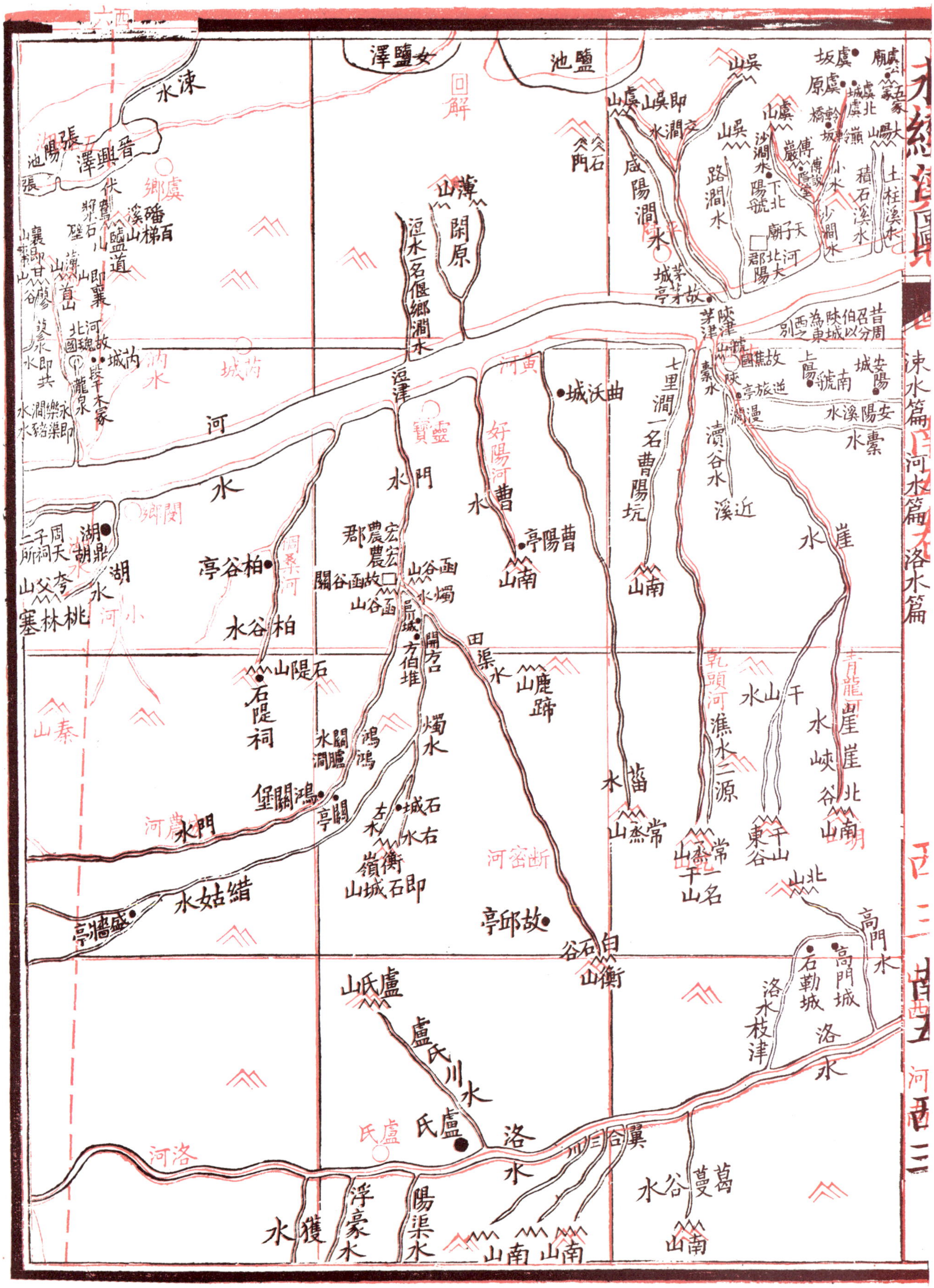
涑水篇
河水篇
洛水篇
涑水
鹽池
女鹽澤
晉興澤
張陽池
解
咸陽澗水
路澗水
吳山
虞山
薄山
閑原
洹水一名偃鄉澗水
河水
曲沃城
七里澗一名曹陽坑
曹陽亭
曹水
好陽河
門水
柏谷亭
柏谷水
石隄山
石隄祠
鴻關堡
燭水
鹿蹄山
衡嶺
故邸亭
盧氏山
盧氏川水
盧氏
洛水
河洛
獲水
浮豪水
陽渠水
南山
葛蔓谷水
高門城
高門水
洛水枝津
石勒城
北山
崖水
干山水
谯水二源
常烝山
南山
錯姑水
盛牆亭
桃林塞
湖水
秦山
安陽溪水
橐水
溪近
瀆谷水

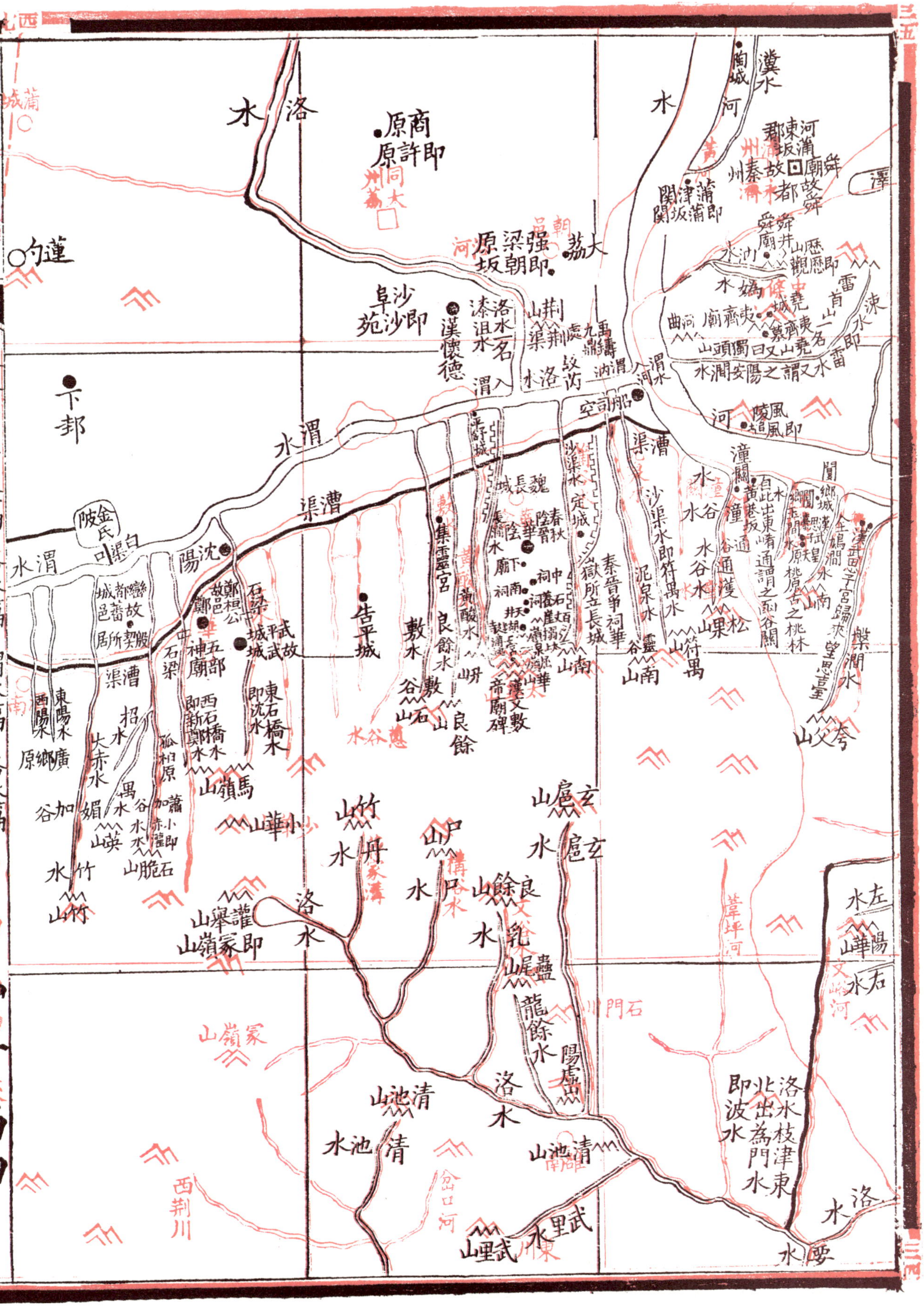
洛水
商原即許原
大荔
強梁即朝坂原
沙苑即沙阜
漢懷德
下邽
渭水
漕渠
金氏陂
白渠口
沈陽
渭水
漢水
陶城
河水
河東蒲坂舜故都
蒲津關即蒲坂關
雷首山
涑水
風陵即風陵堆
潼關
桃林
夸父山
沙渠水
定城
魏長城
華陰
集靈宮
告平城
石橋水
馬嶺山
小華山
竹水
竹山
玄扈山
玄扈水
良餘山
蠡尾山
龍餘水
陽虛山
洛水
清池山
清池水
武里水
武里山
洛水枝津東北出為門水即波水
要水
左水
陽華山
右水
家嶺山
石門川
西荆川
葦坪河

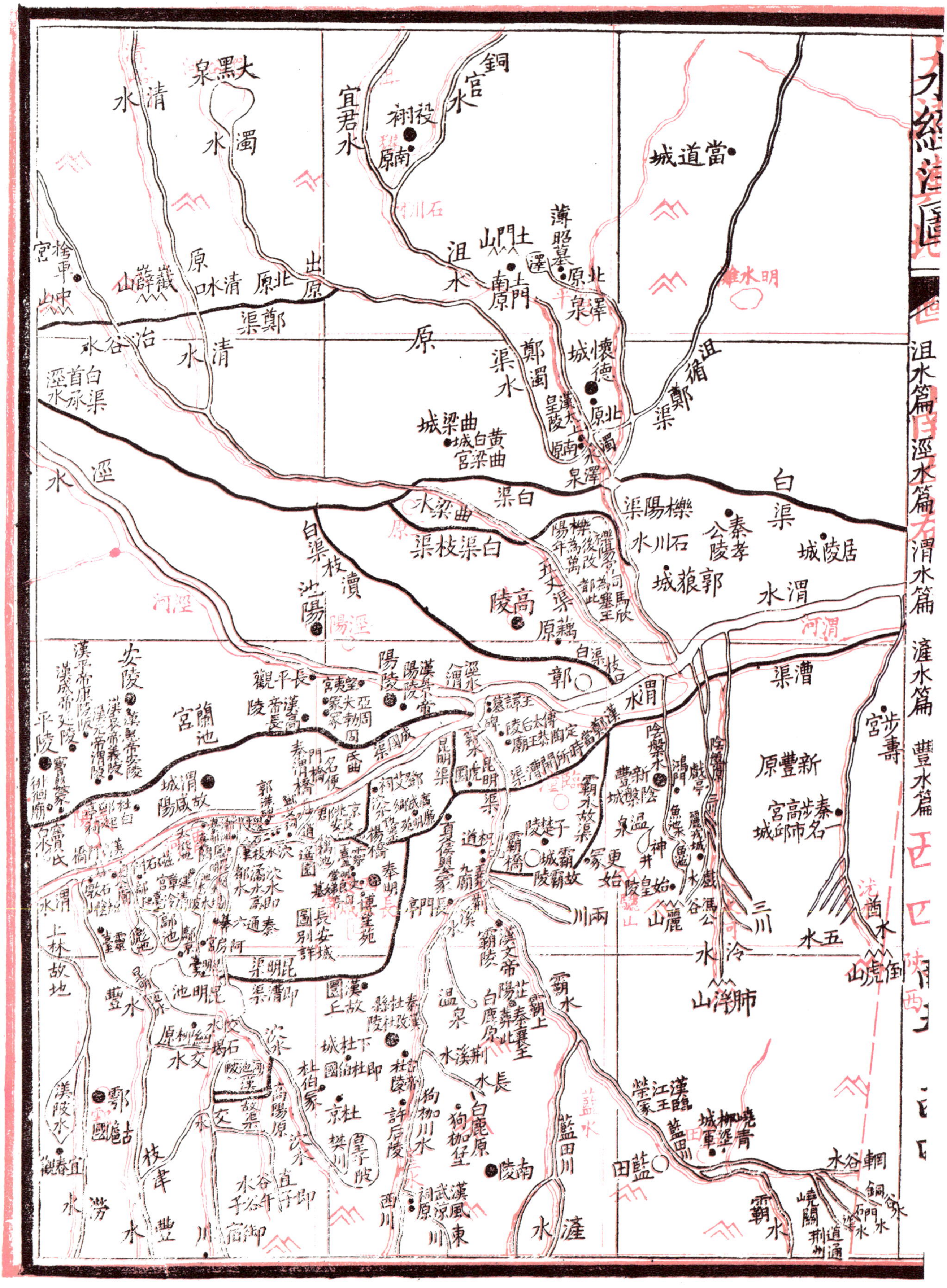
沮水篇 涇水篇 渭水篇 瀘水篇 豐水篇
大黑泉
清水
濁水
宜君水
銅官水
祋祤
當道城
土門山
薄昭墓
北原
澤泉
明水
嶻嶭山
清水口
北原
鄭渠
治谷水
清水
原
鄭渠
懷德城
沮循
涇水
白渠
曲梁城
黄白城
曲梁宫
白渠
櫟陽渠
石川水
秦孝公陵
居陵城
郭狼城
渭水
高陵
池陽
漕渠
新豐原
秦高步宫
名市城
步壽宫
長平觀
蘭池宫
渭城
長安城
昆明池
豐水
上林故地
霸水
霸陵
藍田川
藍田
瀘水
白鹿原
南陵
杜陵
鄠
枝津
豐水
酈山
温泉
鴻門
戲亭
冷水
三川
五水
泠水
霸水
倒虎山
桥山
芒水
桂水

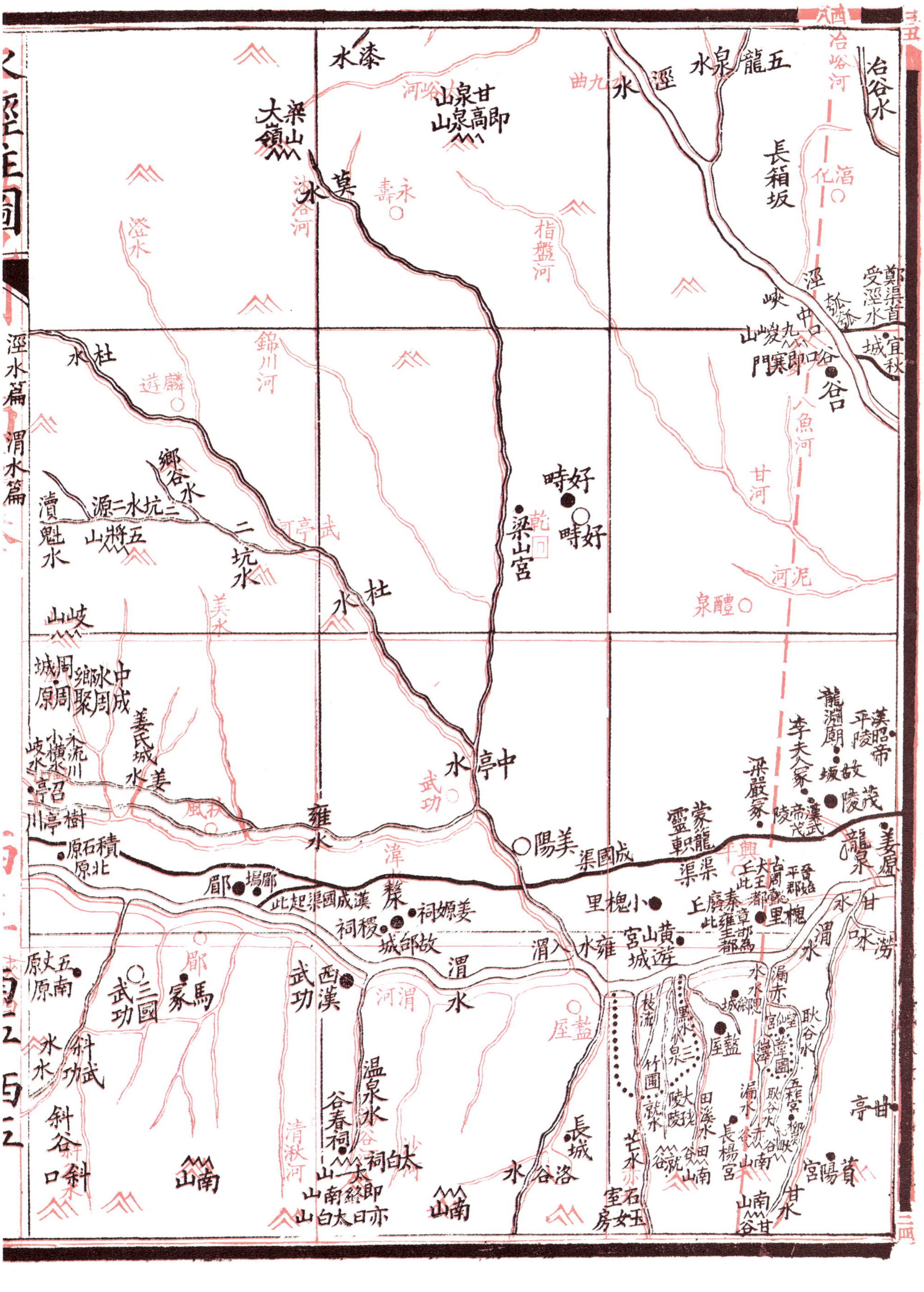
水經注圖
涇水篇 渭水篇
漆水
甘泉山 即高泉山
梁山大嶺
莫水
五龍泉水
涇水
台谷水
長箱坂
鄭渠首受涇水
宜秋城
谷口
九嵕山即寒門
杜水
鄉谷水
二坑水
五將山
漬魁水
岐山
好畤
梁山宮
中亭水
周城
周原
姜氏城
姜水
岐水
雍水
積石原
北原
美陽
成國渠
蒙龍渠
靈軹渠
茂陵
梁嚴冢
李夫人冢
漢昭帝平陵
龍淵廟
姜原
龍泉
郿
郿塢
漢成國渠起此
斄
姜嫄祠
稷祠
故郃城
小槐里
槐里
黄山宮
游城
雍水入渭
渭水
甘水
澇水
五丈原
三國武功
馬冢
西漢武功
溫泉水
谷春祠
太白祠
斜水
武功
斜谷口
南山
洛谷水
長城
芒水
石室
玉女房
長楊宮
萯陽宮
甘亭
耿谷水
盩厔
永壽
指盤河
錦川河
甘河
泥河
醴泉
清湫河

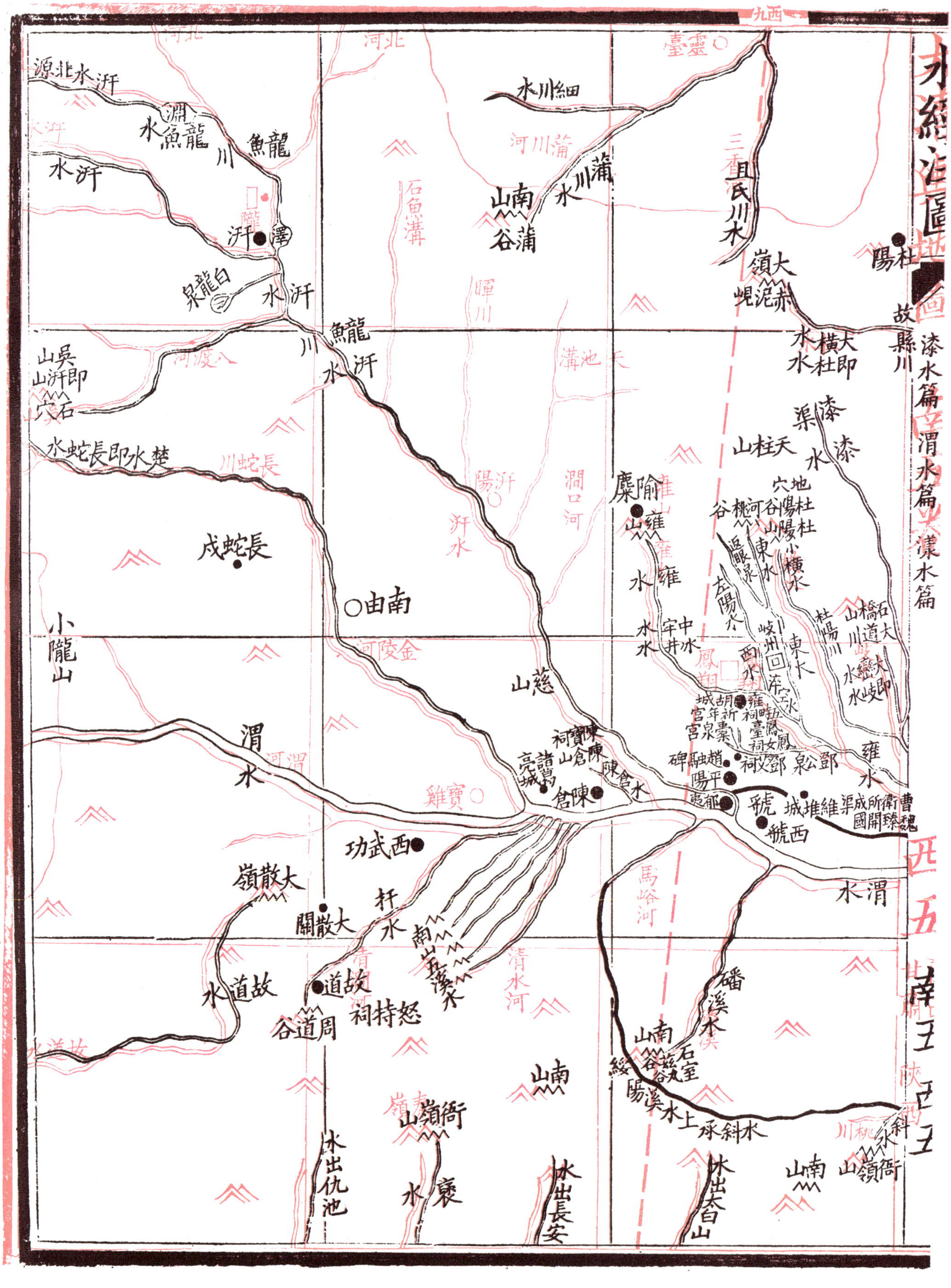

水經注圖
漆水篇
渭水篇
漾水篇
汧水北源
龍魚淵水
龍魚川
汧水
白龍泉
汧水
龍魚川
汧水
吳山
即汧山
石穴
楚水即長蛇水
長蛇戍
南由
小隴山
渭水
西武功
大散嶺
大散關
扞水
故道水
故道
周道谷
怒特祠
南山五溪水
衙嶺山
仇池出水
襄水
長安出水
細川水
南山
蒲谷
蒲川水
且氏川水
大赤泥峴
杜陽
故縣川
即大杜水
橫水
漆渠
漆水
天柱山
隃麋
雍山
雍水
慈山
陳倉
虢
西虢
平陽
鄧公泉
郿
渭水
磻溪水
南山
石室
斜水
太白山出水
衙嶺山
南山

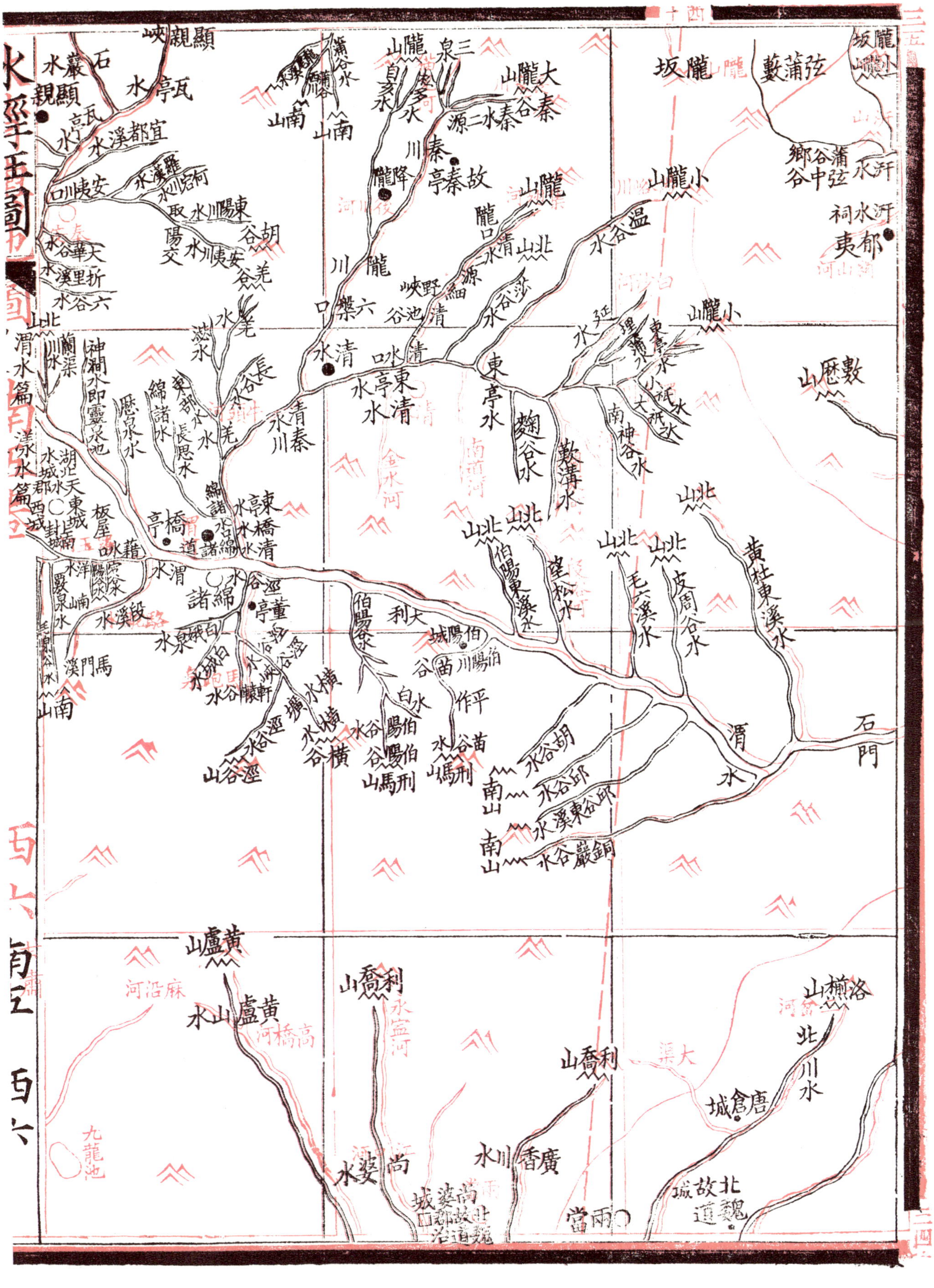
水經注圖
渭水篇
漾水篇
顯親峽
石巖水
瓦亭水
顯親
宜都溪水
安夷川口
三泉
大隴山
秦谷水
秦水二源
南山
故秦亭
秦川
隴坂
弦蒲藪
汧水
郁夷
汧水祠
小隴山
溫谷水
隴山
六谷水
六槃口
隴川
野池峽
清水
東亭水
數歷山
秦川水
綿諸
渭水
北山
伯陽東溪水
望松水
毛六溪水
皮周谷水
黃杜東溪水
大利
伯陽城
伯陽川
胡谷水
邸谷水
邸谷東溪水
銅巖谷水
石門
黃盧山
黃盧山水
利喬山
廣香川水
唐倉城
洛橛山
北川水
北魏故道
麻沿河
高橋河
大渠
九龍池
馬門溪
董亭
段溪水
上邽
板屋
橋亭

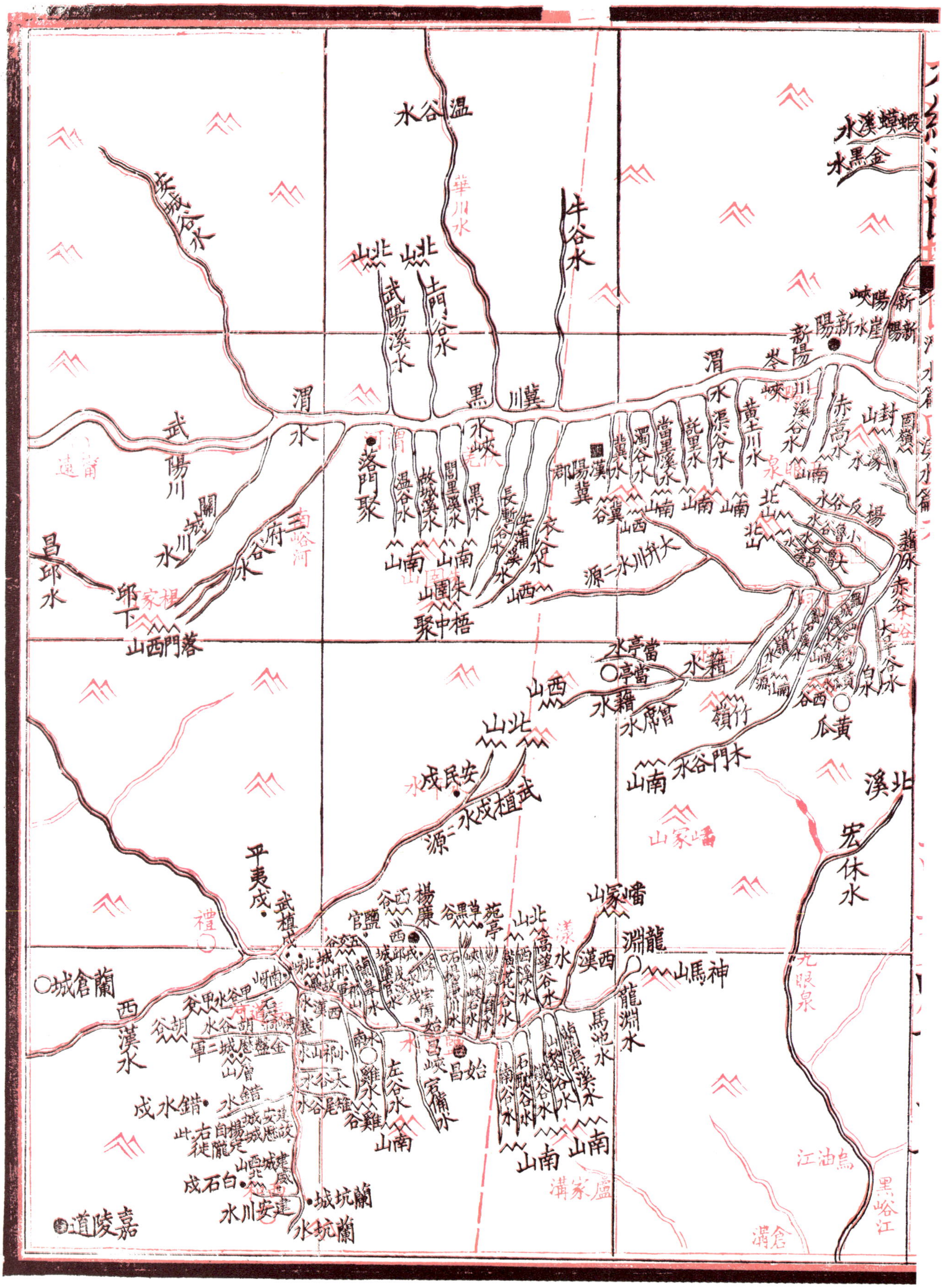
溫谷水
華川水
牛谷水
蝦蟆溪水
金黑水
新陽崖水
新陽新
渭水
武陽川
昌邱水
落門聚
黑水峽
黃土川水
赤萬水
封山
藉水
當亭當
當亭水
曾席水
竹嶺
黃瓜
木門谷水
南山
安民戍
武植戍
平夷戍
北溪
宏休水
九眼泉
蘭倉城
西漢水
當家山
龍淵
神馬山
龍淵水
馬池水
始昌
南山
盧家溝
蘭坑城
蘭坑水
建安川水
白石戍
錯水戍
嘉陵道
烏油江
黑峪江
倉渭

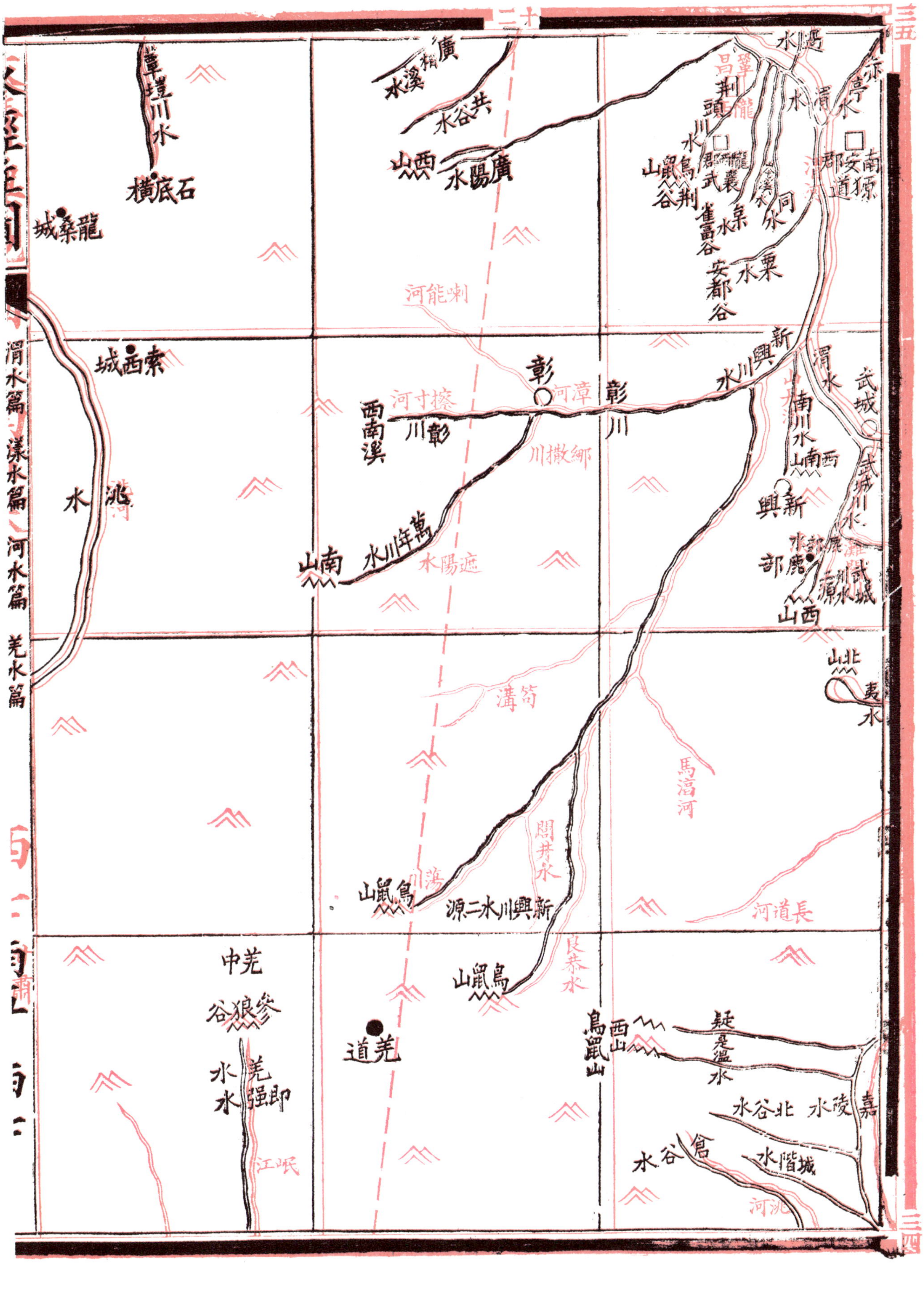
水經注圖
渭水篇
漾水篇
河水篇
羌水篇
草堤川水
石底橫
龍桑城
共谷水
西山
廣陽水
索西城
洮水
彰
西南溪
彰川
彰川
新興川水
萬年川水
南山
烏鼠山
新興川二水源
烏鼠山
羌中
參狼谷
羌道
羌水
疑是溫水
西山
鳥鼠山
嘉陵水
北谷水
倉谷水
城階水
武城
武城川水
南川水
新興
西山
北山
南安道
渭水
新興川水
喇能河
撘寸河
漳河
鄉撒川
遮陽水
笱溝
馬滔河
長道河
洮河
岷江

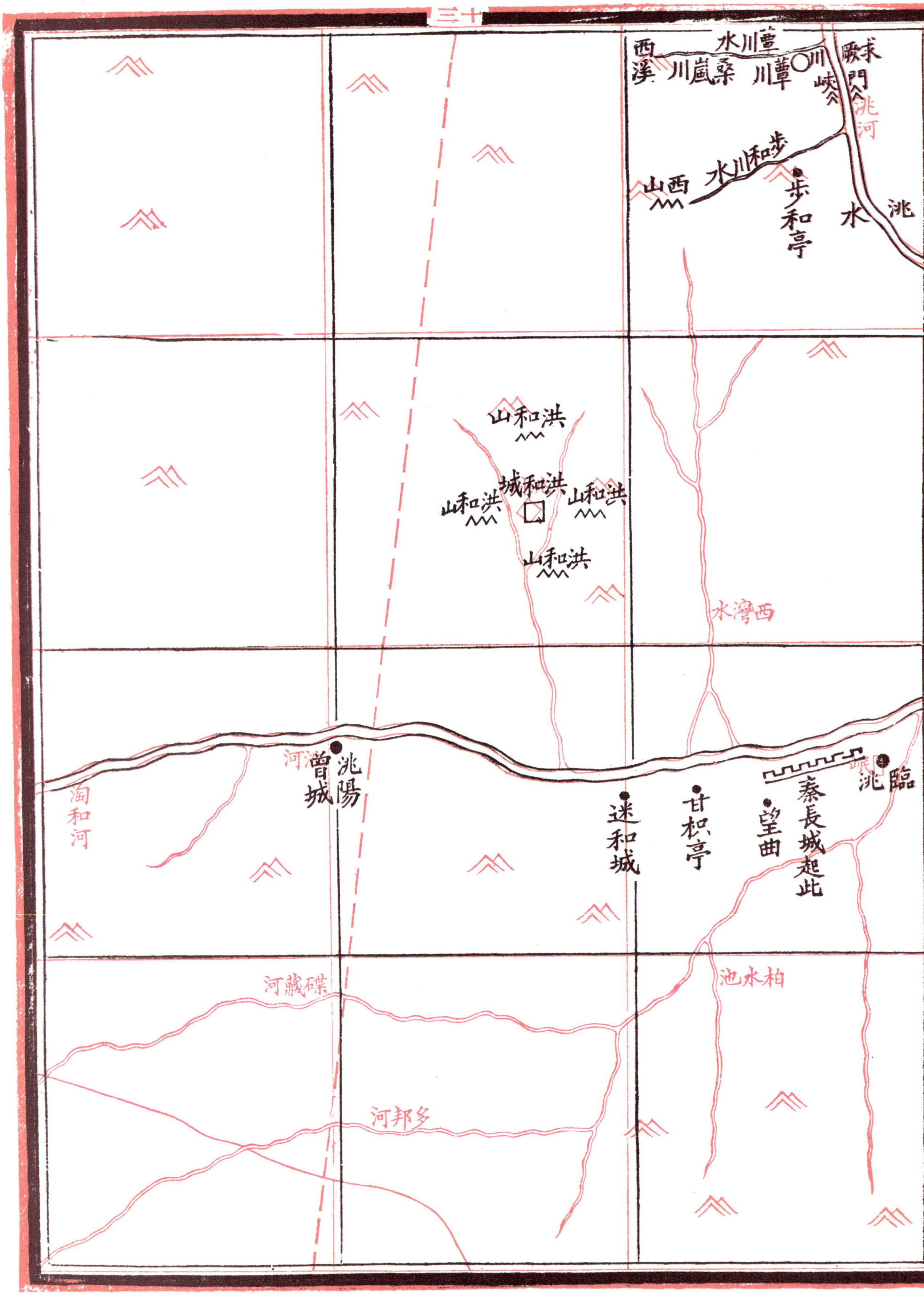
西溪
桑嵐川
蕈川
川峽
求厥門
洮河
步和川水
西山
步和亭
洮水
洪和山
洪和城
洪和山
洪和山
洪和山
西灣水
洮陽
曾城
河
洮和河
迷和城
甘枳亭
望曲
秦長城起此
臨洮
柏水池
碟藏河
乡邦河

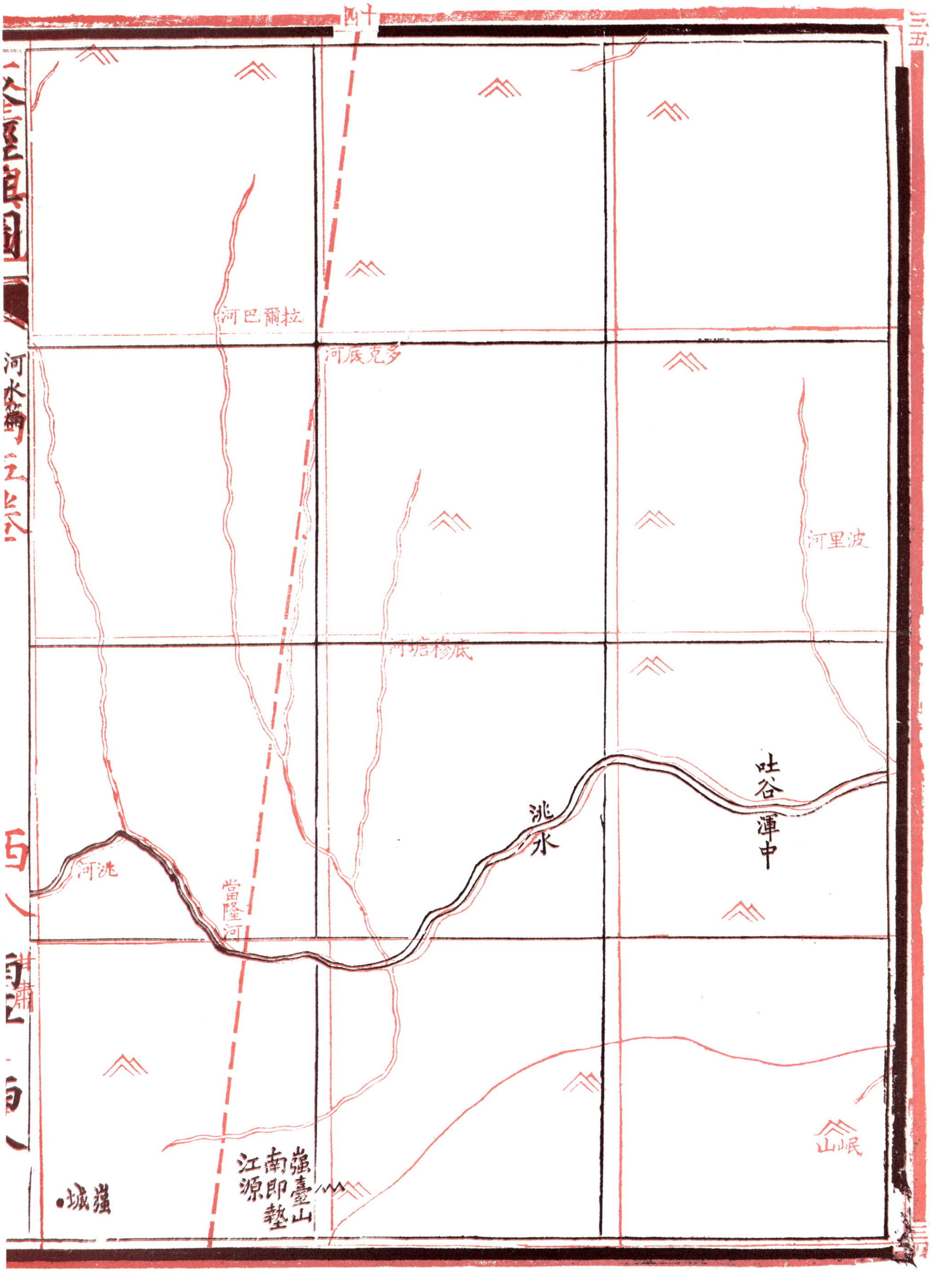
拉爾巴河
多克底河
底穆塘河
波里河
洮河
洮水
吐谷渾中
當陸河
嵹臺山南即墊江源
嵹城
岷山

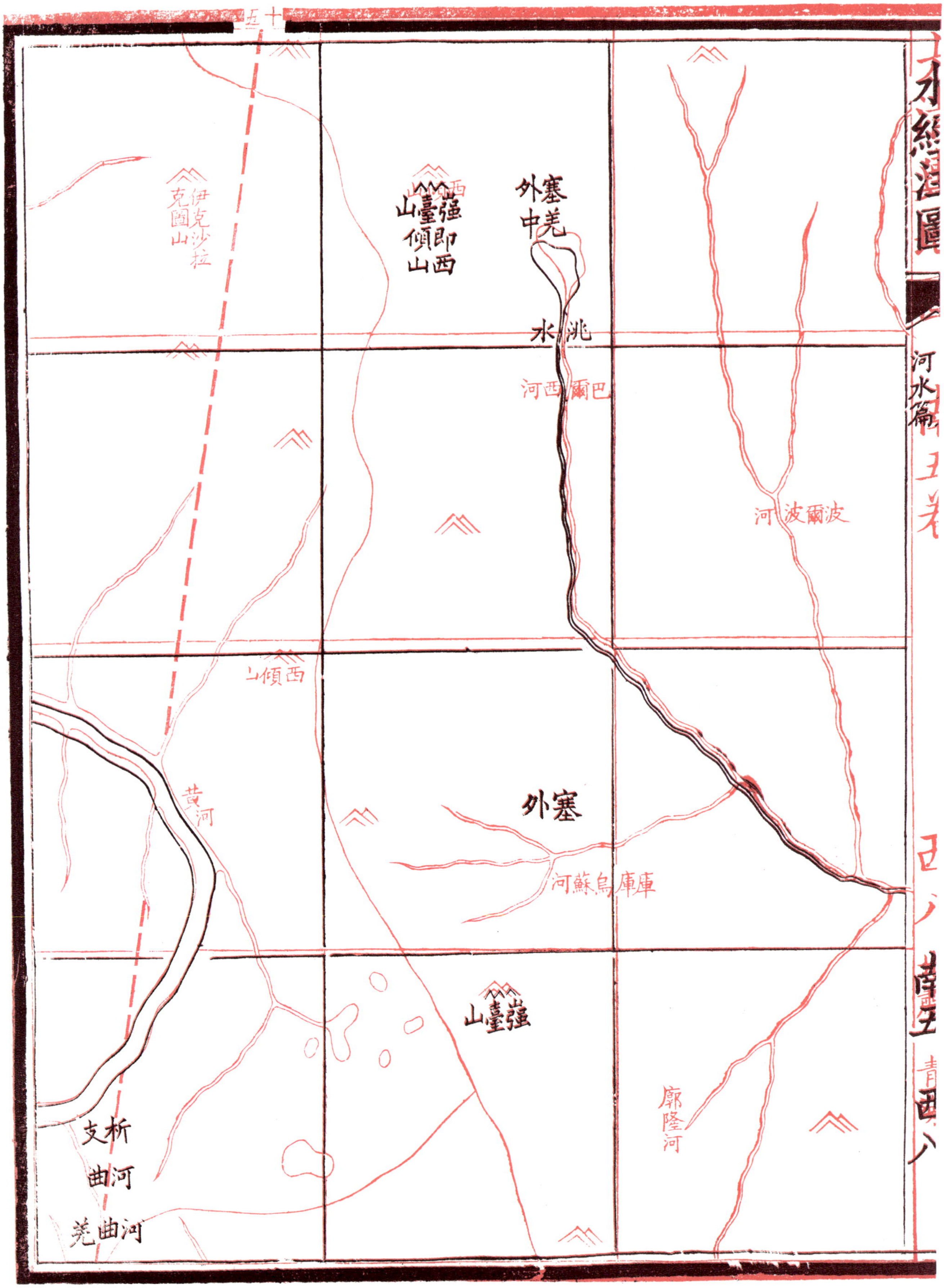

水經注圖 河水篇 南五 西八

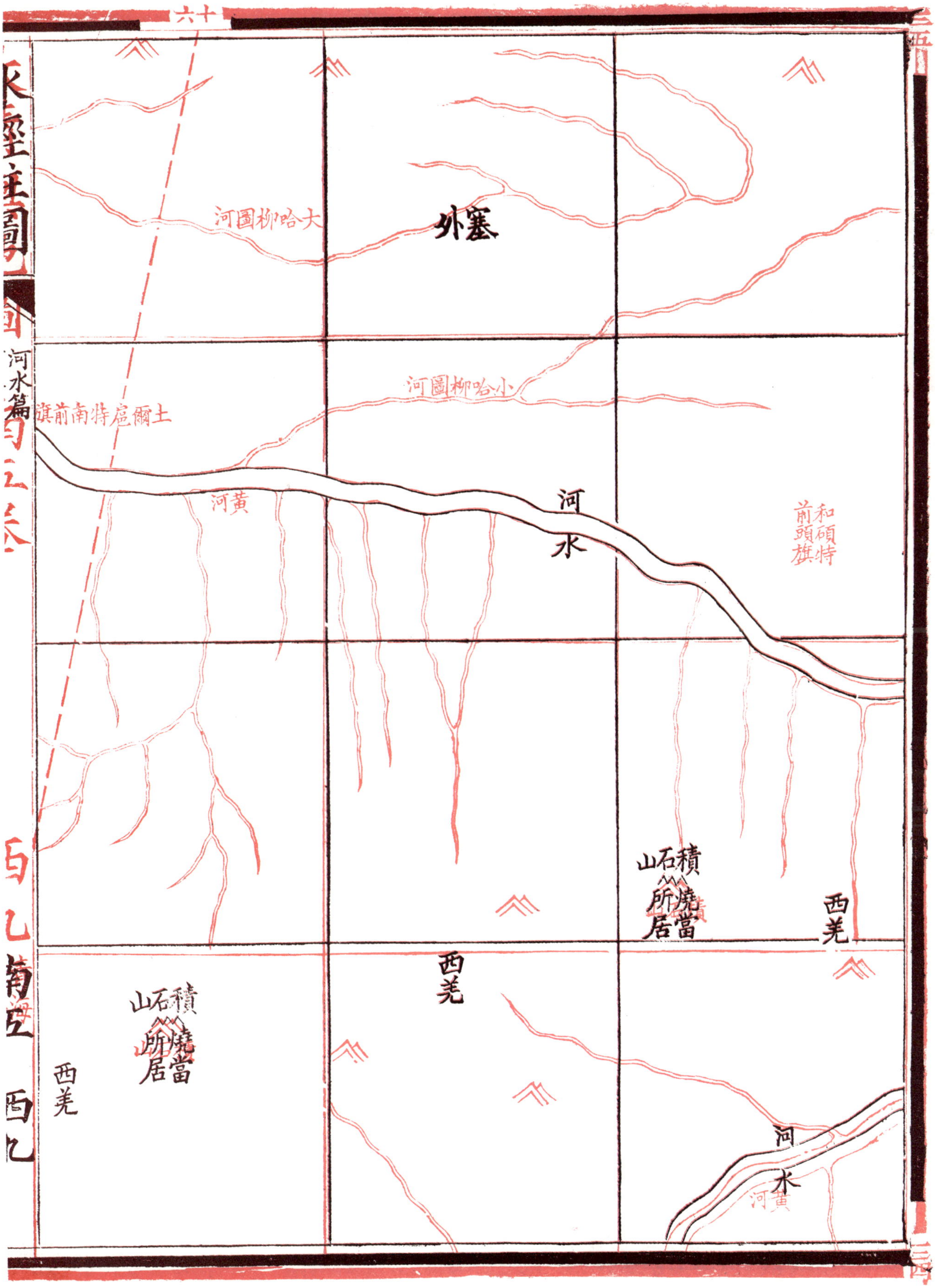
六十
水經注圖
河水篇
塞外
大哈柳圖河
小哈柳圖河
土爾扈特南前旗
黃河
河水
和碩特前頭旗
積石山
燒當所居
西羌
西羌
積石山
燒當所居
西羌
河水
黃河

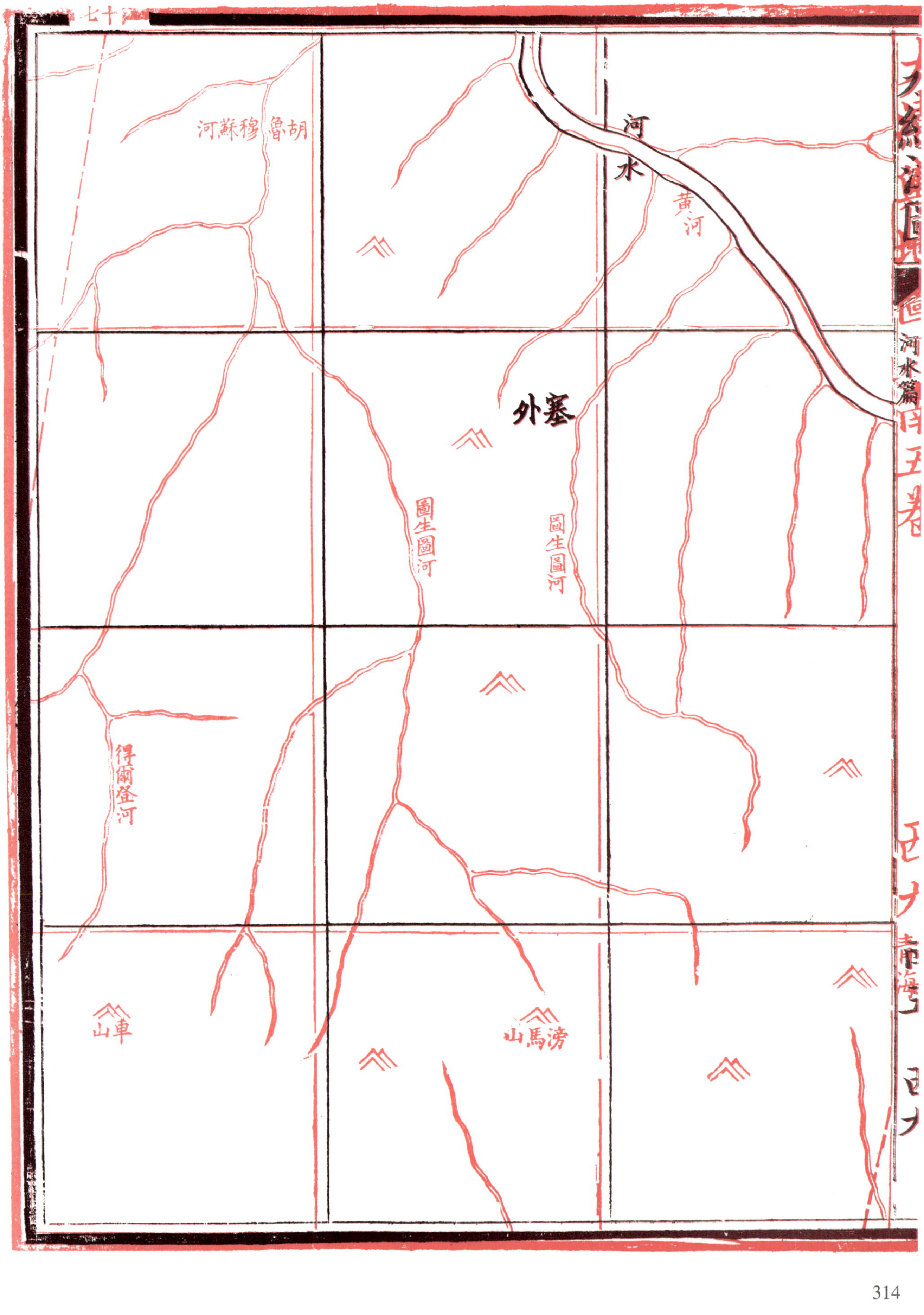
胡魯穆蘇河
河水
黃河
塞外
圖生圖河
圖生圖河
得爾登河
車山
滂馬山
河水篇

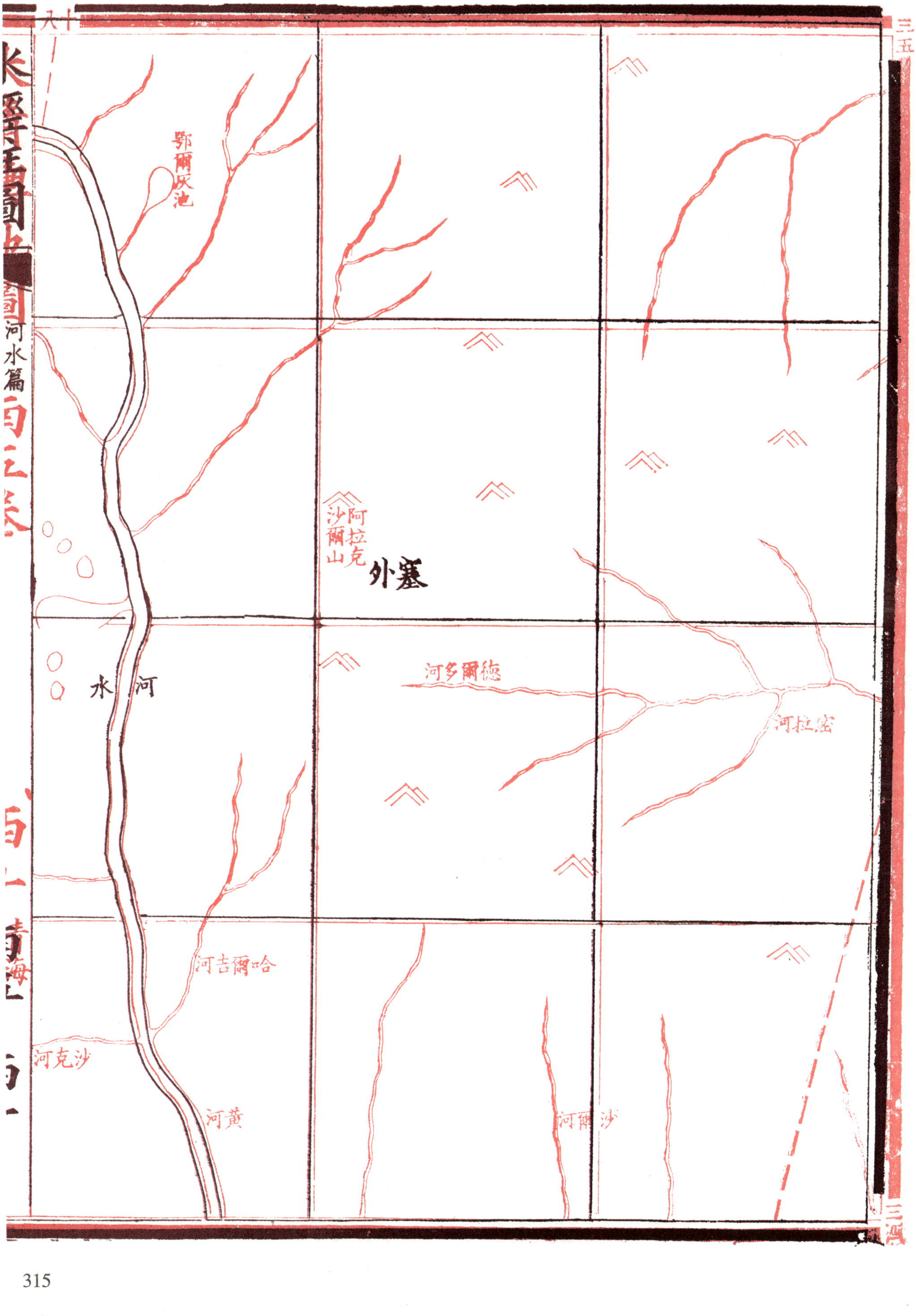
鄂爾灰池
阿拉克沙爾山
塞外
河水
德爾多河
哈爾吉河
沙克河
黃河

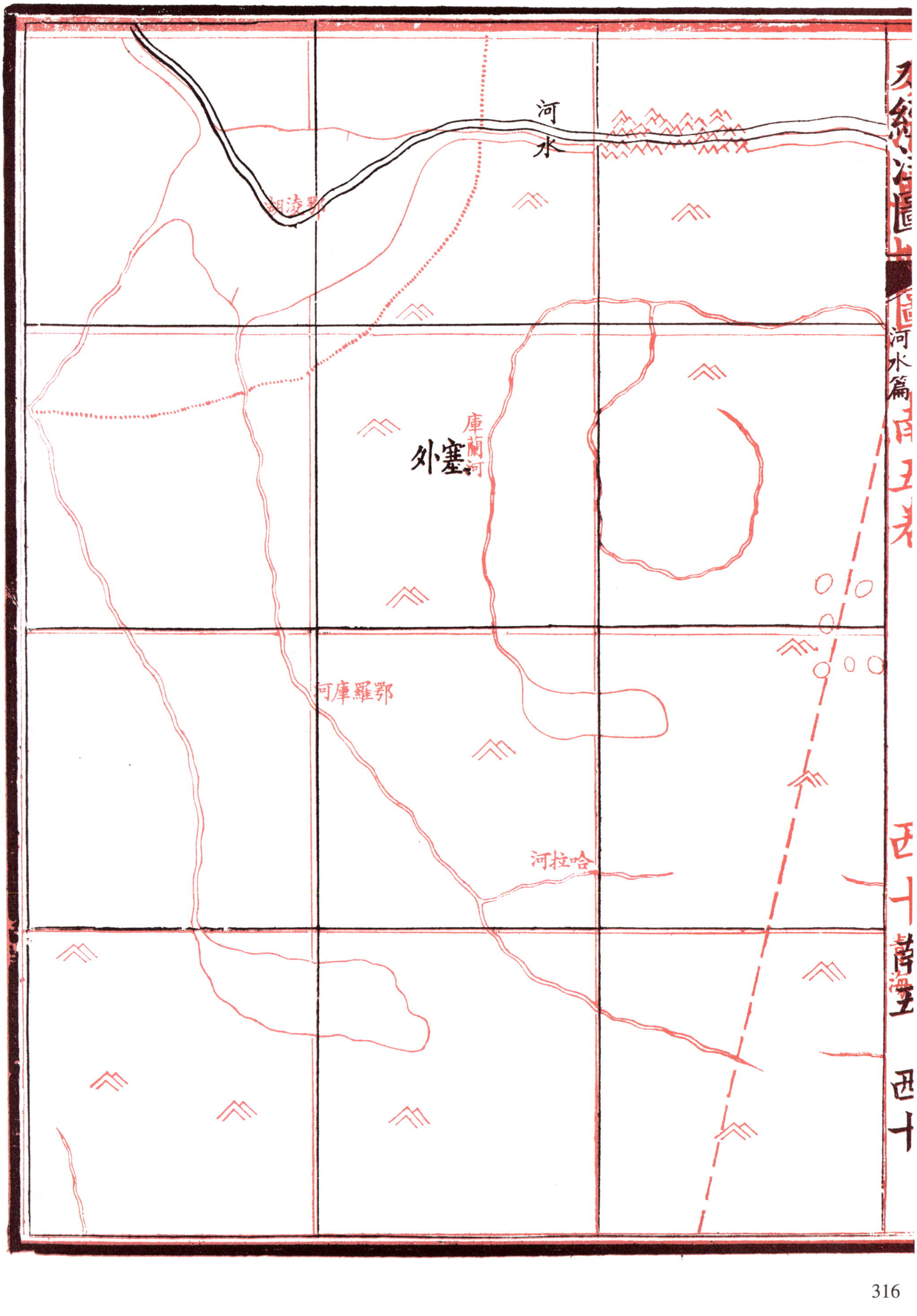
河水
鄂淩湖
塞外
庫蘭河
鄂羅庫河
哈拉河
河水篇

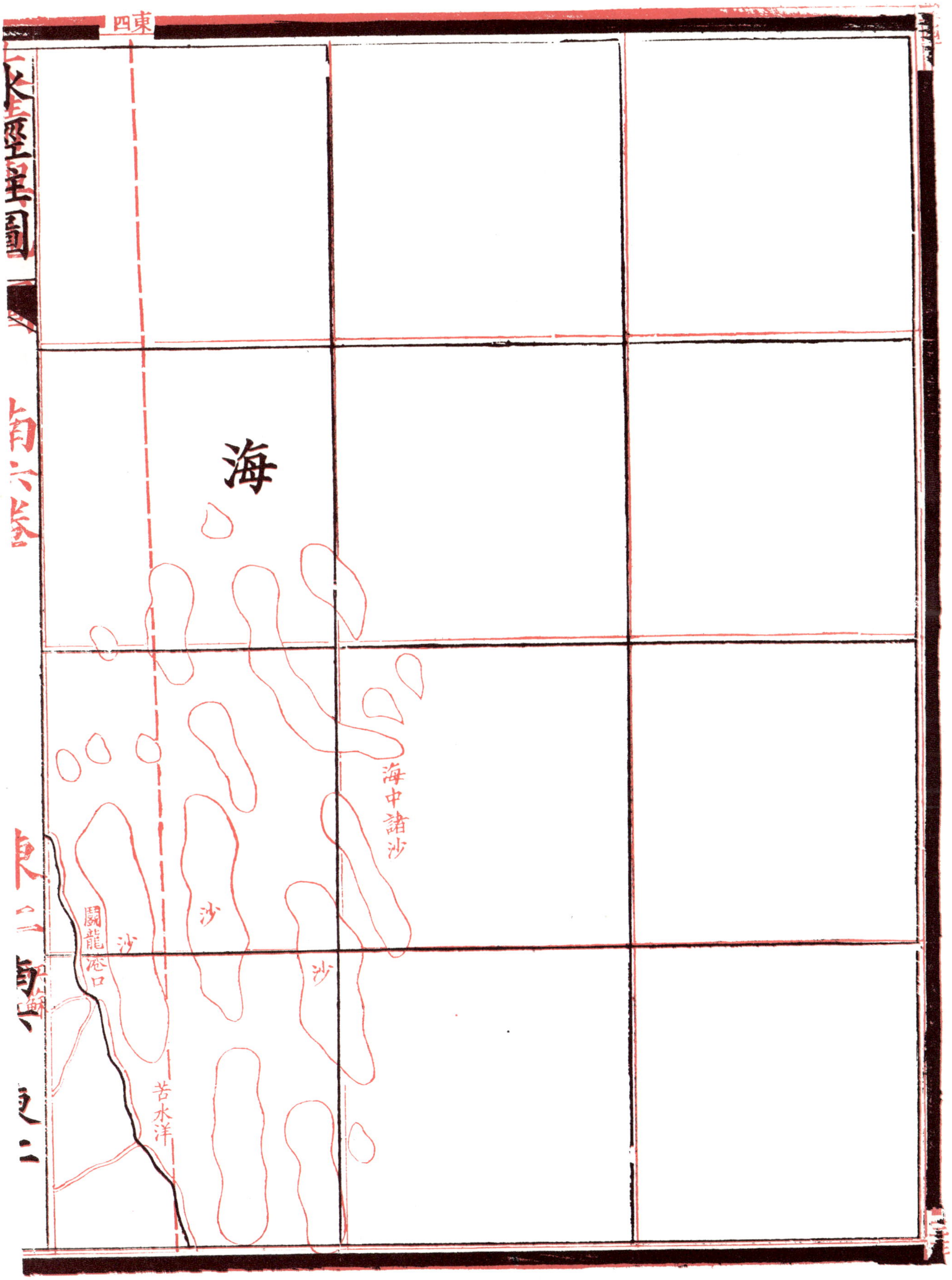
四東
水經注圖
海
海中諸沙
沙
沙
沙
闞龍滬口
苦水洋

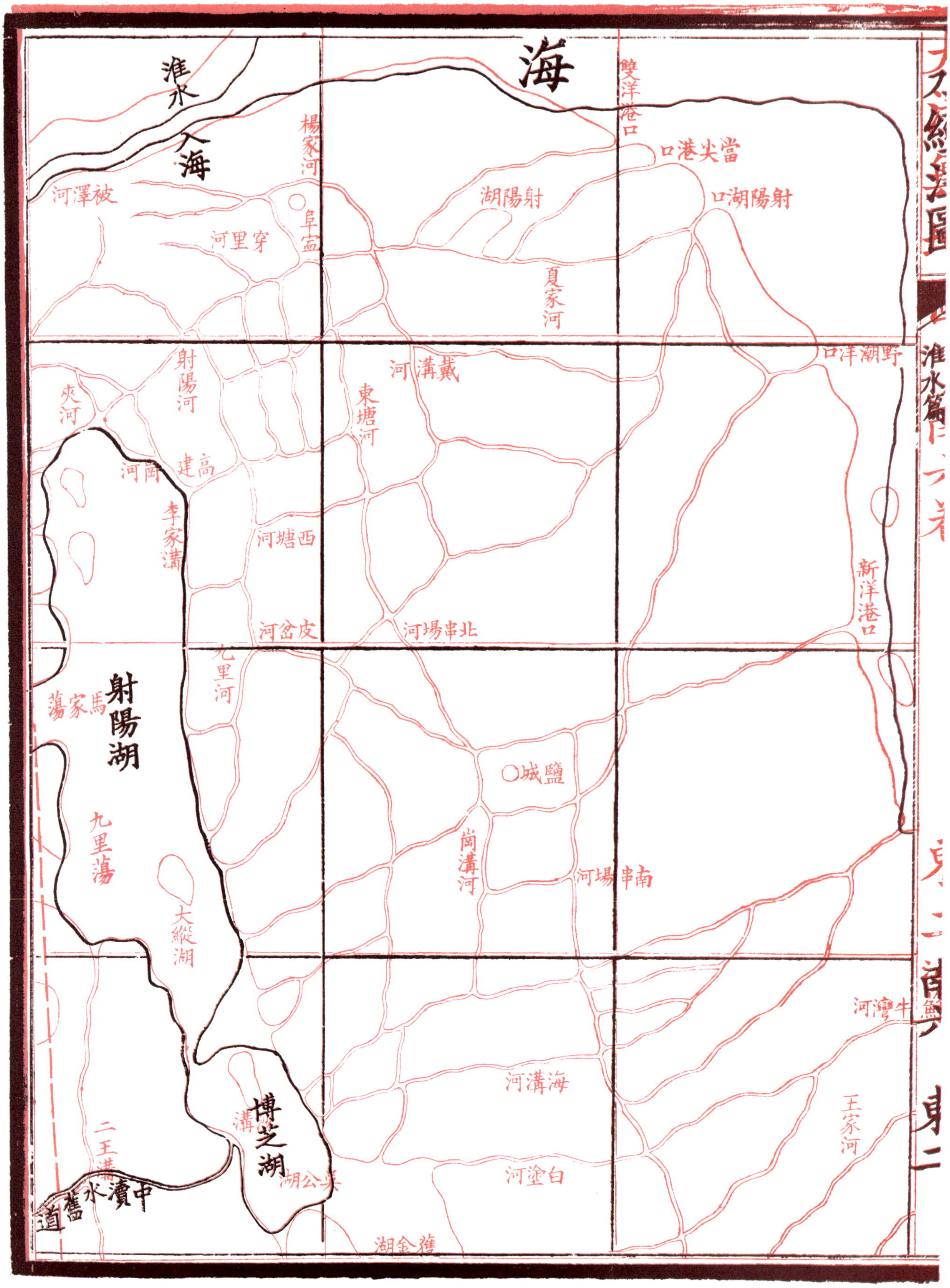
海
淮水入海
雙洋港口
楊家河
當尖港口
被澤河
射陽湖
射陽湖口
穿里河
阜寧
夏家河
射陽河
戴溝河
野湖洋口
夾河
東塘河
高建
岡河
李家溝
西塘河
新洋港口
皮岔河
北串場河
九里河
馬家蕩
射陽湖
鹽城
九里蕩
崗溝河
南串場河
大縱湖
牛灣河
海溝河
博芝湖
溝
王家河
二王溝
中瀆水舊道
吳公湖
白塗河
獲金湖
淮水篇

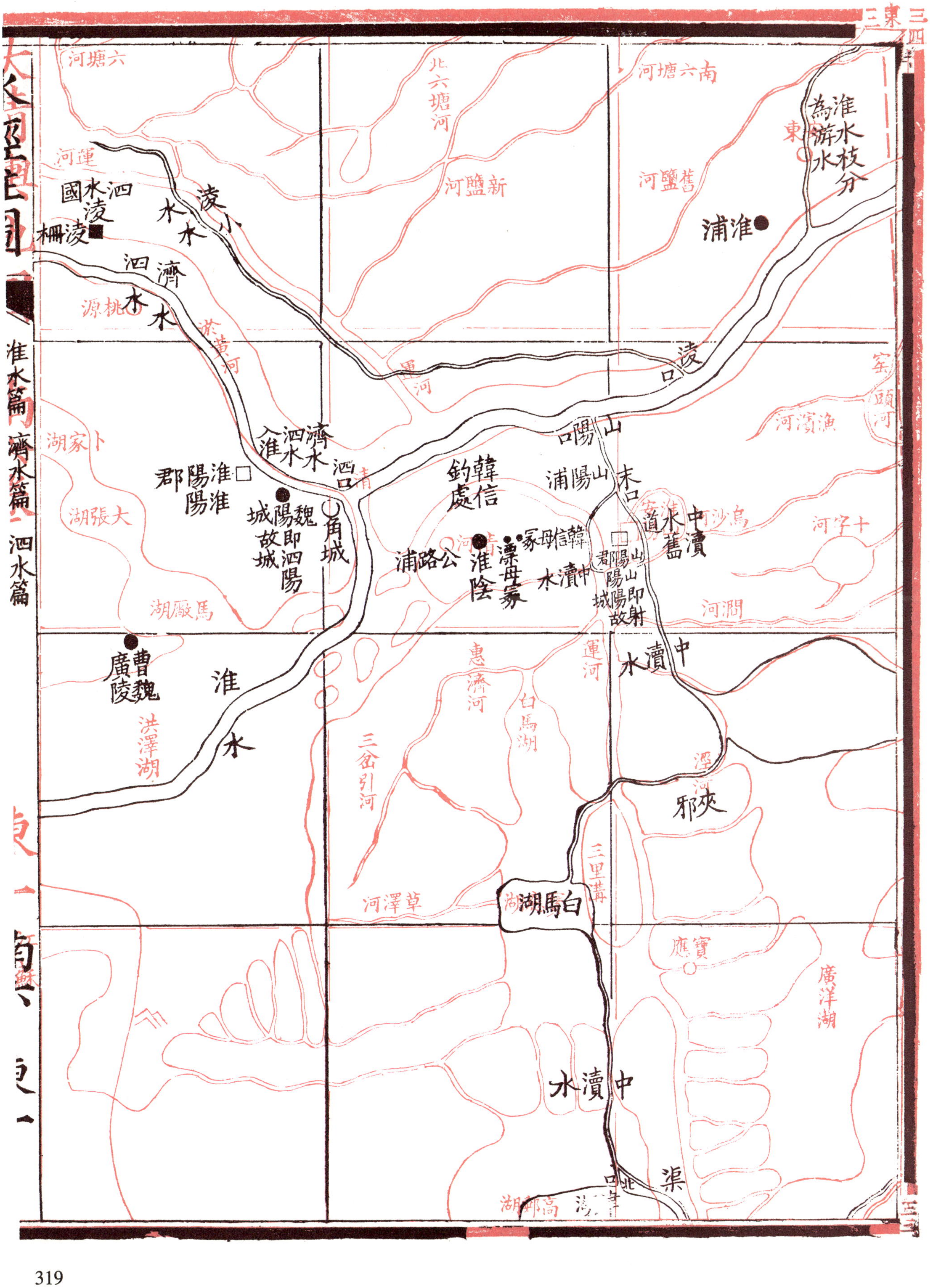

淮水篇
濟水篇
泗水篇
泗水國
淩水
濟水
泗水
淮浦
淮水枝分為游水
淩口
山陽口
山陽浦
末口
韓信釣處
淮陰
淮陽郡
淮陽
角城
泗口
濟水泗水入淮
公路浦
漂母冢
韓信母冢
中瀆水
中瀆水舊道
淮水
曹魏廣陵
夾邪
白馬湖
渠
六塘河
北六塘河
南六塘河
運河
新鹽河
舊鹽河
桃源
淤黃河
卜家湖
大張湖
馬廠湖
洪澤湖
漁濱河
烏沙河
十字河
澗河
惠濟河
三岔引河
草澤河
寶應
廣洋湖
高郵湖

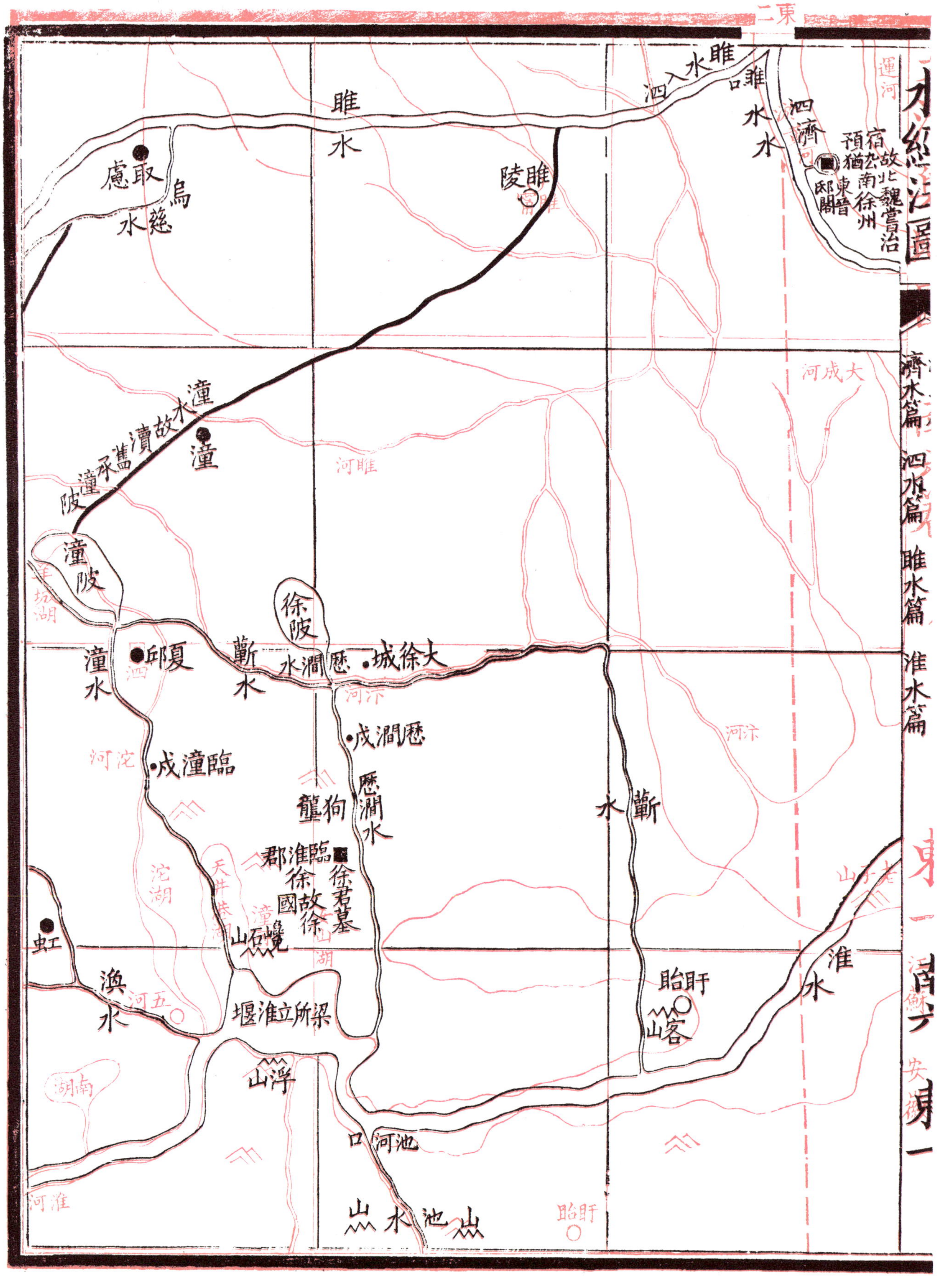
東二
水經注圖
濟水篇 泗水篇 睢水篇 淮水篇
睢水入泗口
睢水
泗水
濟水
睢陵
取慮
烏慈水
漳水故瀆承漳陂
潼
潼陂
徐陂
夏丘
潼水
蘄水
歷澗水
大徐城
歷澗戍
臨潼戍
歷澗水
蘄水
盱眙
客山
淮水
虹
渙水
梁所立淮堰
浮山
池河口
池水
山

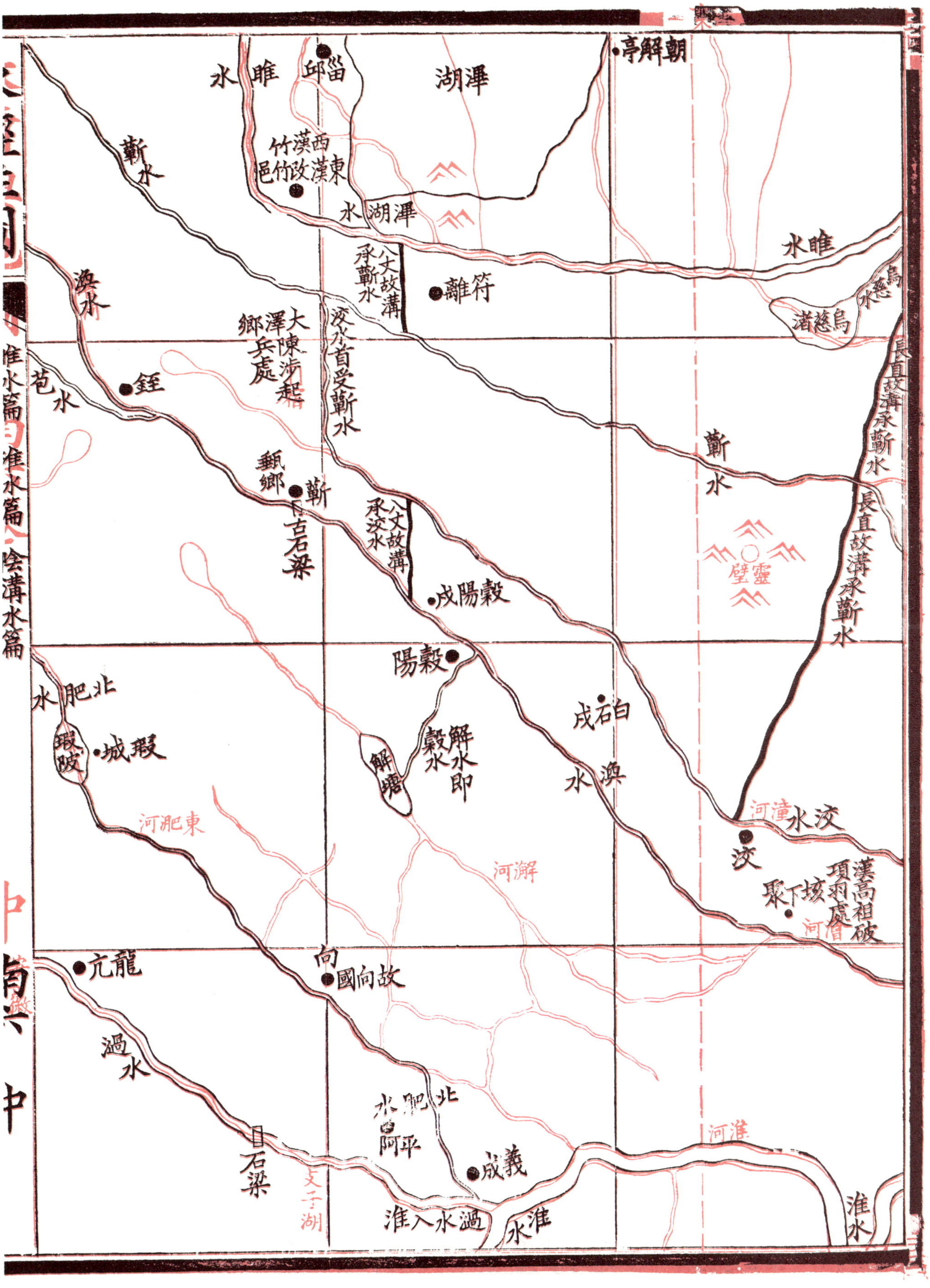
水經注圖
淮水篇
淮水篇
陰溝水篇
睢水
甾邱
澤湖
朝解亭
蘄水
西漢竹
東漢改竹邑
澤湖水
睢水
八丈故溝承蘄水
符離
烏慈水
烏慈渚
渙水
大澤鄉陳涉起兵處
洨水首受蘄水
長直故溝承蘄水
苞水
銍
蘄水
甄鄉
蘄
下古石梁
八丈故溝承洨水
穀陽戍
靈壁
長直故溝承蘄水
穀陽
北肥水
瑕城
瑕陂
解塘
解水即穀水
白石戍
渙水
潼河
洨水
洨
漢高祖破項羽處垓下聚
東肥河
澥河
澮河
龍亢
向
故向國
過水
北肥水
平阿
義成
石梁
過水入淮
淮水
淮河
淮水

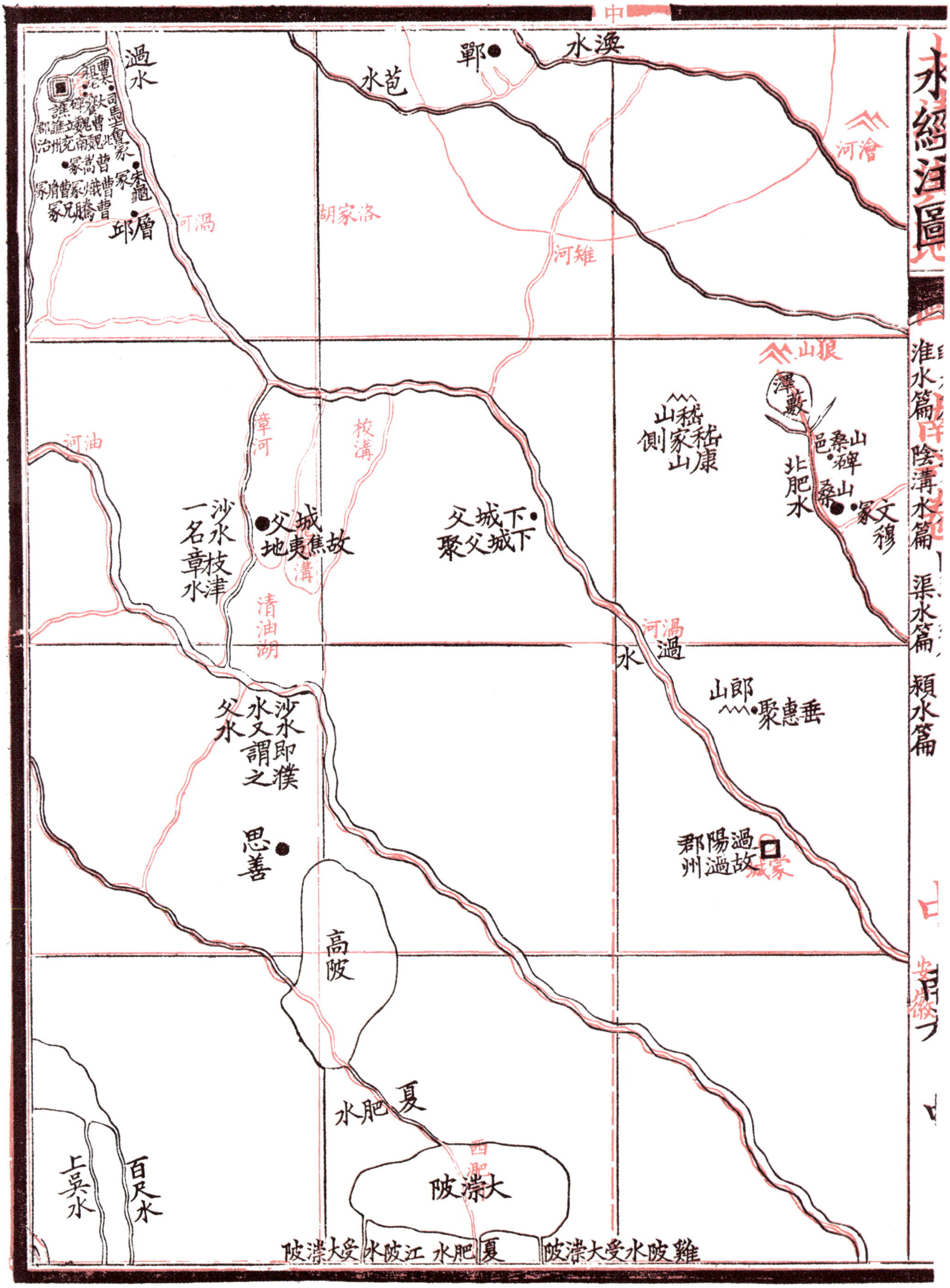
水經注圖
淮水篇 陰溝水篇 渠水篇 潁水篇
渙水
酇
芑水
過水
滄河
渦河
洛家湖
雉河
狼山
油河
章河
椒溝
北肥水
文穆冢
下城父
下城父聚
垂惠聚
郎山
思善
高陂
夏肥水
大漴陂
西淝
上吳水
百尺水
雞陂水受大漴陂
江陂水受大漴陂
安徽

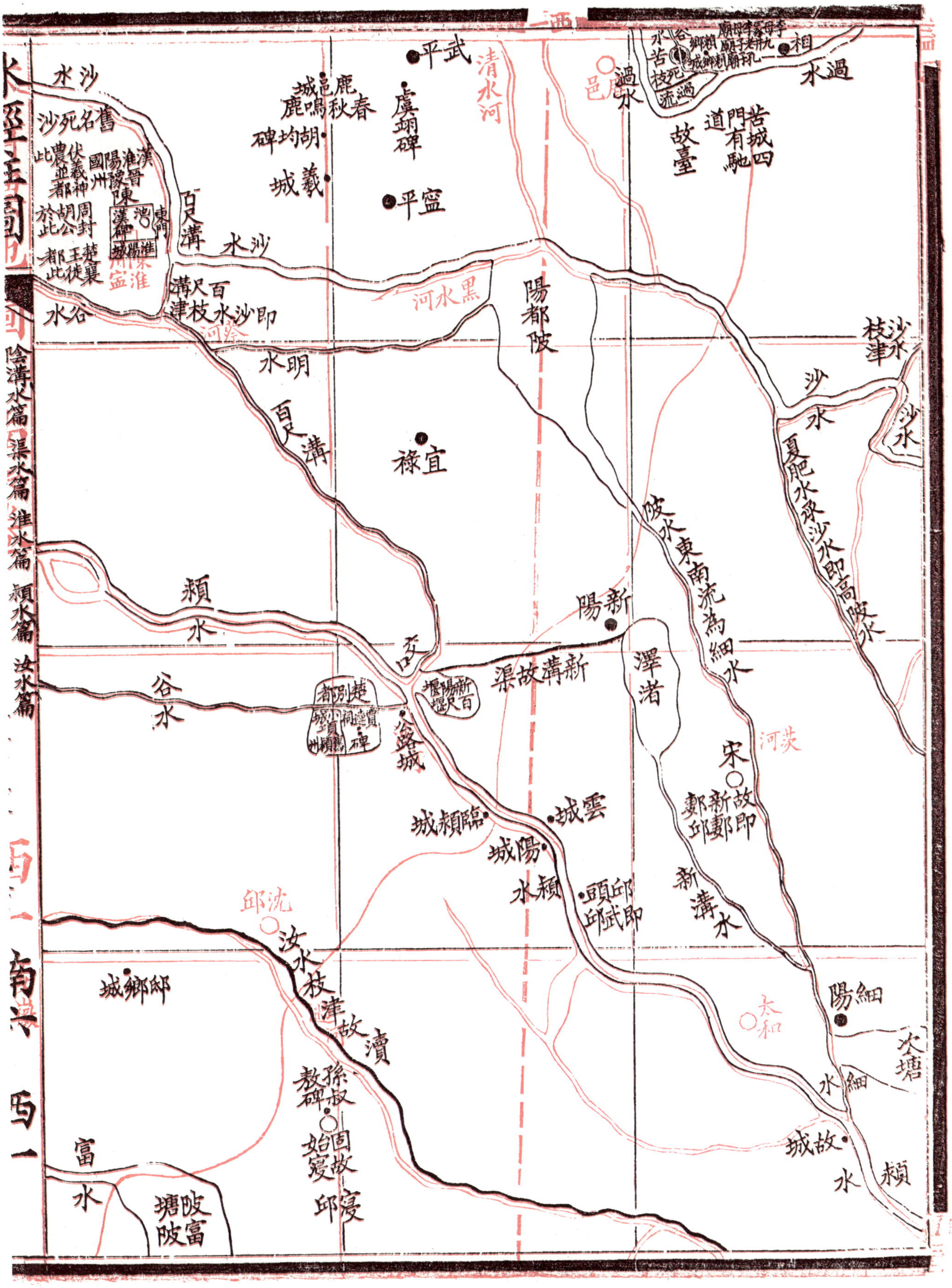
水經注圖
陰溝水篇 渠水篇 淮水篇 潁水篇 汝水篇
南六西一
西
沙水
舊名死沙
鹿邑城
春秋鳴鹿
胡均碑
義城
武平
虞翊碑
寍平
清水河
鹿邑
過水
相
過水
苦城四門有馳道故臺
百尺溝
沙水
黑水河
陽都陂
百尺溝即沙水枝津
谷水
明水
百尺溝
宜祿
沙水枝津
沙水
沙水
夏肥水承沙水即高陂水
陂水東南流為細水
潁水
新陽
交口
谷水
新溝故渠
澤渚
公路城
茨河
宋
臨潁城
雲城
陽城
潁水
沈邱
汝水枝津故瀆
新溝水
邸鄉城
細陽
太和
次塘
細水
孫叔敖碑
固始故寢
寢邱
故城
潁水
富水
富陂

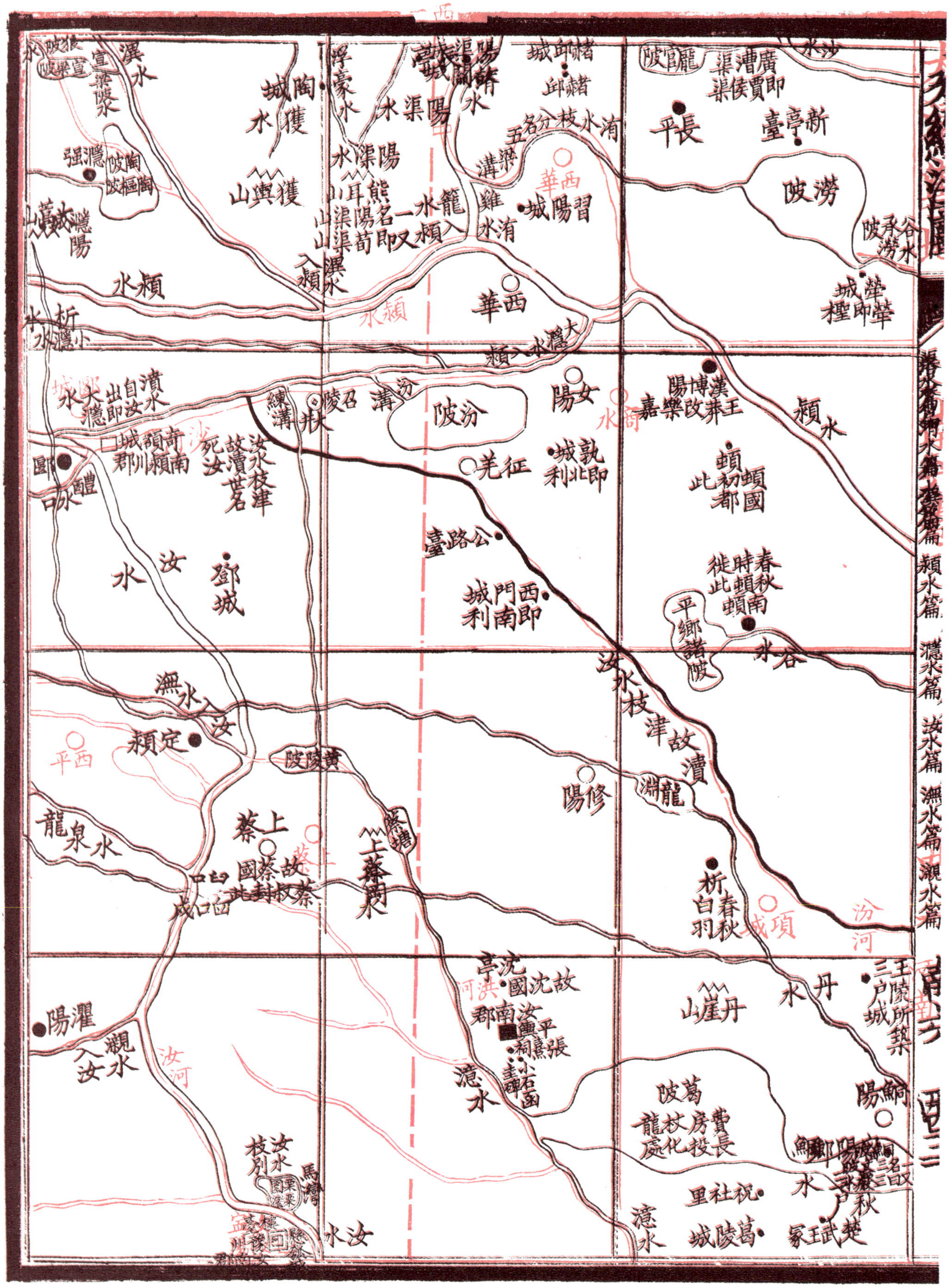
潁水篇
濦水篇
汝水篇
潕水篇
瀙水篇
陶城
獲水
獲輿山
潁水
西華
習陽城
長平
新亭臺
澇陂
汾陂
女陽
征羌
公路臺
鄧城
汝水
潕水入汝
定潁
黃陵陂
上蔡
龍泉水
修陽
汝水枝津故瀆
龍淵
丹崖山
丹水
灈陽
瀙水入汝
汝河
滍水
葛陂
葛陵城
祝社里
楚武王冢
鮦陽
項城
汾河
洪河
潁水

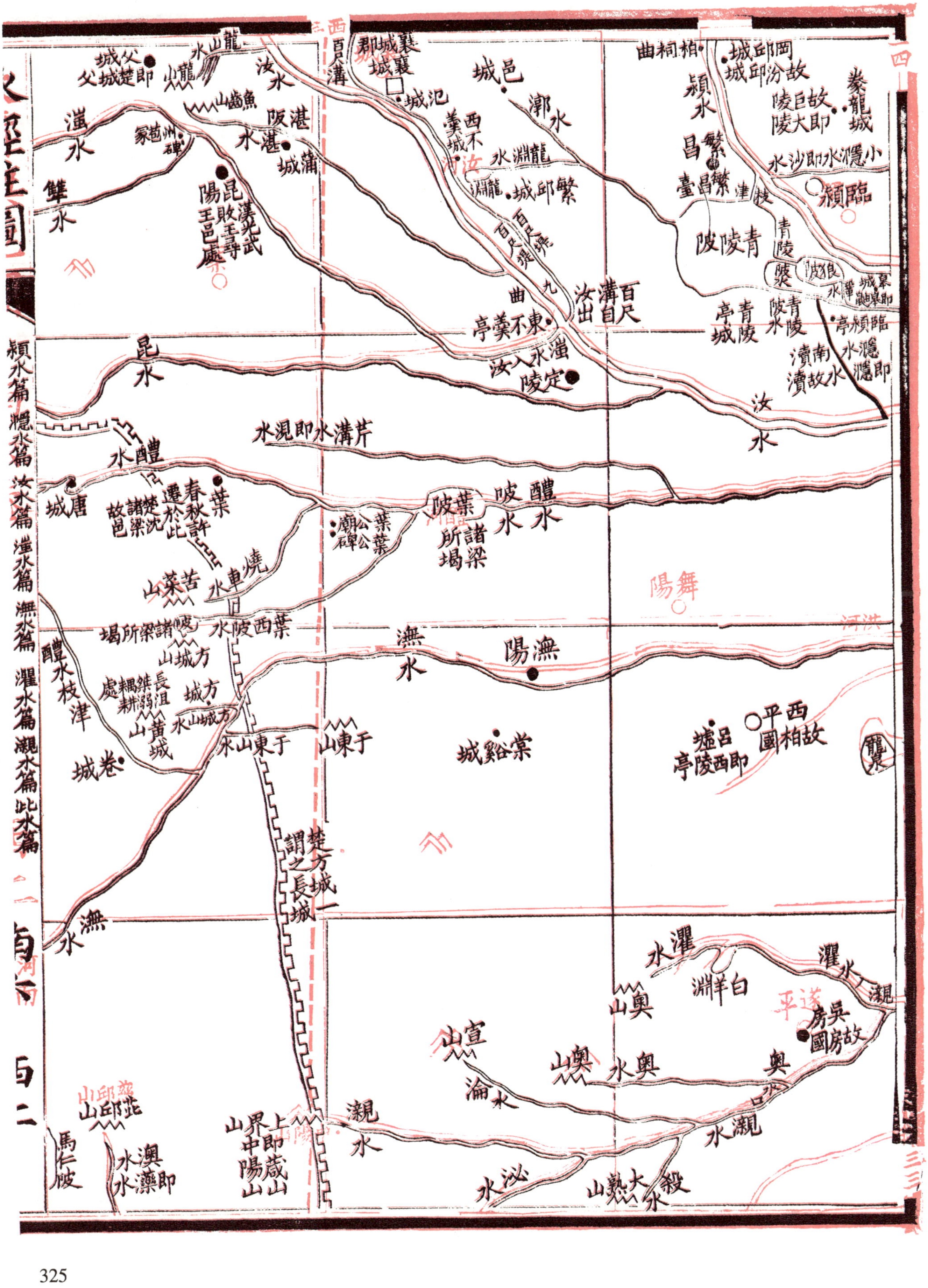
水經注圖
潁水篇 濦水篇 汝水篇 滍水篇 潕水篇 灈水篇 瀙水篇 比水篇
南西二
龍山水
父城即楚城父
魚齒山
汝水
滍水
湛水
湛阪
犨水
昆陽
漢光武敗王尋王邑處
西不羹城
汝河
龍淵水
繁邑城
龍淵
百尺堤
百尺溝
汝出曲
百尺溝
東不羹亭
滍水入汝
定陵
昆水
汝水
潁水
繁昌
繁昌臺
青陵陂
青陵亭
青陵城
臨潁
小濦水即沙水
故大陵即巨陵
龍城
臨潁亭
濦水即南濦水故濦
芹溝水即涀水
醴水
唐城
葉
春秋許遷於此
楚沈諸梁故邑
葉陂
醴水
葉公廟碑
葉公諸梁所葬
諸梁所葬
醴陂水
苦菜山
燒車水
葉西陂水
諸梁所葬
方城山
方城
長沮桀溺耦耕處
黃城山
方城山水
醴水枝津
潕水
潕陽
舞陽
洪河
于東山水
于東山
棠谿城
西平故柏國
呂墟即西陵亭
卷城
楚方城一謂之長城
潕水
灈水
白羊淵
灈水
奧山
宣山
奧山
奧水
吳房故房國
遂平
淪水
瀙水
上界山即中陽山
瀙水
瀙水
沁水
大熟山
殺水
馬仁陂
澳水即灢水
堇邱山

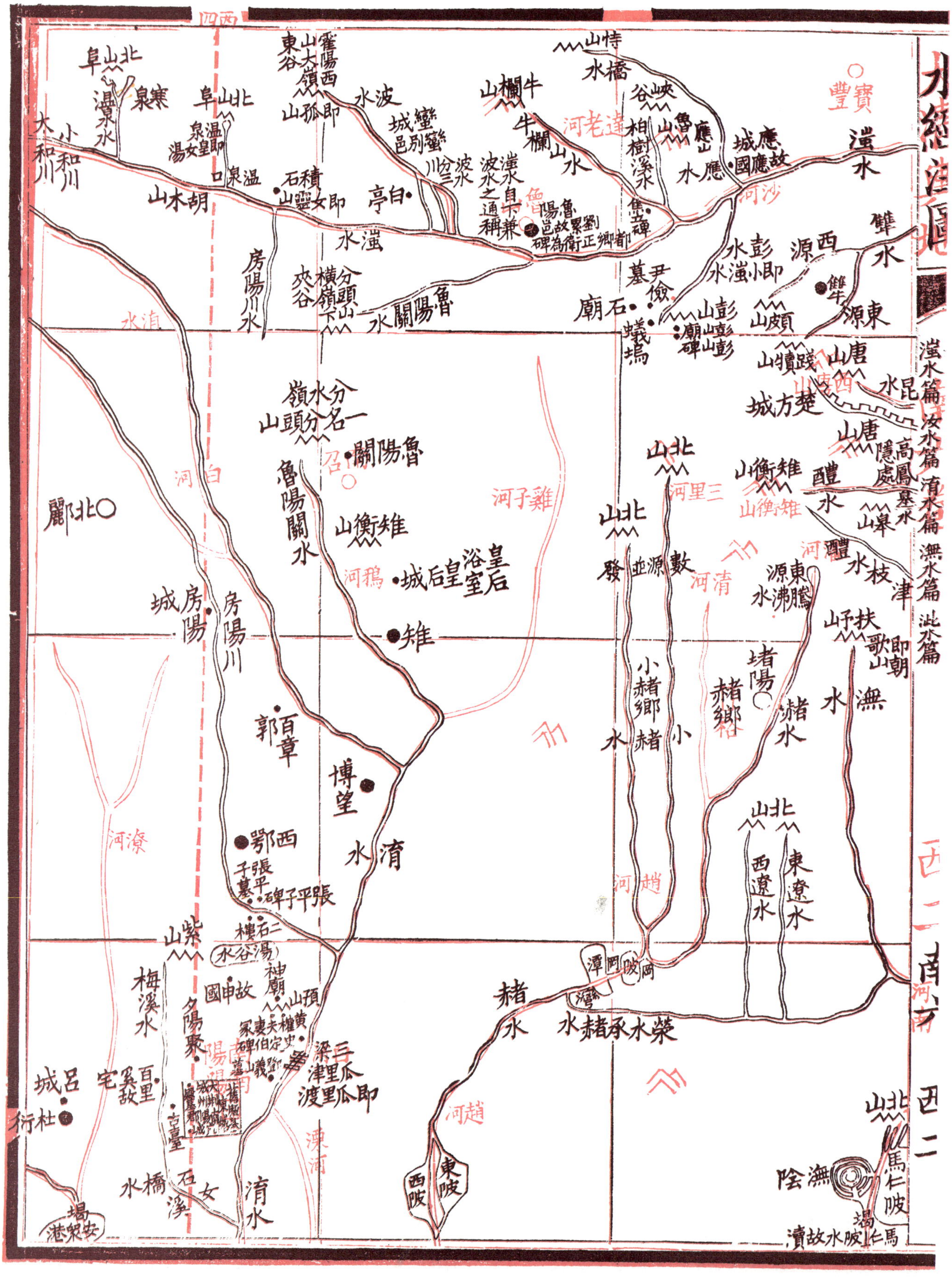
水經注圖
湍水篇 汝水篇 淯水篇 潕水篇 泚水篇
北山阜
寒泉
北山阜
小和川
大和川
胡木山
波水
即孤山
欒城
牛蘭山
牛蘭水
峽谷
魯山
應山
應水
應城
故應國
湍水
滍水
白亭
魯陽關水
尹儉墓
石廟
蟻塲
彭山
彭水
西源
犨水
東源
唐山
楚方城
分水嶺
魯陽關
魯陽關水
雉衡山
皇后浴室
雉
北酈
房陽城
房陽川
百章郭
博望
西鄂
淯水
北山
小赭水
赭鄉
堵陽
赭水
醴水
雉衡山
東騰沸水
扶予山
即朝歌山
潕水
北山
西遼水
東遼水
紫山
梅溪水
故申國
三公城
呂城
杜衍
赭水
滎水承赭水
東陂
西陂
潕陰
馬仁陂
石橋水
女溪
淯水
安衆港

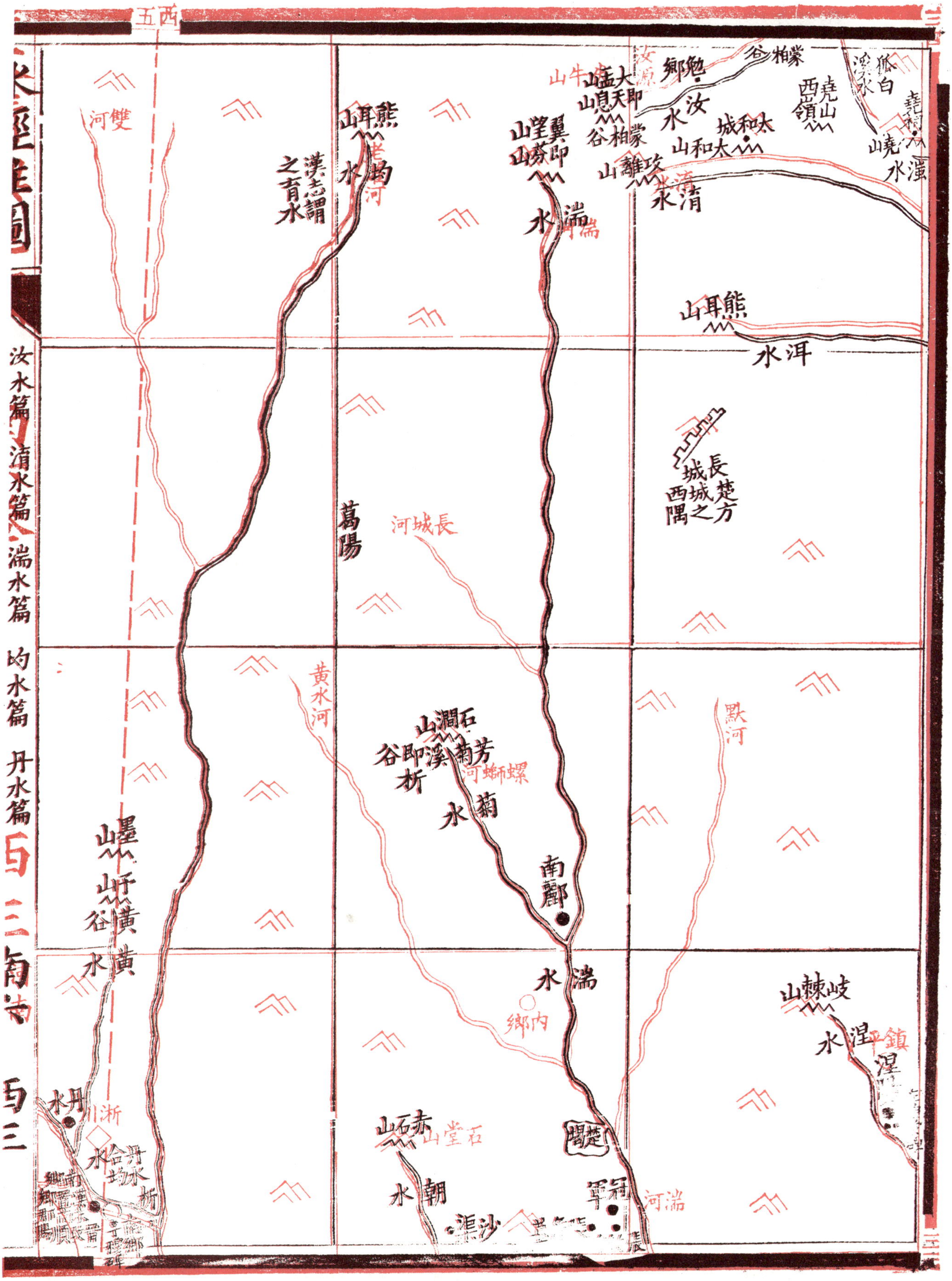
西五
水經注圖
汝水篇 潧水篇 湍水篇 均水篇 丹水篇
西三南三
雙河
熊耳山
均水
漢志謂之育水
湍水
湍河
勉鄉
汝水
蒙柏谷
太和城
太和山
堯山
西嶺
滍水
清水
熊耳山
洱水
長城
楚方城之西隅
葛陽
長城河
黃水河
石澗山
芳菊溪即析谷
螺螄河
菊水
南鄉
湍水
內鄉
默河
岐棘山
湟水
赤石山
石堂山
朝水
沙渠
冠軍
湍河
楚堨
墨山
黃谷
黃水
丹水
淅川
析水

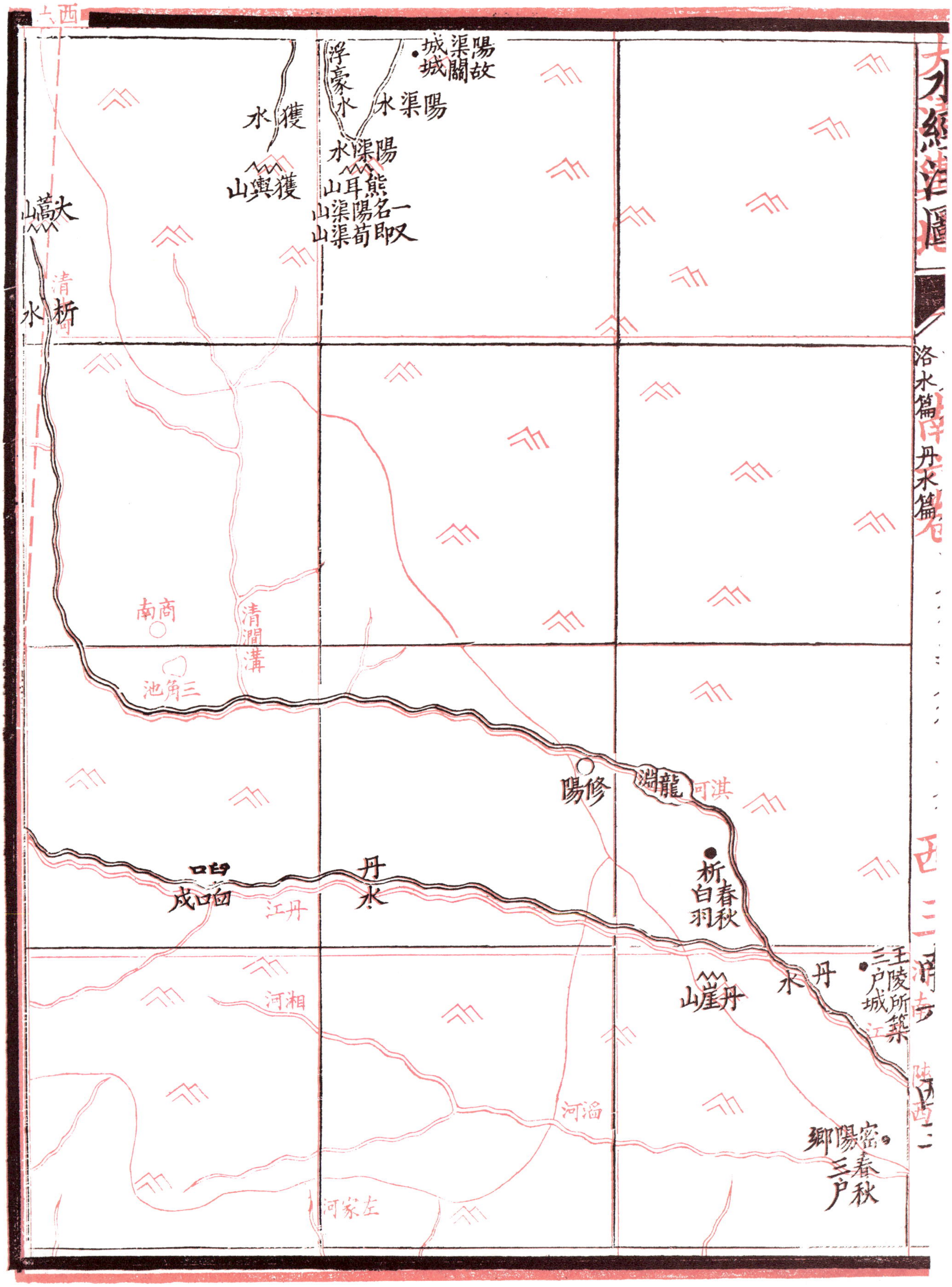

洛水篇 丹水篇
獲水
獲輿山
浮豪水
陽渠水
熊耳山
析水
商南
三角池
清澗溝
修陽
龍淵
淇河
丹水
丹江
析
春秋白羽
丹崖山
王陵所築三戶城
湘河
淄河
左家河
密陽鄉
春秋三戶

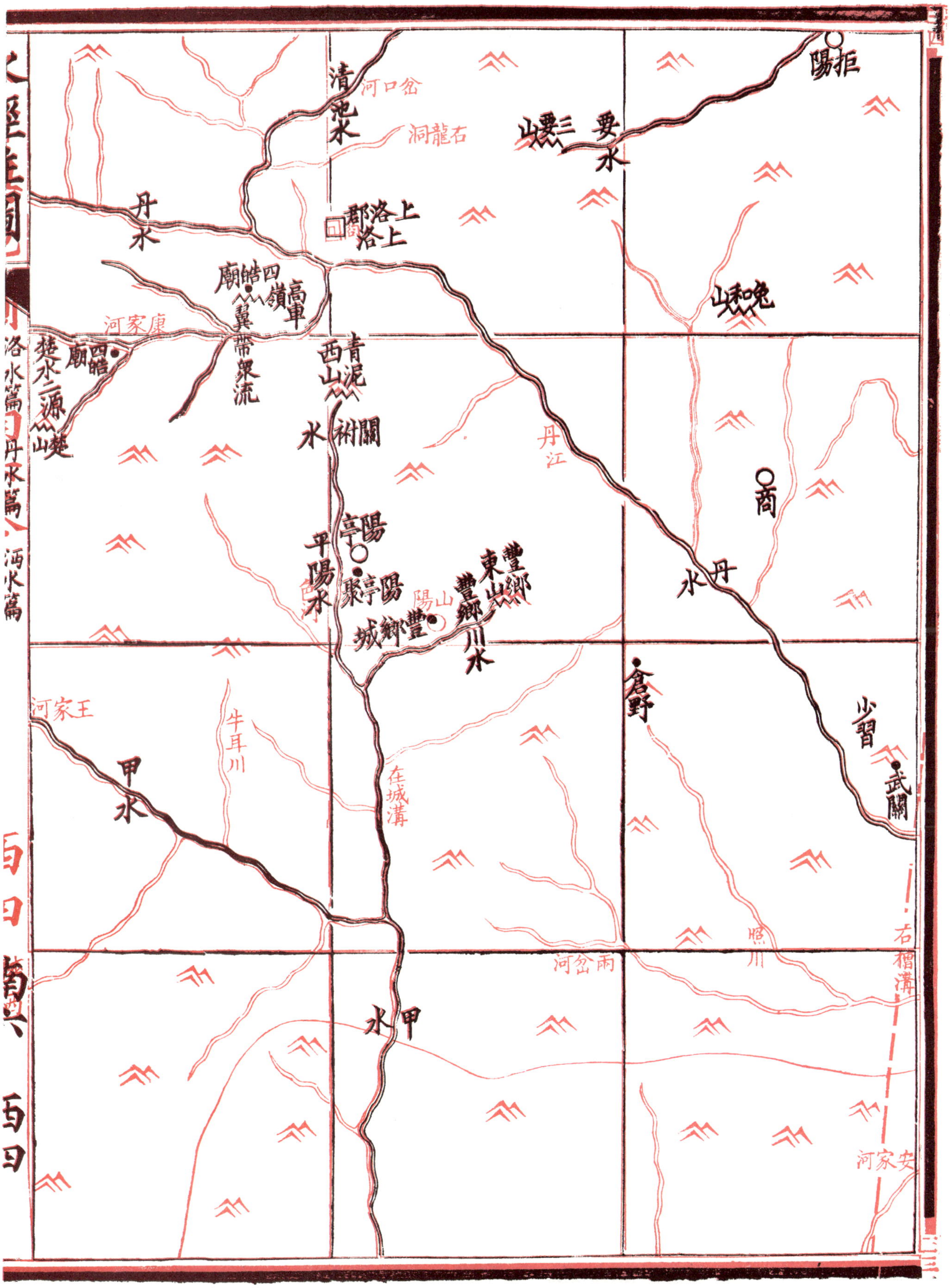
洛水篇
丹水篇
清池水
岔口河
右龍洞
三要山
要水
拒陽
上洛郡
上洛
丹水
四皓廟
高車嶺
冀帶眾流
庚家河
四皓廟
楚水二源
楚山
青泥西山
丹江
菟和山
商
陽亭
平陽水
陽亭聚
山陽
豐鄉東山
豐鄉川水
豐鄉城
丹水
倉野
王家河
牛耳川
在城溝
甲水
少習
武關
兩岔河
照川
甲水
安家河

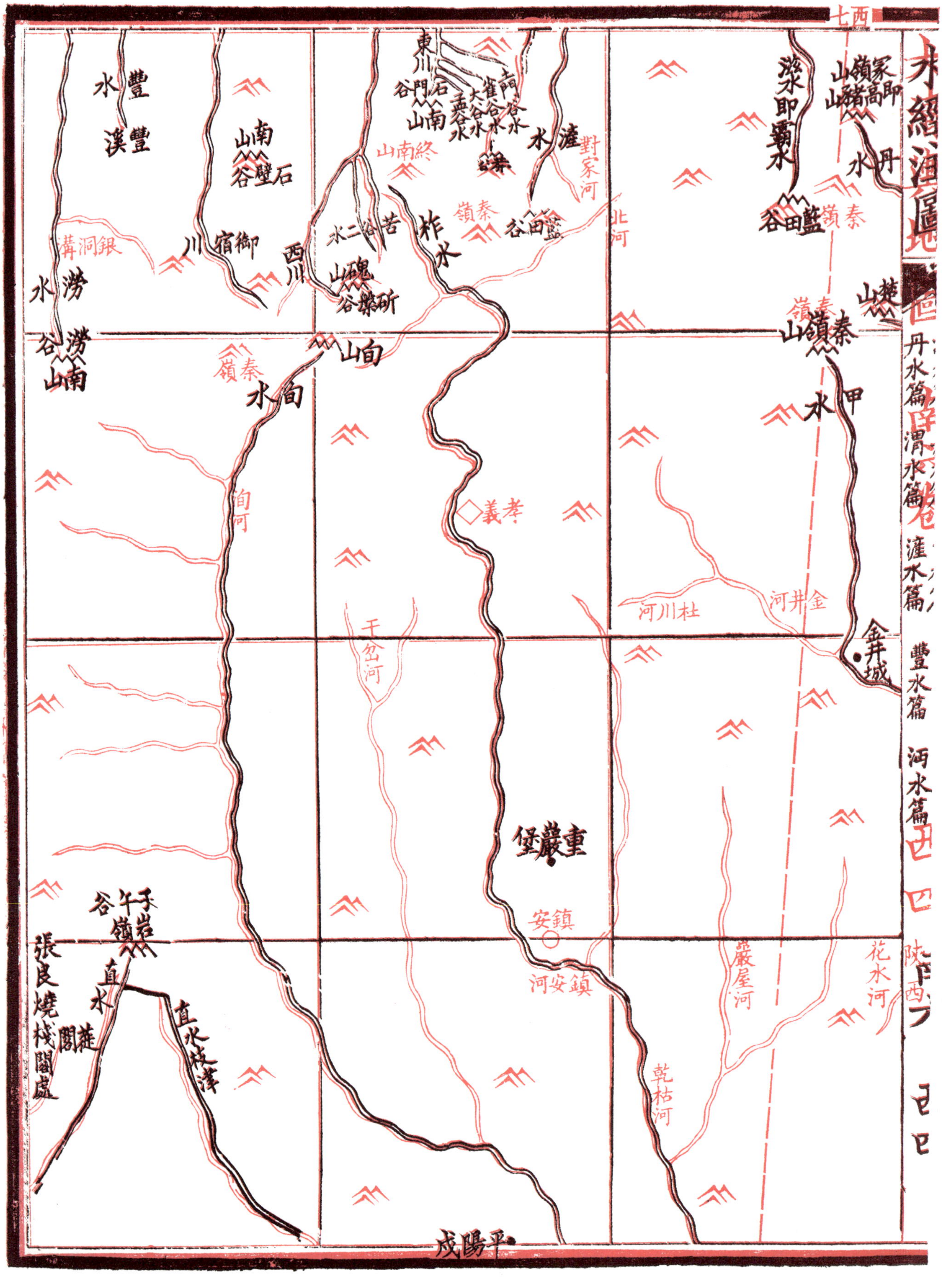

水經注圖
丹水篇 渭水篇 滻水篇 豐水篇 沔水篇
陝西
豐水
豐溪
南山
石壁谷
御宿川
銀洞溝
澇水
澇谷
南山
秦嶺
旬山
旬水
旬河
西川
魏山
苦谷二水
柞水
終南山
東川
石門谷
南山
滻水
對家河
秦嶺
藍田谷
北河
丹水
楚山
秦嶺
秦嶺山
甲水
孝義
杜川河
金井河
金井城
干岔河
重巖堡
鎮安
鎮安河
乾枯河
嚴星河
花水河
子午谷
直水
張良燒棧閣處
直水枝津
平陽戍

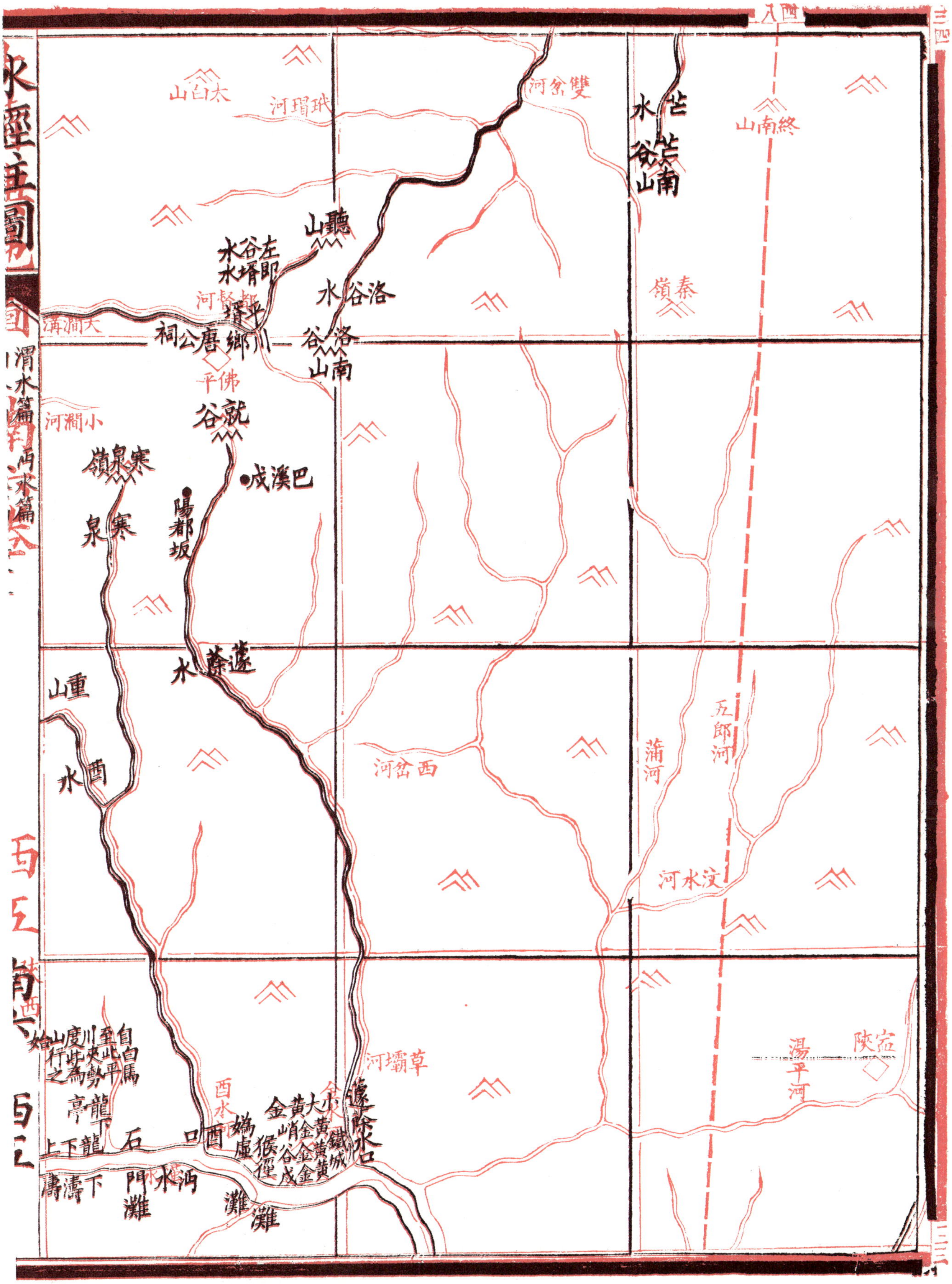
水經注圖
渭水篇
丙水篇
太白山
雙岔河
芒水
芒谷
終南山
聽山
洛谷水
洛谷
南山
唐公祠
大澗溝
小澗河
就谷
寒泉嶺
巴溪戍
陽都坂
寒泉
蘧蒢水
重山
西水
西岔河
秦嶺
五郎河
蒲河
汶水河
草壩河
宜陝
湯平河
石口

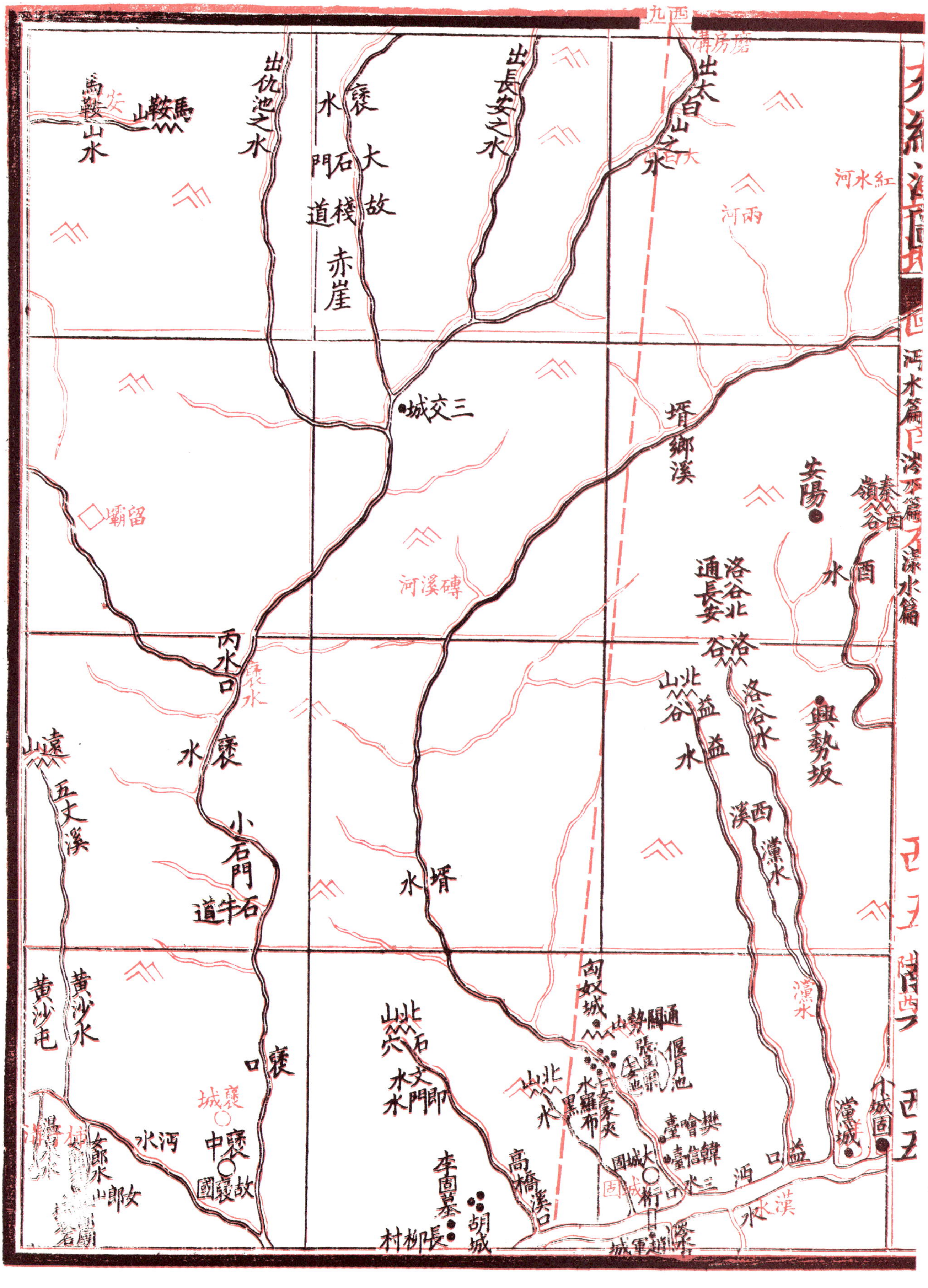
馬鞍山
馬鞍山水
出仇池之水
褒水
故大石門
棧道
赤崖
出長安之水
出太白山之水
三交城
堉鄉溪
安陽
秦嶺西谷
酉水
洛谷北通長安
洛谷
北益山谷
益水
洛谷水
興勢坂
丙水口
褒水
遠山
五丈溪
小石門
石牛道
堉水
西瀼水
黃沙水
黃沙屯
褒口
褒中
故褒國
沔水
女郎山
北石穴山
文水
即門水
李固墓
胡城
長柳村
高橋溪口
匈奴城
勢山
通關
偃月池
北山水
黑水
羅布
大城固
樊噲臺
韓信臺
三水口
沔
益口
瀼城
小城固
漢水
留壩
磚溪河
沔水篇
洛水篇
瀼水篇

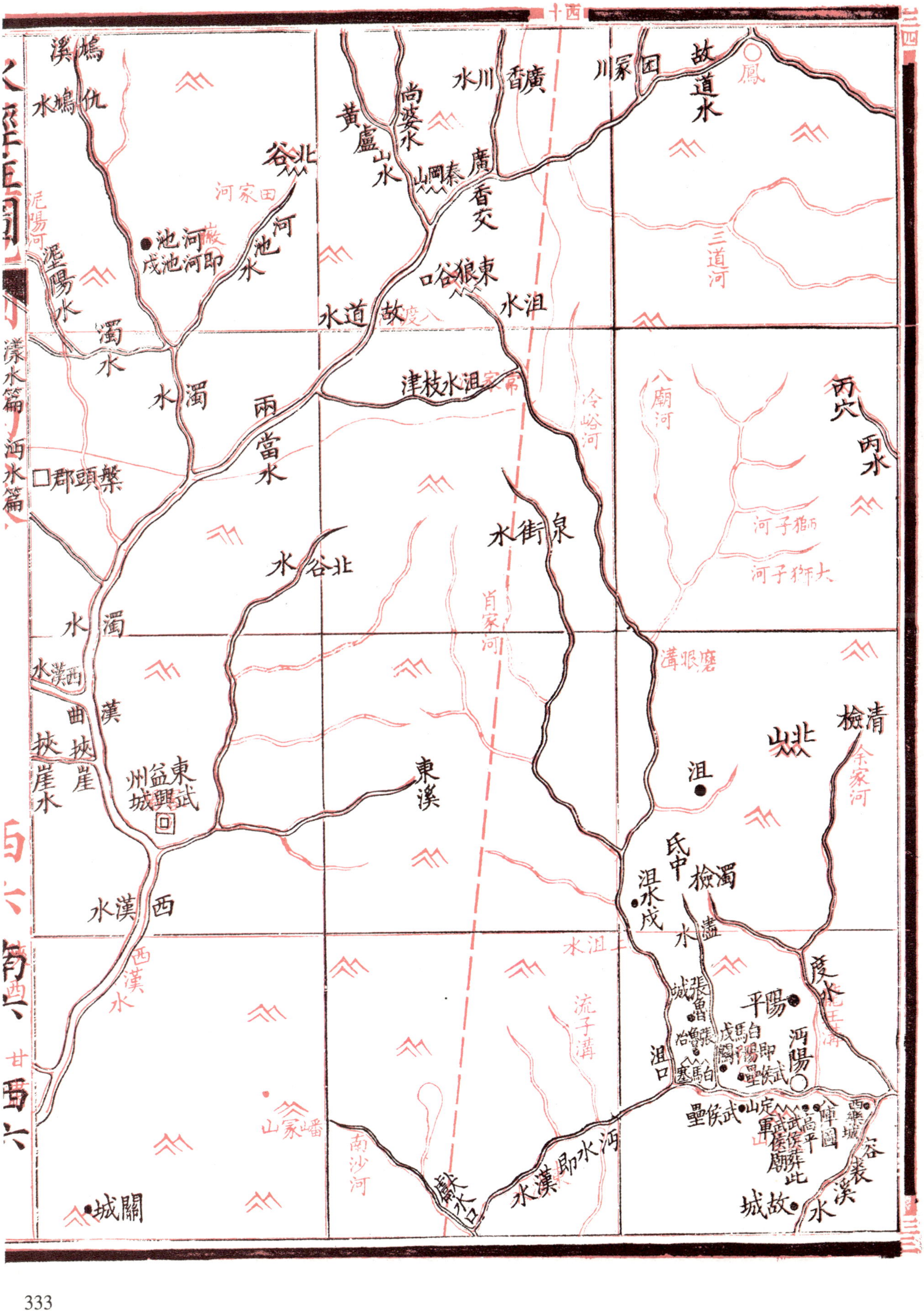
漾水篇 沔水篇
故道水
廣香川水
黃盧山水
尚婆水
北谷
河池水
河池 即河池戍
沮水
東狼谷口
故道水
濁水
兩當水
沮水枝津
槃頭郡
泉街水
北谷水
濁水
西漢水
漢
曲
挾崖
挾崖水
東益州 武興城
東溪
西漢水
沮水戍
濁檢
清檢
北山
沮
平陽
沔陽
武侯壘
沮口
沔水即漢水
故城
關城
褒谷
兩水
三道河
八廟河
冷峪河
南沙河
流子溝

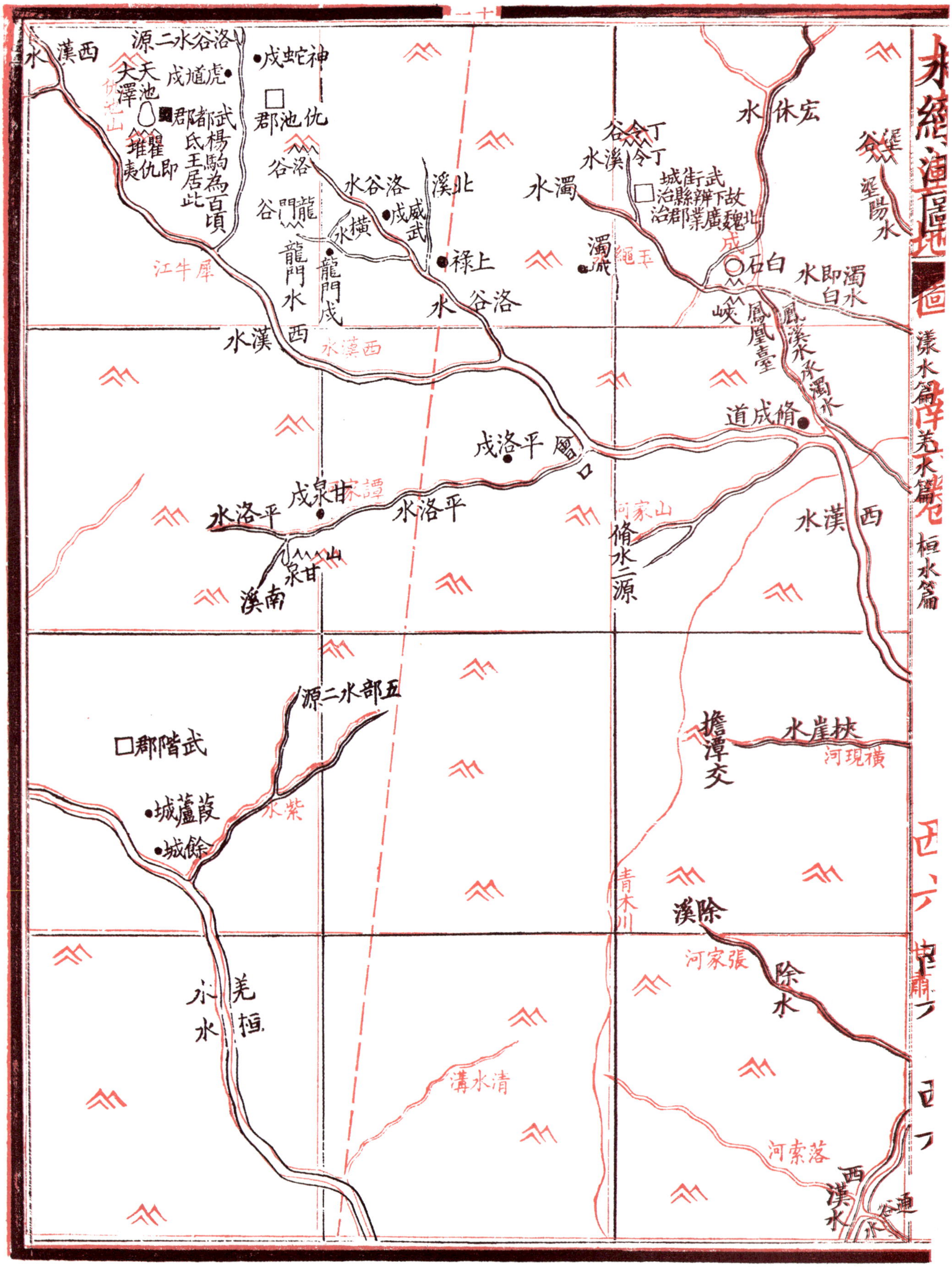
水經注圖
漾水篇 羌水篇 桓水篇
西漢水
洛谷水二源
天池大澤
虎馗戍
神蛇戍
仇池郡
武都郡
楊駒為百頃氐王居此
即仇夷
瞿堆
洛谷
龍門谷
洛谷水
威武戍
橫水
北溪
龍門水
龍門戍
上祿
洛谷水
西漢水
濁水
丁令谷
丁令溪水
故下辯縣治
北魏廣業郡治
武街城
宏休水
白石
濁水即白水
鳳凰臺
鳳溪水承濁水
脩成道
平洛戍
會口
甘泉戍
平洛水
平洛水
南溪
甘泉山
脩水二源
西漢水
五部水二源
武階郡
葭蘆城
餘城
羌水
桓水
交潭擔
除溪
除水
西漢水
犀牛江
西漢水
譚家
何家山
紫水
橫現河
青木川
張家河
清水溝
落索河

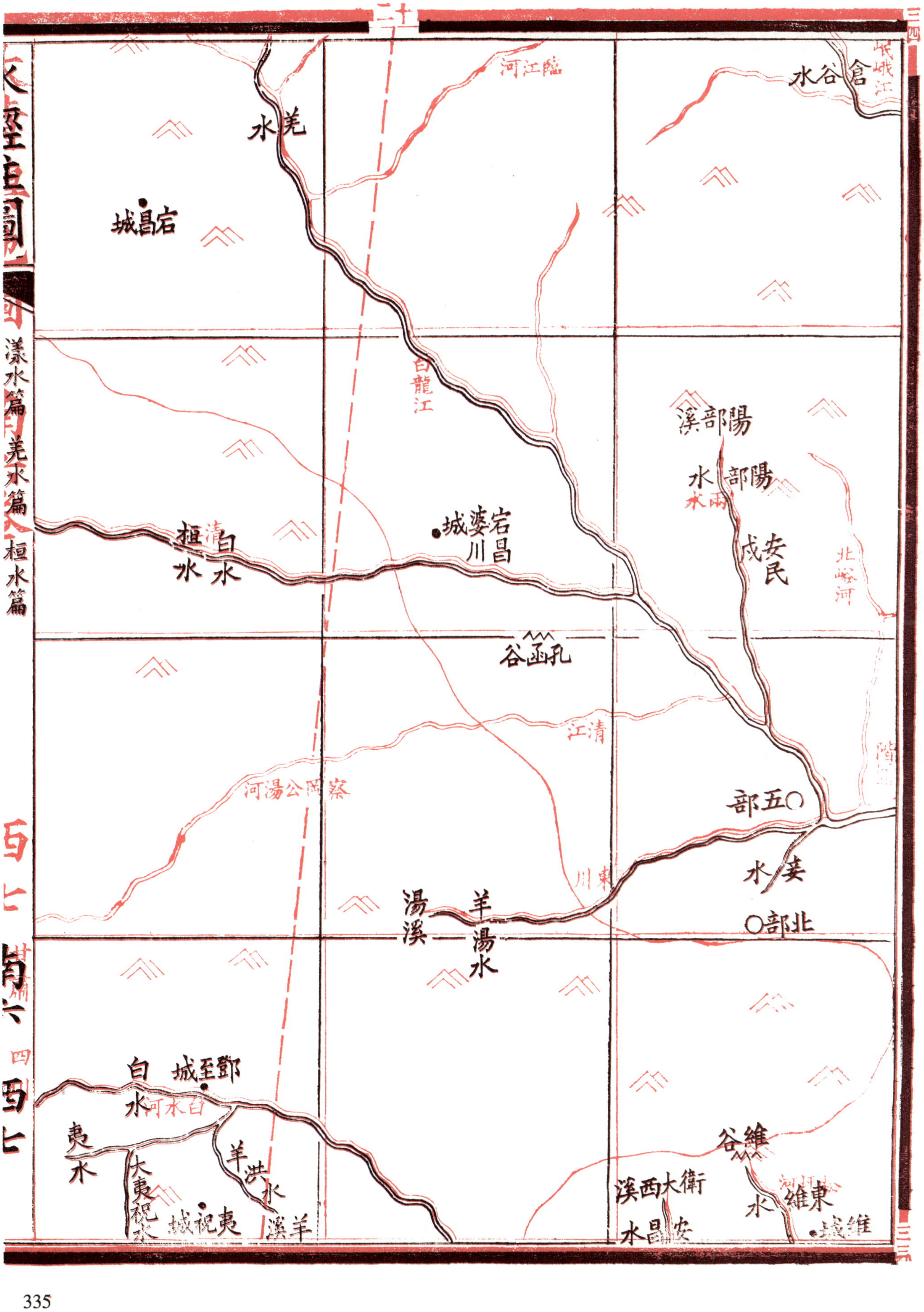

水經注圖
漾水篇 羌水篇 桓水篇
羌水
宕昌城
臨江河
倉谷水
岷江
白龍江
陽部溪
陽部水
雨水
安民戍
宕昌川
婆城
白水
清水
桓水
北峪河
孔函谷
清江
祭陌公湯河
五部
東川
湯溪
羊湯水
北部
鄧至城
白水
白水河
夷水
大夷祝水
夷祝城
羊洪水
羊溪
維谷
衛大西溪
安昌水
東維水
維城

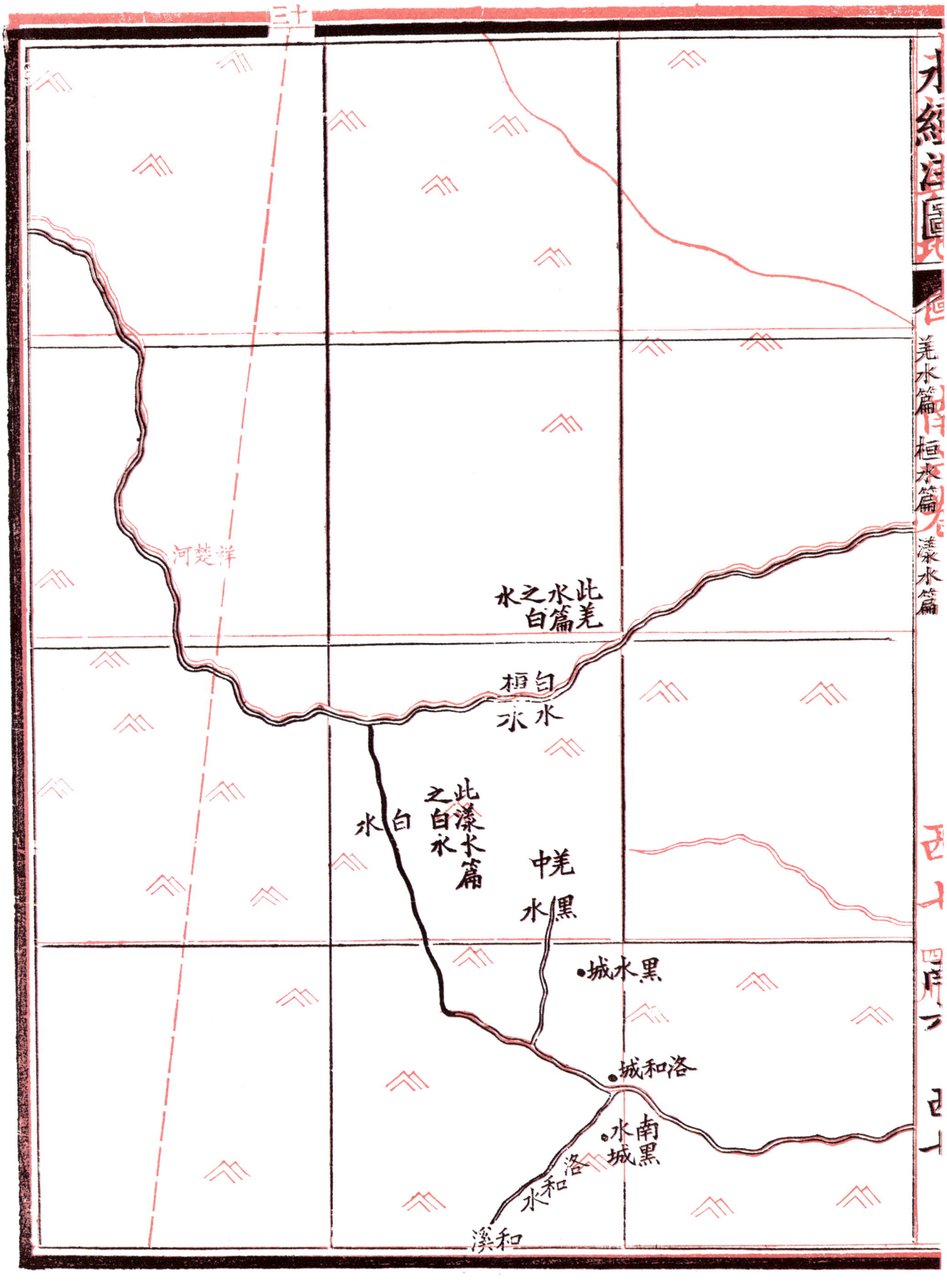

水經注圖
羌水篇
桓水篇
漾水篇
三十
洋楚河
此羌水篇之白水
白水
桓水
此漾水篇之白水
白水
羌中
黑水
黑水城
洛和城
南黑水城
洛和水
和溪

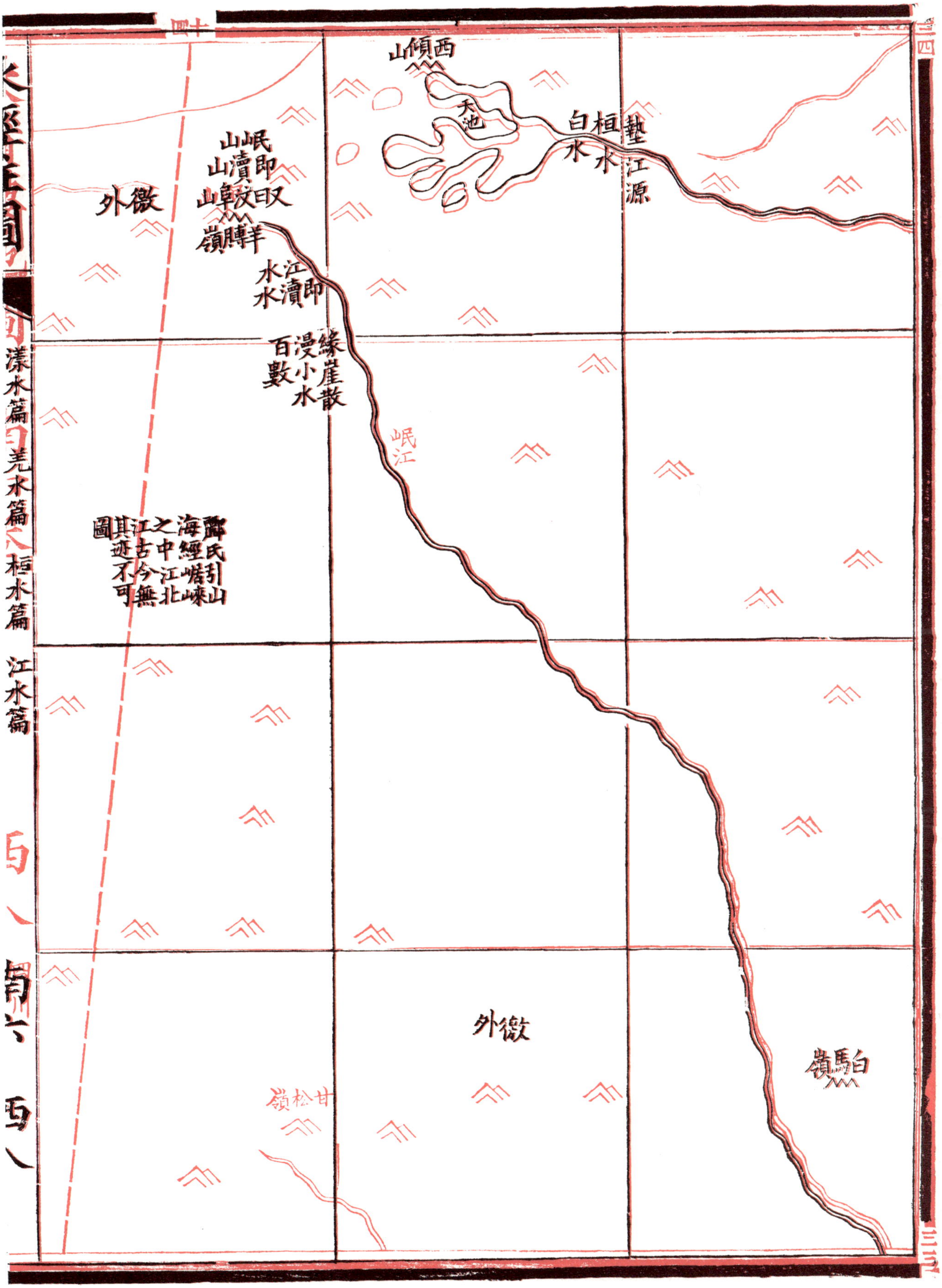
水經注圖
漾水篇
羌水篇
桓水篇
江水篇
西傾山
天池
墊江源
桓水
白水
岷山即瀆山又曰汶阜山
羊膊嶺
徼外
江水即瀆水
緣崖散漫小水百數
岷江
酈氏引山海經崌崍之中江北江古今無其迹不可圖
徼外
白馬嶺
甘松嶺

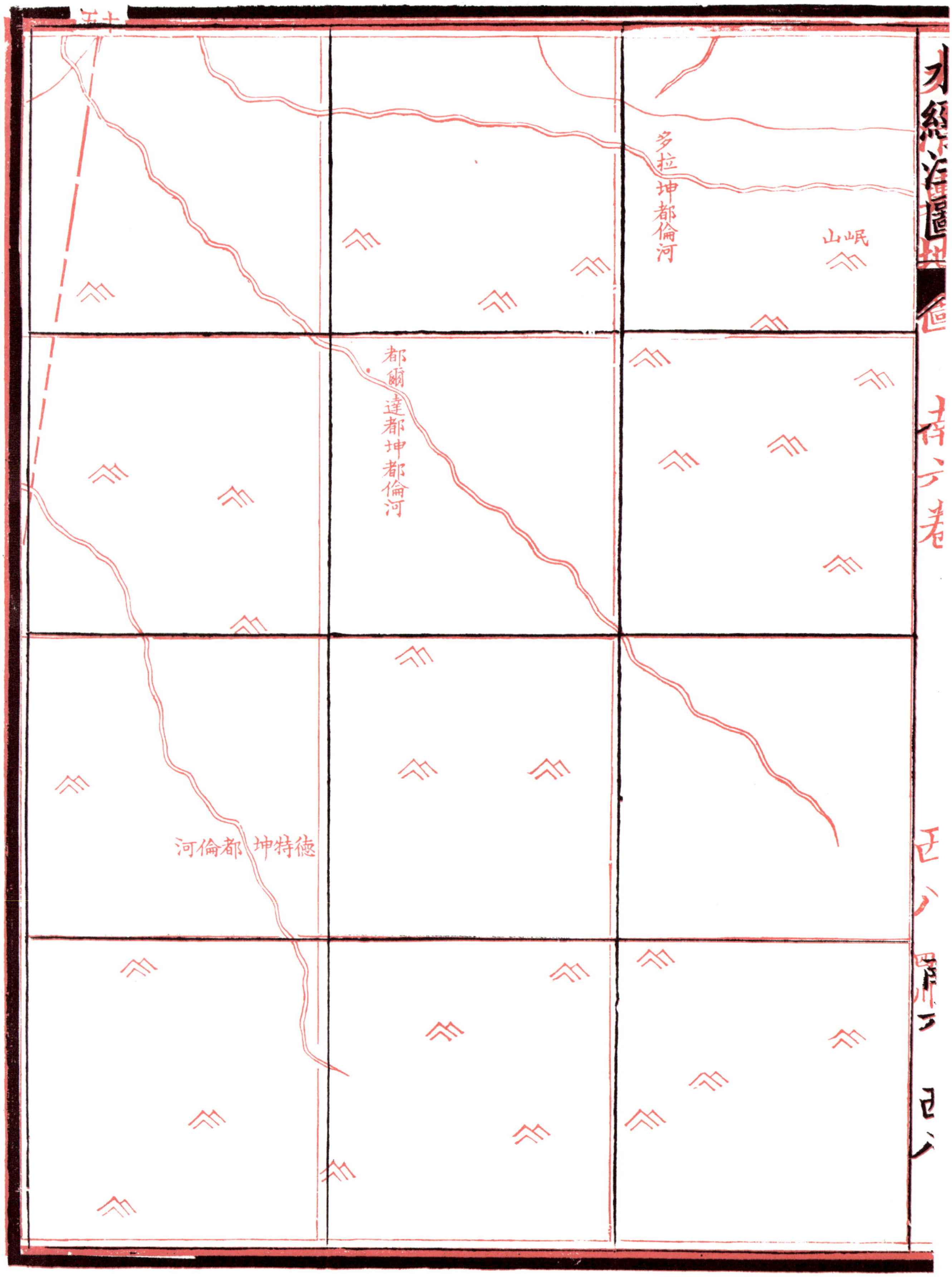
多拉坤都倫河
岷山
都爾達都坤都倫河
德特坤都倫河

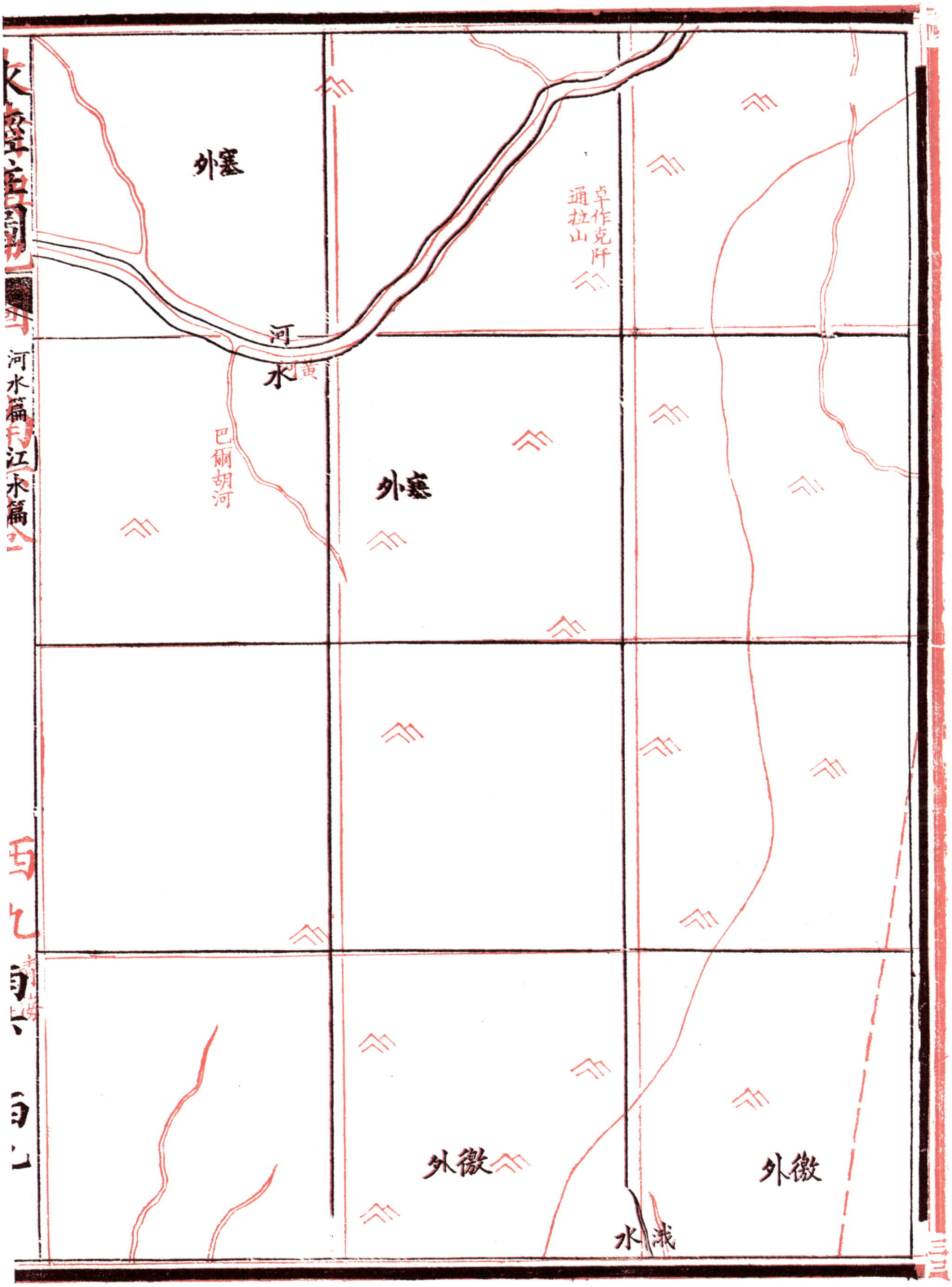
塞外
河水
巴爾胡河
卓作克阡通拉山
塞外
徼外
徼外
淺水

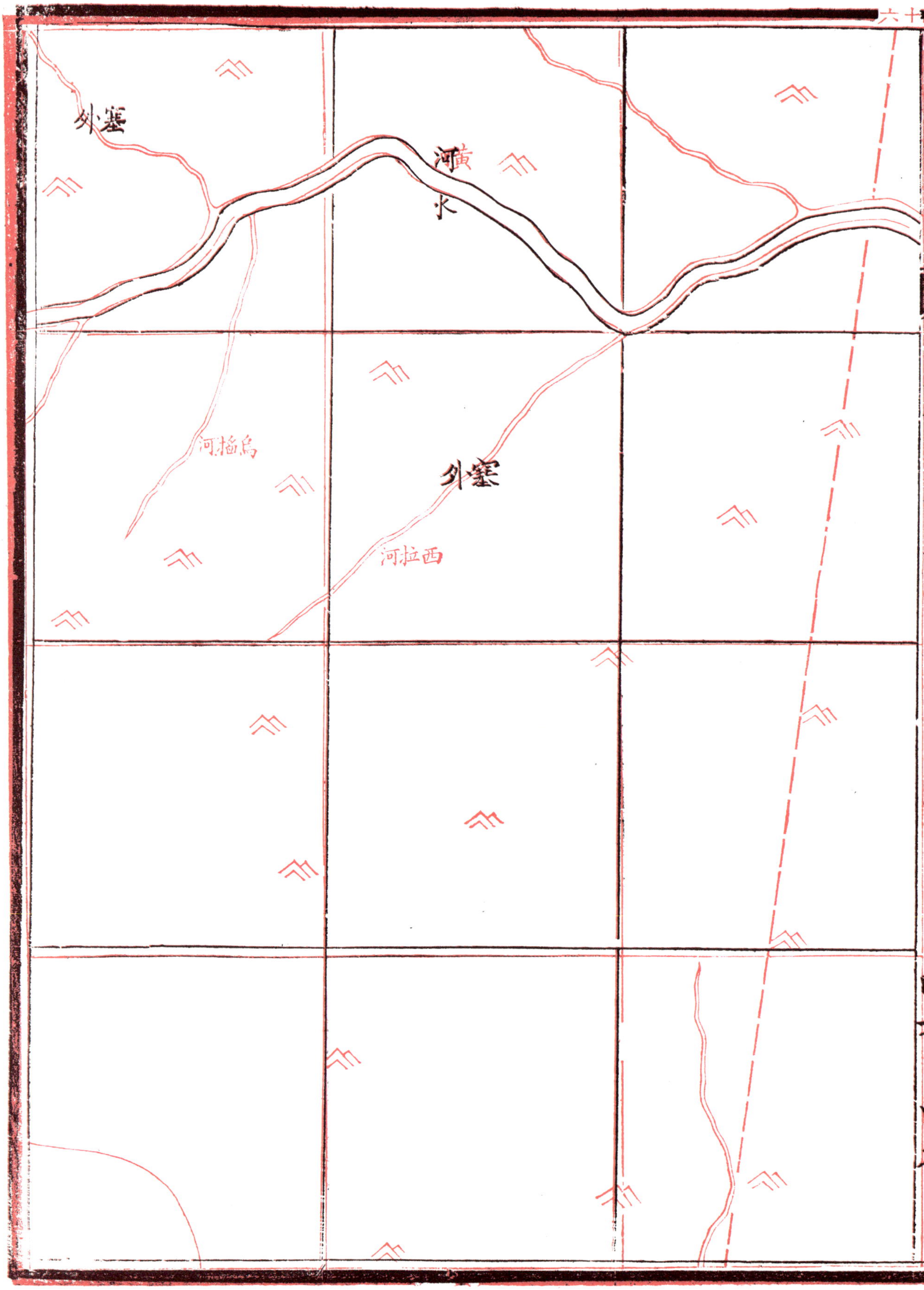
塞外
黃河水
烏梢河
塞外
西拉河

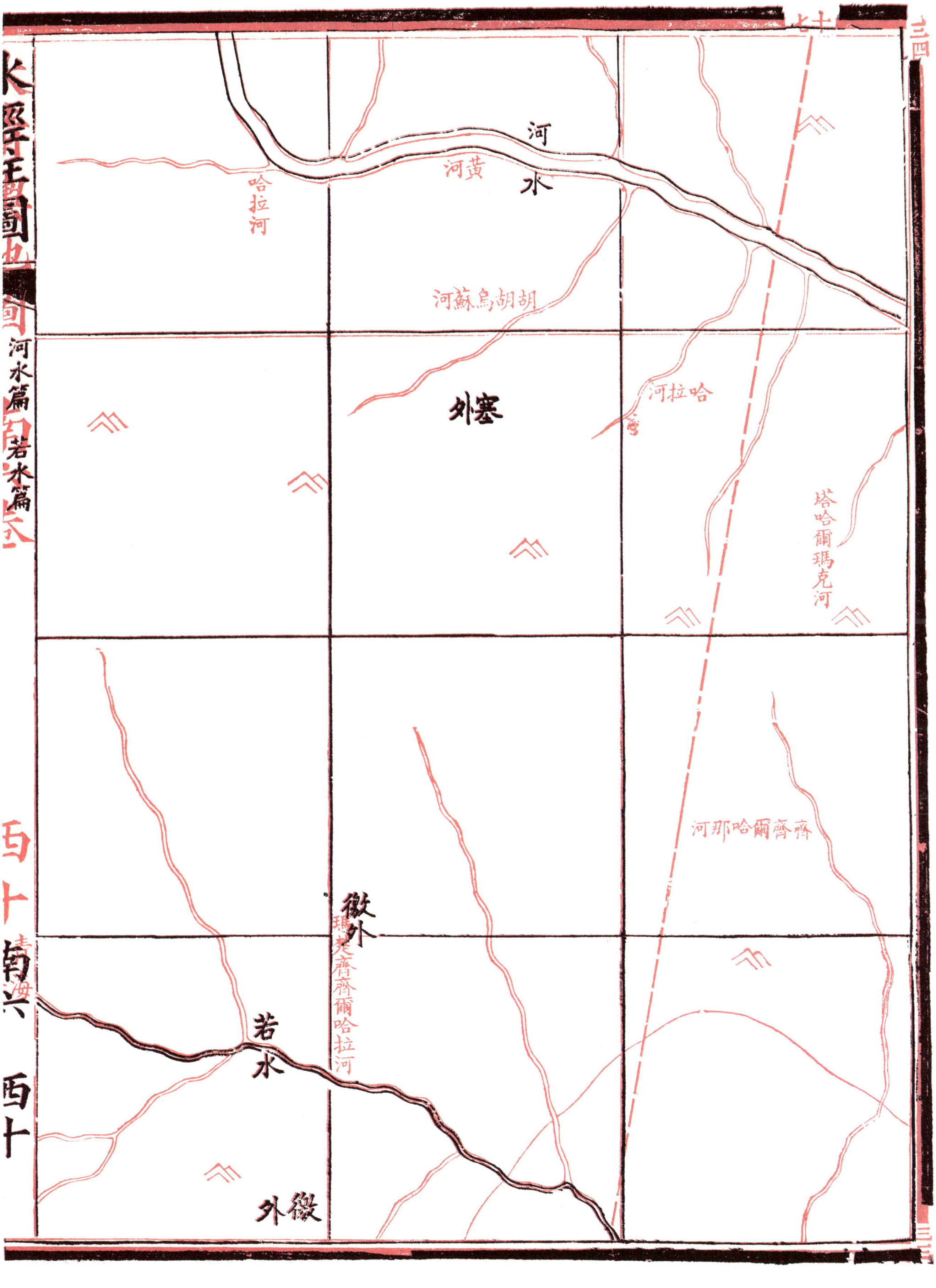
水經注圖
河水篇 若水篇
河水
黃河
哈拉河
胡烏蘇河
塞外
哈拉河
塔哈爾瑪克河
齊齊爾哈那河
徼外
瑪楚齊齊爾哈拉河
若水
徼外
西十
南六
西十

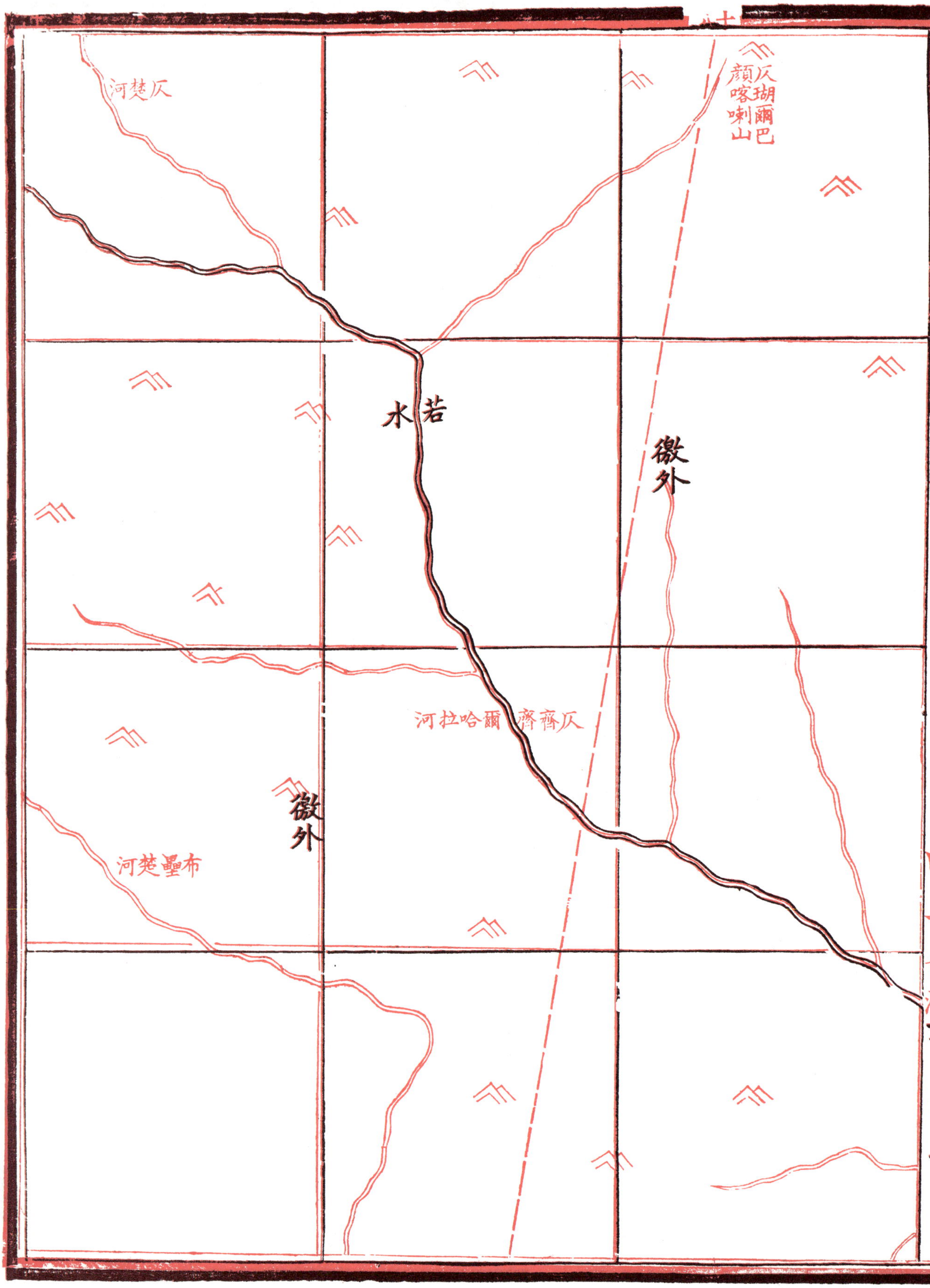
仄楚河
仄胡爾巴顏喀喇山
若水
徼外
仄齊齊爾哈拉河
徼外
布壘楚河

六 東
三

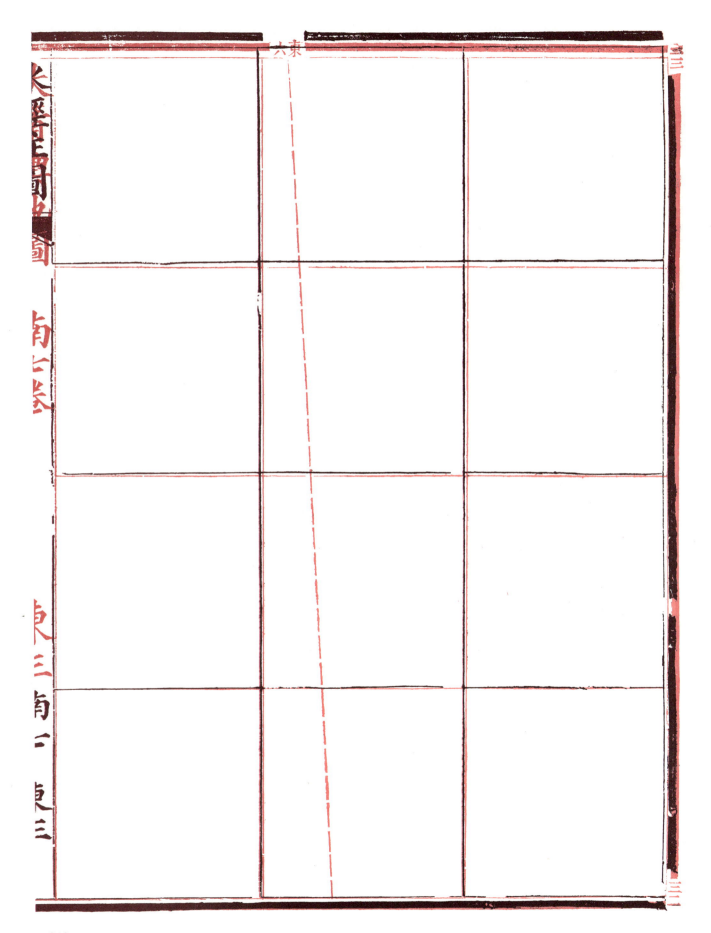

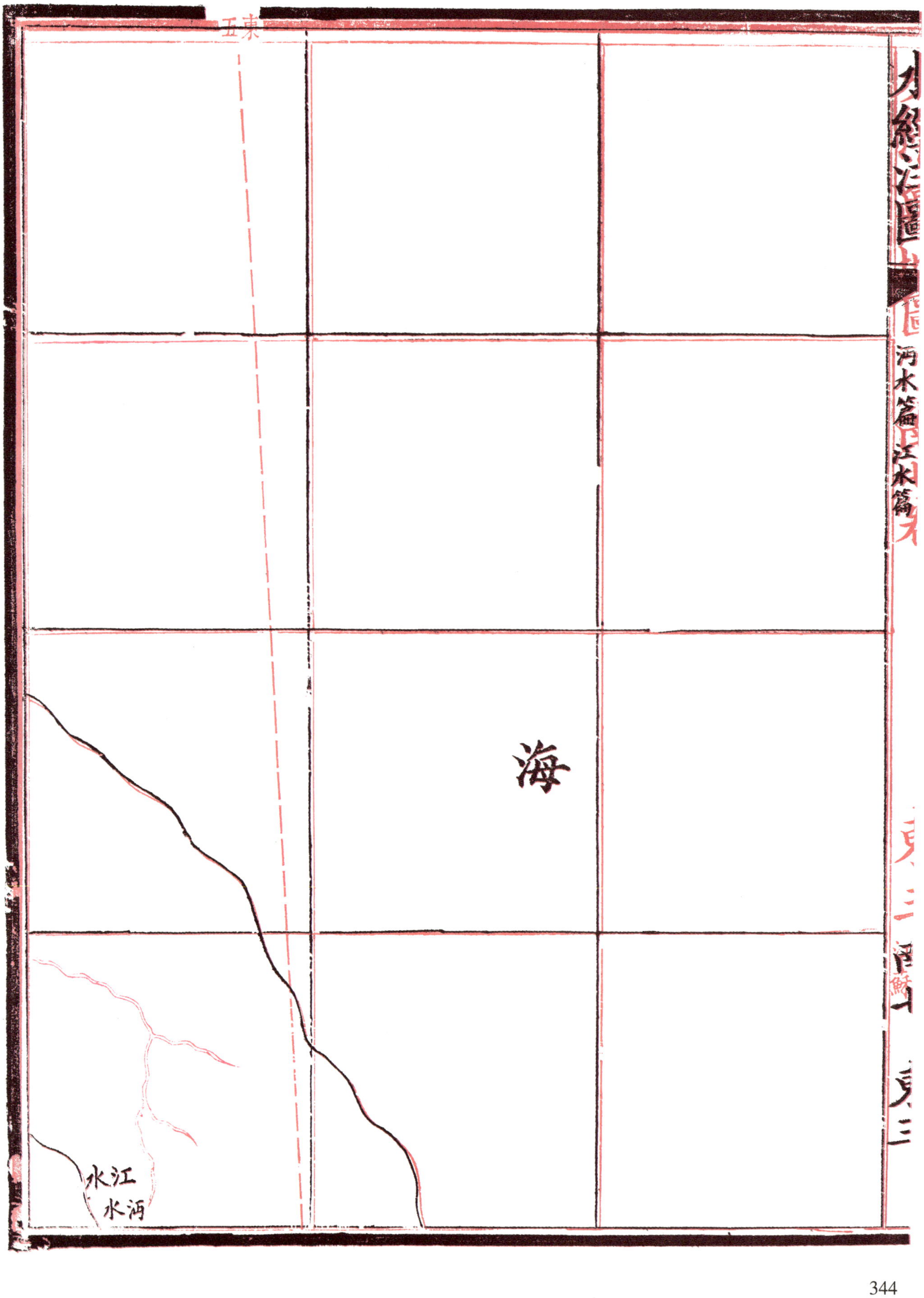
水經注圖
沔水篇 江水篇
東五
海
江水
沔水

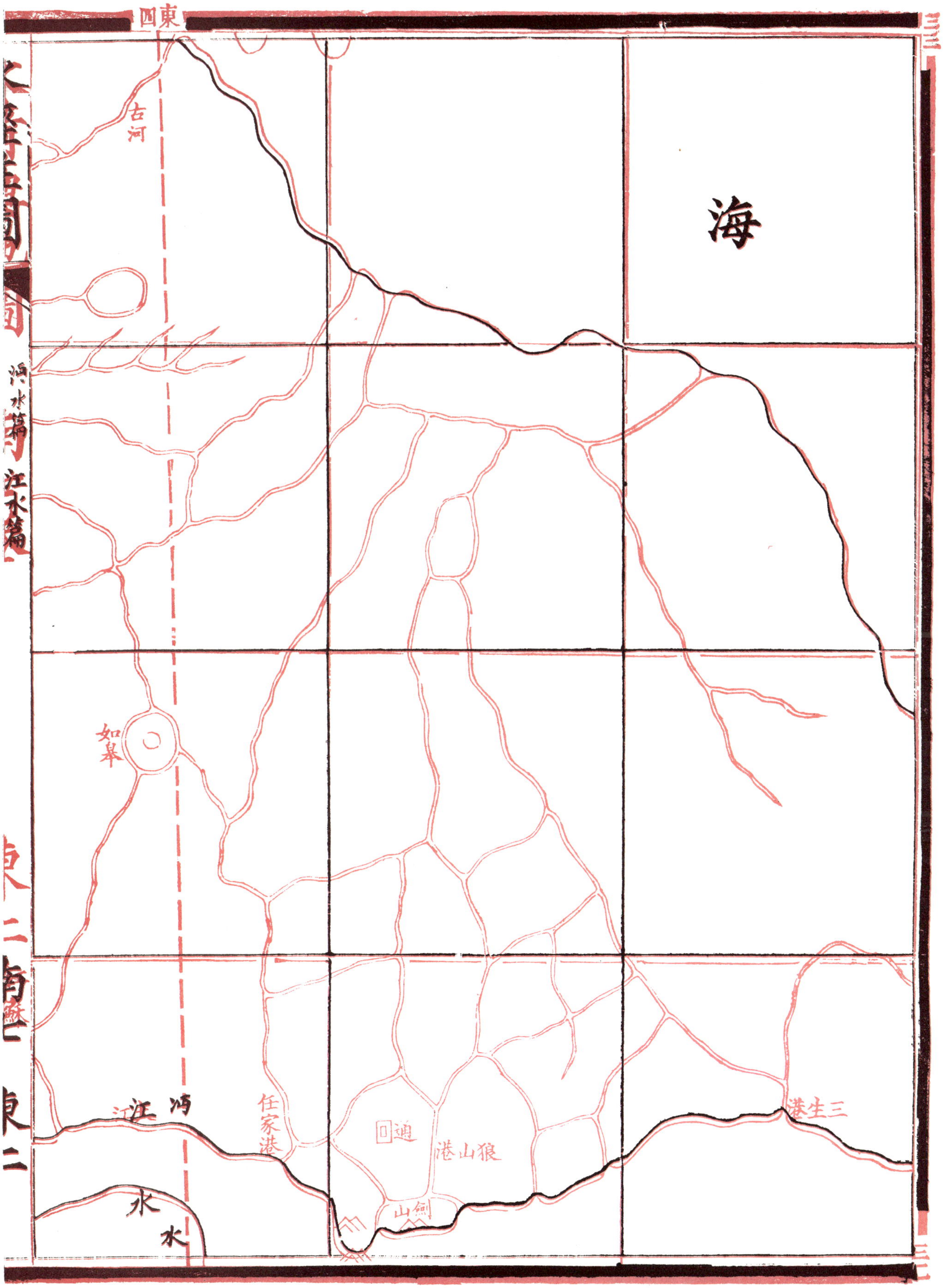
東四
淮水篇
江水篇
古河
海
如皋
江
沔
任家港
通
狼山港
三生港
劍山
水
水

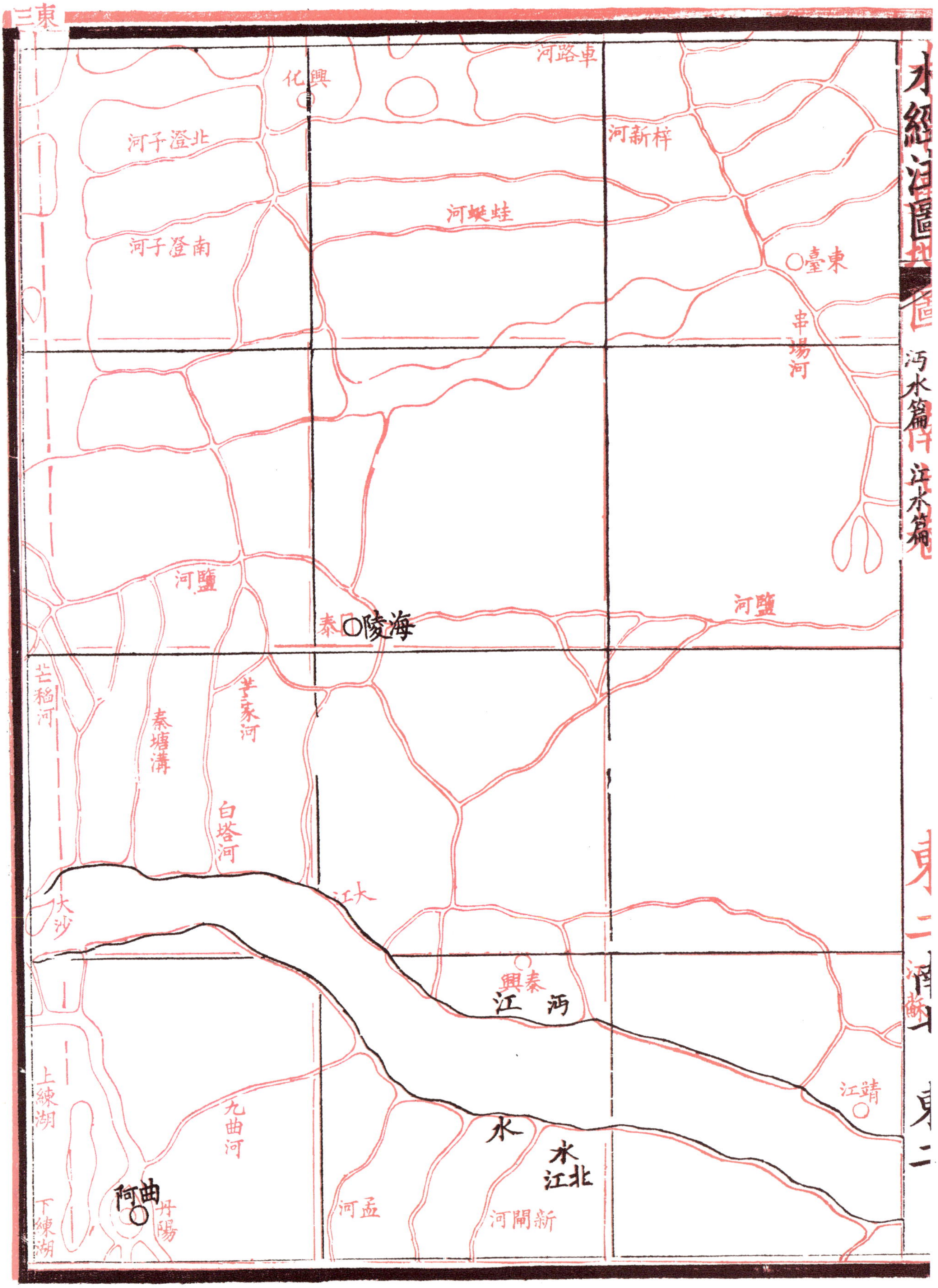
水經注圖
沔水篇
江水篇
東二
車路河
興化
北澄子河
梓新河
蛙蜒河
南澄子河
東臺
串場河
鹽河
海陵
泰
鹽河
芒稻河
秦塘溝
芋家河
白塔河
大江
大沙
泰興
沔江
靖江
上練湖
九曲河
水
北江水
曲阿
下練湖
丹陽
孟河
新閘河

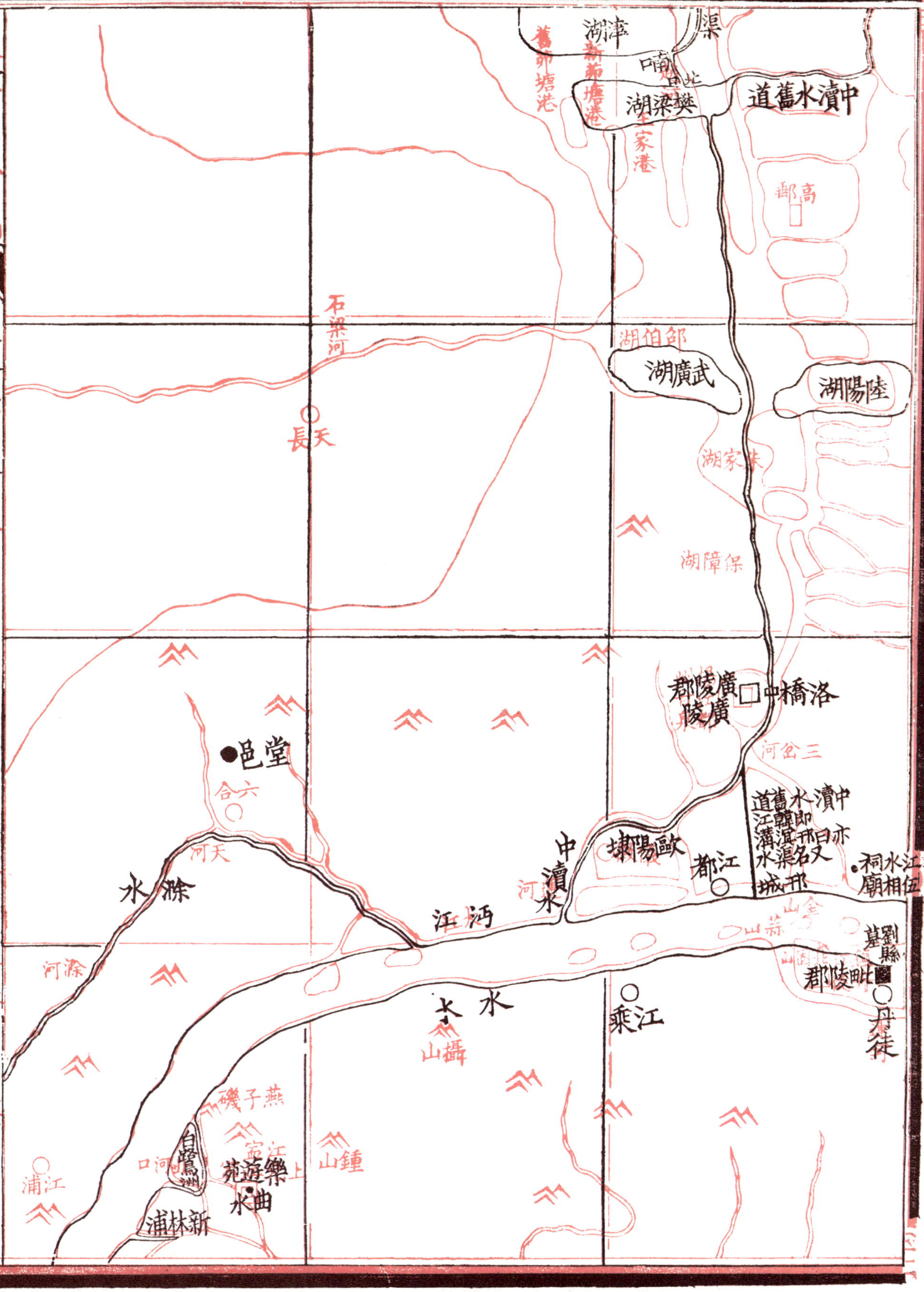
津湖
渠
樊梁湖
中瀆水舊道
高郵
邵伯湖
武廣湖
陸陽湖
石梁河
天長
保障湖
洛橋中
廣陵郡
廣陵
三岔河
堂邑
六合
天河
滁水
滁河
歐陽埭
中瀆水
江都
沔江
伍相廟
丹徒
江乘
攝山
燕子磯
鍾山
樂遊苑
曲水
白鷺洲
新林浦
江浦

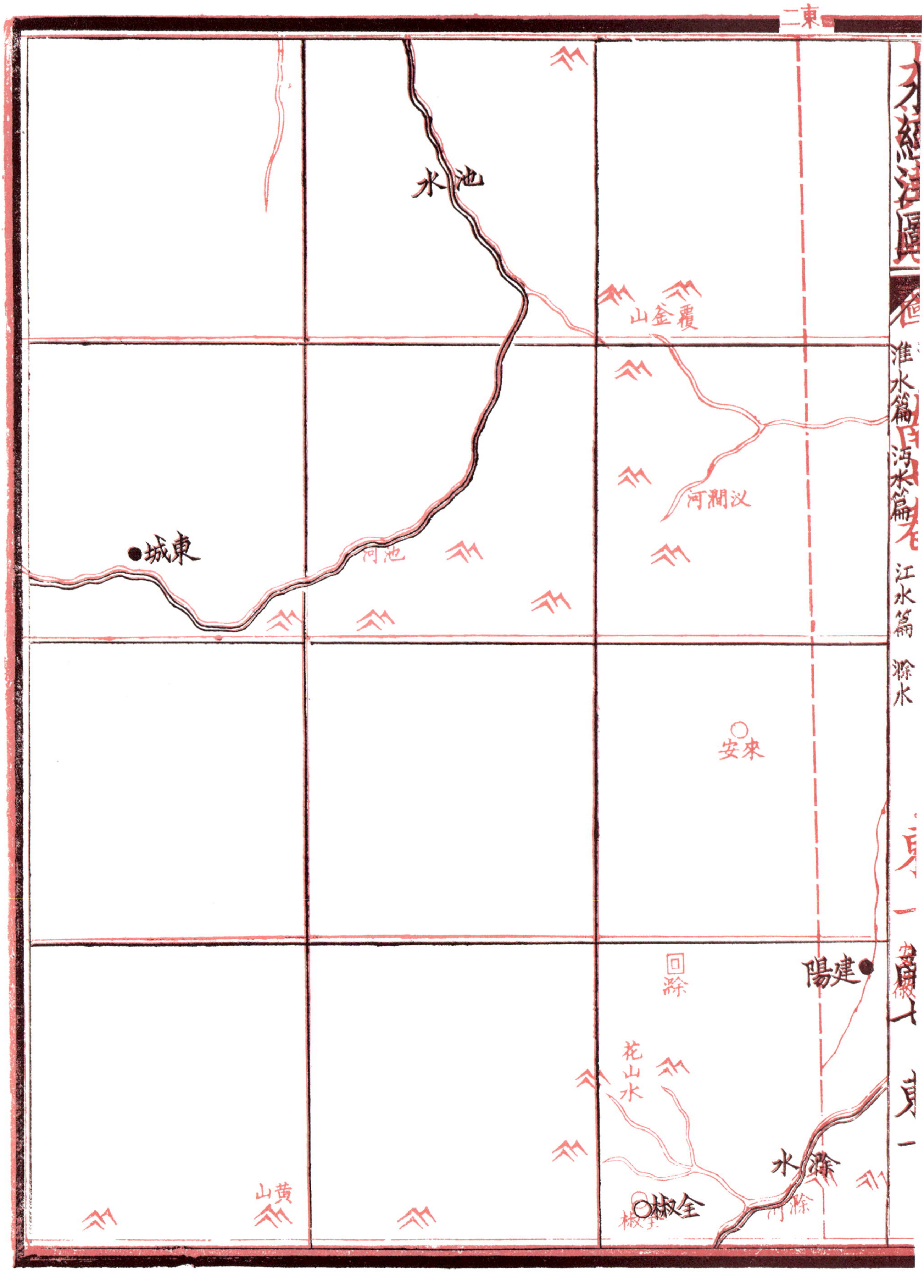
東二
水經注圖
淮水篇 泗水篇 江水篇 滁水
池水
霞釜山
汉澗河
東城
池河
來安
滁
建陽
花山水
滁水
全椒
滁河
黃山

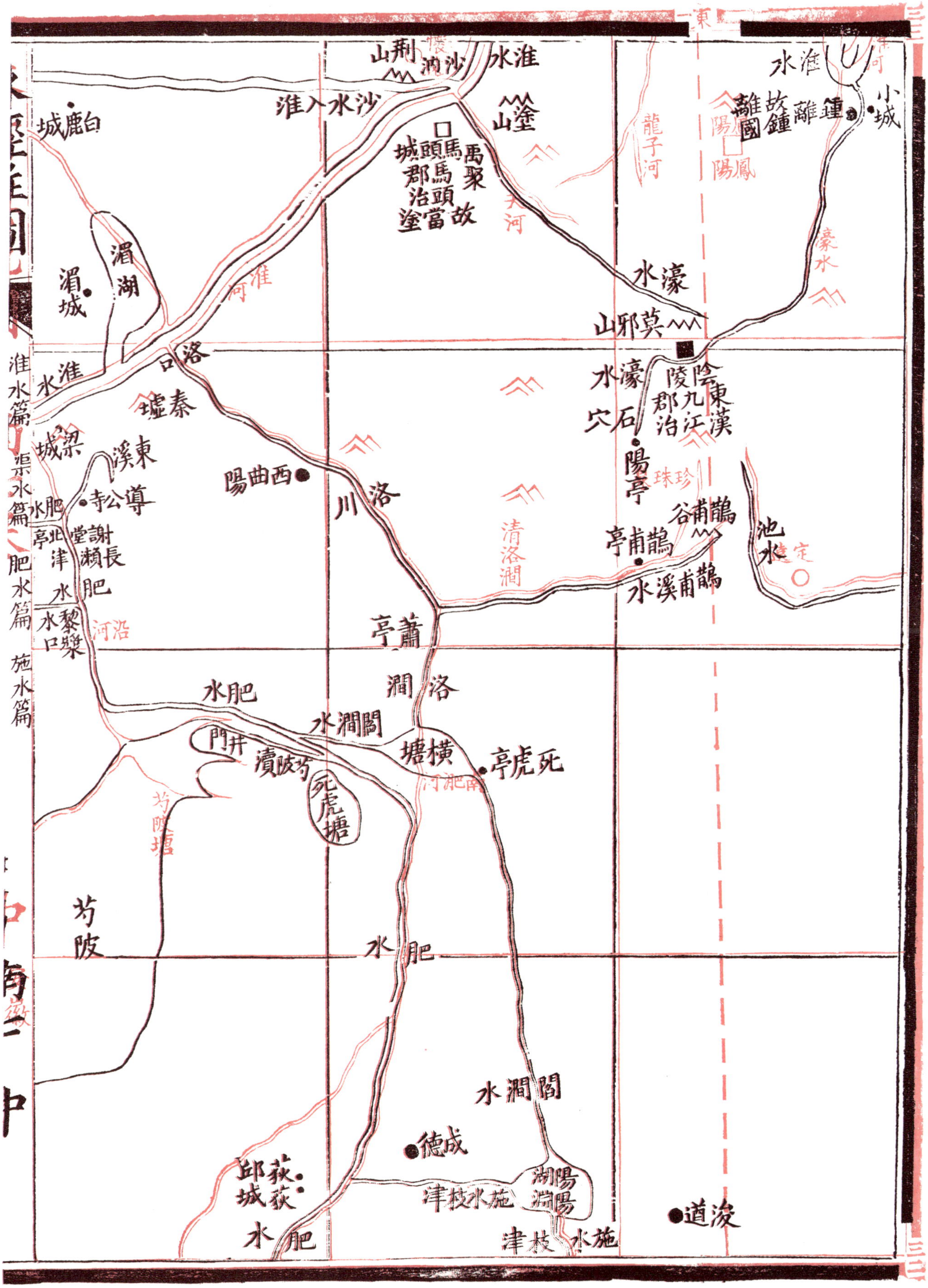
淮水
沙水入淮
荆山
沙汭
塗山
禹聚
故當塗
馬頭郡治
馬頭城
白鹿城
湄湖
湄城
淮水
洛口
秦墟
梁城
東溪
導公寺
肥水
北亭
謝堂
長瀨
津
肥水
黎漿水口
西曲陽
洛川
濠水
莫邪山
濠水
石穴
陽亭
東漢九江郡治陰陵
鵲甫谷
鵲甫亭
鵲甫溪水
清洛澗
池水
蕭亭
洛澗
肥水
閻澗水
井門
芍陂瀆
死虎塘
横塘
死虎亭
南肥河
芍陂塘
芍陂
肥水
閻澗水
成德
荻丘
荻城
施水枝津
陽湖
陽淵
施水枝津
浚遒
肥水
淮水
故鍾離國
鍾離
小城
濠水
龍子河
鳳陽
天河
淮河
洛河
淮水篇
肥水篇
施水篇

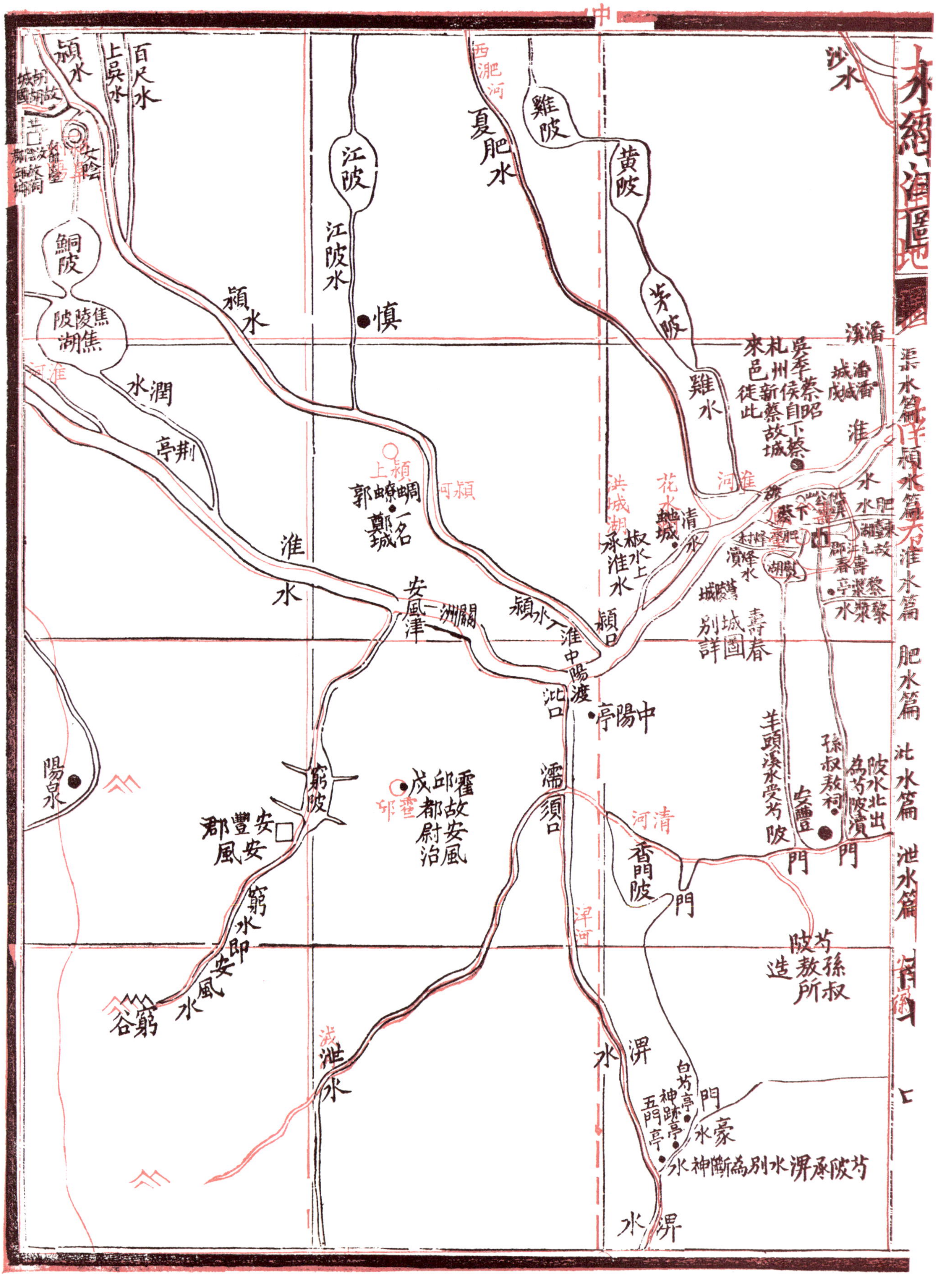

水經注圖
潁水篇
淮水篇
肥水篇
沘水篇
泄水篇
潁水
上吳水
百尺水
銅陂
焦陵陂
焦湖
潤水
荆亭
淮水
潁水
江陂
江陂水
慎
夏肥水
雞陂
黄陂
芍陂
雞水
沙水
一名蜩蟟郭 鄭城
安風津
潁水
淮中陽渡
潁口
中陽亭
沘口
濡須口
窮陂
安豐郡 安風
窮水即安風水
窮谷
陽泉
霍邱戍 故安風都尉治
泄水
香門陂
門
渒水
豪水
芍陂瀆承渒水別為斷神水
芍陂 孫叔敖所造
孫叔敖祠
陂水北出為芍陂瀆
安豐
羊頭溪水受芍陂
門
壽春城別詳圖
昭王自下蔡徙此
淮
西淝河
淮河
潁河
洪城湖
淠河
河清

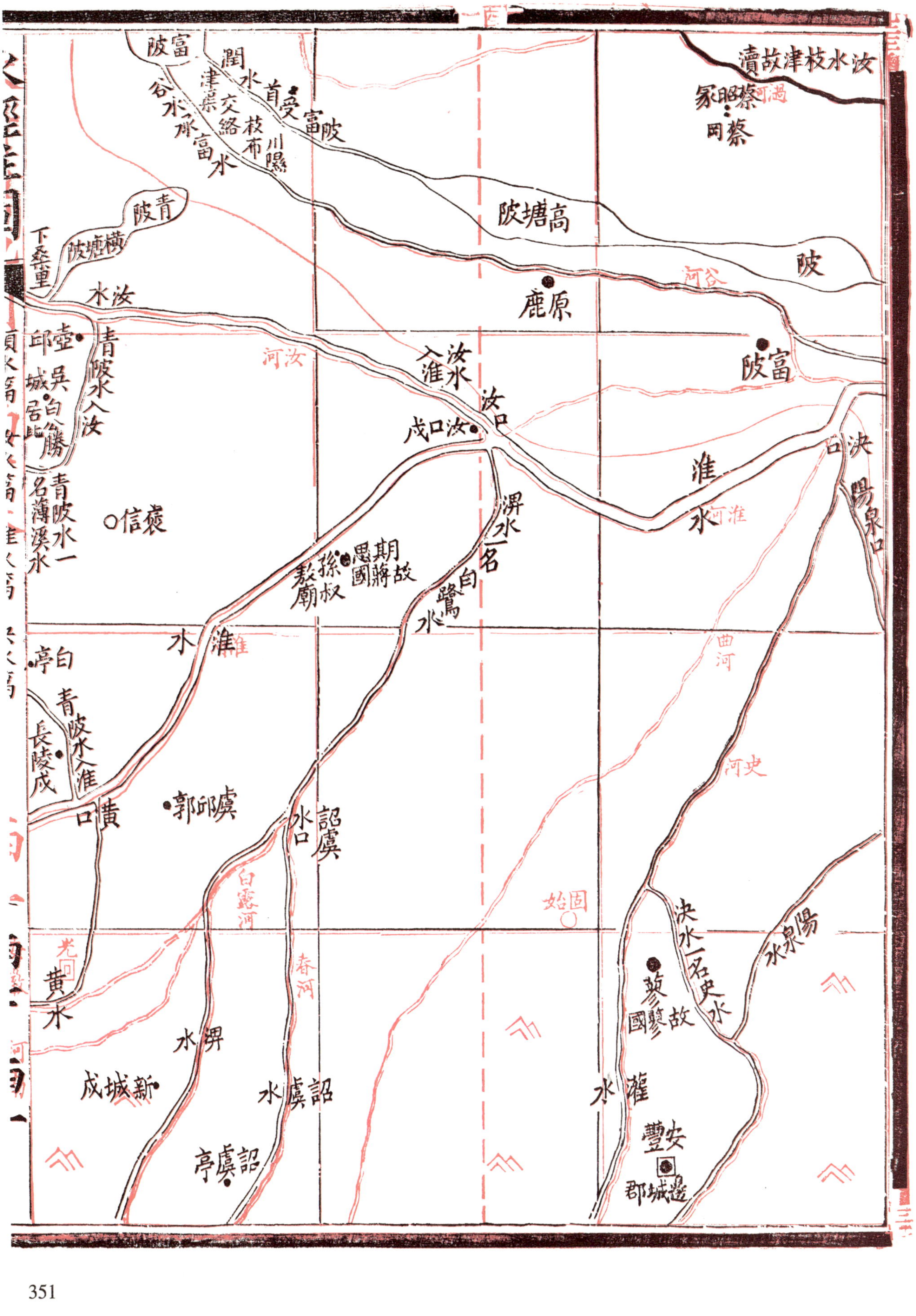
汝水枝津故瀆
蔡昭冢
蔡岡
過河
富陂
潤水首受富陂
谷水承富水
津渠交絡枝布川隰
高塘陂
陂
谷河
原鹿
富陂
青陂
橫塘陂
下桑里
汝水
壺邱
吳城
白公勝居此
青陂水入汝
汝河
汝水入淮
汝口
汝口戍
淮水
淮河
決口
陽泉口
青陂水一名薄溪水
褒信
淠水一名白鷺水
期思故蔣國
孫叔敖廟
淮水
白亭
青陂水入淮
長陵戍
黃口
虞邱郭
詔虞水口
曲河
史河
白鷺河
固始
春河
黃水
淠水
新城戍
詔虞水
詔虞亭
決水一名史水
陽泉水
蓼
故蓼國
灌水
安豐
邊城郡

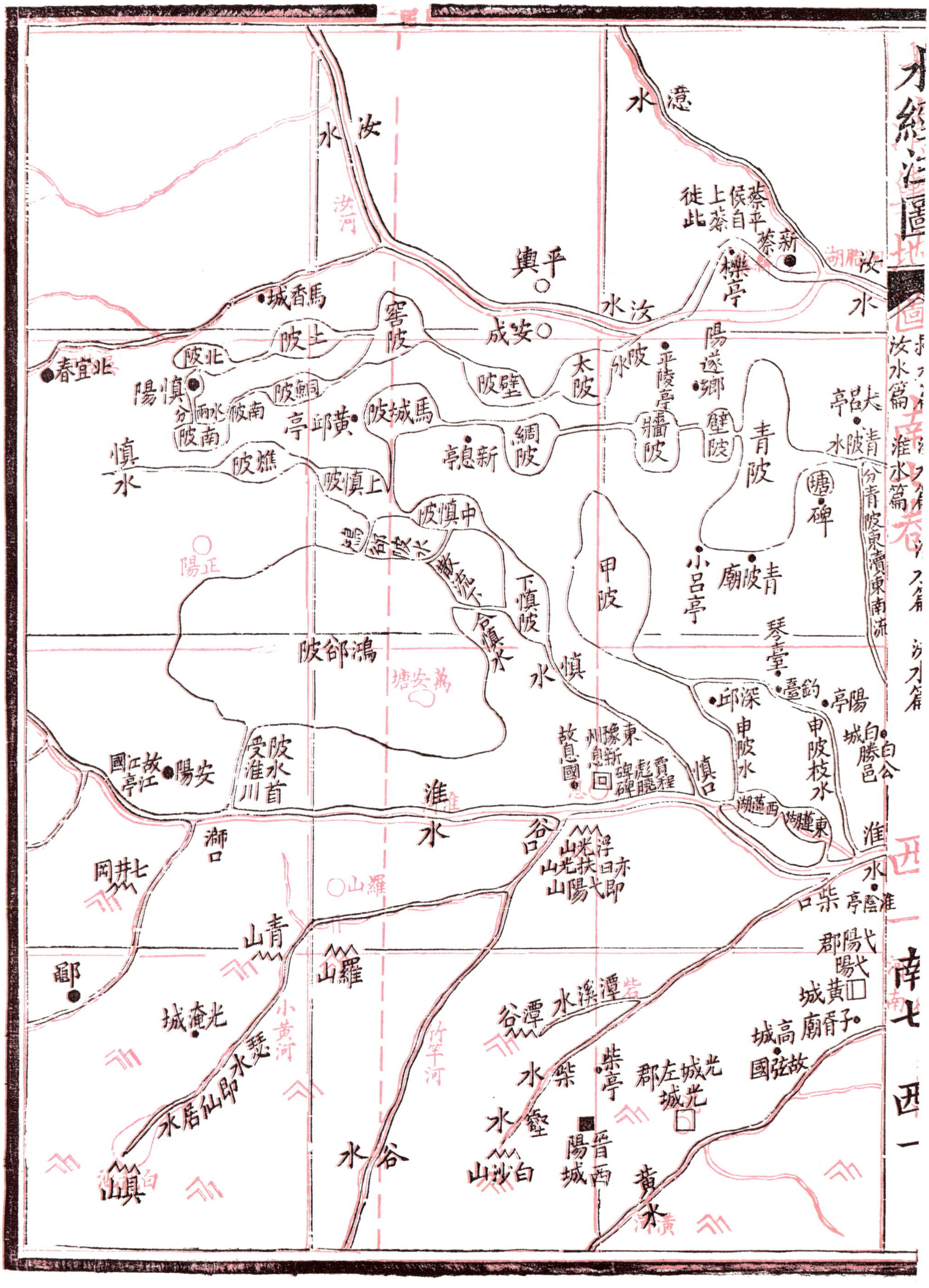

水經注圖 南七西一
汝水篇 淮水篇
汝水
澺水
汝河
平輿
安成
馬香城
北宜春
慎陽
上陂
窖陂
北陂
壁陂
太陂
黃郵亭
馬城陂
南陂
新息亭
綢陂
樵陂
上慎陂
中慎陂
慎水
鴻郤陂
萬安塘
正陽
下慎陂
合慎水
甲陂
青陂
青陂廟
小呂亭
新蔡
櫟亭
平陵亭
大呂亭
琴臺
釣臺
深邱
申陂水
申陂枝水
慎口
東湖
西湖
淮水
安陽
故江國
陂水首受淮川
谷口
羅山
青山
鄳
淮陰亭
柴口
弋陽郡
黃城
子胥廟
高城
故弦國
光城左郡
光城
柴亭
柴水
晉西陽城
白沙山
黃水
谷水
潭溪水
潭谷
仙居水即瑟水
小黃河
竹竿河

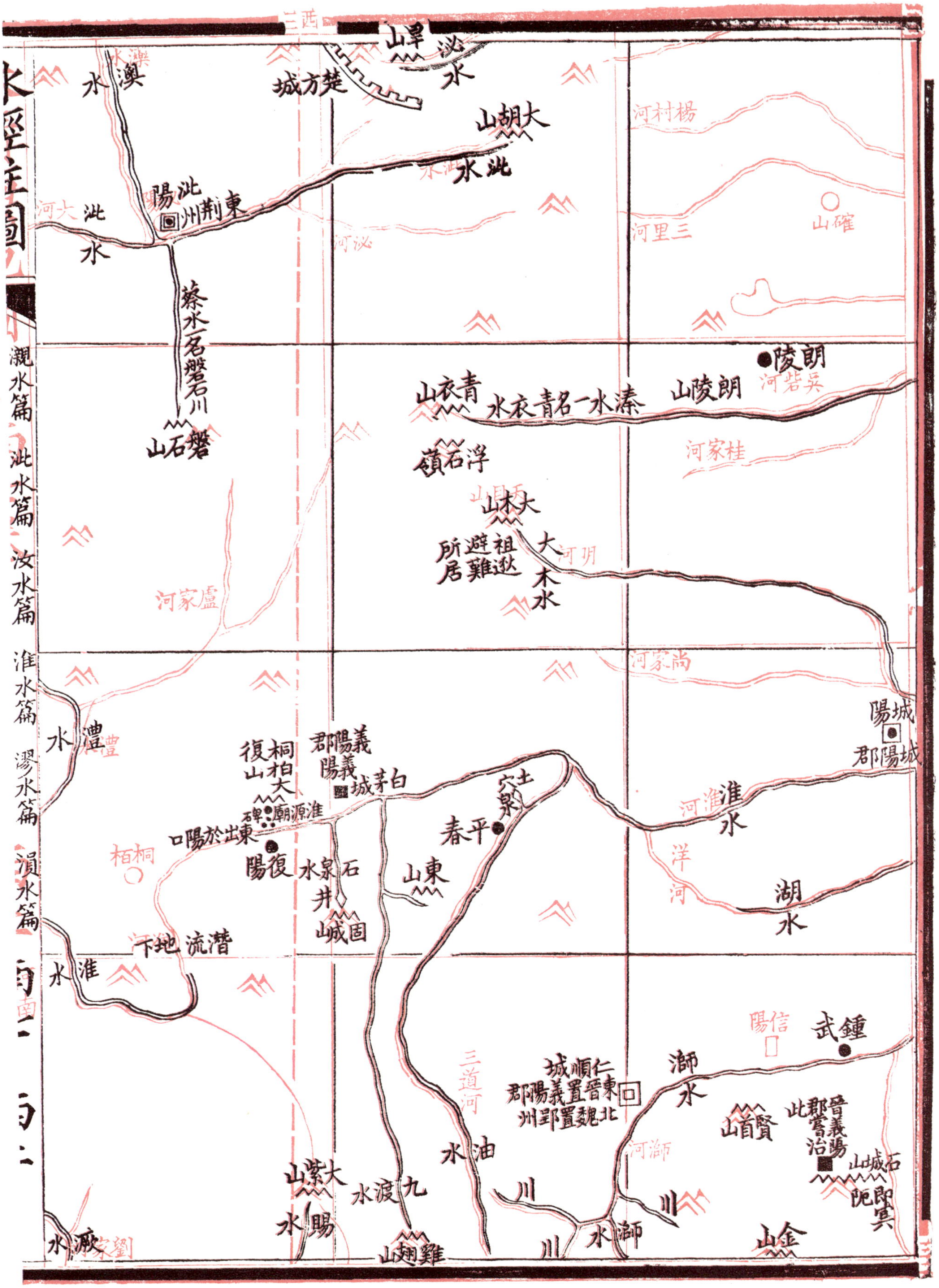

水經注圖
潁水篇 泚水篇 汝水篇 淮水篇 潕水篇 滍水篇
南二 西三
楚方城
旱山
泌水
大胡山
泚水
澳水
泚陽
東荆州
泚水
蔡水名磐石川
磐石山
青衣山
溱水一名青衣水
朗陵山
朗陵
洋石嶺
大木山
祖逖避難所居
大木水
城陽
城陽郡
淮水
湖水
澧水
桐柏大復山
義陽郡
義陽
白茅城
淮源廟
碑
東出於陽口
復陽
石泉水
井
固城山
土穴泉
平春
東山
潛流地下
淮水
鍾武
仁順城
東晉置義陽郡
北魏置郢州
溮水
賢首山
晉義陽郡治此
石城山
冥阨
金山
油水
九渡水
大紫山
陽水
溮水
川
雞翅山
瀙水
楊村河
三里河
確山
吳砦河
桂家河
明河
盧家河
尚家河
洋河
桐柏
信陽
三道河
溮河
泌河
大河

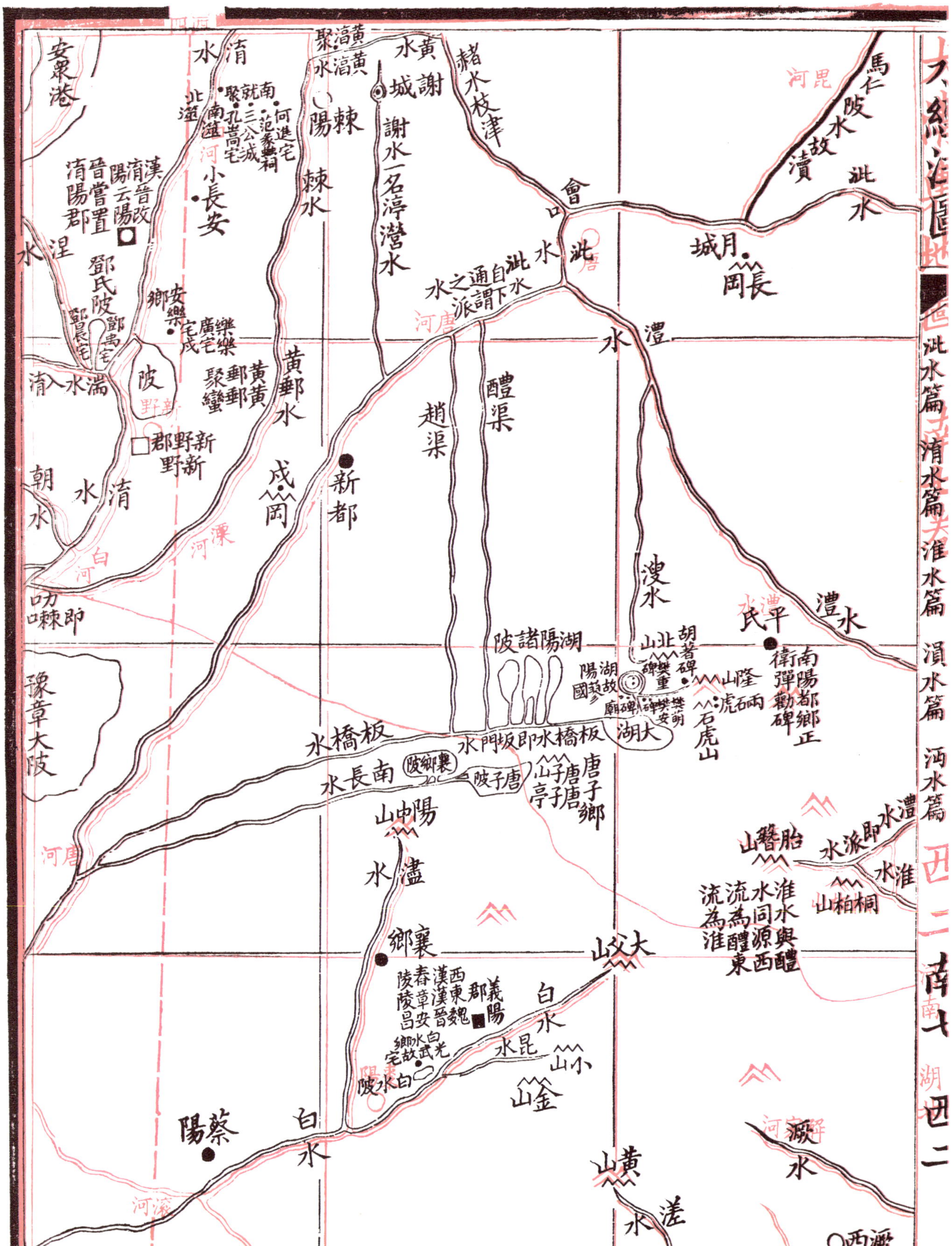

水經注圖
沘水篇 淯水篇 淮水篇 溳水篇 溮水篇
西二 南七 西二
安衆港
清水
黃淯水
黃淯聚
黃水
謝城
棘陽
赭水枝津
馬仁陂
故瀆
沘水
會口
月城
長岡
漢改云淯陽
晉置淯陽郡
南就聚
三公城
孔嵩宅
何進宅
范蠡祠
北澨
南澨
小長安
棘水
謝水一名渟灣水
沘水自通之水謂下派
涅水
鄧氏陂
安樂鄉
樂廣宅
樂戍
黃郵聚
黃郵鬱
黃郵水
灃水
湍水入淯
陂
新野郡
新野
醴渠
趙渠
新都
戍岡
朝水
清水
豫章大陂
棘陽
淏水
胡著碑
北樂重碑
山
湖陽故國
樊安碑
樊萌碑
廟碑
大湖
湖陽諸陂
隆山
石虎山
平民
南陽都鄉正衛彈勸碑
灃水
板橋水
板橋水即坂門水
南長水
襄鄉陂
唐子陂
唐子鄉
唐子亭
唐子山
陽中山
瀘水
胎簪山
灃水即派水
淮水
桐柏山
淮水與醴水同源而東西流
襄鄉
漢春陵
西漢春陵
東漢章陵
晉安昌
魏義陽郡
大復山
白水
昆水
小山
白水陂
白水故宅
金山
蔡陽
白水
黃山
溠水
濮水
西濮

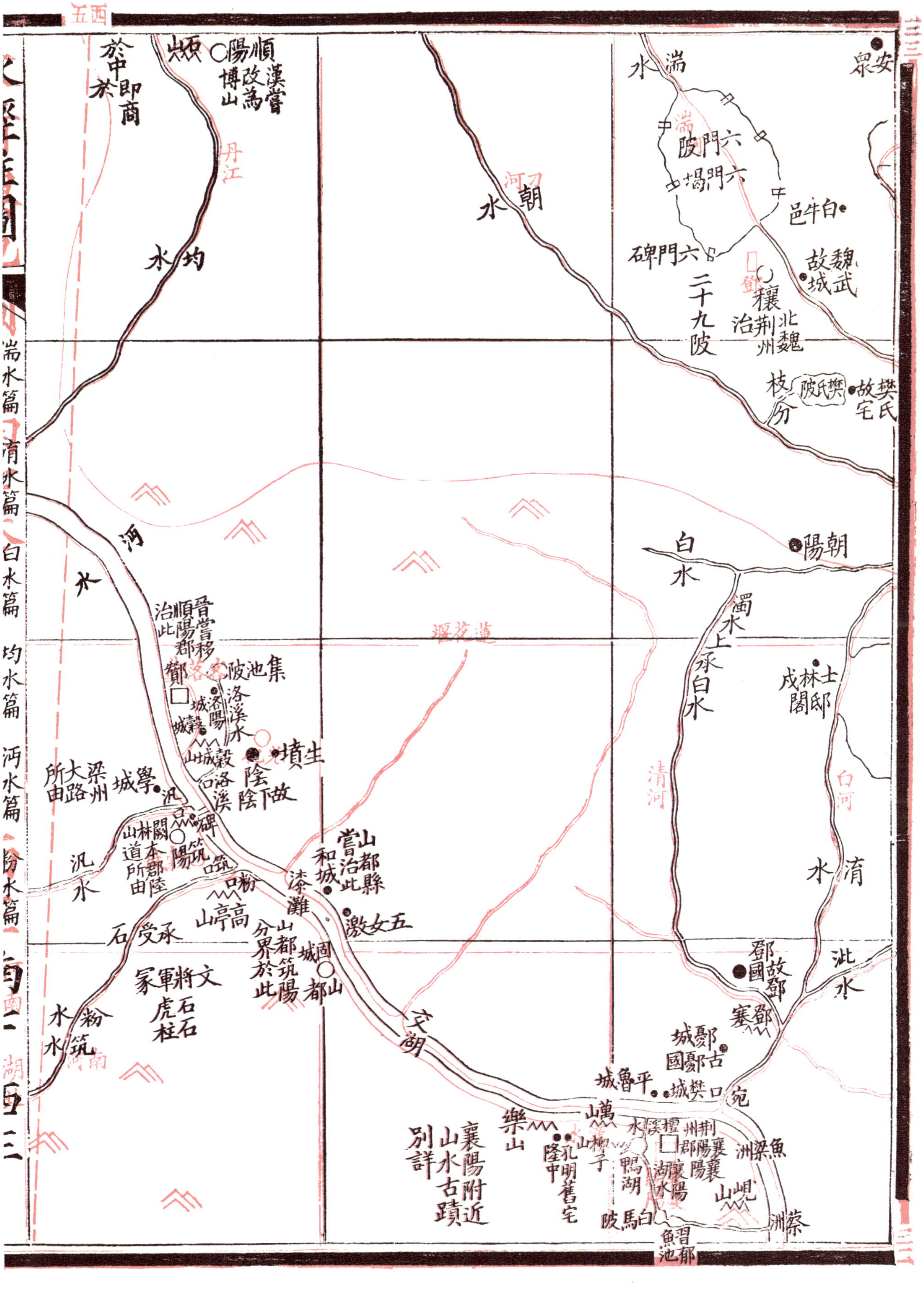
水經注圖
湍水篇 淯水篇 白水篇 均水篇 沔水篇 粉水篇
南一西五 三
安衆
湍水
六門陂
六門堨
六門碑
白牛邑
魏武故城
北魏荊州治
穰
二十九陂
朝水
均水
順陽
漢嘗改爲博山
丹江
樊氏陂
樊氏故宅
分枝
朝陽
白水
濁水上承白水
淯水
白河
清河
沘水
鄧塞
鄾古鄾國城
樊城
平魯城
宛口
魚梁洲
荊州襄陽郡襄陽
檀溪
鴨湖
萬山
樂山
孔明舊宅
隆中
襄陽附近山水古蹟別詳
白馬陂
峴山
蔡洲
習郁魚池
沔水
晉嘗移順陽郡治此
集池陂
洛溪水
生墳
築陽
高亭山
山都縣嘗治此
和城
漆灘
五女激
固城
山都
山都筑陽分界於此
文將軍冢
石虎石柱
承受石
汎水
梁州大路所由
學城
粉水
筑水
交湖

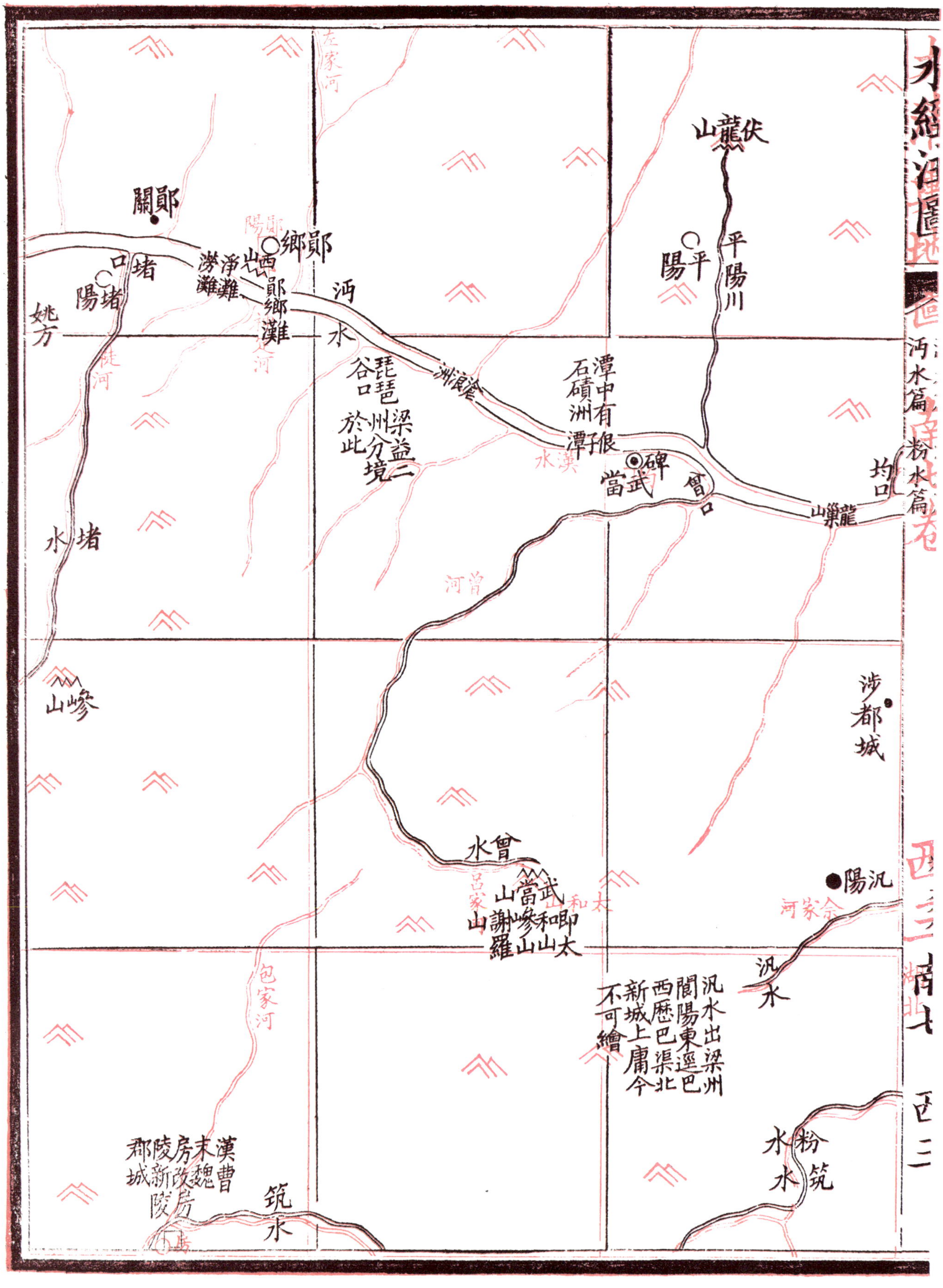
水經注圖
沔水篇 粉水篇
南七
西三
伏龍山
平陽
平陽川
鄖關
鄖鄉
西山
淨灘
澇灘
鄖鄉灘
堵口
堵陽
姚方
沔水
琵琶谷口
梁益二州分境於此
滄浪洲
潭中有石磧洲
很子潭
武當
碑
曾口
均口
龍巢山
堵水
嵾山
涉都城
曾水
武當山
即太和山
嵾山
謝羅山
汎陽
汎水
汎水出梁州閬陽東逕巴西歷巴渠北新城上庸今不可繪
粉水
筑水
漢末房陵郡曹魏改新城
房陵
左家河
鄖陽
陡河
漢水
曾河
呂家山
太和山
余家河
包家河

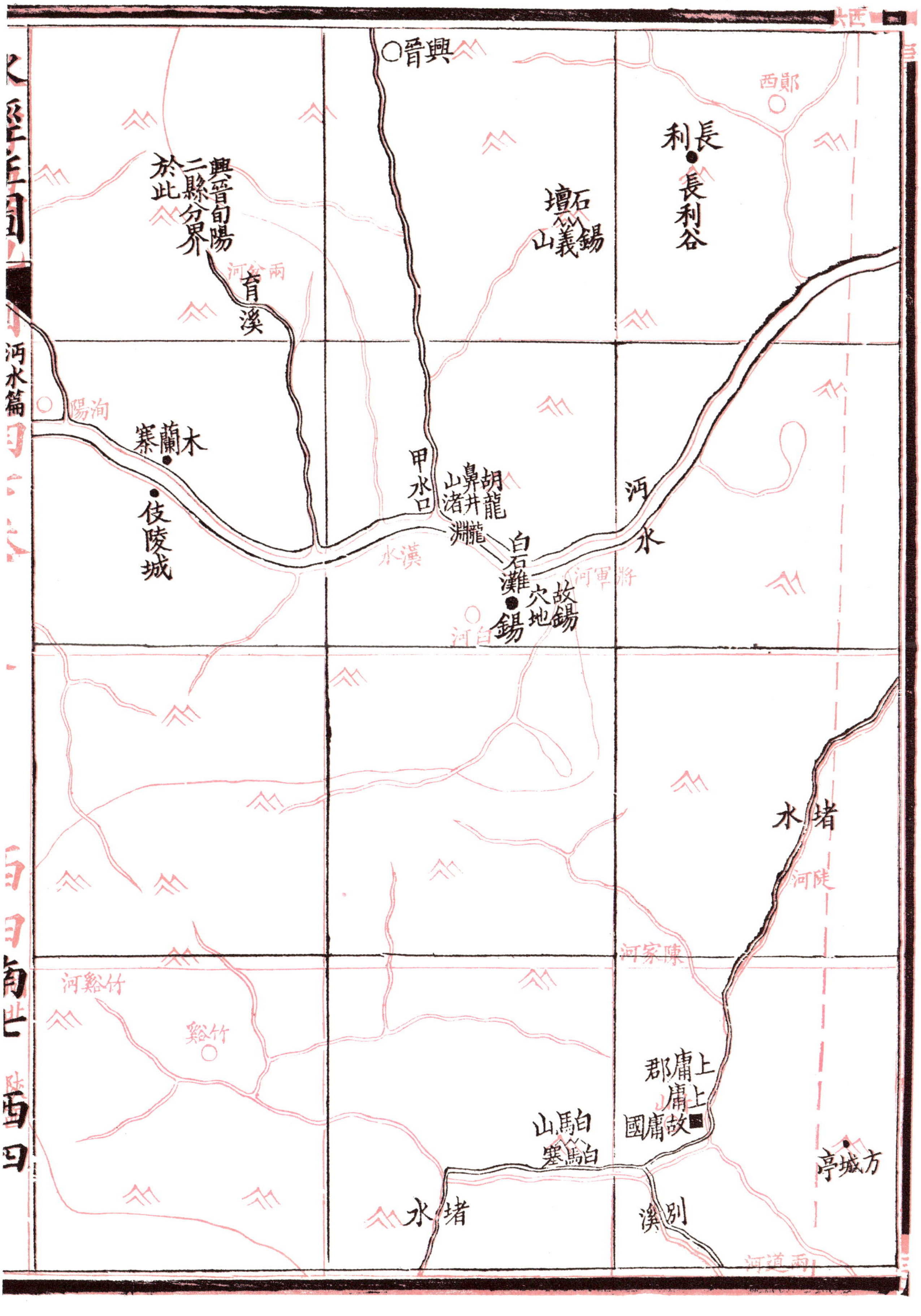

沔水篇
興晉
長利
長利谷
錫義山
石壇
興晉旬陽二縣分界於此
育溪
洵陽
木蘭寨
伎陵城
甲水口
胡龍
鼻井
山渚
龍淵
白石灘
故錫穴地
錫
沔水
漢水
將軍河
白河
堵水
陡河
陳家河
竹谿河
竹谿
上庸郡
上庸
故庸國
白馬山
白馬塞
方城亭
堵水
別溪
兩道河

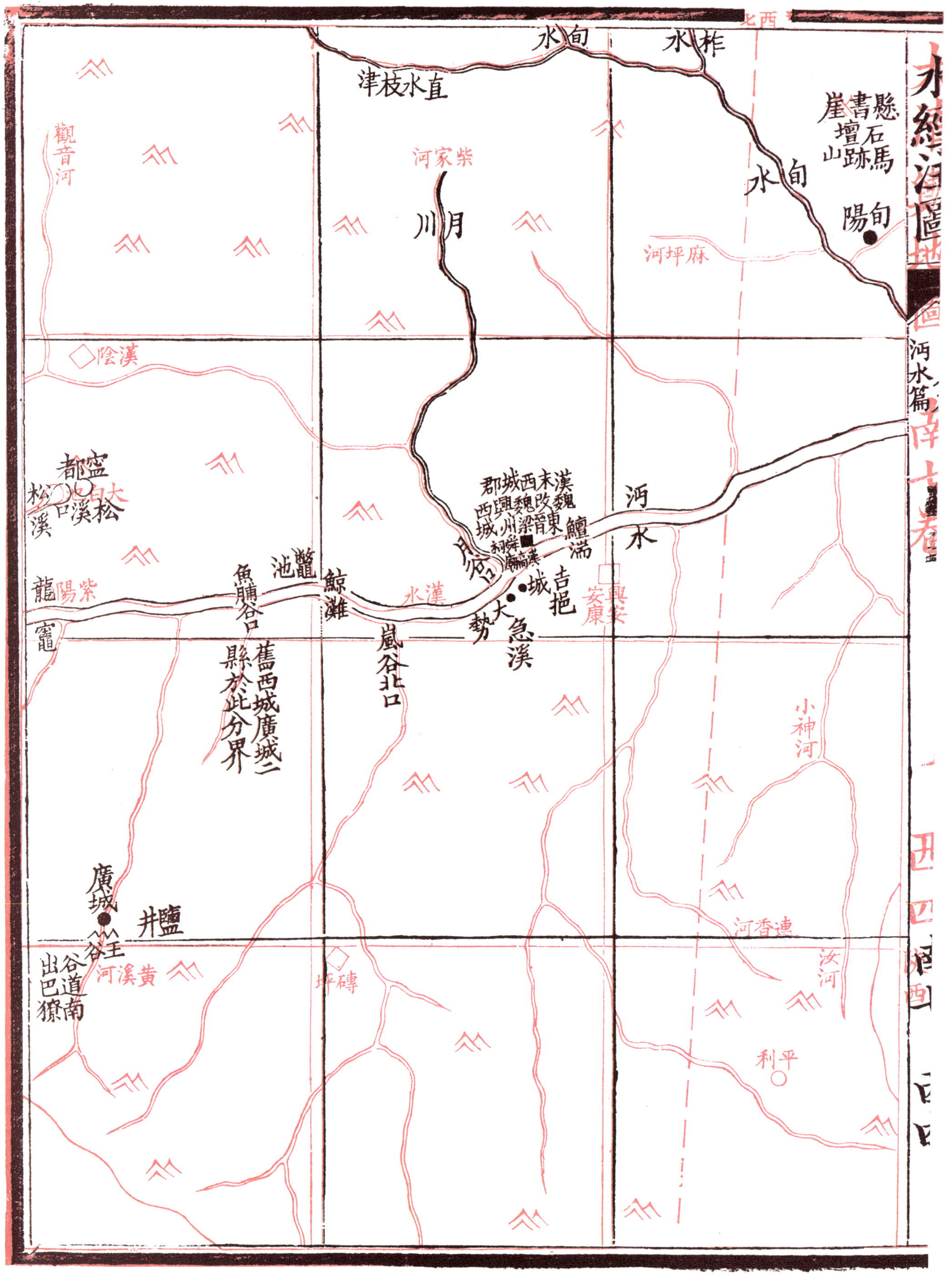
水經注圖
沔水篇
旬水
柞水
直水枝津
柴家河
月川
懸馬石跡
書壇山
崖
旬陽
麻坪河
觀音河
漢陰
大松溪
盜都
松溪口
龍竈
紫陽
鱉池
鯨灘
魚脯谷口
漢水
月谷口
沔水
鱣湍
吉挹城
大势
急溪
興安
安康
嵐谷北口
舊西城廣城二縣於此分界
小神河
廣城
鹽井
王谷
南道谷出巴獠
黃溪河
磚坪
連香河
汝河
平利

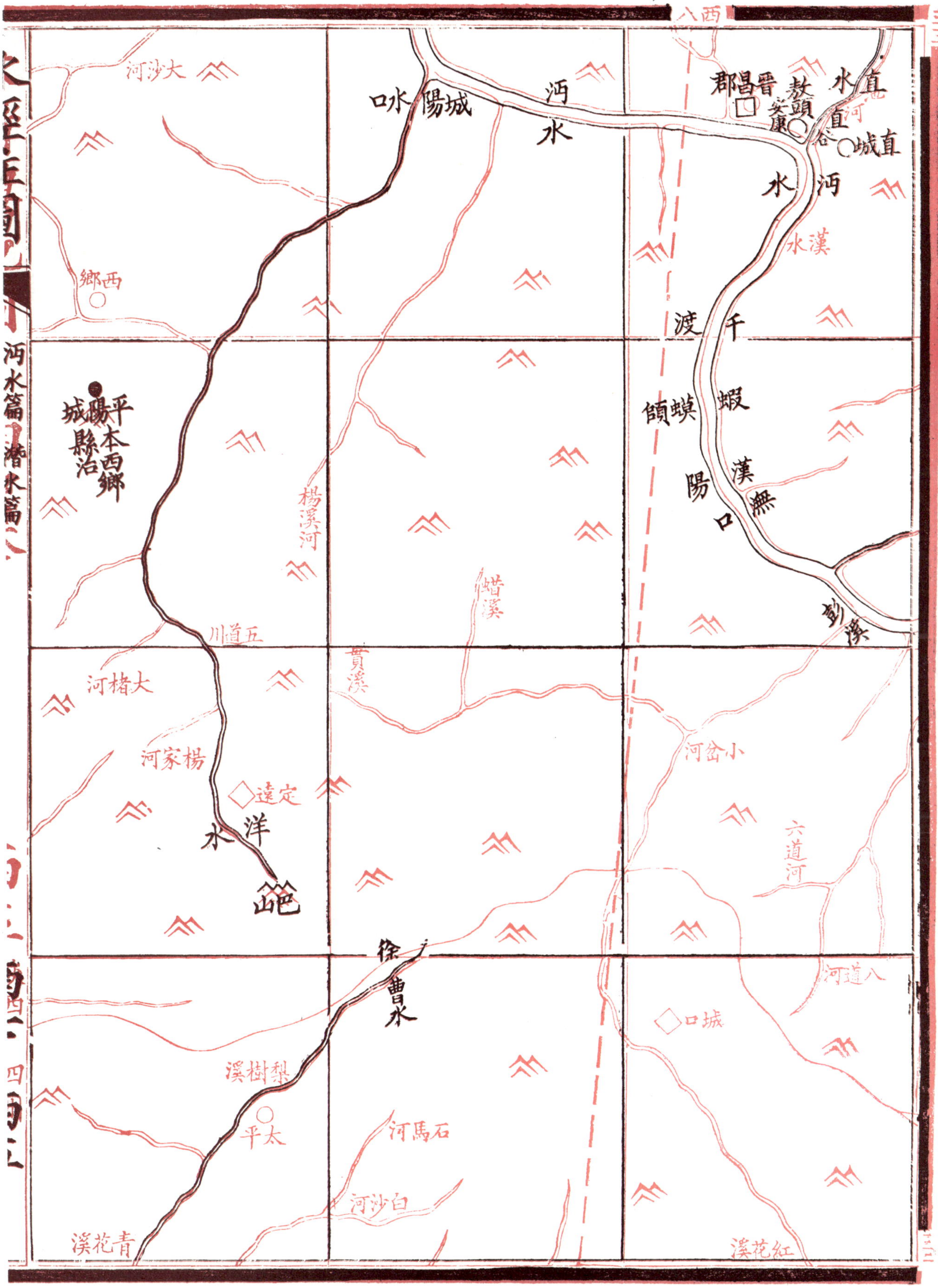
水經注圖
沔水篇 潛水篇
西八
大沙河
西鄉
城陽水口
沔水
晉昌郡
敖頭
安康
直水
直谷
直城
漢水
平陽城 本西鄉縣治
楊溪河
蜡溪
彭溪
五道川
大楮河
黃溪
小岔河
楊家河
定遠
洋水
六道河
巴山
徐水
曹水
八道河
城口
梨樹溪
太平
石馬河
白沙河
青花溪
紅花溪

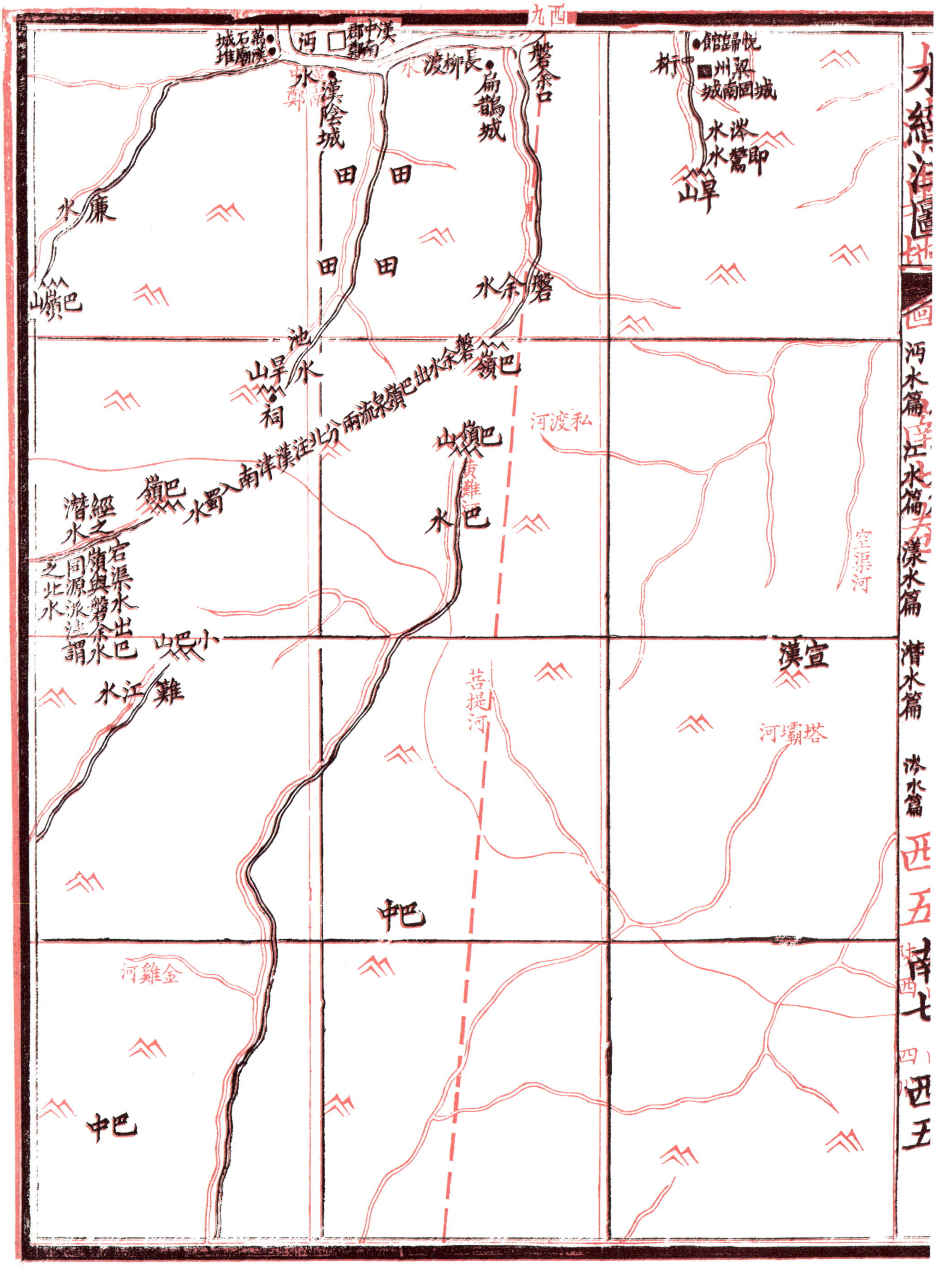

九西
沔
漢中郡南鄭
長柳渡
扁鵲城
漢陰城
磐余口
悅歸館
水經注圖
西四
沔水篇
江水篇
漾水篇
潛水篇
涔水篇
廉水
巴嶺山
磐余水
池水
旱山
巴嶺
巴嶺山
巴水
私渡河
空渠河
小巴山
難江水
宣漢
菩提河
塔壩河
巴中
金雞河
西五
南七

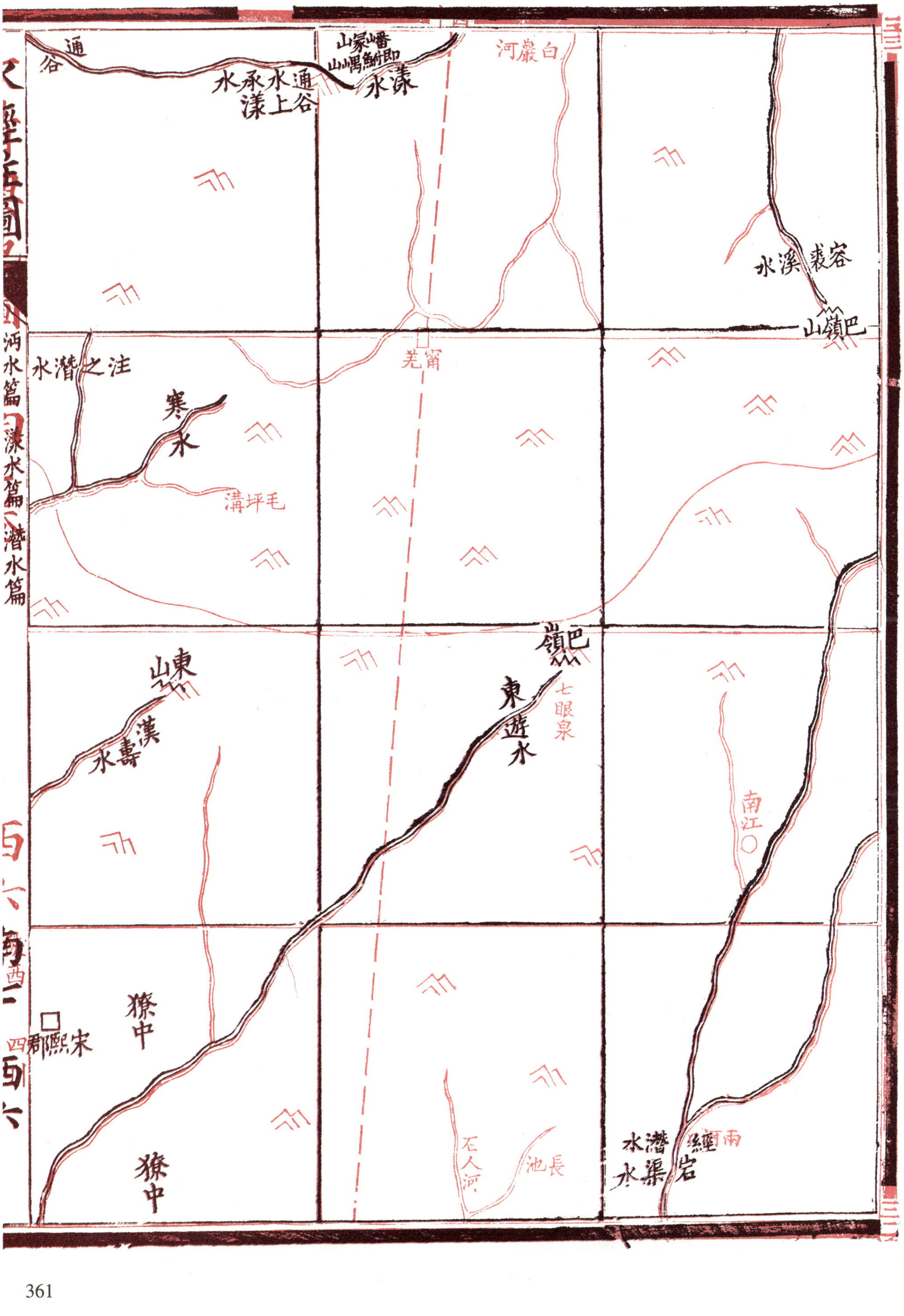
沔水篇 漾水篇 潛水篇
通谷
通谷水上承漾水
嶓冢山
漾水
白巖河
容裘溪水
巴嶺山
注之潛水
寒水
毛坪溝
窜羌
巴嶺
東山
漢壽水
東遊水
七眼泉
南江
宋熙郡
獠中
獠中
潛水
渠水
宕渠
南河
石人河
長池

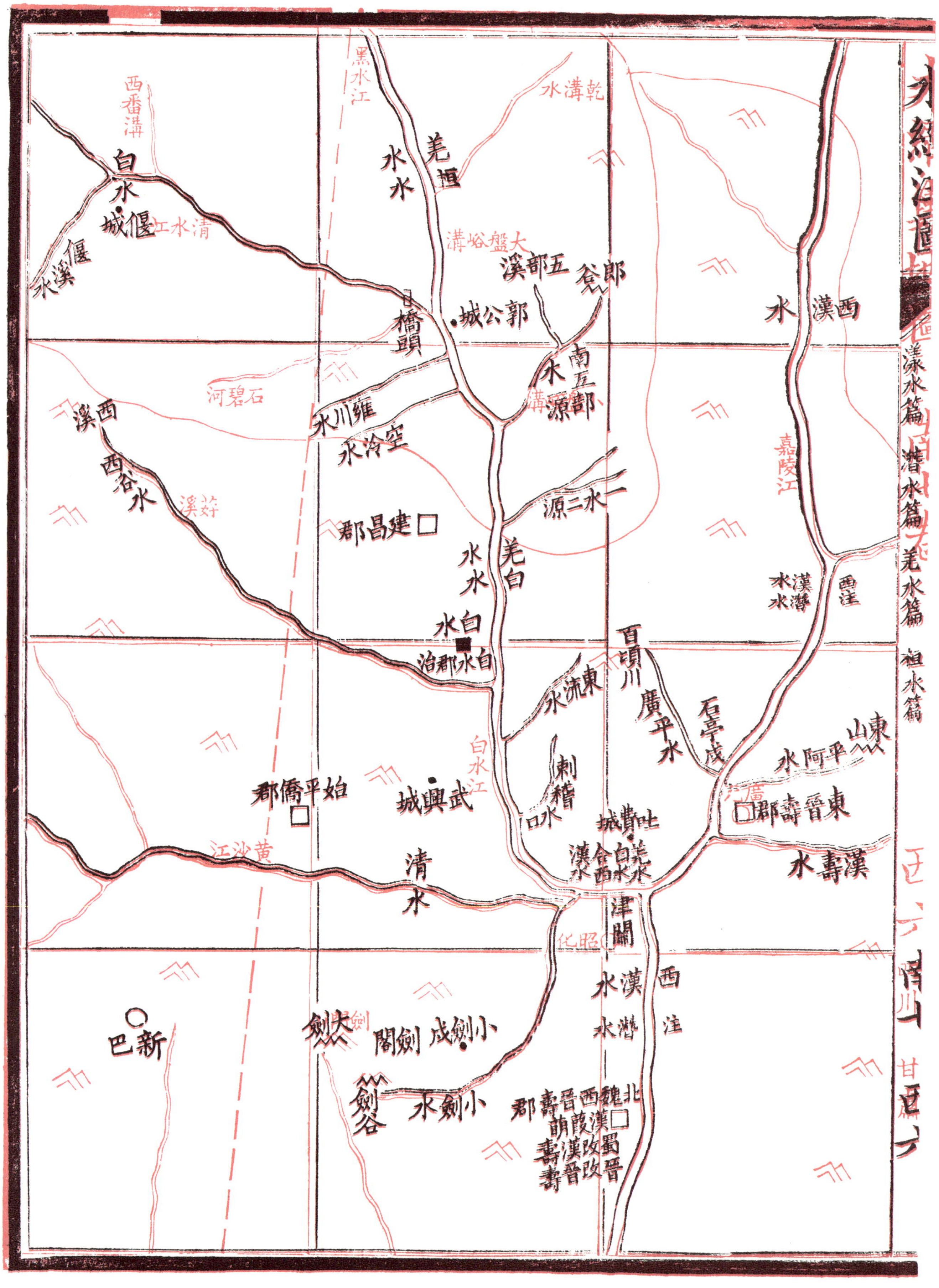
水經注圖
漾水篇
潛水篇
羌水篇
涪水篇
西番溝
黑水江
乾溝水
白水
偃城
清水江
偃溪水
羌水
桓水
大盤峪溝
五部溪
郎谷
郭公城
橋頭
西漢水
石碧河
西溪
維川水
空冷水
南五部水源
一二水源
嘉陵江
西谷水
建昌郡
白水
羌水
漢水
潛水
西注
白水
白水郡治
百頃川
東流水
廣平水
石亭戍
平阿水
東山
白水江
刺稽
始平僑郡
武興城
吐費城
羌水白水合西漢水
東晉壽郡
漢壽水
黃沙江
清水
津關
昭化
西漢水
潛水
注
新巴
大劍
小劍戍
劍閣
小劍水
劍谷
北魏西晉壽郡
漢葭萌
蜀改漢壽
晉改晉壽

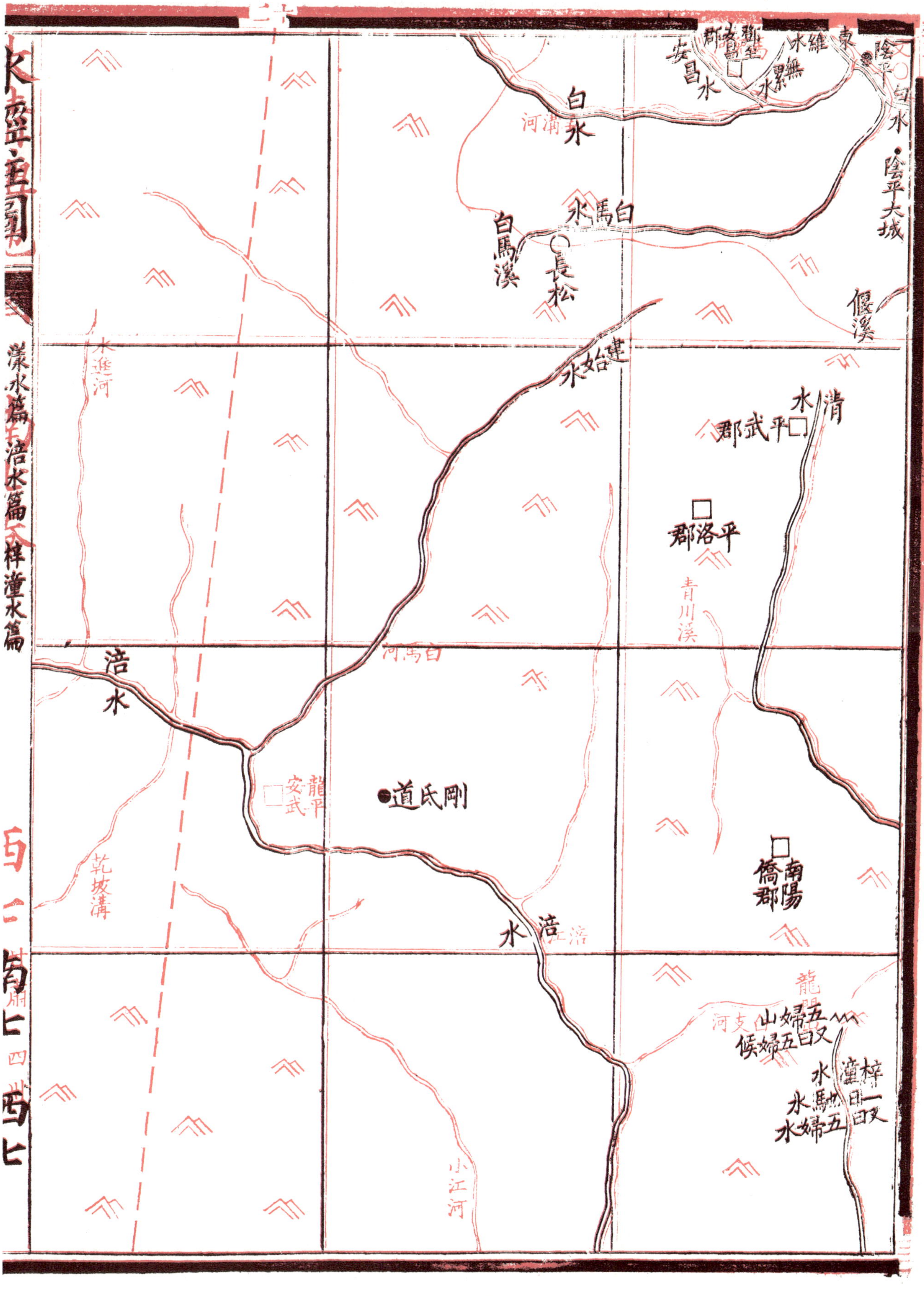
水經注圖
漾水篇 涪水篇 梓潼水篇
白水
白馬水
白馬溪
長松
陰平大城
陰平
東維水
安昌水
偃溪
建始水
清水
平武郡
平洛郡
涪水
剛氏道
南陽僑郡
五婦山
五婦候
梓潼水
五婦水
青川溪
白馬河
龍安
平武
乾坡溝
涪江
小江河
支河

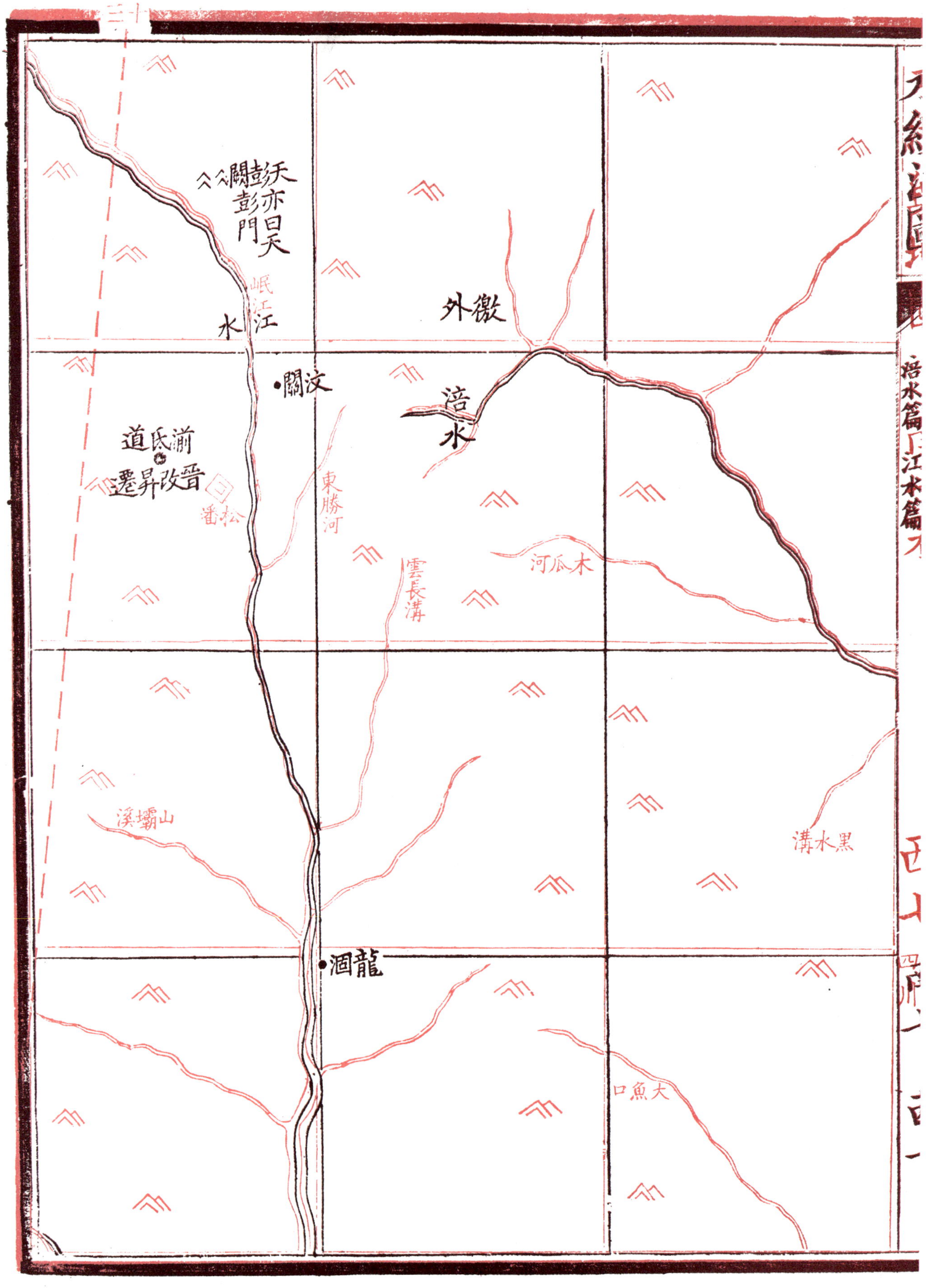
天彭闕亦曰天彭門
岷江
江水
徼外
汶關
涪水
湔氐道
晉改昇遷
松潘
東勝河
雲長溝
木瓜河
山壩溪
黑水溝
龍涸
大魚口

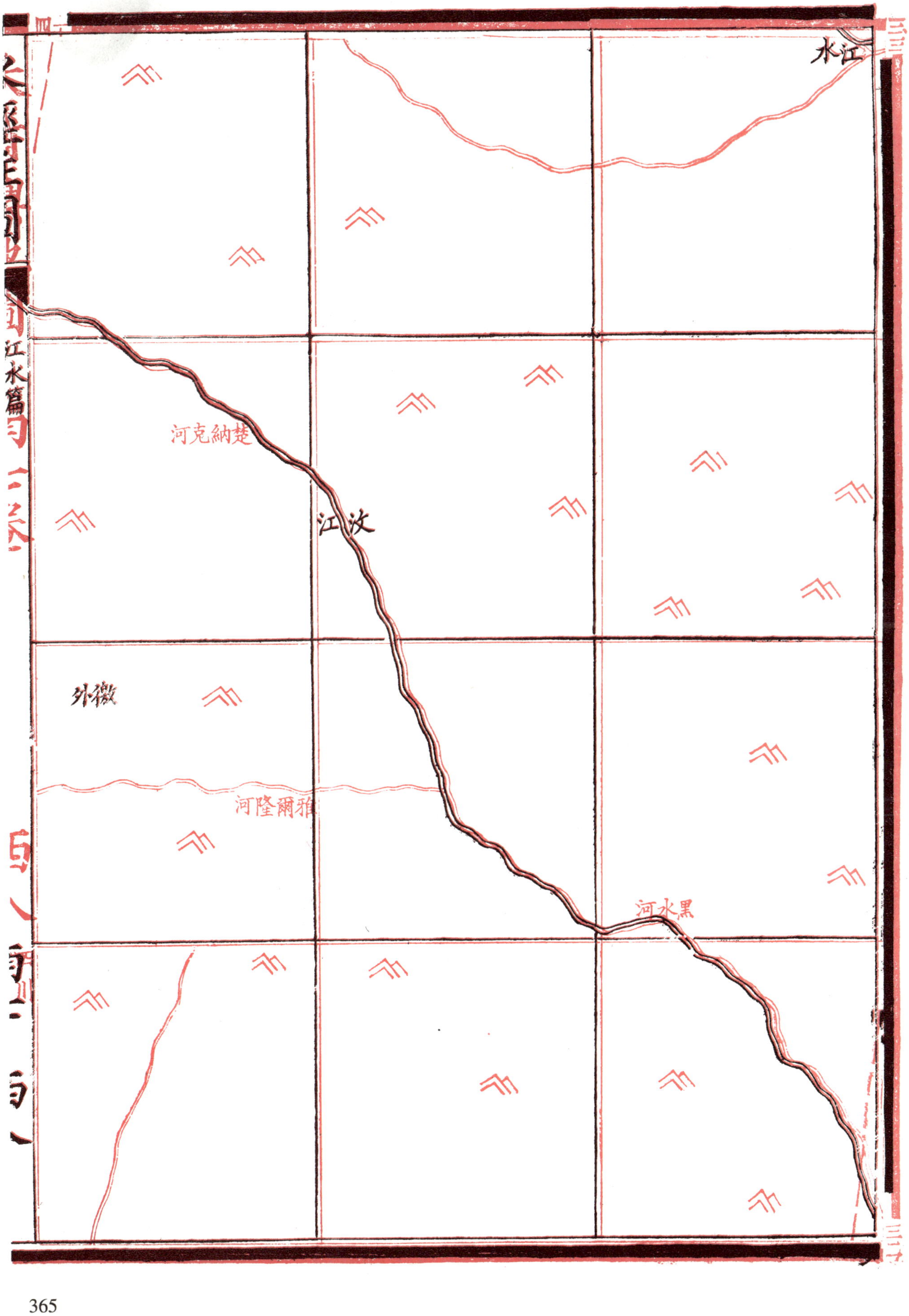
江水篇
江水
楚納克河
汶江
徼外
雅爾隆河
黑水河

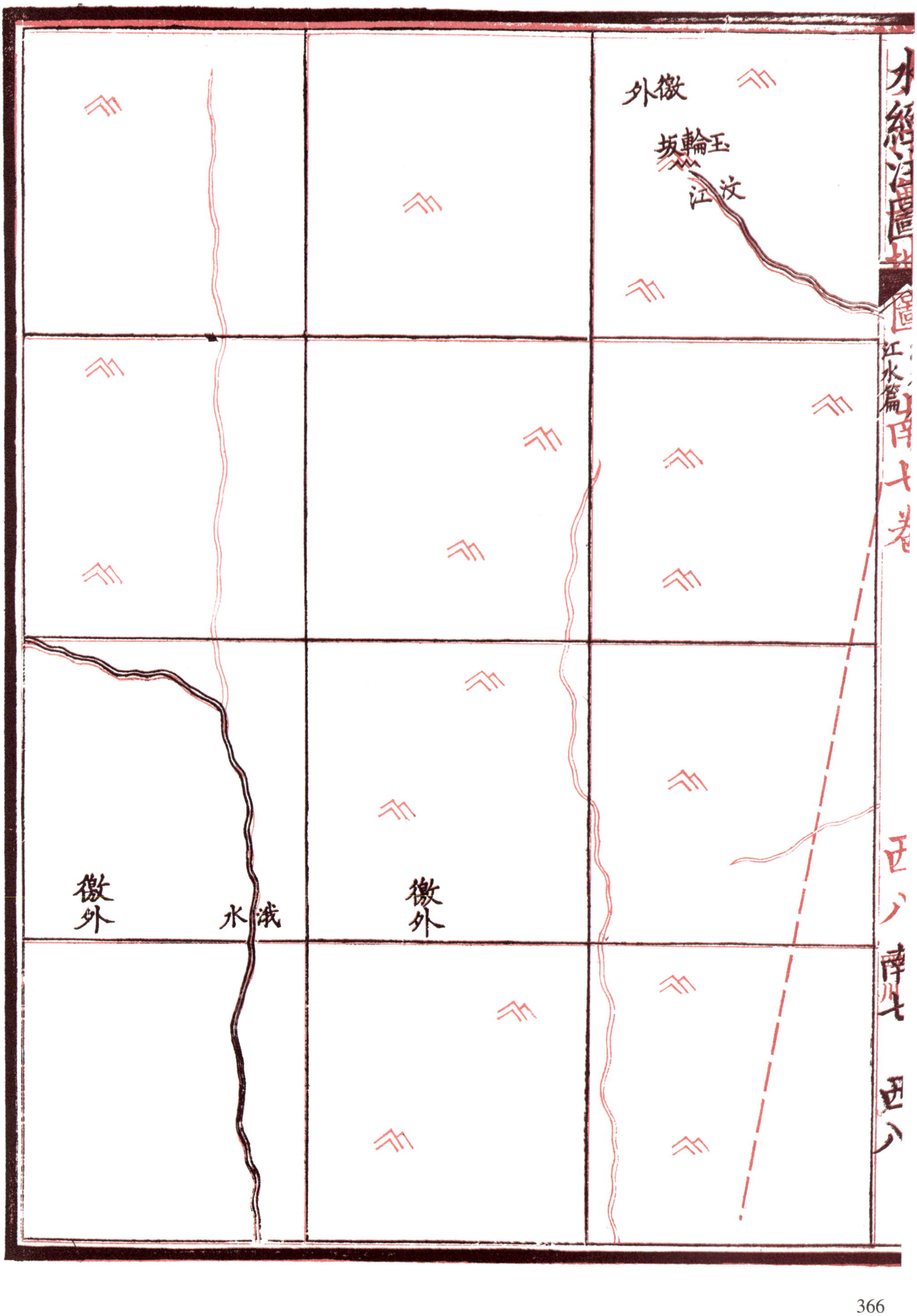
徼外
玉輪坂
汶江
徼外
湔水
徼外
江水篇

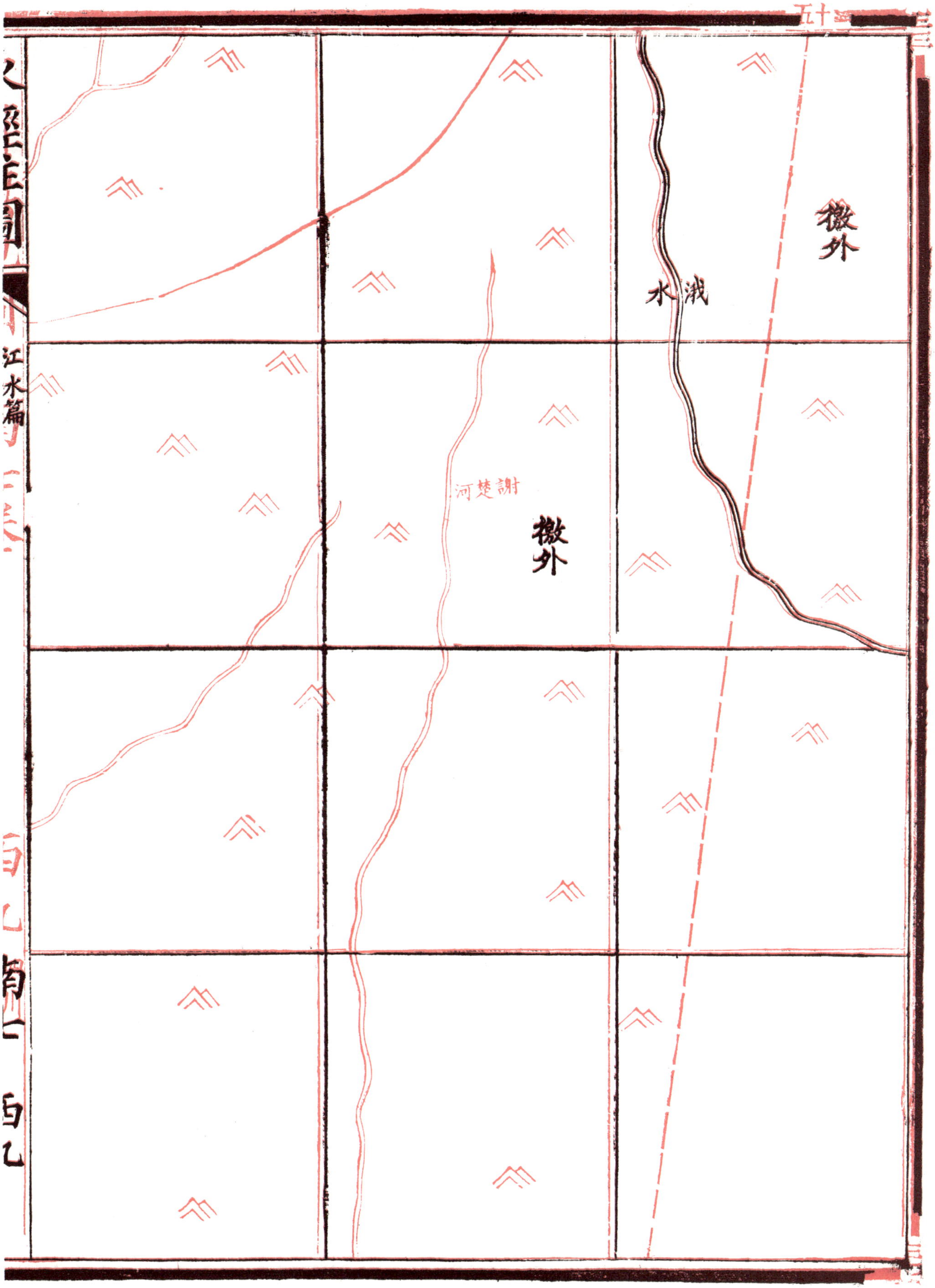
水經注圖
江水篇
五十
徼外
涐水
謝楚河
徼外

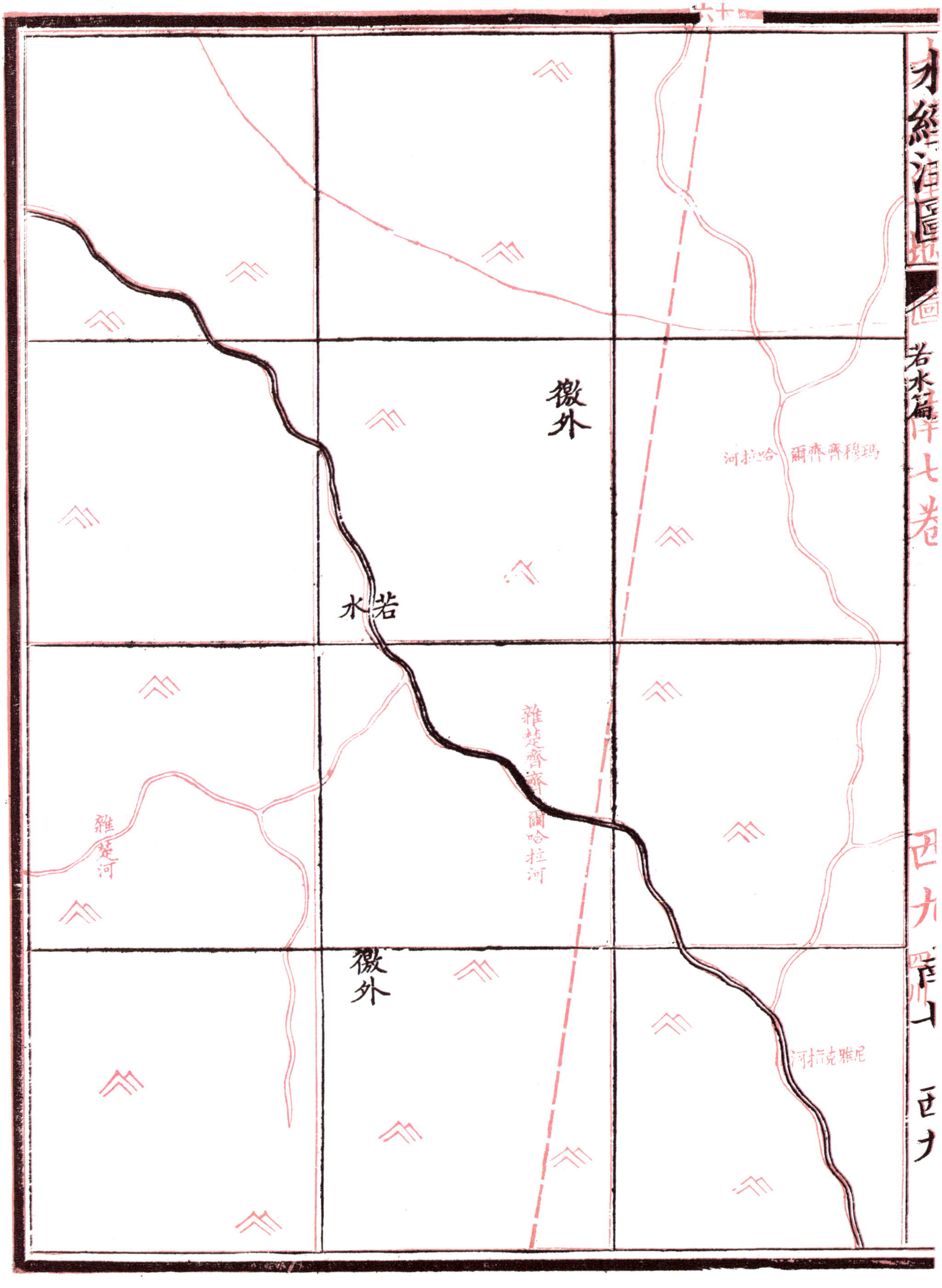
徼外
若水
瑪穆齊齊爾哈拉河
雅楚齊齊爾哈拉河
雅楚河
徼外
尼雅克拉河

水經注圖 若水篇

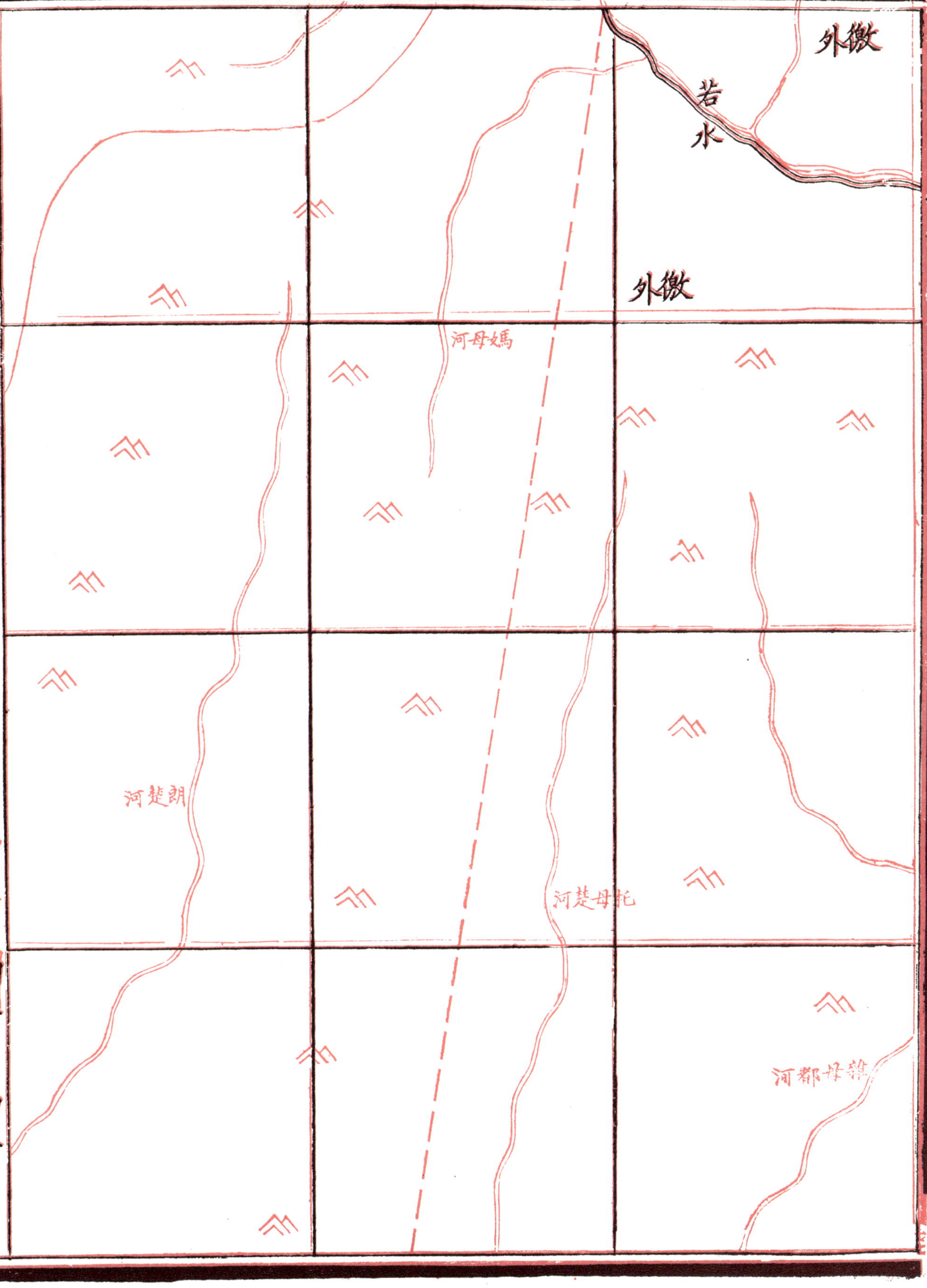

南七 西十

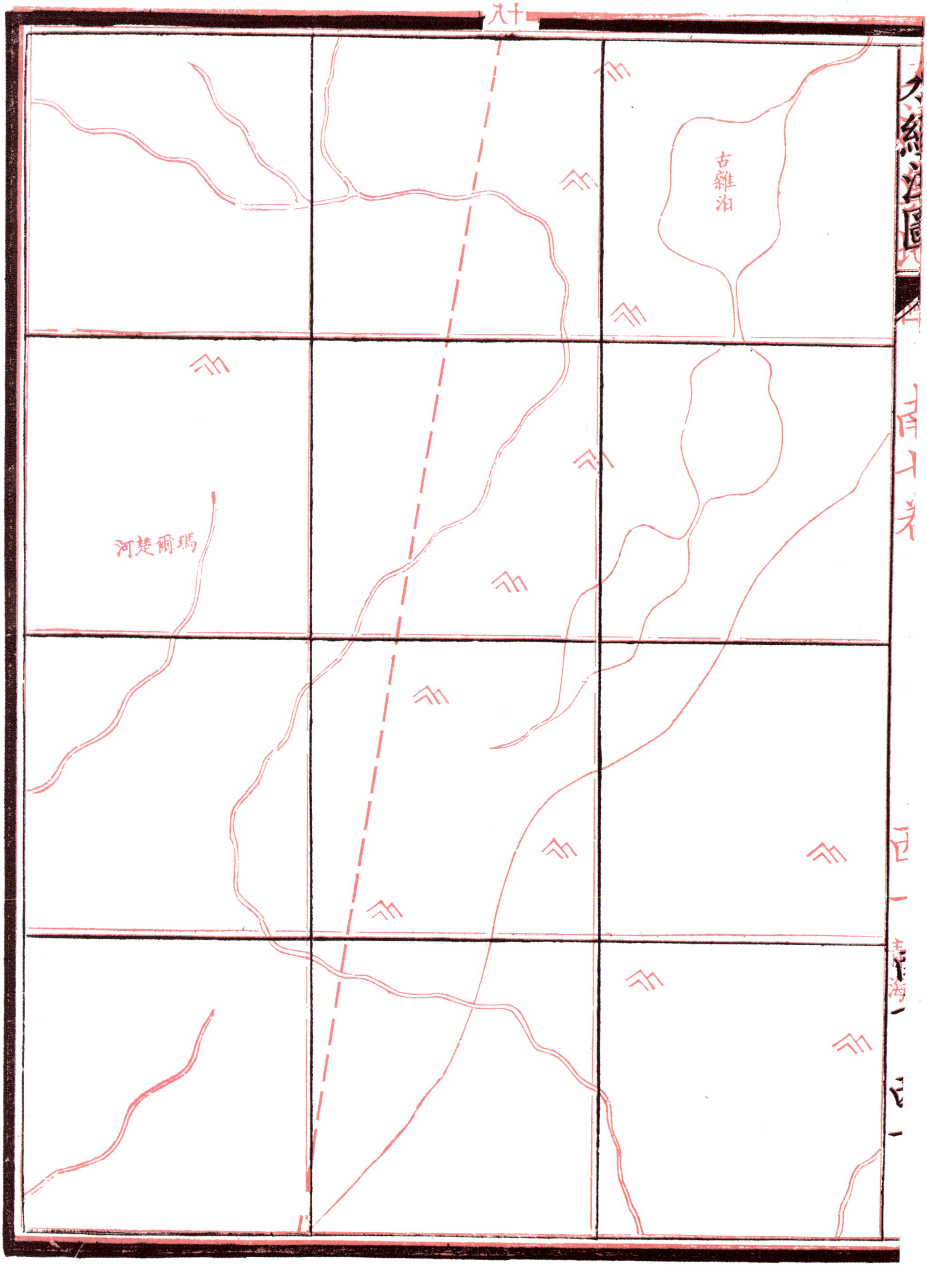
古雜泊
瑪爾楚河

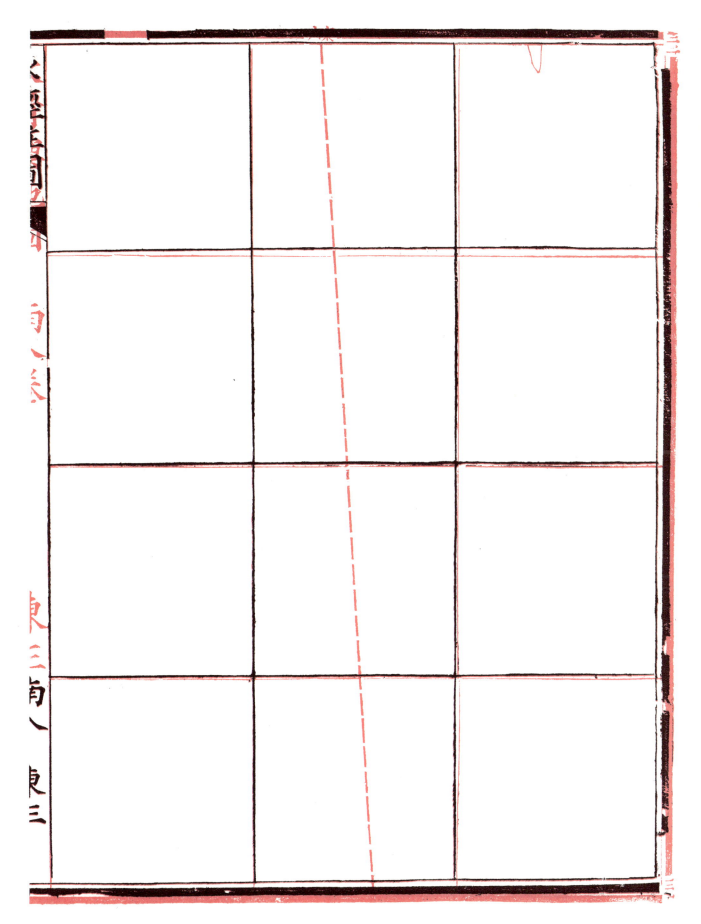

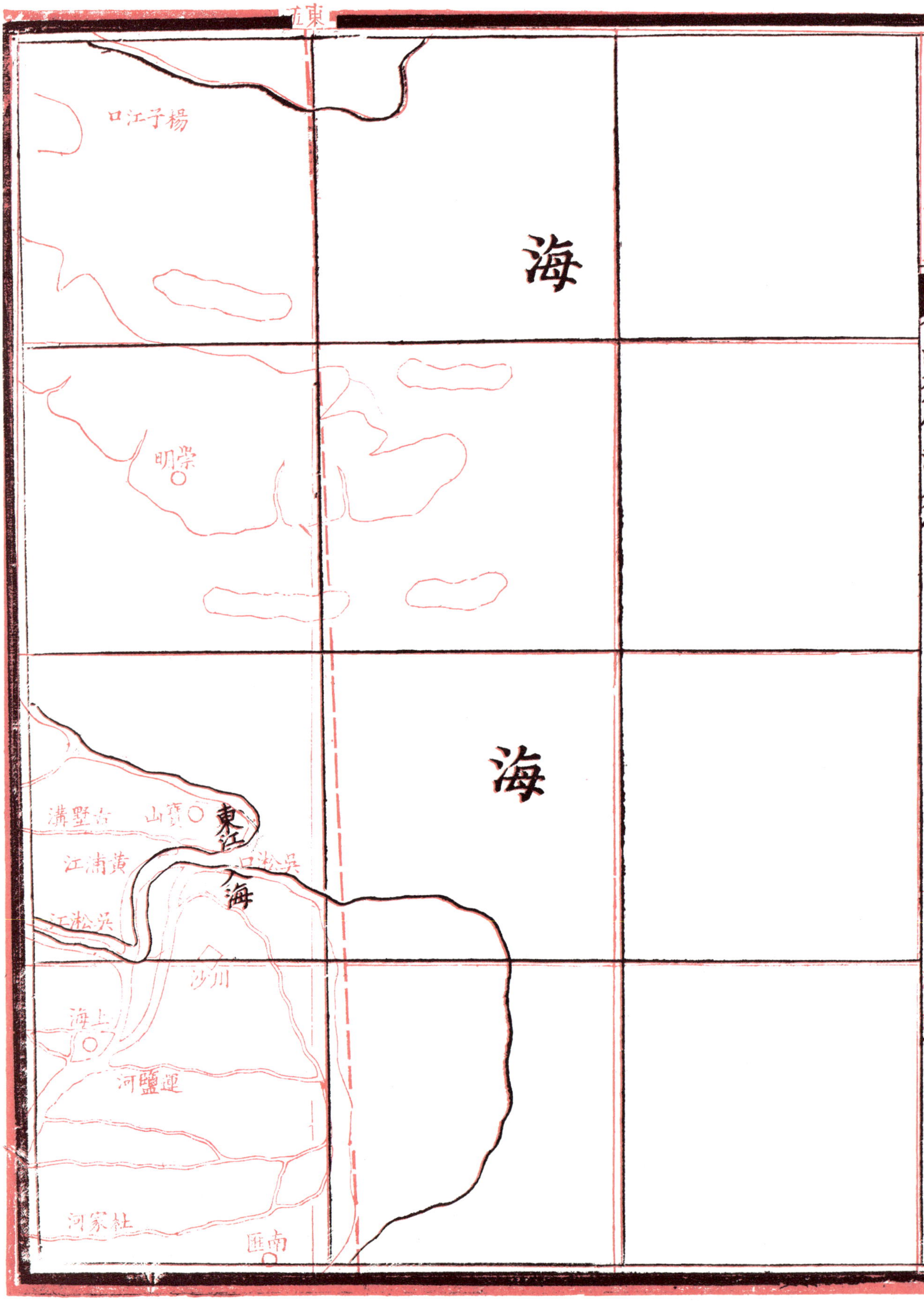
東五
楊子江口
海
崇明
海
古墅溝
寶山
東江入海
吳淞口
黃浦江
吳淞江
川沙
上海
運鹽河
杜家河
南匯

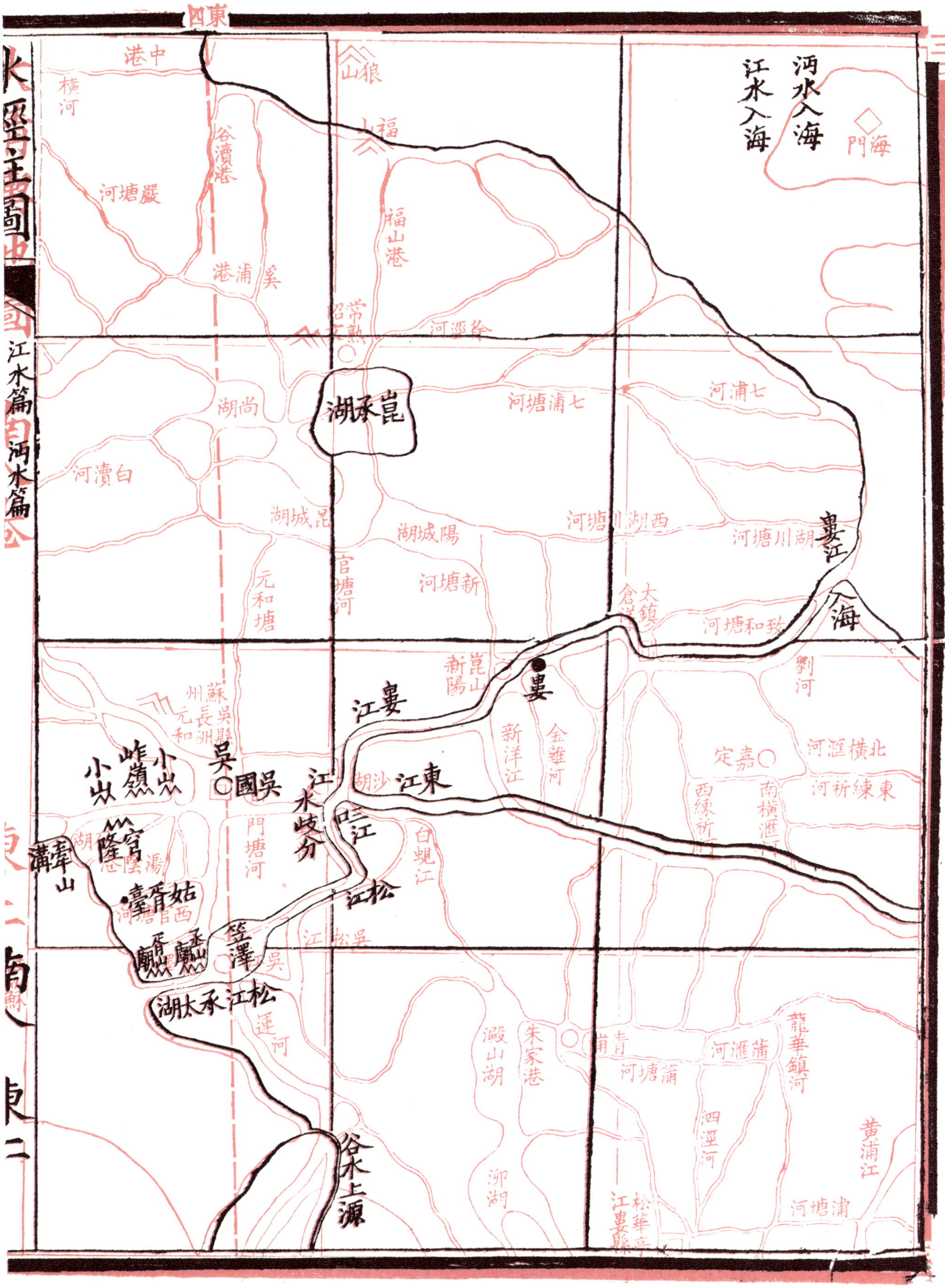

水經注圖
江水篇 沔水篇
南東二
東四
沔水入海
江水入海
海門
崑承湖
婁江
海
婁
婁江
東江
江水岐分
三江
松江
吳國
吳
穹隆
姑胥臺
笠澤
松江承太湖
谷水上源
中港
狼山
福山
福山港
常熟
七浦塘河
七浦河
尚湖
白濆河
昆城湖
陽城湖
官塘河
元和塘
新塘河
太倉
劉河
嘉定
新洋江
金雞河
白蜆江
吳松江
黃浦江
龍華鎮河
四涇河
澱山湖
朱家港
泖湖

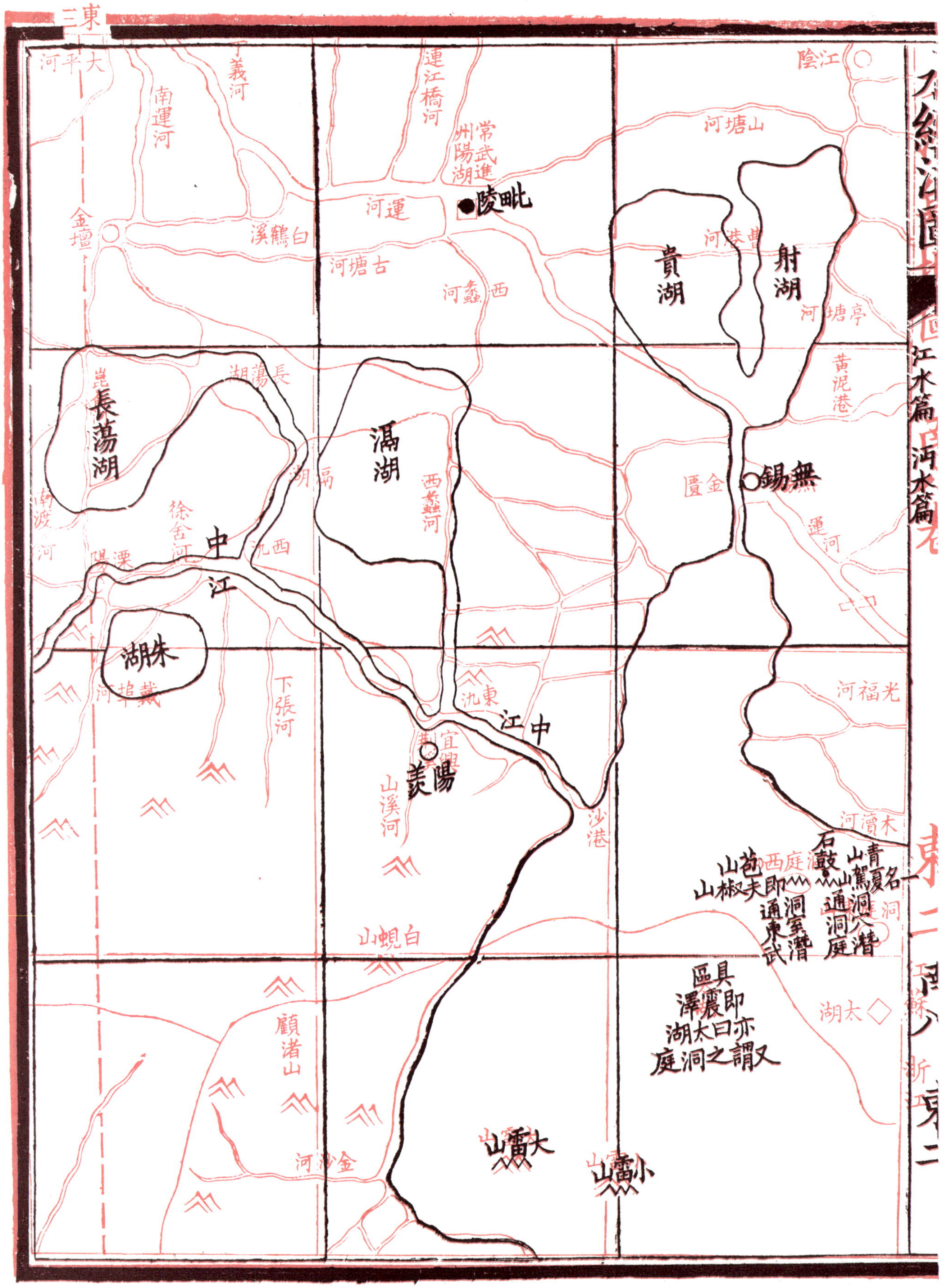

東三
水經注圖
江水篇
沔水篇
東二
大平河
丁義河
南運河
運江橋河
常武進州陽湖
毗陵
江陰
山塘河
運河
白鶴溪
金壇
古塘河
西蠡河
曹港河
貴湖
射湖
亭塘河
長蕩湖
長蕩湖
滆湖
滆湖
西蠡河
黃泥港
無錫
金匱
運河
南渡河
徐舍河
溧陽
中江
西氿
朱湖
下張河
東氿
中江
光福河
陽羨
山溪河
沙港
木瀆河
石鼓山
青山
包山
白蜆山
具區即震澤亦曰太湖又謂之洞庭
太湖
顧渚山
大雷山
小雷山
金沙河

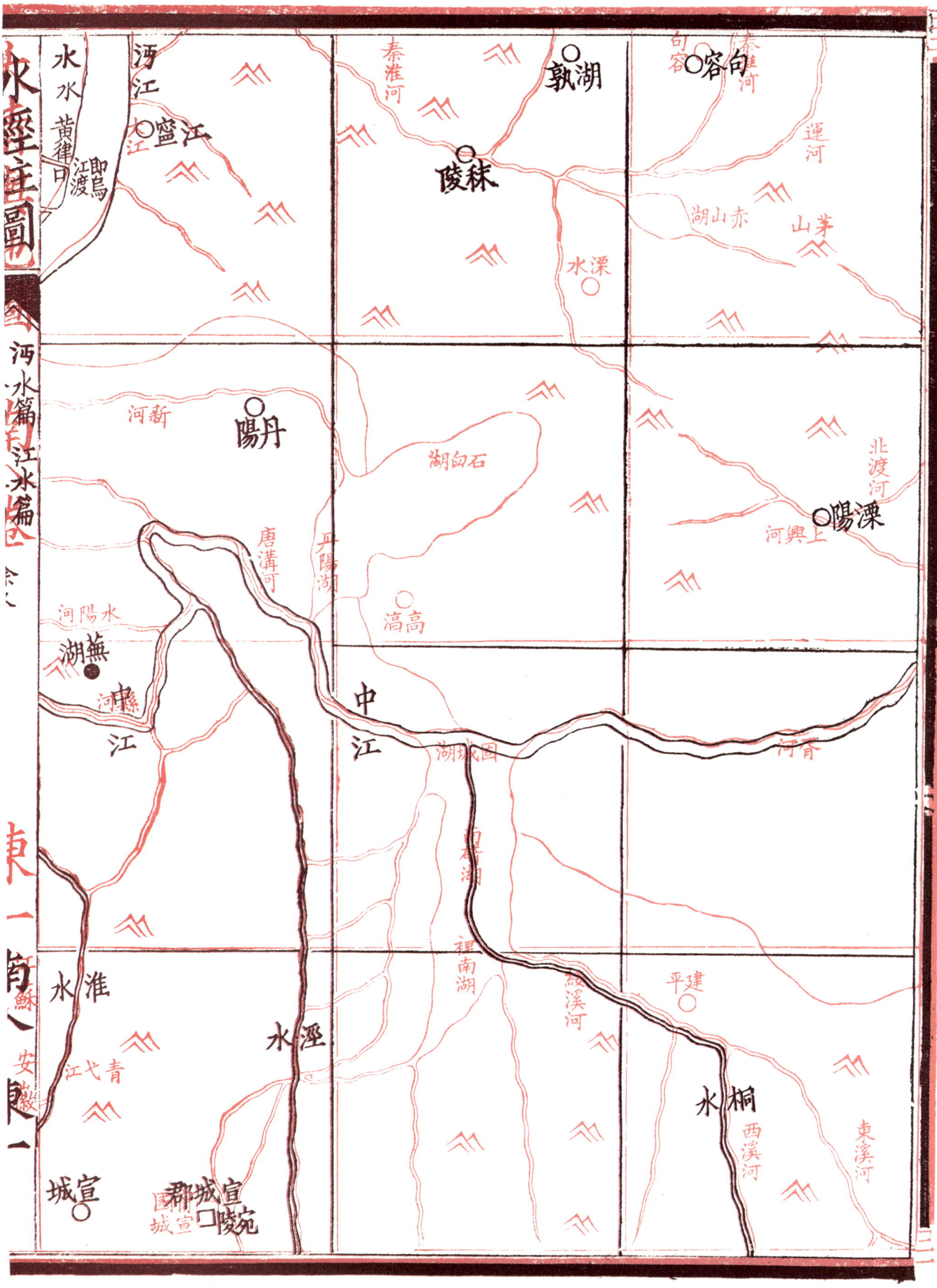
水經注圖
沔水篇 江水篇
南八 東一
沔水
黃律口
即烏江渡
沔江
秦淮河
湖孰
句容
秣陵
運河
赤山湖
茅山
溧水
丹陽
新河
石臼湖
北渡河
溧陽
上興河
唐溝河
丹陽湖
高淳
水陽河
蕪湖
中江
固城湖
淮水
青弋江
涇水
建平
桐水
西溪河
東溪河
宣城
宛陵

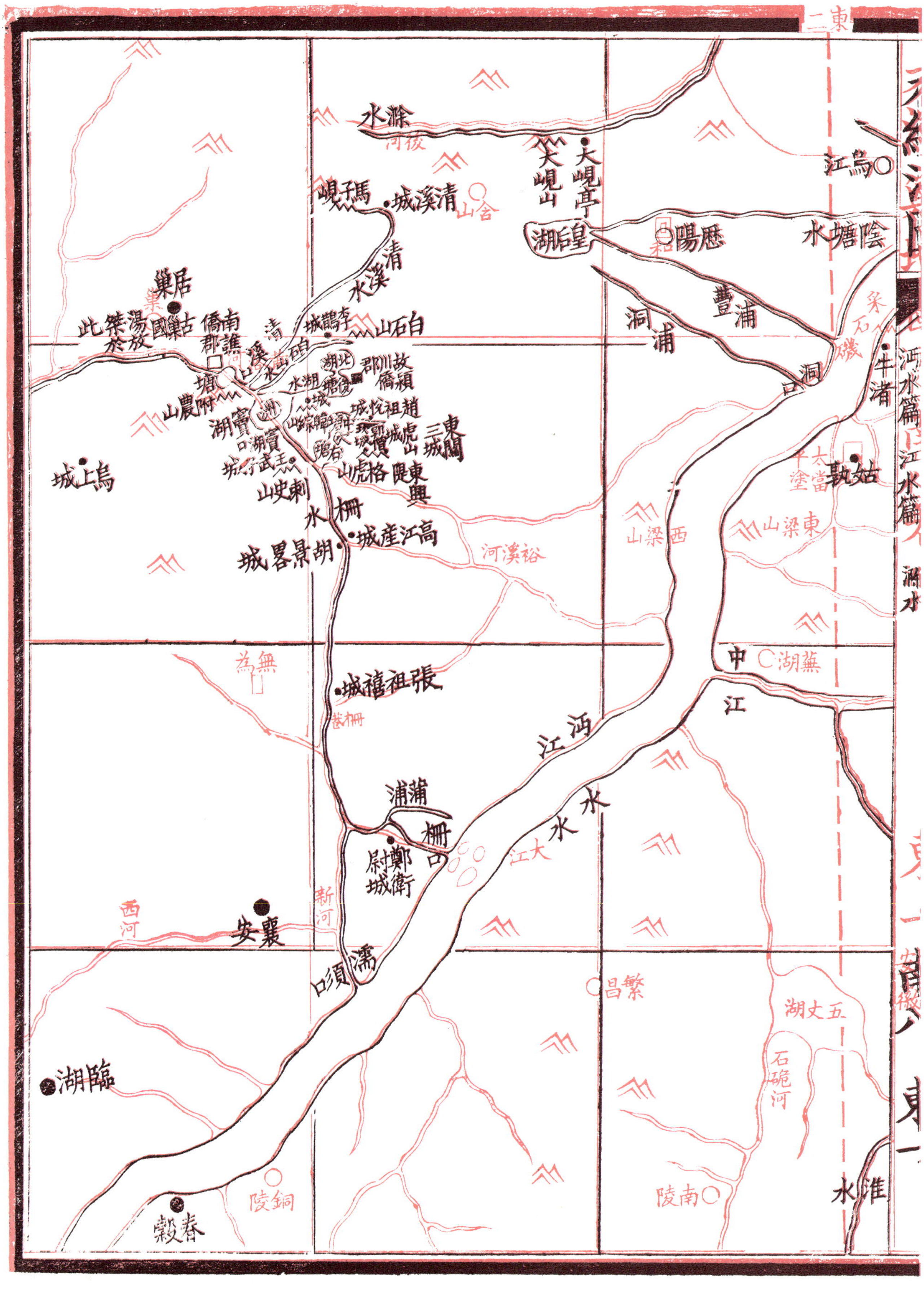
東二
滁水
後河
馬子峴
清溪城
合山
大峴亭
大峴山
皇后湖
歷陽
陰塘水
烏江
清溪水
居巢
古巢國
南譙僑郡
湯放桀於此
李鵲城
白石山
豐浦
洞浦
洞口
牛渚
采石磯
姑孰
當塗
故穎川僑郡
東關
三城
東興隄
格虎山
刺史山
烏上城
柵水
高江產城
胡景略城
裕溪河
西梁山
東梁山
中江
蕪湖
無為
張祖禧城
柵港
沔江
大江
柵口
鄭衛尉城
濡須口
新河
襄安
西河
臨湖
繁昌
五丈湖
石硊河
南陵
銅陵
春穀
淮水

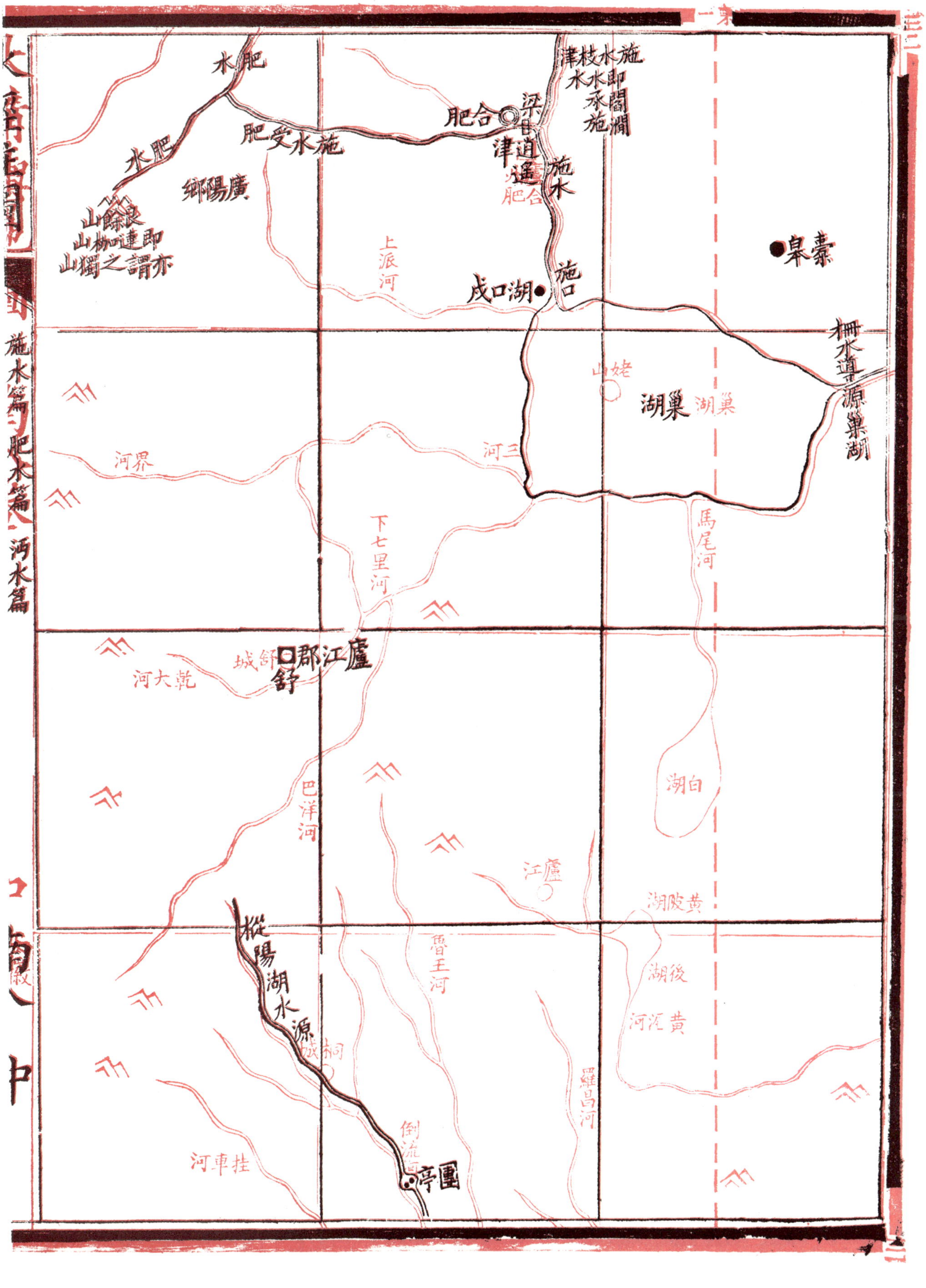
水經注圖
施水篇 肥水篇 沔水篇
肥水
肥水
施水受肥
合肥
逍遙津
合肥
施水
施水枝津
即閻澗水丞施水
良餘山
即連枷山
亦謂之獨山
廣陽鄉
上派河
湖口戍
施口
橐皋
姥山
巢湖
巢湖
栅水導源巢湖
三河
界河
下七里河
馬尾河
廬江郡
舒
舒城
乾大河
白湖
巴洋河
廬江
黃陂湖
後湖
黃泥河
晉王河
樅陽湖水源
桐城
羅昌河
倒流河
壘亭
挂車河

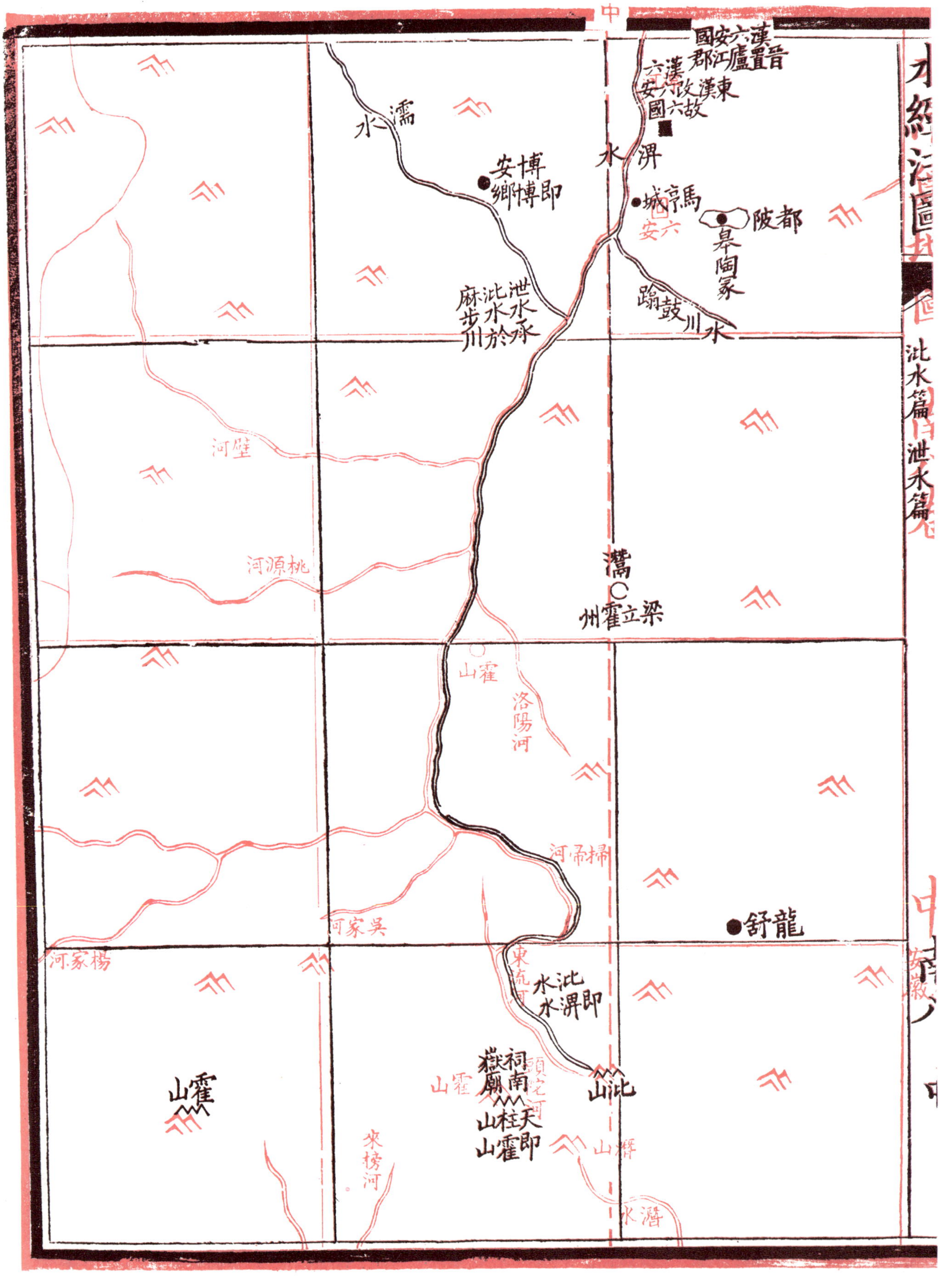

水經注圖
沘水篇 泄水篇
漢六安國
晉置廬江郡
濡水
淠水
博安
即博鄉
馬亭城
六安
都陂
皋陶冢
蹹鼓川水
泄水承沘水於麻步川
壁河
桃源河
灊
梁立霍州
霍山
洛陽河
掃帚河
吳家河
楊家河
龍舒
沘水即淠水
南嶽廟祠
天柱山即霍山
沘山
霍山
霍山
來榜河
潛山
潛水

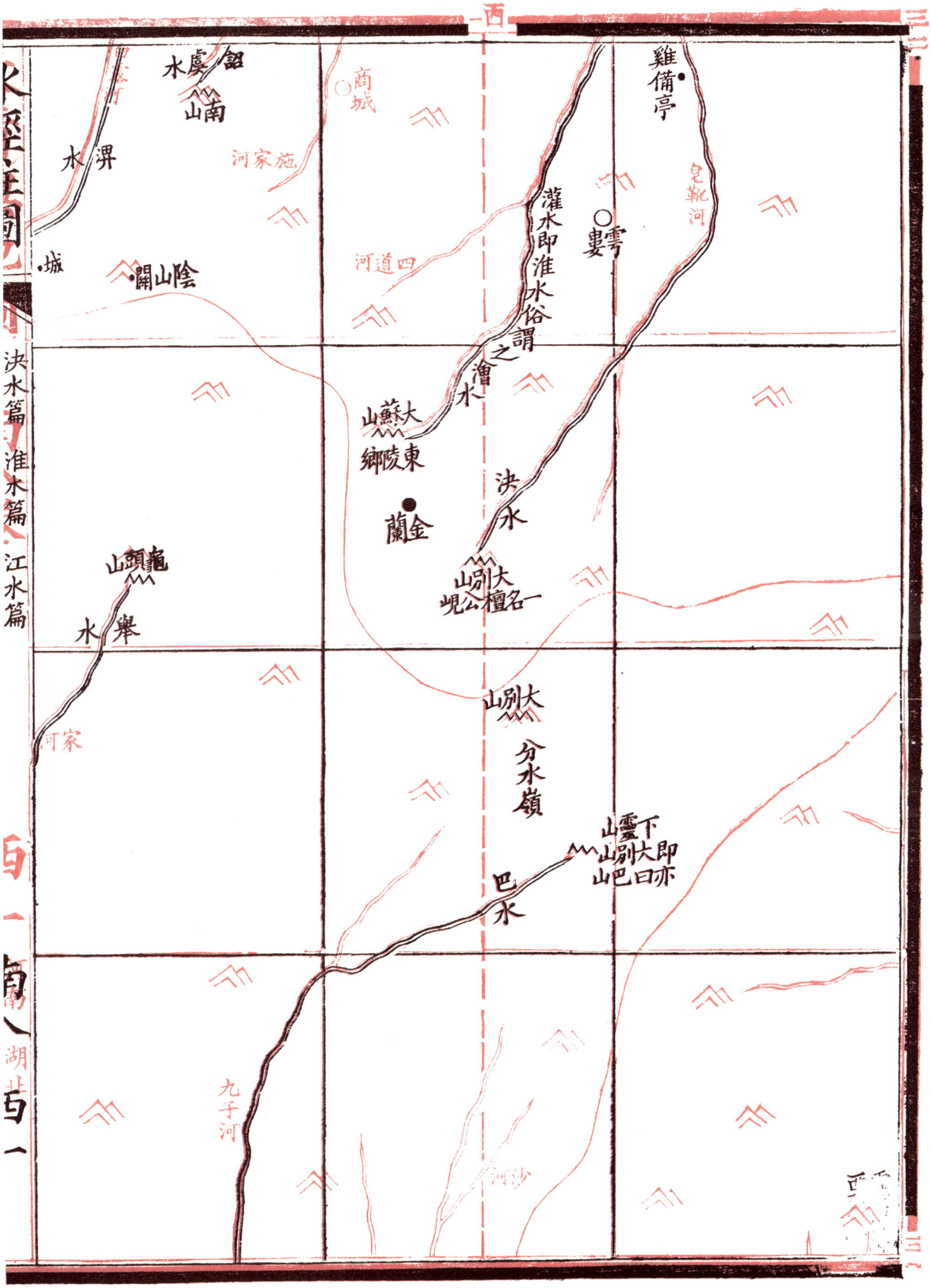
水經注圖
決水篇
淮水篇
江水篇
西
詔虞水
南山
渭水
城
陰山關
商城
施家河
四道河
灌水即淮水俗謂之澮水
雞備亭
雩婁
大蘇山
東陵鄉
金蘭
決水
大別山
一名檀公峴
龜頭山
舉水
大別山
分水嶺
下靈山
即大別山
亦曰巴山
巴水
九子河
沙河

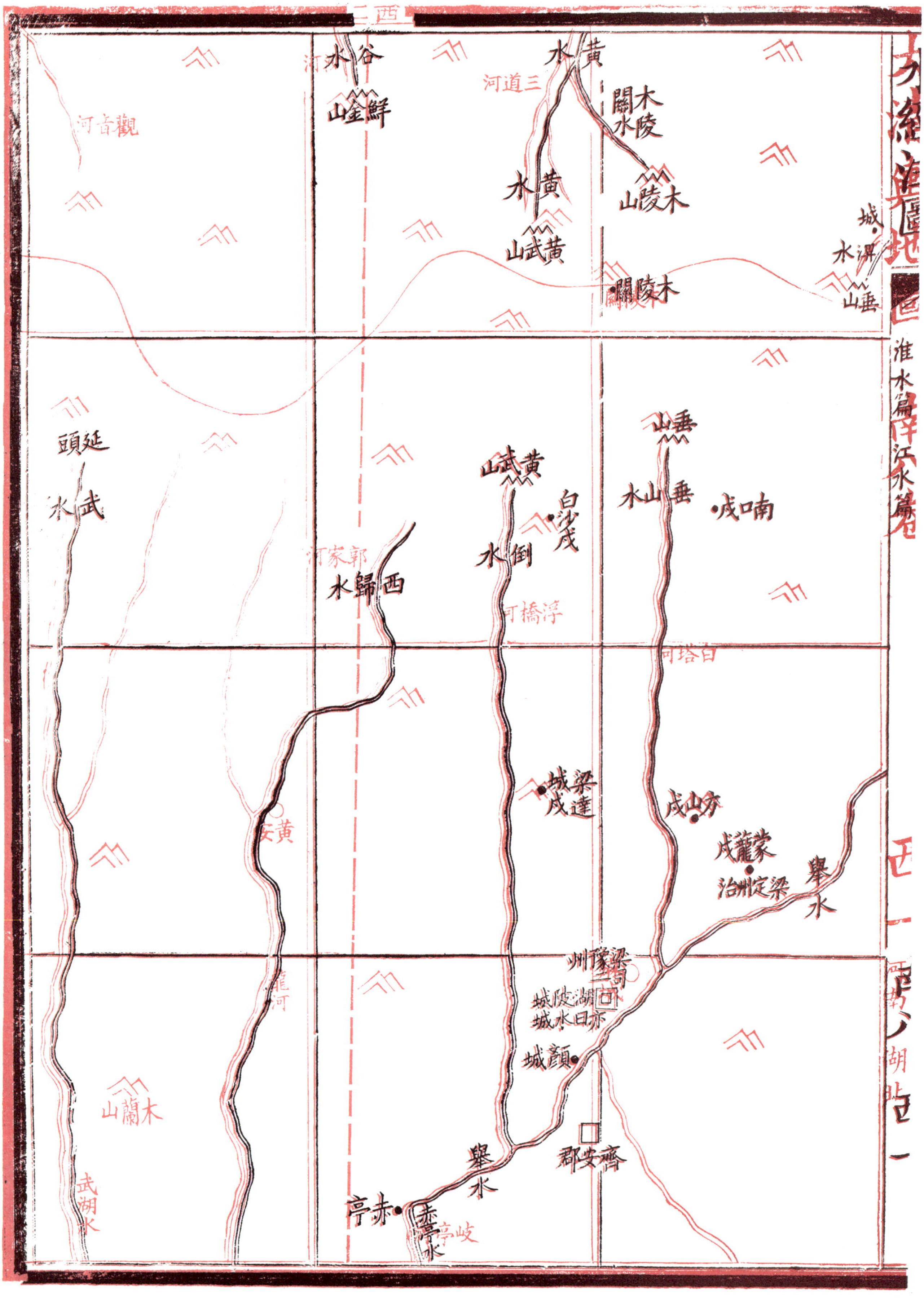
水經注圖
淮水篇 江水篇
西
谷水
鮮金山
黃水
三道河
木陵關水
觀音河
黃水
木陵山
黃武山
渾水
城
垂山
木陵關
延頭
武水
垂山
黃武山
白沙戍
垂山水
南口戍
郭家河
西歸水
倒水
浮橋河
白塔河
梁城
達戍
亦山戍
黃安
蒙籠戍
梁定州治
舉水
梁豫州
湖陵城
亦日水城
顏城
木蘭山
齊安郡
舉水
武湖水
赤亭
赤亭水
岐亭河

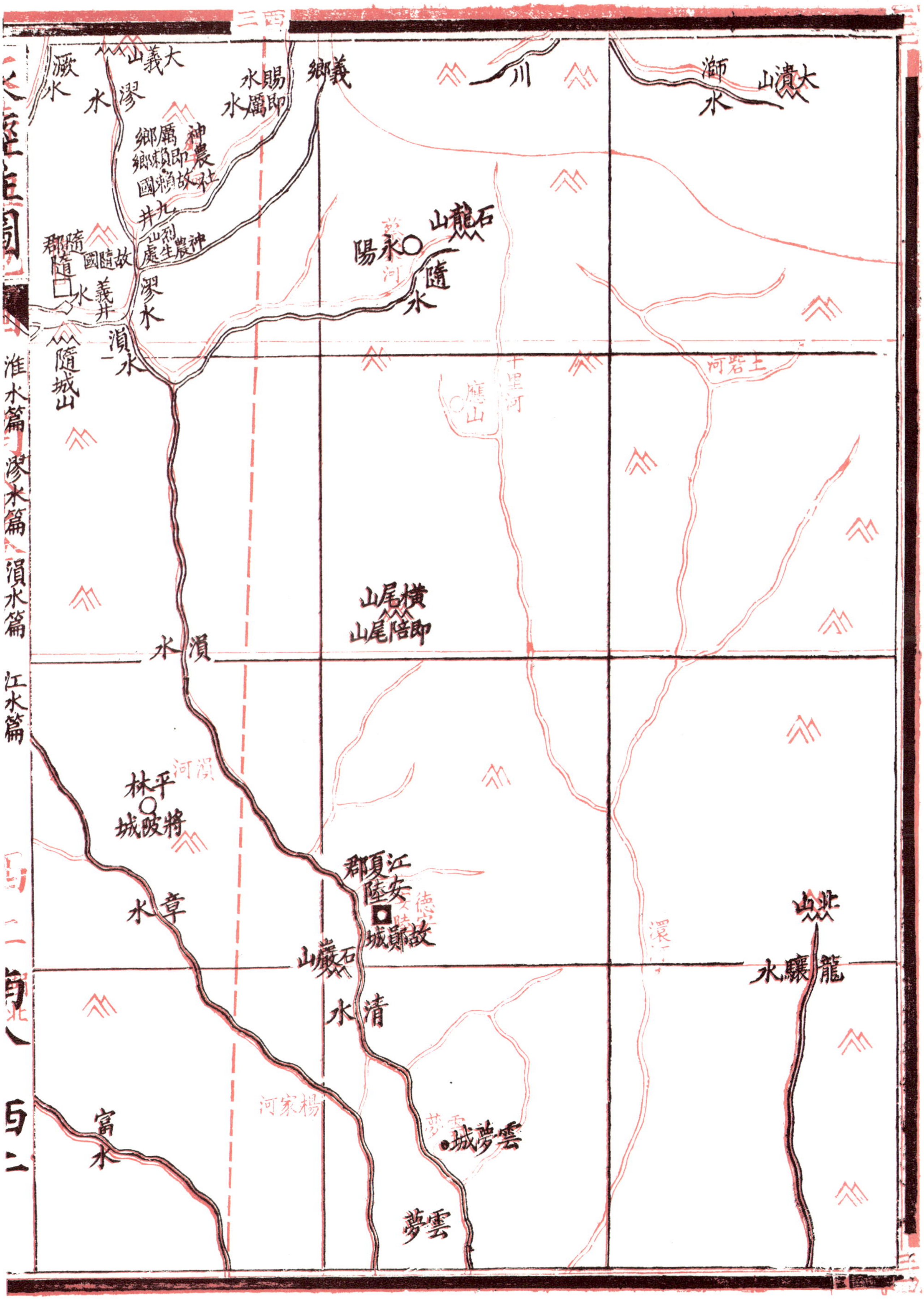
淮水篇
漻水篇
溳水篇
江水篇
大義山
漻水
賜水即厲水
義鄉
川
大潰山
神農社
厲鄉即賴鄉故賴國
九井
神農生處山
故隨國
隨郡
義井
漻水
溳水
隨城山
石龍山
永陽
隨水
横尾山即陪尾山
溳水
平林
將陂城
章水
江夏郡
安陸
故鄖城
石巖山
清水
雲夢城
雲夢
富水
龍驤水

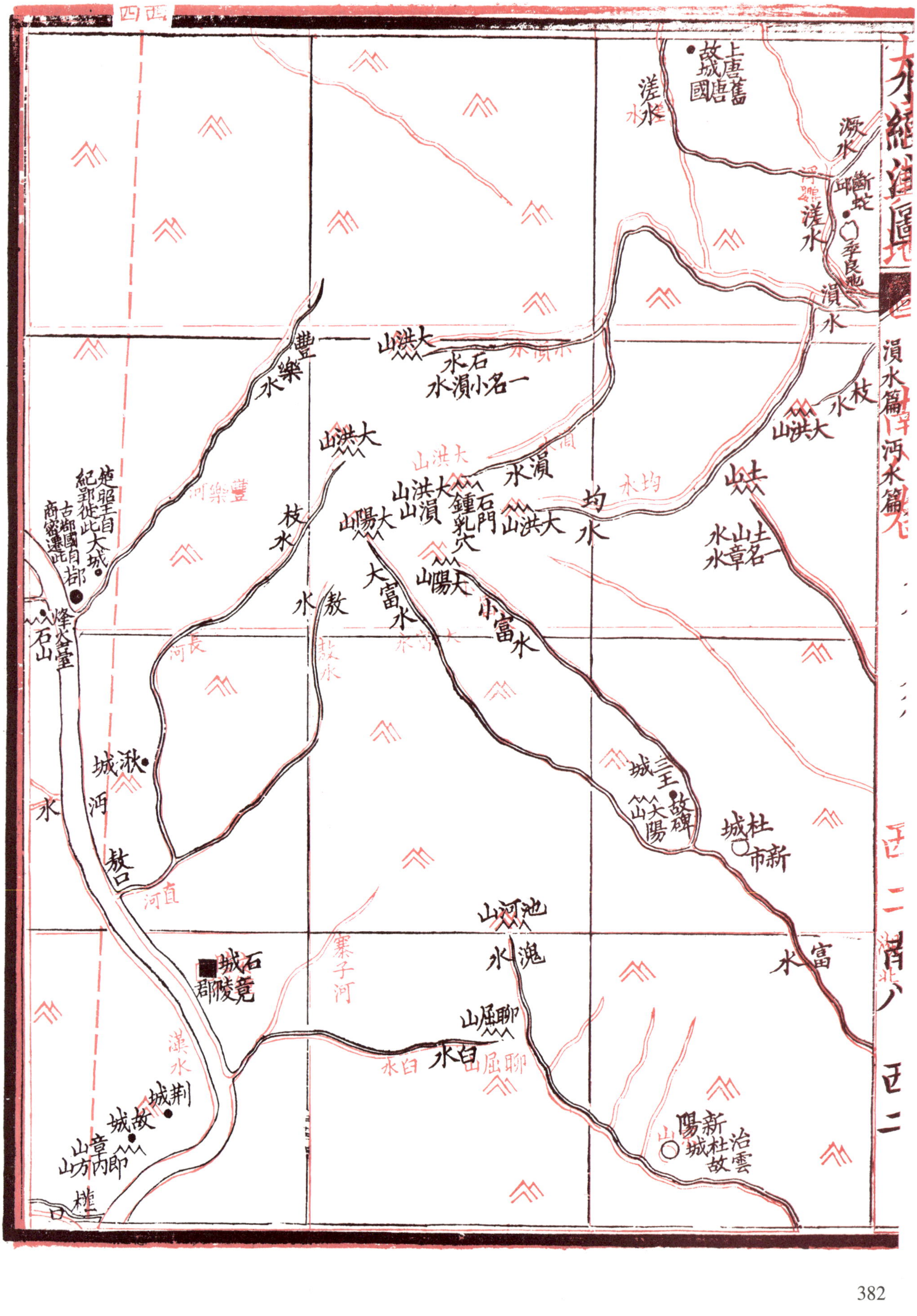

水經注圖
淯水篇
大洪山
石水 一名小淯水
豐樂水
豐樂河
大洪山
枝水
楚昭王自郢徙此大城
古鄀國自商密遷此
鄀
烽火臺
石山
淯水
大洪山
石門
鍾乳穴
大洪山
均水
大陽山
大陽山
敖水
大富水
小富水
長河
土山 一名章山水
枝水
大洪山
上唐舊唐國故城
湕水
瀙水
斷蛇邱
季良池
湫城
沔水
敖口
直河
三王城
大陽山
故碑
杜城
新市
池河山
溾水
石城
竟陵郡
寨子河
聊屈山
白水
漢水
荊城
故城
章山
内方山
郎
新陽
雲杜故城
治
富水

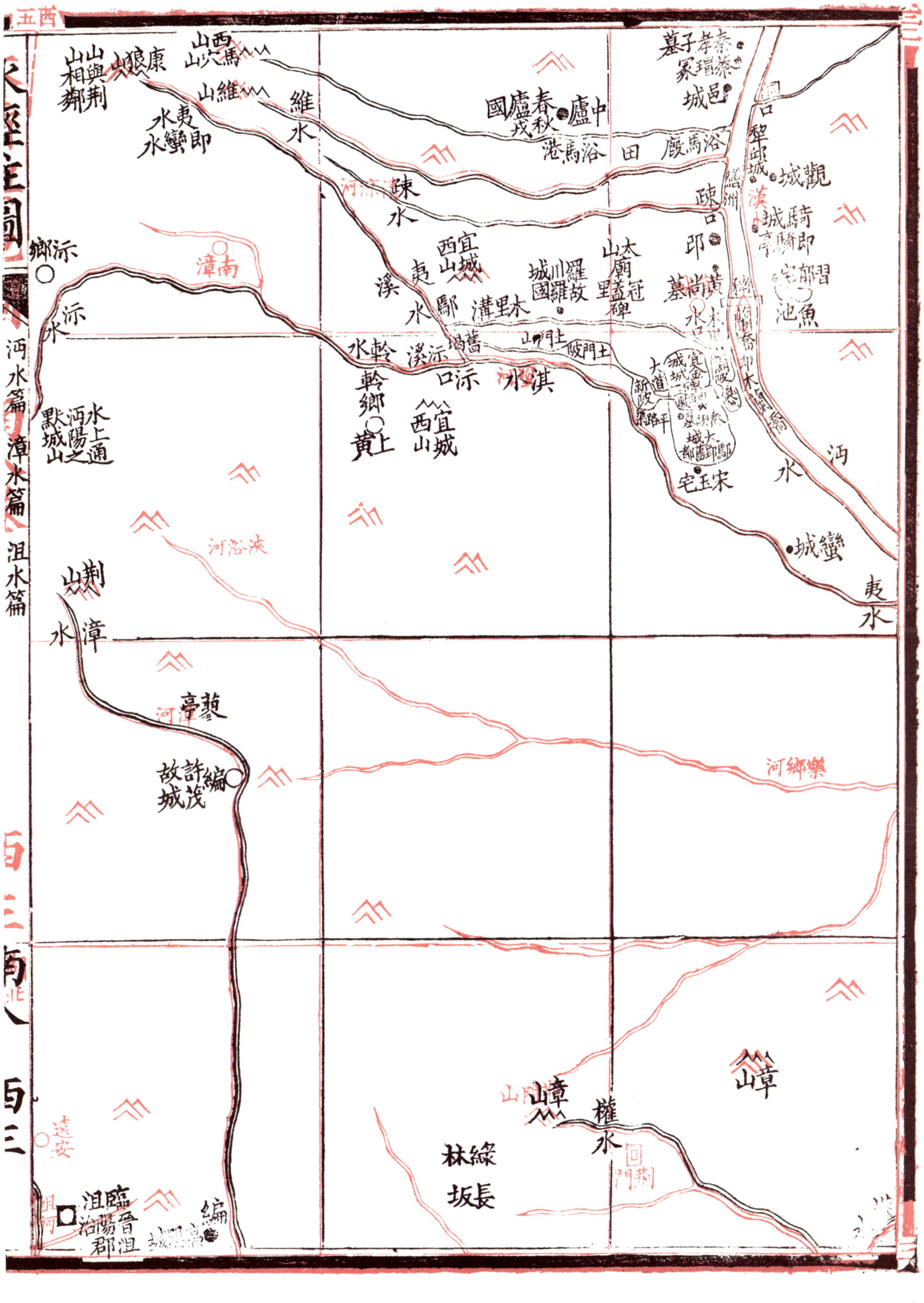

水經注圖
沔水篇 漳水篇 沮水篇
西馬穴山
康狼山
荊山與相鄰山
維山
維水
夷水
即蠻水
中盧
春秋盧戎國
浴馬廄
浴馬港
田
秦孝子墓
蔡瑁冢
邑城
沶水
沶鄉
漳南
宜城西山
羅川城
故羅國
太山廟
冠蓋里碑
黃尚墓
木里溝
邔
觀城
騎城
騎亭
習郁宅
魚池
鄢
蠻水
夷溪
鄢水
舊堨
沶溪
沶口
淇水
上門山
土門陂
大道
新陂
平路
黃上鄉
宜城西山
宋玉宅
蠻城
沔水
夷水
荊山
漳水
蒭章
編
許茂故城
章山
權水
綠林
長坂
臨沮
臨沮郡治

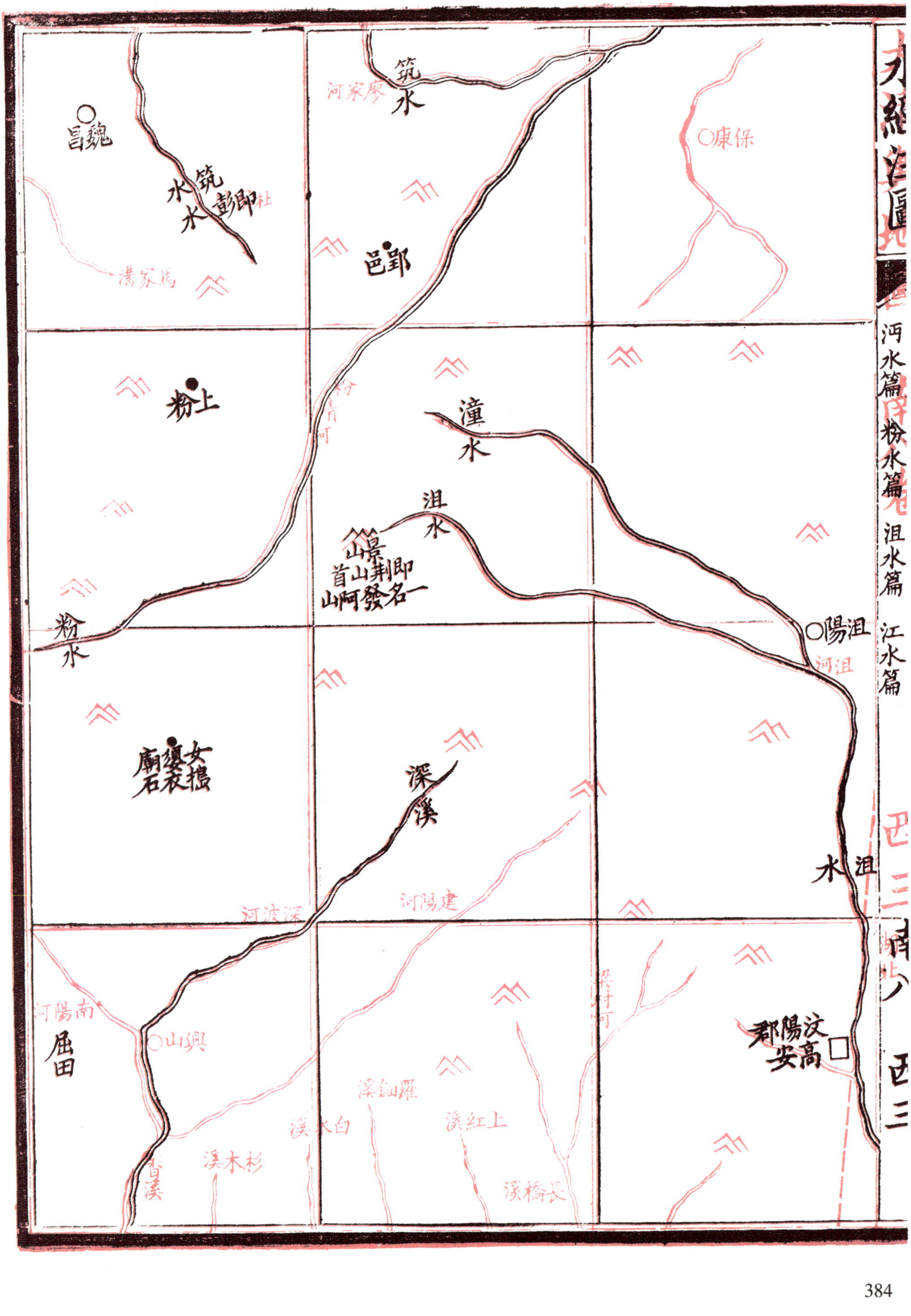
水經注圖
沔水篇 粉水篇 沮水篇 江水篇
南八 西三
筑水
廖家河
魏昌
筑水即彭水
杜
馬家溝
鄖邑
保康
上粉
粉青河
潼水
沮水
景山即荊山一名發阿山首
粉水
沮陽
沮河
女媧廟
摛衣石
深溪
沮水
深波河
建陽河
南陽河
興山
梁村河
汶陽郡
高安
羅鈿溪
白水溪
上紅溪
杉木溪
長橋溪
香溪

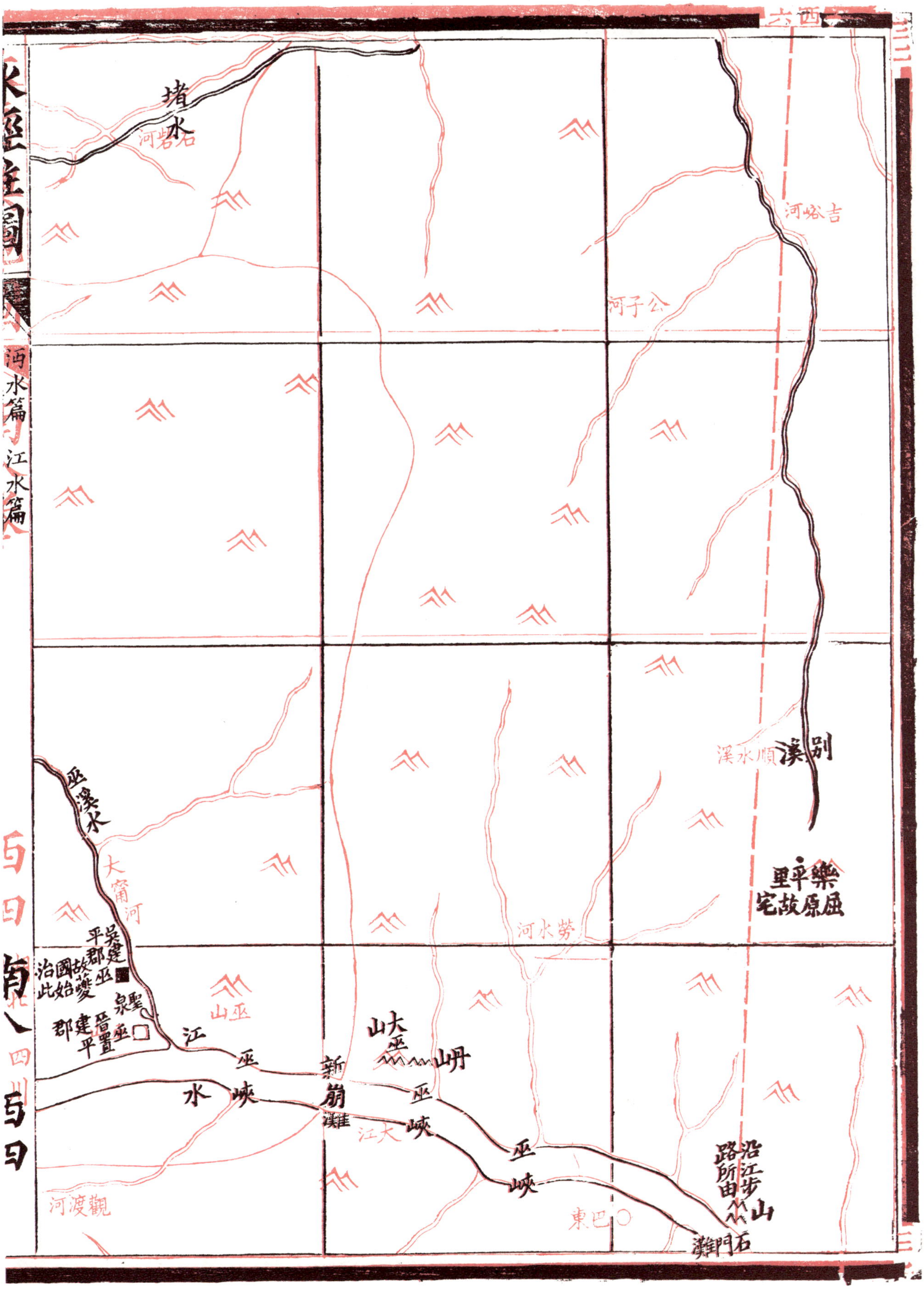
堵水
石砦河
吉峪河
公子河
別溪
順水溪
樂平里
屈原故宅
巫溪水
大甯河
巫建平郡吳
故夔國始治此
聖泉
巫晉置建平郡
巫山
江水
巫峽
新崩灘
大江
大巫山
丹岍
巫峽
勞水河
巫峽
沿江步山路所由
巴東
石門灘
觀渡河

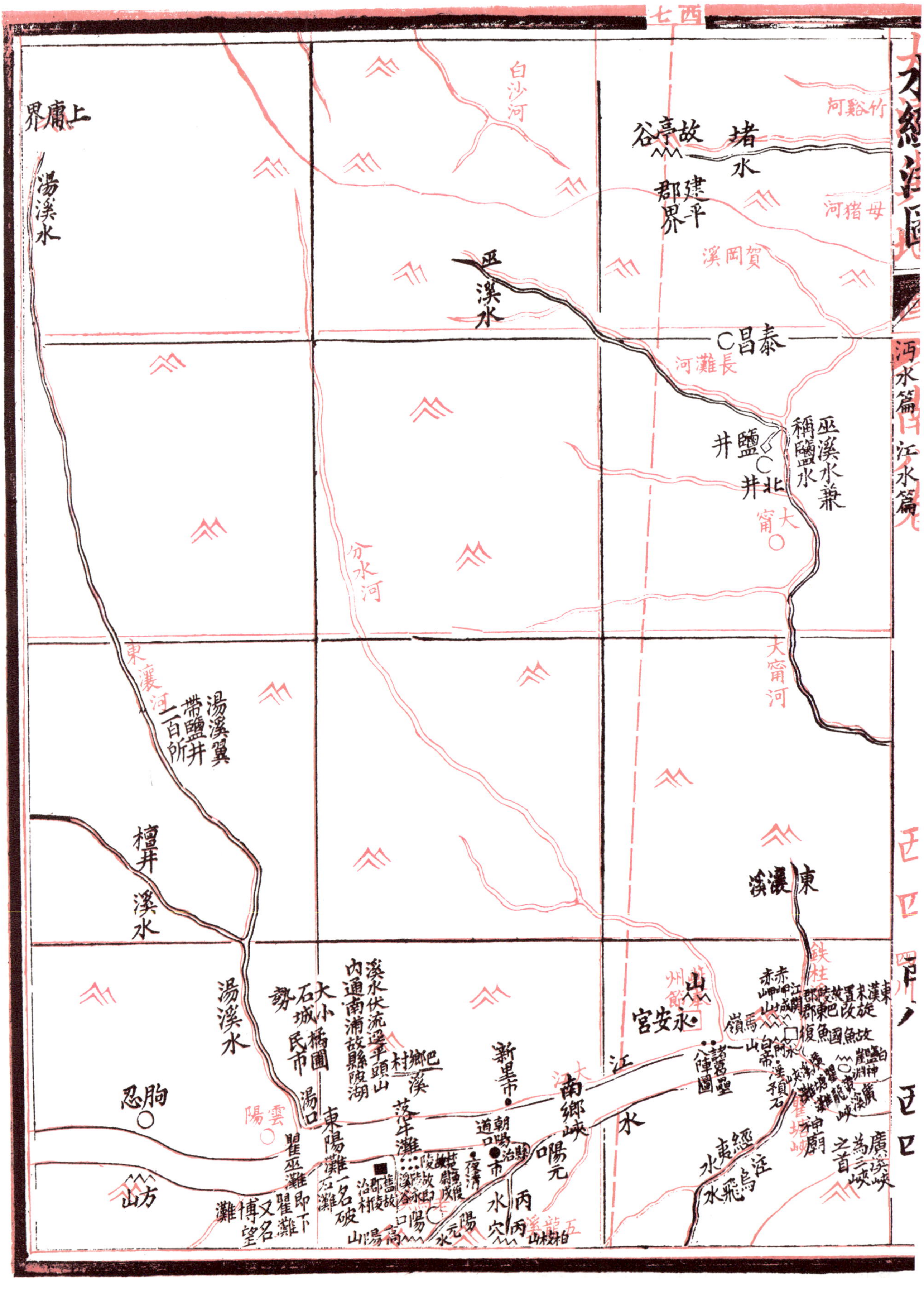
水經注圖
沔水篇 江水篇
西七
上庸界
湯溪水
故亭谷
堵水
建平郡界
巫溪水
泰昌
巫溪水兼稱鹽水
北井
鹽井
湯溪翼帶鹽井一百所
檀井溪水
湯溪水
朐忍
東瀼溪
永安宮
江水
南鄉峽
新巴市
朝陽道口
陽元口
丙水穴
大小石城勢
橘圃民市
湯口
東陽灘
落牛灘
巫灘即下瞿灘又名博望灘
方山
廣溪峽為三峽之首
汪水鳥飛水

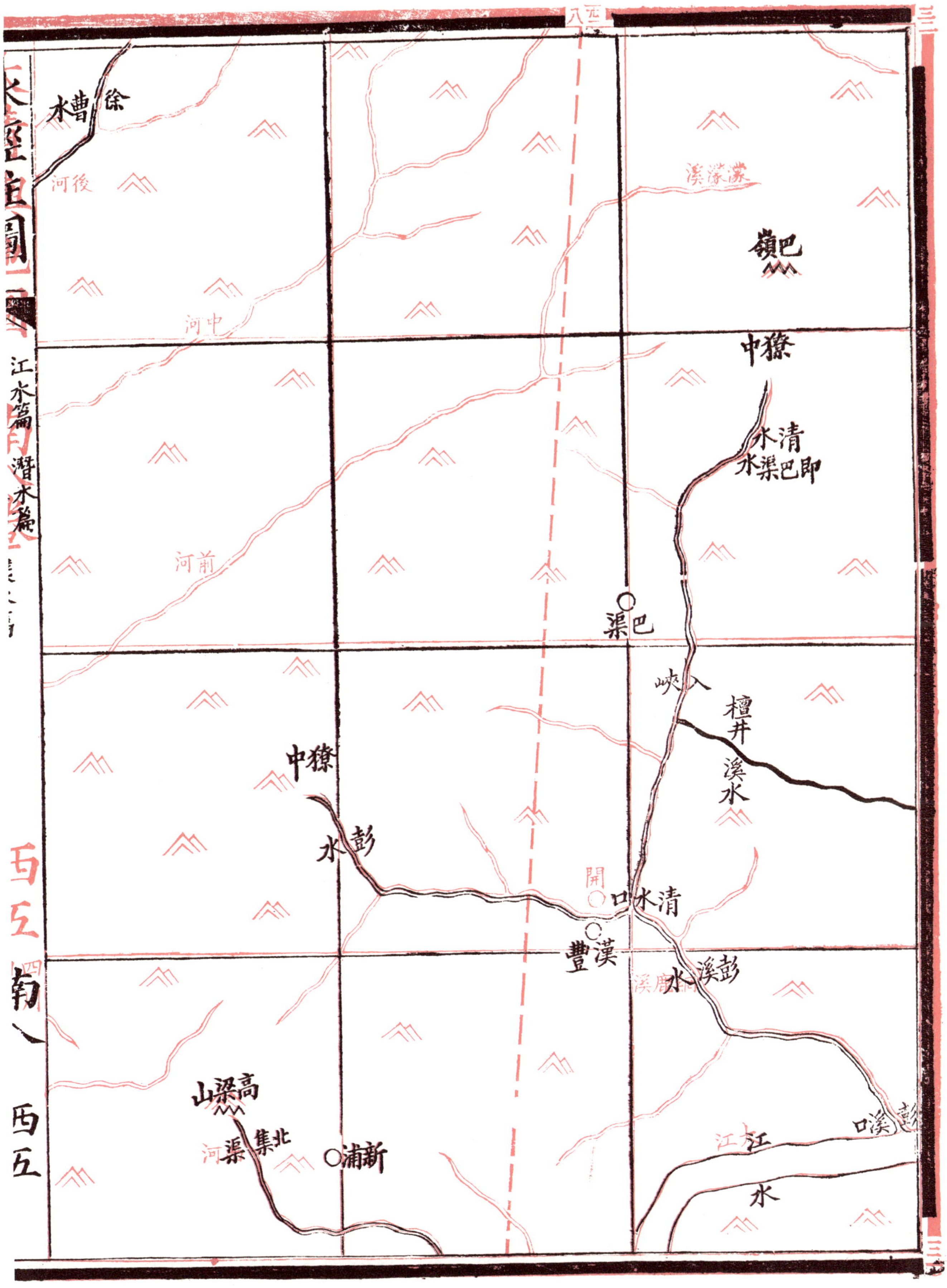
水經注圖
江水篇 潛水篇
徐曹水
後河
中河
前河
濛濛溪
巴嶺
獠中
清水
即巴渠水
巴渠
入峽
檀井溪水
獠中
彭水
開
清水口
漢豐
彭溪水
高梁山
北集渠
新浦
大江
江水
彭溪口

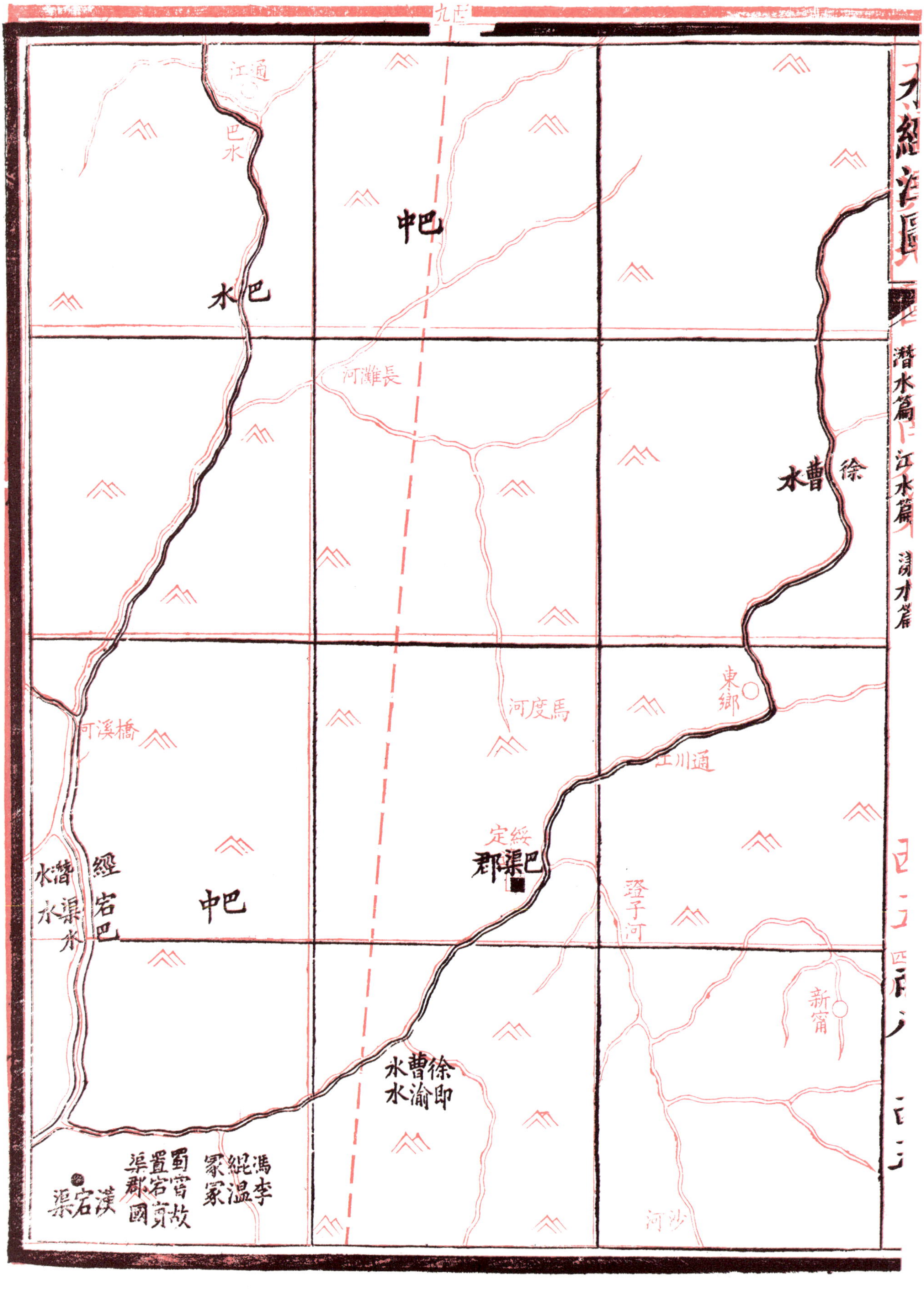
巴中
巴水
巴水
通江
長灘河
徐曹水
東鄉
橋溪河
馬度河
通川江
綏定
巴渠郡
瑆子河
潛水
渠水
經宕巴水
巴中
新甯
徐曹水
即渝水
沙河
漢宕渠
蜀宕渠郡國故置宕渠
馮緄冢
李温冢
水經注圖
潛水篇
江水篇

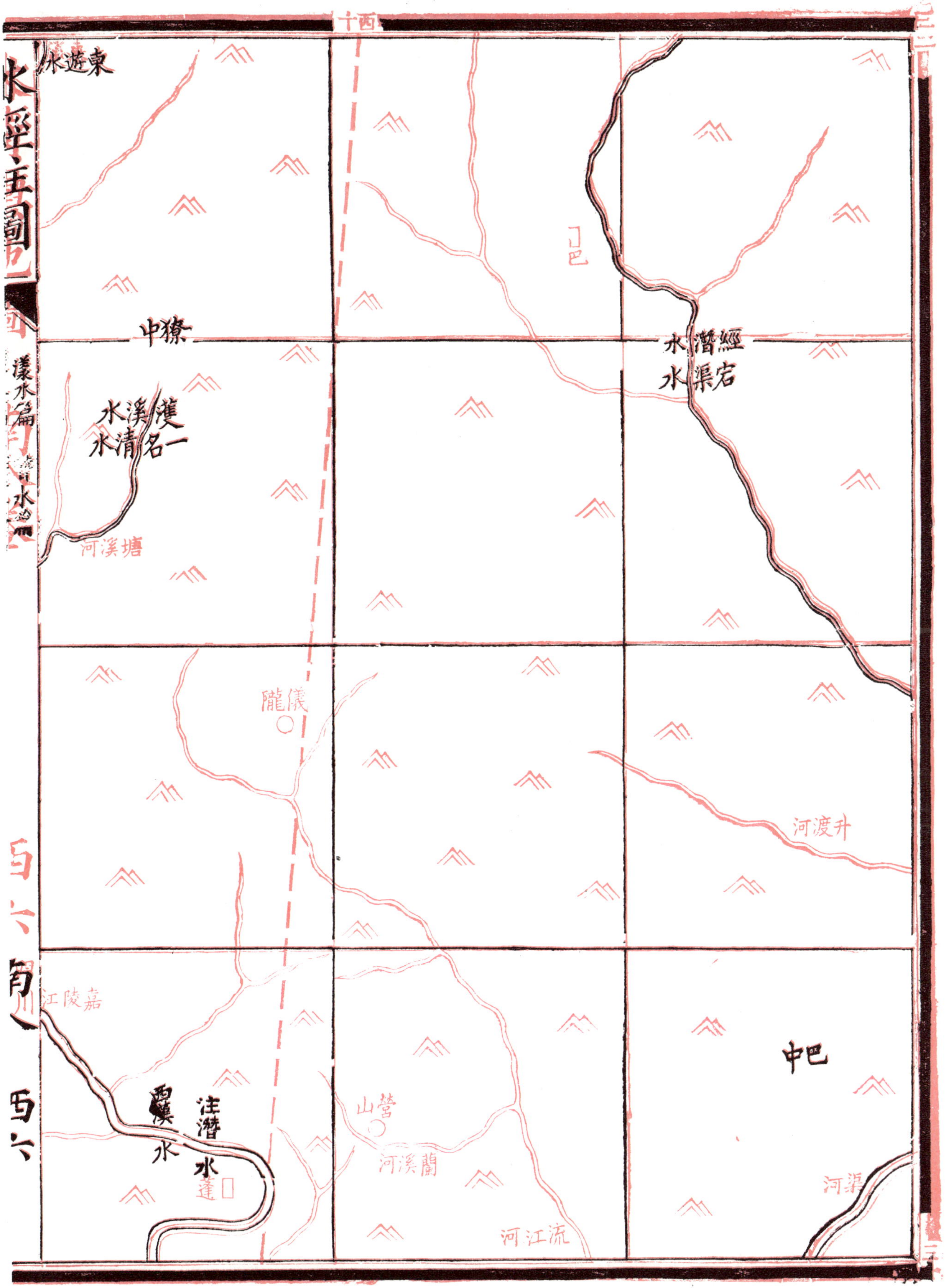
水經注圖
漾水篇 潛水
西六
十西
東遊水
獠中
漢溪水
一名清水
塘溪河
巴
經潛水
宕渠水
儀隴
升渡河
嘉陵江
巴中
注潛水
西漢水
蓬
營山
蘭溪河
流江河
渠河

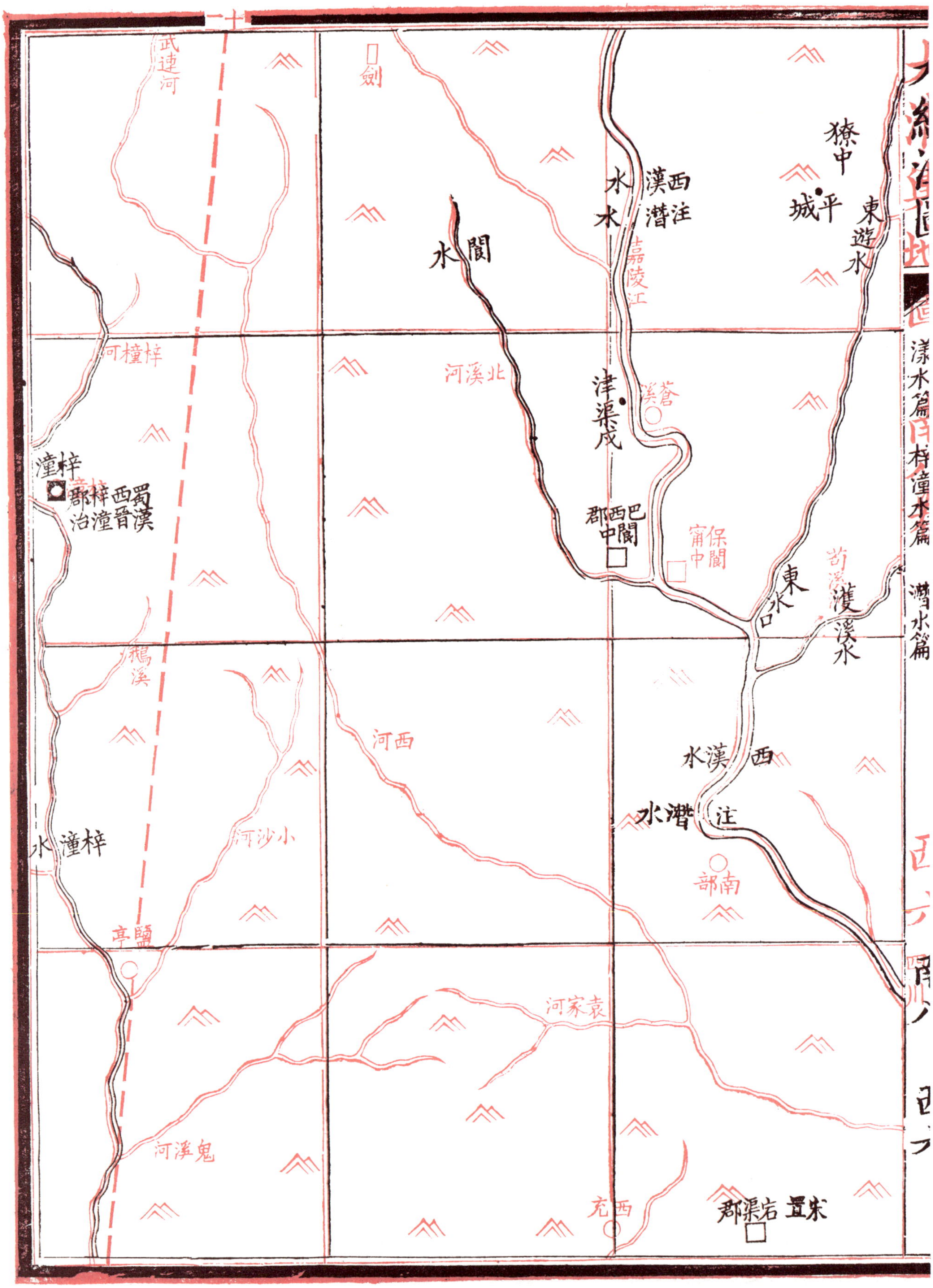

漾水篇
梓潼水篇
潛水篇
西漢水
注潛水
猿中
平城
東遊水
閬水
嘉陵江
北溪河
蒼溪
津渠戍
巴西郡
閬中
保閬
甯中
東水口
宕渠水
梓潼
蜀漢
晉西
梓潼
郡治
梓潼河
武連河
劍
鵝溪
西河
小沙河
梓潼水
西漢水
注潛水
南部
亭驛
袁家河
鬼溪河
西充
宋置宕渠郡

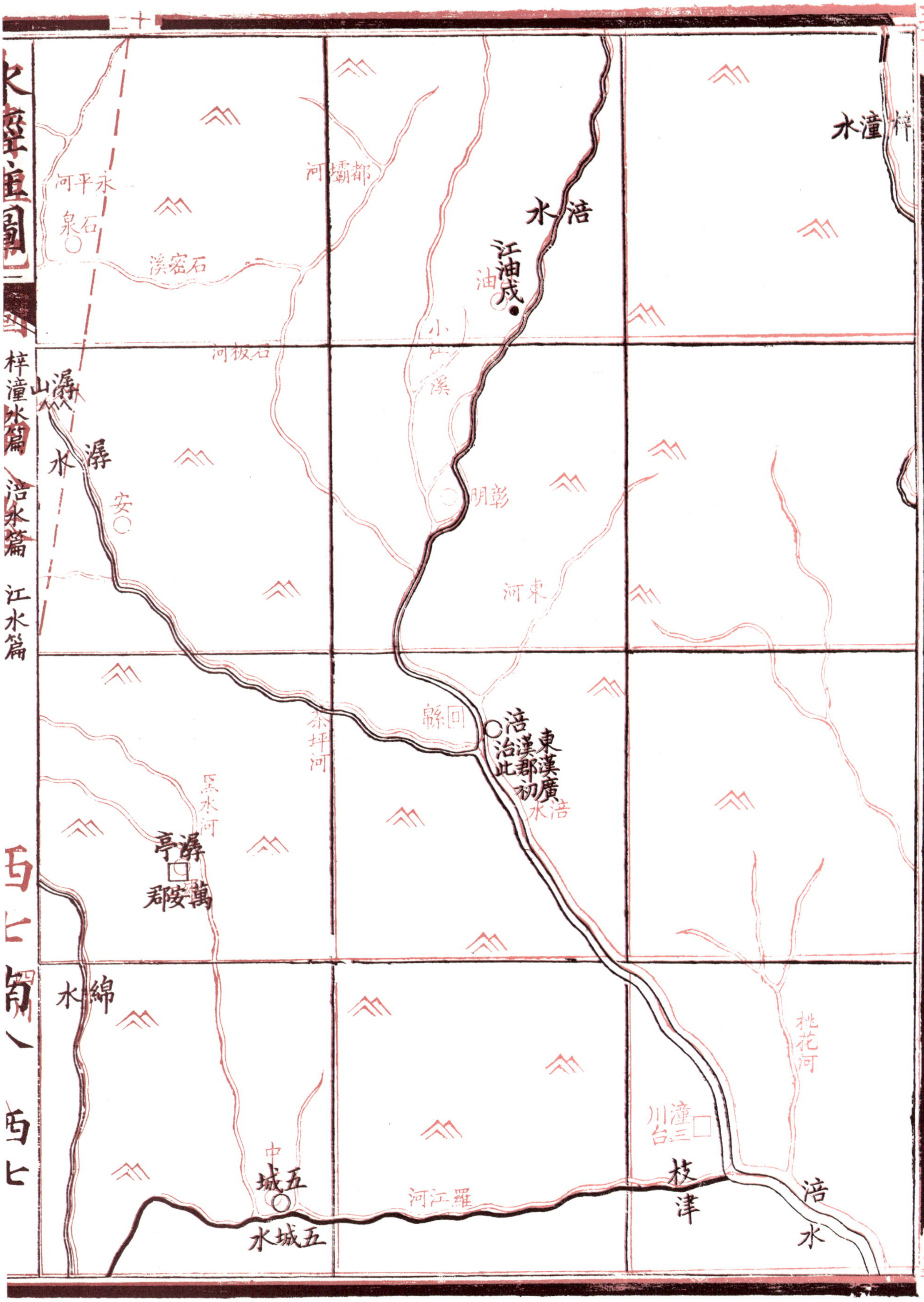

二十
水經注圖
梓潼水篇
涪水篇
江水篇
梓潼水
涪水
永平河
石泉
都壩河
石窑溪
江油戍
油
小江溪
石板河
潺山
潺水
彰明
安
東河
回縣
涪
東漢廣漢郡初治此
茶坪河
涪水
潺亭
萬安郡
綿水
桃花河
潼川
三台
中
五城
羅江河
五城水
枝津
涪水

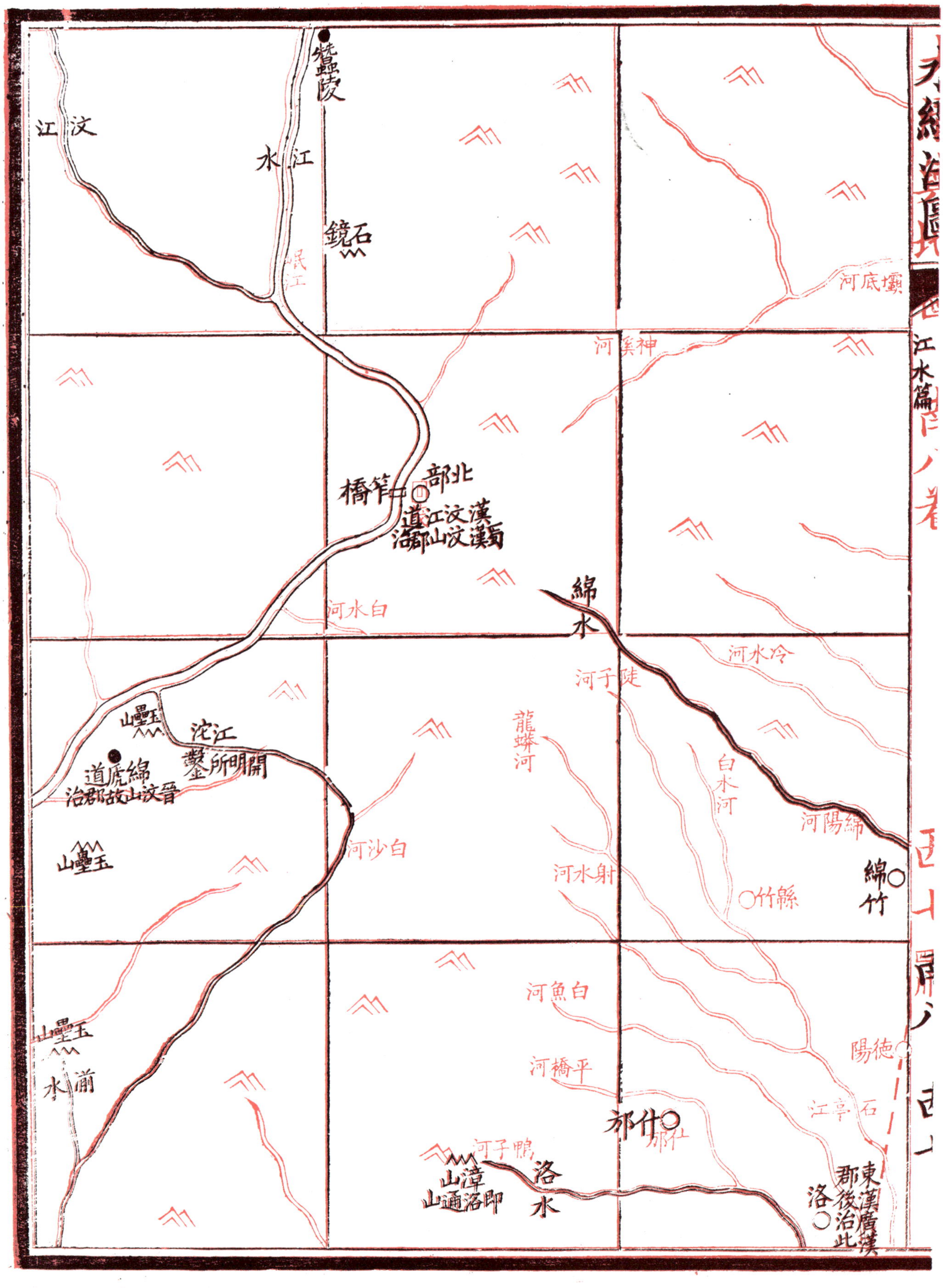
水經注圖
江水篇
汶江
江水
蠶陵
石鏡
岷江
神溪河
北部
笮橋
漢汶江道
蜀漢汶山郡治
白水河
綿水
冷水河
龍蟒河
白水河
綿陽河
綿竹
縣竹
射水河
白沙河
玉壘山
沱江
開明所鑿
綿虒道
晉汶山故郡治
玉壘山
玉壘山
湔水
白魚河
平橋河
什邡
什邡
德陽
石亭江
鴨子河
洛水
漳山
即洛通山
洛
東漢廣漢郡後治此

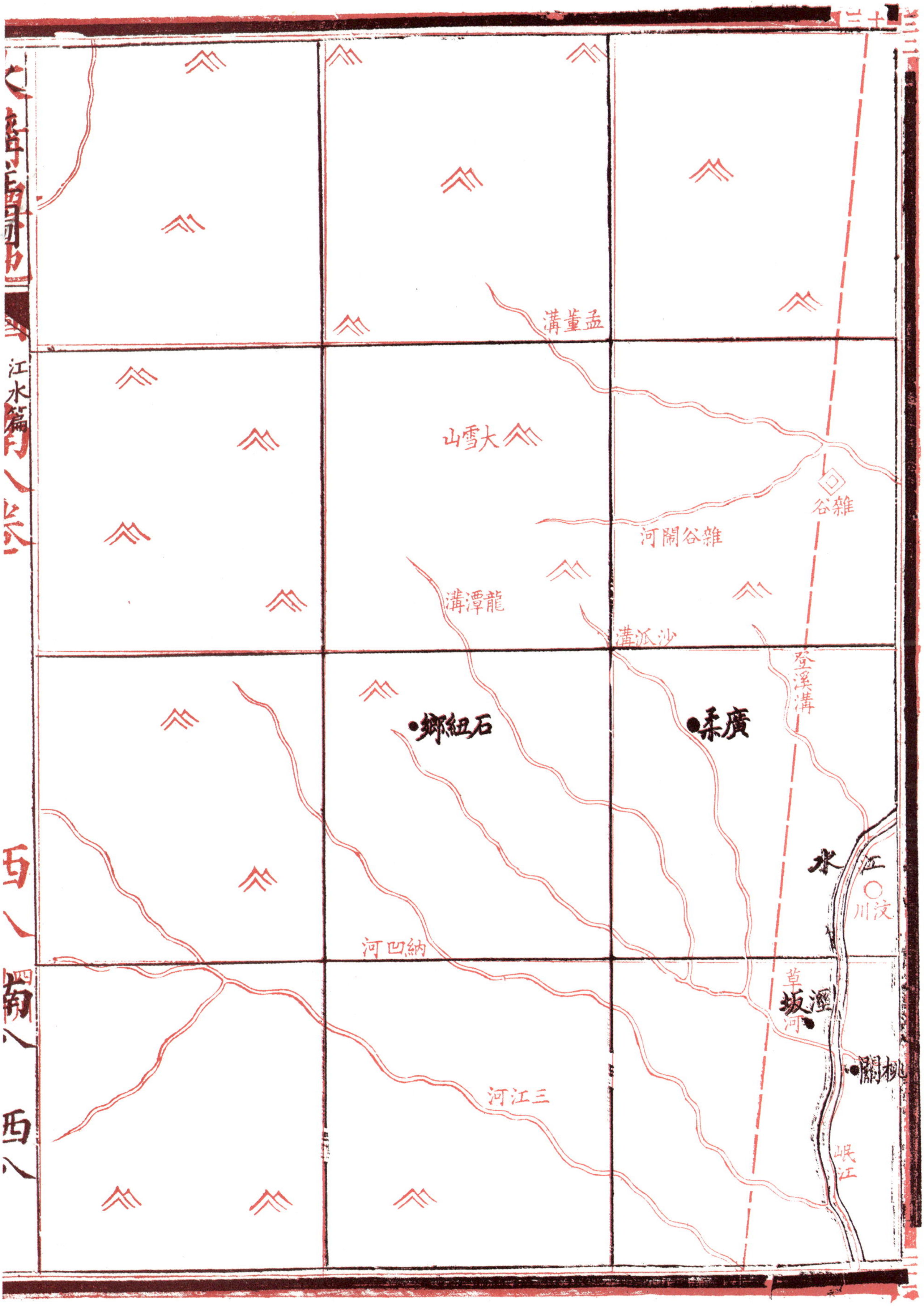
江水篇
孟董溝
大雪山
雜谷
雜谷關河
龍潭溝
沙派溝
登溪溝
石紐鄉
廣柔
江水
汶川
納凹河
桃關
三江河
岷江

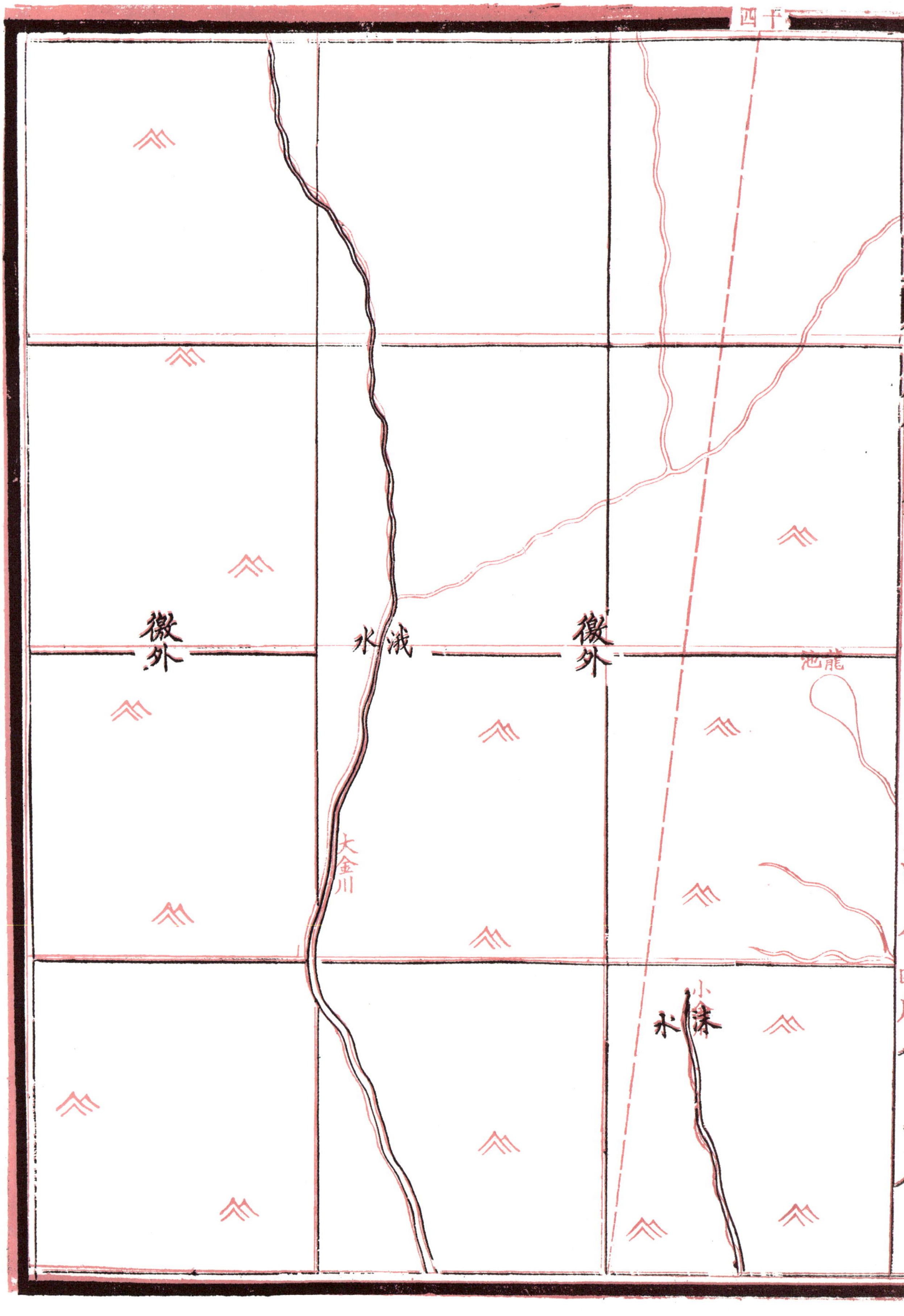
徼外
涐水
徼外
龍池
大金川
小沫水

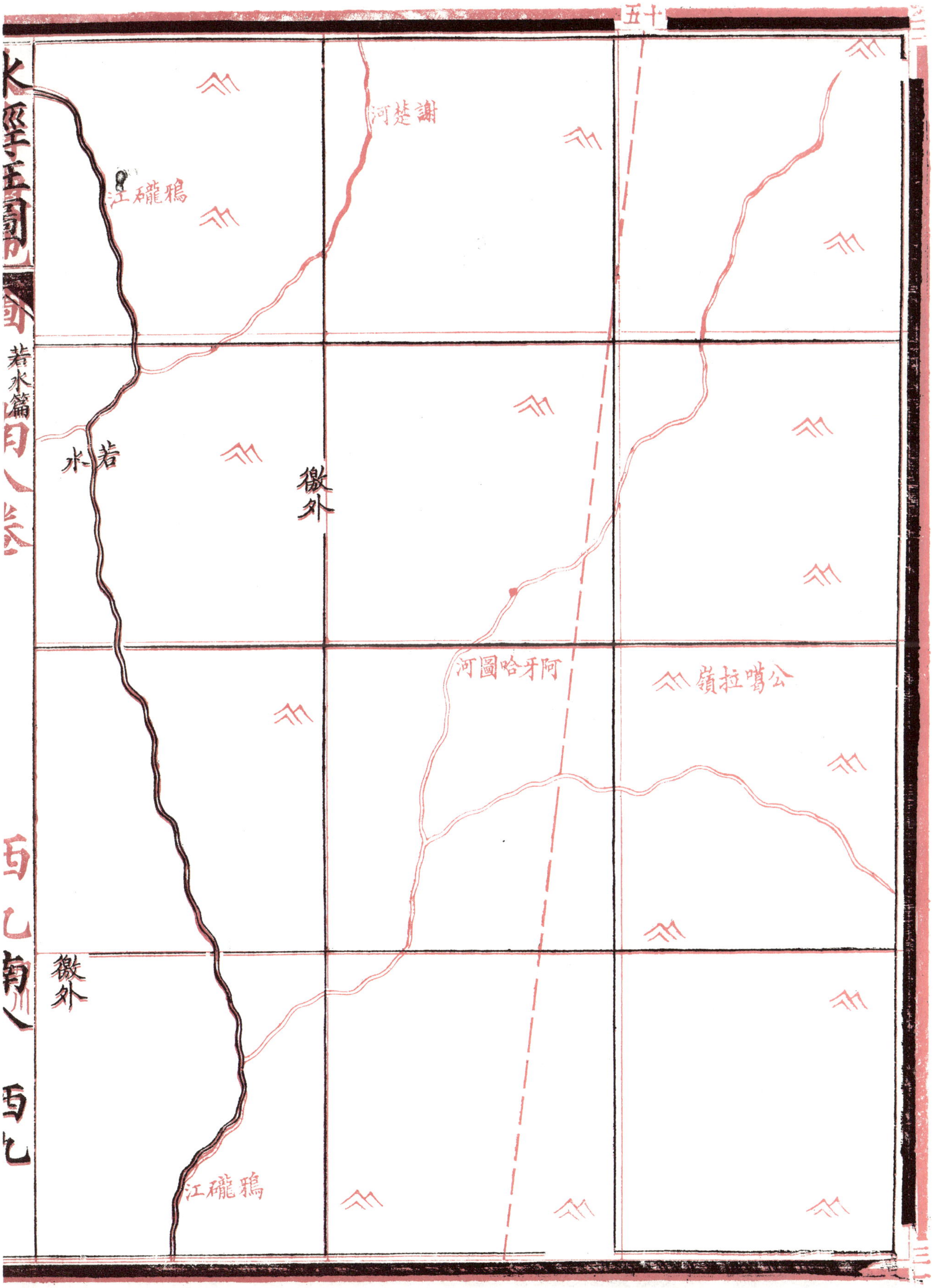
五十
謝楚河
鴉礲江
若水
徼外
阿牙哈圖河
公嚕拉嶺
徼外
鴉礲江

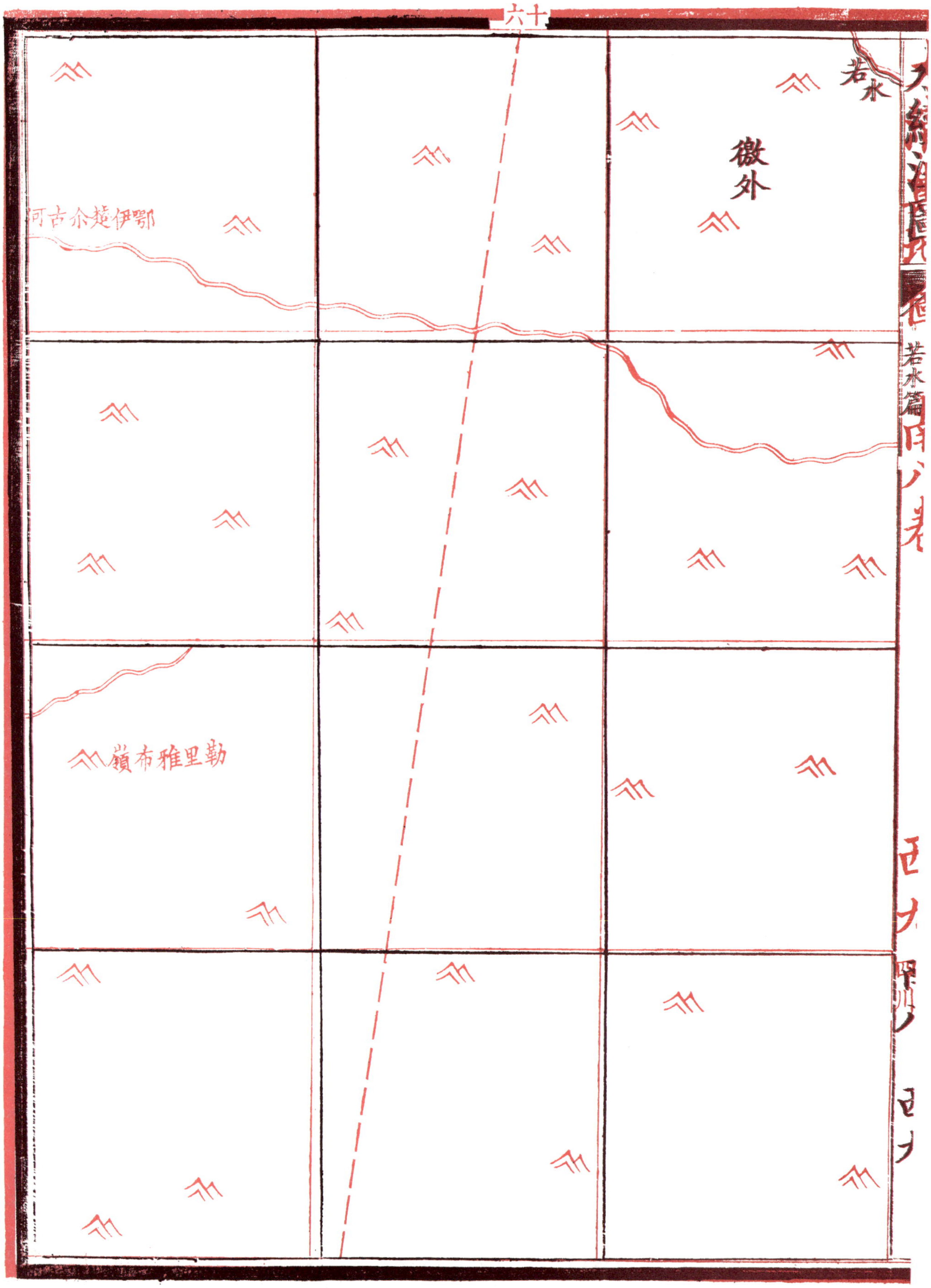
若水
徼外
鄂伊楚尔古河
勒里雅布嶺
若水篇

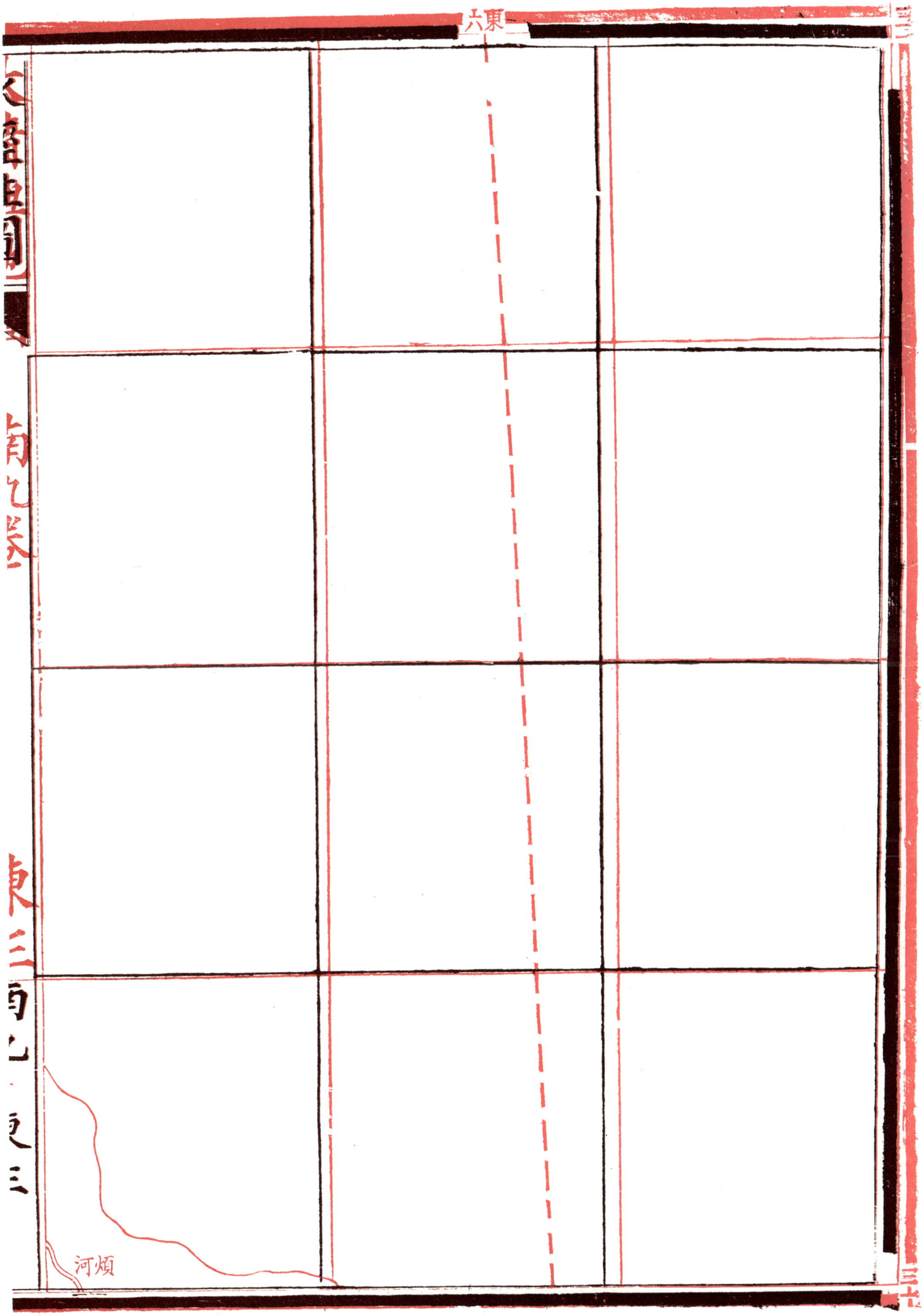
六東一
河頰

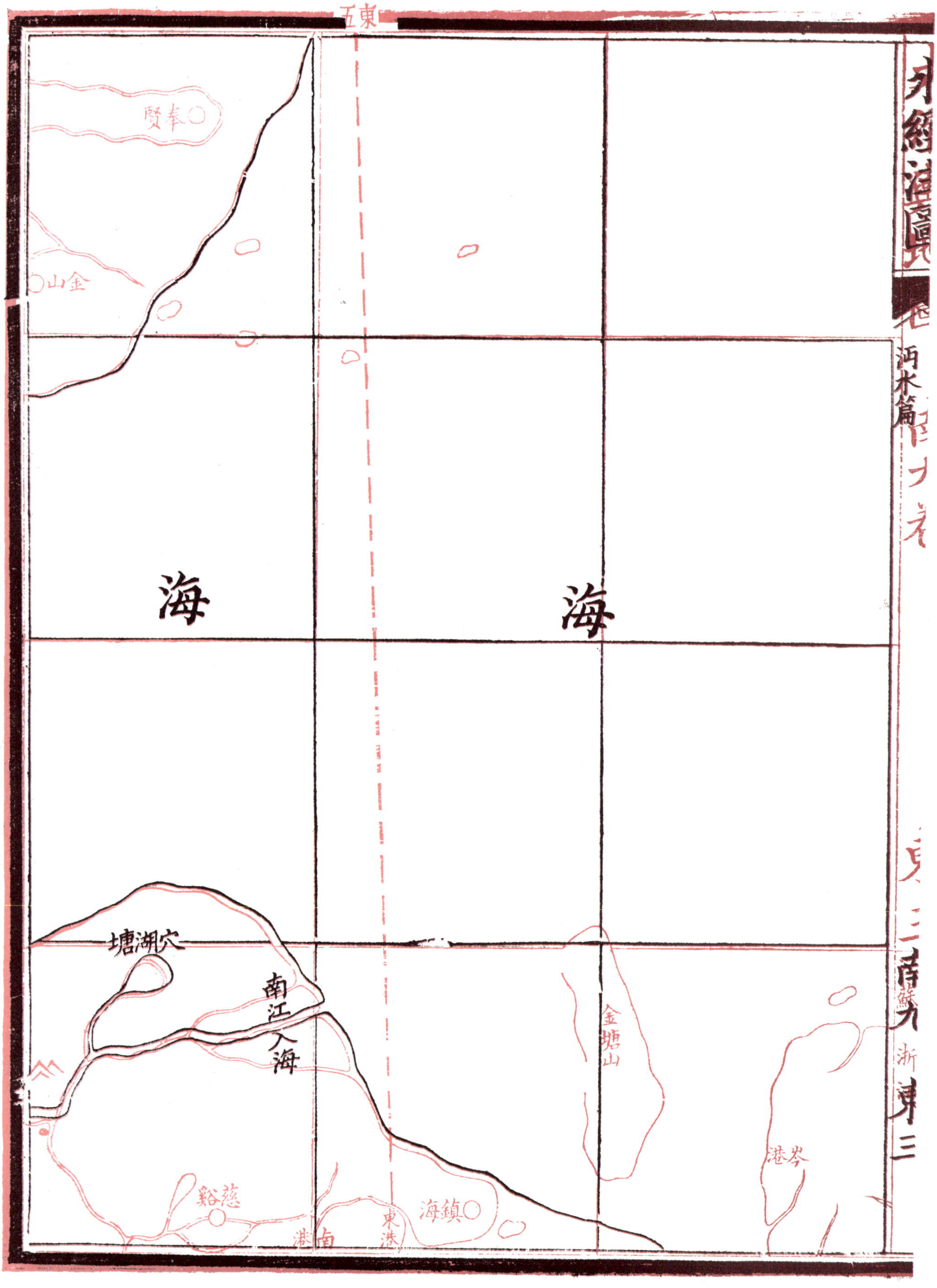
東五
水經注圖
卷
沔水篇
奉賢
金山
海
海
穴湖塘
南江入海
金塘山
岑港
慈谿
鎮海
東港
甬港
浙

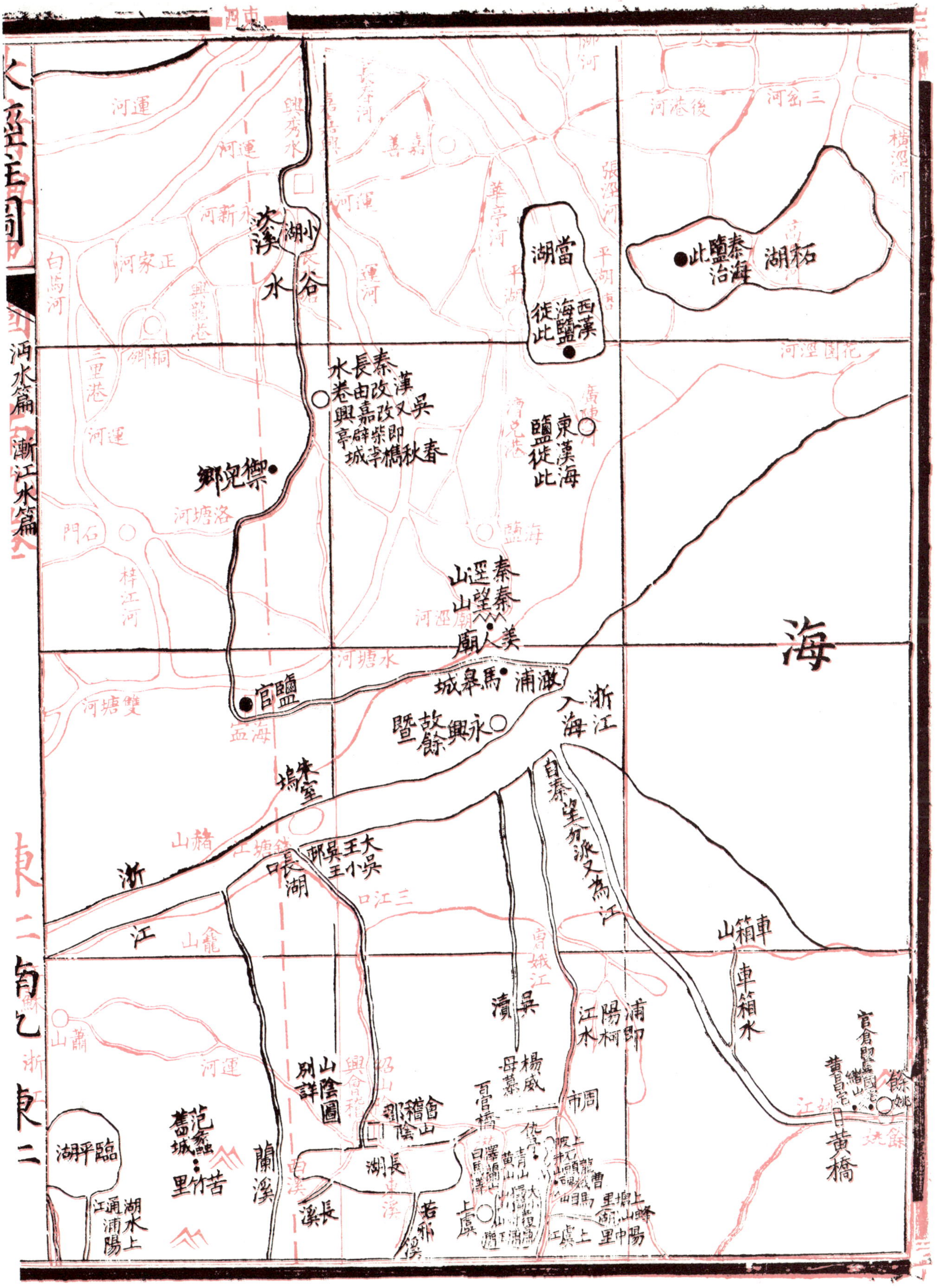
海
浙江
浙江入海
自秦望分派又為江
臨平湖
長湖
蘭溪
長溪
山陰圖別詳
鹽官
禦兒鄉
當湖
西漢海鹽徙此
東漢海鹽徙此
柘湖
秦海鹽治此
秦望山
秦逕山
美人廟
馬皋城
激浦
永興故餘暨
谷水
小湖
車箱山
車箱水
黃橋
上虞

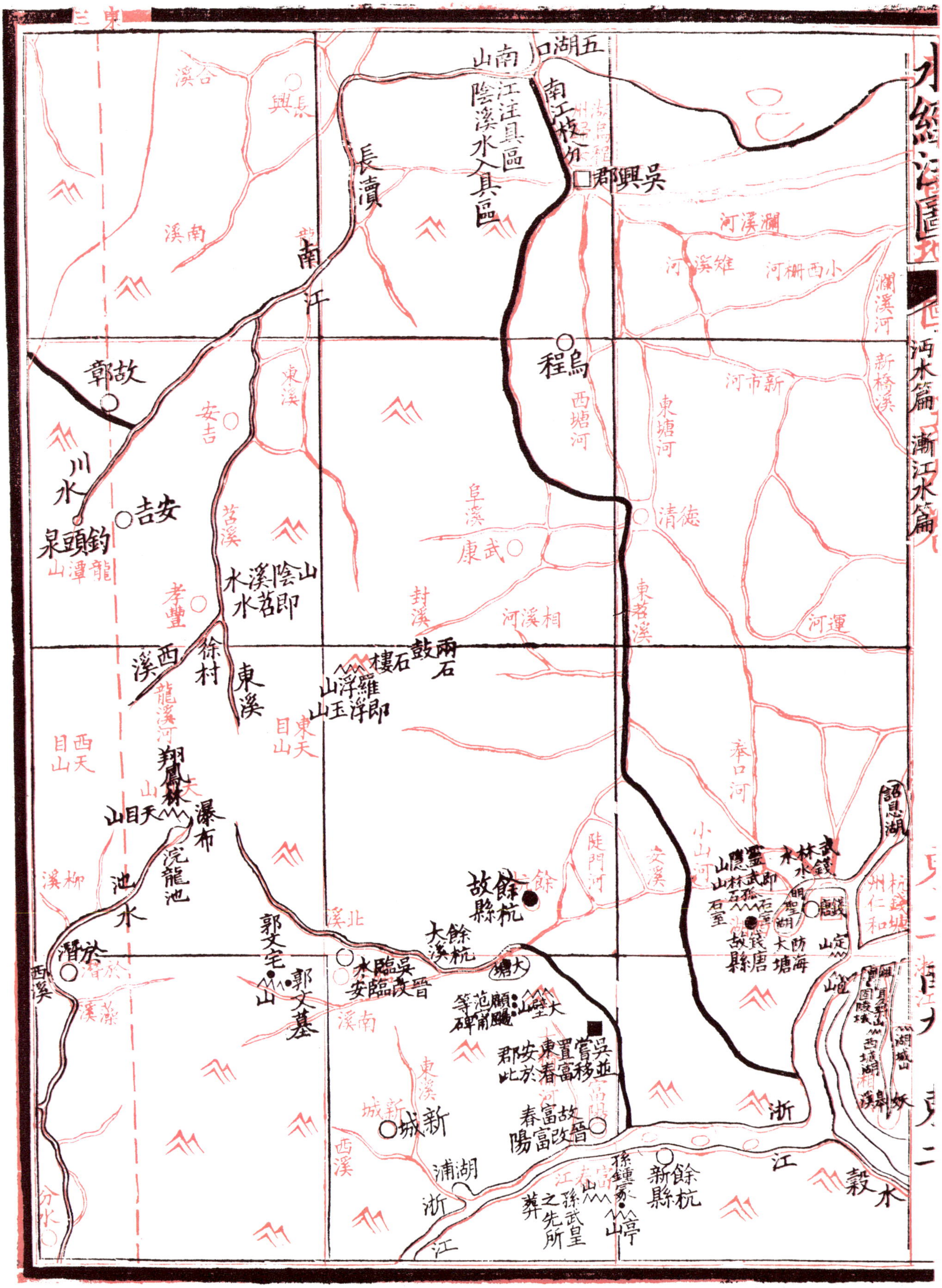

水經注圖
沔水篇
漸江水篇
五湖口
南山
南江枝分
江注具區
陰溪水入具區
吳興郡
長瀆
南江
故鄣
烏程
川水
安吉
釣頭泉
西溪
徐村
東溪
翔鳳林
天目山
瀑布
浣龍池
池水
於潛
餘杭故縣
餘杭
大溪
郭文宅
郭文墓
新城
浦湖
浙江
餘杭新縣
錢唐故縣
大防海塘
定山
穀水
合溪
長興
南溪
安吉
龍潭山
苕溪
孝豐
封溪
皋溪
武康
德清
西塘河
東塘河
東苕溪
相溪河
運河
新市河
新橋溪
小西栅河
雉溪河
瀾溪河
奉口河
陡門河
安溪
小山河
北溪
龍溪河
西天目山
東天目山
柳溪
分水

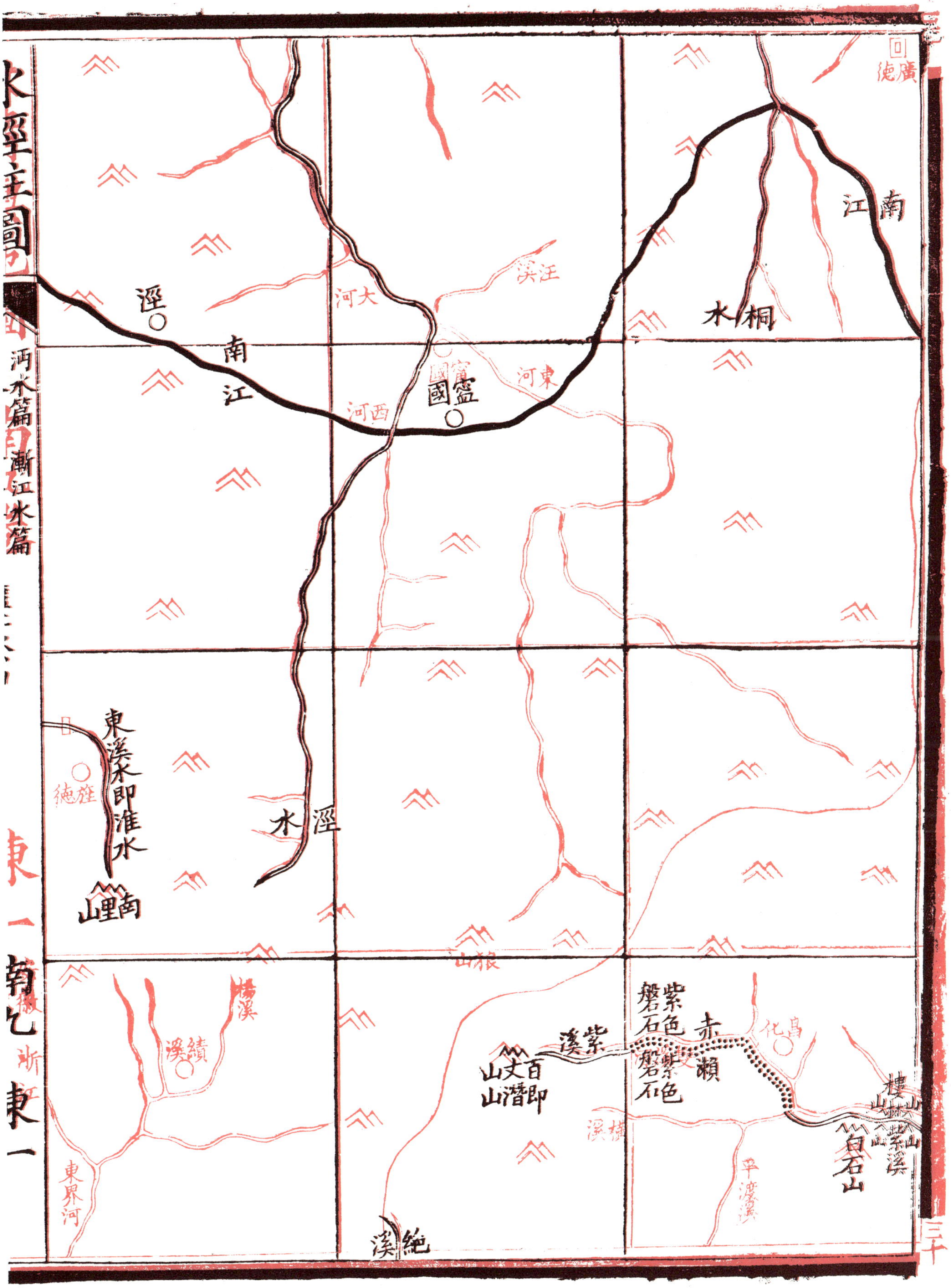
水經注圖
沔水篇 漸江水篇
東一 南七 東一
廣德
涇
南江
江南
桐水
大河
汪溪
寧國
寍國
西河
東河
東溪水即淮水
旌德
南里山
涇水
績溪
東界河
紫溪
百丈山
即潛山
紫色磐石
紫色磐石
赤瀨
白石山
紫溪
絕溪
平渡溪
三十

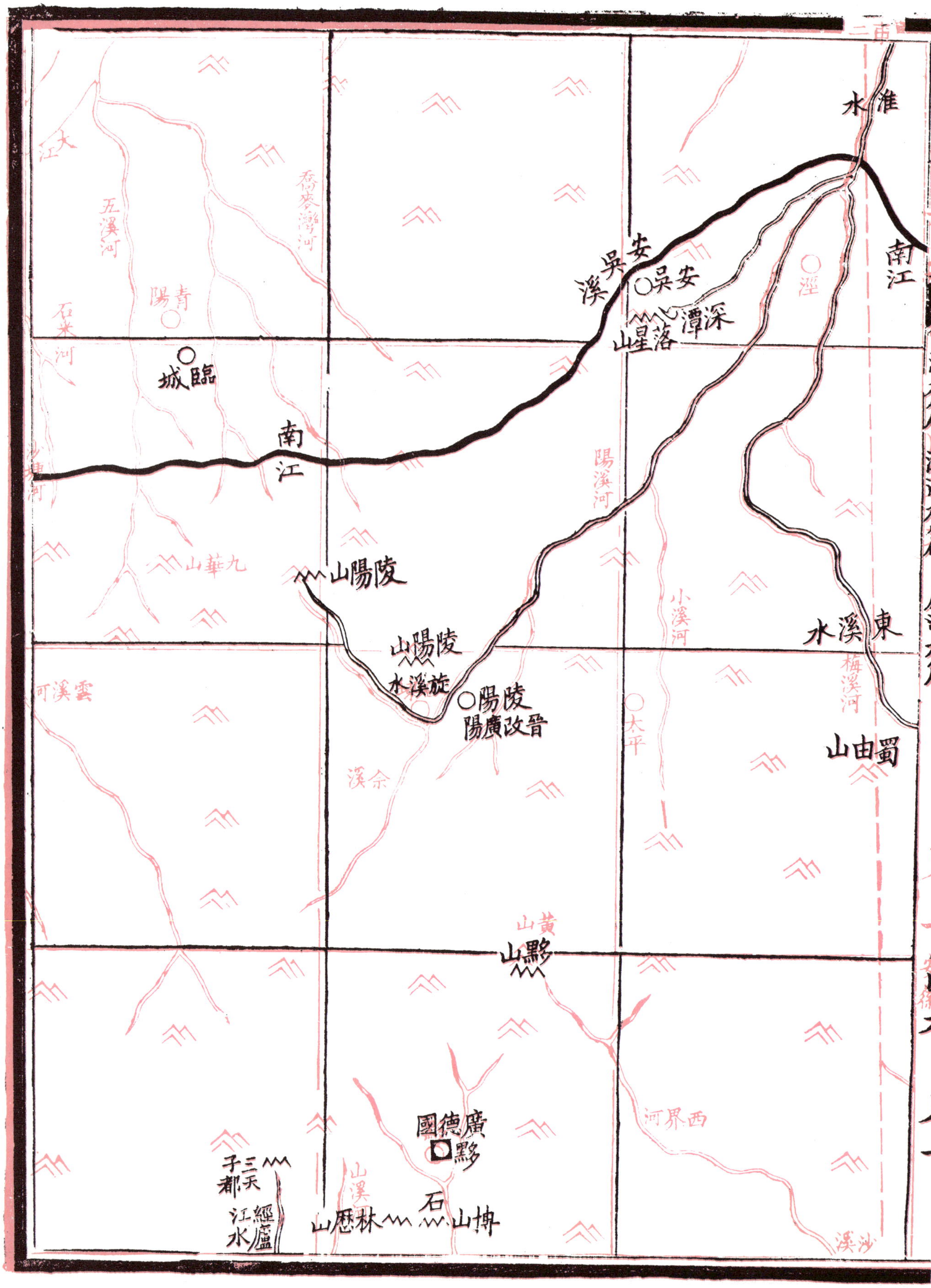
淮水
南江
安吳溪
安吳
深潭
落星山
南江
臨城
青陽
陵陽山
陵陽山
旋溪水
陵陽
晉改廣陽
東溪水
蜀由山
黟山
黃山
廣德國
黟
三天子都
廬江水
經
林歷山
石
埠山
大江
五溪河
喬麥灣河
石米河
涇
陽溪河
九華山
小溪河
梅溪河
太平
雲溪河
佘溪
西界河
山溪
沙溪

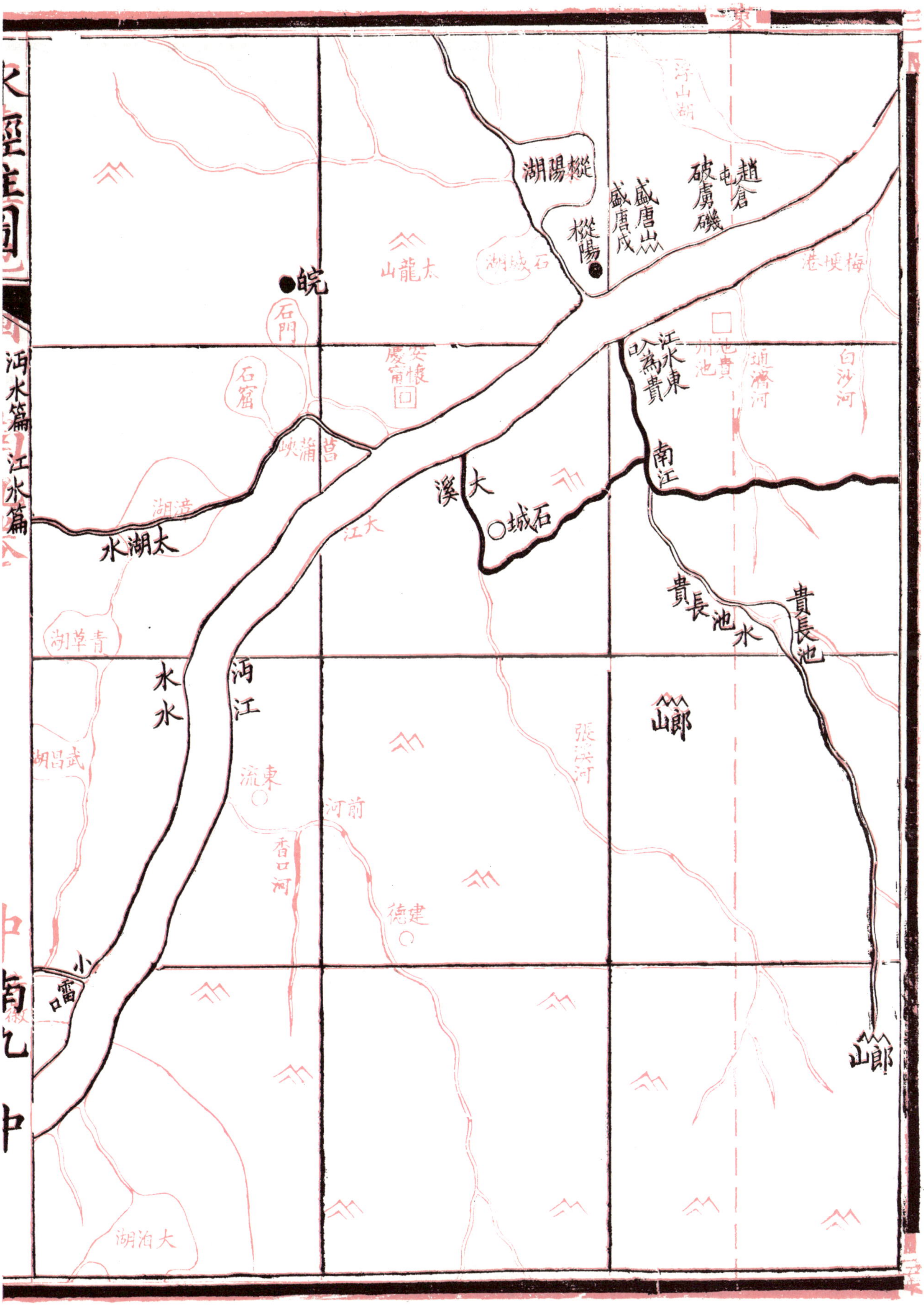
樅陽湖
樅陽
盛唐山
盛唐戍
破虜磯
浮山湖
梅埂港
太龍山
皖
石門
石窟
菖蒲峽
大溪
石城
江水東入爲貴口
貴池
池州
通濟河
白沙河
南江
大江
太湖水
青草湖
沔水
江水
貴長池水
貴長池
郎山
武昌湖
東流
前河
香口河
建德
張溪河
小雷口
郎山
大泊湖

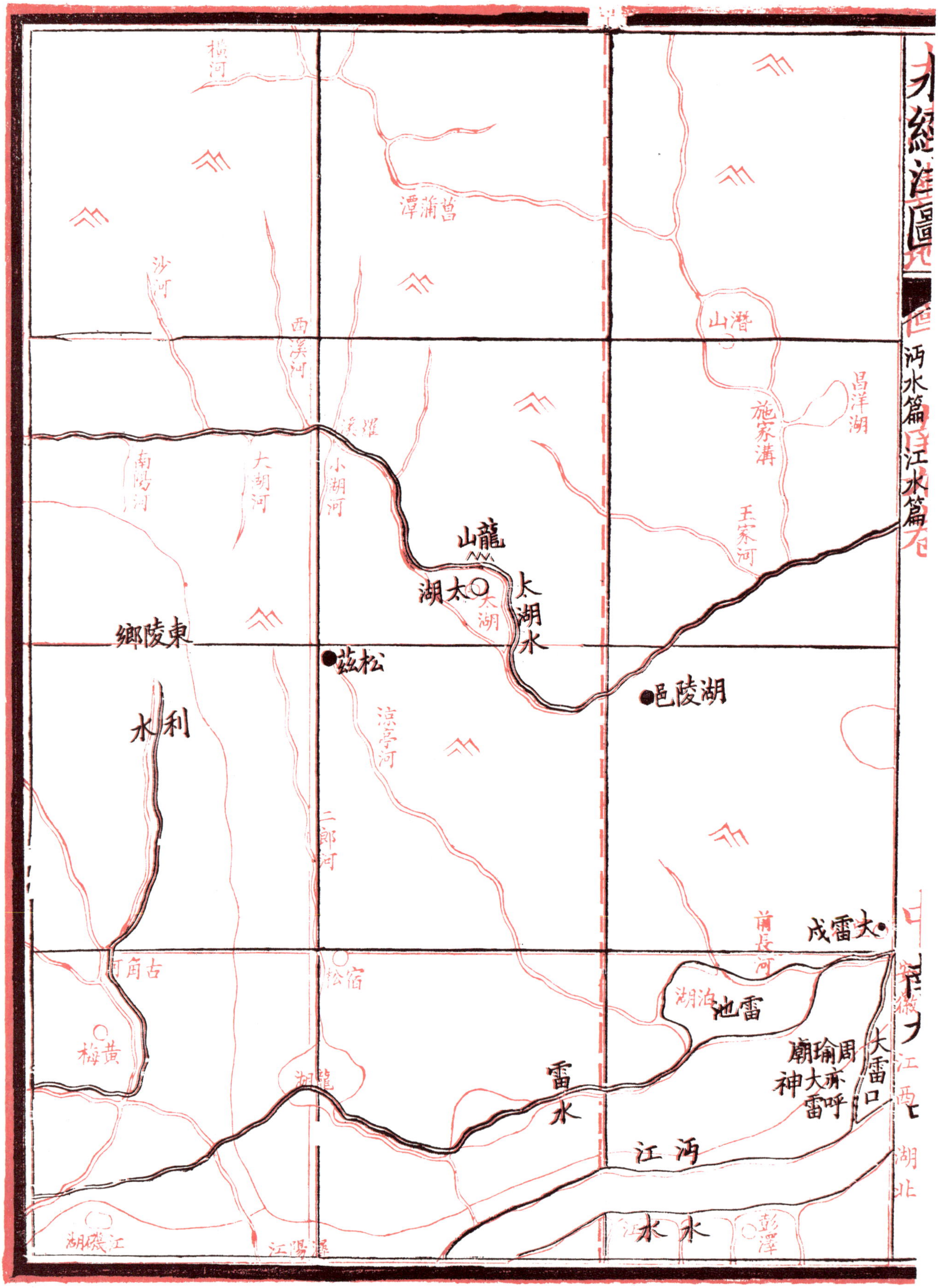
水經注圖
沔水篇
江水篇
龍山
太湖
太湖水
東陵鄉
松兹
湖陵邑
利水
大雷戍
雷池
泊湖
周瑜廟
大雷口
雷水
沔江
水
彭澤
潛山
施家溝
昌洋湖
王家河
漳蒲菖
沙河
西溪河
南陽河
大湖河
小湖河
涼亭河
二郎河
古角河
宿松
黄梅
龍湖
長河
徽
江西
湖北

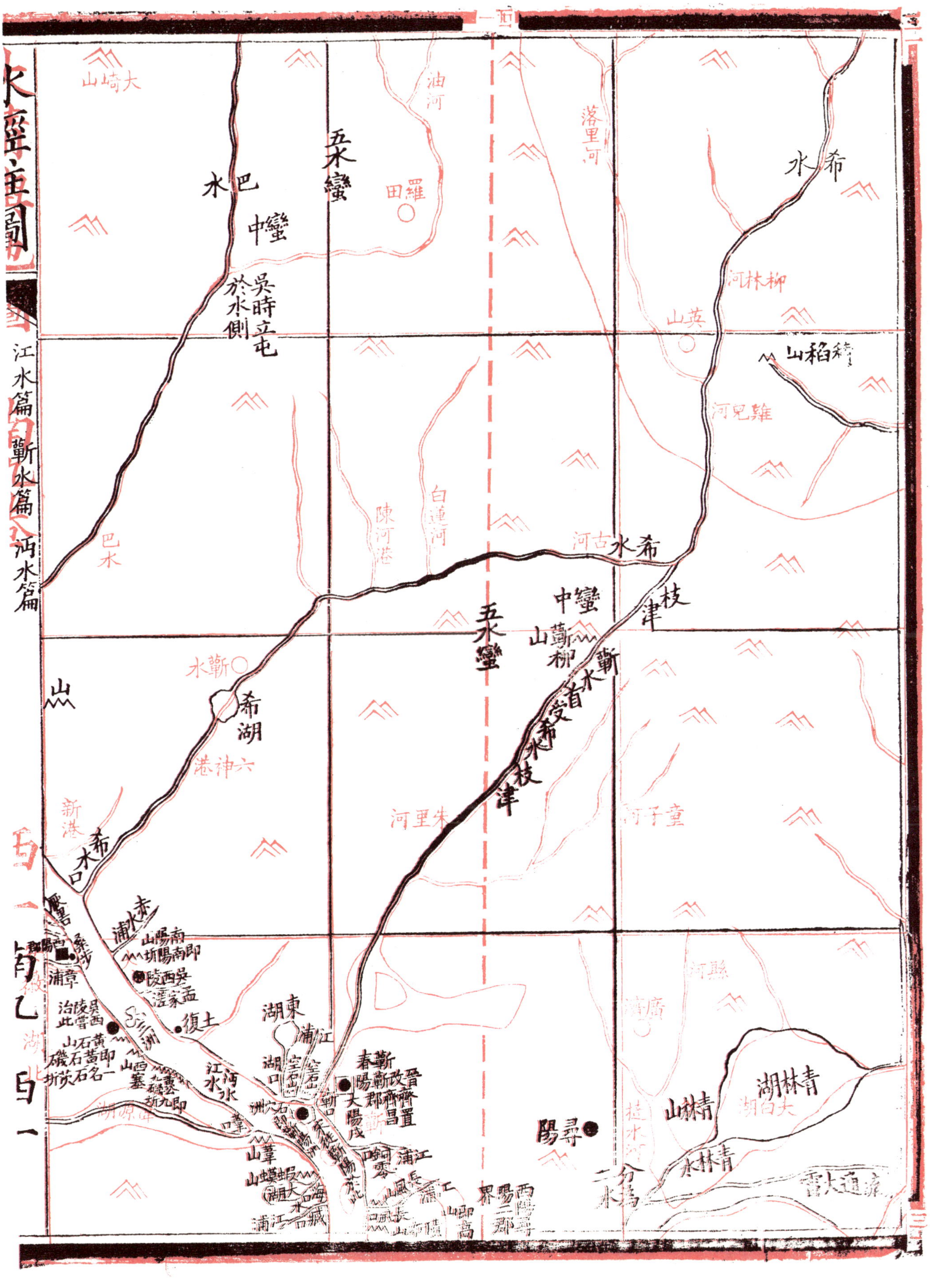

水經注圖
江水篇
蘄水篇
沔水篇
大崎山
巴水
五水蠻
中蠻
羅田
油河
落里河
希水
柳林河
英山
稻稌山
雞兒河
吳時立屯於水側
巴水
陳港河
白蓮河
古河
希水
枝津
中蠻
蘄山
柳
蘄水
首受希水枝津
五水蠻
蘄水
希湖
六神港
新港
希水口
朱里河
童子河
赤水浦
縣河
廣濟
青林湖
大白湖
青林山
青林水
尋陽
分二水爲
東湖
蘄春
齊昌郡
蘄陽
西陽
界
高

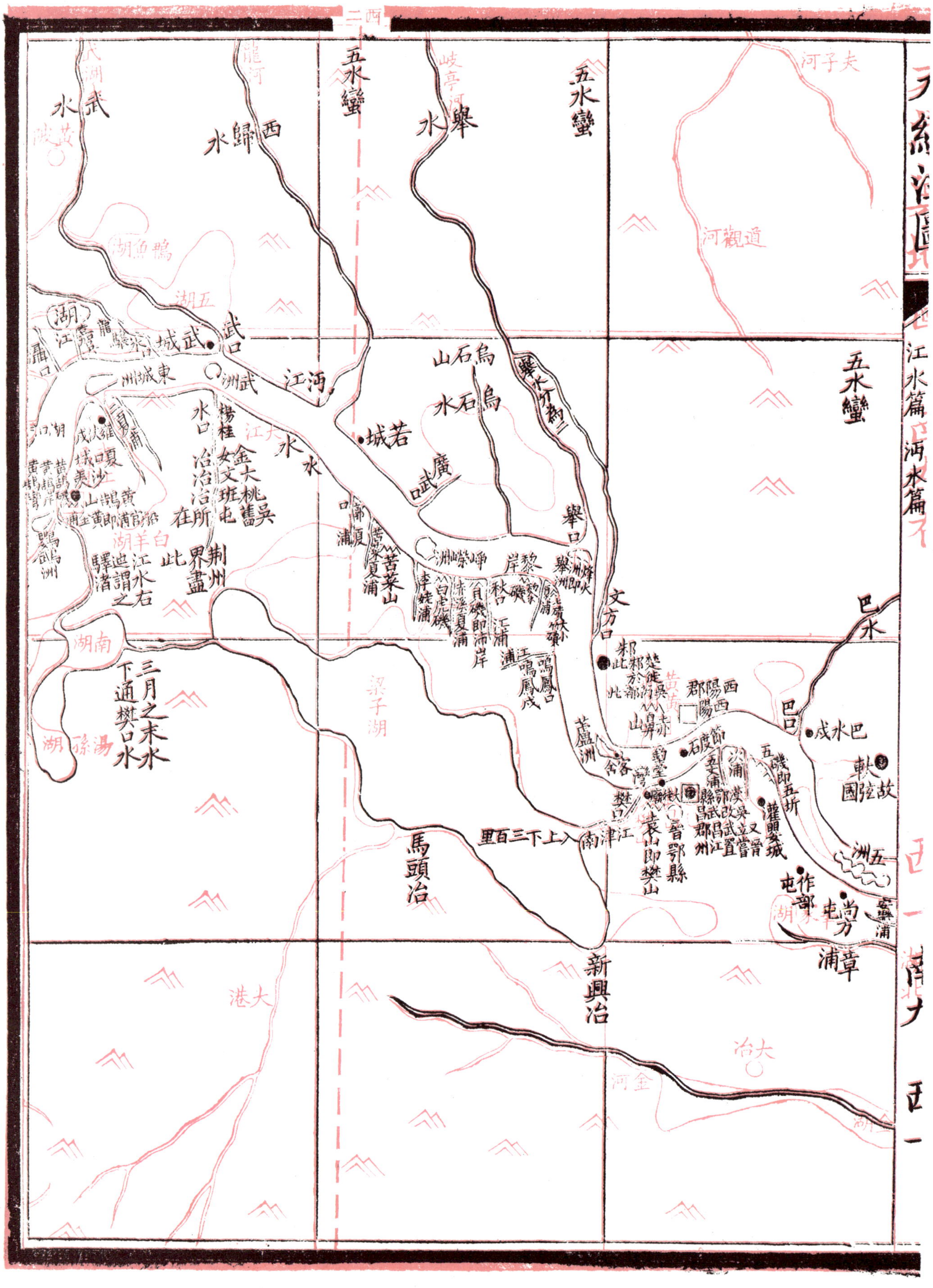
二西
江水篇
沔水篇
五水蠻
武水
西歸水
舉水
夫子河
道觀河
鴨魚湖
五湖
武城
武口
武洲
東城洲
沔江
水
若城
廣武
烏石山
烏石水
舉口
巴水
巴口
五洲
文方口
邾
西陽郡
西陽
赤鼻山
節度
石
舉洲
黎磯
三月之末水下通樊口水
南湖
湯孫湖
白羊湖
荊州界盡此
鳴鳳戍
馬頭治
新興治
江津南
入上下三百里
鄂縣
樊山
袁山即樊山
寒溪
軑國故
西陽
巴水戍
灌園城
蘆洲
梁子湖
大港
金河
大冶
章浦
苦菜山
苦菜夏浦

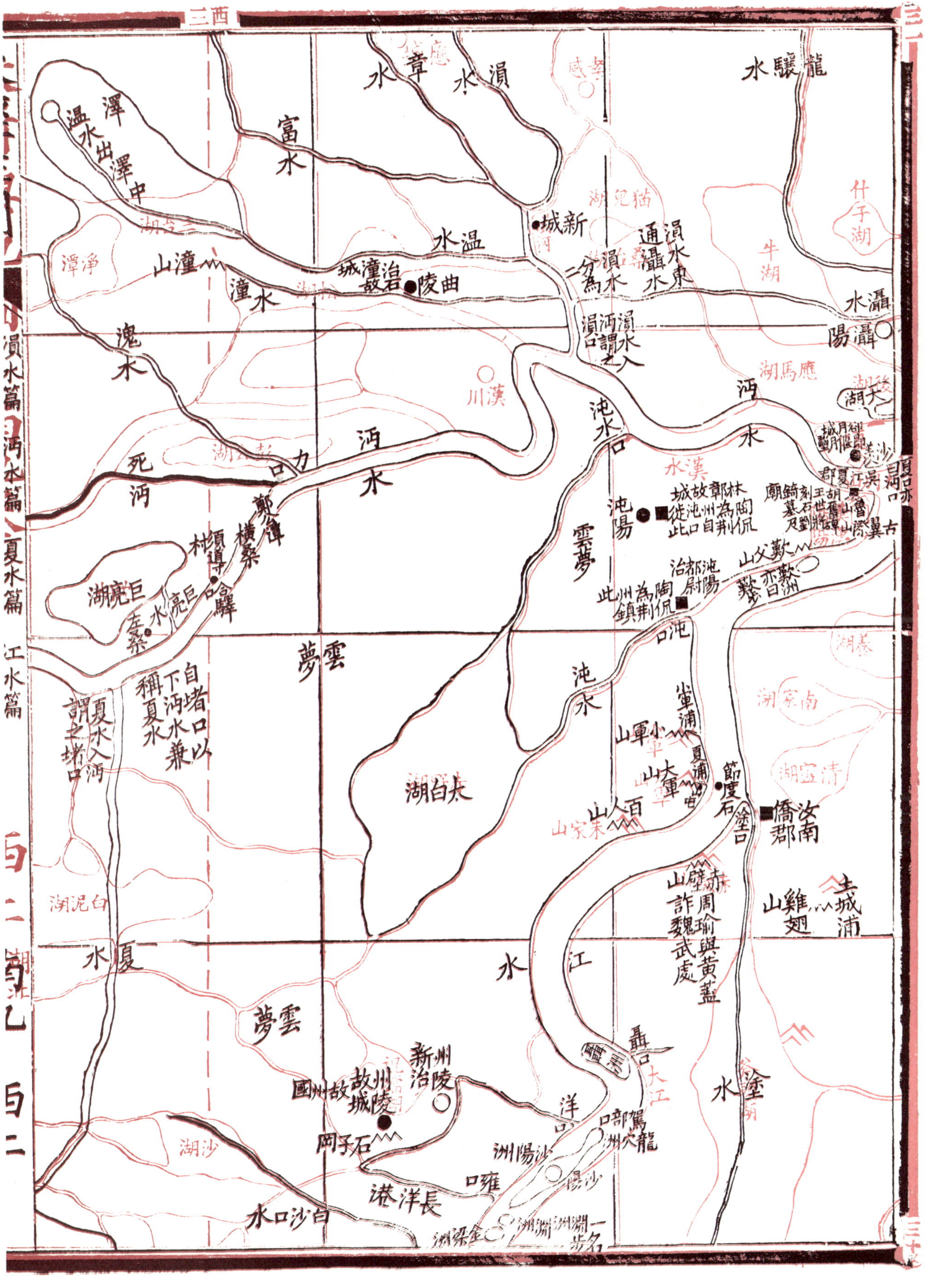
三西
龍驤水
章水
溫水出澤中
富水
溫水
新城
漳山
漳水
曲陵
溳水東通灄水
溳水分為二
溳水入沔之謂溳口
灄水
灄陽
溾水
沔水
死沔
力口
沌水口
沌陽
雲夢
太白湖
沌口
沌水
巨亮湖
巨亮水
夏水入沔謂之堵口
自堵口以下沔水兼稱夏水
夏水
江水
雲夢
小軍山
大軍山
百人山
節度石
汝南僑郡
赤壁山周瑜與黄蓋詐魏武處
雞翅山
土城浦
州陵新治
州陵故城
石子岡
長洋港
白沙口水
沙陽洲
龍穴洲
金水
渭水篇
沔水篇
夏水篇
江水篇

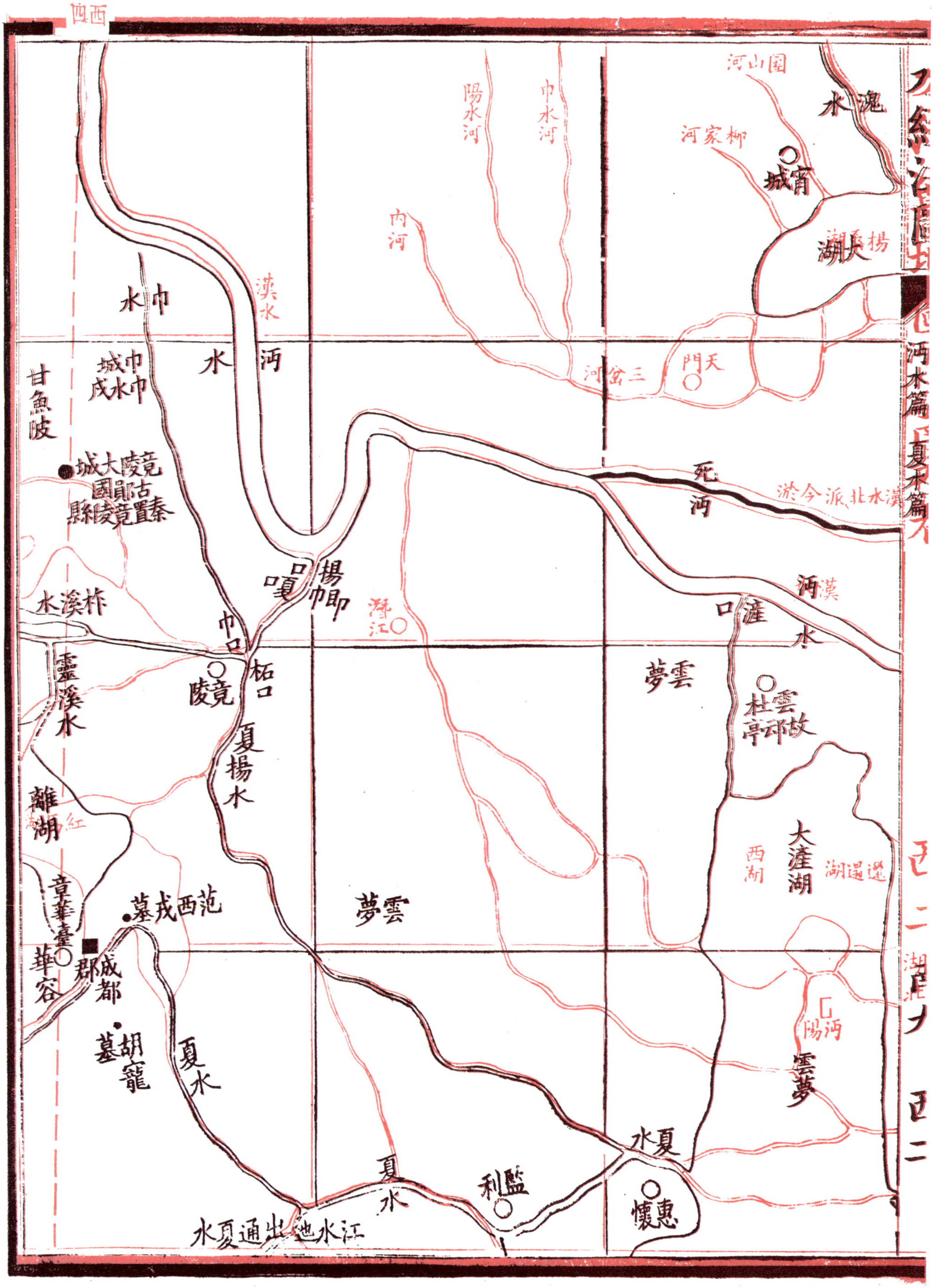
西四
巾水
沔水
漢水
甘魚陂
巾城
巾水戍
竟陵大城
古郧國
秦置竟陵縣
杵溪水
揚口
巾口
竟陵
柘口
夏揚水
靈溪水
離湖
紅
章華臺
華容
成都郡
范西戎墓
龐胡墓
夏水
雲夢
潛江
監利
江水池出通夏水
夏水
惠懷
圍山河
柳家河
宵城
揚水河
巾水河
內河
三岔河
天門
死沔
漢水北派今淤
漢沔
雲夢
西湖
沔陽
雲夢
沔水篇
夏水篇

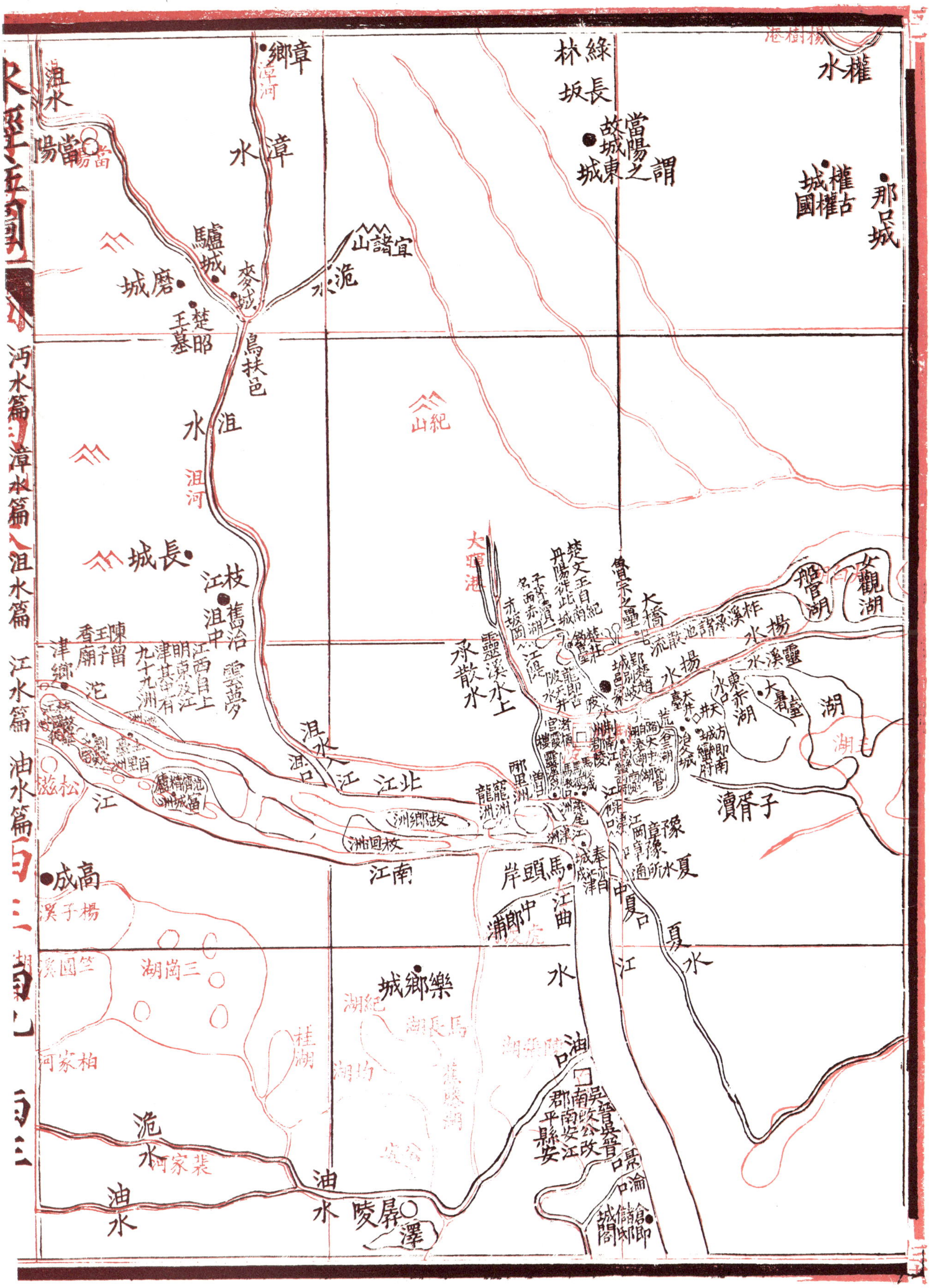
沔水篇 漳水篇 沮水篇 江水篇 油水篇
章鄉
漳河
漳水
沮水
當陽
麥城
磨城
驢城
楚郎王墓
烏扶邑
宜諸山
沲水
紀山
沮河
長城
枝江
舊治
綠林
長坂
當陽故城
謂之東城
權水
權古國
權城
那口城
楊樹港
江北
江南
故鄉洲
枝回洲
高成
楊子溪
三崗湖
柏家河
沲水
油水
孱陵
澤
樂鄉城
紀湖
馬長湖
油口
夏水
夏口
江水
中夏口
豫章口
子胥瀆
靈溪水
揚水
東赤湖
大暑臺
女觀湖
船官湖
龍洲
寵洲
郢
馬頭岸
曲江
承散水
靈溪水上
沮水入江
沮口

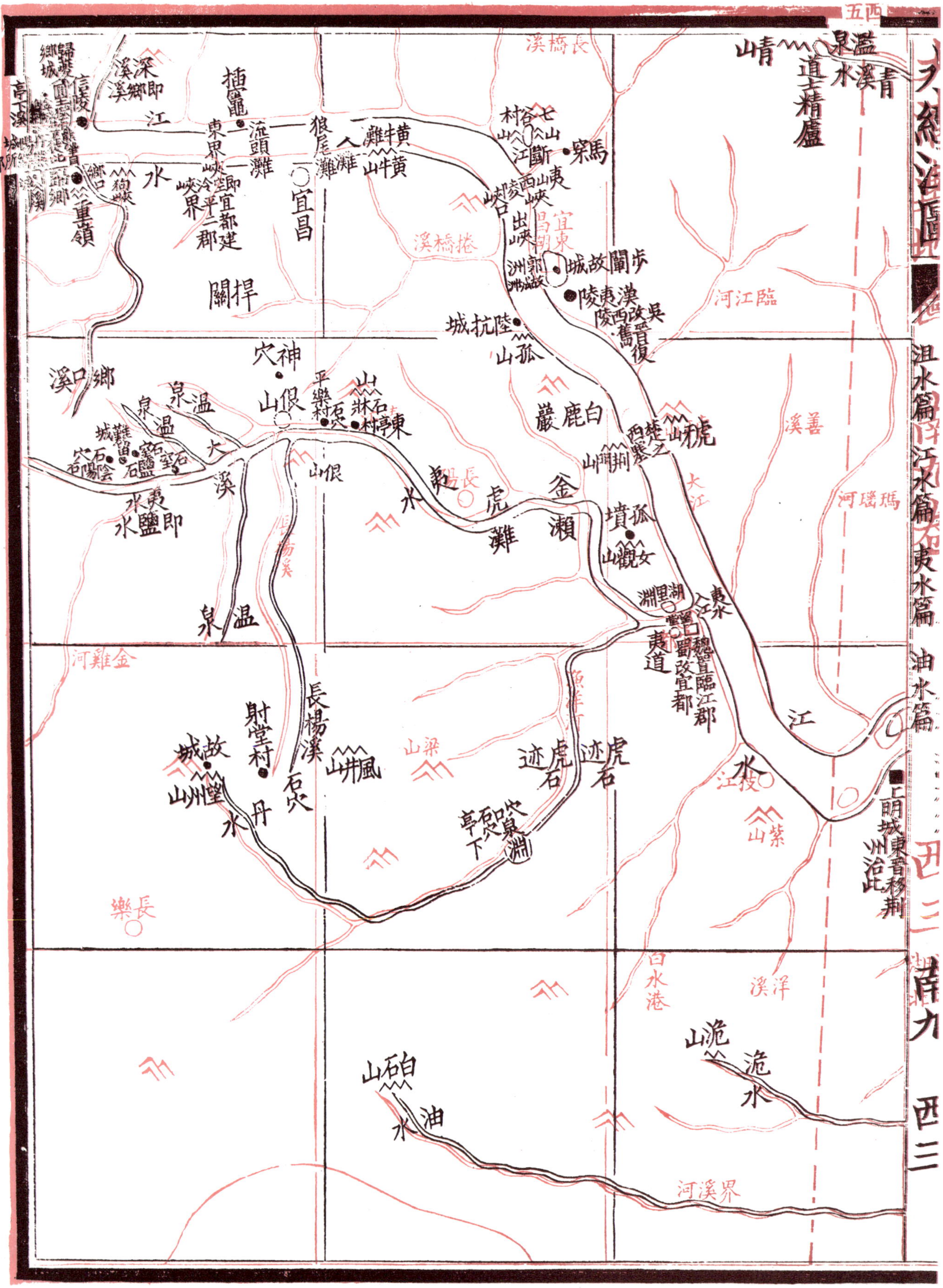
水經注圖
沮水篇 江水篇 夷水篇 油水篇
西五
南九
西三
青山
溫泉
青溪
溫泉水
道士精廬
長橋溪
七谷村
斷山
馬穿
夷山
西陵峽
黄牛灘
黄牛山
人灘
狼尾灘
流頭灘
插竈
宜昌
深溪
即鄉溪
江水
信陵
鄉口
重嶺
東界峽
即建平宜都二郡界峽
捍關
捲橋溪
出峽
宜昌東湖
步闡故城
郭洲
漢夷陵
吳改西陵
晉復舊
臨江河
陸抗城
孤山
鄉口溪
神穴
佷山
平樂村
石穴
石林山
東亭村
白鹿巖
虎牙山
楚之西塞
荊門山
善溪
大江
馬瑙河
溫泉
大溪
即鹽水
夷水
長陽
虎灘
釜瀨
孤墳
女觀山
湖里淵
夷水入江
夷道
漢置
蜀改宜都
魏置臨江郡
金雞河
溫泉
長楊溪
射堂村
石穴
風井山
梁山
虎石迹
虎石迹
故城
望州山
丹水
穴石亭下
泉淵
長樂
紫山
上明城
東晉移荊州治此
江
白水港
洋溪
澹山
澹水
白石山
油水
界溪河

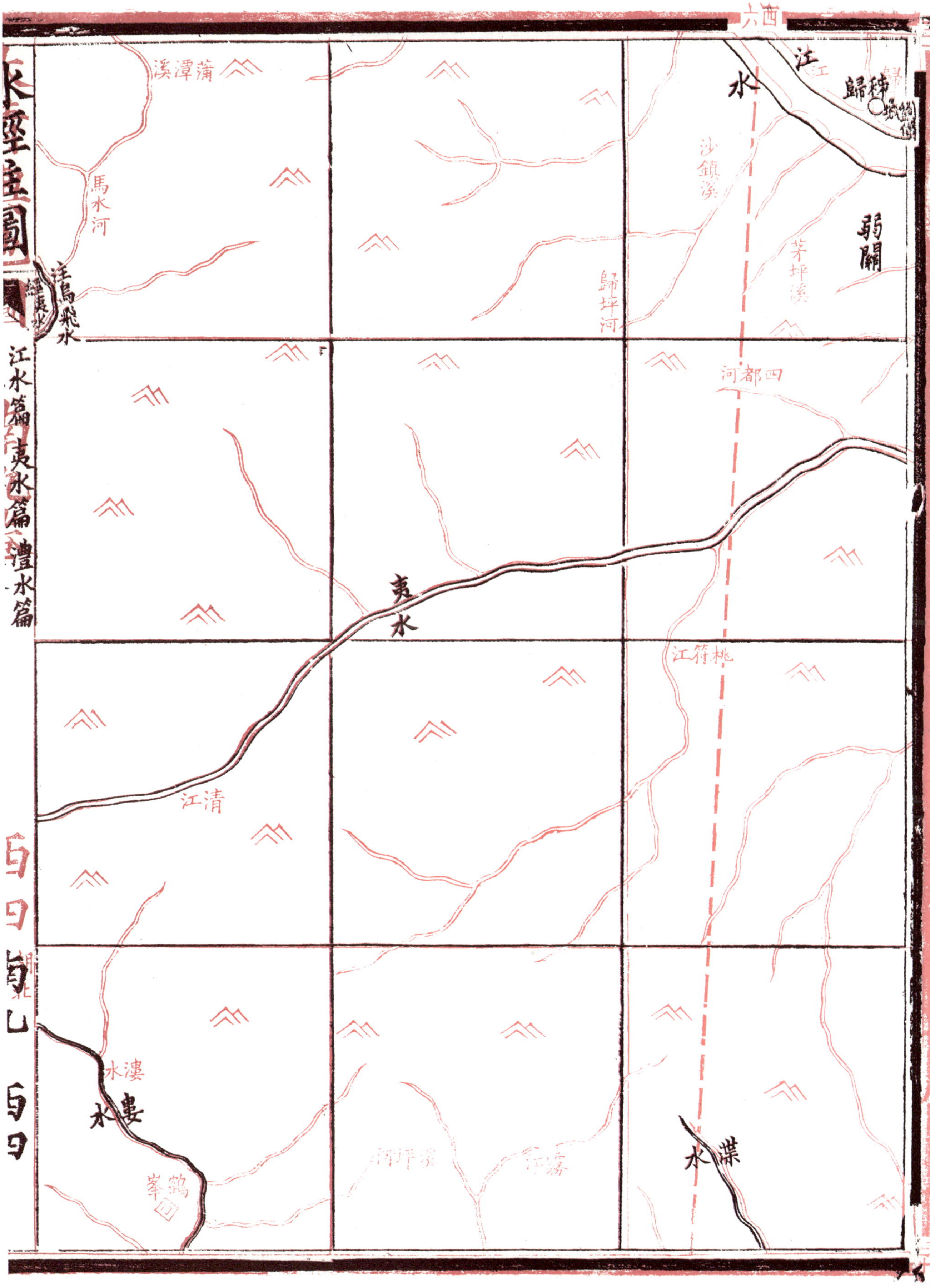

蒲潭溪
馬水河
注烏飛水
江水
歸
沙鎮溪
歸坪河
弱關
茅坪溪
四都河
夷水
桃符江
清江
漊水
鶴峯
溇水
渫水

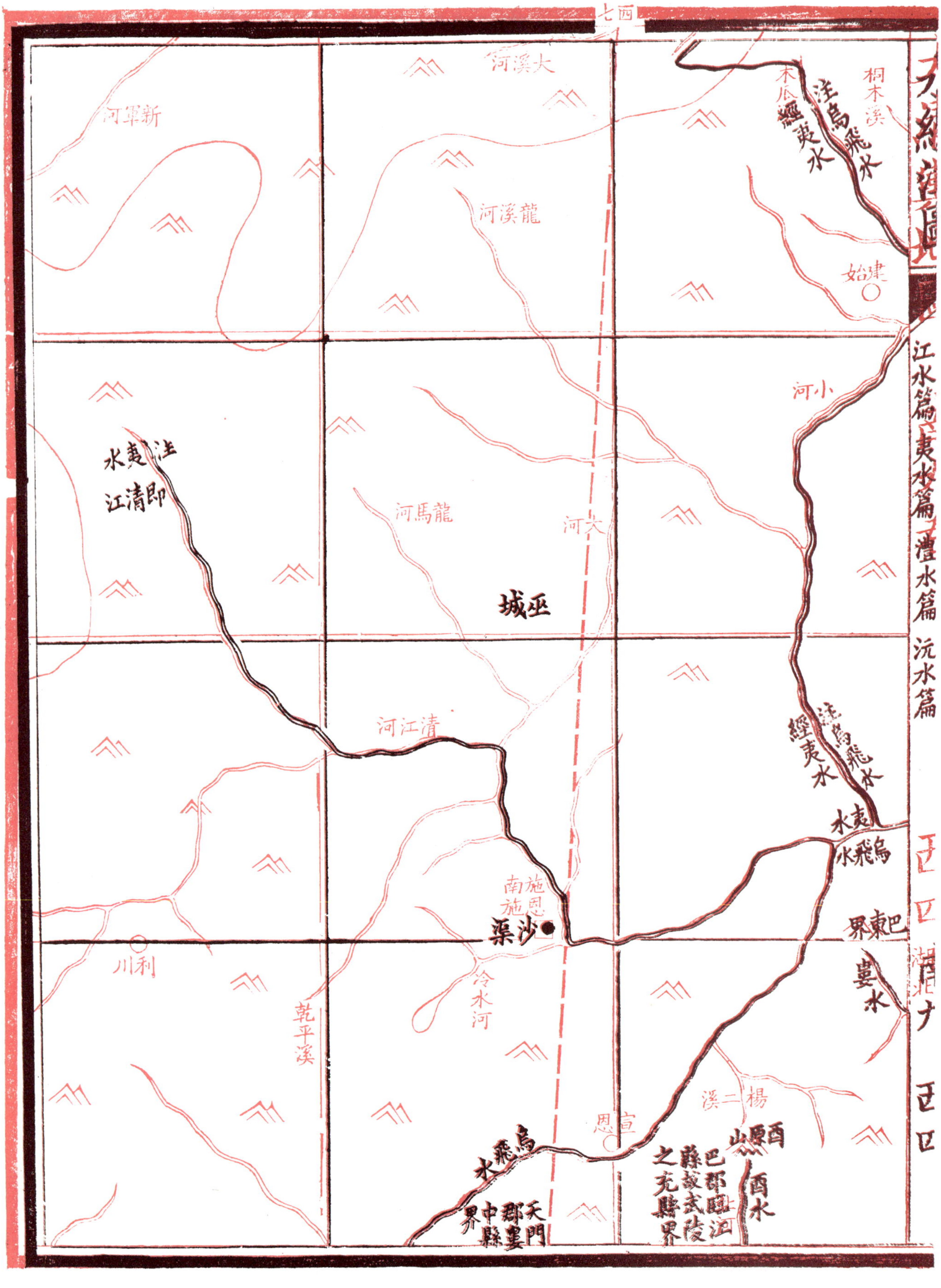

七西
江水篇 夷水篇 澧水篇 沅水篇
新軍河
大溪河
桐木溪
木瓜
注烏飛水
經夷水
龍溪河
建始
小河
注夷水
即清江
龍馬河
大河
巫城
清江河
注烏飛水
經夷水
夷水
烏飛水
施南
施恩
沙渠
巴東界
利川
冷水河
乾平溪
婁水
楊二溪
宣恩
酉原山
酉水
巴郡臨沅縣故武陵之充縣界
天門郡婁中縣界
烏飛水

水經注圖

江水篇

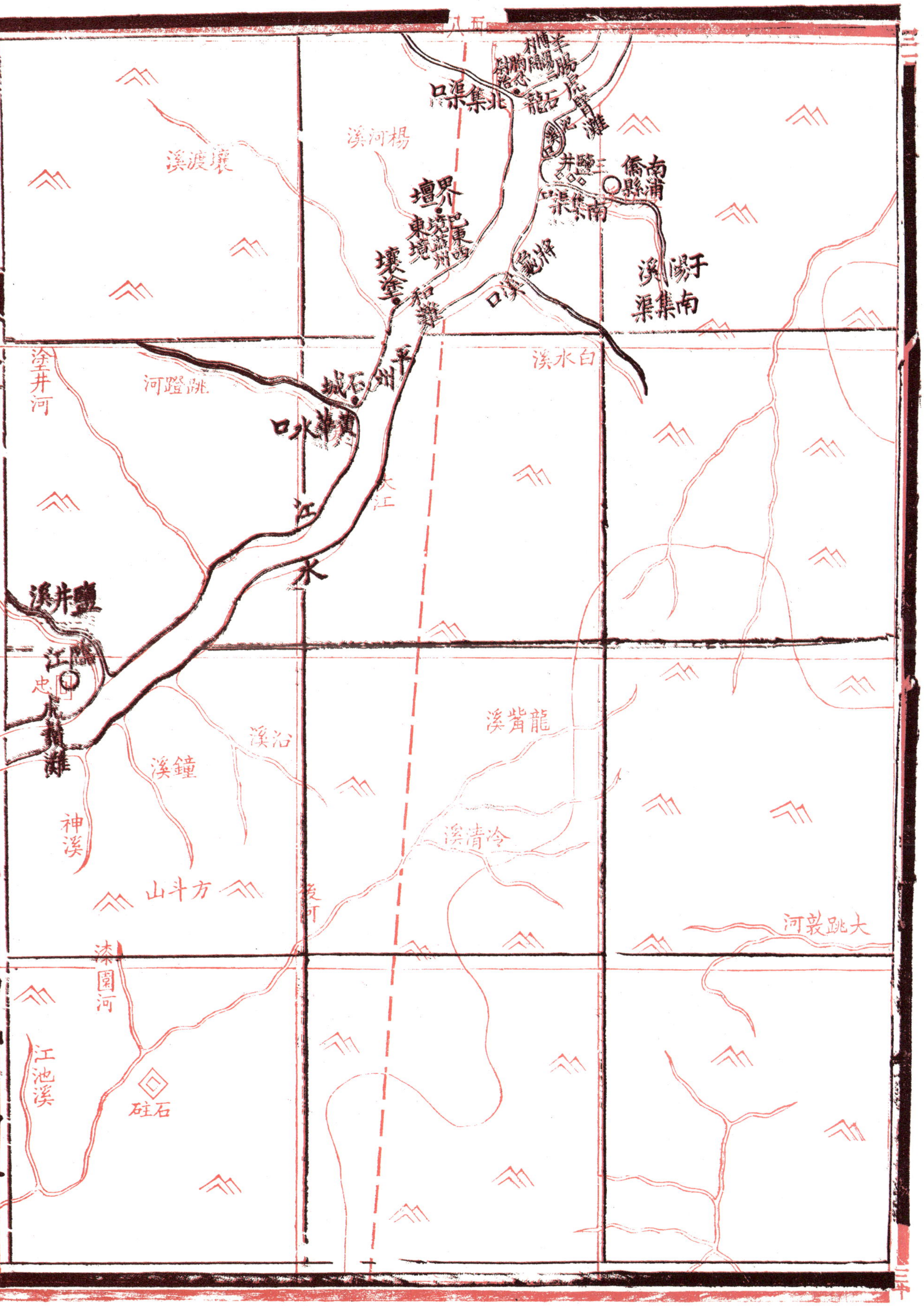

北集渠口
石龍
南浦縣
南集渠口
于陽溪
南集渠
楊河溪
壤渡溪
界壇
壤塗
和灘
石城
平州
黃華水口
跳蹬河
塗井河
白水溪
大江
江水
甘井溪
臨江
忠州
虎鬚灘
鍾溪
沿溪
龍觜溪
冷清溪
神溪
方斗山
大跳敫河
漆園河
江池溪
砫石

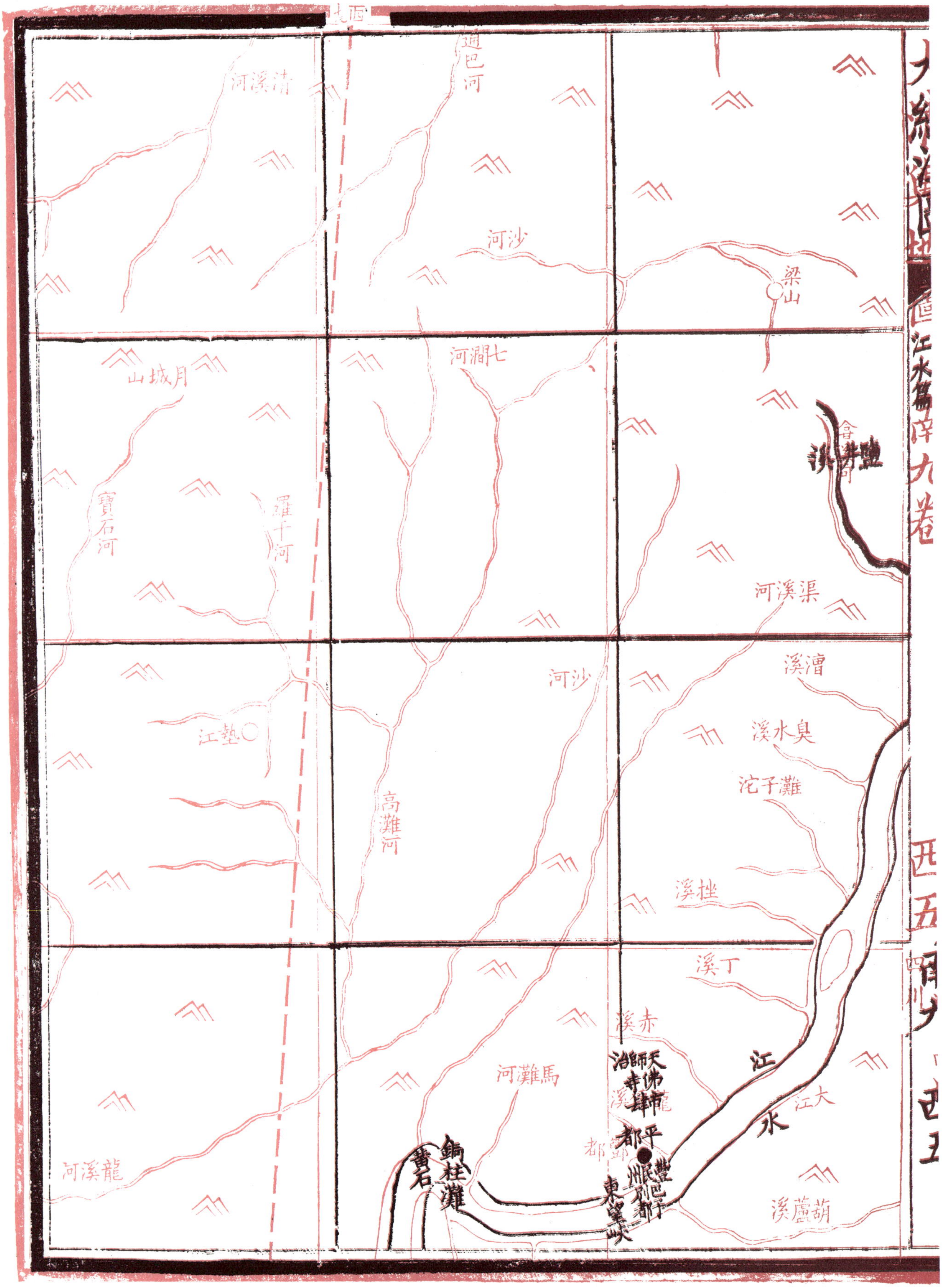
清溪河
通巴河
沙河
梁山
月城山
七澗河
寶石河
羅十河
渠溪河
漕溪
臭水溪
墊江
高灘河
丁溪
赤溪
馬灘河
龍溪河
江水
大江
葫蘆溪
豐都
黃石
鍋柱灘

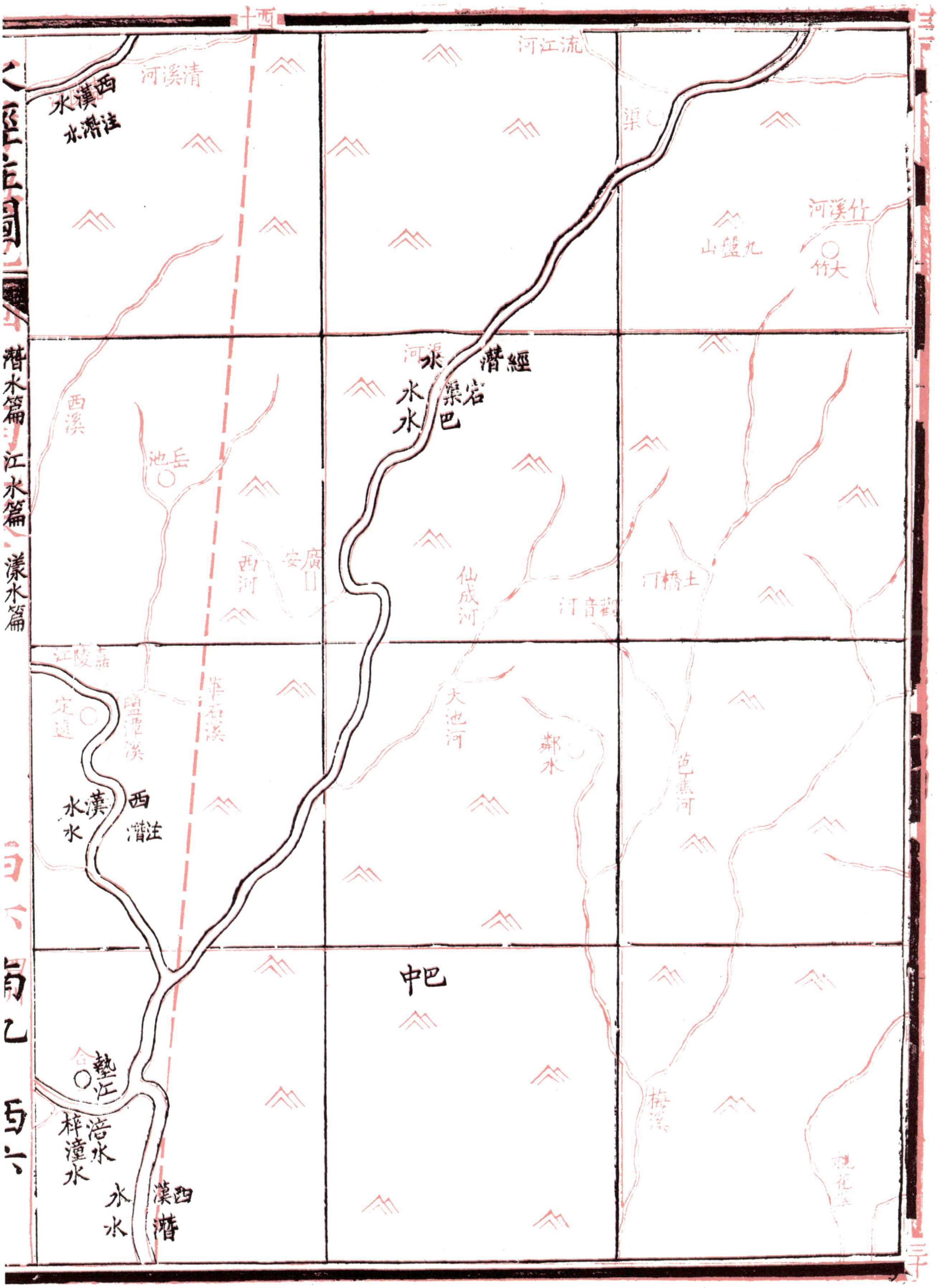
水經注圖
潛水篇 江水篇 漾水篇
西漢水注潛水
清溪河
流江河
渠
竹溪河
九盤山
大竹
經潛水
宕渠水
巴水
西溪
岳池
廣安
西河
仙成河
觀音河
土橋河
定遠
大池河
鄰水
芭蕉河
西漢水注潛水
巴中
墊江
涪水
梓潼水
西漢水潛水

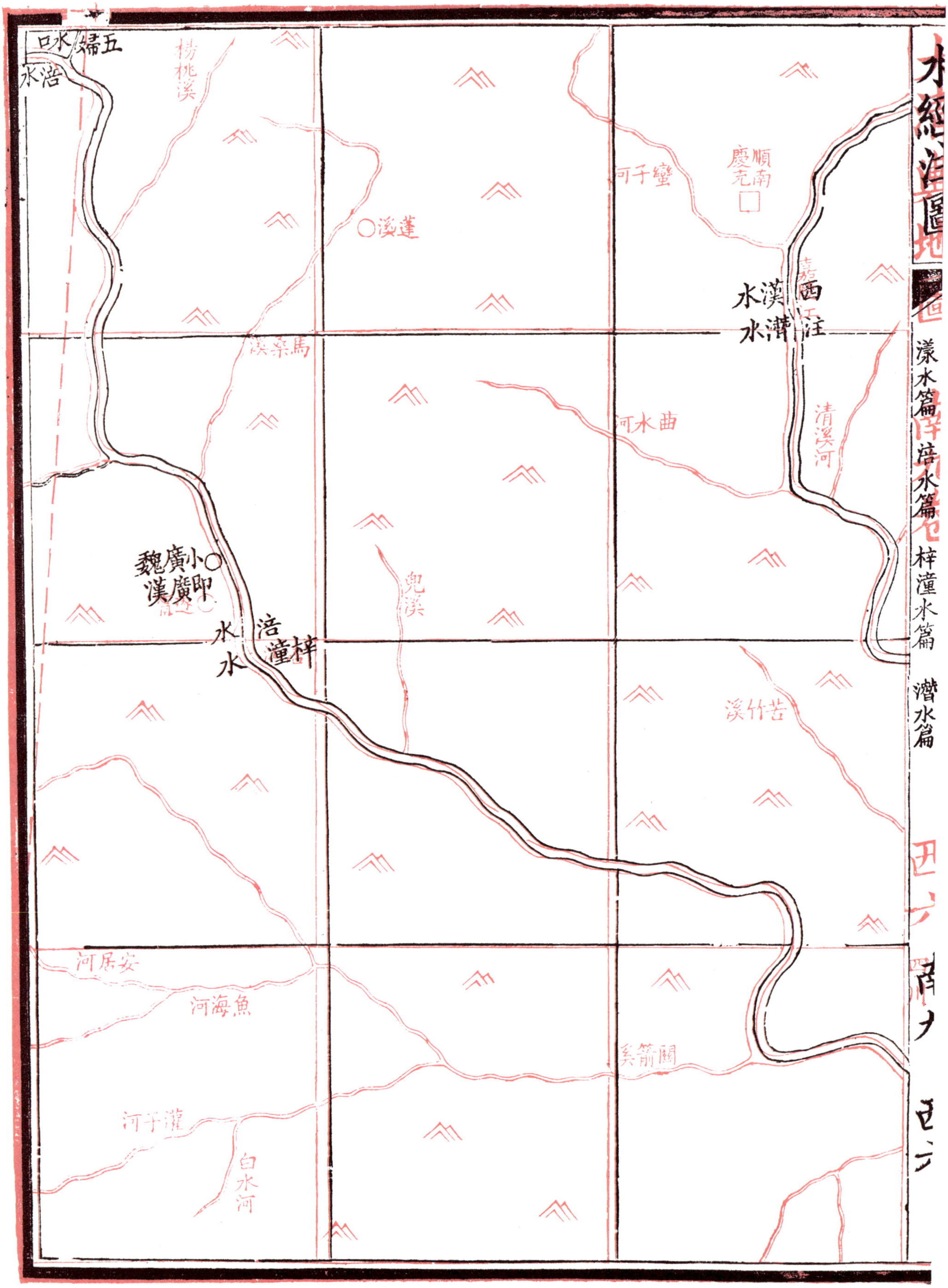
水經注圖
漾水篇
涪水篇
梓潼水篇
潛水篇
五婦水口
涪水
楊桃溪
蓬溪
馬桑溪
小廣魏
卯廣漢
涪水
梓潼水
兕溪
鸞子河
順慶
南充
西漢水
注潛水
曲水河
清溪河
苦竹溪
安居河
魚海河
關箭溪
灌子河
白水河

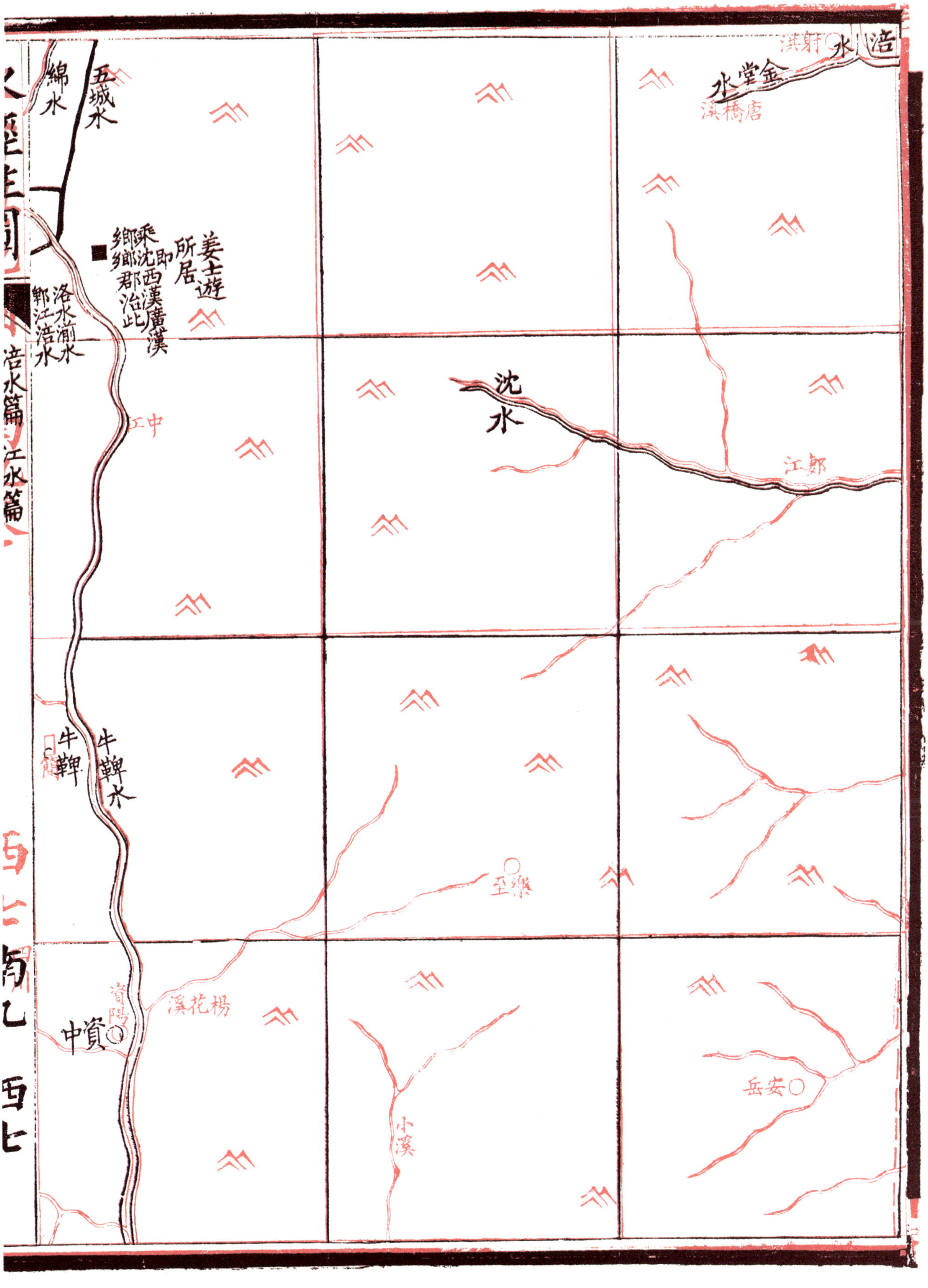
涪水
射洪
金堂水
唐橋溪
綿水
五城水
姜士游所居
洛水
湔水
郪江
涪水
涪水篇
江水篇
中江
沈水
郪江
牛鞞
牛鞞水
樂至
資陽
資中
楊花溪
小溪
安岳

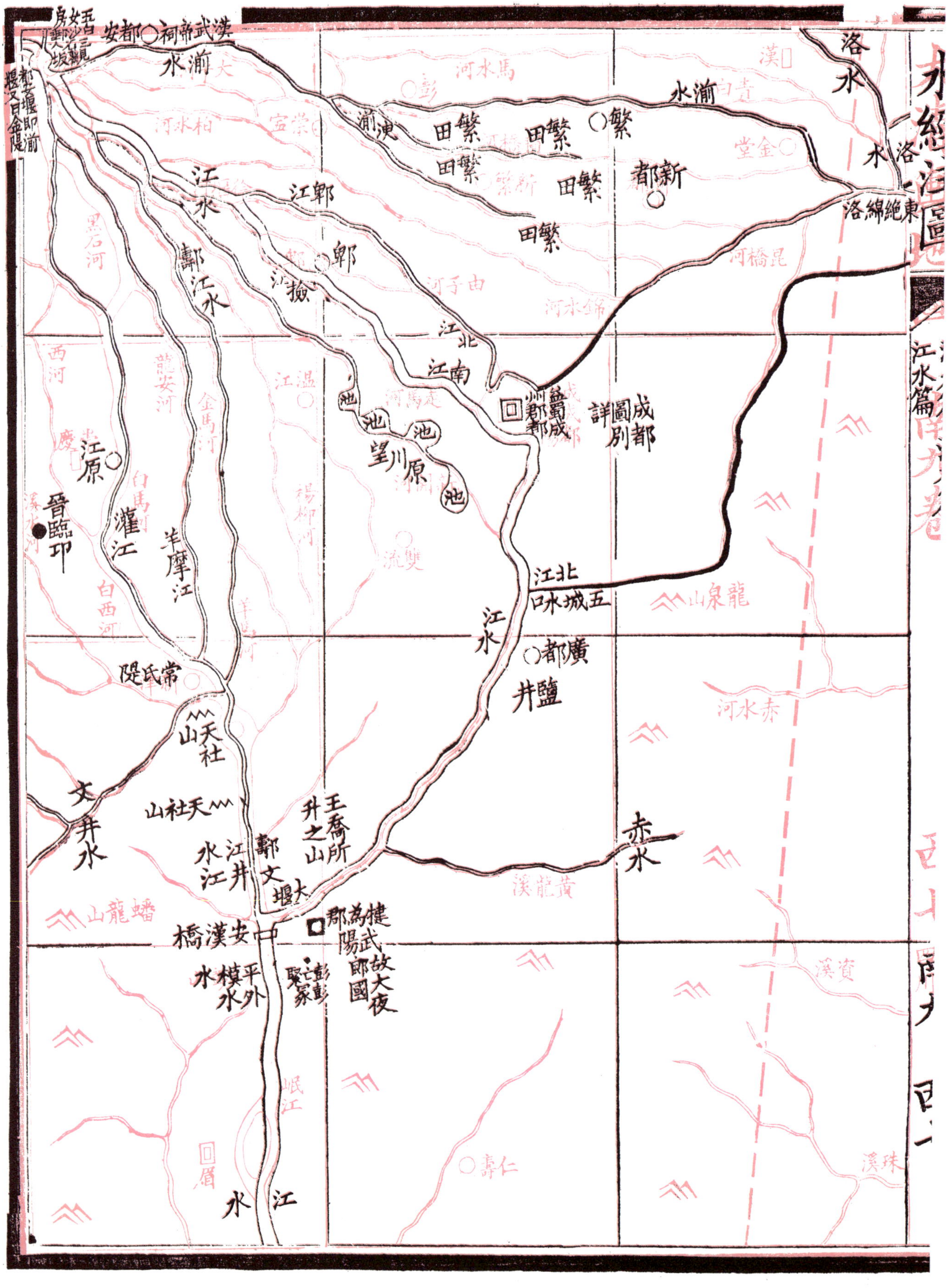
水經注圖
江水篇
漢武帝祠
都安
湔水
洛水
繁田
繁
新都
江水
郫江
郫
郫江水
江北
江南
蜀郡成都
成都詳別圖
東綿洛
望川原
池
江原
臨邛
灌江
羊摩江
北江
五城水口
江水
廣都
鹽井
常氏隄
天社山
文井水
王喬所升之山
郫江
江水
井水
文井江
大堰
赤水
安漢橋
犍為郡武陽故大夜郎國
彭亡聚
平模水
外水
江水

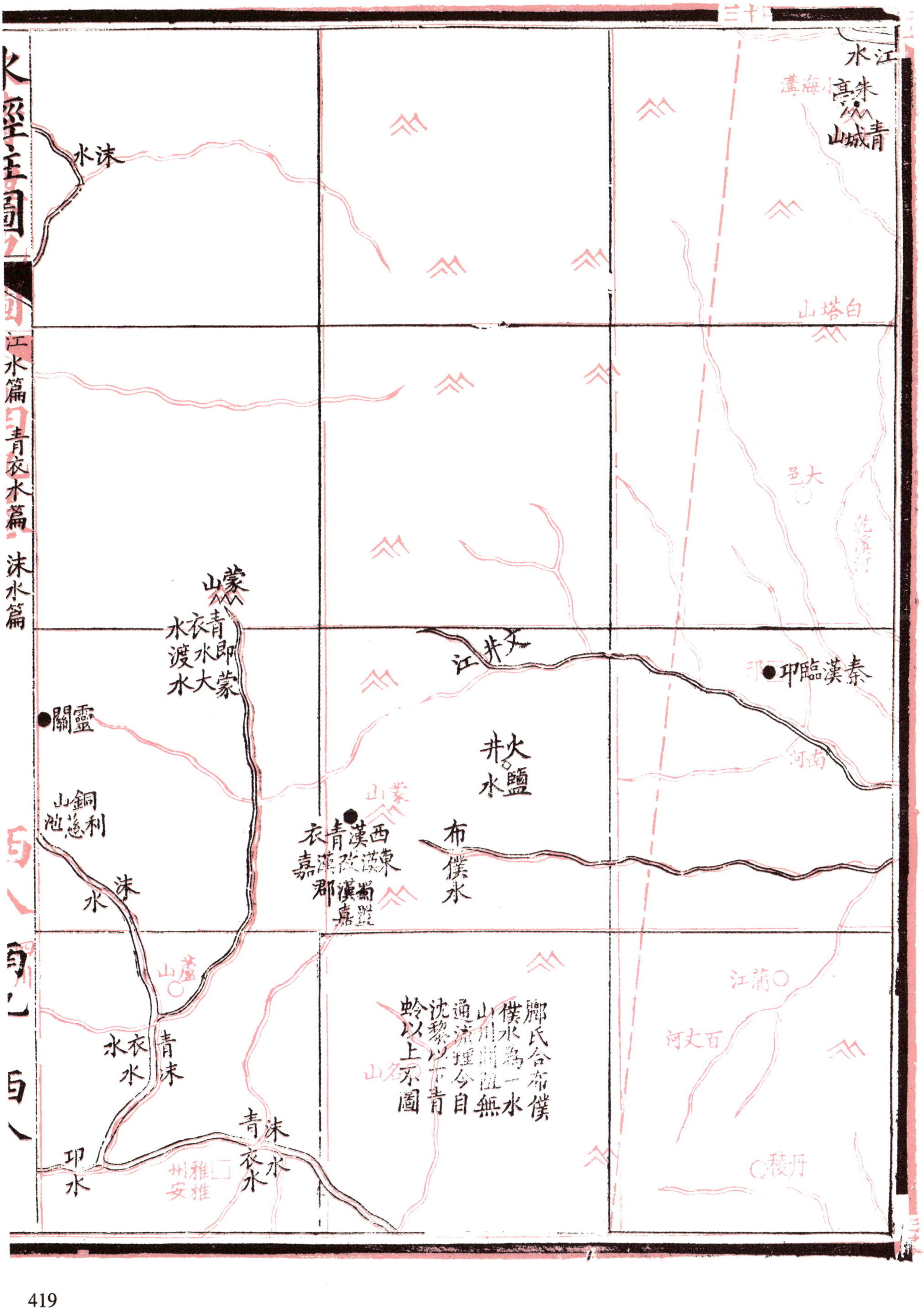
水經注圖
江水篇
青衣水篇
沫水篇
江水
朱高山
青城山
沫水
蒙山
靈關
文井江
秦漢臨邛
火井
鹽水
布僕水
沫水
青衣水
邛水
酈氏合布僕僕水為一水山川間阻無通流理今自沈黎以下青蛉以上不圖

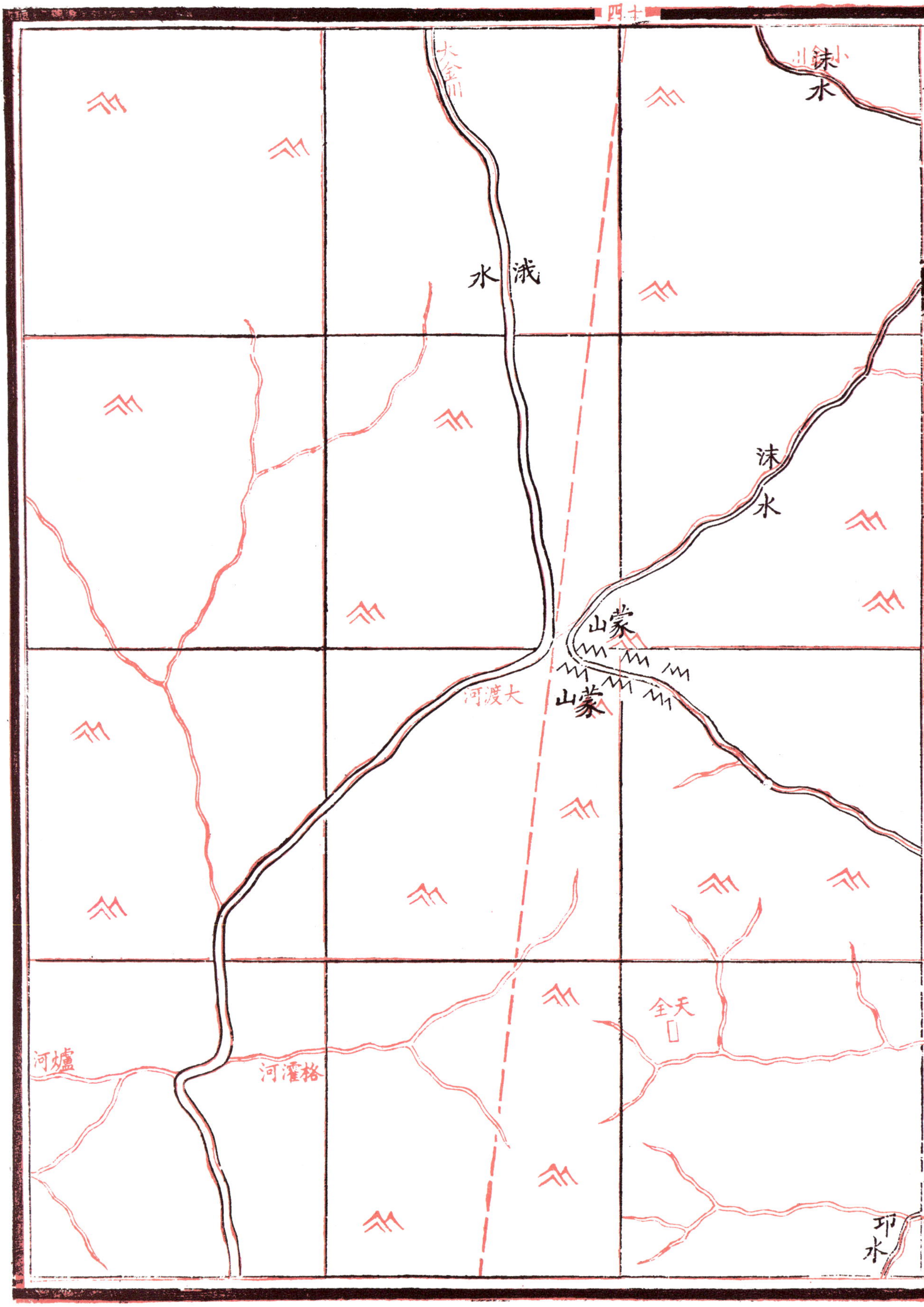
小川
沫水
大金川
渽水
沫水
蒙山
蒙山
大渡河
天全
格灌河
爐河
邛水

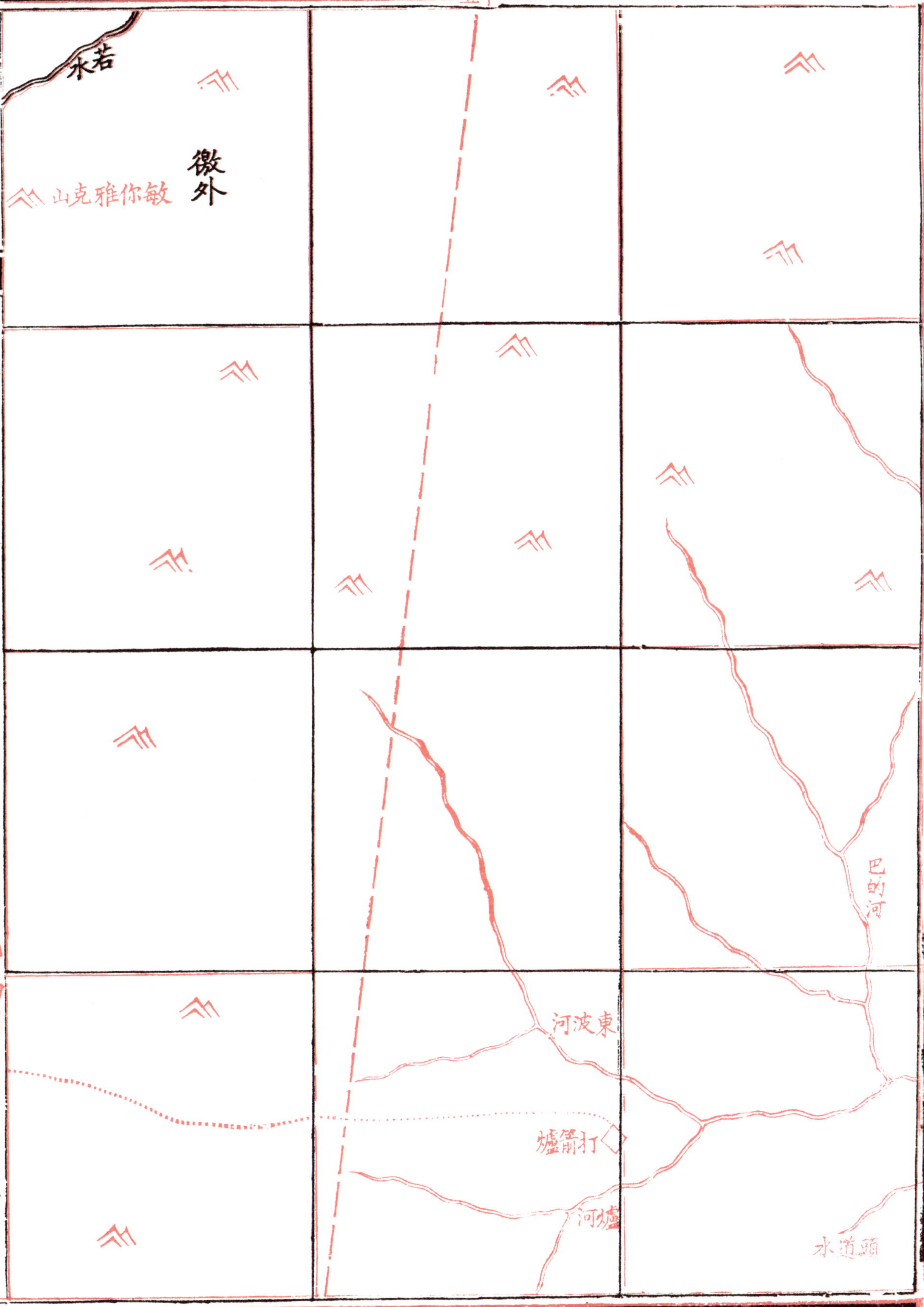

西乙
南乙
西乙

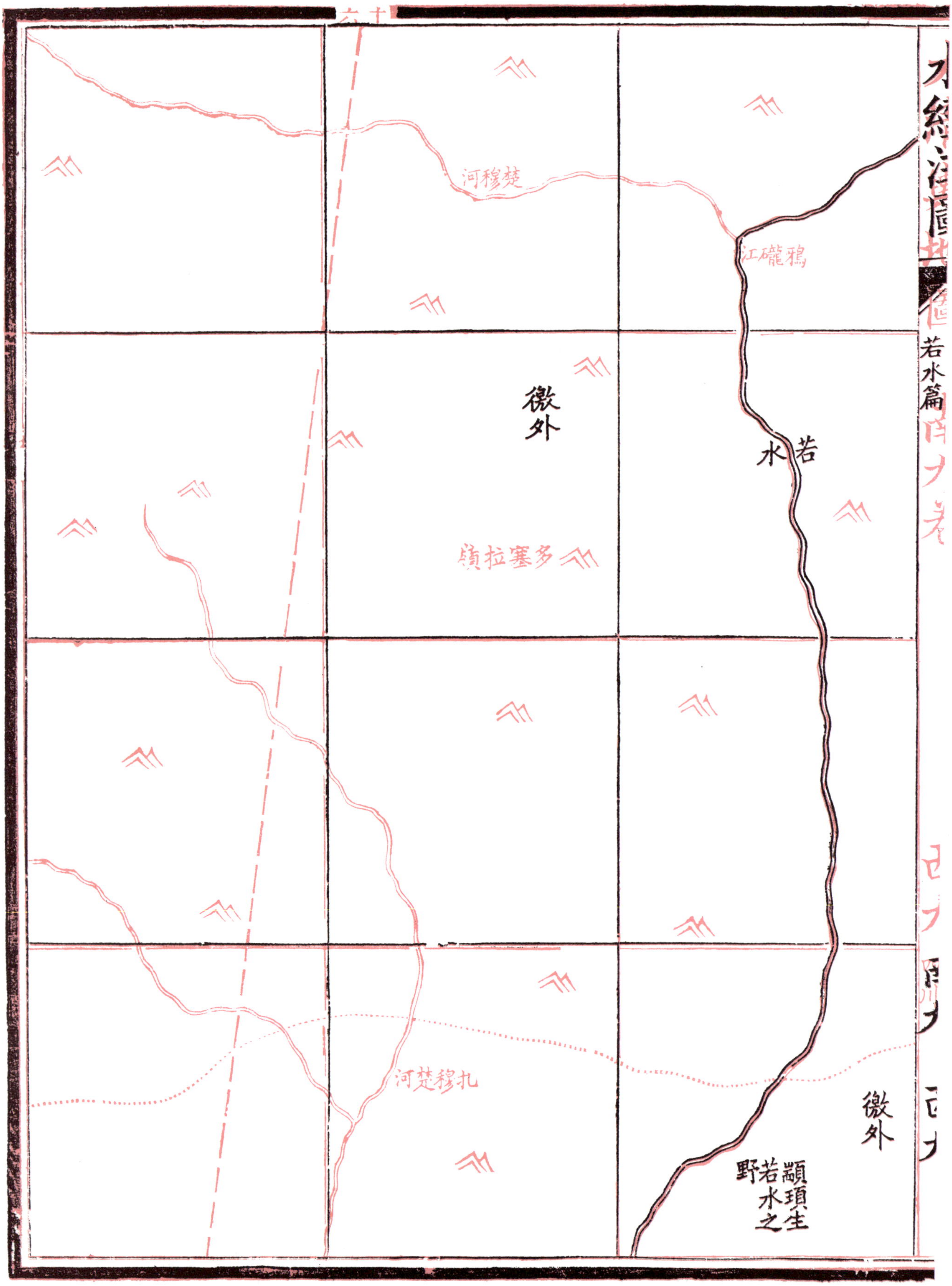
楚穆河
鴉礲江
徼外
若水
多塞拉嶺
扎穆楚河
徼外
顓頊生若水之野

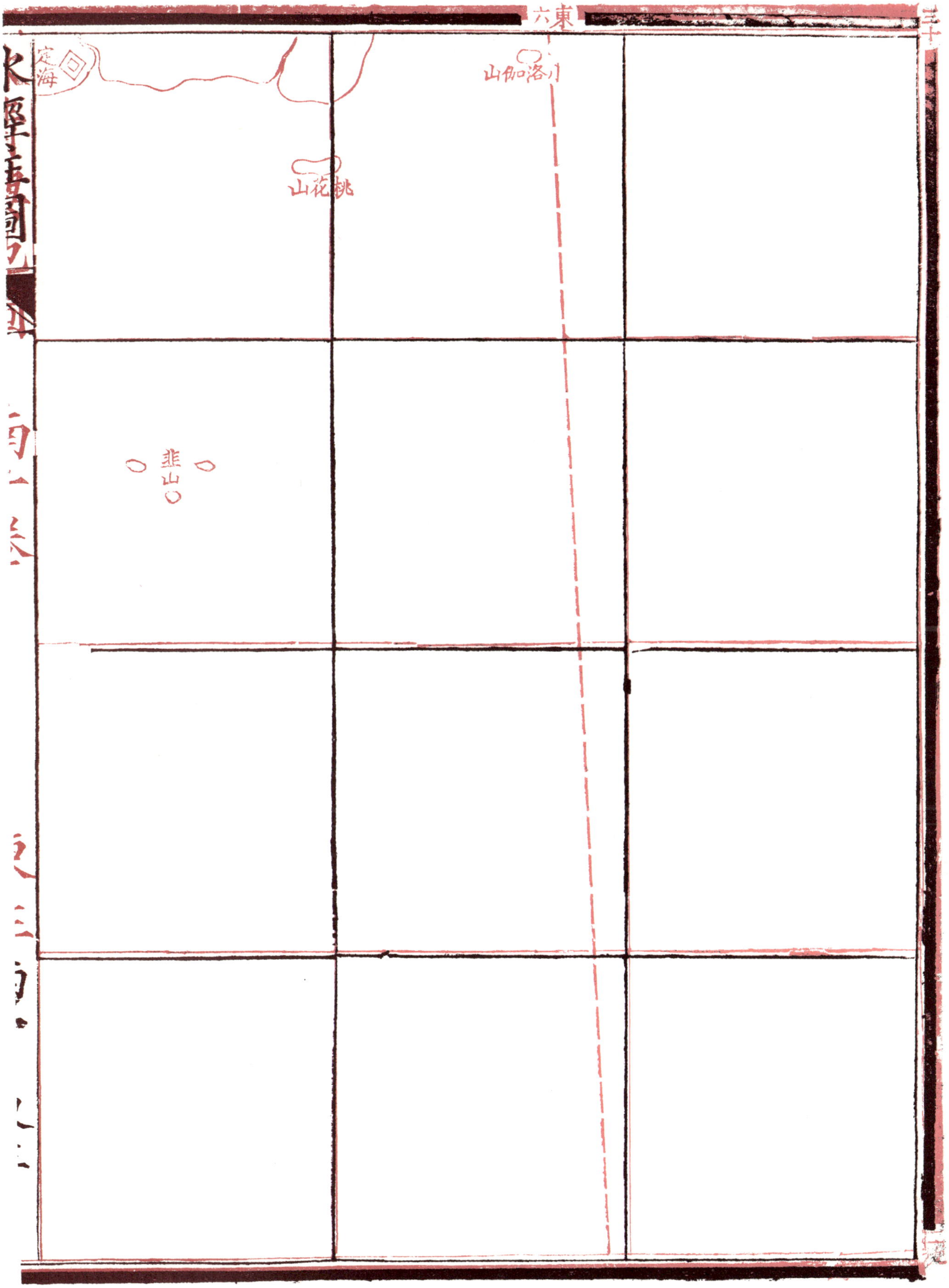
東六
定海
桃花山
洛伽山
韭山

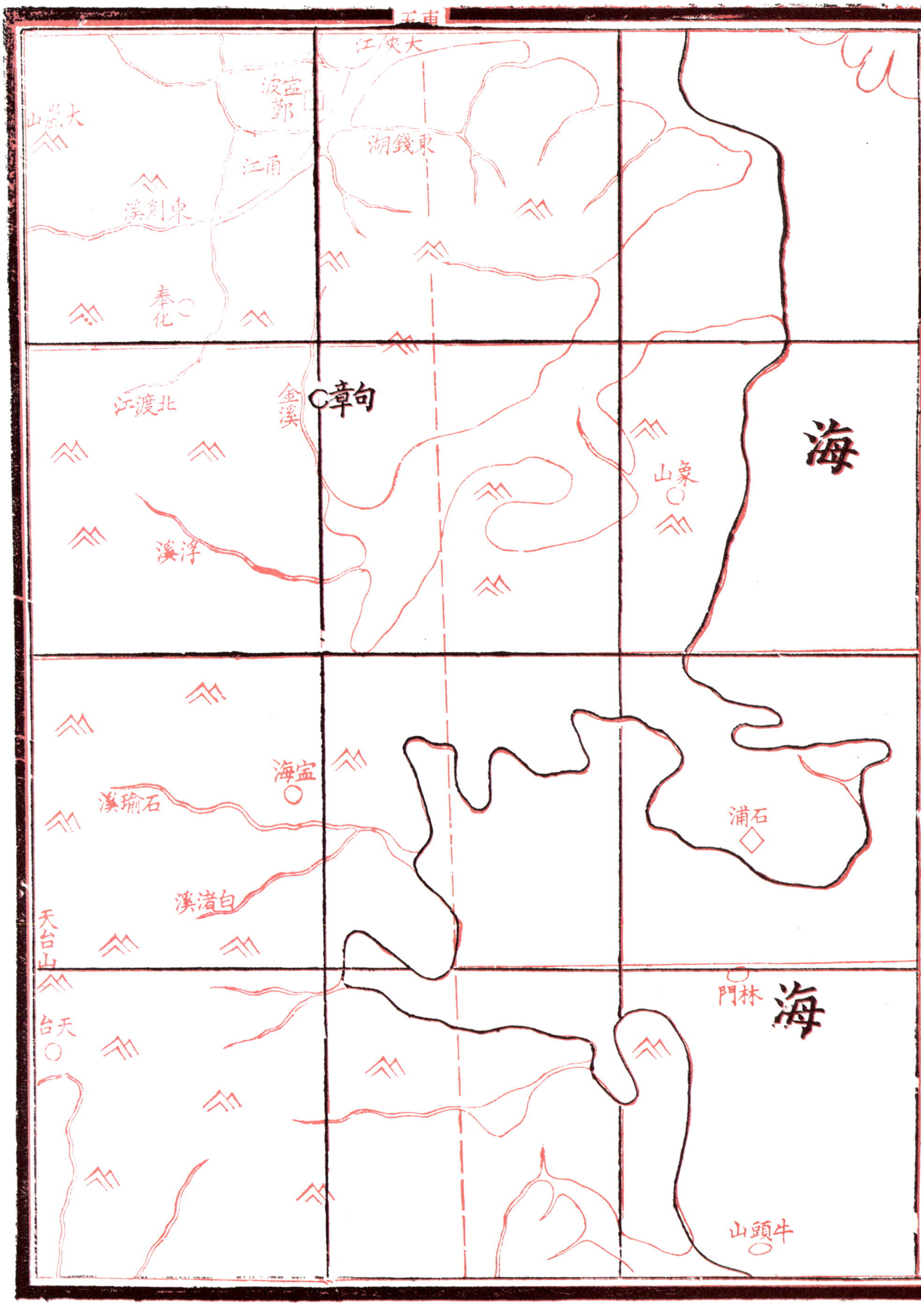
大夾江
大嵊山
東錢湖
甬江
東剡溪
奉化
北渡江
金溪
句章
浮溪
象山
海
寧海
石瑜溪
白渚溪
石浦
天台山
天台
林門
海
牛頭山

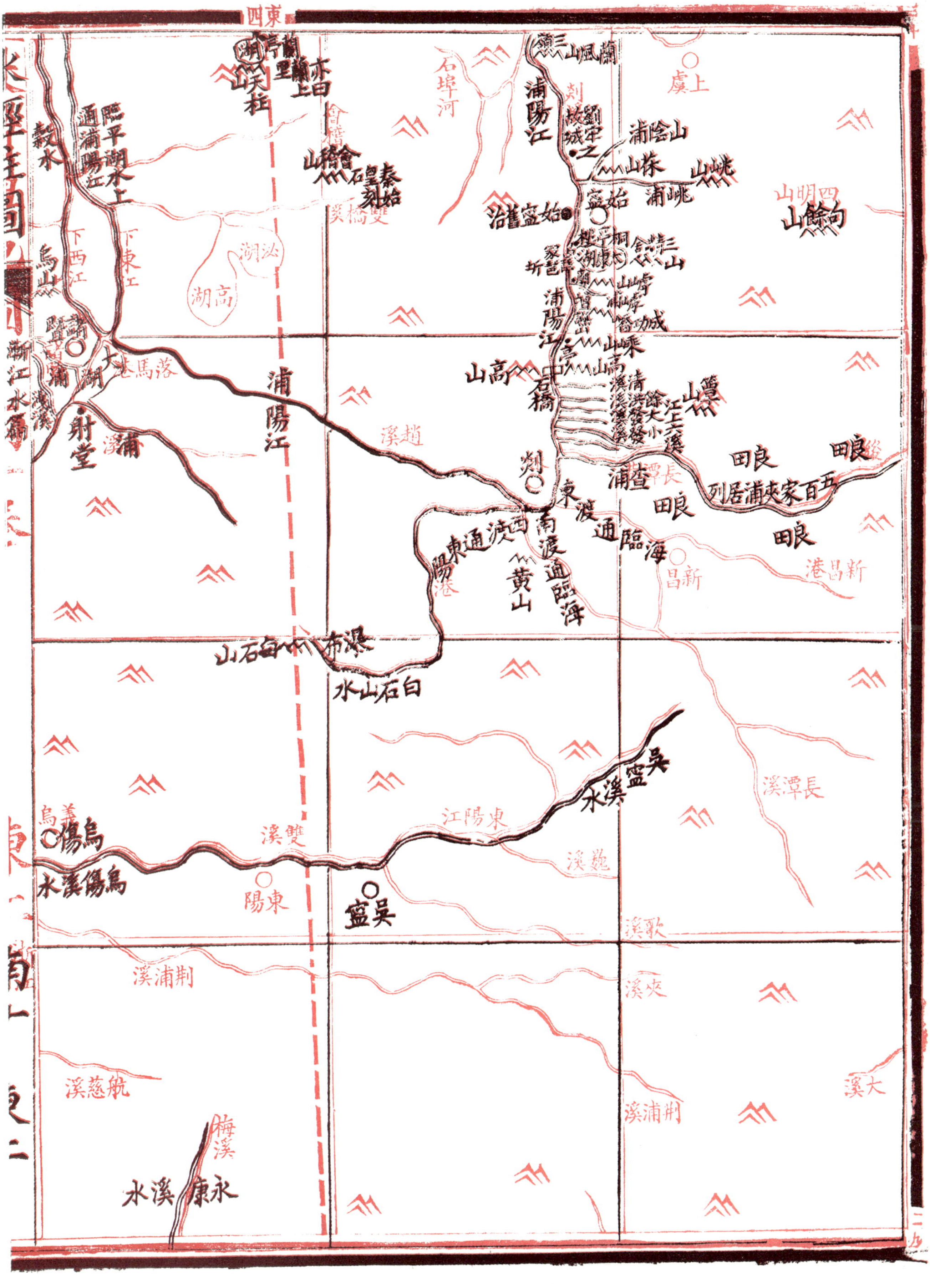
水經注圖
浙江水篇
上虞
四明山
句餘山
始寧
始寧舊治
浦陽江
秦皇刻石
會稽山
天柱山
石埠河
剡
大湖
射堂
浦溪
落馬
趙溪
高山
石橋
査浦
長潭
五百家夾浦居列
良田
東渡通臨海
南渡通臨海
黄山
新昌
新昌港
白石山水
吴寧溪水
長潭溪
東陽江
雙溪
烏傷
烏傷溪水
東陽
吴寧
巍溪
歌溪
荆浦溪
航慈溪
梅溪
永康溪水
大溪

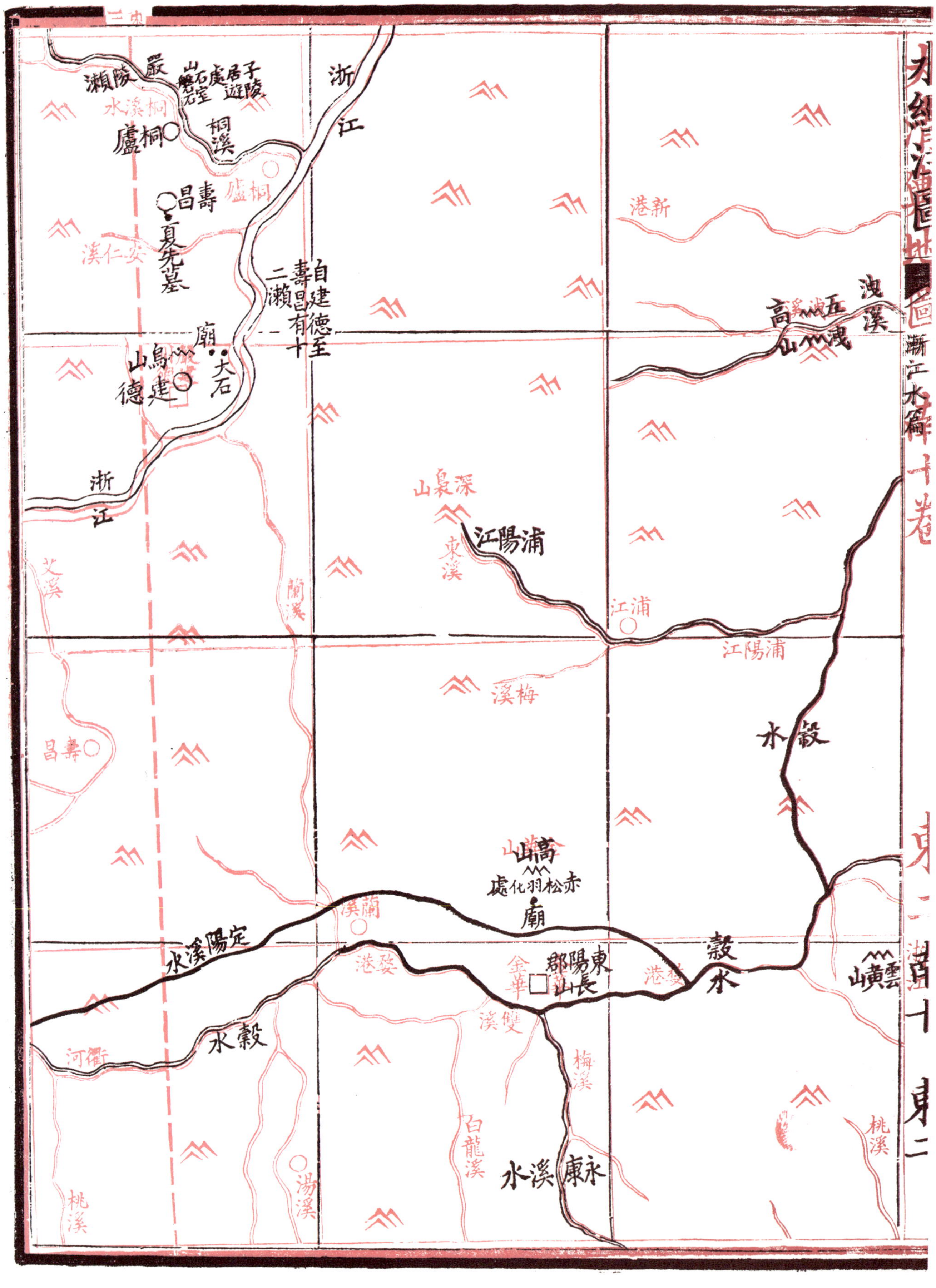
嚴陵瀨
子陵居處石室
桐廬
桐溪
桐溪水
壽昌
夏先墓
安仁溪
浙江
自建德至壽昌有十二瀨
廟
烏山
大石
建德
新港
五洩溪
五洩山
高山
深裊山
浦陽江
東溪
蘭溪
艾溪
浦江
梅溪
穀水
高山
赤松羽化處
定陽溪水
東陽郡長山
金華
婺港
雙溪
衢河
梅溪
白龍溪
湯溪
永康溪水
雲黃山
桃溪
漸江水篇

漸江水篇

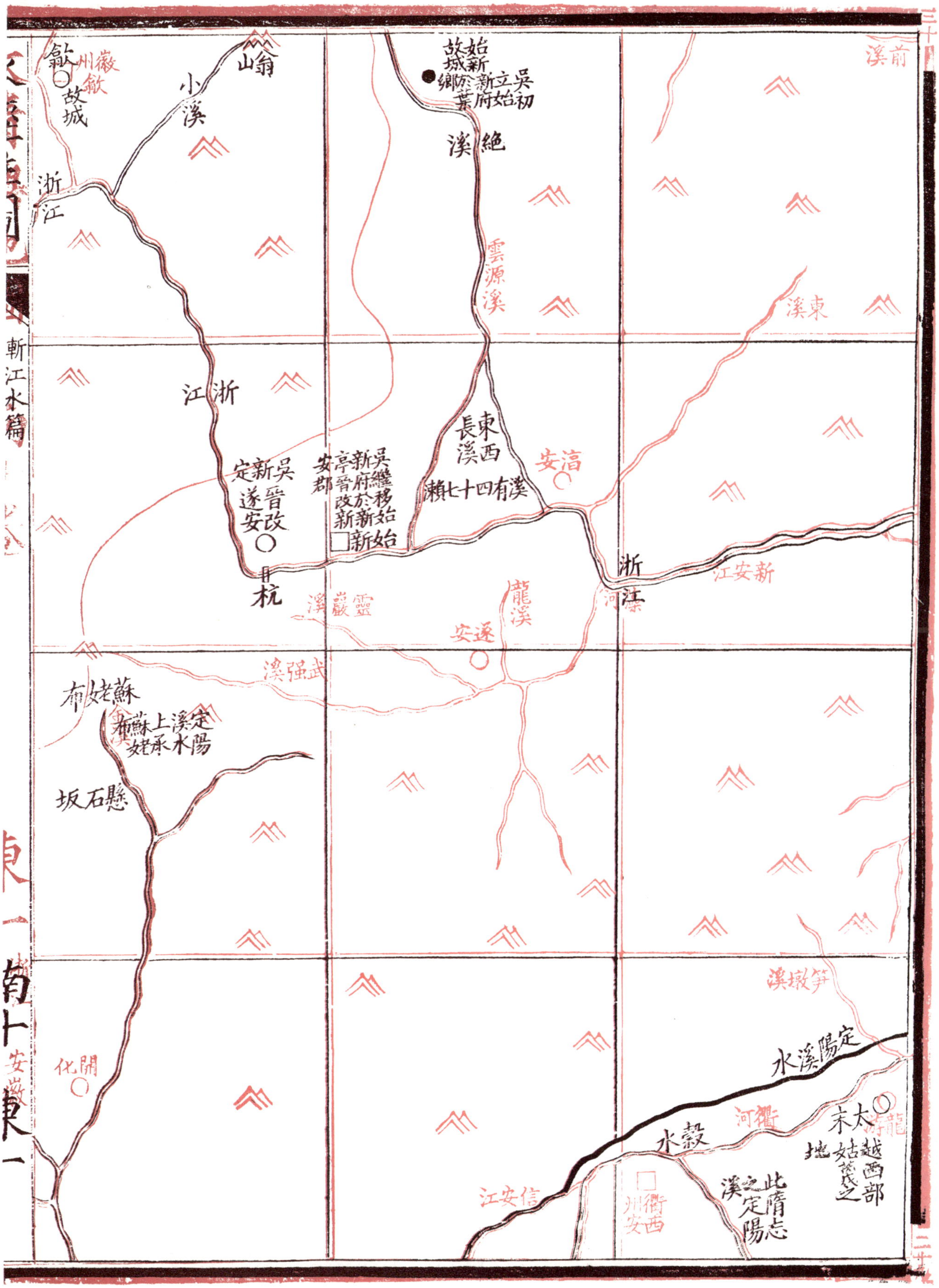
歙故城
徽州
歙
翁山
小溪
浙江
始新故城
吳初立始新府於葉鄉
絕溪
雲源溪
前溪
東溪
浙江
吳新定晉改遂安
吳繼移始新府於新亭晉改新安郡
始新
東西長溪
溪有四十七瀨
杭
靈巖溪
龍溪
遂安
武強溪
新安江
浙江
蘇姥布
定陽溪上承蘇姥布水
懸石坂
開化
定陽溪水
穀水
衢河
太末越西部姑蔑之地
此隋志之定陽溪
信安江
衢州
西安

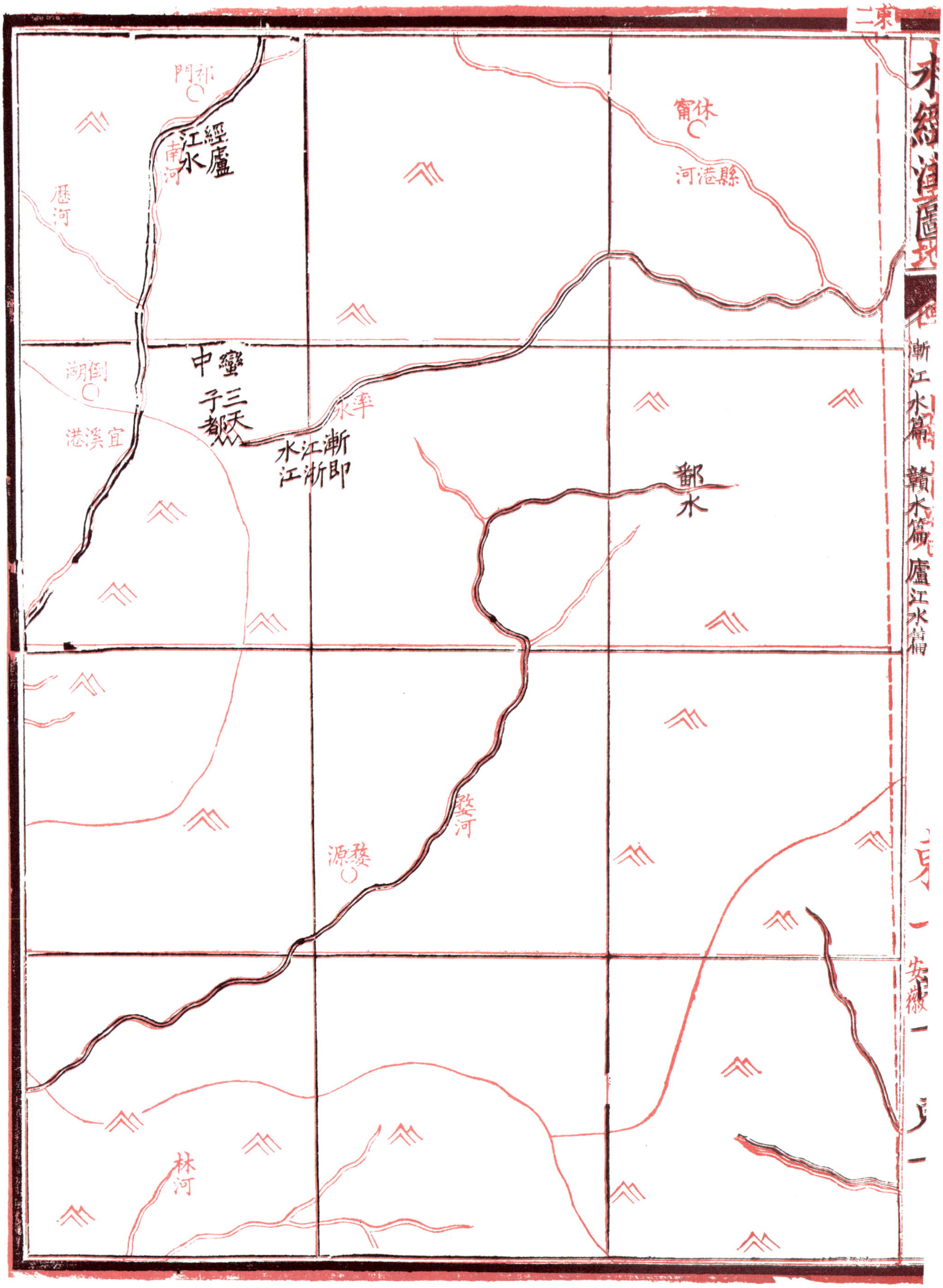
漸江水篇 贛水篇 廬江水篇
祁門
廬江水經
南河
歷河
休甯
縣港河
倒湖
宜溪港
蠻中
三天子都
率水
漸江水
即浙江
鄣水
婺河
婺源
林河

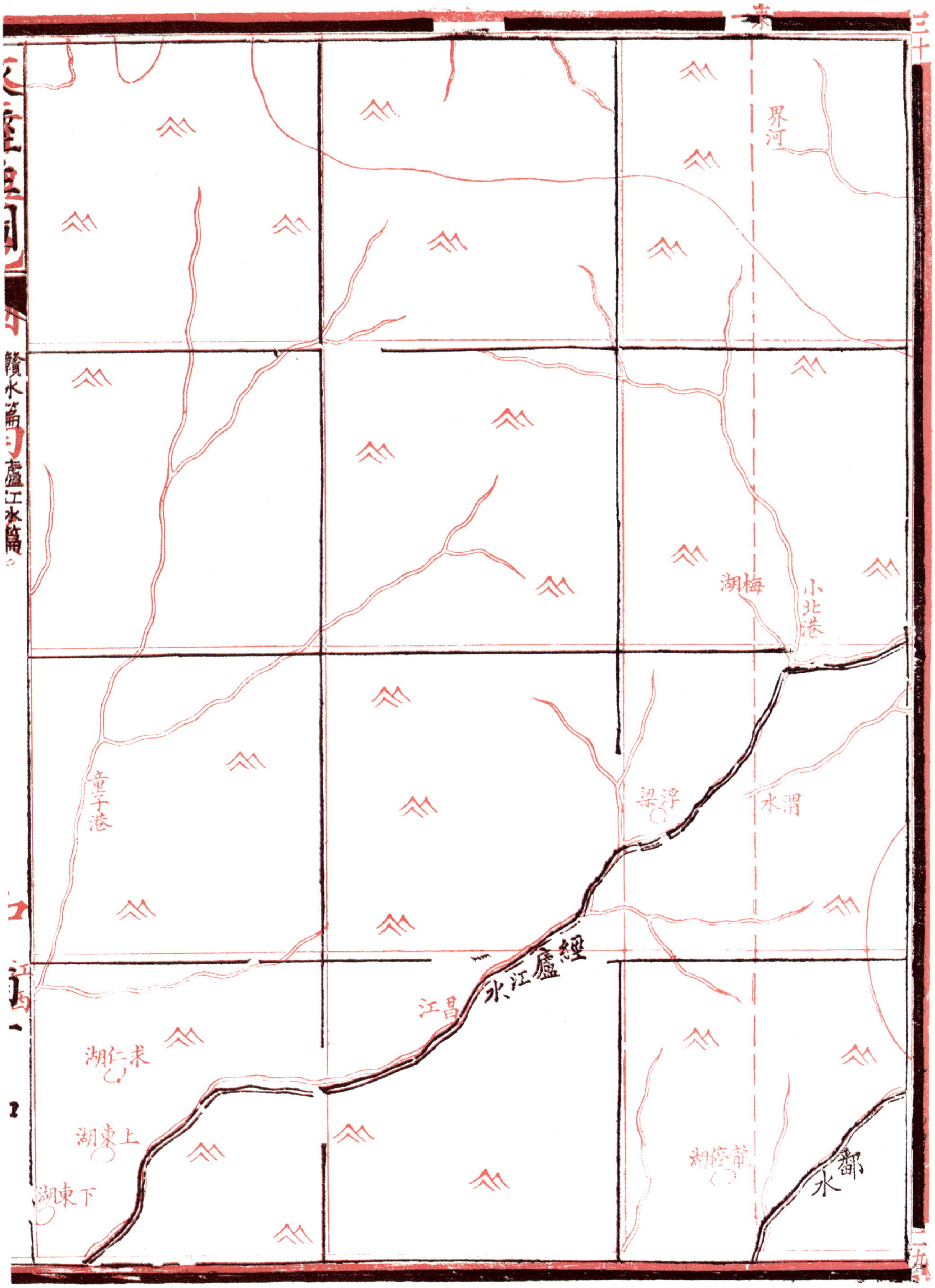
贛水篇
盧江水篇
江西一
界河
梅湖
小北港
童子港
浮梁
渭水
經盧江水
昌江
求仁湖
上東湖
下東湖
鄱水

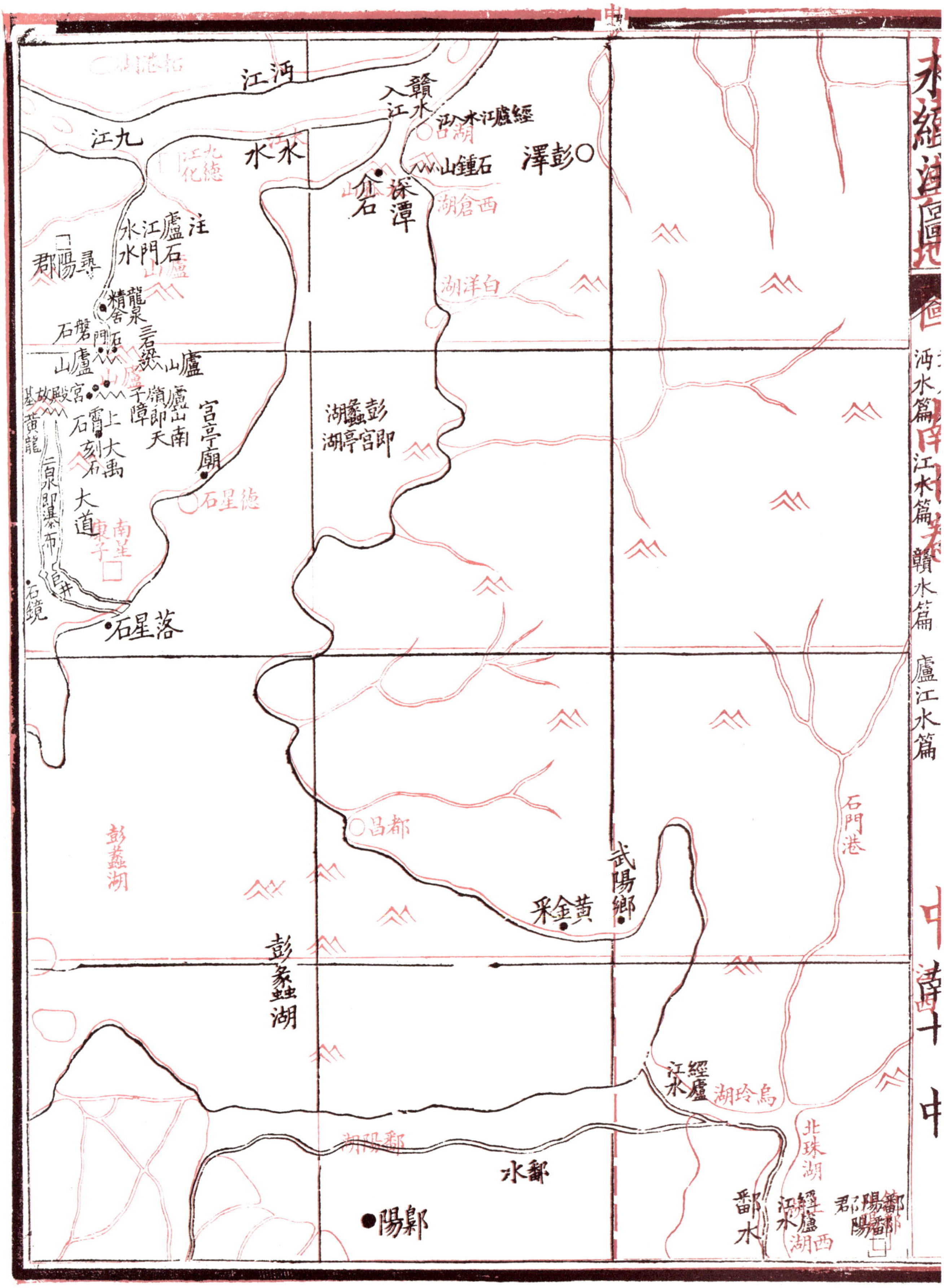

水經注圖
南四
沔水篇
江水篇
贛水篇
廬江水篇
沔江
九江
贛水入江
經廬江水入江
彭澤
石鍾山
尋陽郡
廬江水
石門水
廬山
宮亭廟
落星石
彭蠡湖
黃金采
武陽鄉
鄱水
鄱陽

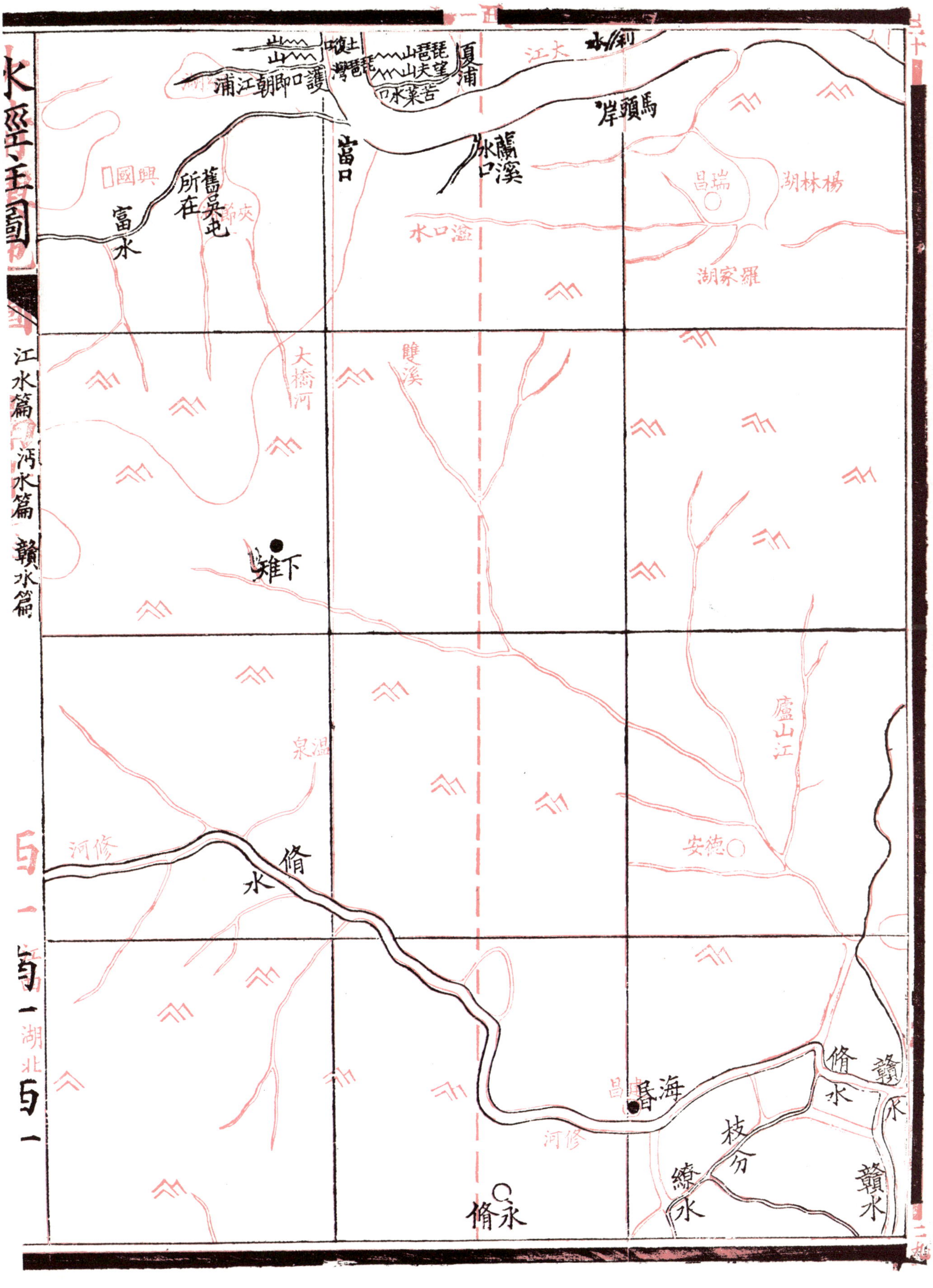
水經注圖
江水篇 沔水篇 贛水篇
夏浦
琵琶山
望夫山
苦菜水口
琵琶灣
護口即朝江浦
馬頭岸
富口
蘭溪水口
舊吳屯所在
富水
下雉
脩水
海昏
贛水
分枝
繚水
永脩
大江
興國
瑞昌
楊林湖
溢口水
羅家湖
大橋河
雙溪
溫泉
盧山江
修河
德安

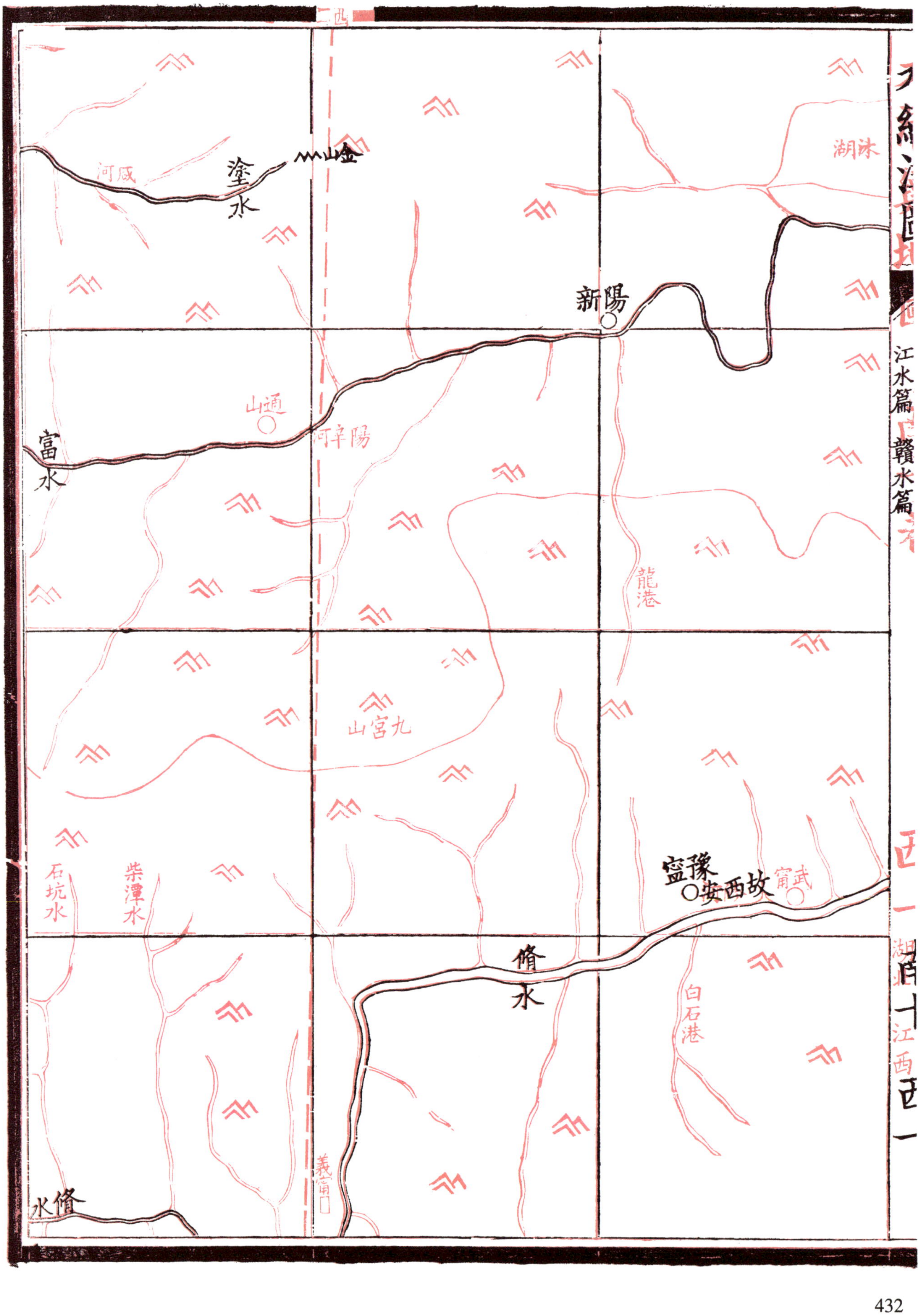
金山
塗水
咸河
沐湖
新陽
通山
陽辛河
富水
龍港
九宮山
豫寧
故西安
武甯
石坑水
柴潭水
脩水
白石港
義甯
江水篇
贛水篇

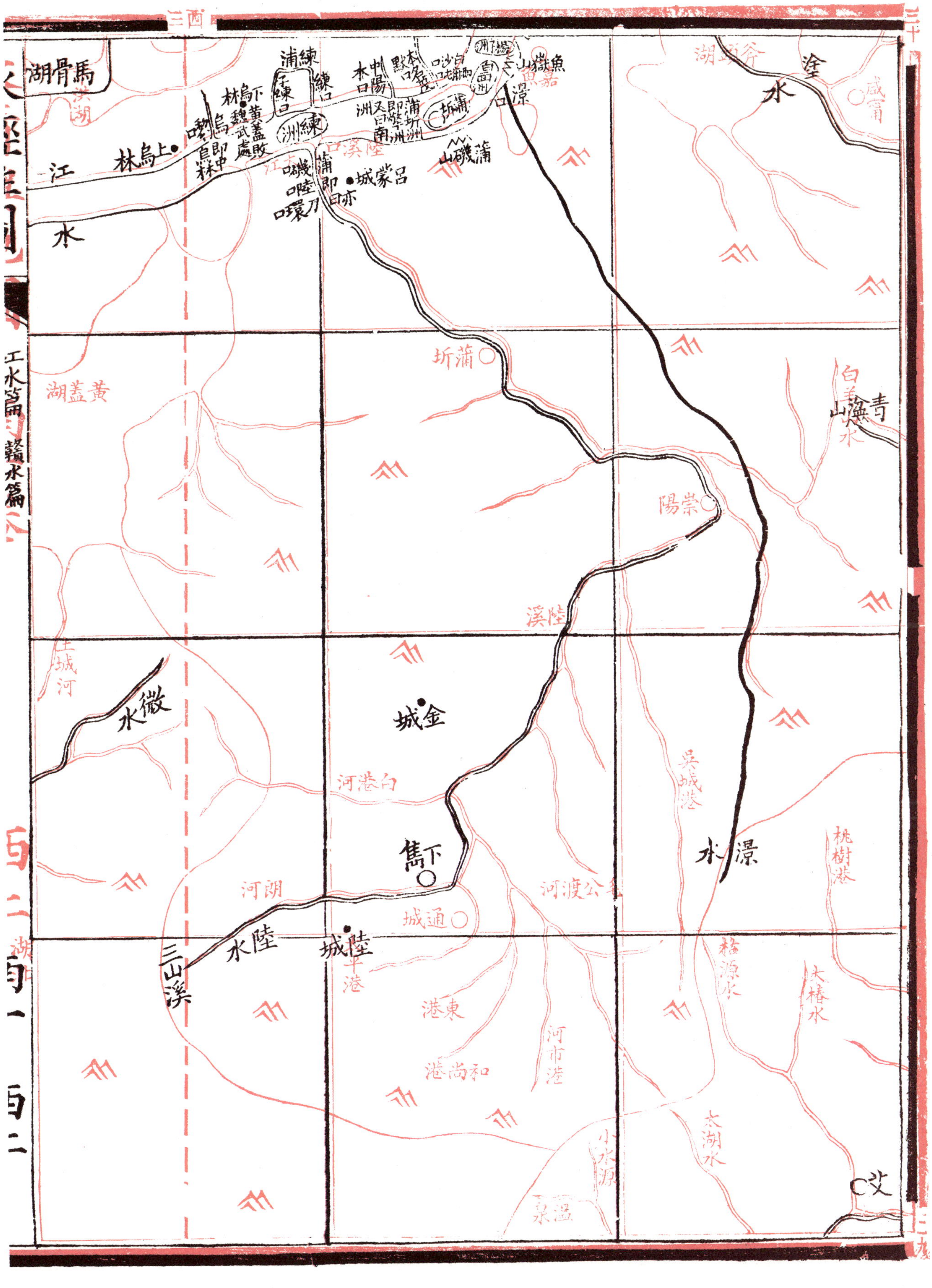
江水篇 贛水篇
馬骨湖
江水
上烏林
練浦
呂蒙城
蒲磯山
魚嶽山
湶口
塗水
咸寧
青湓山
蒲圻
黃蓋湖
崇陽
陸溪
微水
金城
白港河
下雋
湶水
朗河
公渡河
通城
陸水
陸城
三山溪
東港
和尚港
河市港
桃樹港
大椿水
太湖水
溫泉
文

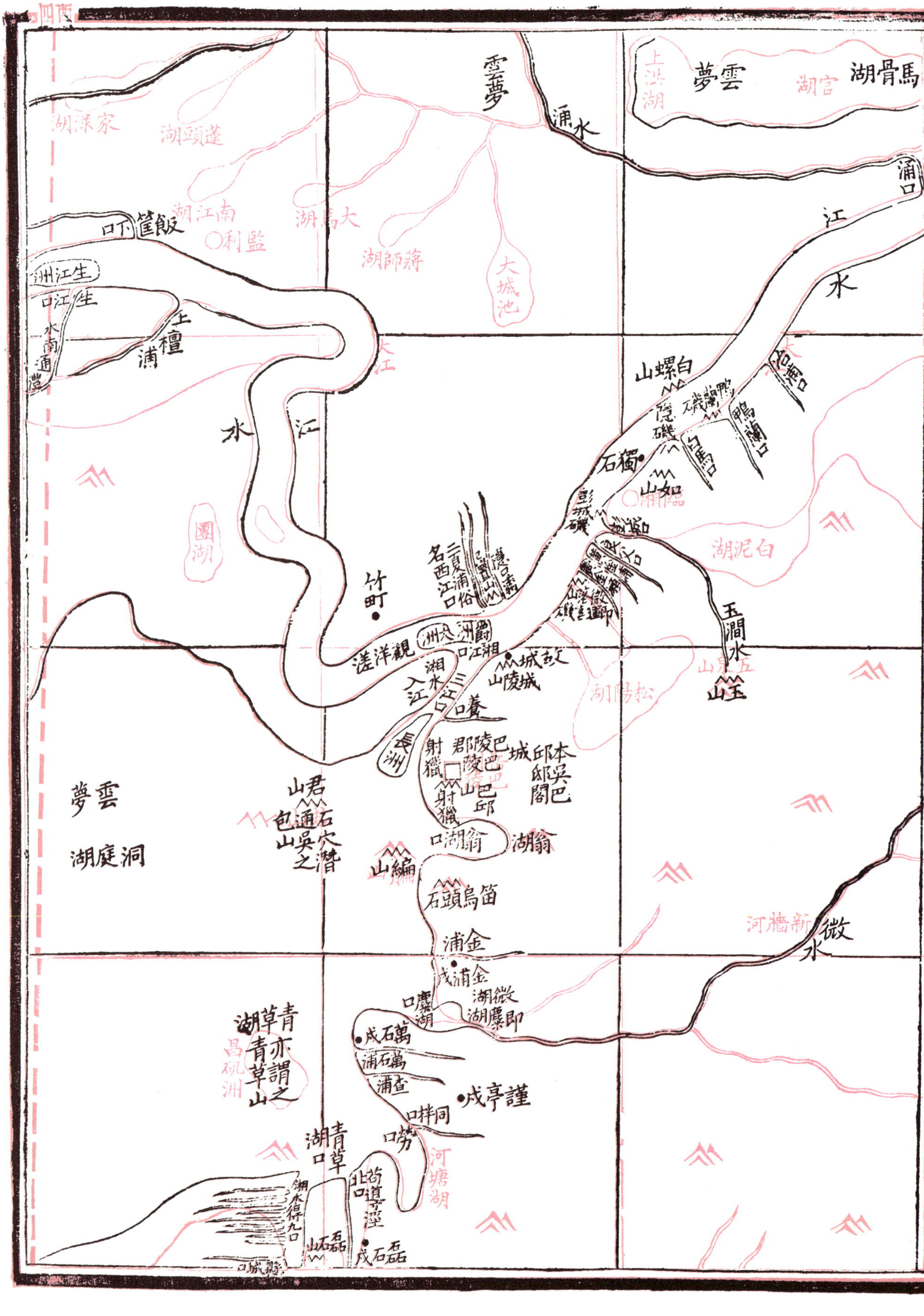
雲夢
涌水
馬骨湖
宮湖
上洪湖
涌口
江水
飯筐下口
監利
大馬湖
南江湖
蓬頭湖
家深湖
蔣師湖
大城池
生江洲
生江口
上檀浦
水江
白螺山
如山
獨石
彭城磯
竹町
白泥湖
五澗水
玉山
松陽湖
湘水入江
巴陵
巴丘
射獵
君山
雲夢
洞庭湖
翁湖
編山
笛烏頭石
金浦
新牆河
微水
謹亭戍
青草湖
青草山
昌瓜洲
河塘湖

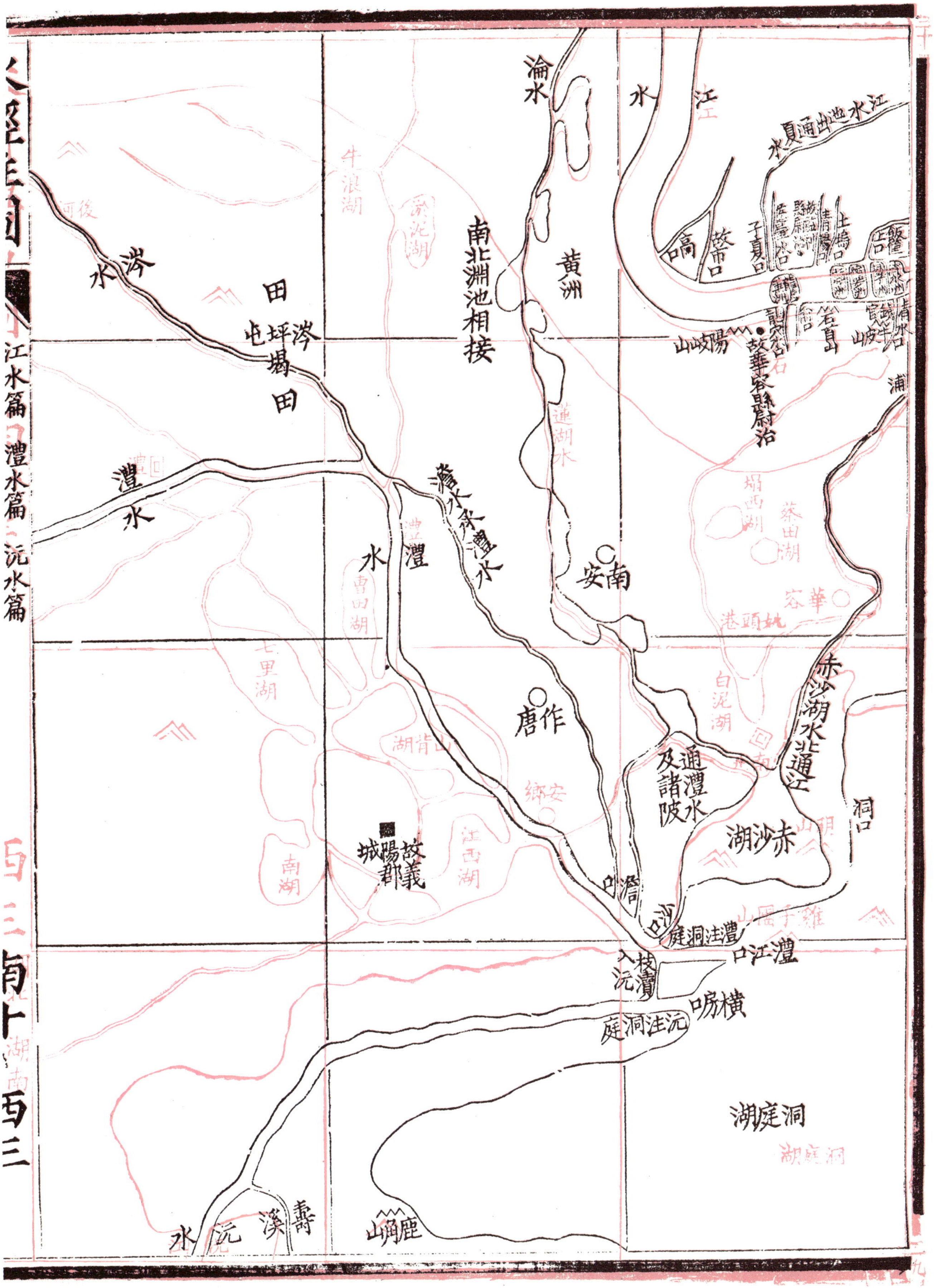
水經注圖
江水篇 澧水篇 沅水篇
南十西三
淪水
江水
黃洲
南北淵池相接
涔水
澧水
南安
作唐
故義陽郡城
華容縣尉治
陽岐山
赤沙湖水北通江
通澧水及諸陂
赤沙湖
洞口
澧注洞庭
澧江口
沅注洞庭
洞庭湖
鹿角山
壽溪
沅水

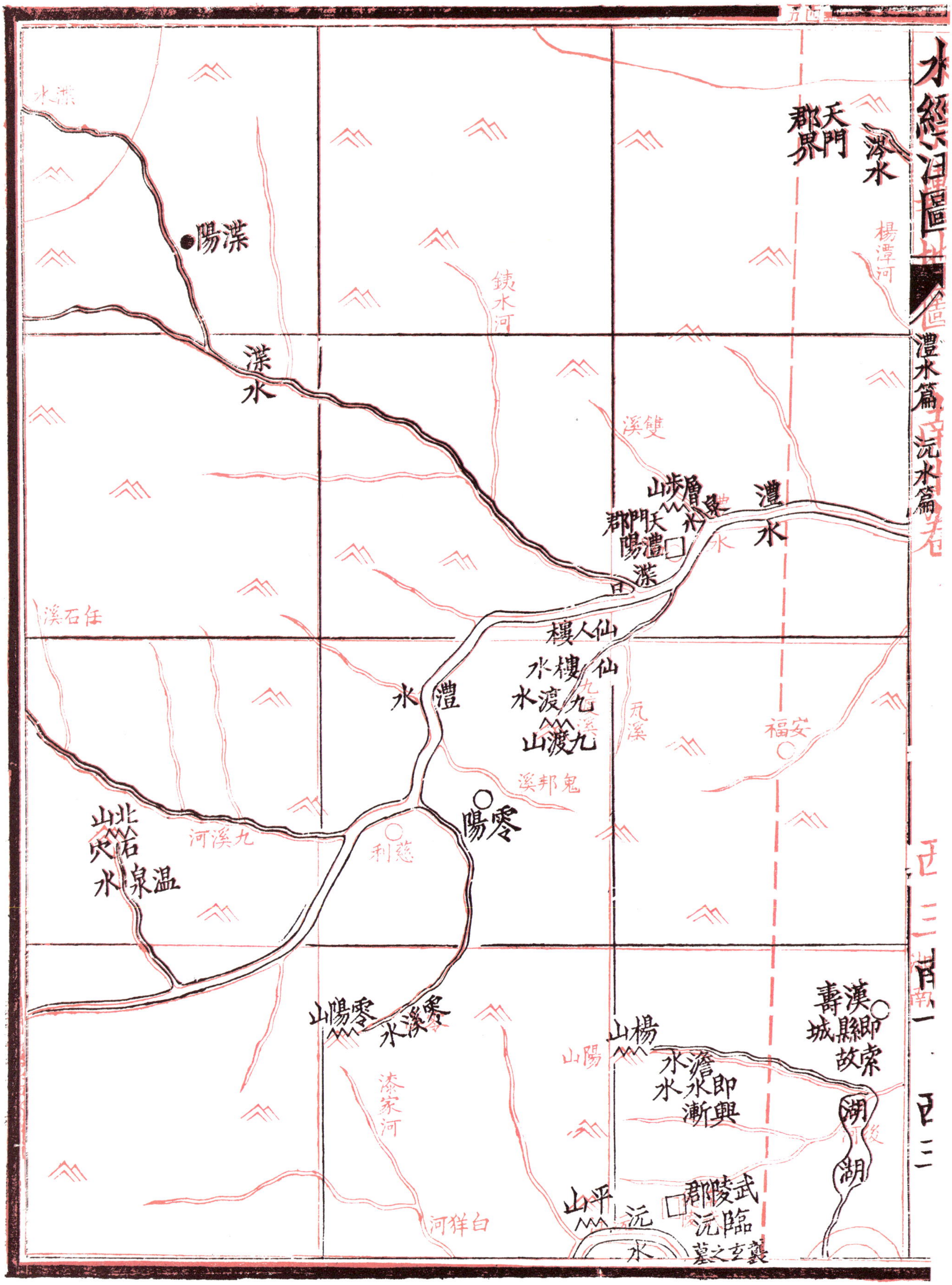
水經注圖
澧水篇
沅水篇
天門郡界
涔水
溠陽
溠水
澧水
仙人樓
仙樓水
九渡水
九渡山
零陽
北右穴山
温泉水
零陽山
零溪水
楊山
漢壽縣即索故城
湖
武陵郡臨沅
平山
沅水
任石溪
九溪河
慈利
鬼邦溪
雙溪
安福
楊潭河
漆家河
白洋河
陽山

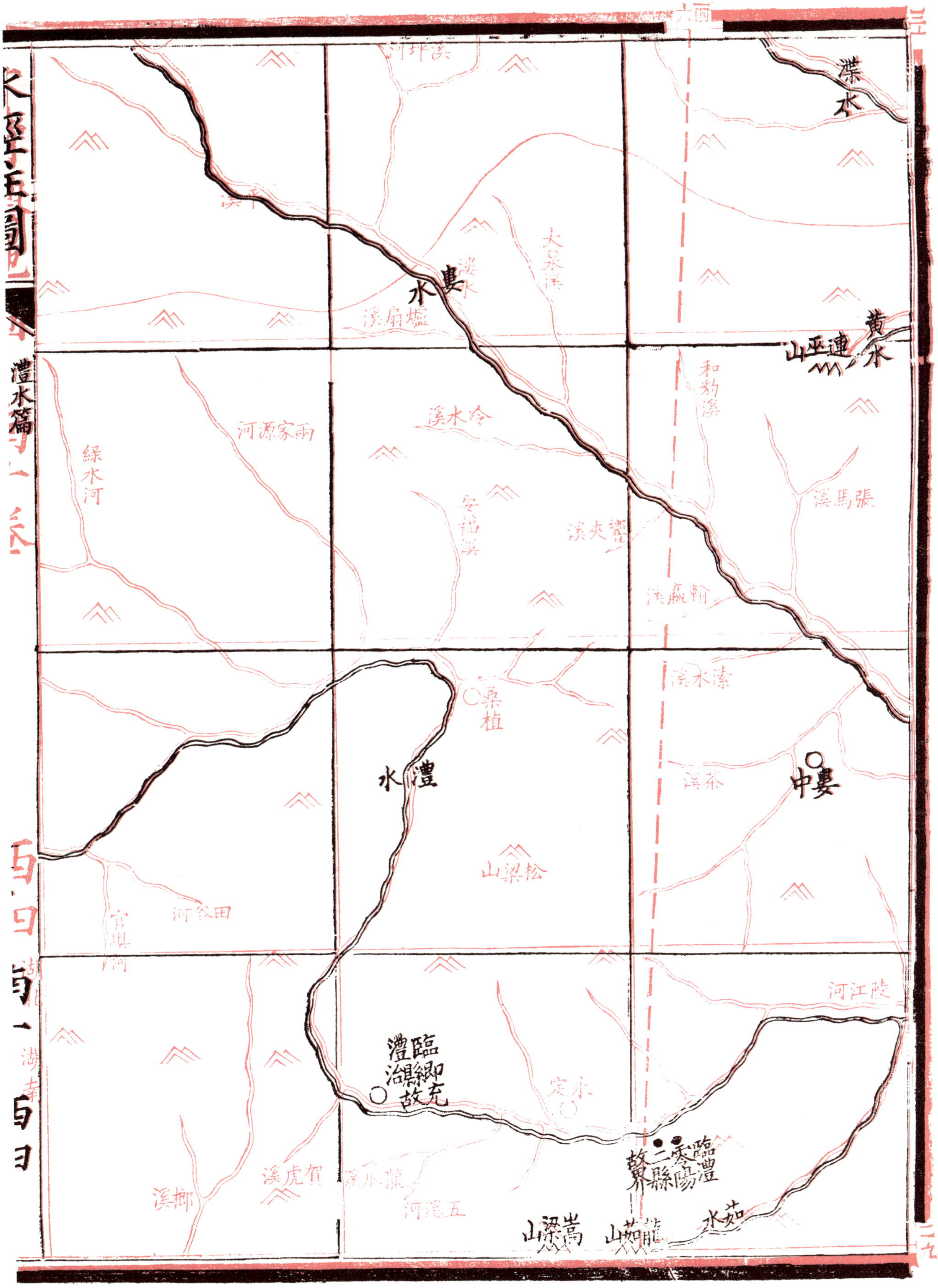

水經注圖
澧水篇
漊水
黄水
連巫山
澧水
漊中
臨澧縣界故充縣治
臨澧零陽二縣界
嵩梁山
龍茹山
茹水

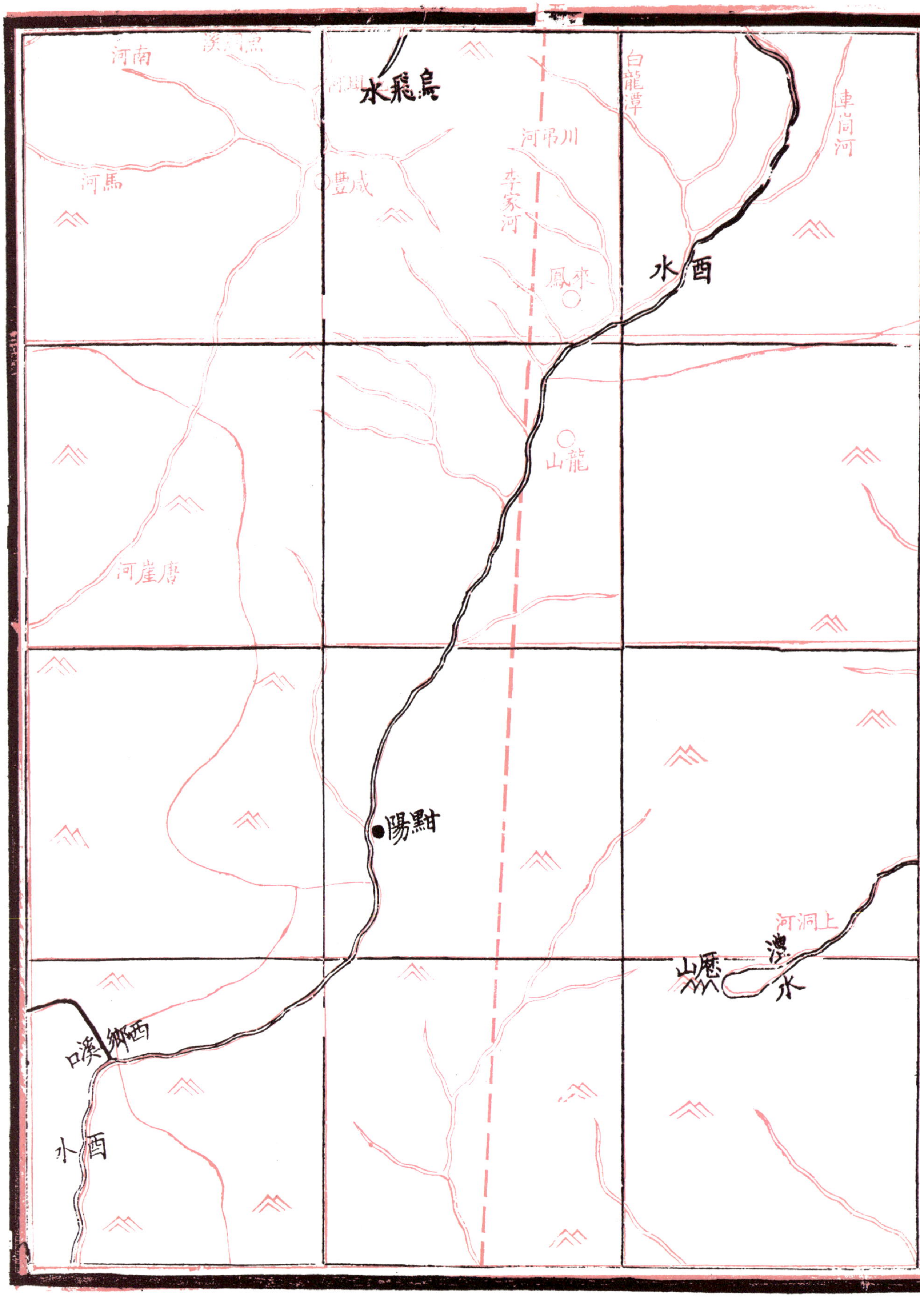
烏飛水
酉水
黚陽
酉鄉溪口
酉水
歷山
澧水
南河
馬河
咸豐
李家河
白龍潭
車尚河
來鳳
龍山
唐崖河
上洞河

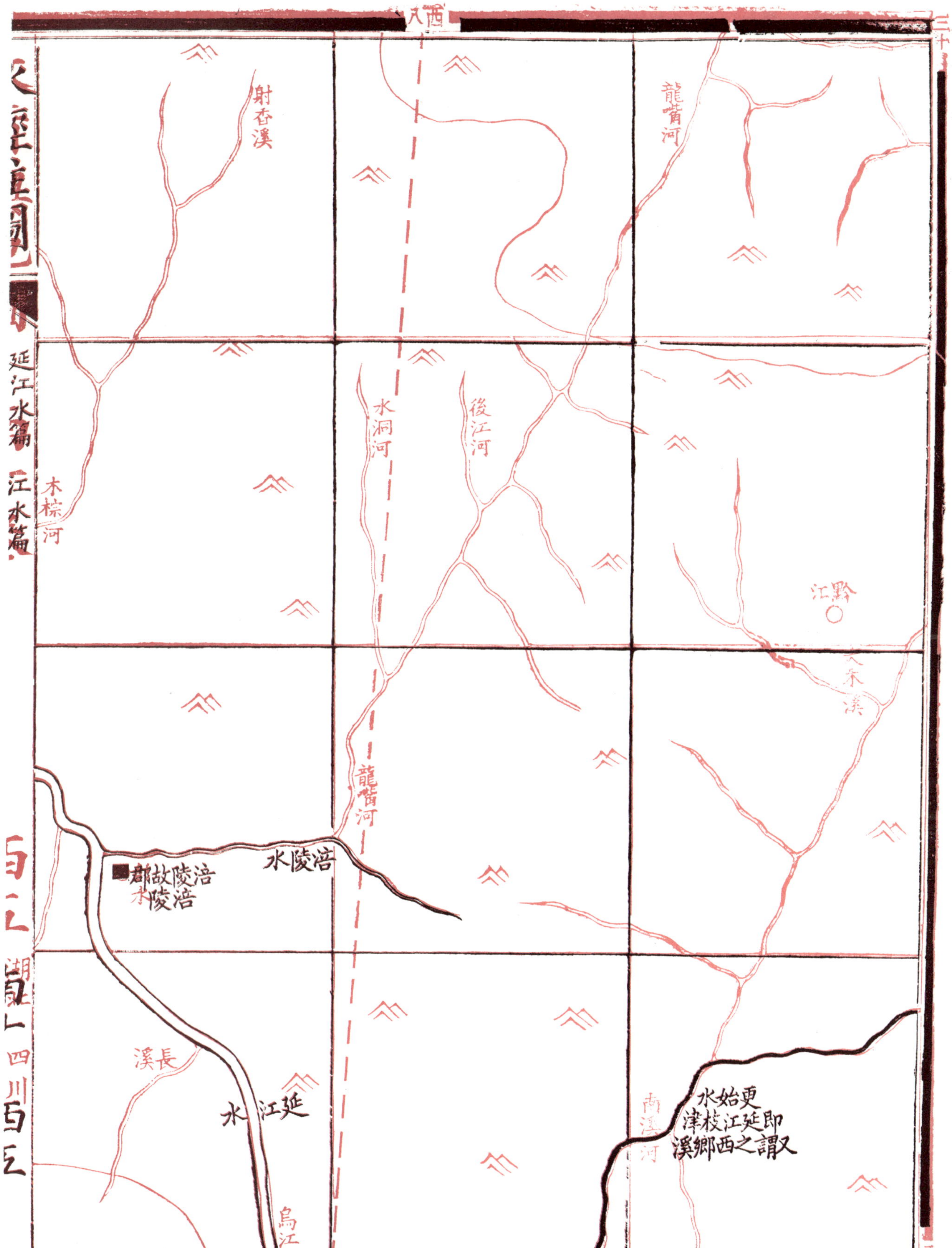
延江水篇 江水篇
湖北 四川
射香溪
龍觜河
水洞河
後江河
木棕河
黔江
龍觜河
涪陵水
涪陵故郡
涪陵
長溪
延江水
烏江
南溪河
更始水
即延江枝津
又謂之西鄉溪

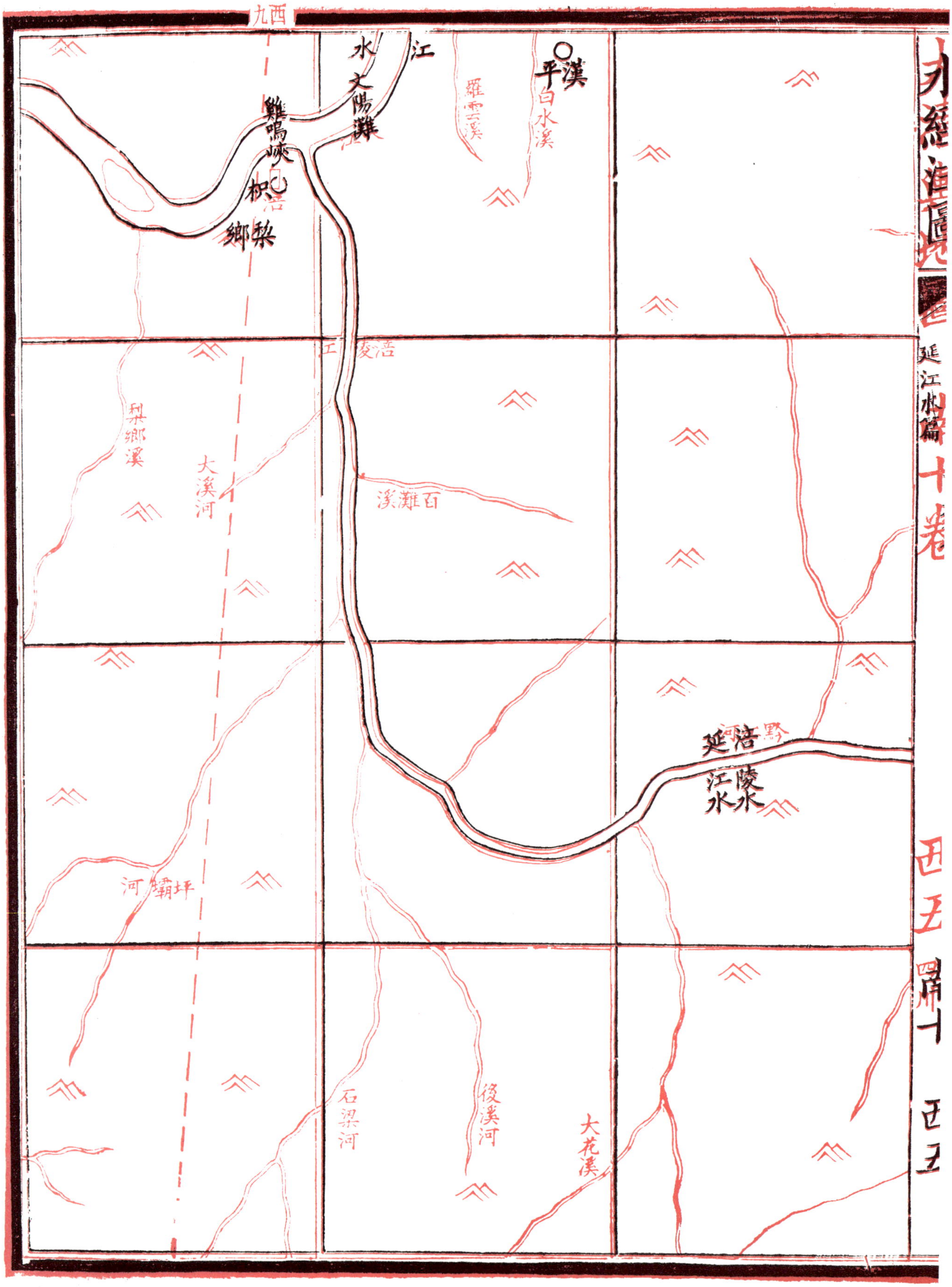

九西
江水
文陽灘
雞鳴峽
枳
梨鄉
涪
漢平
白水溪
羅雲溪
涪陵
百灘溪
梨鄉溪
大溪河
坪壩河
涪陵水
延江水
石梁河
後溪河
大花溪

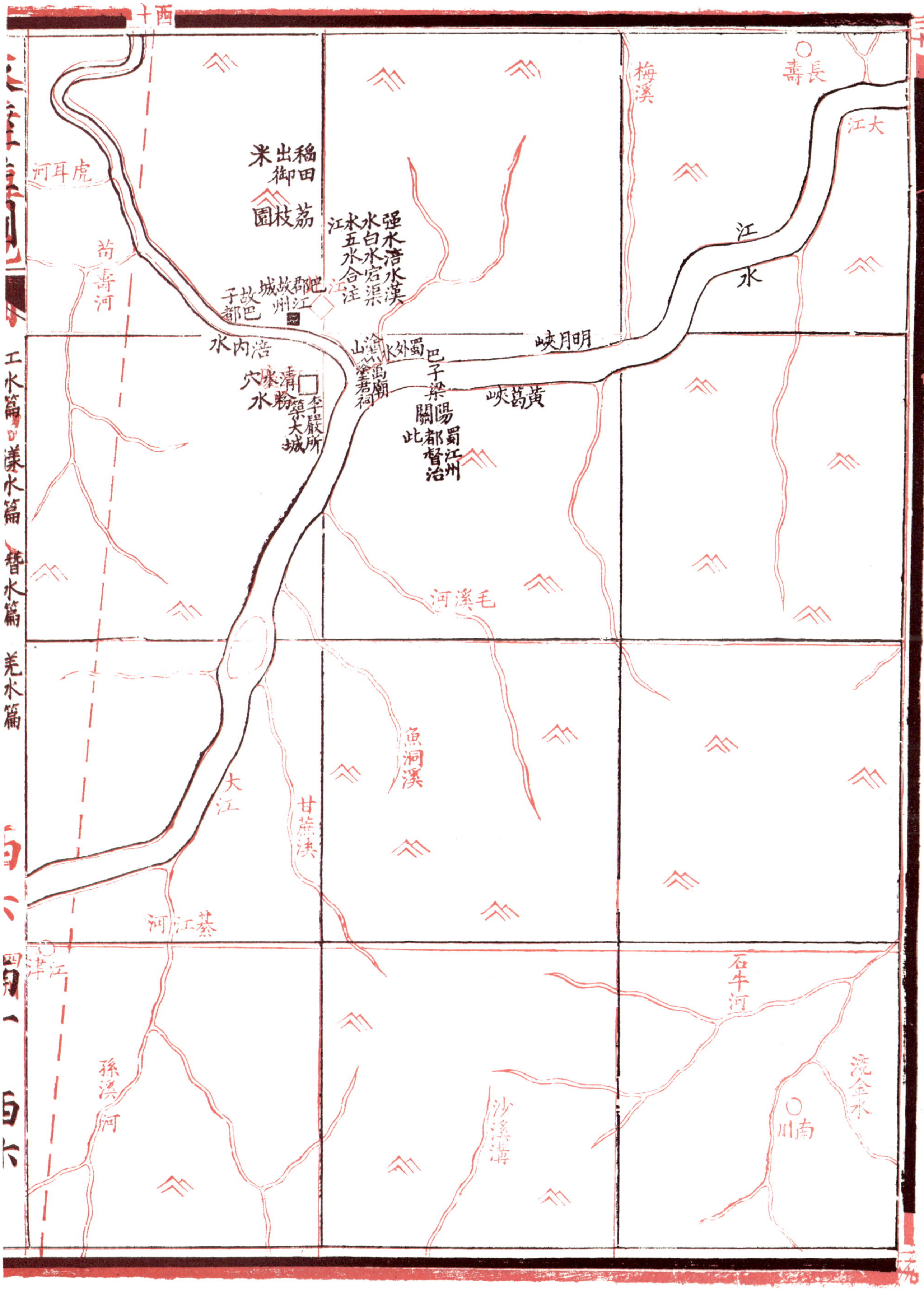

江水篇
漾水篇
潛水篇
羌水篇
虎耳河
稻田出御米
荔枝園
苟壽河
巴郡故城
江州
涪內水
李嚴所築大城
巴子梁
陽關
蜀江州都督治此
明月峽
黃葛峽
江水
梅溪
長壽
大江
毛溪河
魚洞溪
大江
甘蔗溪
綦江河
江津
石牛河
孫溪河
沙溪溝
南川

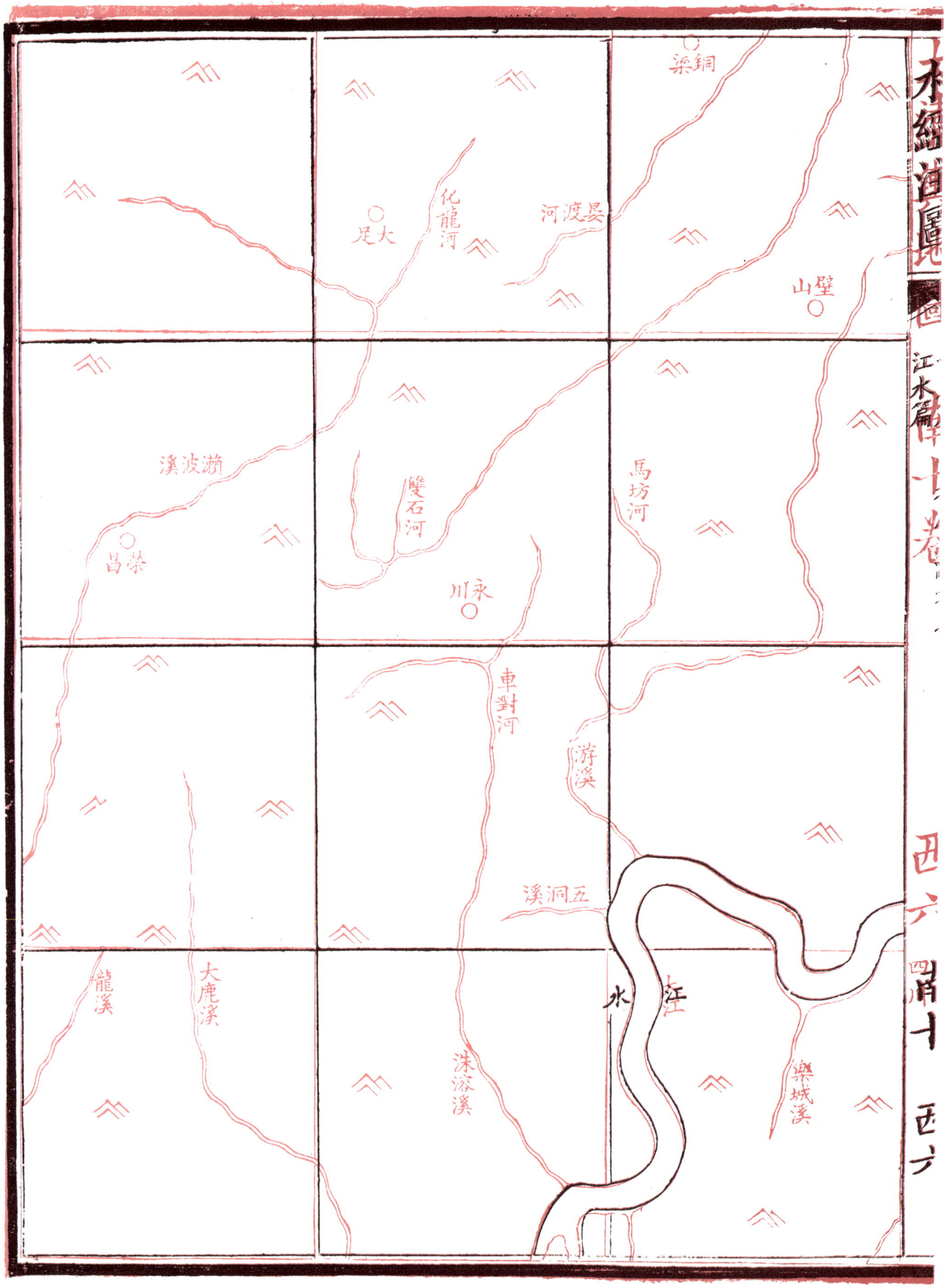
銅梁
大足
化龍河
晏渡河
壁山
瀨波溪
榮昌
雙石河
永川
馬坊河
車對河
游溪
五洞溪
龍溪
大鹿溪
江水
洙溶溪
樂城溪

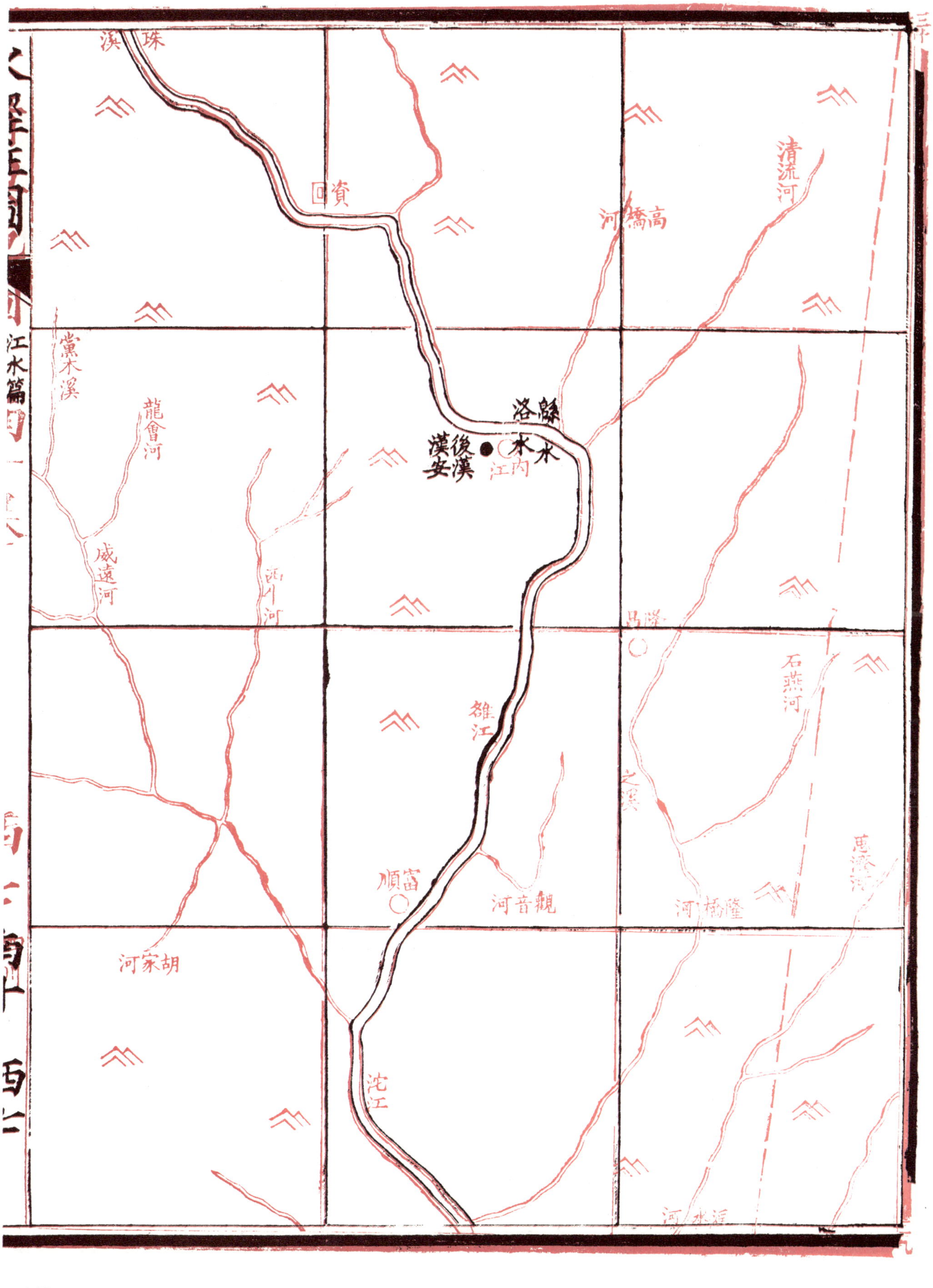
江水篇
珠溪
資回
高橋河
清流河
黨木溪
龍會河
緜水
洛水
後漢
安漢
內江
威遠河
石燕河
雒江
之溪
富順
觀音河
隆橋河
胡家河
沱江
洹水河

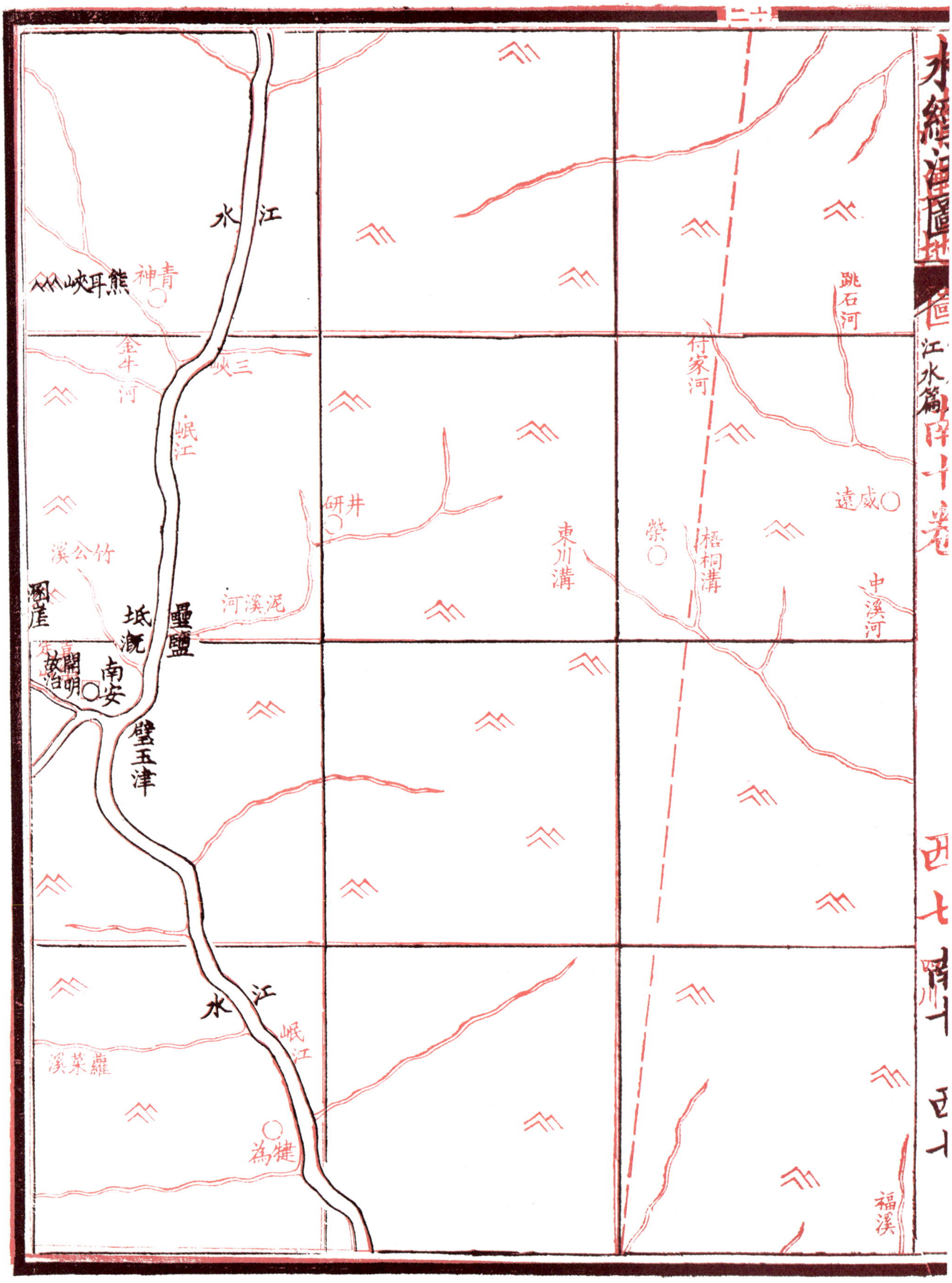
水經注圖
江水篇
江水
熊耳峽
青神
三峽
金牛河
岷江
竹公溪
井研
泥溪河
南安
開明故治
璧玉津
江水
岷江
蘿菜溪
犍為
東川溝
榮
梧桐溝
付家河
跳石河
威遠
中溪河
福溪

水經注圖 青衣水篇 沫水篇 江水篇

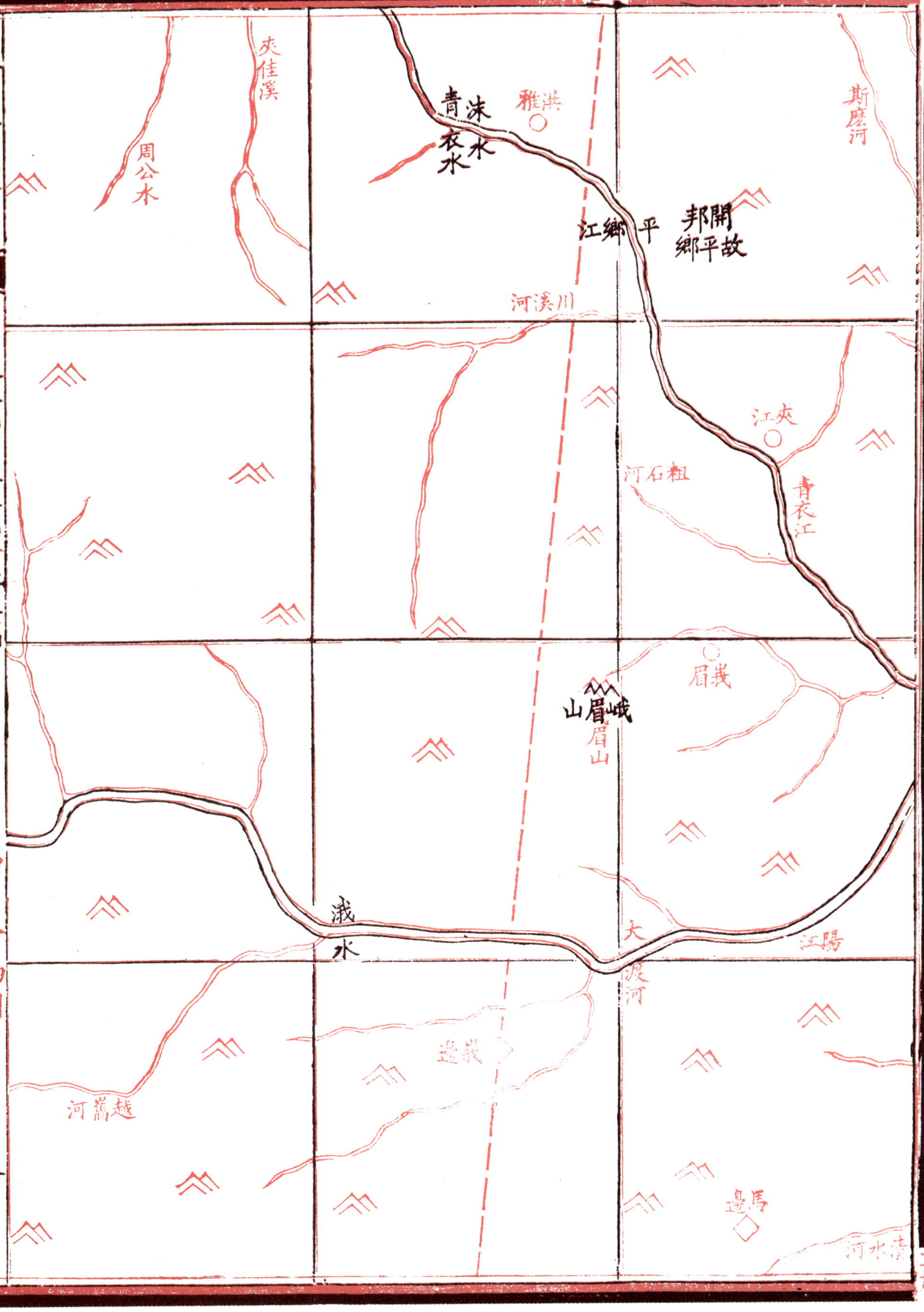

三十

二九

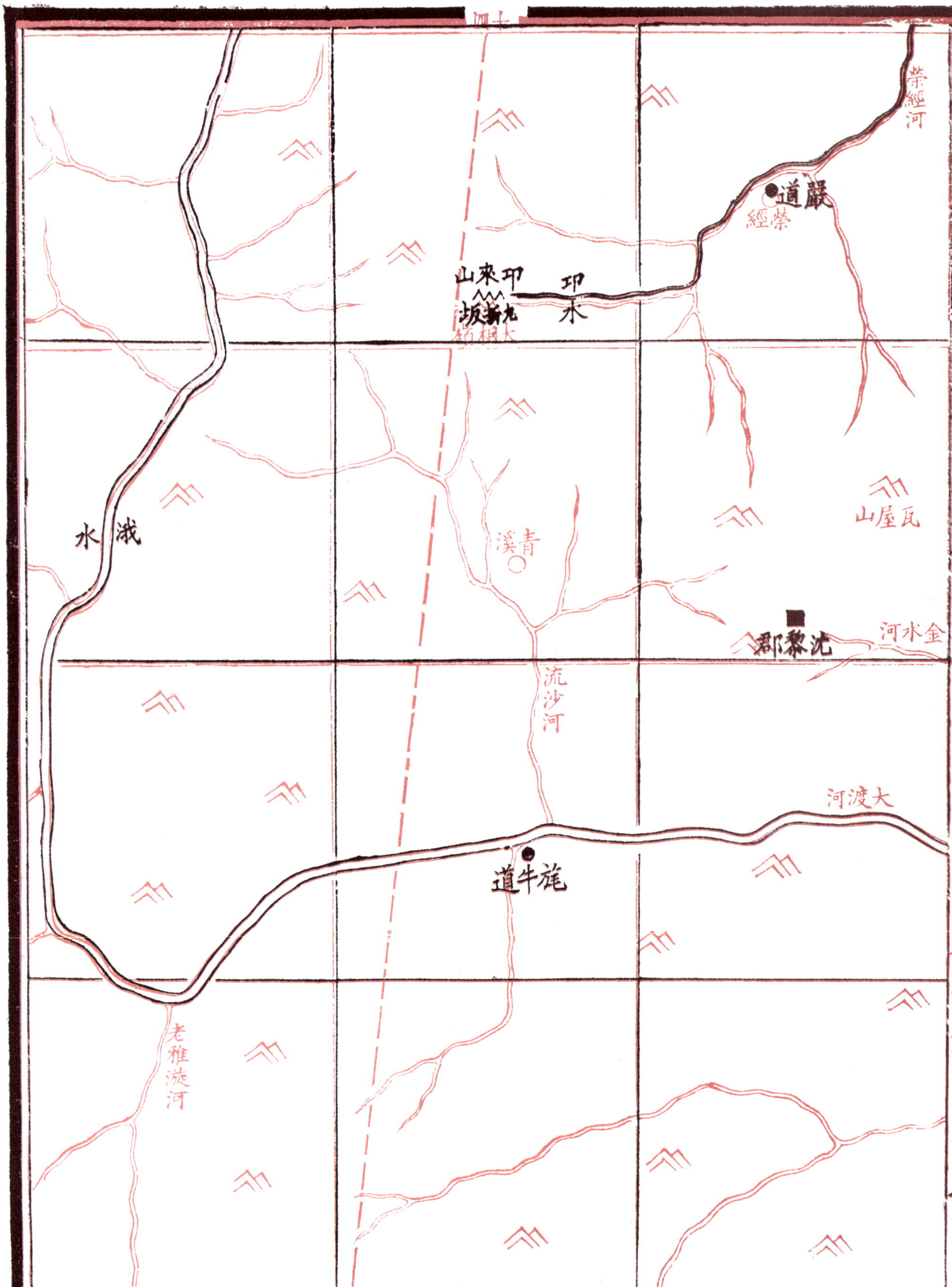
滎經河
嚴道
滎經
邛來山
邛水
九折坂
大相嶺
瓦屋山
青溪
涐水
沈黎郡
金水河
流沙河
大渡河
旄牛道
老稚漩河

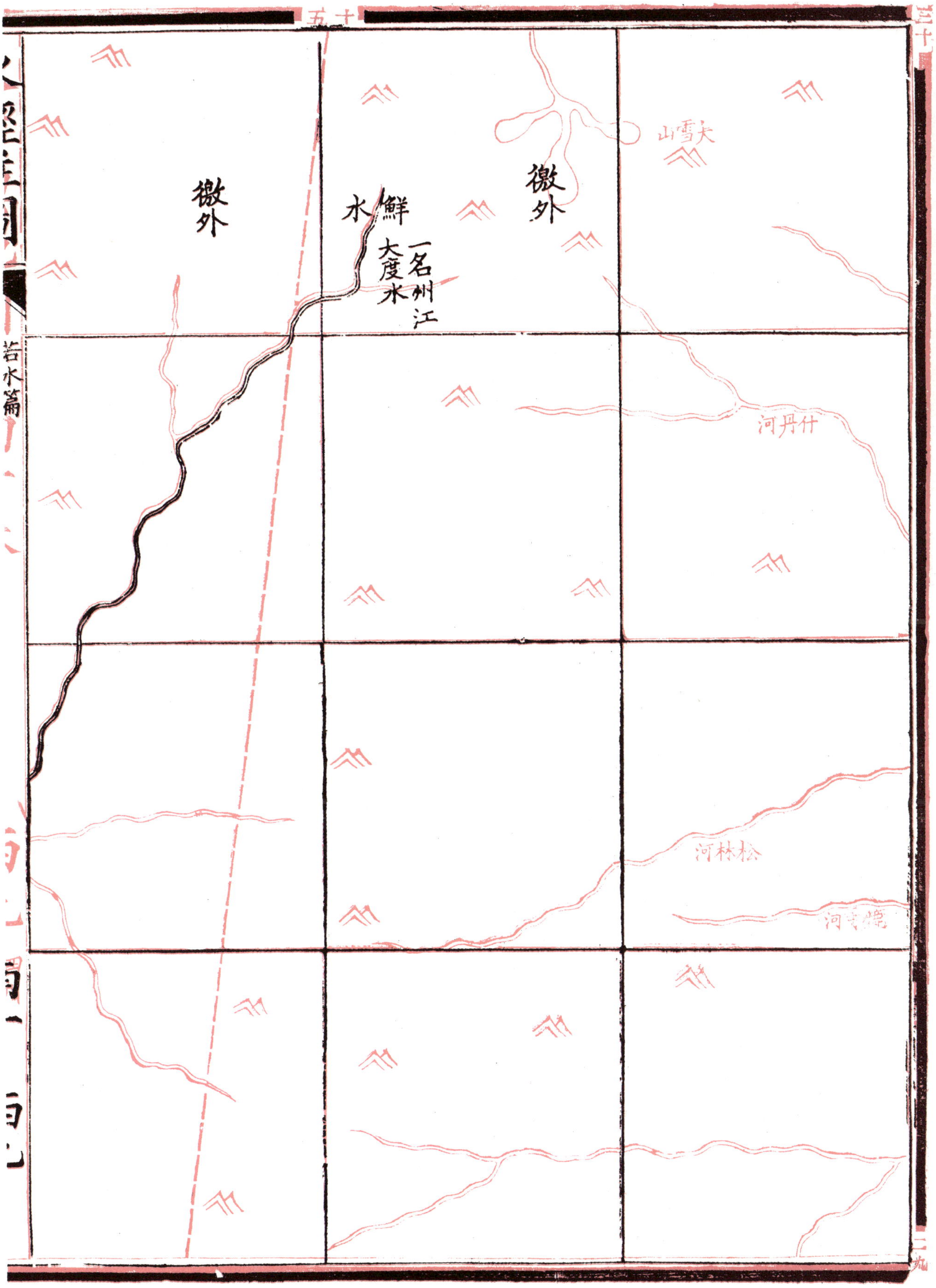
五十
三十
若水篇
徼外
鮮水
一名州江
大度水
徼外
大雪山
什丹河
松林河

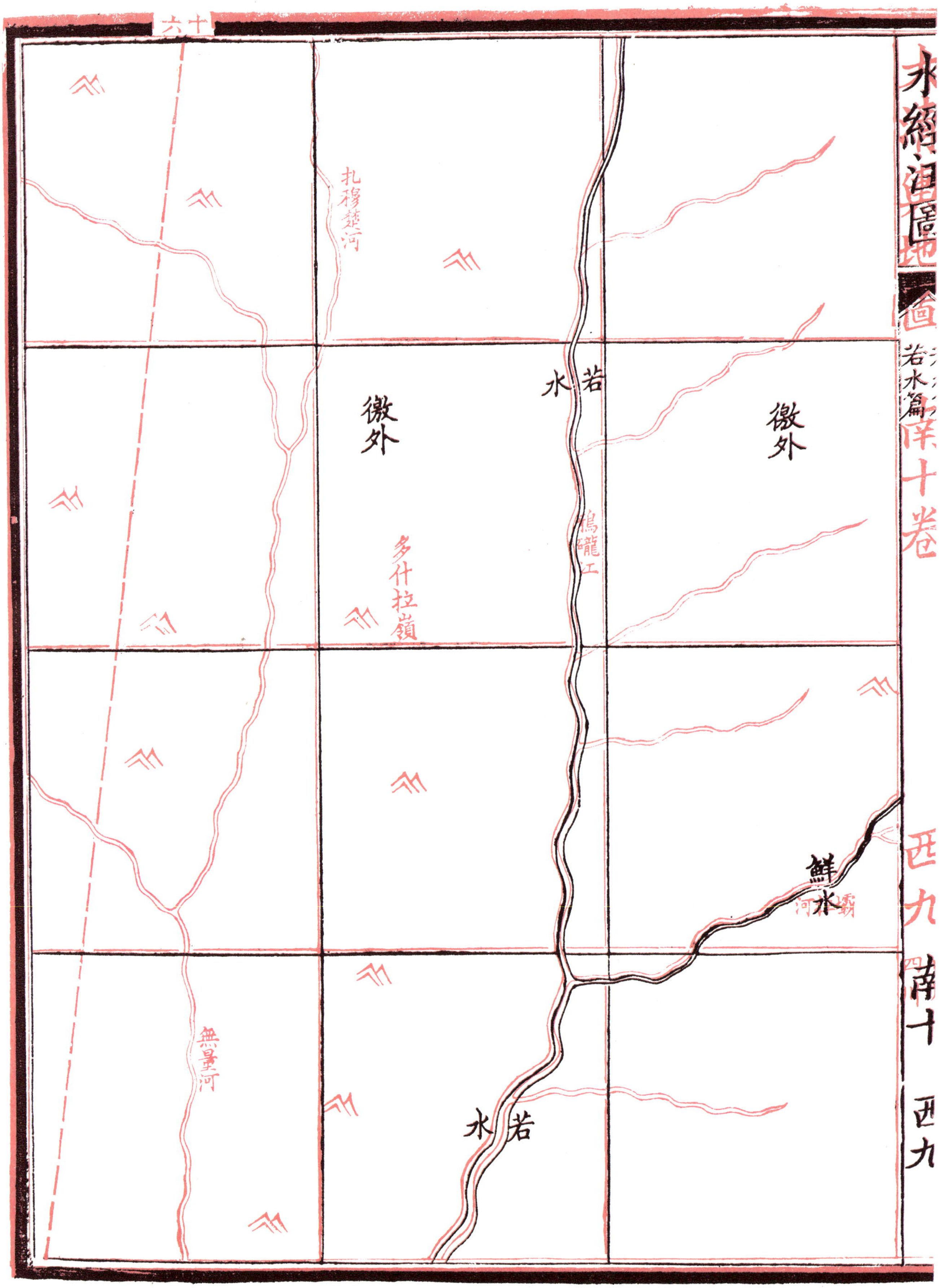

水經注圖
若水篇
扎穆楚河
徼外
若水
徼外
多什拉嶺
鴉礱江
鮮水
無量河
若水

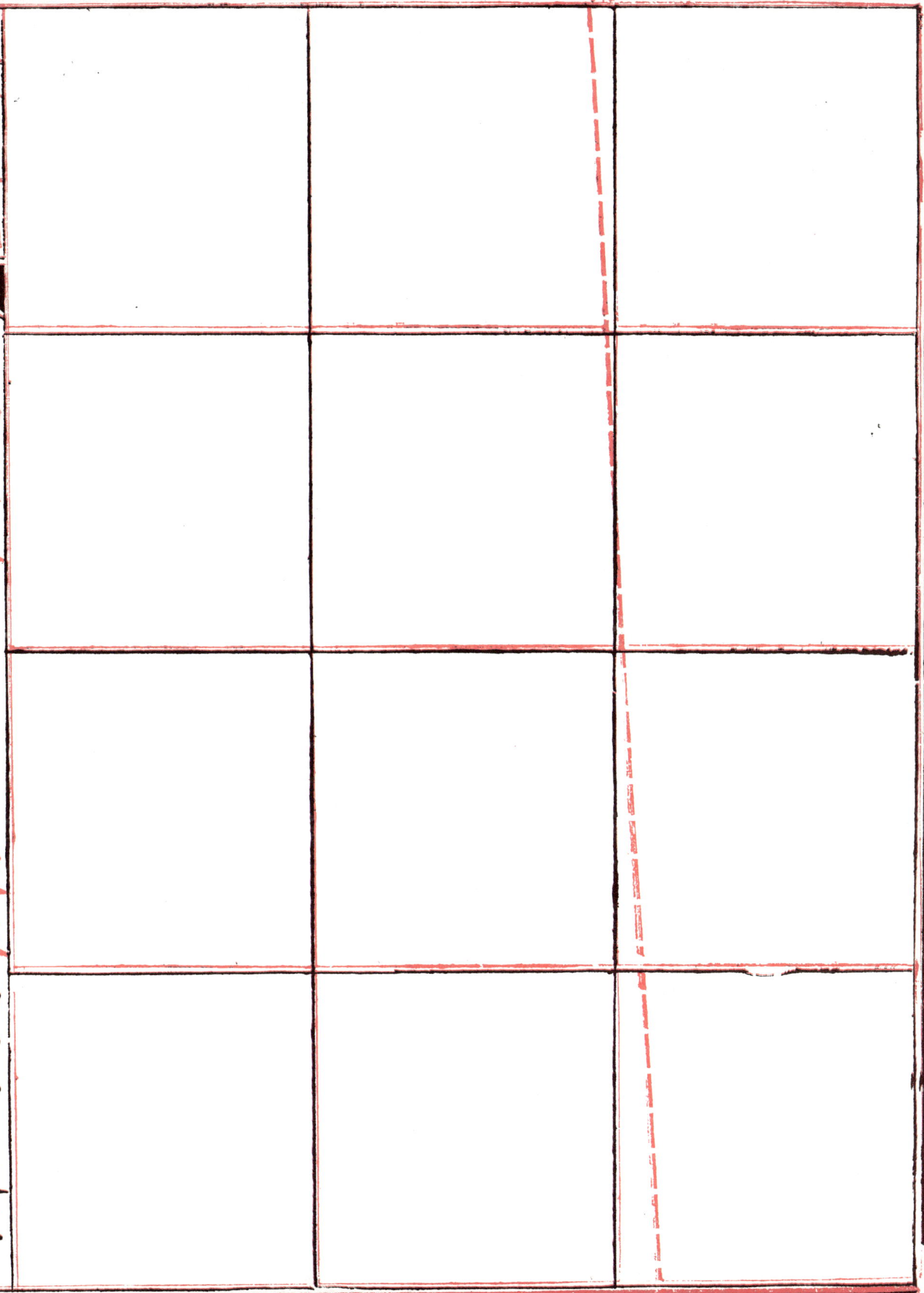

角十一張

東三

角十一　東三

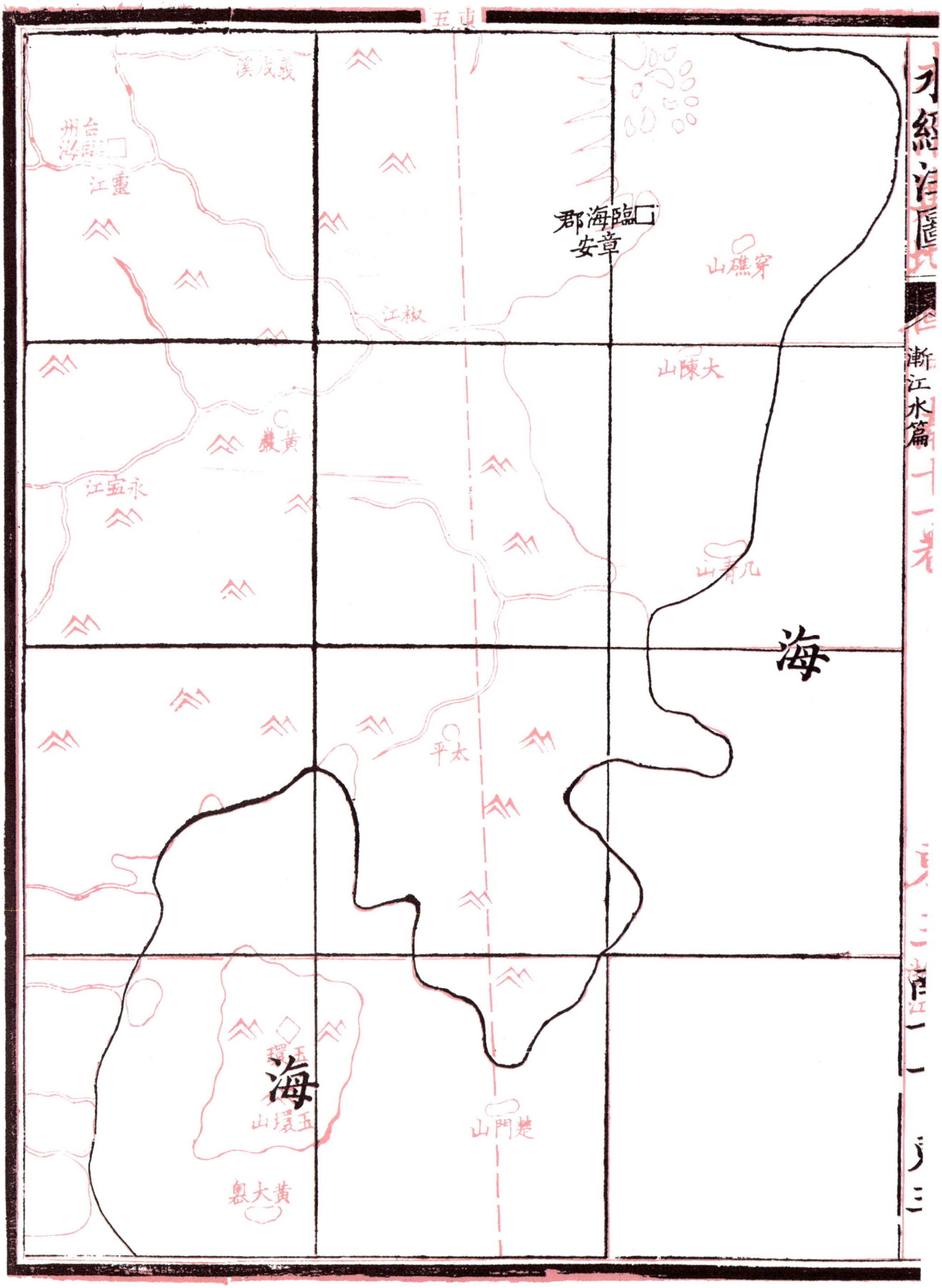
東五
義成溪
台州
臨海
靈江
臨海郡
章安
穿礁山
椒江
大陳山
黃巖
永寧江
几青山
海
太平
五環
海
五環山
楚門山
黃大嶴

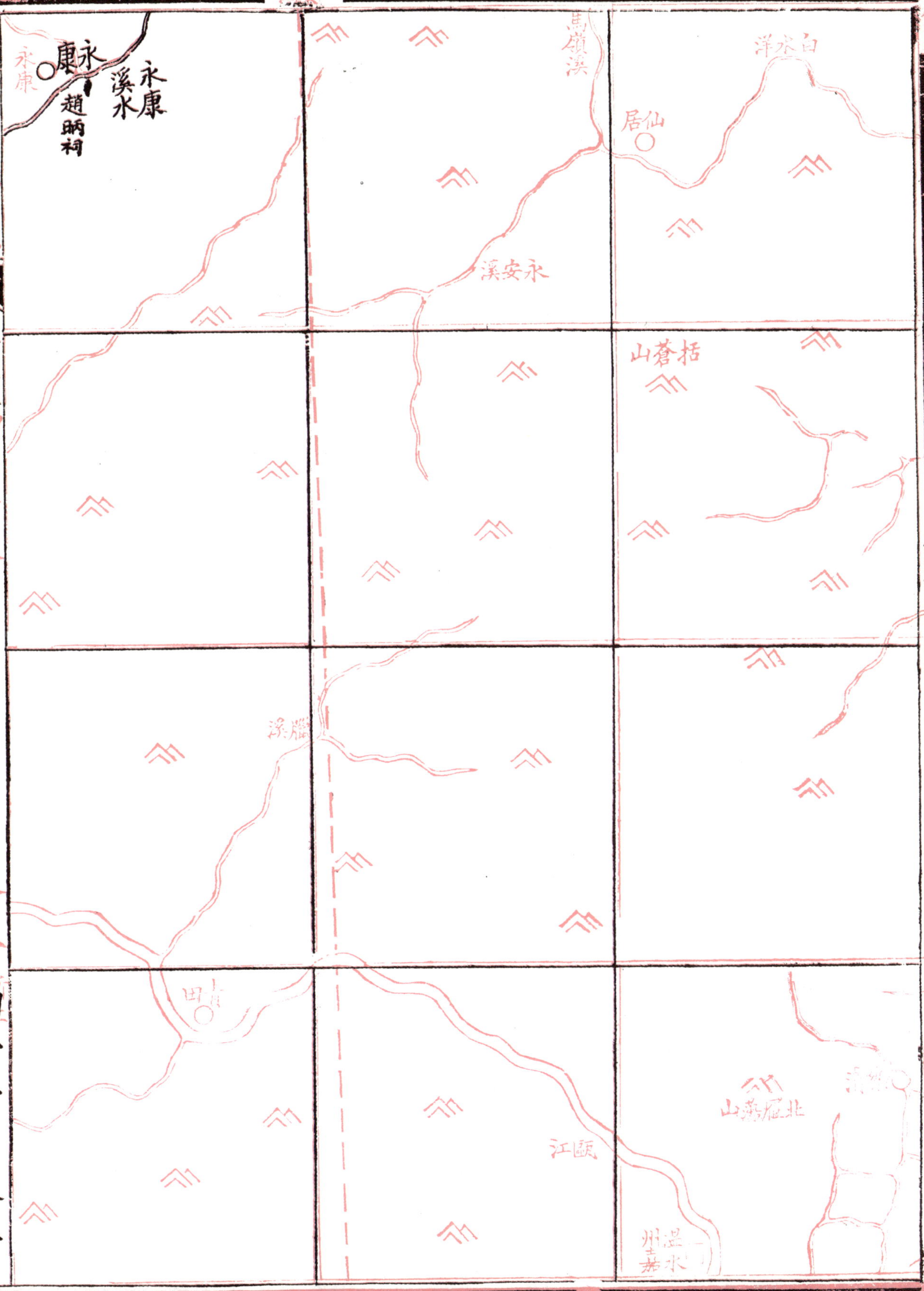
永康
永康溪水
趙昞祠
馬嶺溪
仙居
永安溪
括蒼山
青田
甌江
北雁蕩山
溫州
永嘉

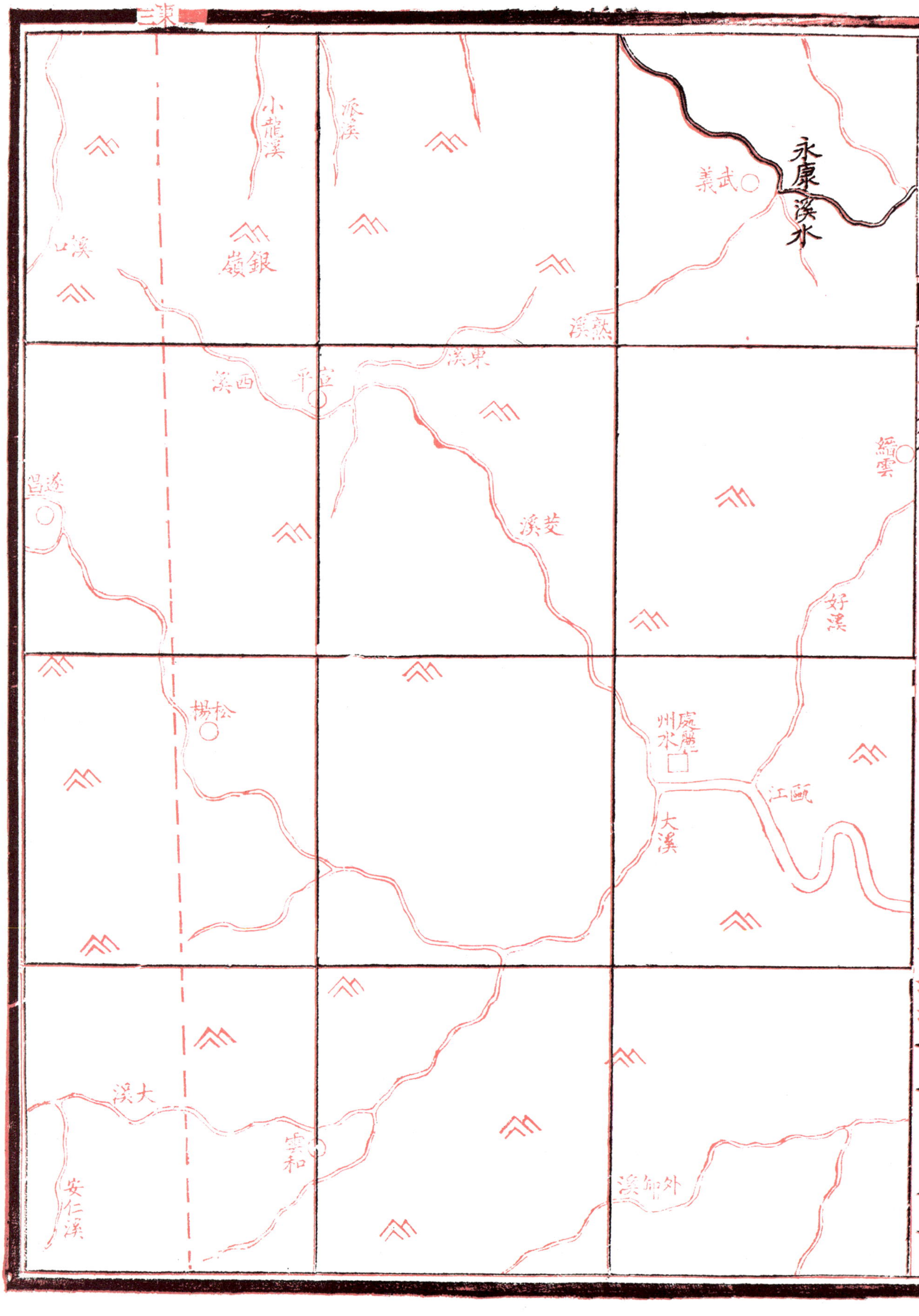
小龍溪
銀嶺
溪口
武義
永康溪水
熟溪
東溪
宣平
西溪
遂昌
縉雲
好溪
松陽
處州 麗水
甌江
大溪
大溪
雲和
安仁溪

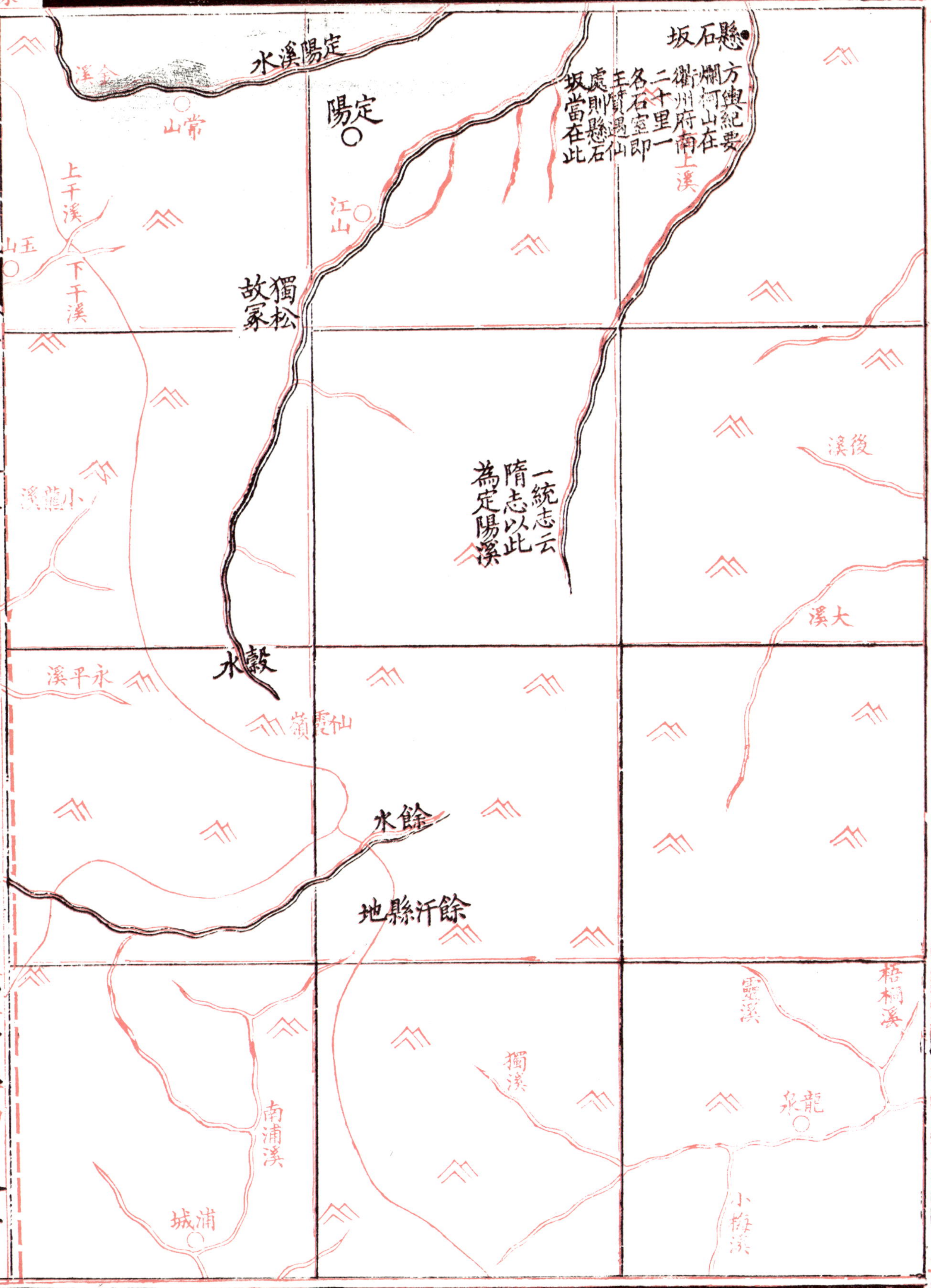
懸石坂
方輿紀要爛柯山在衢州府南二十里一名石室即王質遇仙處則懸石坂當在此
定陽溪水
定陽
常山
金溪
江山
上干溪
下干溪
玉山
獨松故冢
上溪
一統志云隋志以此為定陽溪
後溪
大溪
小龍溪
永平溪
穀水
仙霞嶺
餘水
餘汗縣地
梧桐溪
靈溪
獨溪
龍泉
南浦溪
浦城
小梅溪

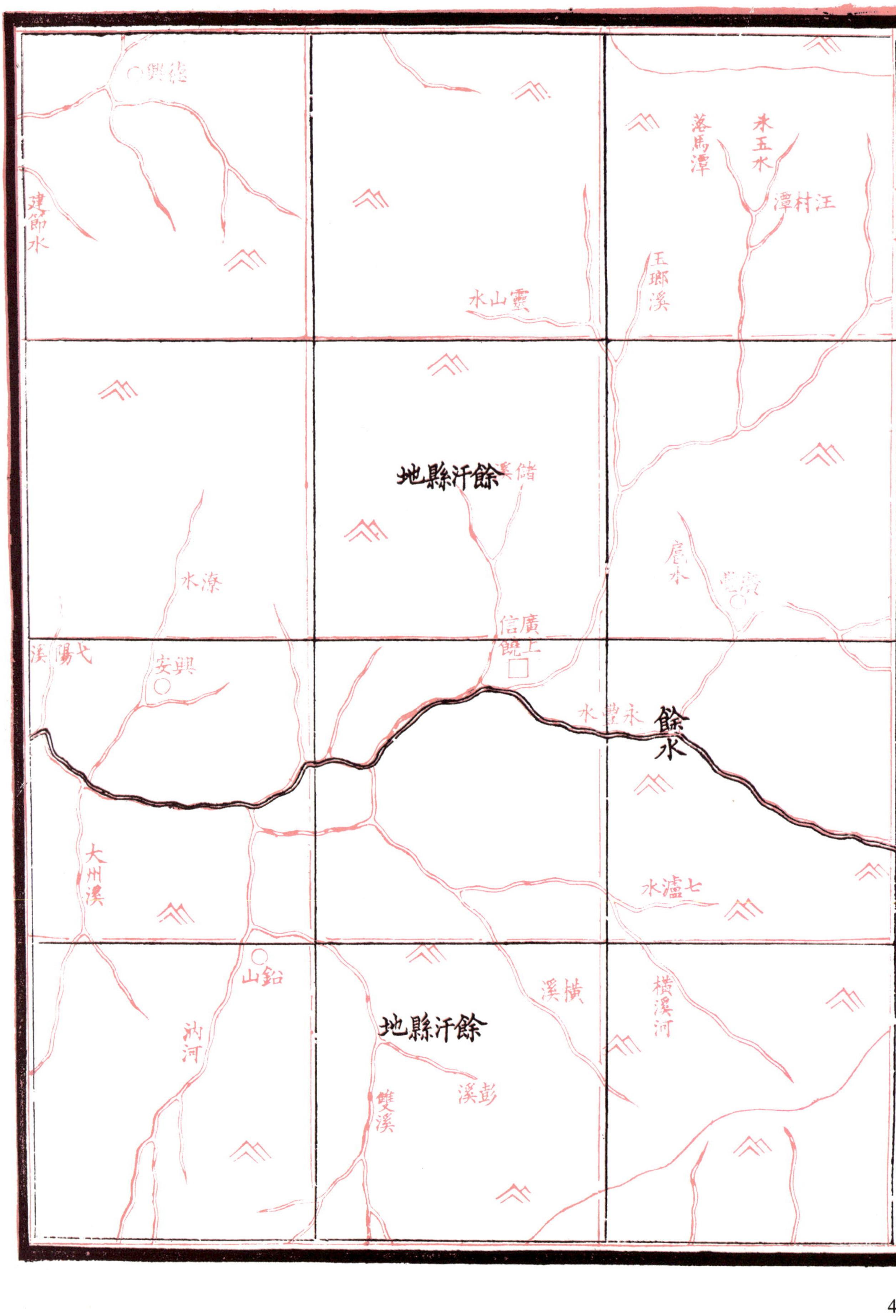
德興
建節水
靈山水
落馬潭
冰玉水
汪村潭
玉琊溪
餘汗縣地
儲溪
溙水
廣信
上饒
弋陽溪
安興
永豐水
餘水
大州溪
七瀘水
鉛山
橫溪
橫溪河
汭河
餘汗縣地
雙溪
彭溪

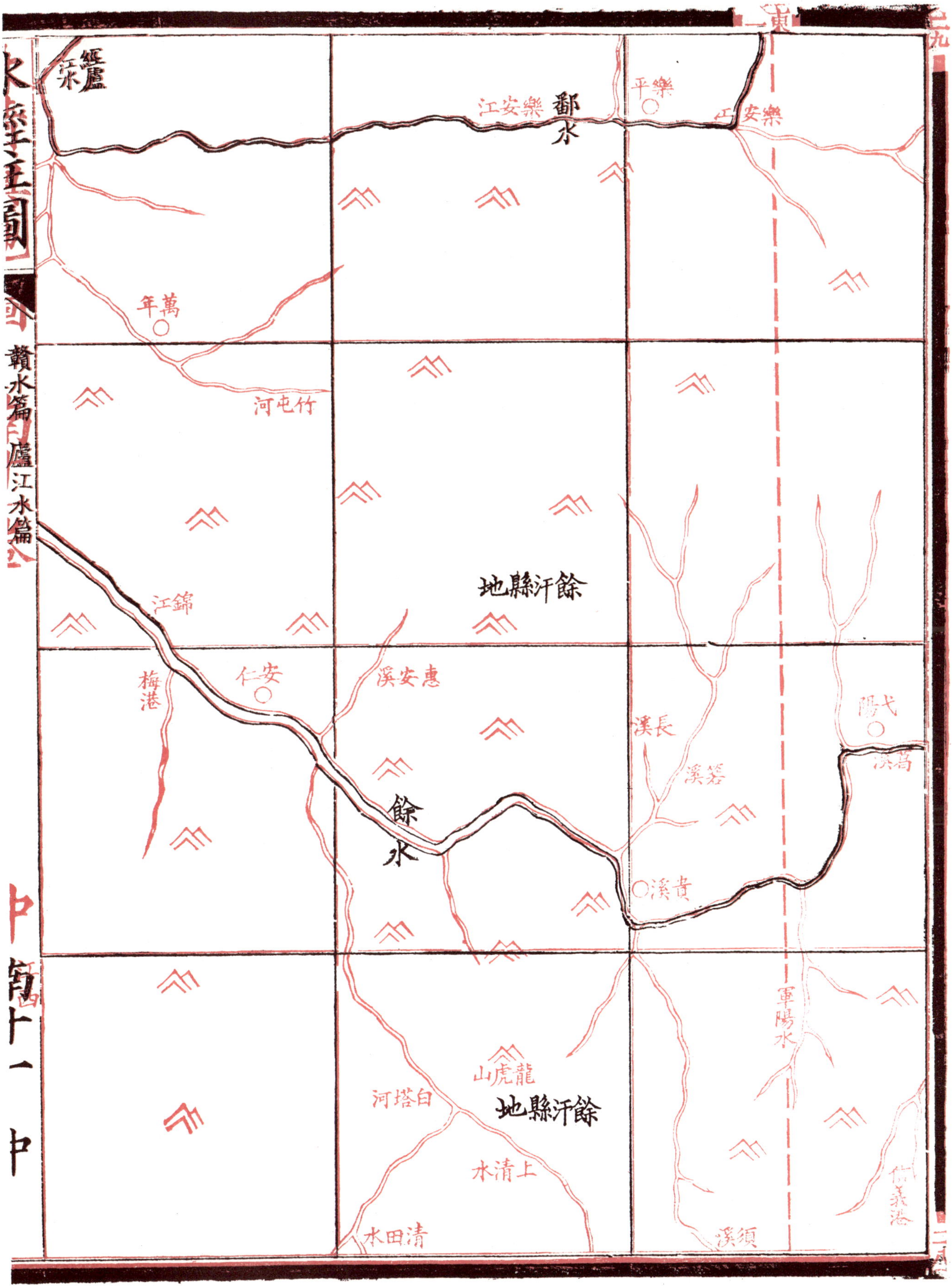
鄱水
樂安江
樂平
樂安江
萬年
竹屯河
餘汗縣地
錦江
梅港
安仁
惠安溪
長溪
弋陽
葛溪
箬溪
餘水
貴溪
軍陽水
龍虎山
白塔河
餘汗縣地
上清水
清田水
須溪
信義港

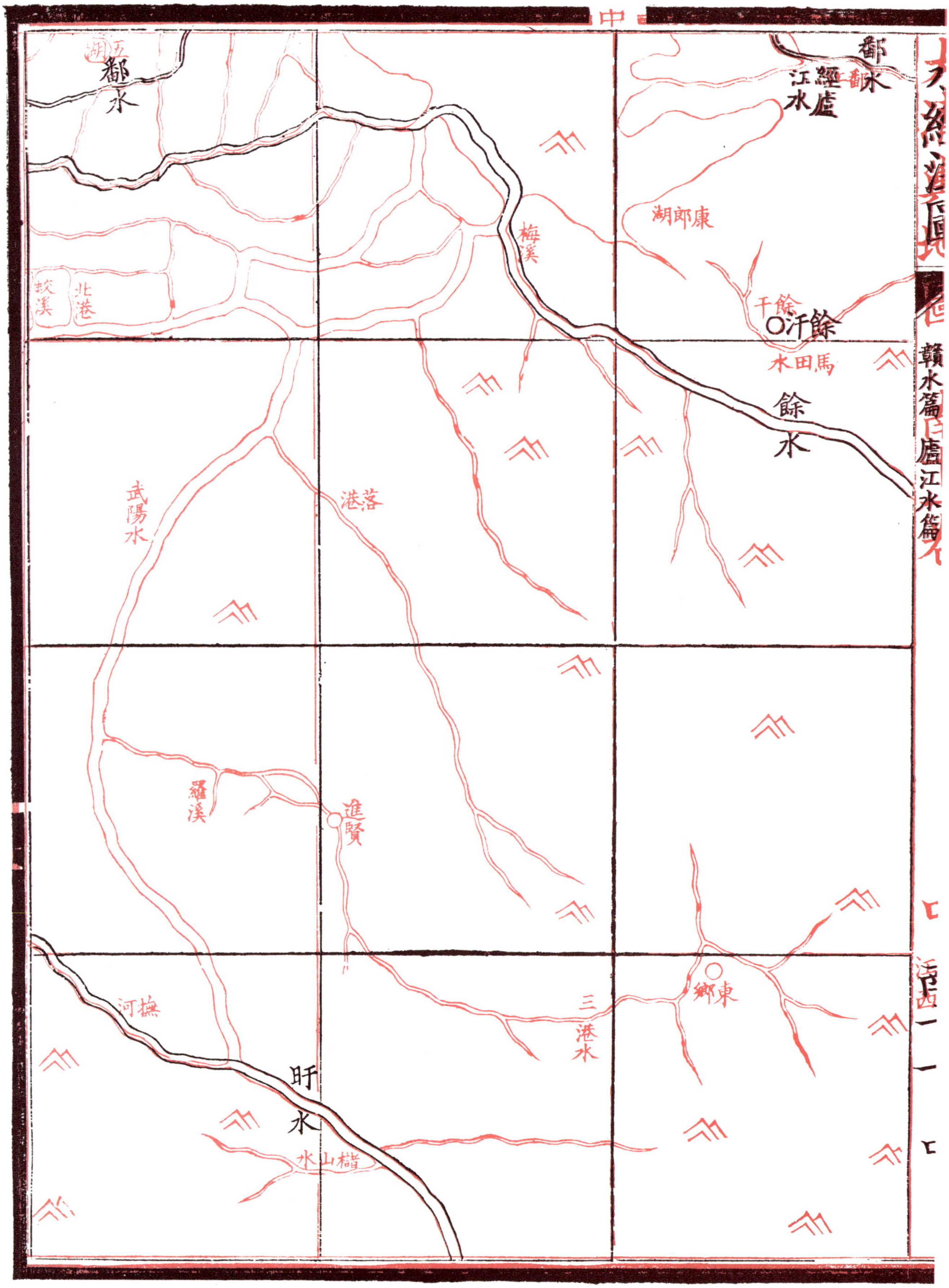
水經注圖
卷四
贛水篇
盧江水篇
五湖
鄱水
盧江水經
鄱水
康郎湖
梅溪
蛟溪
北港
餘干
餘汗
馬田水
餘水
武陽水
落港
羅溪
進賢
東鄉
三港水
撫河
盱水
檣山水

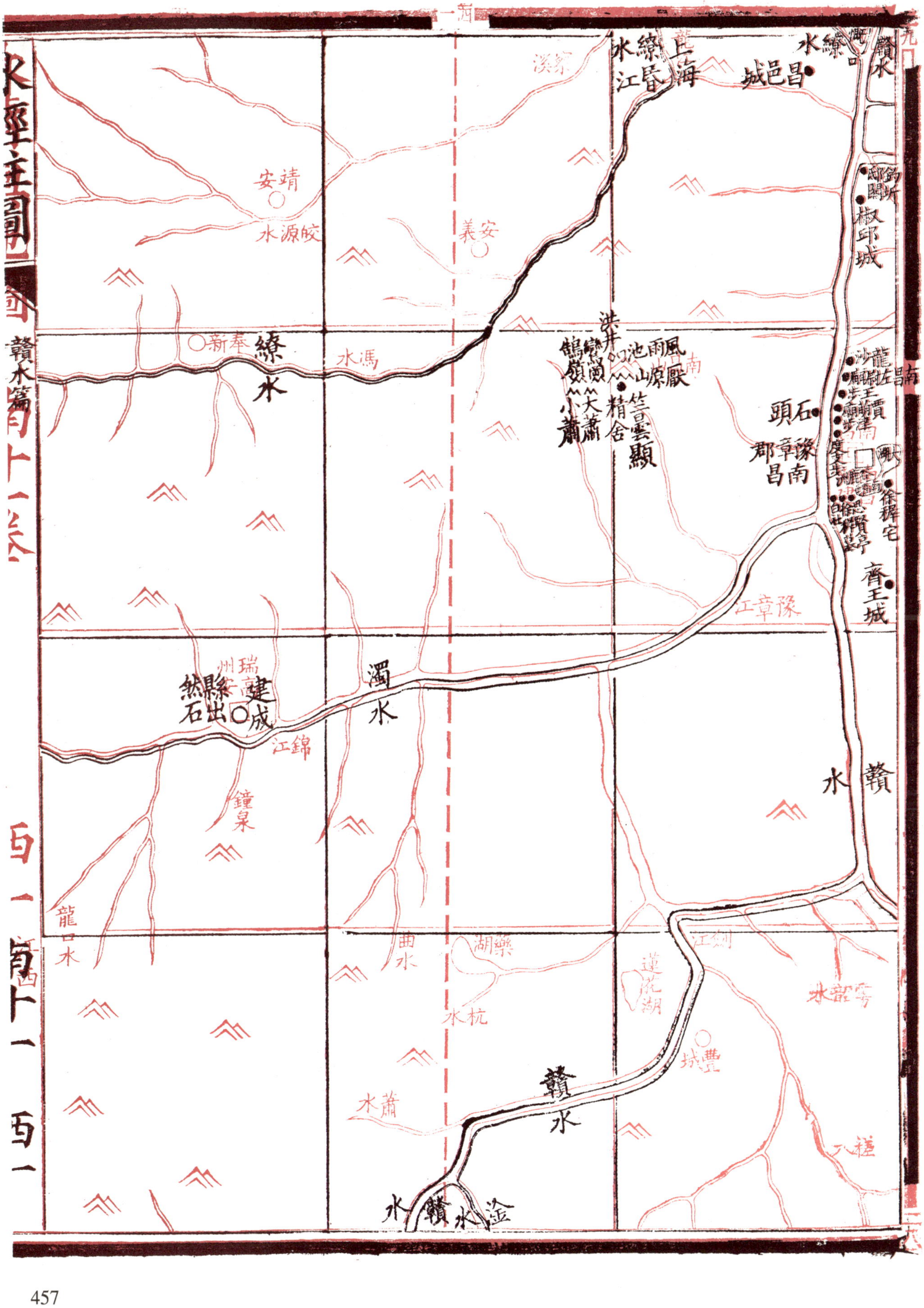

水經注圖
贛水篇
南十一
西一
南十一
西一
昌邑城
繚水
上繚水
海昏江
贛水
椒邱城
南昌
石頭
豫章郡
南昌
徐稺宅
齊王城
豫章江
靖安
安義
奉新
繚水
馮水
洪井
風雨池
鶴嶺
大蕭
小蕭
精舍
雲顛
濁水
建成
縣出然石
瑞州
錦江
鍾泉
贛水
曲水
樂湖
劍江
杭水
豐城
蕭水
贛水
淦水

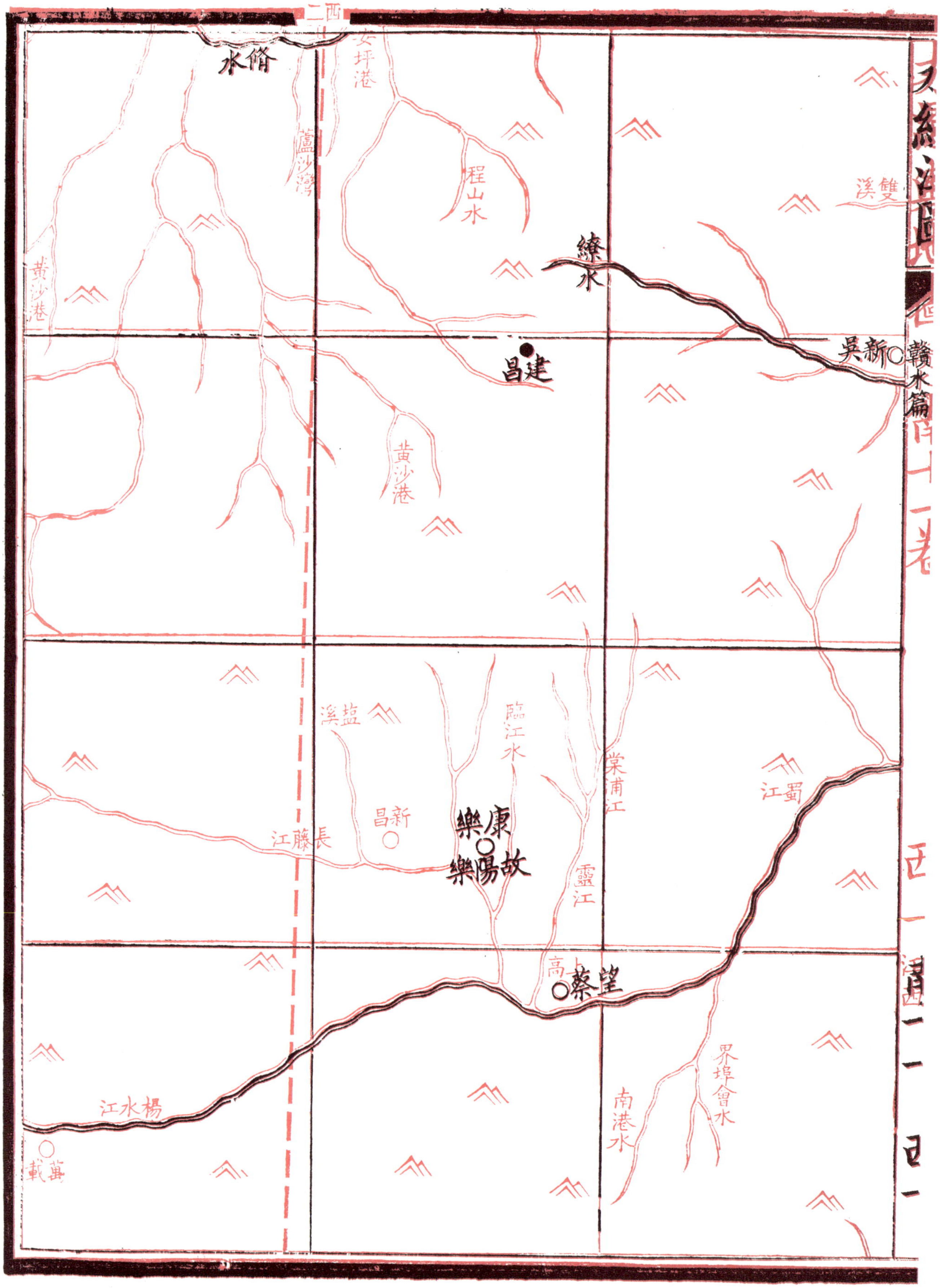

脩水
安坪港
蘆沙灣
程山水
繚水
雙溪
黃沙港
建昌
新吳
贛水篇
黃沙港
鹽溪
臨江水
棠浦江
蜀江
新昌
長藤江
康樂
故陽樂
靈江
上高
望蔡
楊水江
萬載
界埠曾水
南港水

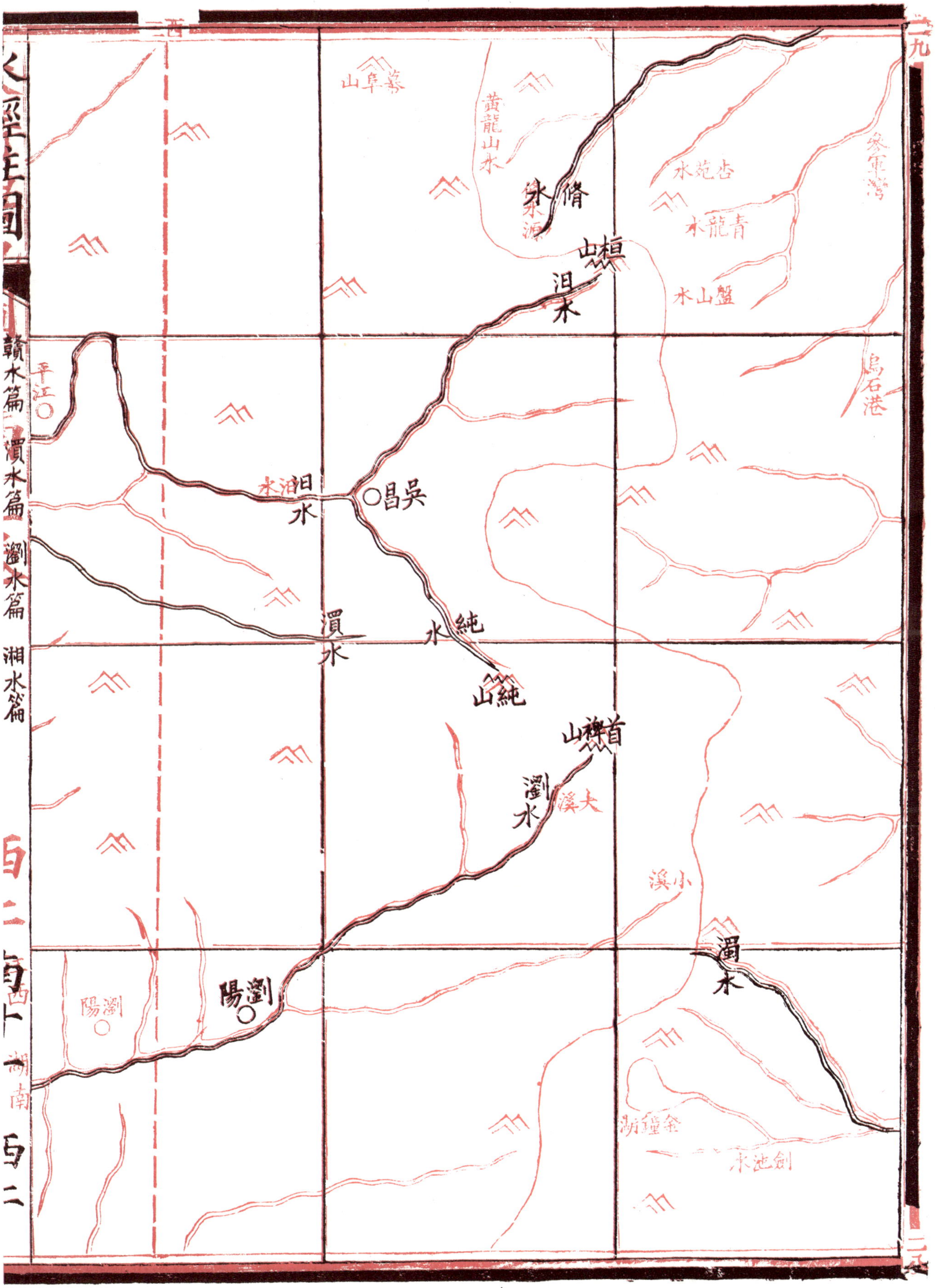
水經注圖
贛水篇
澬水篇
瀏水篇
湘水篇
黃龍山水
杏苑水
青龍水
盤山水
汨水
吳昌
平江
澬水
純水
純山
瀏水
大溪
小溪
瀏陽
烏石港

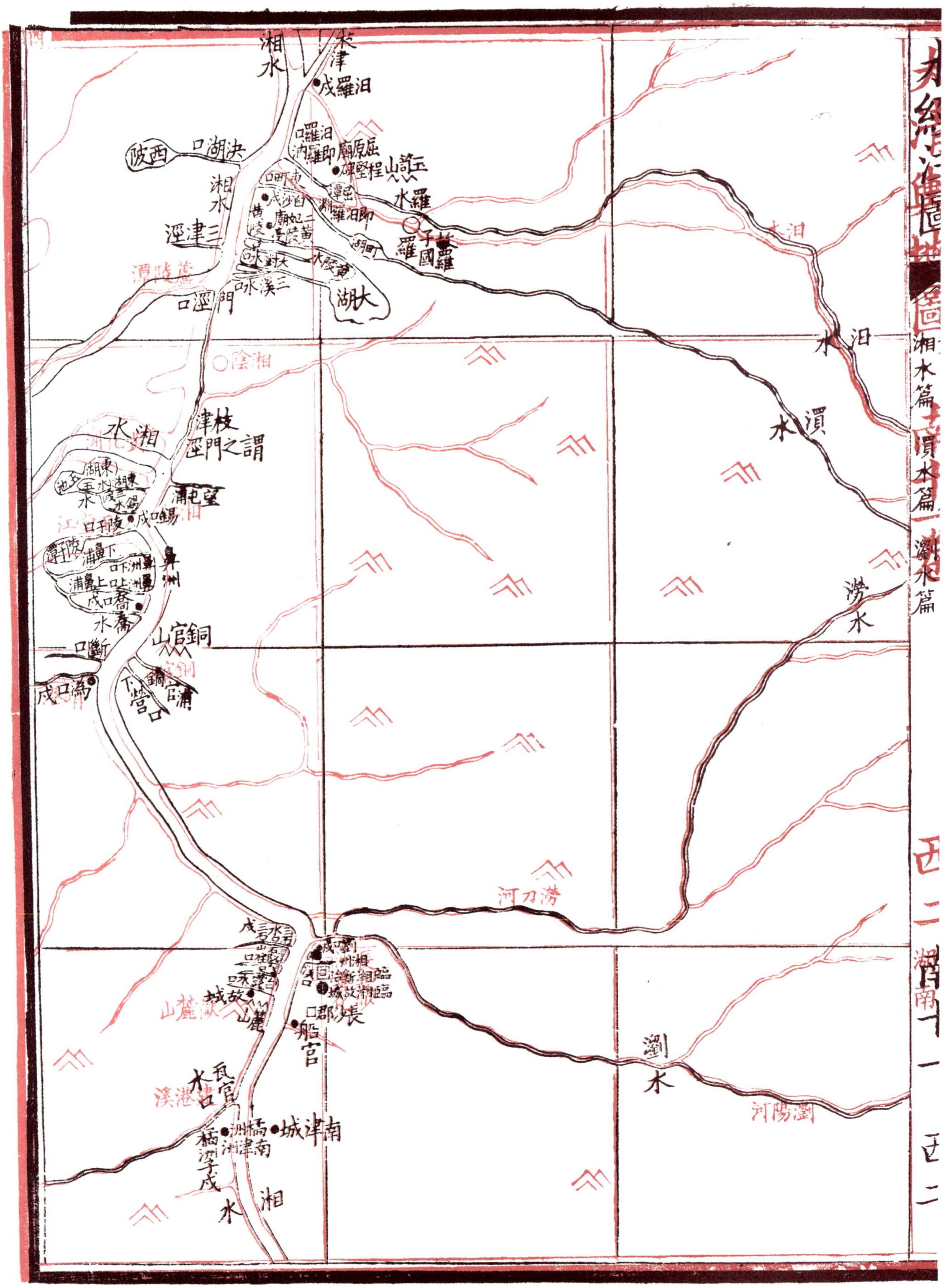
湘水
汨羅戍
決湖口
西陂
屈原廟
即汨羅淵
汨羅口
羅水
羅子國
三津逕
門逕口
大湖
湘陰
謂之門逕
枝津
湘水
汨水
湘水篇
瀏水篇
銅官山
下營口
故城
長沙郡
臨湘
船官
南津城
瀏水
瀏陽河
湘水

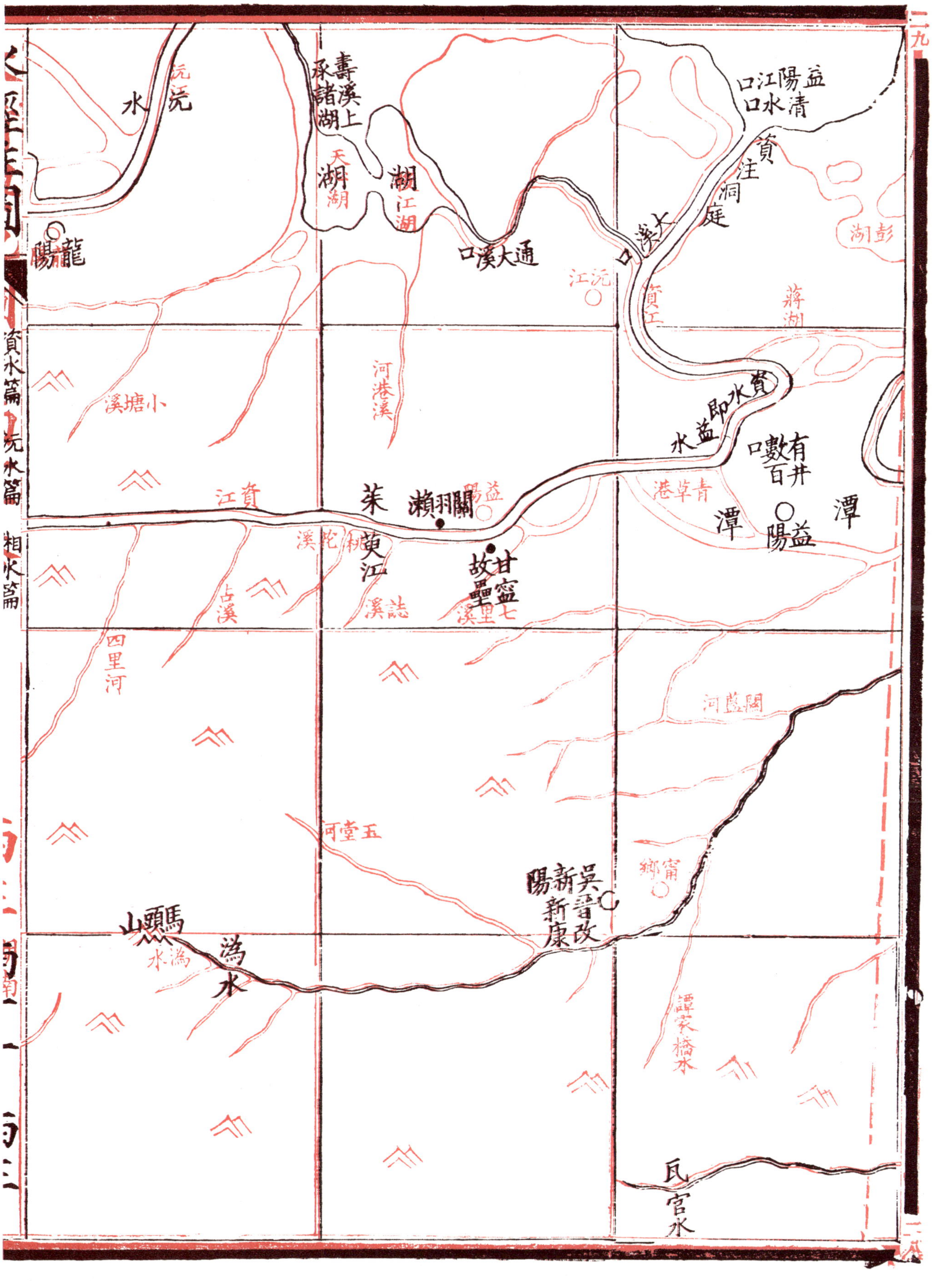
水經注圖
資水篇
沅水篇
湘水篇
沅水
沅
龍陽
壽溪上承諸湖
天湖
湖
湖
江湖
通大溪口
沅江
益陽江口
清水口
資注洞庭
大溪口
彭湖
蔣湖
資江
小塘溪
河港溪
資水即益水
有井數百口
青草港
資江
益陽
潭
潭
益陽
茱萸江
關羽瀨
甘甯故壘
誌溪
七里溪
古溪
四里河
五堂河
吳改新陽晉改新康
甯鄉
馬頭山
溈水
溈水
譚家橋水
瓦宮水

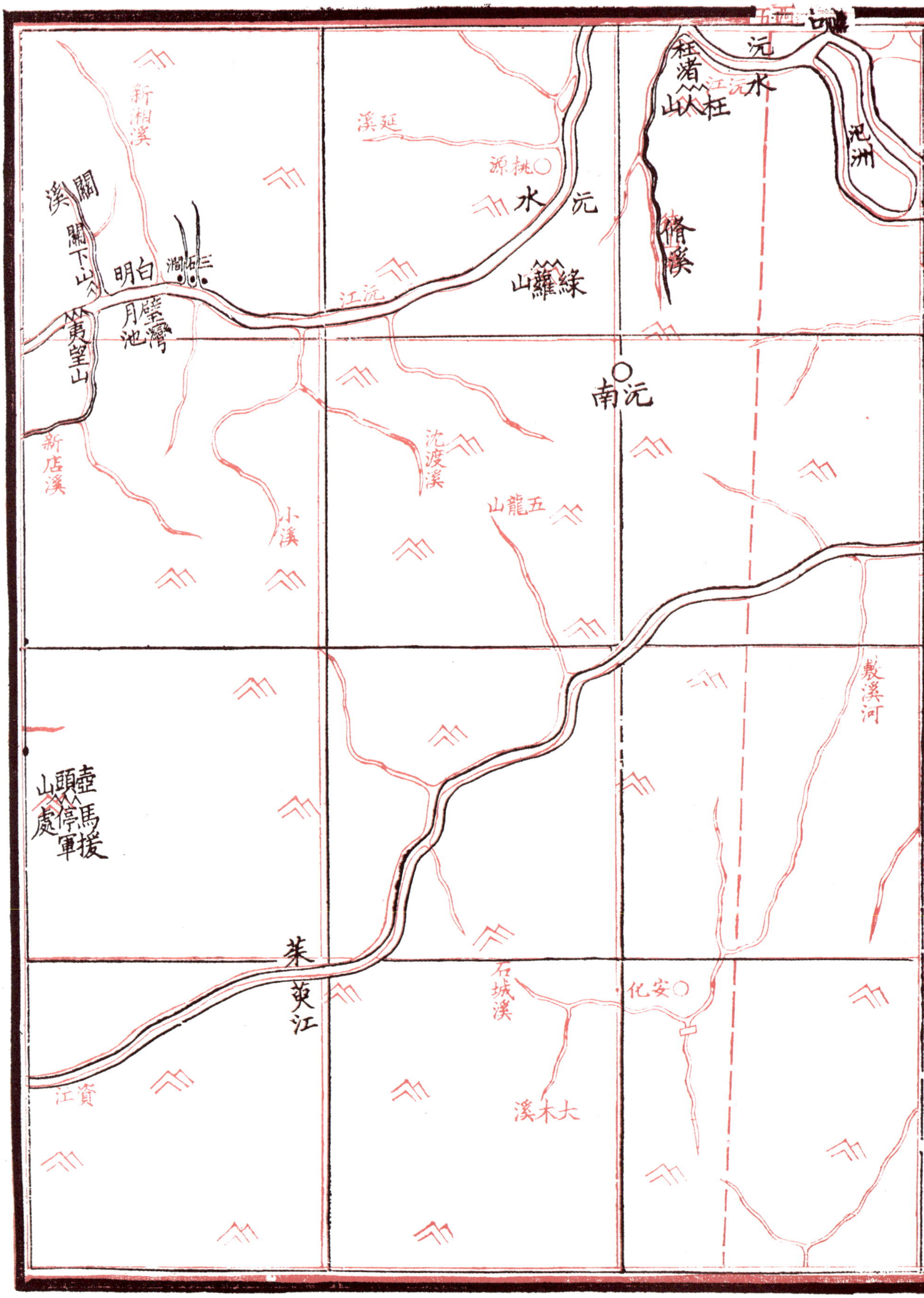
沅水
沅江
杜渚山
杜
洑洲
桃源
延溪
沅水
綠蘿山
脩溪
關溪
關下山
白明
三石澗
壁灣
月池
黄望山
新湘溪
沅南
沈渡溪
五龍山
小溪
新店溪
敷溪河
壺頭山
馬援停軍處
茱萸江
石城溪
安化
大木溪
資江

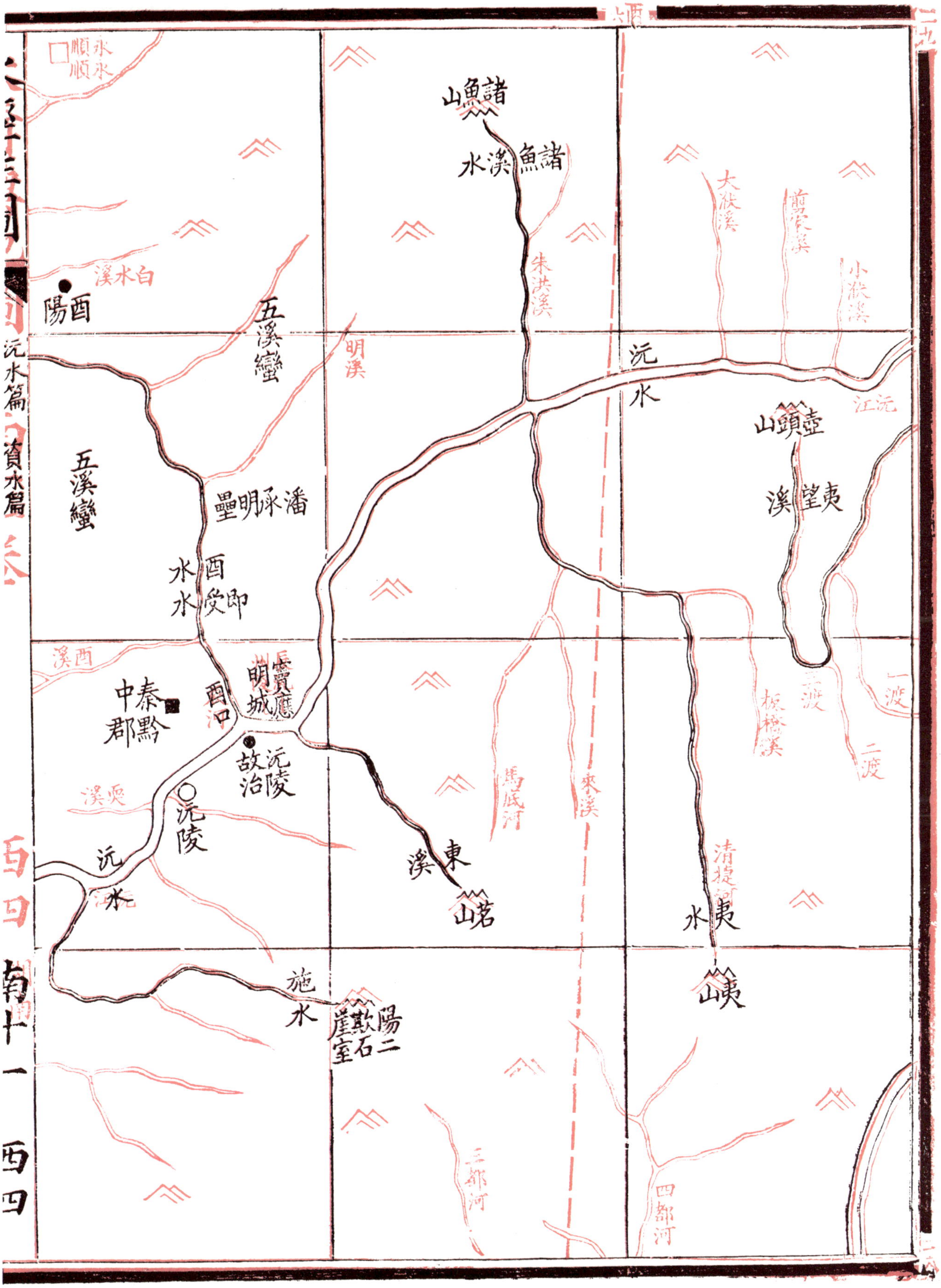
沅水篇 資水篇
南十一
西四
諸魚山
諸魚溪水
白水溪
酉陽
五溪蠻
五溪蠻
潘承明壘
酉水
酉口
秦黔中郡
沅陵故治
沅陵
沅水
沅水
東溪
茗山
壺頭山
夷望溪
夷水
夷山
施水
朱洪溪
明溪
大洑溪
小洑溪
馬底河
來溪
板橋溪
一渡
二渡
三都河
四都河
沅江
酉溪

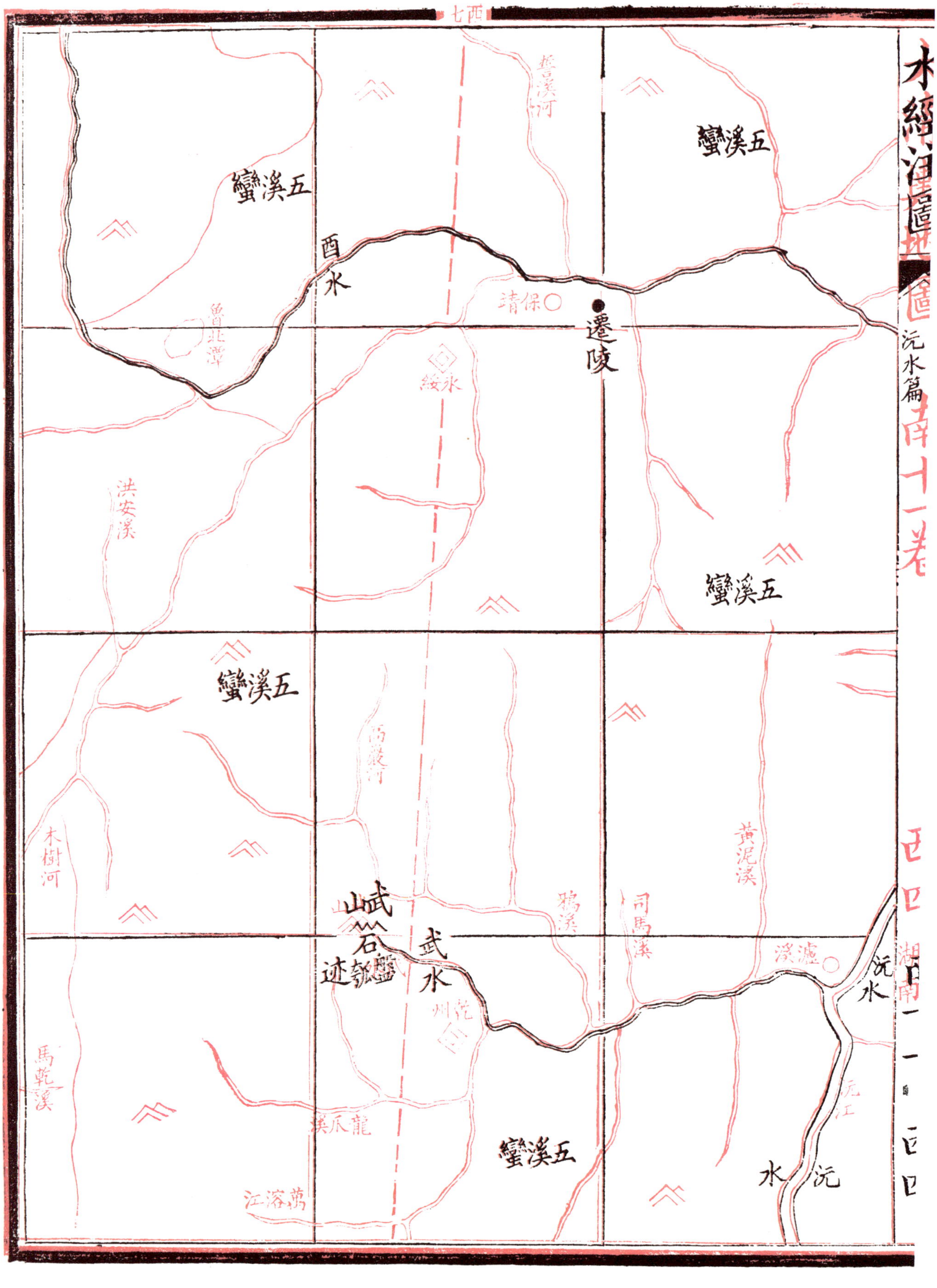

五溪蠻
五溪蠻
五溪蠻
五溪蠻
五溪蠻
酉水
遷陵
保靖
永綏
洪安溪
木樹河
馬乾溪
武水
黃泥溪
司馬溪
瀘溪
沅水
沅水
沅江
龍爪溪

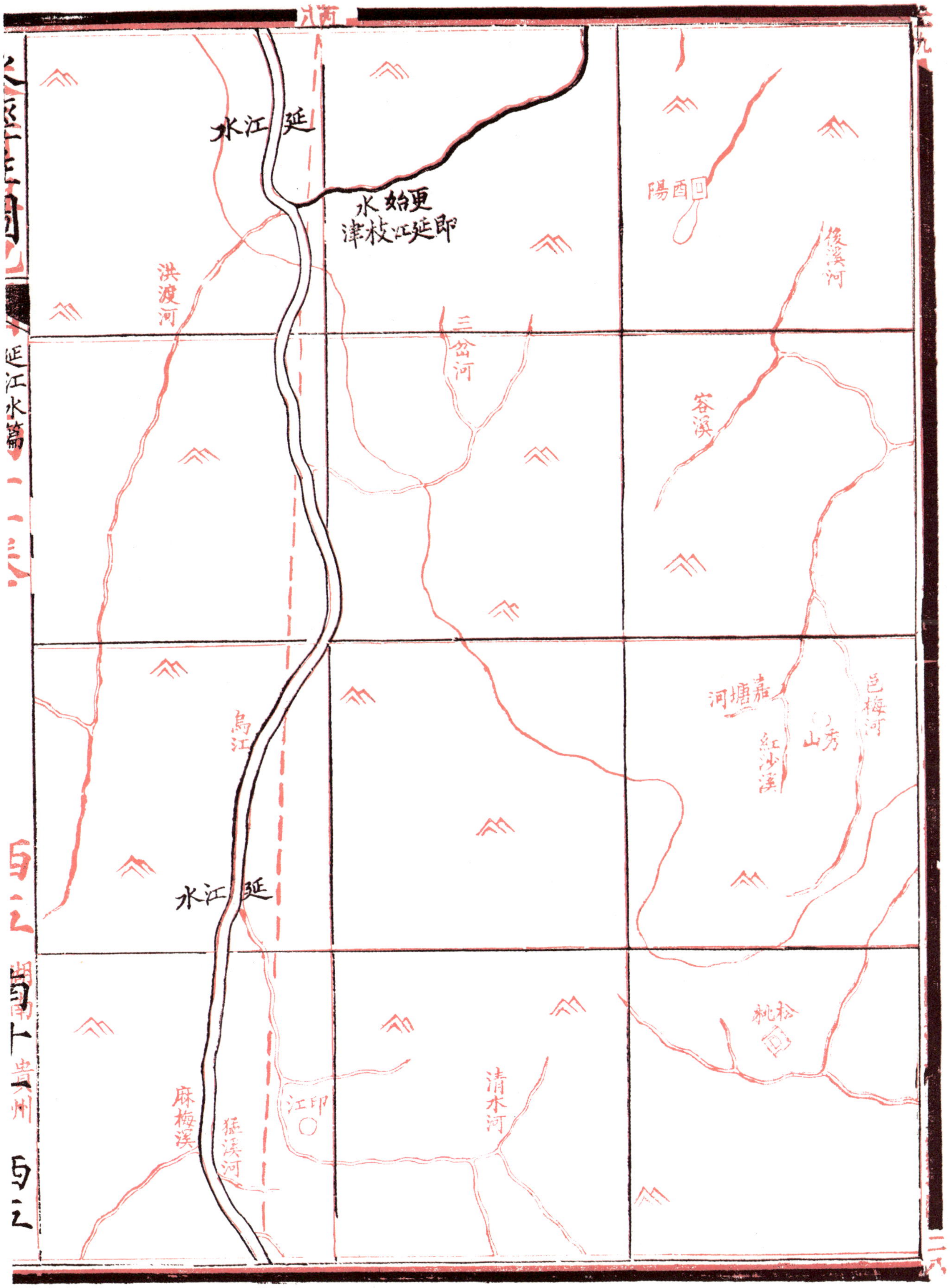
延江水篇
延江水
更始水
即延江枝津
酉陽
後溪河
洪渡河
三岔河
容溪
嘉塘河
邑梅河
秀山
紅沙溪
烏江
延江水
松桃
印江
清水河
麻梅溪
猛溪河

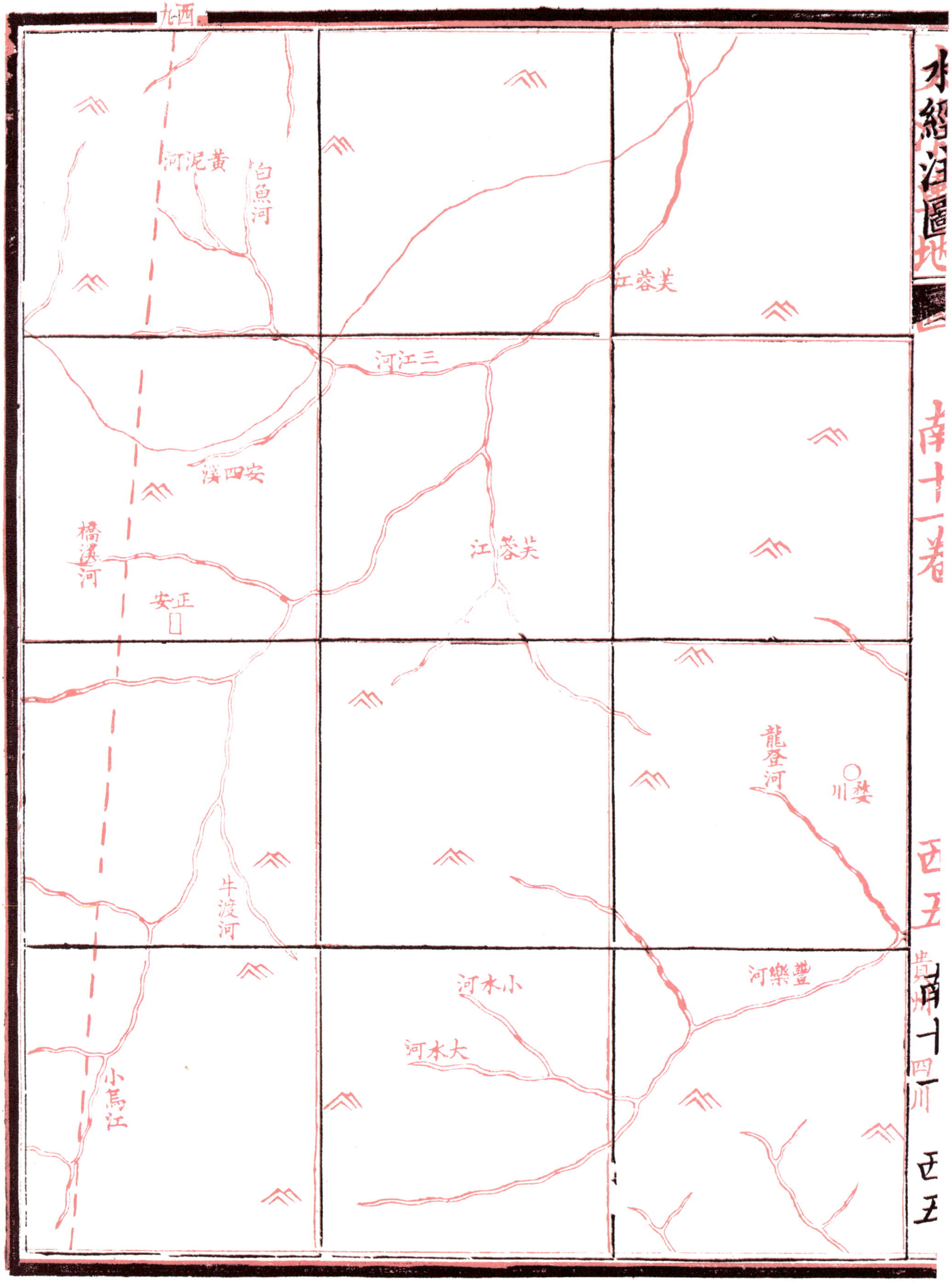
水經注圖
南十二卷
西五
貴州
四川
南十四
西五
黃泥河
白魚河
芙蓉江
三江河
安四溪
橋溪河
正安
芙蓉江
龍登河
婺川
牛渡河
豐樂河
小水河
大水河
小烏江

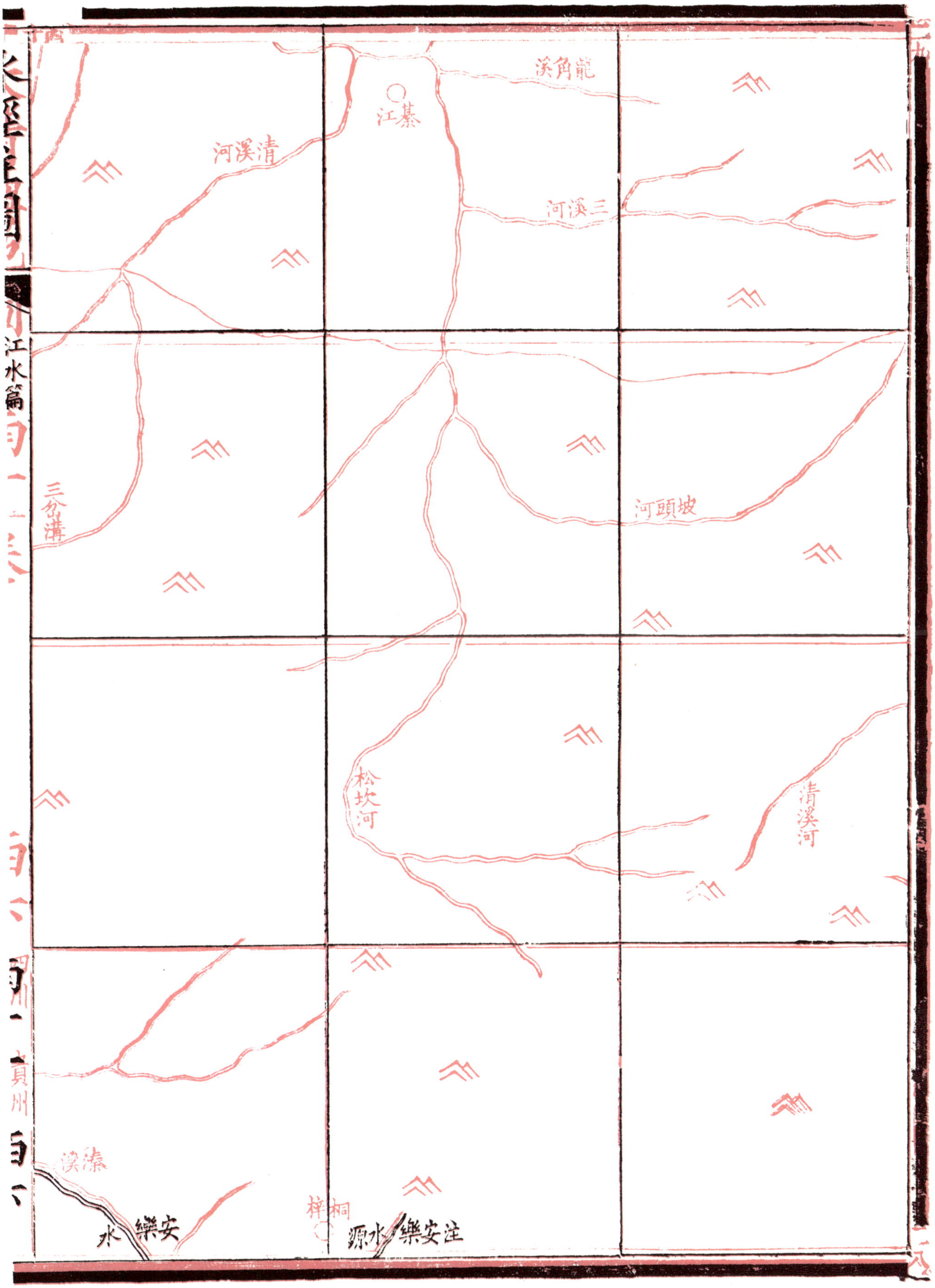
龍角溪
綦江
清溪河
三溪河
三分溝
坡頭河
松坎河
清溪河
溱溪
安樂水
桐梓
注安樂水源

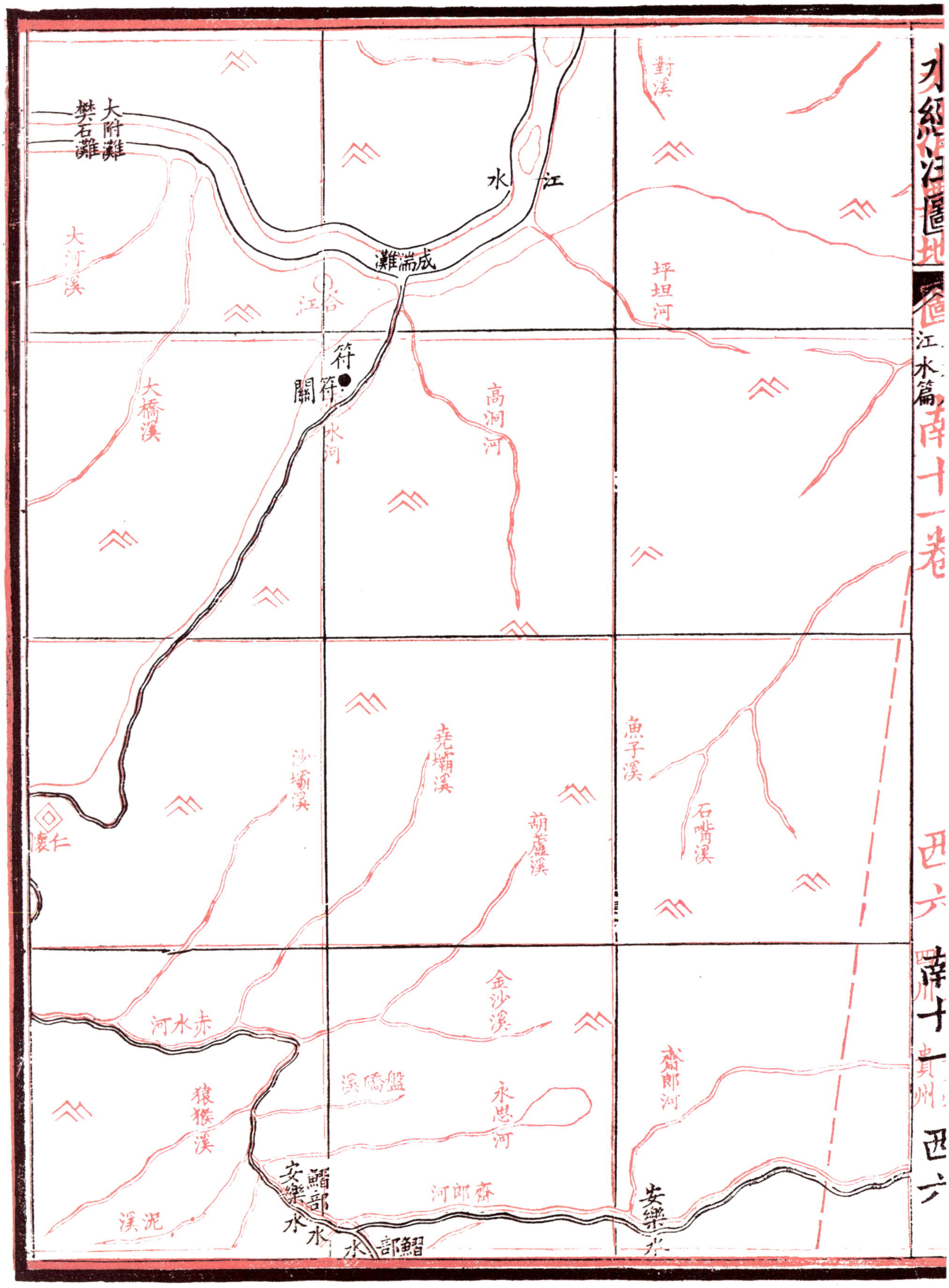
水經注圖
江水篇
南十一卷
西六
四川
南十
貴州
西六
大附灘
樊石灘
江水
成湍灘
合江
符
符關
大河溪
大橋溪
高洞河
對溪
坪坦河
沙壩溪
堯壩溪
葫蘆溪
魚子溪
石嘴溪
仁懷
金沙溪
赤水河
盤橋溪
永思河
狼猴溪
齋郎河
泥溪
安樂水
鰼部水

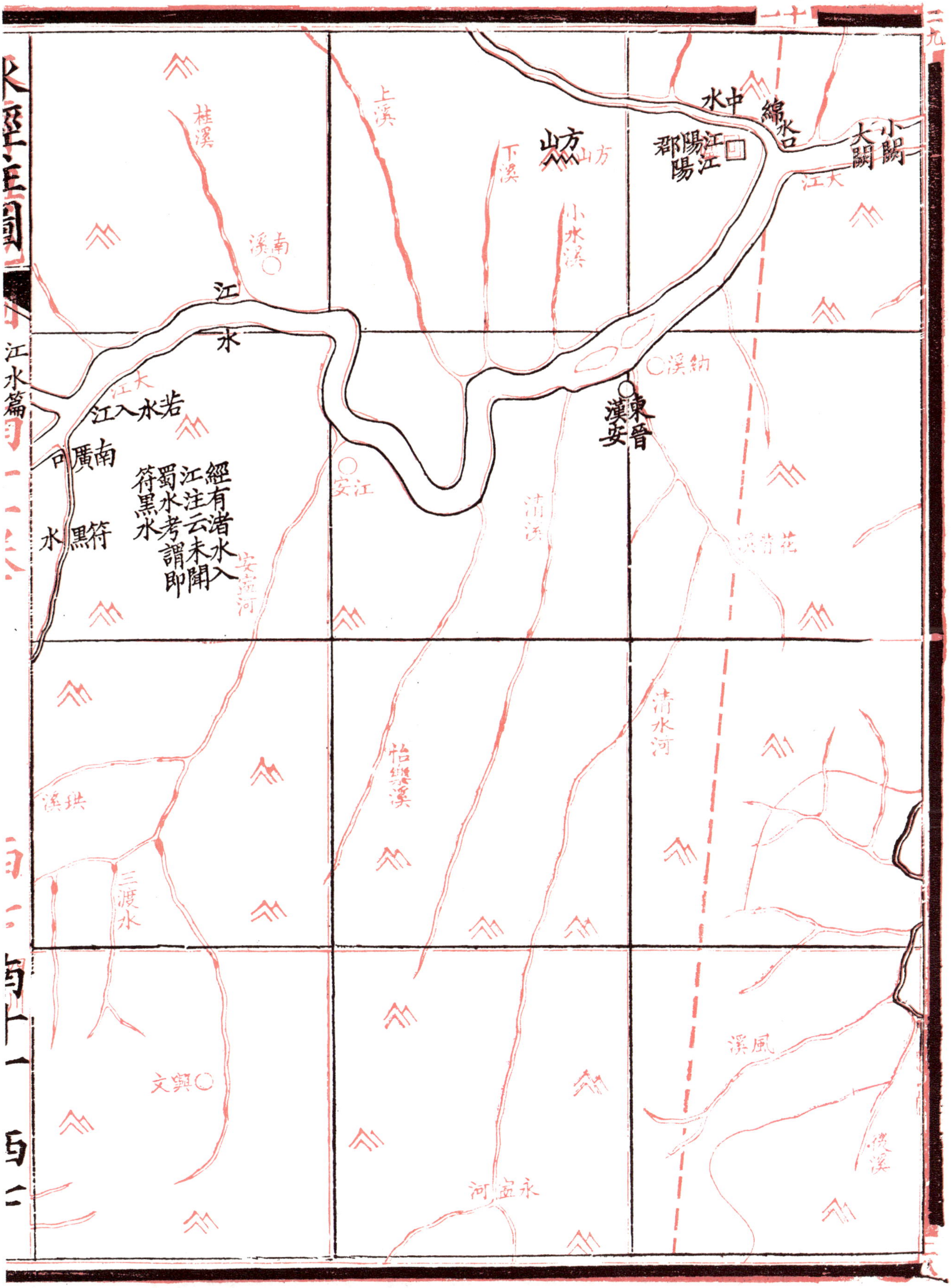

水經注圖
江水篇
江水
若水入江
南廣口
符黑水
經有渚水入江注云未聞蜀水考謂即符黑水
方山
中水
綿水口
江陽郡
江陽
小關
大關
東晉漢安
桂溪
上溪
下溪
南溪
小水溪
大江
安江
清溪
清水河
拱溪
三渡水
興文
永寧河
風溪

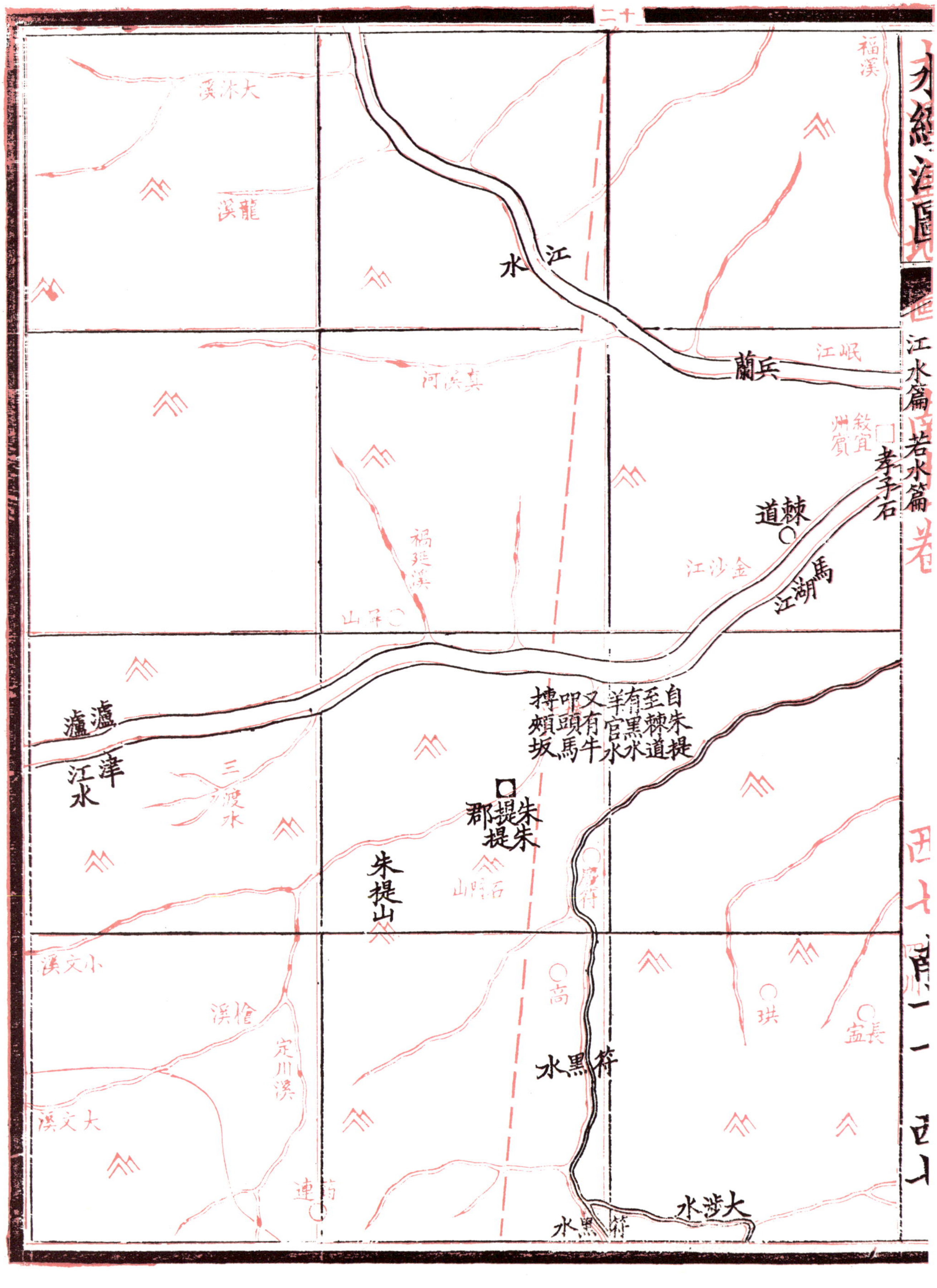
水經注圖
卷
江水篇 若水篇
江水
兵蘭
岷江
孝子石
棘道
金沙江
馬湖江
瀘津
江水
自朱提至棘道有黑水羊官水又有牛叩頭馬搏頰坂
朱提郡朱提
朱提山
三渡水
石門山
符黑水
大涉水
大冰溪
龍溪
小文溪
大文溪
定川溪

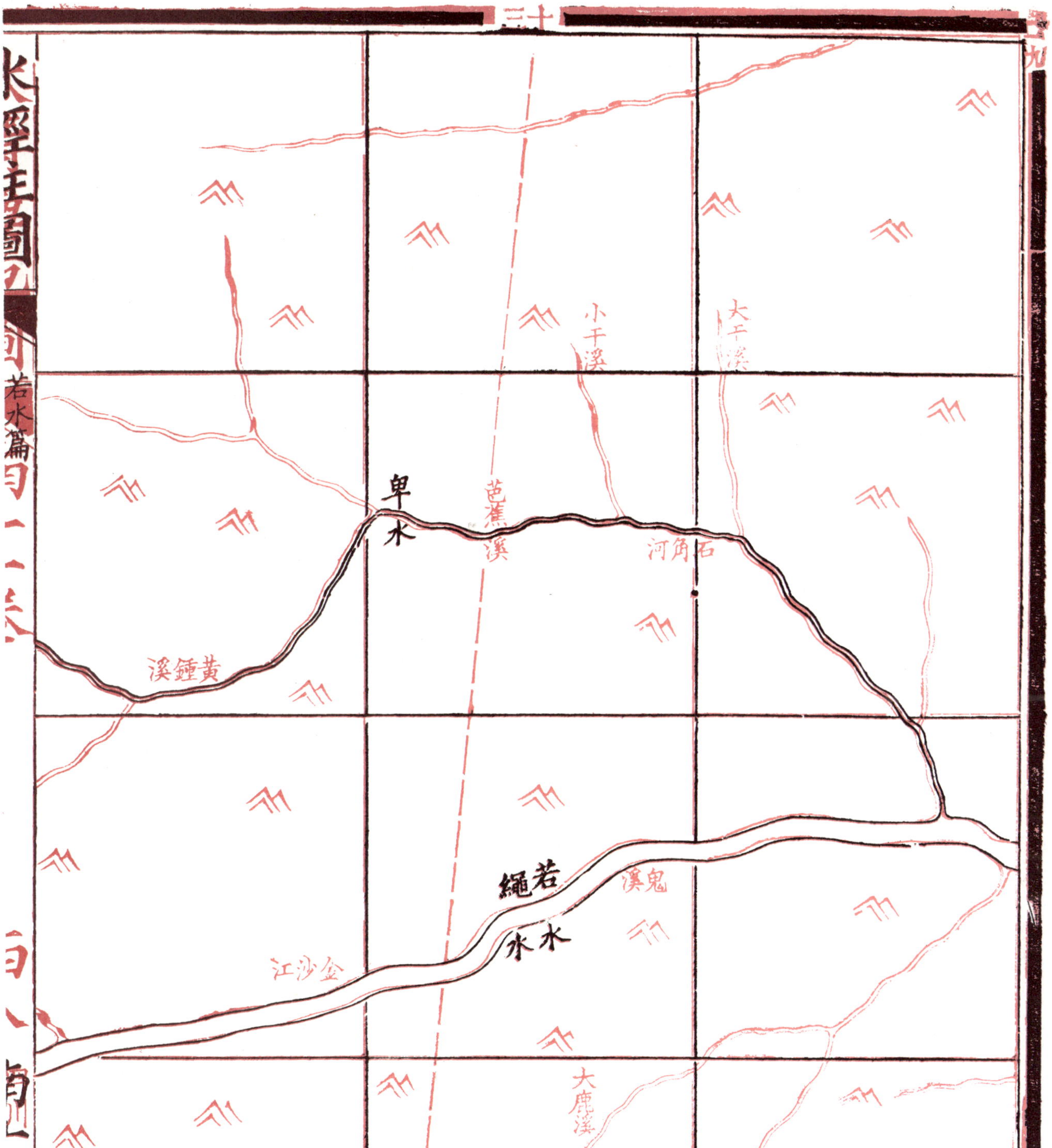
水經注圖
若水篇
卑水
小干溪
大干溪
芭蕉溪
石角河
黃鍾溪
若水
繩水
鬼溪
金沙江
大鹿溪

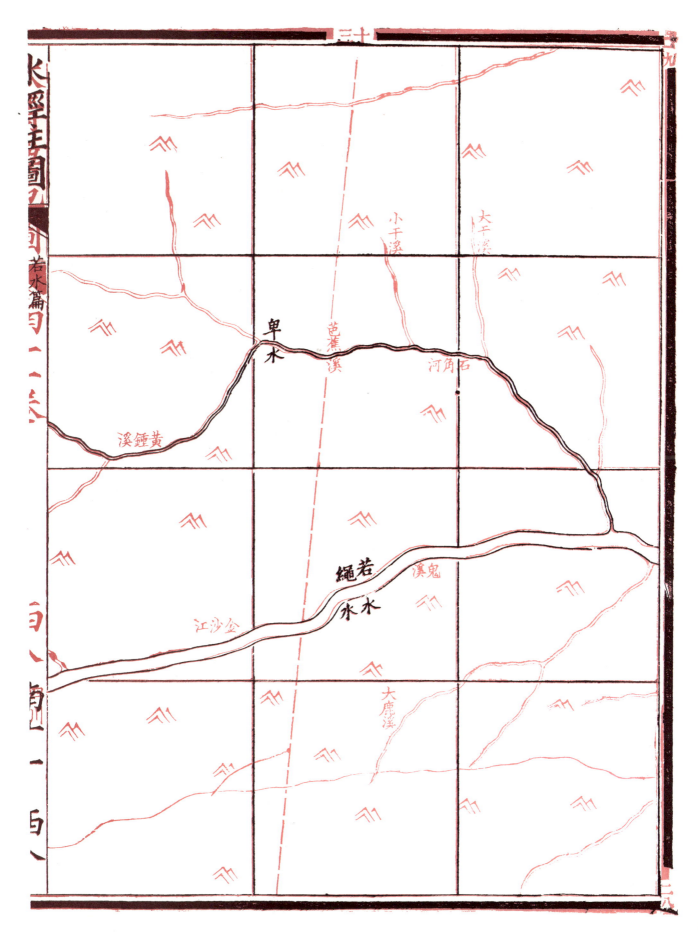

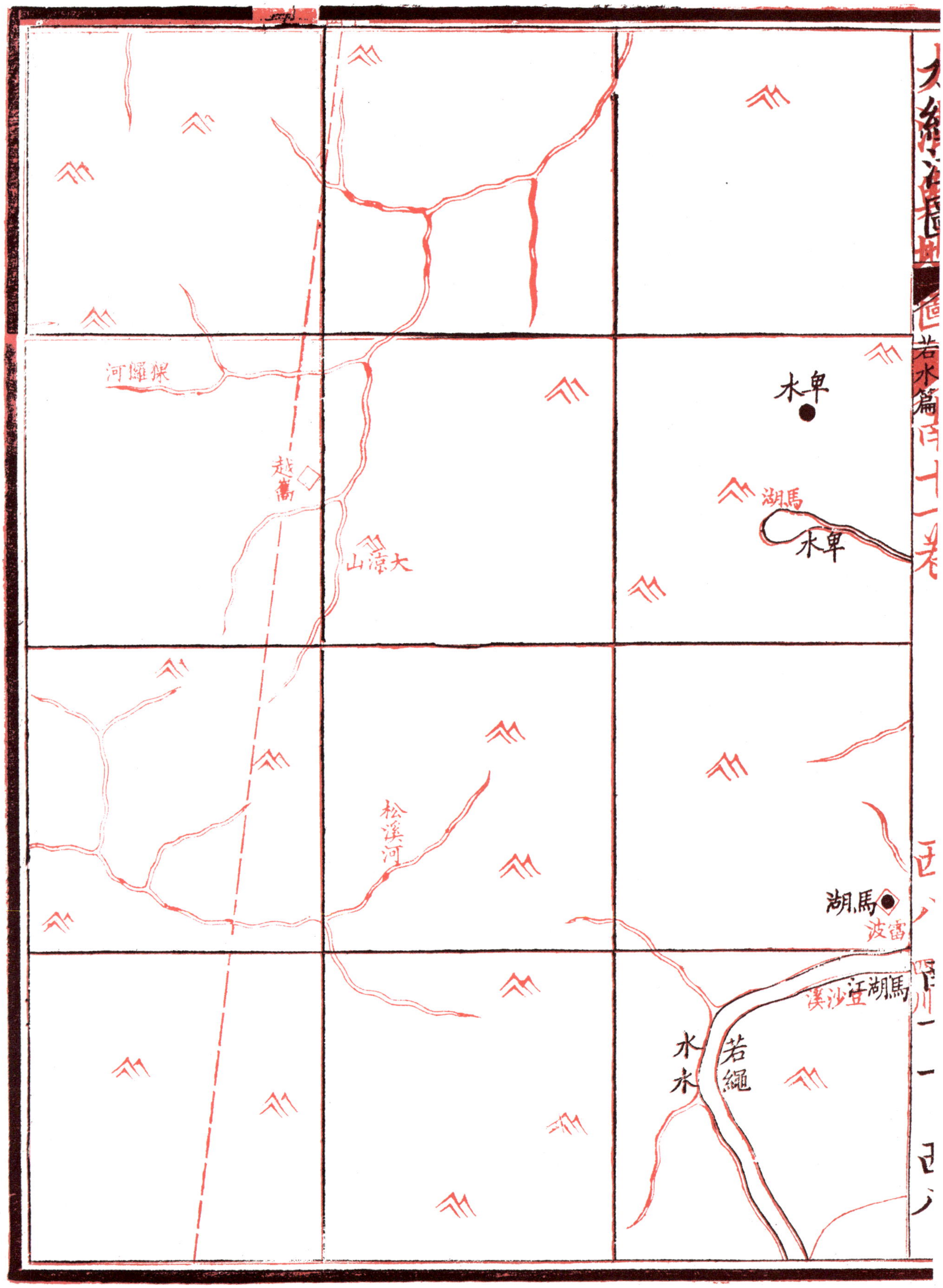
若水篇
保羅河
越巂
大涼山
松溪河
卑水
馬湖
卑水
馬湖
雷波
馬湖江
沙溪
若水
繩水

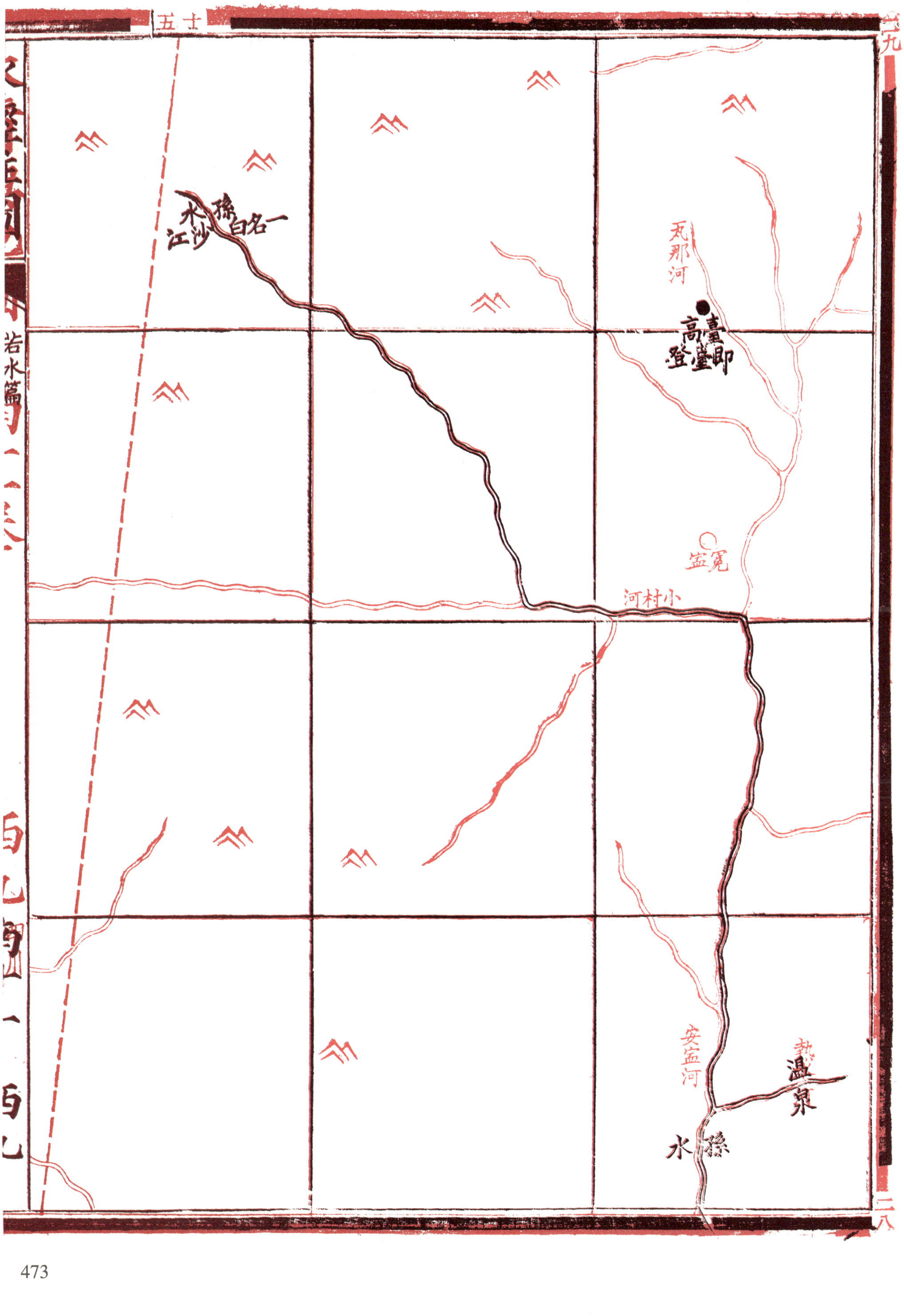
十五
若水篇
孫水一名白沙江
瓦那河
臺登即高臺
寬宏
小村河
安盃河
温泉
孫水
二九
二八

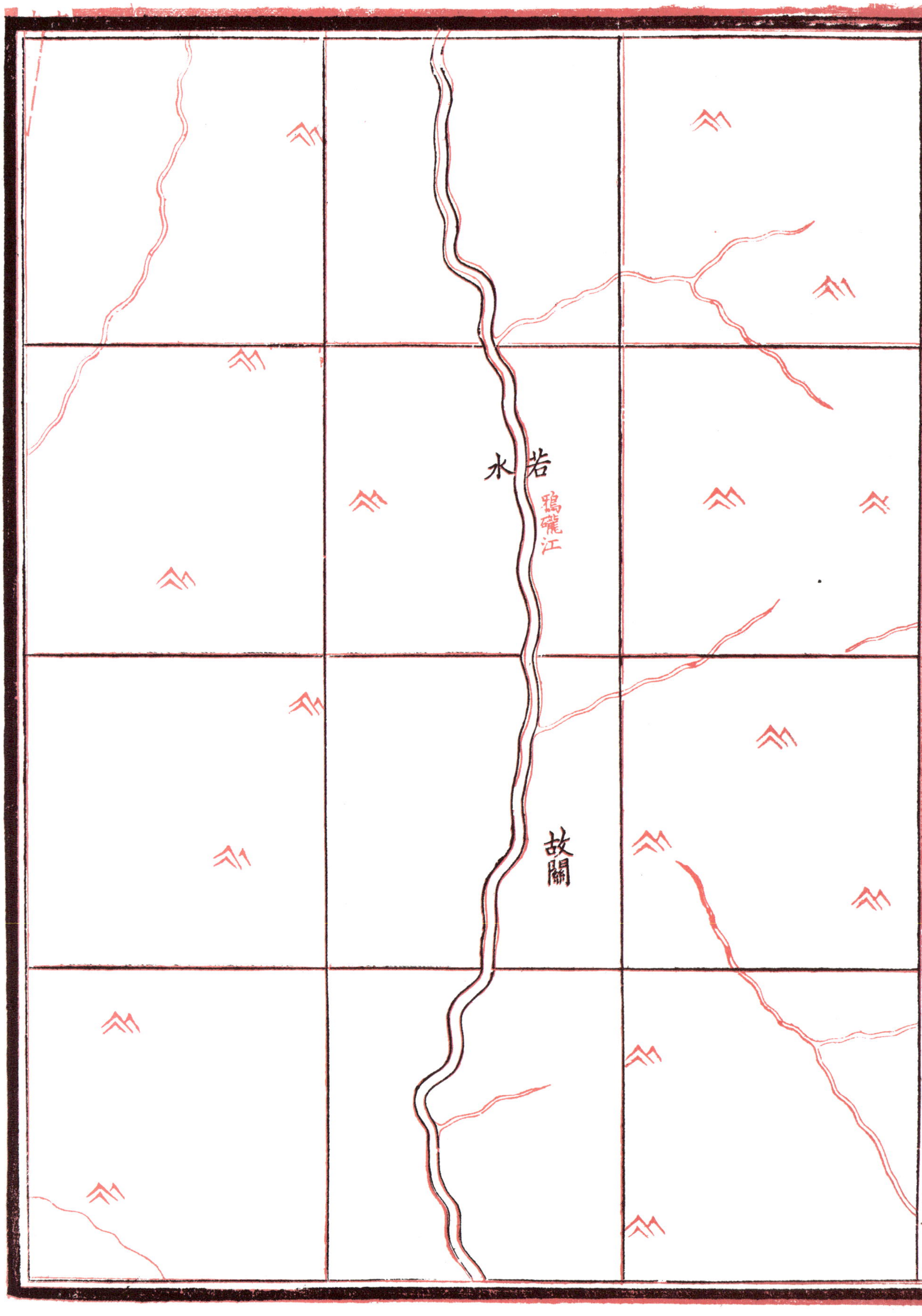
若水
鴉礱江
故關

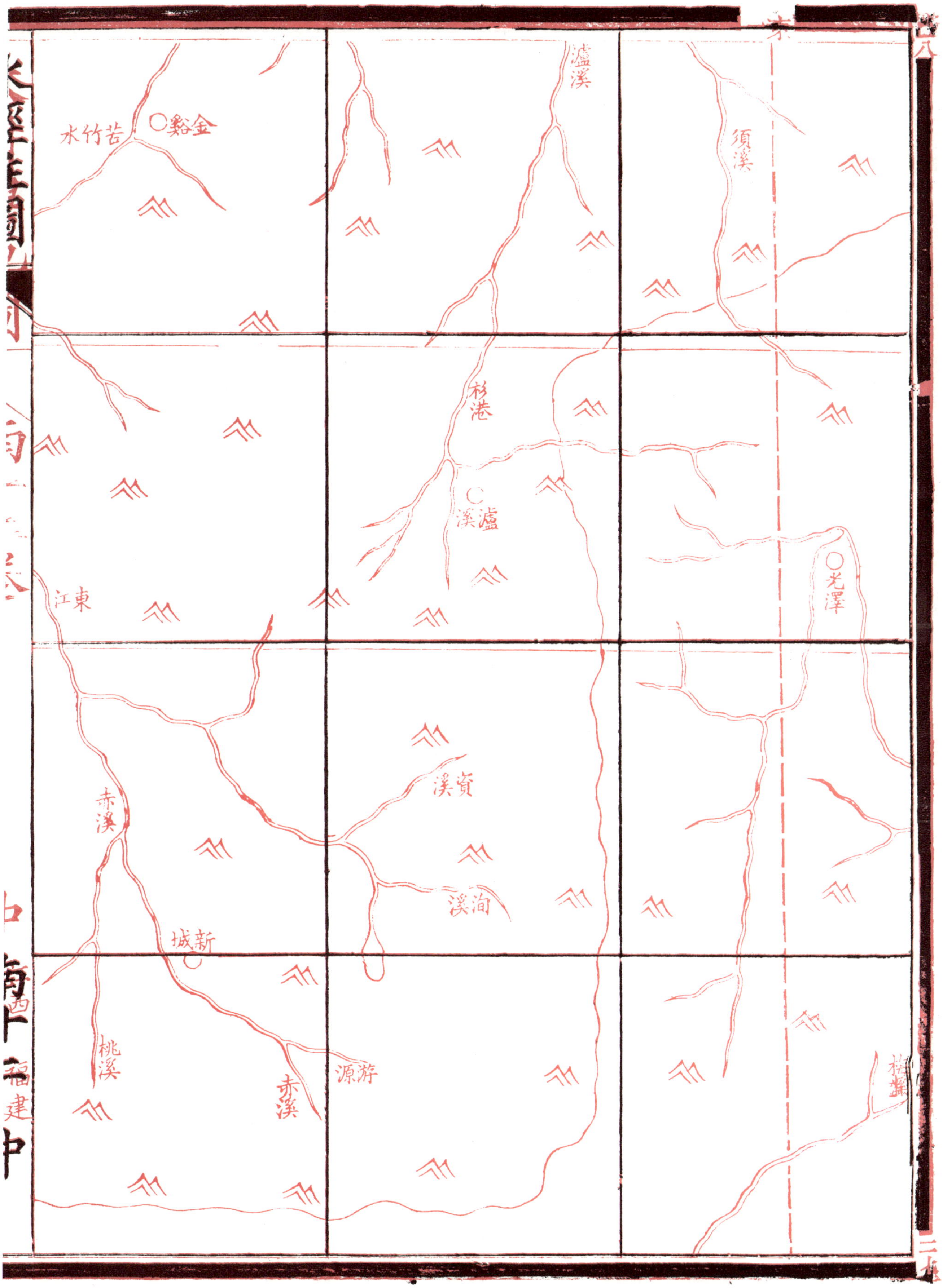
金谿
芸竹水
瀘溪
須溪
杉港
瀘溪
光澤
東江
資溪
赤溪
洵溪
新城
桃溪
赤溪
游源

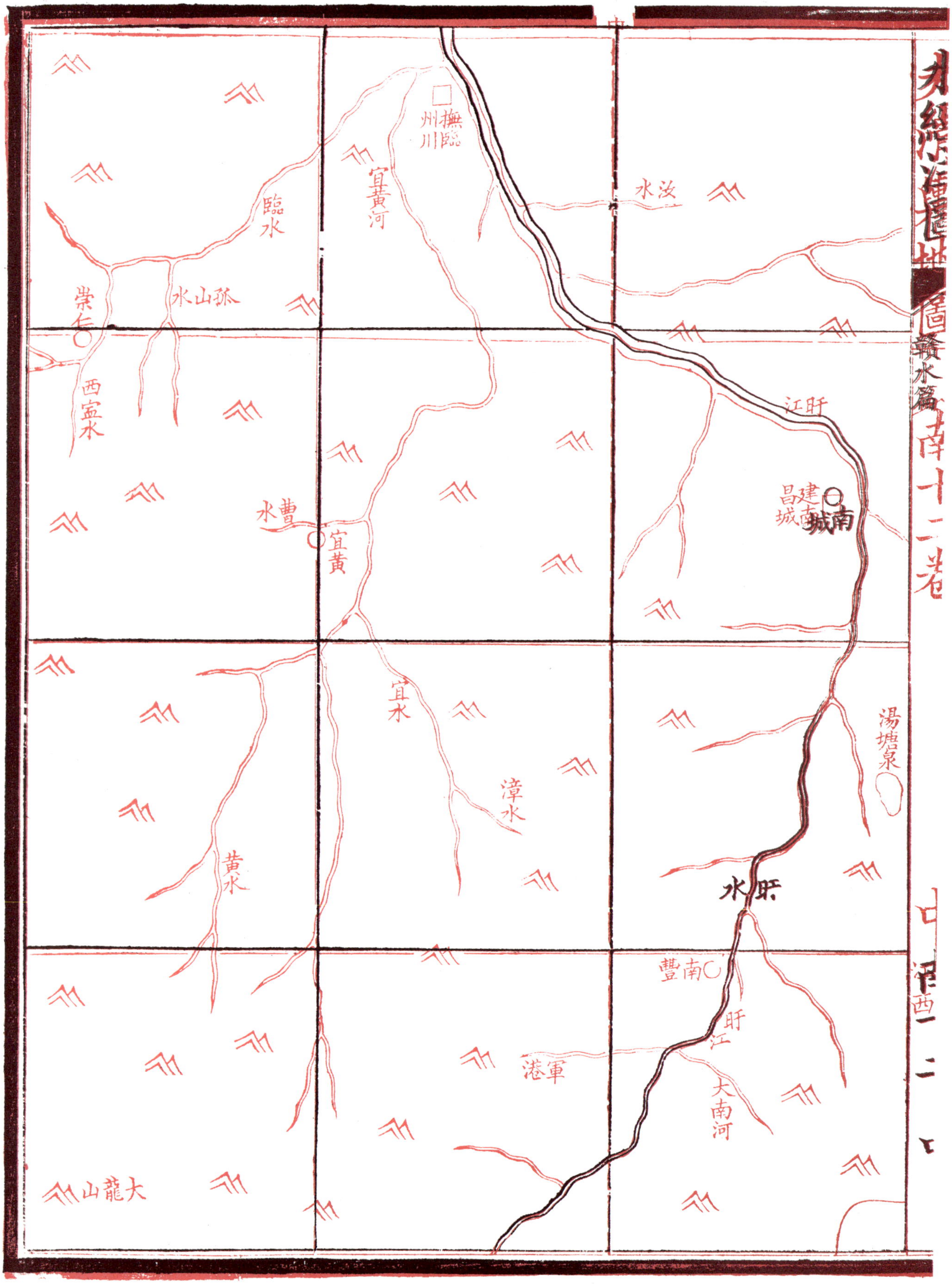

水經注圖
贛水篇
南十二卷
中
西一
二
撫州臨川
宜黃河
臨水
汝水
孫山水
崇仁
西寧水
旴江
建昌南城
南城
曹水
宜黃
宜水
漳水
湯塘泉
黃水
旴水
南豐
旴江
軍港
大南河
大龍山

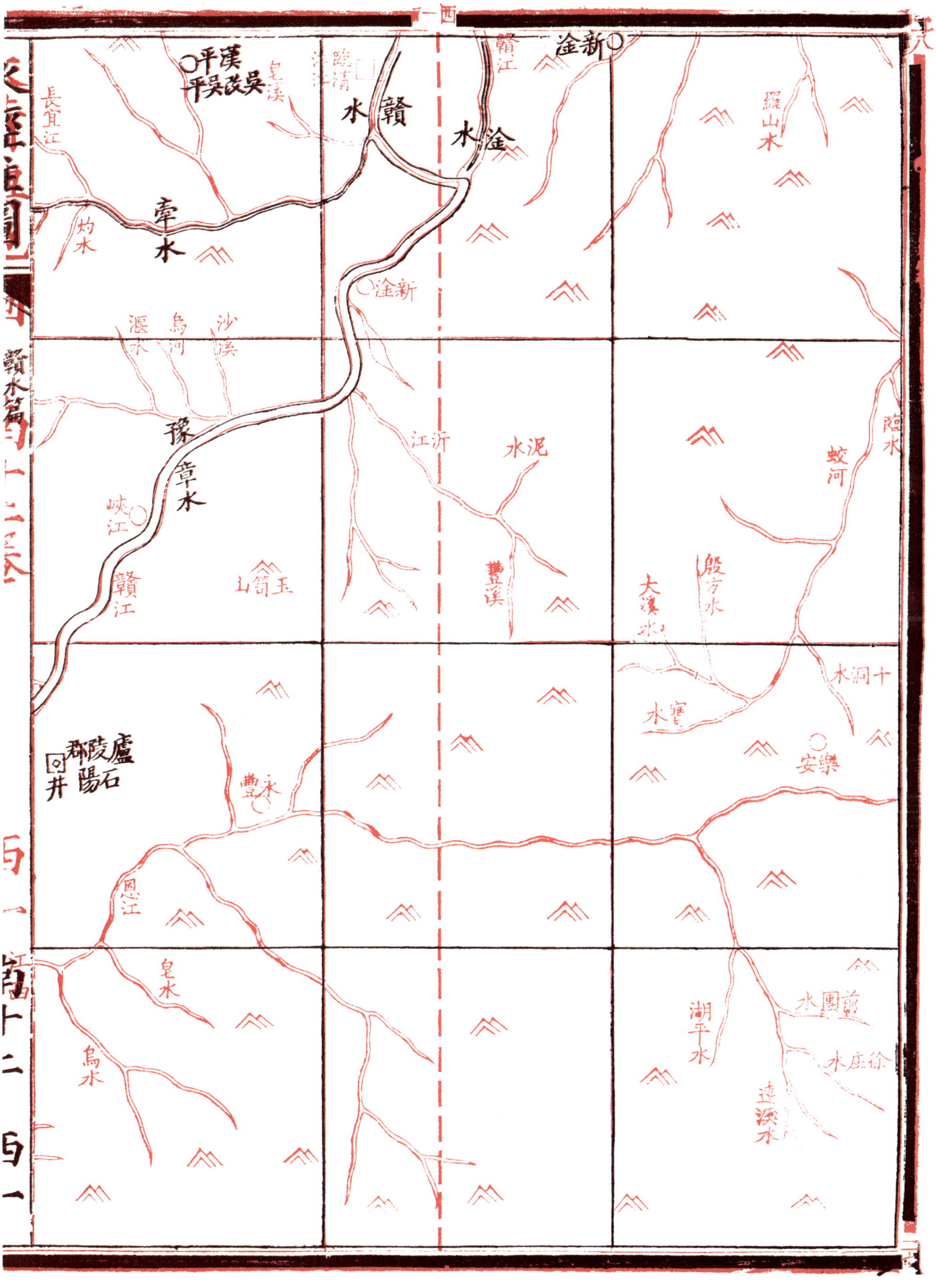
贛水篇
新淦
漢平
吳改吳平
長宜江
皂溪
臨清
贛水
淦水
贛江
牽水
灼水
新淦
漚水
烏河
沙溪
豫
章水
峽江
贛江
玉笥山
沂江
泥水
豐溪
羅山水
臨水
蛟河
般方水
寶水
十洞水
安樂
盧陵郡石陽
永豐
恩江
皂水
烏水
湖平水
徐庄水
遠溪水

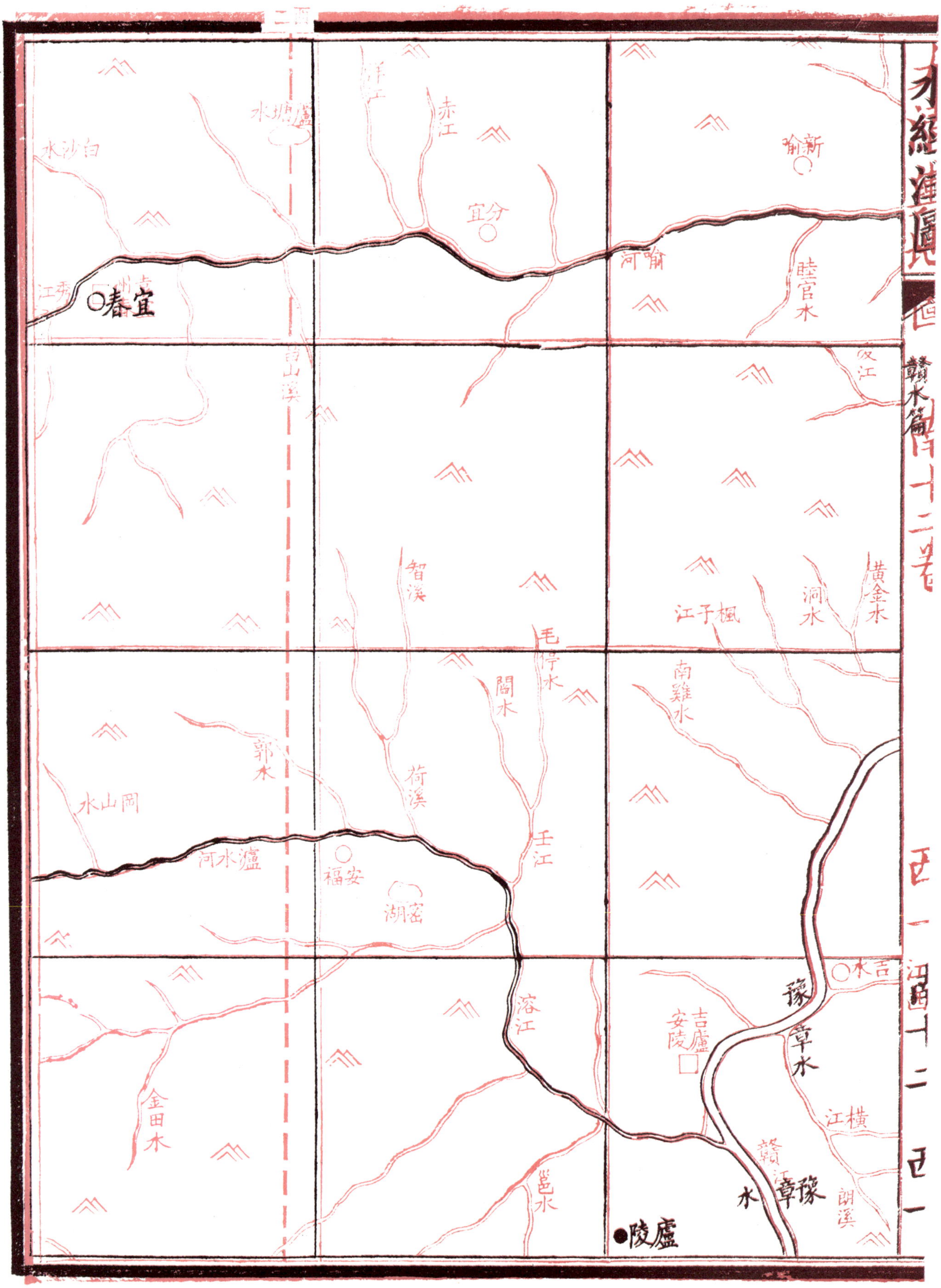

水經注圖
贛水篇
白沙水
盧塘水
赤江
分宜
新喻
喻河
宜春
秀江
睦宫水
智溪
楓子江
洞水
黃金水
閣水
郭水
岡山水
荷溪
盧水河
安福
窑湖
壬江
溶江
吉水
吉安
廬陵
豫章水
橫江
贛江
朗溪
邕水
金田水

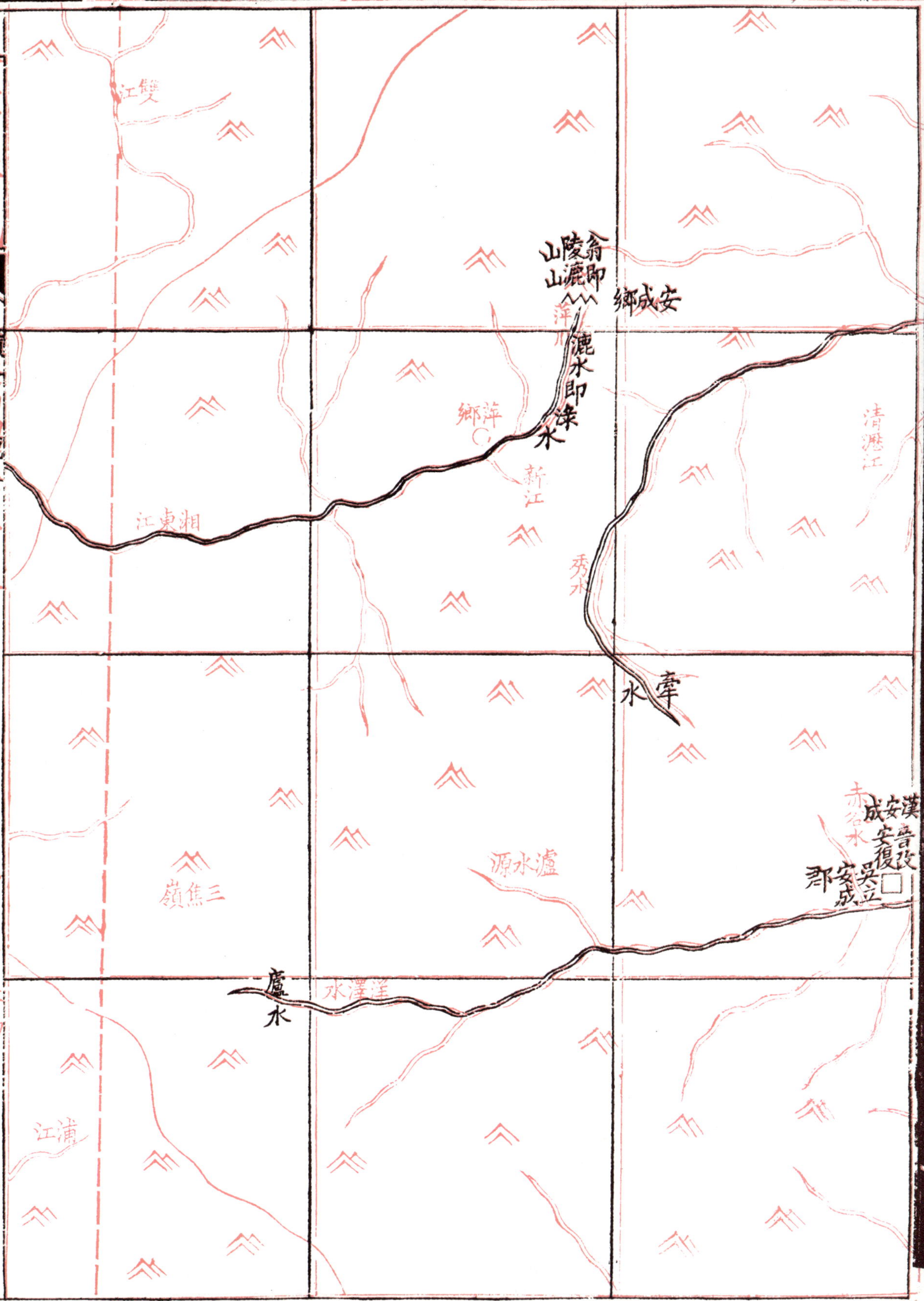
翁陵山即漉山
安成鄉
漉水即淥水
萍鄉
新江
湘東江
秀水
清瀝江
牽水
漢安成晉改安復吳立安成郡
赤谷水
盧水源
三焦嶺
盧水
雙江
浦江

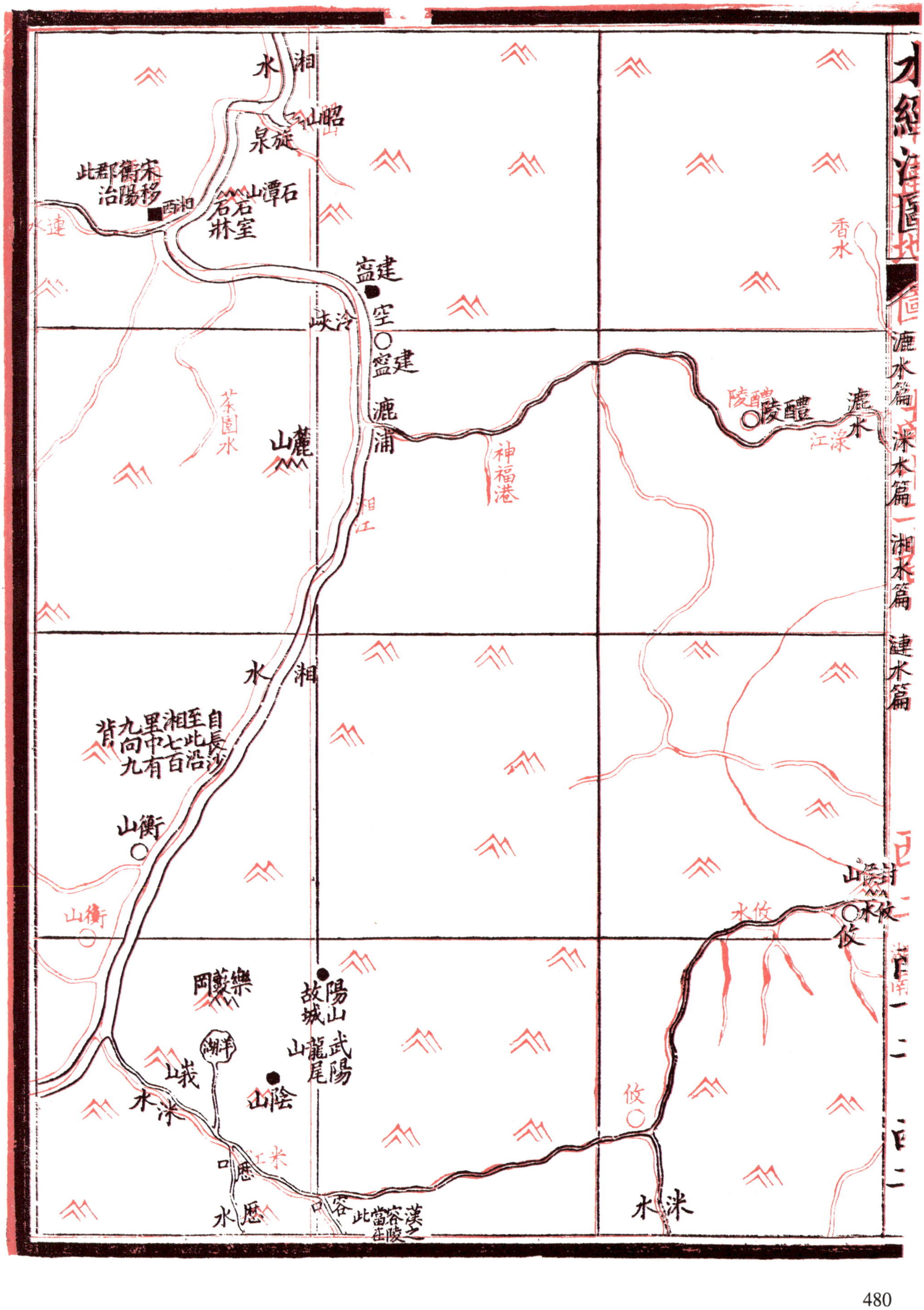
水經注圖
漉水篇 洣水篇 湘水篇 漣水篇
湘水
昭山
旋泉
宋移衡陽郡治此
湘西
石潭山
漉浦
麓山
醴陵
漉水
自長沙至此沿湘七百里中有九向九背
衡山
攸水
攸
陽山故城
武陽龍尾山
陰山
洣水
歷口
歷水
漢之容陵當在此
茶園水
神福港
湘江
淥江
香水
洣江

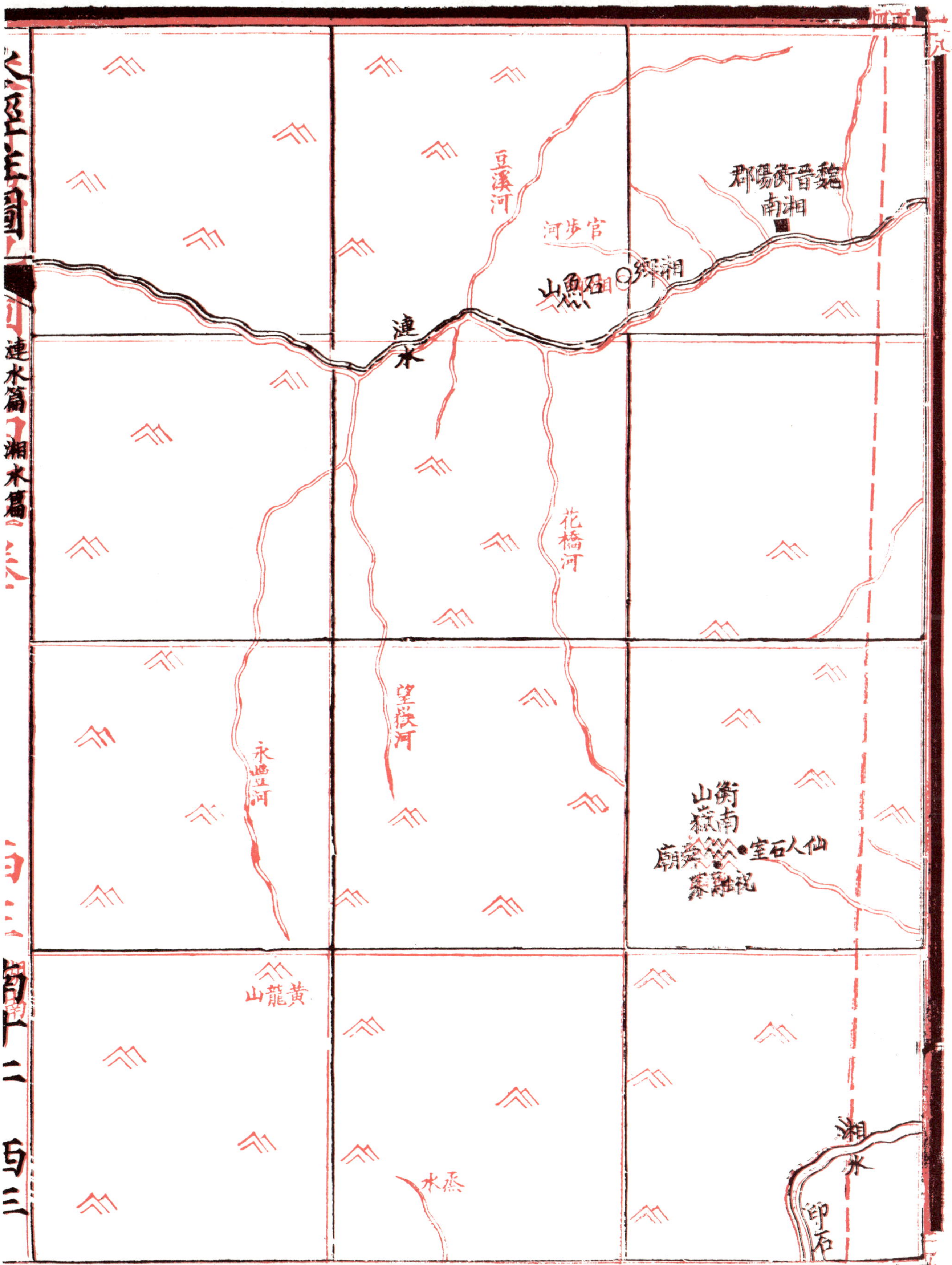
連水篇
湘水篇
豆溪河
官步河
魏晉衡陽郡
湘南
湘鄉
石魚山
連水
花橋河
望嶽河
永豐河
衡山
南嶽
仙人石室
黃龍山
烝水
湘水
石印

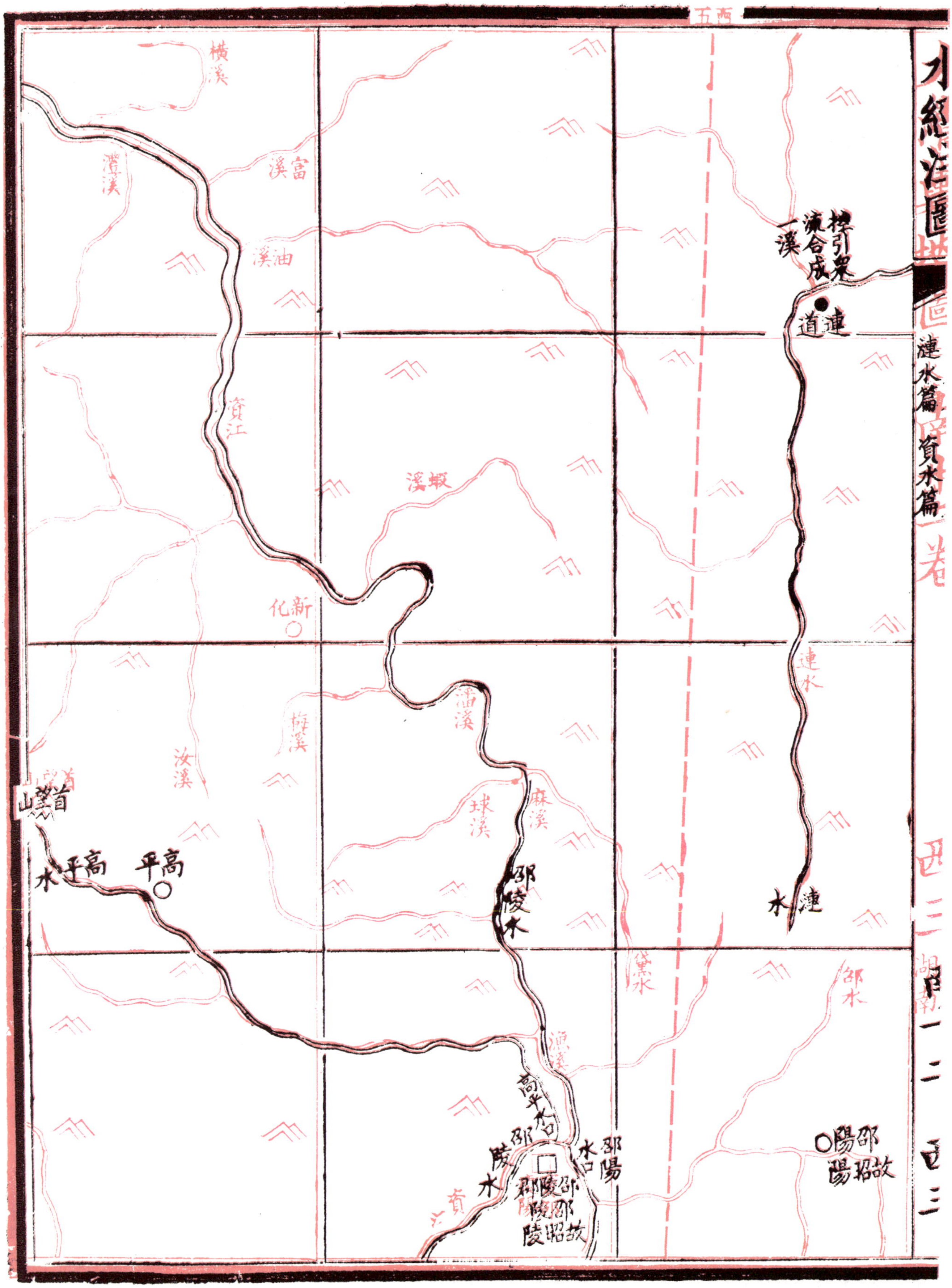
水經注圖
漣水篇
資水篇
橫溪
灃溪
富溪
油溪
資江
蝦溪
新化
梅溪
汝溪
首望山
高平水
高平
球溪
麻溪
邵陵水
黛水
邵水
漣道
漣水
高平水口
邵陽水口
邵陵水
邵陵郡
邵陵
資水

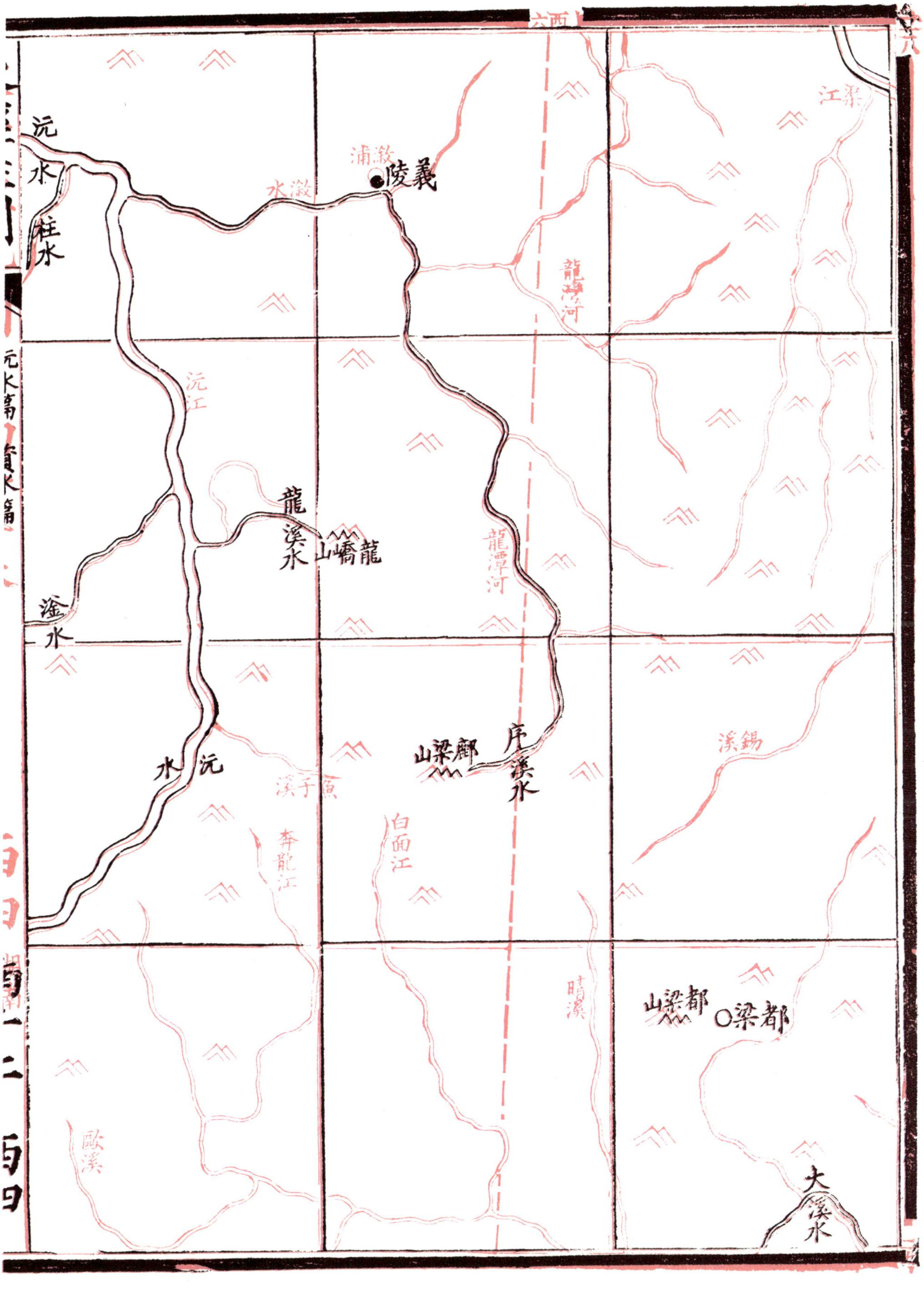
沅水
柱水
溆浦
義陵
溆水
龍潭河
沅江
龍溪水
龍嶠山
龍潭河
序溪水
鄜梁山
沅水
魚子溪
奔龍江
白面江
錫溪
晴溪
都梁山
都梁
歐溪
大溪水

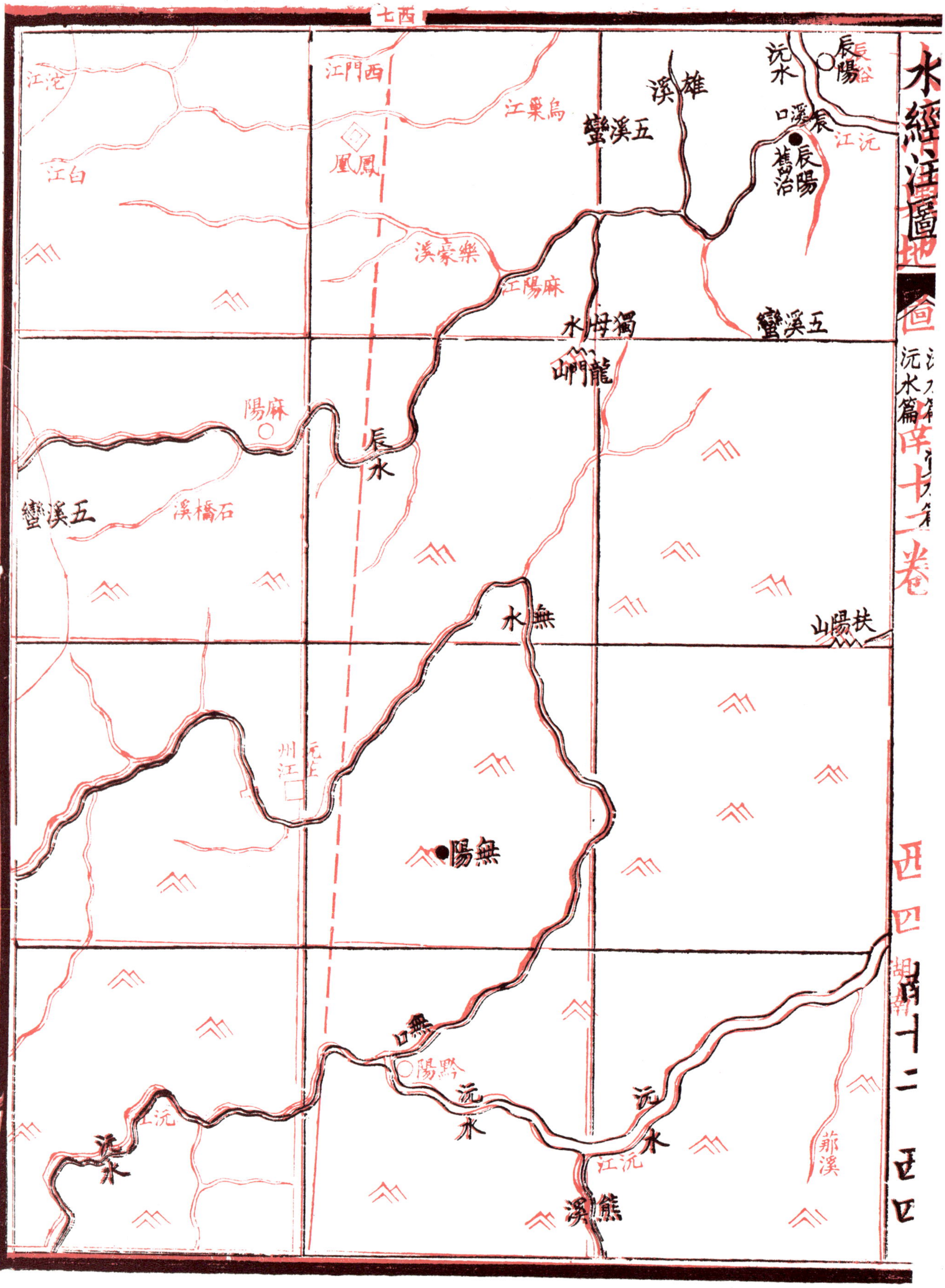
七西
水經注圖
沅水篇
南十二卷
西四
沱江
西門江
烏巢江
白江
鳳凰
樂豪溪
麻陽江
五溪蠻
雄溪
沅水
辰陽
辰谷
辰溪口
沅江
辰陽舊治
五溪蠻
獨母水
龍門山
麻陽
辰水
五溪蠻
石橋溪
無水
扶陽山
無陽
無口
黔陽
沅水
沅江
沅水
沅江
熊溪

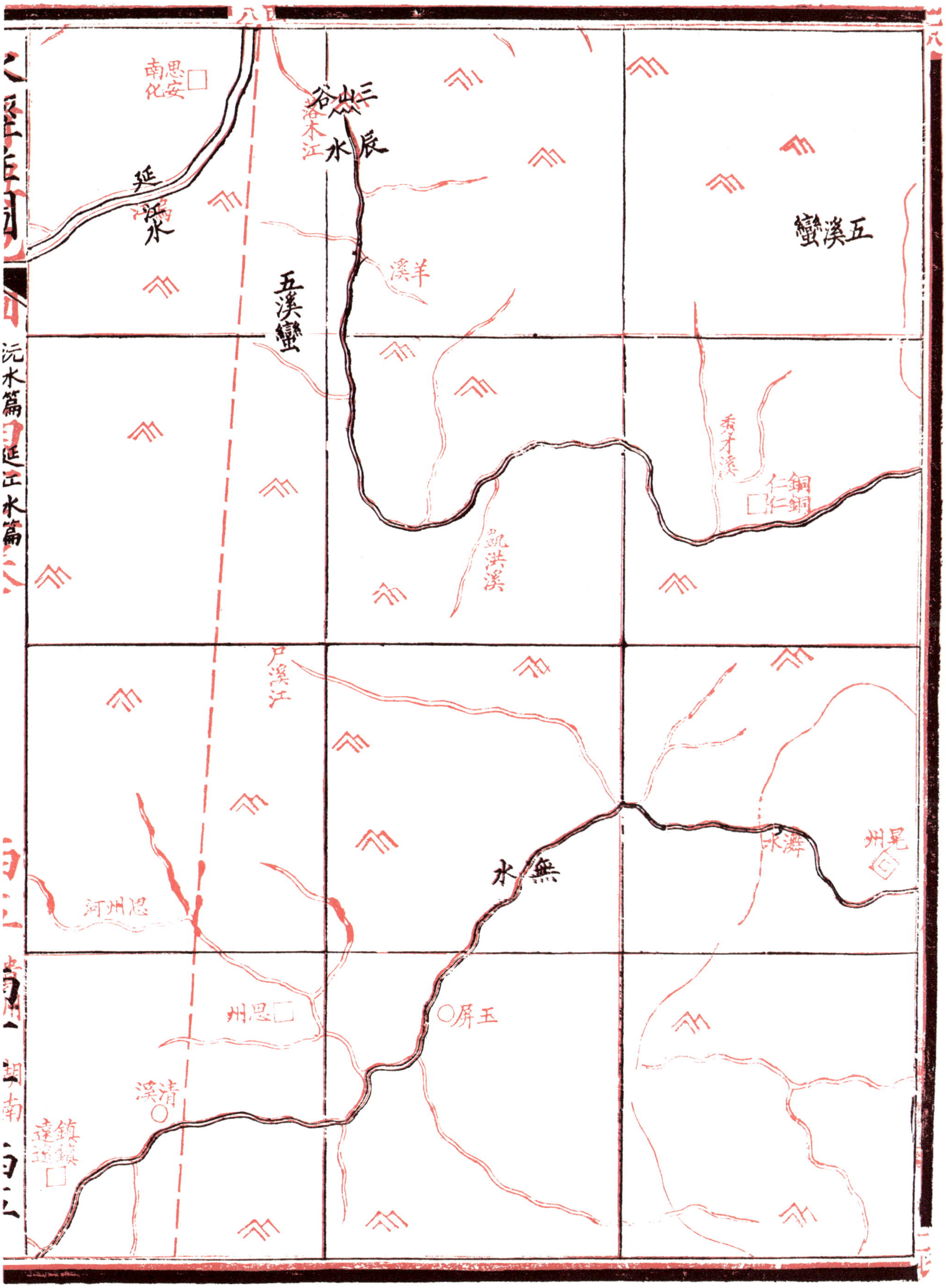
思南
安化
延江水
辰水
三出谷
洛木江
羊溪
五溪蠻
五溪蠻
秀才溪
銅仁
銅仁
凱洪溪
尸溪江
無水
潕水
晃州
思州河
思州
玉屏
清溪
鎮遠
鎮遠

沅水篇 延江水篇

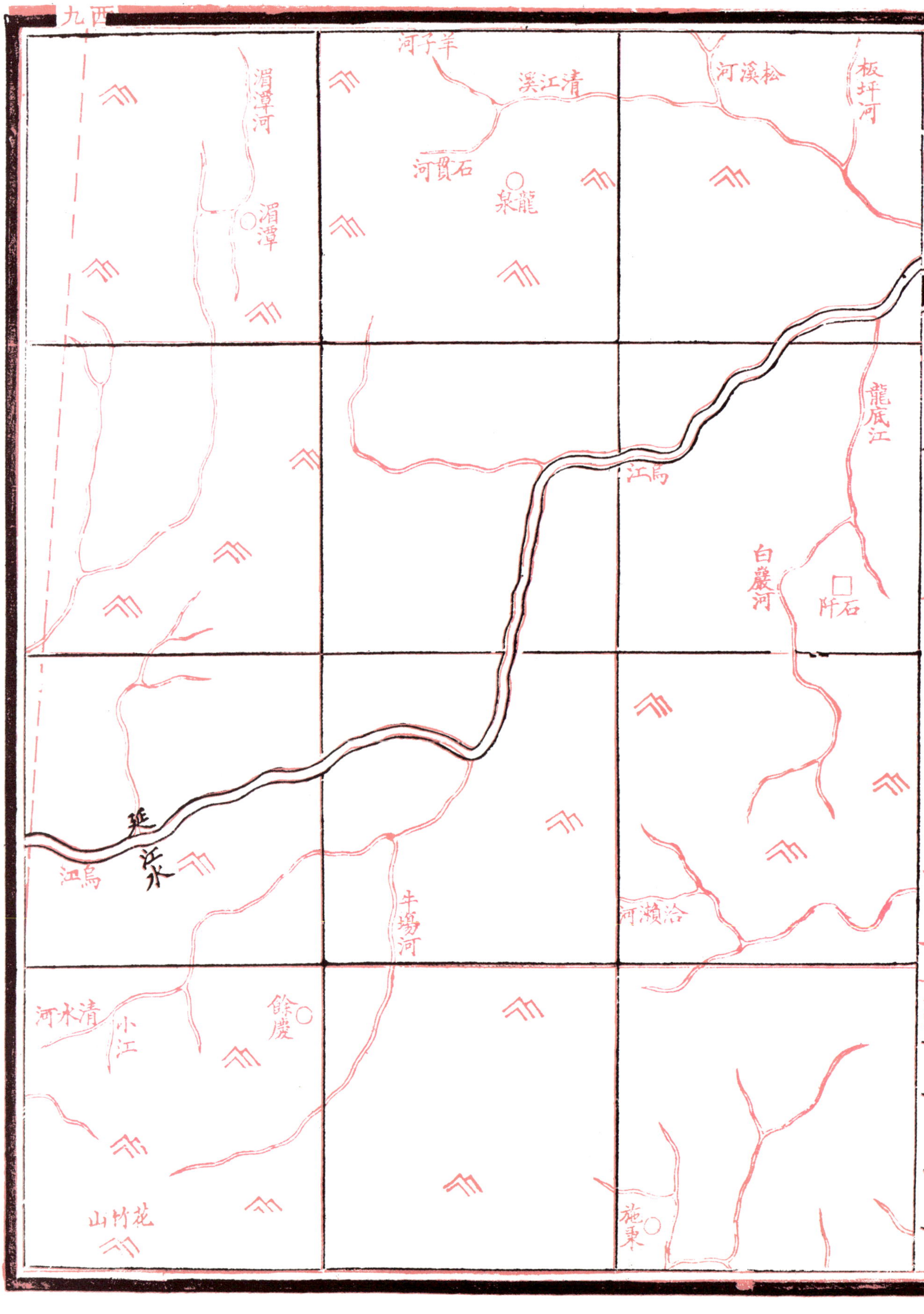
西九
羊子河
清江溪
松溪河
板坪河
涓潭河
涓潭
石貫河
龍泉
龍底江
烏江
白巖河
石阡
延江水
烏江
牛場河
洽瀨河
清水河
小江
餘慶
花竹山
施秉

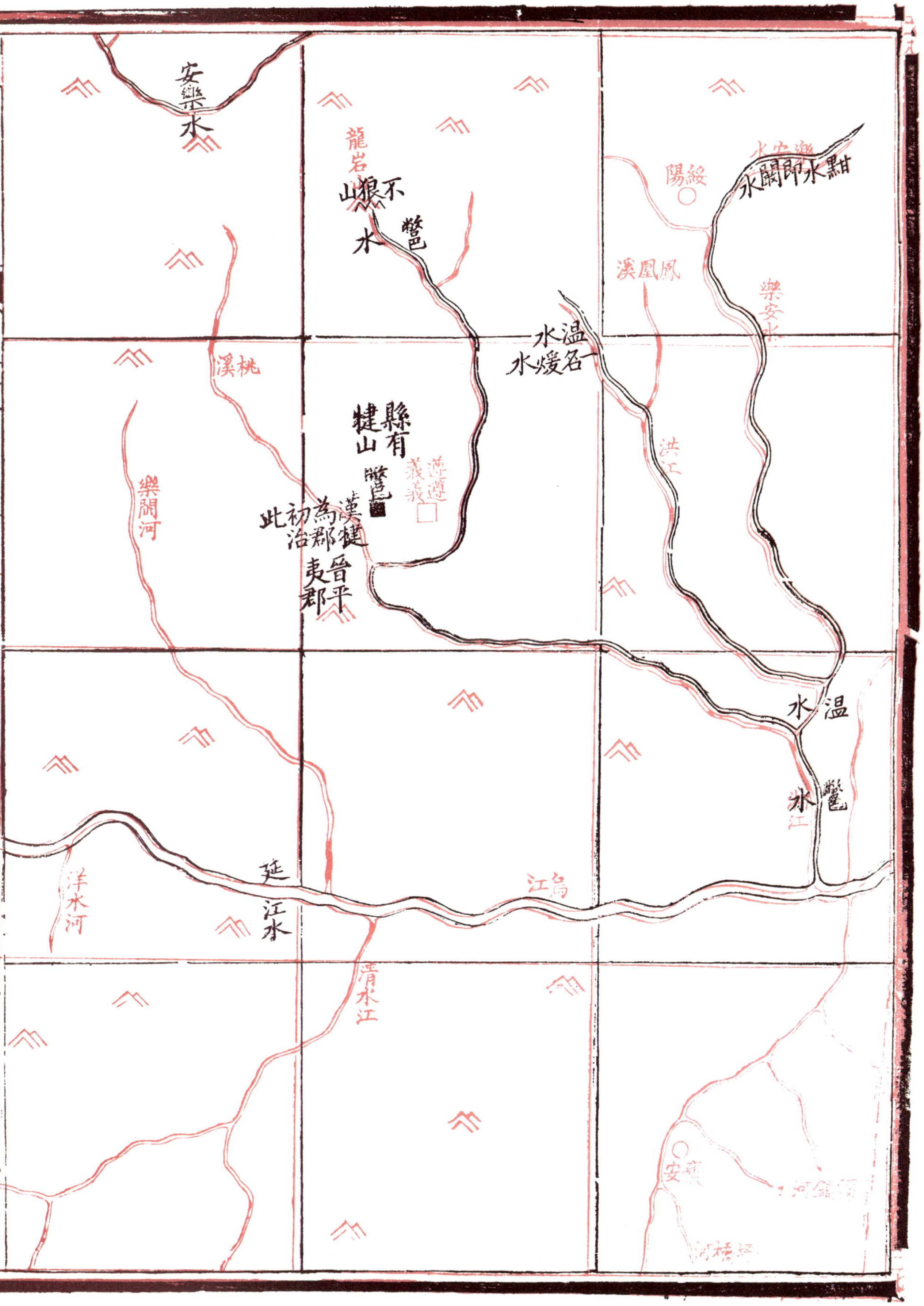
安樂水
龍岩
不狼山
水
鱉邑
綏陽
黚水即闒水
鳳凰溪
樂安水
溫水一名煖水
縣有犍山
鱉邑
遵義
漢犍為郡治此
晉平夷郡初
桃溪
樂閒河
洪江
溫水
鱉水
延江水
烏江
洋水河
清水江

延江水篇

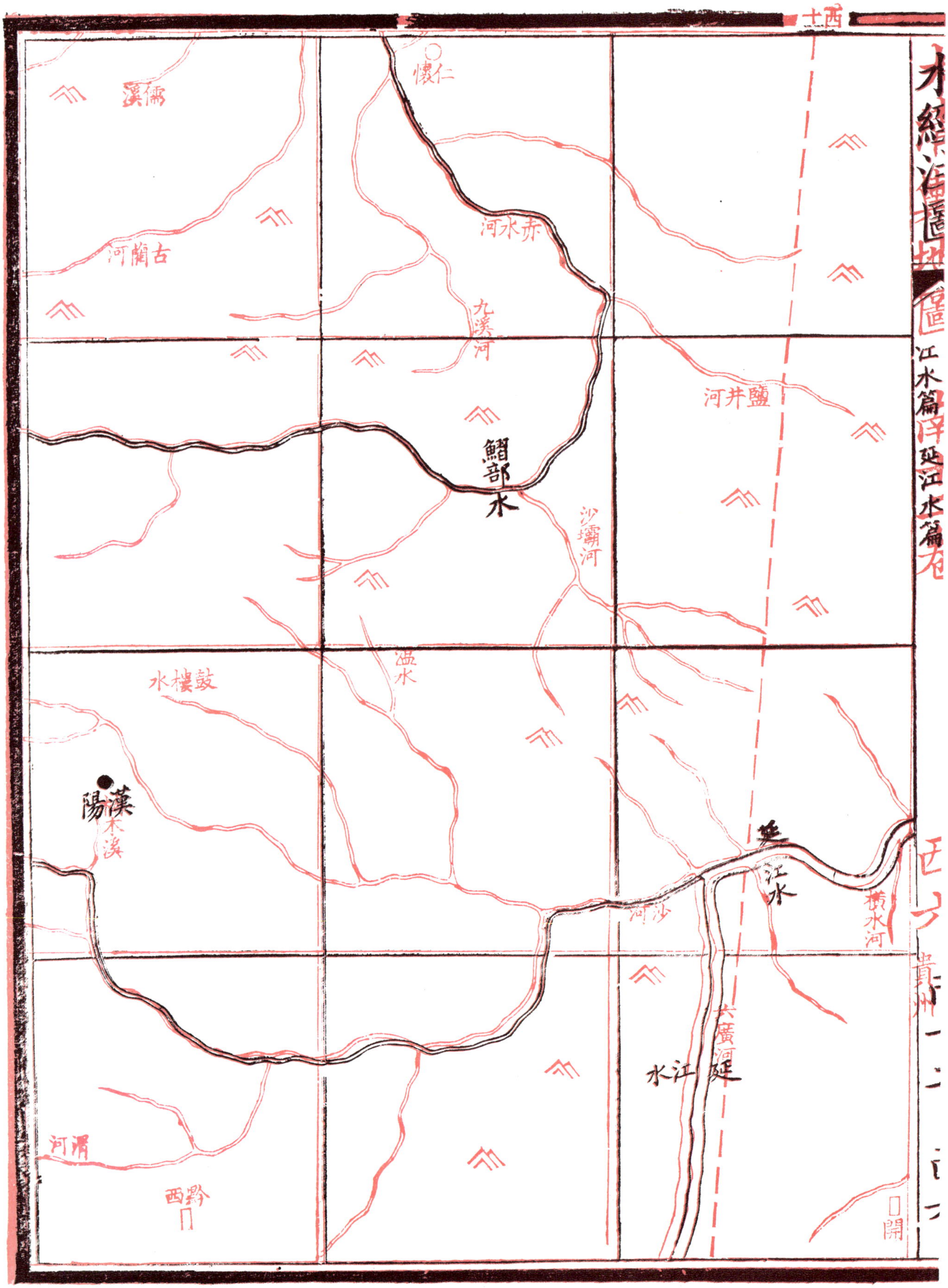
水經注圖
江水篇
延江水篇
仁懷
儒溪
古藺河
赤水河
九溪河
鹽井河
鰼部水
沙㵐河
溫水
鼓樓水
漢陽
木溪
延
江水
沙河
橫水河
六廣河
延江水
渭河
黔西
開

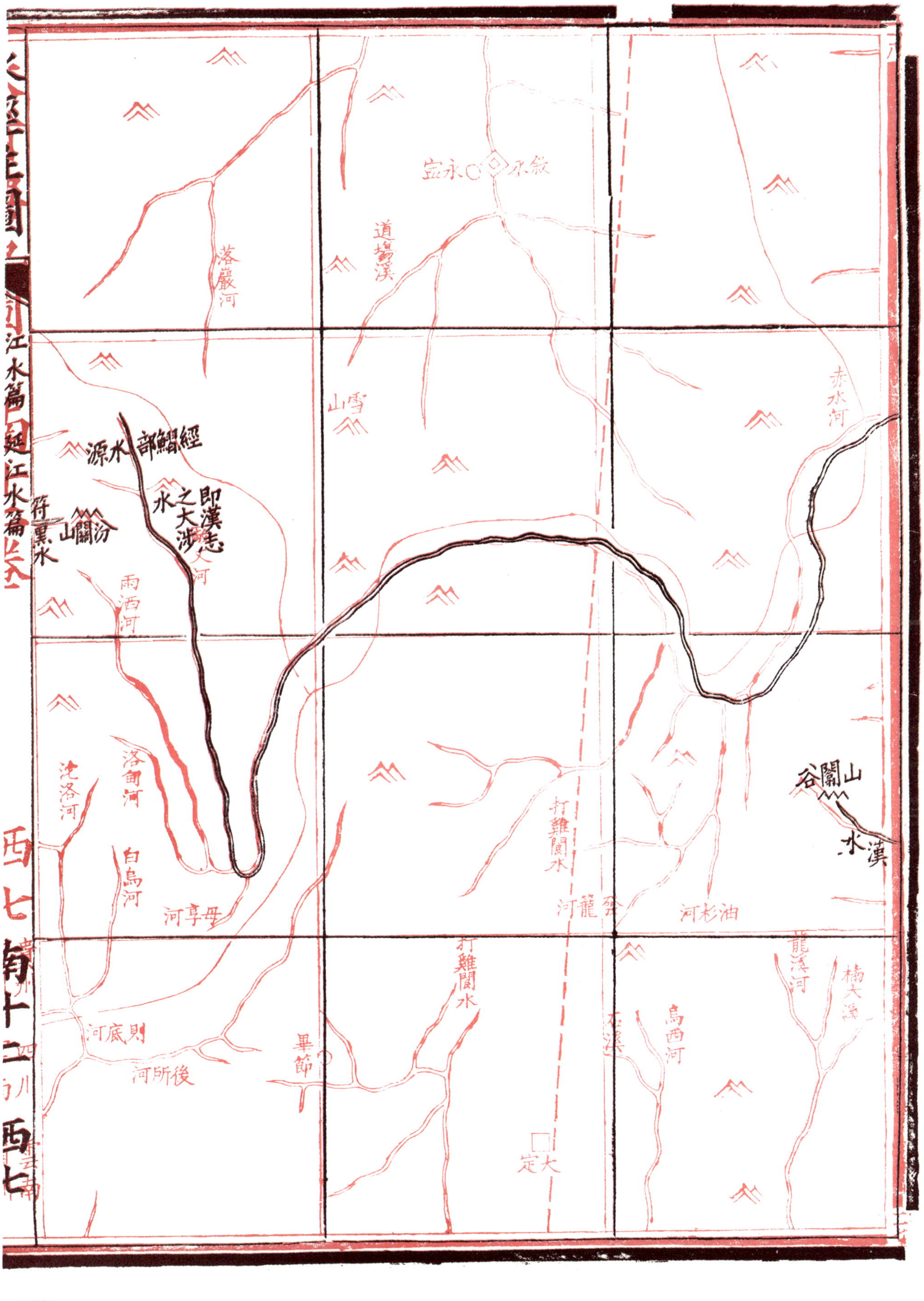

江水篇
延江水篇
西七
南十二
四川
西七
落巖河
敘永
道場溪
雪山
赤水河
經鰼部水源
即漢志之大涉水
汾關山
符黑水
雨洒河
洛甸河
白烏河
母亭河
打雞闊水
油杉河
山關谷
漢水
打雞闊水
烏西河
則底河
後所河
畢節
大定

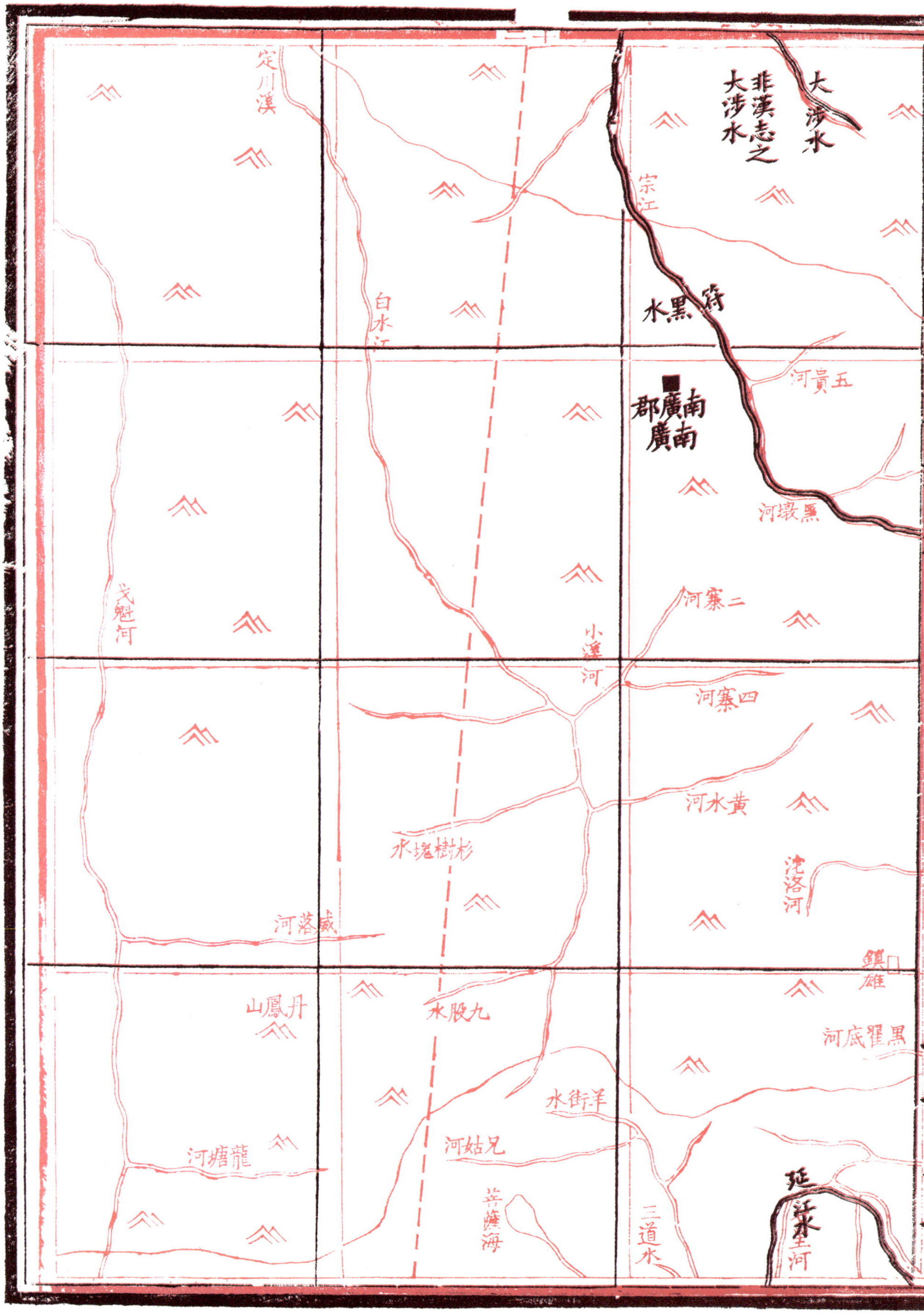
大涉水
非漢志之大涉水
定川溪
宗江
白水江
符黑水
南廣郡
南廣
五貴河
黑鍛河
二寨河
小溪河
四寨河
黃水河
杉樹埧水
戈魁河
沱洛河
鎮雄
威落河
丹鳳山
九股水
黑翟底河
洋街水
兄姑河
龍塘河
菩薩海
三道水
延江水

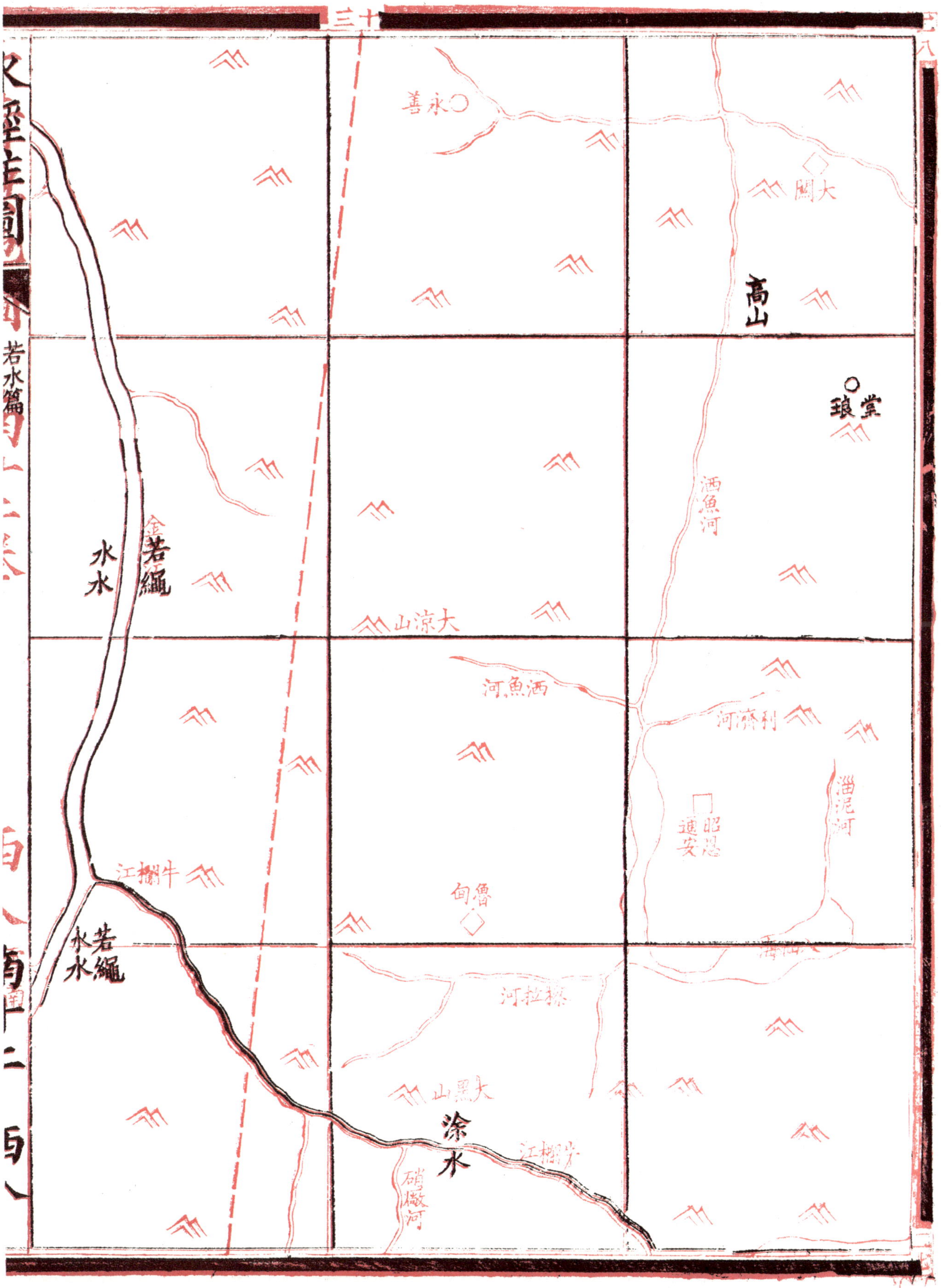
水經注圖
若水篇
三十
永善
大關
高山
堂琅
洒魚河
大涼山
繩水
若水
利濟河
昭通
恩安
魯甸
牛欄江
若水
繩水
大黑山
涂水

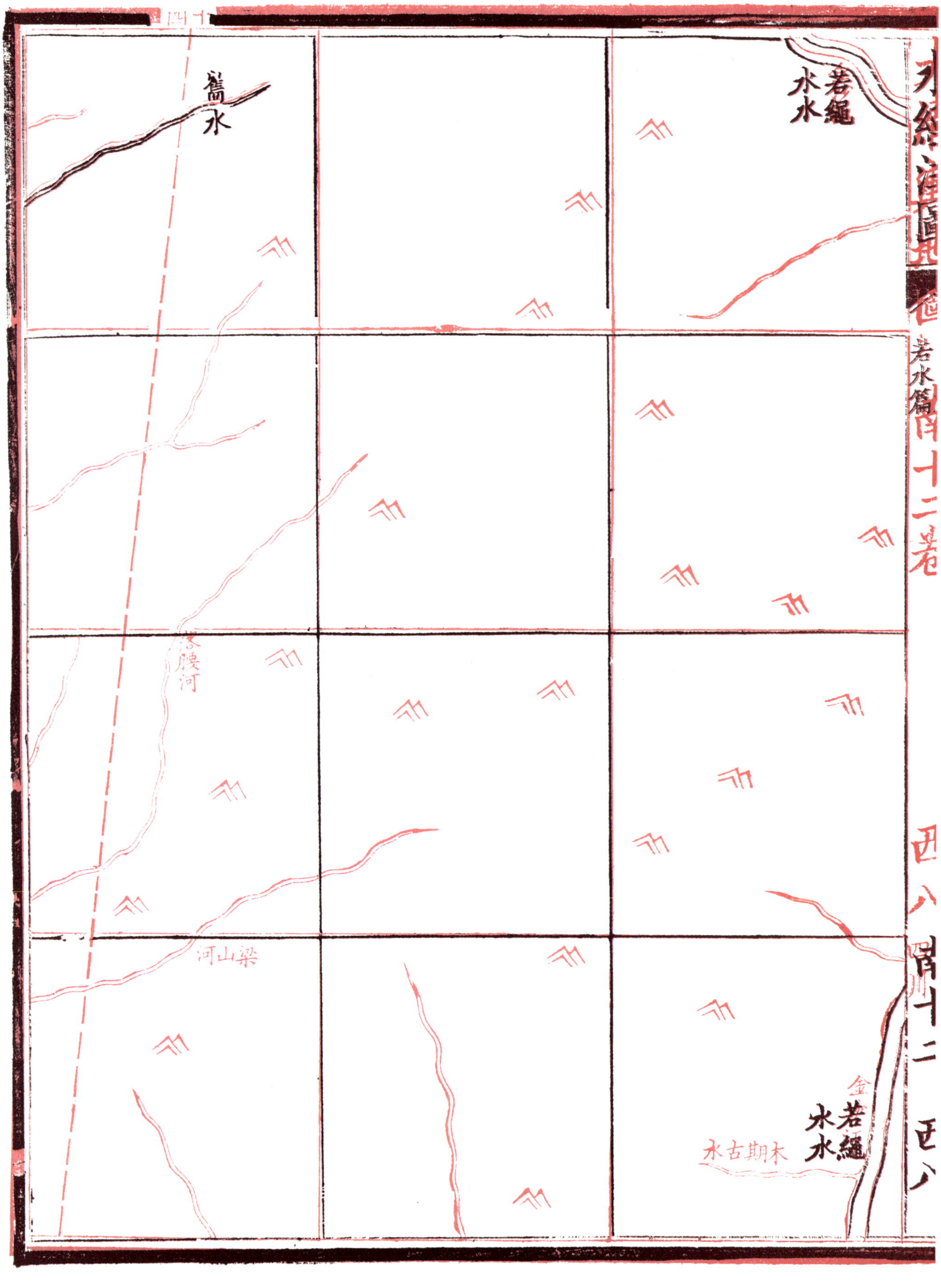
若水
繩水
腰河
梁山河
木期古水
若水
繩水
水經注圖
若水篇
西十二
西八
南十二
西八

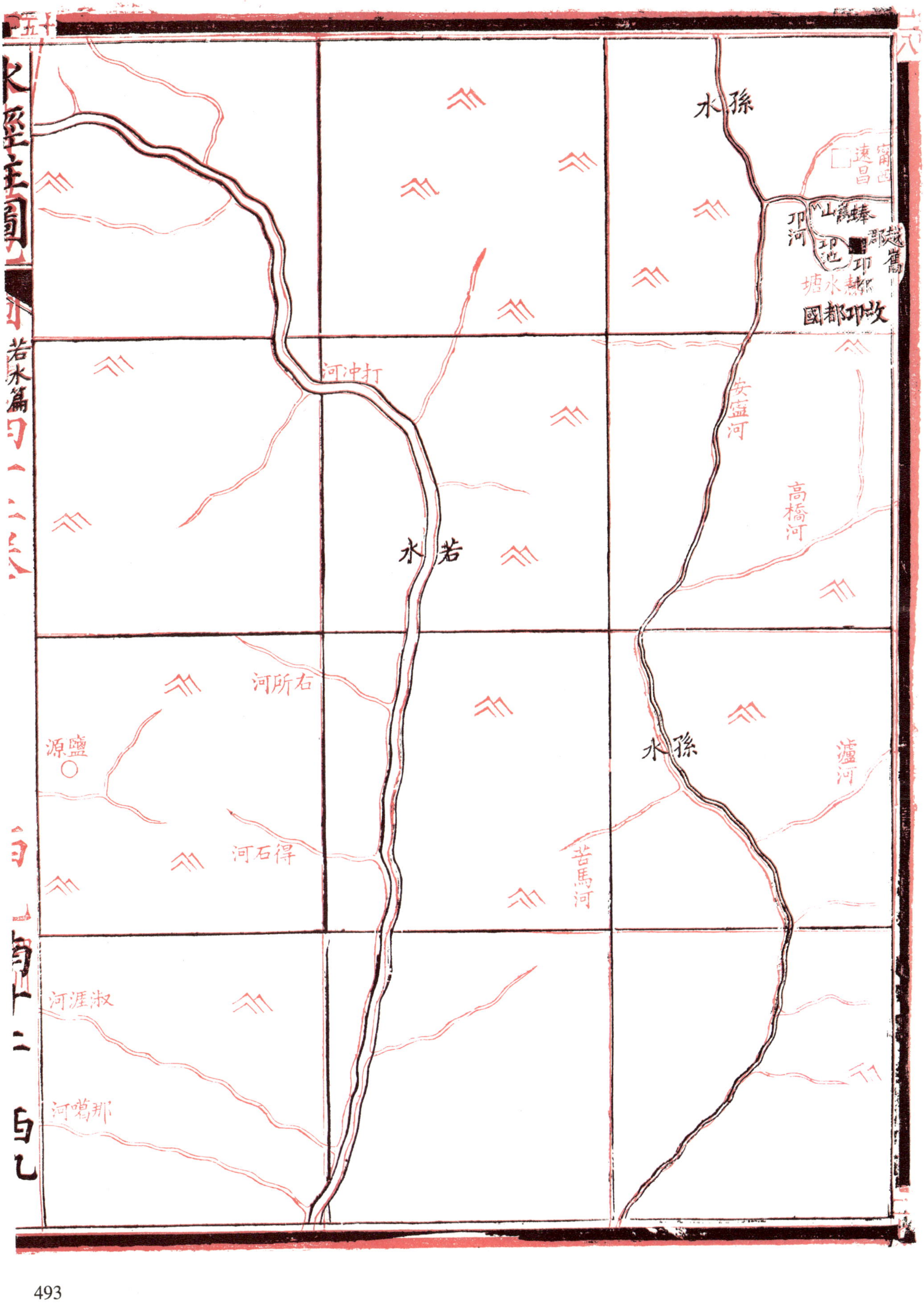
孫水
甯遠
西昌
越嶲郡
邛河
邛池
邛都
熱水塘
故邛都國
打冲河
若水
安寧河
高橋河
右所河
鹽源
孫水
瀘河
得石河
昔馬河
淑涯河

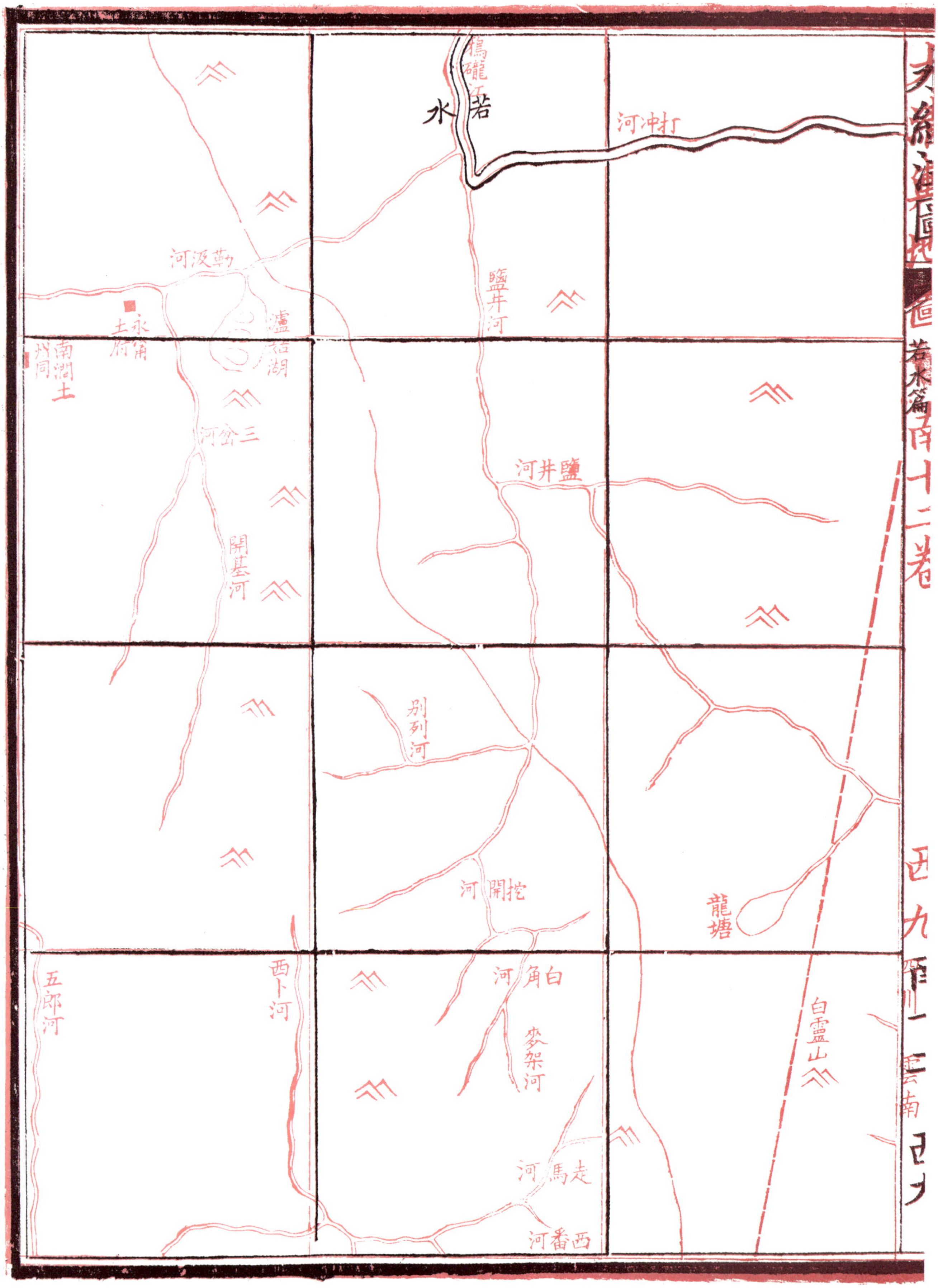
若水
鴉礲江
打冲河
勒汲河
永甯土府
瀘沽湖
南澗土州同
鹽井河
三岔河
開基河
鹽井河
別列河
挖開河
龍塘
五郎河
西卜河
白角河
麥架河
白靈山
走馬河
西番河
若水篇
南十二卷
西九
雲南

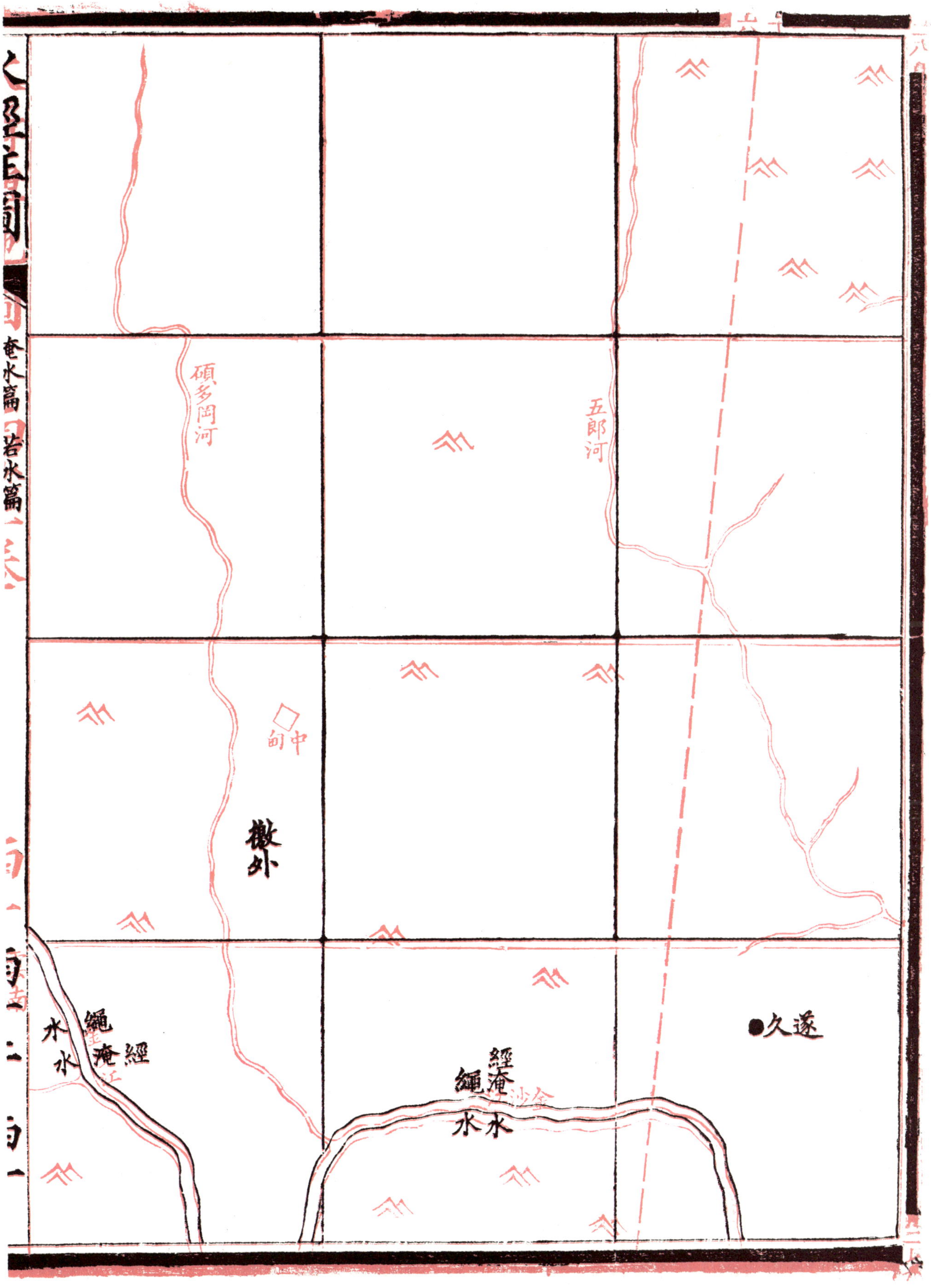
水經注圖
奄水篇 若水篇
碩多岡河
五郎河
中甸
徼外
繩水
經淹水
遂久

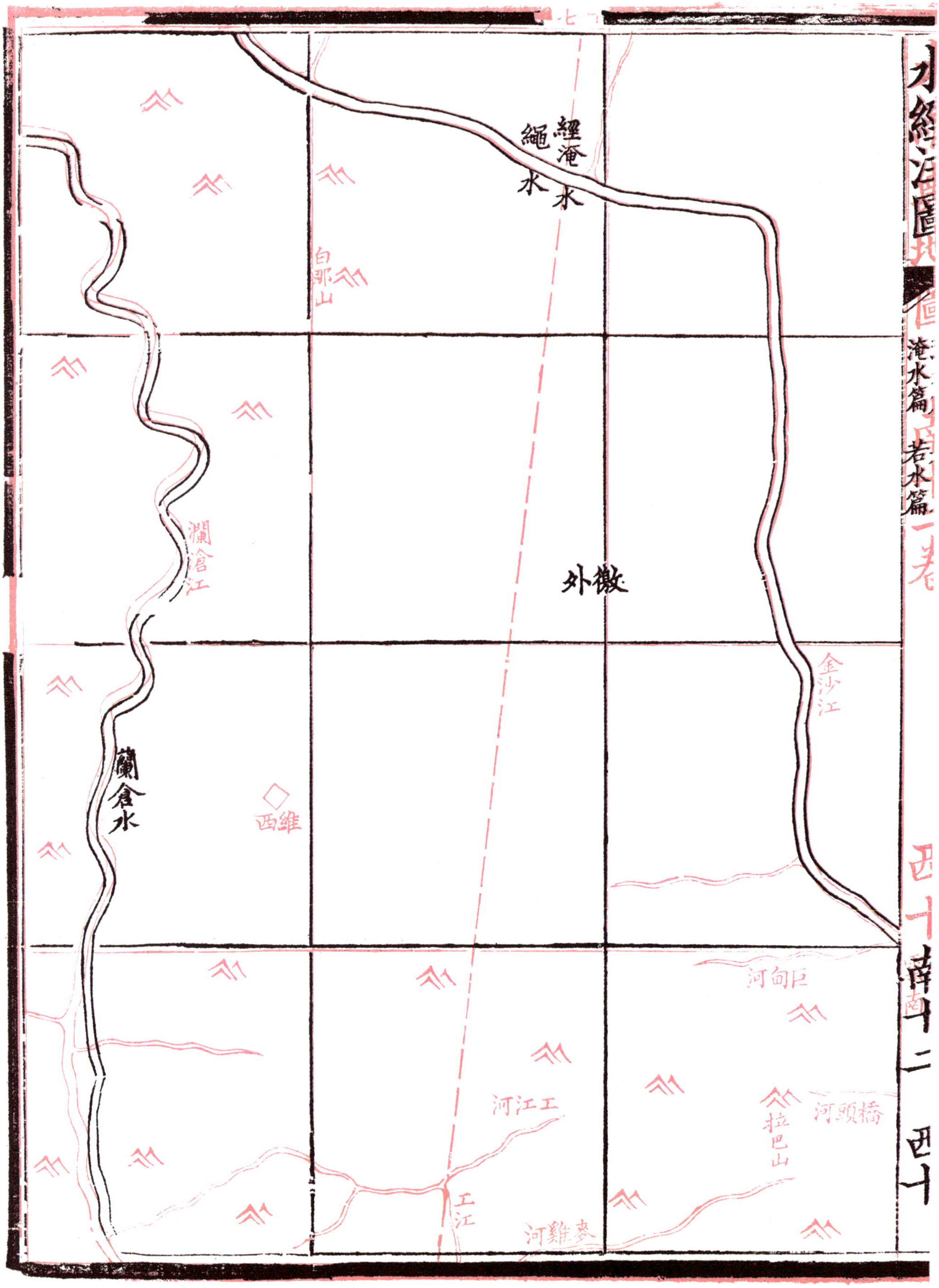
水經注圖
淹水篇
若水篇
卷
經淹水
繩水
白邪山
瀾倉江
徼外
金沙江
蘭倉水
維西
巨甸河
工江河
橋頭河
拉巴山
工江
麥雞河

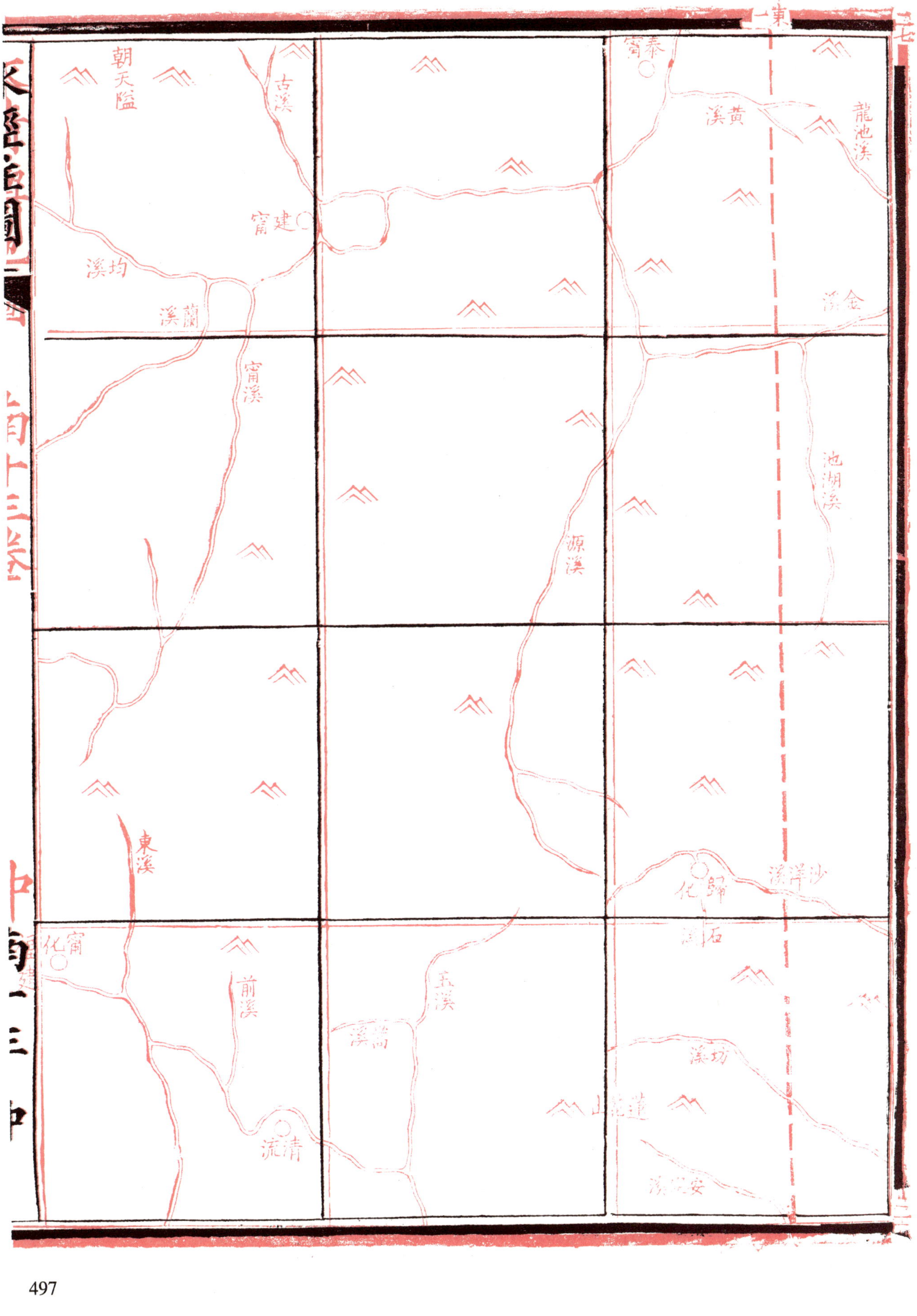
朝天隘
古溪
建甯
均溪
蘭溪
甯溪
東溪
甯化
前溪
清流
五溪
泰甯
黃溪
龍池溪
金溪
池湖溪
源溪
歸化
沙洋溪
石溪
坊溪
東

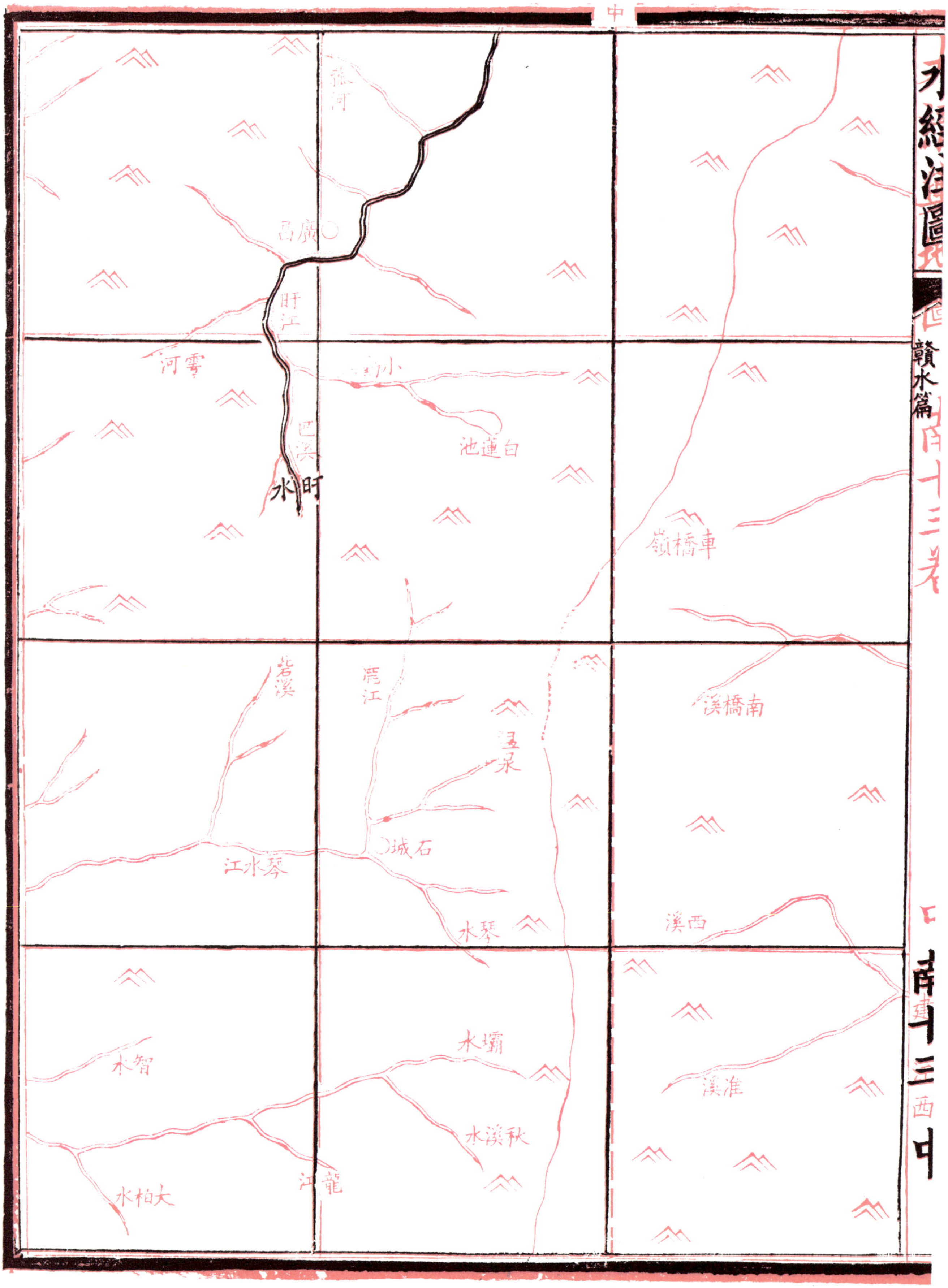
水經注圖
贛水篇
南十三卷
南十三西中
孫河
廣昌
盱江
雩河
巴溪
盱水
白蓮池
車橋嶺
南橋溪
石城
温泉
琴水江
琴水
西溪
智水
秋溪水
大柏水
龍江
淮溪

水經注圖 贛水篇

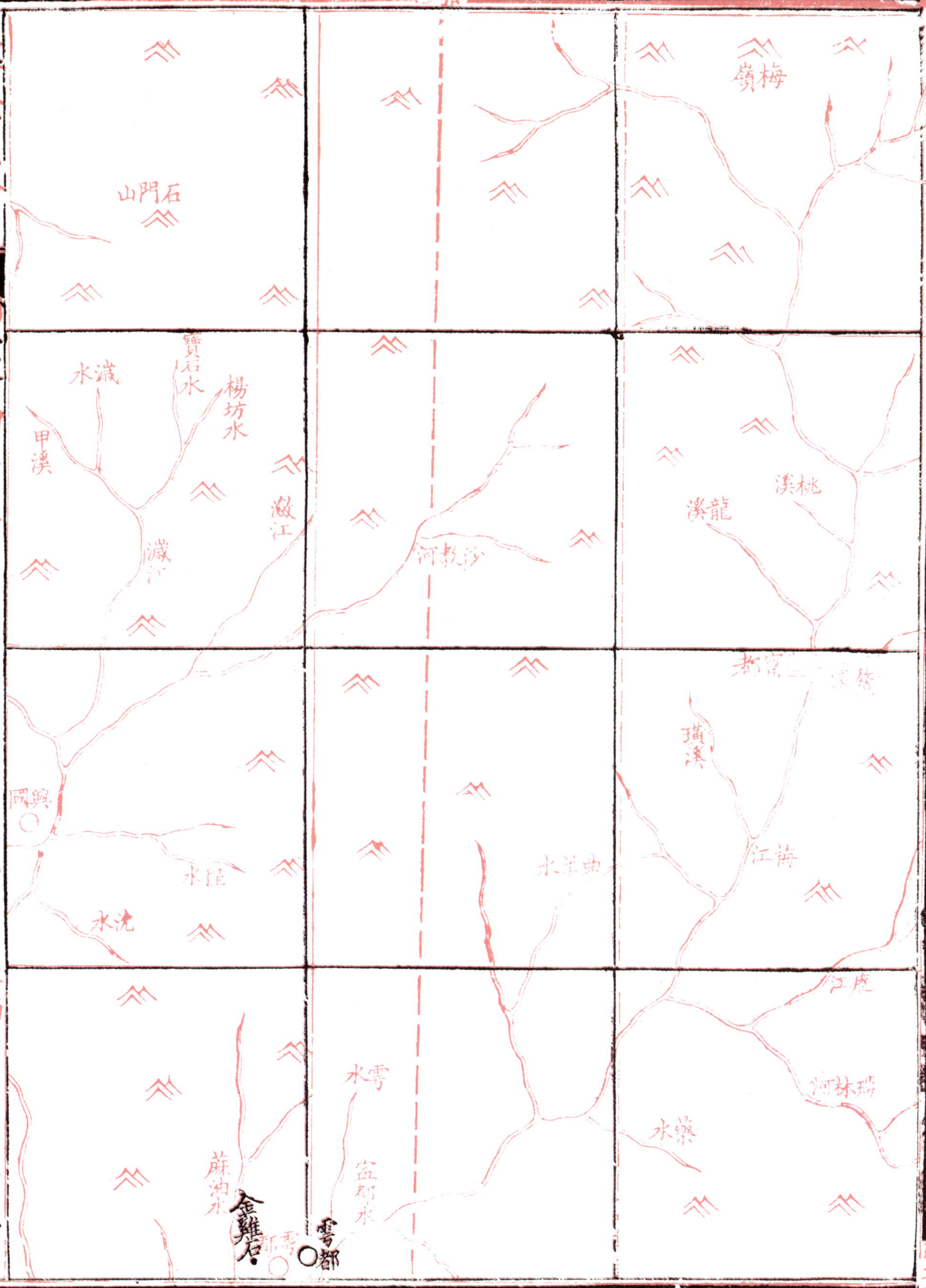

南十三 西一

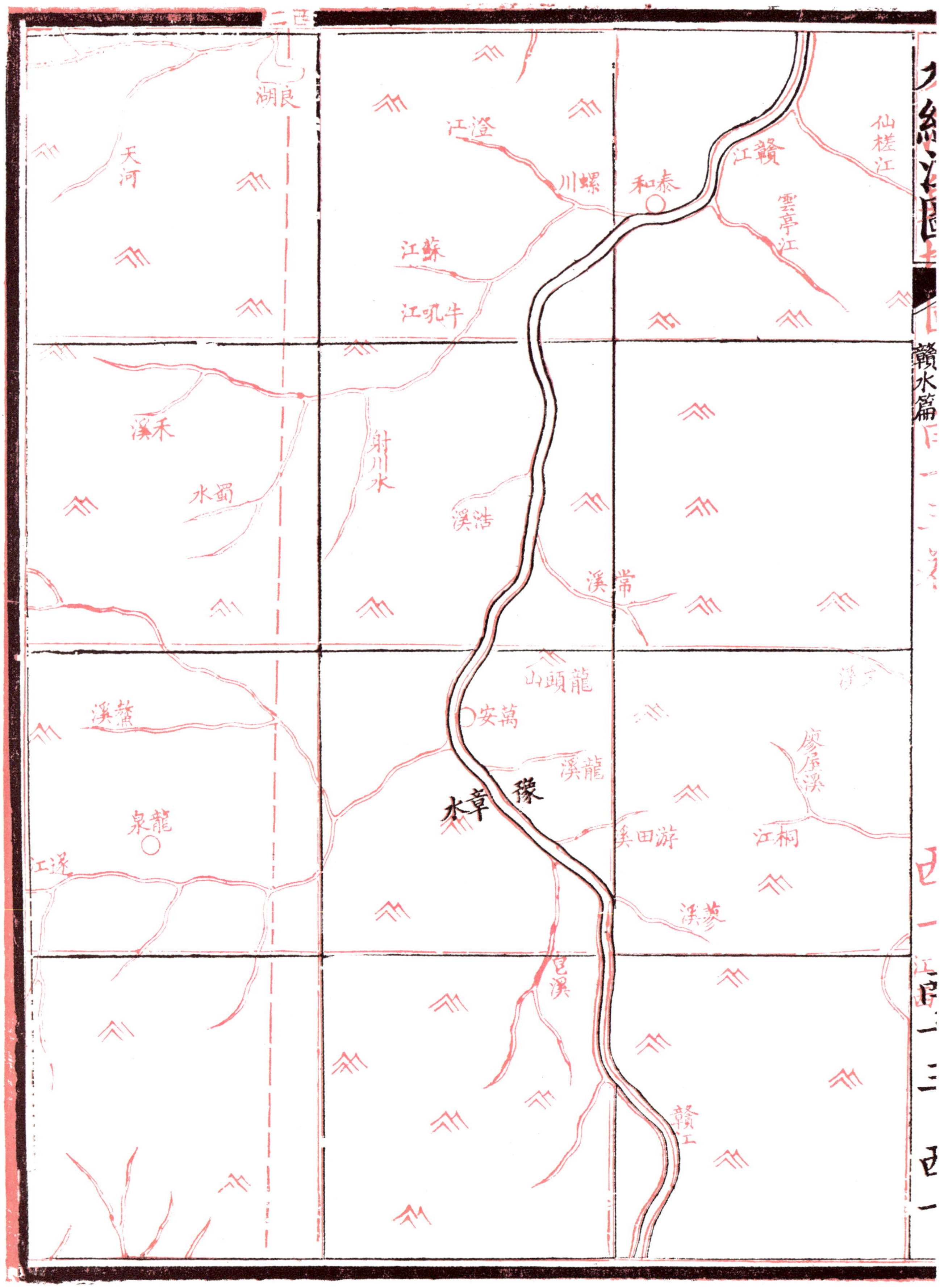
贛水篇
良湖
天河
澄江
螺川
泰和
贛江
仙槎江
雲亭江
蘇江
牛吼江
禾溪
射川水
蜀水
浩溪
常溪
龍頭山
萬安
蟠溪
龍溪
豫章水
龍泉
游田溪
桐江
蓼溪

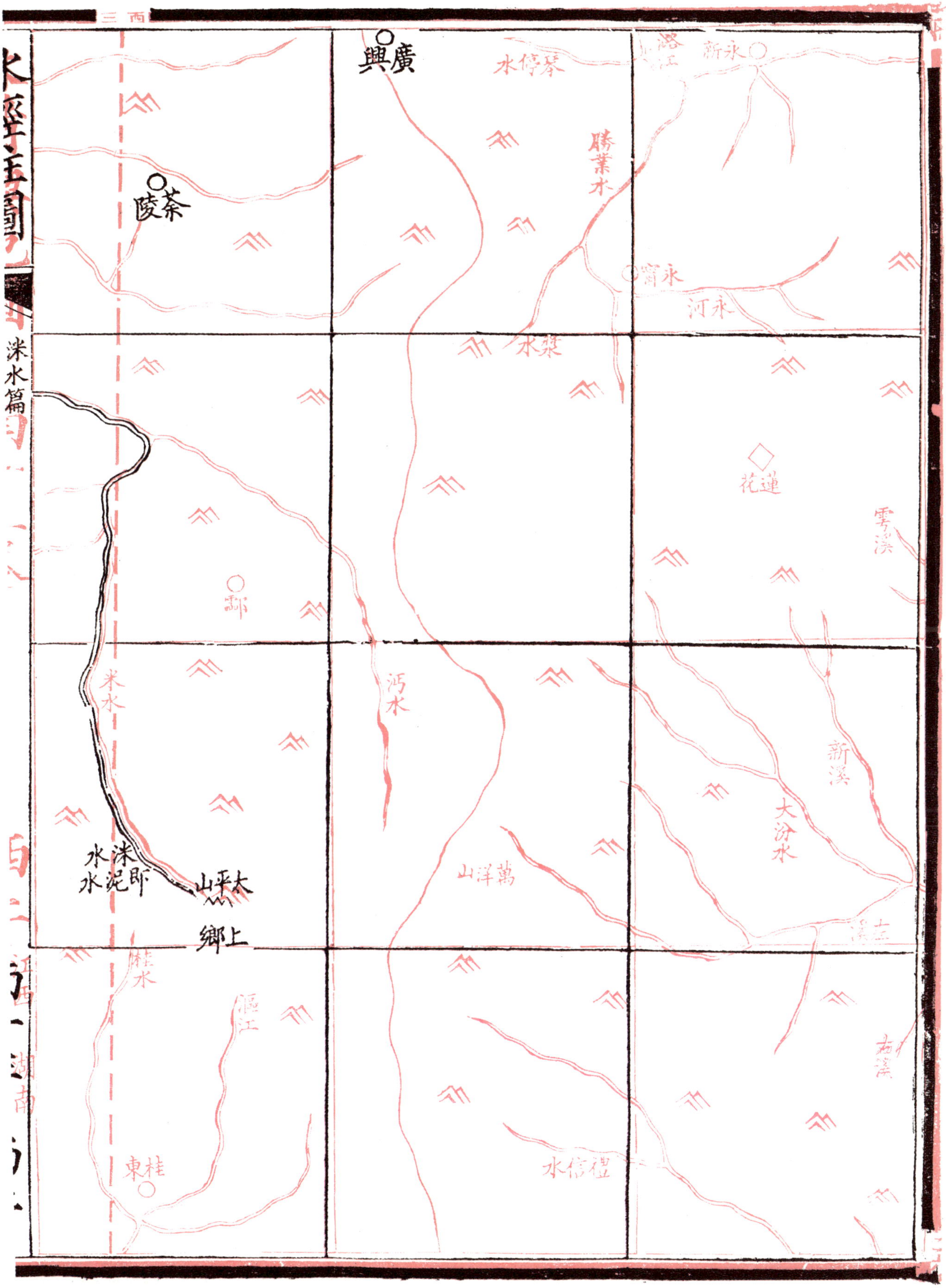
水經注圖
洣水篇
廣興
茶陵
琴停水
永新
永寧
永河
勝業水
蓮花
雩溪
耒水
新溪
大汾水
萬洋山
洣水即泥水
太平山
上鄉
桂水
桂東
禮信水

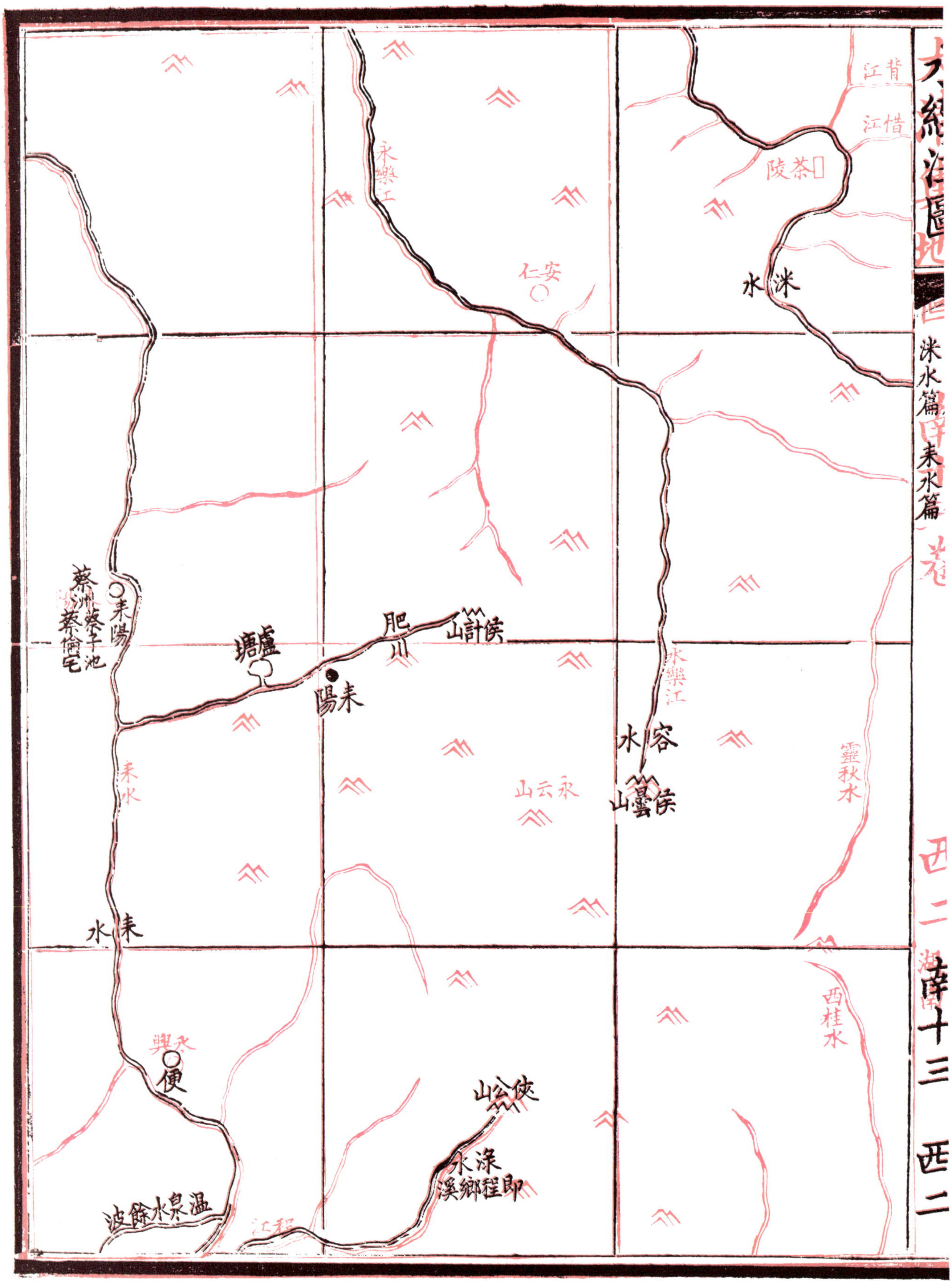

洣水
背江
惜江
茶陵
永樂江
安仁
侯計山
肥川
盧塘
耒陽
蔡洲
蔡子池
蔡倫宅
容水
永樂江
耒水
靈秋水
耒水
便
侯公山
即程鄉溪
溫泉水餘波
西桂水

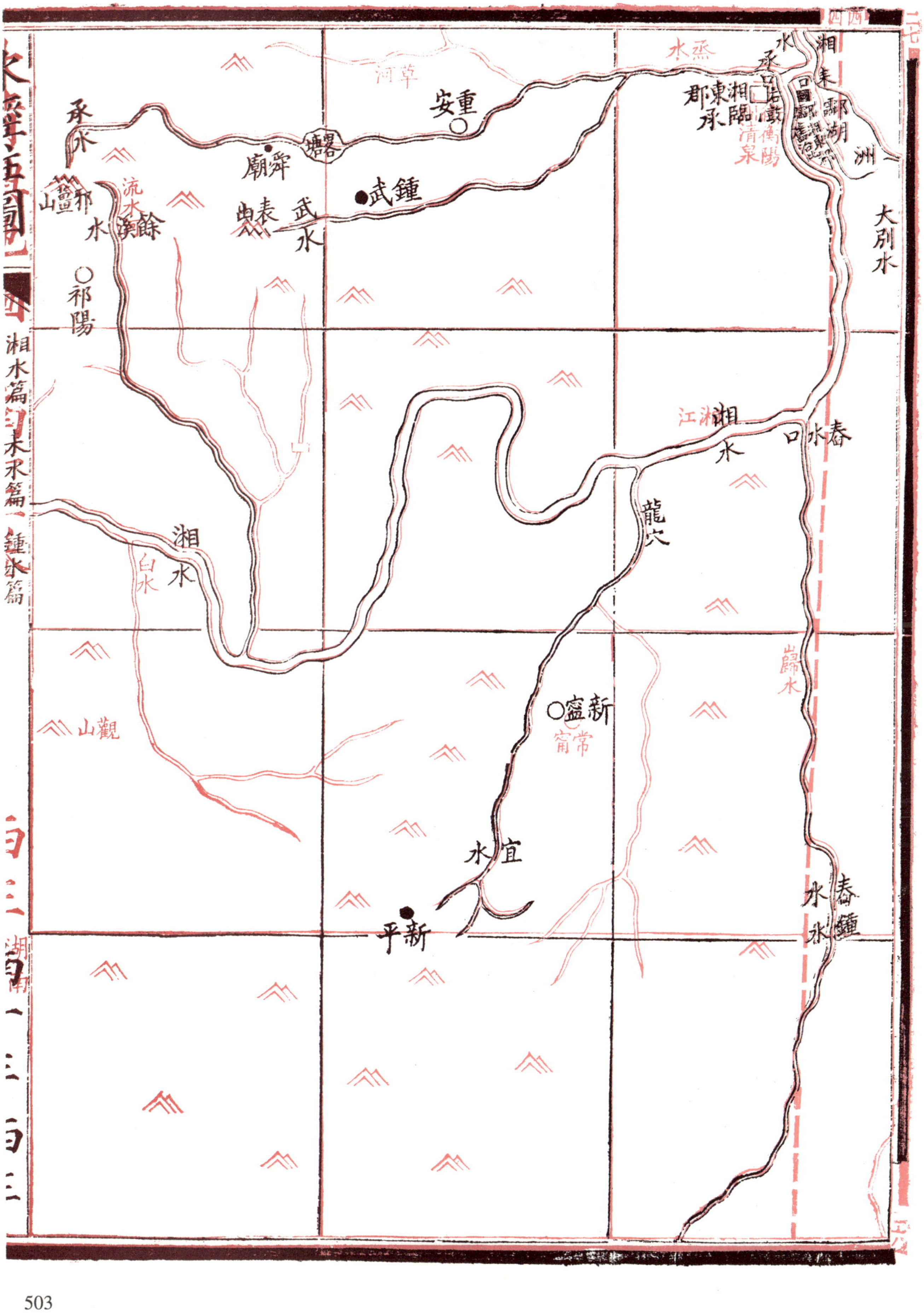
湘水篇
鍾水篇
承水
祁陽
舜廟
重安
鍾武
武水
湘東郡
臨承
大別水
湘水
春水口
龍穴
宜水
新平
鍾水
烝水
草河
白水
觀山
常寧

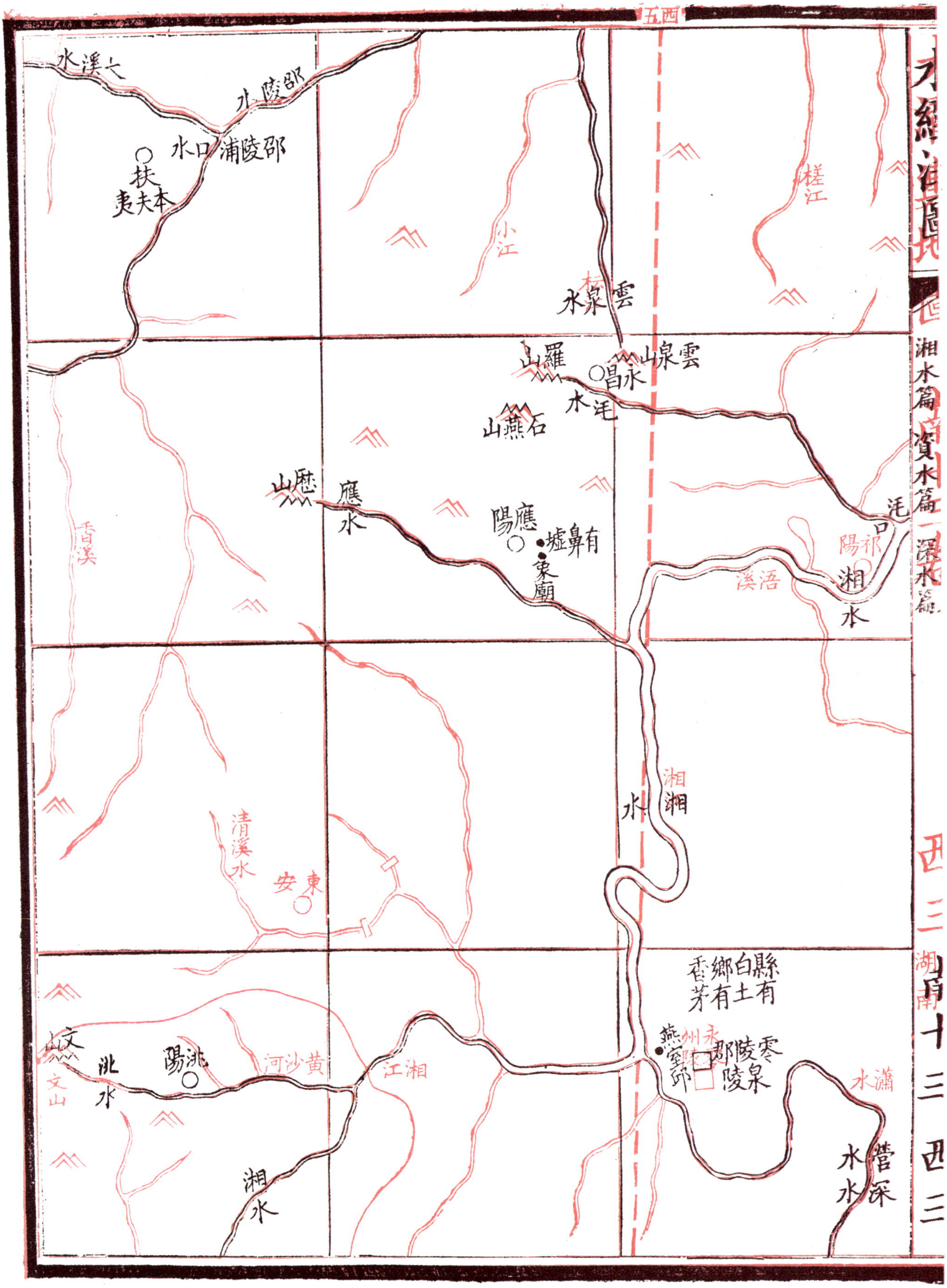
七溪水
邵陵水
邵陵浦口水
扶夷
本夫
小江
雲泉水
桂江
羅山
雲泉山
永昌
洣水
石燕山
歷山
應水
應陽
有鼻墟
象廟
洣口
祁陽
湘水
浯溪
香溪
清溪水
東安
湘水
縣有白土鄉有香茅
文山
洮水
洮陽
黃沙河
湘江
燕室邱
永州
零陵郡
泉陵
瀟水
營水
深水
湘水
湘水篇
資水篇
溱水篇
西三
湖南
十三
西三
五西

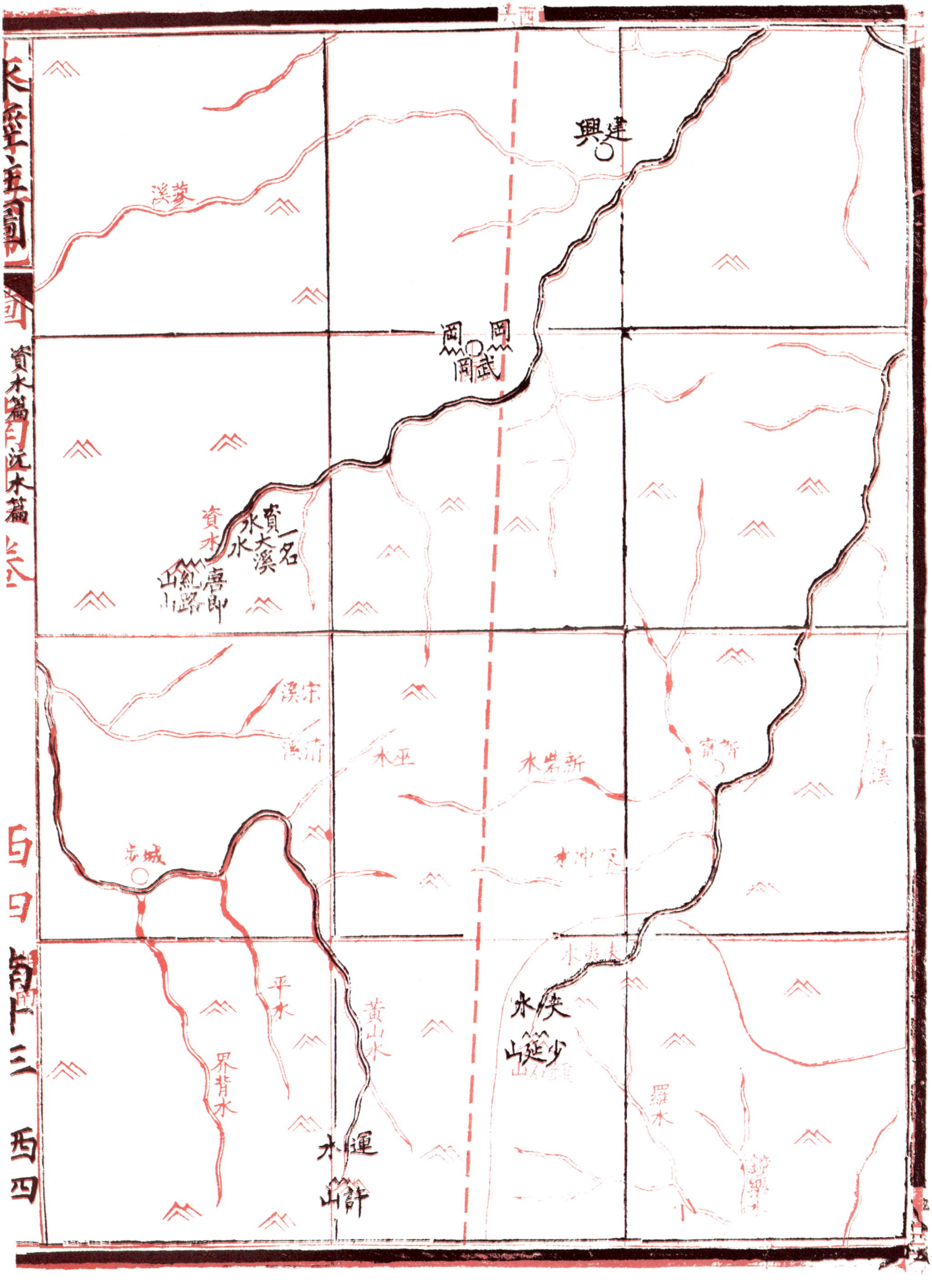
水經注圖
資水篇附沅水篇
建興
武岡
資水一名大溪水
資水
唐郎紀路山
蓼溪
宋溪
巫水
夫夷水
運水
許山
平水
界背水
黃山水
羅水

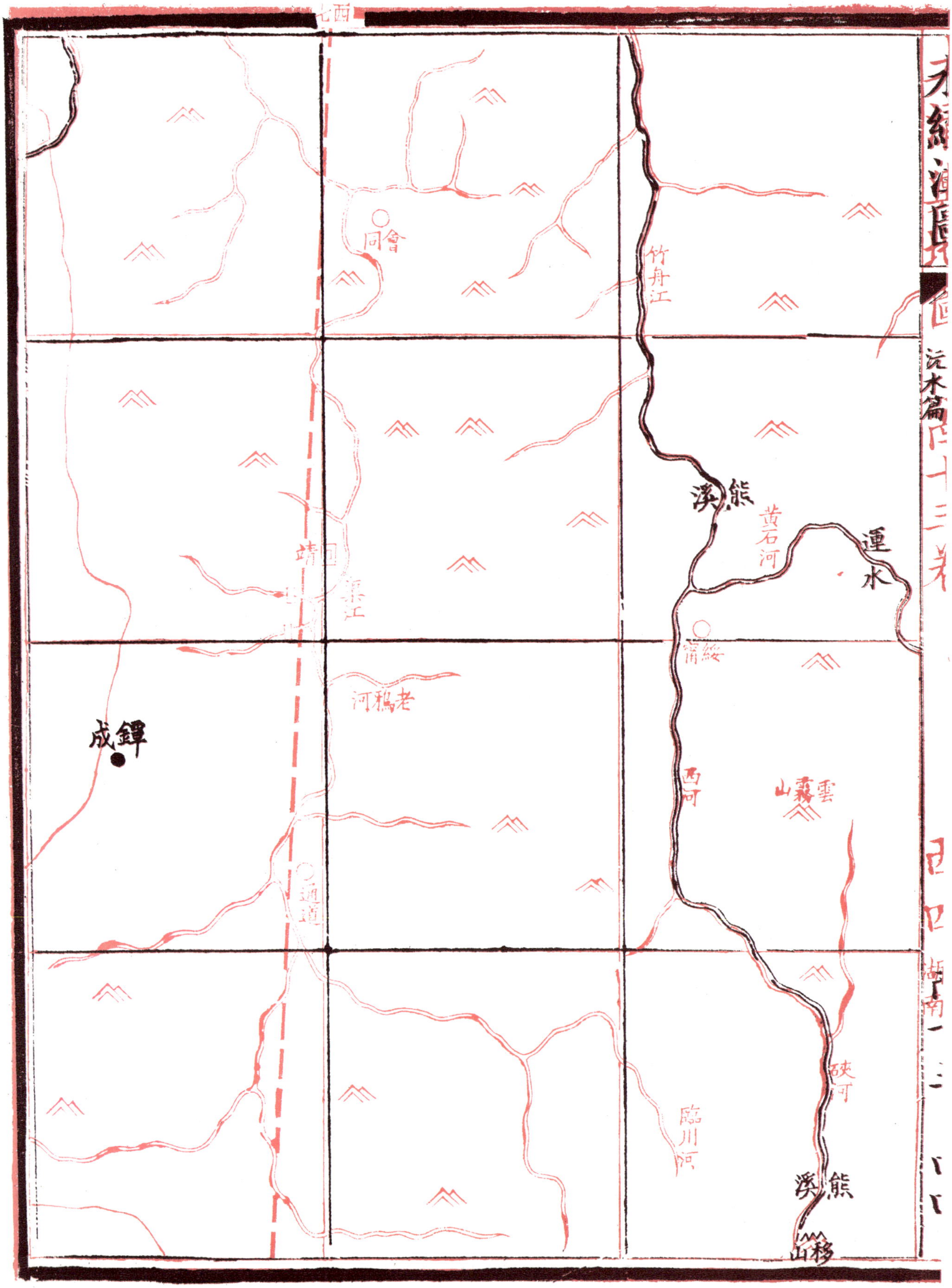
七西
水經注圖
沅水篇 四十三卷
西四南一
會同
竹舟江
熊溪
黃石河
運水
綏甯
靖
渠江
老鴉河
鐔成
西河
雲霧山
通道
峽河
臨川河
熊溪
移山

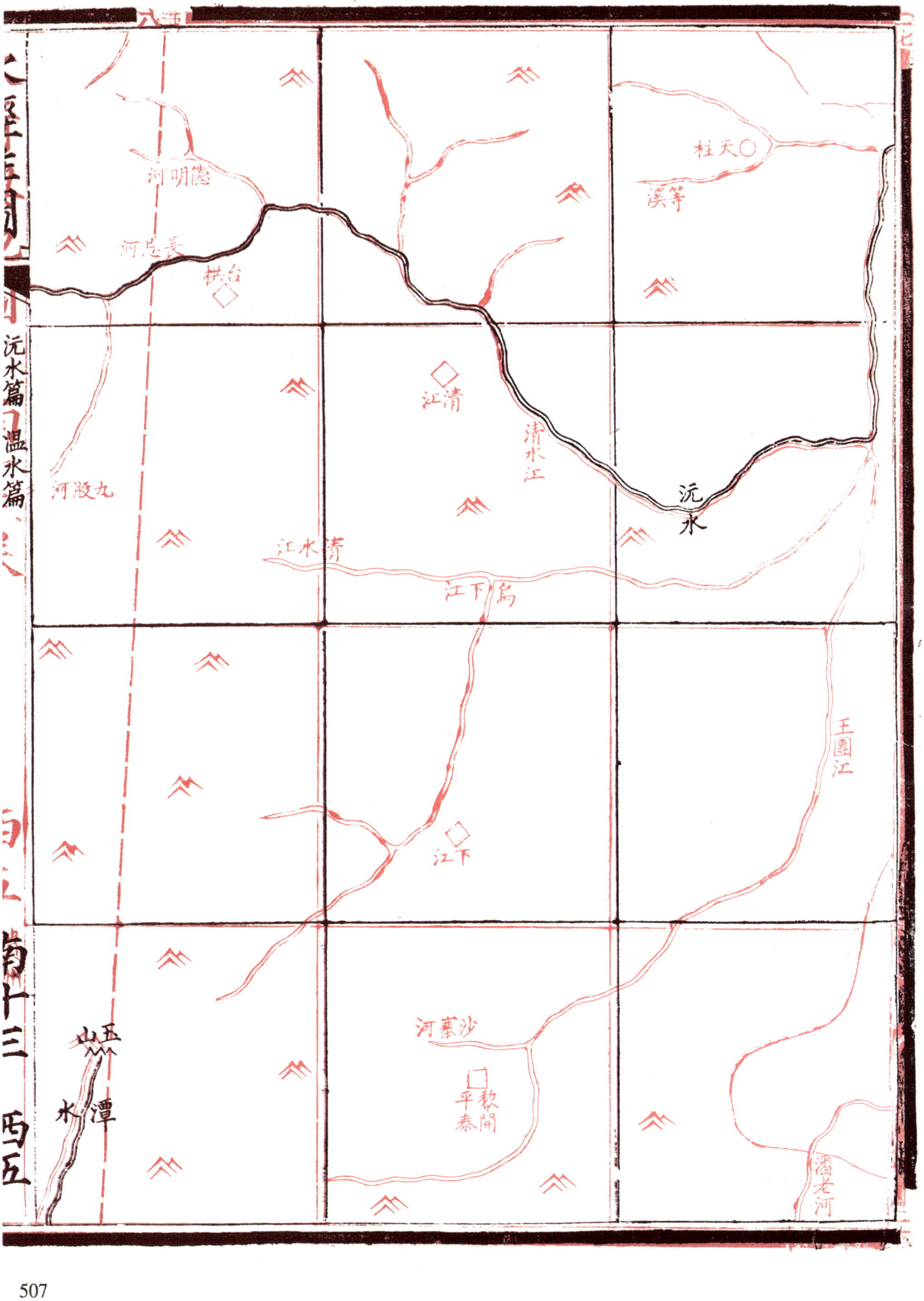
沅水篇 温水篇
南十三
西五
天柱
台拱
清江
清水江
沅水
九股河
清水江
烏下江
王團江
下江
沙寨河
黎平
開泰
潭水

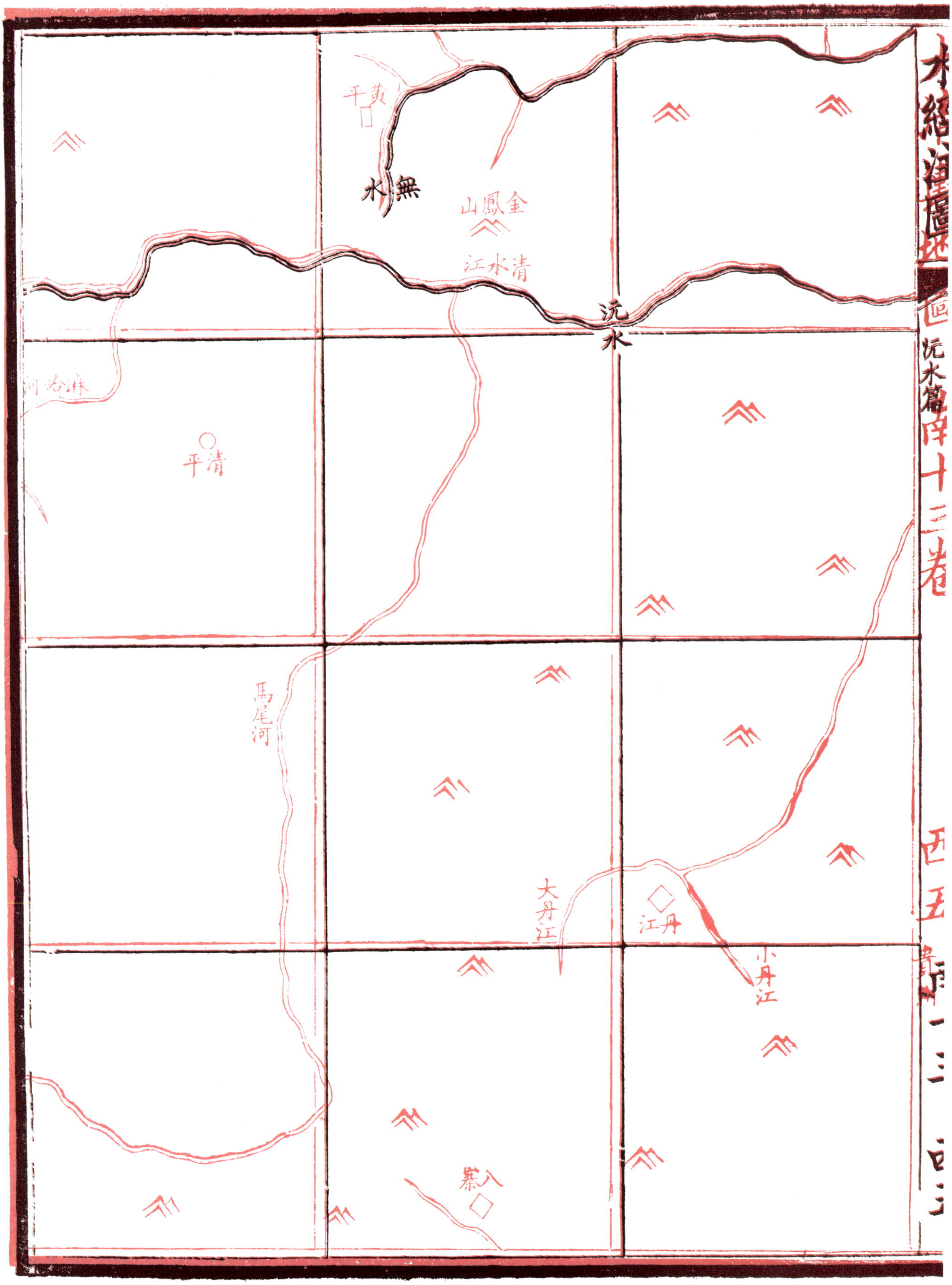
黃平
無水
金鳳山
清水江
沅水
麻哈河
清平
馬尾河
大丹江
丹江
小丹江
八寨
沅水篇
南十三卷
西五

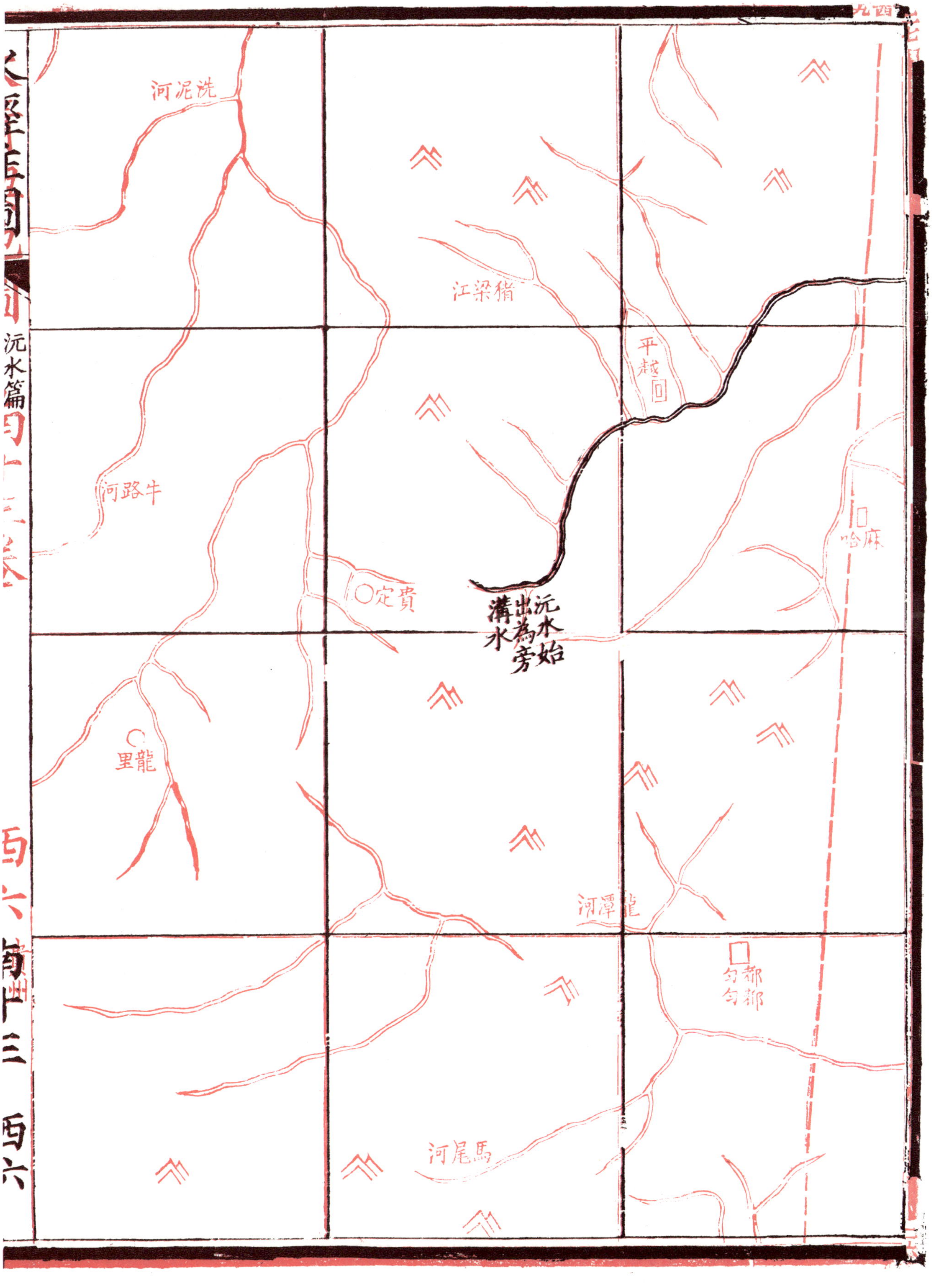
洗泥河
猪梁江
牛路河
平越
麻哈
貴定
沅水始出為旁溝水
龍里
龍潭河
都勻
都勻
馬尾河

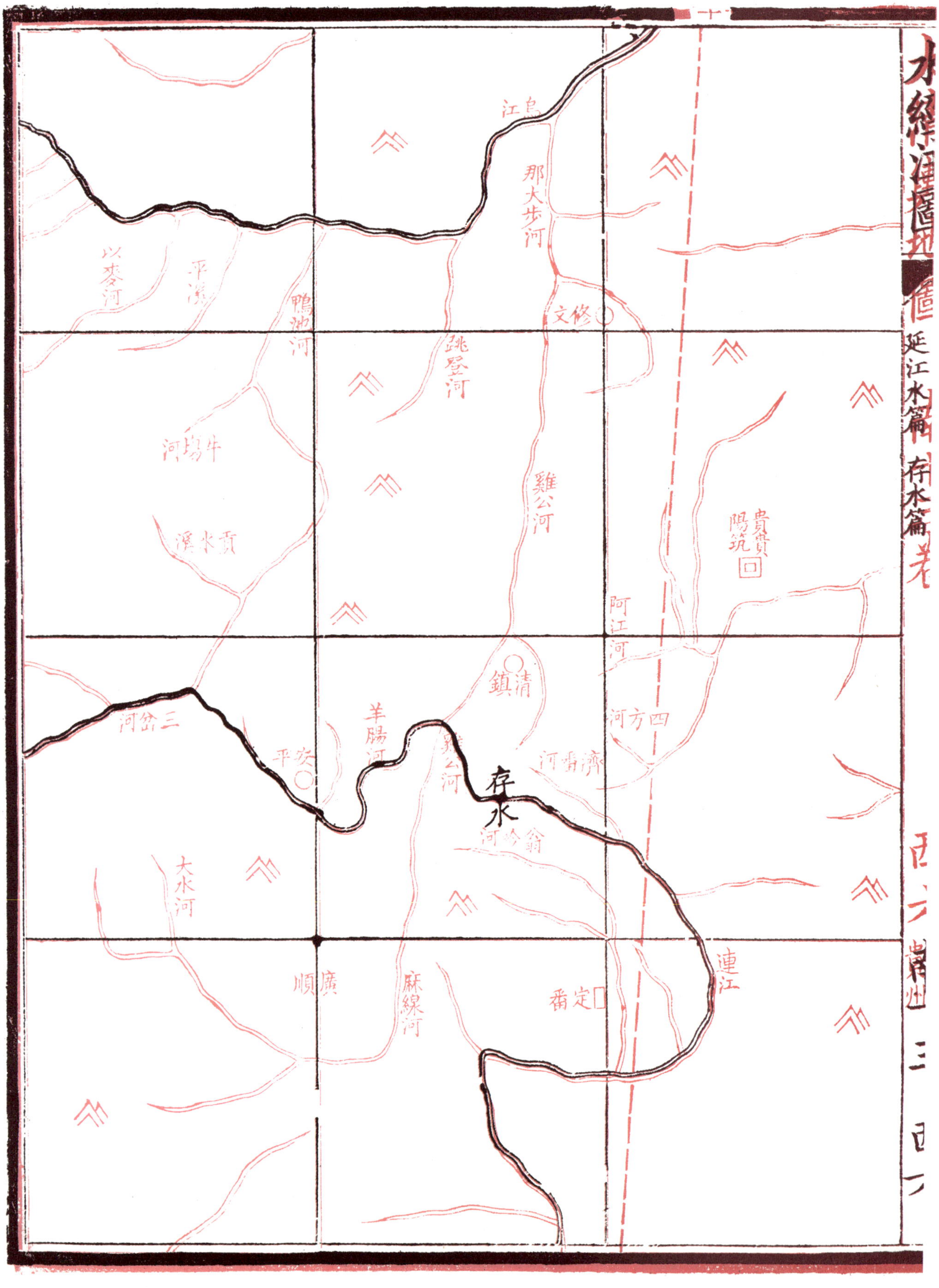
水經注圖
延江水篇 存水篇
那大步河
平溪
鴨池河
跳登河
修文
牛場河
貢水溪
雞公河
貴陽
貴筑
阿江河
清鎮
四方河
三岔河
羊腸河
安平
存水
大水河
廣順
麻線河
定番
連江

水經注圖

延江水篇 存水篇 温水篇

南十三 西七

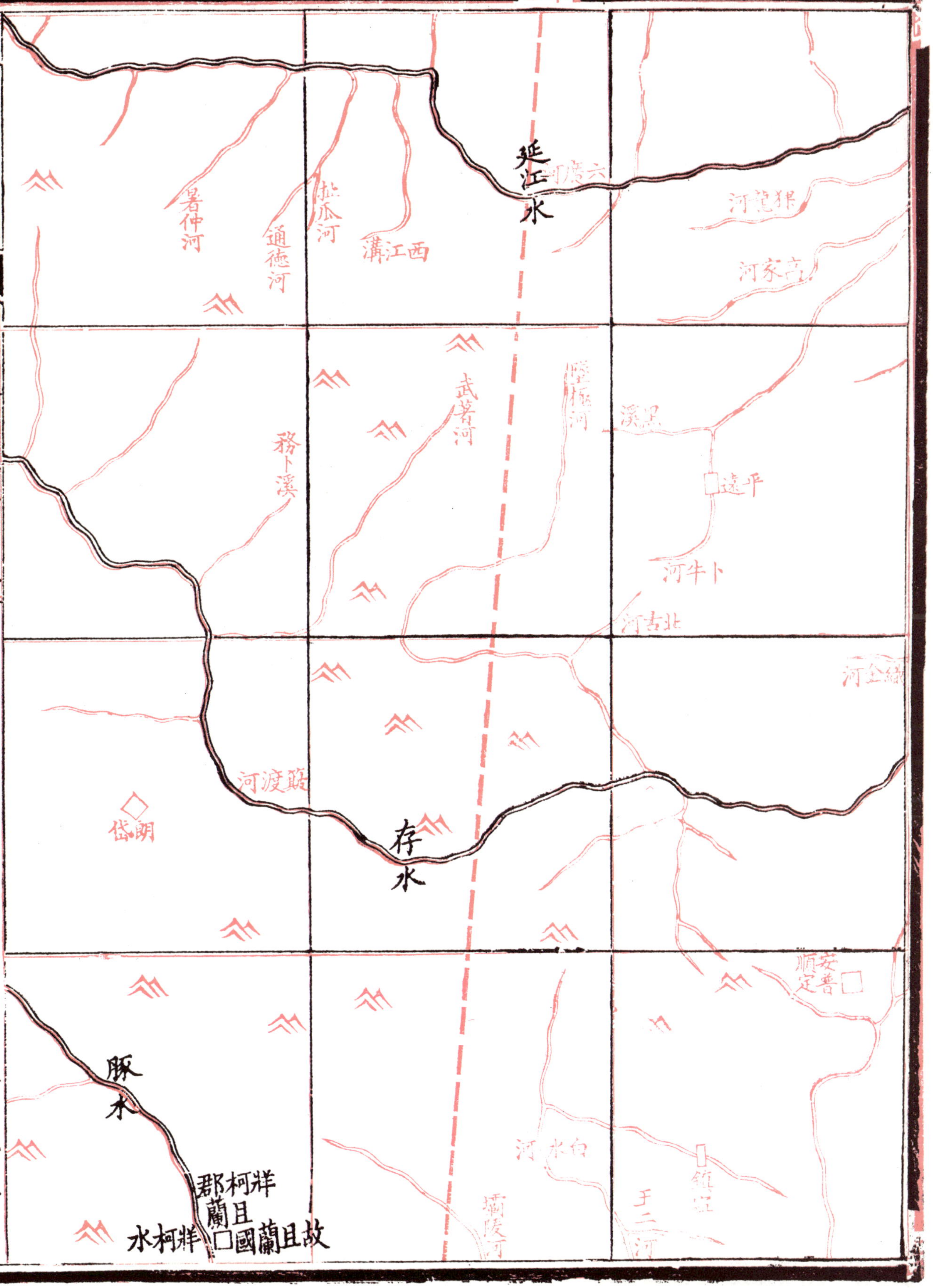

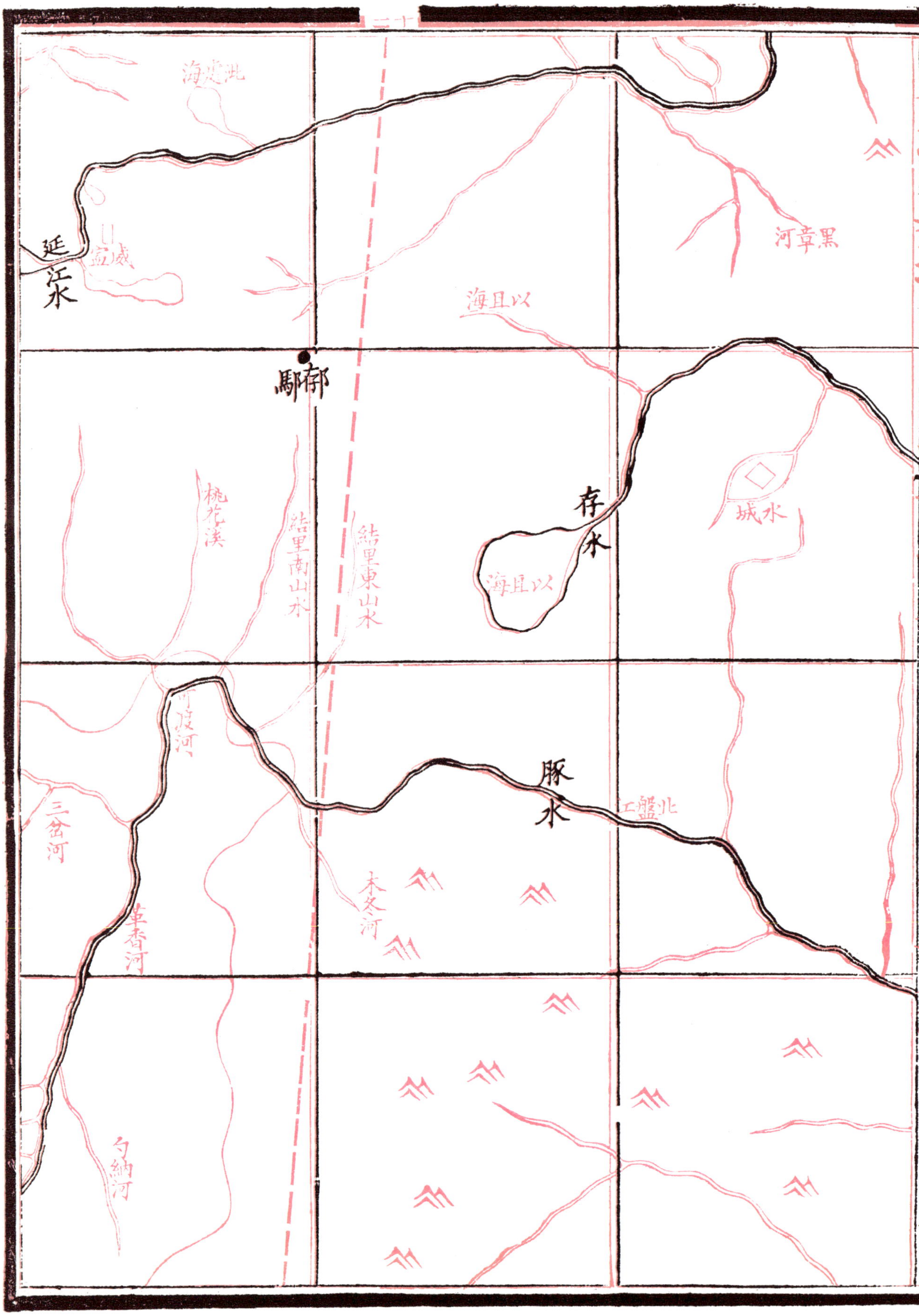

水經注圖
延江水篇 存水篇 温水篇

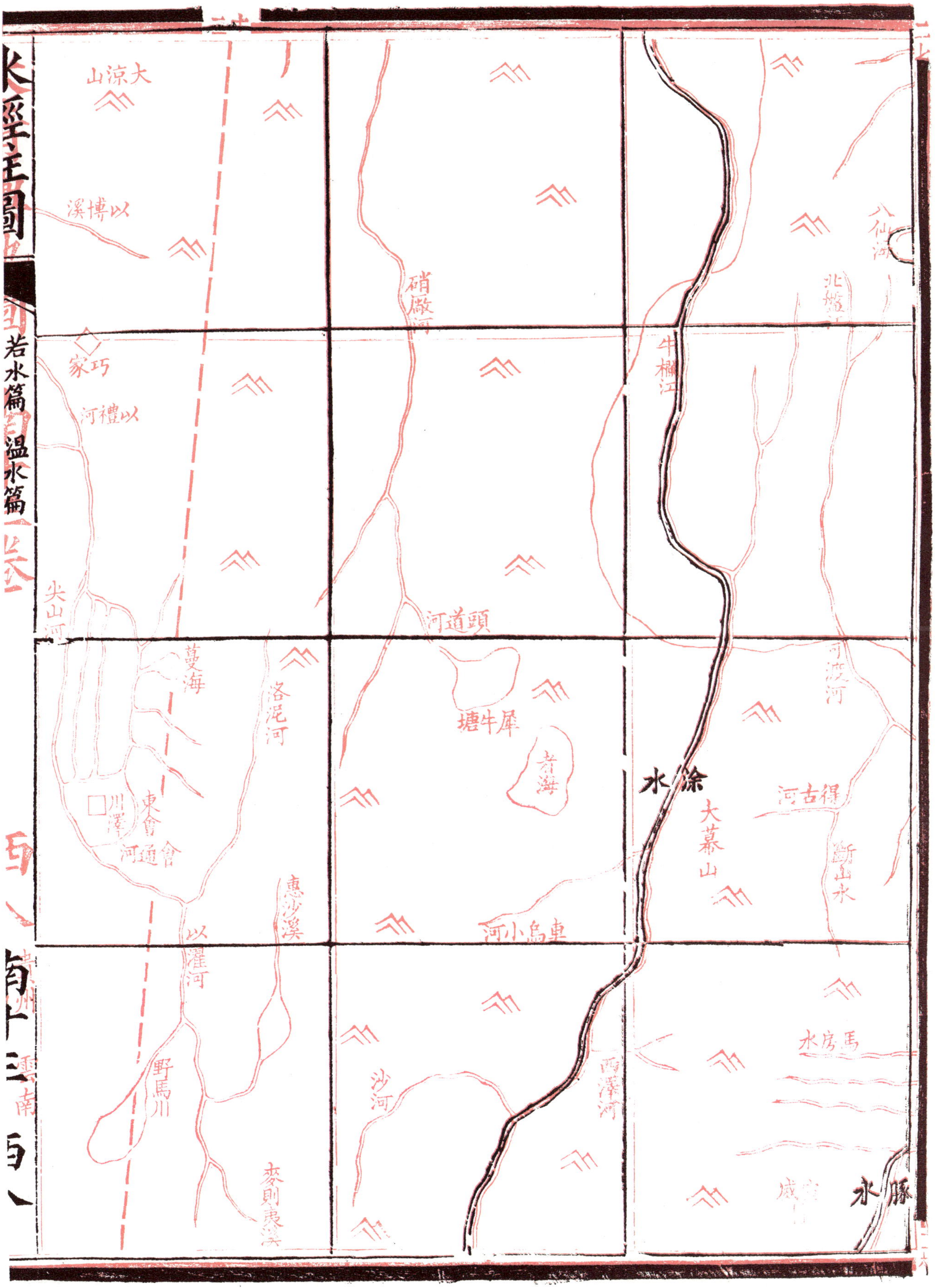
水經注圖
若水篇 温水篇
大涼山
以博溪
巧家
以禮河
尖山河
蔓海
洛泥河
川澤
東會
會通河
野馬川
硝廠河
頭道河
犀牛塘
青海
惠沙溪
東烏小河
沙河
牛欄江
涂水
大慕山
八仙海
可渡河
得古河
斷山水
馬房水
西澤河
豚水

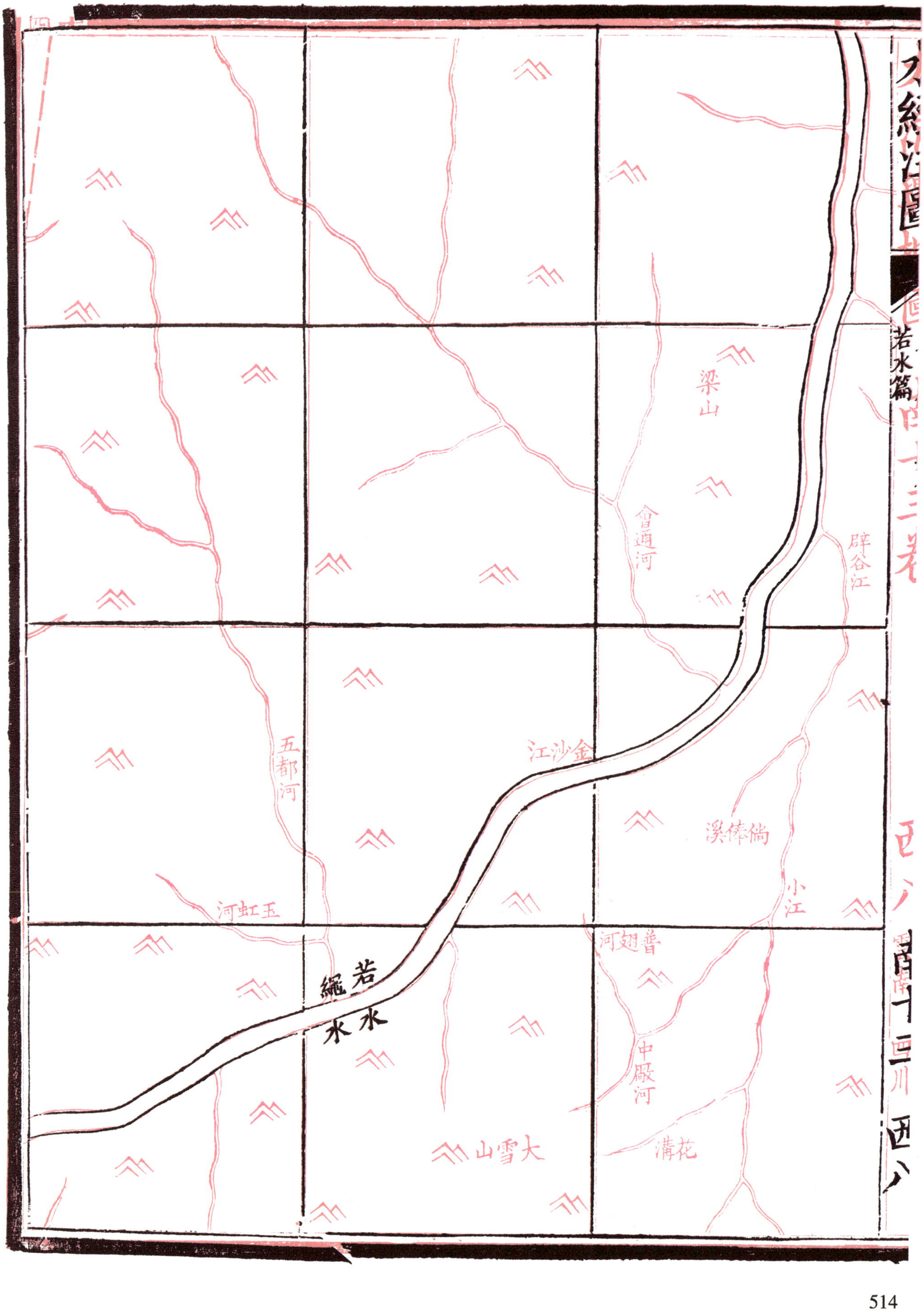
梁山
會通河
辟谷江
金沙江
五都河
偏倖溪
小江
玉虹河
普翅河
若水
繩水
中殿河
大雪山
花溝

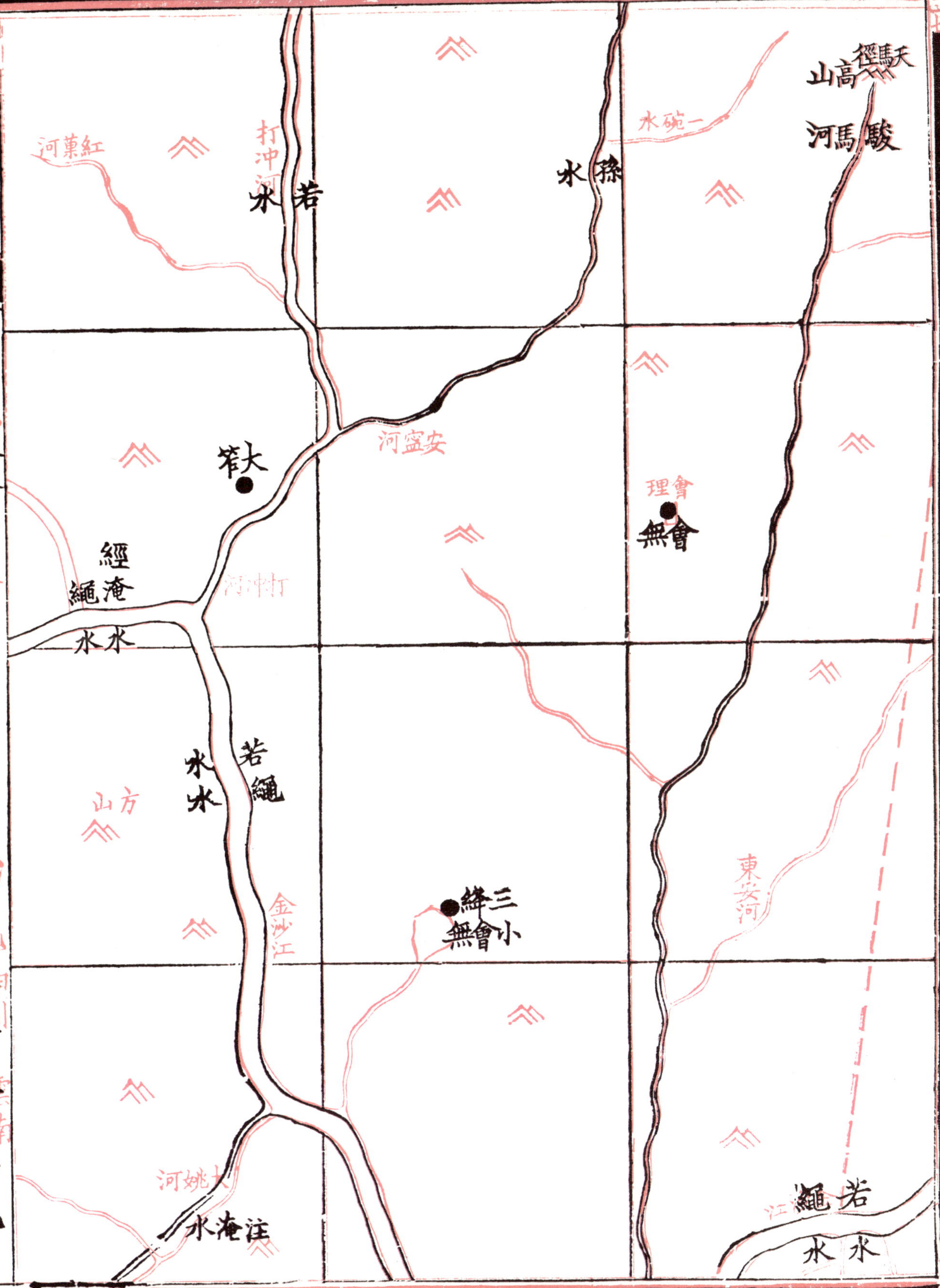
若水
打沖河
紅菓河
孫水
一碗水
天馬徑
高山
駿馬河
大笮
安寧河
會理
會無
淹水
繩水
經
若水
繩水
方山
金沙江
三絳
小會無
東安河
大姚河
注淹水
若水
繩水

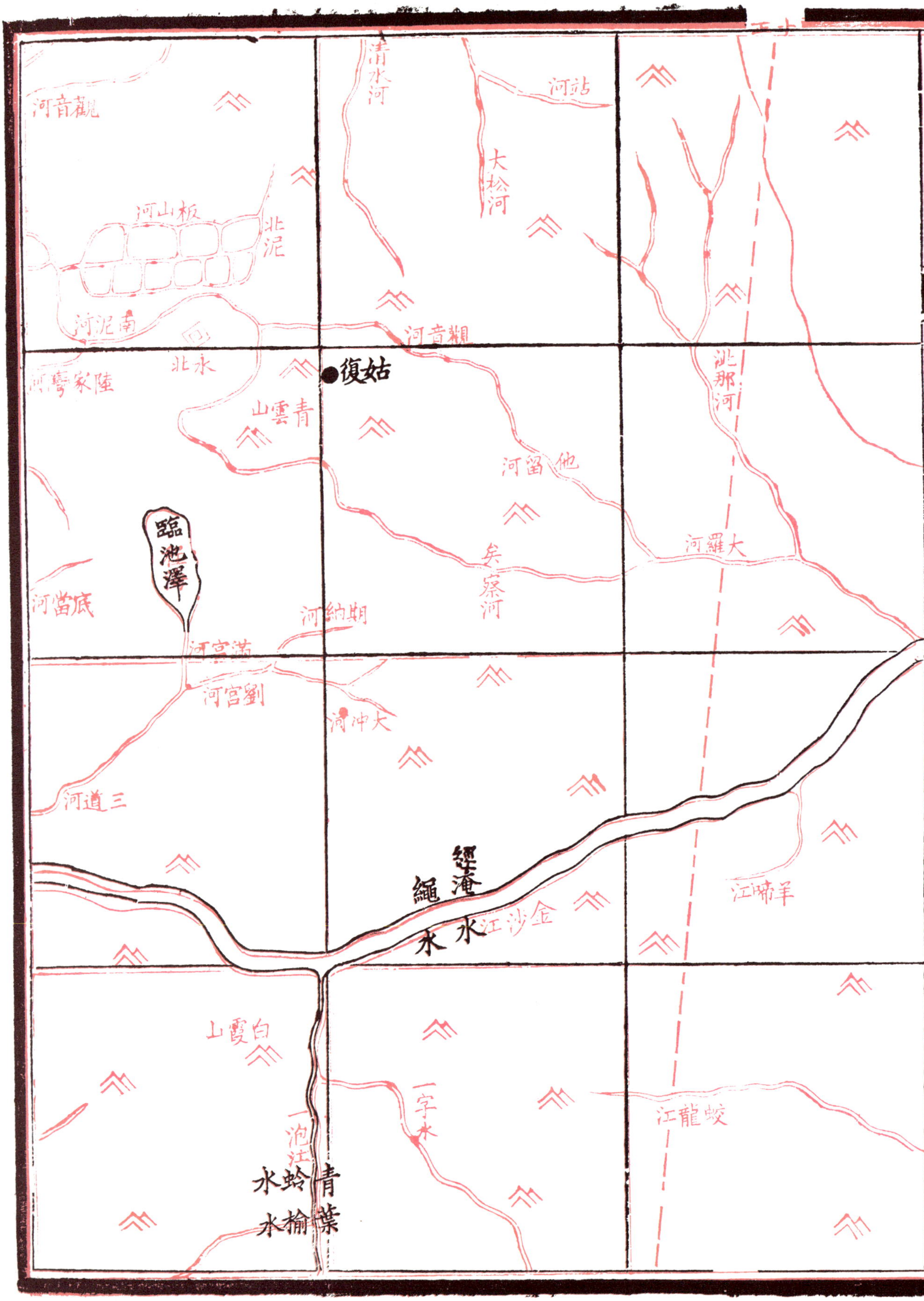
觀音河
板山河
北泥
南泥河
北水
陸家灣河
清水河
大松河
站河
瀨音河
姑復
青雲山
他留河
臨池澤
底當河
期納河
奔察河
大羅河
沘那河
滿宮河
劉宮河
大冲河
三道河
淹水
繩水
金沙江
羊啼江
白霞山
一字水
蛟龍江
泡江
青蛉水
葉榆水

水經注圖 淹水篇 若水篇 葉榆水篇

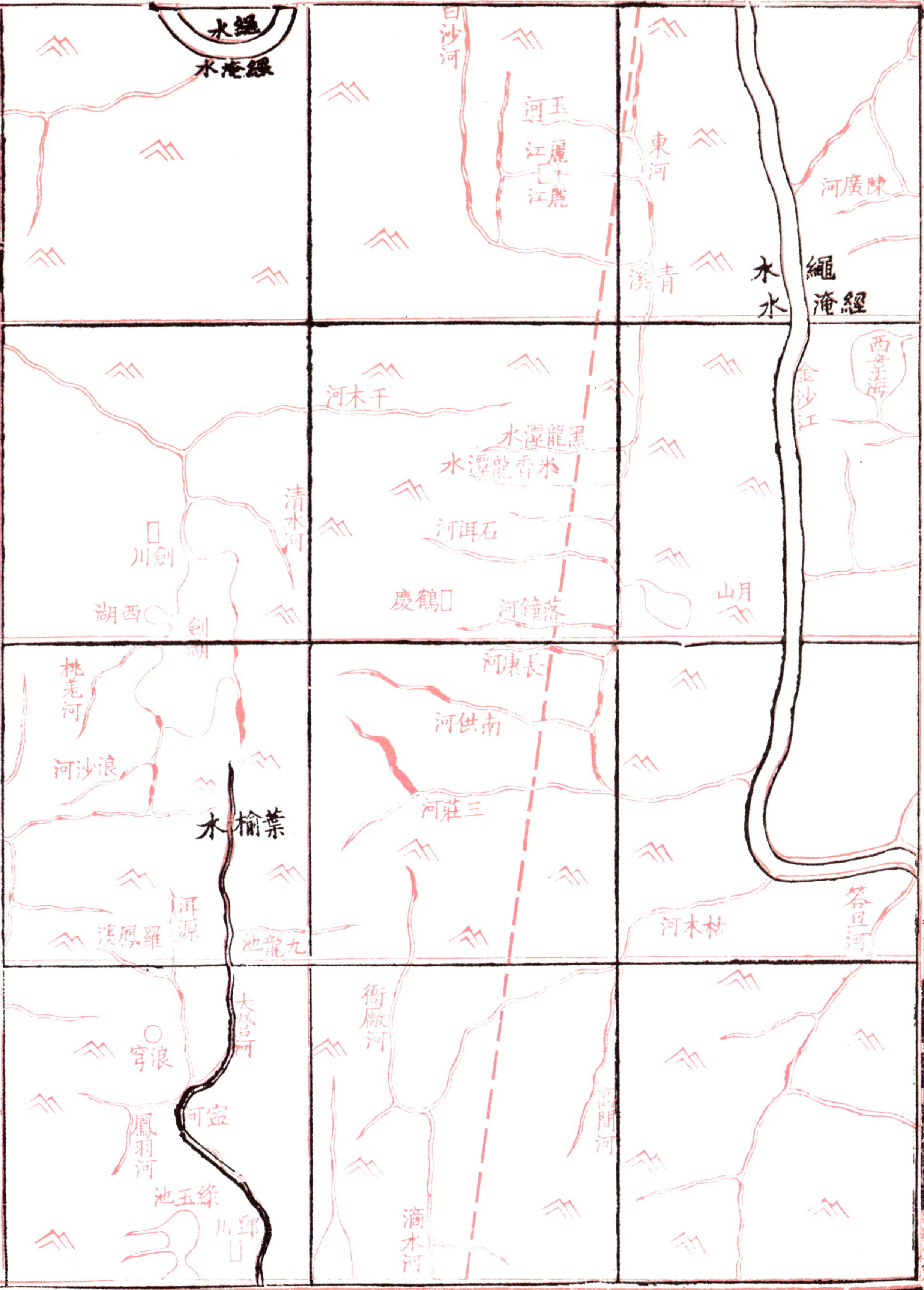

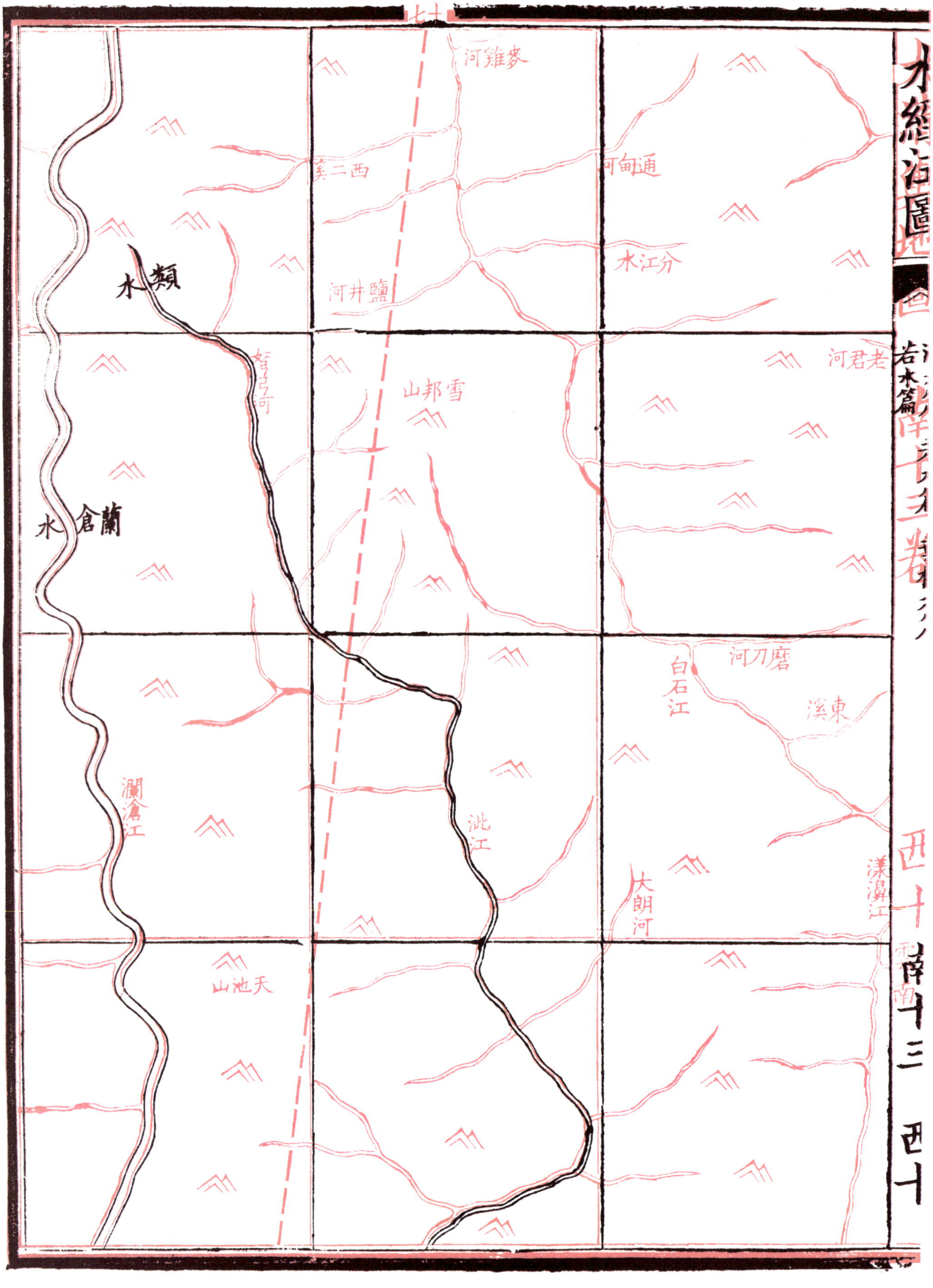
水經注圖
若水篇
麥雞河
西二溪
通甸河
類水
分江水
鹽井河
老君河
雪邦山
蘭倉水
磨刀河
白石江
東溪
瀾滄江
沘江
大朗河
漾濞江
天池山

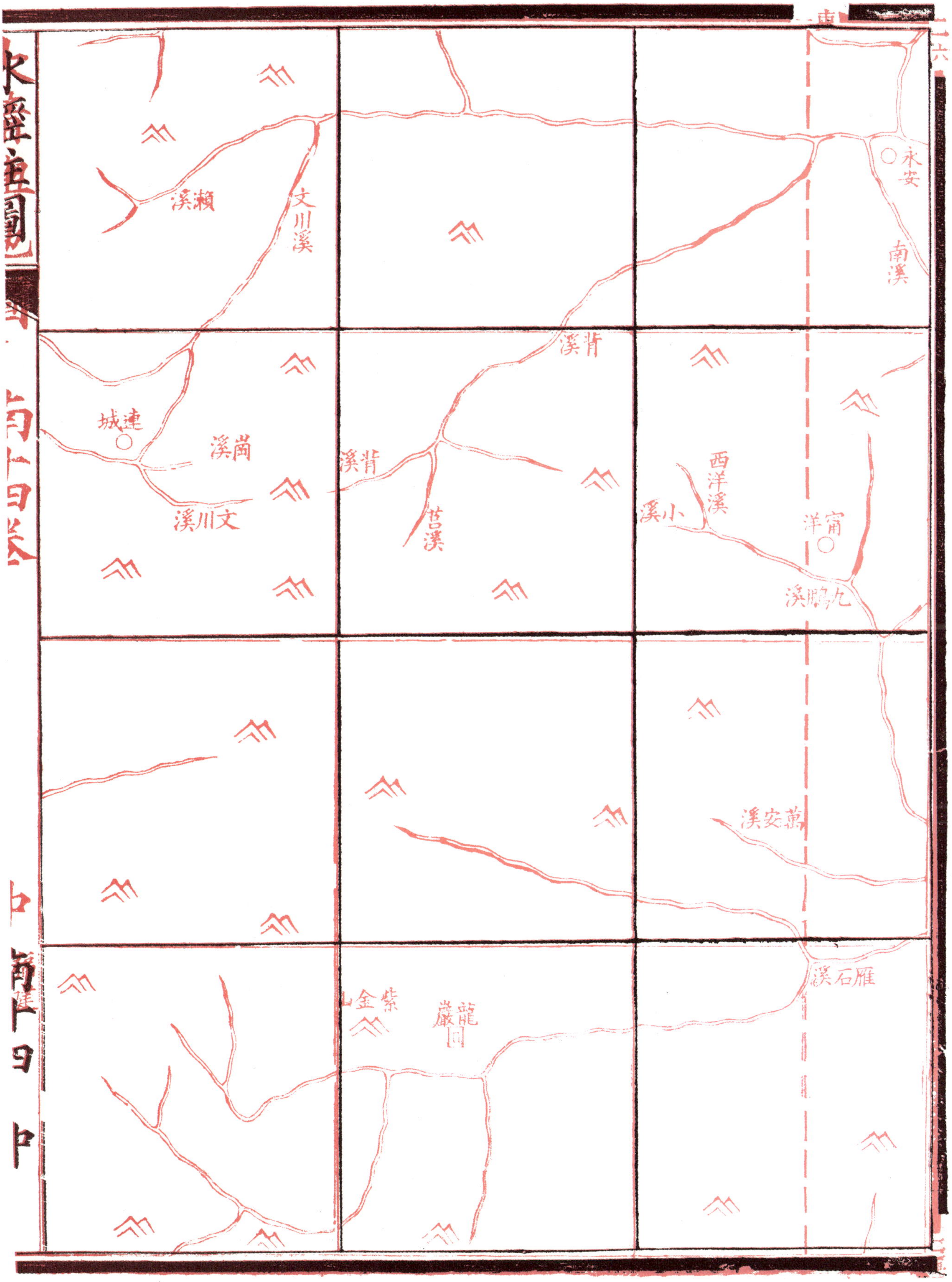

瀨溪
文川溪
永安
南溪
背溪
連城
崗溪
背溪
文川溪
西洋溪
小溪
甯洋
萬安溪
雁石溪
紫金山
龍巖

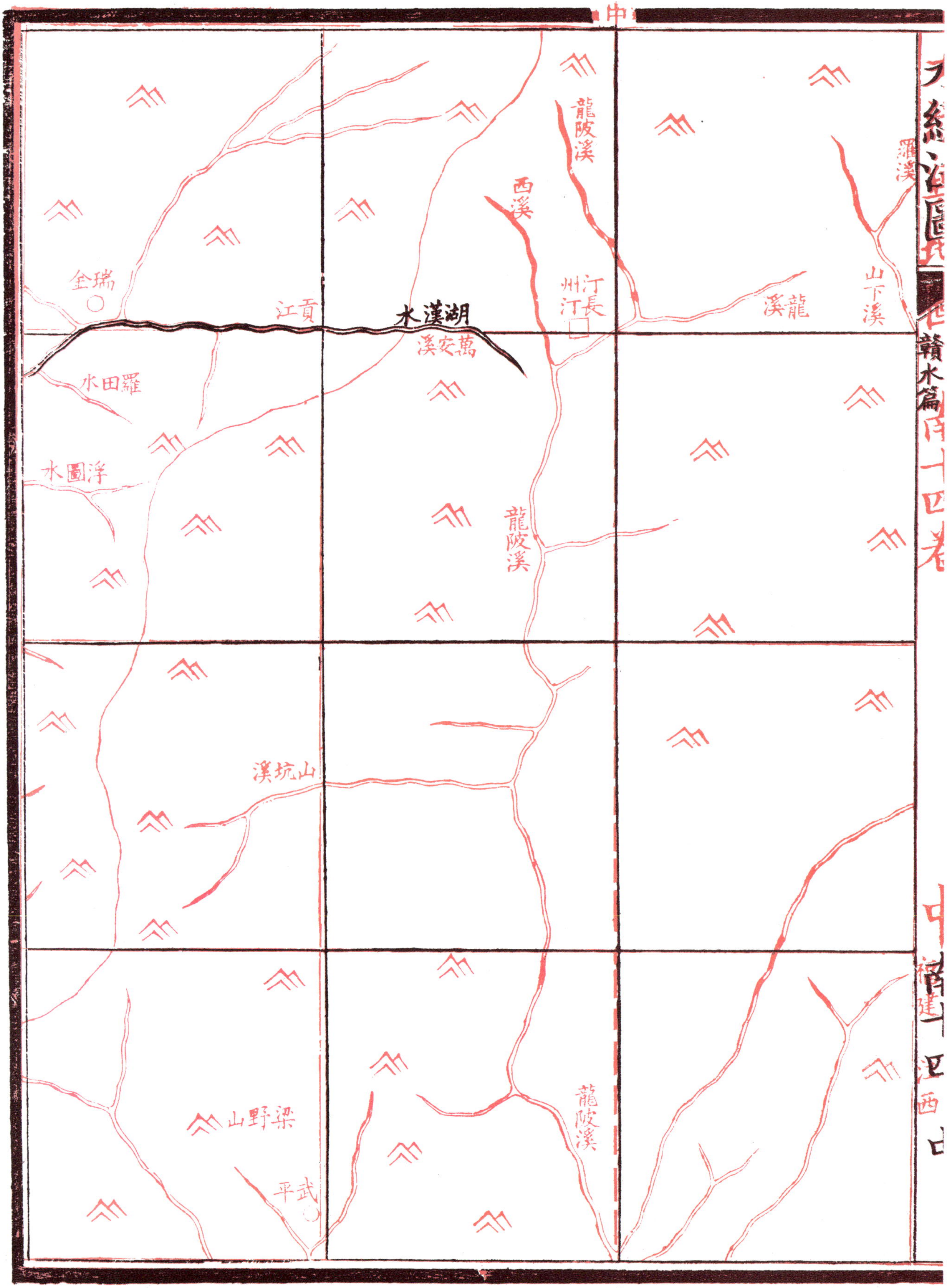
贛水篇
湖漢水
貢江
瑞金
萬安溪
羅田水
浮圖水
龍陂溪
西溪
汀州
長汀
龍溪
羅溪
山下溪
山坑溪
梁野山
武平
江西

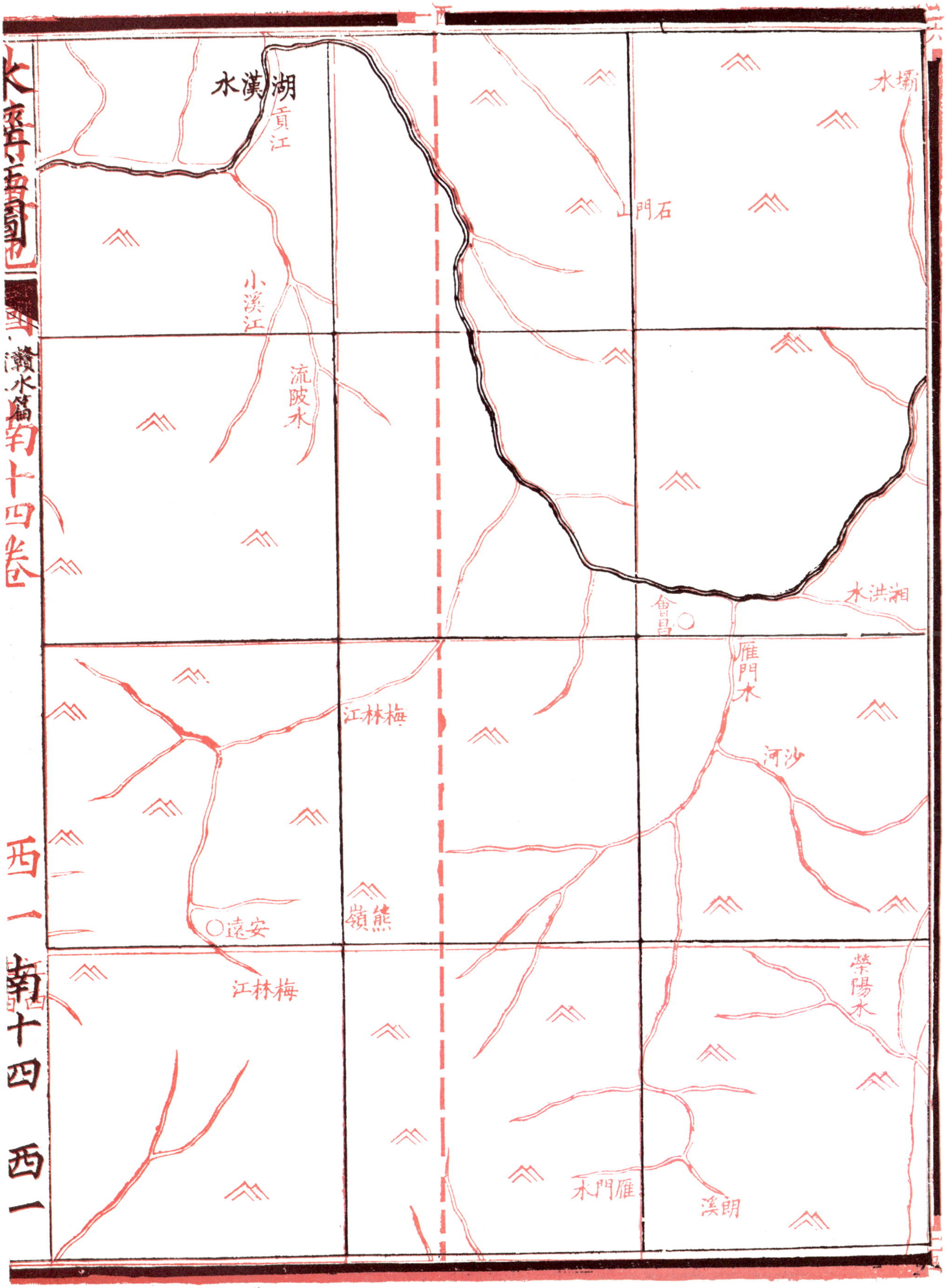
水經注圖
贛水篇
南十四卷
西一
南十四
西一
湖漢水
貢江
小溪江
流陂水
石門山
湘洪水
會昌
雁門水
沙河
梅林江
熊嶺
安遠
梅林江
滎陽水
雁門水
朗溪

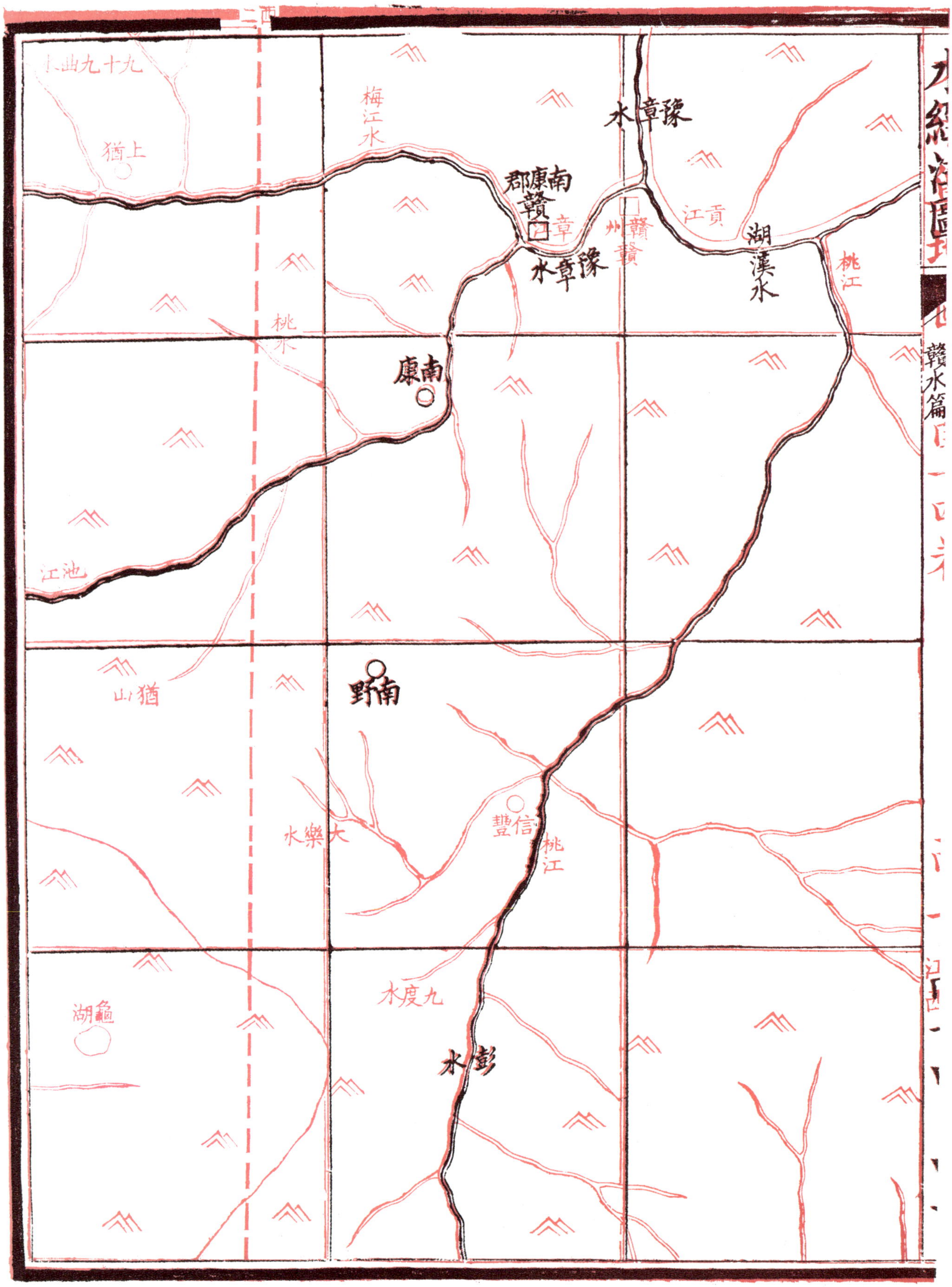
九十九曲山
上猶
梅江水
豫章水
南康郡
贛
章
贛州
贛
貢江
豫章水
湖漢水
桃江
桃水
南康
池江
猶山
南野
大樂水
信豐
桃江
九度水
龜湖
彭水
贛水篇

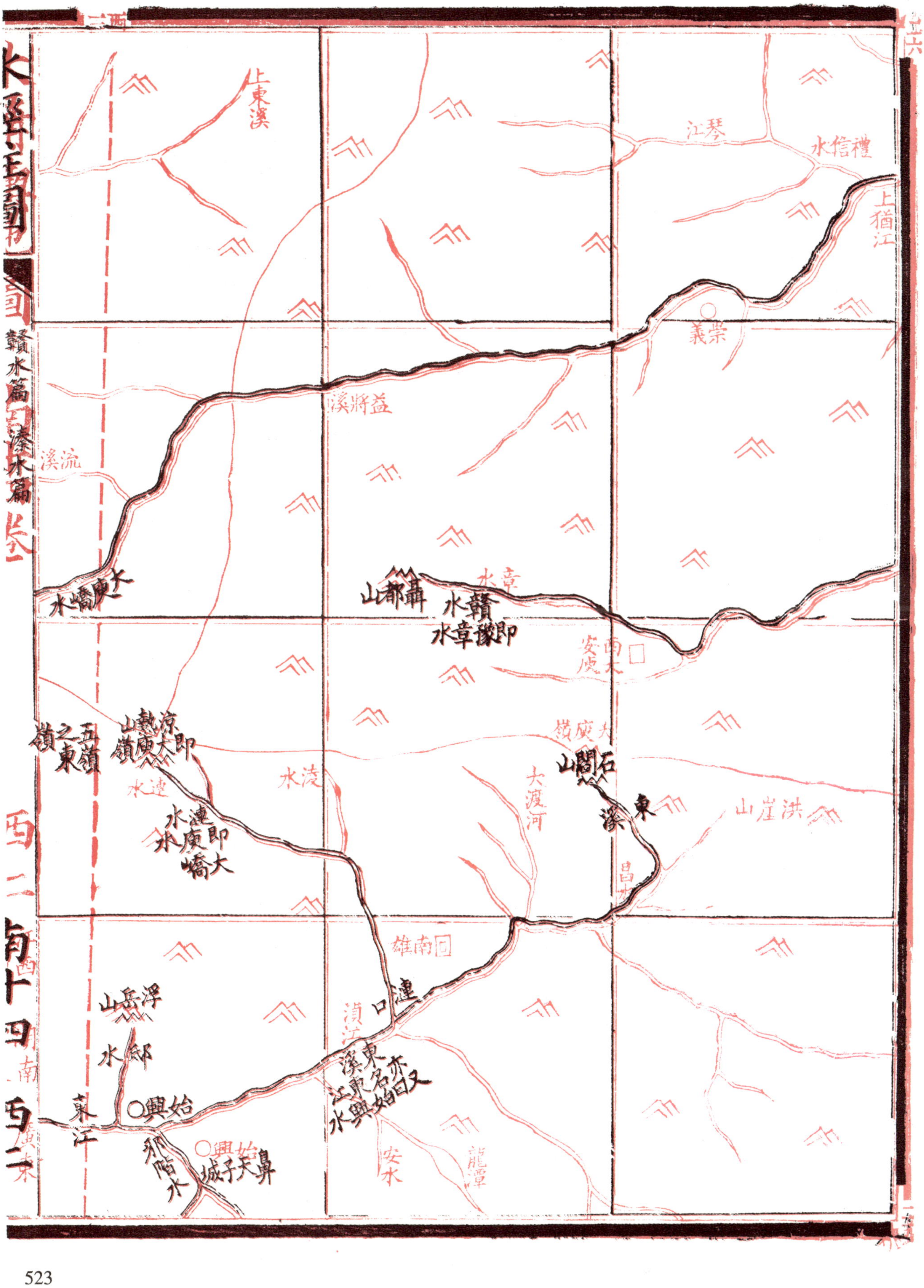

水經注圖
贛水篇
溱水篇
上東溪
琴江
禮信水
上猶江
崇義
益將溪
流溪
大庾嶠水
聶都山
章水
贛水
即豫章水
南安
大庾
大庾嶺
五嶺之東嶺
大庾嶺
凌水
大渡河
東溪
洪崖山
即大庾嶠水
南雄
湞口
湞江
浮岳山
郎水
始興
始興
鼻天子城
安水
龍潭

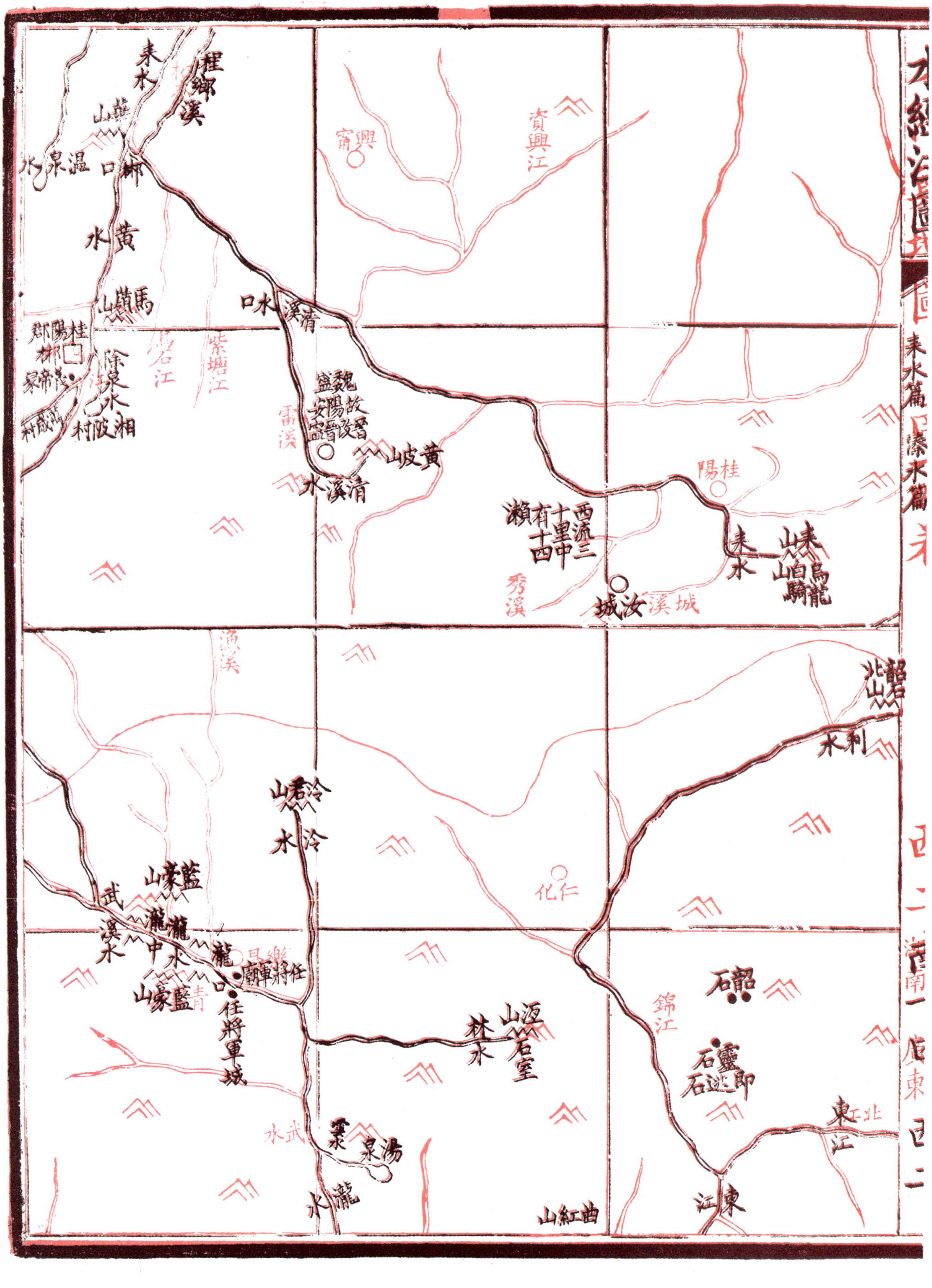

水經注圖
耒水篇
漆水篇
耒水
程鄉溪
溫泉水
郴口
黃水
馬嶺山
桂陽
湘陂村
資興江
興寧
紫塘江
雷溪
清溪水口
黃皮山
清溪水
西流三十里中有十四瀨
桂陽
耒水
耒山
烏龍白騎山
汝城
城溪
秀溪
漁溪
磐石山
利水
冷君山
冷水
仁化
藍豪山
武溪水
瀧水
瀧口
任將軍廟
樂昌
任將軍城
藍豪山
林水
錦江
韶石
靈石
北江
東江
湯泉
武水
瀧水
曲紅山
東江

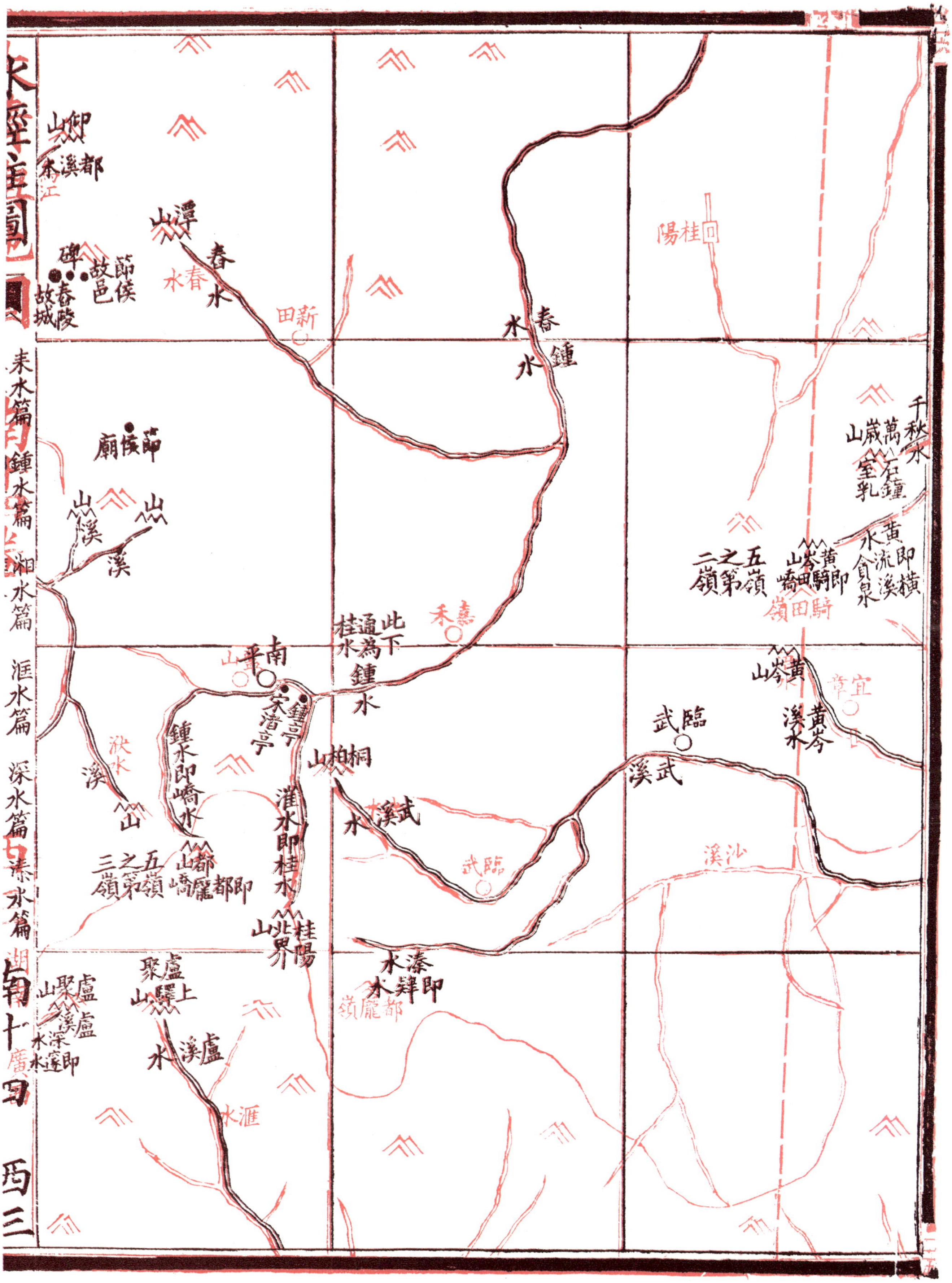

水經注圖
耒水篇
鍾水篇
湘水篇
洭水篇
深水篇
溱水篇
南十四
西三
御山
都溪水
潭山
春水
節侯故邑
春陵故城
新田
桂陽
春水
鍾水
節侯廟
溪
南平
安渚亭
鍾亭
此下通為鍾水桂水
嘉禾
鍾水即嶠水
洭水即桂水
桐柏山
武溪水
臨武
武溪
都龐嶠即都山
五嶺之第三嶺
桂陽北界山
溱水即肄水
都龐嶺
盧聚山
盧溪
上驛盧聚山
盧溪水
洭水
沙溪
黃岑山
黃岑溪水
宜章
千秋水
萬歲山
鍾乳石室
橫溪即黃流水
貪泉
黃岑山即騎田嶠
五嶺之第二嶺
騎田嶺

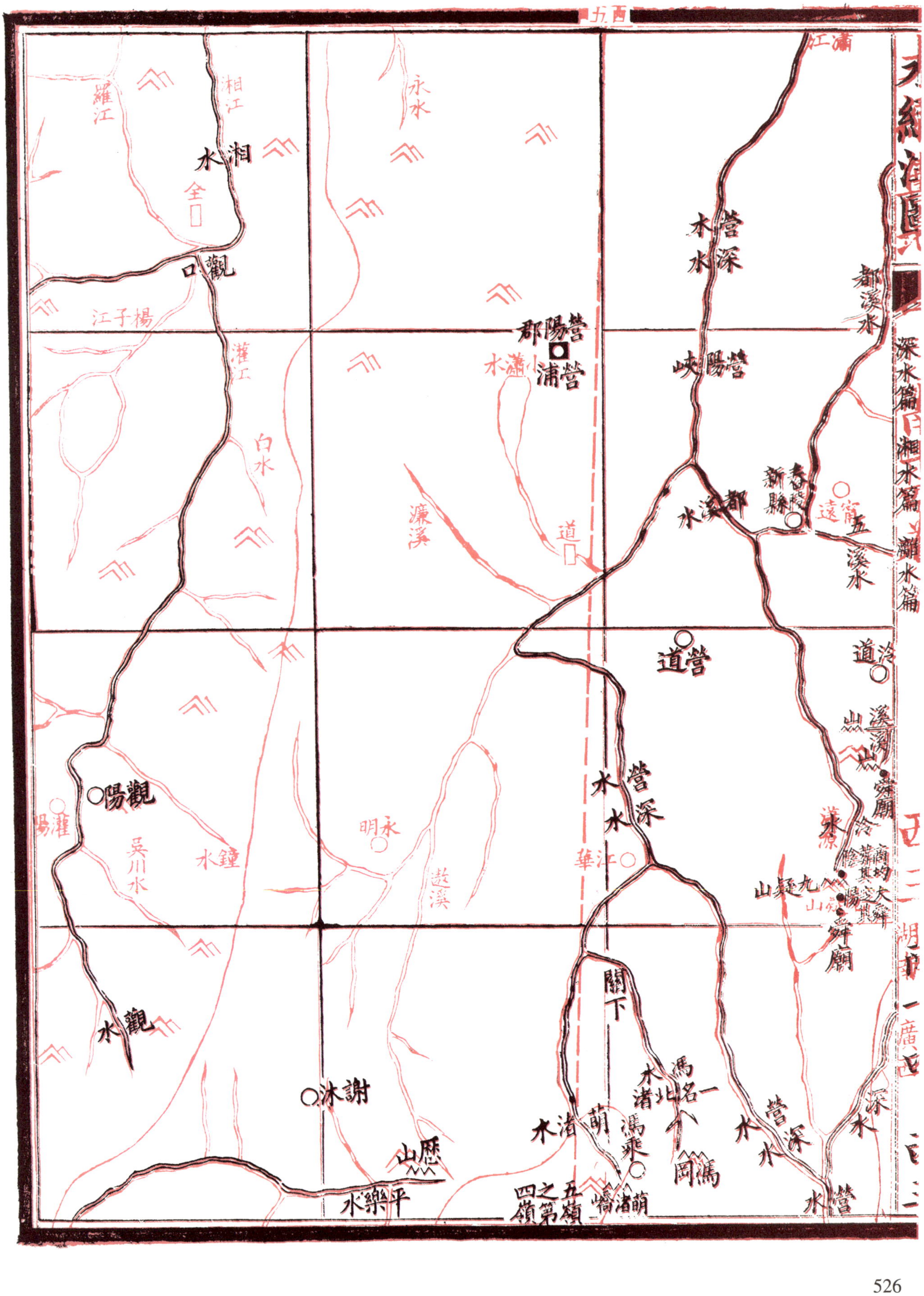
水經注圖
深水篇
湘水篇
灕水篇
湘水
觀口
楊子江
羅江
湘江
永水
全
灌江
白水
營陽郡
營浦
瀟水
濂溪
道
營水
深水
營陽峽
都溪水
舂陵新縣
寧遠
五溪水
營道
泠道
觀陽
灌陽
吳川水
鍾水
永明
遊溪
華江
九疑山
舜廟
下關
馮乘
萌渚水
謝沐
歷山
平樂水
五嶺之第四嶺
萌渚嶠
觀水

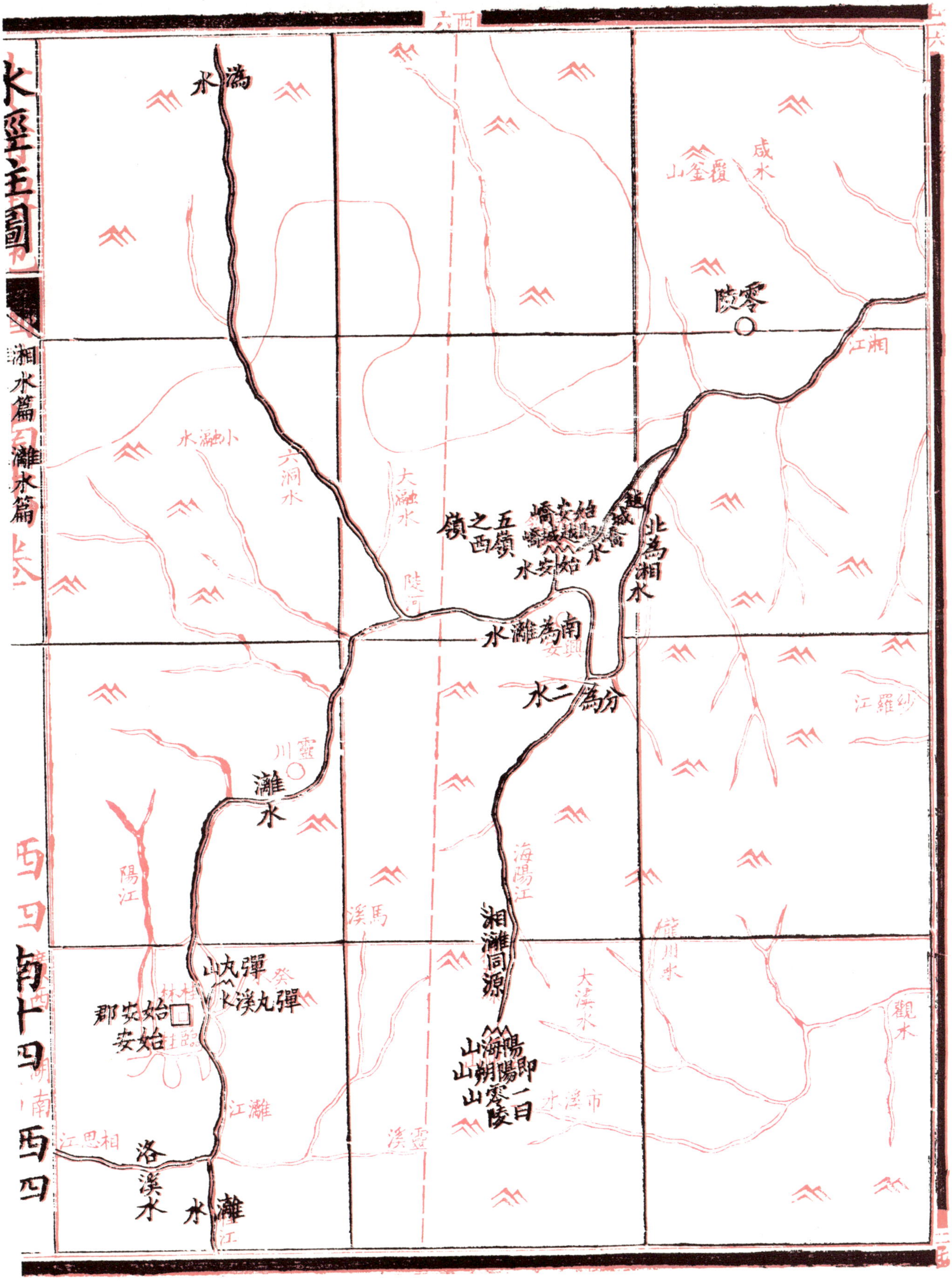

水經注圖
湘水篇
灕水篇
南十四
西四
灕水
零陵
湘江
霞釜山
咸水
小融水
六洞水
大融水
陡河
五嶺之西嶺
始安嶠
越城嶠
始安水
北為湘水
南為灕水
興安
分為二水
靈川
灕水
陽江
馬溪
海陽江
紗羅江
湘灕同源
彈丸山
彈丸溪水
始安郡
始安
陽海山即陽朔山一曰零陵山
大溪水
觀水
灕江
相思江
洛溪水
靈溪
灕水

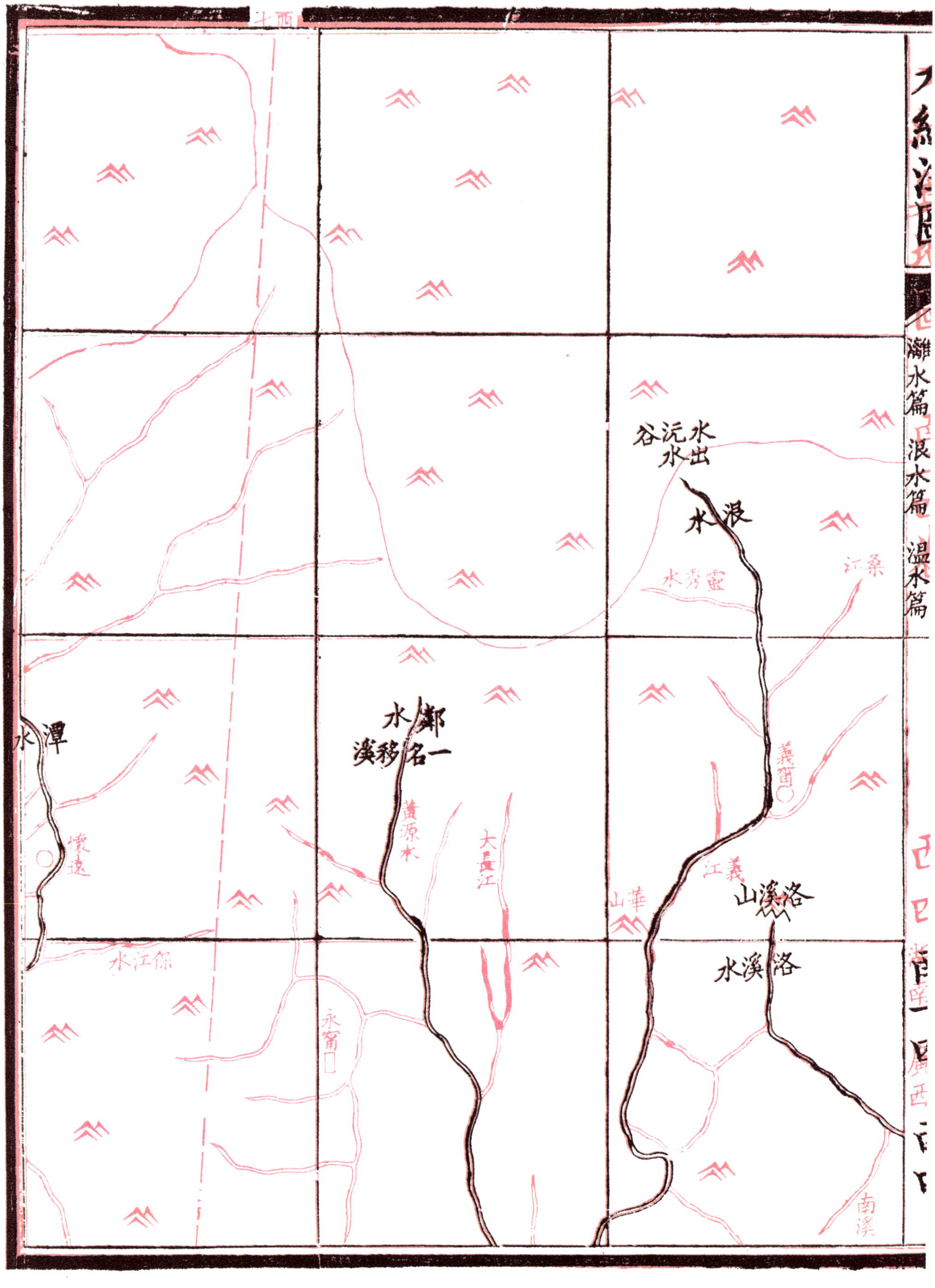

水經注圖
灕水篇 溴水篇 溫水篇
水出沅水谷
溴水
靈秀水
桑江
義甯
鄰水
一名移溪
潭水
懷遠
黃源水
大長江
義江
洛溪山
華山
洛溪水
徐江水
永甯
南溪

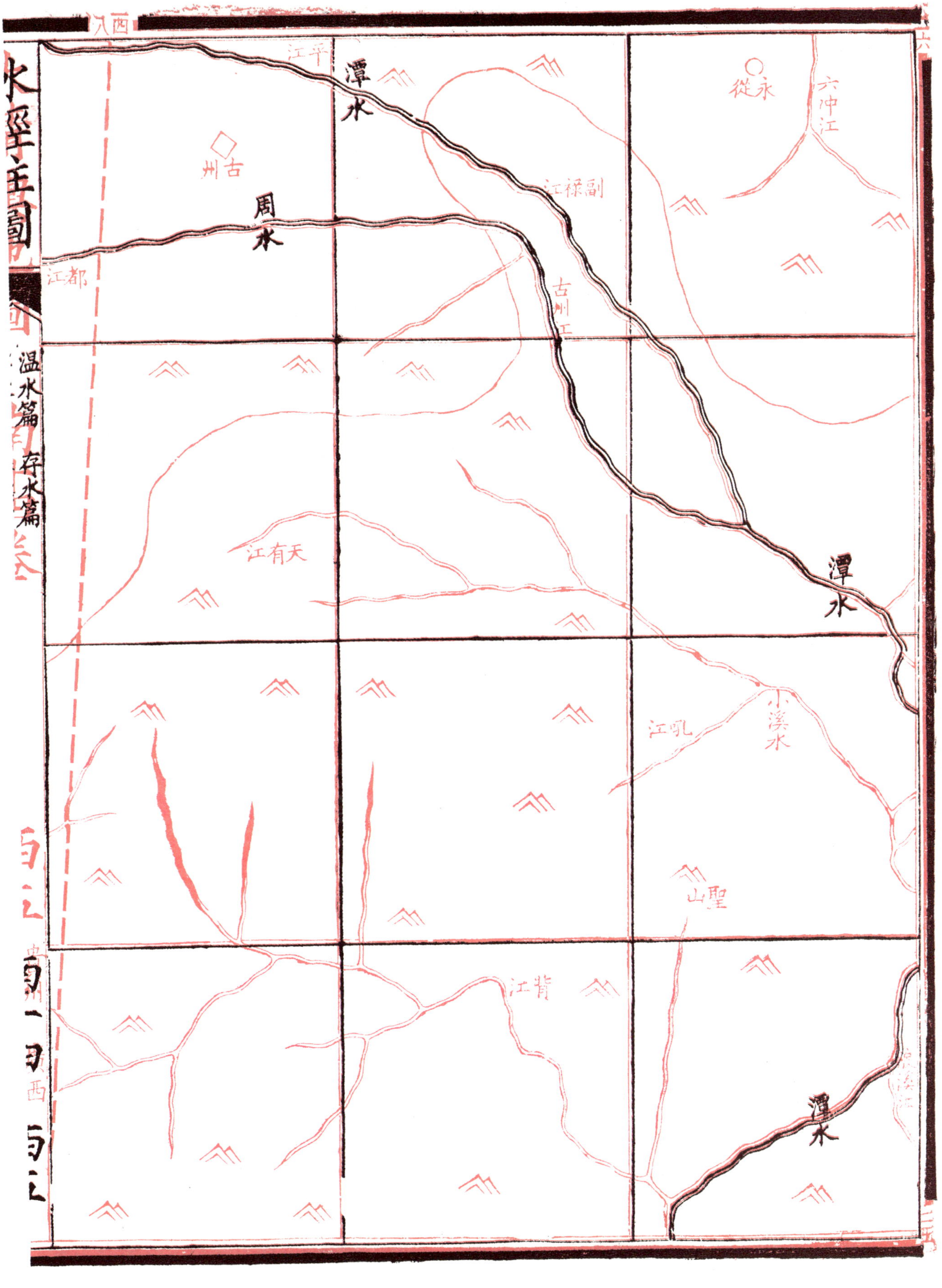
水經注圖
温水篇 存水篇
平江
潭水
古州
周水
都江
永從
六冲江
副祿江
古州江
天有江
小溪水
孔江
聖山
背江

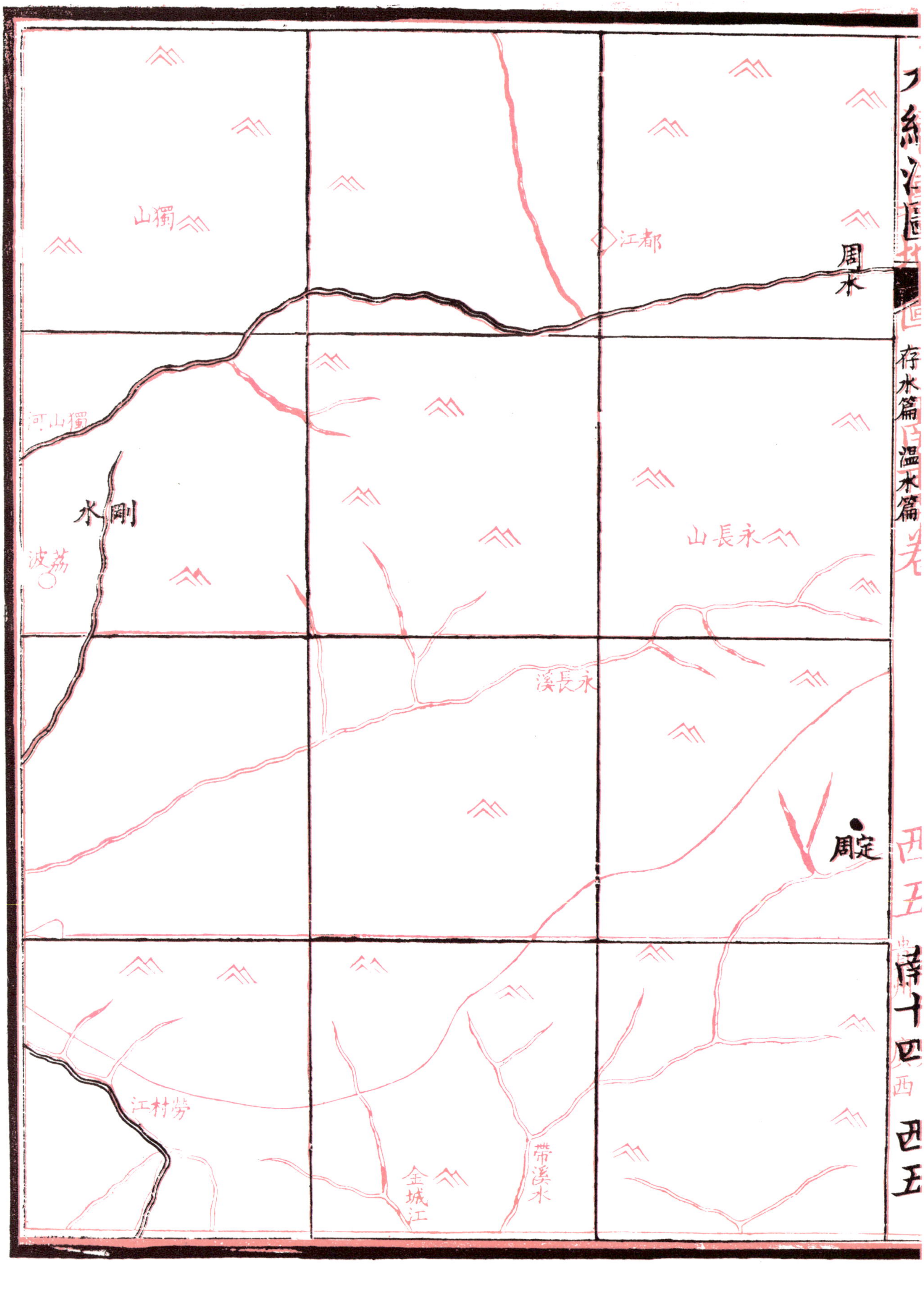
水經注圖
存水篇 温水篇
獨山
都江
周水
獨山河
剛水
荔波
永長山
永長溪
定周
勞村江
金城江
帶溪水
西五
南十四
西五

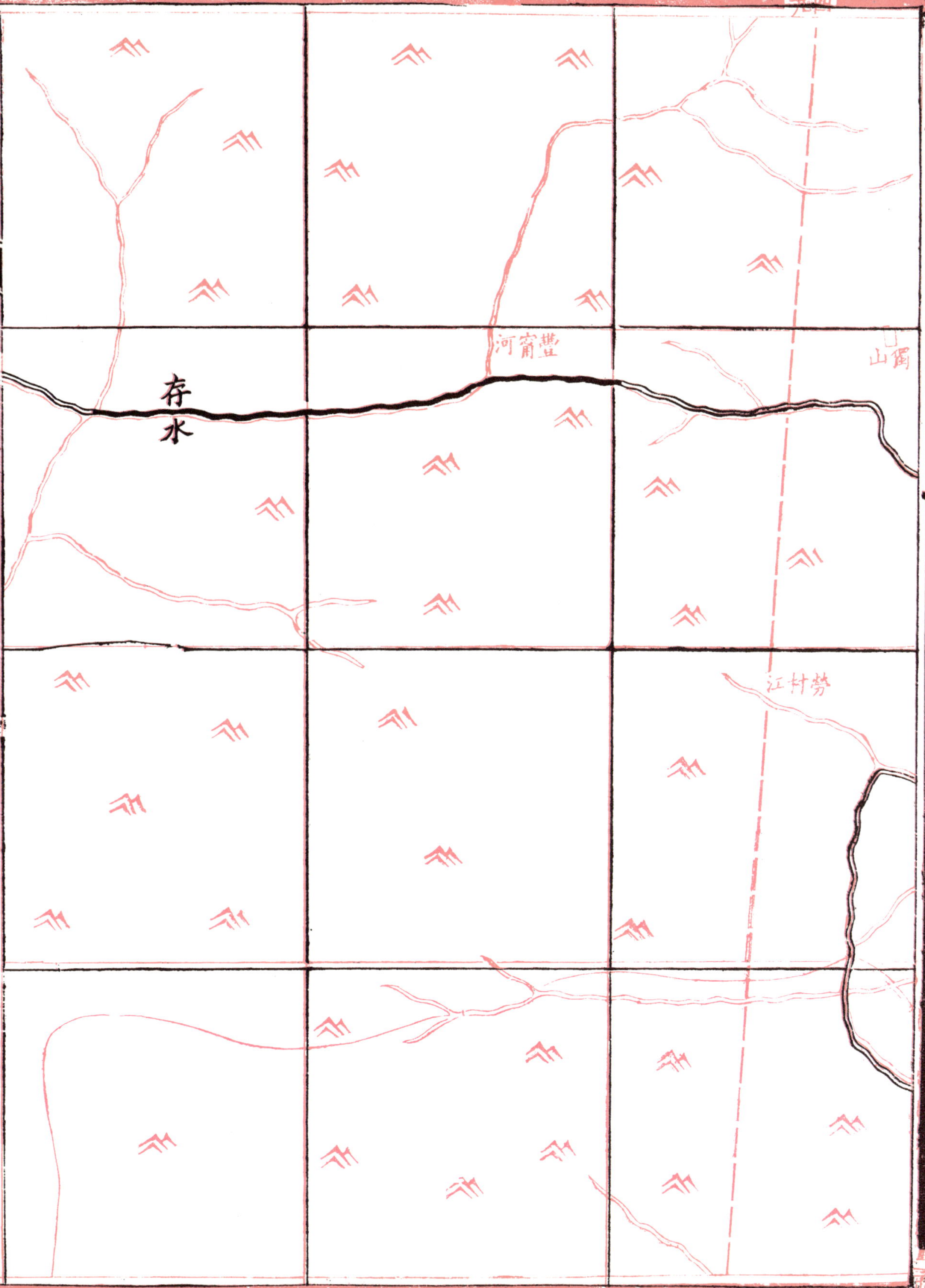
存水
豐甯河
蜀山
勞村江

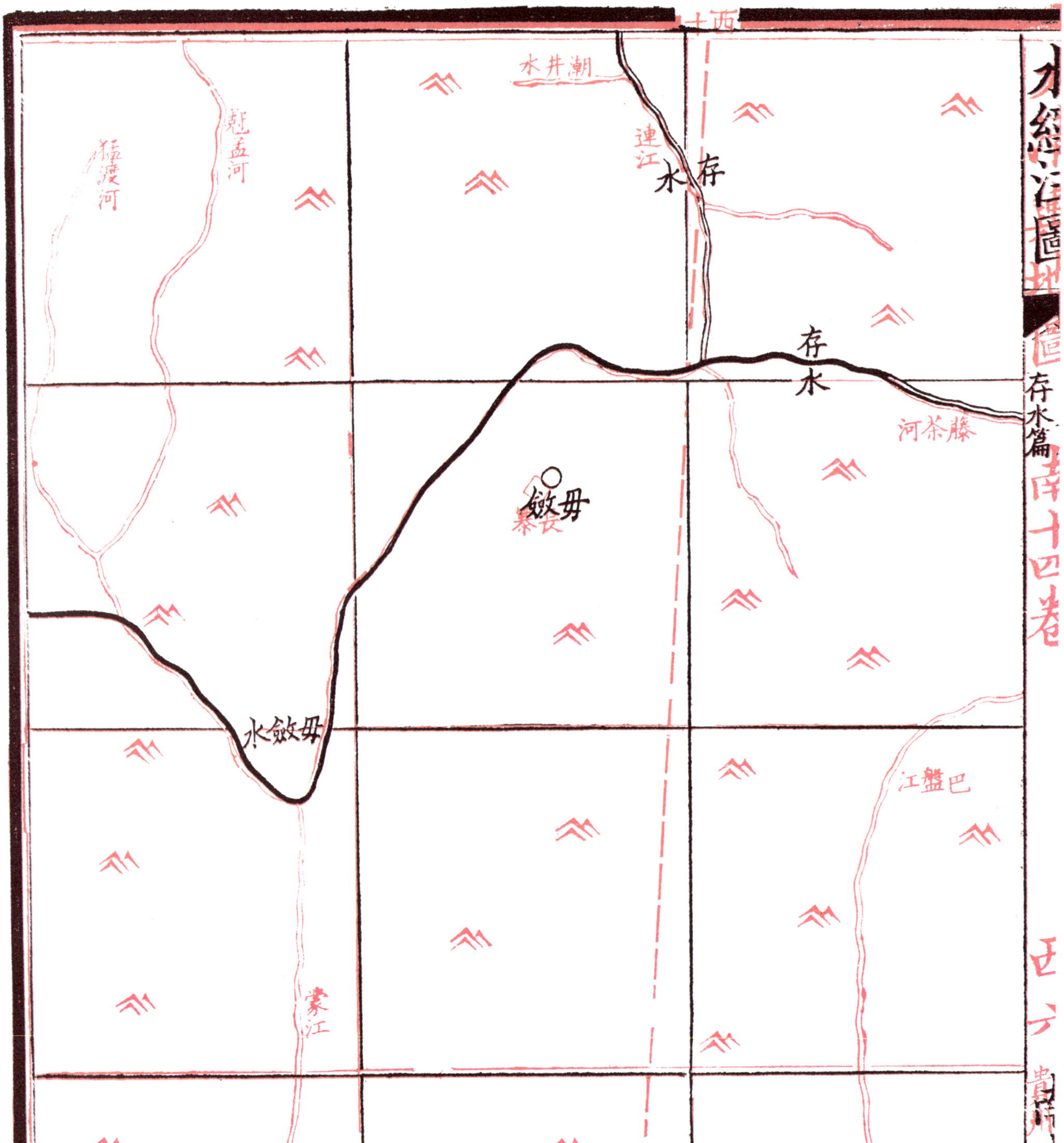
潮井水
連江
存水
存水
藤茶河
毋斂
毋斂水
巴盤江
濛江

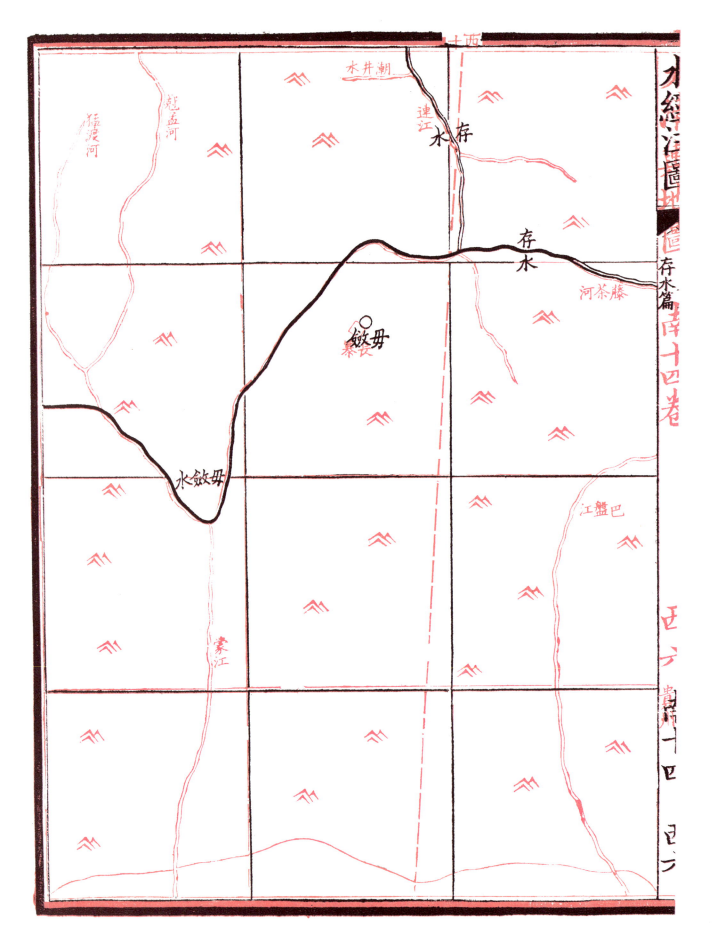

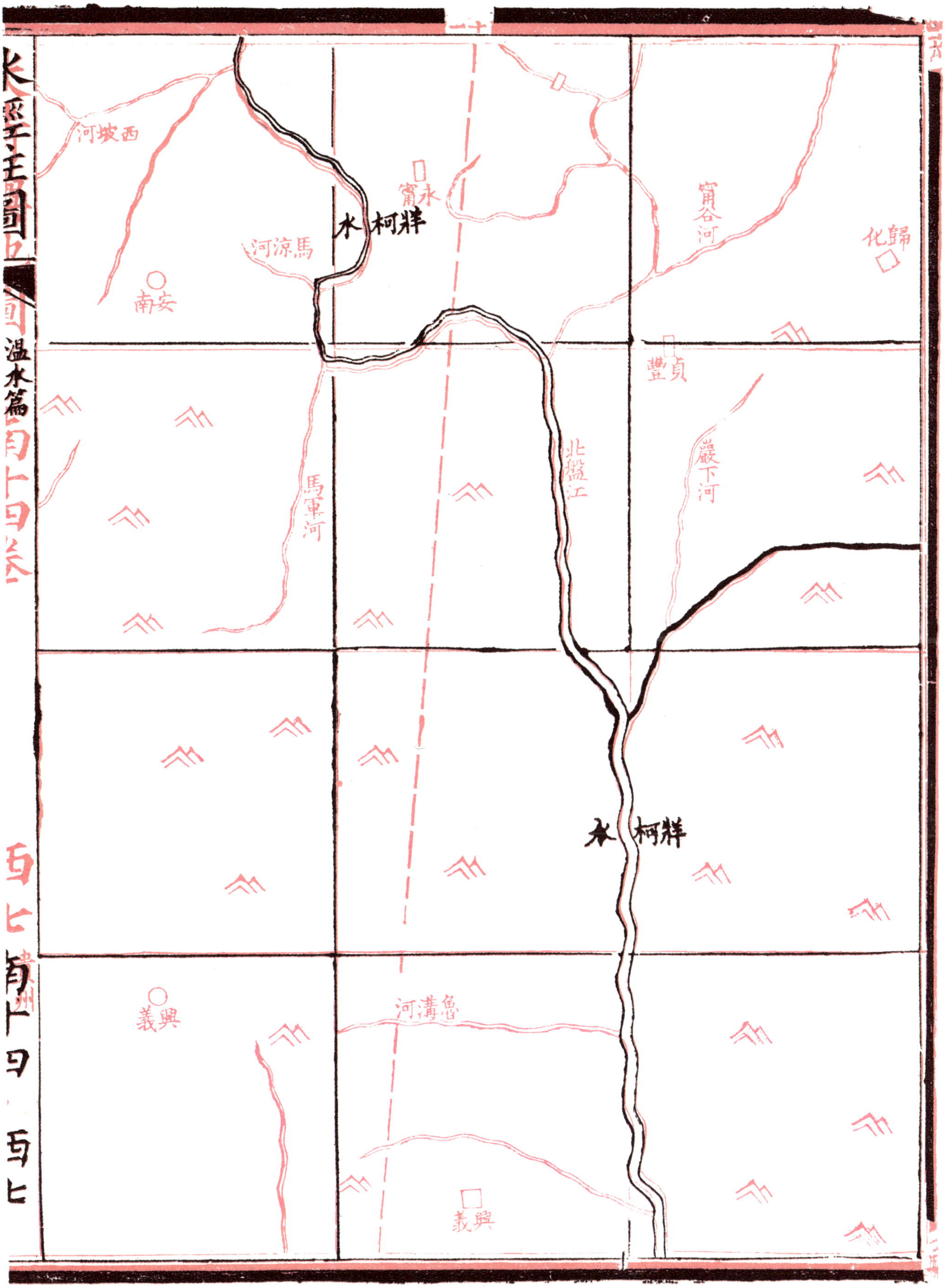
水經注圖
温水篇
西坡河
馬涼河
永甯
牂柯水
安南
甯谷河
歸化
貞豐
北盤江
嚴下河
馬軍河
牂柯水
興義
魚溝河
興義

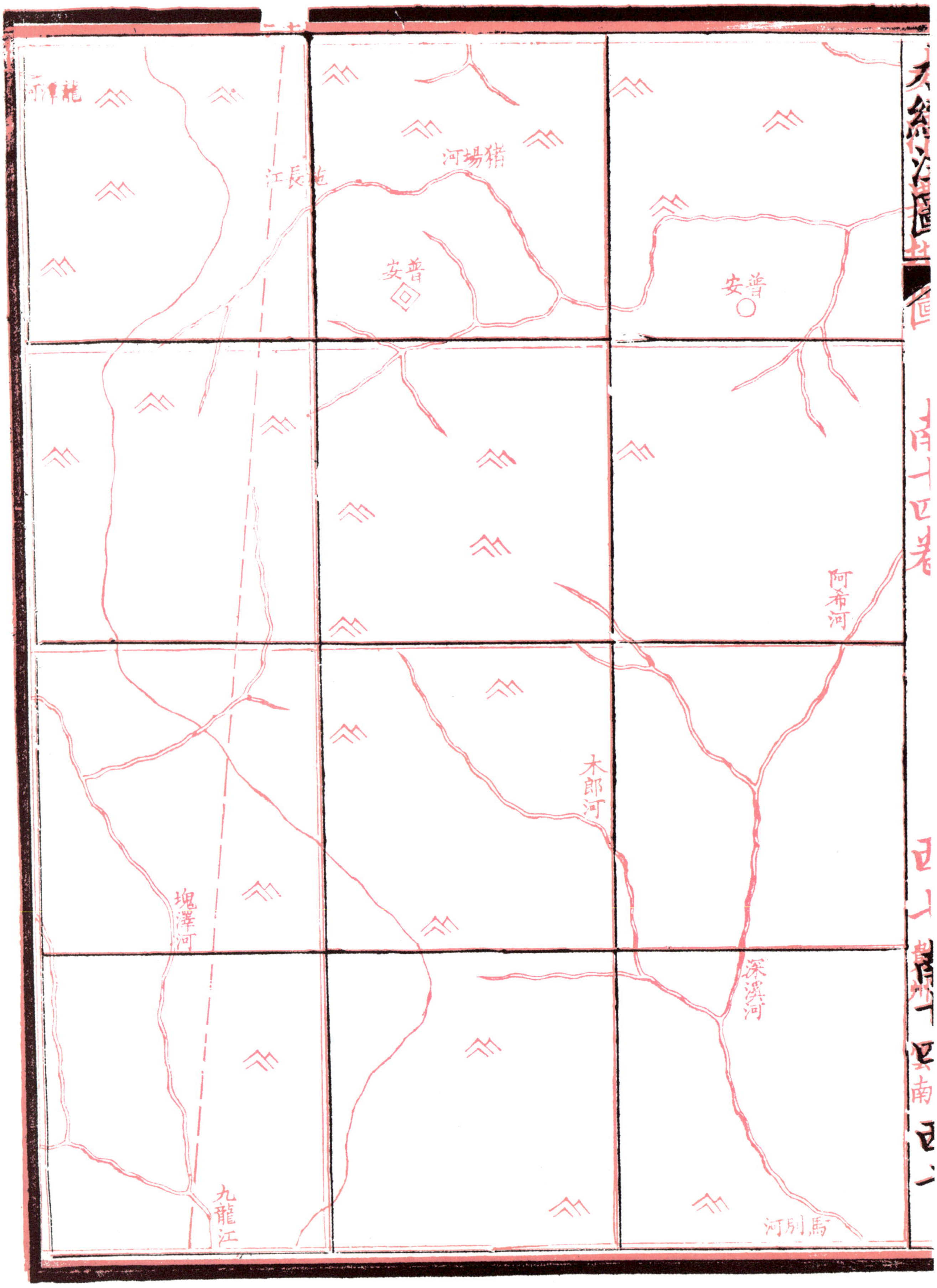
龍津河
迤長江
猪場河
普安
普安
阿希河
木郎河
塊澤河
深溪河
九龍江
馬別河

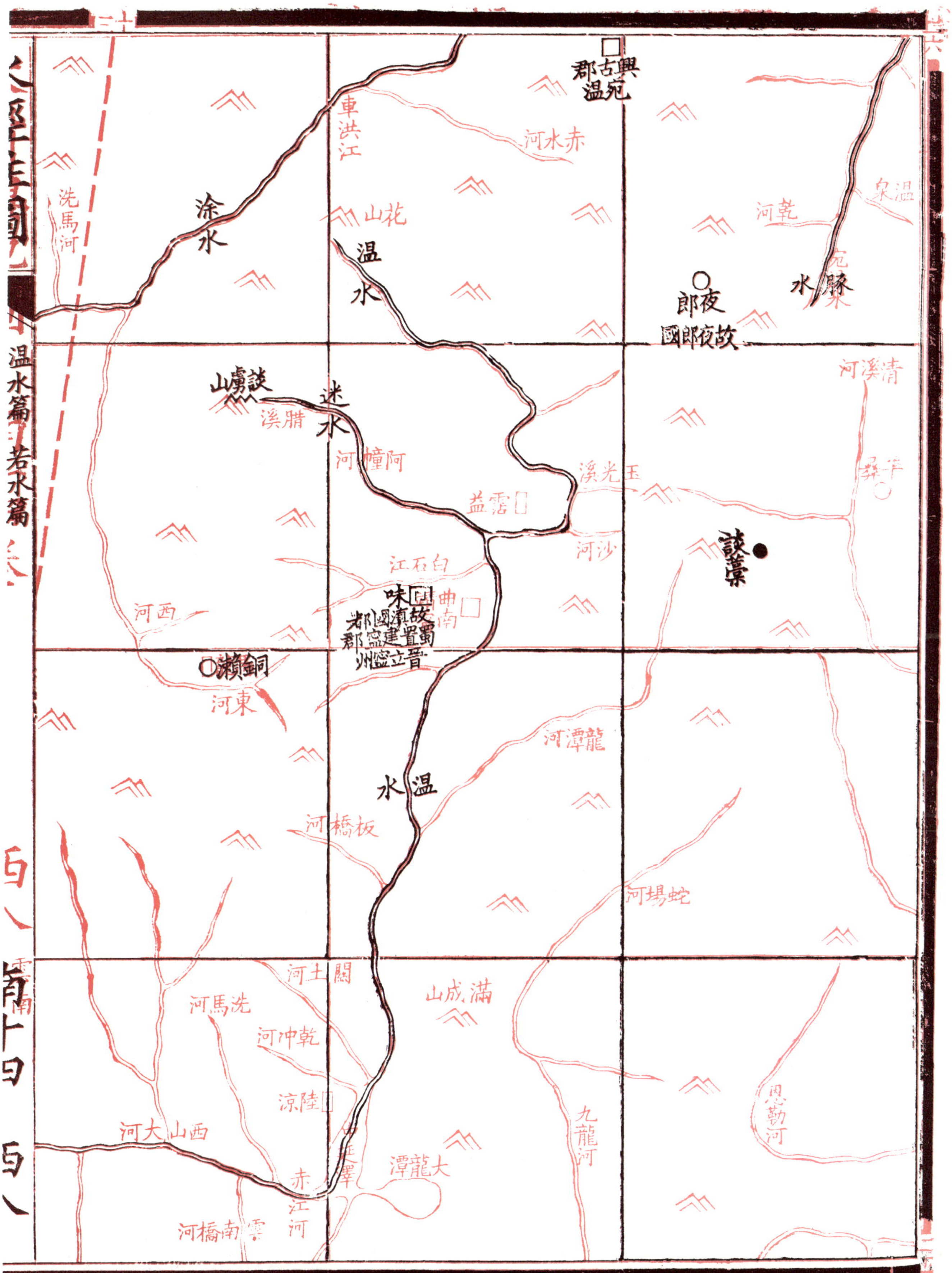
温水篇
若水篇
興古郡
宛温
赤水河
車洪江
洗馬河
涂水
花山
温水
温泉
乾河
豚水
夜郎
故夜郎國
清溪河
談虜山
迷水
腊溪
阿幢河
王光溪
沙河
白石江
味
西河
談槀
銅瀨
東河
龍潭河
温水
板橋河
蛇場河
闊土河
滿成山
洗馬河
乾冲河
陸涼
西山
大河
大龍潭
九龍河
南橋河
赤江河

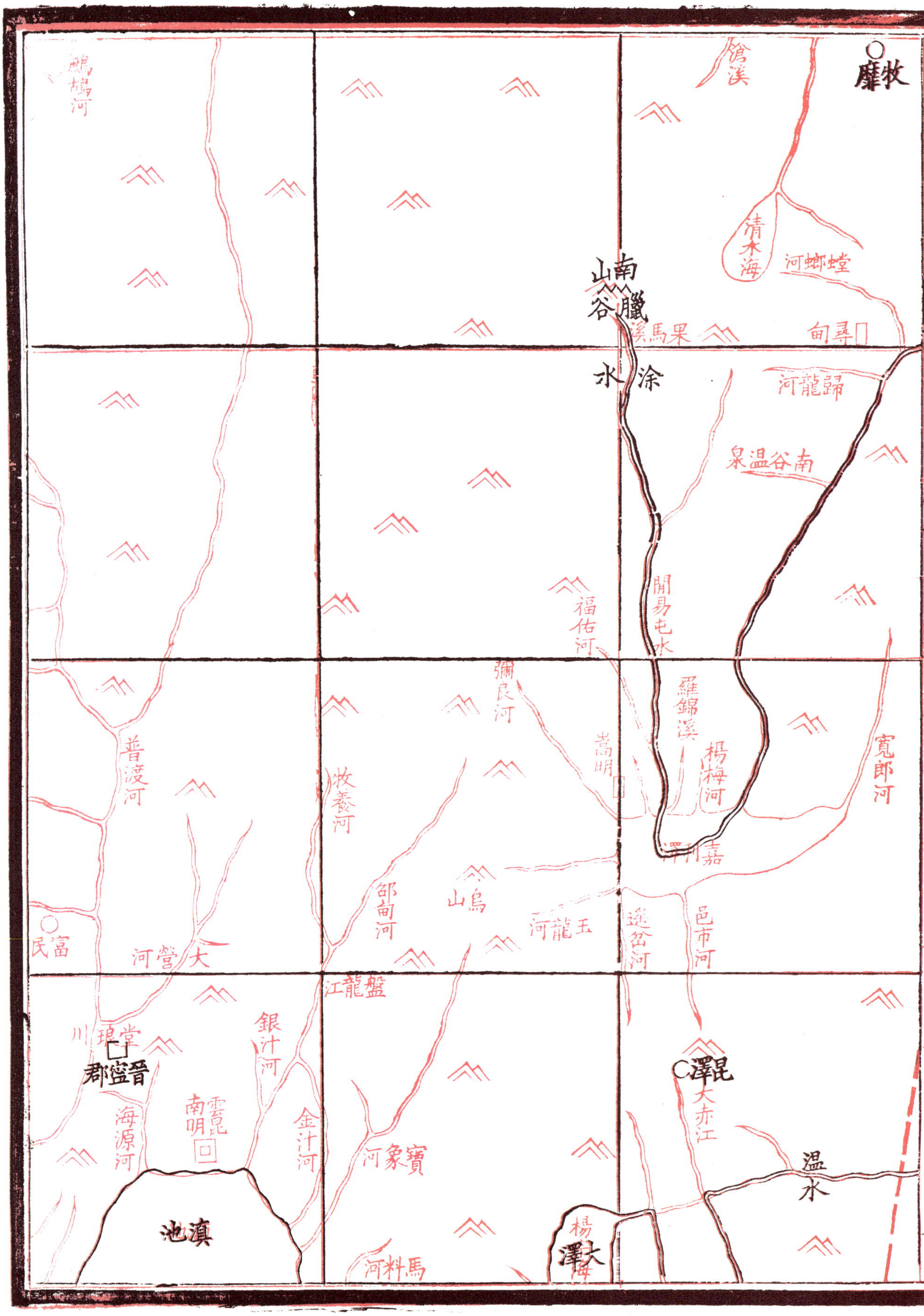
鵜鶘河
牧靡
滄溪
清水海
螳螂河
南山
臘谷
果馬溪
尋甸
涂水
歸龍河
南谷温泉
開易屯水
福佑河
彌良河
羅錫溪
嵩明
楊梅河
寬郎河
牧養河
嘉利澤
普渡河
部甸河
烏山
玉龍河
逆岔河
邑市河
富民
大營河
盤龍江
昆澤
大赤江
銀汁河
棠琅川
晉寧郡
海源河
雲昆南明
金汁河
寶象河
温水
滇池
馬料河
楊大澤海

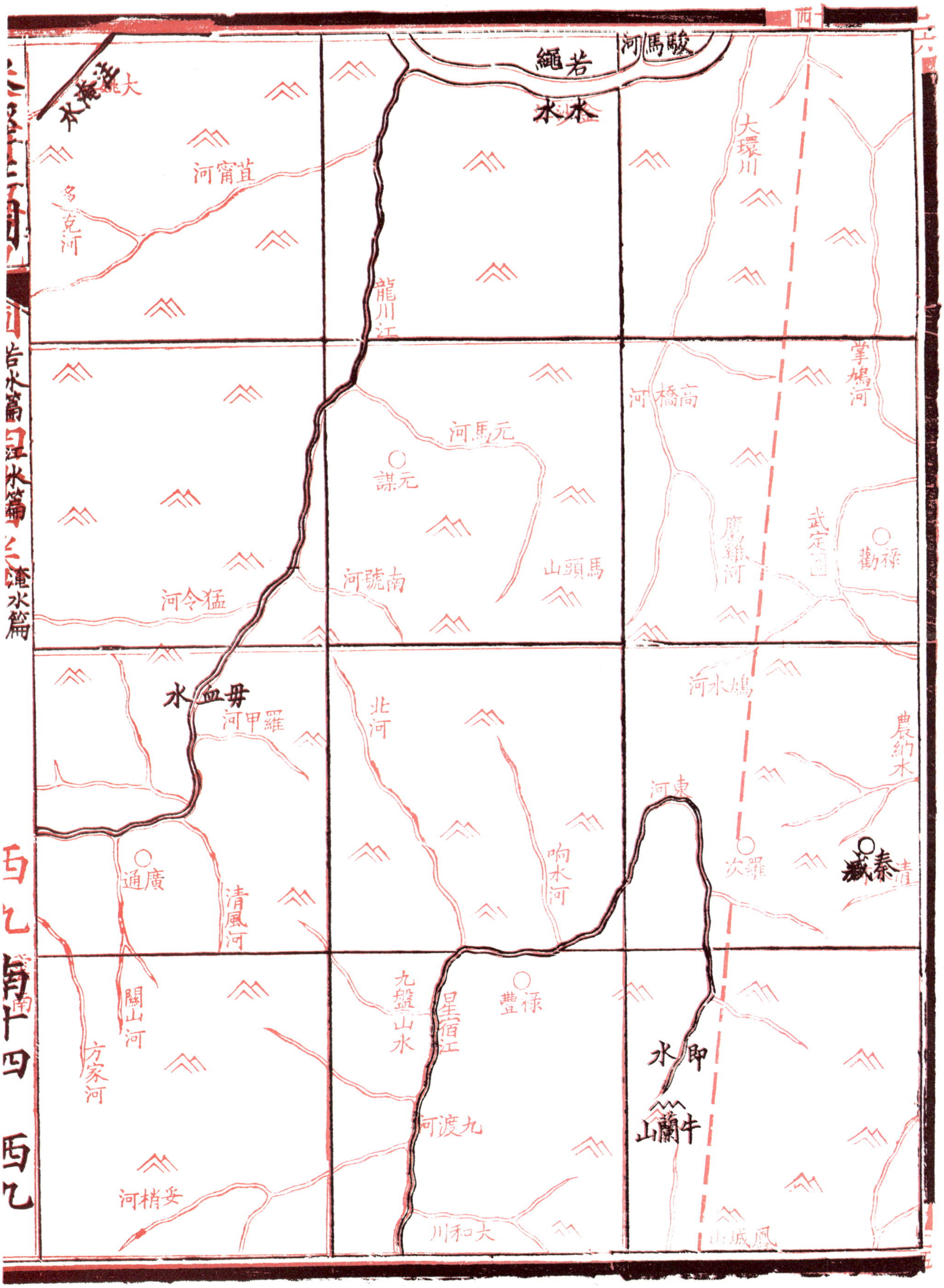
若水篇
江水篇
淹水篇
西九
南十四
西九
繩水
若水
駿馬河
苴宵河
多克河
龍川江
大環川
高橋河
掌鳩河
元馬河
元謀
南號河
馬頭山
武定
祿勸
猛令河
毋血水
羅甲河
北河
鳩水河
農納水
東河
羅次
秦臧
廣通
清風河
响水河
九盤山水
星宿江
祿豐
即水
牛蘭山
關山河
方家河
九渡河
妥梢河
大和川
鳳城山

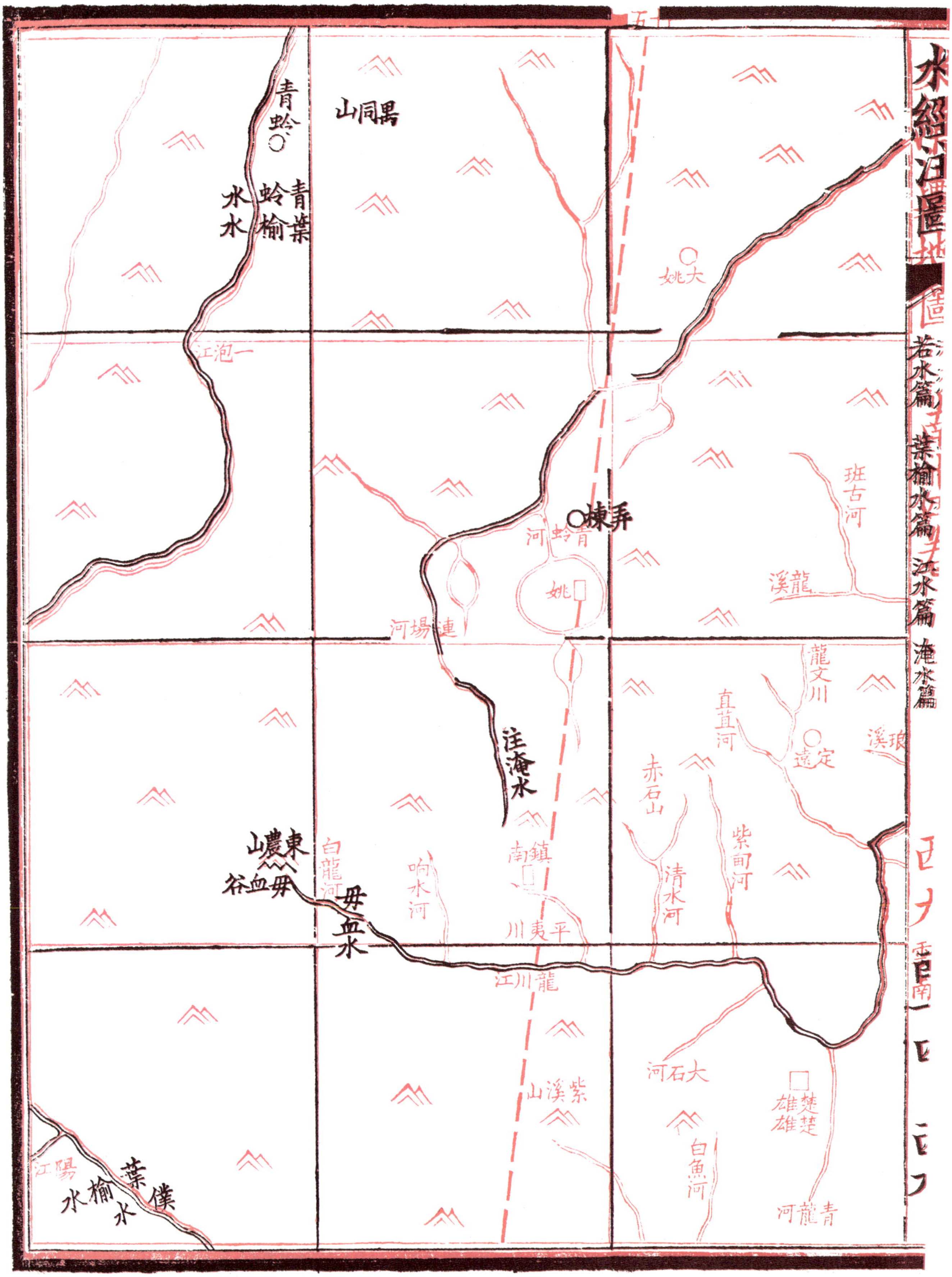
水經注圖
若水篇 葉榆水篇 江水篇 淹水篇
青蛉
罵同山
青蛉水
葉榆水
一泡江
大姚
弄棟
青蛉河
姚
連場河
班古河
龍溪
注淹水
龍文川
直直河
定遠
琅溪
赤石山
紫司河
清水河
東農山
毋血谷
毋血水
白龍河
响水河
鎮南
平夷川
龍川江
大石河
紫溪山
楚雄
白魚河
青龍河
陽江
葉榆水
僕水

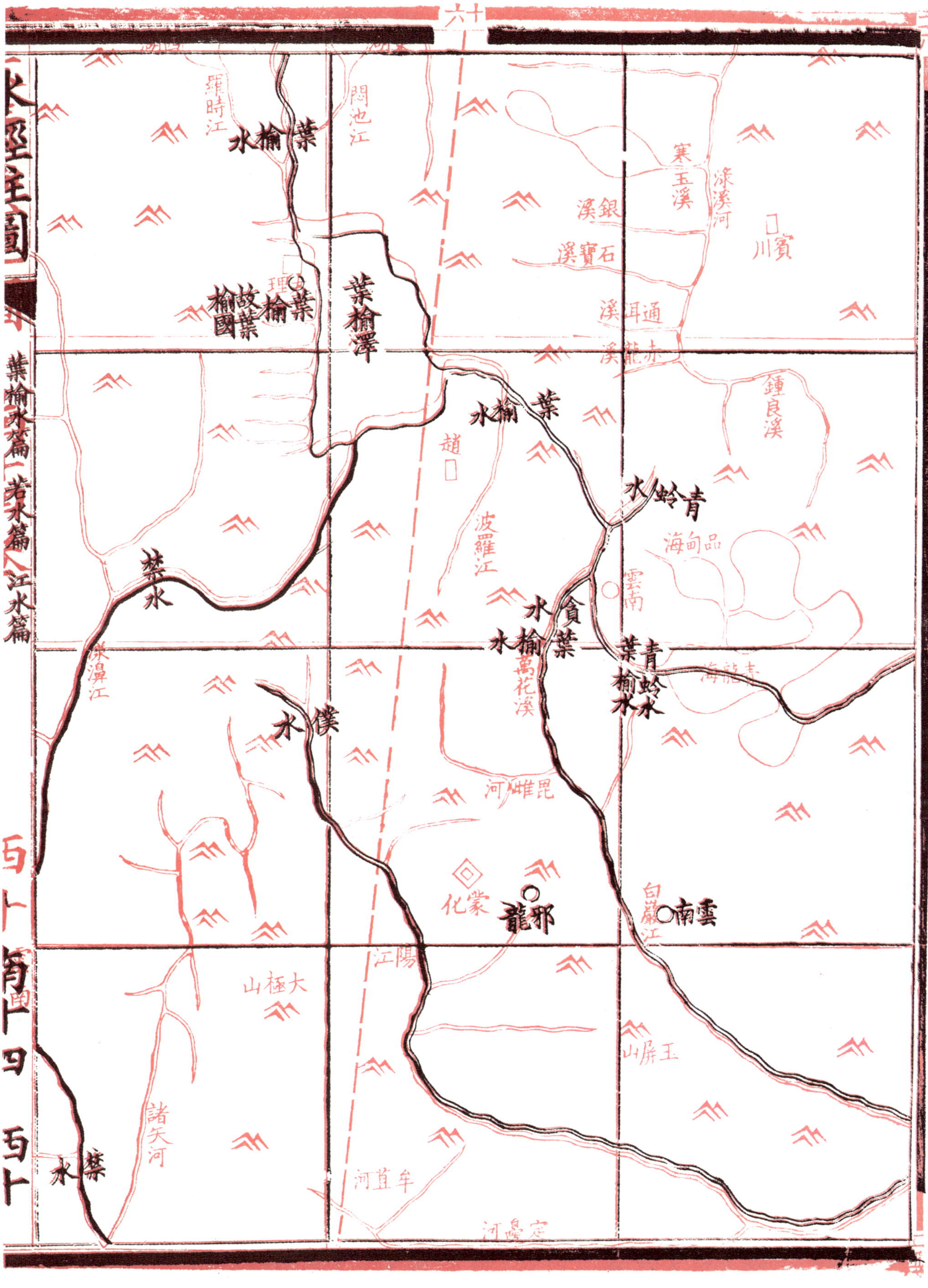

水經注圖
葉榆水篇 若水篇 江水篇
六十
羅時江
葉榆水
寒玉溪
漾溪河
銀溪
石寶溪
賓川
葉榆
故葉榆國
葉榆澤
通洱溪
赤龍溪
鍾良溪
趙
葉榆水
青蛉水
品甸海
波羅江
雲南
葉水
貪水
葉榆水
萬花溪
青蛉水
葉榆水
漾濞江
僕水
昆雎河
蒙化
邪龍
白巖江
雲南
陽江
大極山
玉屏山
諸矢河
牟直河
葉水

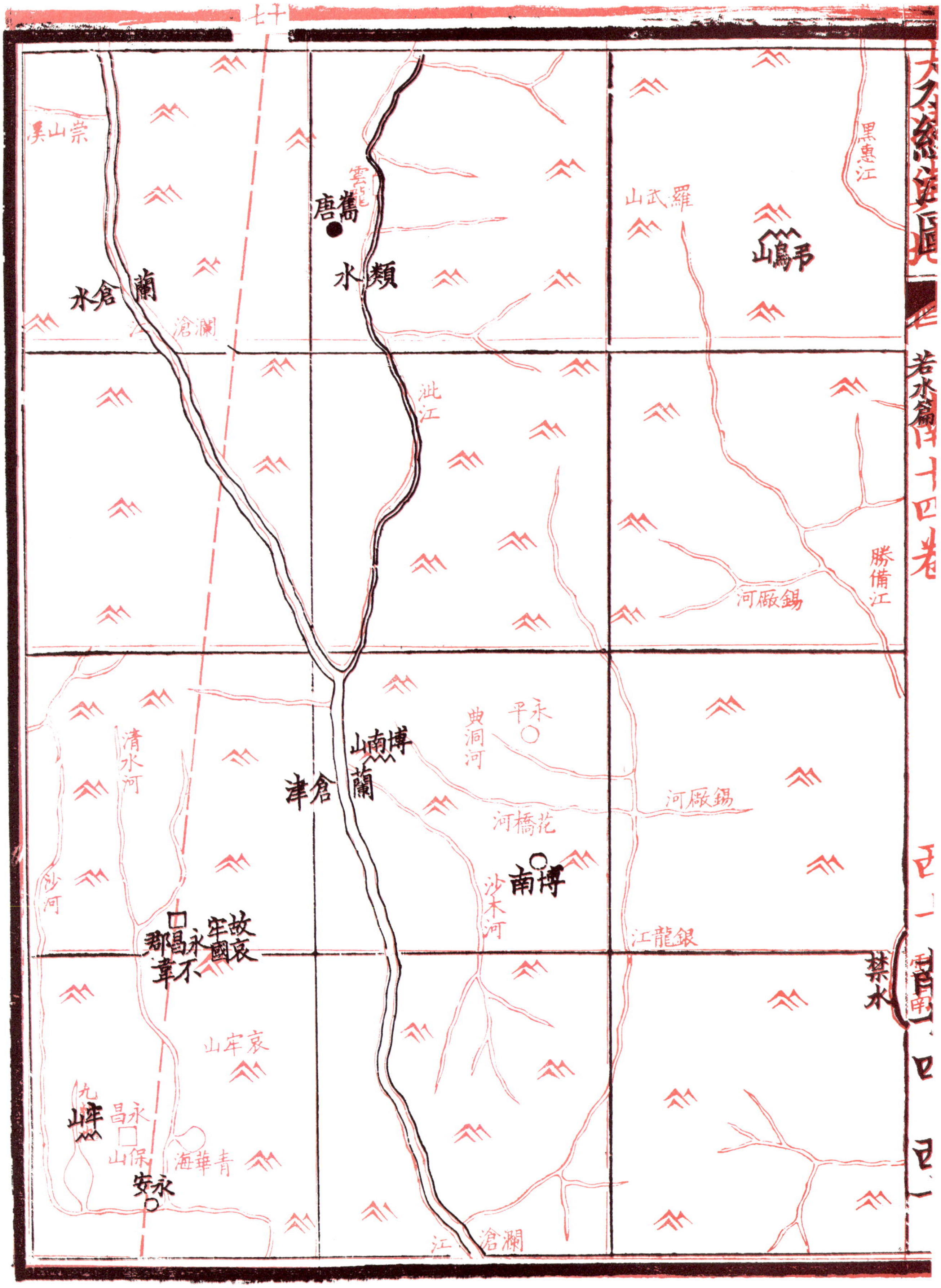
十七
若水篇
崇山
蘭倉水
類水
巂唐
雲龍
瀾滄江
羅武山
黑惠江
弔鳥山
沘江
錫廠河
勝備江
博南山
蘭倉津
永平
曲洞河
錫廠河
花橋河
博南
沙木河
銀龍江
故哀牢國
永昌郡
不韋
清水河
沙河
禁水
哀牢山
永昌
保山
青華海
永安
瀾滄江

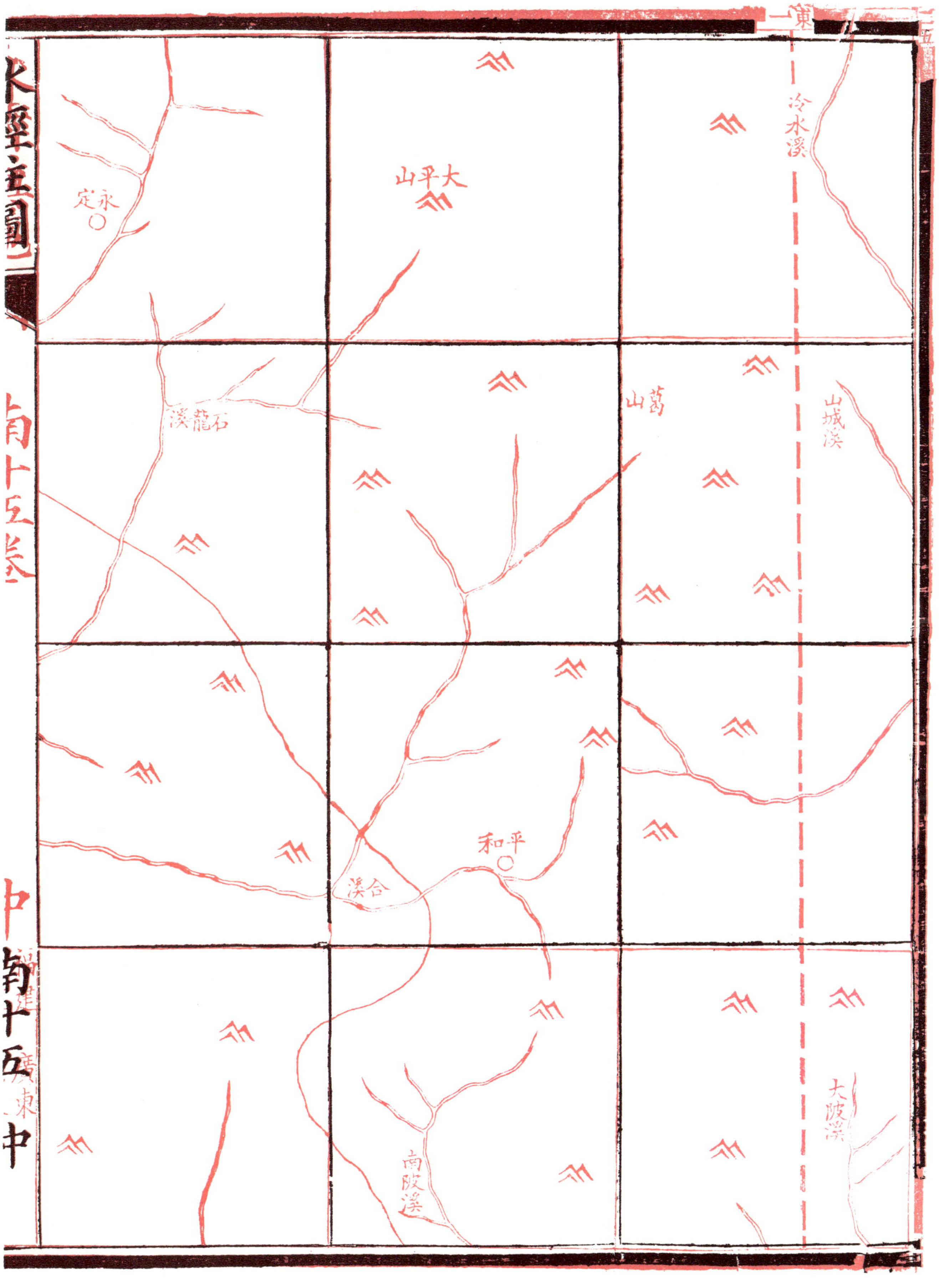
水經注圖
南十五卷
中
南十五
福建
廣東
中
東
大平山
永定
冷水溪
石龍溪
葛山
山城溪
平和
合溪
南陂溪
大陂溪

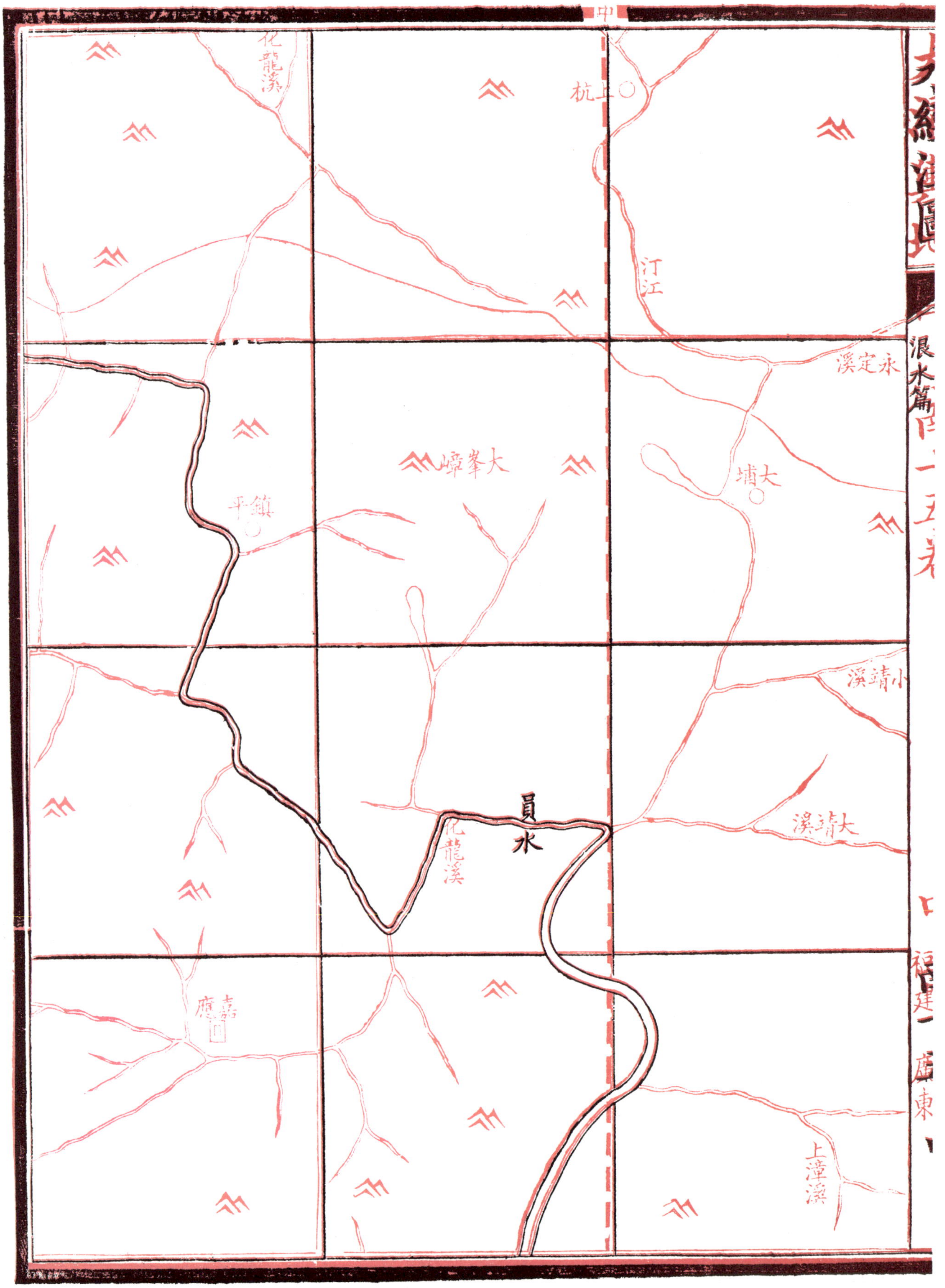
化龍溪
上杭
汀江
永定溪
浪水篇
大峯嶂
大埔
鎮平
小靖溪
大靖溪
員水
化龍溪
嘉應
上漳溪
福建
廣東

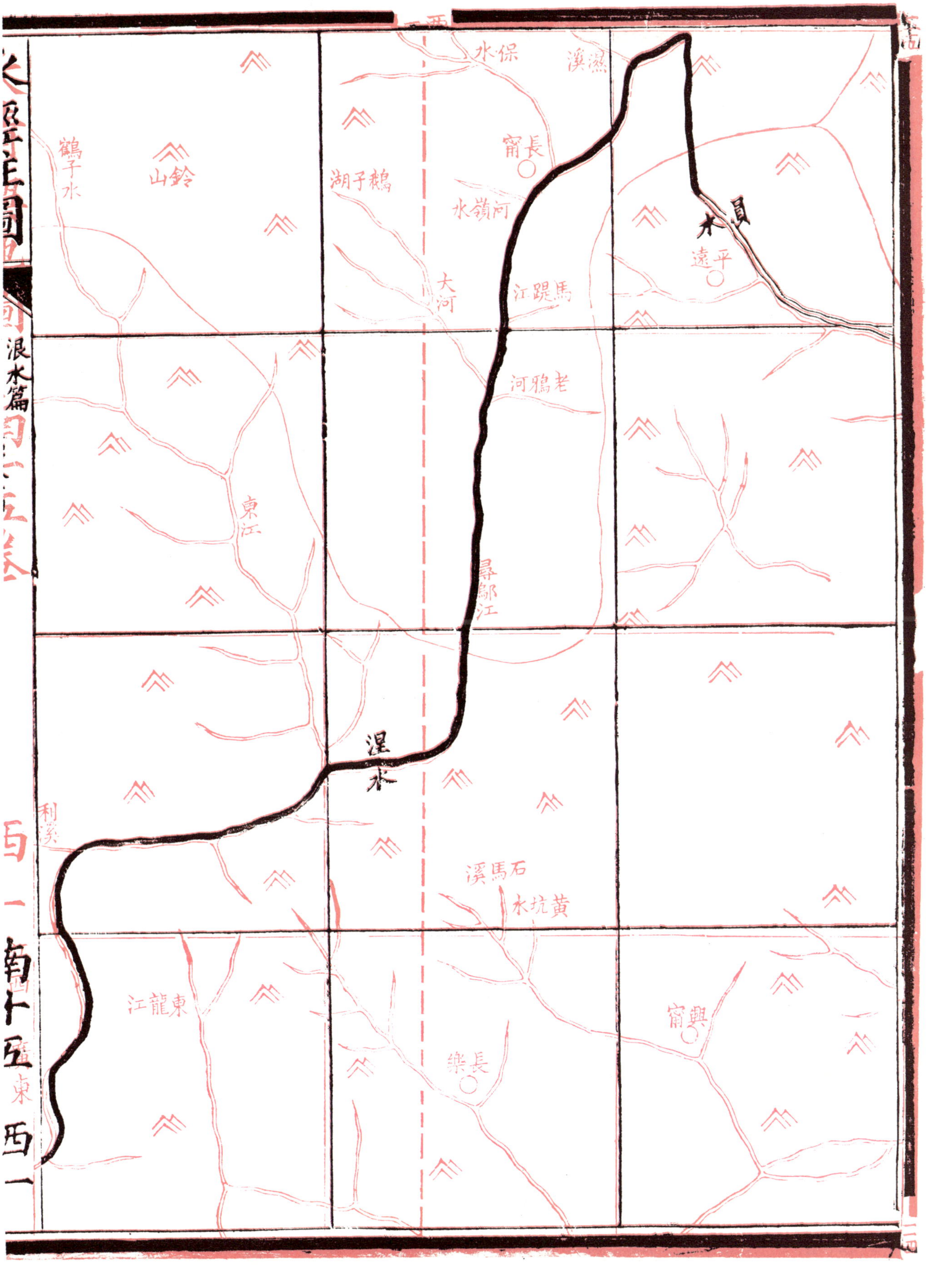
水經注圖
浪水篇
南十五
西一
保水
滋溪
長甯
鈴山
鵨子水
鵨子湖
河嶺水
大河
馬踶江
員水
平遠
老鴉河
東江
尋鄔江
湟水
利溪
石馬溪
黃坑水
東龍江
興甯
長樂

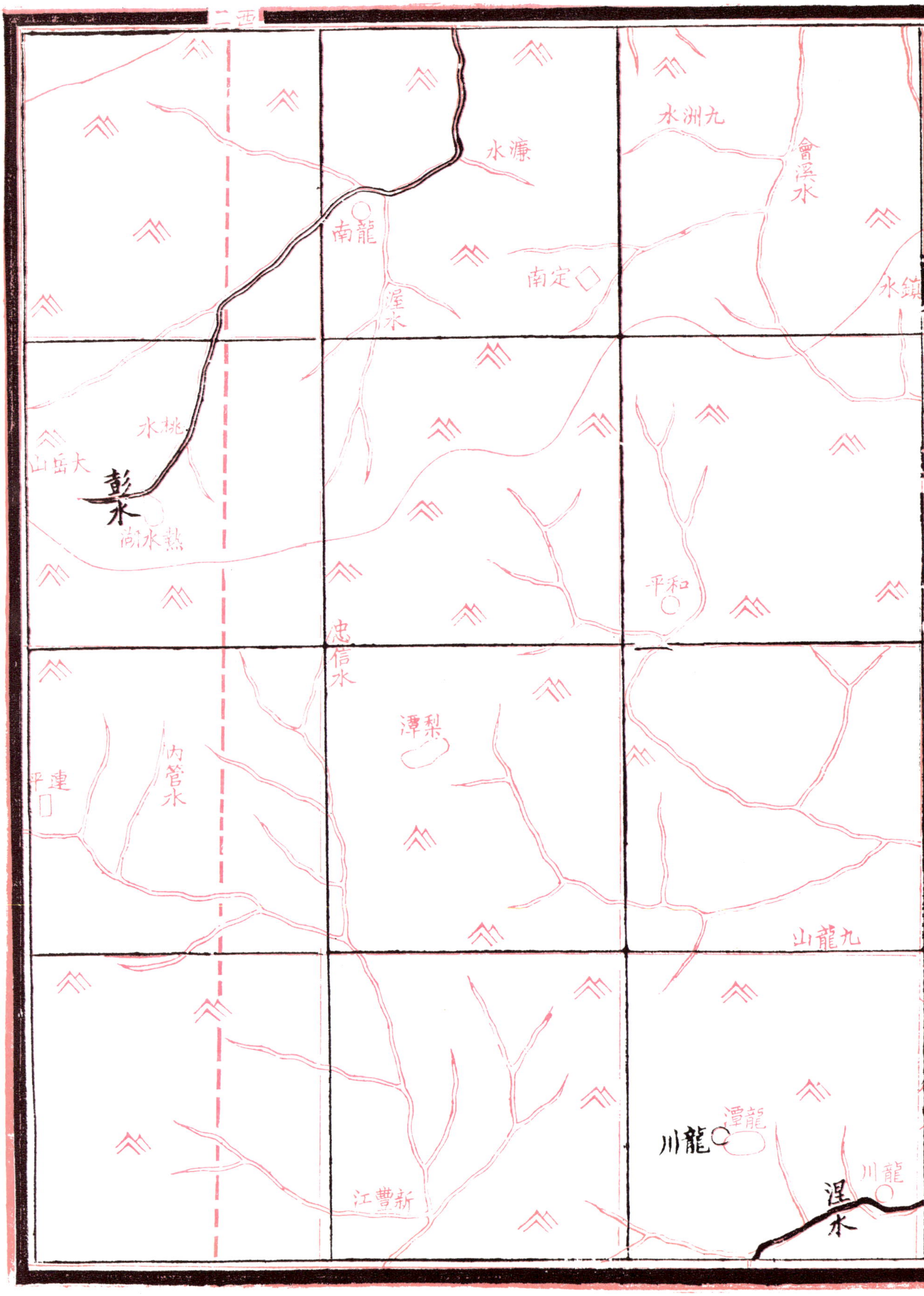
西二
九洲水
濂水
會溪水
龍南
定南
鎮水
涅水
桃水
大岳山
彭水
熱水湖
和平
忠信水
梨潭
連平
內管水
九龍山
龍潭
龍川
新豐江
龍川
涅水

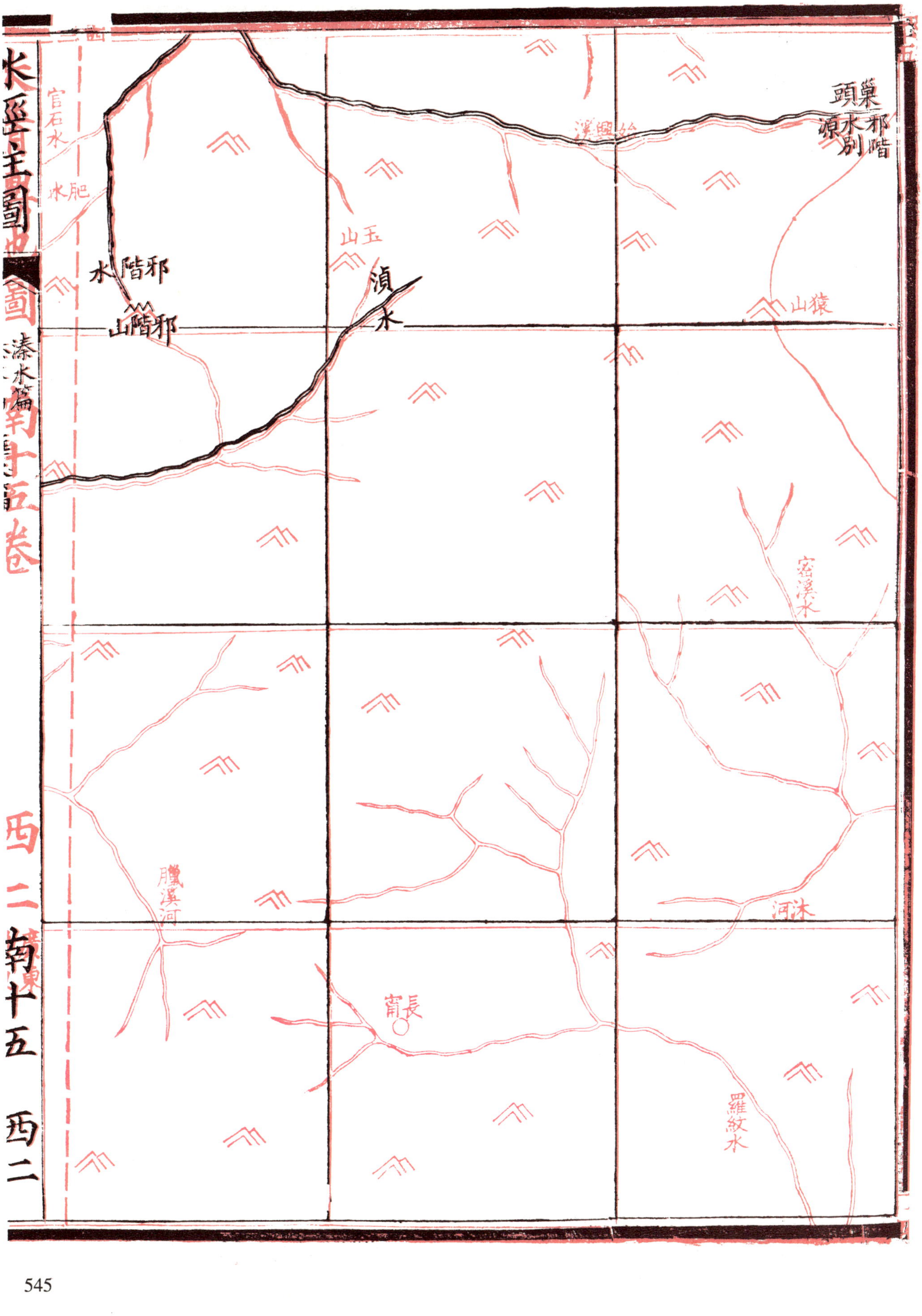
水經注圖
溱水篇
第十五卷
西二
南十五
西二
官石水
肥水
邪階水
邪階山
玉山
湞水
始興溪
邪階水別源
巢頭
猿山
宿溪水
臘溪河
沐河
長甯
羅紋水

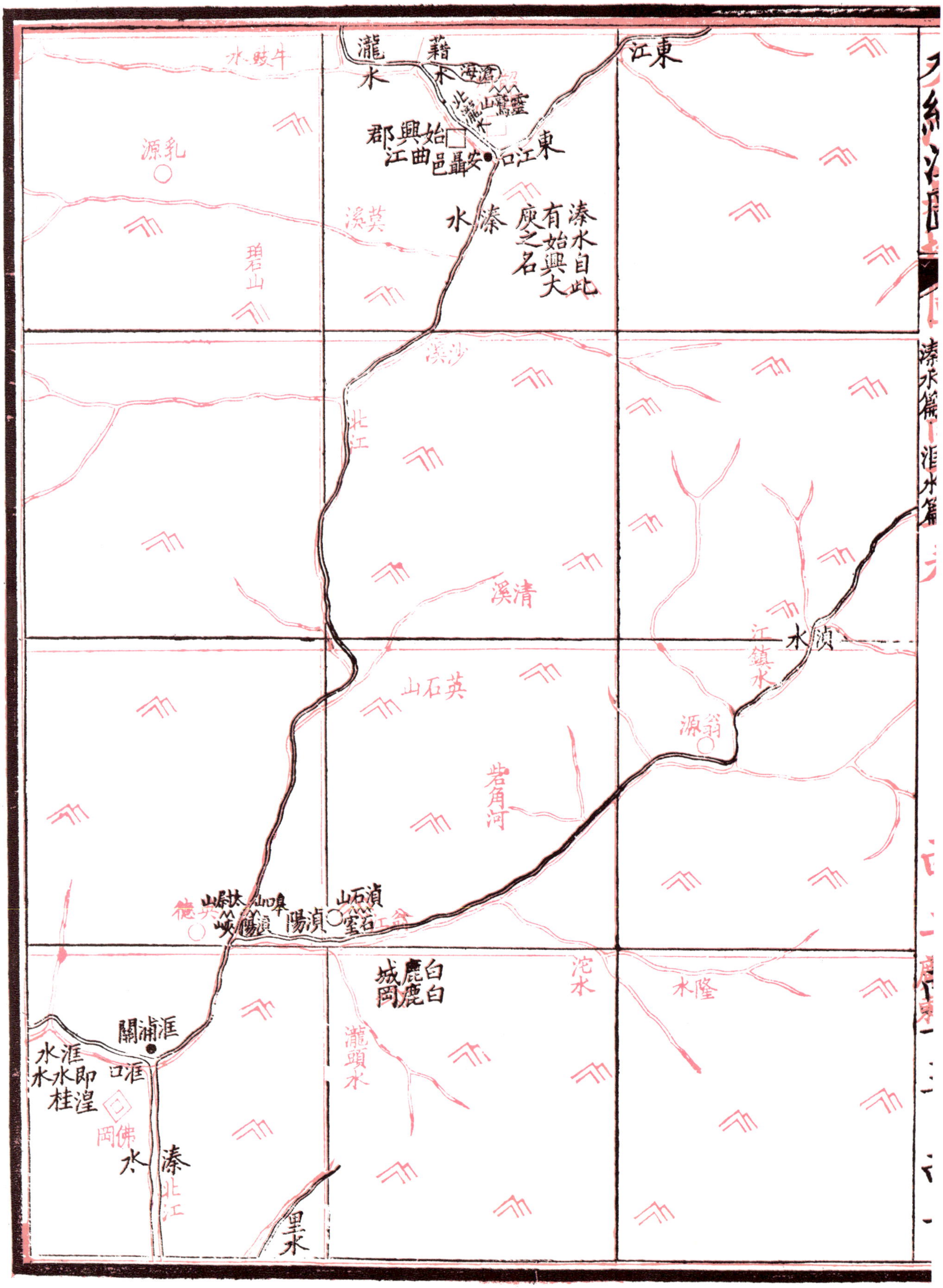
灢水
藉水
漾海
北灢水
靈鷲山
始興郡
曲江
安聶邑
東江口
東江
溱水
溱水自此有始興大庾之名
牛鼓水
乳源
莫溪
碧山
沙溪
北江
清溪
湞水
江鎮水
英石山
翁源
岩角河
湞石山
石室
湞陽
皋口山
扶尉山
英德
白鹿
白鹿岡
城
沱水
隆水
洭浦關
洭口
洭水即湟水
桂水
瀧頭水
佛岡
溱水
北江
里水

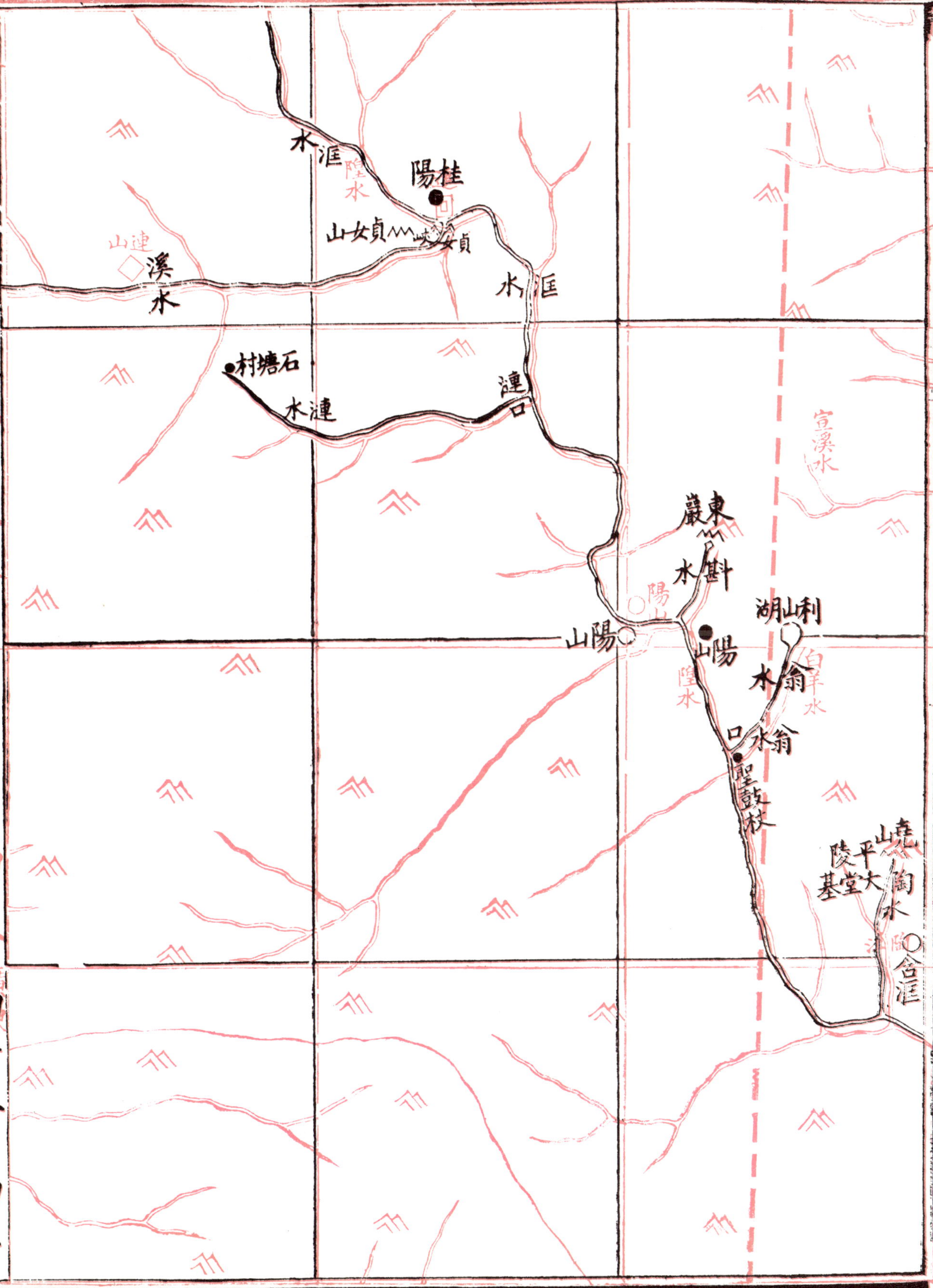
淮水
桂陽
貞女山
貞女峽
貞女
連山
溪水
匡水
石塘村
連口
連水
東巖
斟水
陽山
陽山
利山湖
翁水
翁水口
聖鼓枚
宣溪水
白羊水
大堂基
平陵
堯山
陶水
含洭

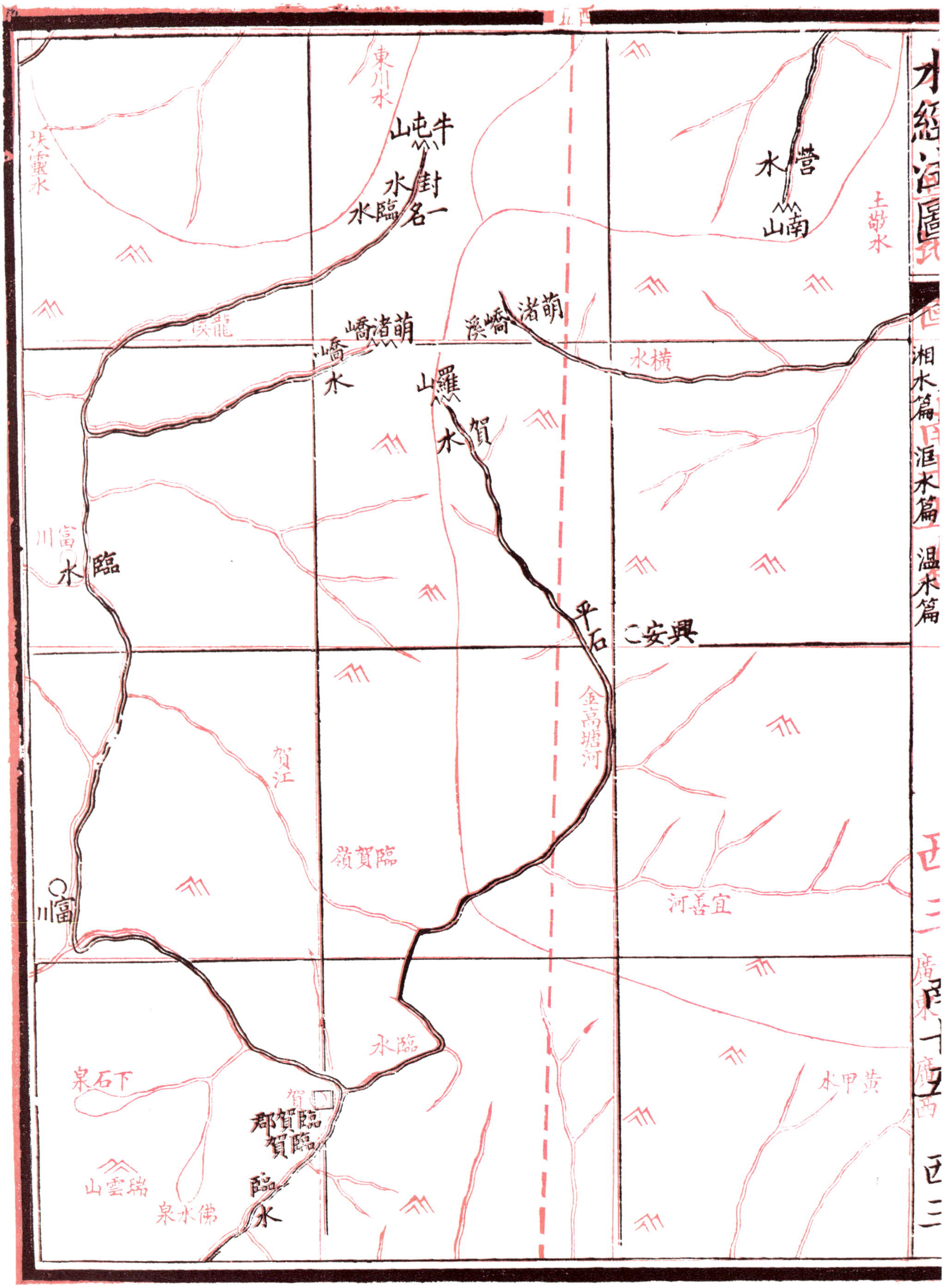
水經注圖
湘水篇
洭水篇
溫水篇
牛屯山
一名封水
臨水
東川水
萌渚嶠
萌渚嶠溪
嶠水
羅山
賀水
營水
南山
橫水
興安
平石
富川
臨水
賀江
臨賀嶺
金高塘河
宜善河
臨水
下石泉
臨賀郡
臨賀
臨水
瑞雲山
佛水泉
黃甲水

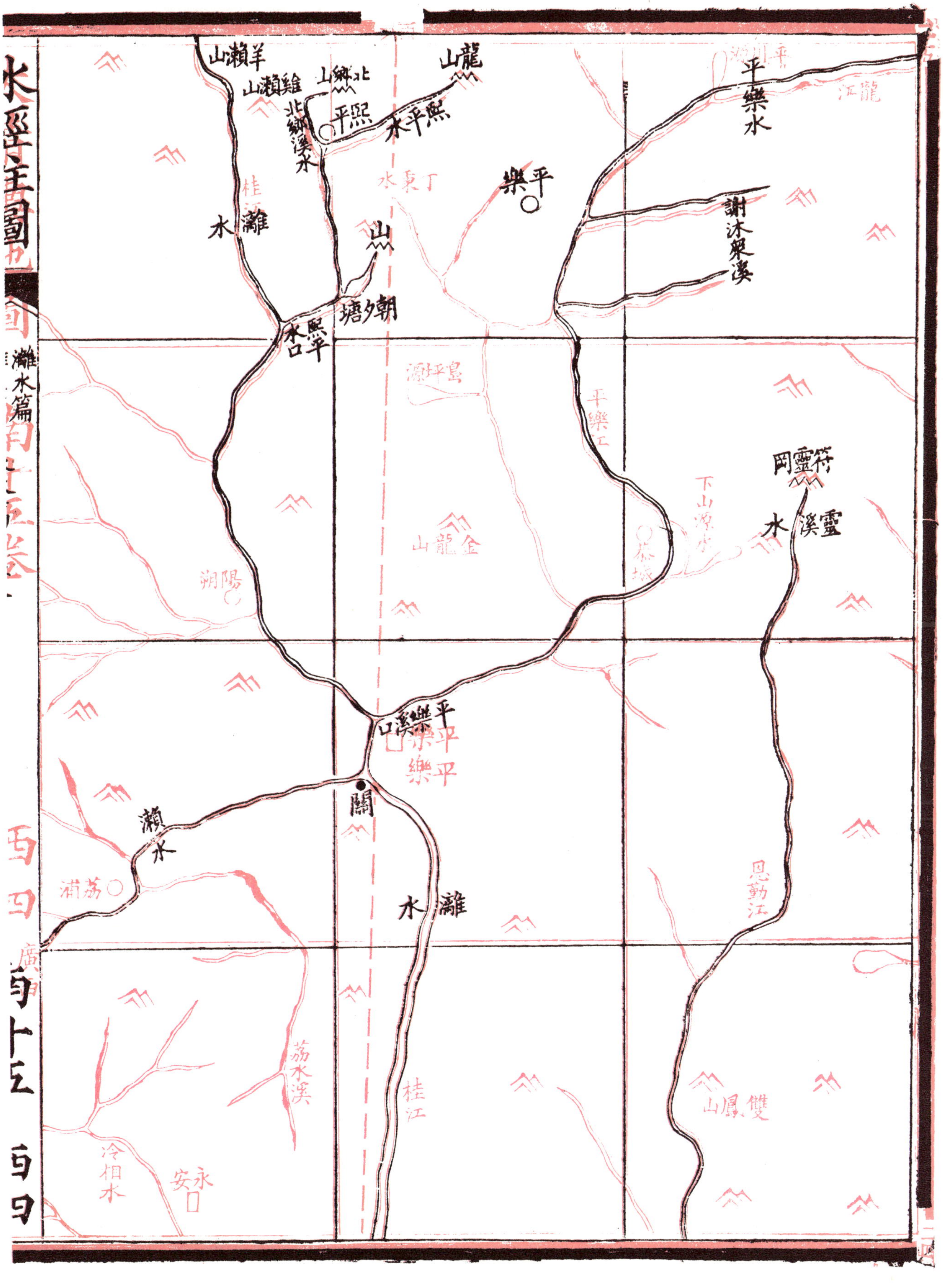
水經注圖
灕水篇
羊瀨山
雞瀨山
龍山
熙平
熙平水
灕水
朝夕塘
熙平水口
平樂
平樂水
謝沐泉溪
符靈岡
靈溪水
平樂溪口
關
瀨水
灕水
龍江
丁東水
平樂江
金龍山
陽朔
恭城
下山源水
平樂
恩勤江
荔浦
荔水溪
永安
雙鳳山
桂江

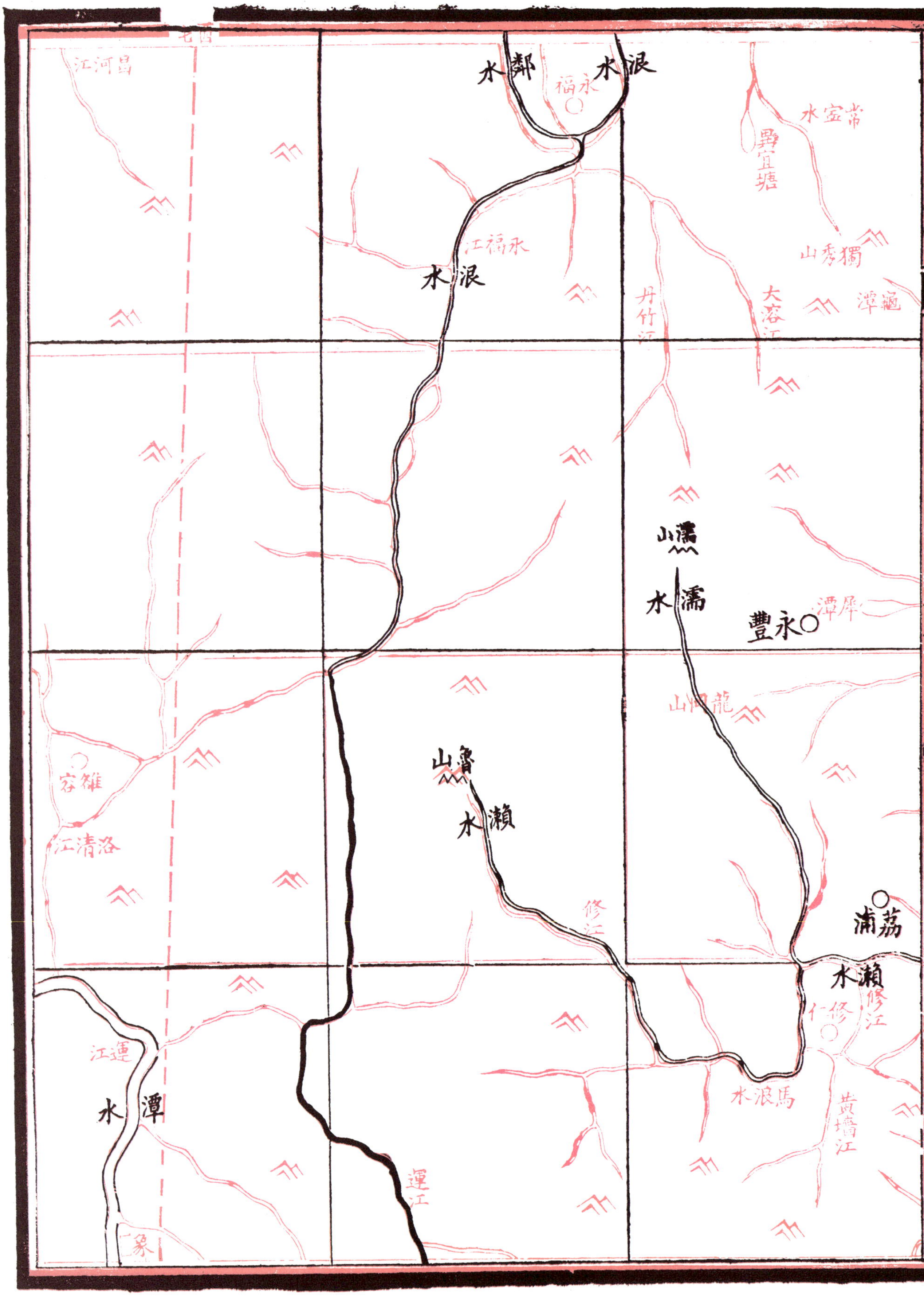

水經注圖
灕水篇
泿水篇
温水篇

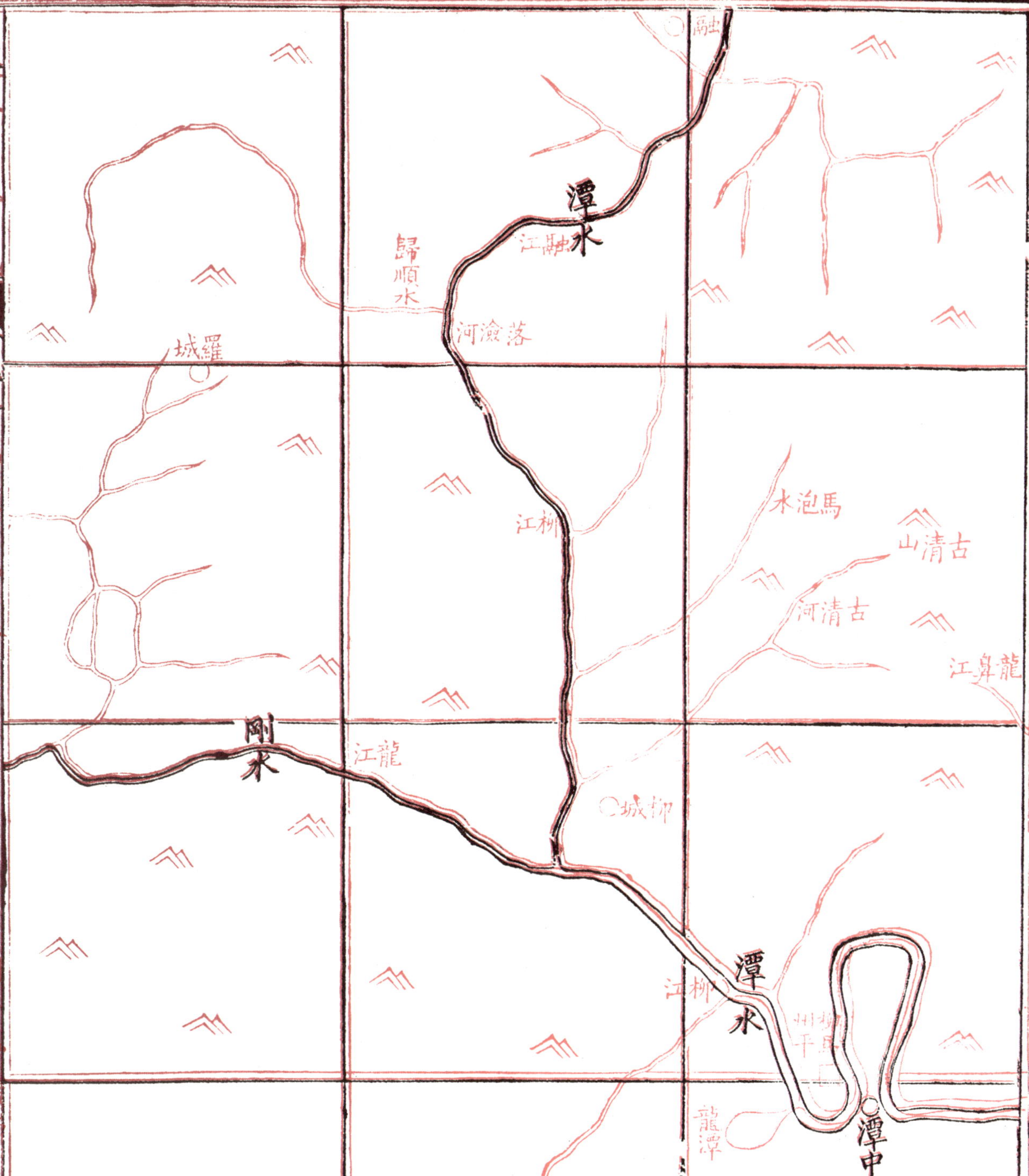
融
潭水
融江
歸順水
落渝河
羅城
柳江
馬泡水
古清山
古清河
龍鼻江
剛水
龍江
柳城
潭水
柳江
龍潭
潭中

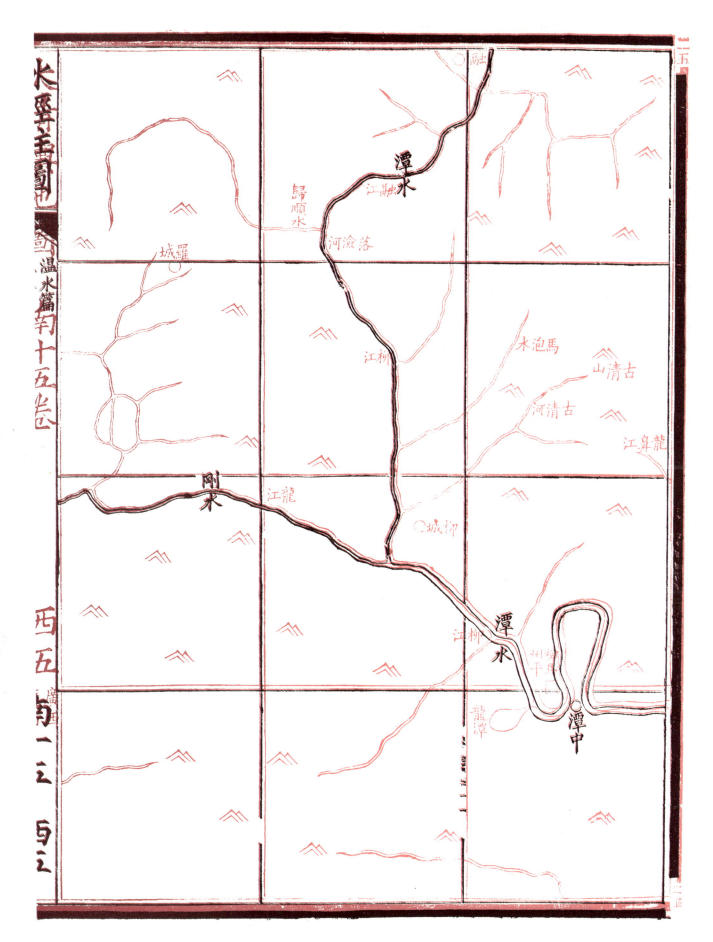

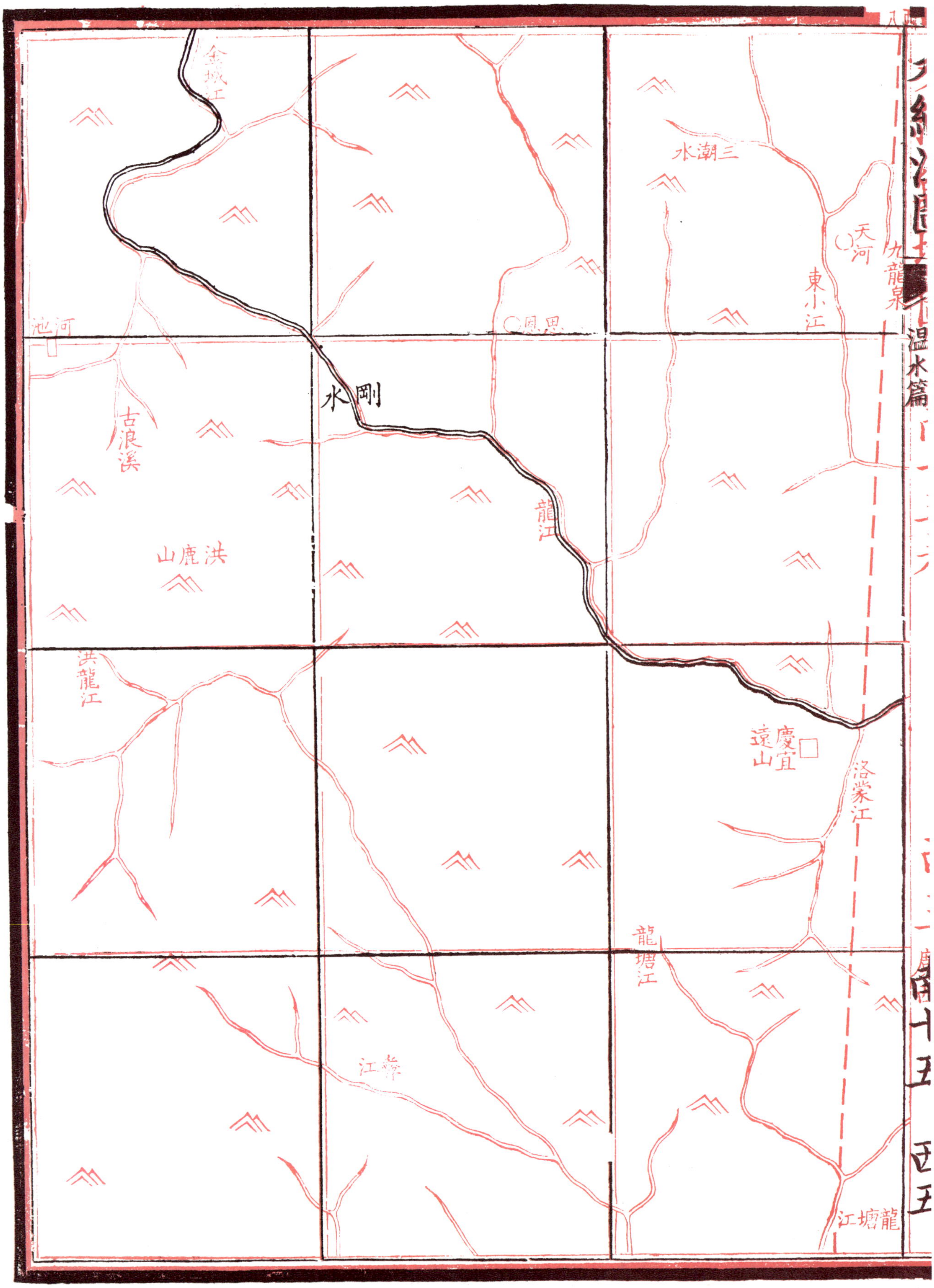
余城江
三潮水
天河
九龍泉
東小江
池河
思恩
剛水
古浪溪
龍江
洪鹿山
洪龍江
慶遠
宜山
洛蒙江
龍塘江
龍塘江

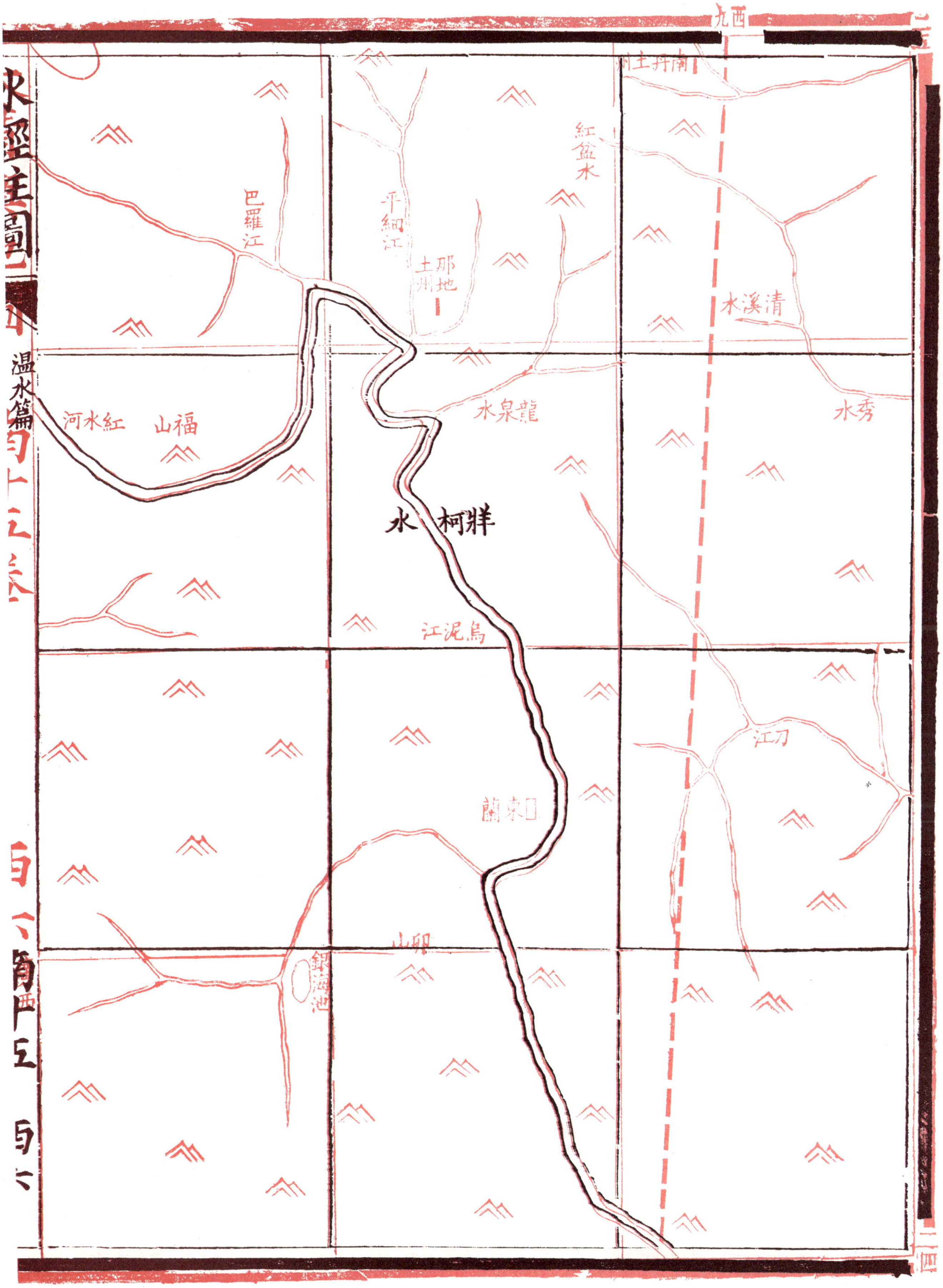
水經注圖
温水篇
南丹土州
紅盆水
巴羅江
那地土州
清溪水
紅水河
福山
龍泉水
秀水
牂柯水
烏泥江
刀江
東蘭州
卯山
銀海池

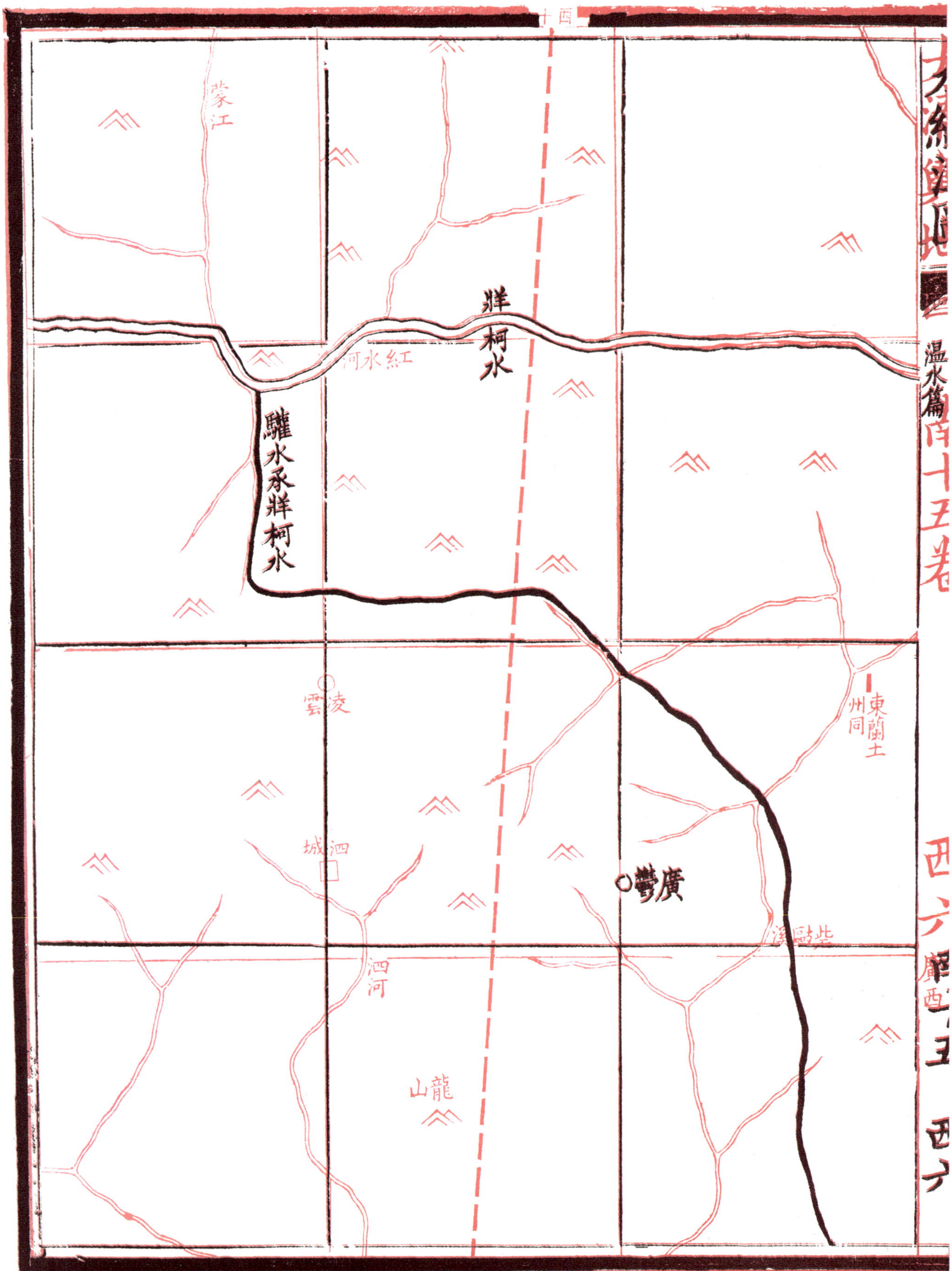

温水篇
南十五卷
蒙江
牂柯水
紅水河
鬱水承牂柯水
凌雲
泗城
泗河
龍山
廣鬱
東蘭土州同

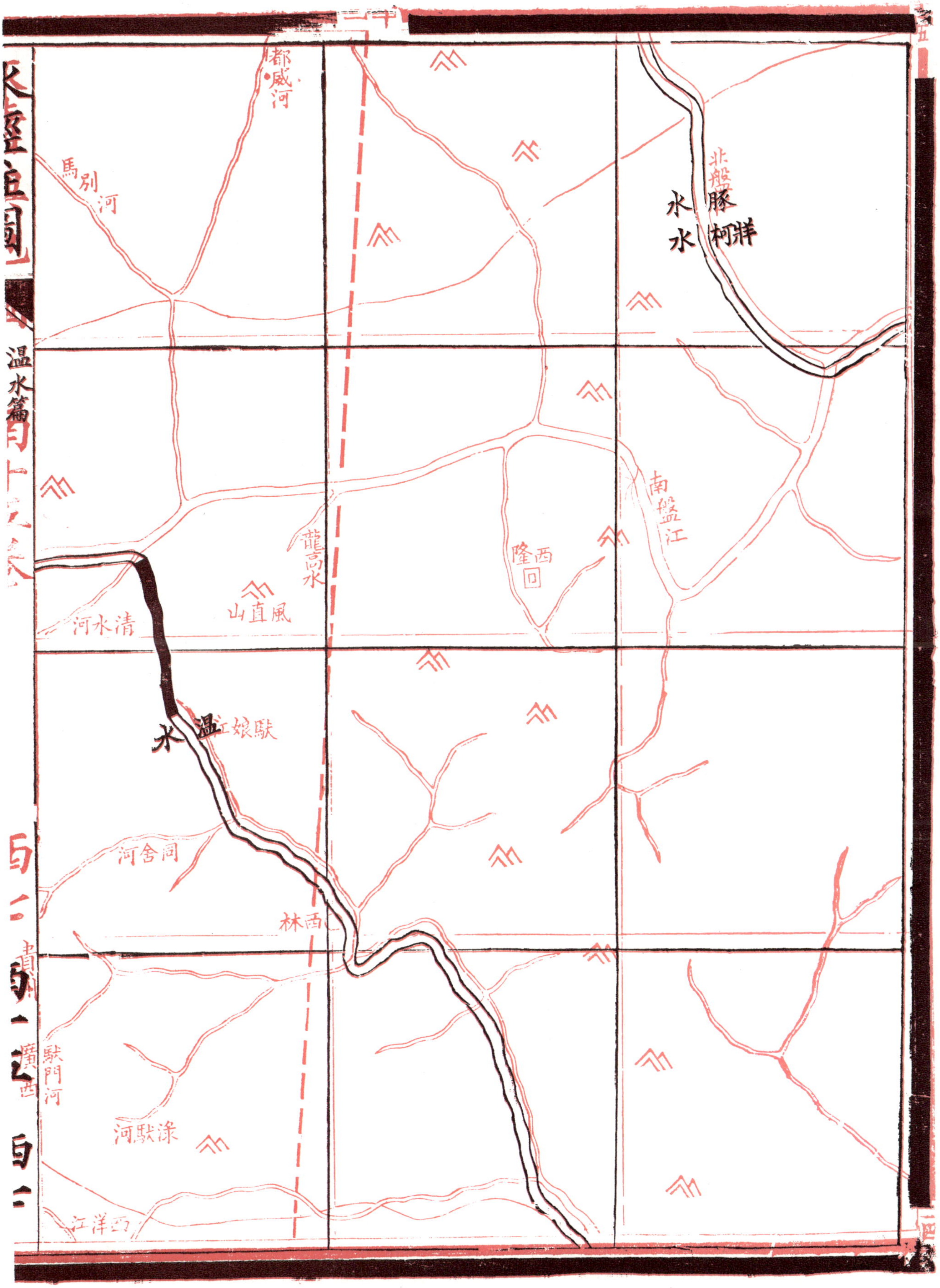
水經注圖
温水篇
都威河
馬別河
北盤
豚水
牂柯水
南盤江
西隆
回
龍高水
風直山
清水河
温水
馱娘江
同舍河
西林
馱門河
廣西
涤馱河
西洋江

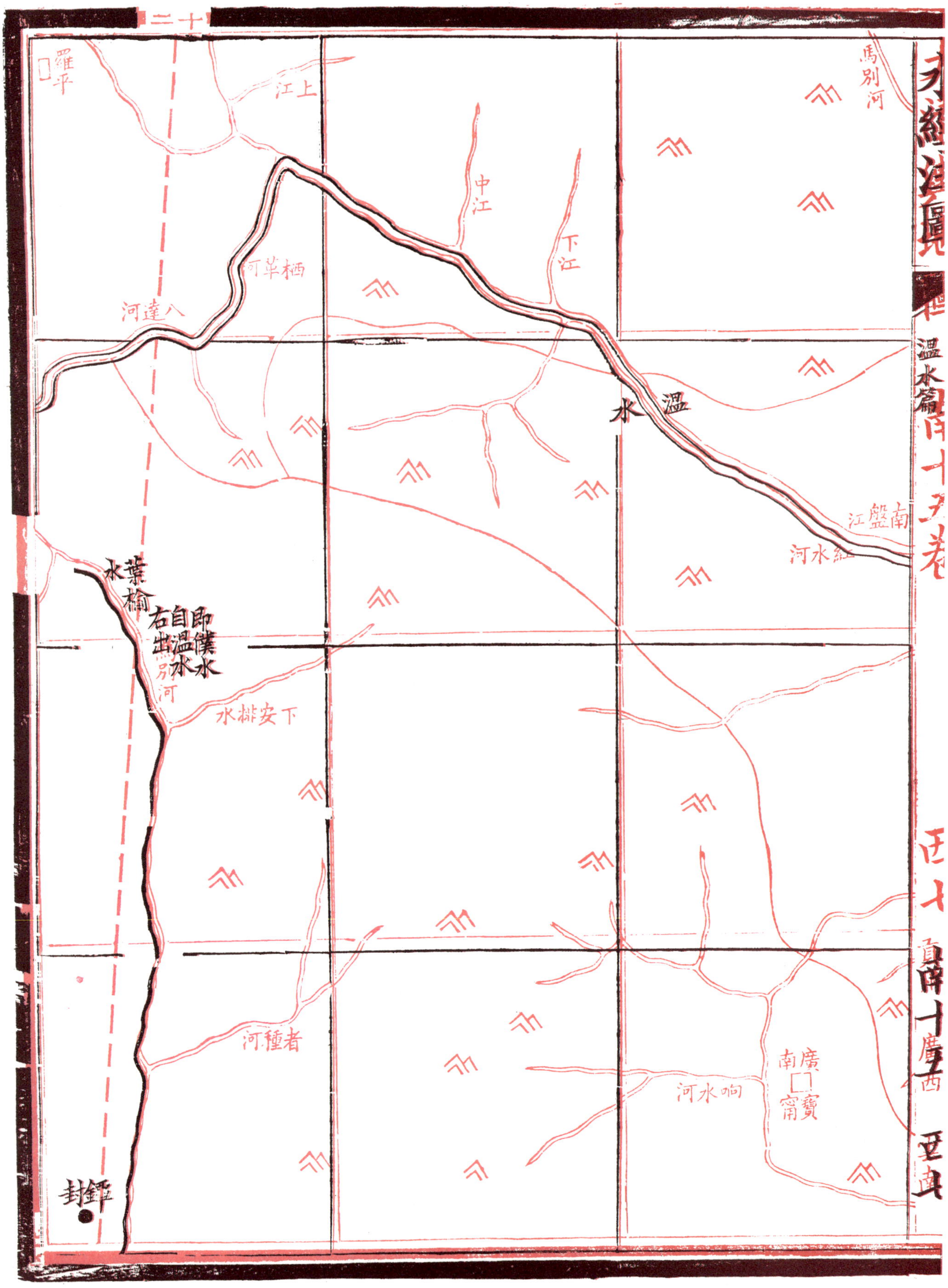

羅平
上江
馬別河
中江
下江
栖革河
八達河
溫水
南盤江
紅水河
葉榆水
即僕水自溫水右出
馬別河
下安排水
者種河
响水河
廣南
寶甯
鐔封
水經注圖
溫水篇
南十五卷
西七

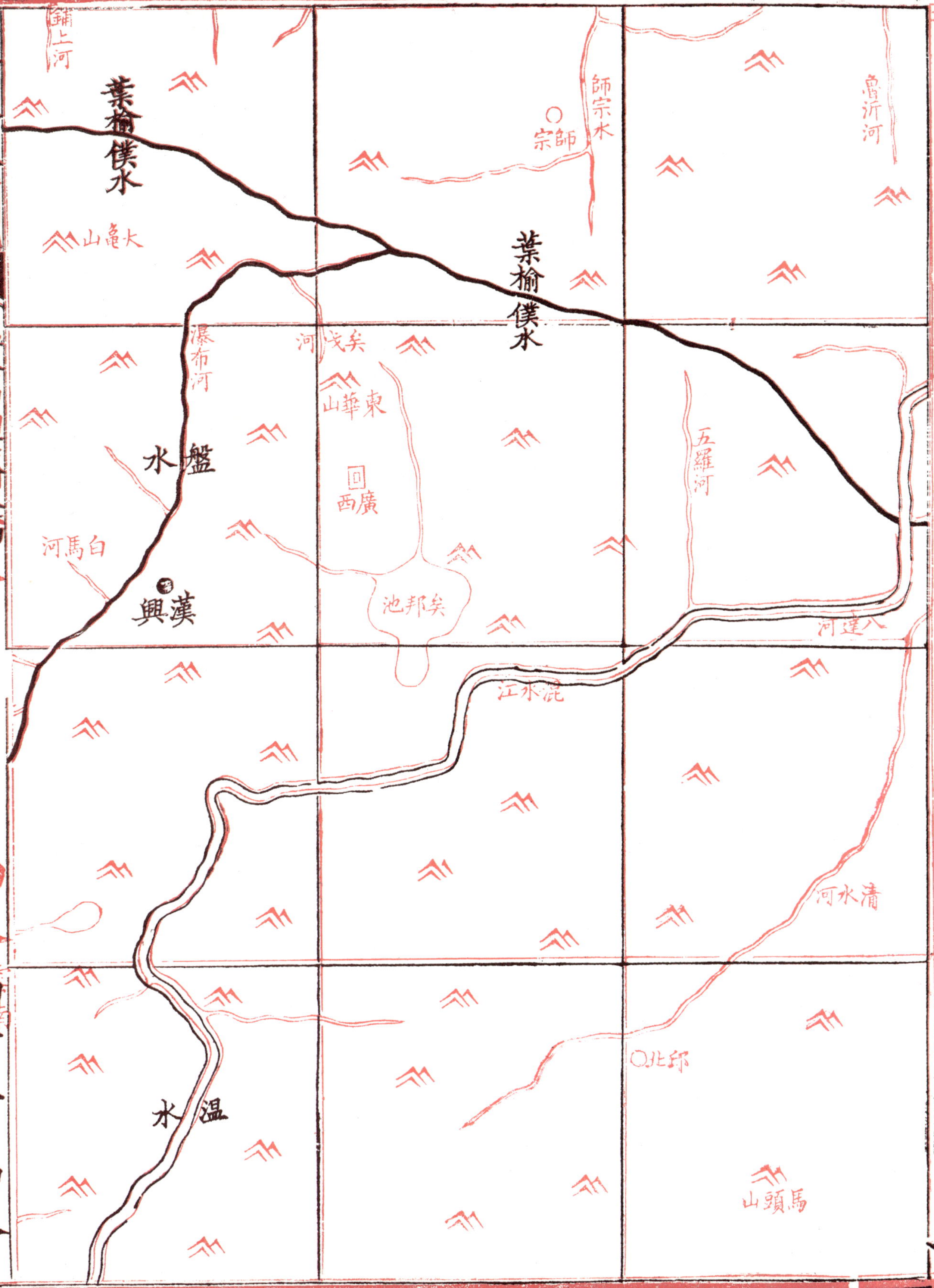
鋪上河
葉榆僕水
大龜山
師宗水
師宗
魯沂河
葉榆僕水
瀑布河
矣戊河
東華山
廣西
五羅河
盤水
白馬河
漢興
矣邦池
八達河
混水江
清水河
北邛
温水
馬頭山

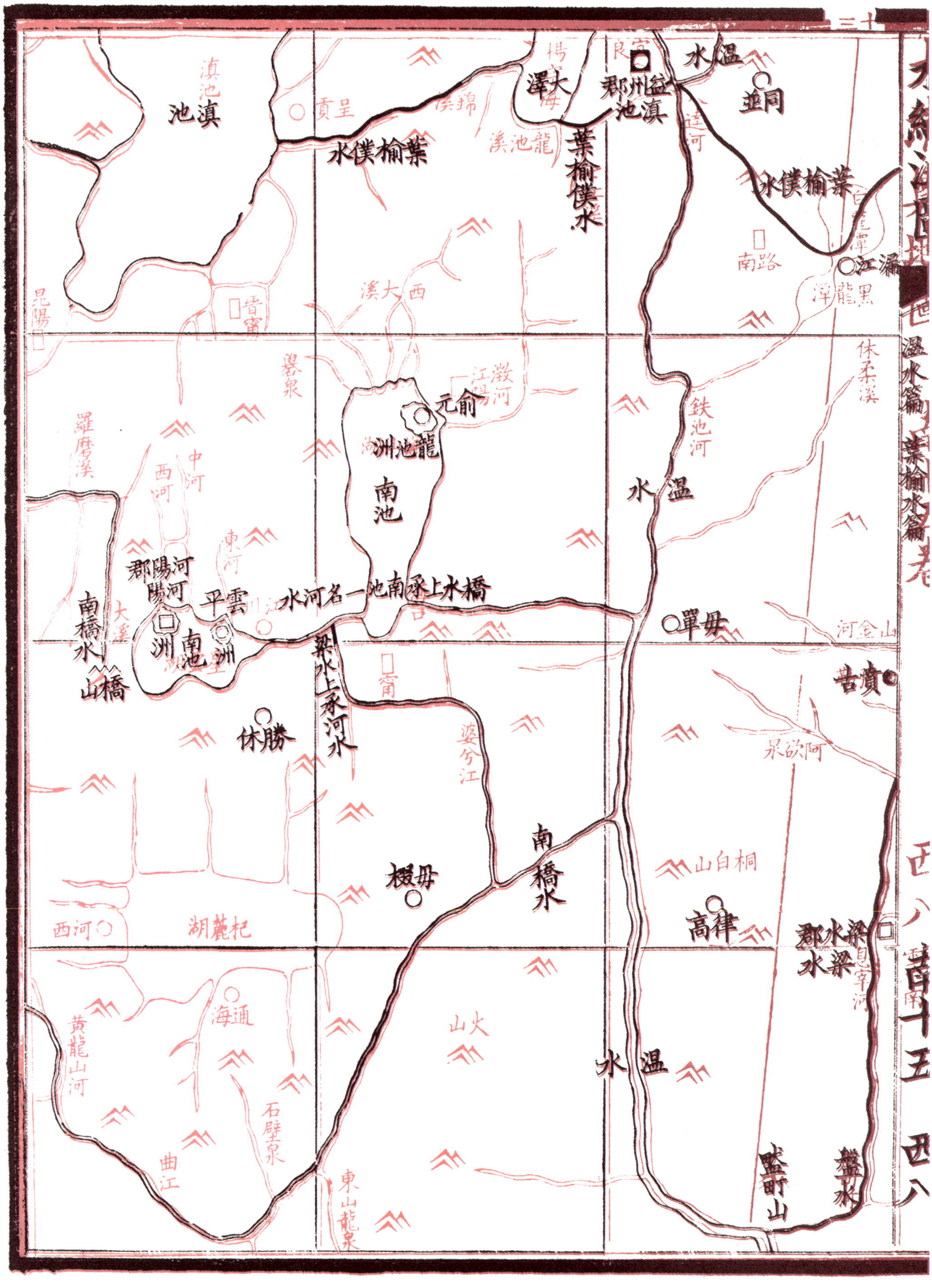

水經注圖
溫水篇 葉榆水篇
滇池
葉榆僕水
大澤
益州郡
滇池
溫水
同並
葉榆僕水
俞元
龍池洲
南池
溫水
橋水上承南池一名河水
河陽郡
河陽
雲平
南池洲
南橋水
橋山
勝休
梁水上承河水
母單
賁古
南橋水
母掇
律高
梁水郡
梁水
溫水
監町山
盤水

水經注圖

葉榆水篇 温水篇 江水篇

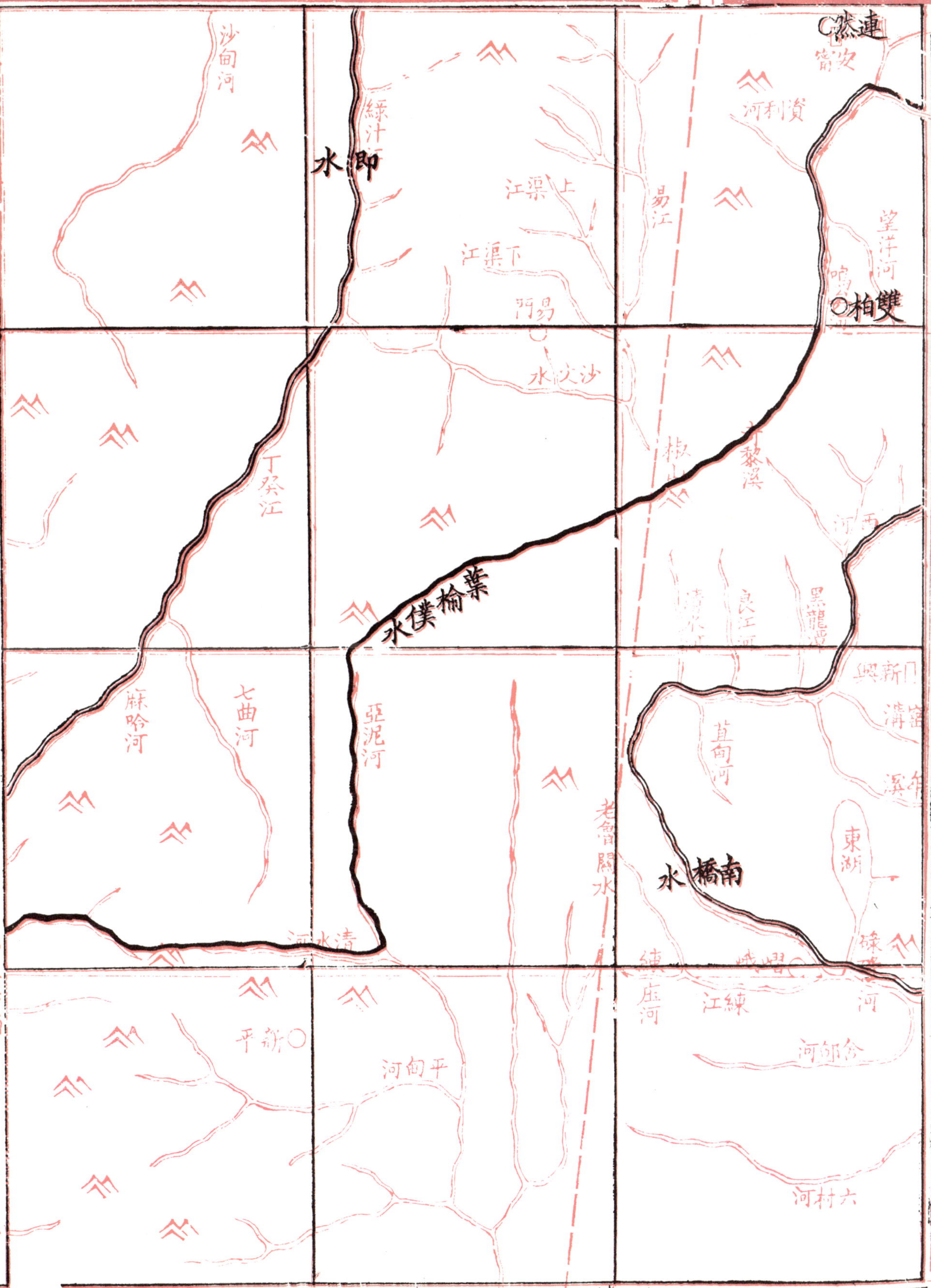

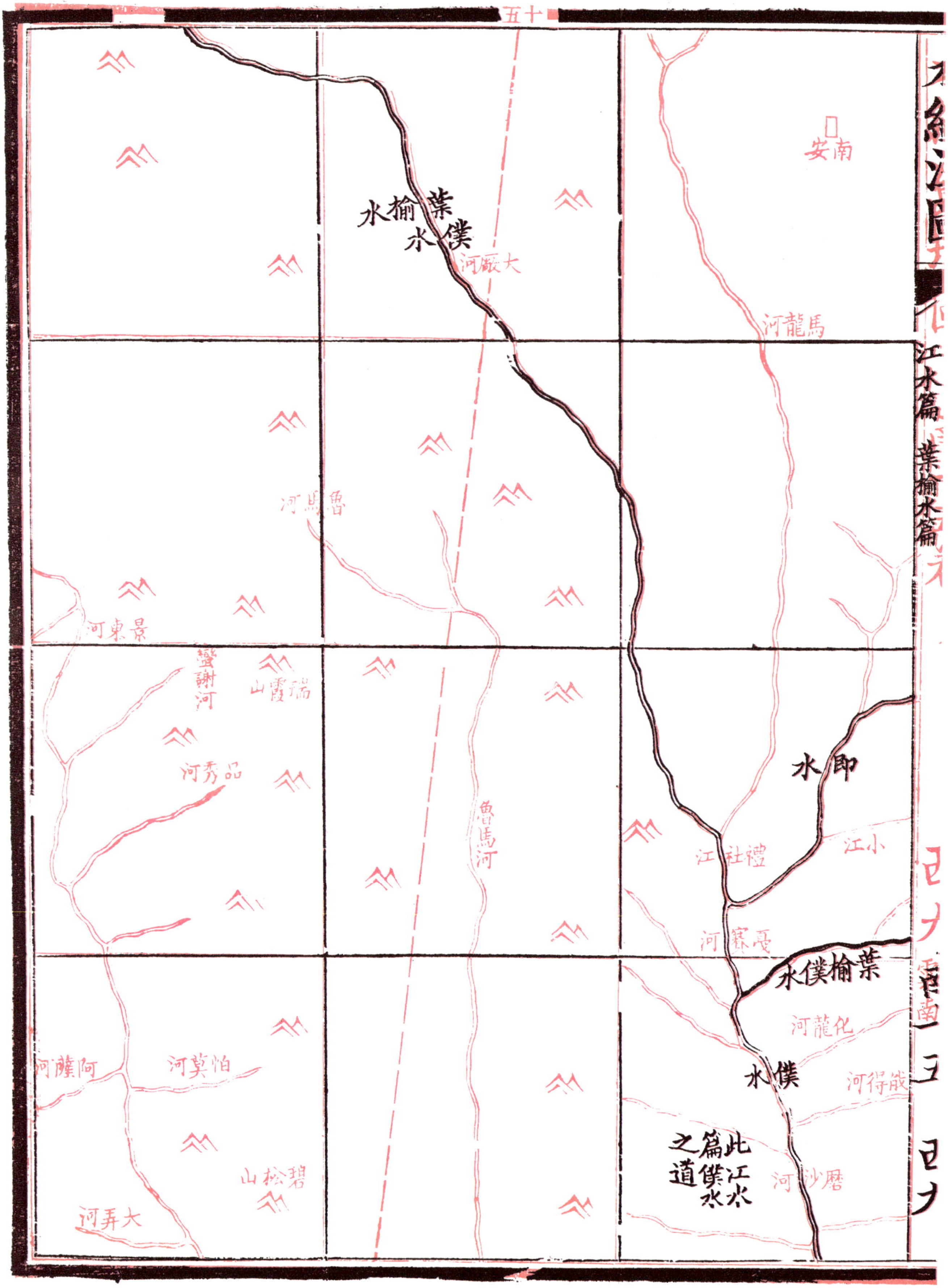
葉榆水
僕水
大嚴河
南安
馬龍河
魯馬河
景東河
蠻謝河
瑞霞山
品秀河
魯馬河
阿藤河
怕莫河
碧松山
大弄河
即水
禮社江
小江
戛寨河
葉榆僕水
化龍河
僕水
戢得河
此江水篇僕水之道
磨沙河

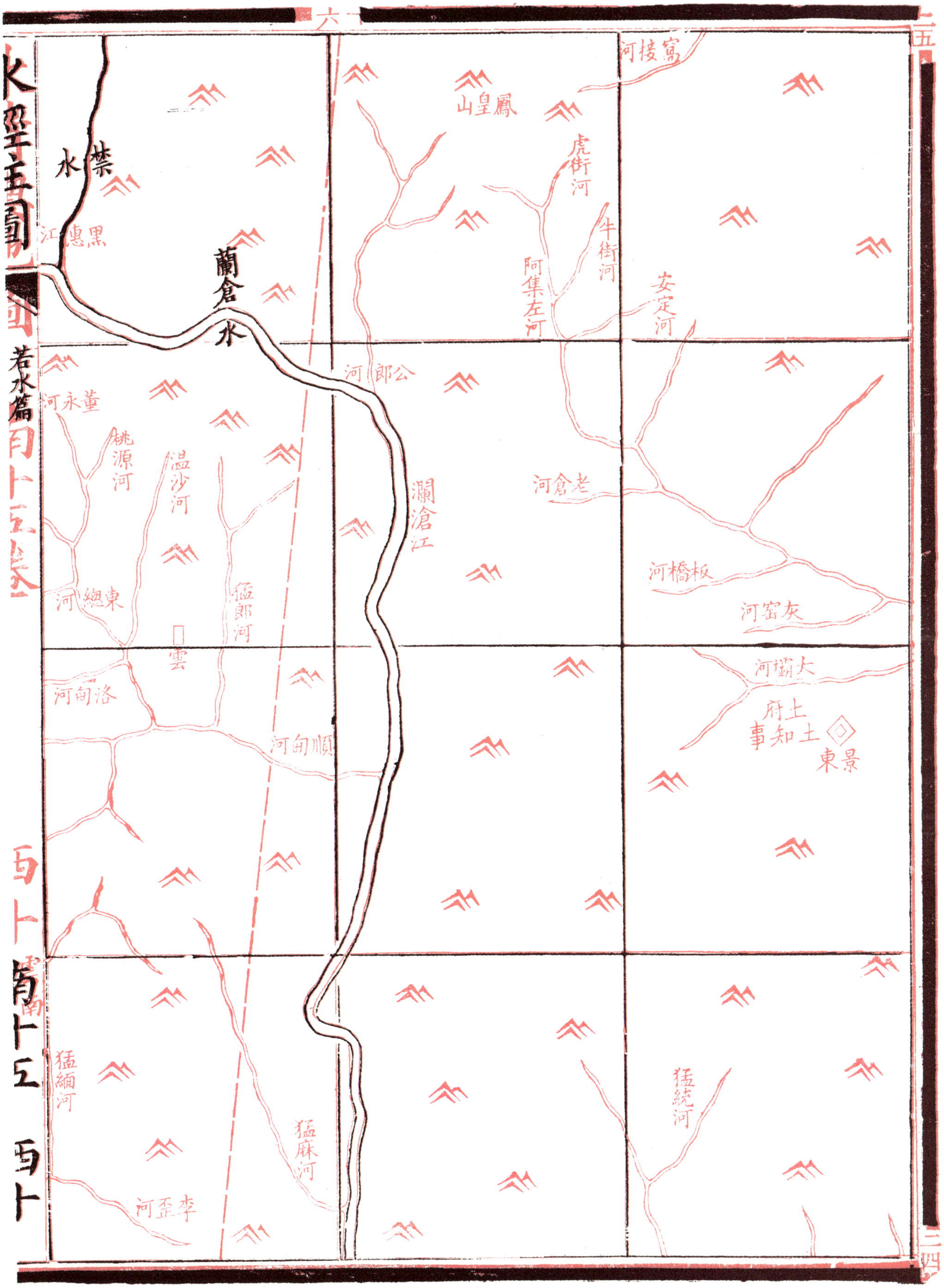
水經注圖
若水篇
禁水
黑惠江
蘭倉水
董永河
桃源河
温沙河
東緫河
猛郎河
雲
洛甸河
順甸河
猛緬河
李歪河
猛麻河
公郎河
瀾滄江
鳳皇山
虎街河
牛街河
阿集左河
窩接河
安定河
老倉河
板橋河
灰窰河
大壩河
景東
土知事
土府
猛統河

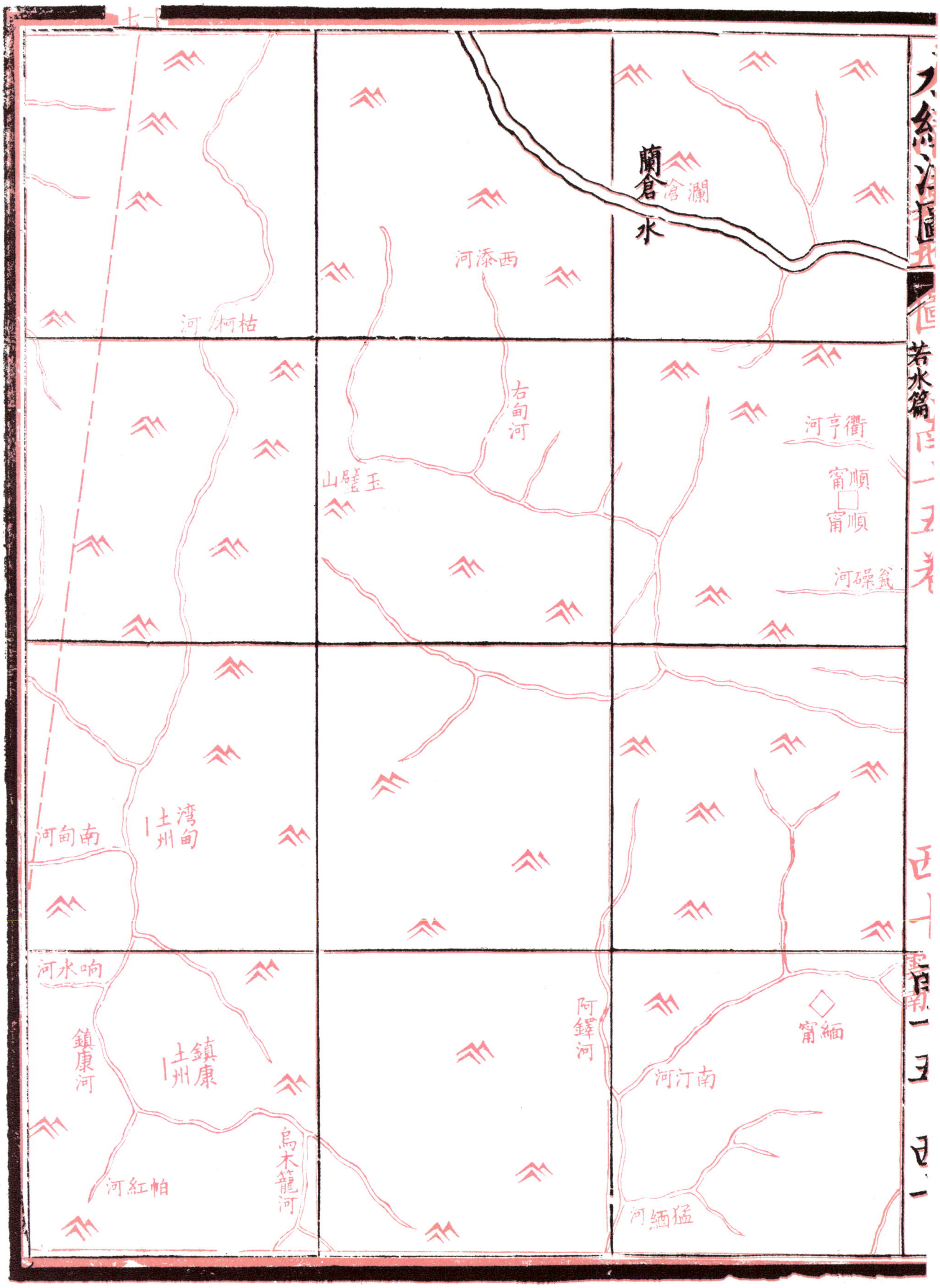
蘭倉水
瀾倉
西添河
枯柯河
右甸河
玉璧山
衢亨河
順窩
順窩
瓮碟河
南甸河
灣甸土州
响水河
鎮康河
鎮康土州
帕紅河
烏木龍河
阿鋅河
緬窩
南汀河
猛緬河

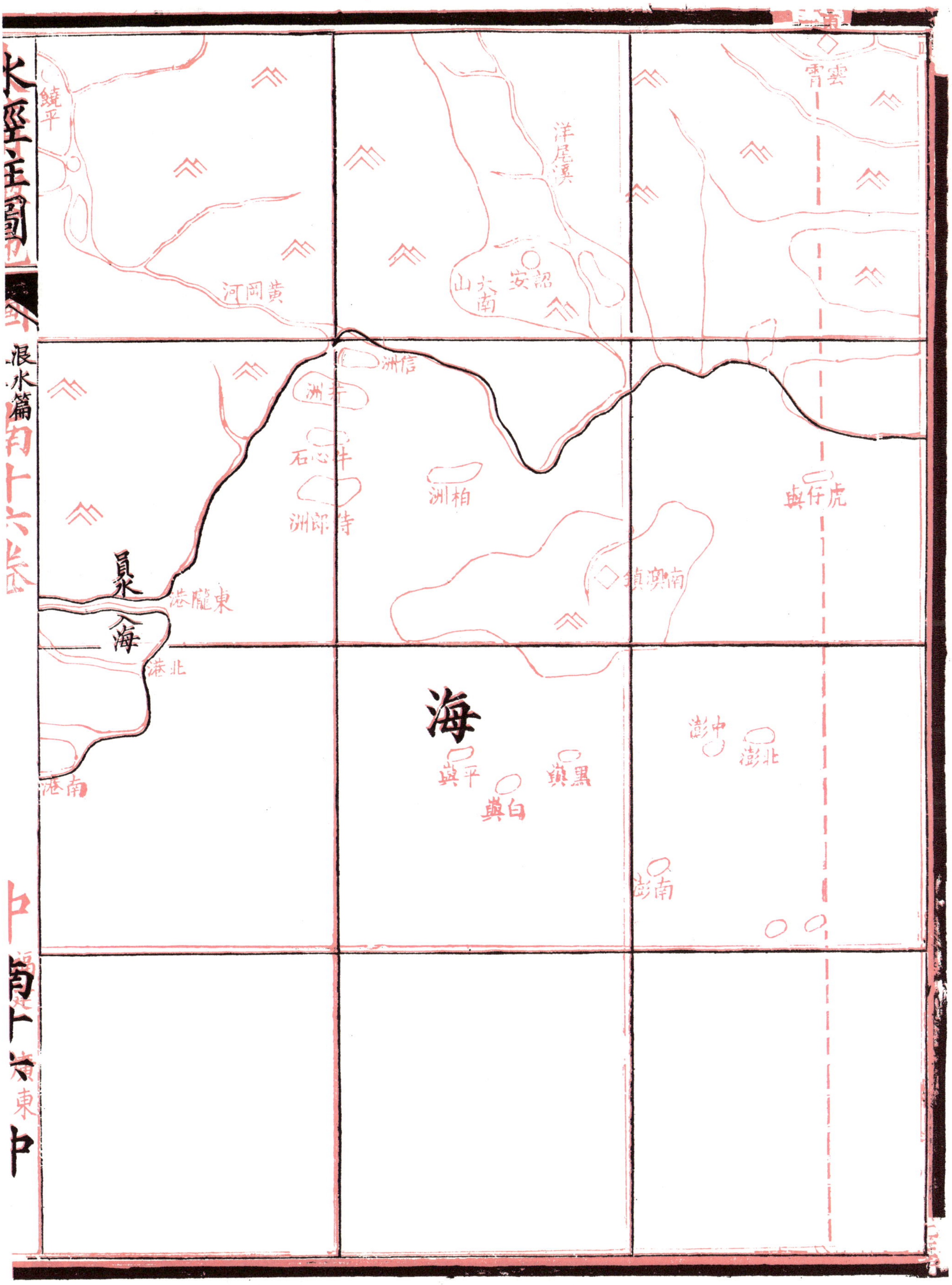
水經注圖
浪水篇
饒平
黃岡河
洋尾溪
詔安
南大山
雲霄
信洲
菁洲
牛心石
柏洲
侍郎洲
虎仔嶼
南澳鎮
東隴港
入海
北港
海
平嶼
白嶼
黑嶼
中澎
北澎
南澎
南港

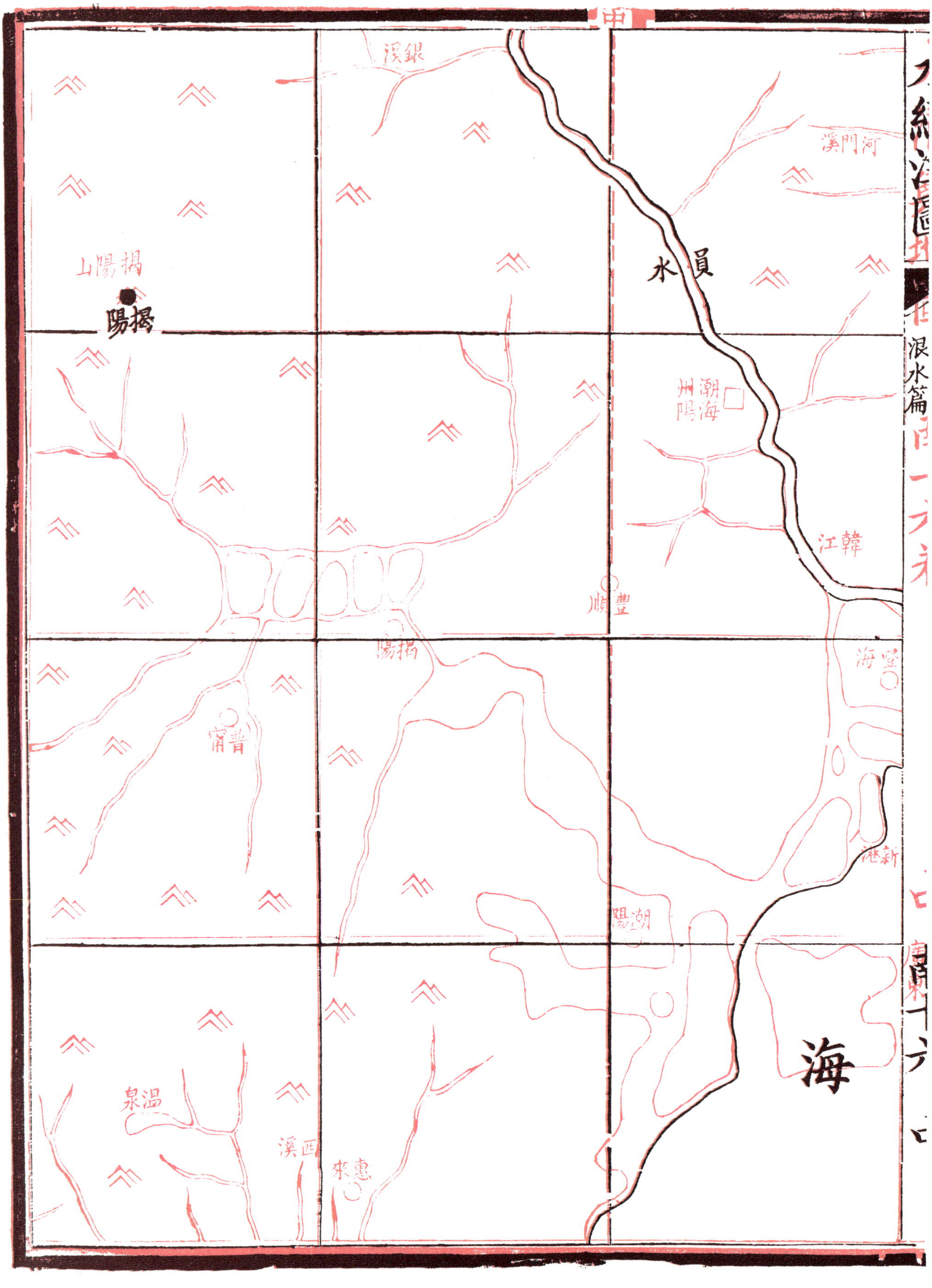
揭陽山
揭陽
銀溪
河門溪
員水
潮陽
海州
韓江
豐順
揭陽
普寧
望海
新港
湖陽
海
温泉
西溪
惠來

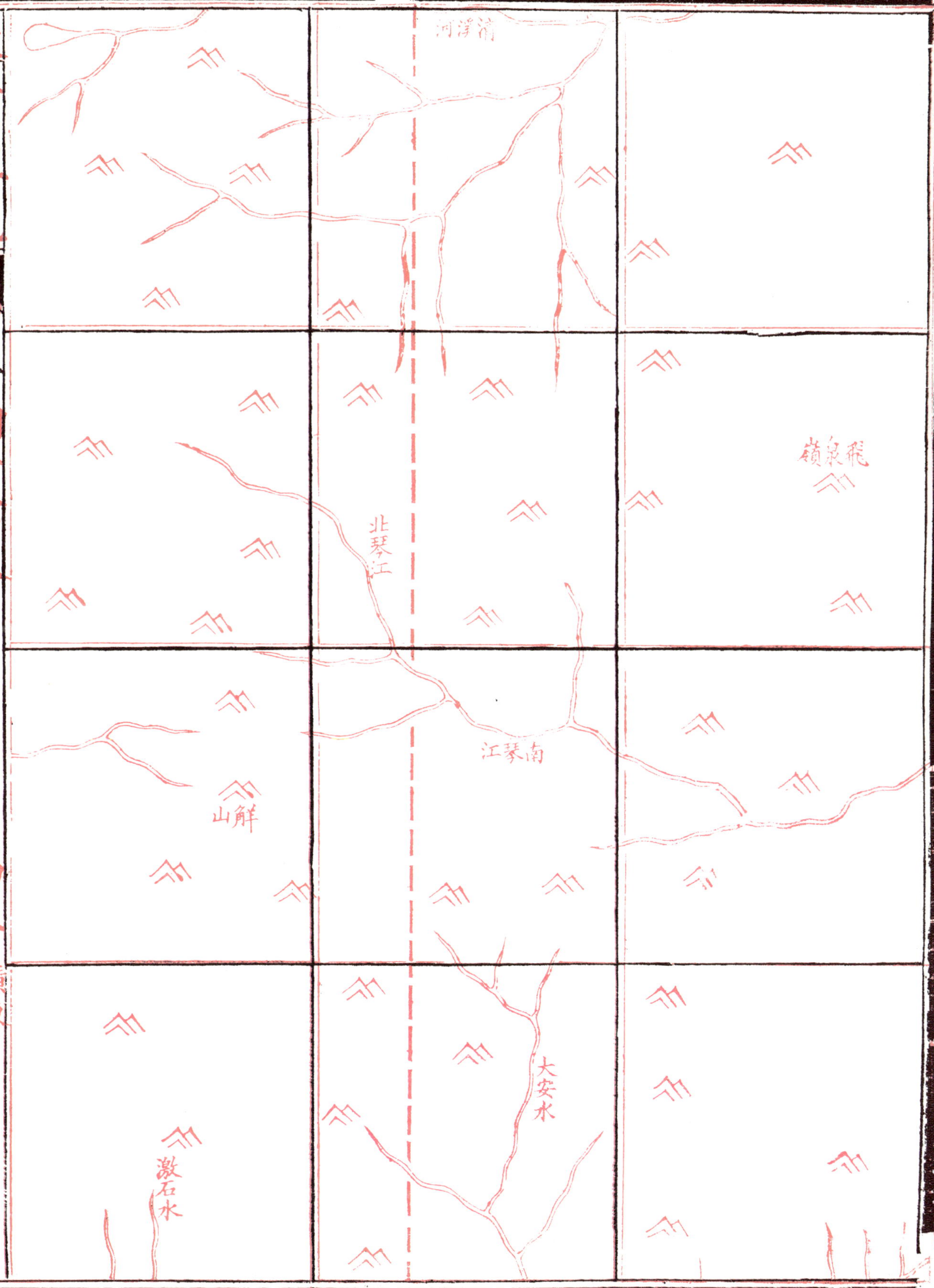
清浮河
北琴江
飛泉嶺
南琴江
鮮山
大安水
激石水

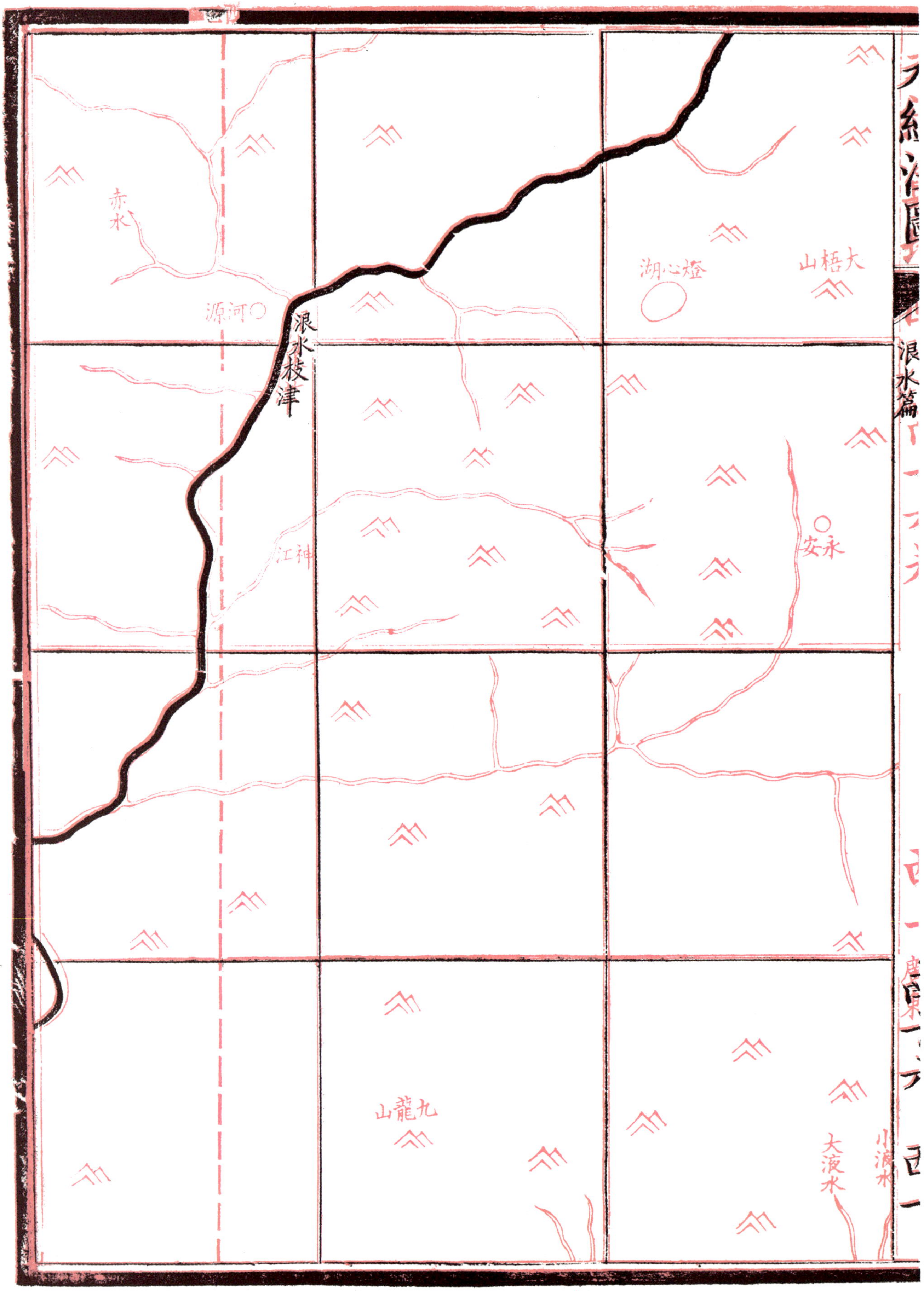
浪水篇
浪水枝津
赤水
河源
神江
燈心湖
大梧山
永安
九龍山
大湞水
小湞水

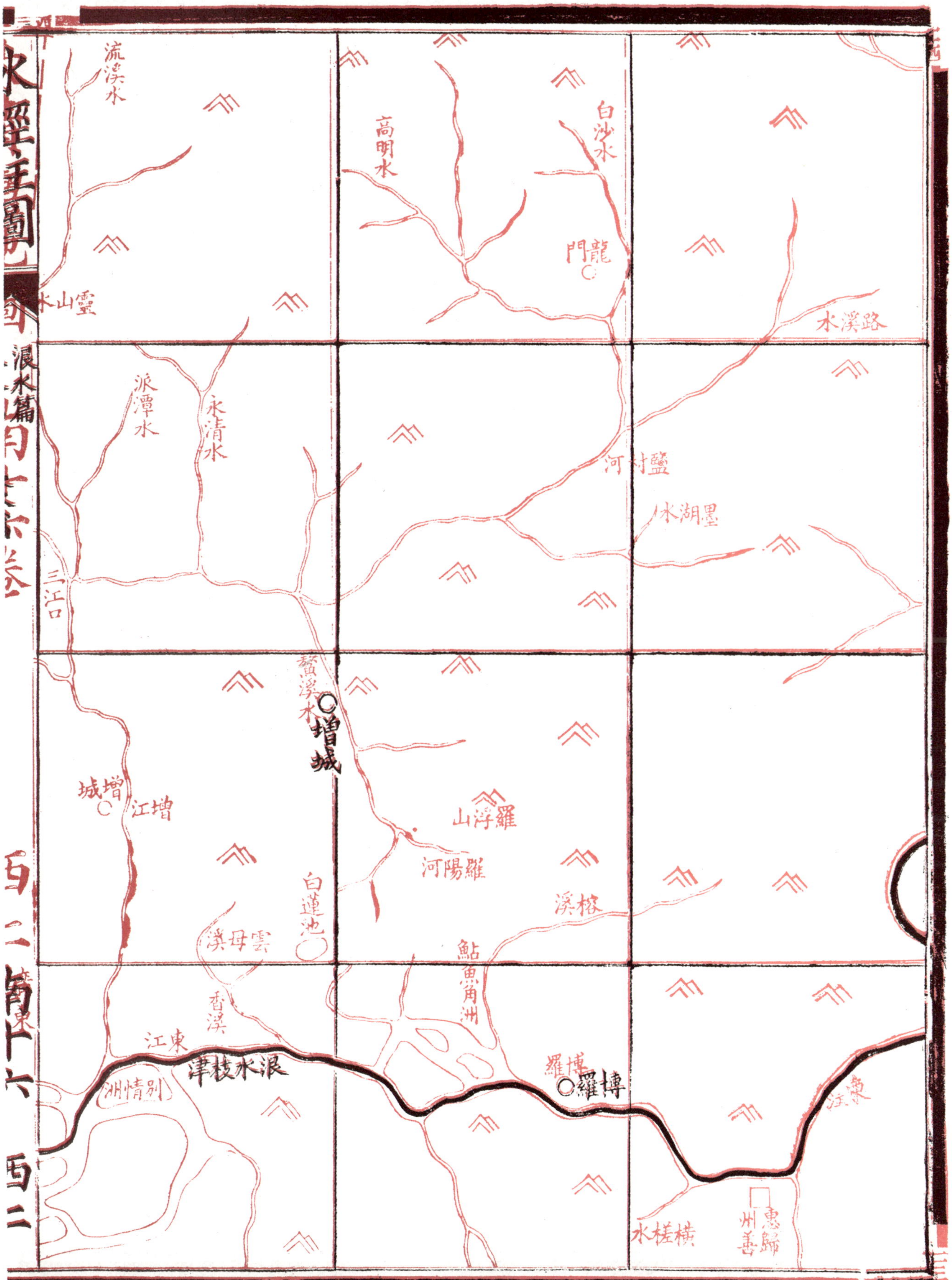
流溪水
靈山水
高明水
白沙水
龍門
路溪水
泒潭水
永清水
鹽村河
墨湖水
三江口
甕溪水
增城
增城
增江
羅浮山
羅陽河
白蓮池
雲母溪
榕溪
鮎魚角洲
香溪
東江
泿水枝津
別情洲
博羅
博羅
象江
横槎水
歸善
惠州

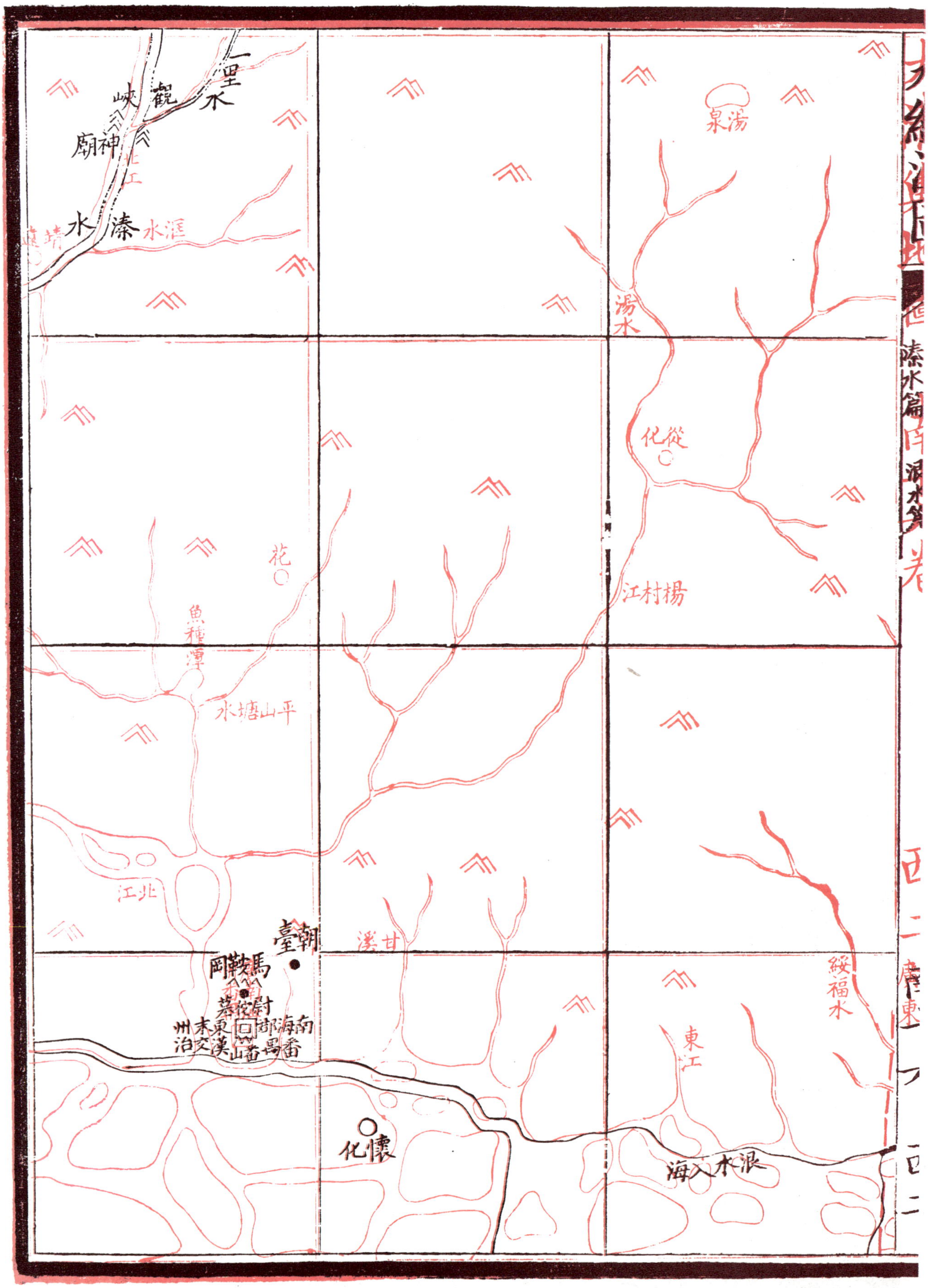

溱水篇
浪水篇
一里水
觀峽
神廟
溱水
洭水
湯泉
湯水
從化
楊村江
花
魚種潭
平山塘水
北江
朝臺
馬鞍岡
尉佗墓
南海番禺
郡治番山
東漢末交州治
甘溪
綏福水
東江
懷化
浪水入海

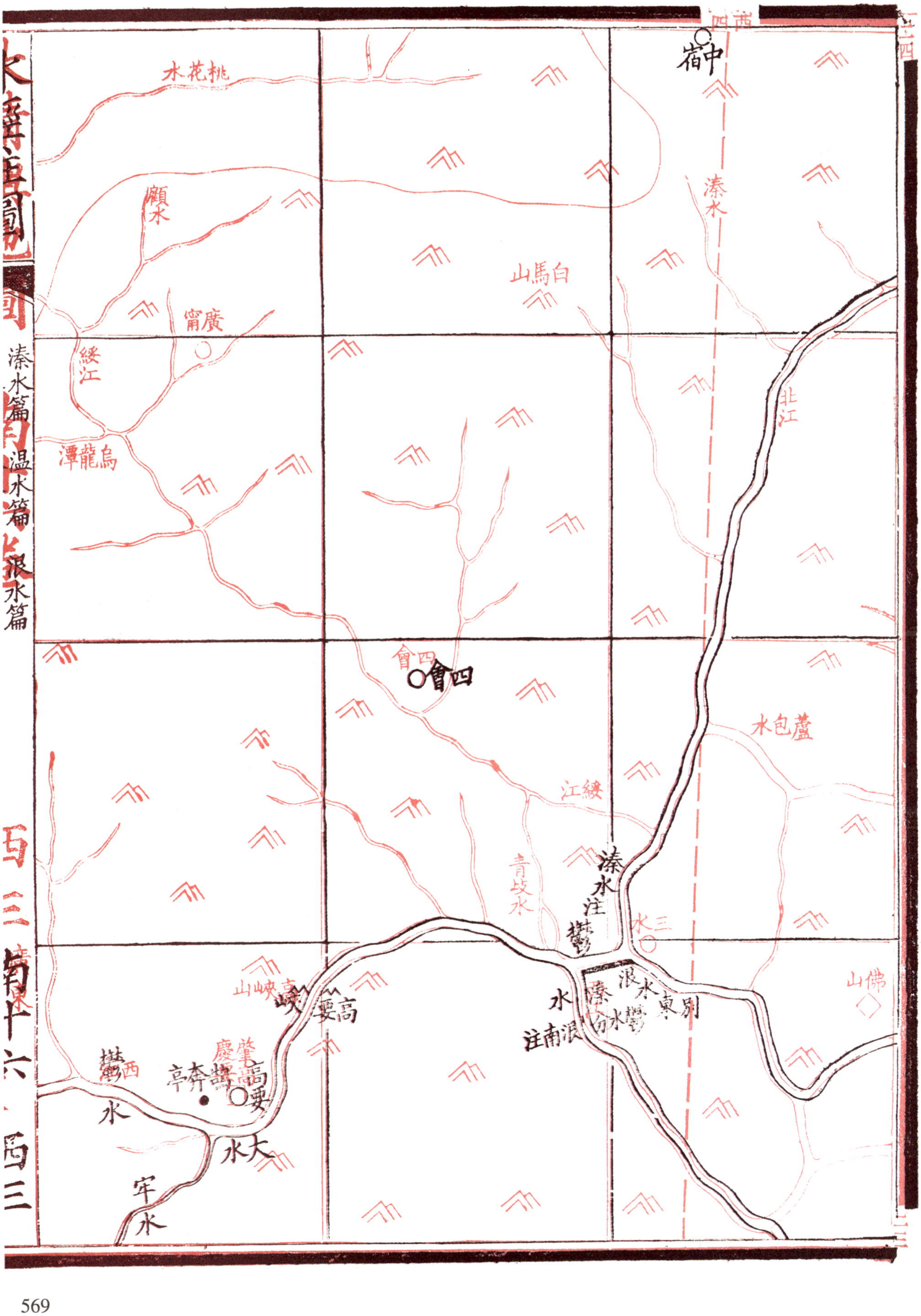
水經注圖
溱水篇 溫水篇 浪水篇
南十六 西三
桃花水
灝水
白馬山
廣甯
綏江
烏龍潭
中宿
溱水
北江
四會
四會
盧包水
綏江
青歧水
溱水注
三水
佛山
高峽山
高要
肇慶
大水
牢水

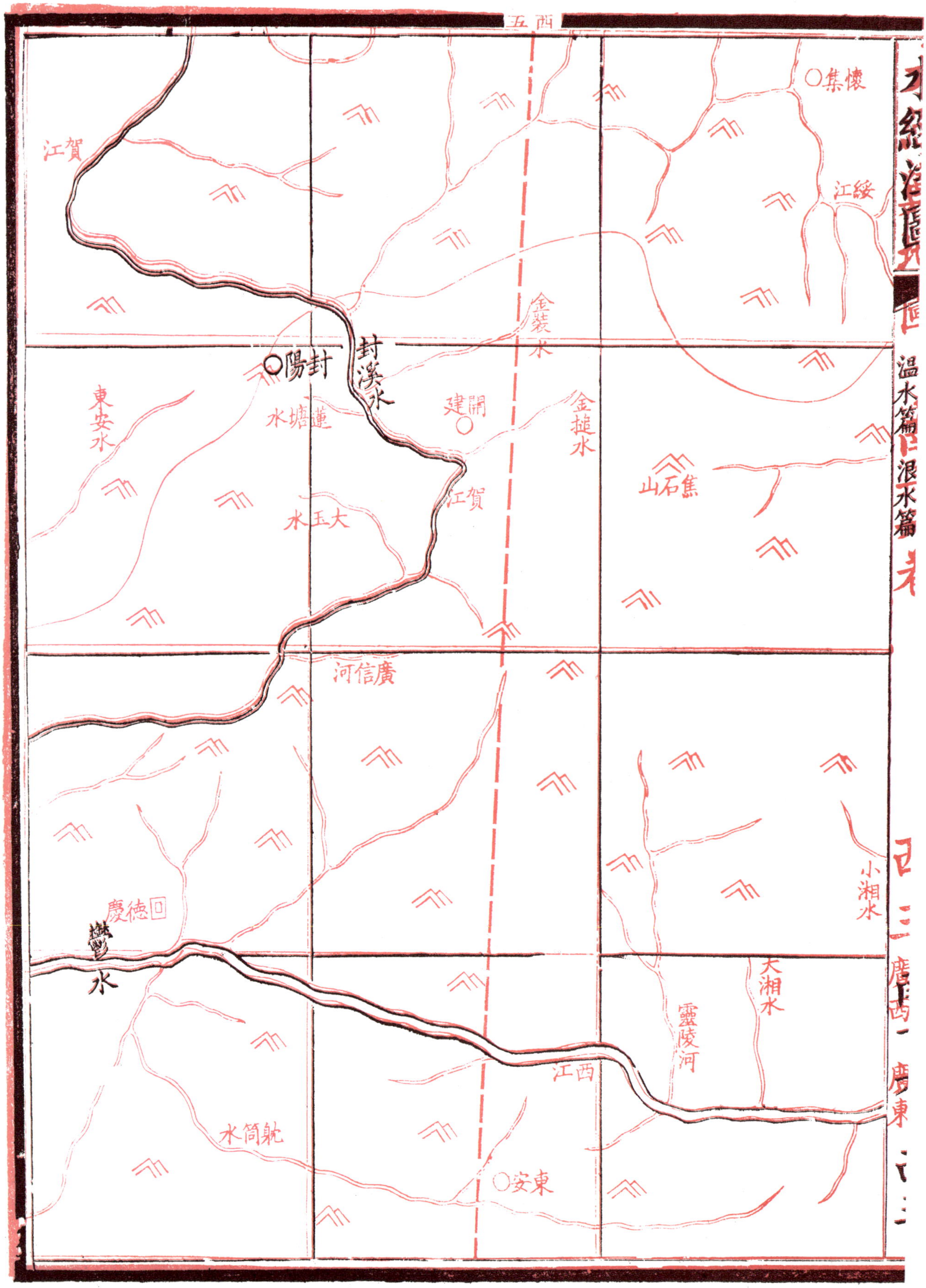
西五
懷集
賀江
綏江
封陽
封溪水
蓮塘水
開建
金裝水
金提水
東安水
賀江
大玉水
焦石山
廣信河
慶德
鬱水
小湘水
大湘水
靈陵河
西江
觥筒水
東安

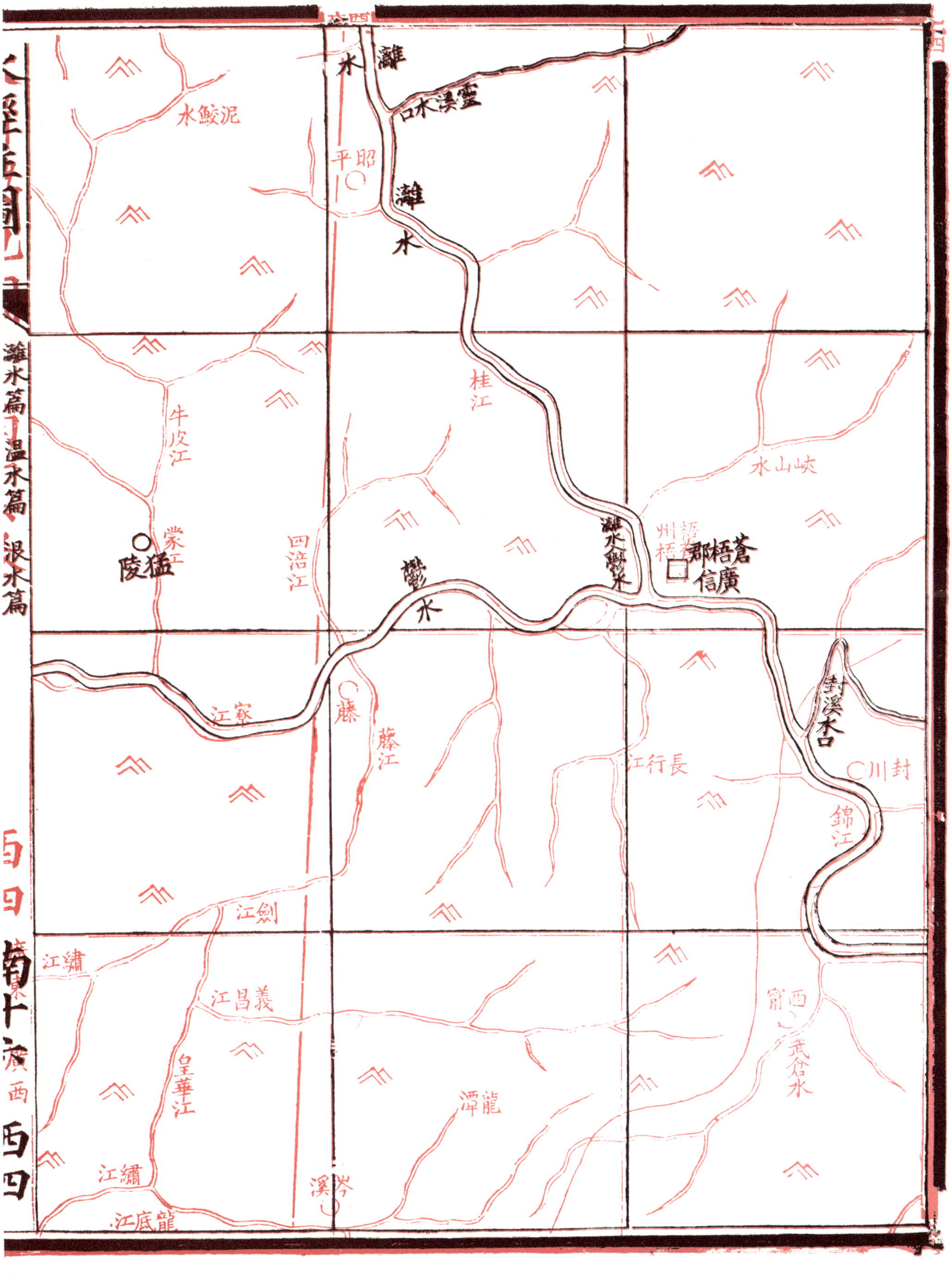
水經注圖
灕水篇 溫水篇 浪水篇
灕水
靈溪水口
泥鮫水
昭平
灕水
桂江
牛皮江
蒙江
猛陵
鬱水
灕水 鬱水
蒼梧郡
廣信
峽山水
封溪水口
封川
錦江
長行江
藤
藤江
寮江
劍江
繡江
義昌江
皇華江
龍潭
岑溪
繡江
龍底江

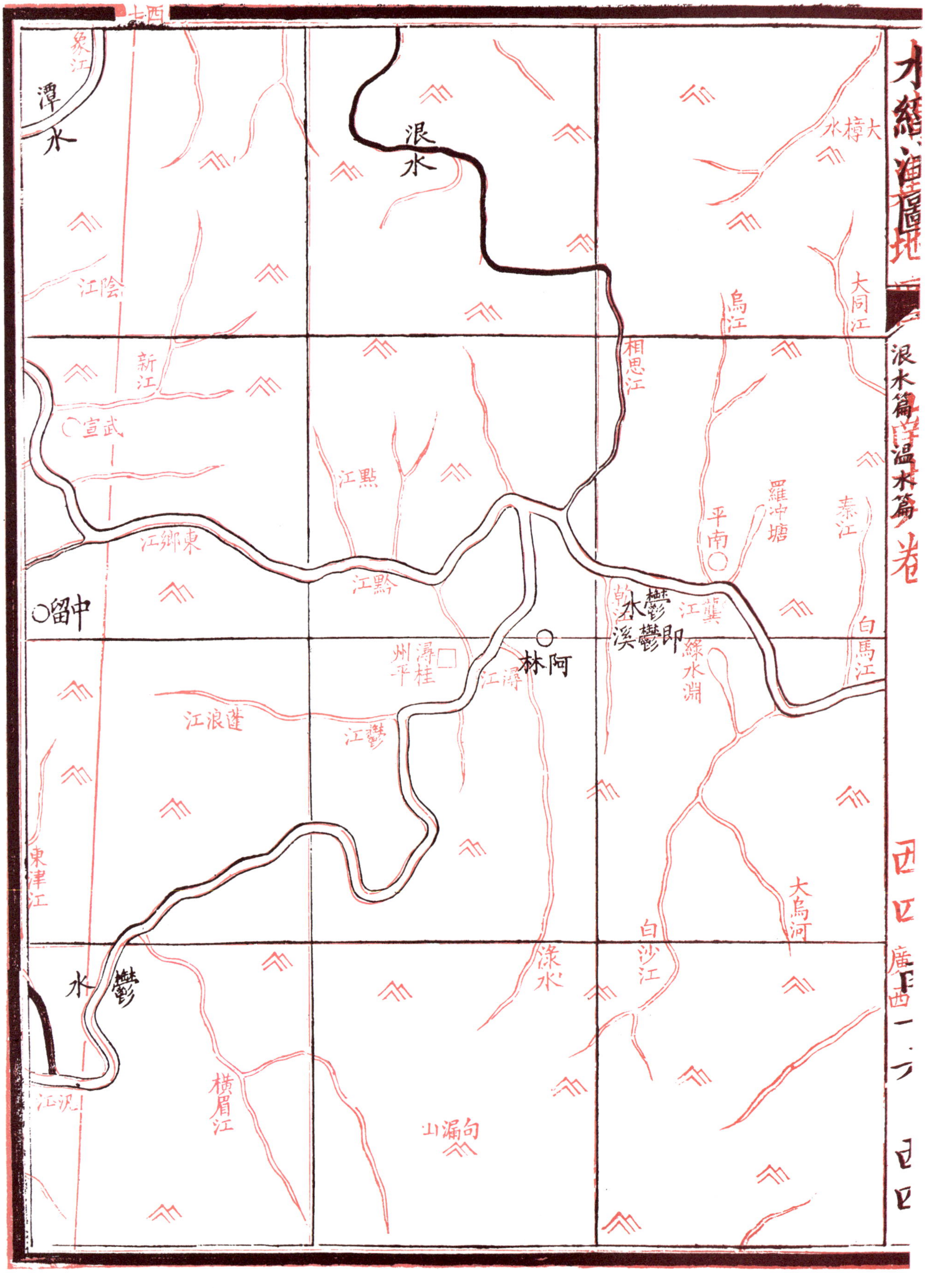
水經注圖
泿水篇 溫水篇
卷四四
象江
潭水
泿水
大榑水
大同江
烏江
相思江
陰江
新江
武宣
點江
羅冲塘
平南
秦江
東鄉江
黔江
中留
鬱水即鬱溪
龔江
阿林
潯州
桂平
潯江
綠水淵
白馬江
蓬浪江
鬱江
東津江
大烏河
白沙江
滌水
鬱水
橫眉江
沉江
向漏山

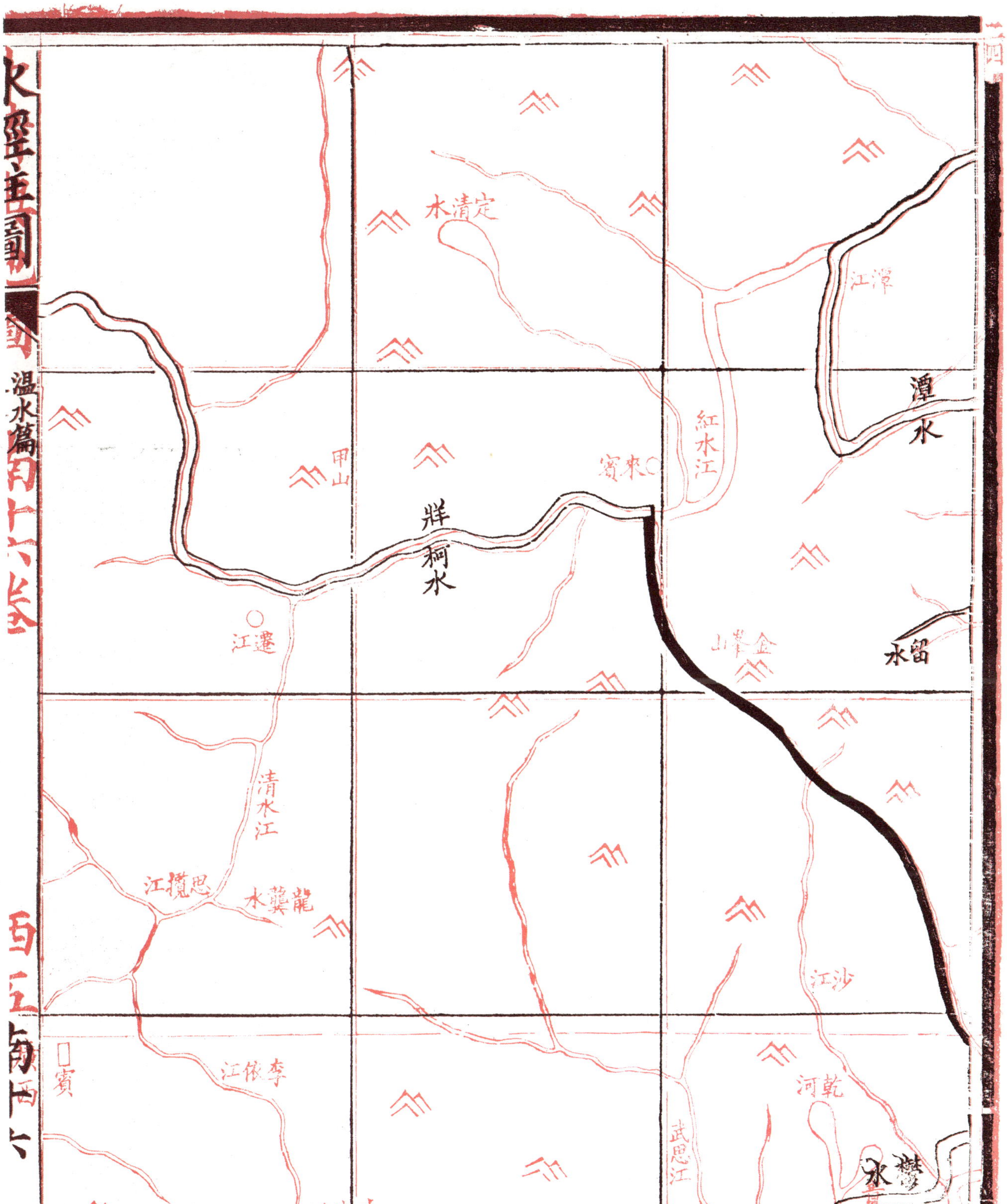
水經注圖
温水篇
定清水
潭江
潭水
紅水江
來賓
甲山
牂牁水
遷江
金峯山
留水
清水江
思攬江
龍龔水
沙江
李依江
乾河
武思江
鬱水
黄陵川
鎮龍水
鬱林郡
布山

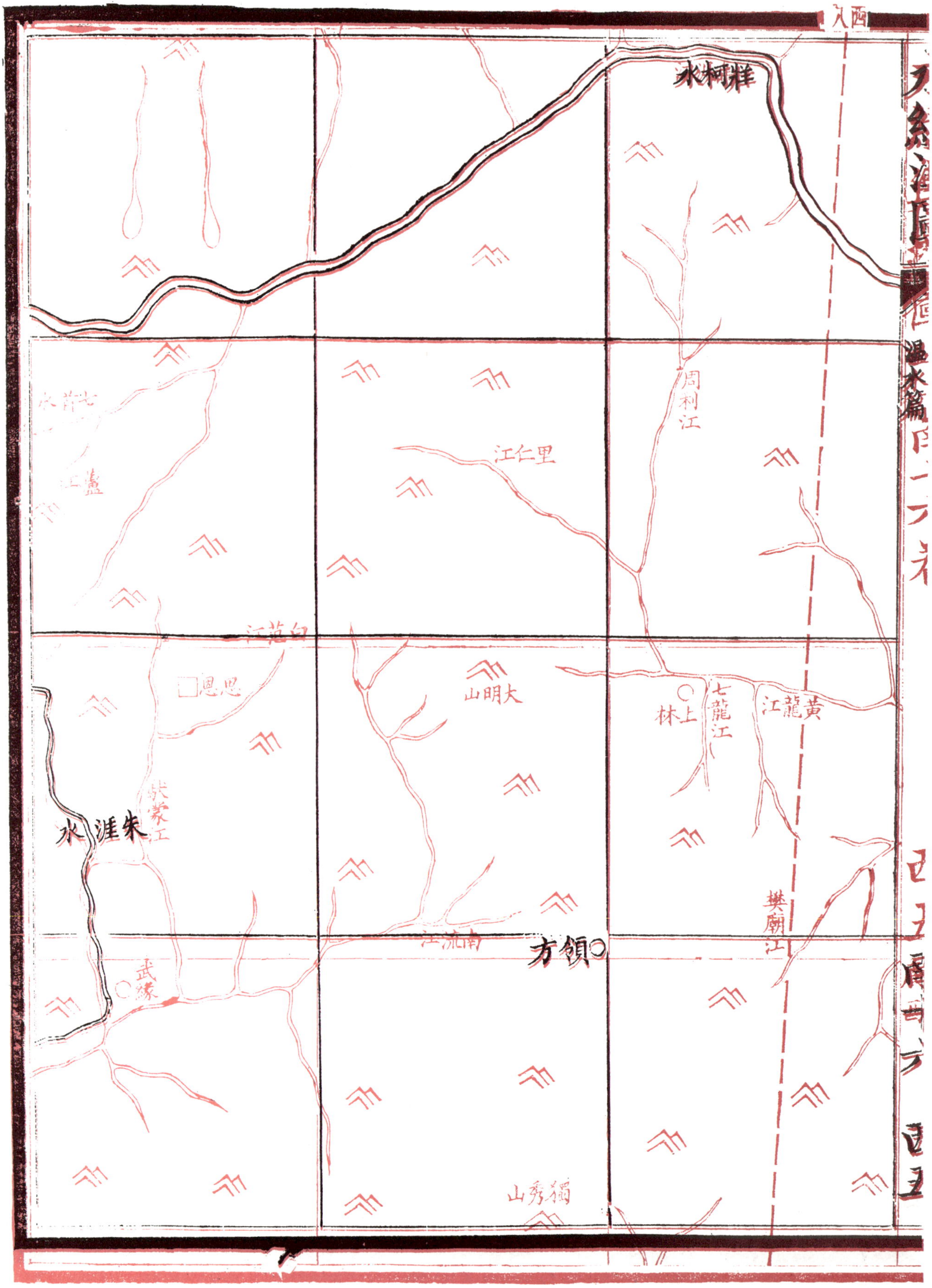
溫水篇
牂柯水
周利江
里仁江
思恩
大明山
上林
七龍江
黃龍江
朱涯水
武緣
南流江
領方
樊廟江
獨秀山

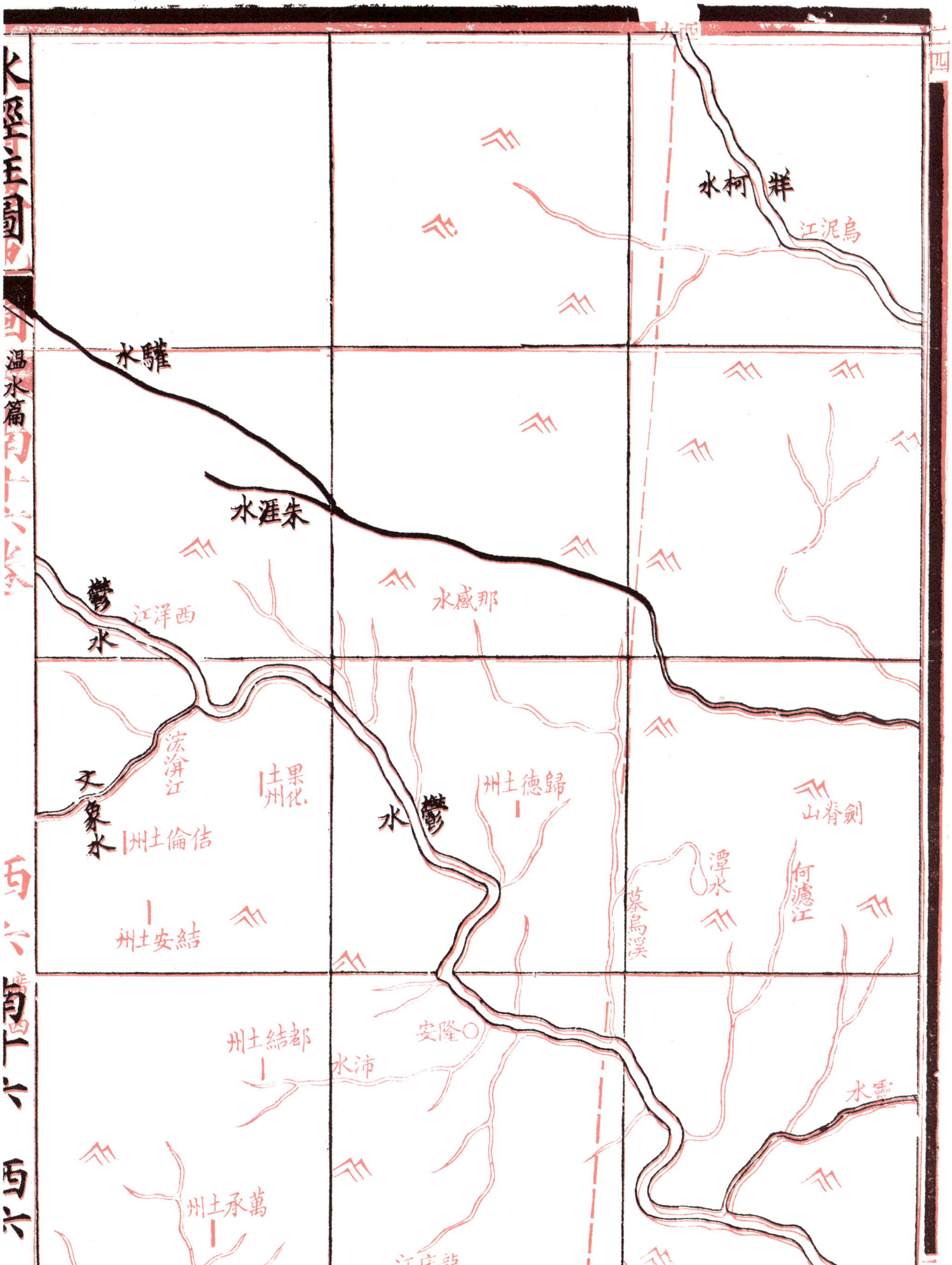
水經注圖
温水篇
水柯牂
江泥烏
水驩
水涯朱
水感那
鬱水
江洋西
泫涆江
文象水
果化州土
州土倫佶
州土安結
水鬱
州土德歸
山脊劍
潭水
何瀘江
蔡烏溪
州土結都
水沛
安隆
州土承萬
江庥龍
水靈

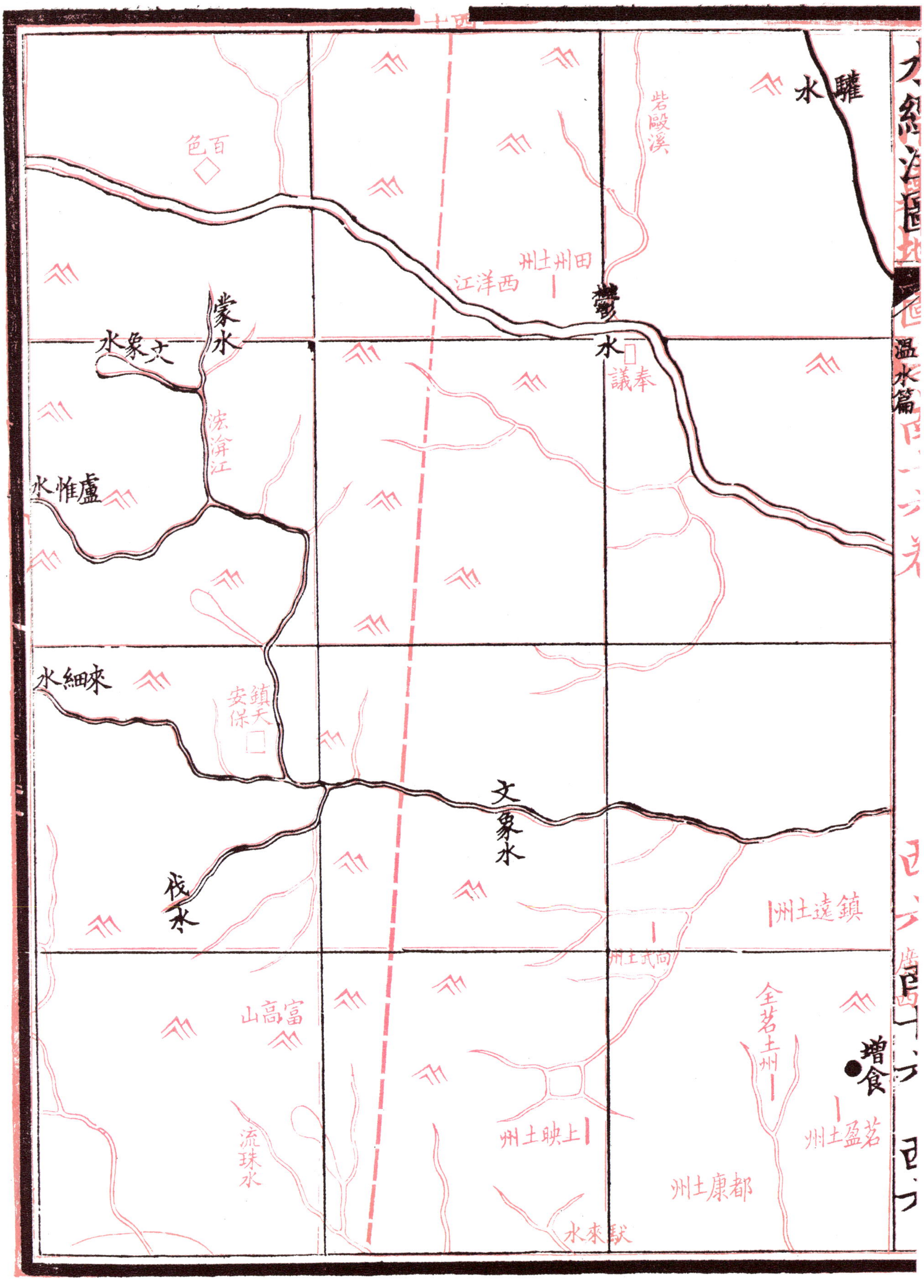
溫水篇
驩水
百色
砦險溪
田州土州
西洋江
蒙水
文象水
奉議
泷瀹江
盧惟水
來細水
鎮天
安保
文象水
伐水
鎮遠土州
向武土州
富高山
全茗土州
增食
上映土州
茗盈土州
流珠水
都康土州
馱來水

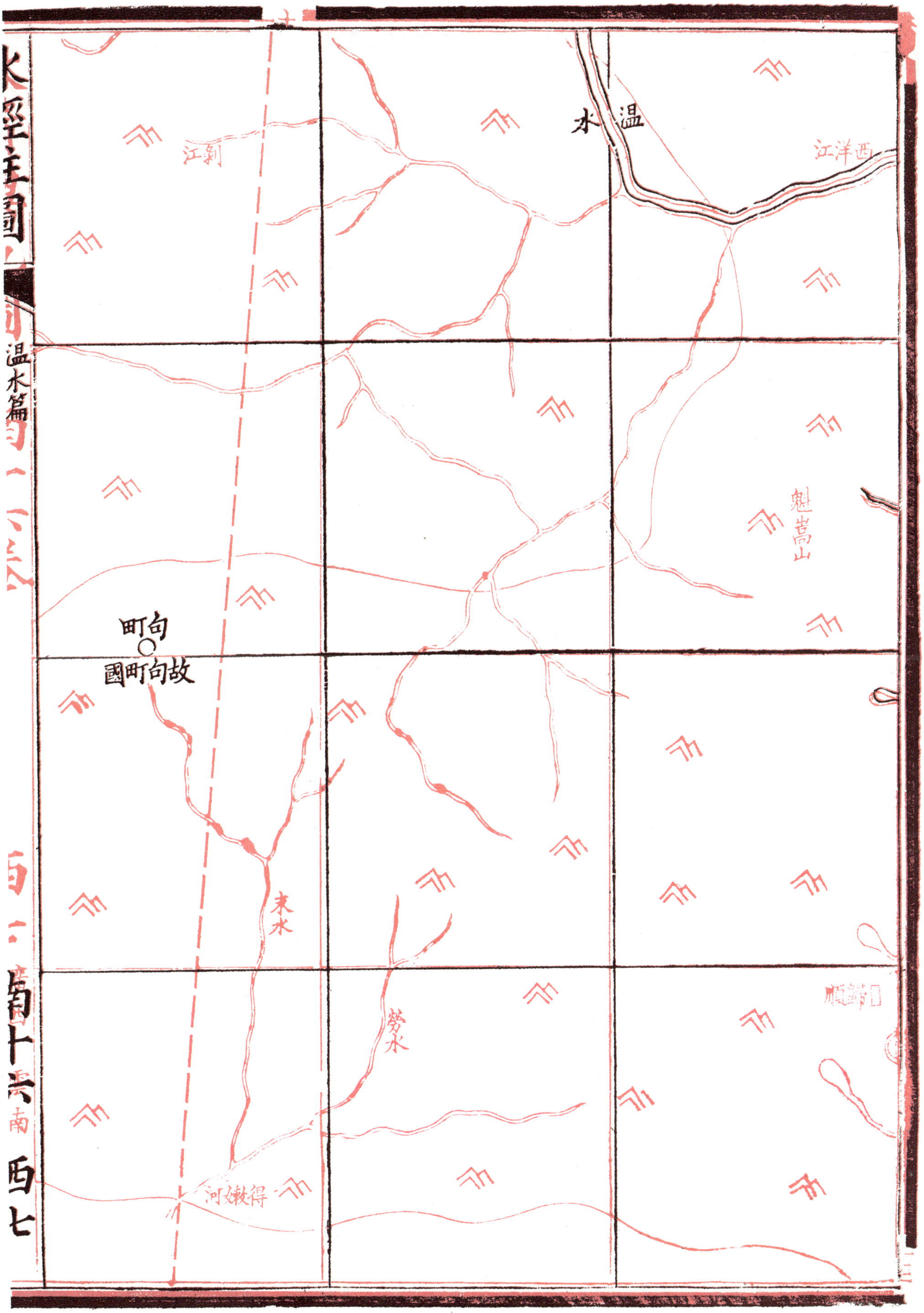
温水
西洋江
剝江
句町
故句町國
魁嵩山
來水
勞水
得嫩河

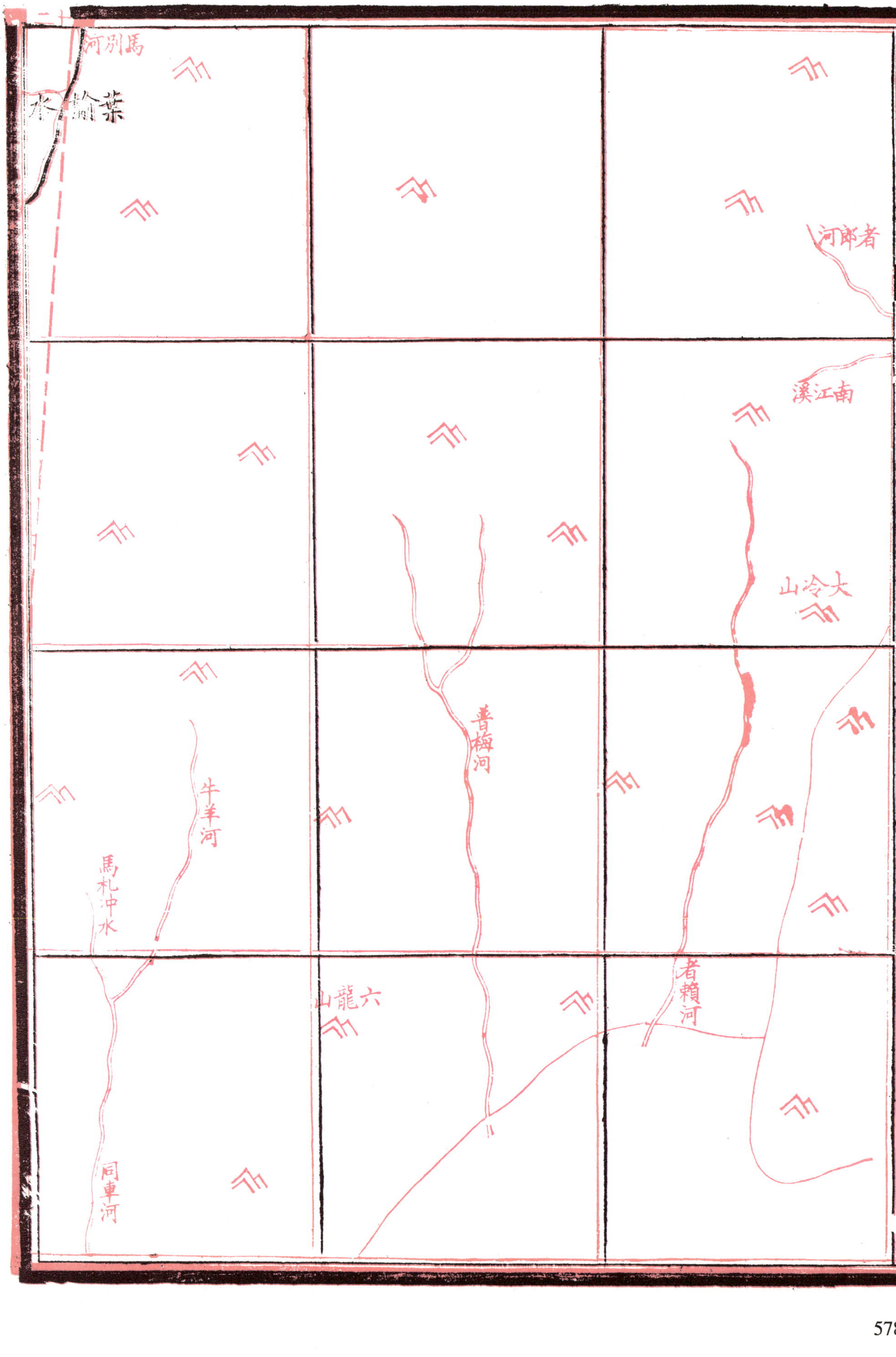

馬別河
葉榆水
者郎河
南江溪
大冷山
普梅河
牛羊河
馬札冲水
六龍山
者賴河
同車河

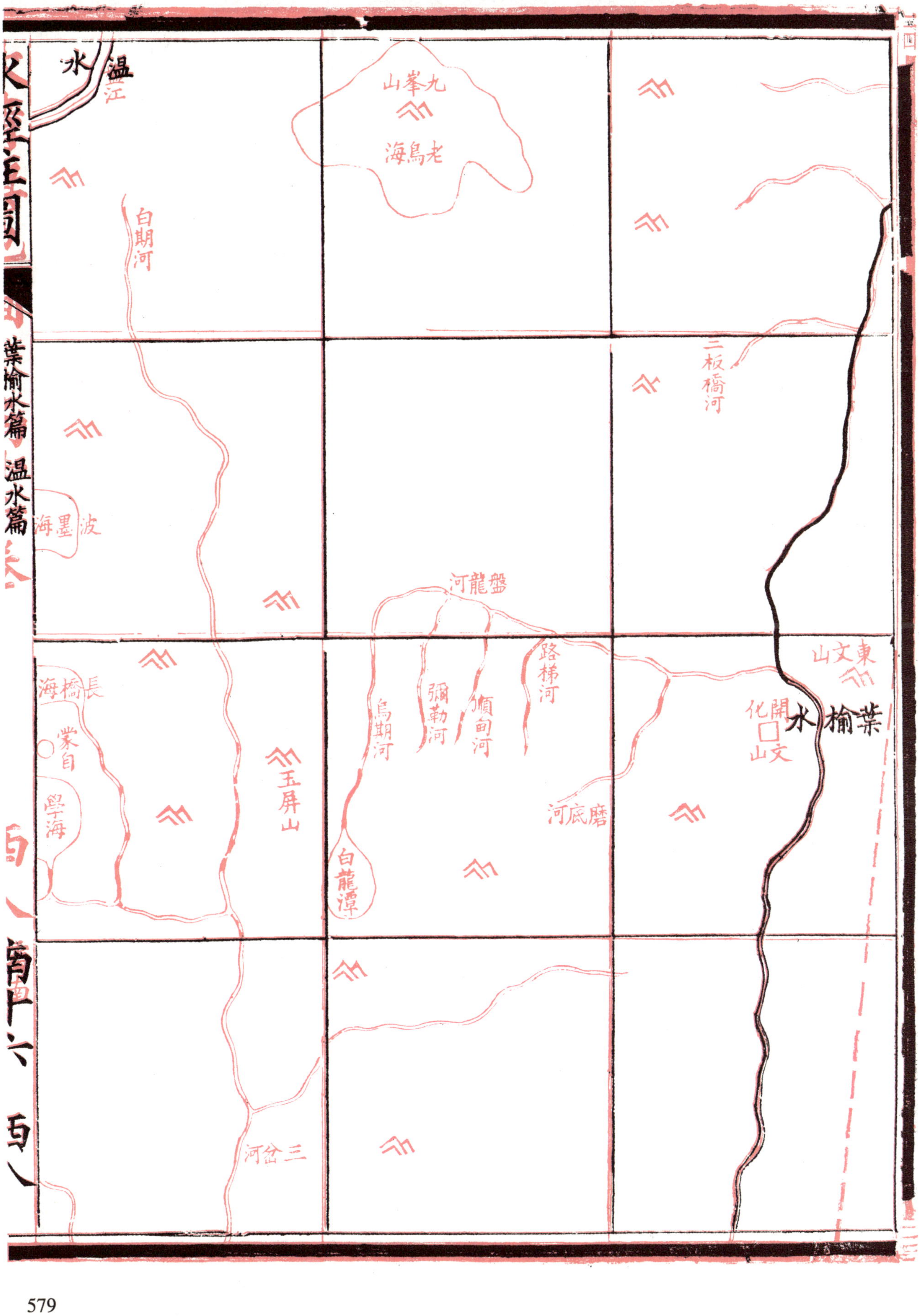
水經注圖
葉榆水篇 温水篇
温水
温江
九峯山
老烏海
白期河
三板橋河
波墨海
盤龍河
路梯河
東文山
長橋海
蒙自
學海
彌勒河
順甸河
烏期河
開化
文山
葉榆水
玉屏山
白龍潭
磨底河
三岔河

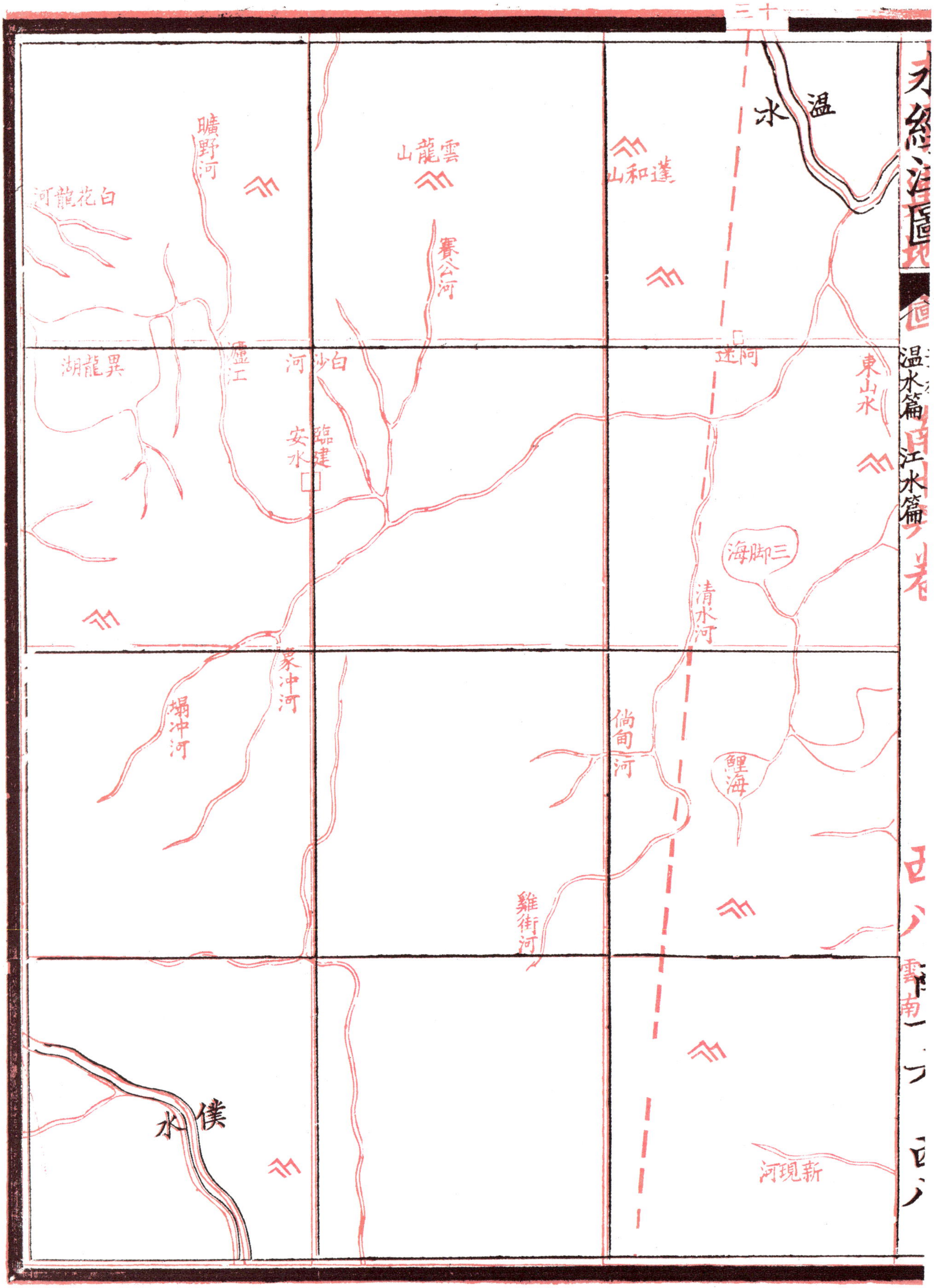

十三
温水
雲龍山
蓬和山
白花龍河
曠野河
賽公河
異龍湖
瀘江
白沙河
臨安
建水
阿迷
東山水
三脚海
清水河
象冲河
塌冲河
倘甸河
鯉海
雞街河
僕水
新現河
水經注圖
温水篇 江水篇

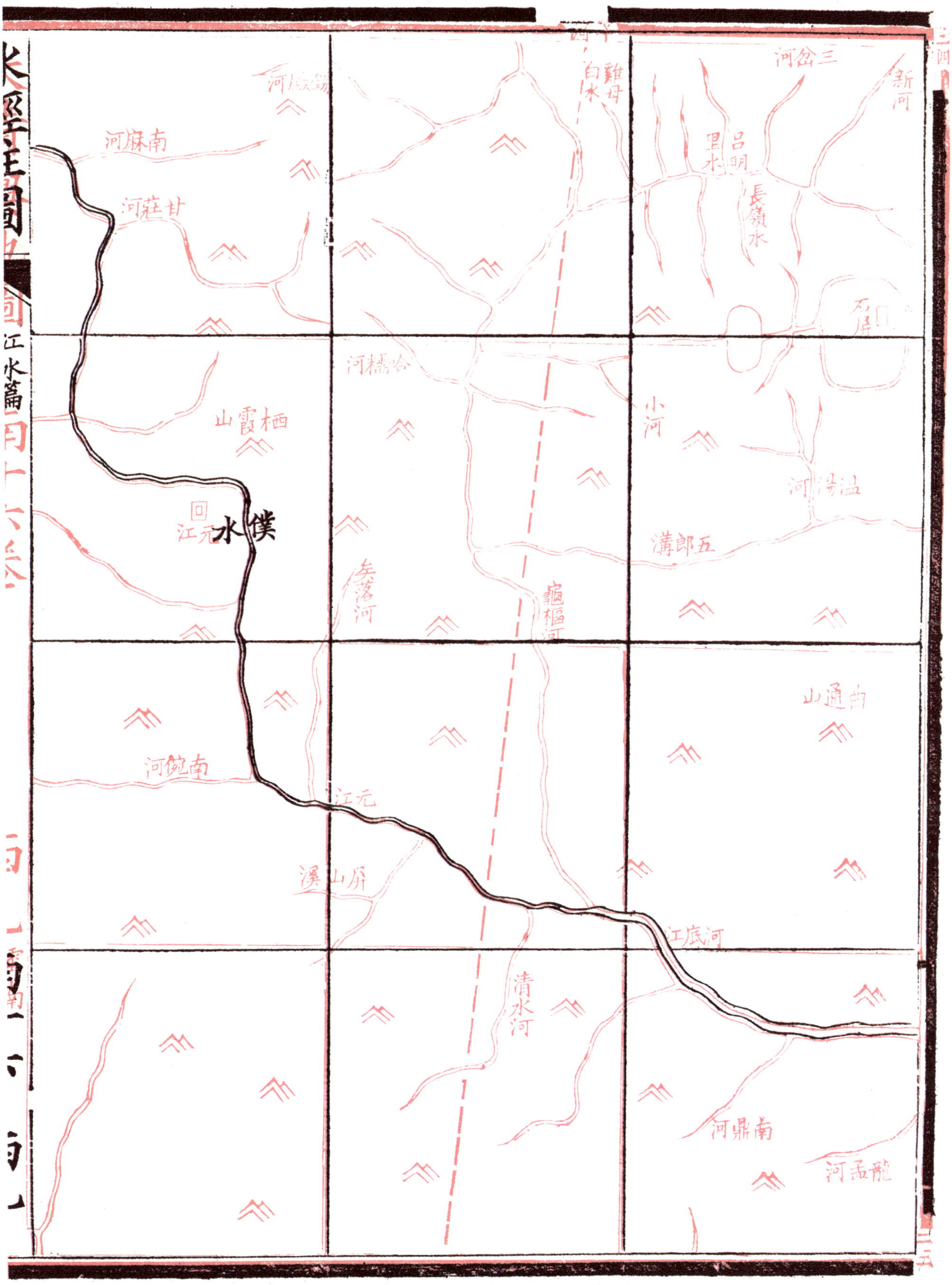
南麻河
甘莊河
雞母白水
三岔河
新河
長嶺水
栖霞山
小河
溫湯河
五郎溝
元江
僕水
矣落河
白通山
南碗河
元江
屏山溪
清水河
南鼎河

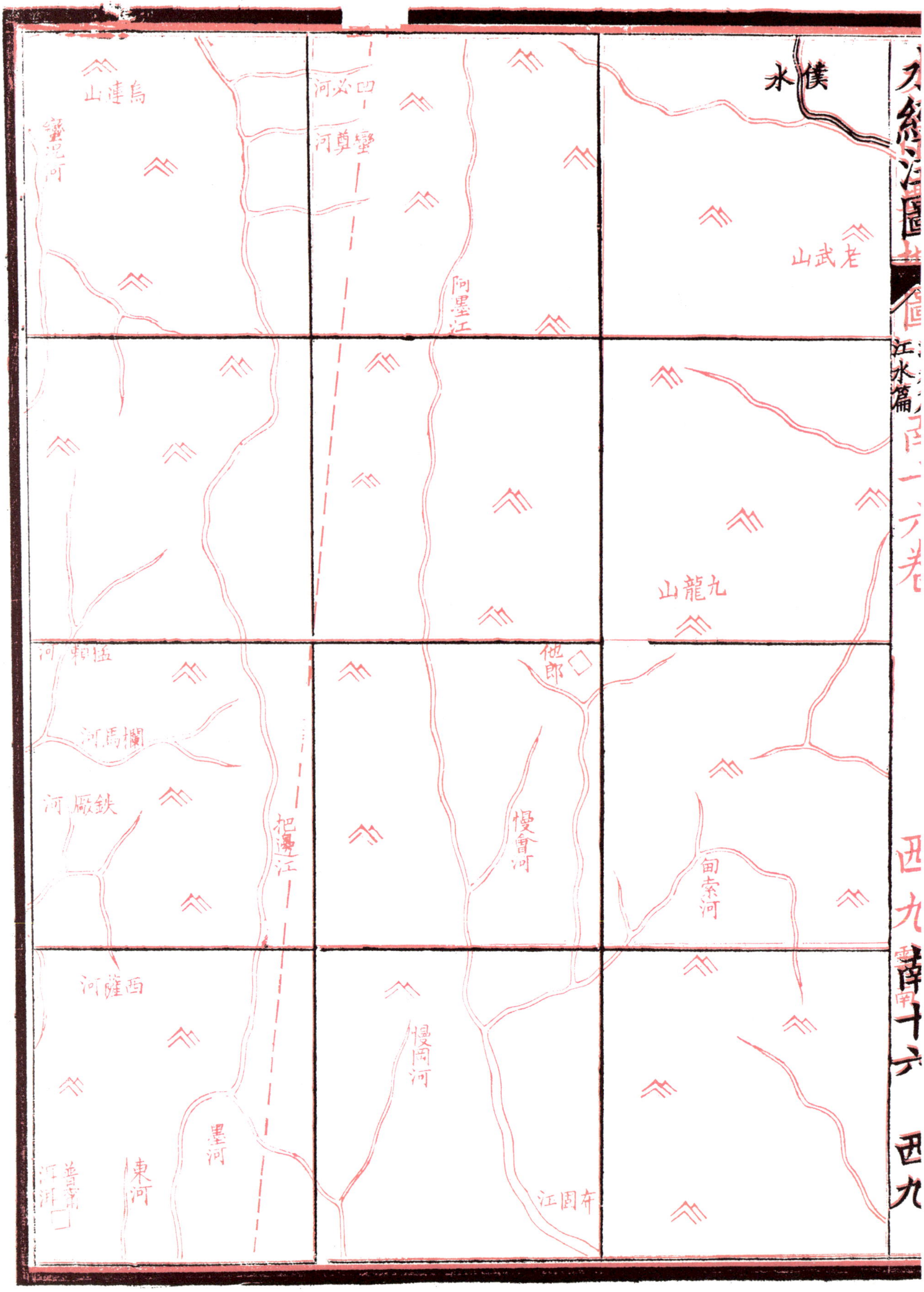

僕水
烏達山
四必河
璧剪河
老武山
阿墨江
九龍山
猛輔河
他郎
欄馬河
鉄廠河
把邊江
慢會河
甸索河
西薩河
慢岡河
墨河
東河
普洱
布固江
江水篇

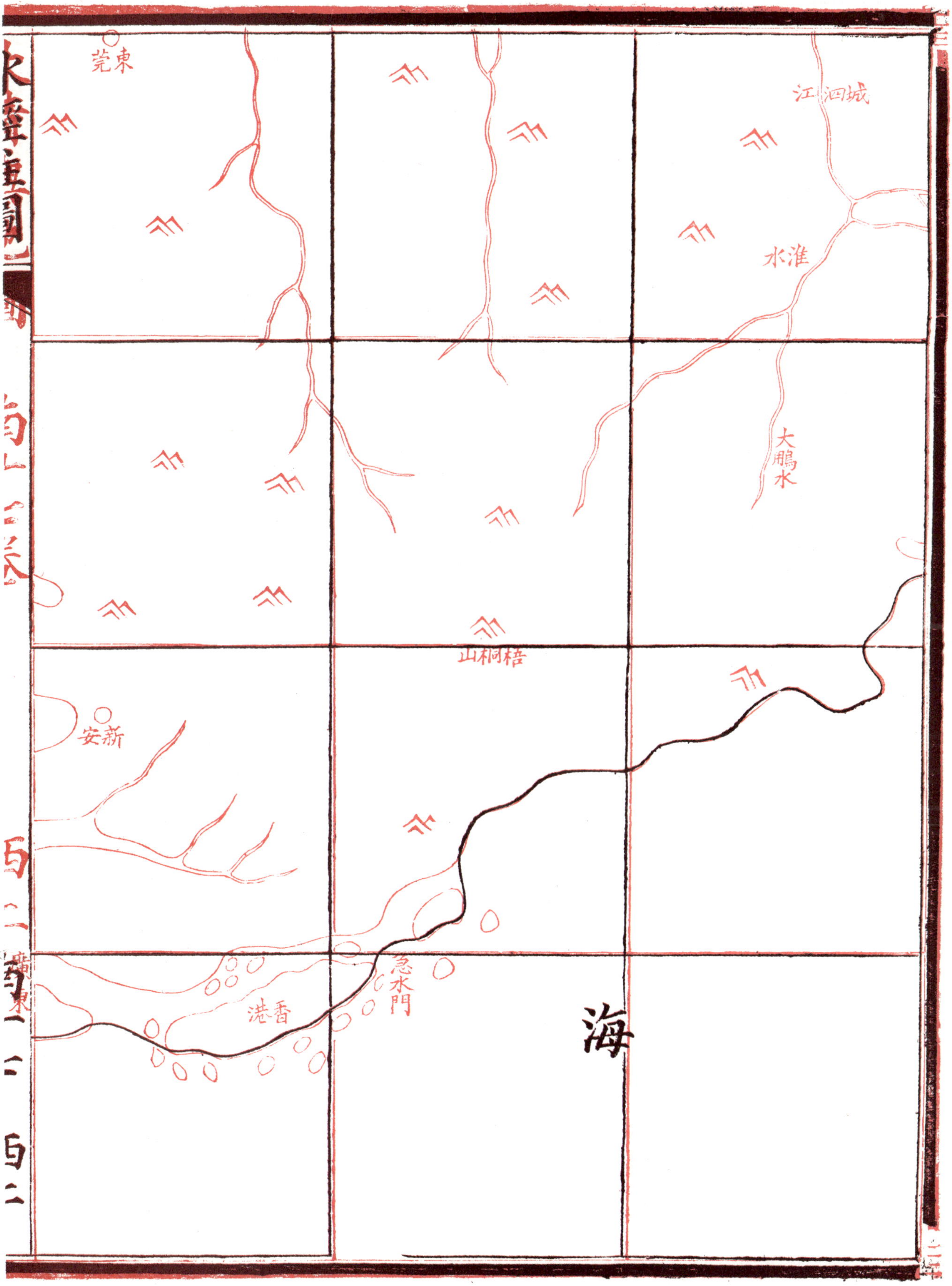
東莞
城泗江
淮水
大鵬水
梧桐山
新安
急水門
香港
海

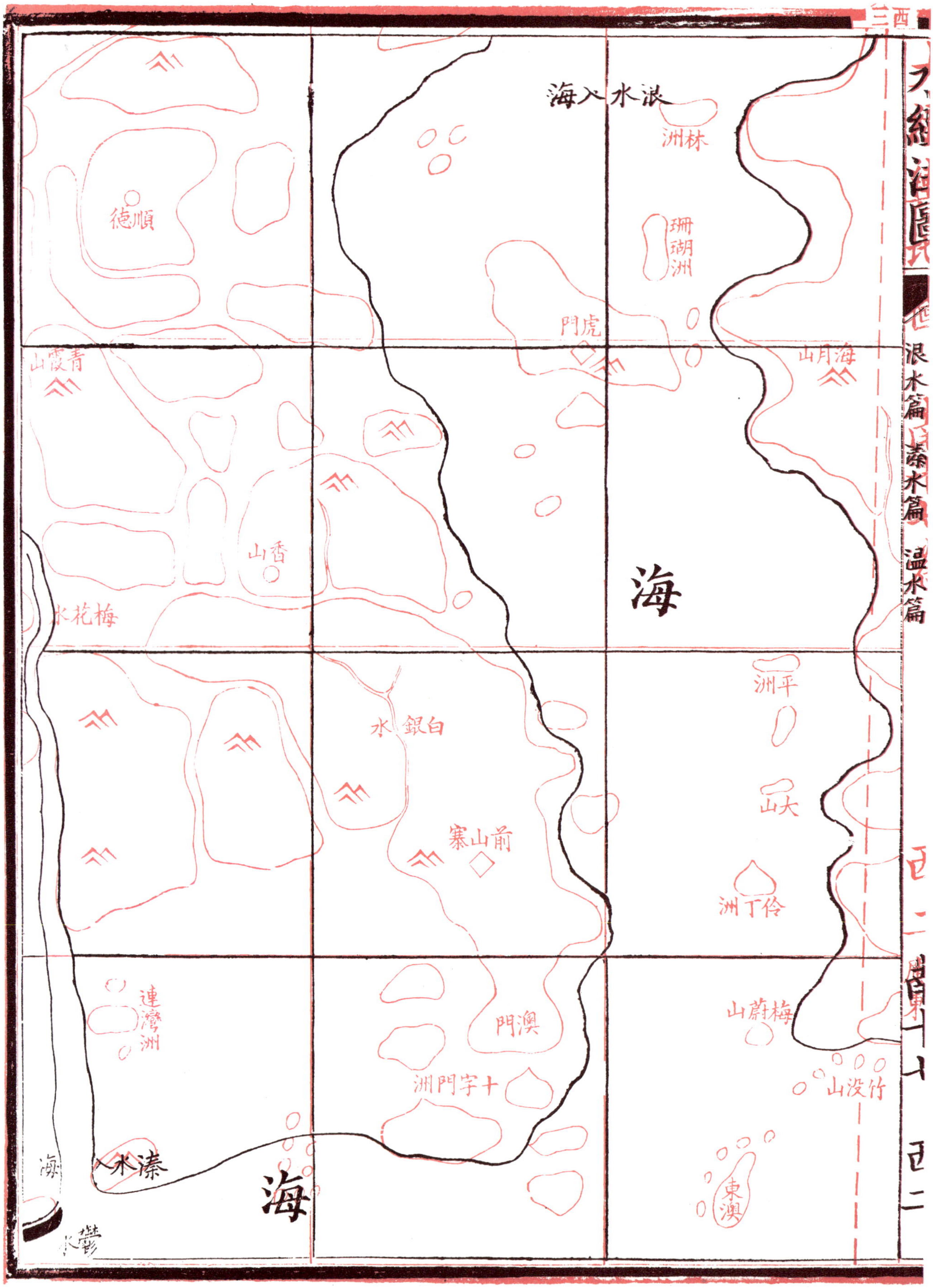
水經注圖
浪水篇 溱水篇 溫水篇
西二
第十七
浪水入海
林洲
順德
珊瑚洲
虎門
青霞山
海月山
香山
梅花水
海
平洲
白鋃水
大山
前山寨
伶丁洲
連灣洲
澳門
梅蔚山
十字門洲
竹沒山
東澳
溱水入海
海
鬱水

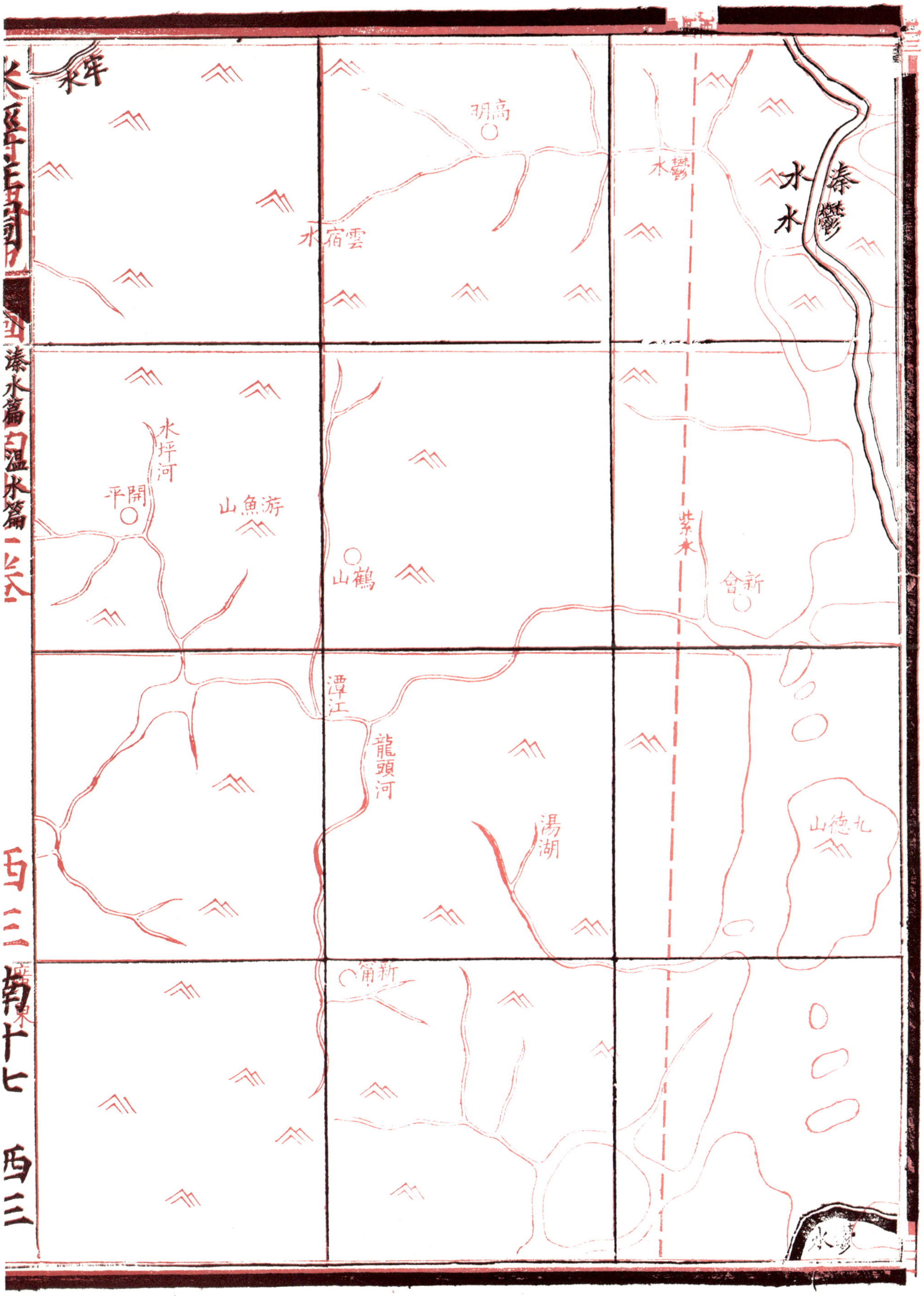
溱水篇
溫水篇
西三
南十七
西三
牢水
高明
雲宿水
鬱水
鬱水
溱水
水坪河
開平
游魚山
鶴山
紫水
新會
潭江
龍頭河
湯湖
九德山
新甯

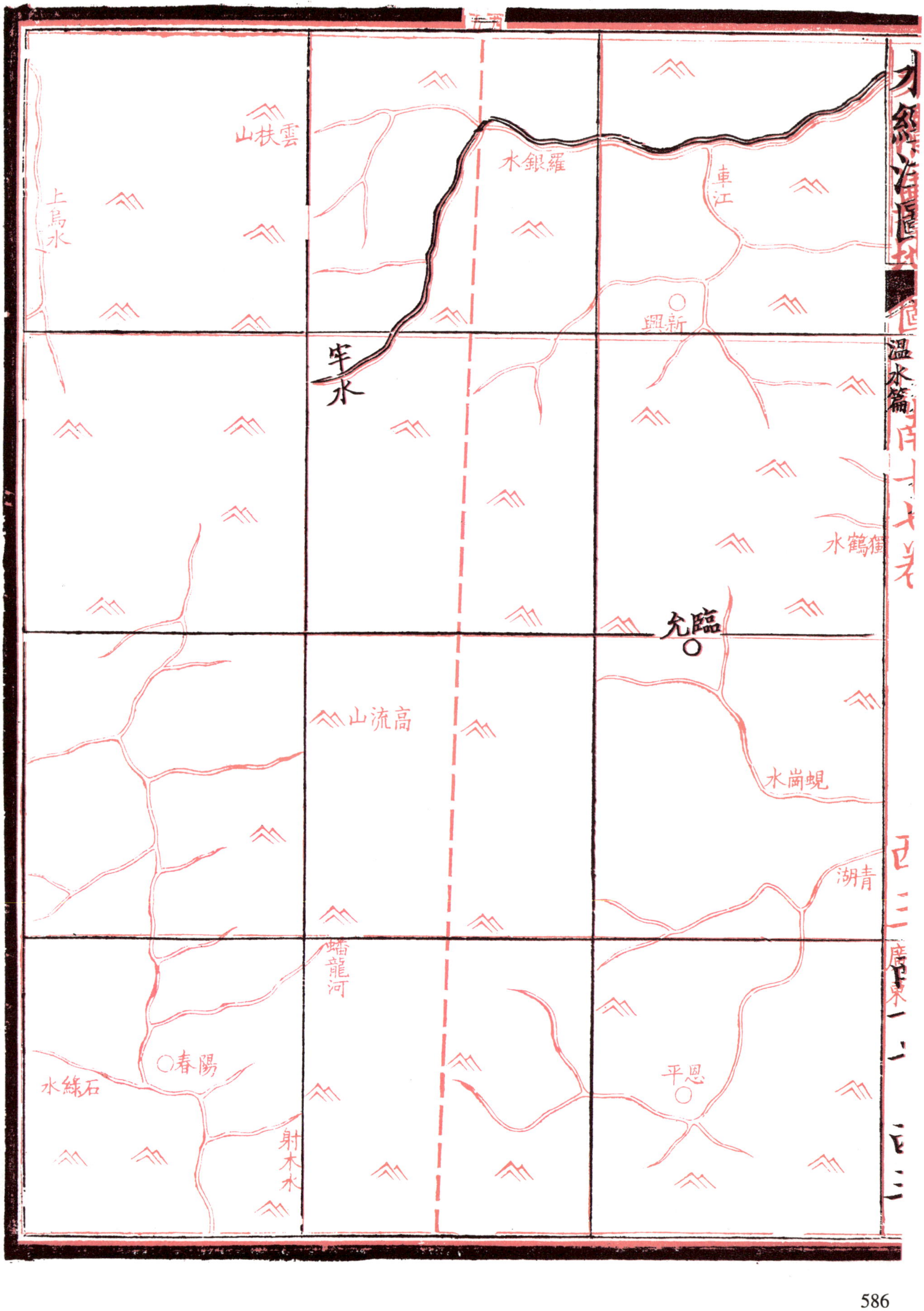
水經注圖
溫水篇
雲扶山
羅銀水
車江
上烏水
牢水
新興
獨鶴水
臨允
高流山
蜆崗水
青湖
蟠龍河
陽春
石綠水
恩平
射木水

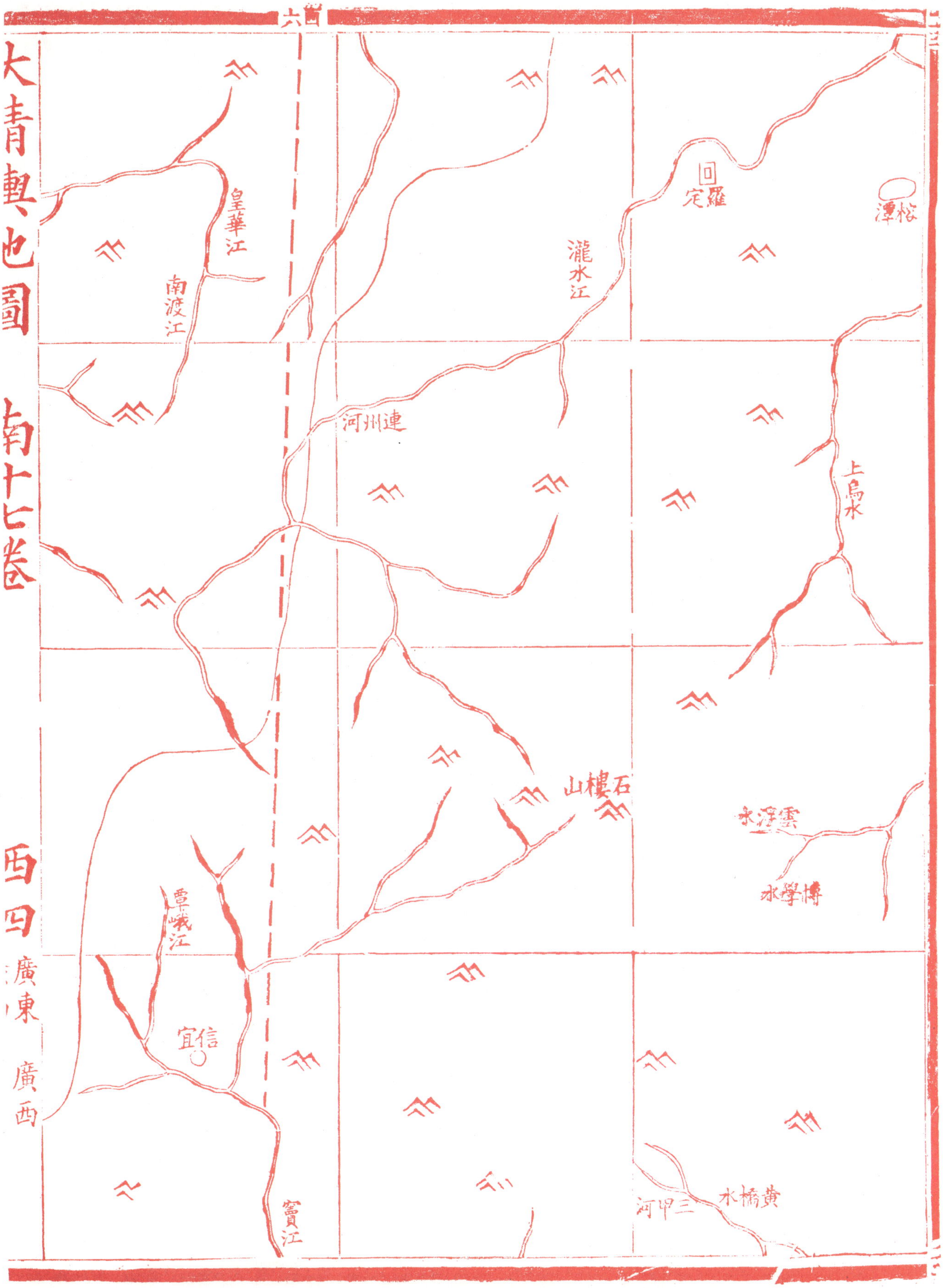

六
大清輿地圖
南十七卷
西四
廣東
廣西
皇華江
南渡江
瀧水江
羅定
松潭
連州河
上烏水
石樓山
雲浮水
博學水
覃峨江
信宜
賓江
黃橋水
三甲河

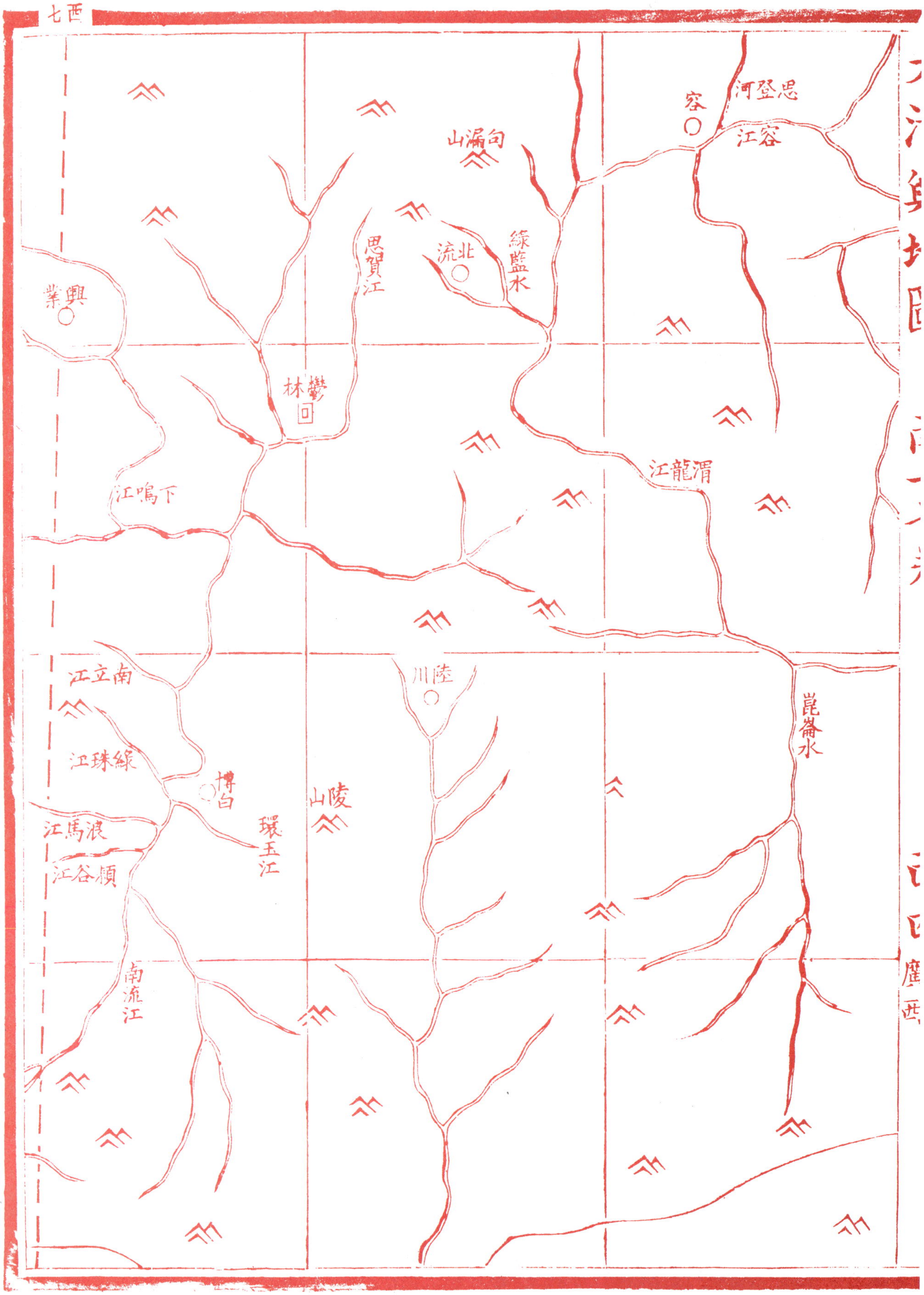

西七
容
思登河
容江
句漏山
思賀江
北流
綠藍水
興業
鬱林
下鳴江
渭龍江
南立江
崑崙水
陸川
綠珠江
博白
陵山
環玉江
浪馬江
順谷江
南流江

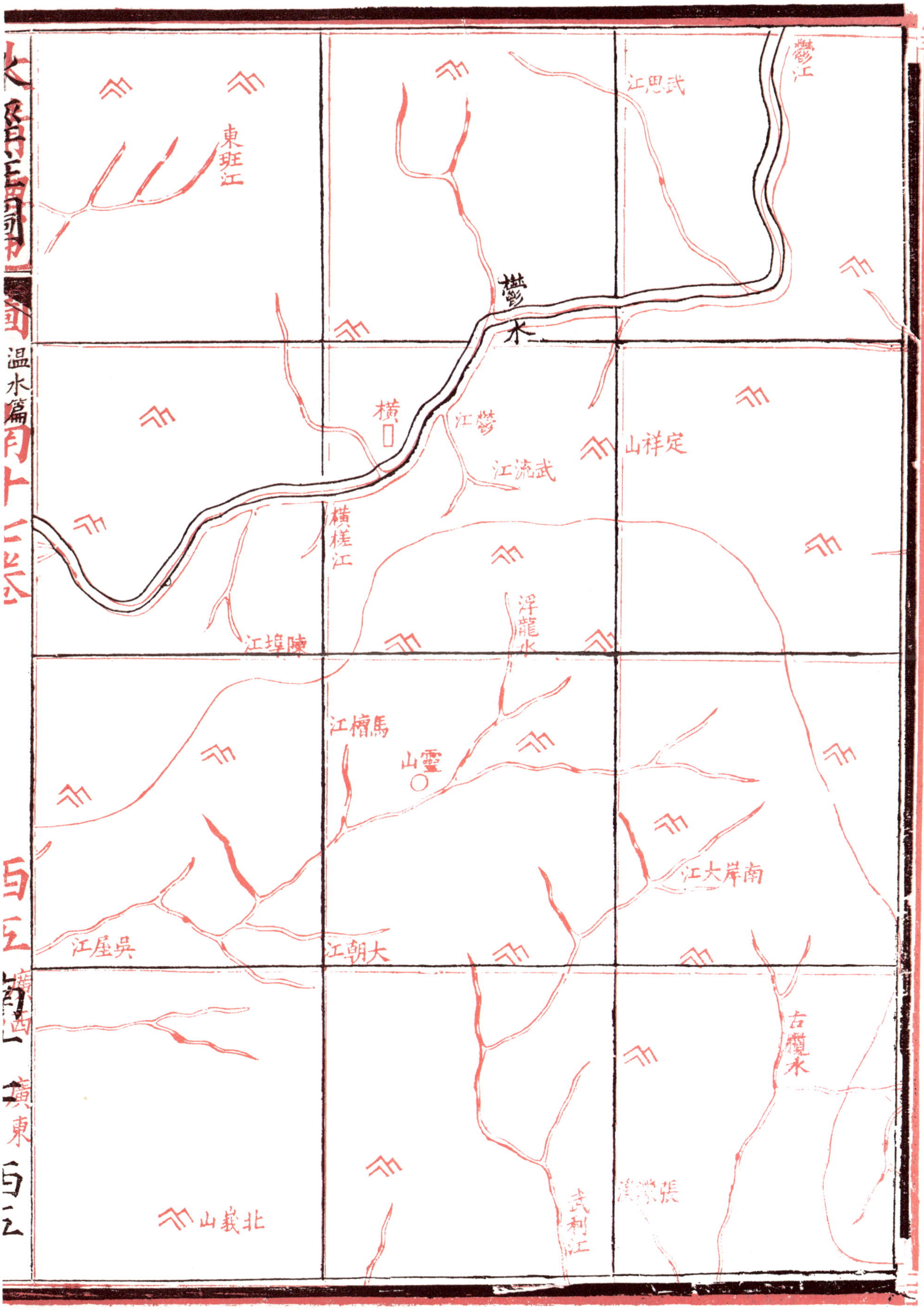
温水篇
廣西
廣東
鬱江
武思江
東班江
鬱水
横
鬱江
武流江
定祥山
横槎江
浮龍水
陵埠江
馬橧江
靈山
南岸大江
吳屋江
大朝江
古欖水
張澇溪
武利江
北峩山

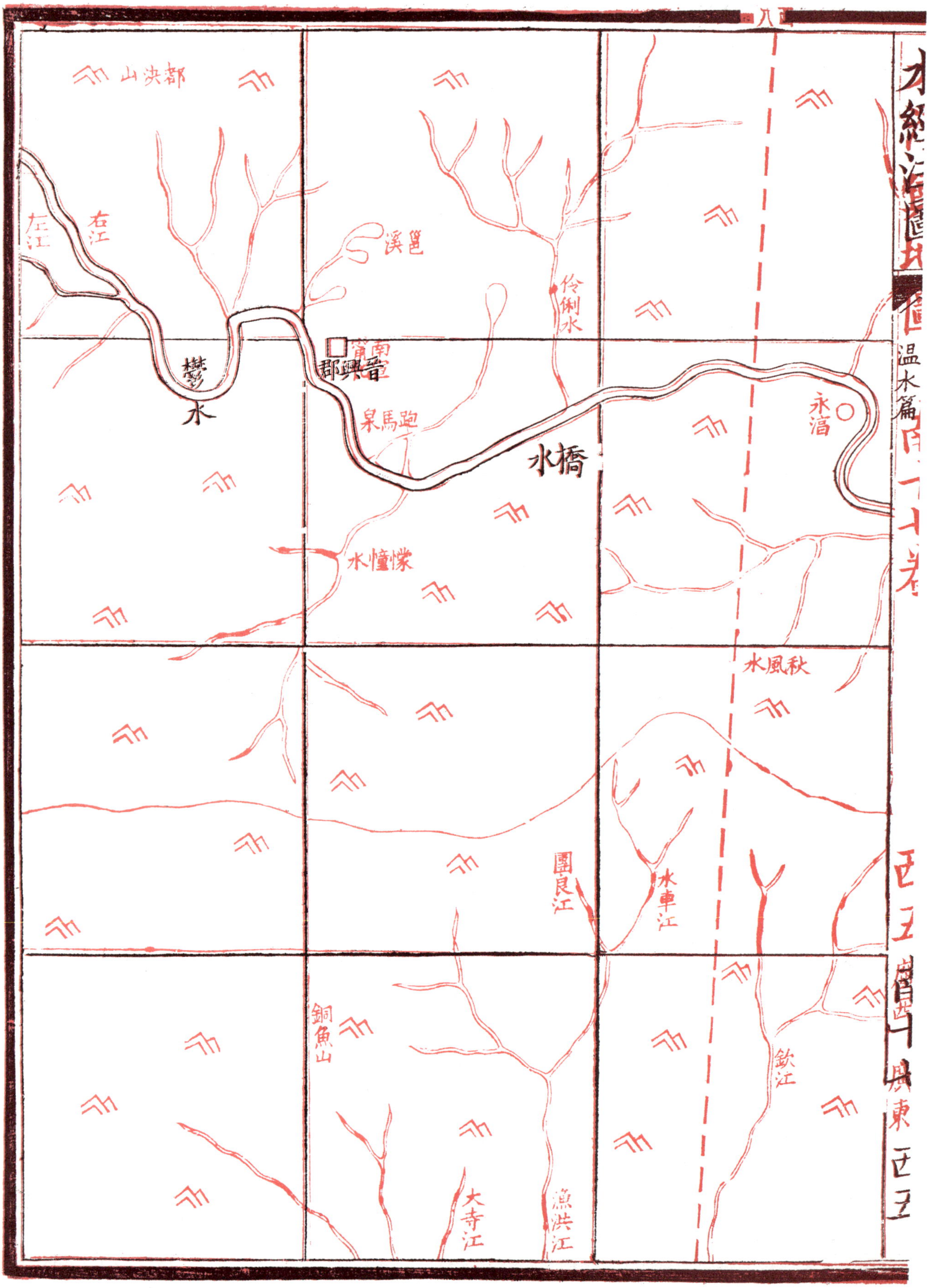
水經注圖
温水篇
都泱山
左江
右江
邕溪
伶俐水
鬱水
晉興郡
跑馬泉
橋水
永湻
秋風水
水車江
銅魚山
大寺江
欽江

水經注圖

溫水篇 斤江水篇 侵離水

西九

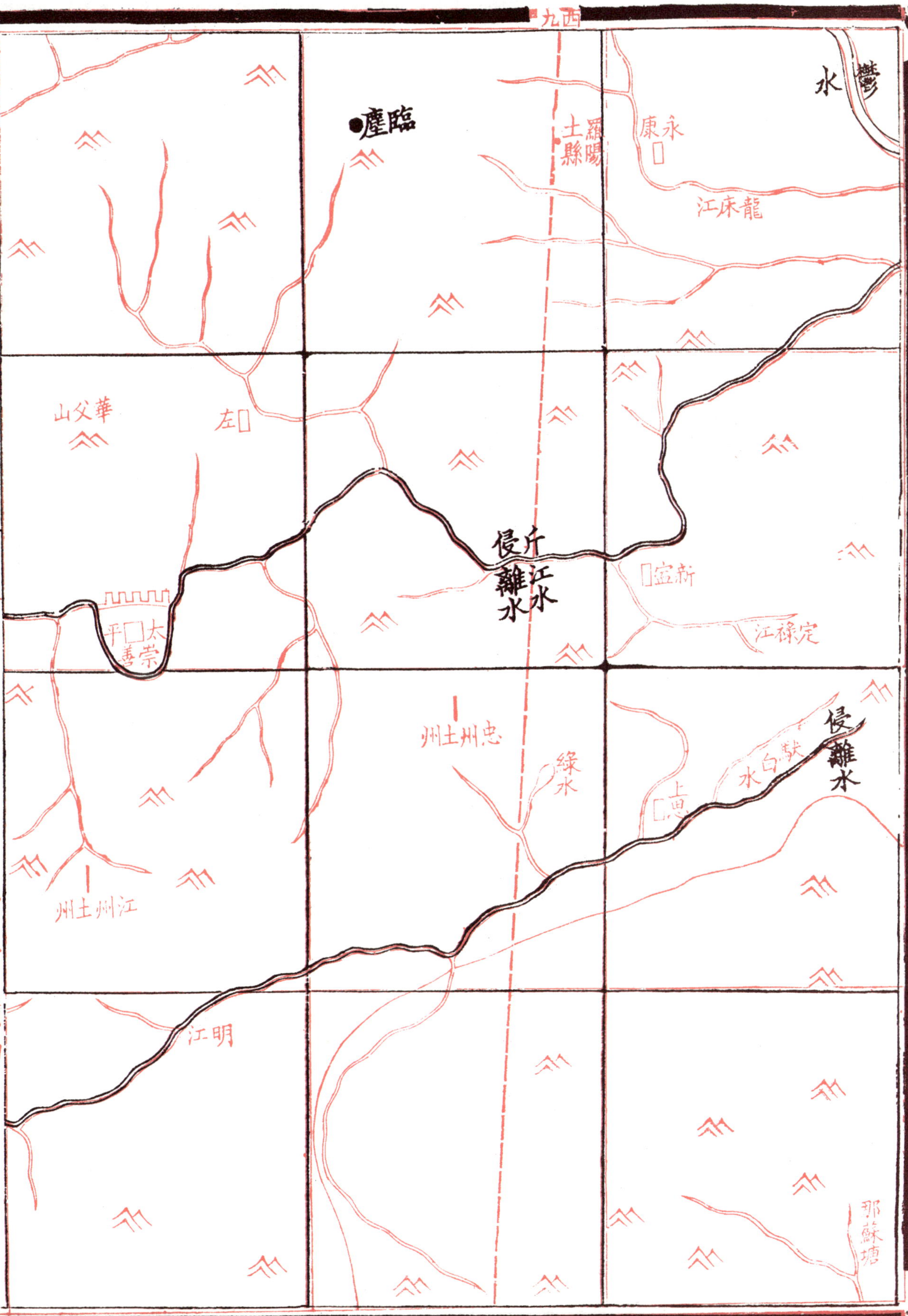

西六 南十七 西六

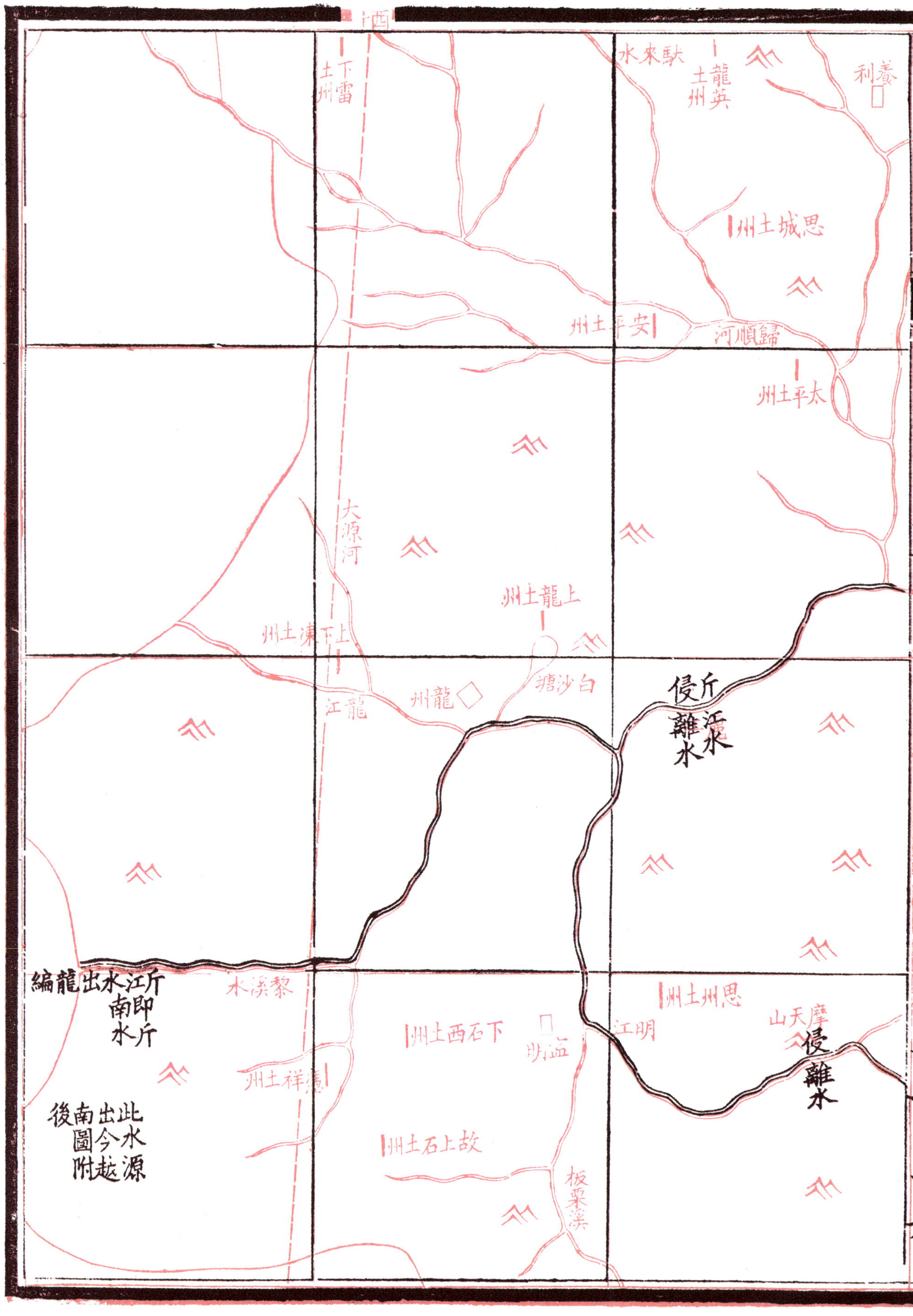

下雷土州
龍英土州
駄來水
養利
思城土州
安平土州
歸順河
太平土州
大源河
上龍土州
上下凍土州
白沙塘
龍州
龍江
斤渷水
侵離水
斤江即斤南水出水龍編
黎溪水
思州土州
明江
摩天山
侵離水
下石西土州
憑祥土州
故上石土州
板栗溪
此水源出今越南圖附後

大清輿地圖　南十二卷　西七

大清輿地圖　南十七卷　西十　雲南

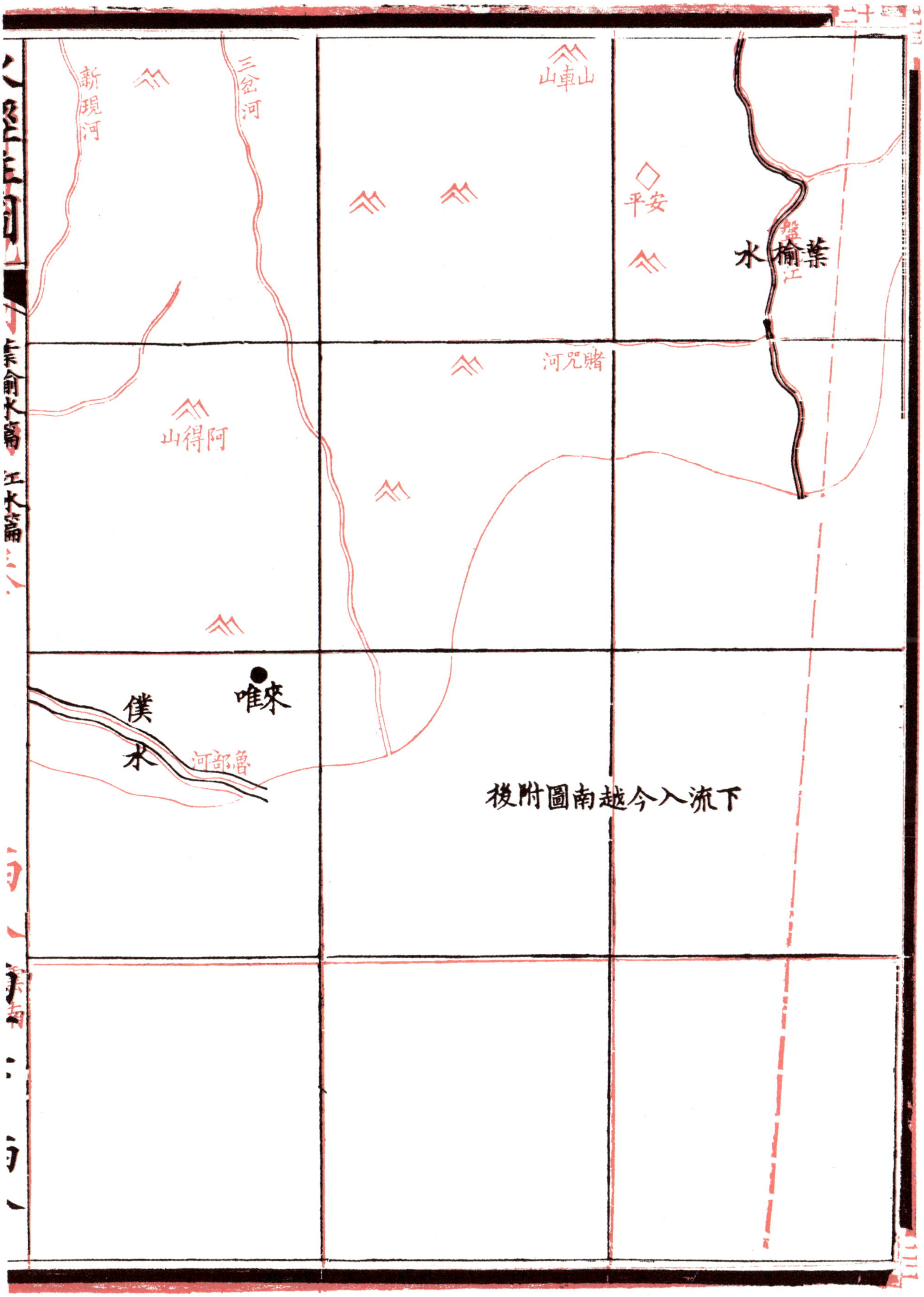
葉榆水篇 江水篇
新現河
三岔河
山車山
平安
葉榆水
盤江
賭咒河
阿得山
來唯
僕水
魯部河
下流入今越南圖附後

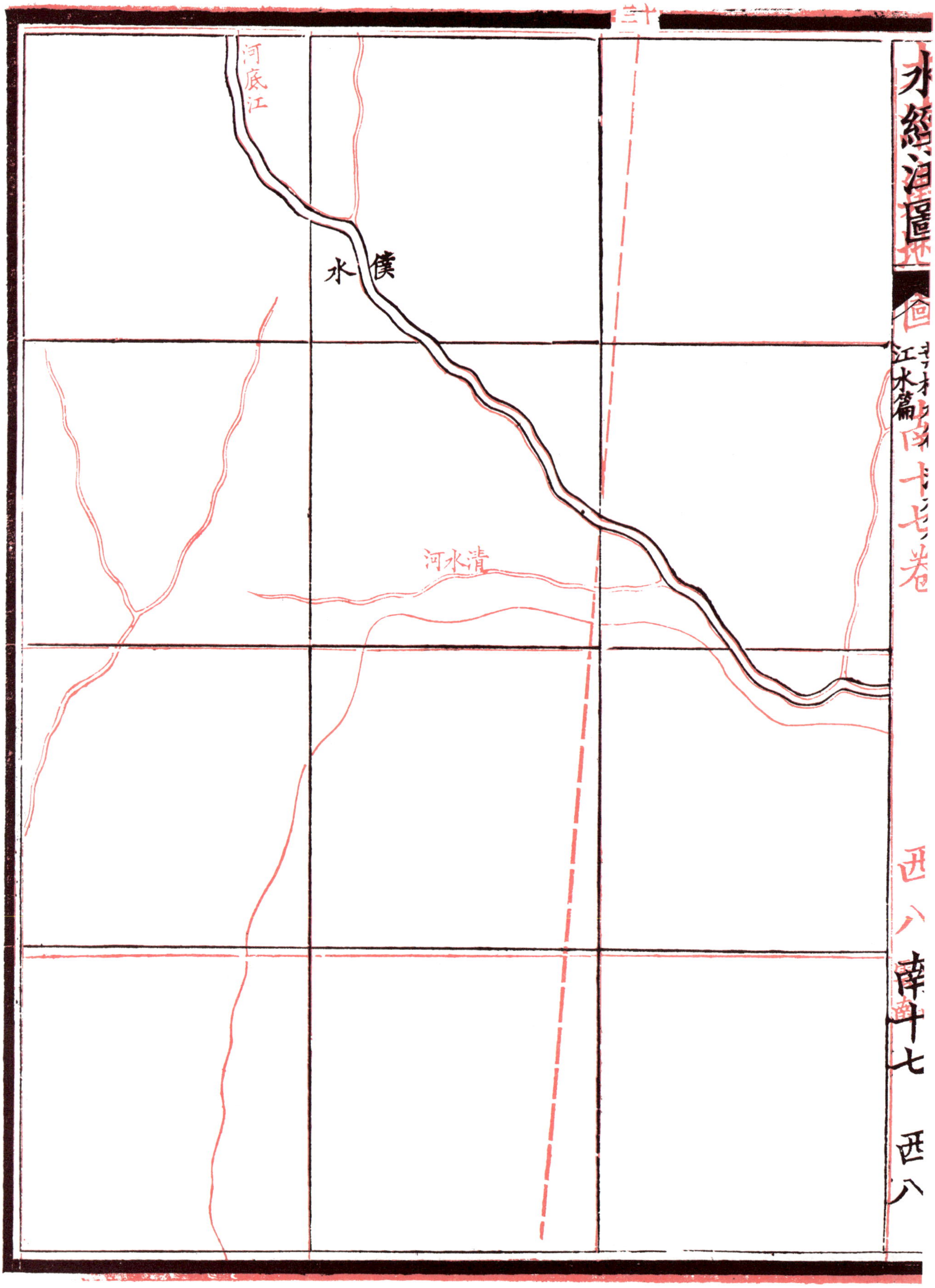
水經注圖
江水篇
河底江
僕水
清水河
南十七
西八
南十七
西八

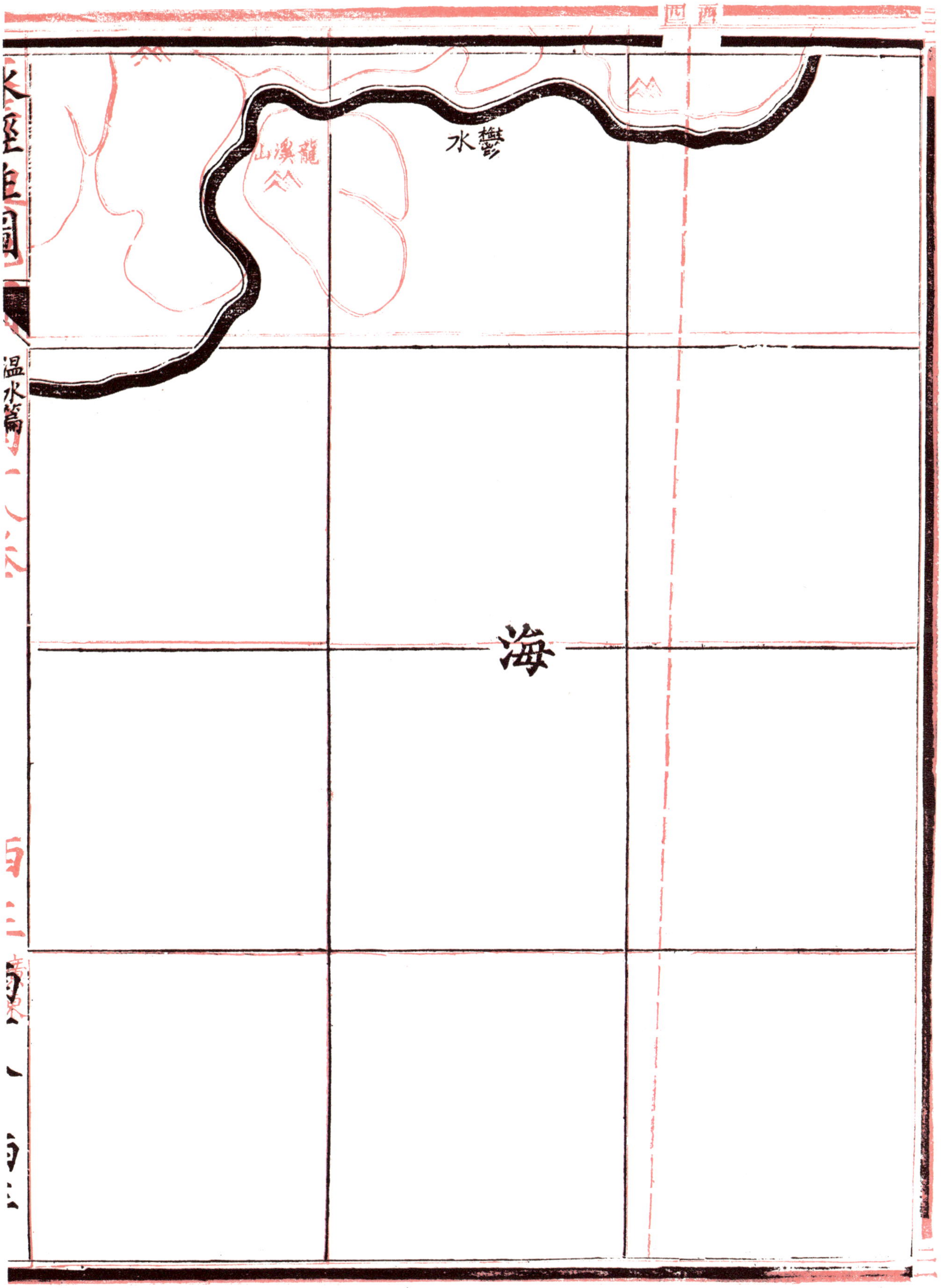
水經注圖
溫水篇
鬱水
龍溪山
海

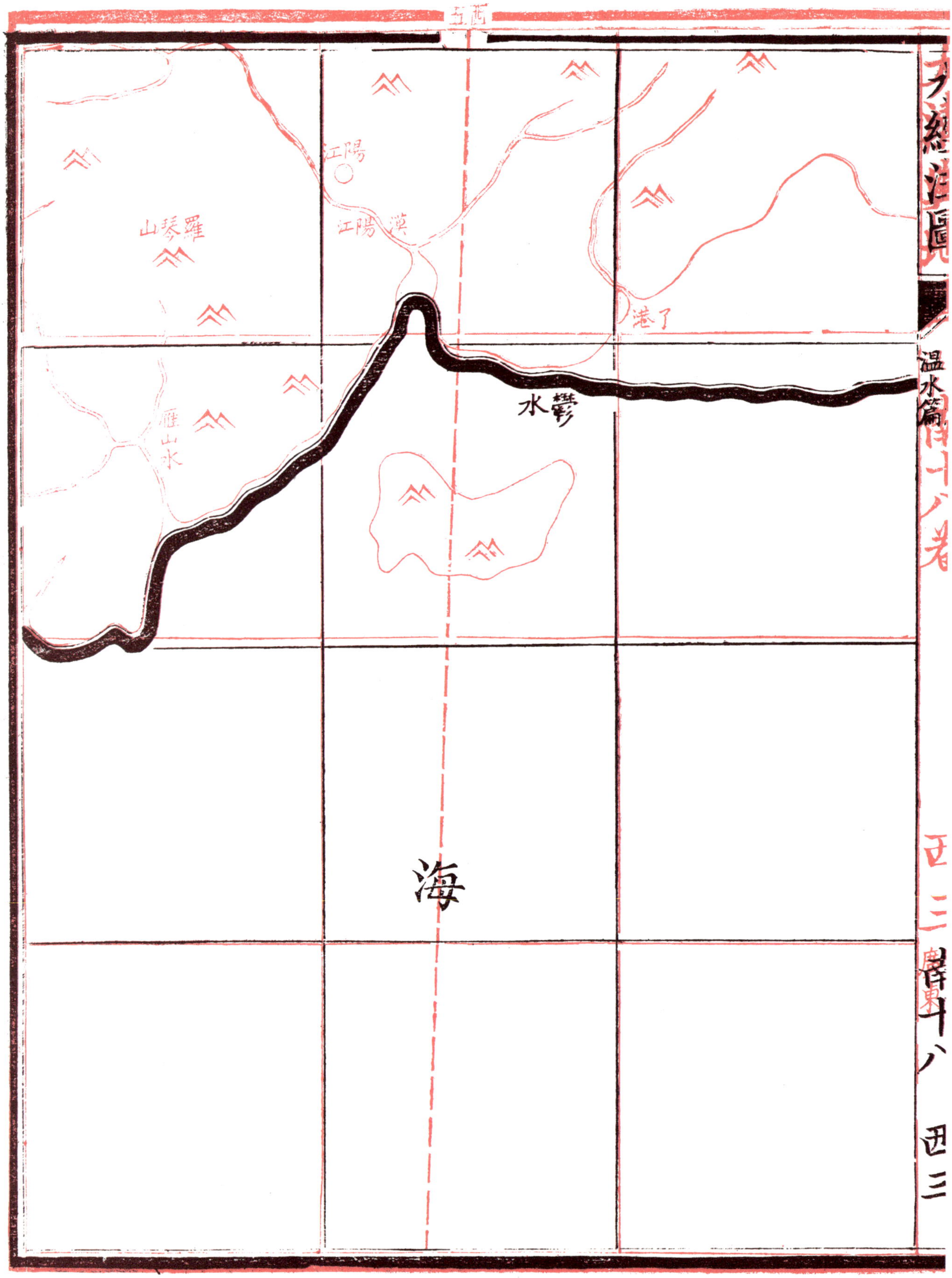
江陽
羅琴山
漢陽江
了港
鬱水
雁山水
海
水經注圖
溫水篇
南十八卷
西三
南十八
西三

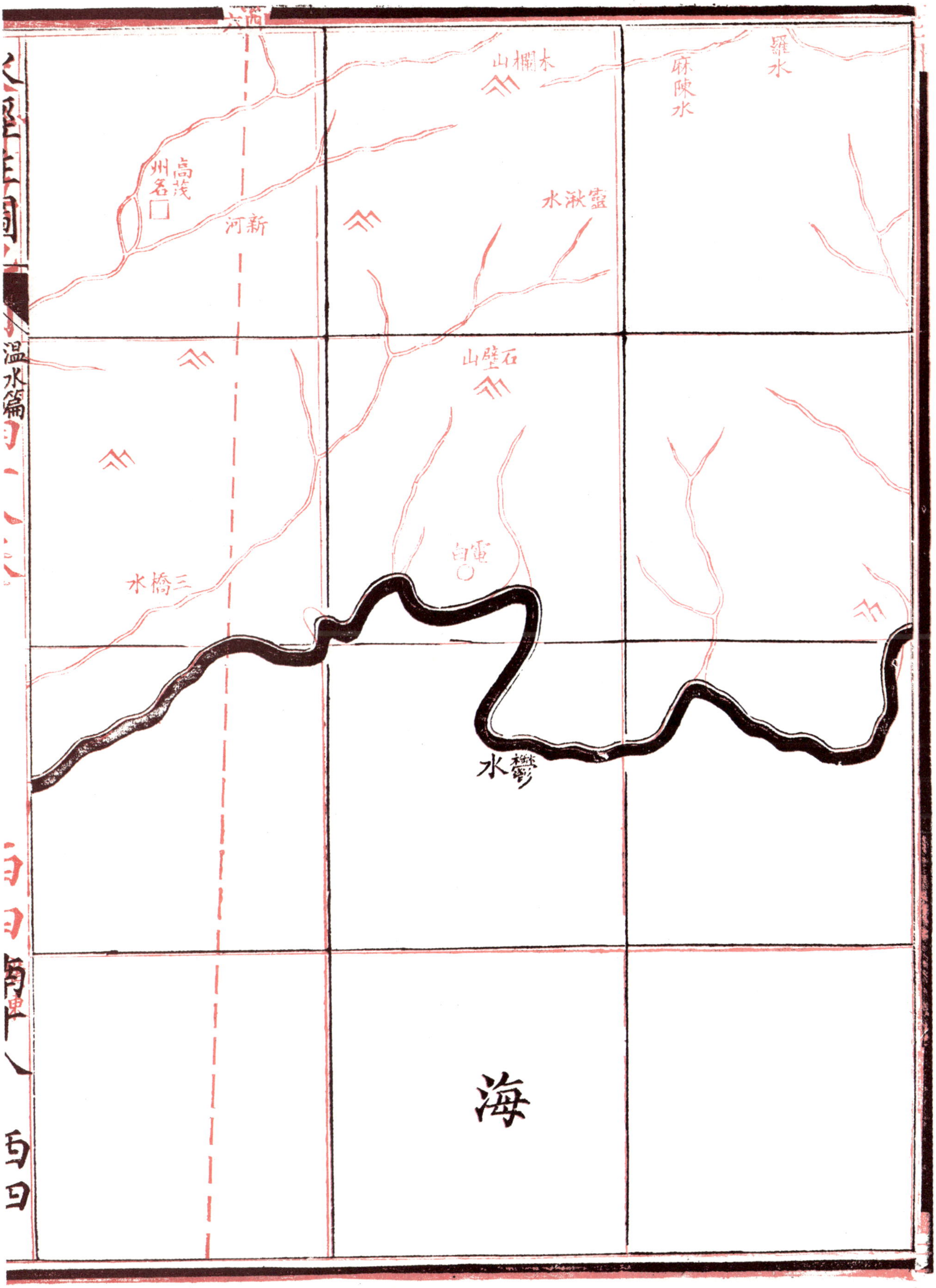
水經注圖
溫水篇
木欄山
羅水
麻陳水
高茂州名
新河
盤湫水
石壁山
三橋水
鬱水
海

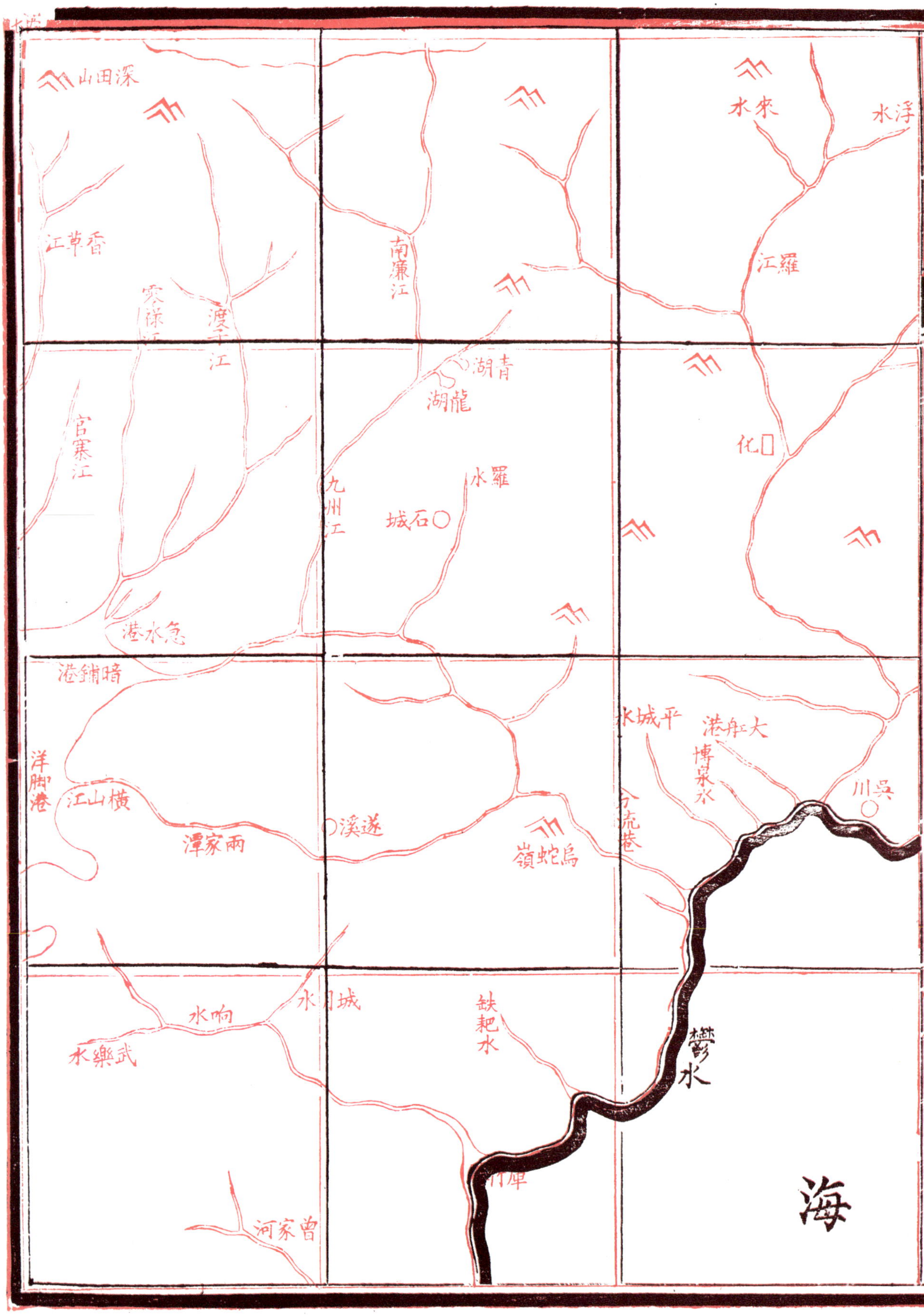
深田山
香草江
來水
浮水
南濂江
羅江
宮寨江
青湖
龍湖
羅水
九州江
石城
急水港
暗鋪港
平城水
大舡港
博泉水
吳川
洋脚港
横山江
兩家潭
遂溪
烏蛇嶺
分流港
城月水
響水
武樂水
鉄耙水
鬱水
海
曾家河

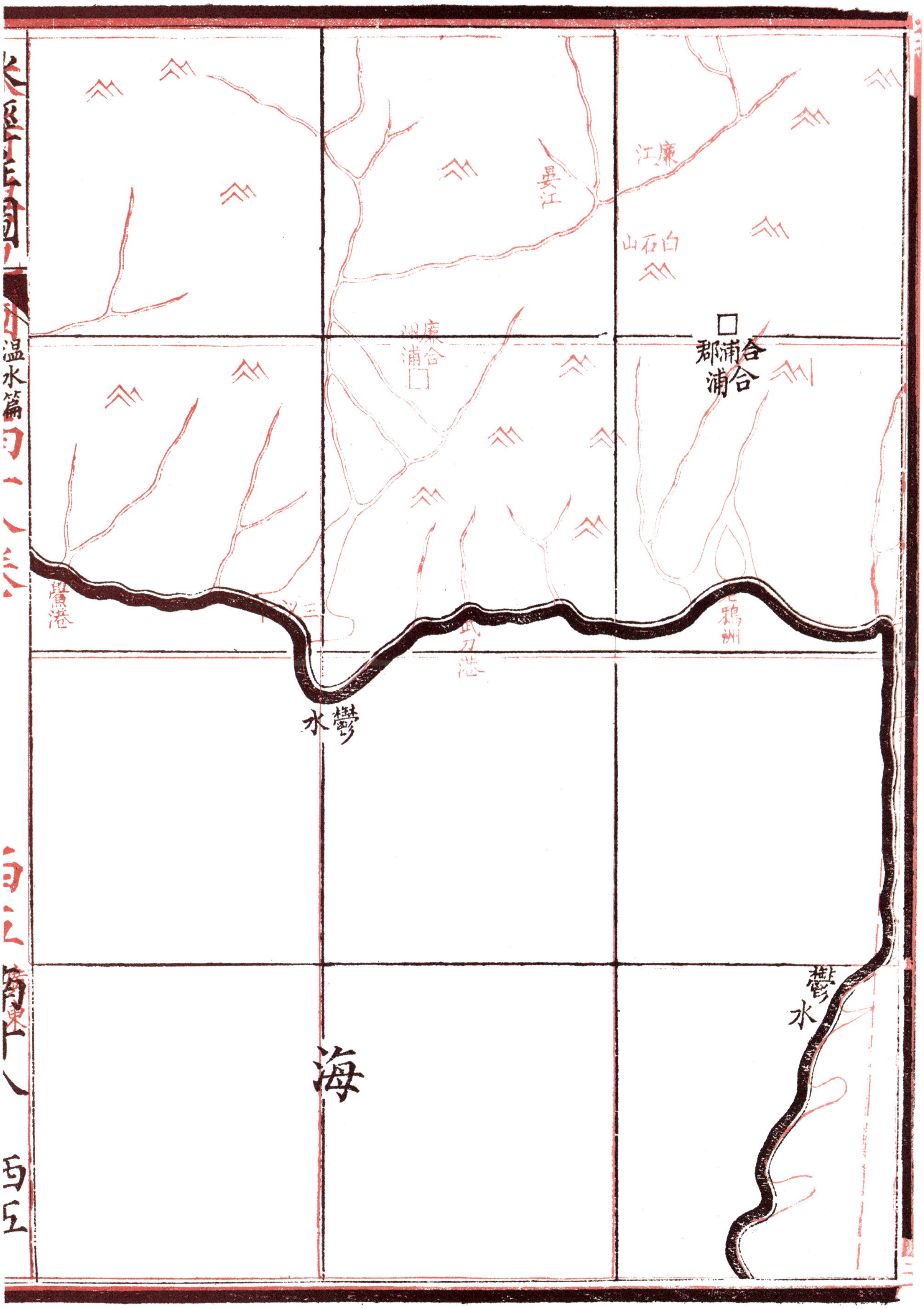
廉江
晏江
白石山
廉州合浦
合浦郡
合浦
武刀港
鬱水
鬱水
海

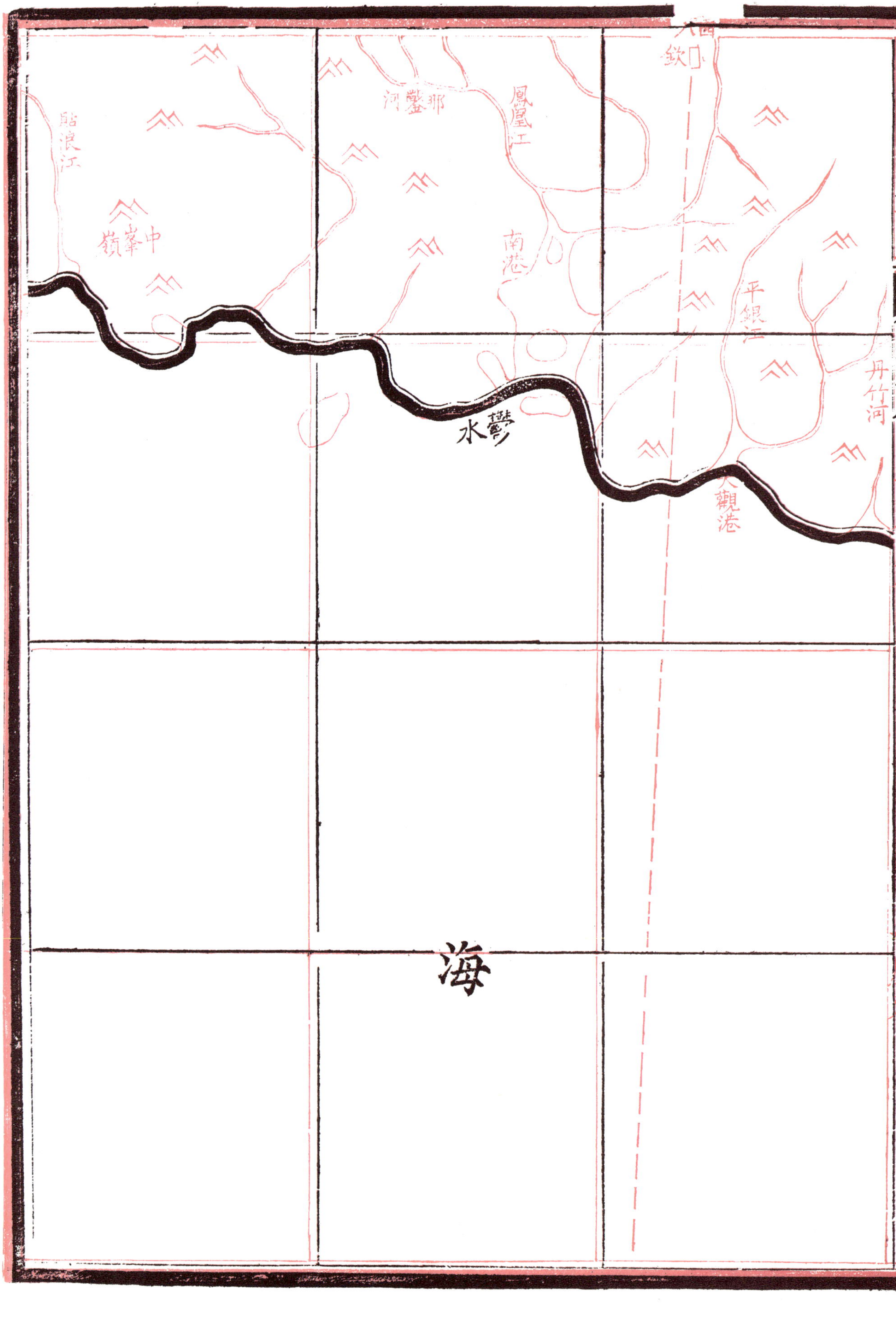
鳳凰江
南港
中峯嶺
平銀江
丹竹河
大觀港
鬱水
海

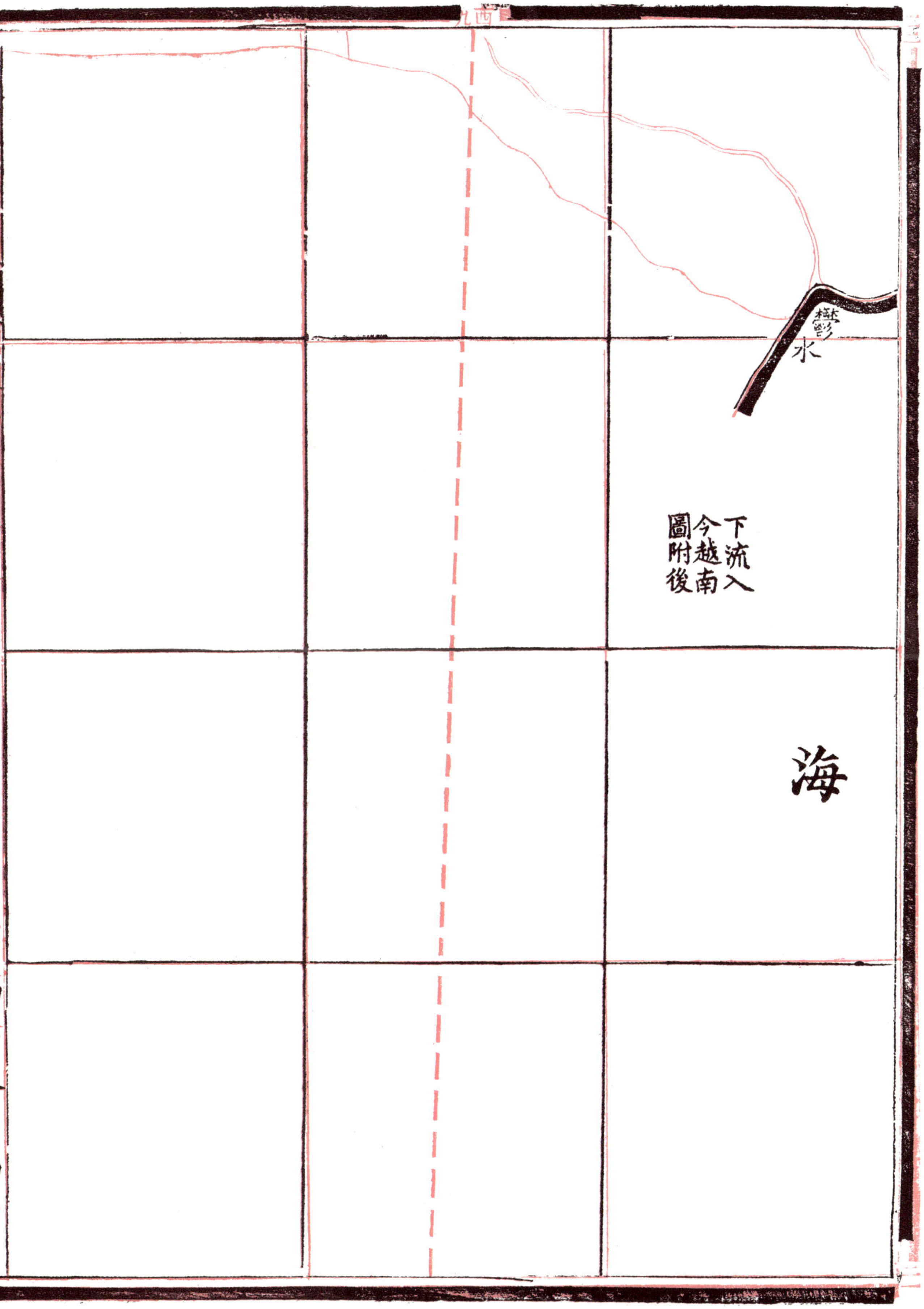
鬱水
下流入今越南圖附後
海

思陵土州

大清輿地圖 南十八卷 西二

大清輿地圖　南十八卷　西七

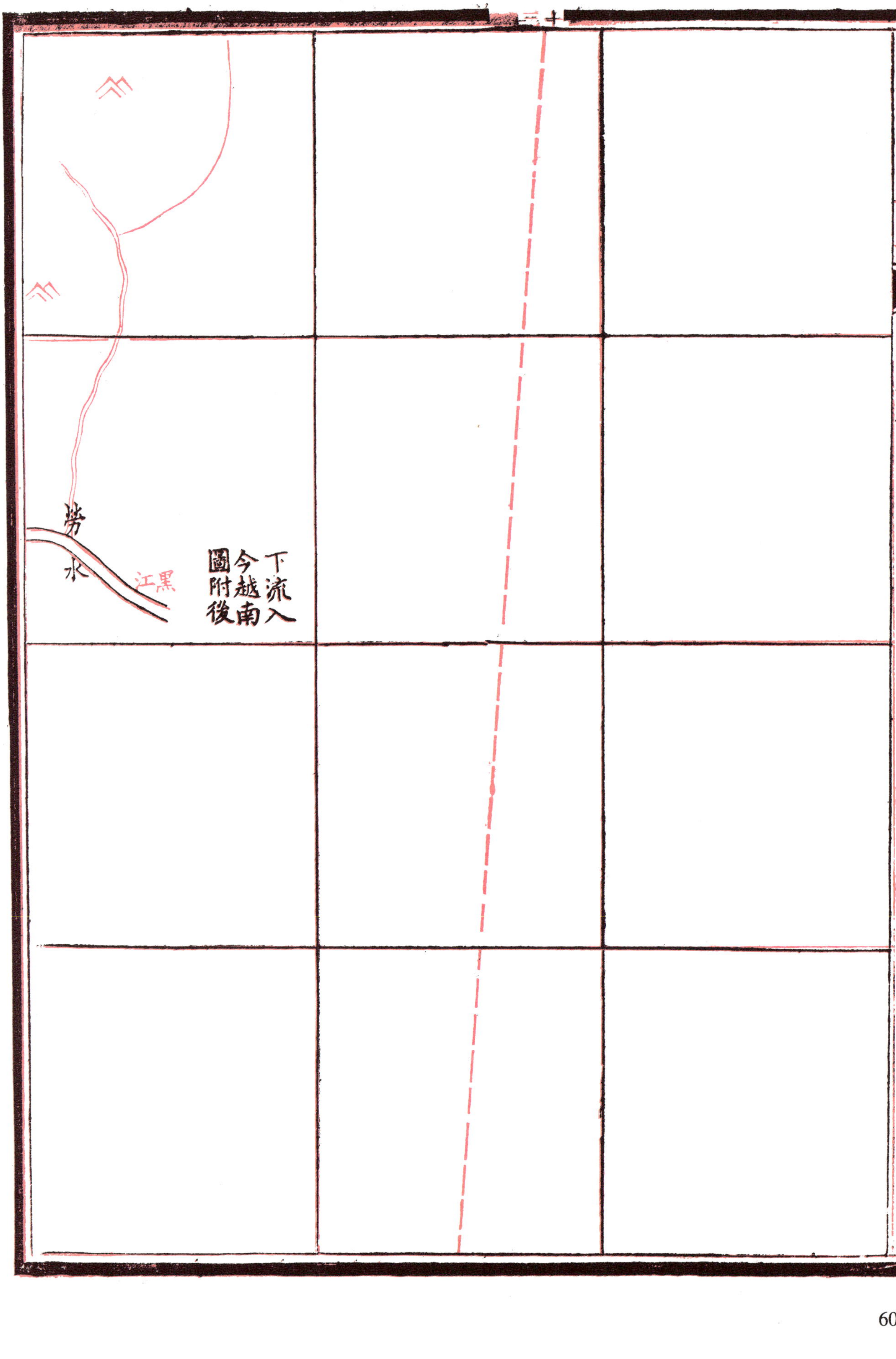
勞水
黑江
下流入今越南圖附後

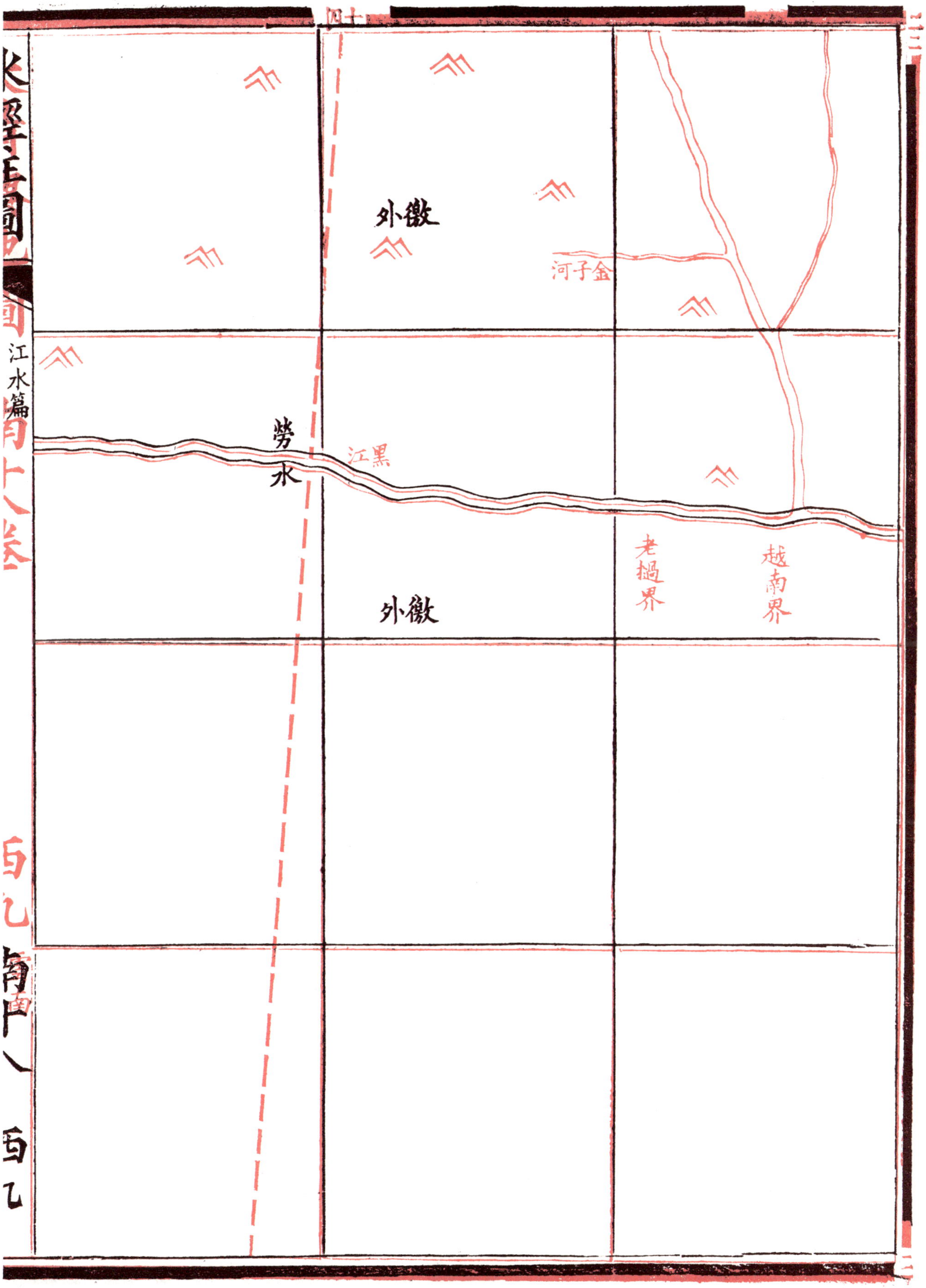
四十
水經注圖
江水篇
外徼
金子河
勞水
黑江
老撾界
越南界
外徼

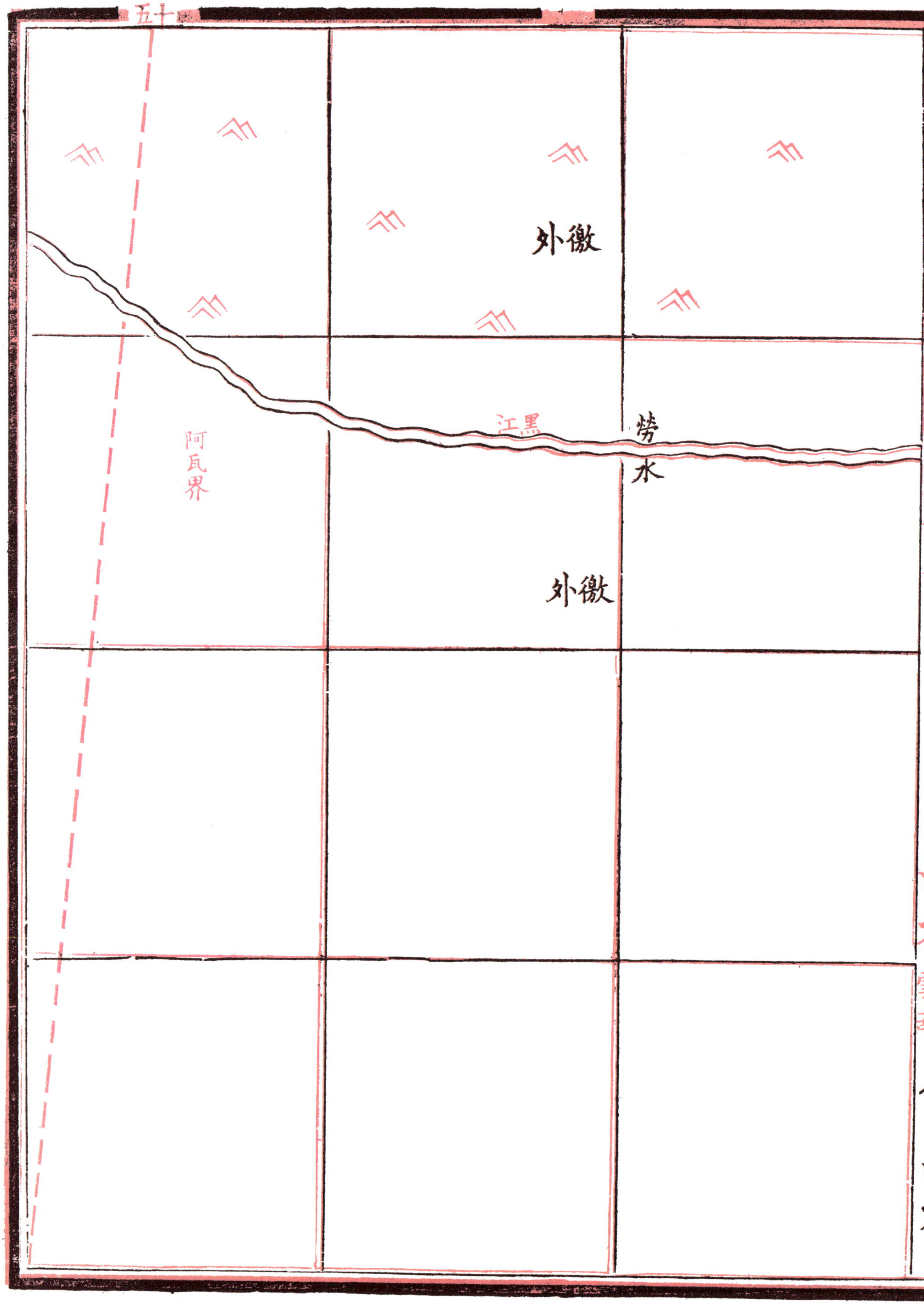
五十
徼外
黑江
勞水
阿瓦界
徼外

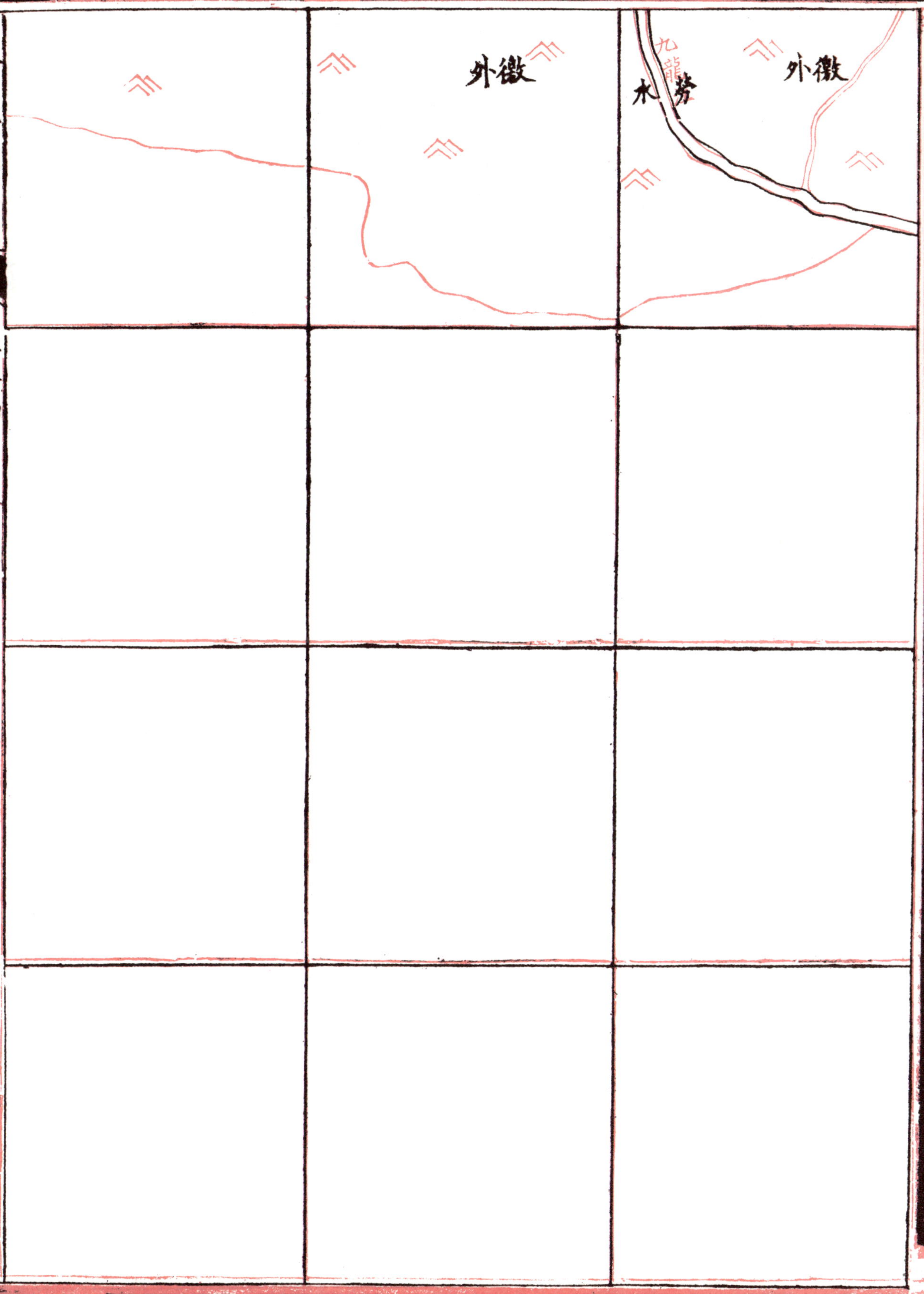
徼外
徼外
九龍
勞水

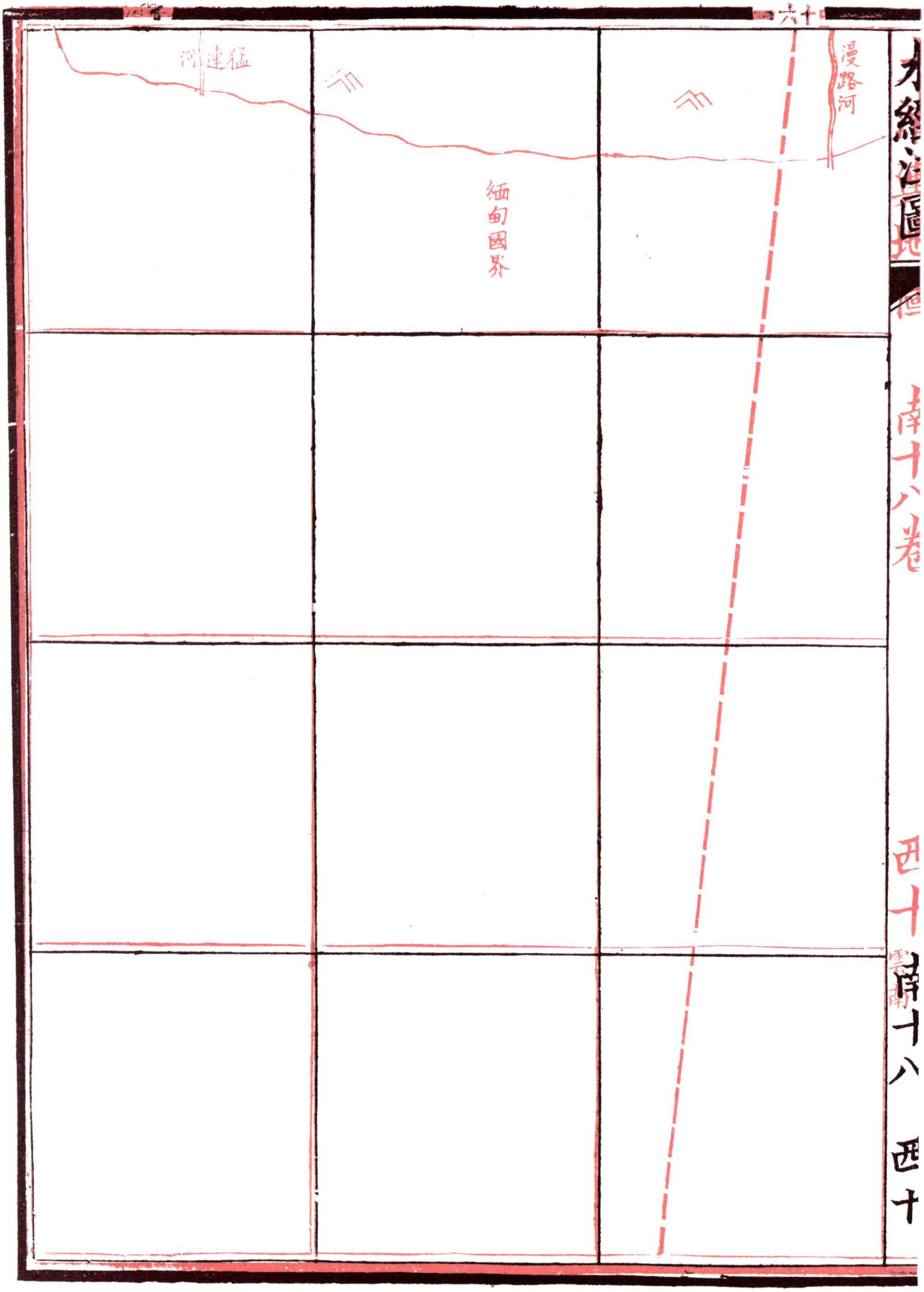
六十
猛連河
漫路河
緬甸國界
水經注圖
南十八卷
西十
南十八
西十

水經注圖
南十七卷
西四
南十九
西四
六西
海

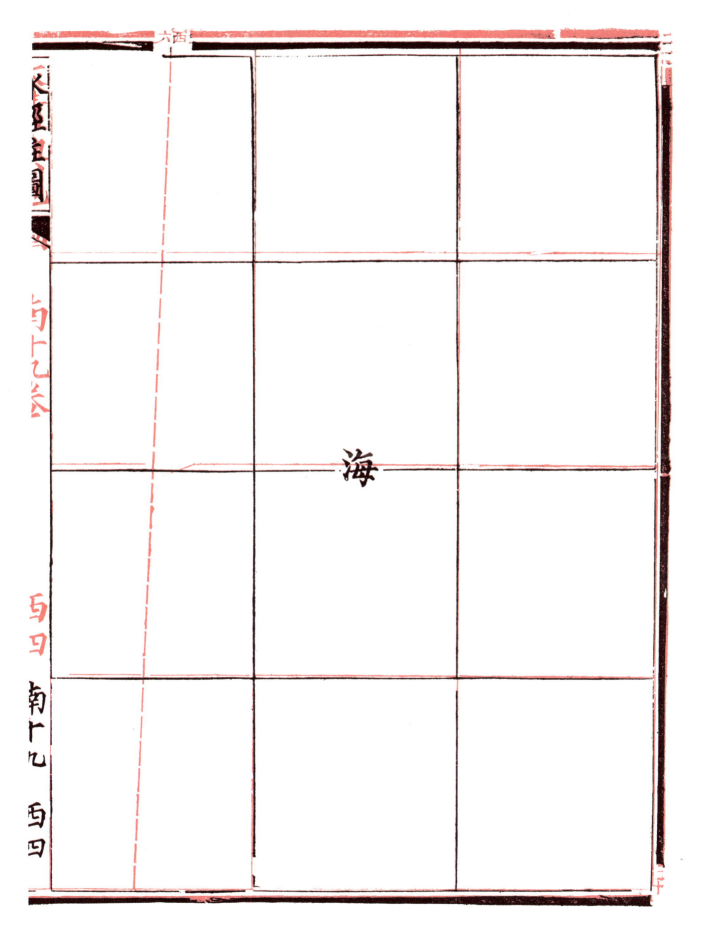

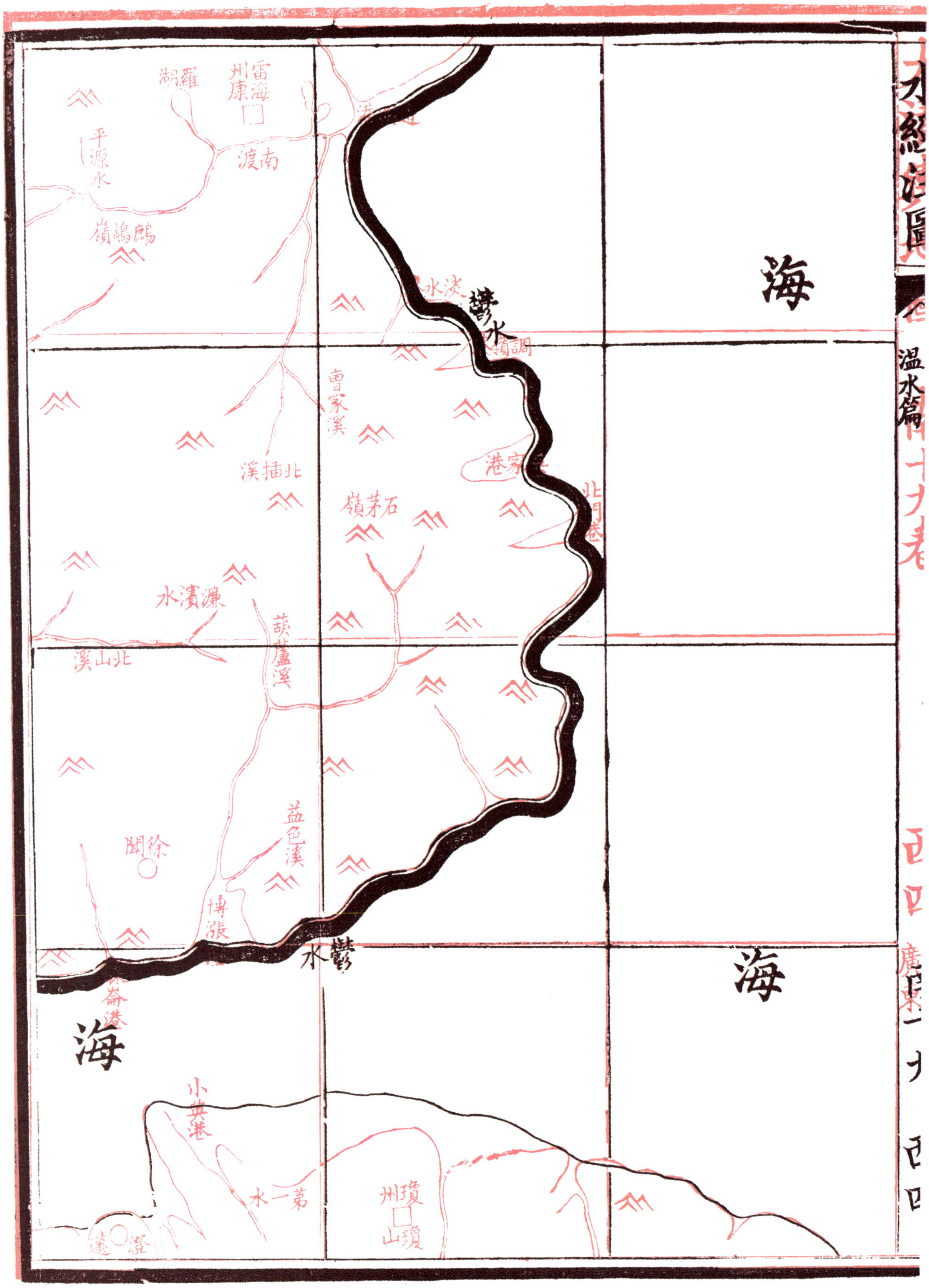
雷州
海康
羅湖
南渡
平源水
鷓鴣嶺
淡水
鬱水
調嶺
曹家溪
北插溪
石茅嶺
家港
濂濱水
葫蘆溪
北山溪
益色溪
徐聞
博漲
鬱水
海
海
海
小英港
第一水
瓊州
瓊山
澄邁

海

潭望水

水旁途

鬱水

水浪潭

港銅青

○徐
聞

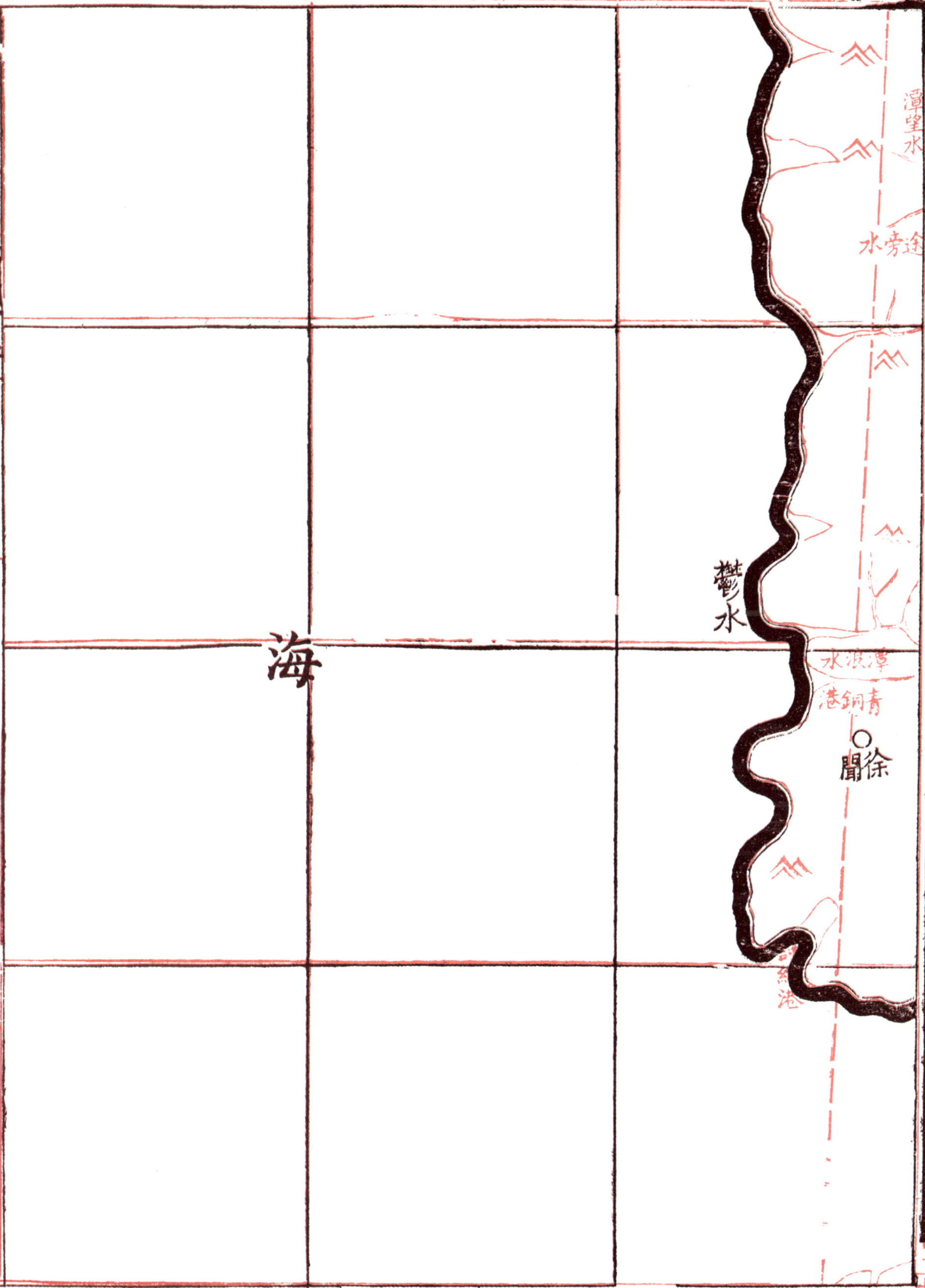

西八
水經注圖
南十九卷
西五
南十九
西五
海

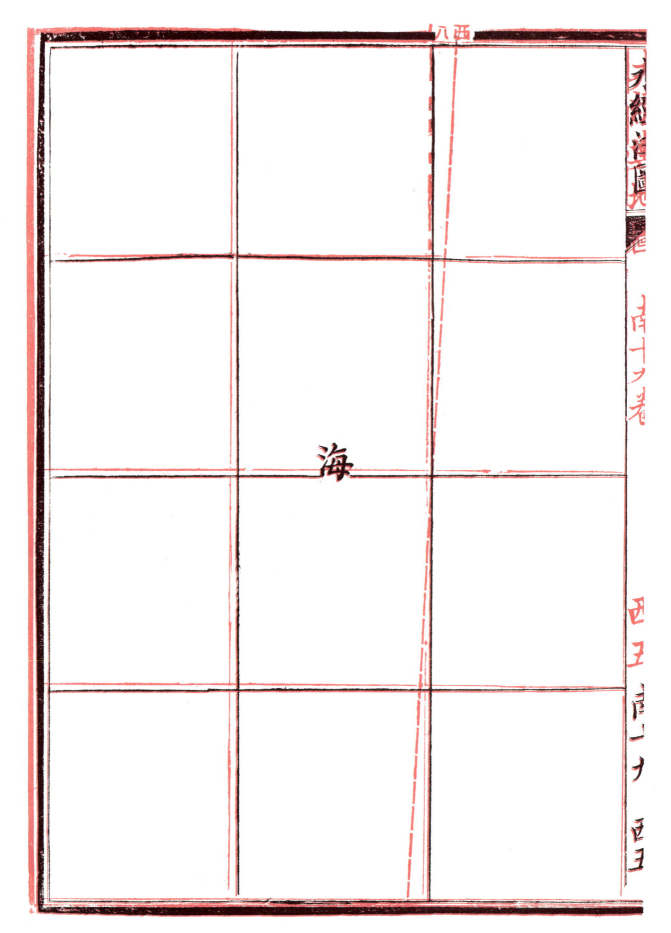

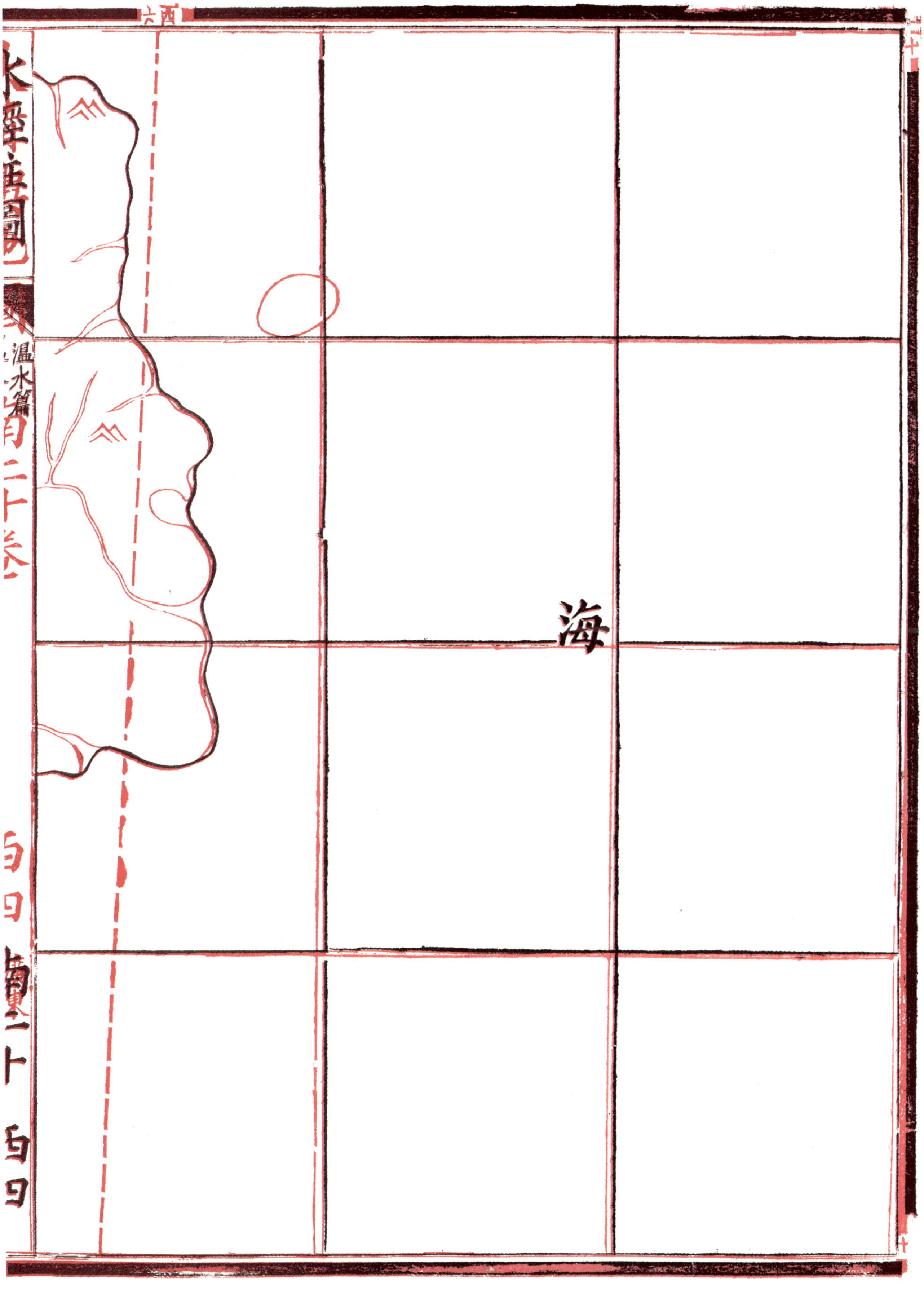
水經注圖
溫水篇
海

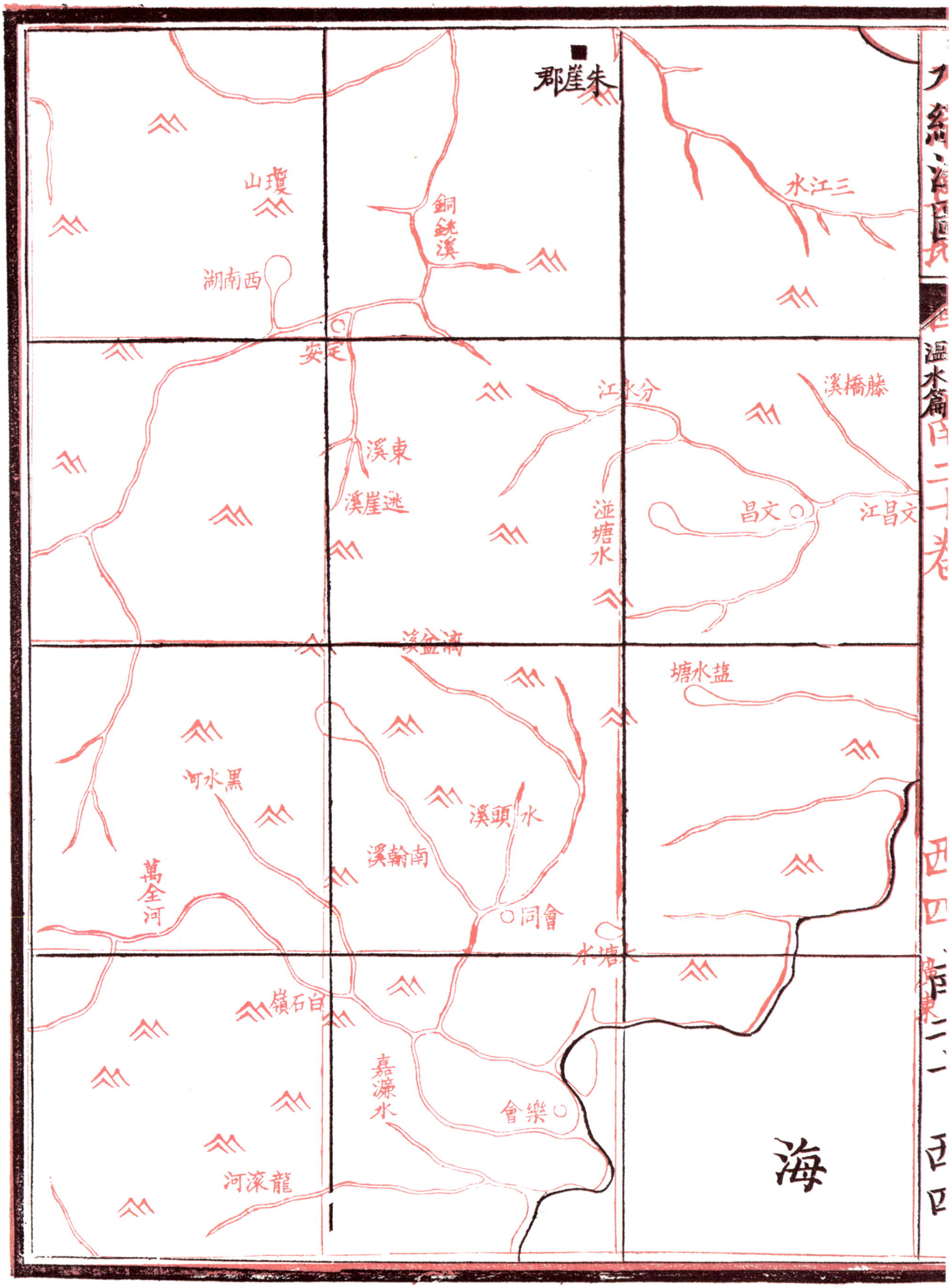
朱崖郡
三江水
瓊山
銅鼓溪
西南湖
安定
溫水篇
分水江
滕橋溪
東溪
逃崖溪
溢塘水
文昌
文昌江
滴盆溪
鹽水塘
黑水河
水頭溪
南輸溪
萬全河
會同
大塘水
白石嶺
嘉濼水
樂會
龍滚河
海

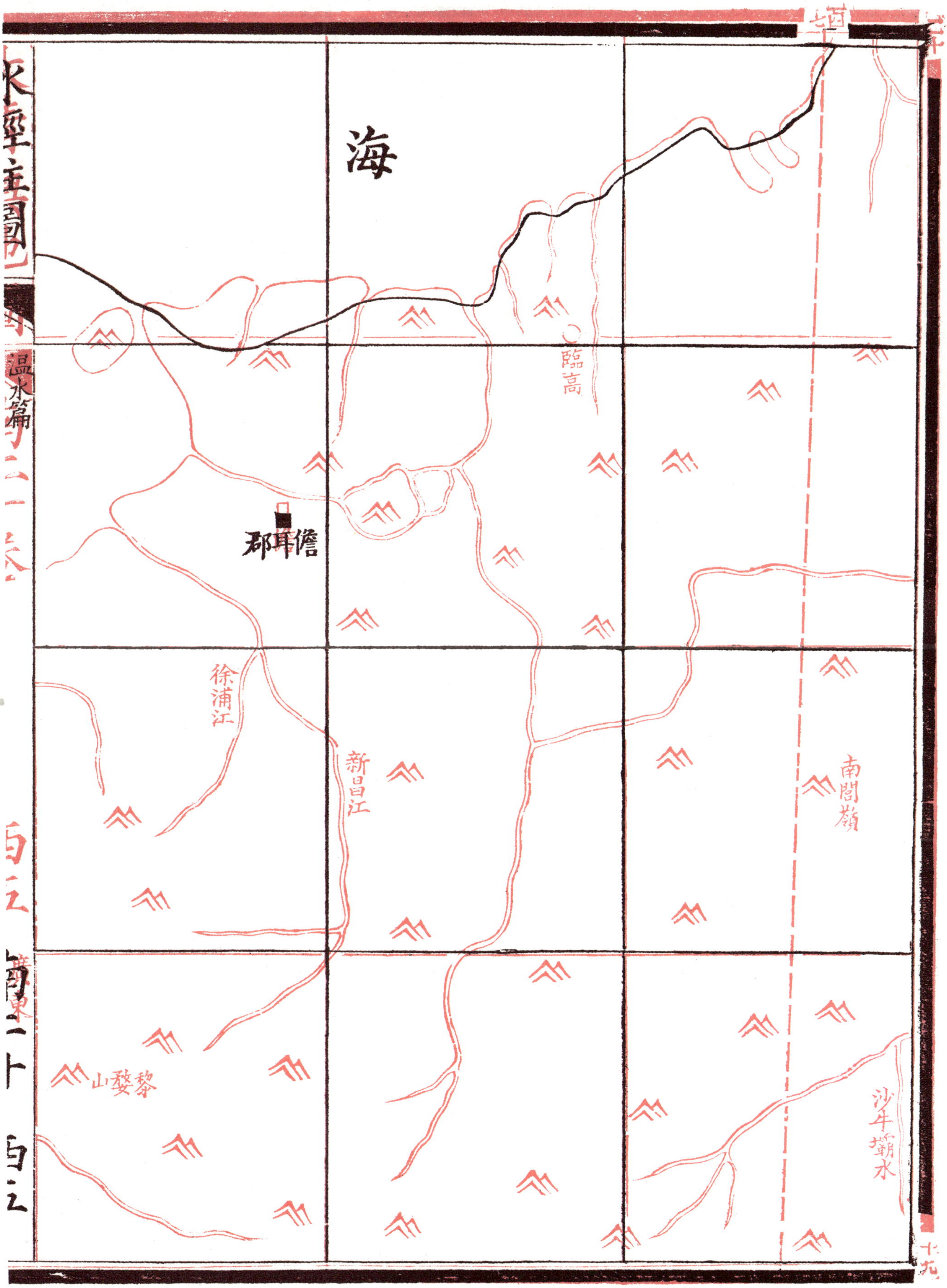
水經注圖
溫水篇
海
臨高
儋耳郡
徐浦江
新昌江
南閭嶺
黎婺山
沙牛嶺水

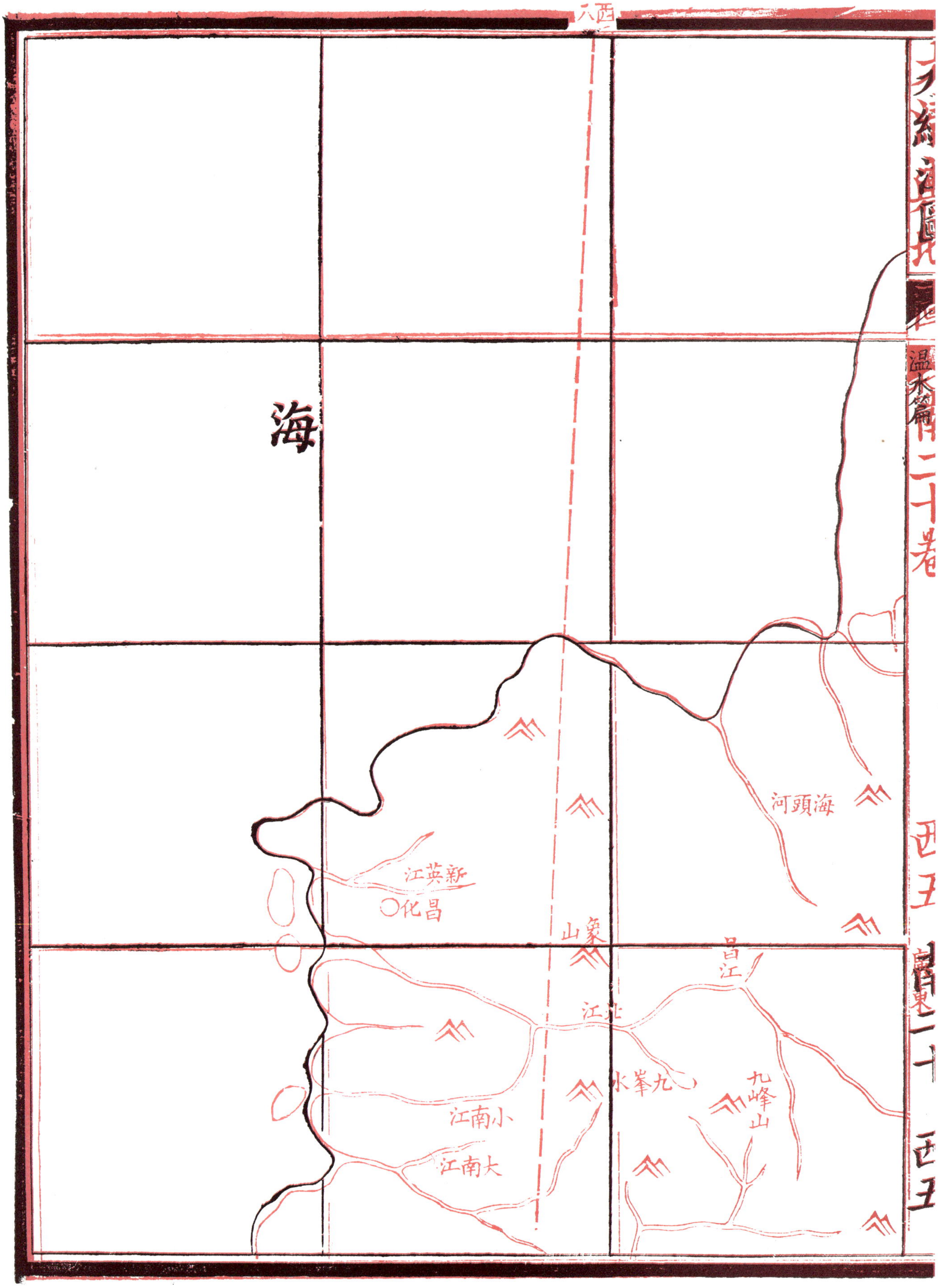
西六
海
新英江
昌化
海頭河
象山
昌江
北江
九峯水
九峯山
小南江
大南江
溫水篇

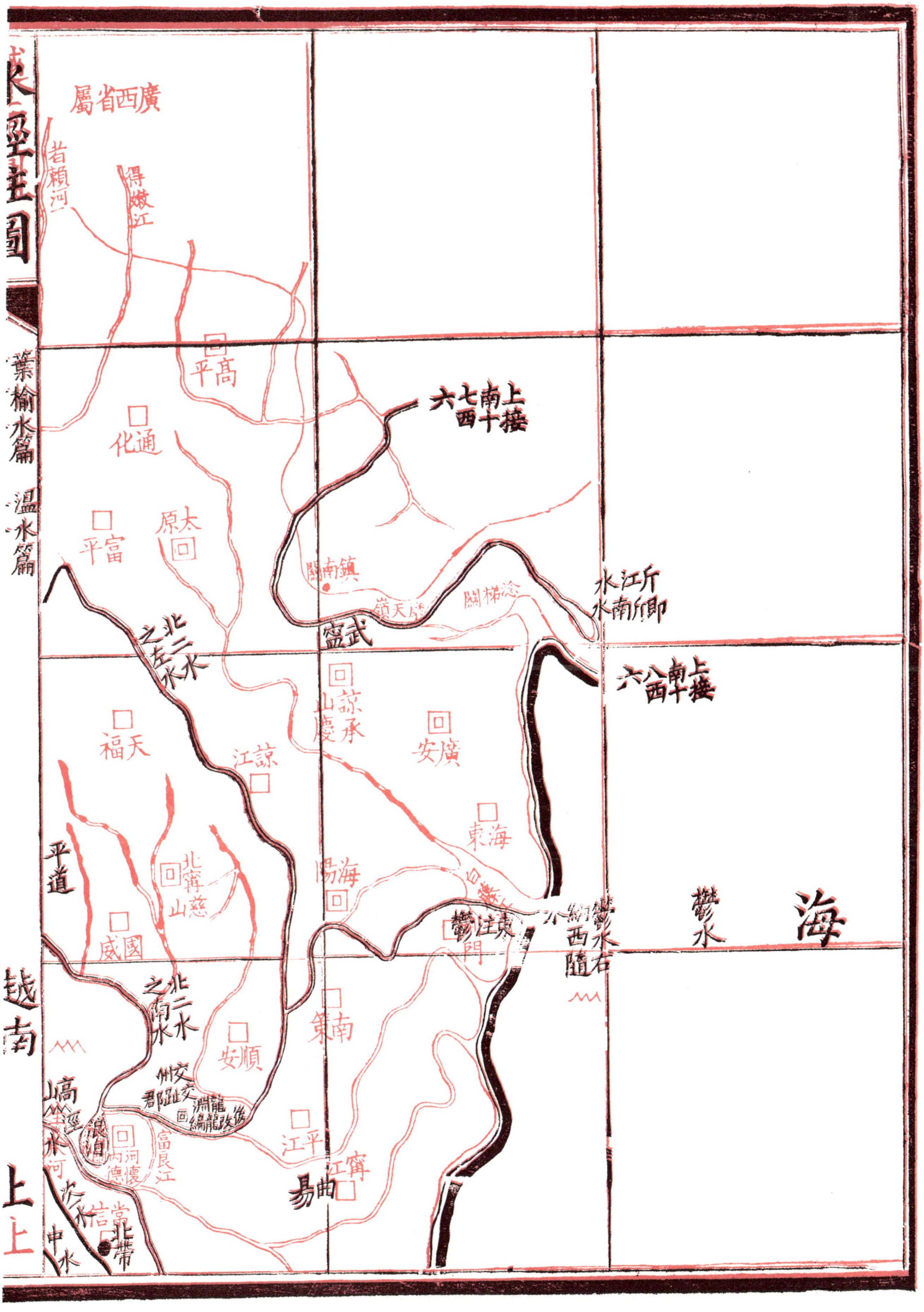
廣西省屬
高平
通化
太原
富平
上接南七十西六
鎮南關
上接南八十西六
廣安
天福
海東
海陽
北寧
慈山
國威
平道
北二水之左水
北二水之南水
海
鬱水
越南
安順
交州
交阯郡
龍編
富良江
平江
寧江
曲易

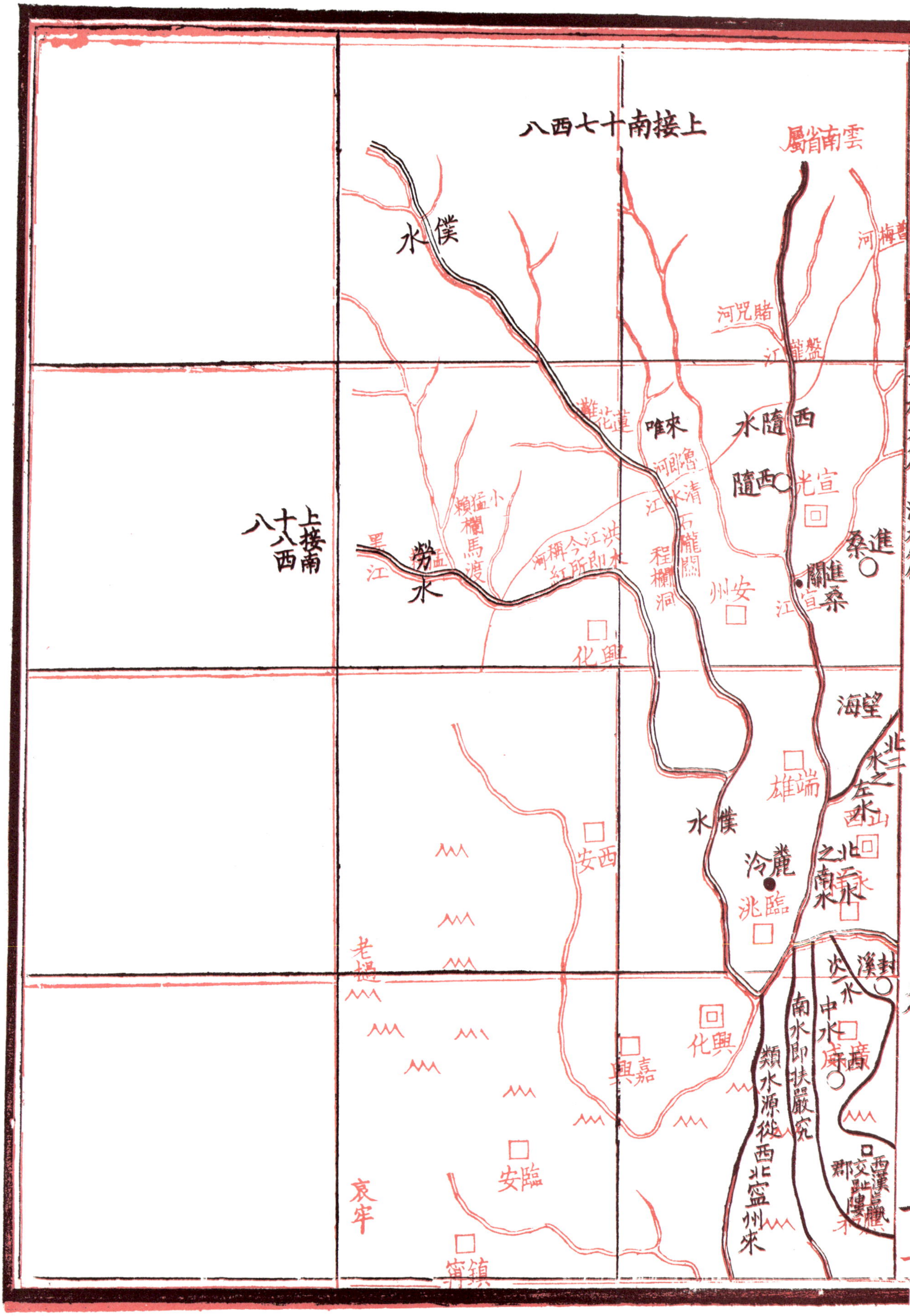
上接南十七西八
雲南省屬
僕水
普梅河
賭咒河
盤龍江
道花灘
來唯
西隨水
隨西
宣光
清水江
上接南十八西八
勞水
石龍關
程爛洞
安州
進桑
進桑關
興化
望海
端雄
北二水之左水
北二水之南水
麓泠
臨洮
封溪
安西
興化
嘉興
臨安
南水即扶嚴究
類水源從西北益州來
老撾
哀牢

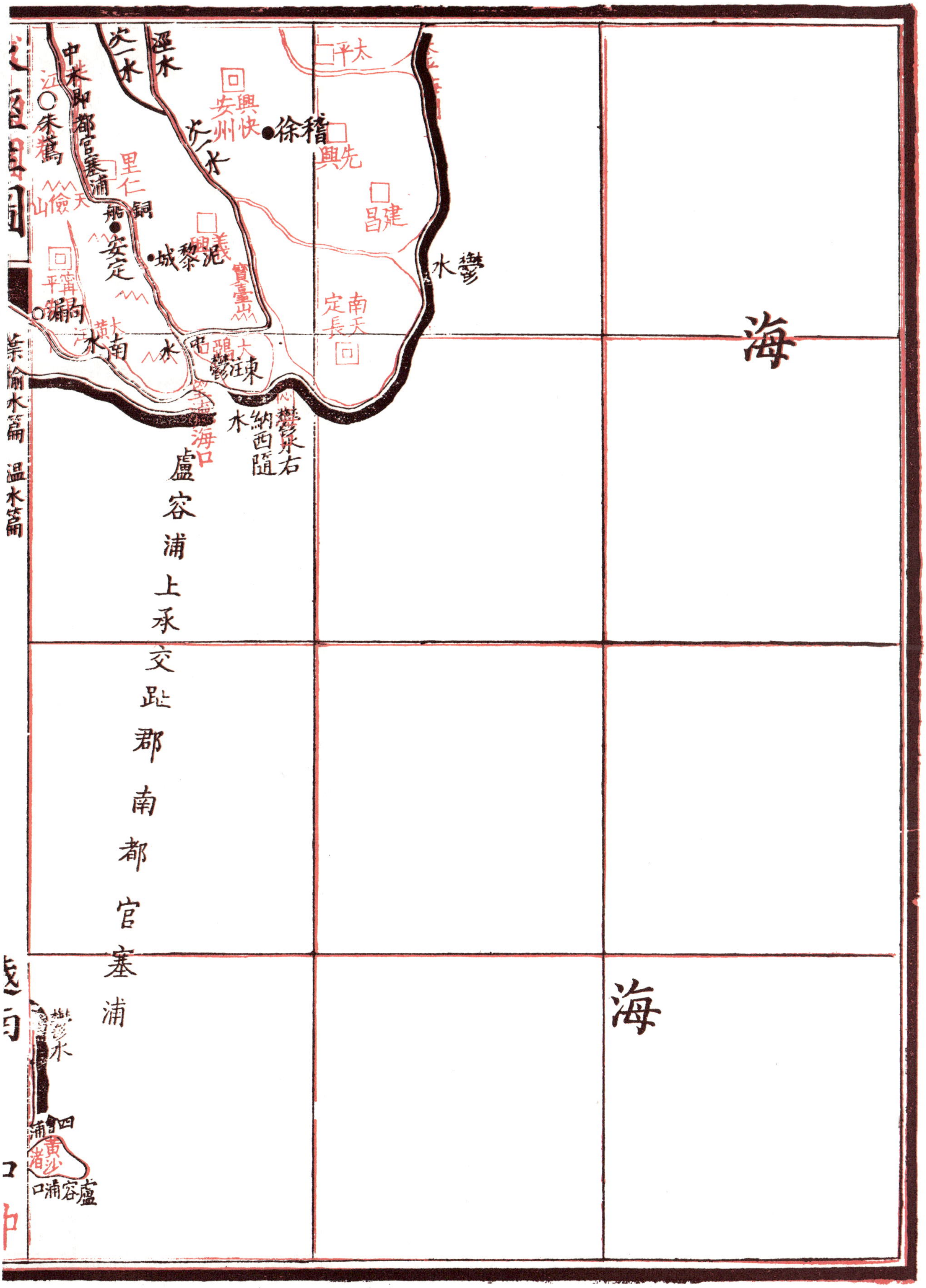
海
海
盧容浦上承交趾郡南都官塞浦
鬱水
葉榆水篇
温水篇

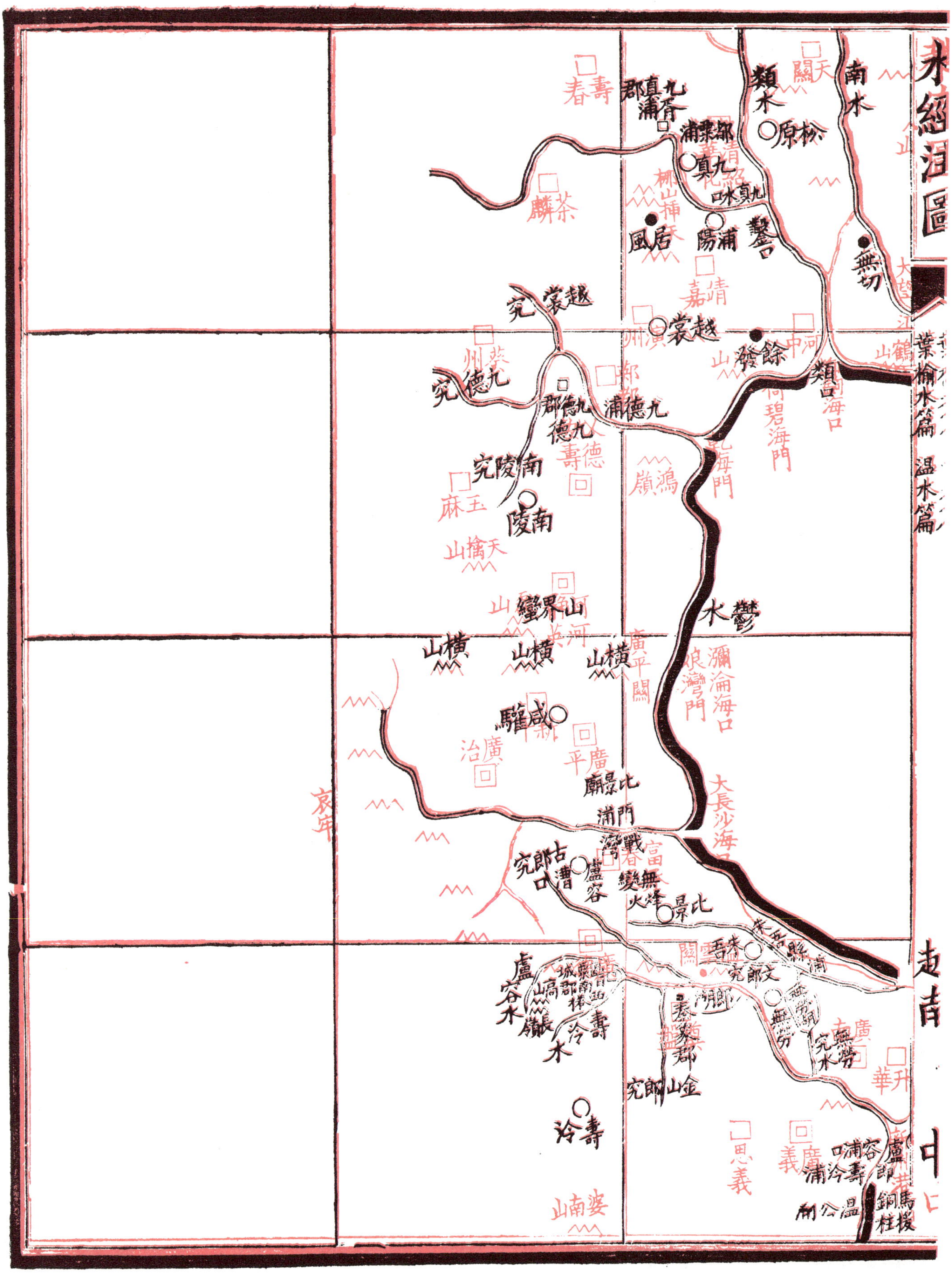
水經注圖
葉榆水篇
溫水篇
九真郡
九真浦
九真
類水
松原
南水
無切
居風
浦陽
越裳
越裳究
餘發
九德
九德郡
九德浦
南陵究
南陵
界山
鬱水
橫山
咸驩
比景廟
門浦
戰灣
古郎究
盧容
無變
比景
朱吾
文郎究
盧容水
泠水
壽泠
金山
郎究
盧容浦口
壽泠浦
溫公浦
馬援銅柱
壽春
天關
茶陵
大長沙海口
山南婆
思義
義廣

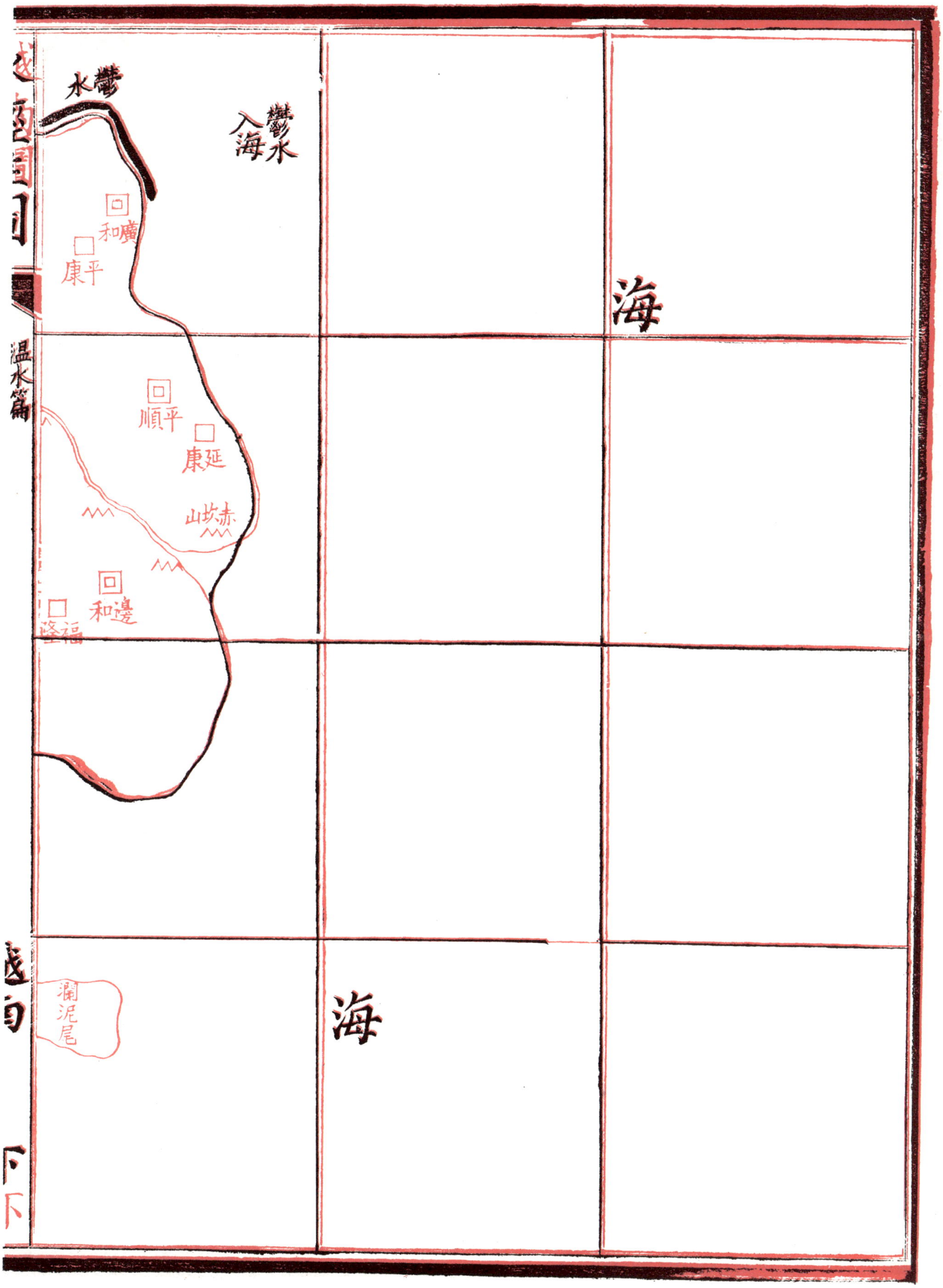
溫水篇
鬱水
鬱水入海
廣和
平康
海
平順
延康
赤坎山
邊和
福隆
瀾泥尾
海
下

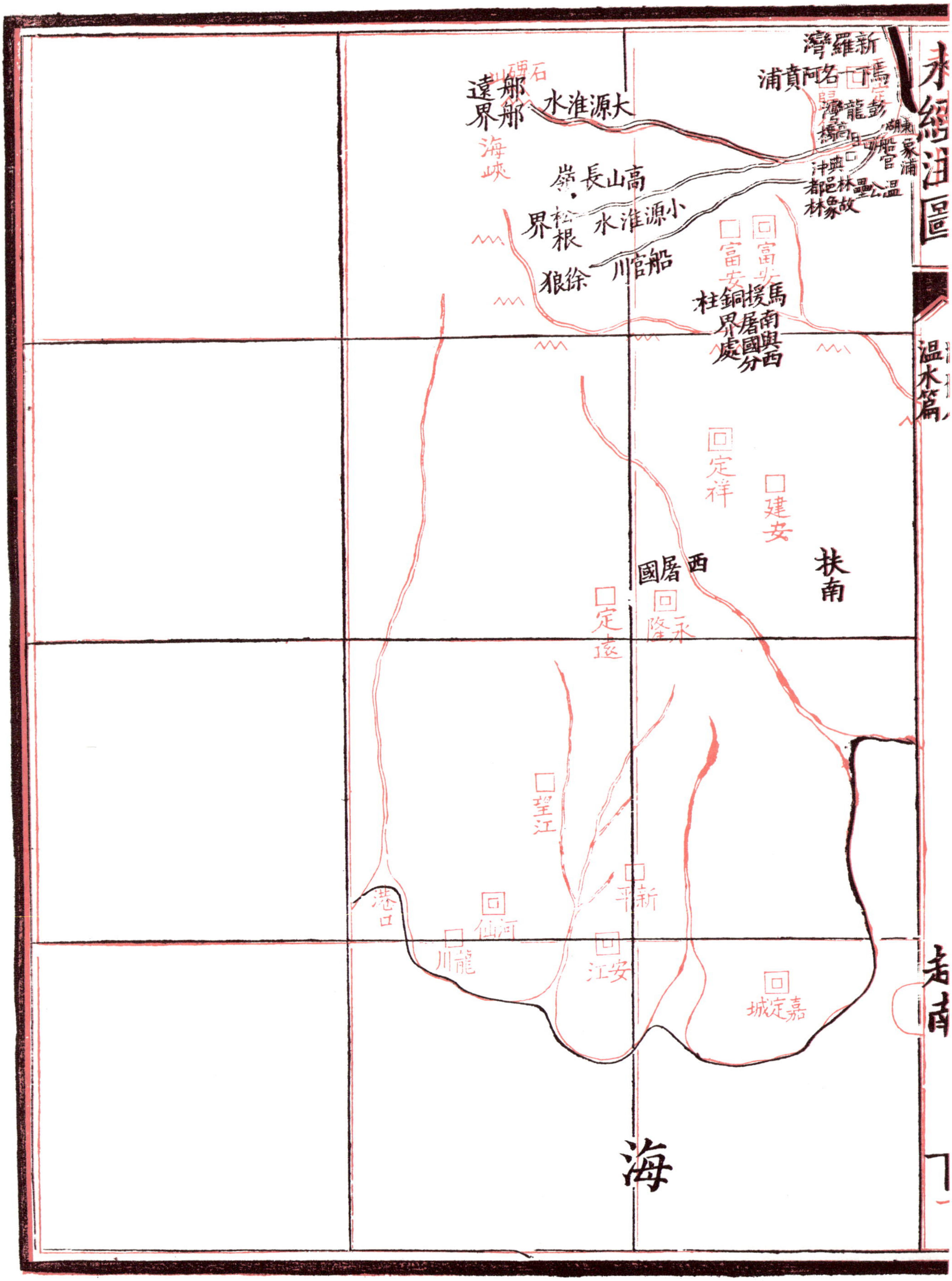
新羅灣
名阿貢浦
大源淮水
郁郁遠界
石碑
海峽
高山長嶺
小源淮水
松根界
船官川
徐狼
富安
富安
馬援南與西屠國分界銅柱處
定祥
建安
西屠國
扶南
定遠
永隆
望江
新平
港口
河仙
龍川
安江
嘉定城
海

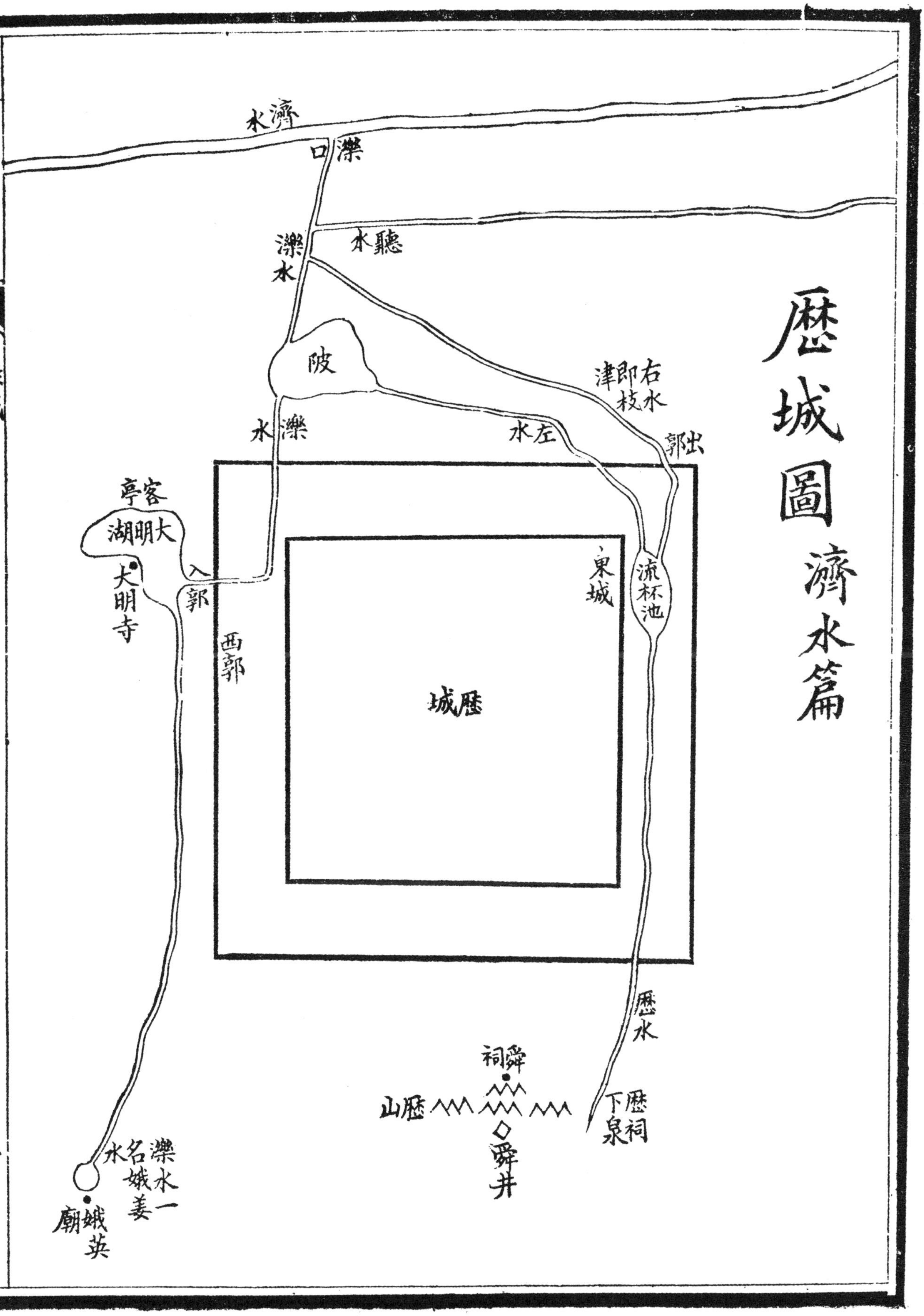
歷城圖
濟水篇
濟水
濼口
聽水
濼水
陂
右水郎枝津
出郭
左水
濼水
客亭
大明湖
入郭
大明寺
西郭
東城
流杯池
歷城
歷水
舜祠
歷山
舜井
歷祠下泉
濼水一名娥姜水
娥英廟

鄴城圖

洹水篇
濁漳水篇

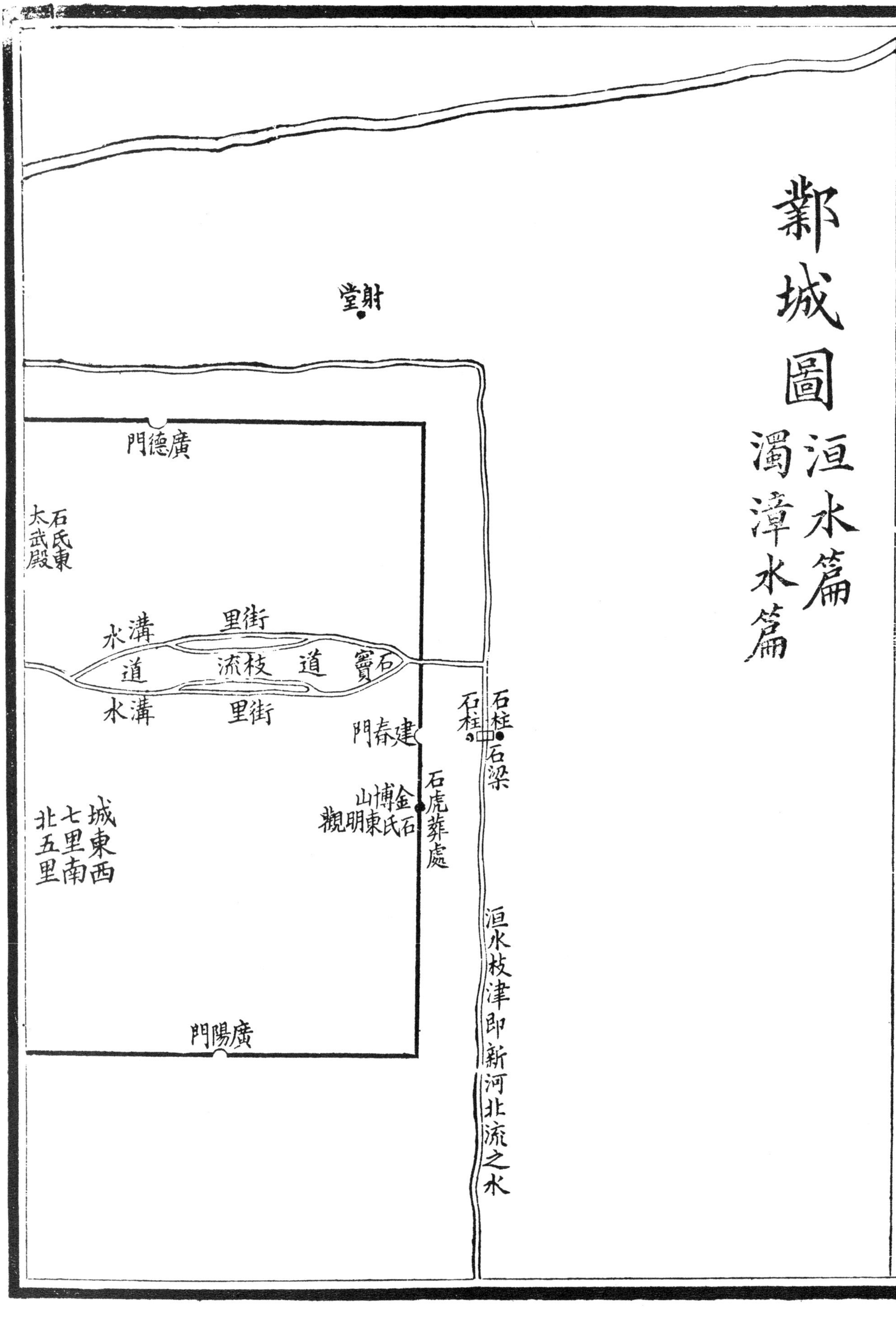
射堂
廣德門
石氏東太武殿
街里
溝水
道
枝流
道
石竇
溝水
街里
建春門
石柱
石柱
石梁
石虎葬處
金博山
石氏東明觀
城東西七里南北五里
洹水枝津即新河北流之水
廣陽門

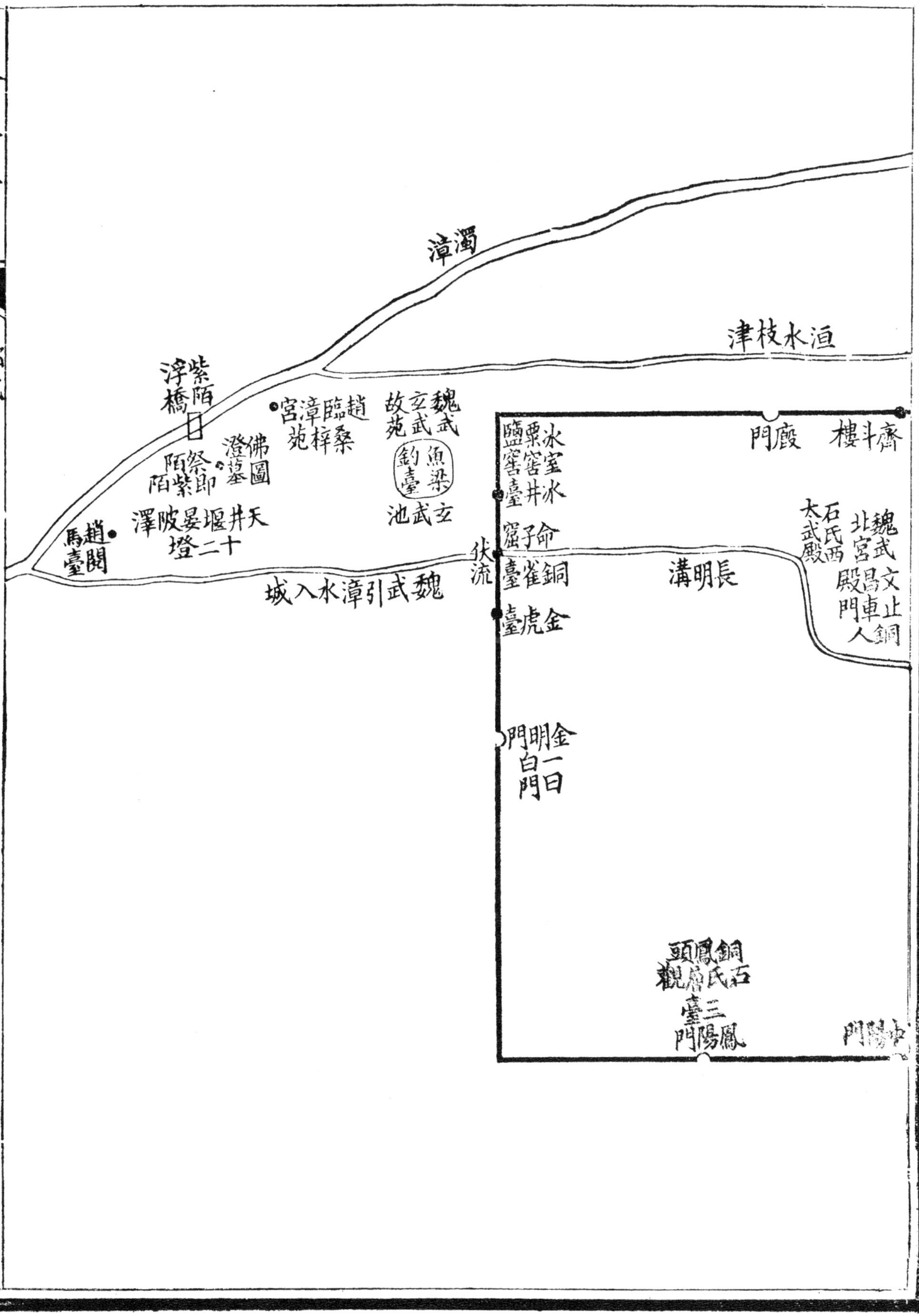
濁漳
洹水枝津
紫陌浮橋
趙臨漳宮
桑梓苑
魏武玄武故苑
魚梁釣臺
玄武池
佛圖澄墓
祭陌即紫陌
天井堰晏陂澤
二十墱
趙閱馬臺
魏武引漳水入城
伏流
冰室
粟窖
鹽窖
冰井臺
命子窟
銅雀臺
金虎臺
長明溝
金明門
一曰白門
齊斗樓
廄門
魏武北宮文昌殿門止車銅人
石氏西太武殿
銅鳳頭
石氏鳳觀
三臺
鳳陽門
中陽門

洛陽城圖 穀水篇

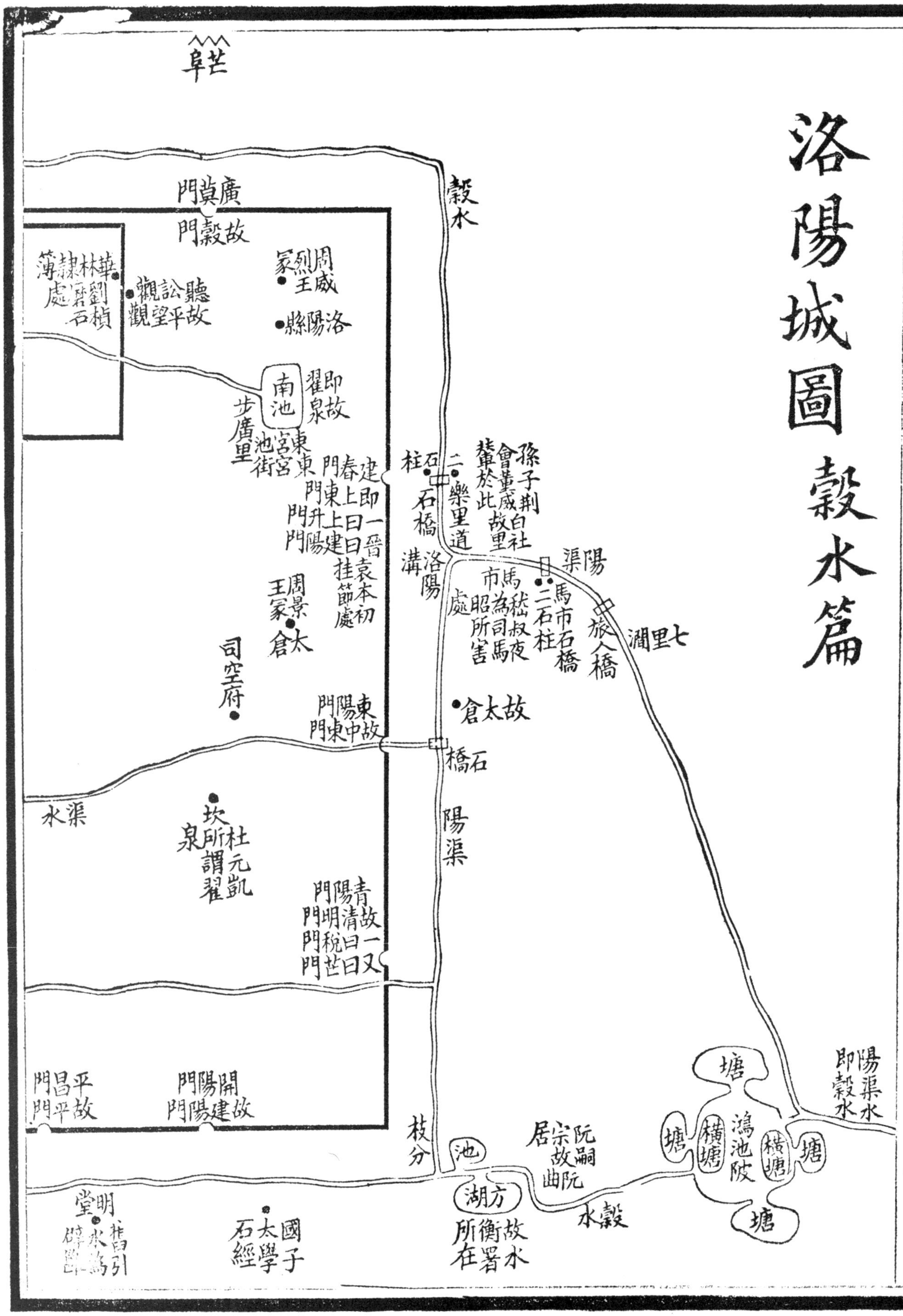
芒阜
廣莫門
故穀門
穀水
周威烈王冢
洛陽縣
聽訟觀
故平望觀
華林隸簿
劉楨磨石處
南池
即故翟泉
東宮池
步廣里
東宮街
建春門
即上東門
一曰上升門
晉曰建陽門
袁本初挂節處
石柱
二石橋
樂里道
孫子荆會董威輦於此
白社故里
洛陽溝
陽渠
二石柱
馬市石橋
旅人橋
七里澗
馬市
嵇叔夜為司馬昭所害處
周景王冢
太倉
司空府
東陽門
故中東門
故太倉
石橋
陽渠
渠水
杜元凱所謂翟泉
青陽門
故清明門
又一曰稅門
一曰芒門
平昌門
故平門
開陽門
故建陽門
枝分
池
方湖
阮嗣宗故居
阮曲
穀水
故水衡署所在
國子太學石經
明堂
塘
橫塘
鴻池陂
陽渠水
即穀水

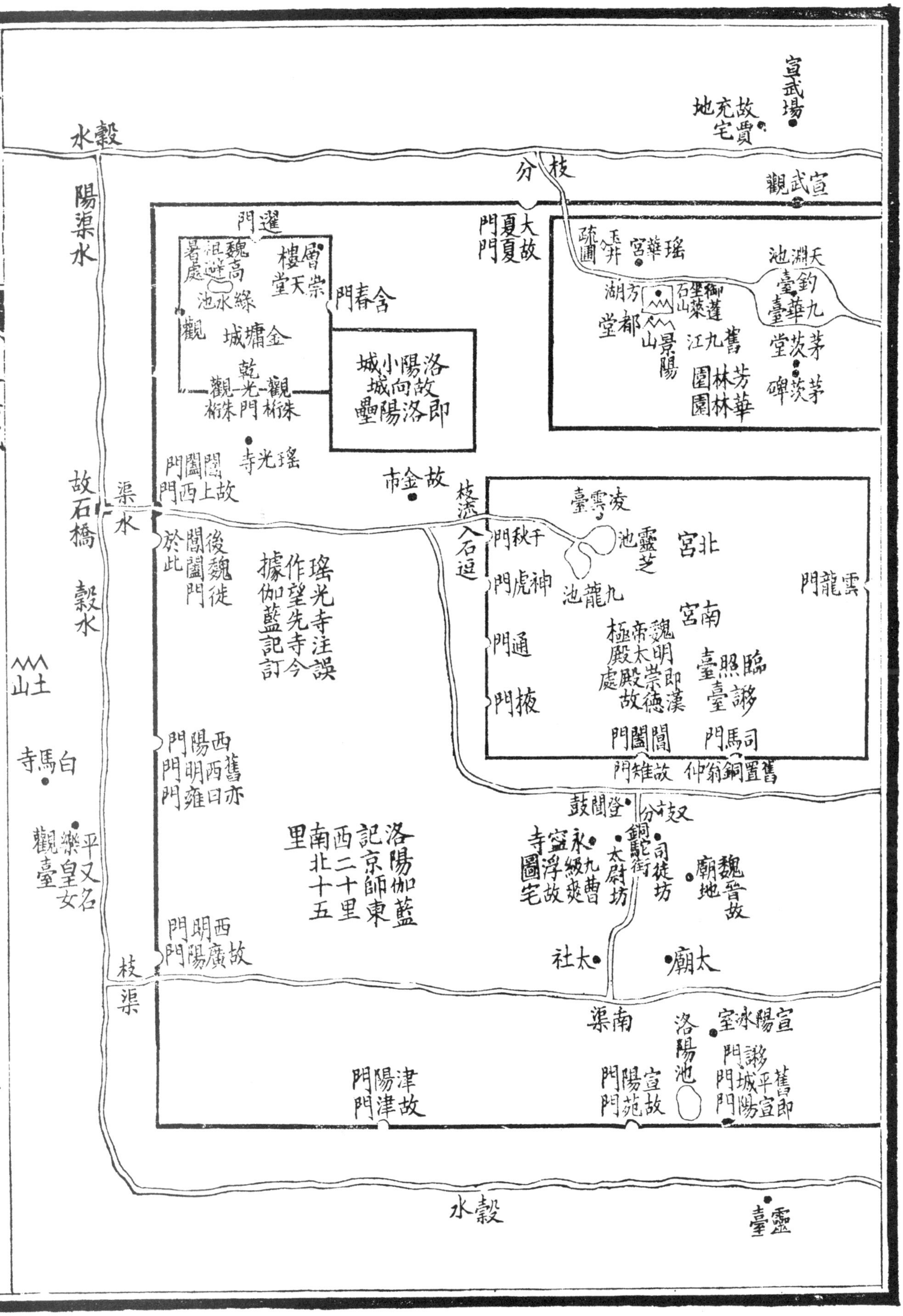
宣武場
故賈充宅地
穀水
枝分
宣武觀
大夏門
故夏門
翟門
魏高祖避暑處
綠水池
層樓
崇天堂
含春門
觀
金墉城
乾光門
朱桁觀
朱桁觀
洛陽小城
故向城
即洛陽壘
瑤光寺
閶闔門
故上西門
故金市
瑤華宮
玉井
疏圃
方湖
都堂
御坐石
蓬萊山
景陽山
舊九江
芳林園
華林園
天淵池
釣臺
九華臺
茅茨堂
茅茨碑
陽渠水
渠水
故石橋
穀水
枝流入石逗
後魏徙閶闔門於此
瑤光寺注誤作望先寺今據伽藍記訂
凌雲臺
千秋門
靈芝池
北宮
神虎門
九龍池
雲龍門
南宮
通門
魏明帝太極殿即漢崇德殿故處
臨照臺
謻臺
掖門
閶闔門
司馬門
故雍門
舊置銅翁仲
土山
白馬寺
西陽門
舊西明門
亦曰雍門
平樂觀又名皇女臺
洛陽伽藍記京師東西二十里南北十五里
登聞鼓
叉分
永寧寺
九級浮圖
曹爽故宅
銅駝街
太尉坊
司徒坊
魏晉故廟地
西明門
故廣陽門
枝渠
太社
太廟
南渠
宣陽冰室
洛陽池
津陽門
故津門
宣陽門
故苑門
謻門
舊平城門
即宣陽門
穀水
靈臺

長安城圖 渭水篇

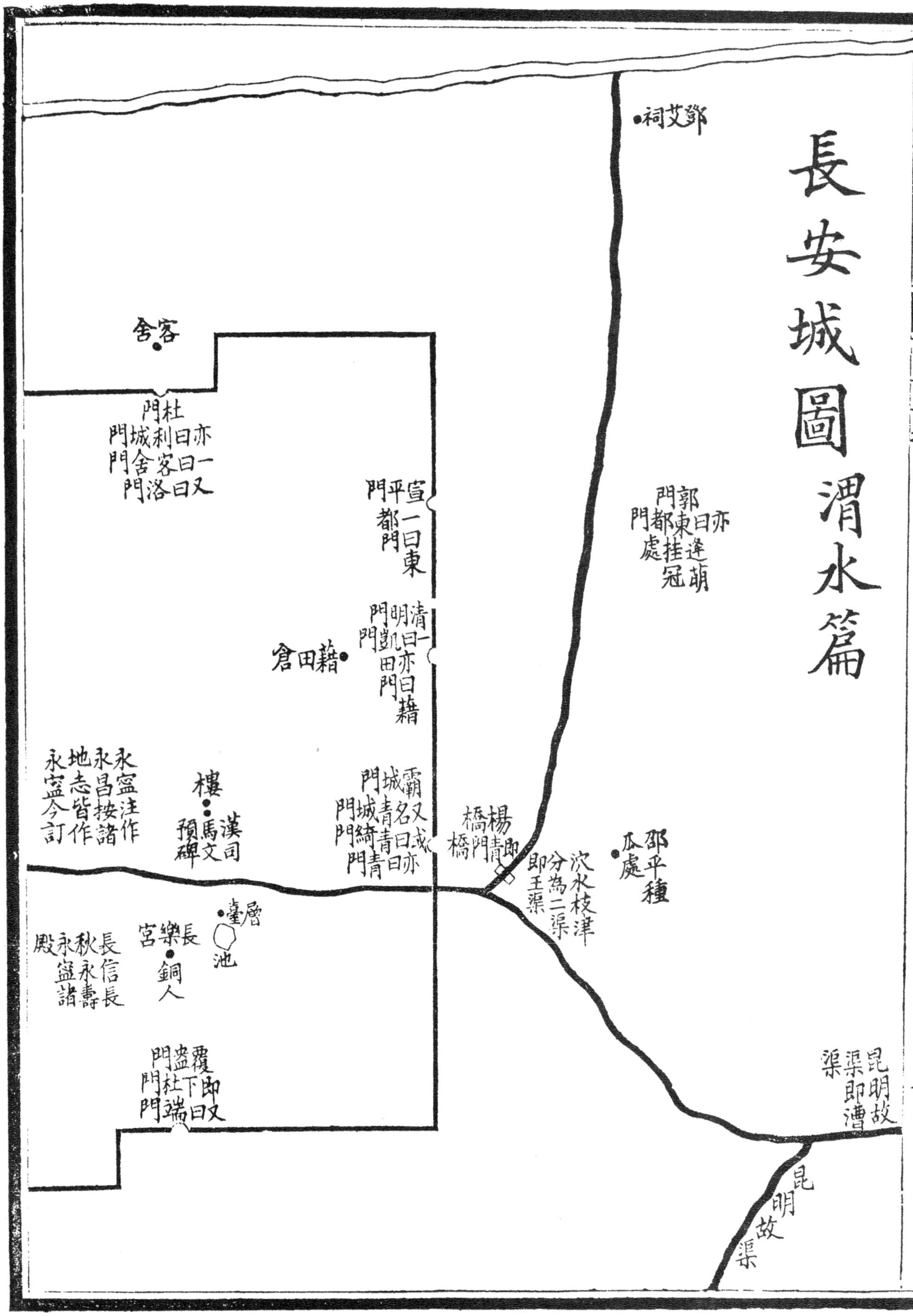
鄧艾祠
客舍
杜門
亦曰利城門
一曰客舍門
又曰洛門
宣平門
一曰東都門
清明門
一曰凱門
亦曰藉田門
藉田倉
霸城門
又名青城門
或曰青綺門
亦曰青門
樓
漢司馬文預碑
永寍注作永昌按諸地志皆作永寍今訂
楊橋
即青門橋
泬水枝津分為二渠即王渠
郭門
亦曰東都門
逢萌挂冠處
邵平種瓜處
層臺
池
長樂宮
銅人
長信長秋永壽永寍諸殿
覆盎門
即下杜門
又曰端門
昆明故渠即漕渠
昆明故渠

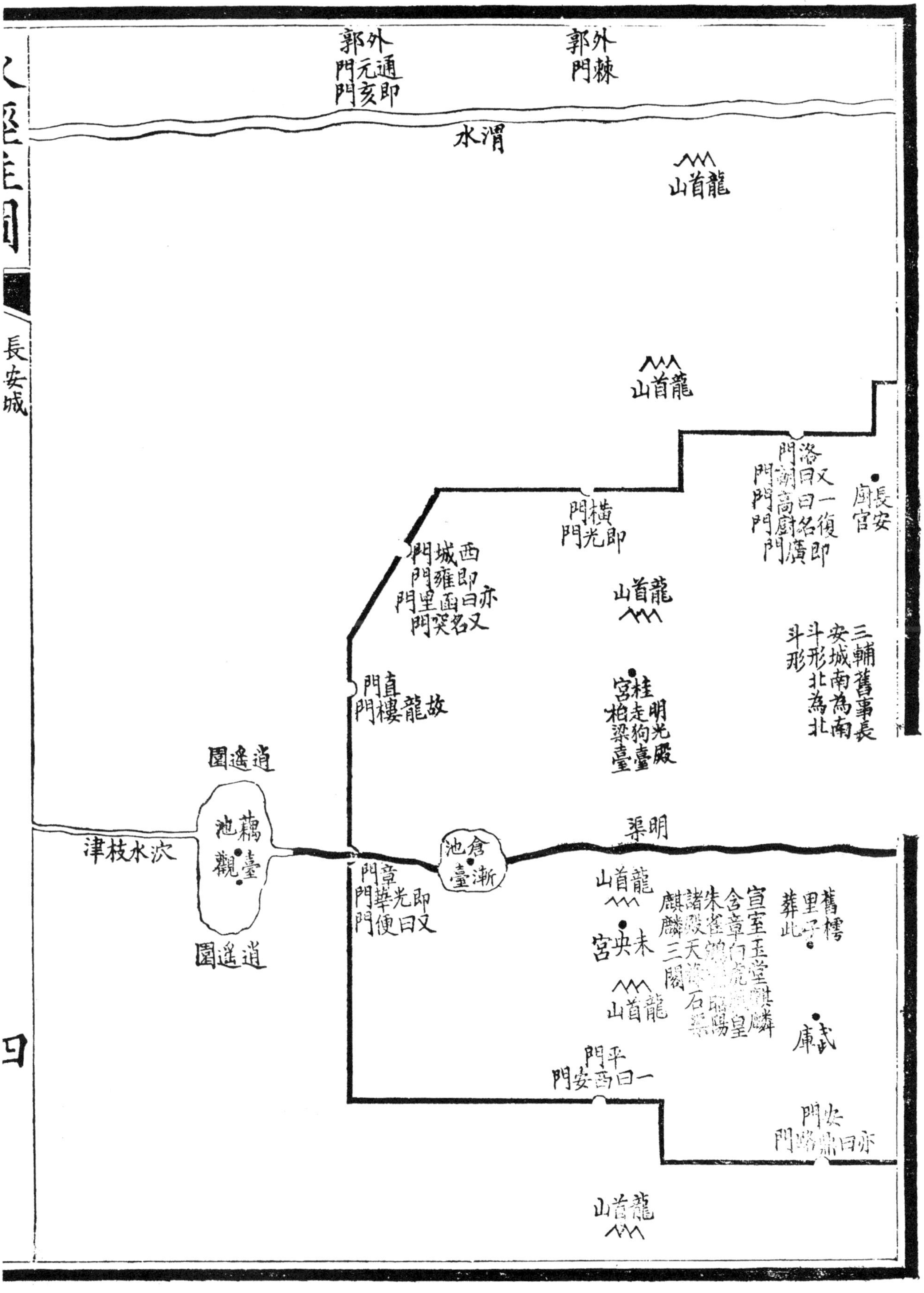
長安城
渭水
外郭門
龍首山
長安廚官
明光殿
桂宮
走狗臺
柏梁臺
三輔舊事長安城南為南斗形北為北斗形
故龍樓門
橫門
明渠
倉池
漸臺
藕池
臺觀
逍遙園
泬水枝津
未央宮
武庫
平門
安門

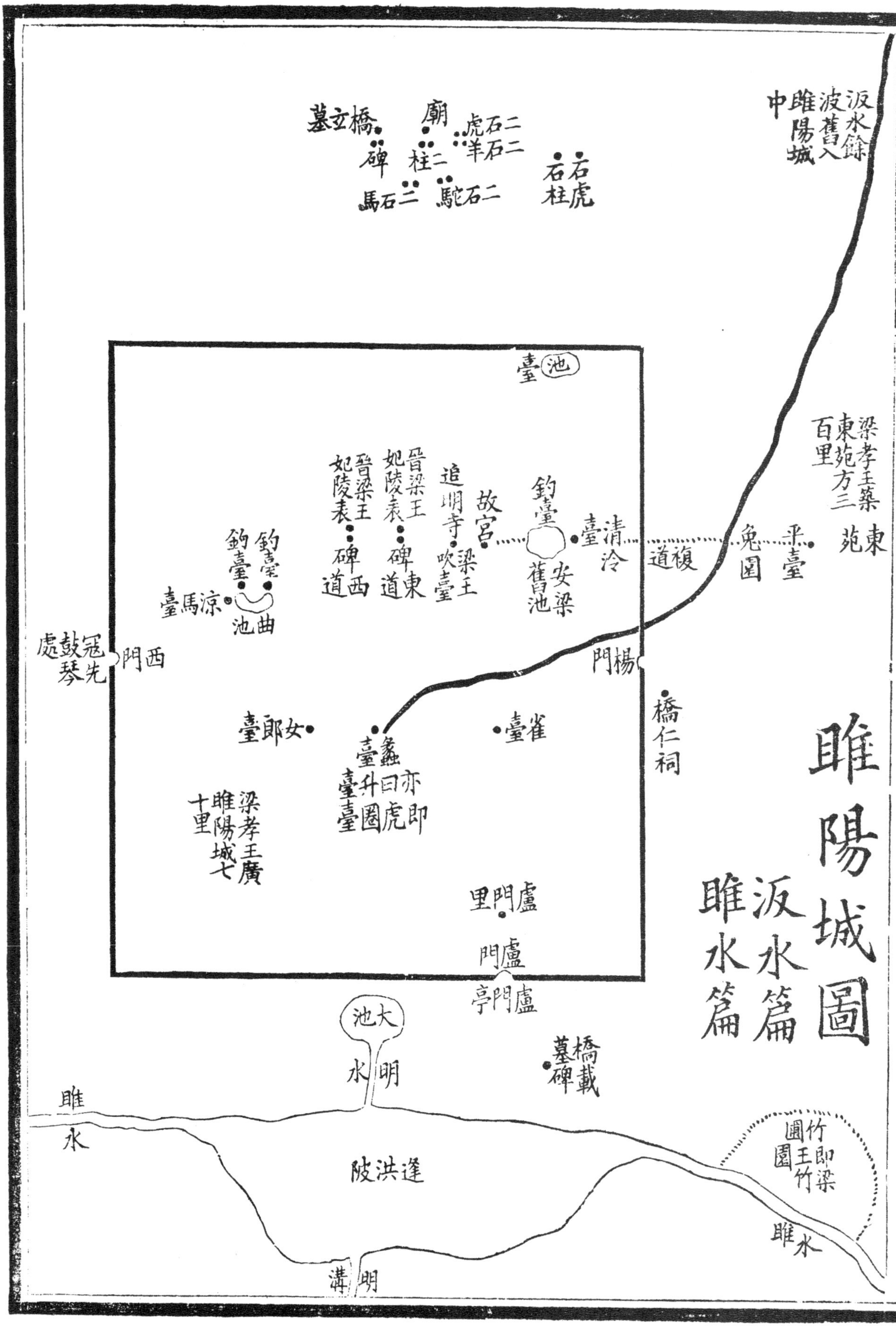
睢陽城圖
汳水篇
睢水篇
汳水餘波舊入睢陽城中
橋玄墓
廟
二石虎
二石羊
碑
二柱
二石馬
二石駝
石虎
石柱
池臺
梁孝王築東苑方三百里
東苑
平臺
兔園
複道
清泠臺
釣臺
安梁舊池
故宮
追明寺
梁王吹臺
晉梁王妃陵表
東道碑
晉梁王妃陵表
西道碑
釣臺
釣臺
曲池
涼馬臺
冠先鼓琴處
西門
楊門
橋仁祠
女郎臺
雀臺
蠡臺
亦曰升臺
即虎圈臺
梁孝王廣睢陽城七十里
盧門里
盧門
盧門亭
大池
明水
載橋碑墓
睢水
逢洪陂
竹圃
即梁王竹園
睢水
明溝

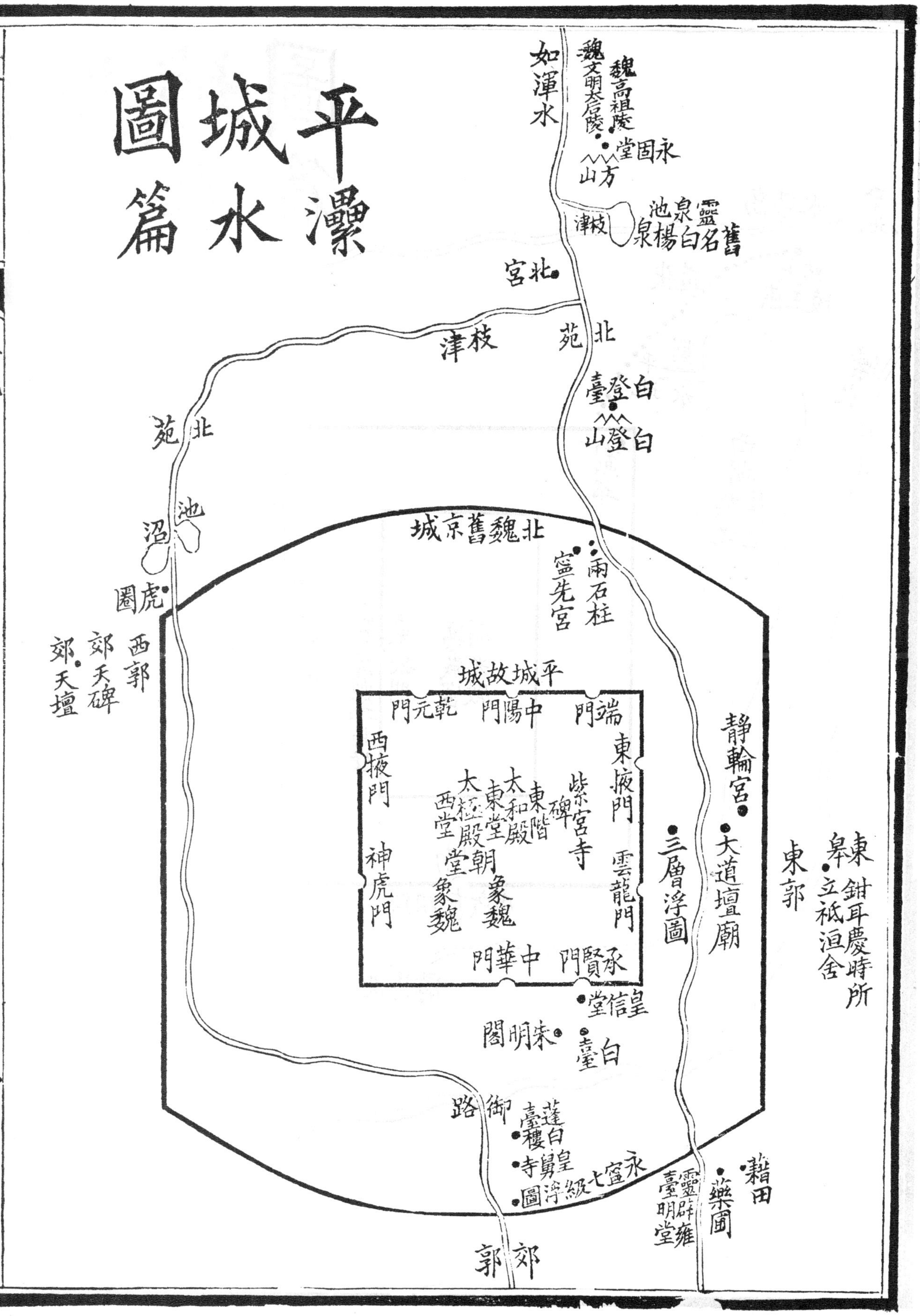
平城圖
灅水篇
如渾水
魏文明太后陵
魏高祖陵
永固堂
方山
舊名靈泉池
白楊泉
枝津
北宮
北苑
枝津
白登臺
白登山
北苑
池
沼
虎圈
西郭
郊天碑
郊天壇
北魏舊京城
兩石柱
平城故城
端門
中陽門
乾元門
東掖門
西掖門
紫宮寺
碑
東階
太和殿
東堂
太極殿
西堂
朝堂
魏象
魏象
雲龍門
神虎門
承賢門
中華門
皇信堂
朱明閣
白臺
靜輪宮
三層浮圖
大道壇廟
東郭
東皋
鉗耳慶時所
立祇洹舍
御路
蓬臺
白樓
皇舅寺
永寧七級浮圖
靈臺
辟雍
明堂
藥圃
藉田
郊郭

薊城圖
灅水篇

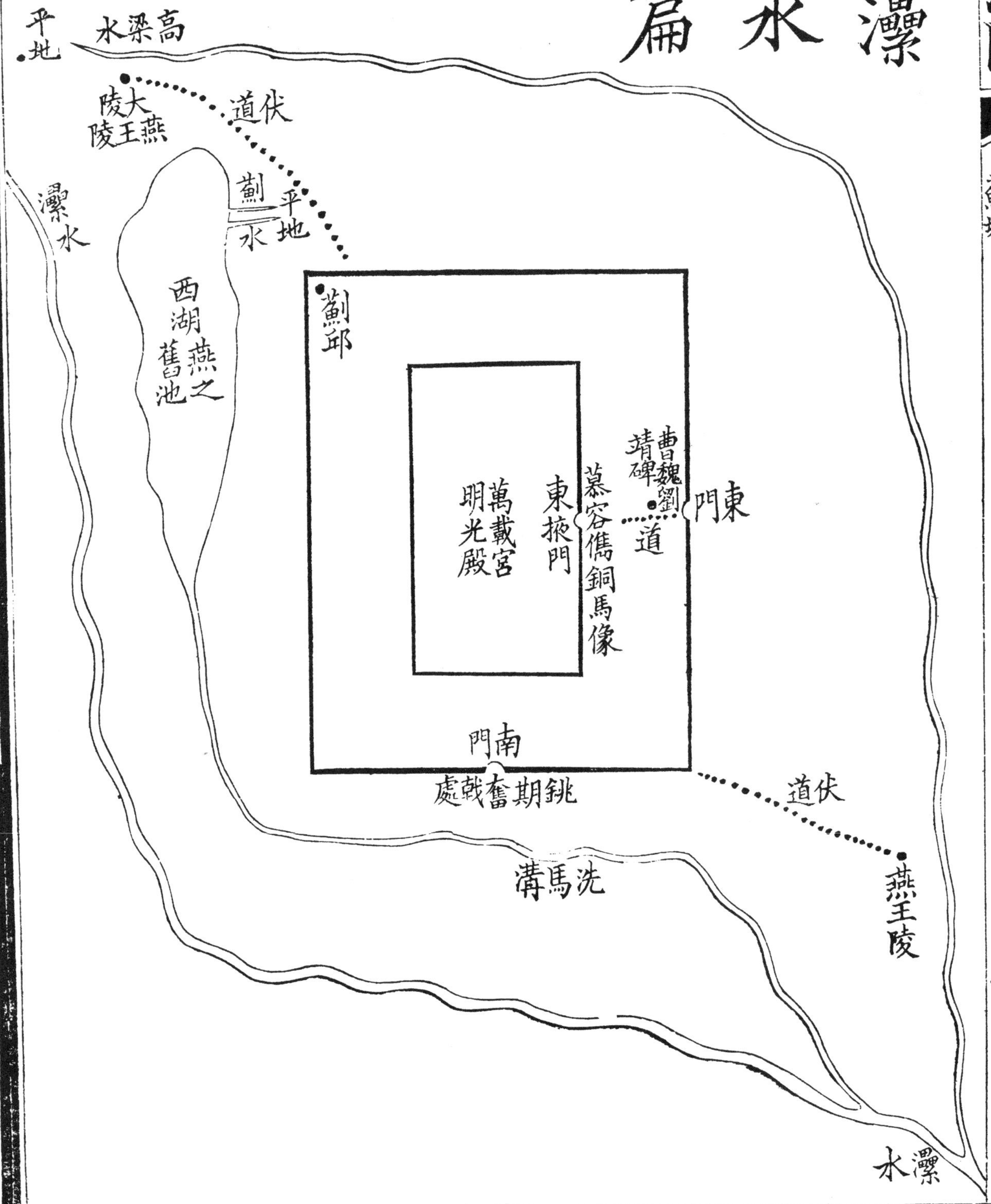
高梁水
平地
伏道
大陵
燕王陵
薊水
平地
灅水
西湖
燕之舊池
薊邱
曹魏劉靖碑
東門
道
慕容儁銅馬像
東掖門
萬載宮
明光殿
南門
銚期奮戟處
伏道
燕王陵
洗馬溝
灅水

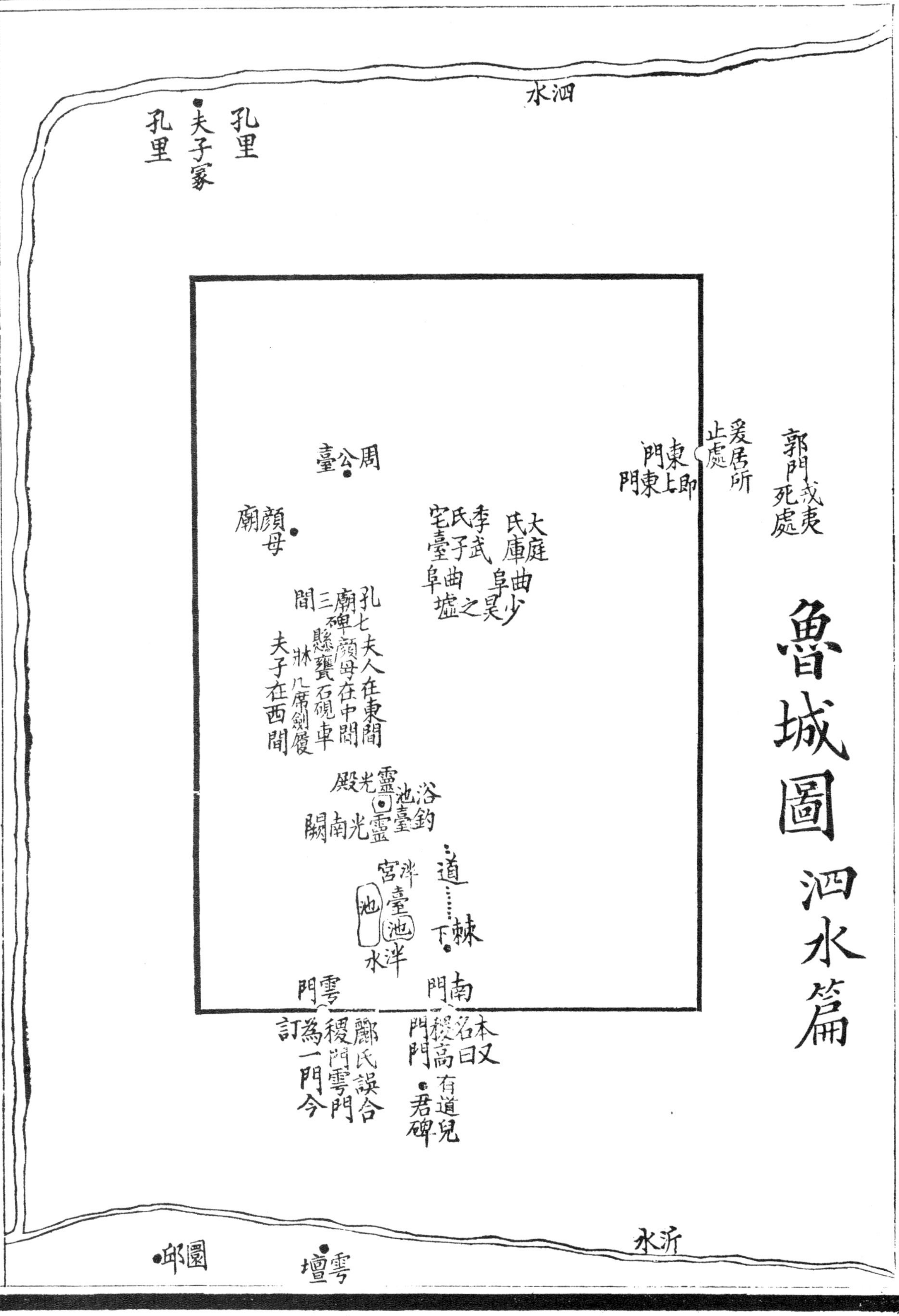
泗水
孔里
夫子冢
孔里
周公臺
顏母廟
孔廟三間
夫人在東間
顏母在中間
碑
懸甕石硯車
林几席劍履
夫子在西間
大庭氏庫
曲阜
少昊之墟
季氏宅
武子臺
曲阜
東門
上東門
郎
爰居所止處
郭門
戎夷死處
魯城圖
泗水篇
靈光殿
浴池
釣臺
靈光南闕
道
棘下
泮宮
臺
池
池
泮水
雩門
南門
本名稷門又曰高門
鄙氏誤合稷門雩門為一門今訂
有道兒君碑
沂水
圜丘
雩壇

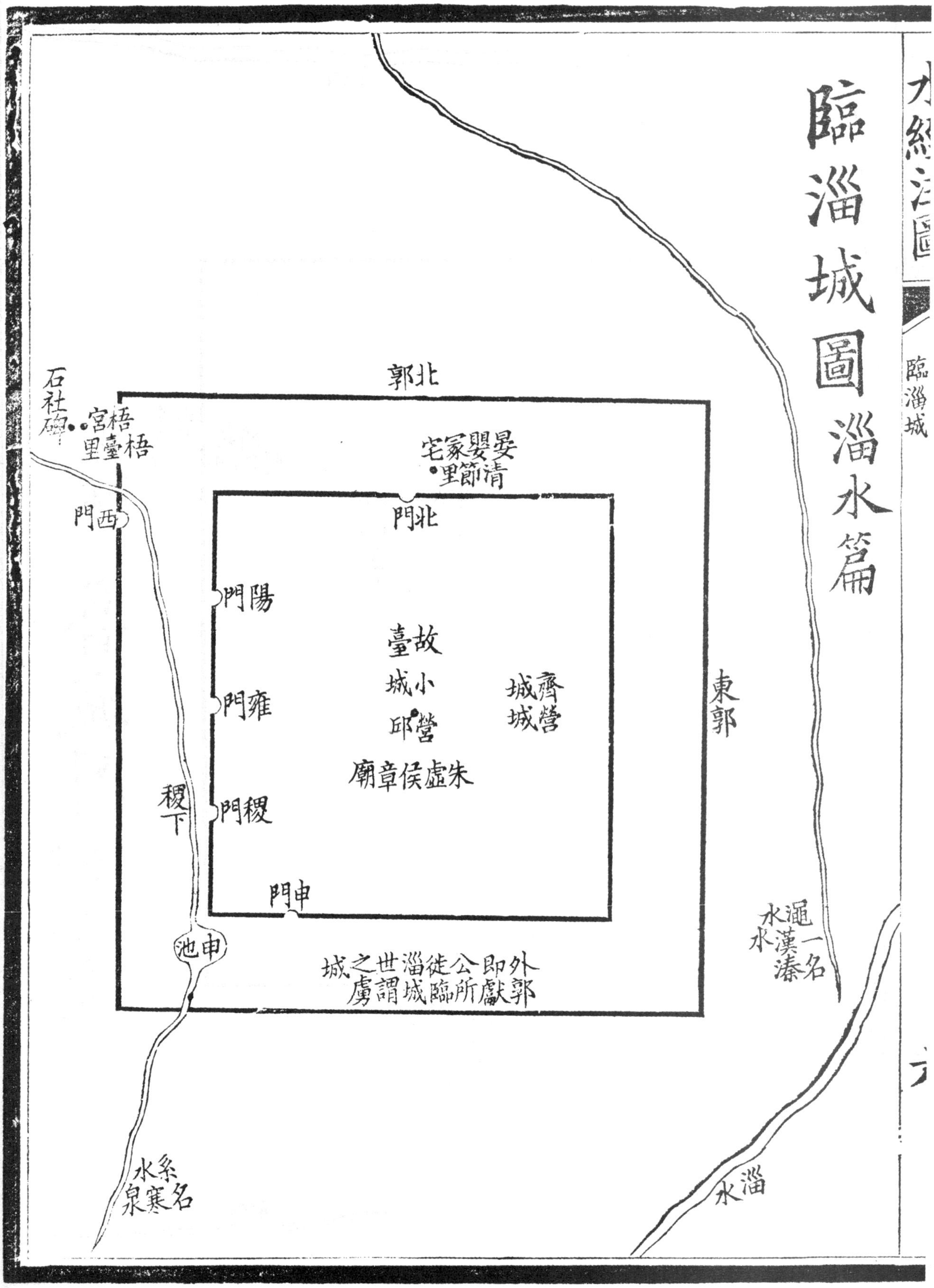
水經注圖
臨淄城
臨淄城圖 淄水篇
北郭
石社碑
梧宮
梧臺里
晏嬰冢宅
清節里
北門
西門
陽門
雍門
稷門
稷下
申門
申池
故臺
小城
營邱
齊城
營城
朱虛侯章廟
東郭
外郭即獻公所徙臨淄城世謂之虜城
澠水一名漢溱水
系水名寒泉
淄水

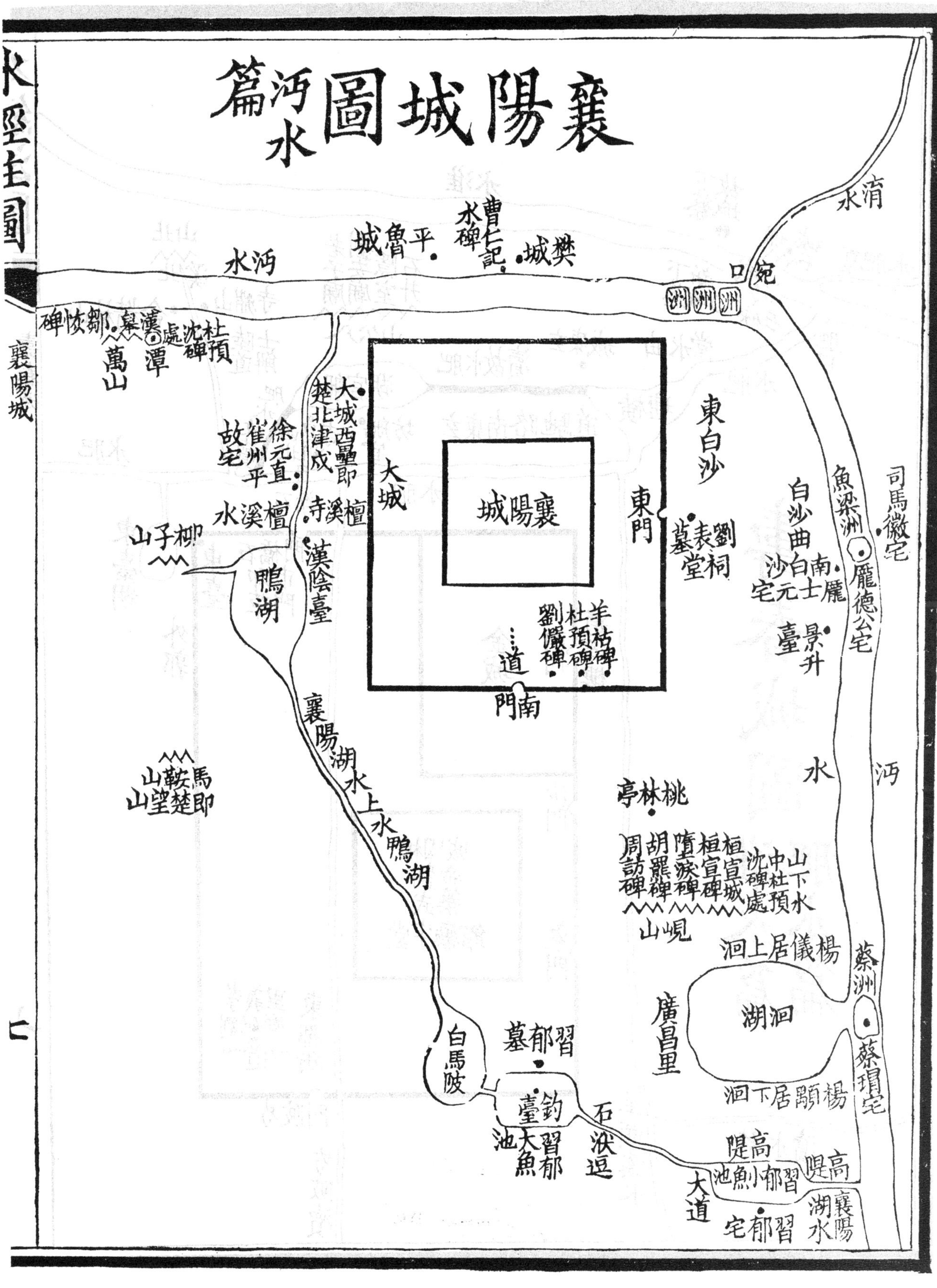
襄陽城圖
沔水篇
沔水
平魯城
曹仁記水碑
樊城
淯水
宛口
洲
洲
洲
鄒恢碑
漢臯
萬山
潭
杜預沈碑處
楚北津戍
大城西壘即
徐元直
崔州平故宅
檀溪水
檀溪寺
柳子山
鴨湖
漢陰臺
大城
襄陽城
東白沙
東門
劉表墓祠堂
羊祜碑
杜預碑
劉儼碑
道
南門
魚梁洲
司馬徽宅
龐德公宅
白沙曲
南白沙
龐士元宅
景升臺
沔水
襄陽湖水上水鴨湖
馬鞍山即楚望山
桃林亭
桓宣城
桓宣碑
墮淚碑
胡羆碑
周訪碑
山下水中杜預沈碑處
峴山
楊儀居上洄
蔡洲
洄湖
廣昌里
習郁墓
白馬陂
釣臺
習郁大魚池
石洑逗
楊顒居下洄
蔡瑁宅
高隄
高隄
習郁小魚池
大道
習郁宅
襄陽湖水

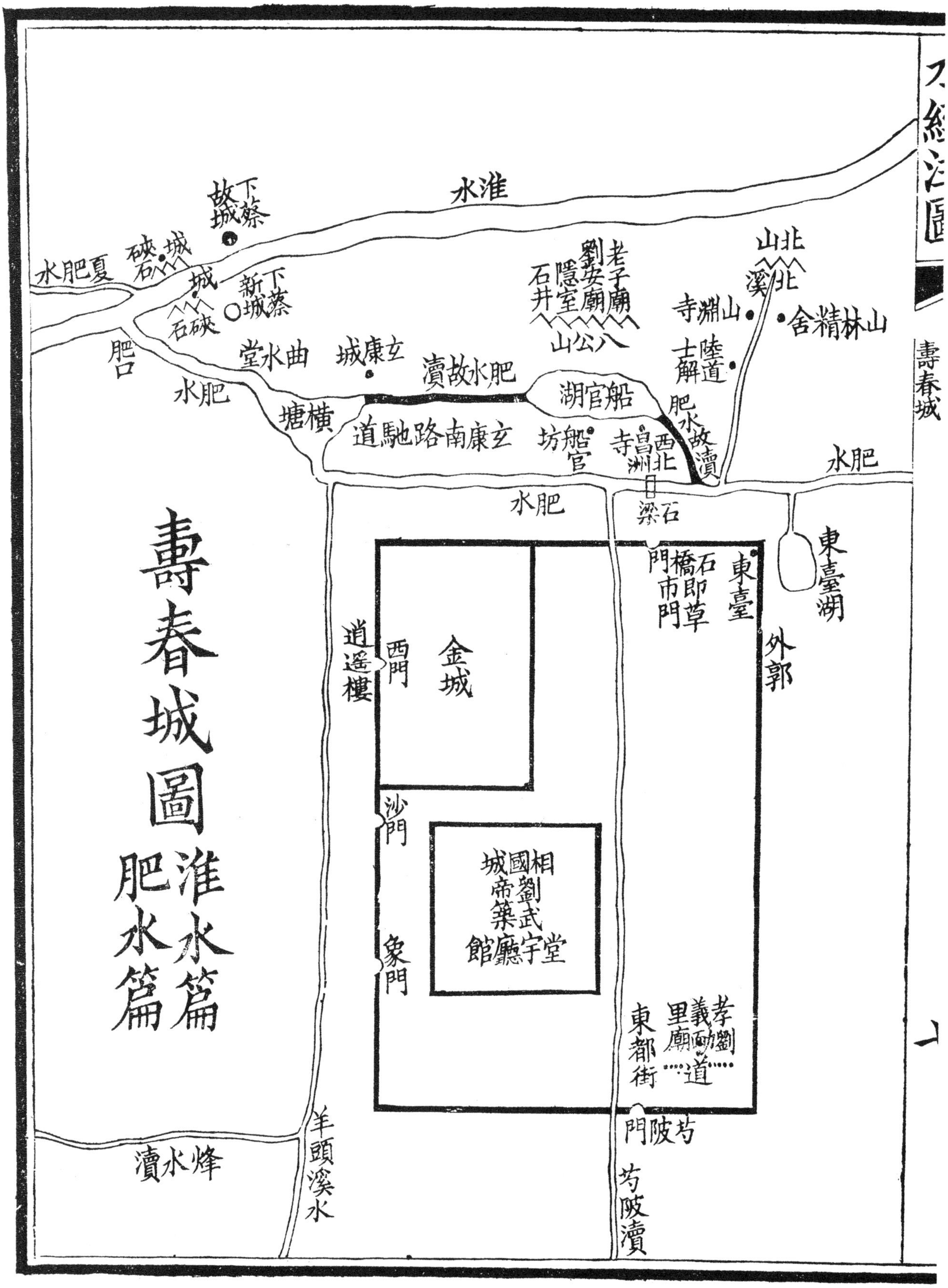
水經注圖
壽春城
壽春城圖
淮水篇
肥水篇
淮水
下蔡故城
夏肥水
城硤石
城
硤石
下蔡新城
肥口
肥水
曲水堂
玄康城
肥水故瀆
船官湖
老子廟
劉安廟
隱室
石井
八公山
北山
北溪
山淵寺
山林精舍
陸道士解
橫塘
玄康南路馳道
船官坊
西昌寺
北洲
肥水故瀆
肥水
肥水
石梁
石橋門即草市門
東臺
東臺湖
外郭
金城
西門
逍遙樓
沙門
象門
相國城
劉武帝築
堂宇廳館
孝義里
劉勔廟
道
東都街
芍陂門
芍陂瀆
羊頭溪水
烽水瀆

成都橋圖 江水篇

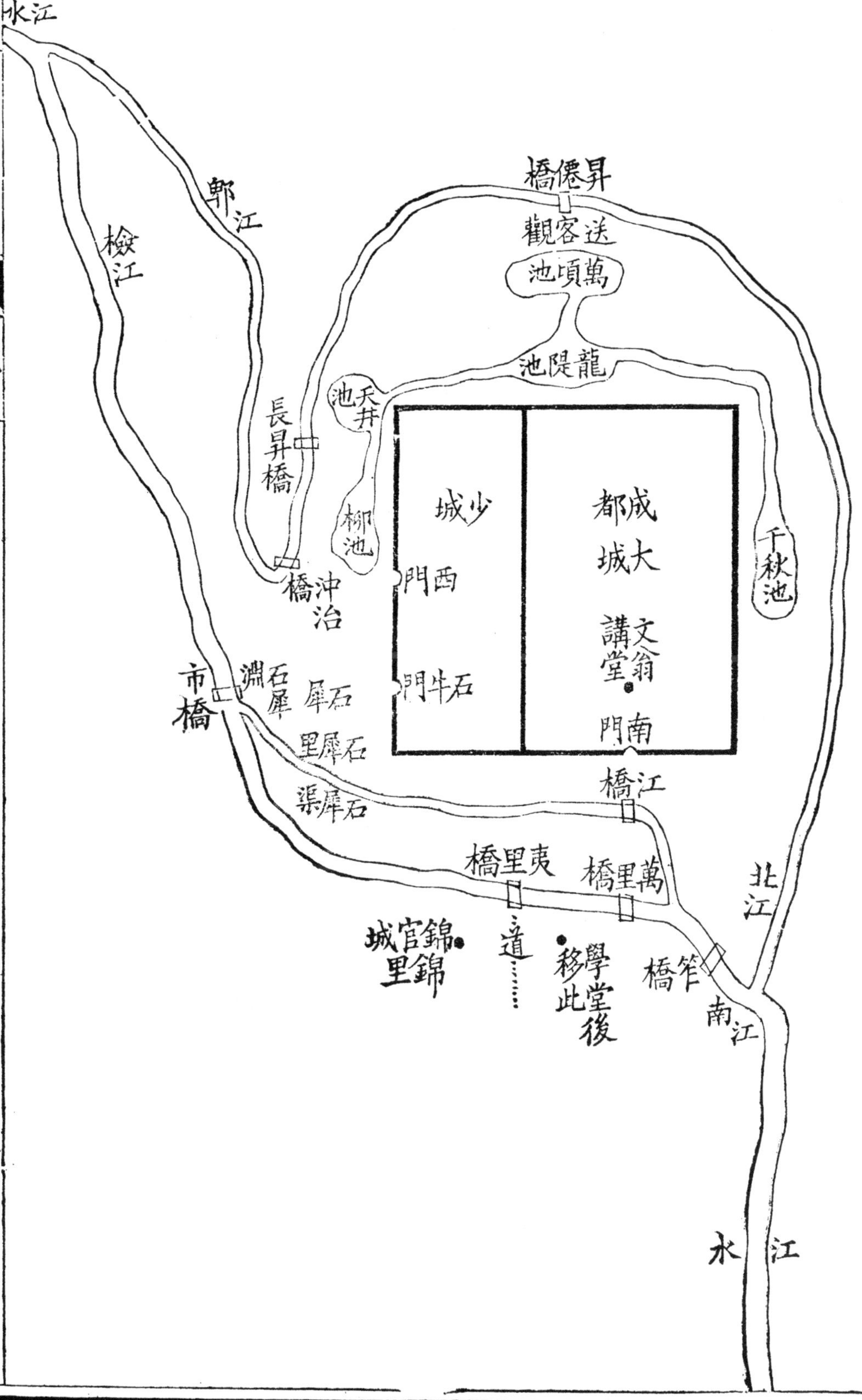
江水
郫江
檢江
昇僊橋
送客觀
萬頃池
龍隄池
天井池
長昇橋
柳池
冲治橋
少城
成都大城
西門
石牛門
文翁講堂
南門
千秋池
市橋
石犀淵
石犀
石犀里
石犀渠
江橋
夷里橋
萬里橋
北江
笮橋
南江
錦官城
錦里
道
學堂後移此
江水

山陰城圖
漸江水篇

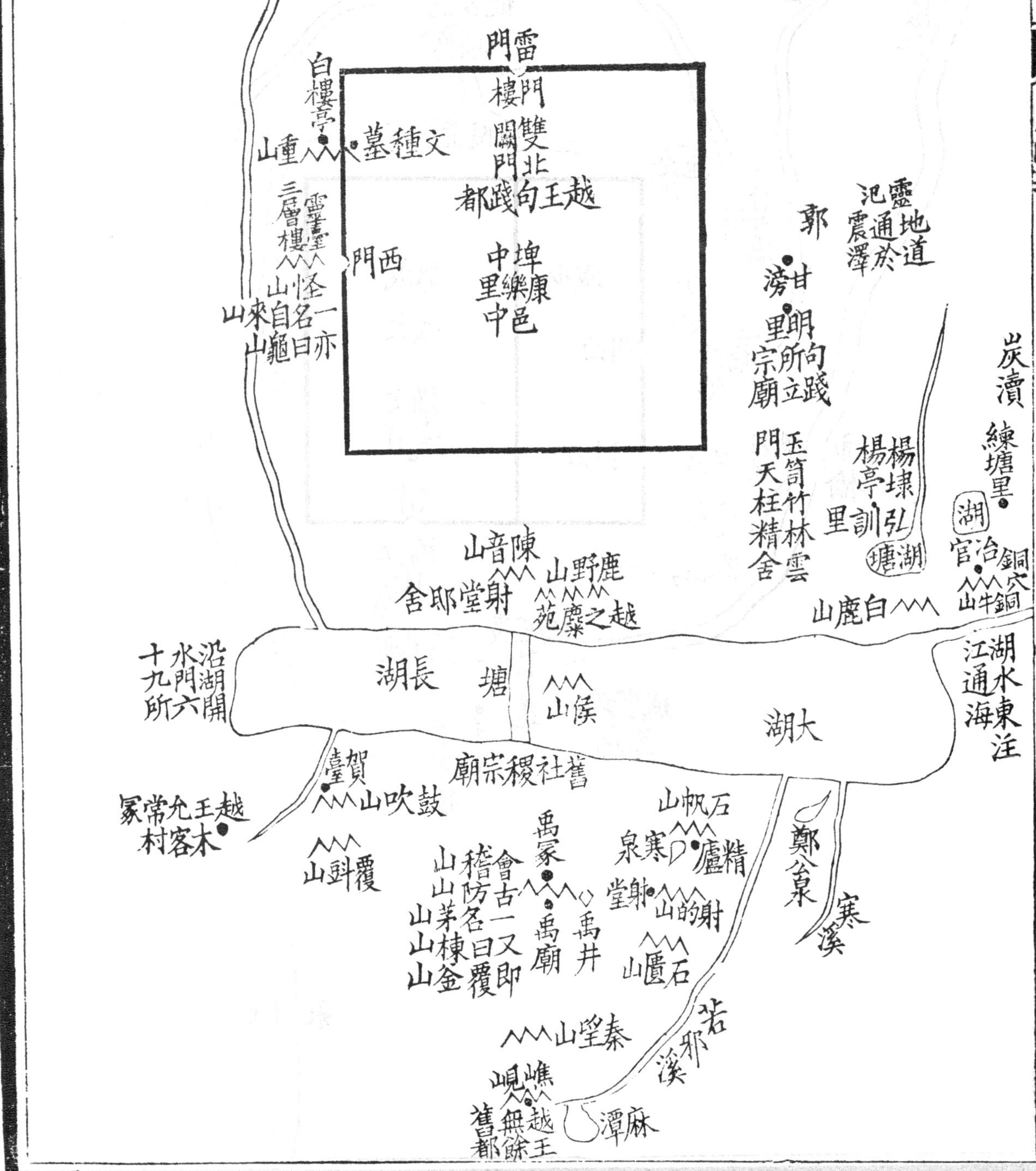

雷門
門樓
雙闕
北門
越王句踐都
文種墓
白樓亭
重山
靈臺
三層樓
怪山
一名自來山亦曰龜山
西門
埤中
康樂里
邑中
郭
甘旁
明里
句踐所立宗廟
靈氾
地道通於震澤
玉笥竹林雲門天柱精舍
楊隸弘訓楊亭里
湖塘
炭瀆
練塘里
湖
冶官
銅穴
銅牛山
白鹿山
陳音山
射堂耶舍
鹿野山
越之麋苑
長湖
塘
溪山
大湖
沿湖開水門六十九所
湖水東注通江海
舊社稷宗廟
賀臺
鼓吹山
越王允常冢
木客村
覆斗山
禹冢
會稽山古防山一名茅山又曰棟山即覆釜山
禹廟
禹井
石帆山
寒泉
精廬
射堂
射的山
石匱山
鄭公泉
寒溪
若邪溪
秦望山
嶕峴
越王無餘舊都
麻潭

禹貢山水澤地所在

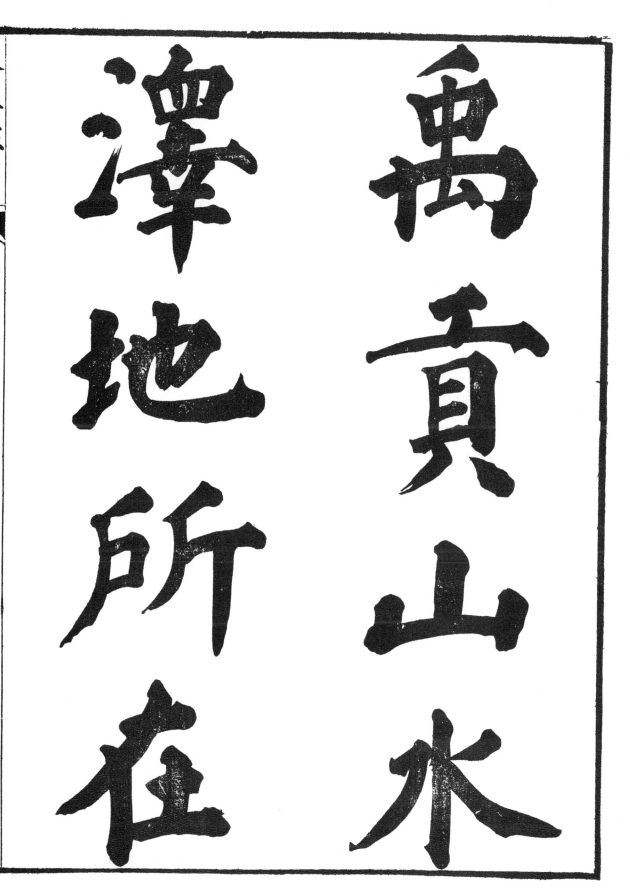

水經注圖

禹貢山水澤地所在

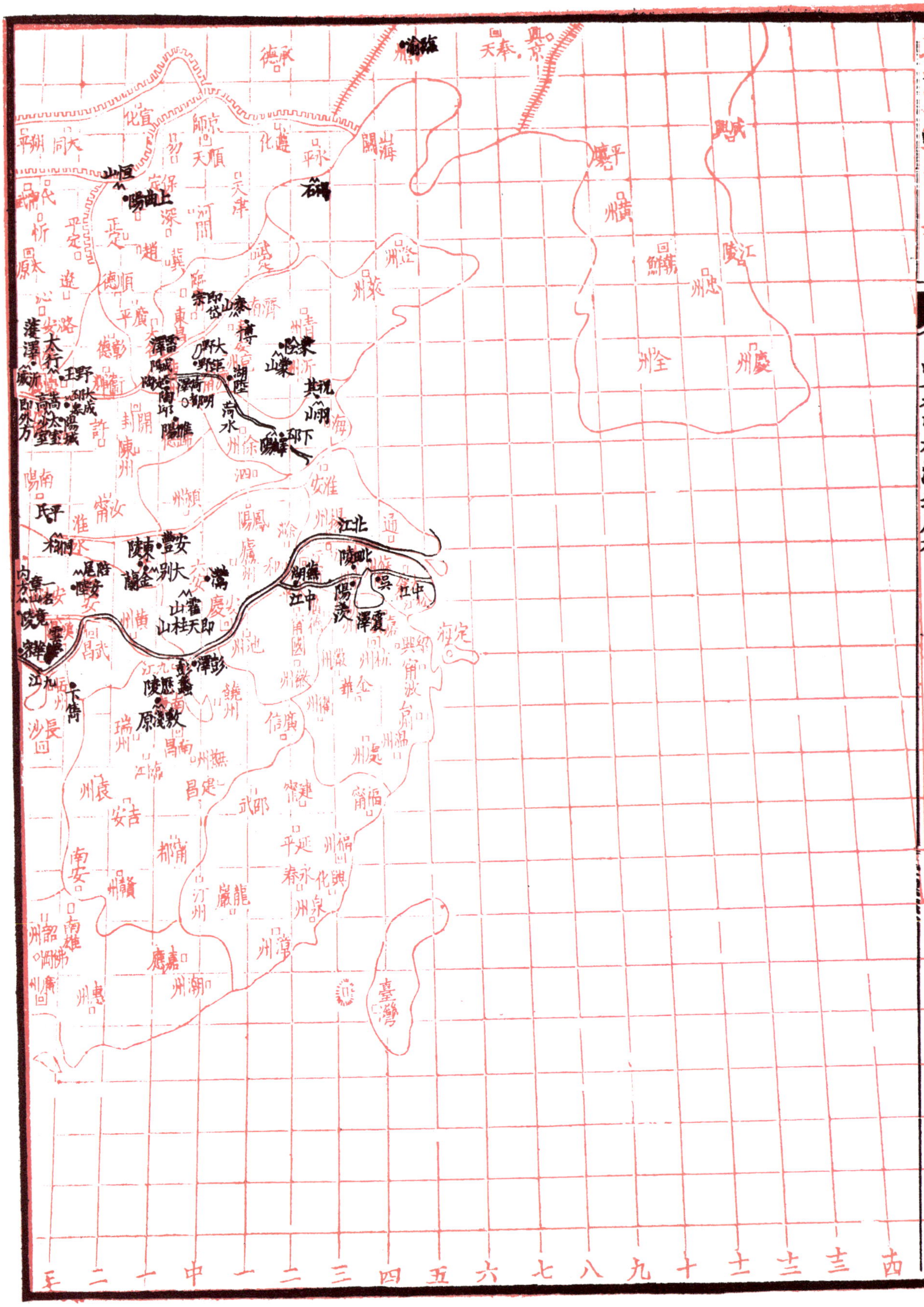

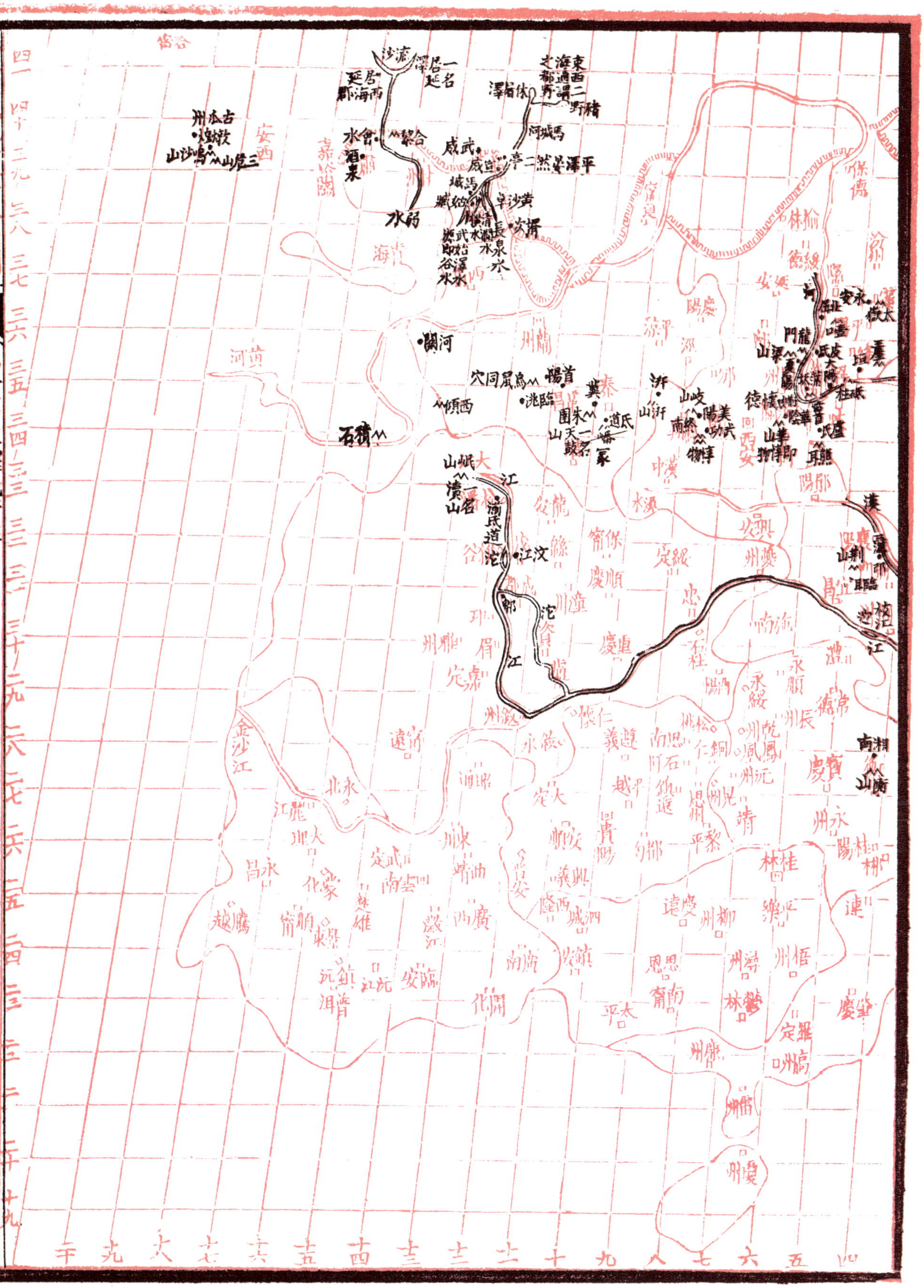
三危山
合黎
弱水
豬野
河關
積石
西傾
鳥鼠同穴
首陽
臨洮
朱圉
岷山
江
汶江
沱
衡山
荊山
漢

水經注圖及附録共二卷

水經注圖及附錄共二卷

咸豐己未庚申間余與江寧　汪君梅村為益陽　胡宮保輯
讀史兵畧於武昌節署退食相與商榷文字君意以小學說輿
地如以泥中為寗柳下為留舒於餘邱為閭邱訾樓為鄒又即
為通鑑之最之類皆以假借聲音得之其言甚辯此本叢雜君
目眊不复能綜理新化　鄒君季深屬之為莊書其坿錄新化
晏君圭齋又屬之為摹其圖以授剞劂而季深從子　子翼
為之助長沙　張君燮菴為之校字余為分圖及坿錄為二卷
督長沙張偉夫刋之而　宮保公出其資噫辛酉之春君從拏
辟寇於湖南暨余歸潭而君又渡洞庭而北蓋不以此書置念
矣余與君交善不忍沒其精神所注也故汲汲成之而志其梗
概於首咸豐十一年冬月長沙丁取忠雲梧氏謹識

水經注圖序

江甯汪梅村士鐸余道光庚子典試江南所取士也耆山水無仕進志四上春官特借以瀏覽山川風土不謁一人不待榜而歸其視富貴利祿泊如也雅性好學臧書二萬六千餘卷閉戶絕慶弔蒔花木讀書爲樂　國朝學人率自經史秦漢諸子外天官秝算輿地職官蒼雅典禮之屬靡不綜覈君承吳越諸尊宿緒論又金陵爲南北津要通人名士魁者之彥多游寓其地故平生師友講說頗不狹陋家至貧傭書河泲江淮閒皆以府主意不能自有以發攄而其自爲說半札記其書上下左右方朱墨迻遺陸離不可辨嘗據注疏通典及宋楊氏元敖氏　本朝盛百二吳東壁程易疇張皋文張船甫諸家說爲禮服記三篇曰本仁以親親率義以戚戚準禮以貴貴而加降不降系于

本服之後又取後漢諸書爲儀禮鄭注今制疏證續溪胡竹村農部甚稱之又據仁咊趙氏本水經注與戴氏本徵有不同戴氏本爲精也爲之疏櫛釋以今地及列史諸家文集有可附屬連綴者萃爲補輯不盡酈亭意也然於山川阨塞陂池水利特詳盡可施之政治又取說文玉篇而下諸小學書及史鑑注爲廣韻疋正其文字雅俗而旁及於訓詁姓氏郡縣幷爲廣韻聲紐表一卷又以宋齊隨有志而梁陳北齊周皆無之爲補梁陳州郡志於梁之百七州皆爲權證其沿革壽陽祁相國亟賞之其北齊周志惜未成又據續志四分術衍東漢朔閏考以正范史及洪氏王氏書而注其甲子異同於下據太平廣記所引鄭君生日爲布算其月日於七月五日偕同志祀之又爲佚存書目蒐討至廣及韓詩外傳疏證皆未成其爲散文喜秦漢駢文喜齊梁而亦不廢

魏晉爲詩喜唐人及有明七子爲詞喜南宋人則皆無草藁以爲不必存也粵逆之亂一切燬於賊遂辟地績邑北山深谷中客授自給號曰無不悔翁咸豐九年余召來楚北詢其舊作無一存者惟授徒之暇曾補爲水經注圖二卷蓋爲班志而作非其前書之恉矣余重憫其學行又經喪亂年已衰病無子息致可悲歎故爲刊其水經注圖以補黃子鴻氏之所遺而牽連及其爲人如此云咸豐十年十一月益陽胡林翼譔

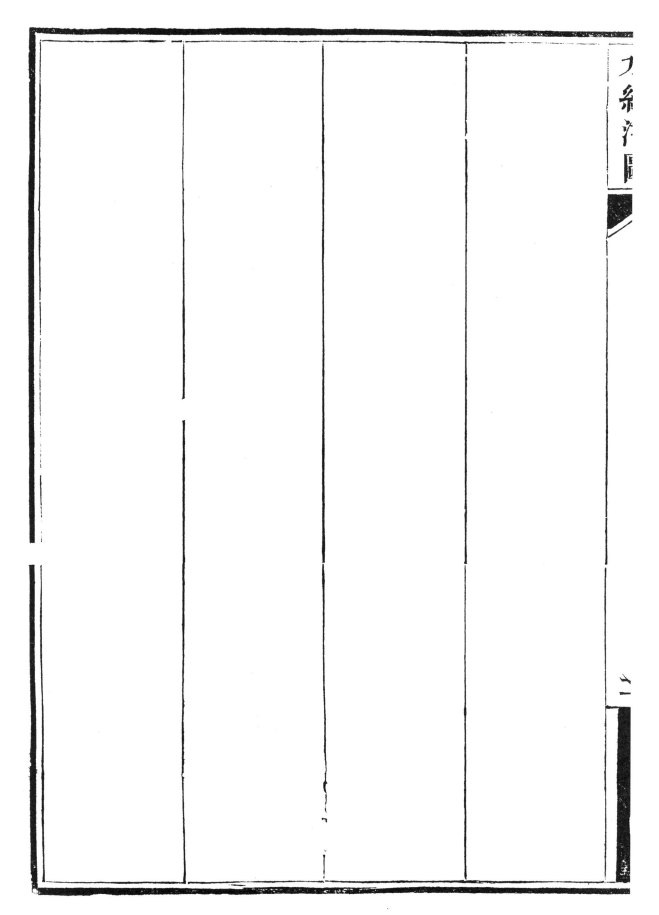

水經注圖

目錄

江甯汪士鐸學

灅濕餘沽鮑邱濡五水圖
大小遼水圖
浿水圖
洛伊瀍澗穀甘六水圖
漆滻沮渭四水圖 補豐水坿
漾羌桓三水圖
汝潁㶏濦灈瀙潕七水圖
洧潧潩三水圖
渠陰溝汴獲睢五水圖
汶泗沂洙沭五水圖
巨洋淄汶濰膠五水圖
沔涔丹漻鈞贛溳廬江白粉十水圖 補滁水坿

補滏洺滹沱泒滋五水圖

長安城圖

洛陽城圖

補鄴城圖

補睢陽城圖

成都橋圖

補建康圖

西漢郡國圖

今涑水圖

漢志釋地略

漢志志疑

訂正水經注文十二篇

古大河清河入海圖

班志靈縣河水別出爲鳴犢河東北至蓨入屯氏河信成張甲河首受屯氏別河東北至蓨入漳水貝邱應劭曰左氏傳齊襄公田于貝邱是按應此說誤平原有篤馬河東北入海行五百六十里鬲縣平當以爲鬲津般縣師古曰爾雅說九河云鉤般

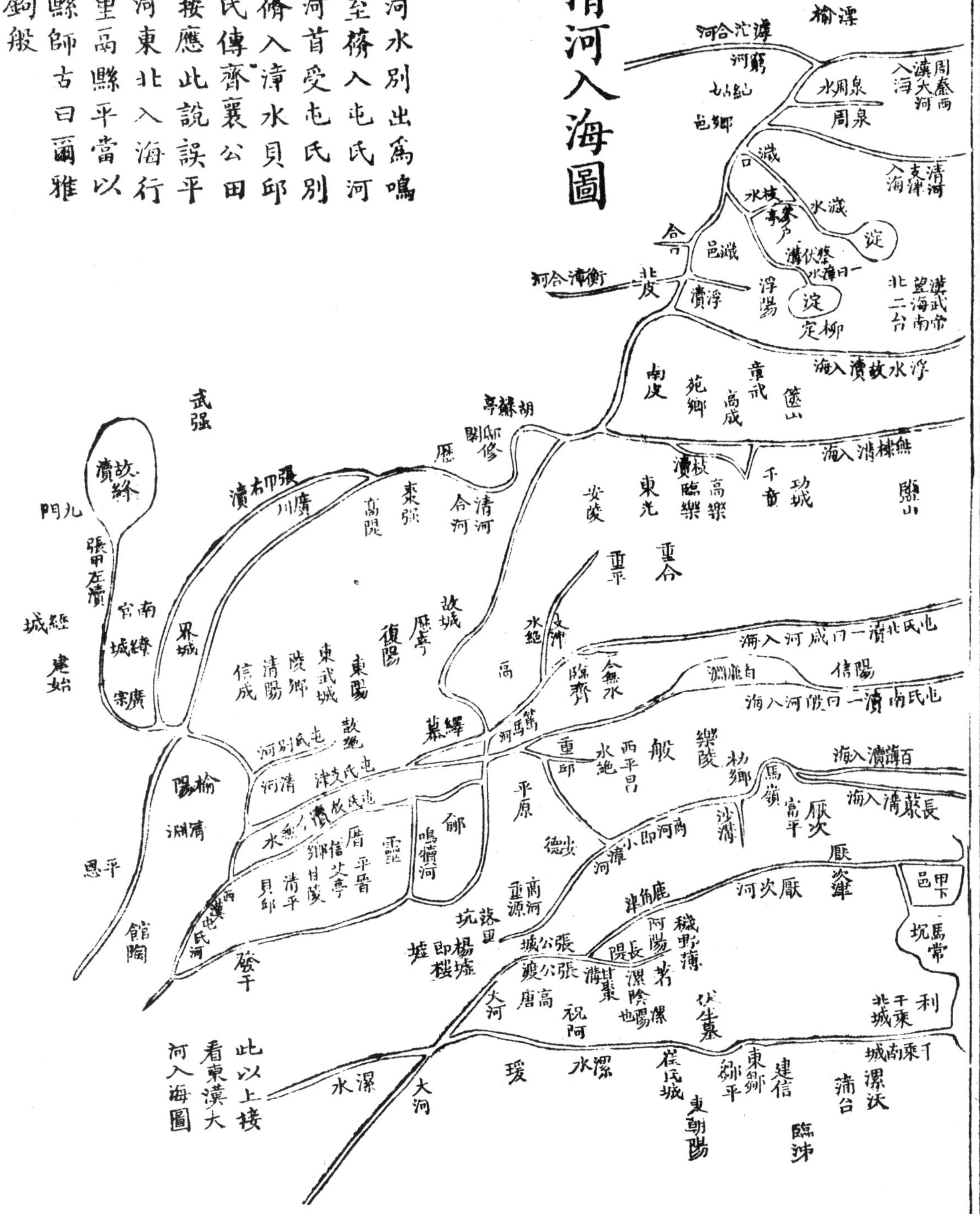

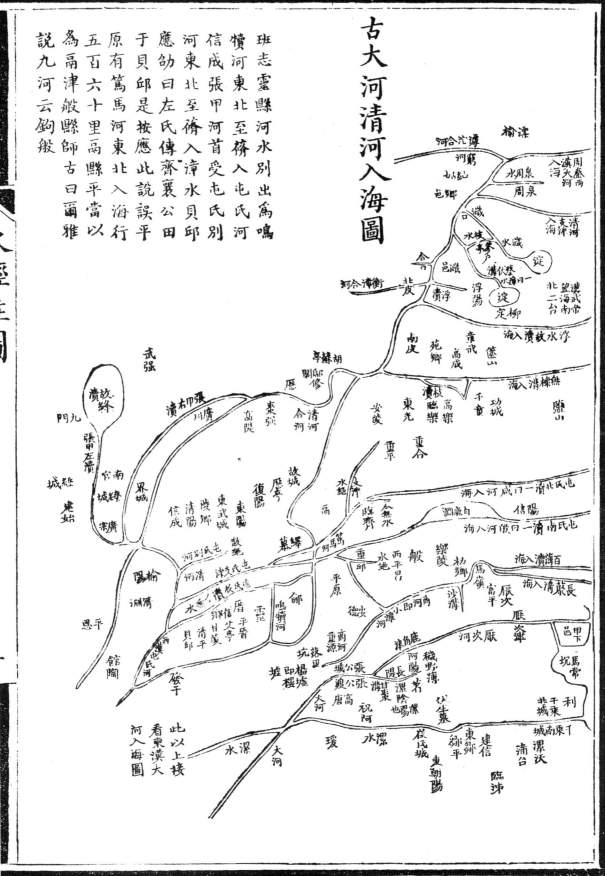

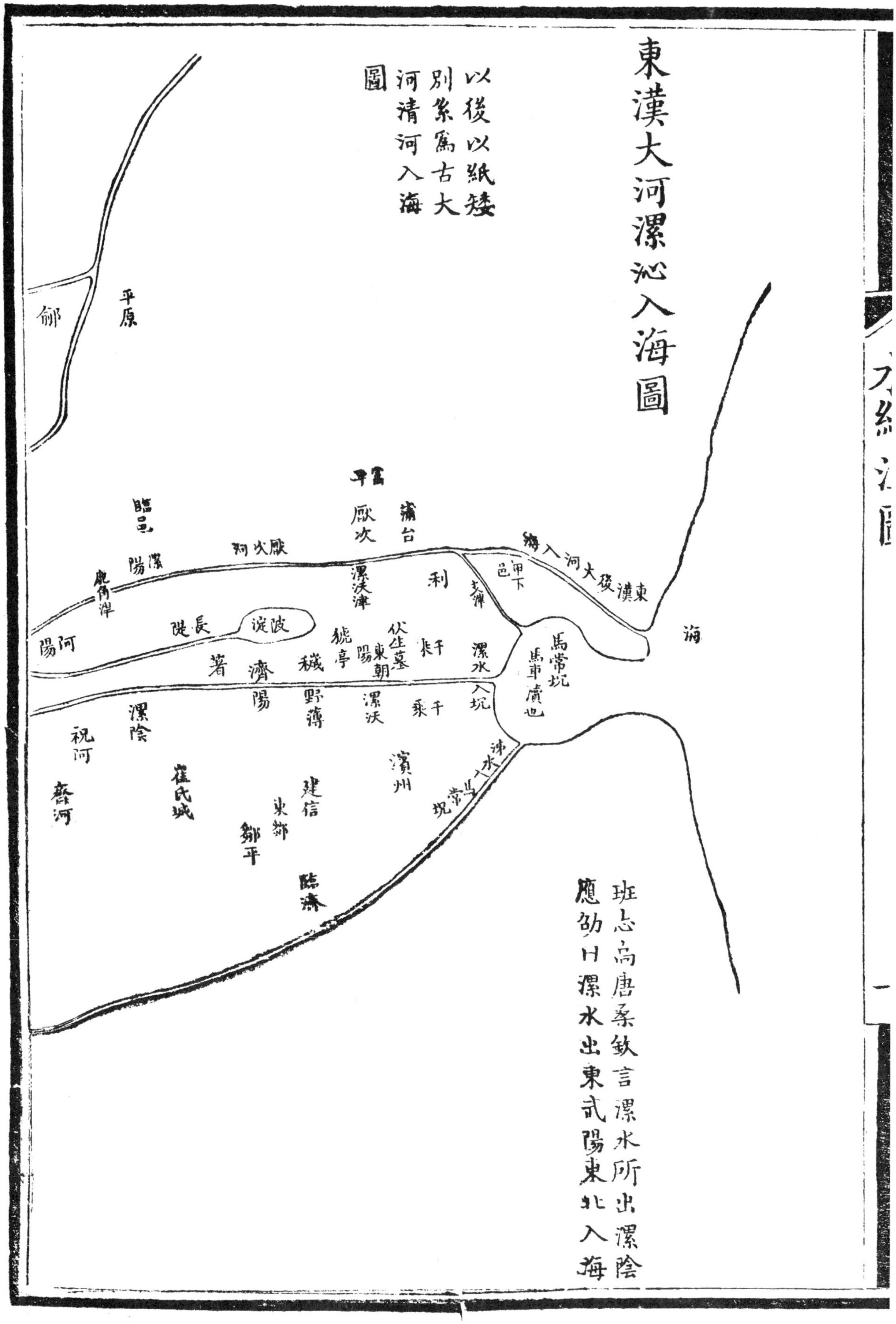
東漢大河漯沁入海圖
以後以紙綫別系爲古大河清河入海圖
鄃
平原
富平
臨邑
厭次
蒲台
漯陽
厭次河
鹿角津
漯沃津
利
東漢大河入海
甲下邑
海
馬常坑
馬車瀆也
波淀
長隄
阿陽
著
濟陽
伏生墓
東朝陽
千乘
漯水入坑
漯陰
祝阿
漯沃
齊河
崔氏城
建信
東鄒
鄒平
濱州
臨濟
班志高唐桑欽言漯水所出漯陰
應劭曰漯水出東武陽東北入海

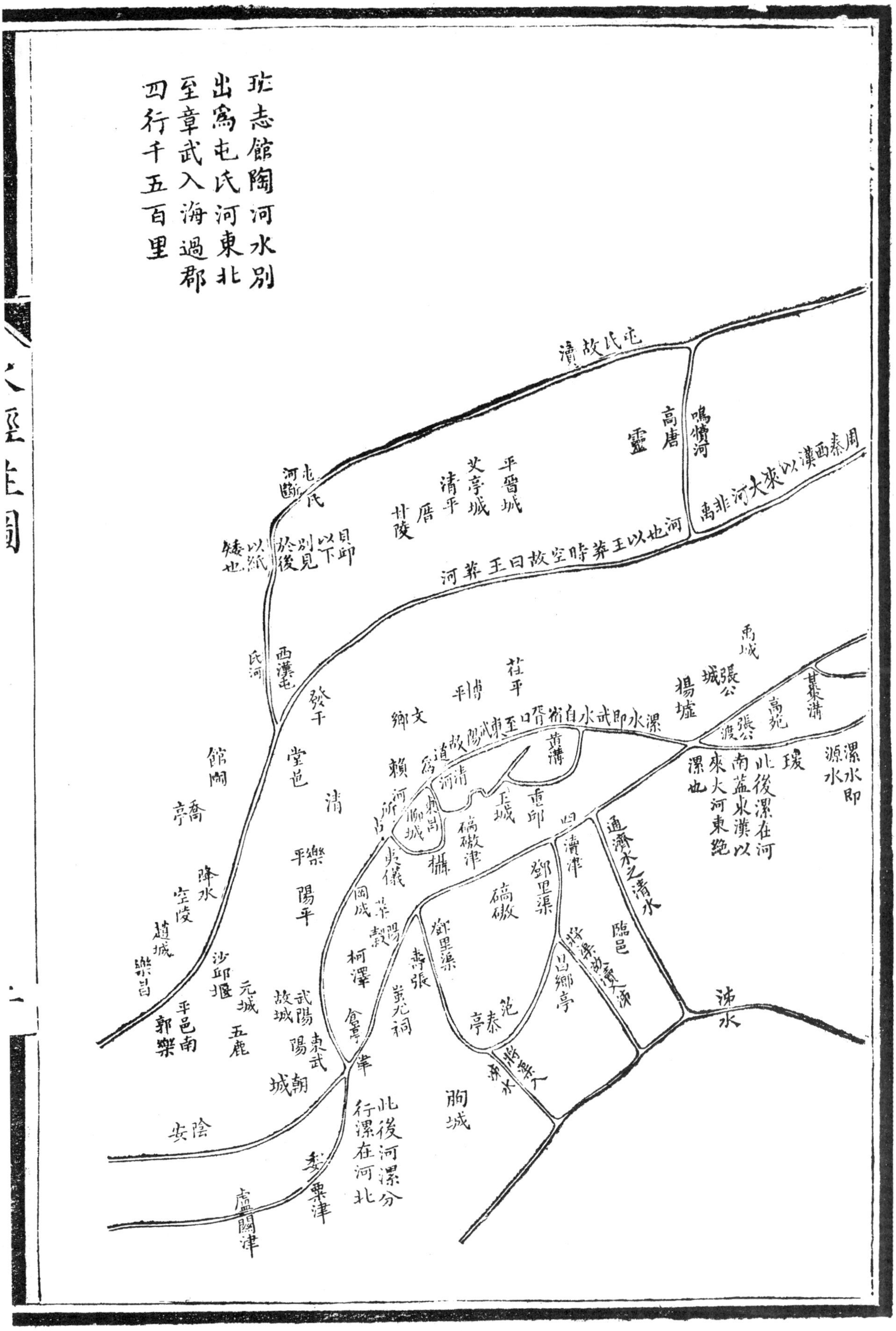
班志館陶河水別出爲屯氏河東北至章武入海過郡四行千五百里
屯氏故瀆
鳴犢河
高唐
靈
周秦西漢以來大河非禹
河也以王莽時空故曰王莽河
平晉城
艾亭城
清平
唐
甘陵
屯氏河斷
目下以即見別後於紙以矮也
西漢屯
氏河
發干
館陶
堂邑
清
樂平
陽平
降水
空陵
趙城
樂昌
沙邱堰
元城
五鹿
平邑南
郭樂
武陽故城
東武陽
朝城
陰安
在平
博平
文鄉
漯水即武水自東武陽至甘口首漯故
爲瀆
賴河
黃溝
張公城
楊墟
高苑
張公渡
暖
漯水即源
此後漯在河南茲東漢以來大河東絕漯也
通濟水之清水
臨邑
沛水
鄧里渠
碻磝
碻磝津
四瀆津
聊城
衛國
柯澤
倉亭
范
泰亭
胸城
此後河漯分行漯在河北
鄧里渠
盧關津
委粟津

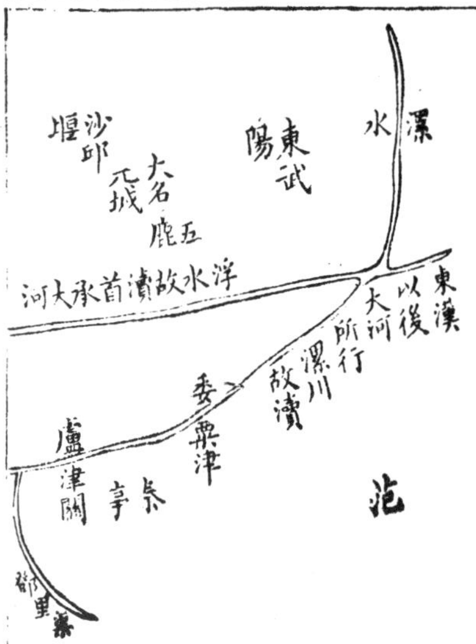

以下因紙矮別圖之

班志東武陽縣禹治漯水東北至千乘入海過郡三行千二十里應劭曰武水之陽也元城應劭曰魏武侯公子元食邑于此因而氏焉魏縣應劭曰魏武侯別都

水經東漢末魏初人所撰自宿胥口以北舊大河北入處禹河也其跡不傳惟下流自東光東北至章武津天爲清河漳河現行其中故敘入清河漳河其自宿胥口至長壽津以北戚城繁陽以下乃周秦西漢之河也王莽時大旱而空故曰王莽河謂之大河故瀆因已無他水行其中惟東光以下與禹河同爾長壽津以下大河其時見行之河至酈注時未改北東漢以來河也則曰大河

班志鄴縣故大河在東北入海繁陽在繁水之陽張晏曰其界為繁淵黎陽晉灼曰黎山在其南河水經其東其山上碑云縣取山之名求水之陽以為名

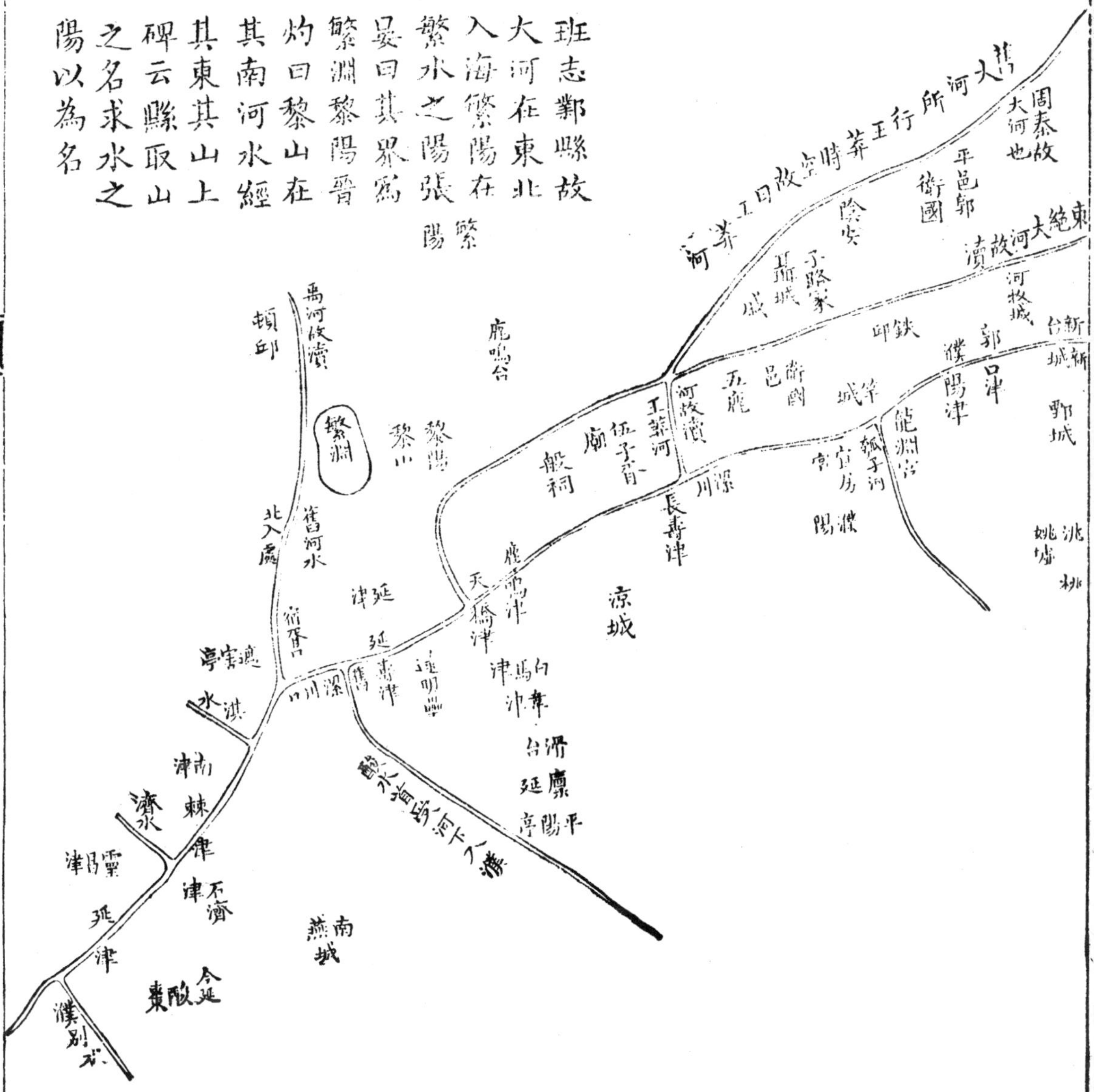

通鑑百一十注河自遮害亭屈而東北流過黎陽縣南河之西岸為黎陽界東岸為滑台界

班志壄王太行山在西北故邢國也平皋應劭曰邢侯自襄國徙此泫氏縣楊谷絶水所出南至壄王入沁應劭曰山海經泫水所出者也高都縣莞谷丹水所出東南入泫水穀遠縣羊頭山世靡谷沁水所出東南至滎陽入河過郡三行九百七十里師古曰今沁水至懷州武陟縣界入河此云至滎陽疑轉寫錯誤

武德

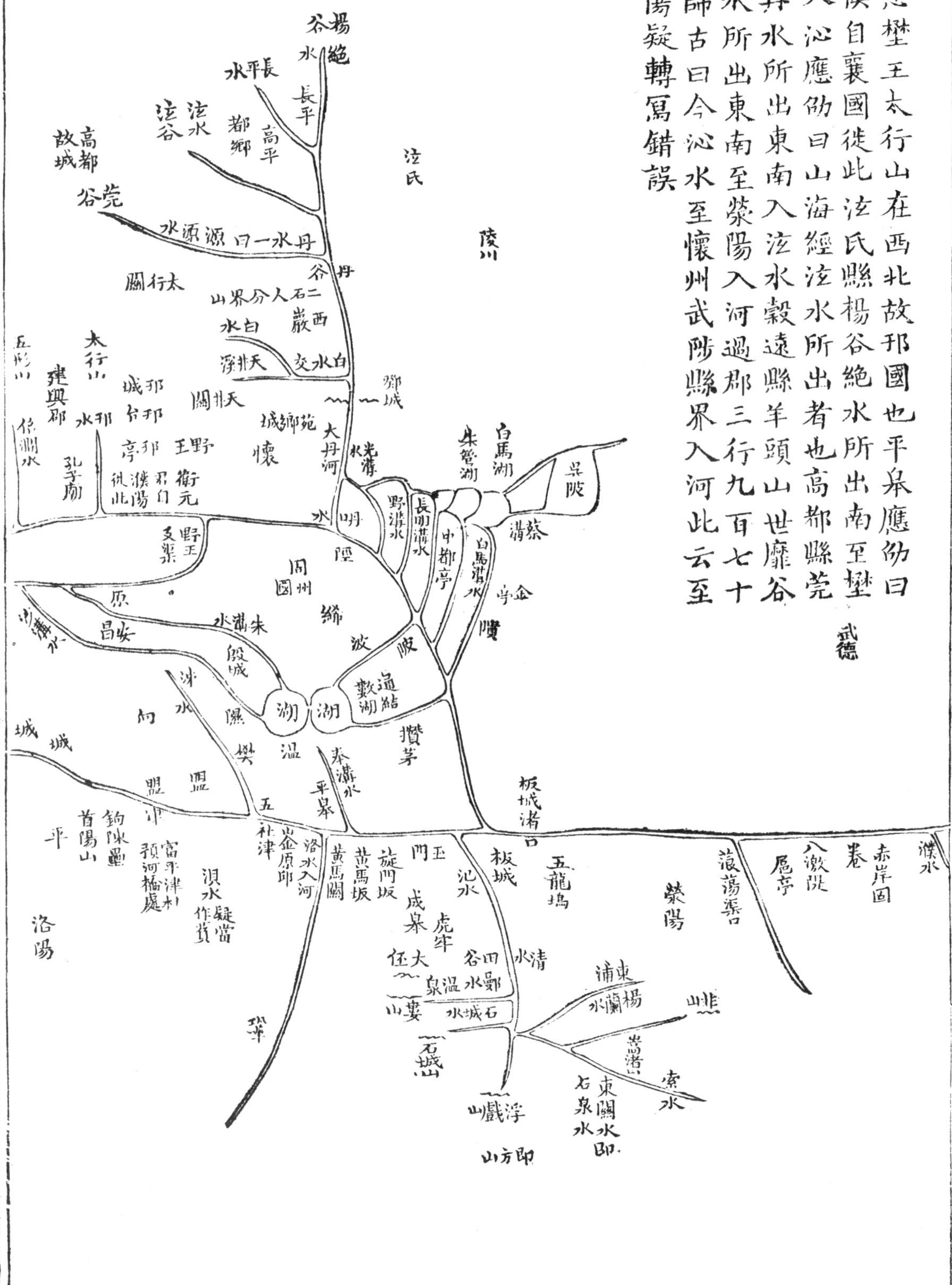

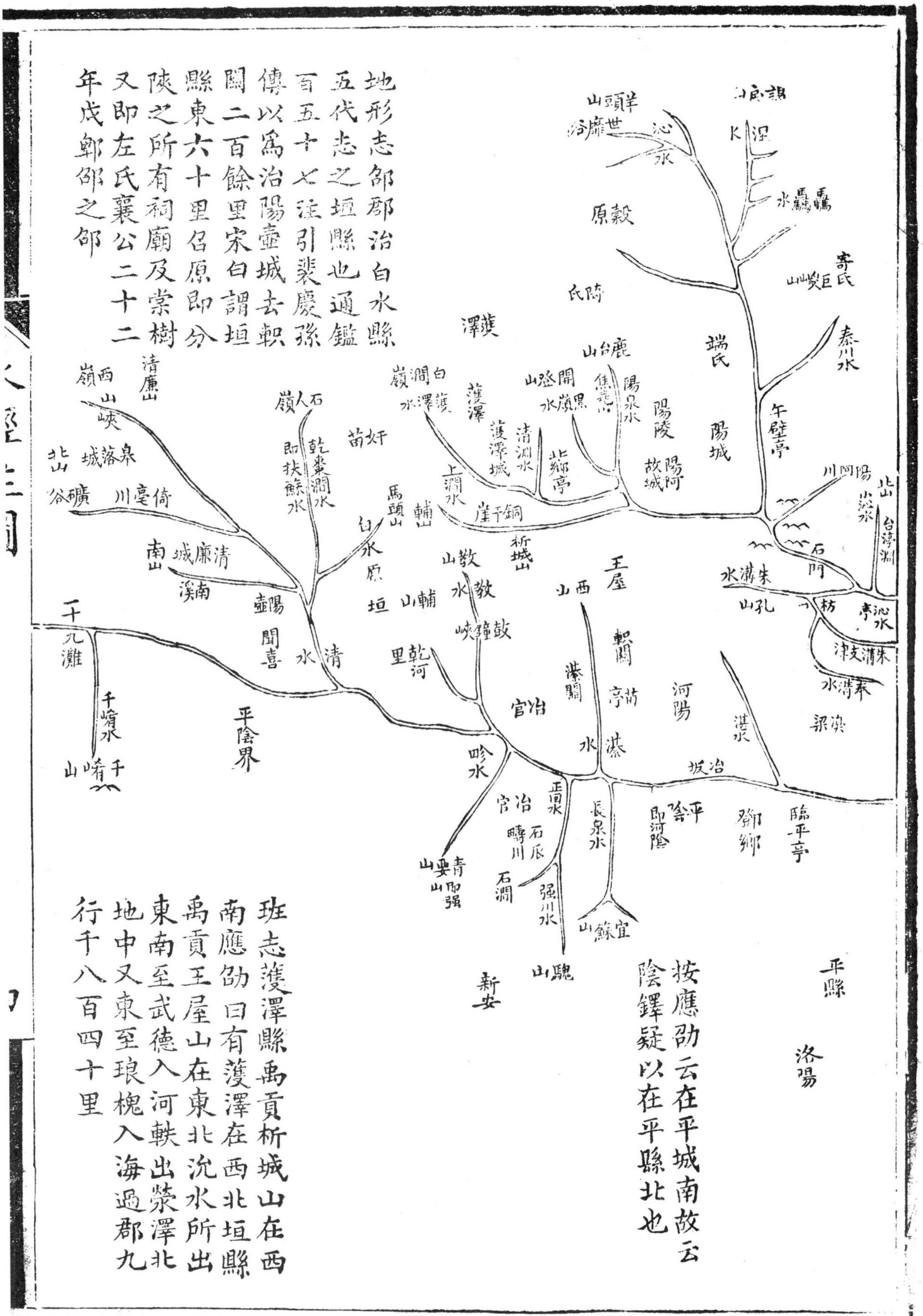
地形志邵郡治白水縣五代志之垣縣也通鑑百五十七注引裴慶孫傳以爲治陽壺城去軹關二百餘里宋白謂垣縣東六十里召原即分陜之所有祠廟及棠樹又即左氏襄公二十二年戍鄍邵之邵
班志濩澤縣禹貢析城山在西南應劭曰有濩澤在西北垣縣禹貢王屋山在東北沇水所出東南至武德入河軼出滎澤北地中又東至琅槐入海過郡九行千八百四十里
按應劭云在平城南故云陰鐸疑以在平縣北也
王屋
河陽
陽城
端氏
析城山
清水
沇水
平陰界
新安
平縣
洛陽

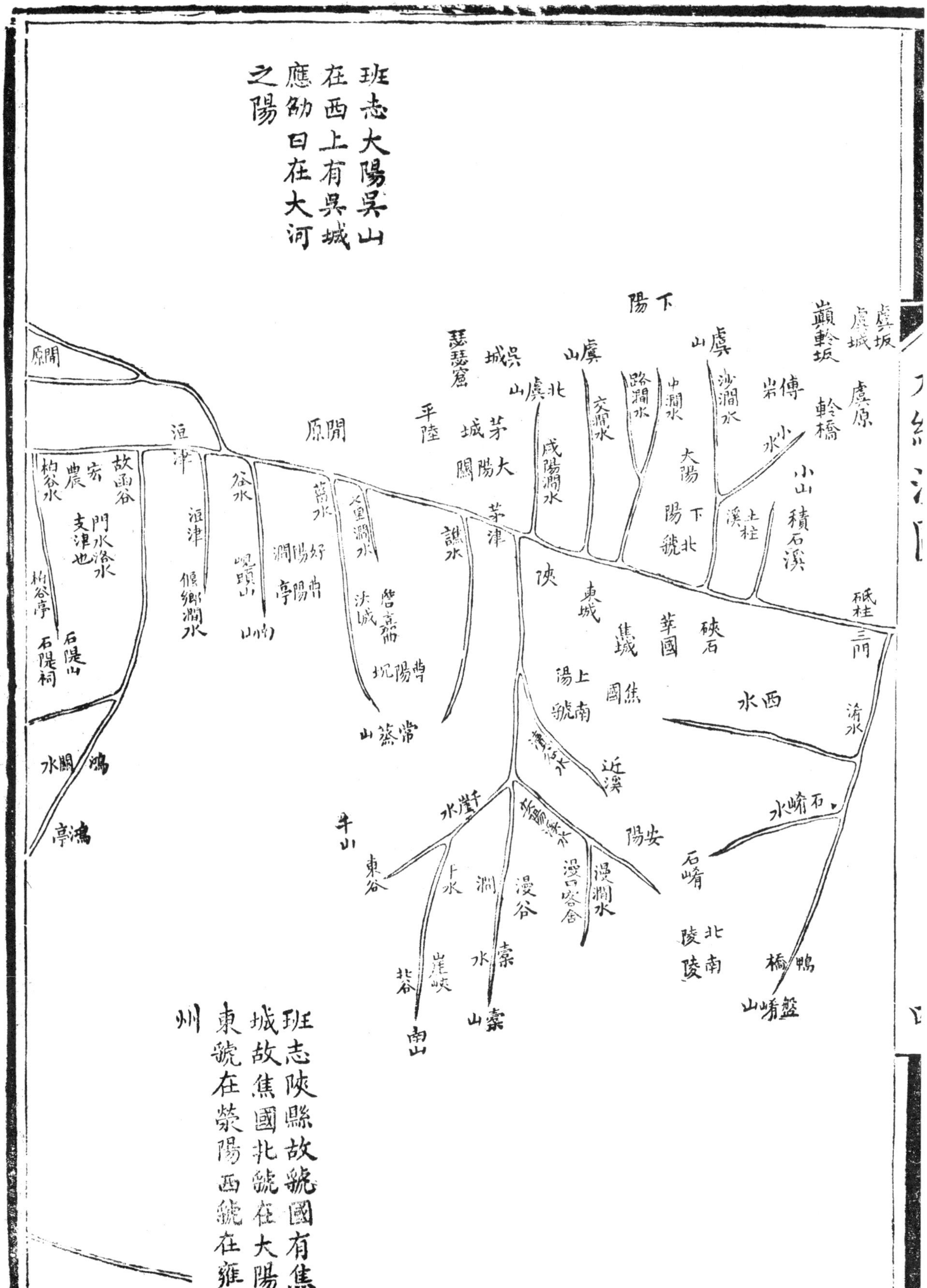
班志大陽吳山在西上有吳城應劭曰在大河之陽
班志陝縣故虢國有焦城故焦國北虢在大陽東虢在雍州
下陽
虞山
吳城
北虞山
茅城
大陽
茅津
陝
東城
焦城
華國
砥柱
三門
西水
石崤水
安陽
常蒸山
鴻關水
鴻亭
南山
橐山
盤崤山
鴨橋
北陵
南陵
傅岩
虞原
軨橋
閒原
平陸
積石溪
漫谷
東谷
牛山
石崤
近溪
漫澗水
焦國
上陽
南虢

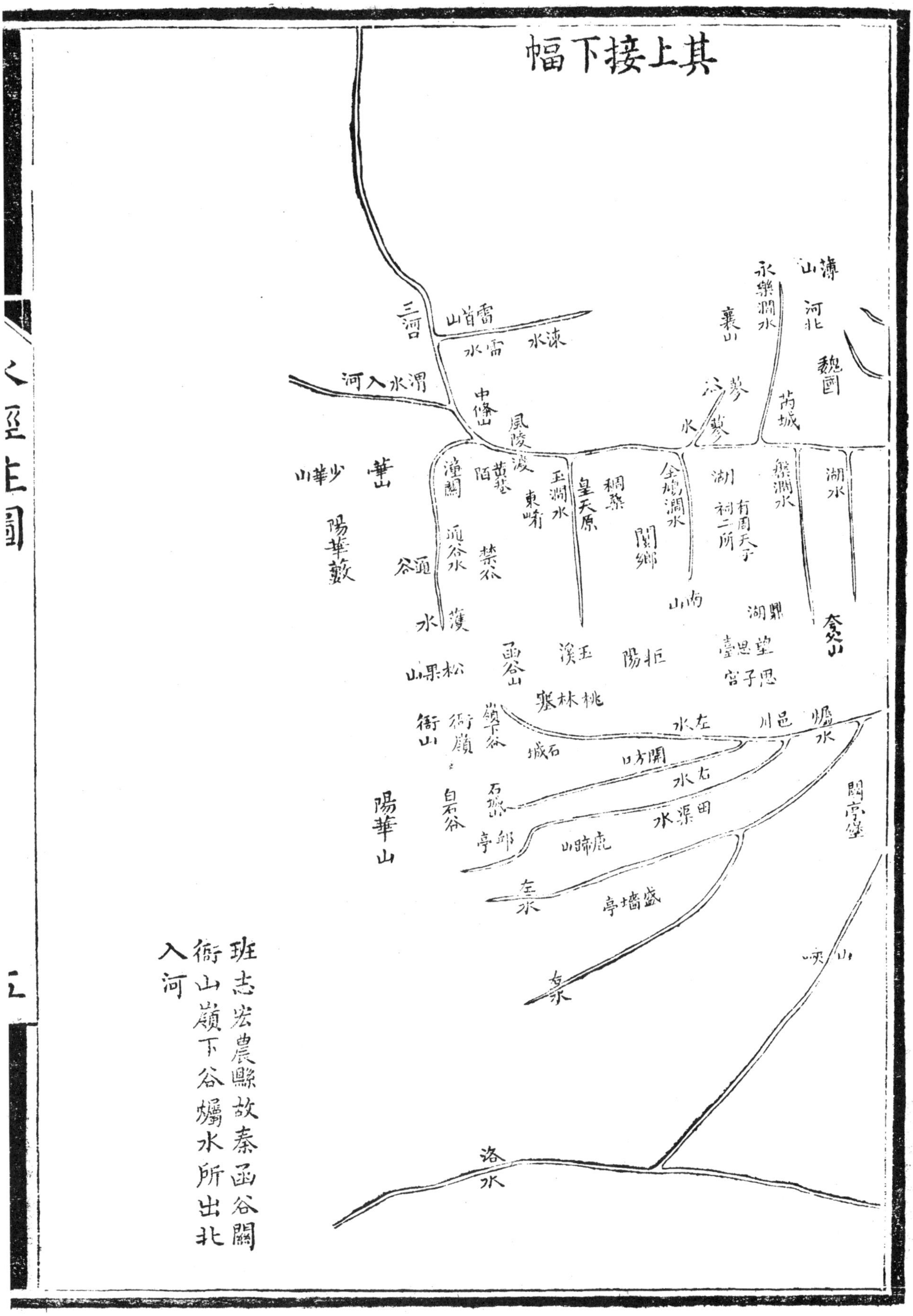

其上接下幅
雷首山
三河
雷水
涑水
渭水入河
中條山
風陵渡
少華山
華山
潼關
黃巷
東崤
玉澗水
皇天原
全鳩澗水
閿鄉
湖
有周天子祠二所
盤澗水
湖水
薄山
河北
永樂澗水
襄山
魏國
芮城
陽華藪
通谷
通谷水
禁谷
山南
湖縣
夸父山
望思臺
思子宮
玉溪
函谷山
松果山
桃林塞
衡山
衡嶺
嶺下谷
石城
左水
邑川
爛水
右水
田渠水
白石谷
陽華山
鹿蹄山
盛牆亭
洛水
班志宏農縣故秦函谷關
衡山嶺下谷爛水所出北
入河

通鑑百五十六注地形志夏陽有龍門山此西岸也魏南汾州有龍門郡及縣隋廢郡以縣屬河東郡此東岸也蓋兩山夾河故曰龍門又云唐志河西縣有蒲津關此西岸也河東縣南有風陵關此東岸

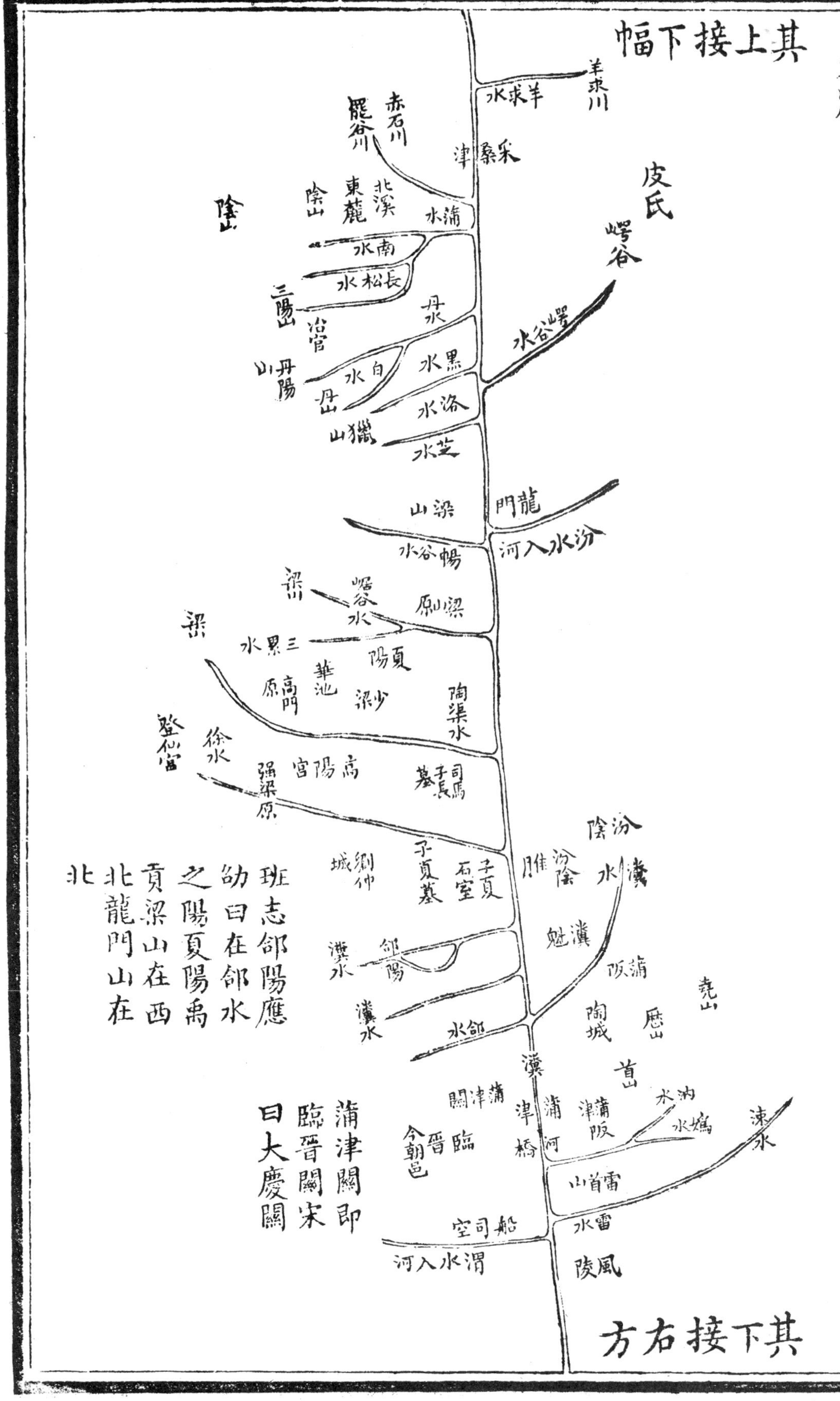

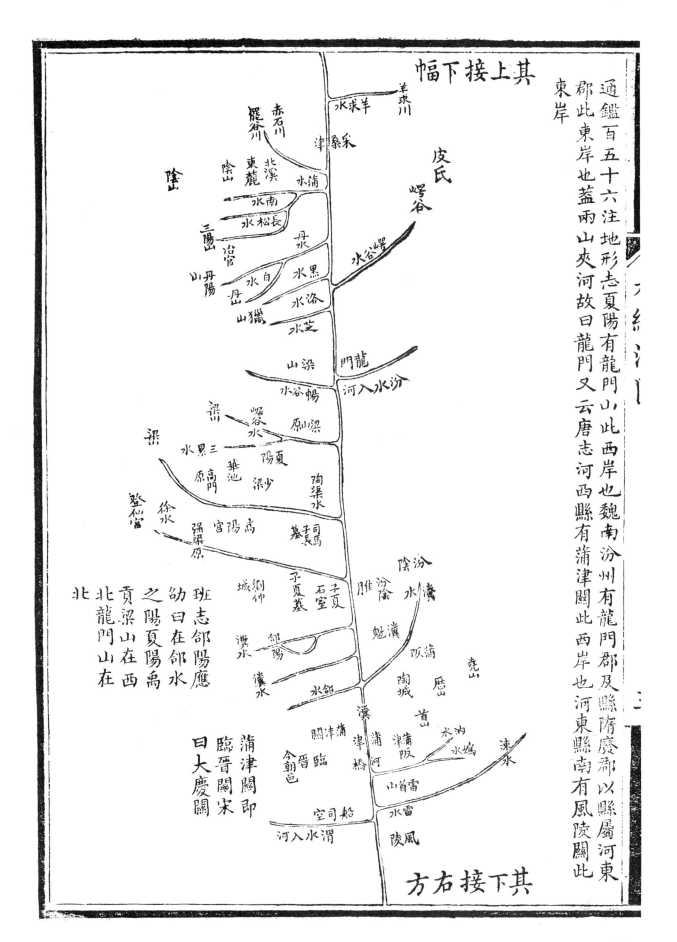

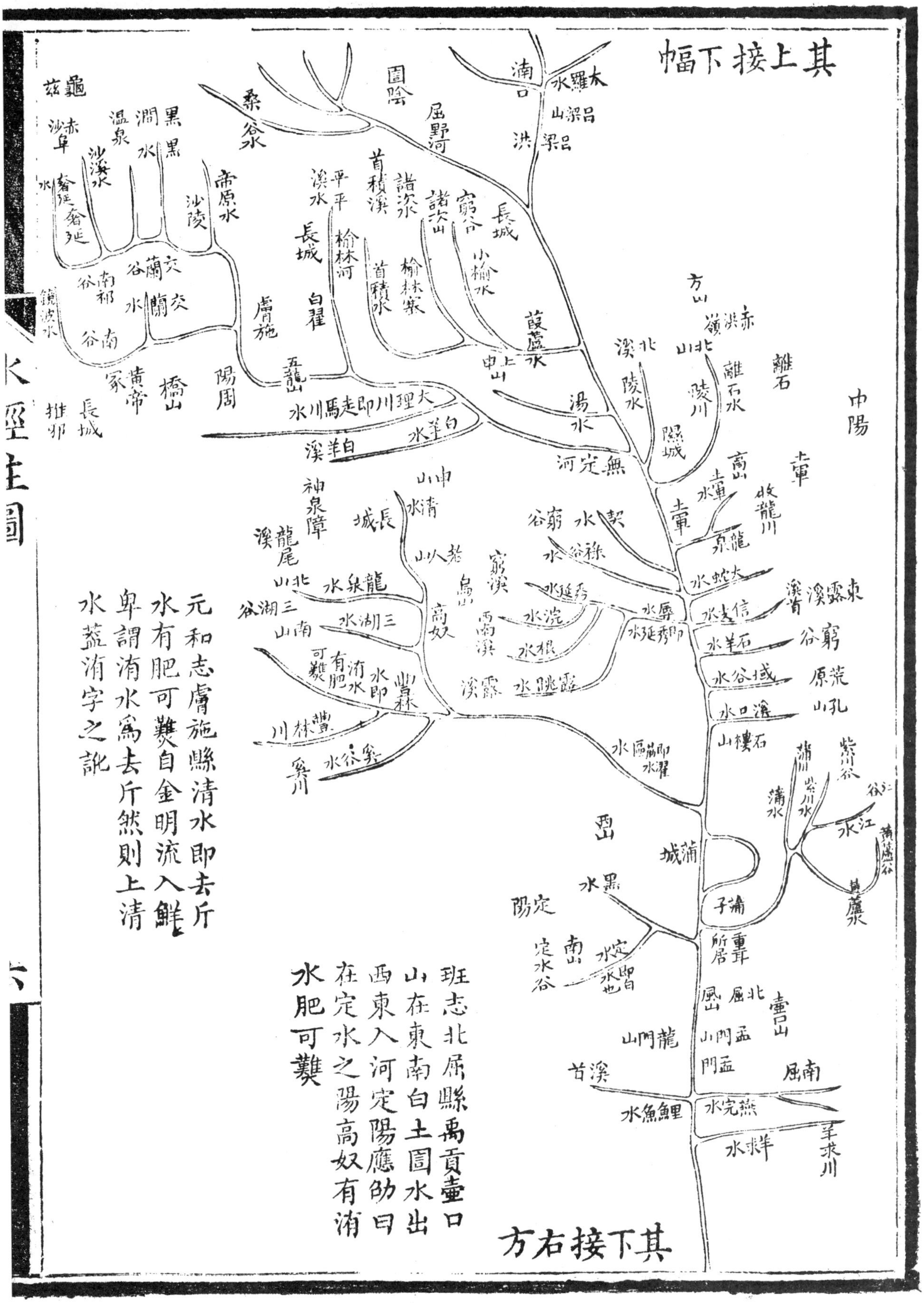
其上接下幅
太羅水
淯口
呂梁山
呂梁
洪
圁陰
屈野河
桑兹
龜兹
黑水
澗水
溫泉
沙溪水
赤沙阜
奢延水
奢延
沙陵
帝原水
文谷
蘭水
交蘭
南部谷
南谷
鏡波水
黃帝冢
橋山
陽周
長城
膚施
白翟
五龍山
平水
平溪水
首積溪
諸次水
諸次山
窮谷
長城
榆林河
首積水
榆林塞
小榆水
葭蘆水
上申山
大理川即走馬川水
白羊水
白羊溪
湯水
無定河
北溪
陵水
赤洪嶺
方山
北山
陵川
離石水
離石
中陽
臨城
高山
車水
車
攷龍川
龍泉
神泉障
龍尾溪
長城
清水
申山
翟人山
窮溪
谷窮水
契水
秋谷水
龍泉水
北山
三湖谷
三湖水
南山
鳥山
高奴
太蛇水
信支水
東露溪
清溪
延秀水
延秀水
屛水
西南溪
洸水
根水
石羊水
窮谷
域谷水
原荒
可爇
有肥水
洧水
即奢
露跳水
露溪
滃口水
孔山
豐林川
石樓山
奢谷水
奢川
即區水
翟水
紫川谷
蒲川
紫川水
清水
江水
江谷
黃爐谷
黃蘆
蒲城
高山
黑水
定陽
蒲子
重耳所居
南山
定水
定水谷
即白水也
北屈
屈山
壺口山
龍門山
孟門山
孟門
甘溪
南屈
鯉魚水
燕完水
羊求水
羊求川
其下接右方
元和志膚施縣清水即去斤水有肥可爇自金明流入鮮卑謂洧水爲去斤然則上清水蓋洧字之訛
班志北屈縣禹貢壺口山在東南白土圁水出西東入河定陽應劭曰在定水之陽高奴有洧水肥可爇

班志武進白渠水出塞外西至沙陵入河

武皋荒干水出塞外西至沙陵入河

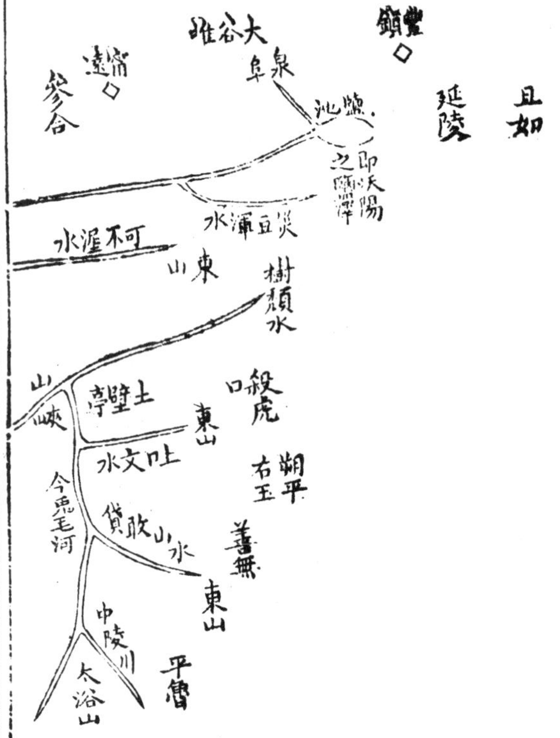

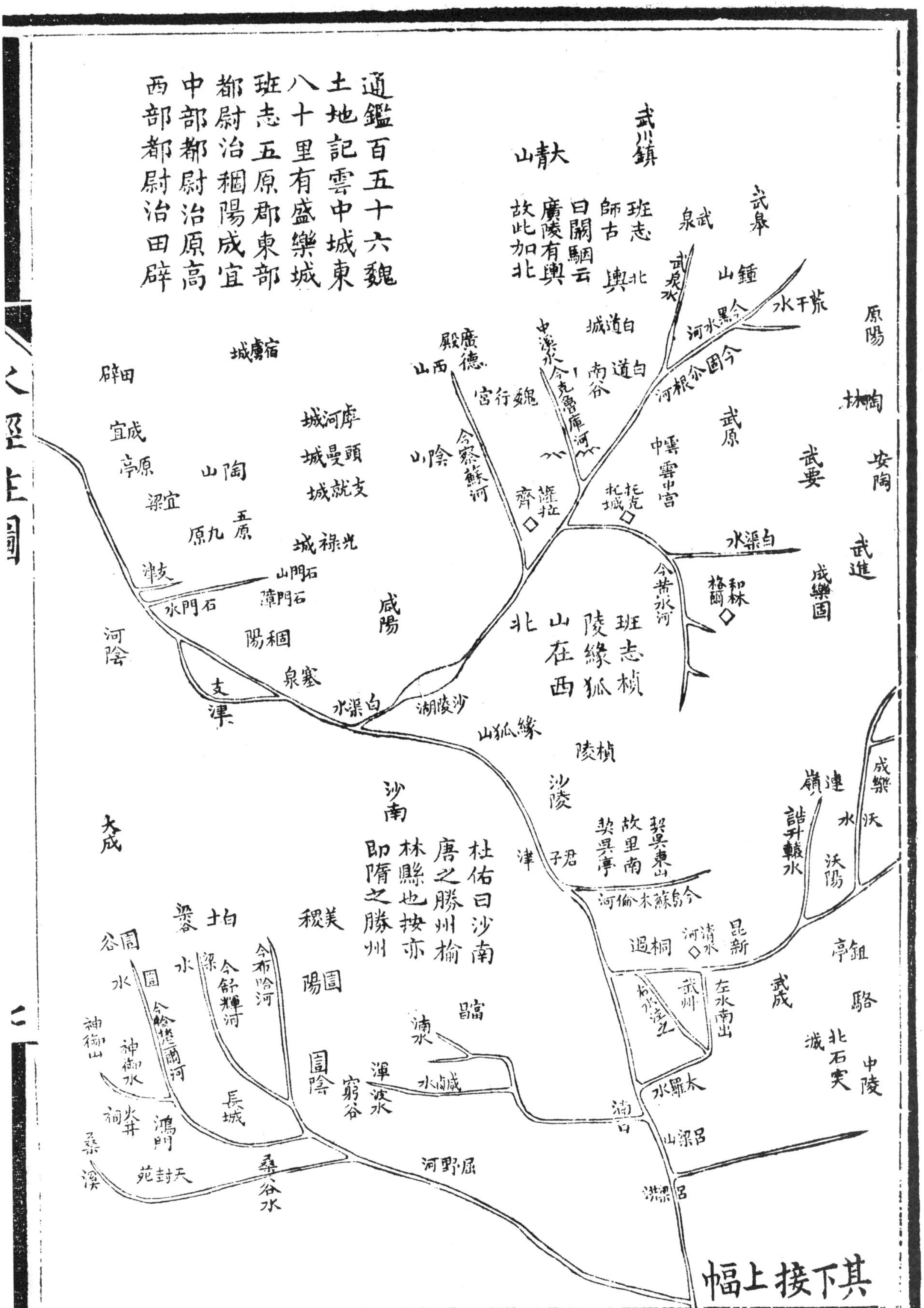
通鑑百五十六魏土地記雲中城東八十里有盛樂城
班志五原郡東部都尉治稒陽成宜中部都尉治原高西部都尉治田辟
班志師古曰闕駰云廣陵有輿故此加北
班志楨陵緣狐山在西北
杜佑曰沙南唐之勝州榆林縣也按亦即隋之勝州
武川鎮
大青山
白渠水
咸陽
稒陽
塞泉
沙陵
楨陵
沙南
君子津
武成
其下接上幅

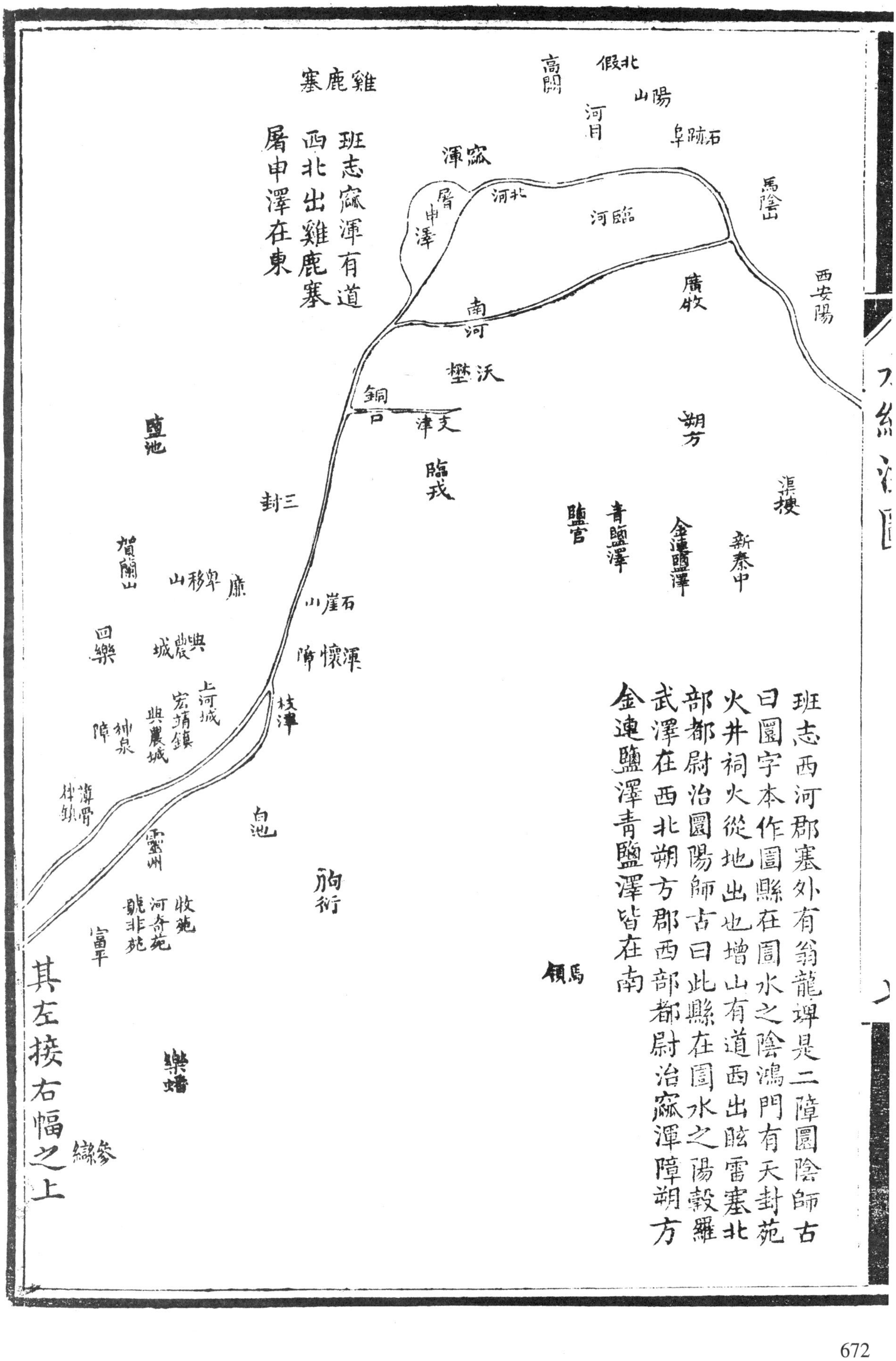
雞鹿塞
班志窳渾有道
西北出雞鹿塞
屠申澤在東
高闕
北假
陽山
河目
石跡阜
窳渾
屠申澤
北河
臨河
馬陰山
西安陽
南河
廣牧
沃壄
銅口
支津
朔方
鹽池
三封
臨戎
渠搜
鹽官
青鹽澤
金連鹽澤
新秦中
賀蘭山
卑移山
廉
石崖山
回樂
典農城
渾懷障
上河城
宏靖鎮
典農城
神泉障
枝津
薄骨律鎮
靈州
白池
眴衍
牧苑
河奇苑
號非苑
富平
馬領
樂蟠
班志西河郡塞外有翁龍埤是二障圜陰師古曰圜字本作圁縣在圁水之陰鴻門有天封苑火井祠火從地出也增山有道西出眩雷塞北部都尉治圜陽師古曰此縣在圁水之陽穀羅武澤在西北朔方郡西部都尉治窳渾障朔方金連鹽澤青鹽澤皆在南
其左接右幅之上
參䜌

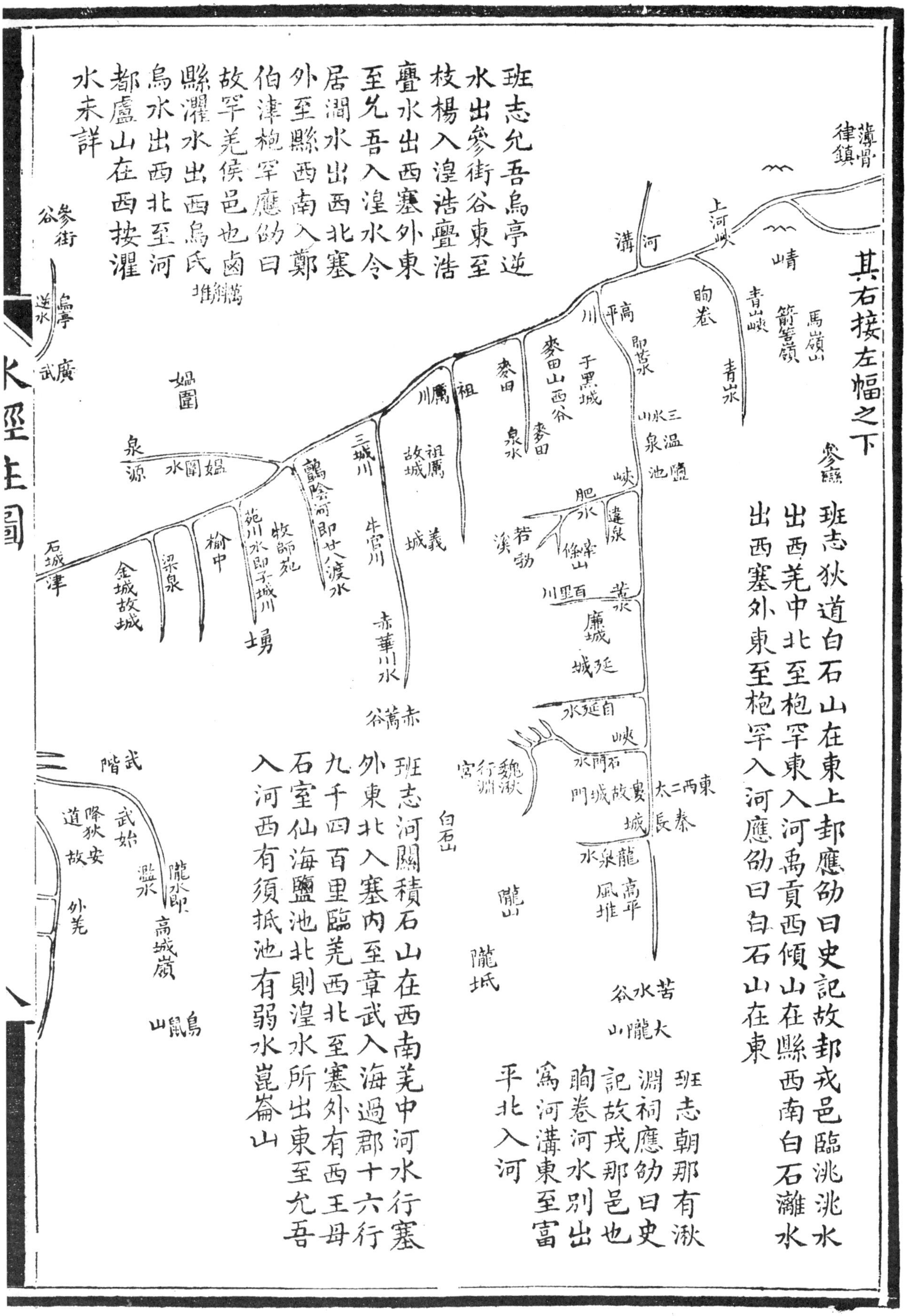
其右接左幅之下
班志狄道白石山在東上邽應劭曰史記故邽戎邑臨洮洮水出西羌中北至枹罕東入河禹貢西傾山在縣西南白石離水出西塞外東至枹罕入河應劭曰白石山在東
班志允吾烏亭逆水出參街谷東至枝楊入湟浩亹浩亹水出西塞外東至允吾入湟水令居澗水出西北塞外至縣西南入鄭伯津枹罕應劭曰故罕羌侯邑也鹵縣灈水出西烏氏烏水出西北至河都盧山在西按灈水未詳
班志河關積石山在西南羌中河水行塞外東北入塞內至章武入海過郡十六行九千四百里臨羌西北至塞外有西王母石室仙海鹽池北則湟水所出東至允吾入河西有須抵池有弱水崑崙山
班志朝那有湫淵祠應劭曰史記故戎那邑也朐卷河水別出爲河溝東至富平北入河
溝河
上河峽
青山峽
青水
朐卷
高平川
麥田
麥田山西谷
祖厲川
三城川
義城
牛官川
赤華川水
赤蒿谷
鸇陰河即廿八渡水
牧師苑
苑川水即子城川
榆中
梁泉
金城故城
石城津
媼圍
媼圍水
泉源
烏亭逆水
參街谷
廣武
肥水
若勒溪
廉城
延城
自延水
魏行宮
白石山
隴山
隴坻
東西二太秦長城
龍泉水
高平風堆
苦水谷
大隴山
武階
武始
降狄安故道
隴水
外羌
高城嶺
鳥鼠山

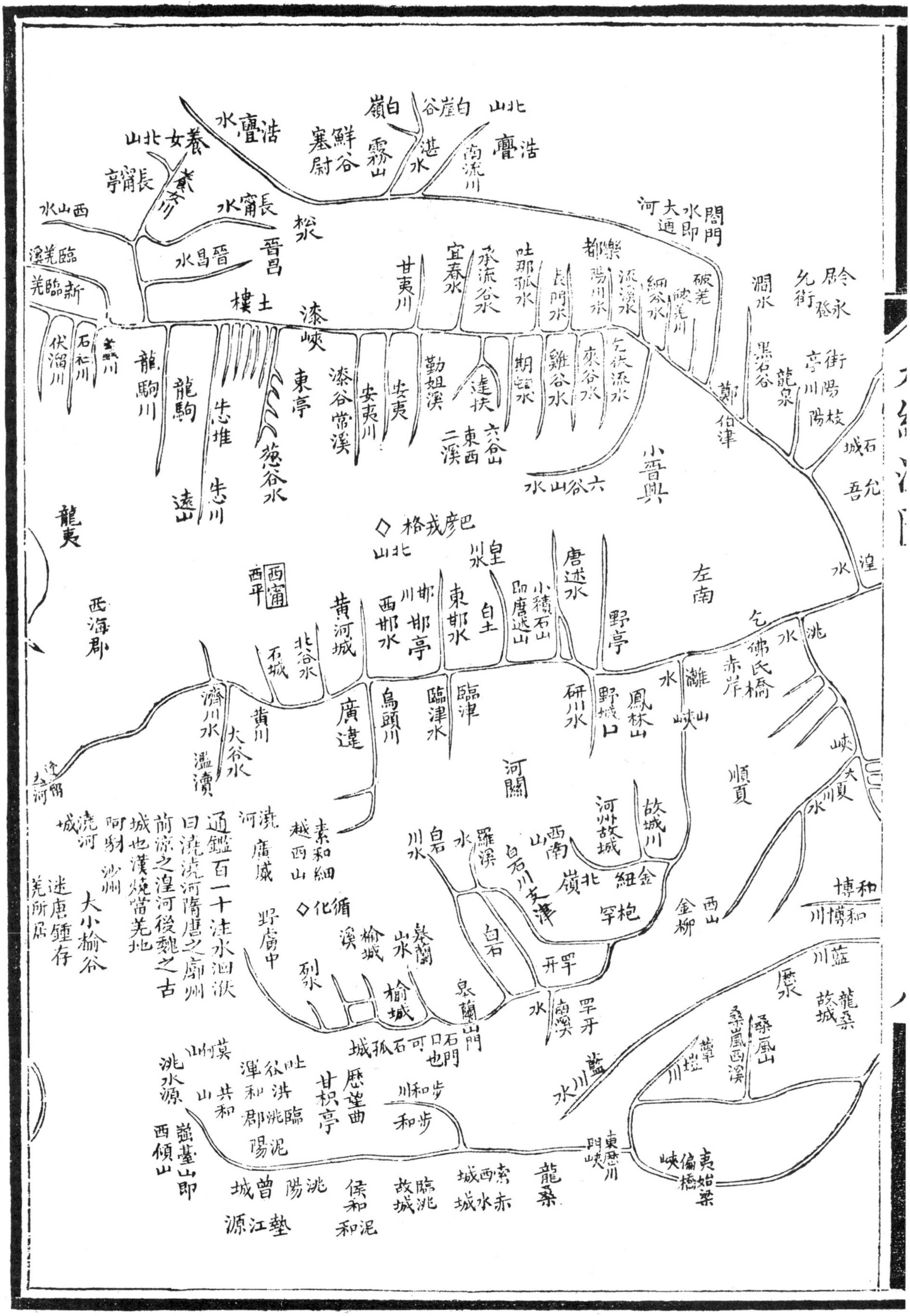
浩亹水
白嶺
白崖谷
北山
浩亹
鮮谷塞尉
霧山
湛水
養女北山
長寧亭
長寧水
西山水
晉昌水
晉昌
臨羌溪
新臨羌
土樓
閤門水
大通河
龍駒川
龍駒
龍夷
西海郡
巴彥戎格
東亭
左南
野亭
鳳林山
河關
黃河城
臨津水
臨津
烏頭川
大夏
順夏
榆城
大小榆谷
迷唐鍾存羌所居
通鑑百一十注水汹洮曰澆河隋唐之廓州前涼之湟河後魏之古城也漢燒當羌地
洮水源
西傾山
歷望曲
甘枳亭
臨洮郡
步和川
藍川水
龍桑故城
東歷川
東始桑
偏橋峽
龍桑
赤水城
臨洮故城
洮陽
曾城
墊江源
和泥

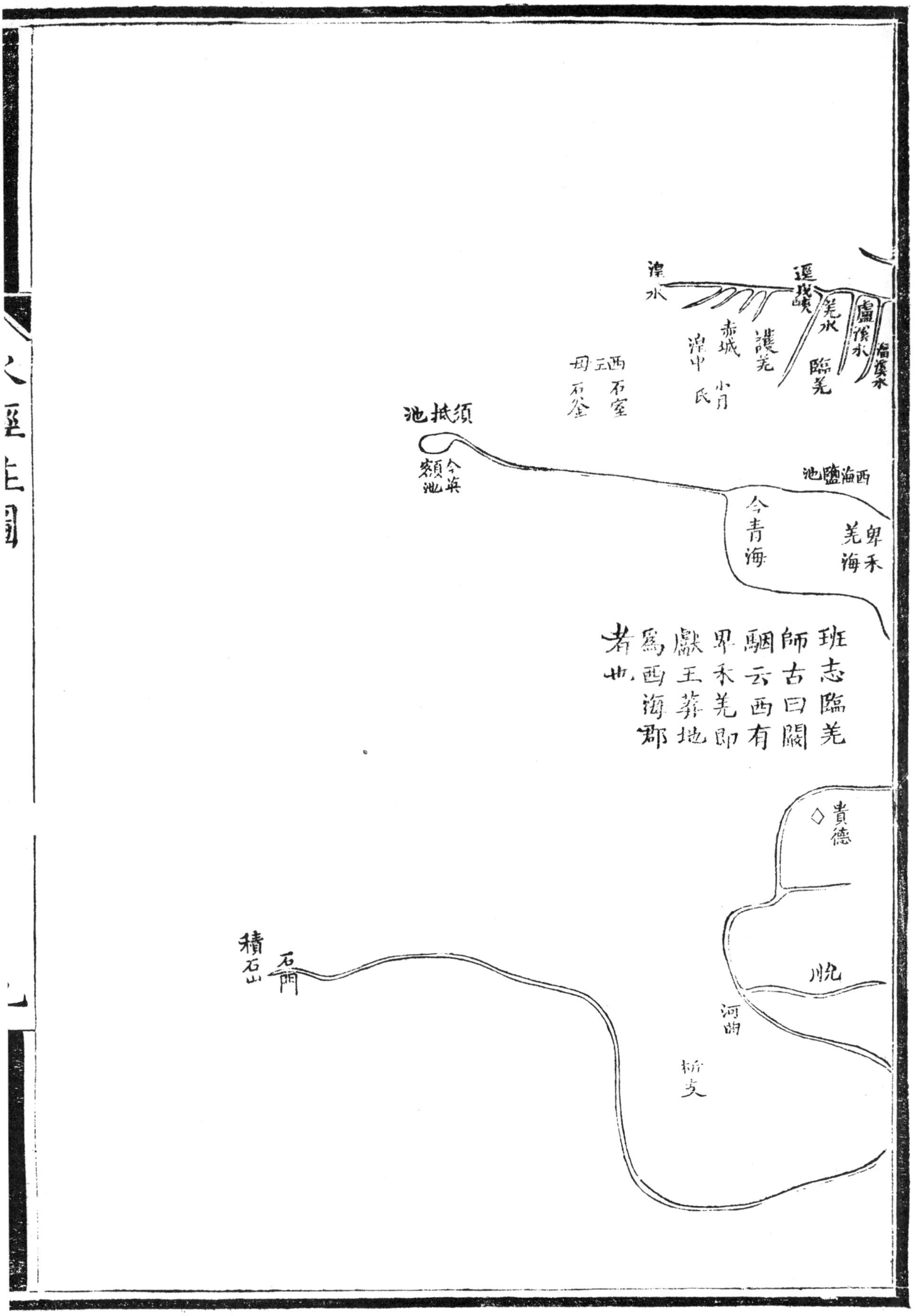
湟水
羌水
盧溪水
赤城
護羌
臨羌
湟中
小月氏
西王母石室
須抵池
西海鹽池
今青海
卑禾羌海
班志臨羌師古曰闞駰云西有卑禾羌即獻王莽地爲西海郡者也
貴德
河曲
析支
積石山
石門

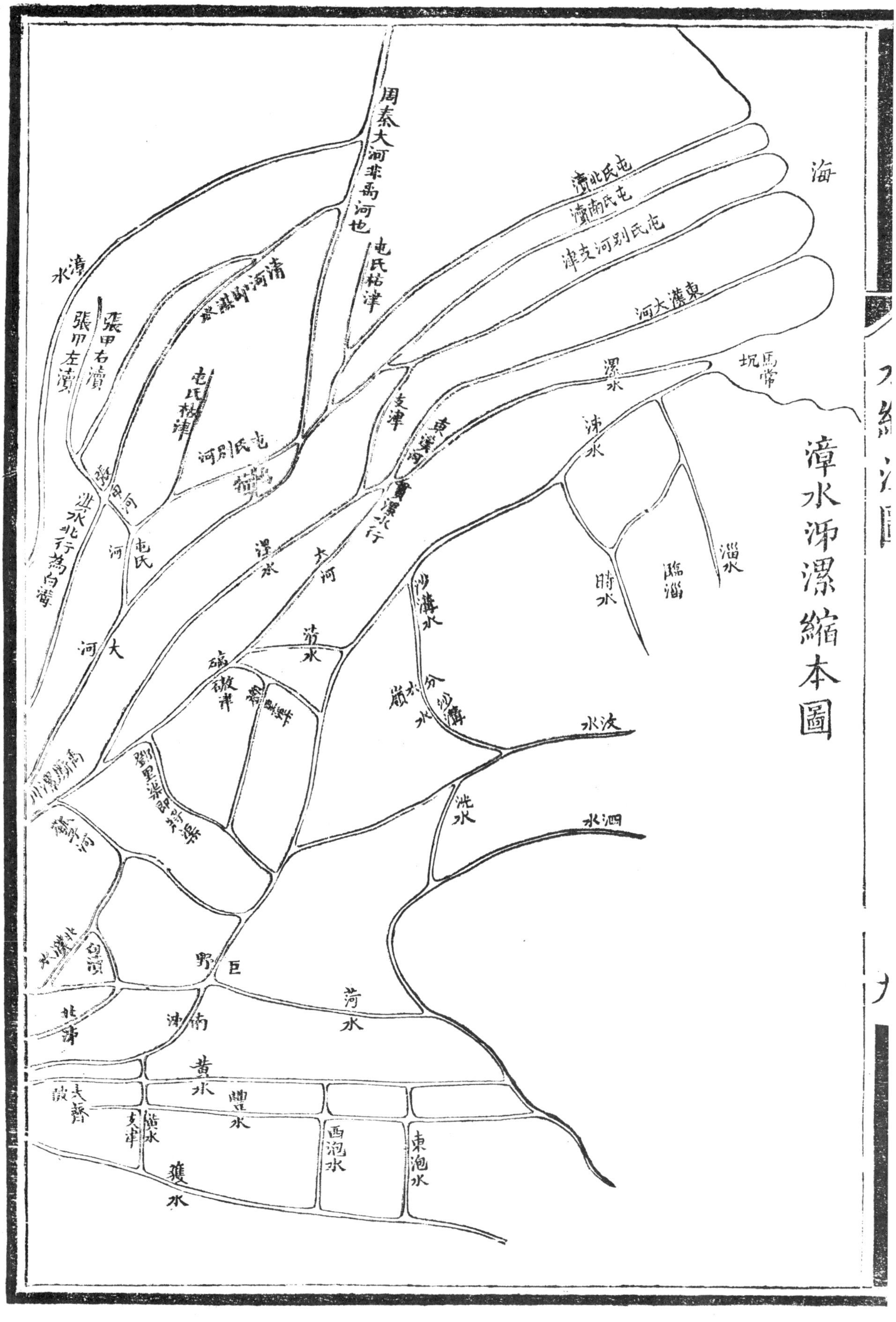
漳水泜漯縮本圖
海
周秦大河非禹河也
屯氏北瀆
屯氏南瀆
屯氏別河支津
東漢大河
張甲右瀆
張甲左瀆
屯氏枯津
屯氏別河
支津
漯水
大河
時水
臨淄
淄水
巨野
菏水
黃水
西泡水
東泡水
獲水

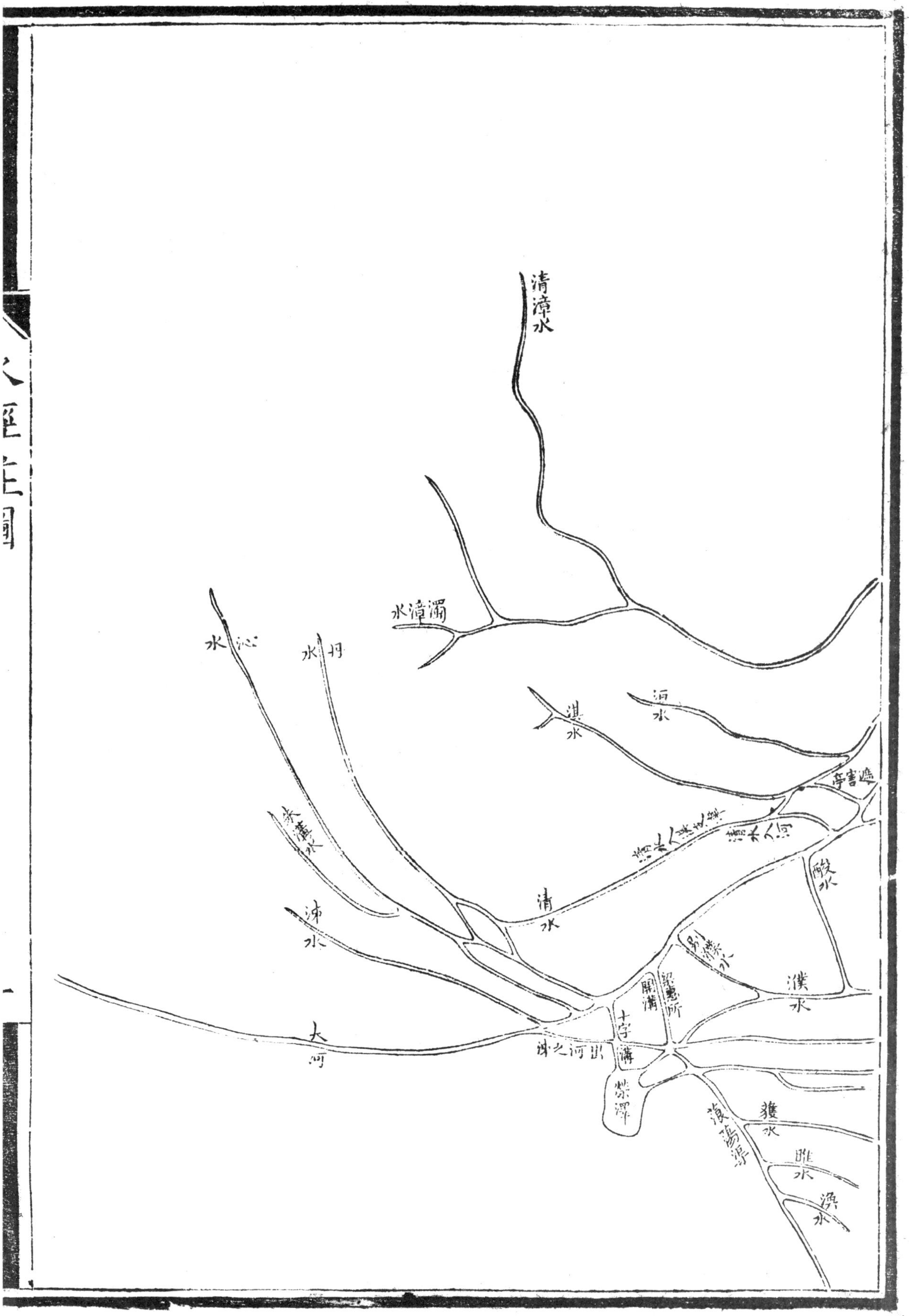

清漳水
濁漳水
沁水
丹水
淇水
洹水
遮害亭
朱溝水
清水
大河
酸水
別濮水
濮水
闕溝
十字溝
滎澤
蒗蕩渠
獲水
睢水
渙水

原武以上今河圖

凡圖須計里畫方方爲致确然以之爲書則東西可展而南北不能容若縮本過狹則注不能盡載今畧舉一隅以見梗概

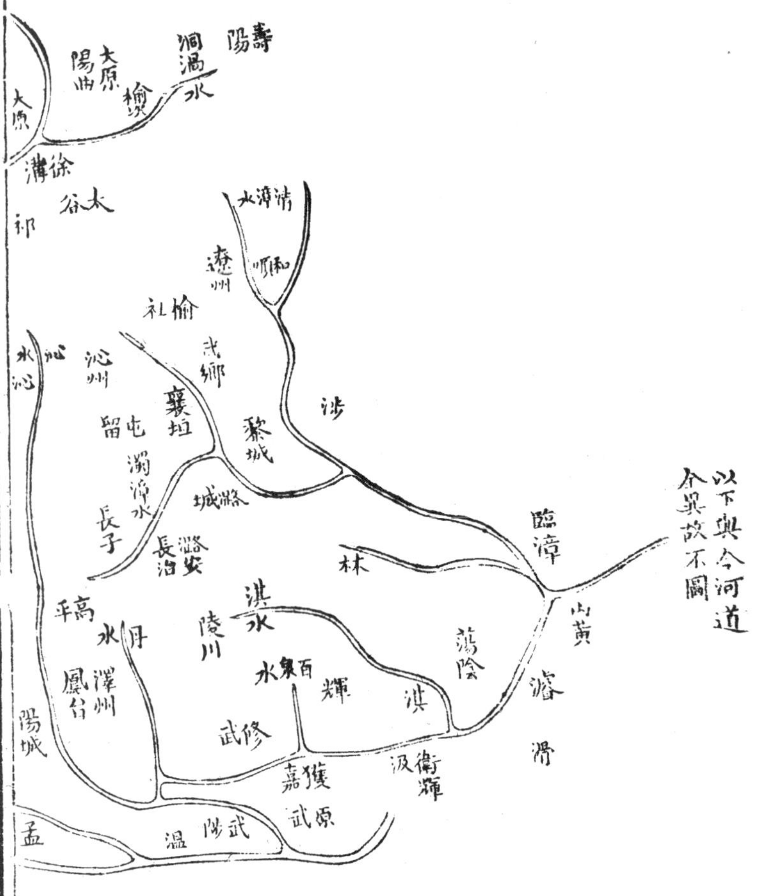

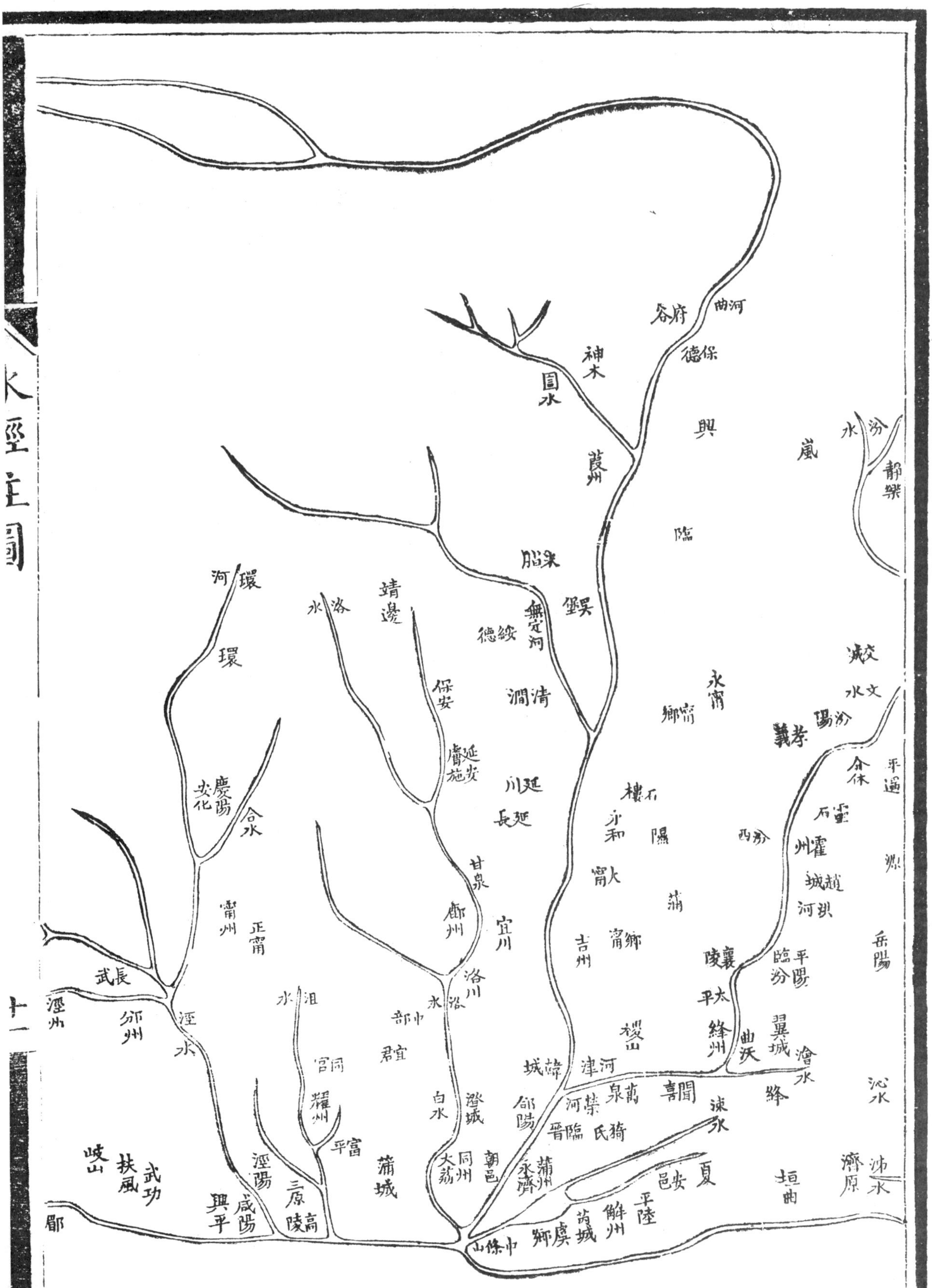
水經注圖
十一
河曲
府谷
保德
神木
葭州
興
嵐
汾水
靜樂
臨
米脂
吳堡
環河
洛水
靖邊
綏德
無定河
環
保安
清澗
永寧
寧鄉
孝義
汾陽
文水
交城
延安
膚施
延川
石樓
延長
永和
隰
汾西
介休
平遙
靈石
霍州
慶陽
安化
合水
甘泉
大寧
蒲
趙城
洪洞
岳陽
寧州
正寧
鄜州
宜川
吉州
鄉寧
襄陵
臨汾
平陽
太平
長武
涇州
邠州
涇水
沮水
洛川
中部
洛水
絳州
曲沃
翼城
稷山
澮水
同官
宜君
韓城
河津
沁水
耀州
白水
澄城
郃陽
榮河
萬泉
聞喜
涑水
絳
富平
臨晉
猗氏
岐山
扶風
武功
涇陽
三原
蒲城
大荔
同州
朝邑
蒲州
永濟
夏
安邑
垣曲
濟源
郿
興平
咸陽
高陵
中條山
虞鄉
芮城
解州
平陸

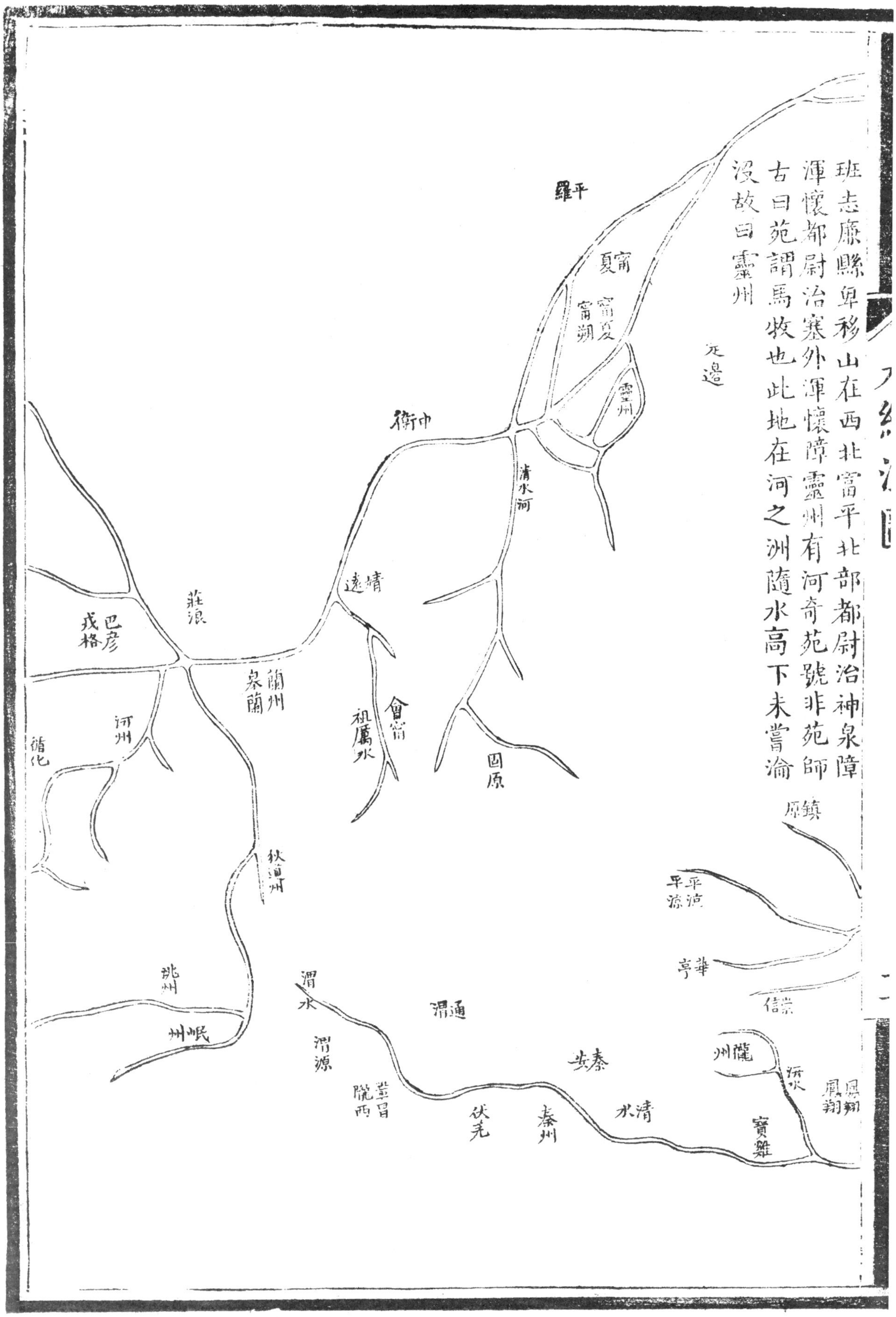
班志廉縣卑移山在西北富平北部都尉治神泉障渾懷都尉治塞外渾懷障靈州有河奇苑號非苑師古曰苑謂馬牧也此地在河之洲隨水高下未嘗淪没故曰靈州
平羅
寧夏
寧夏寧朔
靈州
中衛
清水河
靖遠
莊浪
巴彦戎格
蘭州
臯蘭
河州
循化
會寧
祖厲水
固原
狄道州
洮州
岷州
渭水
渭源
通渭
鞏昌隴西
伏羌
秦州
秦安
清水
隴州
寶雞
鳳翔
華亭
平涼
鎮原

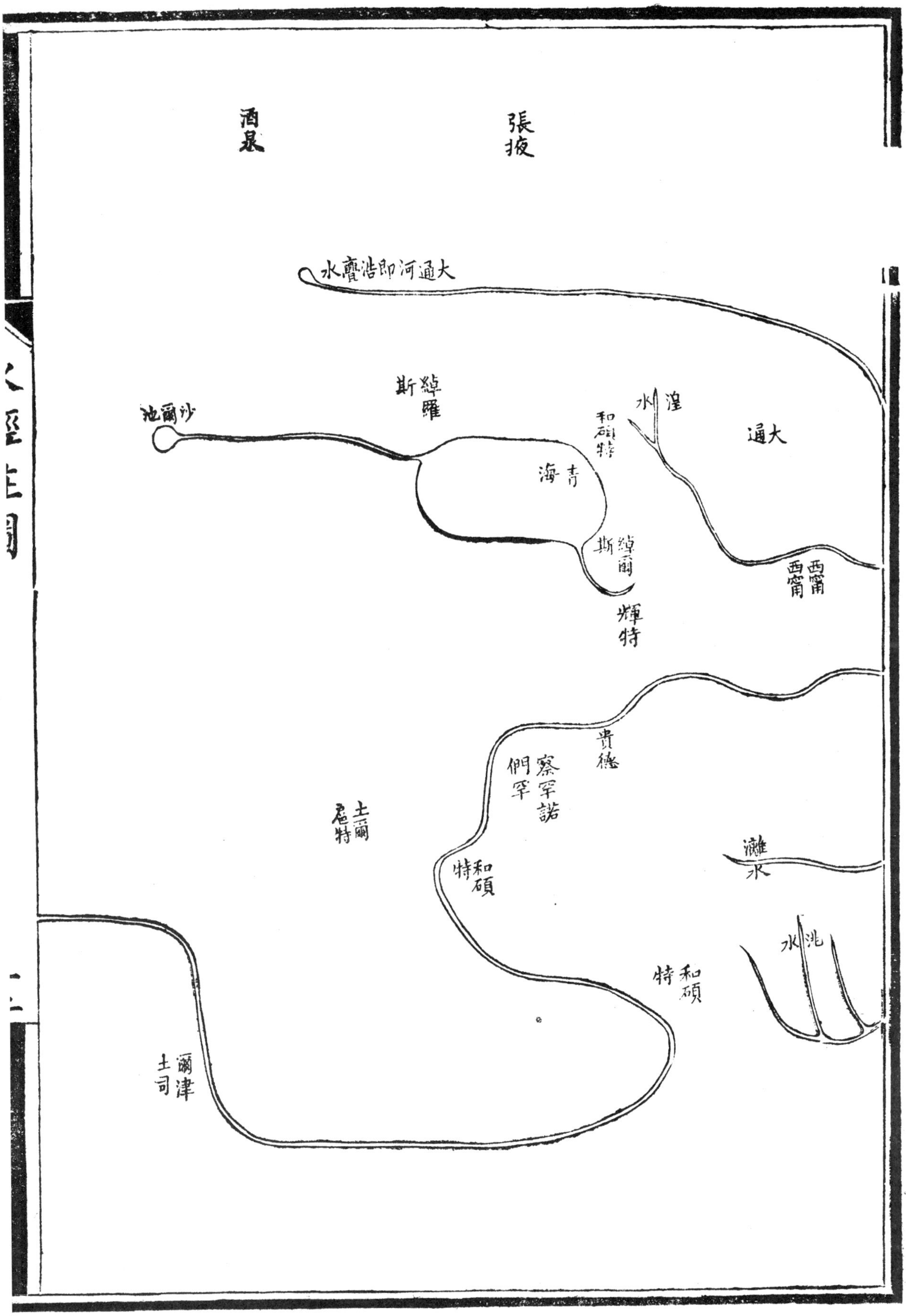
酒泉
張掖
大通河即浩亹水
沙爾池
綽羅斯
湟水
和碩特
青海
大通
綽爾斯
西甯
西甯
輝特
貴德
察罕諾們罕
土爾扈特
和碩特
洮水
和碩特

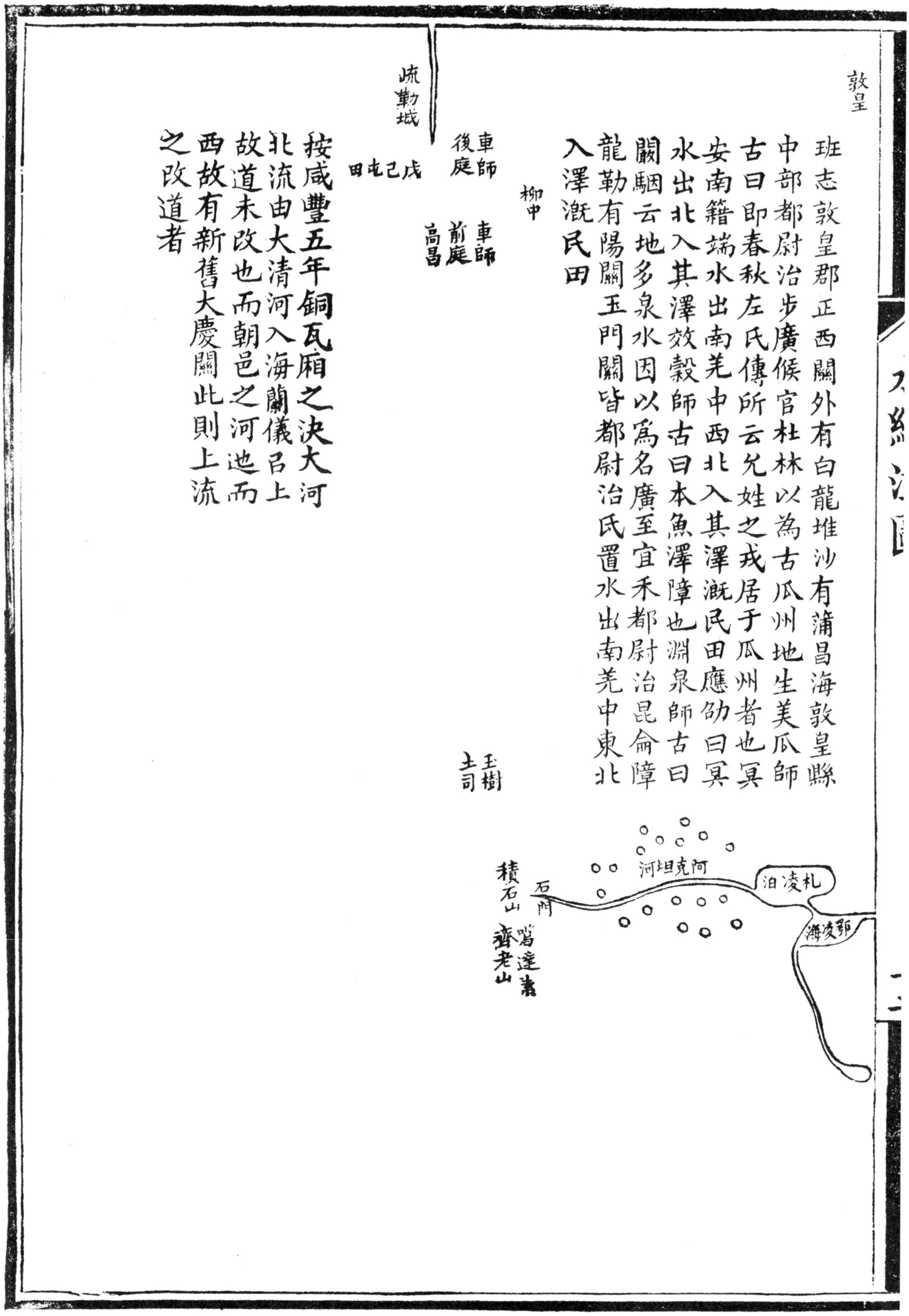
敦煌
班志敦煌郡正西關外有白龍堆沙有蒲昌海敦煌縣中部都尉治步廣候官杜林以為古瓜州地生美瓜師古曰即春秋左氏傳所云允姓之戎居于瓜州者也冥安南籍端水出南羌中西北入其澤溉民田應劭曰冥水出北入其澤效穀師古曰本魚澤障也淵泉師古曰闞駰云地多泉水因以爲名廣至宜禾都尉治昆侖障龍勒有陽關玉門關皆都尉治氐置水出南羌中東北入澤溉民田
柳中
車師前庭
高昌
車師後庭
戊己屯田
疏勒城
按咸豐五年銅瓦廂之決大河北流由大清河入海蘭儀呂上故道未改也而朝邑之河徙而西故有新舊大慶關此則上流之改道者
玉樹土司
阿克坦河
札凌泊
鄂凌海
石門
積石山

回疆河圖縮本

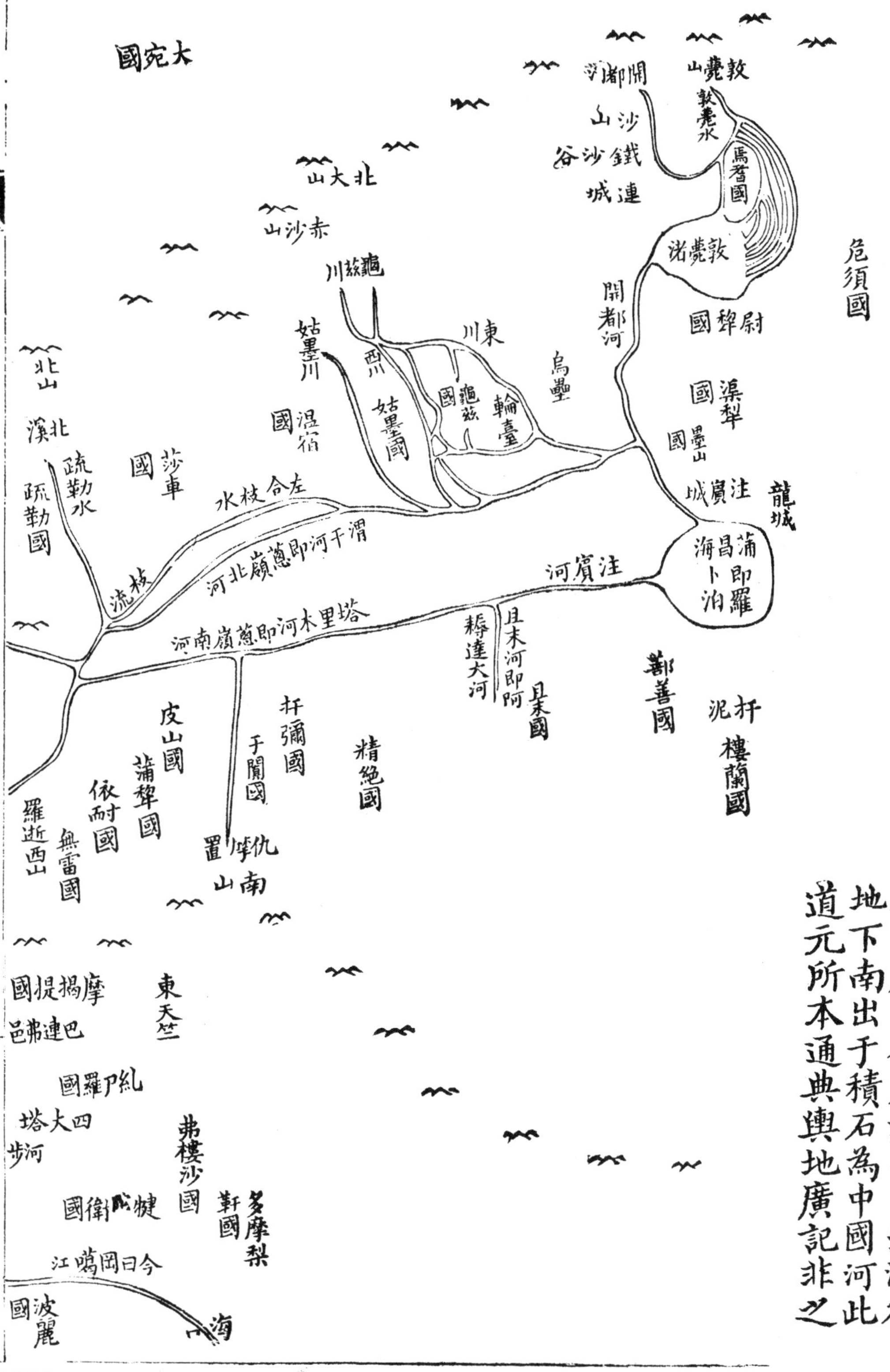

漢書西域傳河源出于闐北流與葱嶺河合東注蒲昌海潛行地下南出于積石為中國河此道元所本通典輿地廣記非之

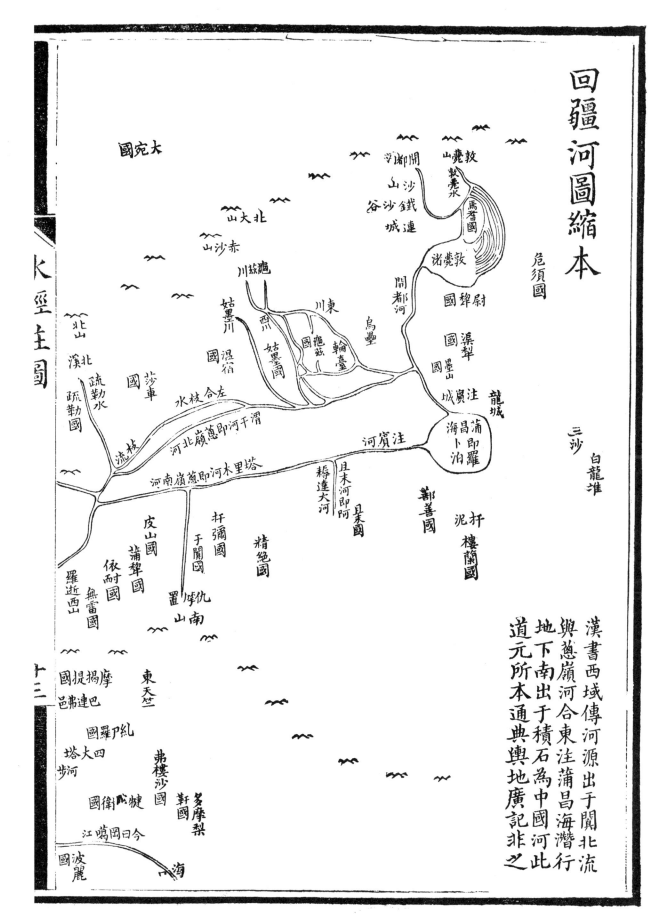

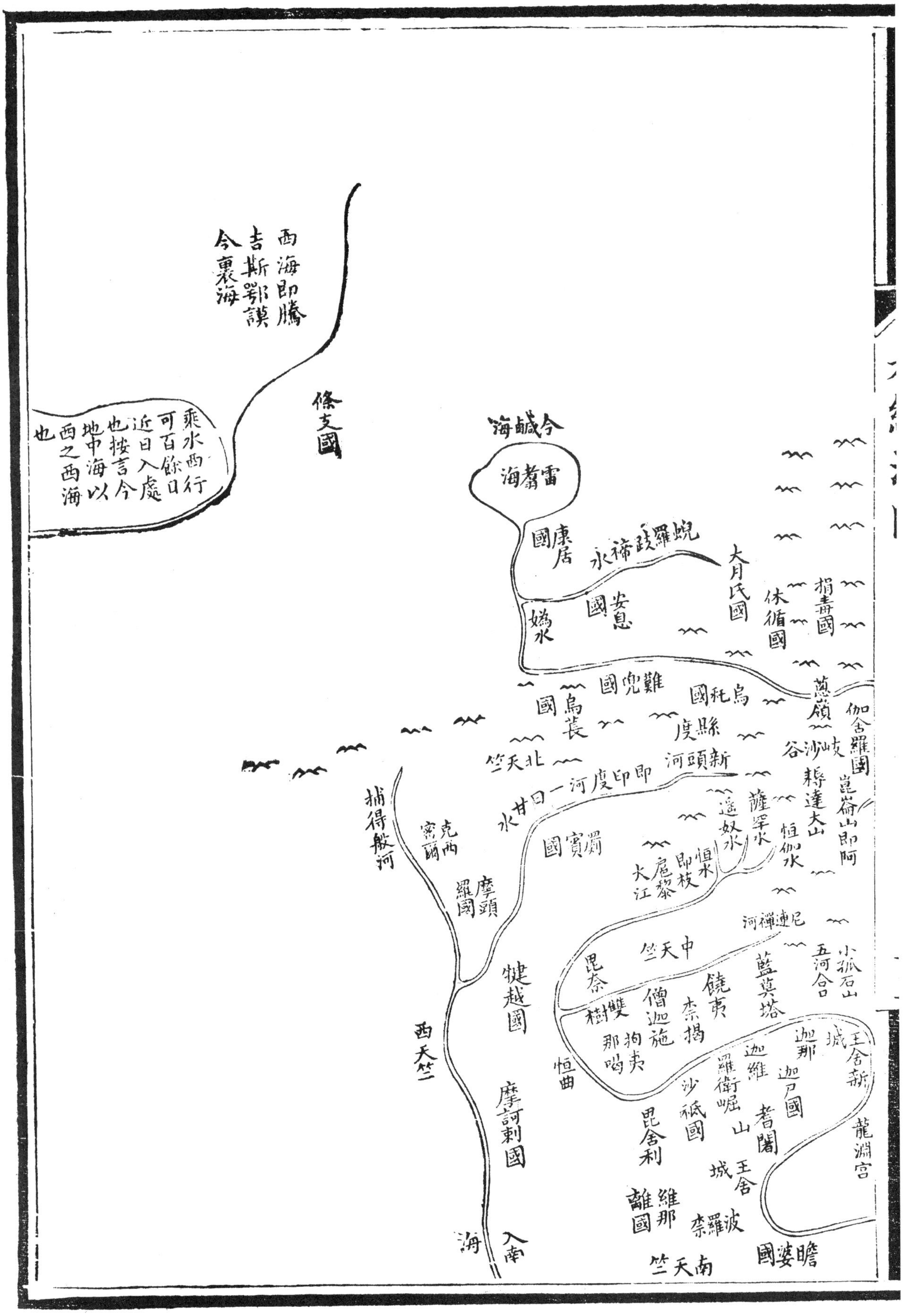
西海即騰吉斯鄂謨今裏海
乘水西行可百餘日近日入處也按言以今地中海之西海也
條支國
今鹹海
雷翥海
康居國
蜺羅跂禘水
大月氏國
安息國
媯水
休循國
捐毒國
難兜國
烏秅國
烏萇國
懸度
葱嶺
伽舍羅國
岐沙谷
北天竺
新頭河
即印度河一曰甘水
阿耨達大山
崑崙山即阿
捕得般河
克西密爾
罽賓國
薩罕水
遙奴水
恒伽水
恒水即枝扈黎大江
摩頭羅國
尼連禪河
中天竺
五河合
小孤石山
毘荼
藍莫塔
饒夷
僧迦施
柰揭
雙樹
拘夷那竭
恒曲
犍越國
西天竺
迦那
王舍新城
迦維羅衛
迦尸國
沙祇國
耆闍崛山
毘舍利
龍淵宮
王舍城
維那離國
波羅柰
瞻婆國
南天竺
摩訶剌國
入南海

汾澮涑文原公洞渦晉七水圖

通鑑七九注漢獻帝建安二十一年南匈奴左部居茲氏右部居祁縣南部居蒲子北部居新興中部居大陵俱緣汾水左右也

班志汾陽北山汾水所出西南至汾陰入河過郡二行千三百四十里冀州浸

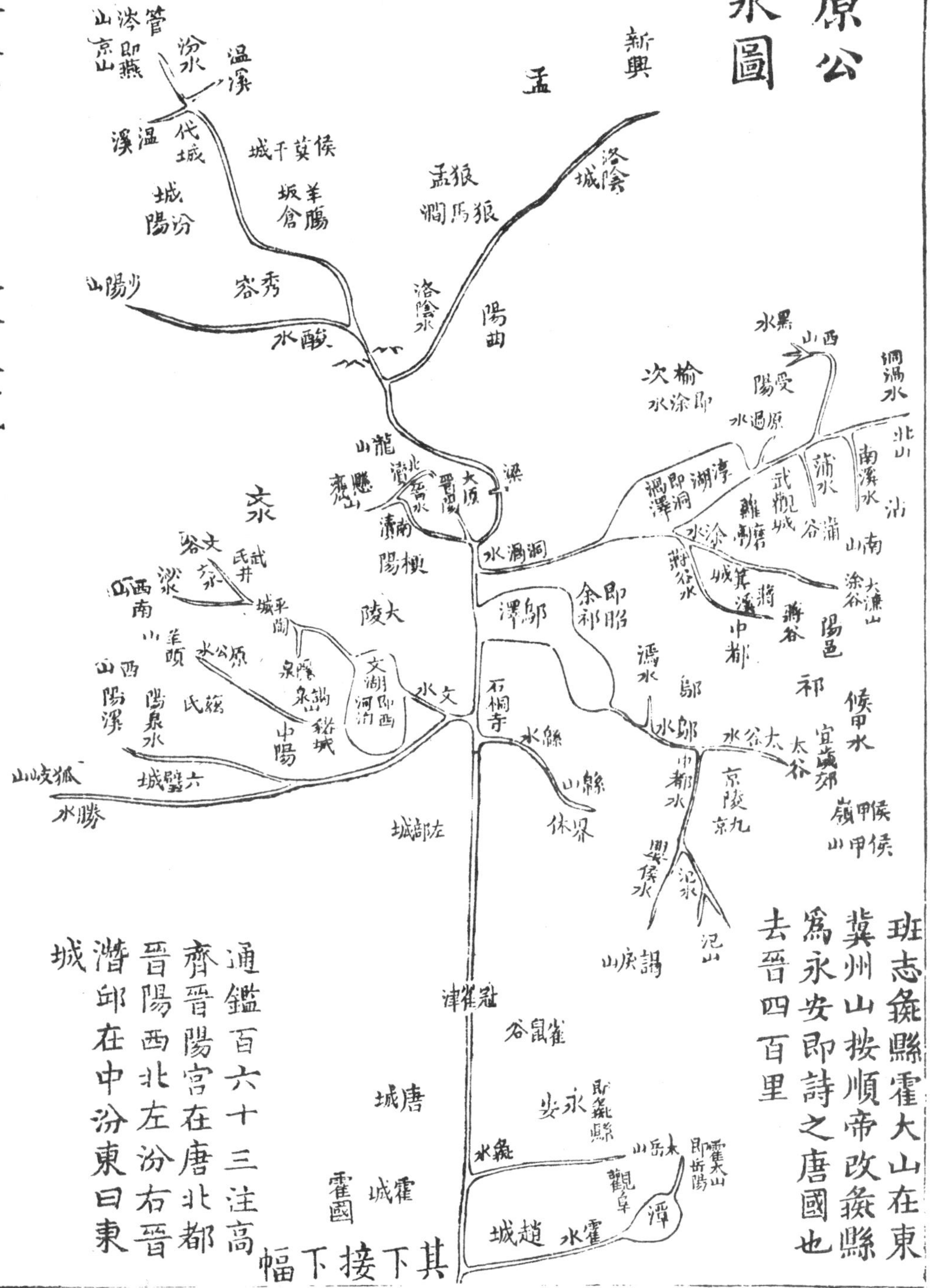

班志彘縣霍大山在東冀州山按順帝改彘縣爲永安即詩之唐國也去晉四百里

通鑑百六十三注高齊晉陽宮在唐北都晉陽西北左汾右晉潛邱在中汾東曰東城

其下接下幅

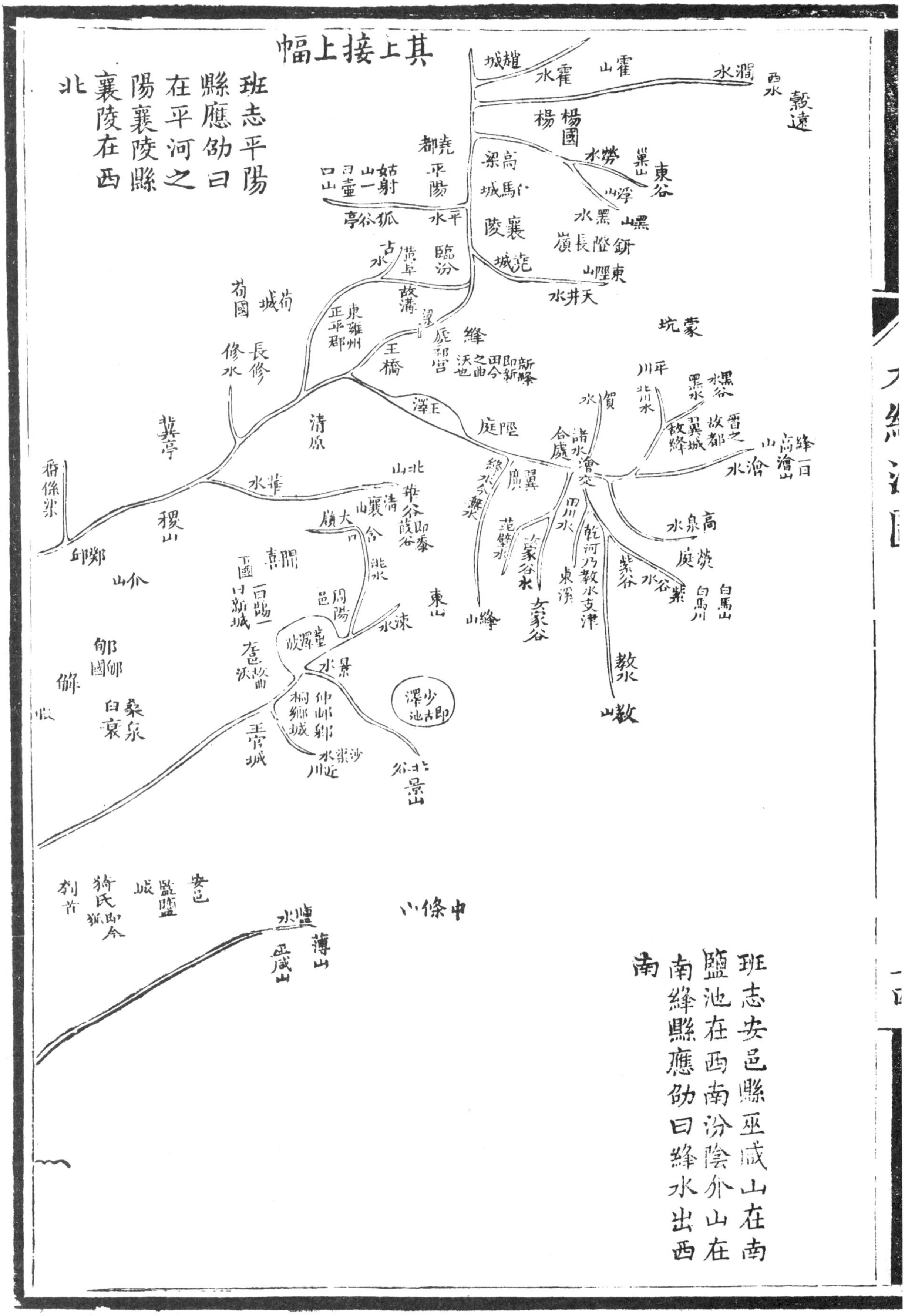

其上接上幅
班志平陽縣應劭曰在平河之陽襄陵縣襄陵在西北
霍山
霍水
澗水
楊國
東谷
襄陵
臨汾
平水
天井水
蒙坑
絳
清原
澮水
高泉水
教山
教水
稷山
董澤
少澤
中條山
薄山
鹽盬
安邑
班志安邑縣巫咸山在南鹽池在西南汾陰介山在南絳縣應劭曰絳水出西南

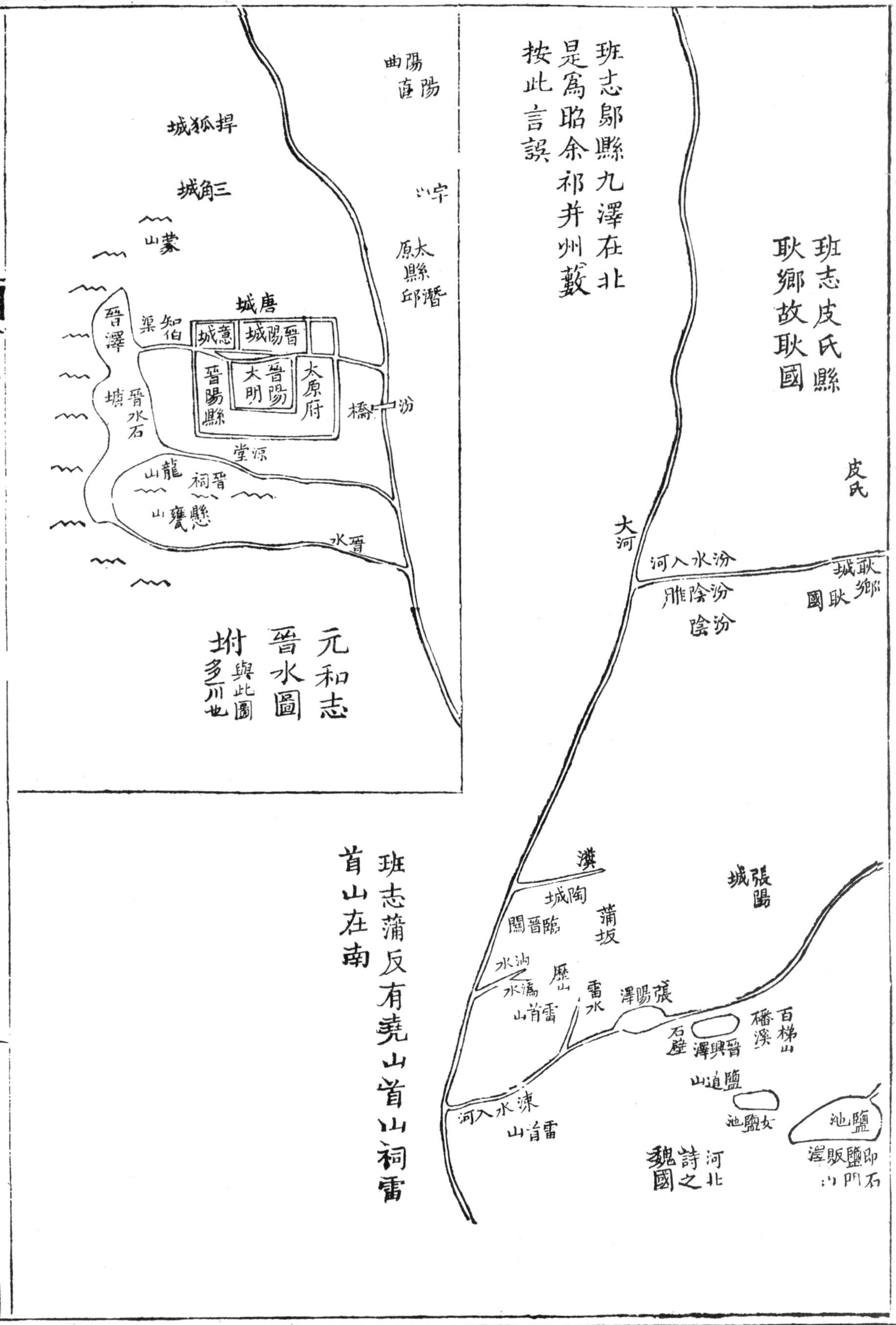
班志鄔縣九澤在北是爲昭余祁并州藪按此言誤
班志皮氏縣耿鄉故耿國
元和志晉水圖與此圖坿多川也
班志蒲反有堯山首山祠雷首山在南
陽曲
陽直
太原縣
三角城
蒙山
唐城
晉陽城
智伯渠
晉澤
太原府
晉陽
大明
晉陽縣
晉水
龍山
晉祠
懸甕山
汾橋
大河
皮氏
汾水入河
耿鄉
汾陰脽
汾陰
張陽城
陶城
臨晉關
蒲坂
雷首山
雷水
張陽澤
晉興澤
百梯山
播溪
鹽道山
女鹽池
鹽池
涑水入河
河北
魏國

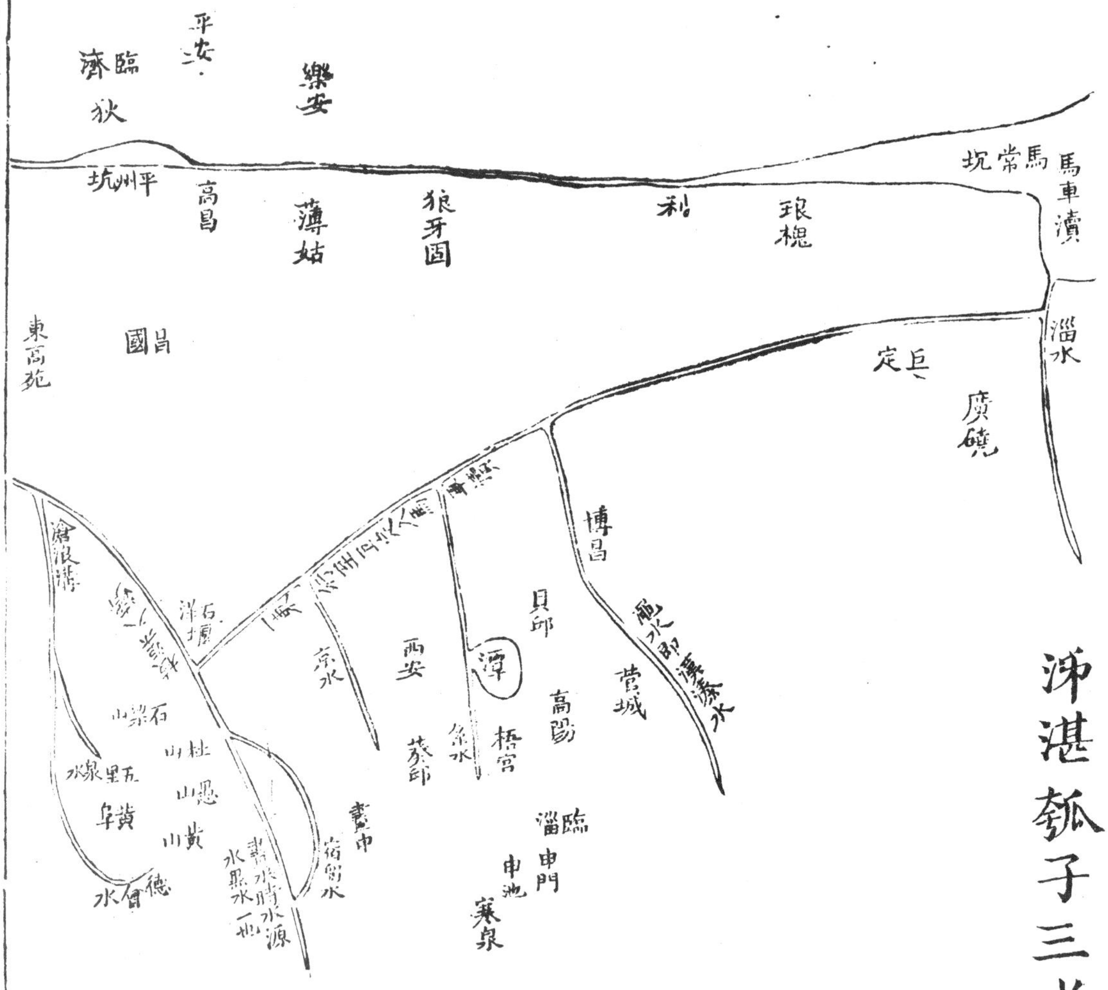

泲湛瓠子三水圖

長白山錄孳訶峯東曰回路谷德會水出焉一名黛溪水

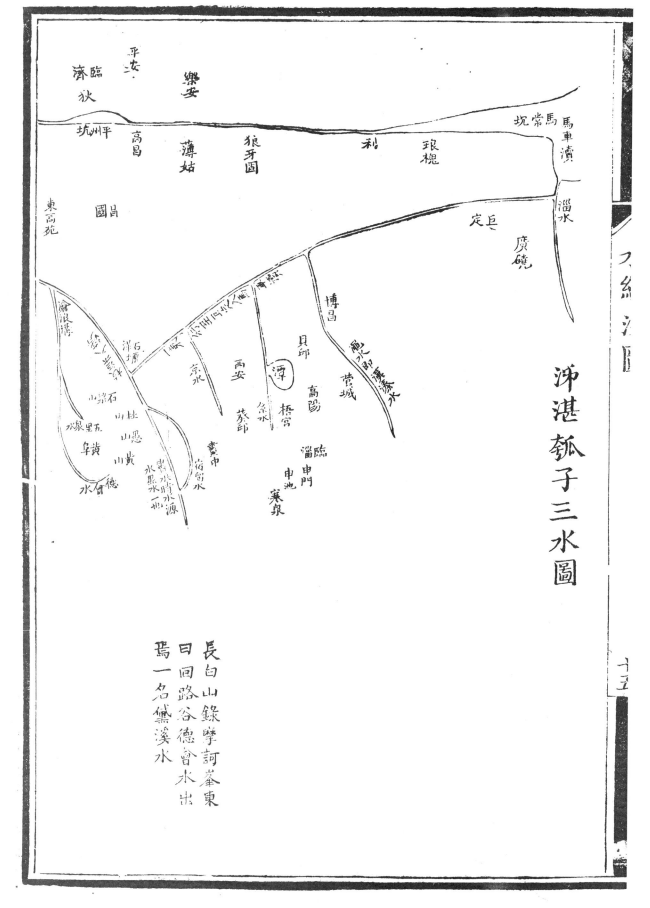

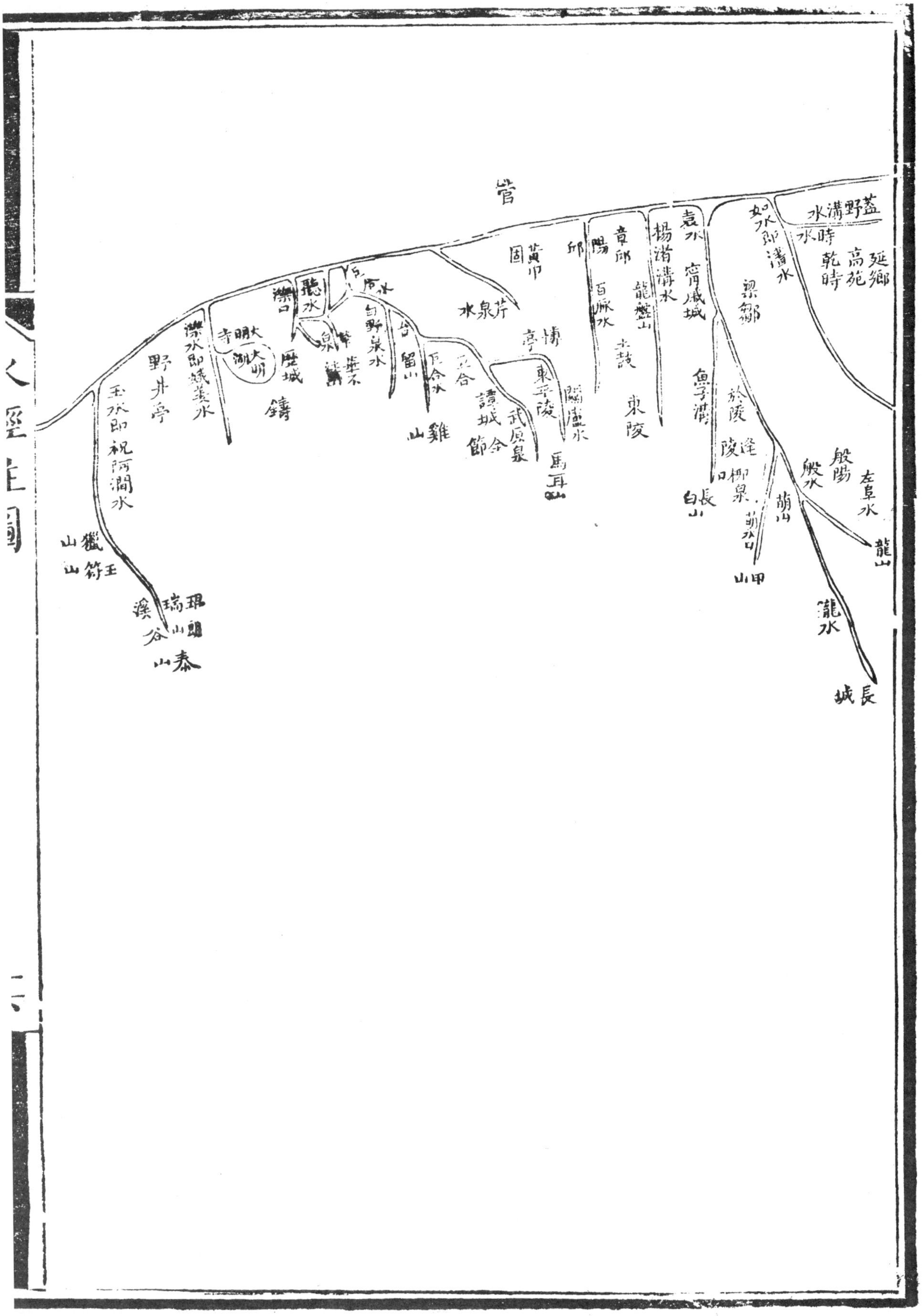
管
蓋野溝水
延鄉
高苑
乾時
時水
如水即澅水
梁鄒
袁水
甯戚城
楊渚溝水
章邱
陽邱
百脈水
龍盤山
黃巾固
芹泉水
博亭
東平陵
東陵
魚子溝
長白山
於陵
逢陵
柳泉口
甲山
隴水
長城
般陽
般水
左阜水
龍山
濼水即娥英水
濼口
聽水
大明寺
大明湖
歷城
鑄
華不注
留山
雞山
譚城
武原泉
馬耳山
野井亭
玉水即祝阿澗水
王符山
琅琊山
瑞溪
谷山
泰山

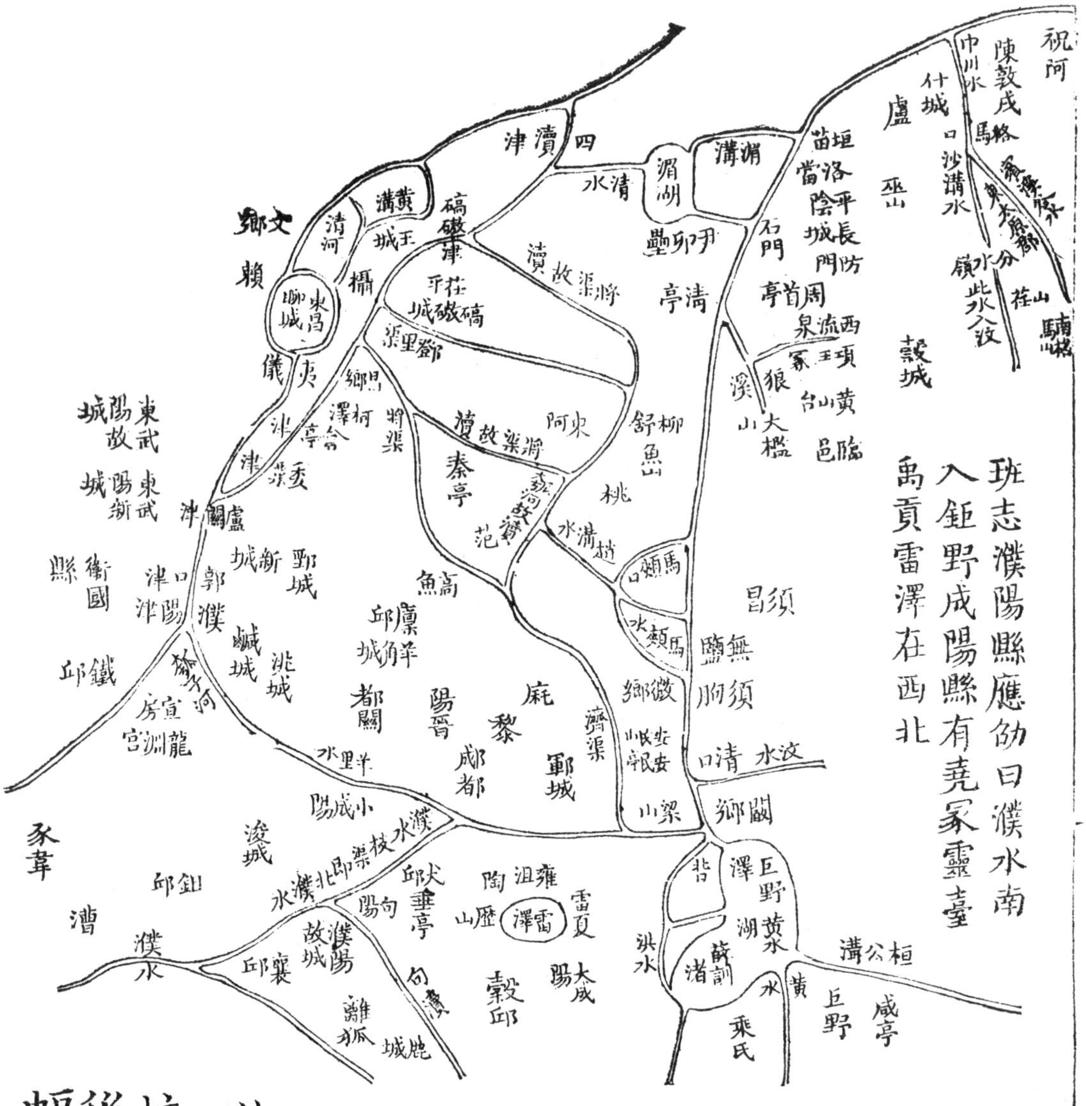
班志濮陽縣應劭曰濮水南
入鉅野成陽縣有堯冢靈臺
禹貢雷澤在西北
四瀆津
黃溝
清河
清水
瀆故渠將
雷澤
濮水
濮陽
秦亭
黎
鄄城
桓公溝

其下接後幅

班志平樂縣淮水東北至沛入泗按淮當作獲昌邑縣有梁邱鄉春秋傳曰宋齊會于梁邱成武縣有楚邱亭湖陵縣禹貢浮于淮泗通于河水在南鉅壄縣大野澤在北兖州藪瑕邱縣瑕邱在西南東緡縣師古曰春秋僖二十三年齊侯伐宋圍緡薄縣臣瓚曰湯所都

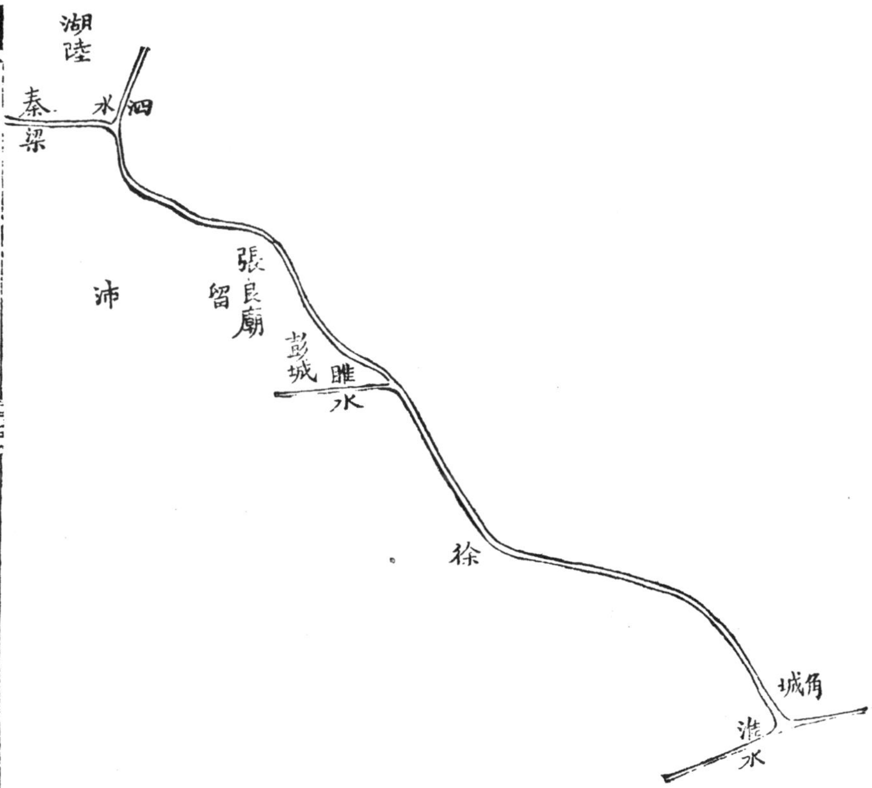

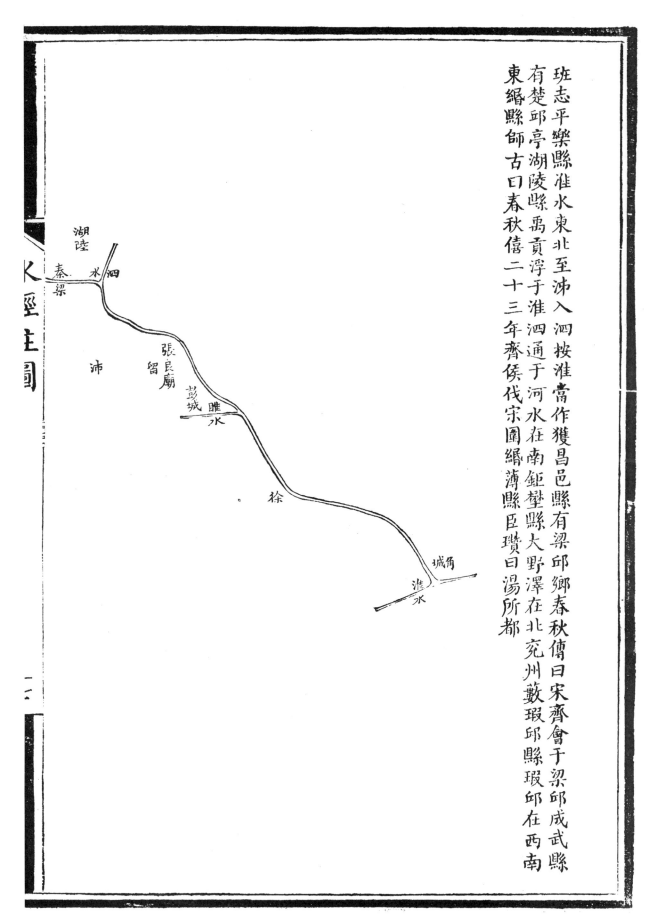

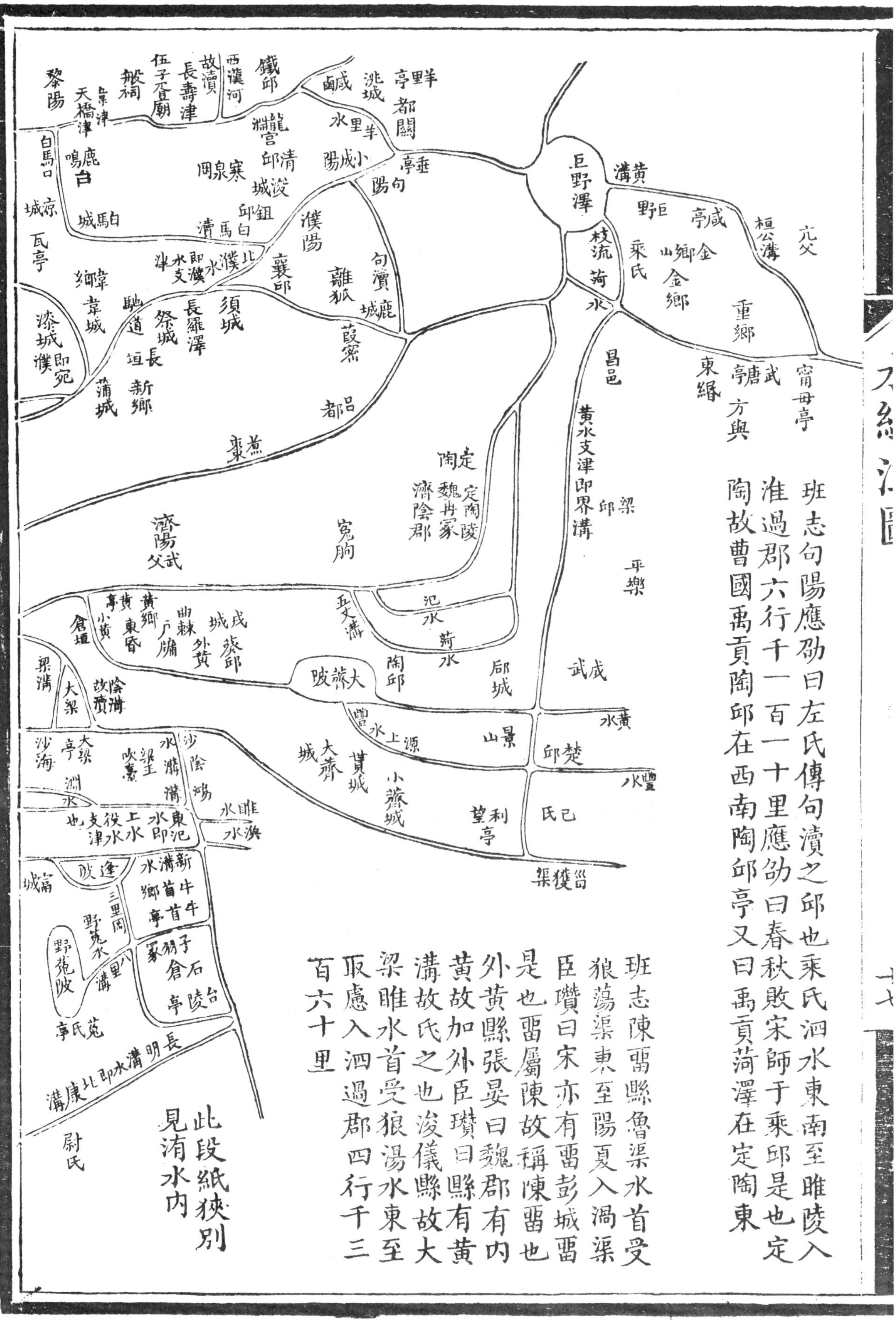

班志句陽應劭曰左氏傳句瀆之邱也乘氏泗水東南至睢陵入淮過郡六行千一百一十里應劭曰春秋敗宋師于乘邱是也定陶故曹國禹貢陶邱在西南陶邱亭又曰禹貢菏澤在定陶東

班志陳留縣魯渠水首受狼蕩渠東至陽夏入渦渠臣瓚曰宋亦有留彭城留是也留屬陳故稱陳留也外黃縣張晏曰魏郡有内黃故加外臣瓚曰縣有黃溝故氏之也浚儀縣故大梁睢水首受狼湯水東至取慮入泗過郡四行千三百六十里

此段紙狭別見洧水内

其上接前幅
班志封邱縣濮渠水首受泲東北至都關入羊里水過郡三行六百三十里
遮害亭
宿胥口
金隄
南津
棘津
石濟
靈昌津
延津
酸水
酸棗
北棣
南棣
別濮水
桃城
桂城
壇陵
南燕城
清陽湖
同池陂
朝平溝
胙亭
高梁陂
南燕之延鄉
匡城
平邱
濮水
封邱
故市亭
烏巢澤
別泲即北泲也
梁惠所開十字溝
原武故城
垣雍
邑亭
十字溝
原武八激隄以障河也
武修
出河之泲
鄭長城
陽武故城
白馬淵
房城
官渡水
渠水
北泲
沙城
南泲
榮澤
垂隴
周苛冢
索水
須水
木蓼溝
車輪淵
榆子溝即榆溝
故市
虢城
船陂塘
祭城
黃雀溝
百尺水
李氏陂
管水
梅山
北水
管城
鄭城
武強城
東武強
圃田
白溝
黃龍淵
清水注渠
清溝口
中牟台
博浪澤
沈清亭
博浪沙
清口澤
龍淵水
沫水
八丈溝
役水
中牟澤
赤城
魯溝水
酢溝
高榆淵
焦溝水
焦城
東西苑陵
制澤
陽邱亭
林鄉
白雁陂
清池水
龍淵泉
龍淵水
重泉水
南華城
華陽
黃雀溝
下入半洧
黃泉
黃崖
太山
靖水
重泉水
高陽
琴水
少陘山
西溪
石暗淵
魚水
京水
龍項口
七虎澗
紫光澗
中陽城
伯禽城
南鹿台
期水
期城
清陽

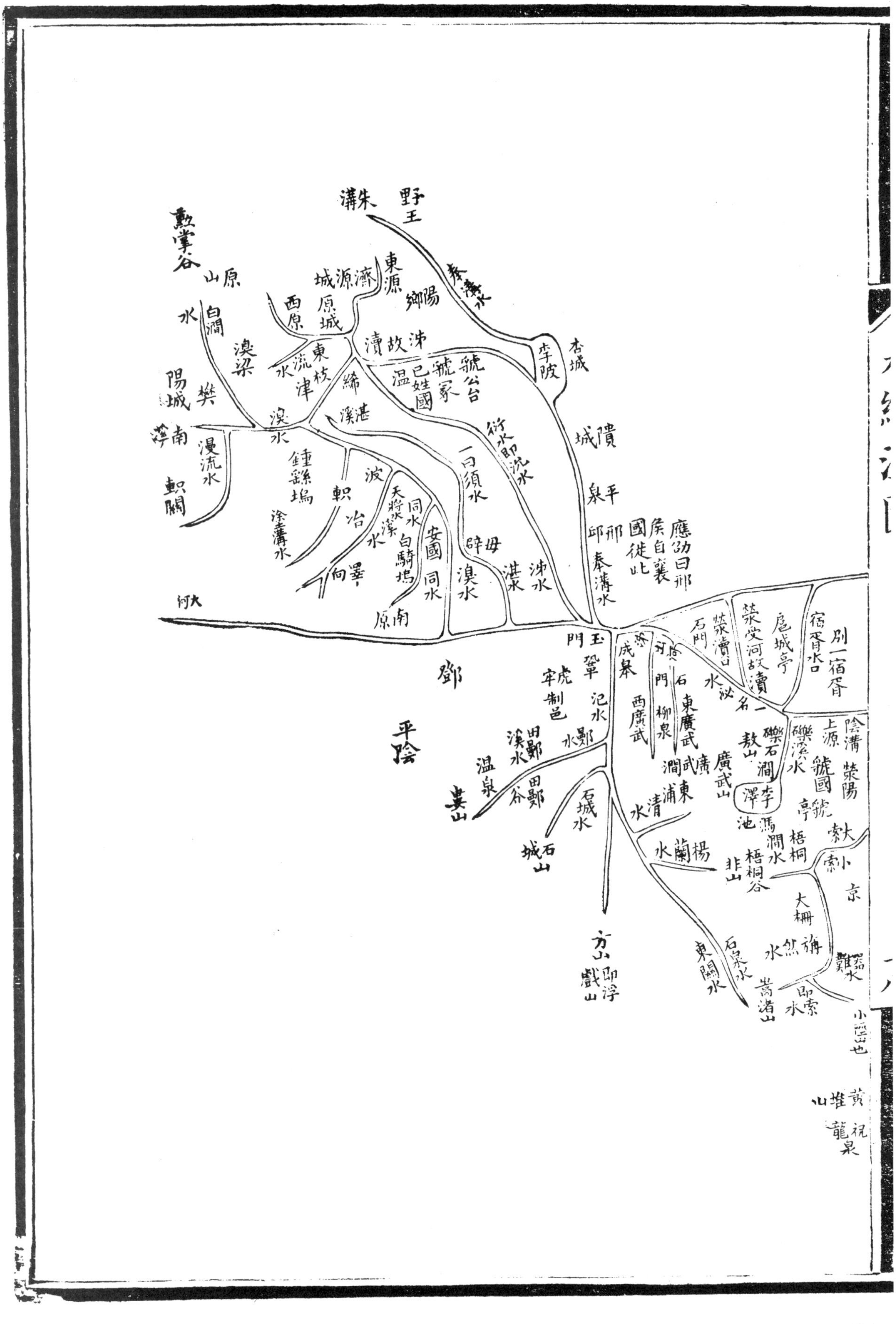

野王
朱溝
秦溝水
李陂
杏城
隤城
平泉
邢丘
應劭曰邢侯自襄國徙此
奉溝水
沛水
湛水
溴水
一曰須水
衍水即沇水
虢公台
虢冢
温已姓國
沛故瀆
陽鄉
東源
濟源城
原城
西原
東枝津
水流
溴梁
白澗水
原山
陽城
樊
南溶
漫流水
軹關
溴水
鍾繇塢
軹
涂溝水
波
治水
天將
同水
白騎塢
安國
同水
南原
大河
玉門
虎牢
制邑
汜水
鄤水
鄤田溪水
温泉
鄤田谷
石城水
石城山
鄧
平陰
成皋
西廣武
東廣武
石門
柳泉
東浦
清水
楊蘭水
石門
滎瀆
滎陽
李澤
馮池
梧桐
梧桐谷
大柵
旃然水

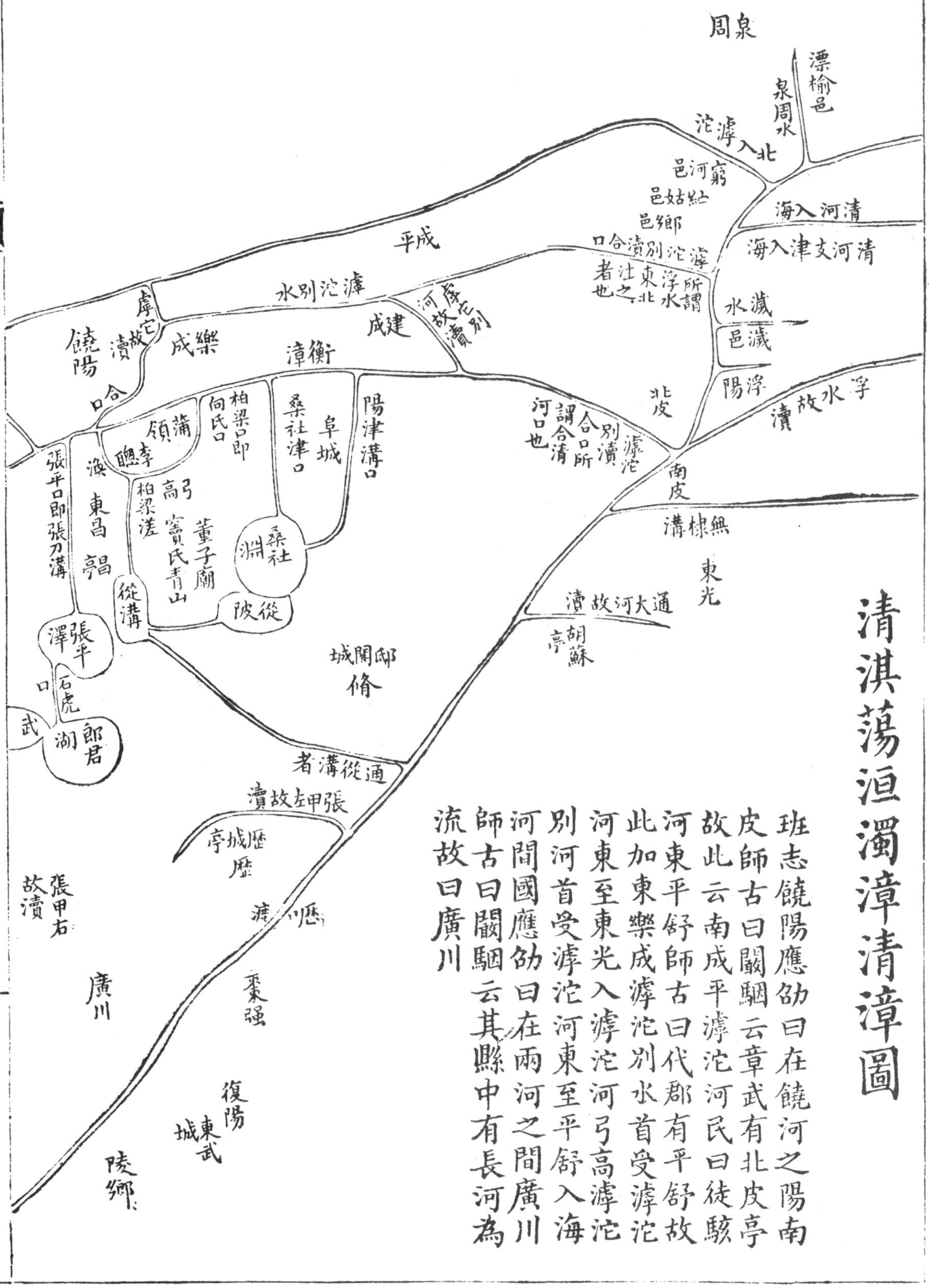

清淇蕩洹濁漳清漳圖

班志饒陽應劭曰在饒河之陽南皮師古曰闞駰云章武有北皮亭故此云南成平滹沱河民曰徒駭河東平舒師古曰代郡有平舒故此加東樂成滹沱別水首受滹沱河東至東光入滹沱河弓高滹沱別河首受滹沱河東至平舒入海河間國應劭曰在兩河之間廣川師古曰闞駰云其縣中有長河為流故曰廣川

班志下曲陽應劭曰晉荀吴滅鼓今鼓聚昔陽亭是也師古曰常山有上曲陽故此云下堂陽有鹽官嘗分爲溼縣應劭曰在堂水之陽房子贊皇山石濟水所出東至廮陶入泜平棘應劭曰伐晉取棘蒲師古曰功臣表棘蒲矦陳武平棘矦林摯非一地也應說失之緜曼斯洨水首受大白渠東至鄡入河中山國應劭曰中山故國新市應劭曰鮮虞子國今鮮虞亭是信都故章河故虖沱皆在北東入海禹貢絳水亦入海扶柳師古曰闞駰云其地有扶澤之中多柳下博應劭曰博水出中山望都入河按糸此誤也

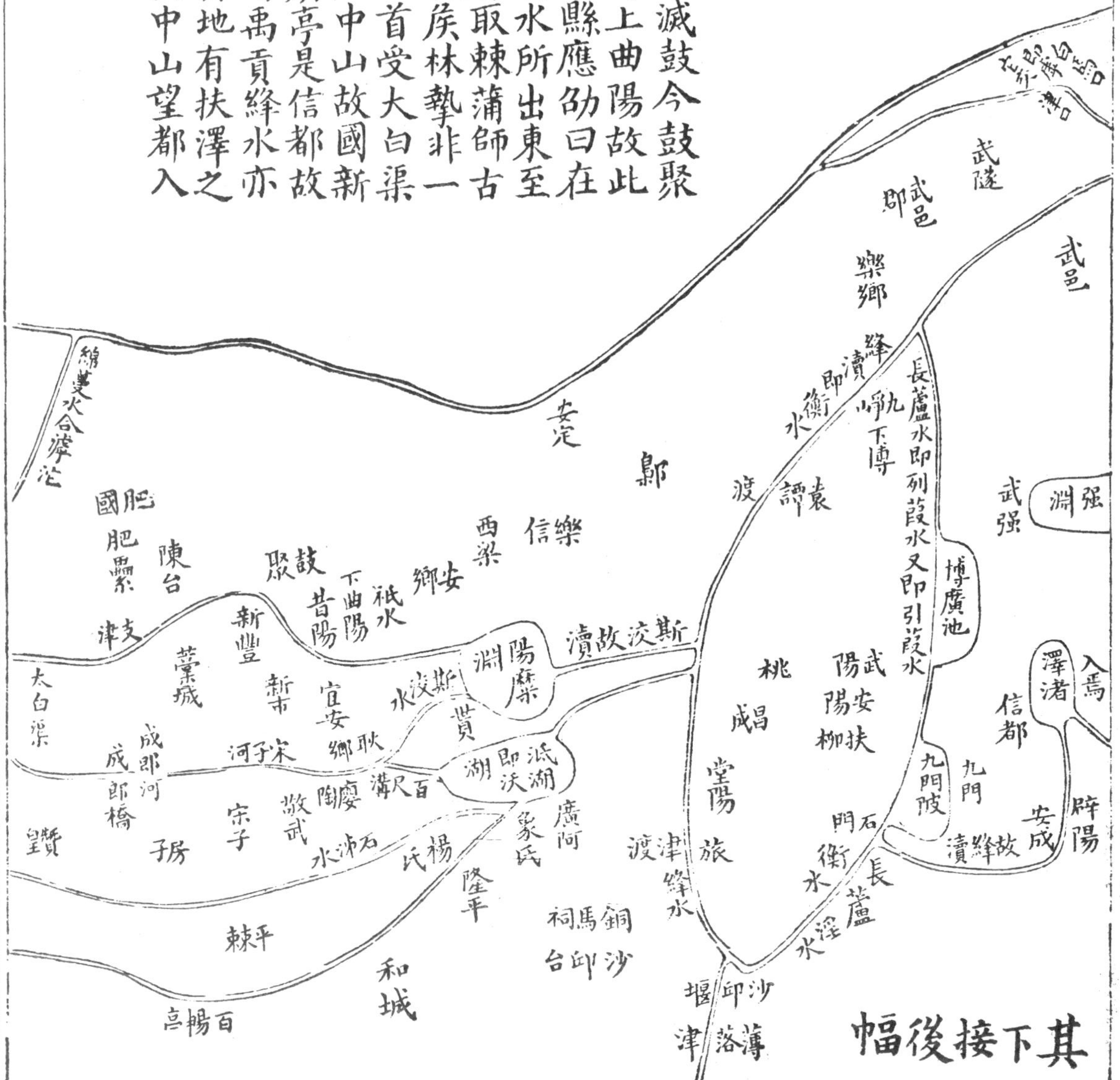

其下接後幅

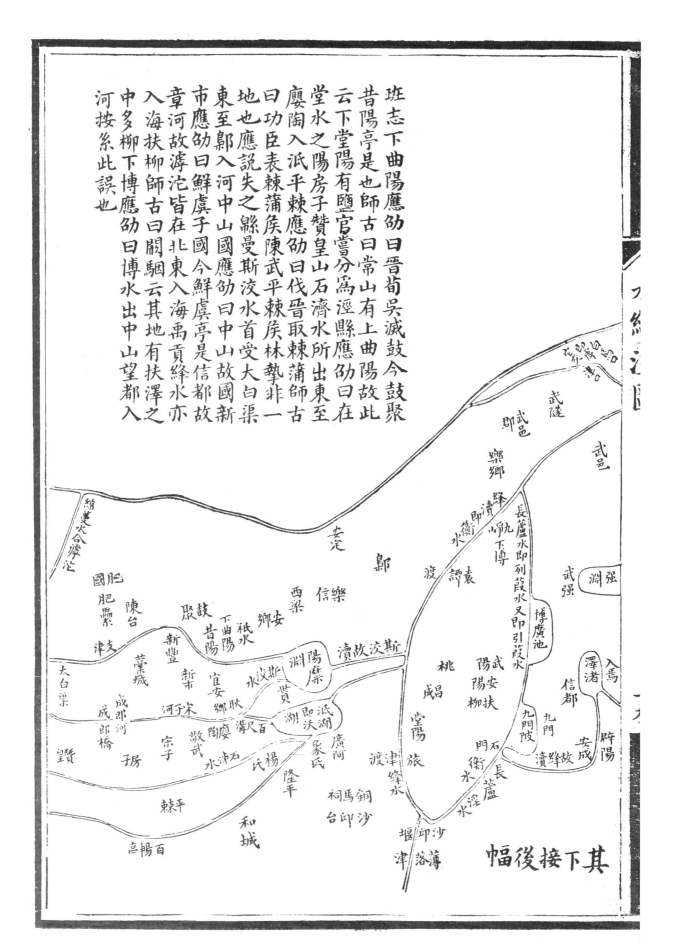

班志鄚縣故大河在東北入海清淵應劭曰清河在西北邯會縣張晏曰漳水之別在城西南與邯山之水會今城旁猶有溝渠在也邯溝師古曰邯水之溝武安欽口山白渠水所出東至列人入漳又有寖水東北至東昌入滹沱河過郡五行六百一里斥邱應劭曰斥邱在西南師古曰闞駰云地多斥鹵故曰斥邱武始漳水東至邯鄲入漳又有拘澗水東南至邯鄲入白渠按上漳字誤元氏縣沮水首受中邱西山窮泉谷東至堂陽入黃河師古曰闞駰云趙公子元之封邑故曰元氏石邑井陘山在西洨水所出東南至廮陶入泜蒲吾有鐵山太白渠水首受綿蔓水東南至下曲陽入斯洨應劭曰蒲水出中山蒲陰東入河按應劭說系此誤井陘應劭曰井陘山在南

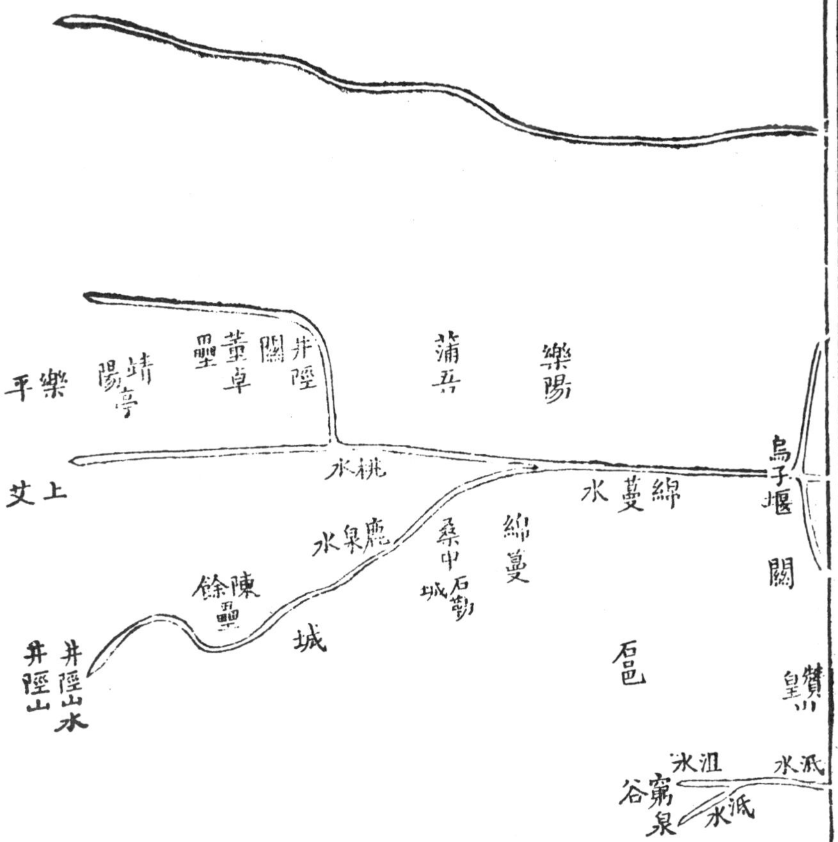

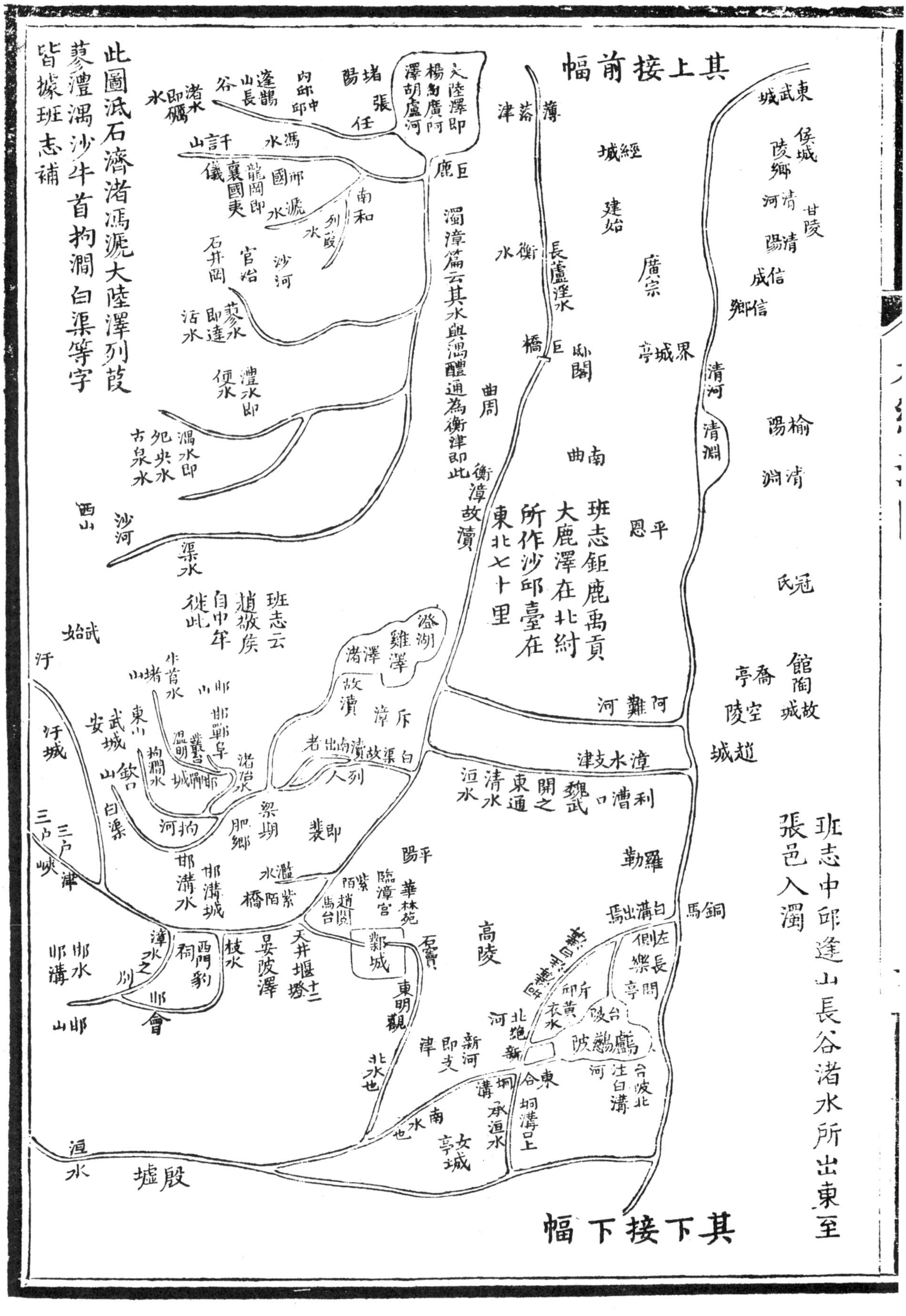

其上接前幅
此圖泜石濟渚滱泒大陸澤列葭蓼澧湡沙牛首拘澗白渠等字皆據班志補
大陸澤即楊氏廣阿澤胡盧河
濁漳篇云其水與滱醴通為衡津即此
班志鉅鹿禹貢大鹿澤在北紂所作沙邱臺在東北七十里
班志云趙敬侯自中牟徙此
魏武開之東通清水洹水
利漕口
班志中邱逢山長谷渚水所出東至張邑入濁
衡漳故瀆
漳水支津
阿難河
羅勒
鄴城
高陵
西門豹祠
晏陂澤
鸕鷀陂
殷墟
洹水
沙河
渠水
西山
武始
武安
拘河
白渠
邯溝水
邯溝城
邯會
邯山
清河
清淵
東武城
館陶故城
趙城
其下接下幅

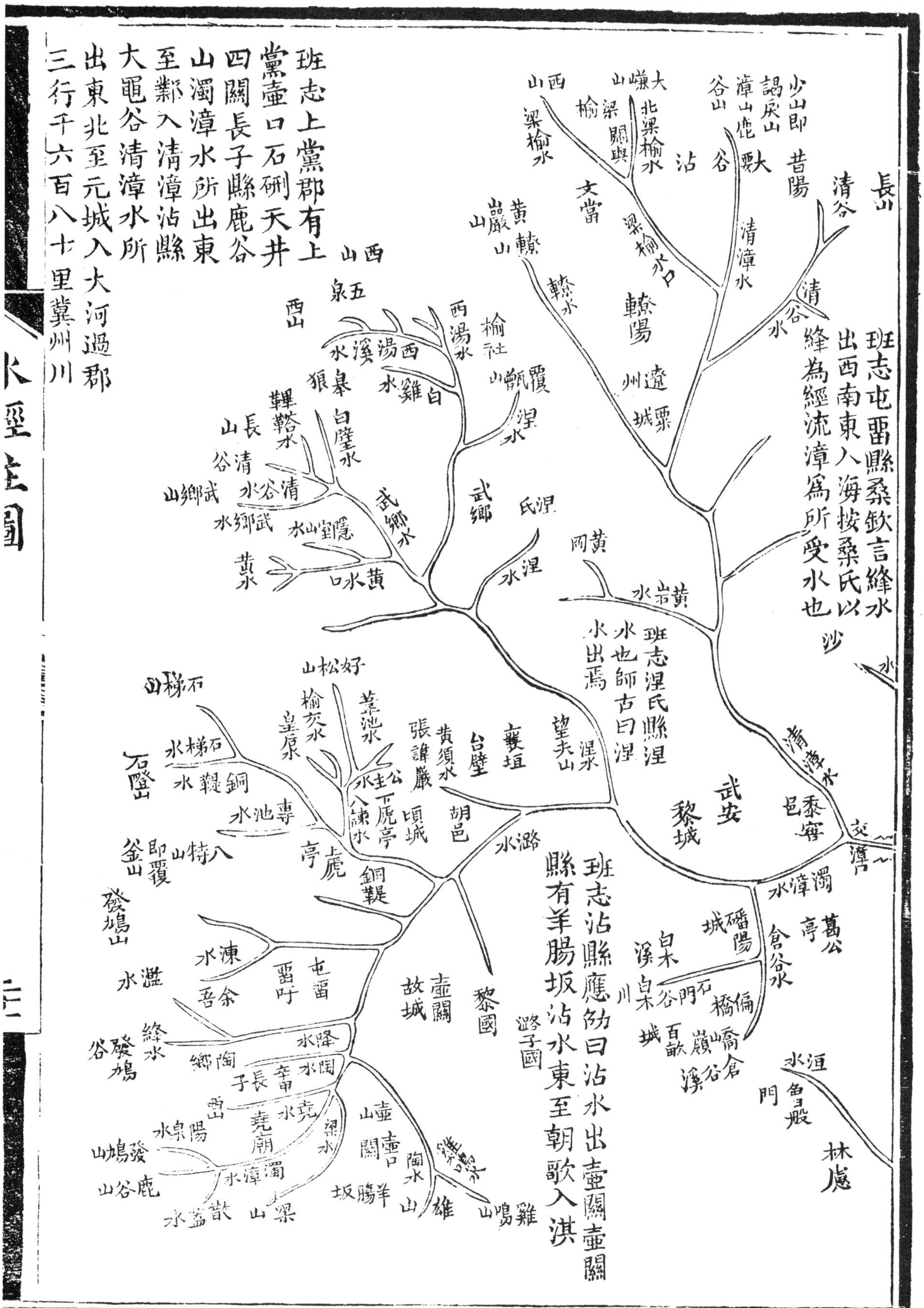
班志上黨郡有上黨壺口石硎天井四關長子縣鹿谷山濁漳水所出東至鄴入清漳沾縣大黽谷清漳水所出東北至元城入大河過郡三行千六百八十里冀州川
班志屯留縣桑欽言絳水出西南東入海按桑氏以絳爲經流漳爲所受水也
班志涅氏縣涅水也師古曰涅水出焉
班志沾縣應劭曰沾水出壺關壺關縣有羊腸坂沾水東至朝歌入淇
長山
清谷
昔陽
沾
清漳水
清谷水
轑陽
轑水
黃嶺山
西山
五泉
西湯水
湯溪水
白雞水
覆甑山
涅水
白壁水
武鄉水
武鄉
清谷水
武鄉山
黃水口
涅氏
涅水
黃岡
黃岩水
武安
黎城
清漳水
交漳口
襄垣
台壁
望夫山
涅水
張譚巖
胡邑
頃城
下虒亭
公主水
八諫水
好松山
石梯山
石梯水
銅鞮水
專池水
石磴山
八特山
覆釜山
即
虒亭
銅鞮
發鳩山
潞水
涑水
濫水
屯留
余吾
壺關故城
黎國
潞子國
絳水
發鳩谷
降水
陶水
陶鄉
長子
羊頭山
堯水
堯廟
陽泉水
發鳩山
鹿谷山
濁漳水
梁水
羊腸坂
壺口山
陶水山
雞鳴山
濁漳水
葛公亭
倉谷水
偏橋
倉谷溪
洹水
魯般門
林慮

其上接上幅

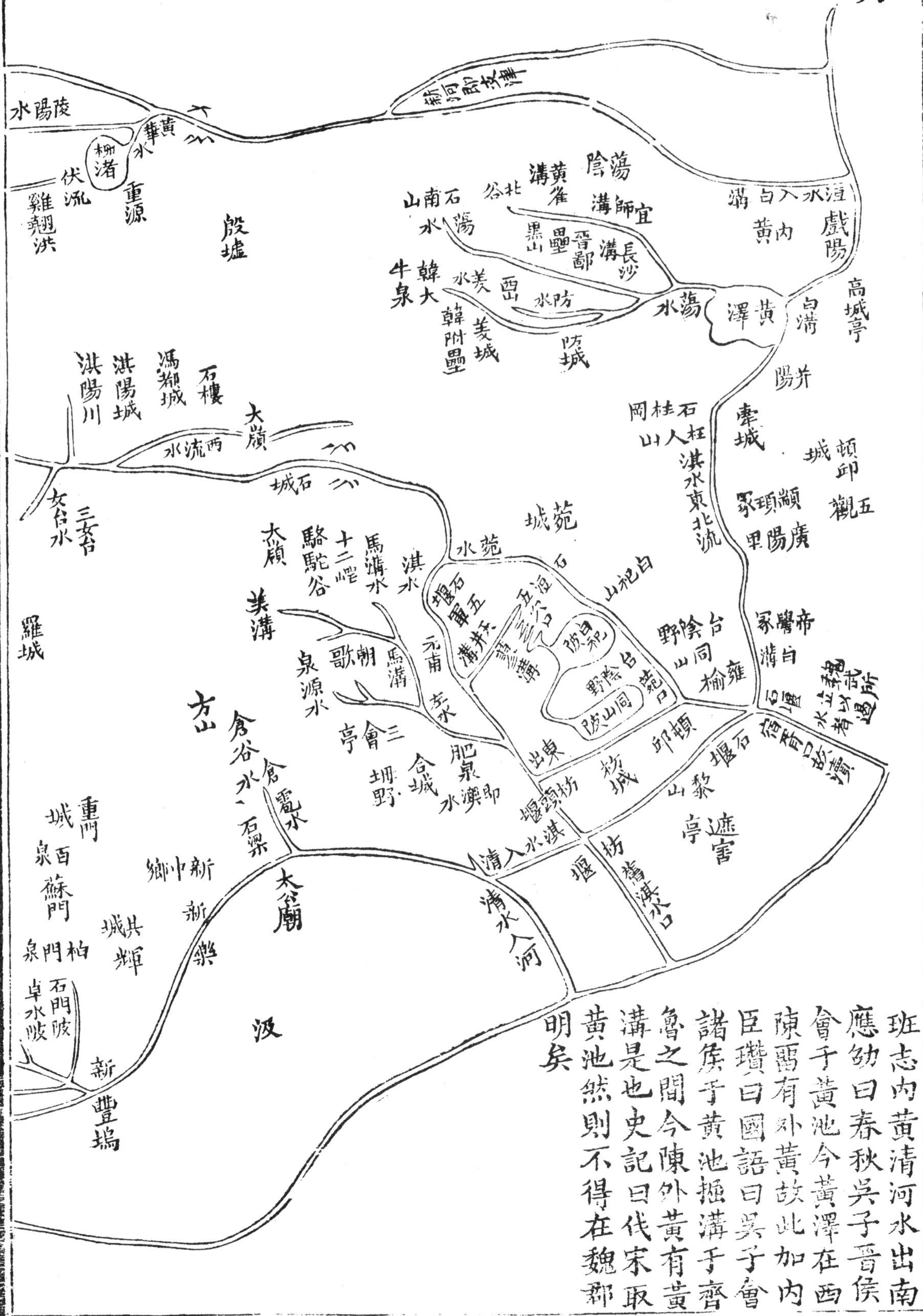

班志內黃清河水出南
應劭曰春秋吳子晉侯
會于黃池今黃澤在西
陳留有外黃故此加內
臣瓚曰國語曰吳子會
諸侯于黃池掘溝于齊
魯之間今陳外黃有黃
溝是也史記曰伐宋取
黃池然則不得在魏郡
明矣

班志共縣故國北山淇水所出東至黎陽入河隆慮縣國水東北至信成入張甲河過郡三行千八百四十里應劭曰隆慮山在北蕩陰縣蕩水東至內黃澤西山羑水所出亦至內黃入蕩有羑里城西伯所拘也按國水未聞

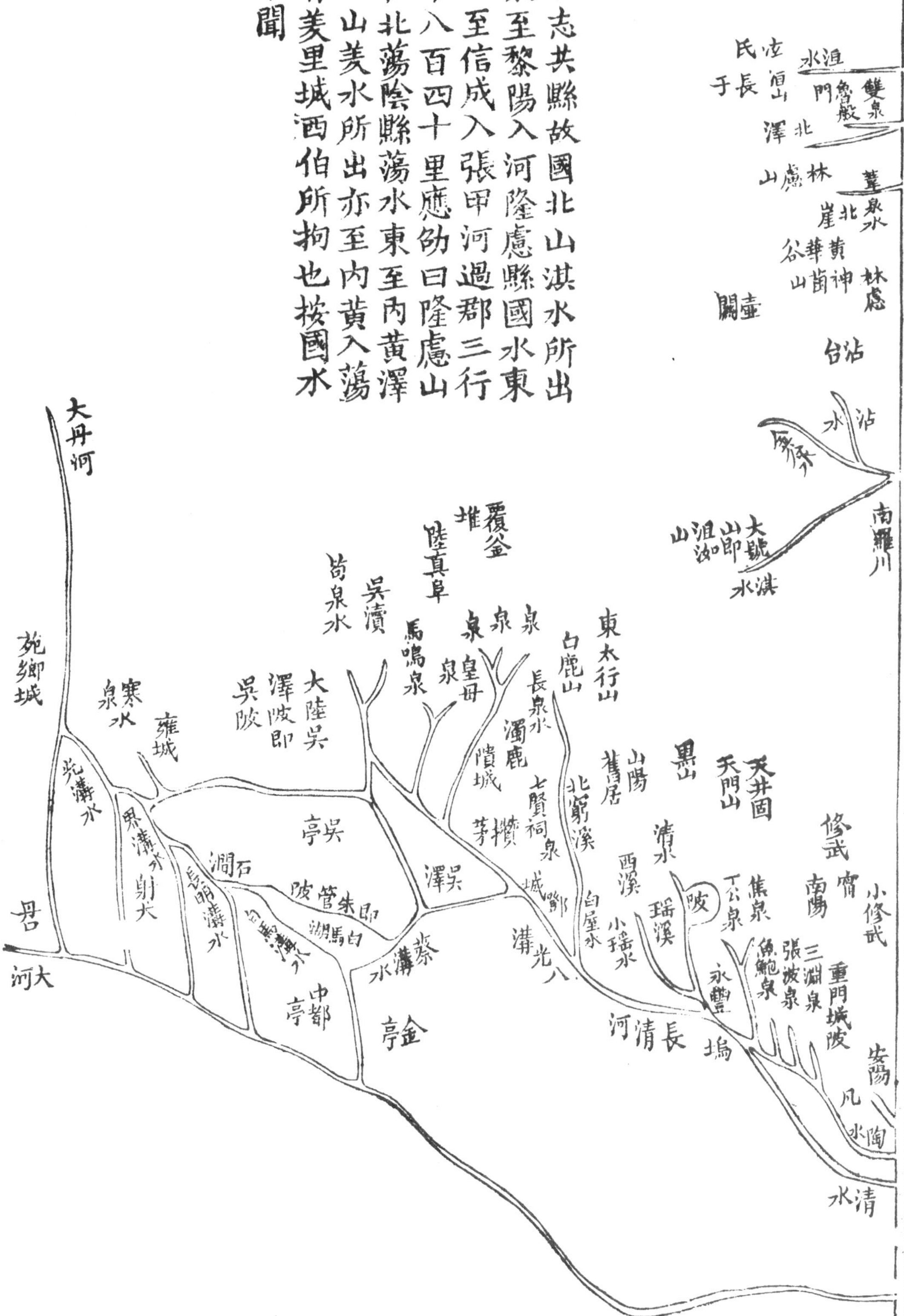

班志邯鄲堵山牛首水所出東入白渠趙敬侯自中牟徙此張晏曰邯鄲山在東城下易陽應劭曰易水出涿郡故安師古曰在易水之陽按此言誤襄國故邢國西山渠水所出東北至任入濅又有蓼水馮水皆東至朝平入湡南和列葭水東入㴲斥章應劭曰漳水出治北入河其國斥鹵故曰斥章按治當作沾肥纍故肥子國

易滱聖巨馬四水圖

班志涿縣桃水首受淶水分東至安次入河應劭曰涿水出上谷涿鹿縣按應説誤系此故安閻鄉易水所出東至范陽入濡并州濡水亦至范陽入淶師古曰言易水又至范陽入淶也范陽應劭曰在范水之陽高陽應劭曰在高河之陽良鄉垣水東南至陽鄉入桃中水應劭曰在易滱二水之間故曰中水武垣應劭曰垣水出良鄉東入桃

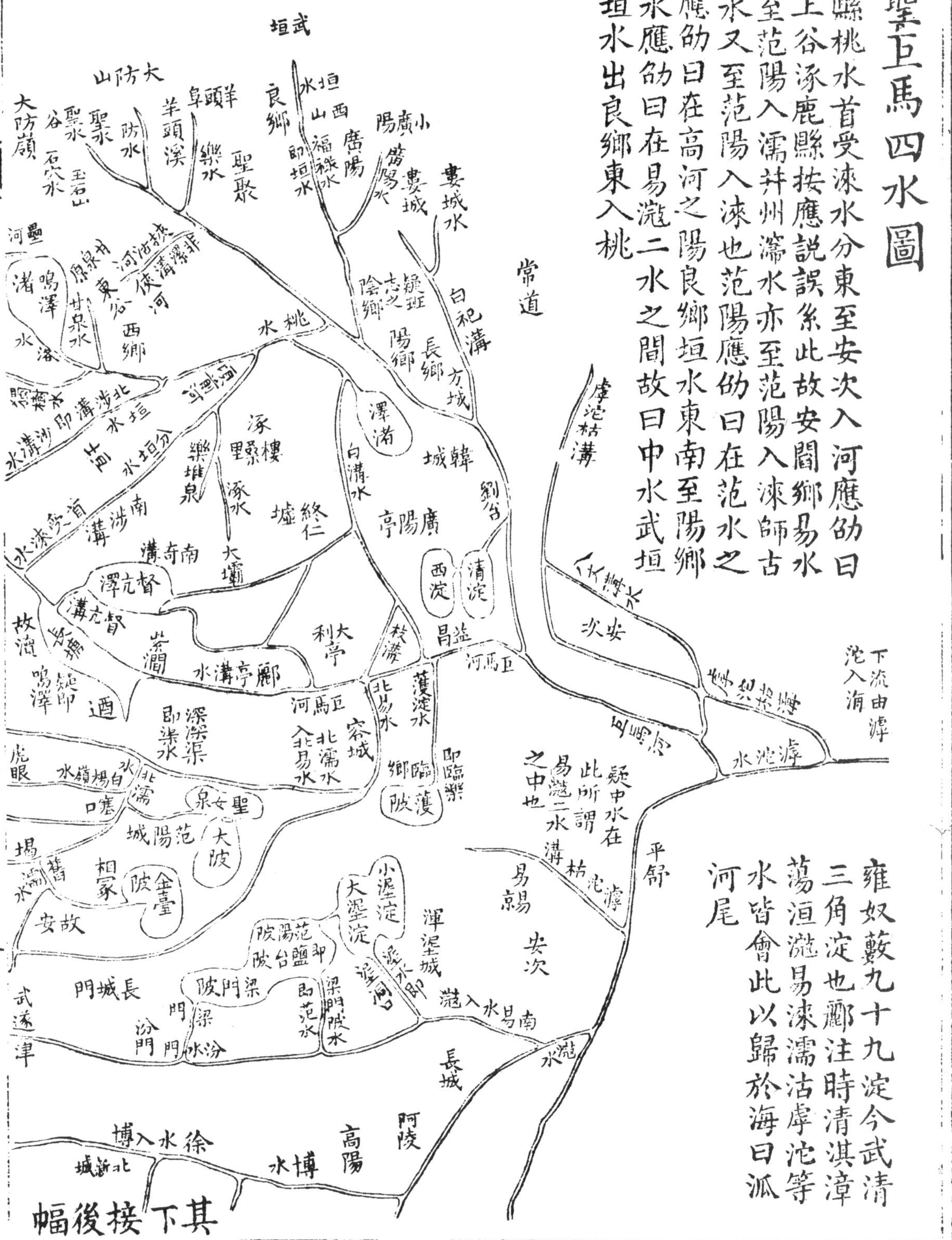

雍奴藪九十九淀今武清三角淀也酈注時清淇漳蕩洹滱易淶濡沽虖沱等水皆會此以歸於海曰泒河尾

其下接後幅

班志北平徐水東至高陽入博又有盧水亦至高陽入河北新成桑欽言易水出西北東入滱唐縣堯山在南應劭曰堯故國也唐水在西張晏曰堯爲唐侯國於此堯山在唐東北望都界孟康曰晉荀吳伐鮮虞及中人今中人亭是

班志廣昌淶水東南至容城入河過郡三行五百里并州濡盧奴應劭曰盧水出北平東入河

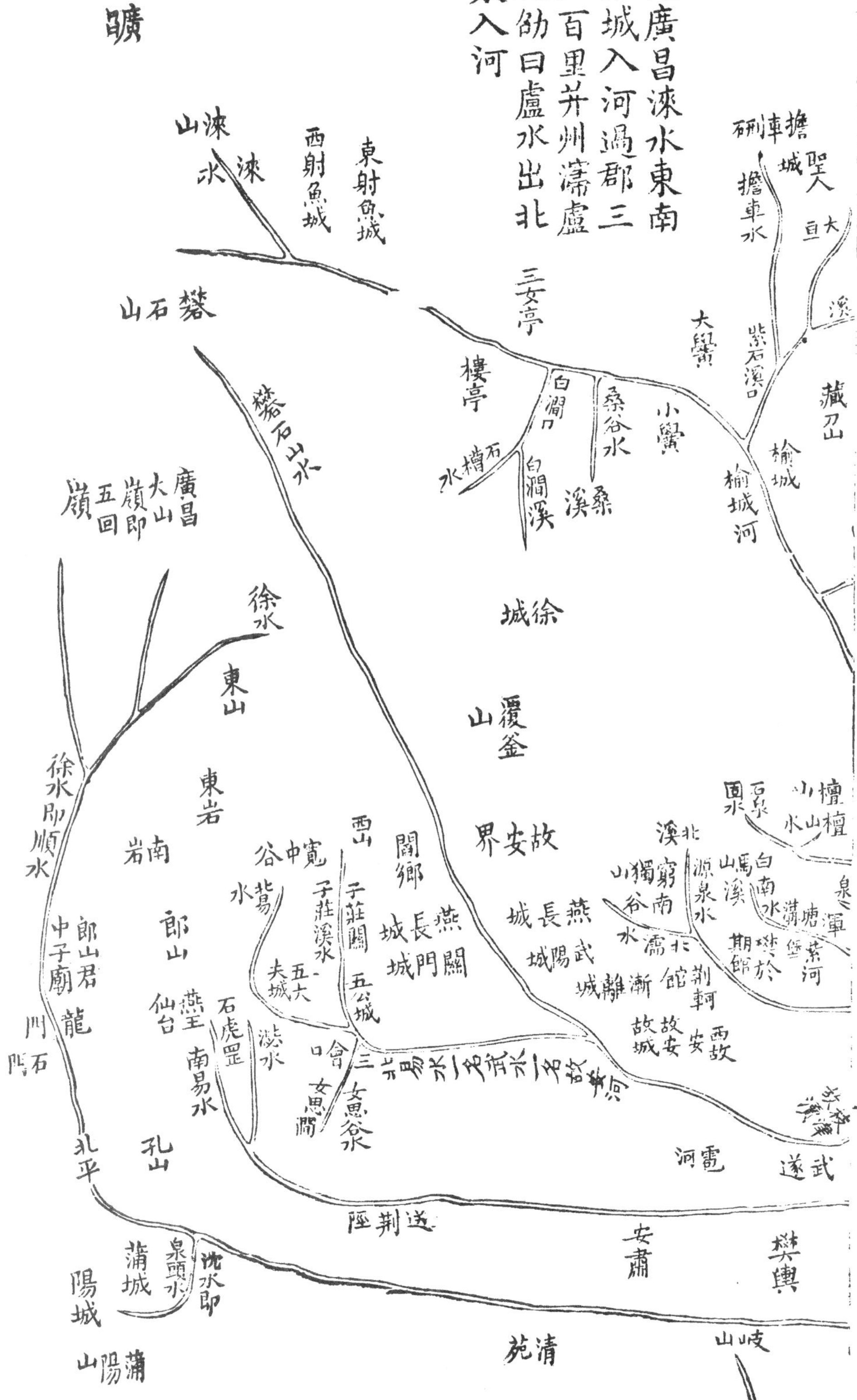

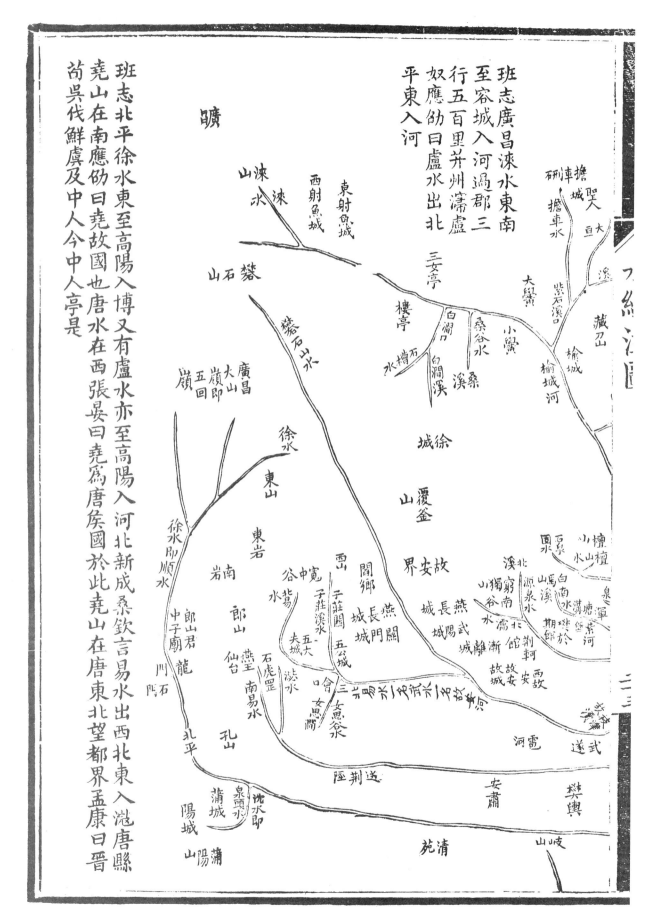

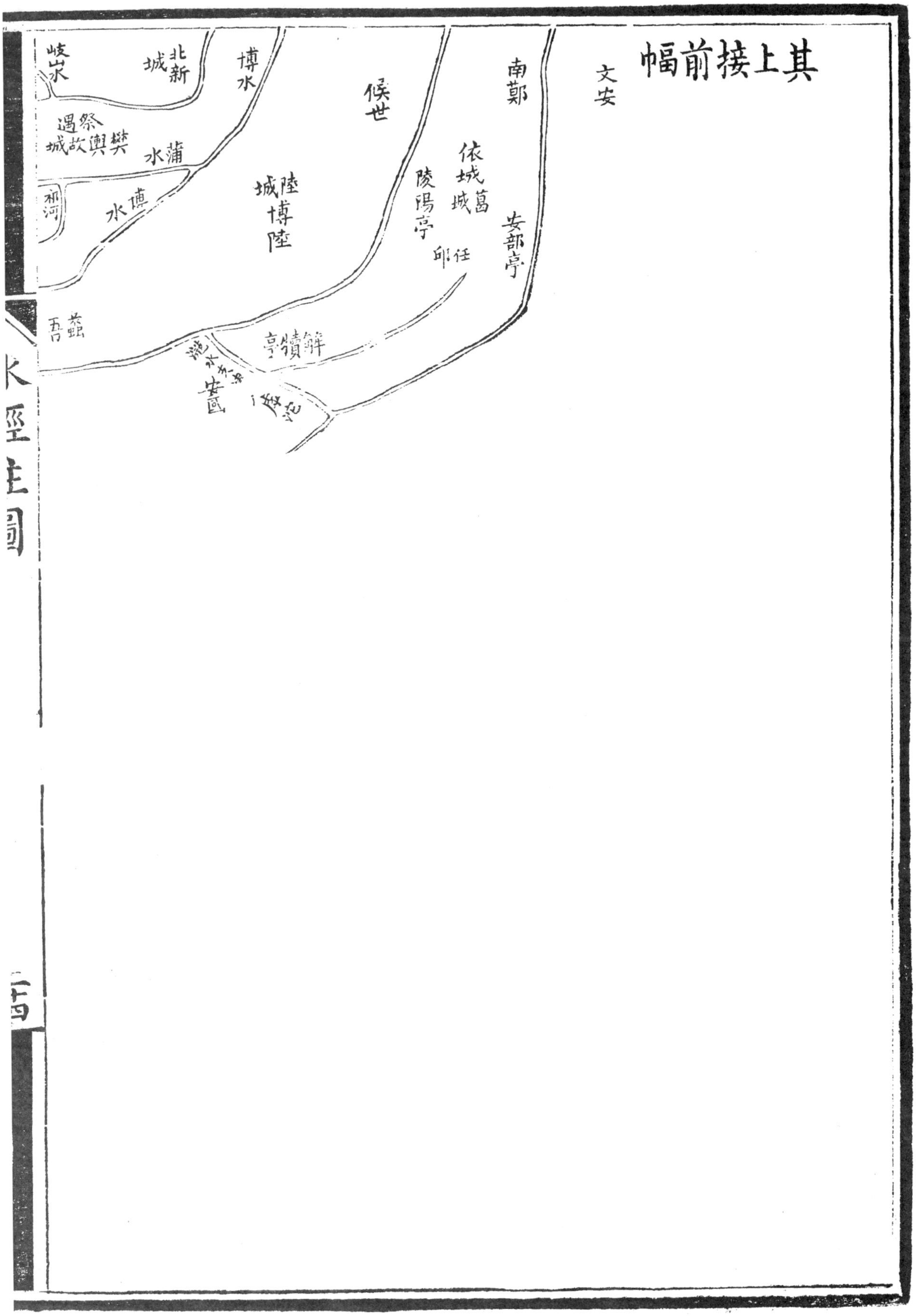

水經注圖 二百

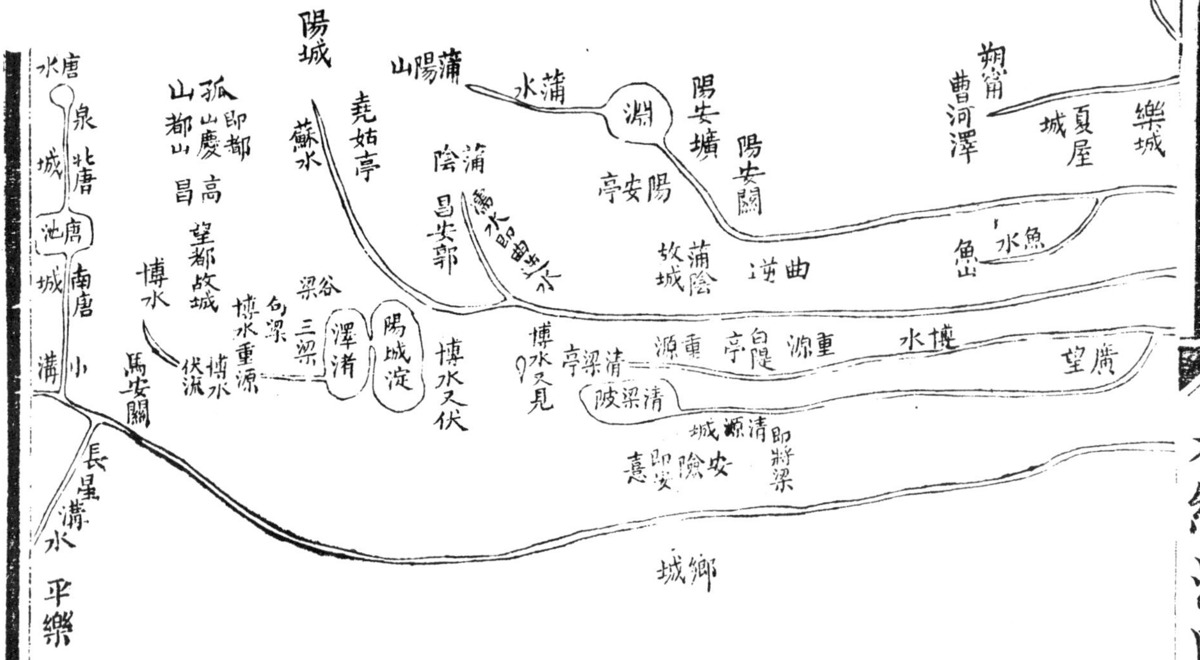

班志曲逆蒲陽山蒲水所出東入濡又有蘇水亦東入濡張晏曰濡水於城北曲而西流故曰曲逆章帝改曰蒲陰在蒲水之陰也望都博水東至高陽入河張晏曰堯山在北堯母慶都山在南登堯山見都山故以爲名

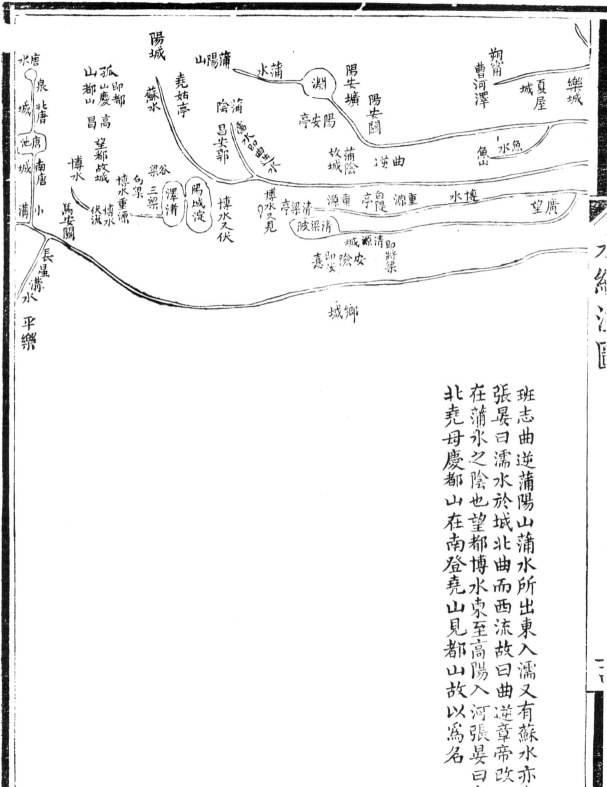

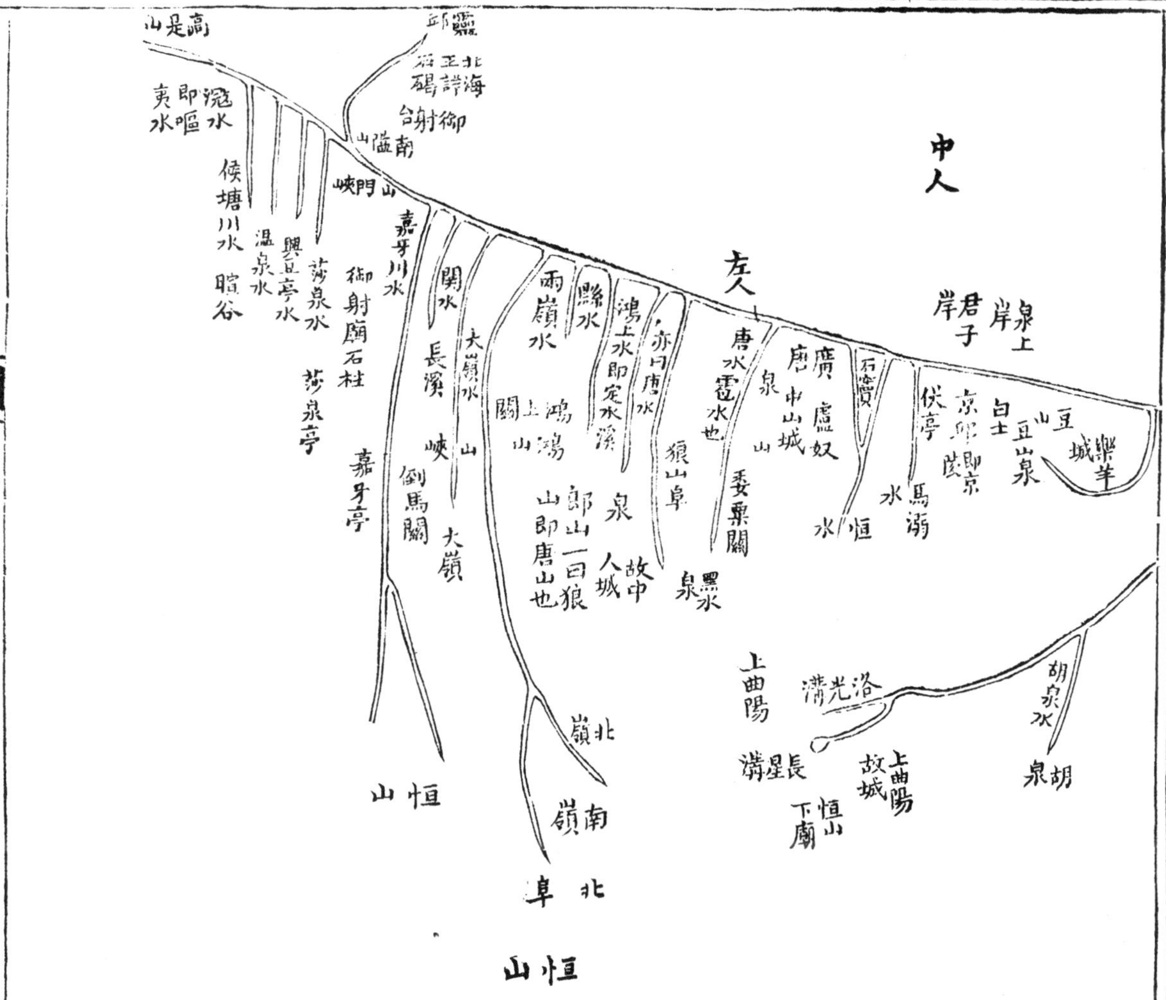

班志上曲陽恒山北谷在西北有祠并州山禹貢恒水所出東入滱靈邱滱河東至文安入大河過郡五行九百四十里并州川

㶟灅餘沽鮑邱濡五水圖

班志遼西臨榆注渝水首受白狼東入塞外又有候水北入渝蓋班氏誤以濡水今灤河爲白狼欲以自五渡以西爲白狼其南爲渝水也故交黎注言渝水首受塞外南入海以爲五渡以南至海者也而肥如下又有濡水不言其源此班氏之誤酈氏爲之曲解遂誤入灅水之下今移於此篇以見班誤於前酈誤於後蓋濡水即渝水今曰灤河也

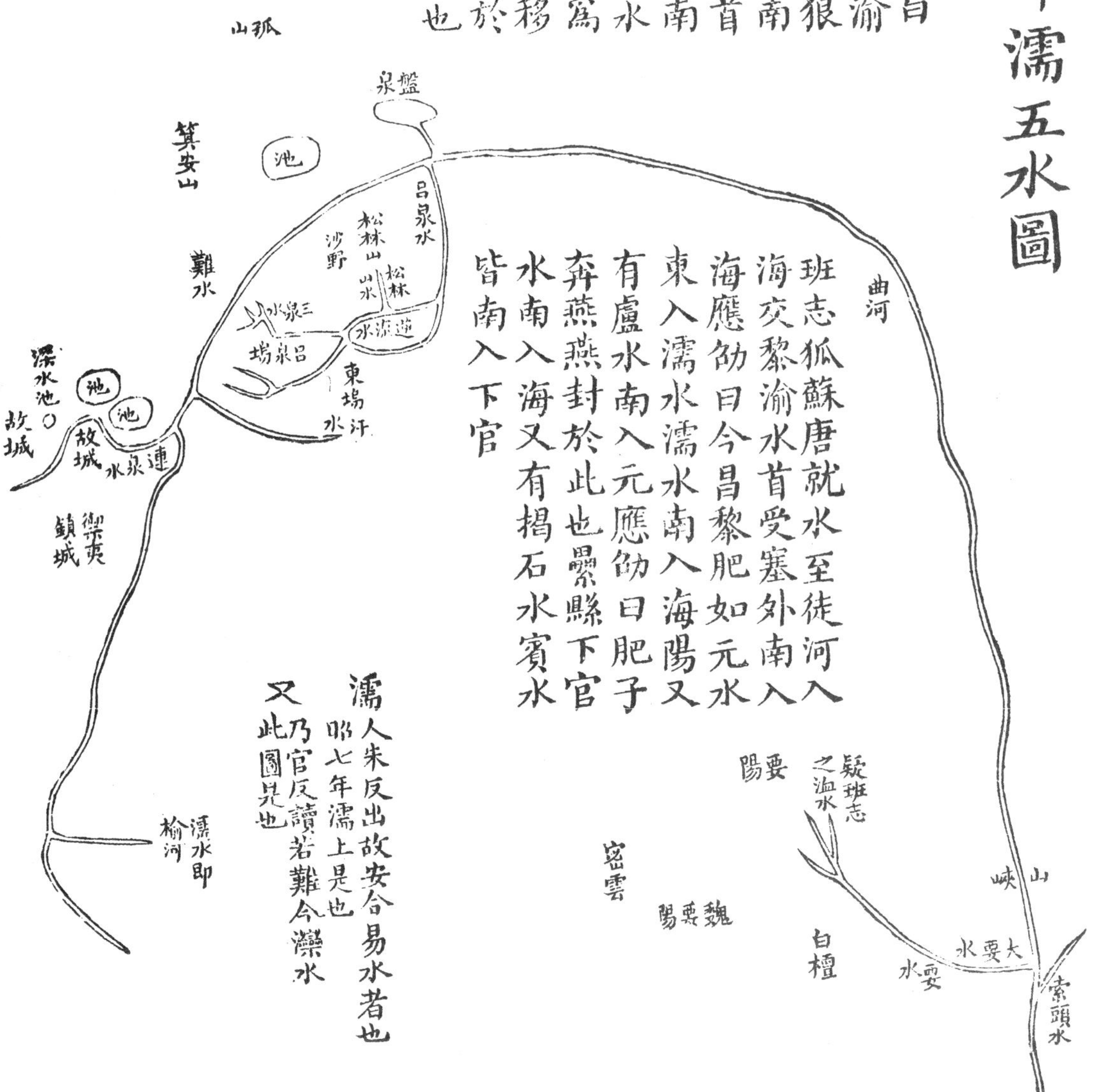

班志狐蘇唐就水至徒河入海交黎渝水首受塞外南入海應劭曰今昌黎肥如元水東入濡水濡水南入海陽又有盧水南入元應劭曰肥子奔燕燕封於此也絫縣下官水南入海又有揭石水賓水皆南入下官

濡
人朱反出故安合易水者也
昭七年濡上是也
又
乃官反讀若難今灤水
此圖是也

其下接下幅

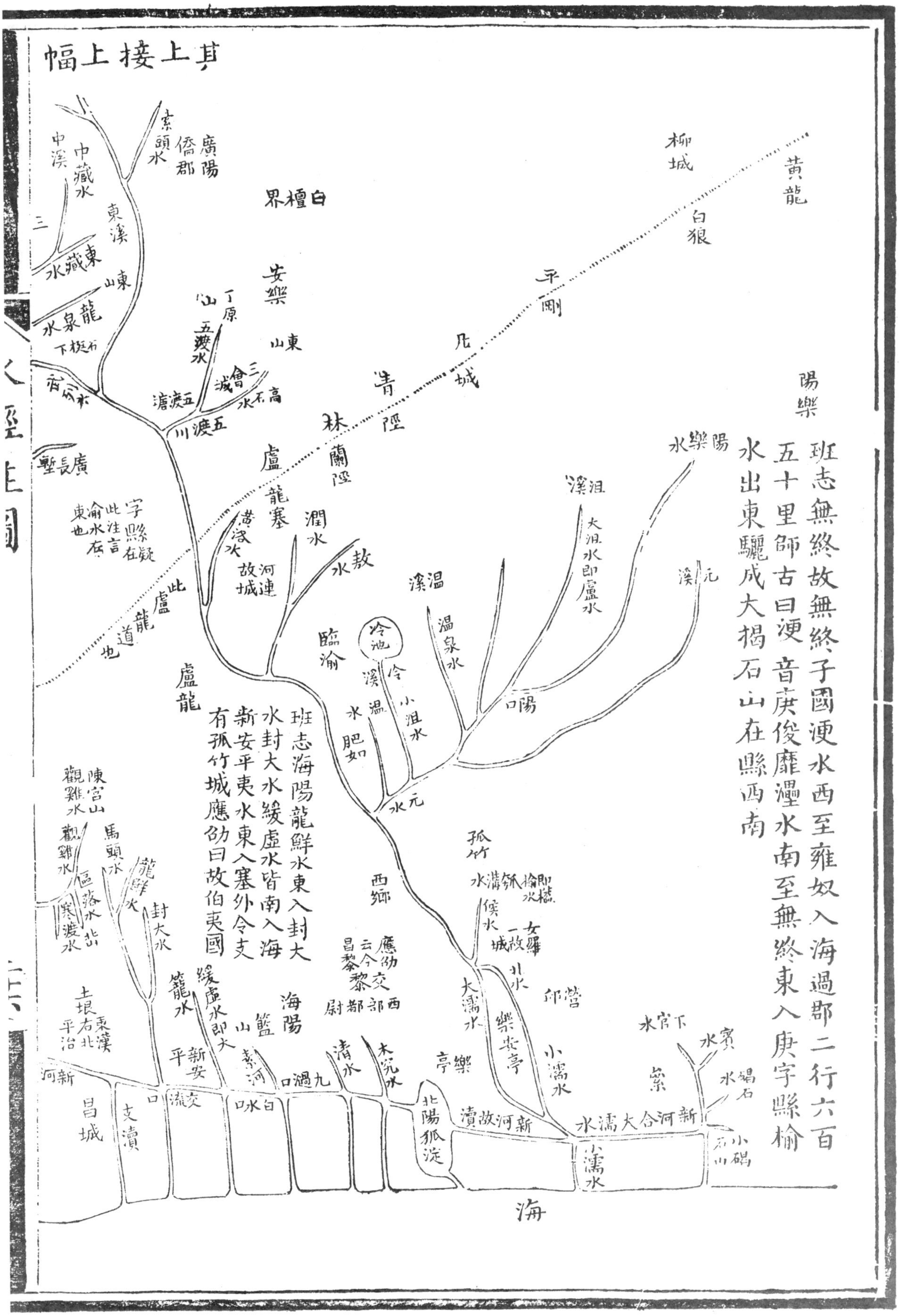
其上接上幅
班志無終故無終子國浭水西至雍奴入海過郡二行六百五十里師古曰浭音庚俊靡灅水南至無終東入庚字縣榆水出東驪成大揭石山在縣西南
班志海陽龍鮮水東入封大水封大水緩虛水皆南入海新安平夷水東入塞外令支有孤竹城應劭曰故伯夷國
白檀界
廣陽
僑郡
安樂
柳城
黃龍
白狼
平剛
凡城
青陘
林蘭陘
盧龍塞
陽樂
陽樂水
溫溪
溫泉水
冷池
臨渝
盧龍
元水
孤竹
西鄉
海陽
昌城
新河
海
北陽孤淀
新河故瀆
新河合大濡水
小濡水
大濡水
樂安亭
樂亭
清水
九過口
白水口
龍鮮水
封大水
緩虛水即大
籠水
新安平
海陽
營邱
女羅城
侯水
索頭水
中藏水
東溪
東藏水
龍泉水
五渡川
敖水
潤水
連河故城
肥如水
小沮水
大沮水即盧水
沮溪
元溪
下官水
賓水
碣石水
小碣石山
字縣在疑此注言渝水在東也
此盧龍道也
廣長塹
陳宮山
觀雞水
馬頭水
支瀆
土垠右北平

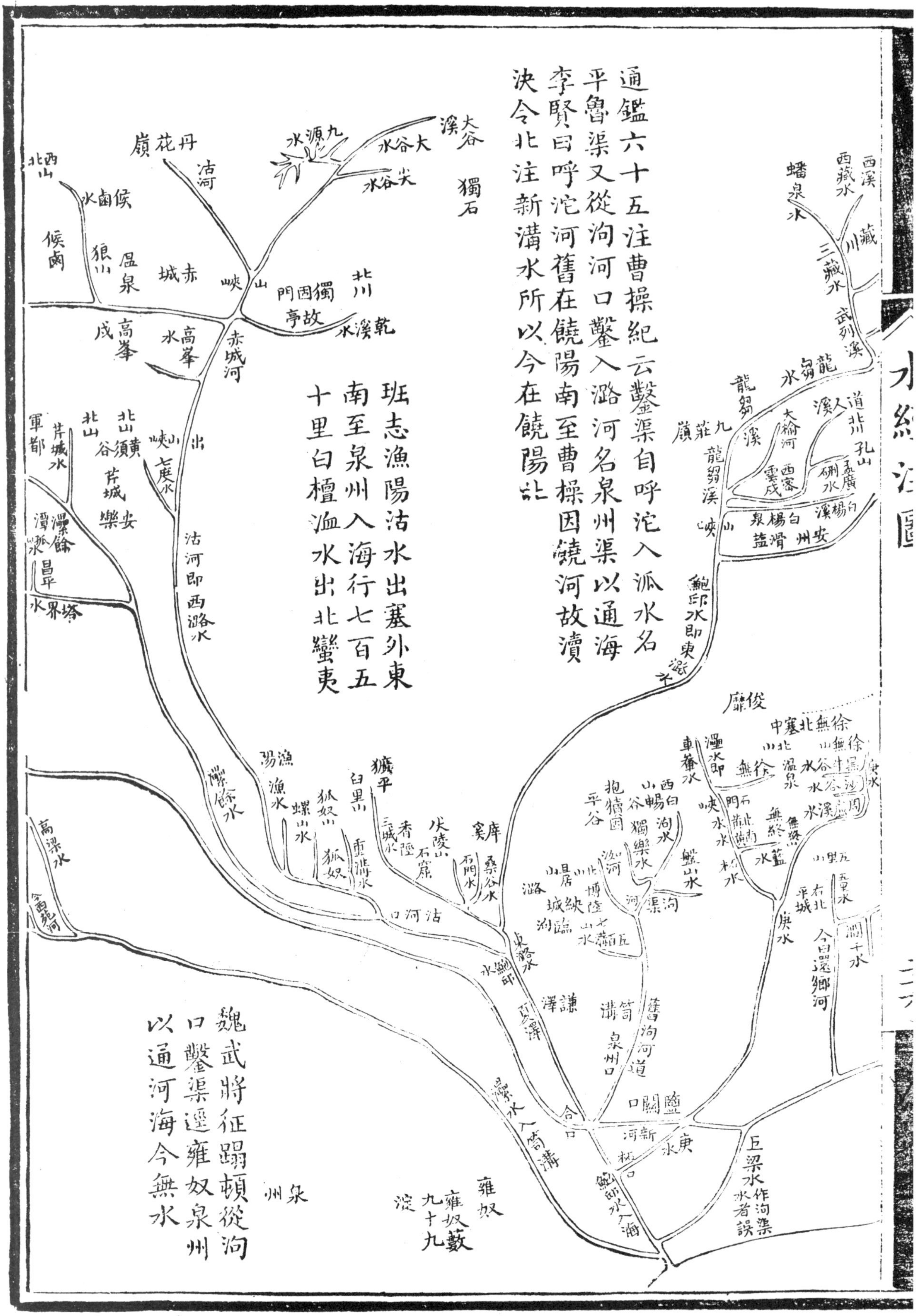
通鑑六十五注曹操紀云鑿渠自呼沱入泒水名
平魯渠又從泃河口鑿入潞河名泉州渠以通海
李賢曰呼沱河舊在饒陽南至曹操因饒河故瀆
決令北注新溝水所以今在饒陽北
班志漁陽沽水出塞外東
南至泉州入海行七百五
十里白檀泒水出北蠻夷
魏武將征蹋頓從泃
口鑿渠逕雍奴泉州
以通河海今無水
丹花嶺
沽河
九源水
大谷水
尖谷水
大谷溪
獨石
侯鹵水
赤城
乾溪水
高峯水
赤城河
沽河即西潞水
鮑邱水即東潞水
漁陽
漁水
螺山水
狐奴
庫奚
桑谷水
沽河口
鮑邱水
潞水
泉州口
鹽關口
庚水
新河
巨梁水
泉州
雍奴
雍奴藪
九十九淀

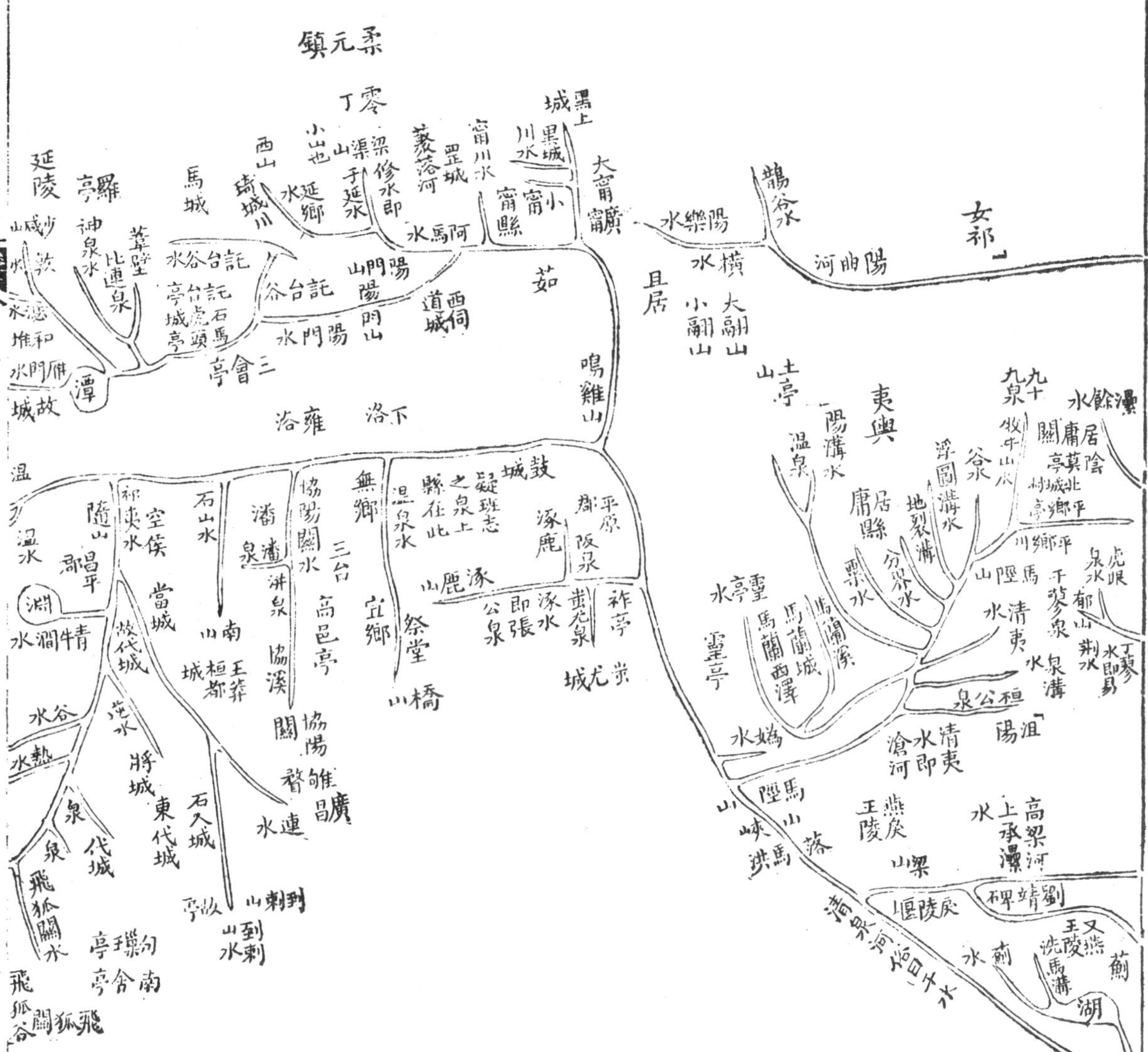

班志軍都溫餘水東至路南
入洛按溫當作濕洛當作潞
居庸有關且居樂陽水出東
東入海涿鹿應劭曰黃帝與
蚩尤戰于涿鹿之野薊故燕
國名公所封

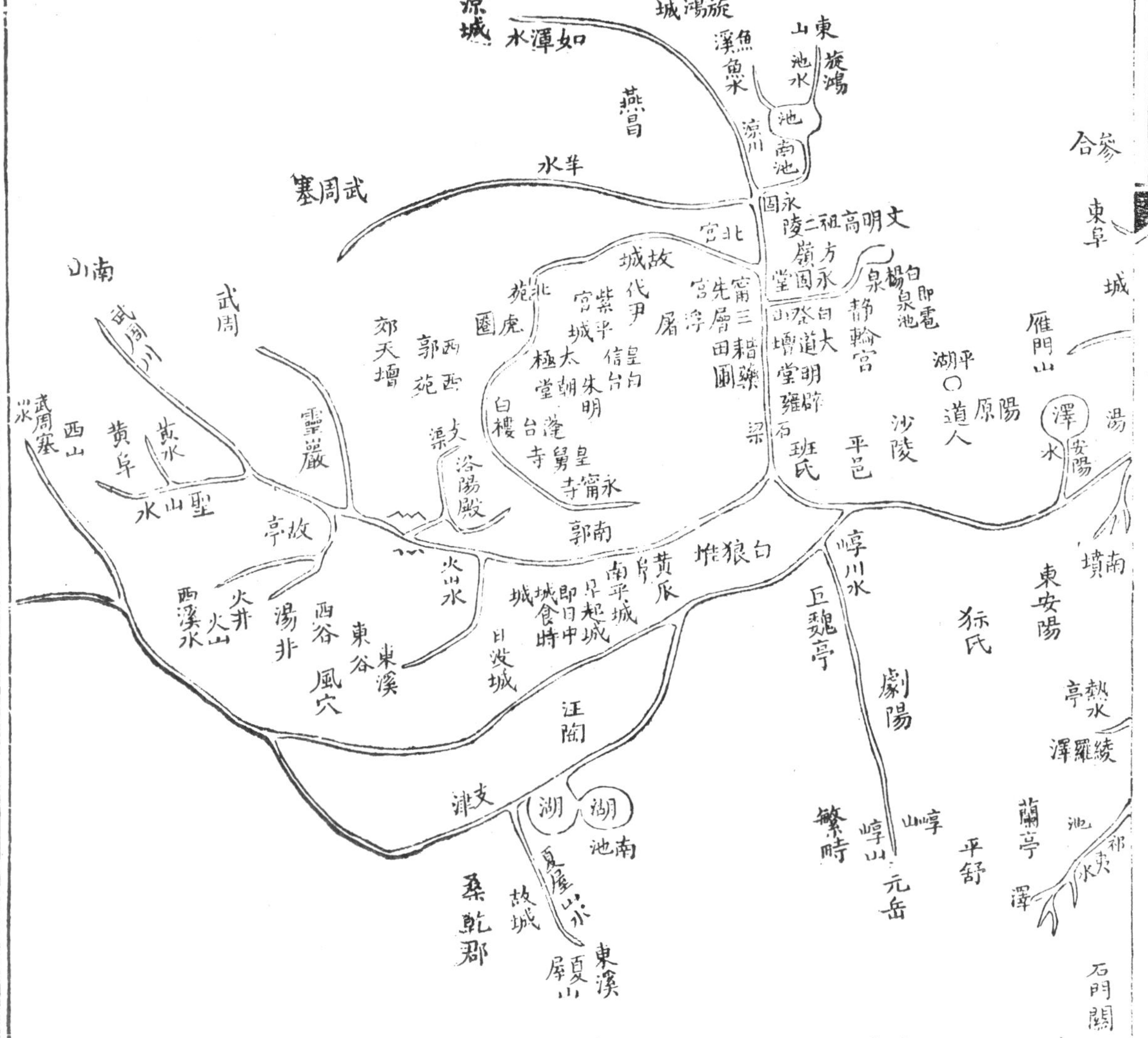

班志東安陽師古曰闞駰云五原有安陽故此加東平舒祁夷水北至桑乾入沽代縣應劭曰故代國代郡有五原關常山關且如于延水出塞外東至甯入沽當城師古曰闞駰云當桓都城故云

通鑑百一十注宋白曰魏道武都平城東至上谷軍都關西至河南至中山隘門塞北至五原地方千里以爲甸服又百十三注魏猗盧城盛樂爲北都修故平城爲南都更南百里灅水之陽黄瓜堆築新平城曰南平城唐朔州西南之新城是也

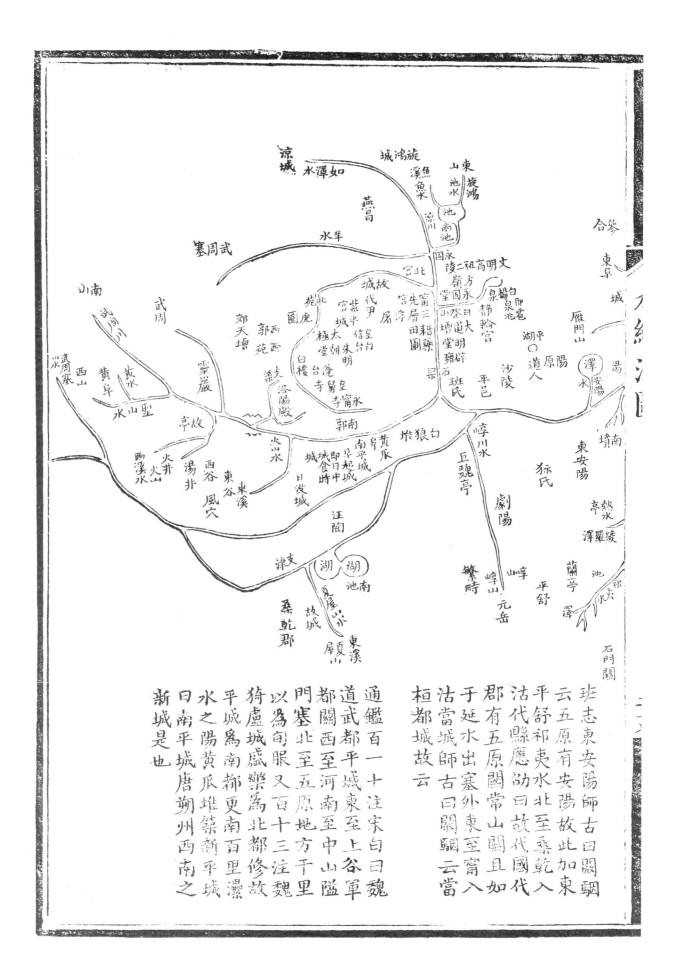

通鑑百三十二注立平齊郡於平城西北北新城

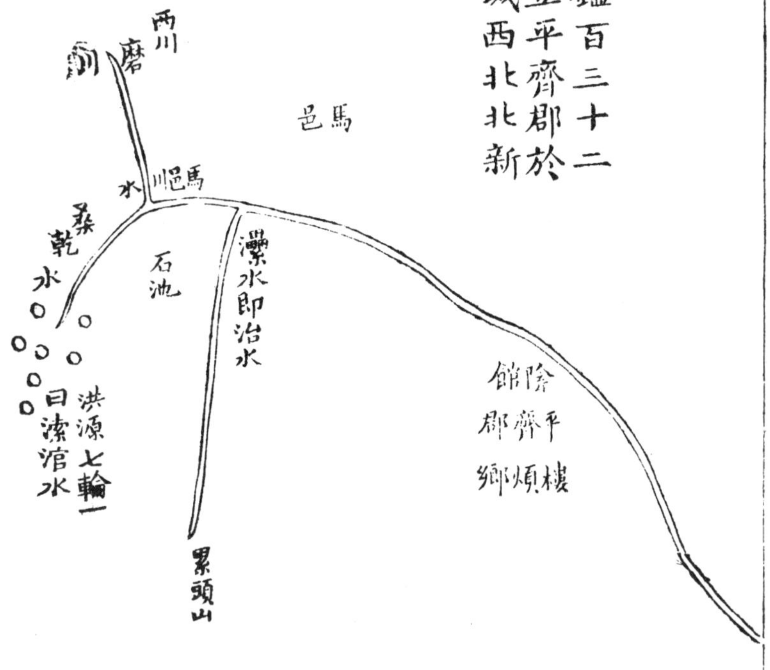

班志馬邑師古曰晉太康地記云秦時建此城輒崩不成有馬周旋馳走反覆父老異之因依以築城遂名馬邑陰館樓煩鄉累頭山治水所出東至泉州入海過郡六行千一百里沃陽鹽澤在東北

灅餘 在昌平州居庸關者一作温榆温餘濕餘者皆誤

灅 力追反出陰館即此桑乾河今永定河也或作灅濕温漯皆誤

灅 力水反出俊靡今遵化州之小河

濕 爆立反溼之或體

温 雲南之南盤江

漯 沔漯也濕之省文

濕 漯之正文

溼 濕之正文

班志襄平有牧師官無慮師古曰即所謂醫巫閭望平大遼水出塞外南至安市入海行千二百五十里遼陽大梁水西南至遼陽入遼居就室僞山室僞水所出北至襄平入梁番汗沛水出塞外西南入海應劭曰汗水出塞外西南入海沓氏應劭曰氏水也師古曰凡言氏者皆謂因之而立名元菟郡應劭曰故真番朝鮮胡國高句驪遼山遼水所出西南至遼隊入大遼水又有南蘇水西北經塞外應劭曰故句驪胡

大小遼水圖

按臨渝渝水檻榆水侯水女羅故城等皆誤見濡水圖此別圖以識之葢白狼渝水兩不相蒙也原書誤

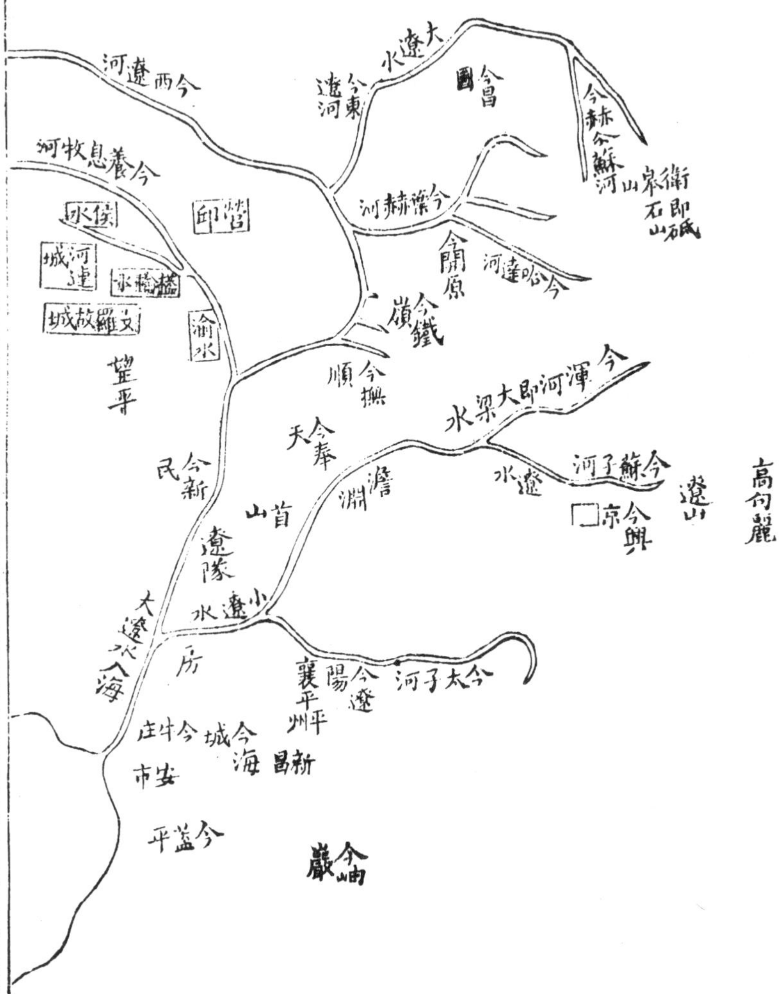

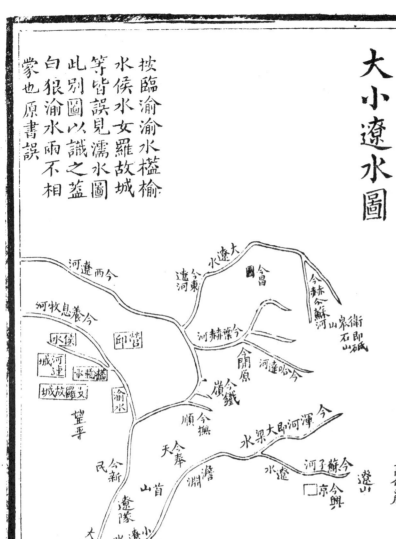

班志白狼師古曰有白狼山
遼西郡有小水四十八并行
三千四十六里柳城馬首山
在西南參柳水北入海臨渝
渝水首受白狼東入塞外又
有侯水北入渝

浿水圖

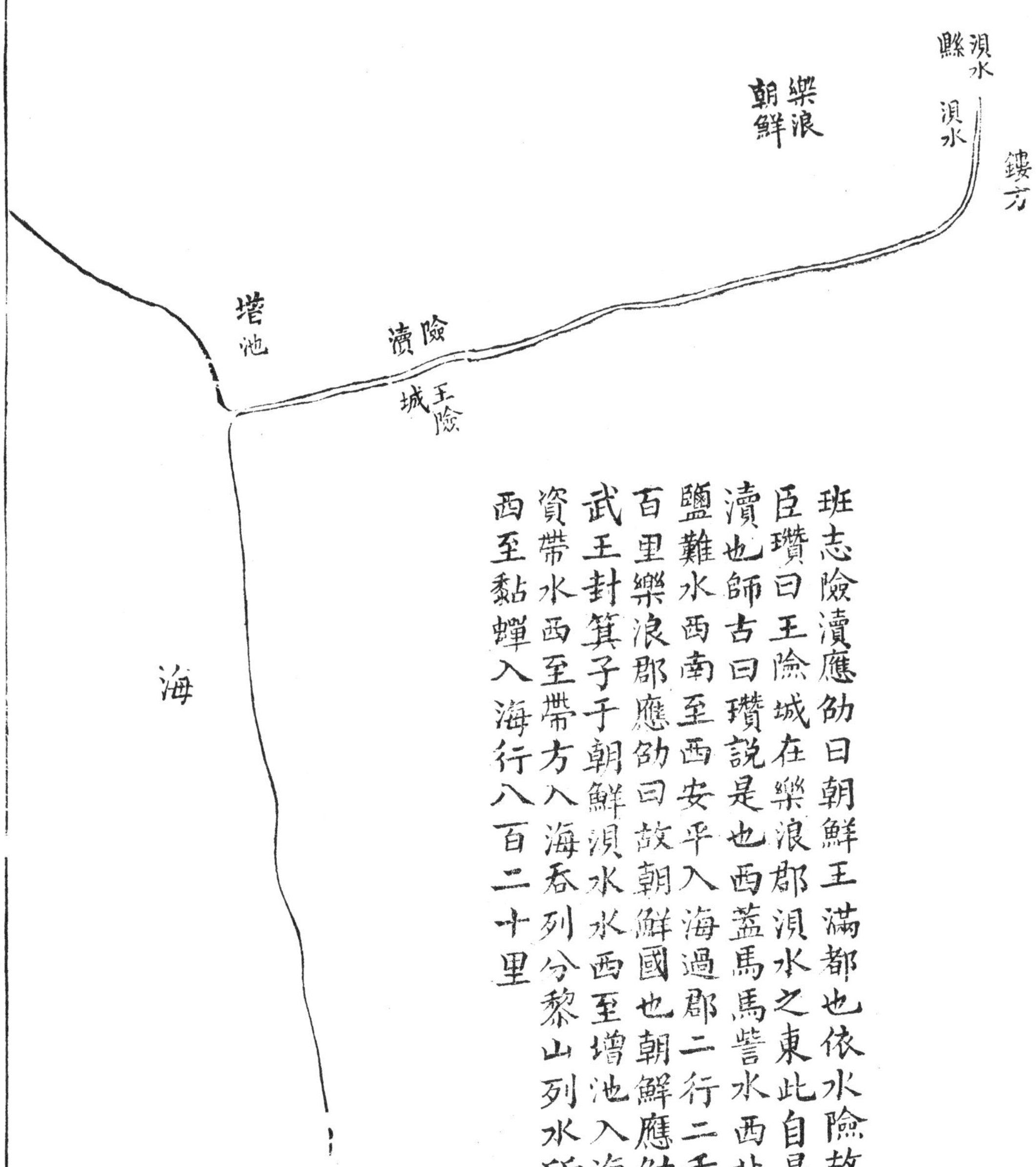

班志險瀆應劭曰朝鮮王滿都也依水險故名臣瓚曰王險城在樂浪郡浿水之東此自是險瀆也師古曰瓚説是也西蓋馬馬訾水西北入鹽難水西南至西安平入海過郡二行二千一百里樂浪郡應劭曰故朝鮮國也朝鮮應劭曰武王封箕子于朝鮮浿水水西至增池入海含資帶水西至帶方入海呑列分黎山列水所出西至黏蟬入海行八百二十里

洛伊瀍澗穀甘六水圖

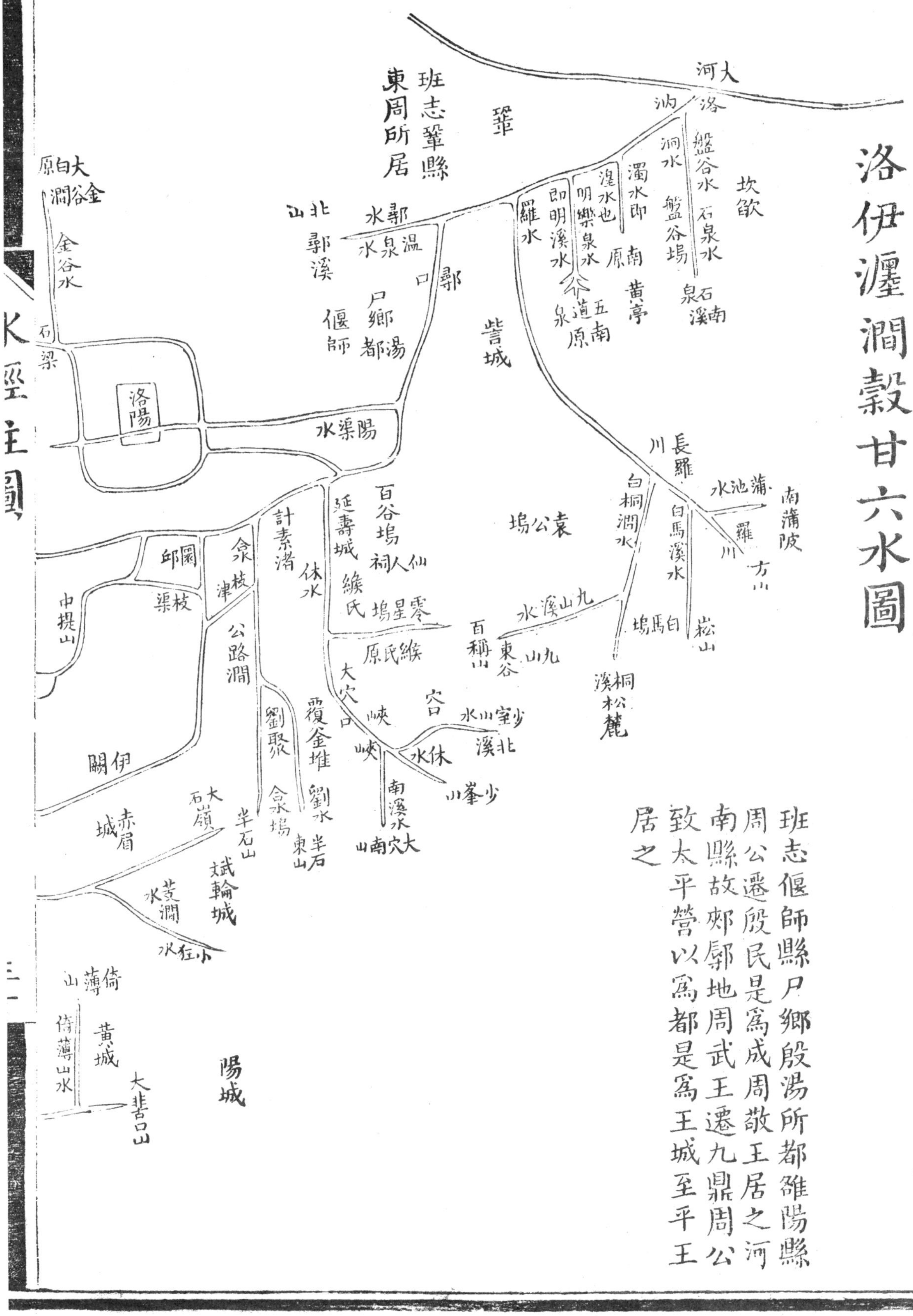

班志偃師縣尸鄉殷湯所都雒陽縣周公遷殷民是爲成周敬王居之河南縣故郟鄏地周武王遷九鼎周公致太平營以爲都是爲王城至平王居之

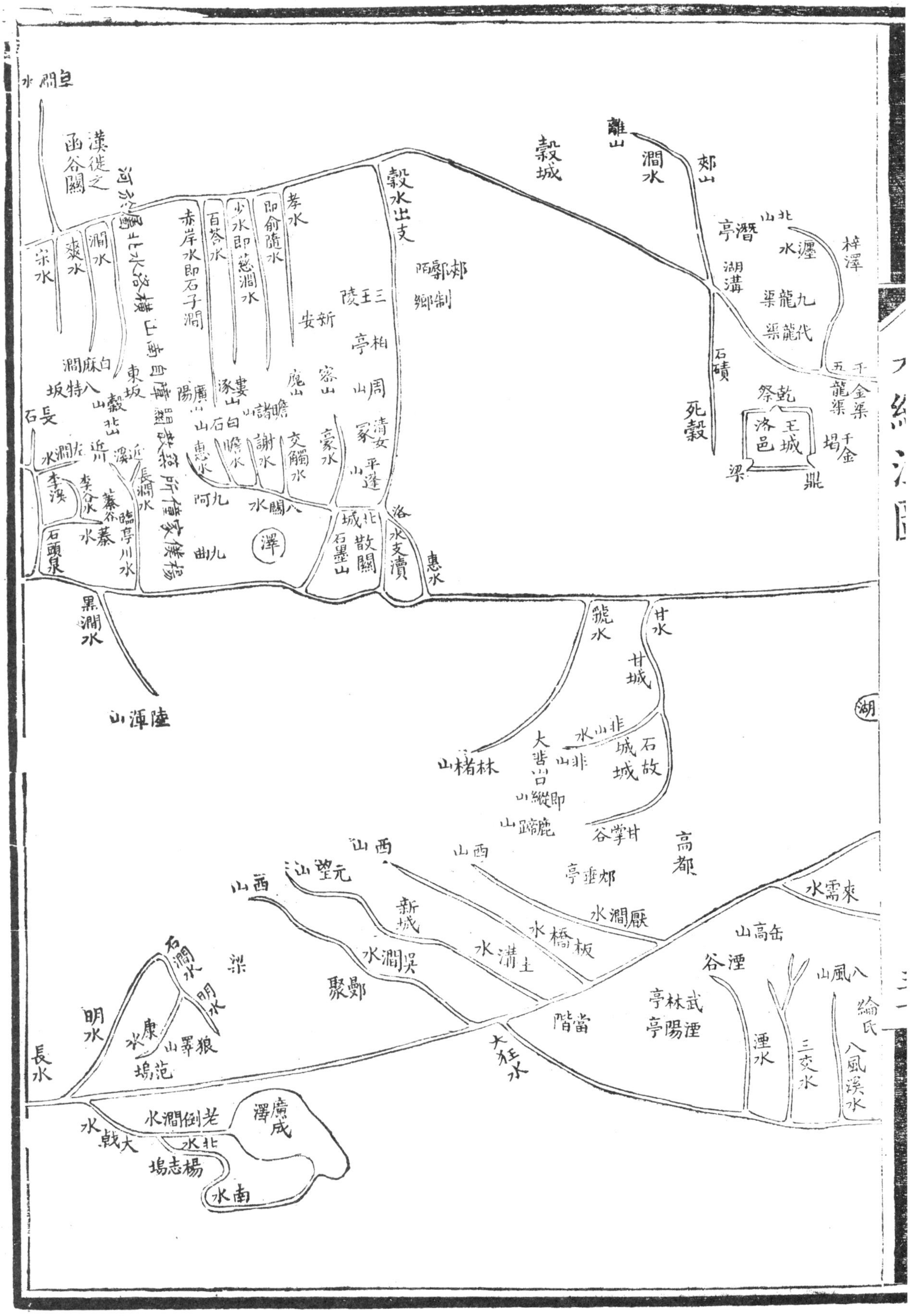

皁澗水
漢徙之函谷關
穀城
離山
澗水
郟山
穀水出支
孝水
新安
三王陵
柏亭
周山
死穀
王城
洛邑
千金渠
九龍渠
代龍渠
瀍水
湖溝
石磧
梓澤
鼎
惠水
洛水支瀆
北散關
石墨山
九曲
八關水
黑澗水
陸渾山
甘水
甘城
故城
石城
高都
元望山
西山
新城
鄤聚
板橋水
厭澗水
當階
大狂水
武林亭
湮陽亭
湮谷
湮水
三交水
八風溪水
綸氏
長水
明水
康水
石澗水
梁
老倒澗水
廣成澤
楊志塢
南水

班志黽池縣穀水出穀陽谷東北至穀城入洛新安縣禹貢澗水在東南入雒穀城縣禹貢瀍水出瞀亭北東南入雒

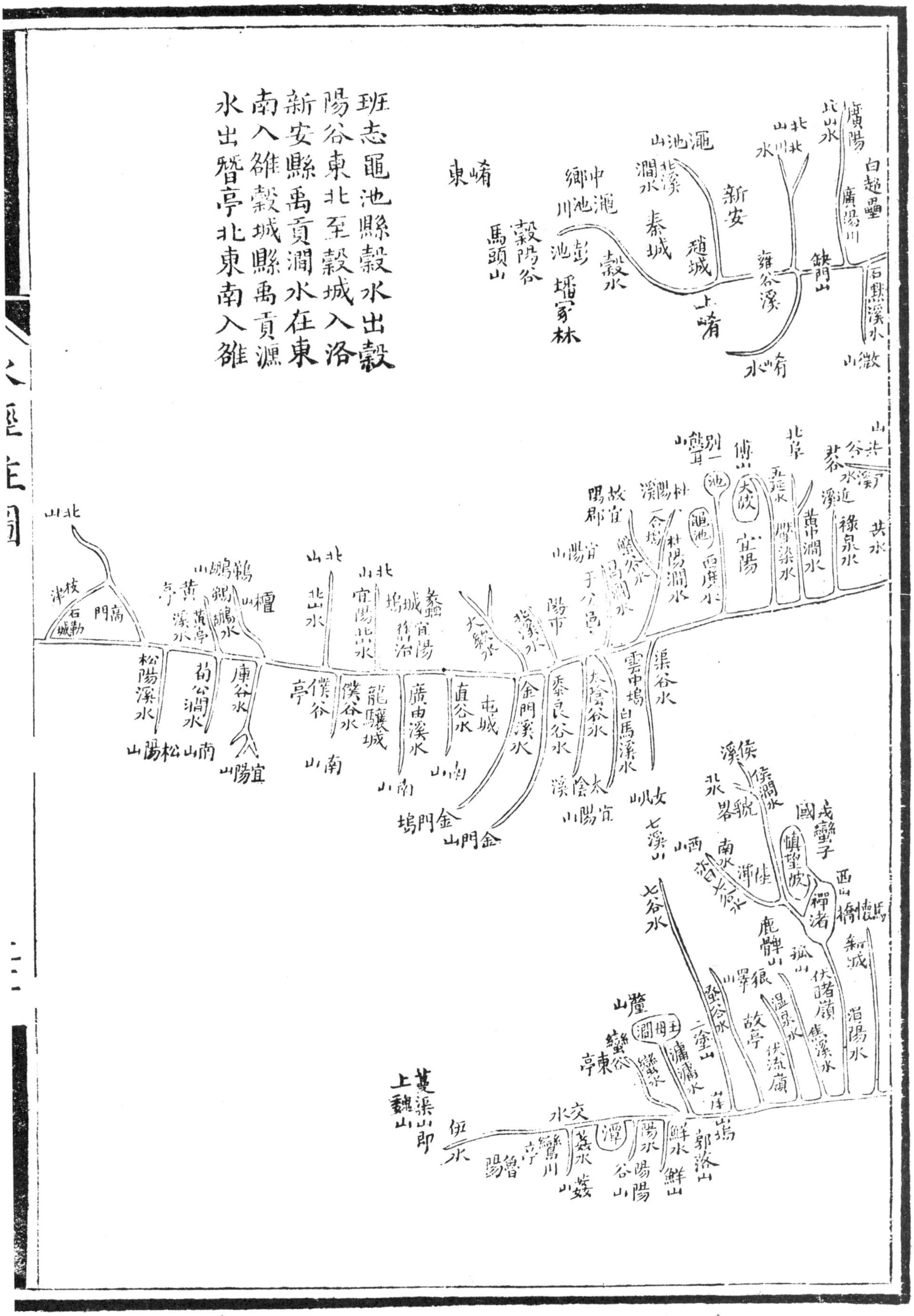

班志盧氏縣熊耳山在東伊水出東北入雒過郡一行四百五十里上雒縣禹貢雒水出冢嶺山東北至鞏入河過郡二行千七十里豫州川熊耳獲輿山在東北

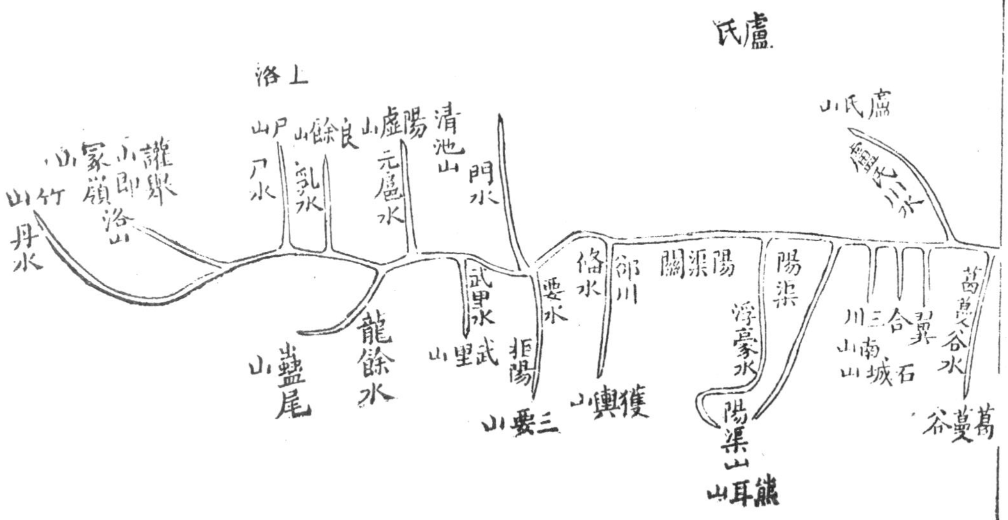

漆滻沮渭四水圖 補豐水坿

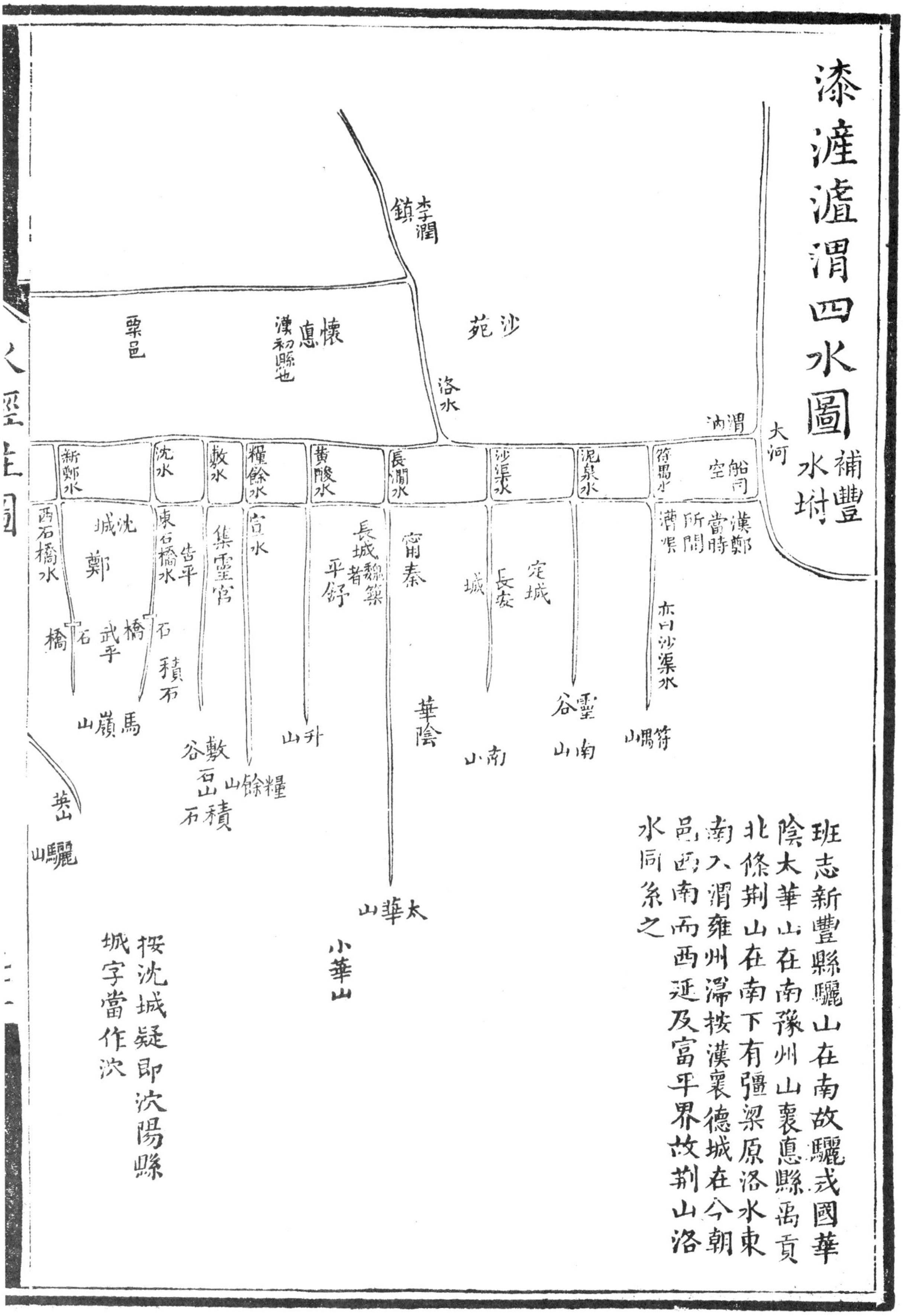

班志新豐縣驪山在南故驪戎國華陰太華山在南豫州山褱惪縣禹貢北條荆山在南下有彊梁原洛水東南入渭雍州浸按漢褱德城在今朝邑西南而西延及富平界故荆山洛水同系之

按沈城疑即沇陽縣城字當作沇

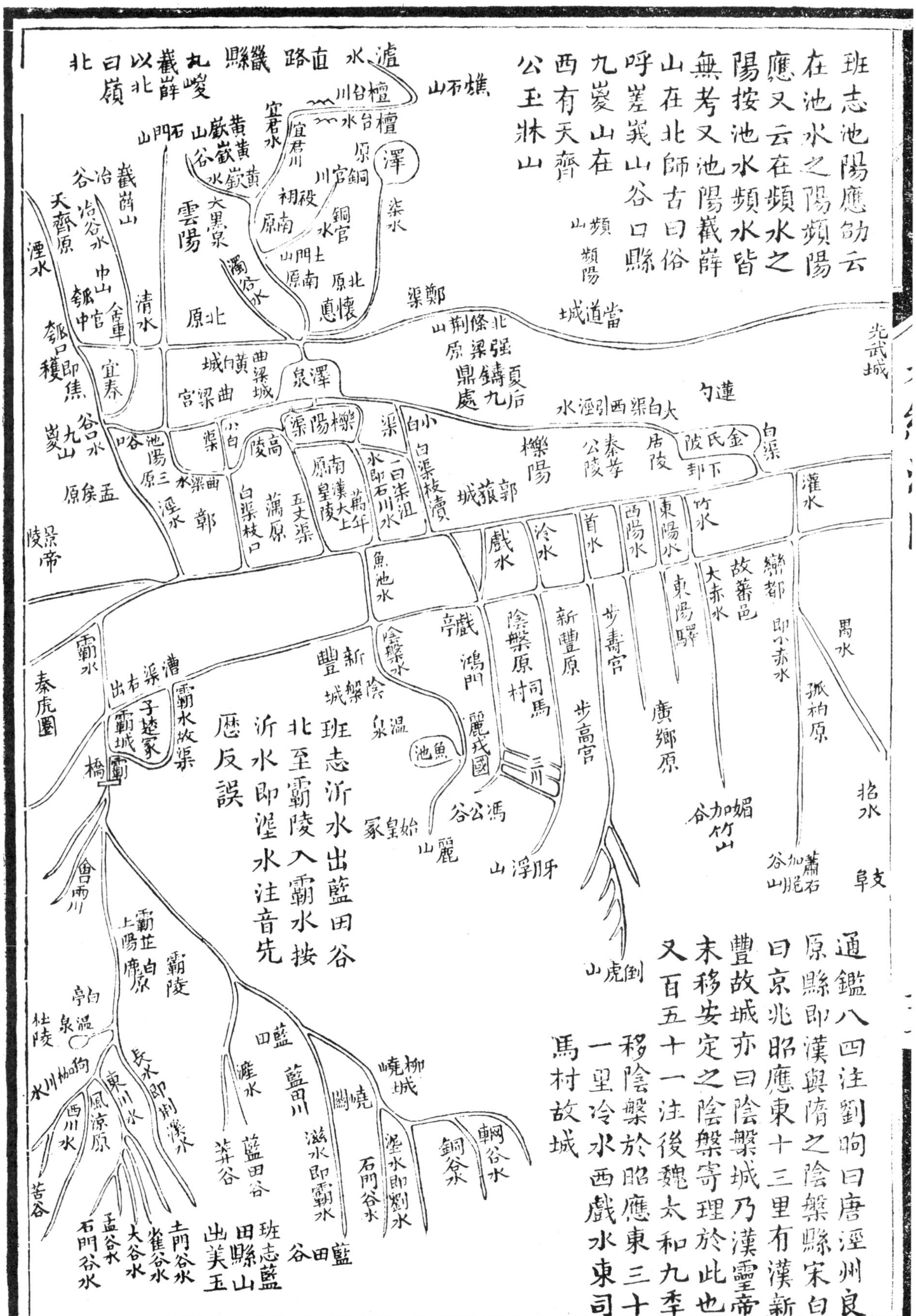
班志池陽應劭云在池水之陽頻陽應又云在頻水之陽按池水頻水皆無考又池陽嶻嶭山在北師古曰俗呼嵯峩山谷口縣九嵕山在西有天齊公玉牀山
瀘水
直路纔縣
九嵕嶻嶭以北曰嶺北
嶻山
檀台川
檀台水
宜君水
宜君川
黃嶔山
黃嶔谷
黃嶔水
石門山
銅官川
澤
原
祋祤
南原
銅官水
漆水
雲陽
大黑泉
濁谷水
土門山
南原
北原
懷德
嶻嶭山
冶谷
冶谷水
天齊原
中山
仲山
鄭渠
當道城
甘泉山
頻陽
頻山
北原
清水
北條荊山原
強梁原
夏后鑄九鼎處
曲梁城
黃白城
曲梁宮
澤泉
宜春
瓠口即焦穫
谷口水
九嵕山
池陽
三原
曲梁水
高陵
櫟陽
小白渠
白渠
大白渠引涇水
蓮勺
先武城
金氏陂
下邽
白渠
秦孝公陵
居陵
櫟陽
郭獄城
白渠枝瀆
一曰渠泪
水即石川水
南原
漢皇陵
大年上
五丈渠
藕原
白渠枝口
鄭
涇水
孟侯原
景帝陵
灌水
竹水
東陽水
西陽水
首水
冷水
戲水
魚池水
故蕃邑
樂都
即小赤水
大赤水
東陽驛
禺水
孤柏原
新豐原
陰槃原
步壽宮
戲亭
鴻門
司馬村
麗戎國
廣鄉原
步高宮
霸水
漕渠
右出
秦虎圈
新豐
陰槃城
溫泉
陰槃水
魚池
子楚冢
霸城
霸水故渠
霸橋
班志沂水出藍田谷北至霸陵入霸水按沂水即涅水注音先歷反誤
始皇冢
麗山
馮公谷
三川
虖浮山
媚加谷
竹山
蕭右加谷
肥山
招水
支阜
倒虎山
通鑑八四注劉昫曰唐涇州良原縣即漢與隋之陰槃縣宋白曰京兆昭應東十三里有漢新豐故城亦曰陰槃城乃漢靈帝末移安定之陰槃寄理於此也又百五十一注後魏太和九季移陰槃於昭應東三十一里冷水西戲水東司馬村故城
魯雨川
霸上
芷陽
白鹿原
霸陵
白亭
杜陵
溫泉
枸杞川水
東川水
長水即荊溪水
西川水
風涼原
苦谷
石門谷水
孟谷水
大谷水
雀谷水
土門谷水
藍田
藍田川
澭水
芹谷
藍田谷
班志藍田縣山出美玉
嶢關
嶢柳城
滋水即霸水
石門谷水
涇水即劉水
銅谷
輞谷水
藍田谷

班志鄠縣注豐水出東南又有
潏水皆北過上林苑入渭盩厔
縣注靈軹渠武帝穿也安陵縣
師古曰闞駰以為周之程邑也

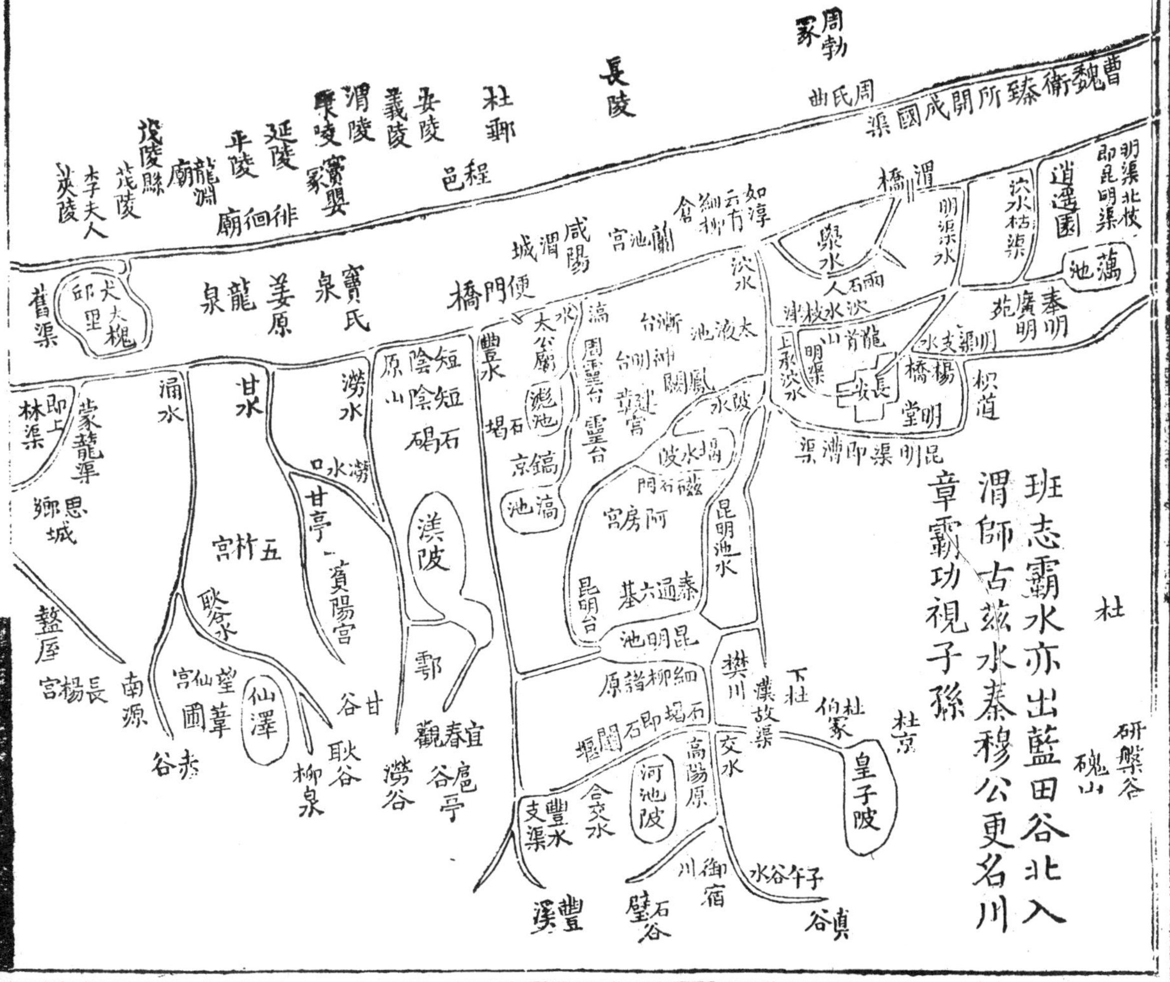

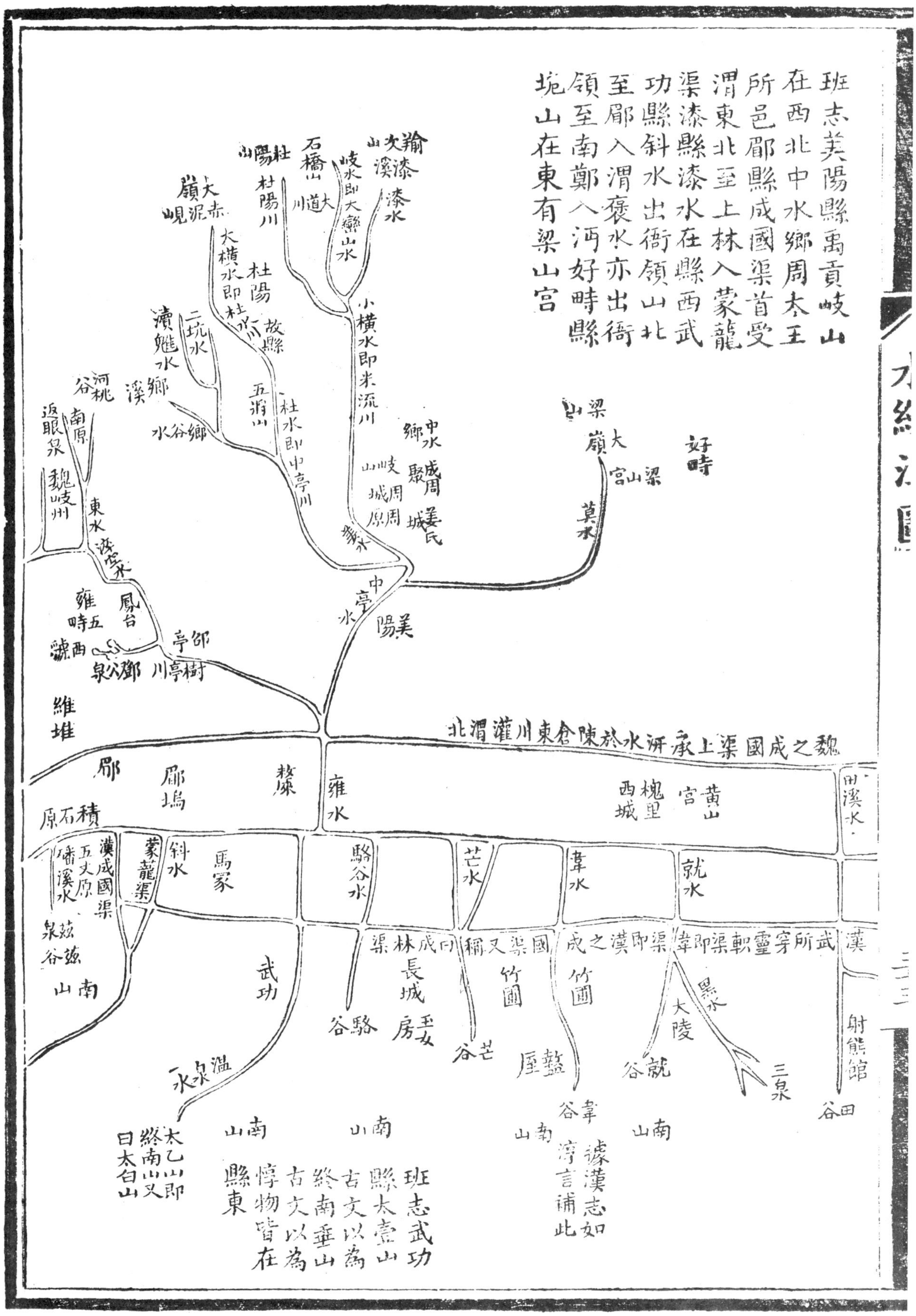
班志美陽縣禹貢岐山在西北中水鄉周太王所邑郿縣成國渠首受渭東北至上林入蒙龍渠漆縣漆水在縣西武功縣斜水出衙領山北至郿入渭褒水亦出衙領至南鄭入沔好畤縣垝山在東有梁山宮
渝水漆溪山
漆水
杜陽山
杜陽川
石橋山
大道川
岐水即大嶽山水
大赤泥嶺峴
大橫水即杜陽川
小橫水即米流川
故縣
五將山
杜水即中亭川
二坑水
瀆鯡水
鄉溪
水谷鄉
河桃谷
南原
返眼泉
魏岐州
東水
漆渠水
中水鄉
岐山
周城
成周聚
周原
姜氏城
姜水
梁山
大嶺
梁山宮
好畤
莫水
中亭水
美陽
雍五畤
鳳台
西虢
亭部
鄭公泉
樹亭川
維堆
魏之成國渠上承汧水於陳倉東川灌渭北
郿
郿塢
漦
雍水
槐里
西城
黃山宮
田溪水
積石原
漢成國渠
五丈原
磻溪水
蒙龍渠
斜水
馬家
駱谷水
芒水
韋水
就水
武功
長城
玉女房
竹圃
黑水
大陵
三泉
射熊館
武所穿靈軹渠即韋渠即漢之成國渠又稱同成林渠
漢
茲谷茲泉
南山
溫泉水
駱谷
芒谷
盩厔
就谷
韋谷
田谷
太乙山即終南山又曰太白山
南山
南山
南山
南山
班志武功縣太壹山古文以為終南垂山古文以為惇物皆在縣東
據漢志如淳言補此

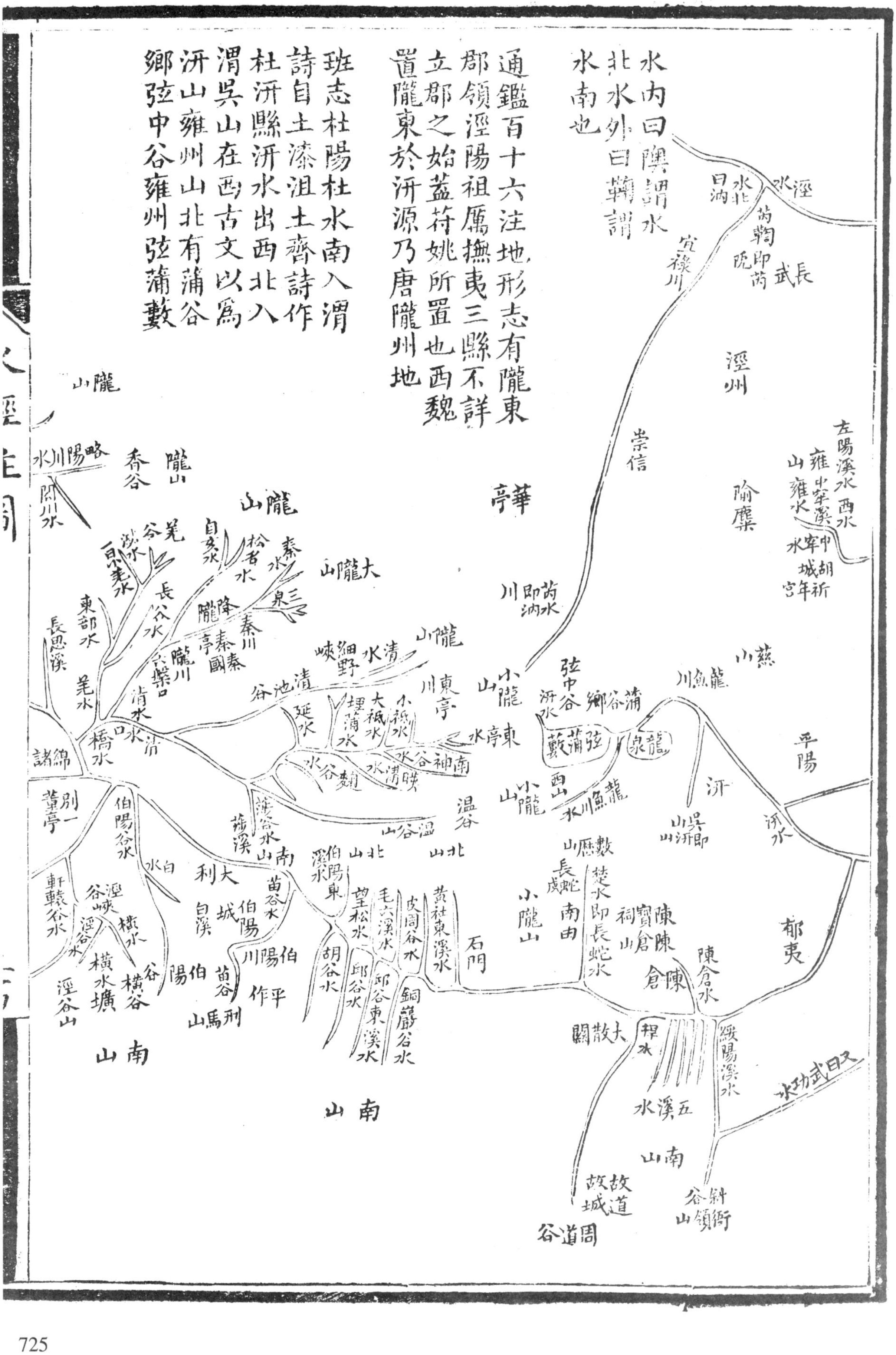
水內曰隩謂水北水外曰鞫謂水南也
通鑑百十六注地形志有隴東郡領涇陽祖厲撫夷三縣不詳立郡之始蓋苻姚所置也西魏置隴東於汧源乃唐隴州地
班志杜陽杜水南入渭詩自土漆沮土齊詩作杜汧縣汧水出西北入渭吳山在西古文以爲汧山雍州山北有蒲谷鄉弦中谷雍州弦蒲藪
涇水
長武
涇州
崇信
隃麋
華亭
隴山
大隴山
慈山
龍魚川
平陽
汧水
郁夷
陳倉
陳倉水
大散關
五溪水
南山
周道谷
故道故城
武功水
小隴山
南由
石門
溫谷
北山
弦蒲藪
龍泉
清水
橋水
綿諸
白水
大利
伯陽川
刑馬山
略陽川水

班志平襄師古曰闞駰云故襄戎邑
冀縣禹貢朱圉山在縣南梧中聚師
古曰續漢郡國志云有緹羣山落門
聚勇士屬國都尉治滿福獂道騎都
尉治密艾亭應劭曰獂戎邑也

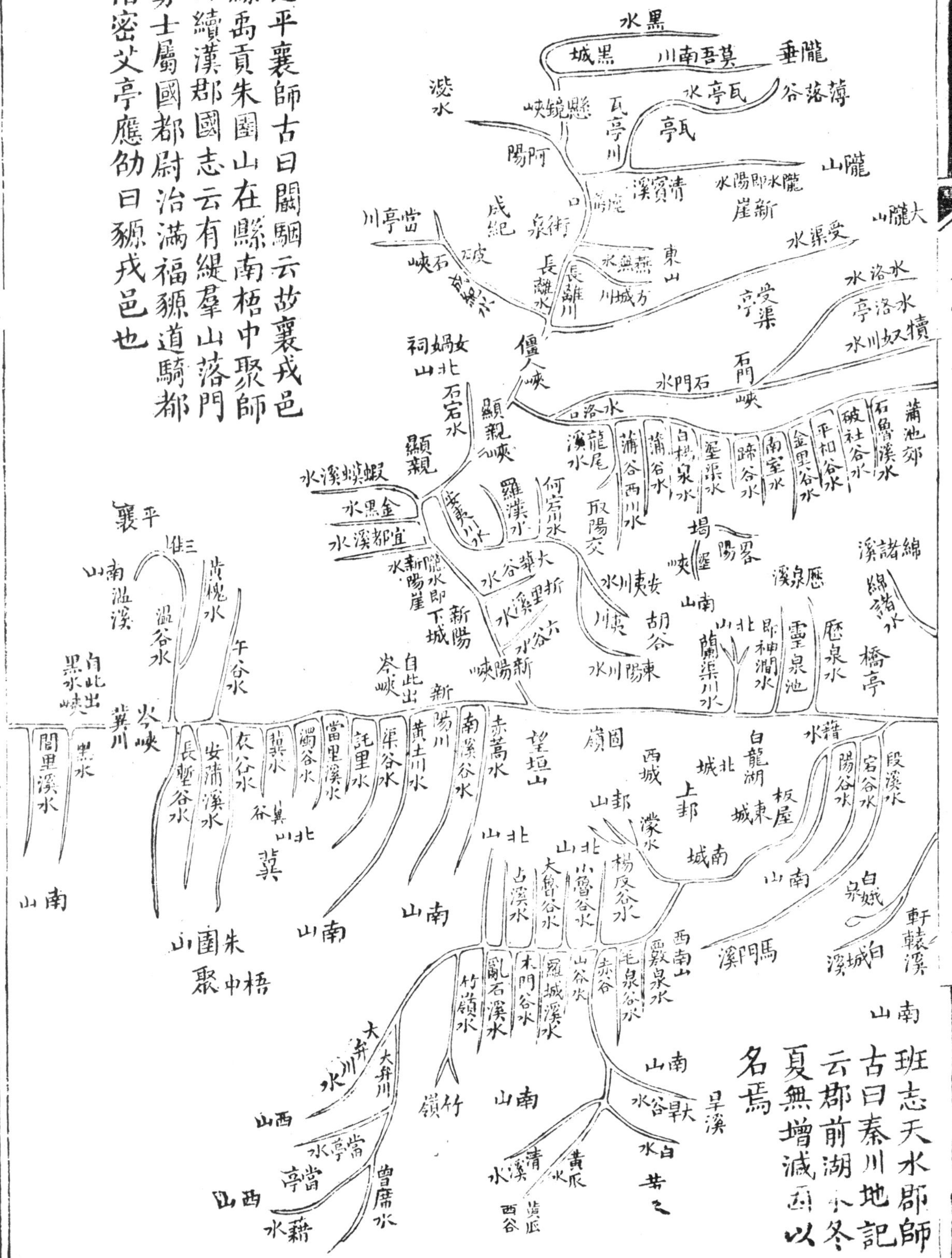

班志天水郡師
古曰秦川地記
云郡前湖水冬
夏無增減因以
名焉

班志首陽禹貢鳥鼠同穴山在西南渭水所出東至船司空入河過郡四行千八百七十里雍州濅隴西郡應劭曰有隴坻在其西也師古曰隴坻謂隴坂即今之隴山也此郡在隴之西故曰隴西

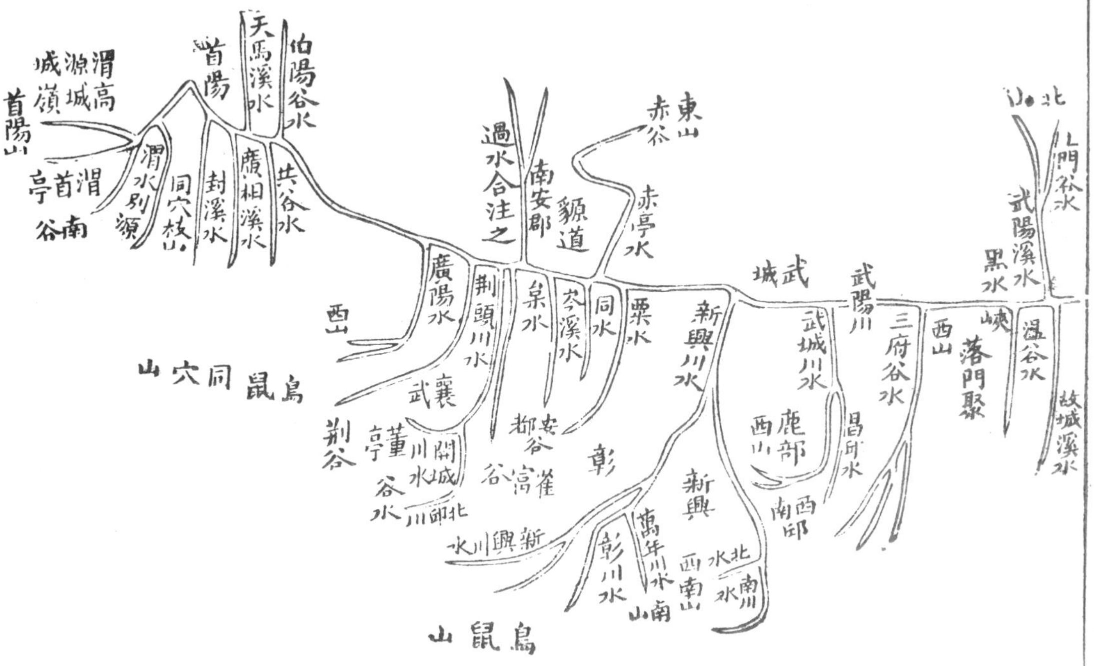

漾羌桓三水圖

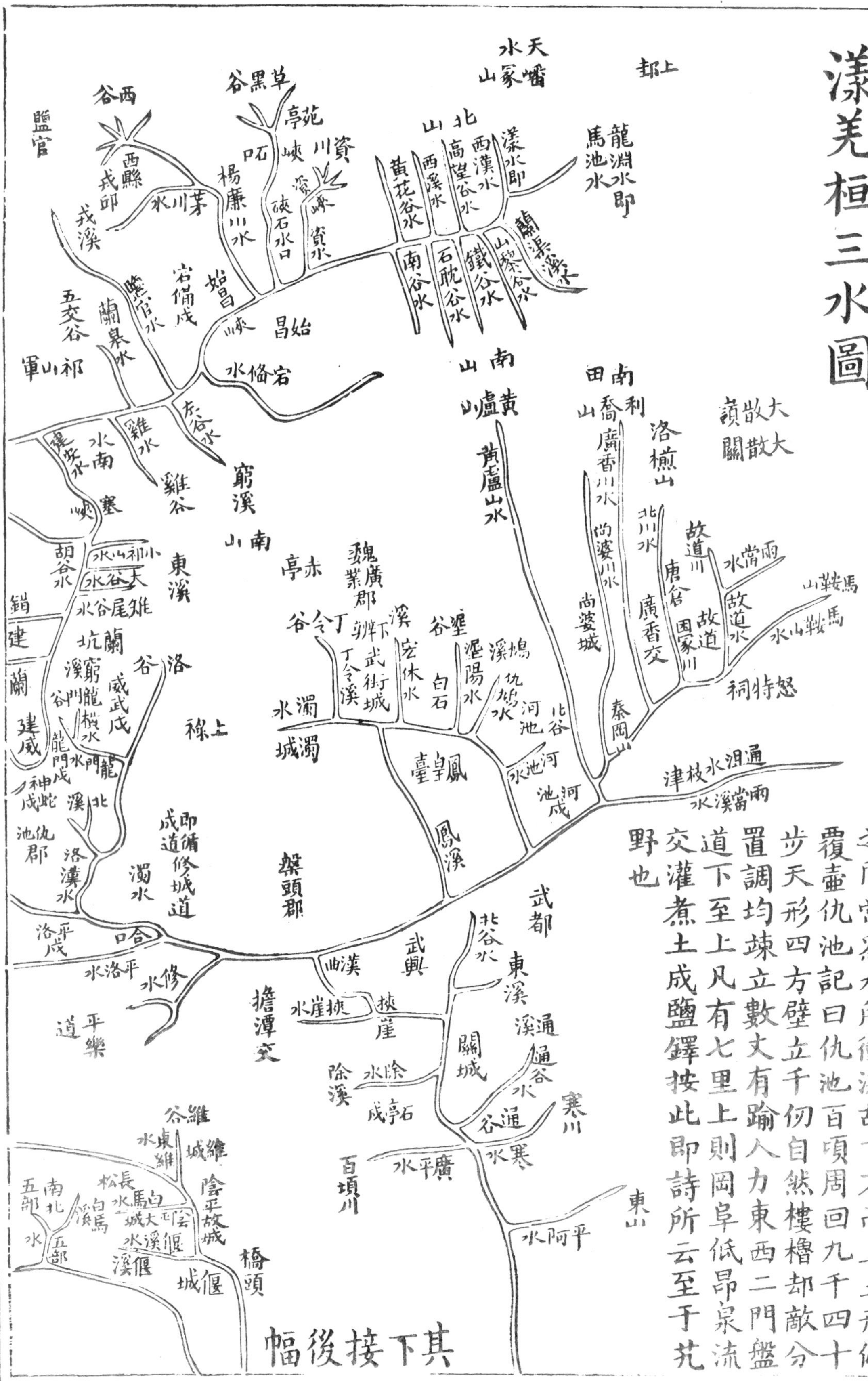

通鑑八二注三秦記仇池山在倉洛二谷之間常爲水所衝激故下石而上土形似覆壺仇池記曰仇池百頃周回九千四十步天形四方壁立千仞自然樓櫓却敵分置調均埭立數丈有踰人力東西二門盤道下至上凡有七里上則岡阜低昂泉流交灌煑土成鹽鐸按此即詩所云至于艽野也

鐸按西縣即宅西之西又即我征徂西之西班志西縣禹貢嶓冢山西漢所出南入廣漢白水東南至江州入江過郡四行二千七百六十里氐道禹貢養水所出至武都爲漢羌道羌水出塞外南至陰平入白水過郡三行六百里師古曰水經云羌水出羌中參谷

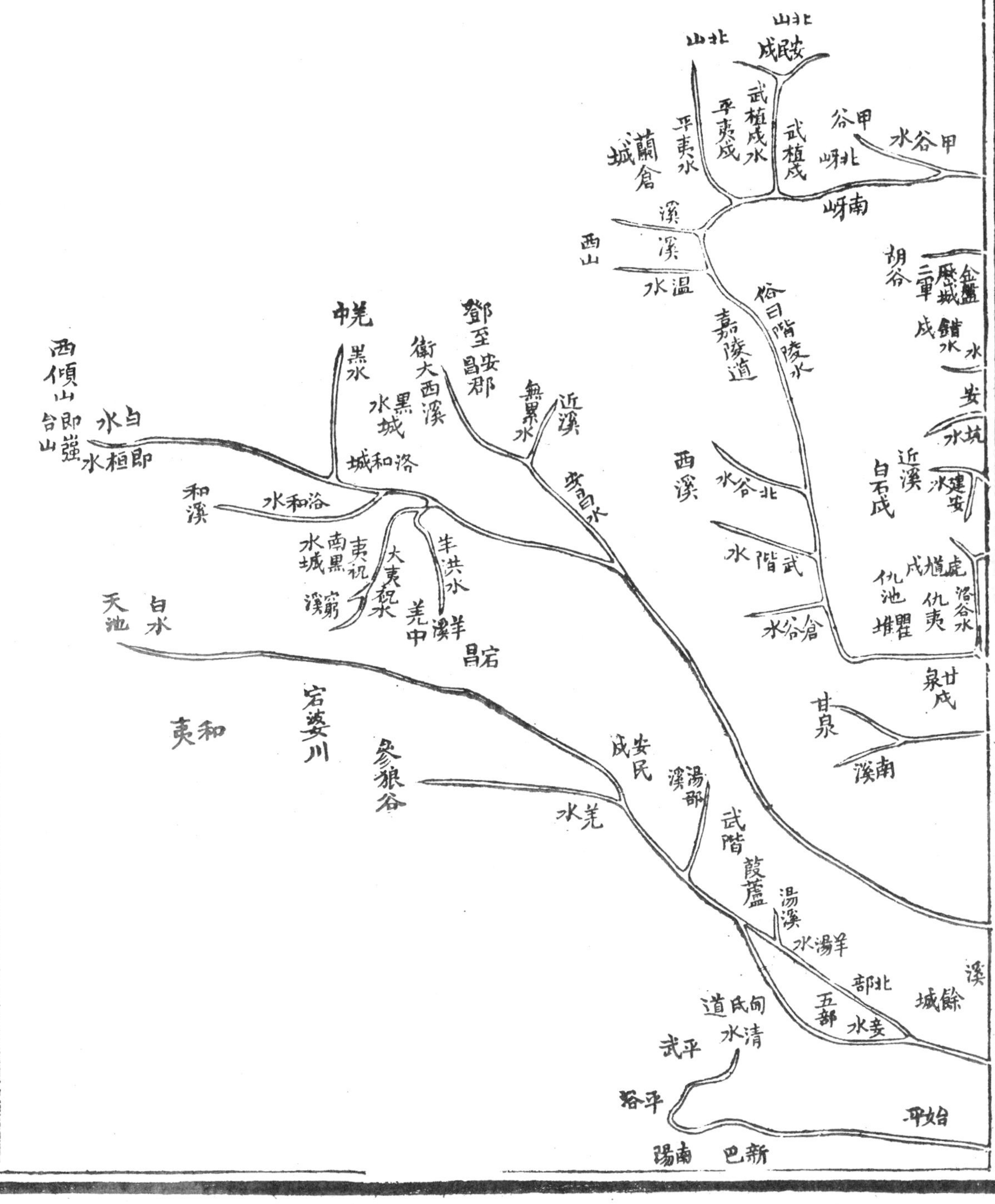

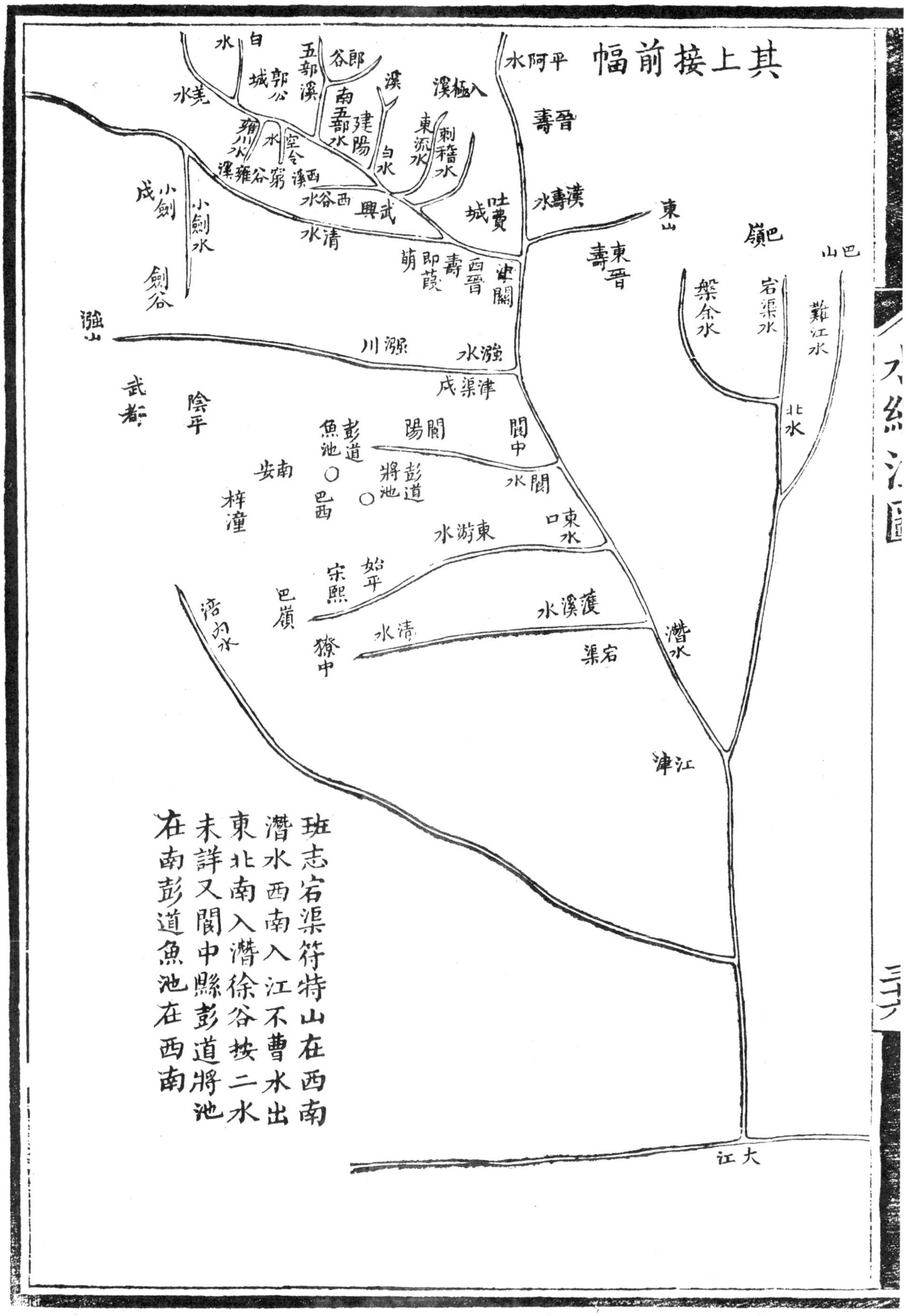
其上接前幅
平阿水
晉壽
漢壽水
東山
巴嶺
巴山
東晉壽
西晉壽
葭萌
劍谷
小劍水
清水
武興
建陽
白水
羌水
武都
陰平
彊水
閬陽
閬中
閬水
彭道魚池
彭道將池
安南
西巴
梓潼
東遊水
東水口
宋熙
始平
巴嶺
涪內水
濩溪水
清水
獠中
宕渠
潛水
江津
大江
班志宕渠符特山在西南潛水西南入江不曹水出東北南入潛徐谷按二水未詳又閬中縣彭道將池在南彭道魚池在西南

汝潁滍濦瀷瀙潕七水圖

班志陽翟縣師古曰本禹所受封濦強縣應劭曰濦水出潁川陽城汝陽縣應劭曰汝水出宏農入淮鮦陽縣應劭曰在鮦水之陽朗陵縣應劭曰朗陵山在西南細陽縣師古曰居細水之陽細水本出新郪新陽縣應劭曰在新水之陽

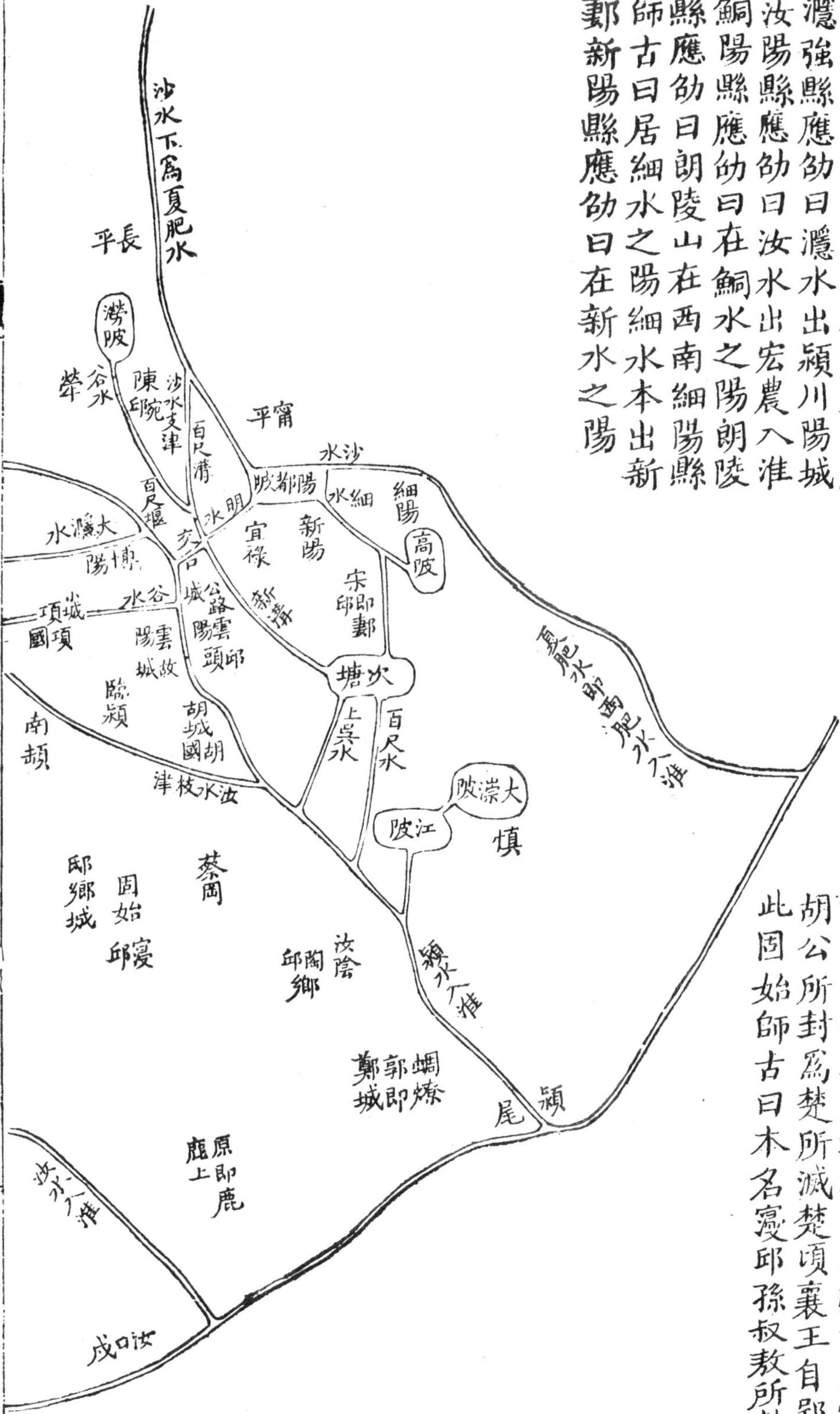

按志父城故應國平輿沈國陽安道國安陽江國吳房房國南頓頓國汝陰胡國上蔡蔡國新息息國期思蔣國弋陽黃國西平柏國項項國陳縣故國舜後胡公所封爲楚所滅楚頃襄王自郢徙此固始師古曰本名寢邱孫叔敖所封地

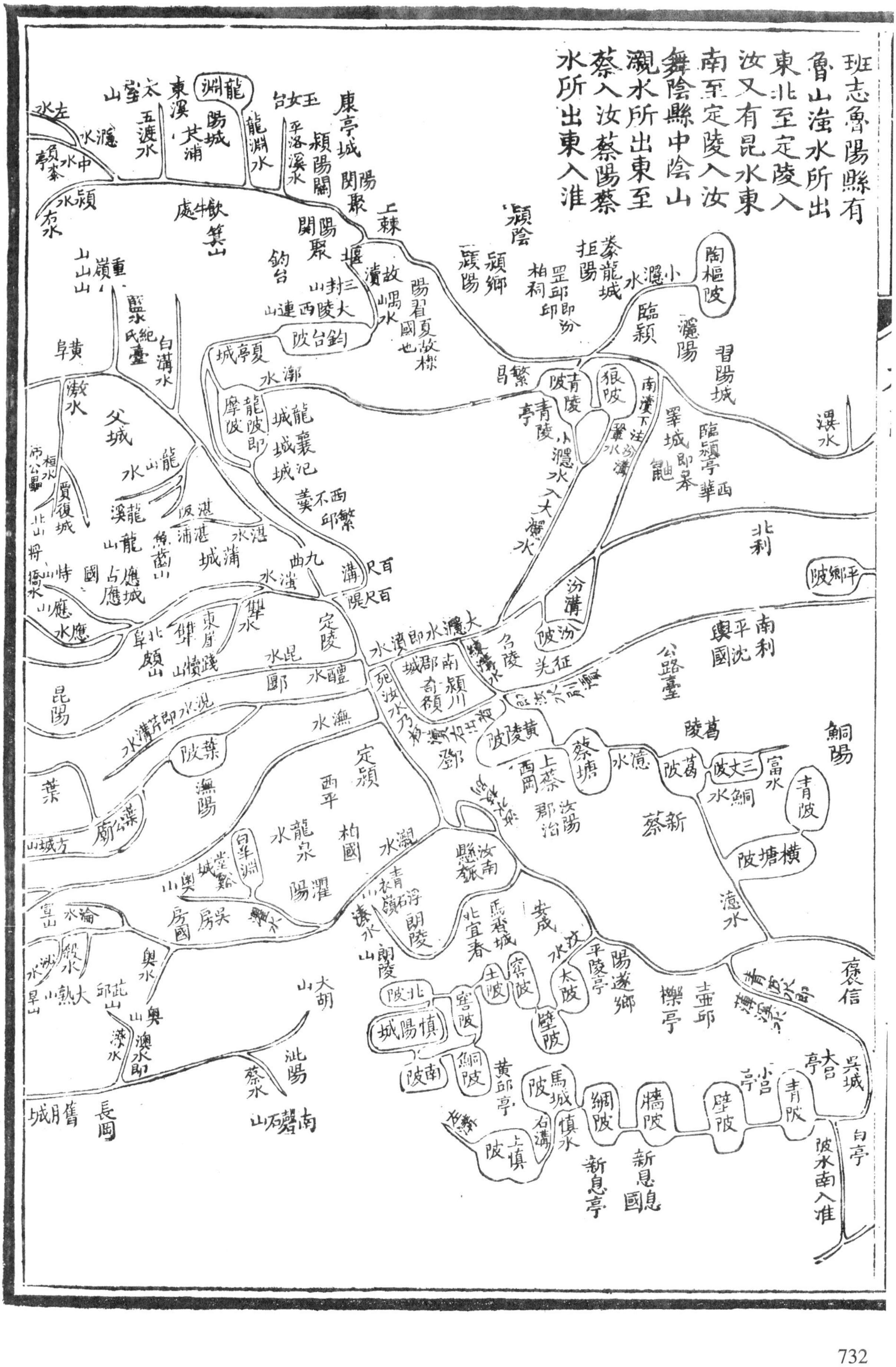
班志魯陽縣有魯山滍水所出東北至定陵入汝又有昆水東南至定陵入汝舞陰縣中陰山瀙水所出東至蔡入汝蔡陽蔡水所出東入淮
東亭城
陽關聚
龍淵水
龍淵
陽城
五渡水
東溪
太室山
陶樞陂
臨潁
召陵
定陵
南頓
新蔡
吳城
褒信
汝南入淮
舊城
長岡
新息國
新息亭
上蔡
銅陽
葛陵
平輿
昆陽
葉
潕水
瀙水
葉陂
舞陰
大胡山
比陽
南磬石山

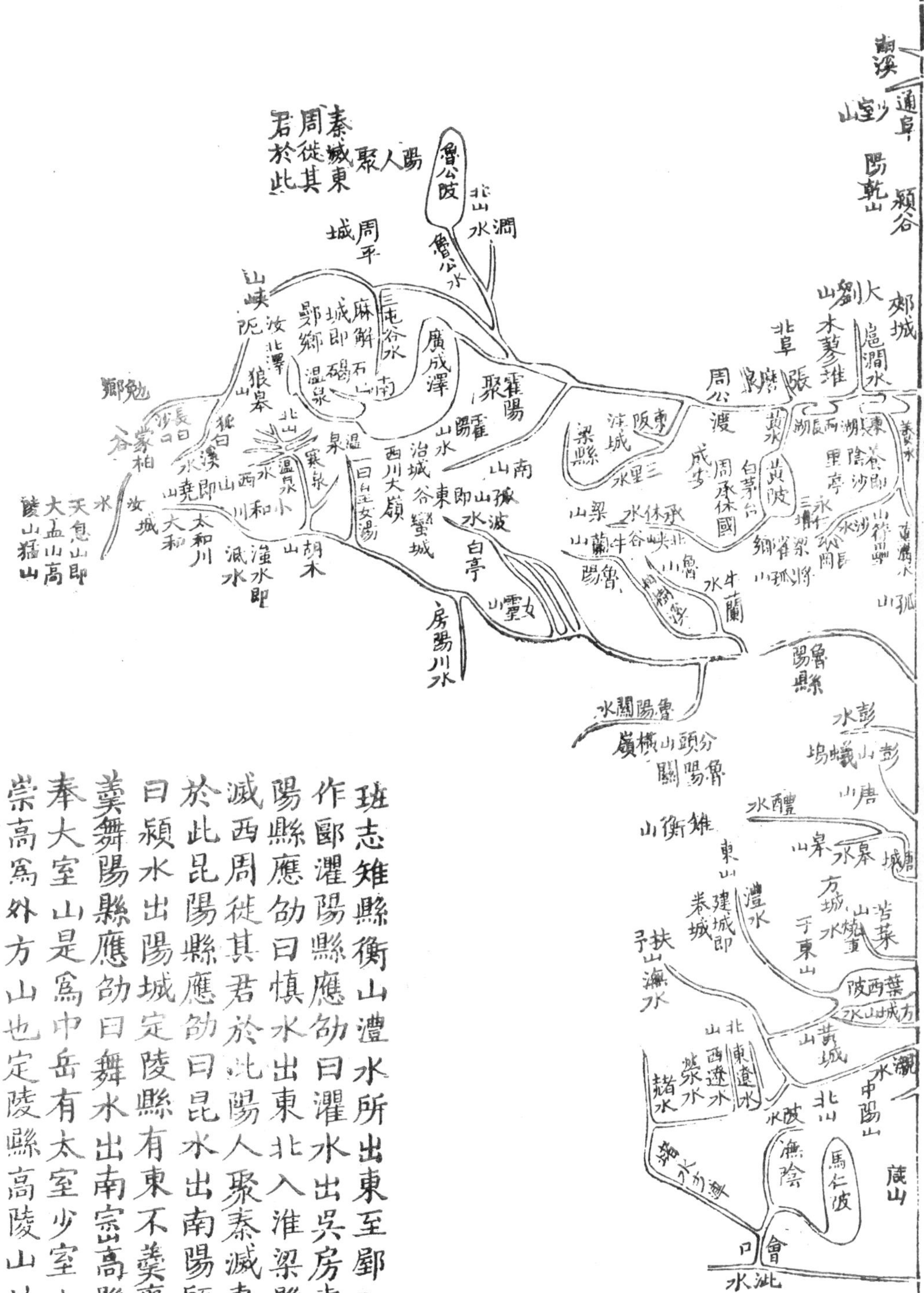

班志雉縣衡山澧水所出東至郾入汝按郾當作郾灈陽縣應劭曰灈水出吳房東入瀙也慎陽縣應劭曰慎水出東北入淮梁縣䍐狐聚秦滅西周徙其君於此陽人聚秦滅東周徙其君於此昆陽縣應劭曰昆水出南陽潁陽縣應劭曰潁水出陽城定陵縣有東不羮襄城有西不羮舞陽縣應劭曰舞水出南宻高縣武帝置以奉大室山是爲中岳有太室少室山廟古文以崇高爲外方山也定陵縣高陵山汝水出東南至新蔡入淮過郡四行千三百四十里

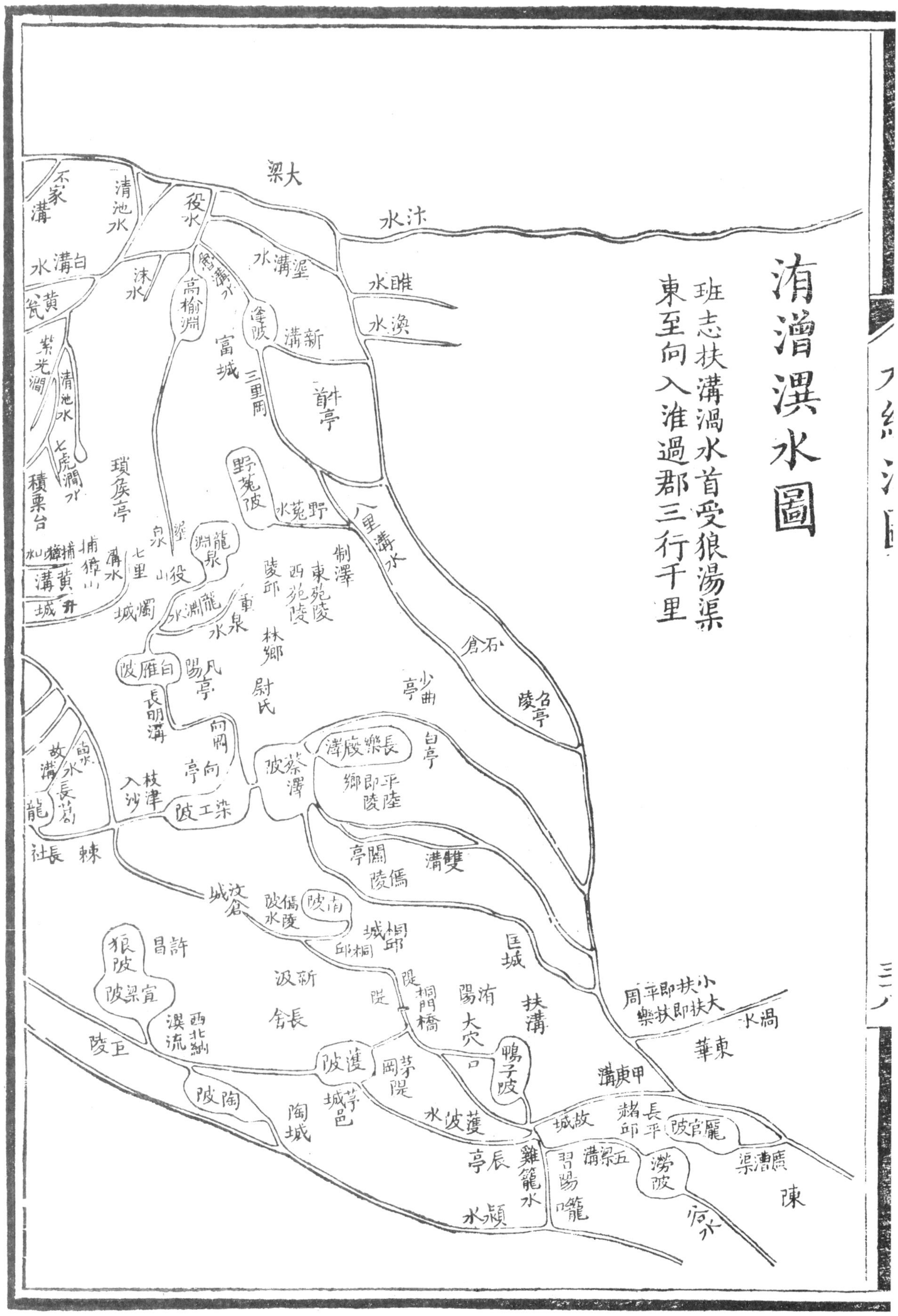
洧潧濮水圖
班志扶溝渦水首受狼湯渠東至向入淮過郡三行千里
大梁
汴水
清池水
役水
白溝水
睢水
渙水
新溝
富城
三里岡
牛首亭
野兔陂
野兔水
八里溝水
制澤
東苑陵
西苑陵
林鄉
白雁陂
長明溝
尉氏
石倉
名陵亭
少曲亭
向岡
向亭
蔡澤陂
長樂廄溝
平陸
白亭
長社
雙溝
鄢陵
倉垣城
許昌
狼陂
宜梁陂
新汲
長舍
洧陽
大穴口
扶溝
鴨子陂
甲庚溝
東華
渦水
故城
長平
龐官陂
五梁溝
鹿漕渠
陳
陶陂
陶城
頻水
長亭
雞籠水
澇陂
沙水
匡城
巨陵

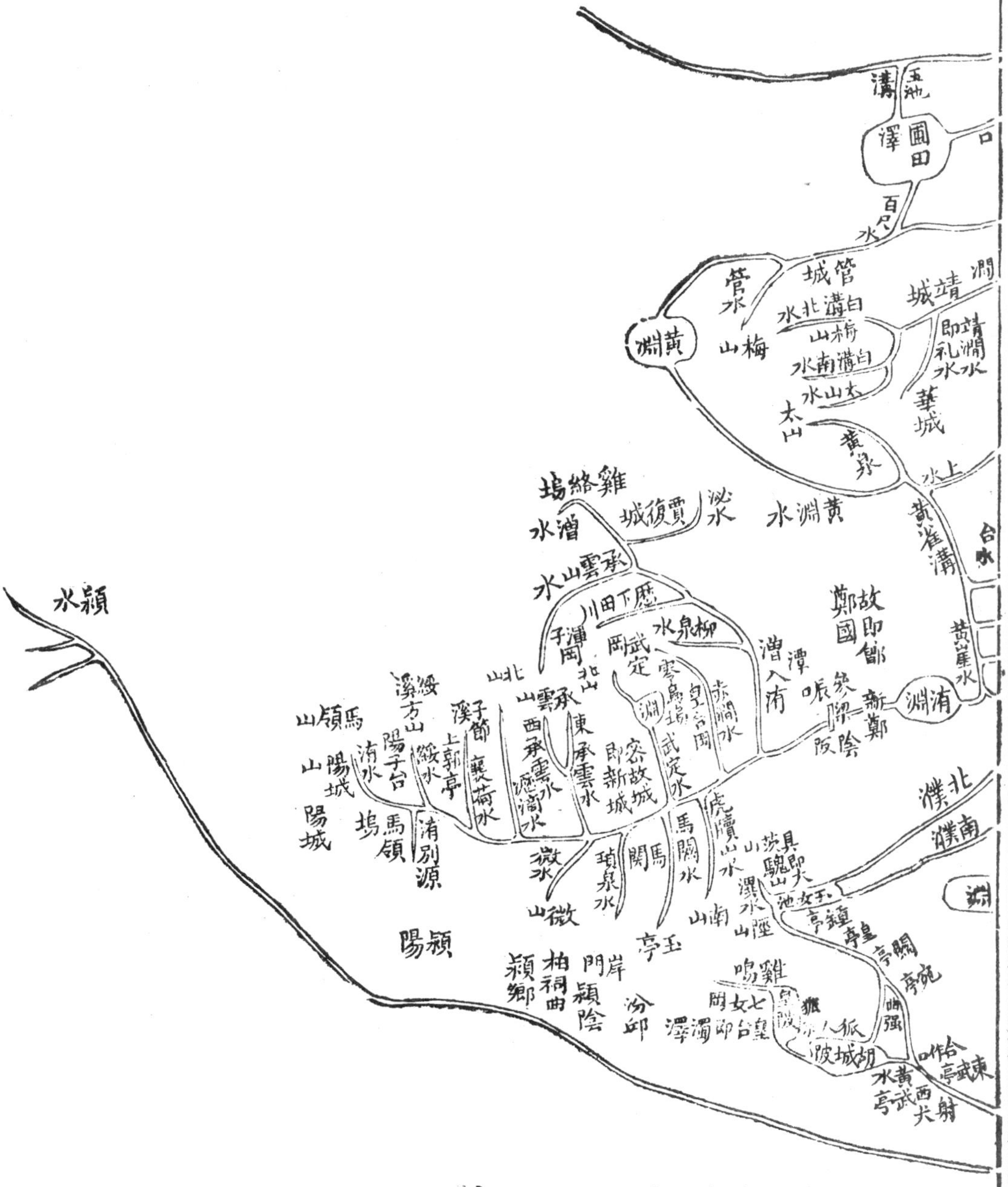

班志密縣故國有大騩山潩水所出南至臨潁入潁陽城縣陽城山洧水所出東南至長平入潁過郡三行五百里陽乾山潁水所出東至下蔡入淮過郡三行千五百里荆州寖

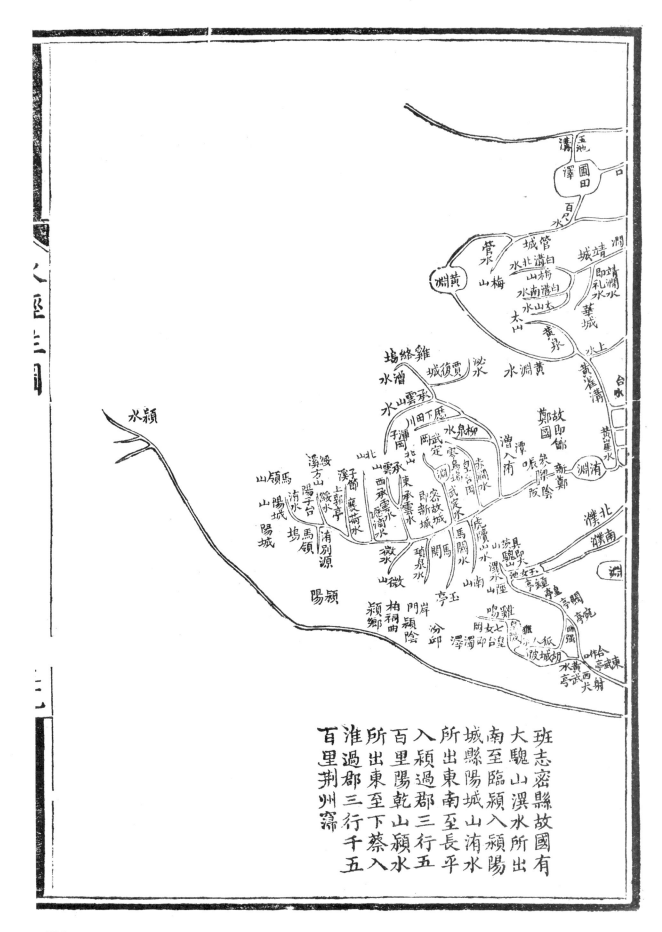

渠陰溝汴獲睢五水圖

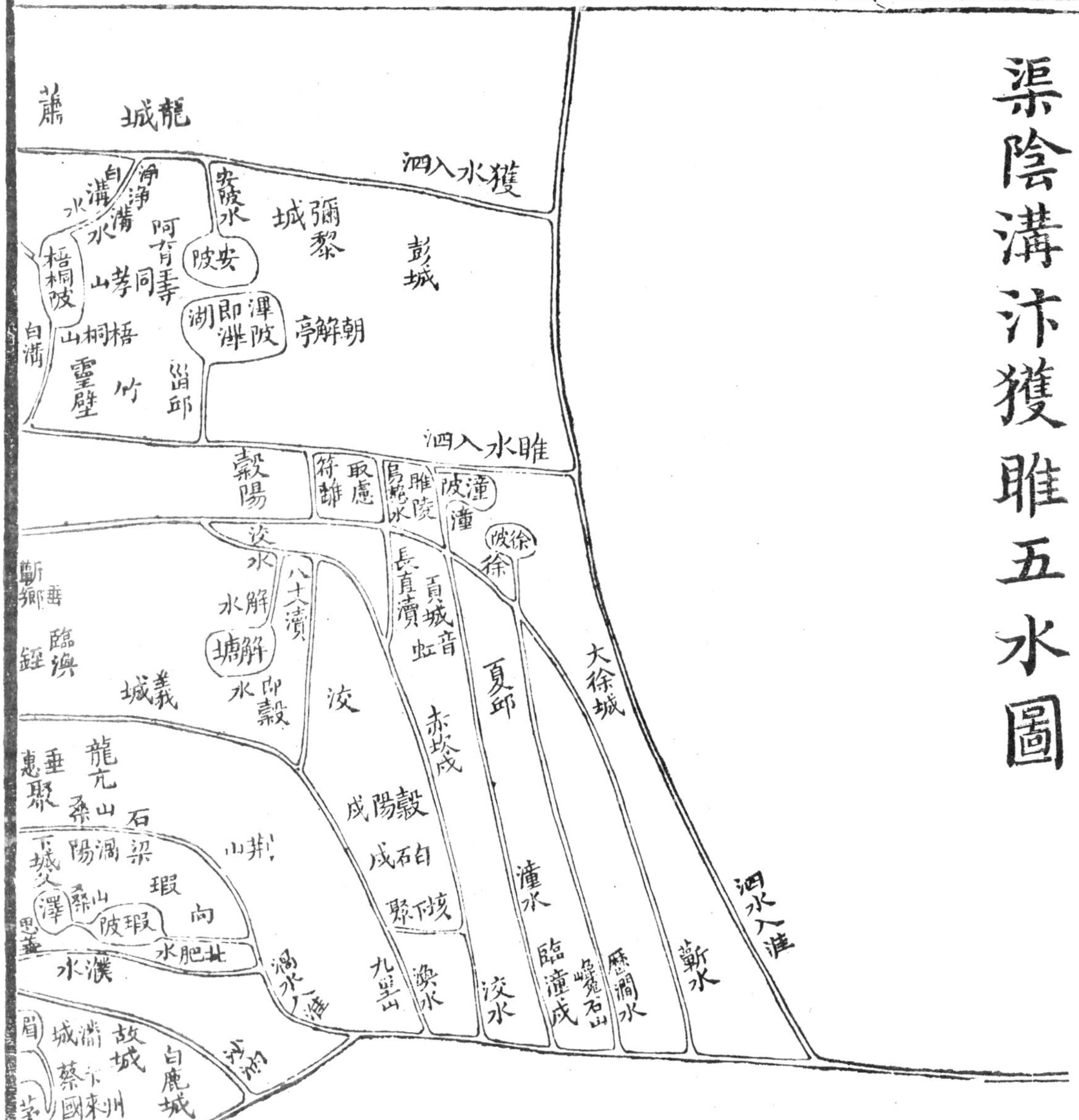

班志穀陽應劭曰在穀水之陽洨縣垓下高祖破項羽應劭曰洨水所出南入淮蘄縣有垂鄉高祖破黥布芒縣應劭曰睢水出焉城父縣夏肥水東南至下蔡入淮過郡二行六百二十里向縣故國春秋曰莒人入向姜姓炎帝後下蔡縣故州來國蕭縣故蕭叔國宋別封附庸也敬邱縣應劭曰春秋遇于犬邱明帝更名太邱酇縣應劭曰音嵯師古曰此縣本爲鄼應音是也中古以來借酇字爲之耳

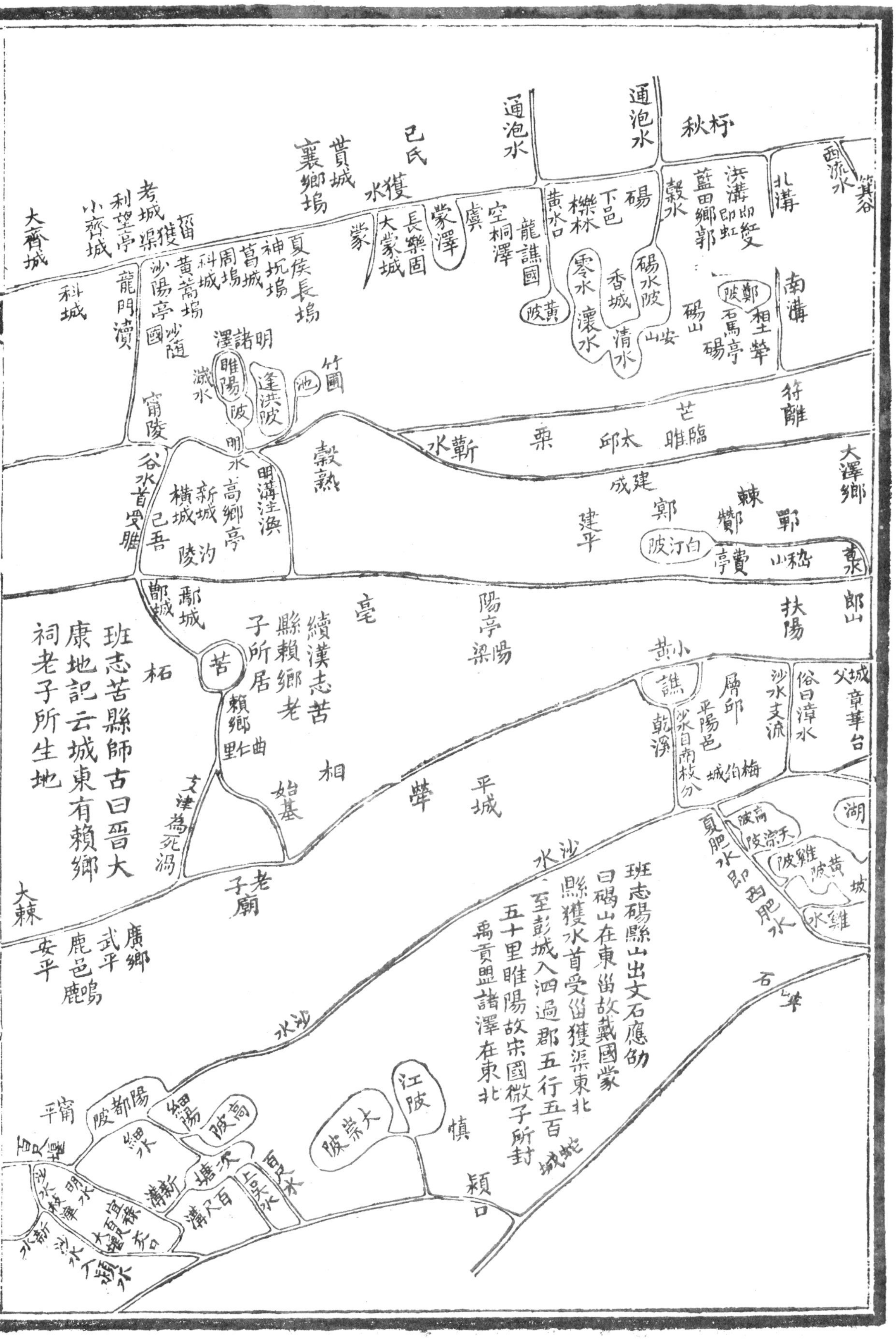
通泡水
通泡水
秋杼
西流水
箕谷
己氏
貰城
襄鄉塢
獲水
孝城
利望亭
渠獲留
小齊城
大齊城
蒙
大蒙城
長樂固
蒙澤
虞
空桐澤
龍譙國
黃水口
碭
下邑
櫟林
穀水
藍田鄉郭
北溝
南溝
黃陂
零水
瀤水
香城
碭水陂
清水
安山
碭山
鄭陂
石馬亭
碭
梓莽
科城
龍門瀆
黃蒿塢
沙陽亭
周塢
科城
葛城
神坑塢
夏侯長塢
明諸澤
睢陽陂
逢洪陂
竹圃
甯陵
穀熟
蘄水
栗
太丘
臨睢
芒
符離
大澤鄉
谷水首受睢
新城
高鄉亭
橫城
己吾
汋陵
明溝注渙
建成
建平
鄲
郲
白汀陂
費亭
嵇山
鄲城
鄼城
亳
陽亭
陽梁
扶陽
郎山
苦
柘
班志苦縣師古曰晉大康地記云城東有賴鄉祠老子所生地
續漢志苦縣賴鄉老子所居
賴鄉
曲仁里
相
始基
平城
小黃
譙
乾溪
平陽邑
城父
章華台
沙水支流
谷曰漳水
湖
為死渦
大棘
老子廟
沙水
班志碭縣山出文石應劭曰碭山在東留故戴國蒙縣獲水首受留獲渠東北至彭城入泗過郡五行五百五十里睢陽故宋國微子所封禹貢盟諸澤在東北
夏肥水即西肥水
黃陂
雞水
廣鄉
武平
鹿邑
鹿鳴
安平
沙水
甯平
陽都陂
細陽
高陂
大崇陂
江陂
慎
潁口
蛇城
新溝
次塘
百尺溝
上吳水
下吳水

班志滎陽縣卞水馮池皆在西南有狼湯渠首受泲東南至陳入潁過郡四行七百八十里應劭曰故虢國今虢亭是也中牟縣圃田澤在西豫州藪陽武縣有博狼沙開封縣逢池在東北

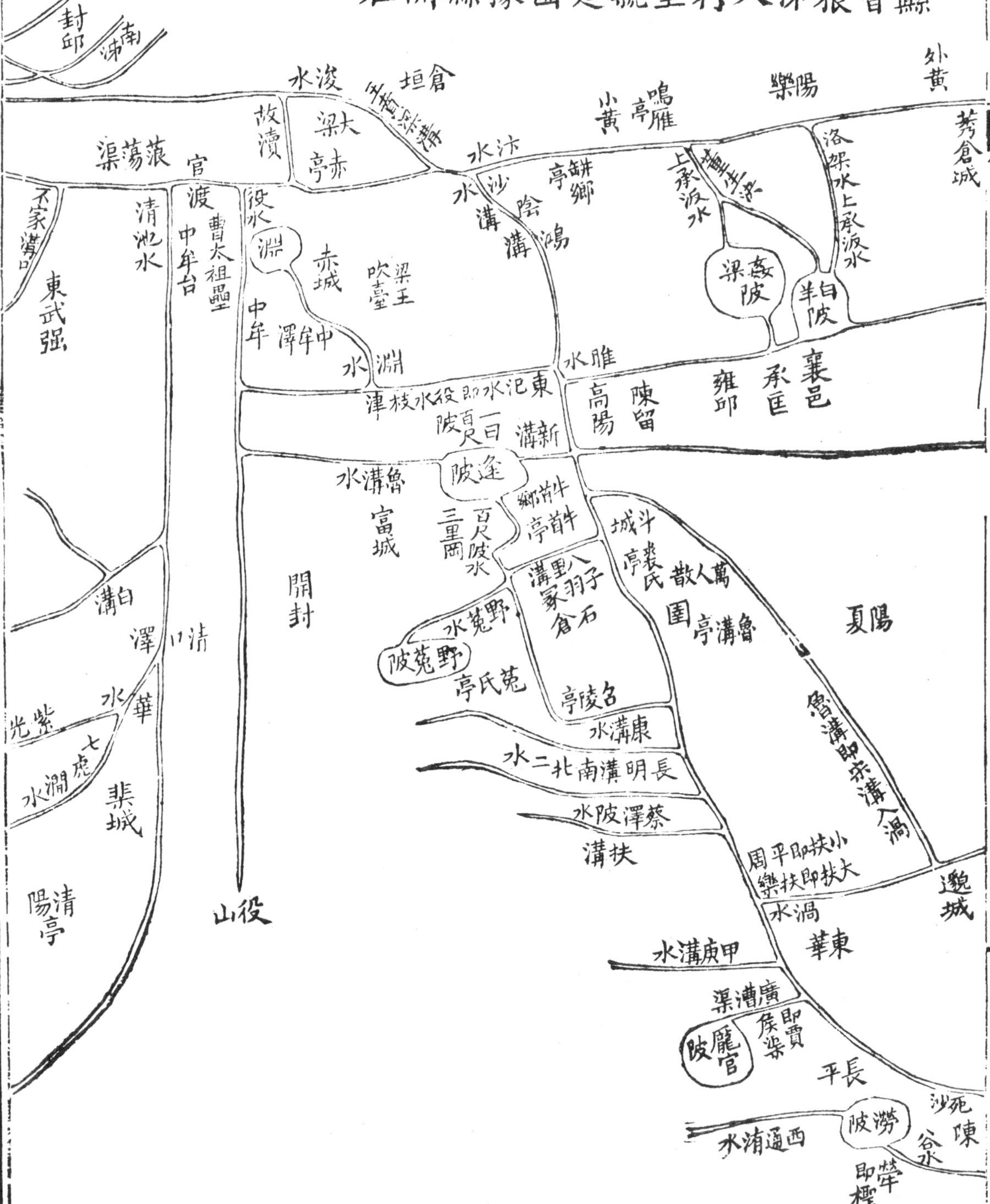

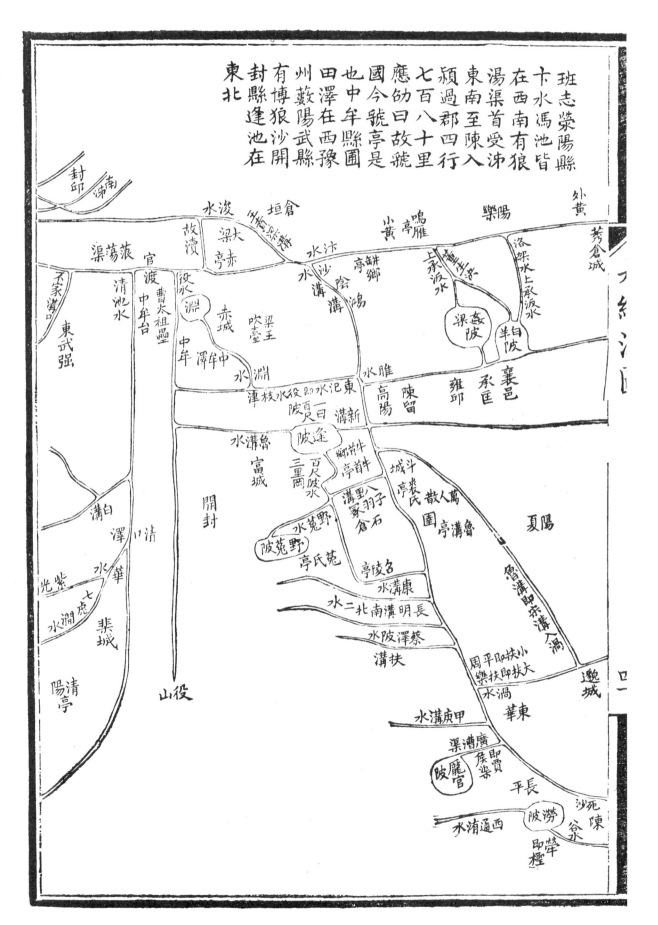

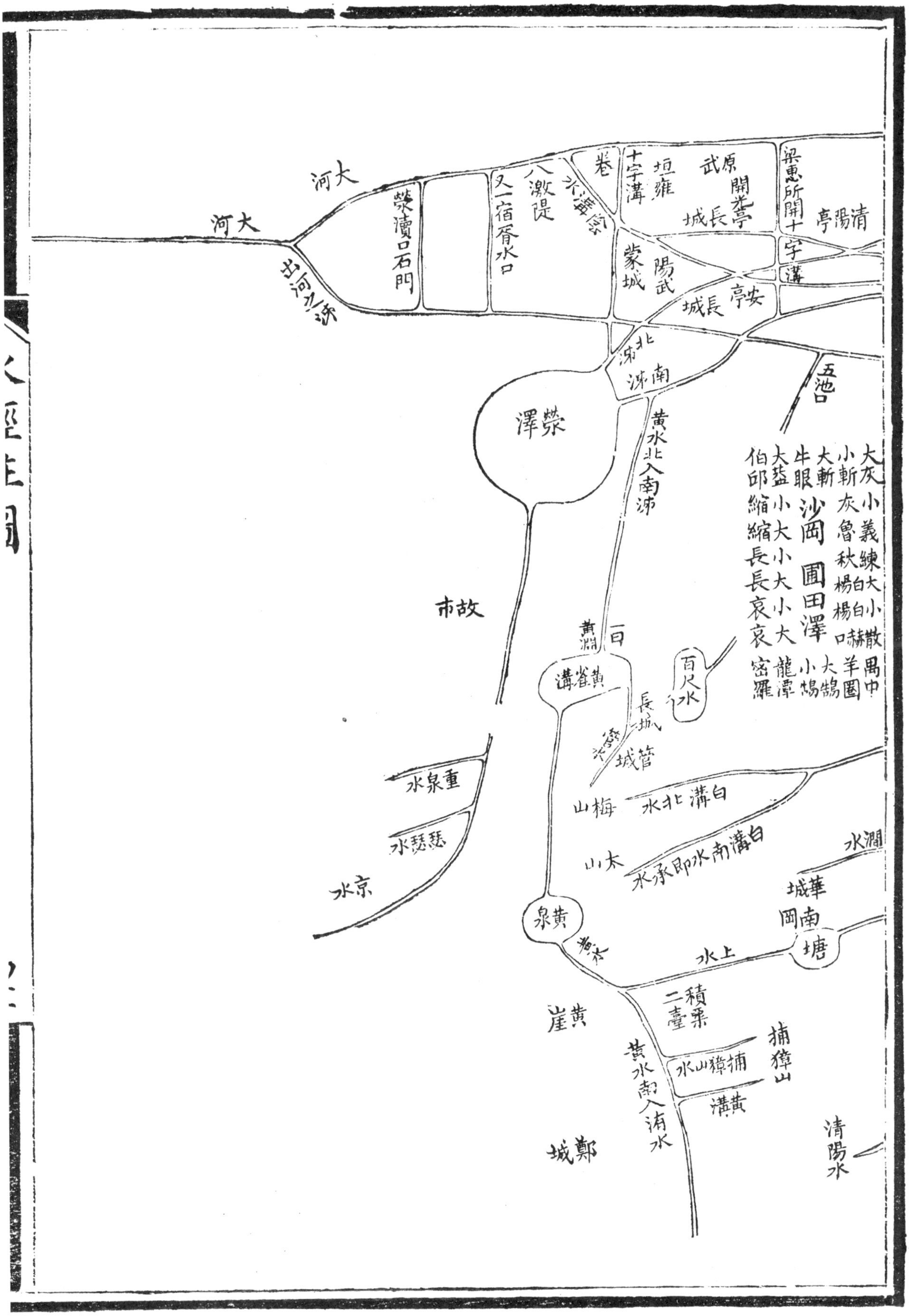
大河
大河
出河之泲
滎瀆口石門
又一宿胥水口
八激隄
卷
十字溝
垣雍
原武
長城
梁惠所開十字溝
清陽亭
蒙城
陽武
安亭
長城
北泲
南泲
五池口
滎澤
黃水北入南泲
大灰
小灰
小義
魯
練秋
大白楊
小白楊
散嚇口
禺中
羊圈
大斬
小斬
大鵠
小鵠
牛眼
沙岡
圃田澤
大盎
小大
小大
龍潭
伯邱
縮縮
長長
哀哀
密羅
故市
黃淵
黃雀溝
百尺水
長城
管城
重泉水
瑟瑟水
京水
梅山
白溝北水
太山
白溝南水即承水
澗水
華城
南岡
塘
黃泉
上水
黃崖
黃水南入清水
捕獐山
捕獐山水
黃溝
鄭城
清陽水

汶泗沂洙沭五水圖

班志奉高有明堂在西南四里博縣有泰山廟岱山在西北汶山上茌縣應劭曰茌山在東北肥成應劭曰肥子國虵邱隧鄉故隧國春秋曰齊人殲于遂剛縣故闡應劭曰春秋秋取讙及闡今闡亭是也蓋縣臨樂子山洙水所出西北至蓋入池水又沂水南至下邳入泗過郡五行六百里青州浸按池當作泗梁父以山名縣也南武陽冠石山治水所出南至下邳入泗過郡二行九百四十里應劭曰武水所出南入泗萊蕪禹貢汶水出西南入泲汶水桑欽所言鉅平有亭亭山祠應劭曰左氏傳陽虎入于讙陽關以叛今陽關亭是也牟縣故國應劭曰附庸也師古曰春秋桓十五年牟人來朝即此也蒙陰禹貢蒙山在西南有祠顓臾國在蒙山下乘邱師古曰春秋莊公十五年公敗宋師于乘邱即此也東莞術水南至下邳入泗過郡三行七百二十里青州浸師古曰即沭水陽都應劭曰齊人遷陽故陽國是

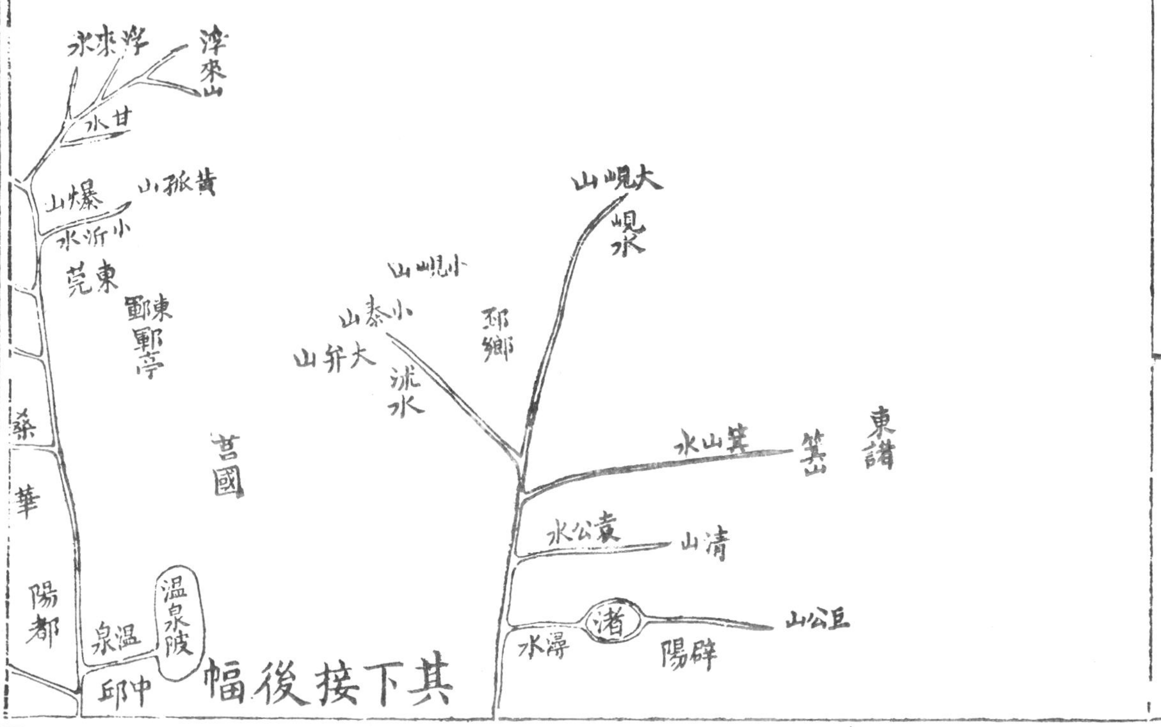

其下接後幅

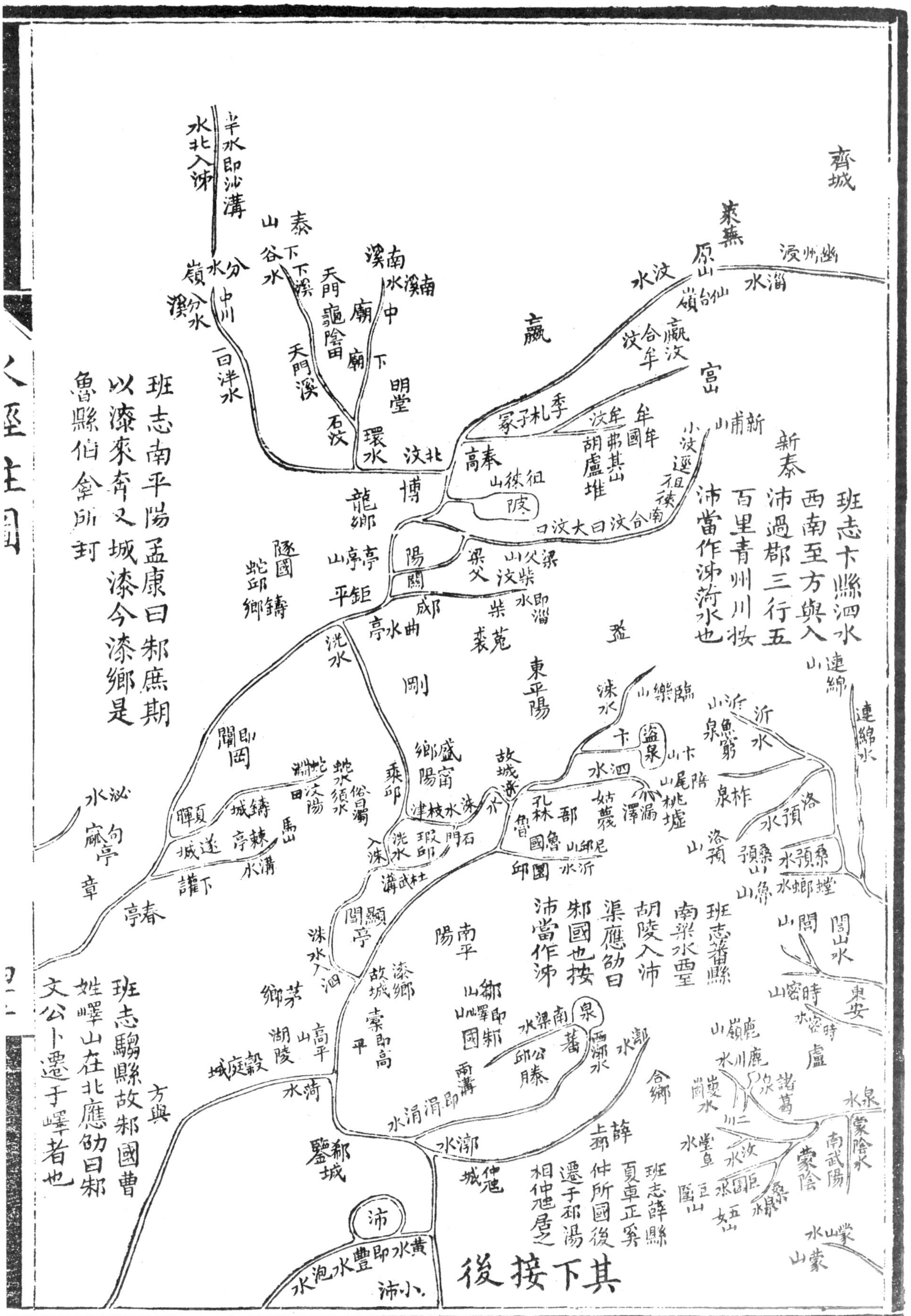
齊城
萊蕪
淄水
汶水
原山
仙台嶺
嬴
牟汶
合汶
宮
季札子冢
牟國
弗其山
胡盧堆
新甫山
新泰
泰山
下下溪
谷水
天門龜陰田
南溪
南溪水
中廟
下廟
天門溪
明堂
石汶
環水
北汶
分水嶺
分水溪
中川
一曰洋水
辛水即沁溝水北入泗
博
奉高
徂徠山
陂
龍鄉
南合汶曰大汶口
亭亭山
陽關
梁父
梁父山
柴汶
鉅平
蛇丘鄉
遂國
鑄鄉
成郕
曲水亭
柴
淄水即
菟裘
盈
洸水
剛
東平陽
即闡亭
臨樂山
洙水
卞
盜泉
泗水
沂山
魚齊泉
沂水
連綿山
連綿水
盛鄉
寧陽
乘丘
故城
陪尾山
桃墟
洛預水
泌水
向亭
郕
章
春亭
鑄城
城遂
棘亭
馬山
下讙
溝水
洙水
乘丘
孔林
魯
鄒
姑蔑
漏澤
魯國
尼丘山
邾國
沂水
桑預水
閭山
閭山水
顓臾亭
杜武溝
南平陽
故城
漆鄉
茅鄉
高平山
湖陵
穀庭城
郗國
鄒山
嶧山
泉
蕃
漷水
邳鄉
時密山
東安
鹿嶺山
鹿川水
諸葛泉
盧
合鄉
泉水
蒙陰水
南武陽
蒙陰
薛
上邳
鹽郗城
仲虺城
泲
黃水即豐水
泡水
小泲
蒙山
蒙山水
班志卞縣泗水西南至方與入泲過郡三行五百里青州川按泲當作泲菏水也
班志南平陽孟康曰邾庶期以漆來奔又城漆今漆鄉是魯縣伯禽所封
班志蕃縣南梁水西至胡陵入泲渠應劭曰邾國也按泲當作泲
班志騶縣故邾國曹姓嶧山在北應劭曰邾文公卜遷于嶧者也
方與
班志薛縣夏車正奚仲所國後遷于邳湯相仲虺居之
其下接後

班志鄭縣故國少昊後盈姓蘭陵孟康曰次室亭下邳葛嶧山在西古文以爲嶧陽應劭曰邳在薛其後徙此故曰下邳臣瓚曰有上邳故曰下也師古曰瓚説是良成師古曰左氏傳所謂晉侯會吳子于良即此是朐縣秦始皇立石海上以爲東門闕開陽故鄅國陽都應劭曰春秋齊人遷陽是費縣故魯季氏邑繒縣故國禹後即邱孟康曰古祝邱祝其禹貢羽山在南鯀所殛容邱祠水東南至下邳入泗按即沂水曲陽應劭曰在淮曲之陽司吾應劭曰左傳吳執鍾吾子任城故任國大昊後風姓東平陸應劭曰古厥國今有厥亭是亢父詩亭故詩國汶陽師古曰左氏所云汶陽之田也東平國初爲大河郡

其下接後幅

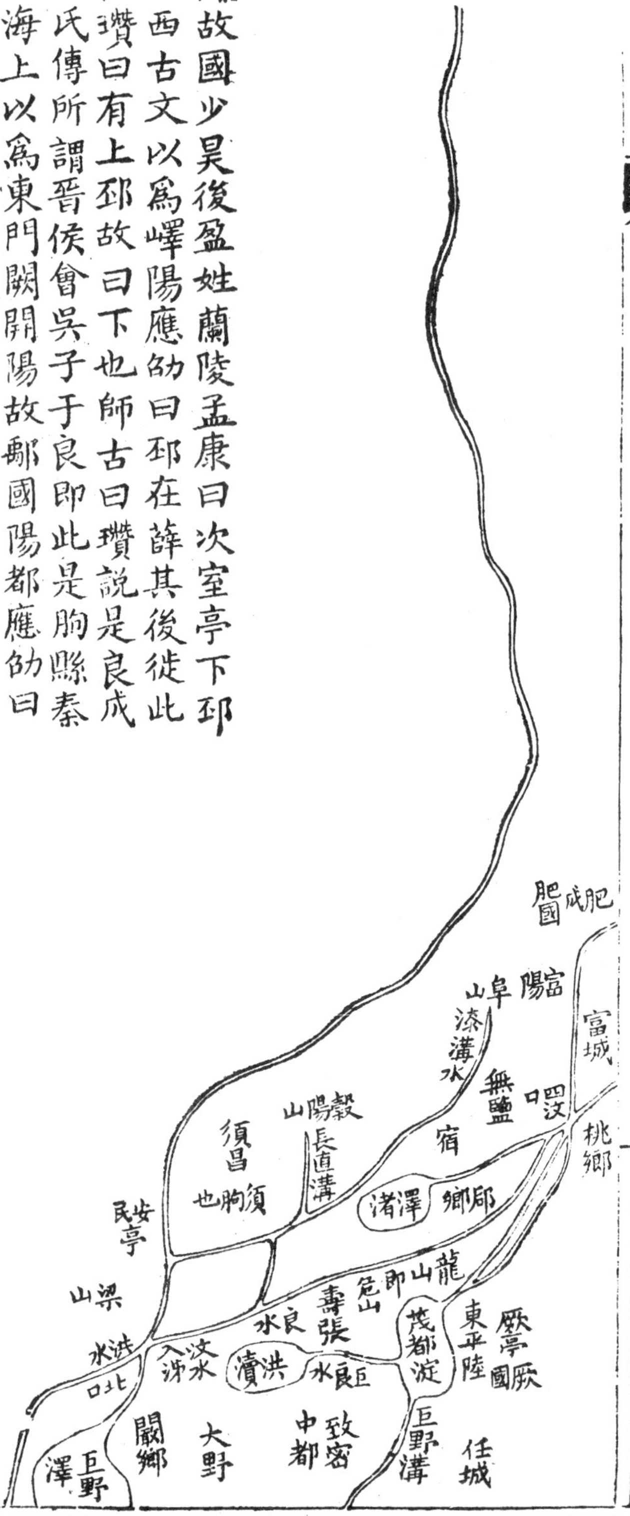

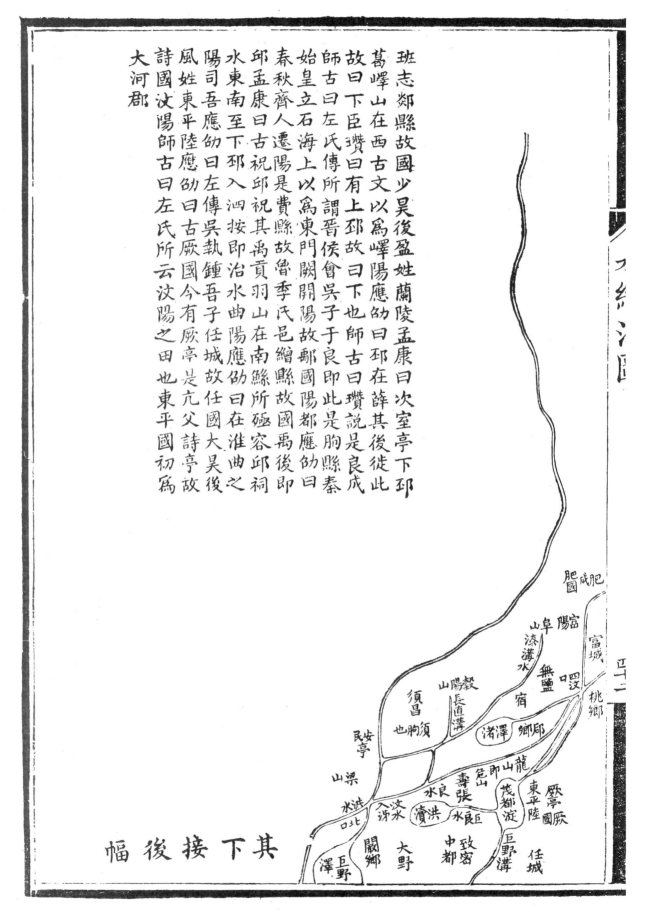

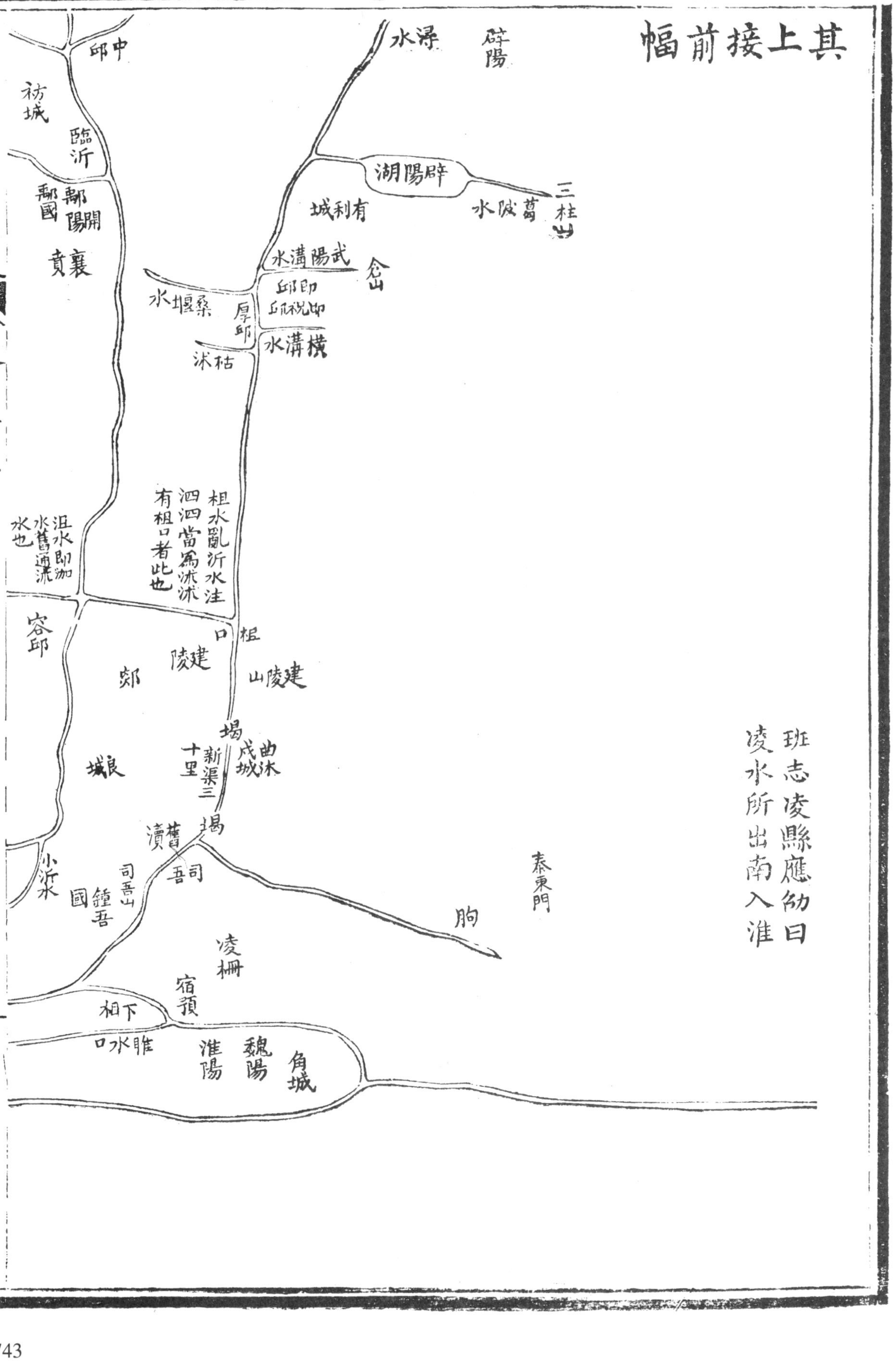
其上接前幅
潯水
碎陽
中邱
祊城
臨沂
鄅國
開陽鄅
襄賁
碎陽湖
有利城
葛陂水
三柱山
武陽溝水
即邱
即祝邱
桑堰水
厚邱
橫溝水
枯沭
柤水亂沂水注泗泗當爲沭沭有柤口者此也
沮水即泇水舊通沂水也
容邱
柤口
建陵
郯
建陵山
堨
曲沭戍城
新渠三十里
良城
堨
舊瀆
司吾
司吾山
鍾吾國
小沂水
朐
泰東門
班志凌縣應劭曰凌水所出南入淮
凌柵
宿預
下相
睢水口
淮陽
魏陽
角城

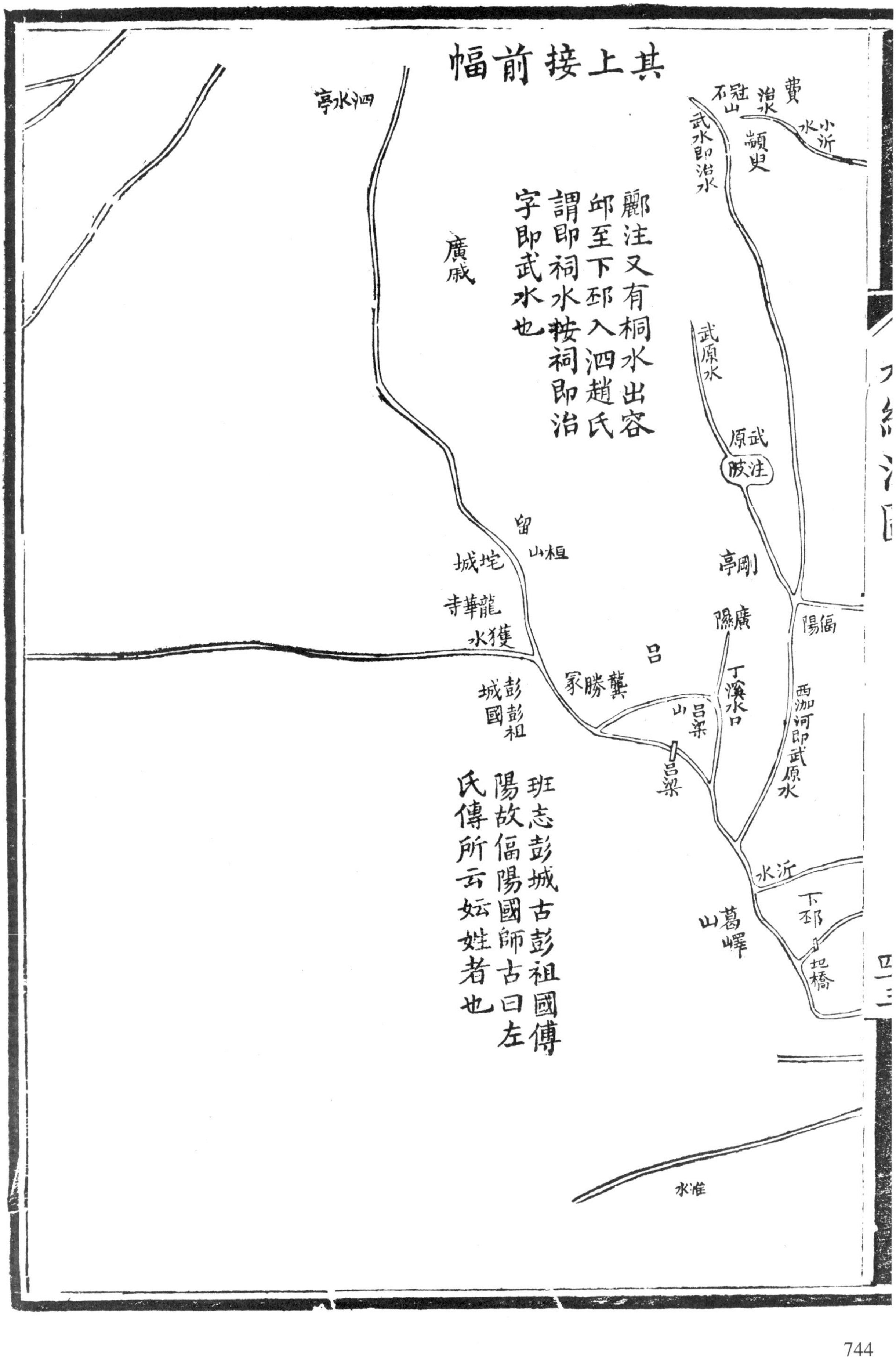
其上接前幅
泗水亭
費
小沂水
武水即治水
顓臾
酈注又有桐水出容邱至下邳入泗趙氏謂即祠水按祠即治字即武水也
廣戚
武原水
武原
留
桓山
龍華寺
獲水
偪陽
呂
彭城國
彭祖
呂梁山
呂梁
丁溪水口
西泇河即武原水
班志彭城古彭祖國傅陽故偪陽國師古曰左氏傳所云妘姓者也
沂水
下邳
葛嶧山
圯橋
淮水

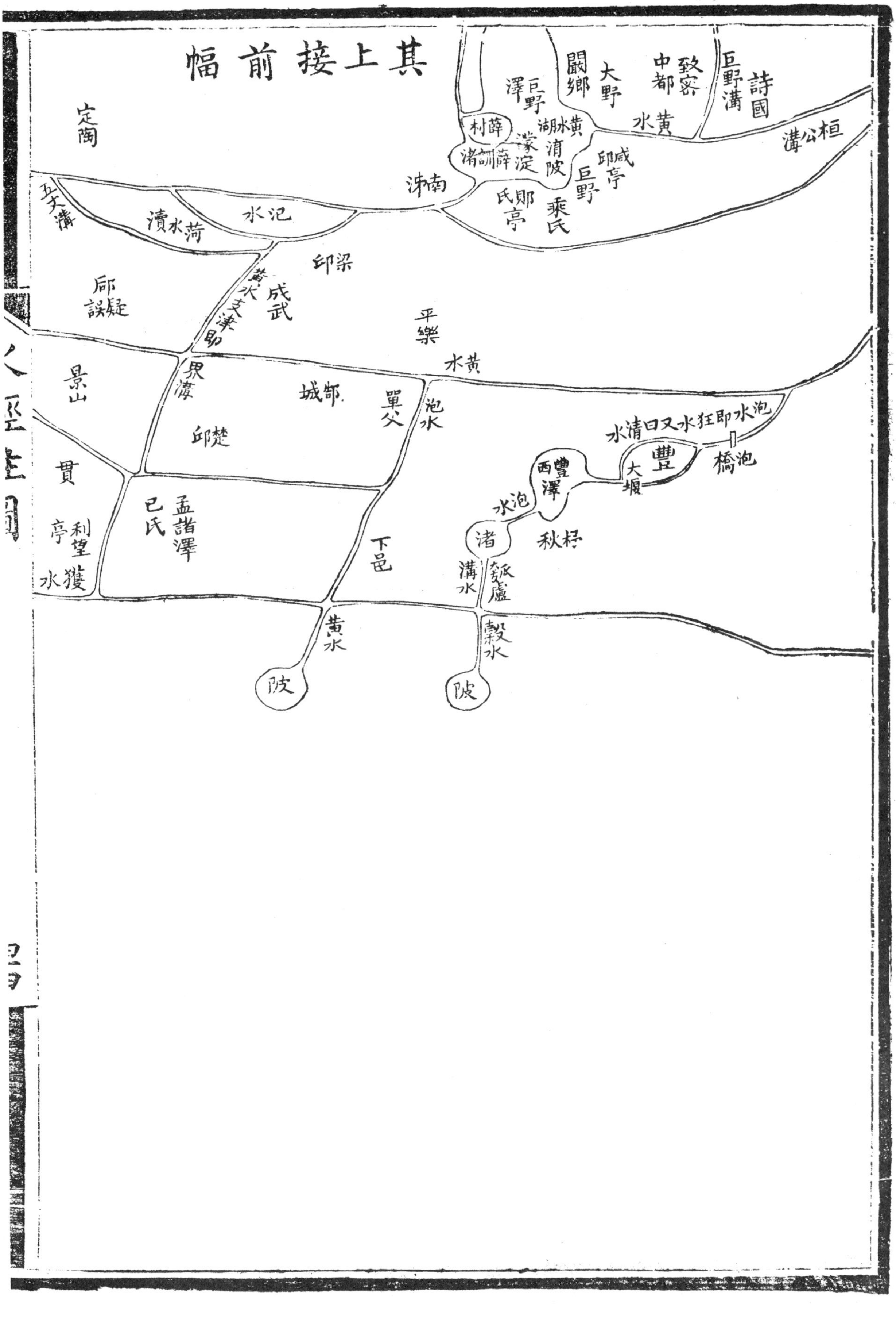
其上接前幅
定陶
五丈溝
菏水瀆
氾水
巨野澤
薛村
闞鄉
大野
中都
詩國
巨野溝
黃水
桓公溝
清陂
郕亭
巨野
梁丘
成武
部疑
平樂
黃水
景山
郜城
楚丘
單父
泡水
泡水即狂水又曰清水
豐
大堰
西豐澤
泡橋
貫
利望亭
孟諸澤
已氏
獲水
下邑
溝水
黃水
陂
穀水
陂

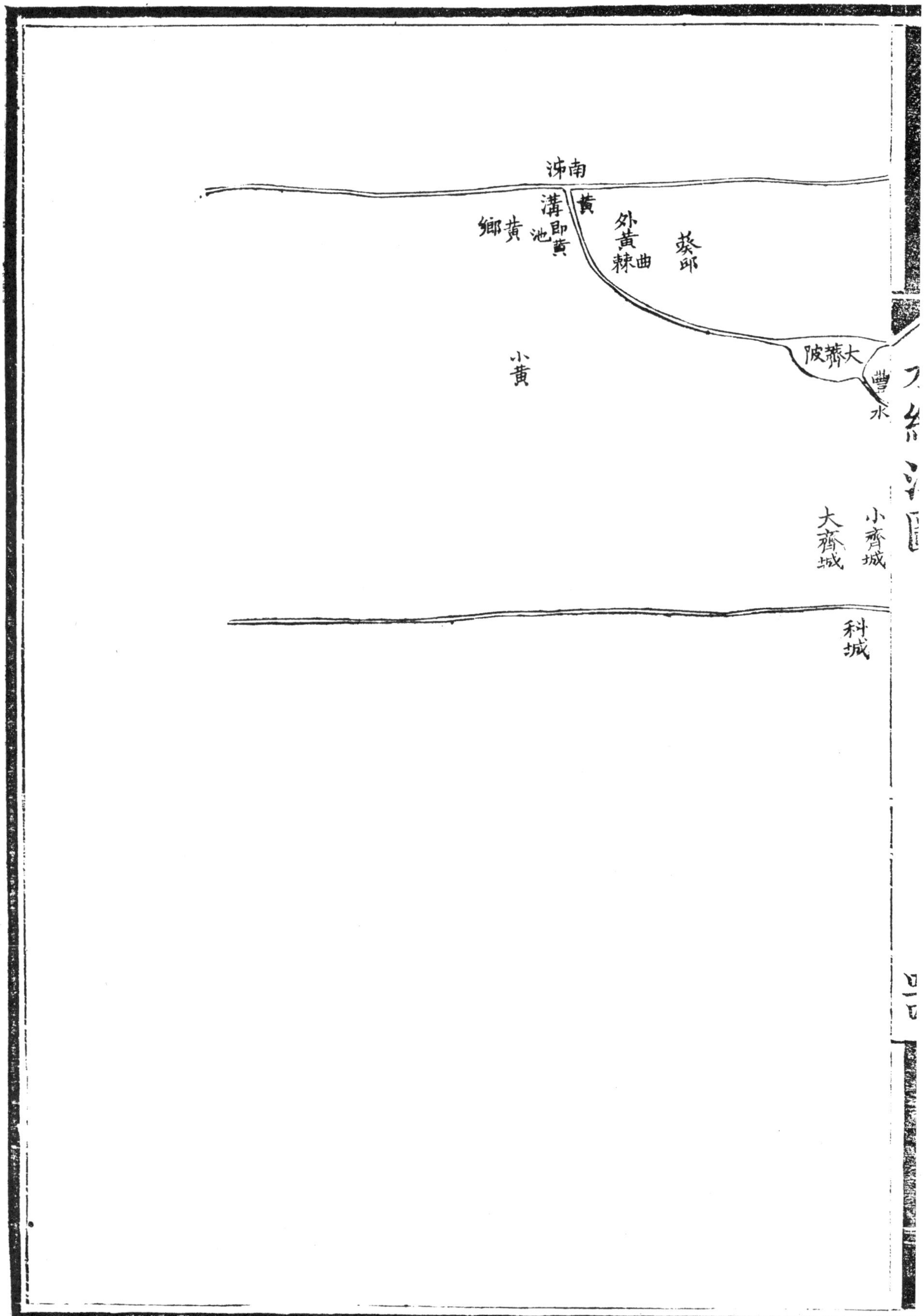
南泲
黃溝即黃池
黃鄉
外黃
曲棘
葵邱
大薺陂
豐水
小黃
小齊城
大齊城
科城

巨洋淄汶濰膠圖

班志東安平菟頭山女水出東北至臨淄入鉅定孟康曰紀季以酅入于齊今酅亭是平壽應劭曰古斟尋禹後今斟城是也壽光應劭曰古斟灌禹後今灌亭是朱虛凡山丹水所出東北至壽光入海東泰山汶水所出東至安邱入濰師古曰前言汶水出萊蕪入泲今此又言出朱虛入濰蓋桑欽所説有異或者有二汶乎按汶水有六不止二也靈門有高柘山壺山浯水所出東北入淮按當作濰柜縣根艾水東入海邦縣膠水東至平度入海橫縣故山久台水所出東南至東武入淮按淮當作濰箕縣禹貢濰水北至昌都入海過郡三行五百二十里兗州寖班志折泉折泉水北至莫入淮按莫當作姑幕淮當作濰椑縣夜頭水南至海無考

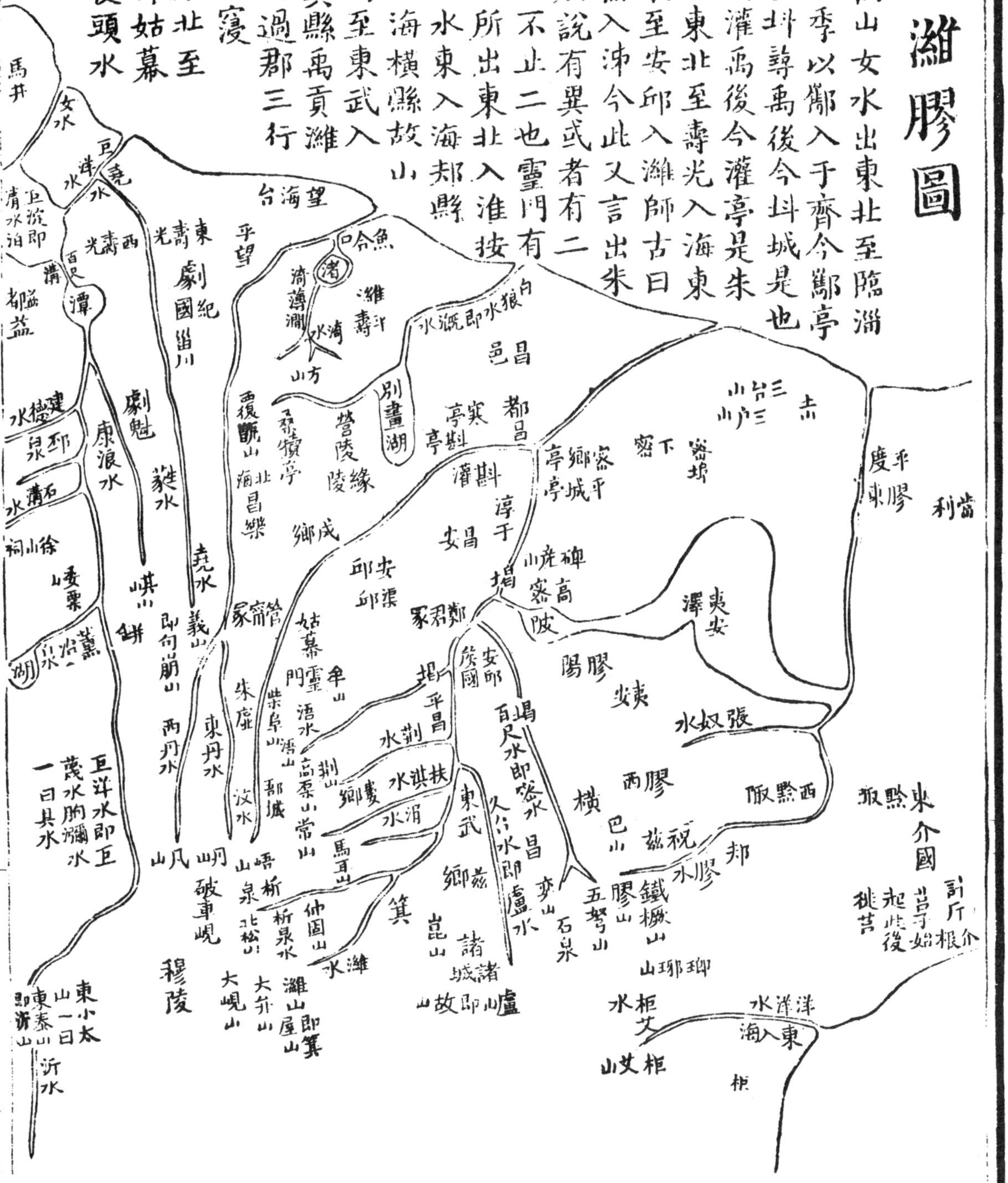

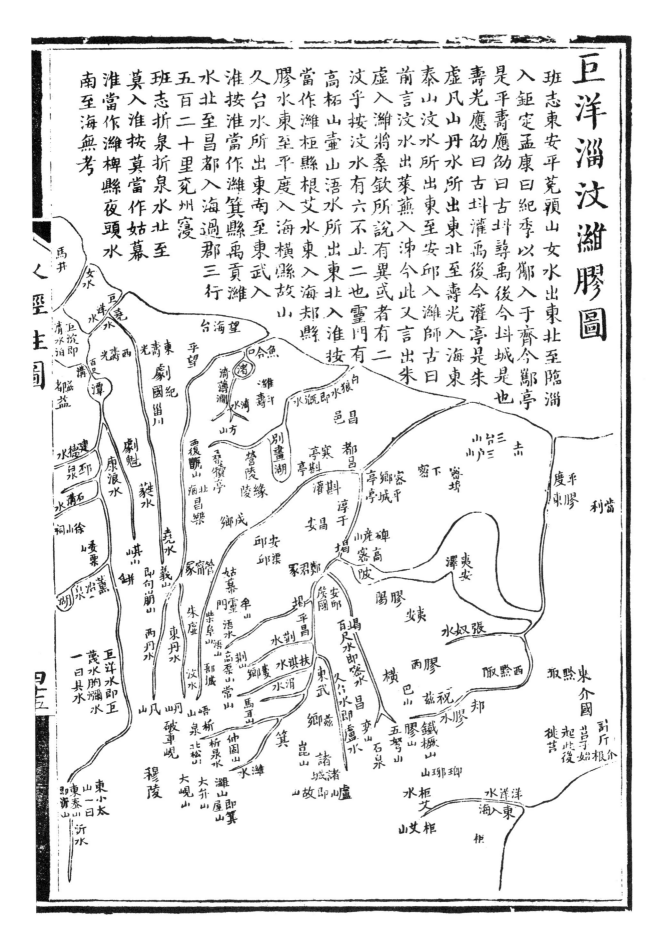

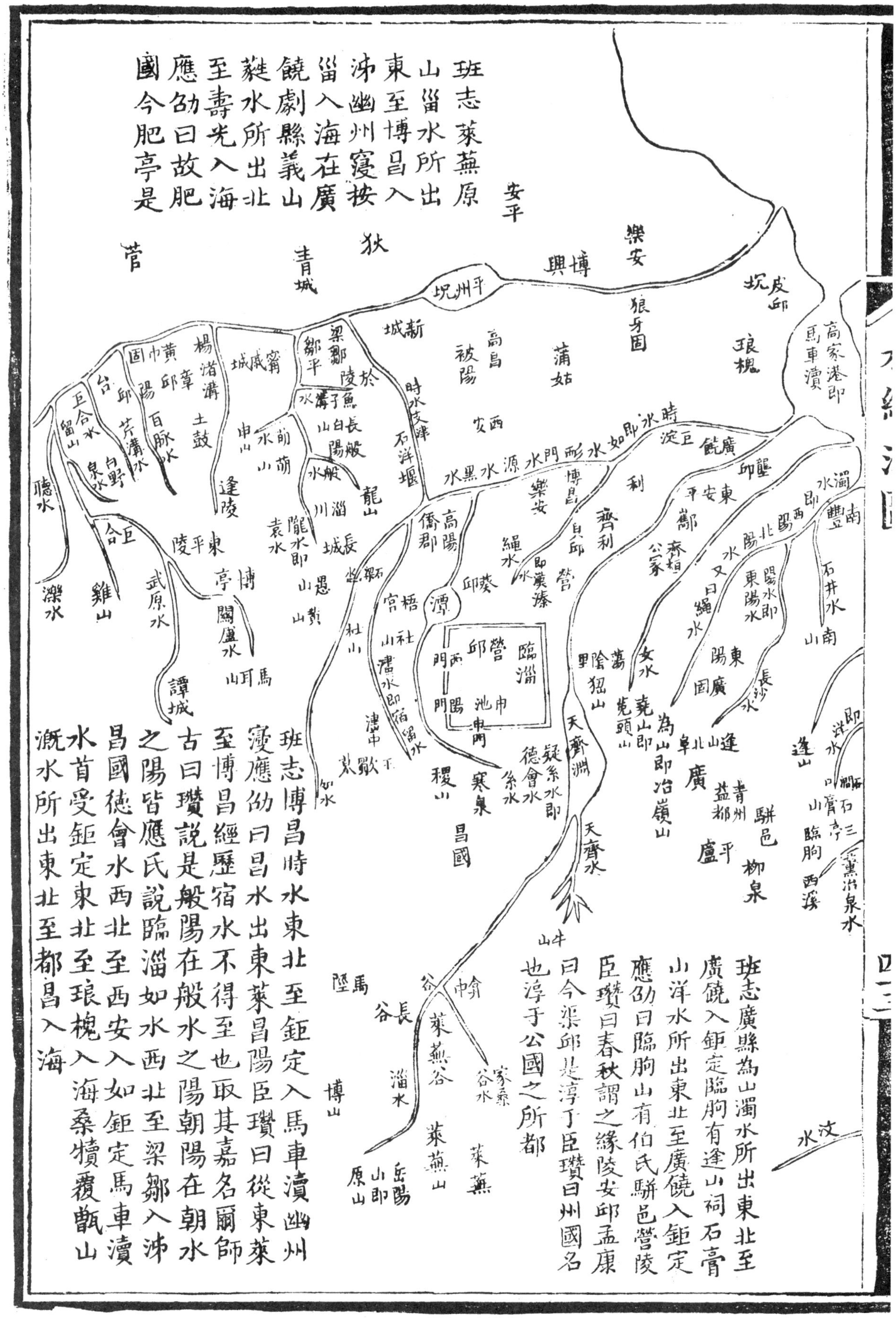
班志萊蕪原山甾水所出東至博昌入泲幽州寖按甾入海在廣饒劇縣義山𧃒水所出北至壽光入海應劭曰故肥國今肥亭是
安平
狄
青城
博興
樂安
臨淄
班志博昌時水東北至鉅定入馬車瀆幽州寖應劭曰昌水出東萊昌陽臣瓚曰從東萊至博昌經歷宿水不得至也取其嘉名爾師古曰瓚說是般陽在般水之陽朝陽在朝水之陽皆應氏說臨淄如水西北至梁鄒入泲昌國德會水西北至西安入如鉅定馬車瀆水首受鉅定東北至琅槐入海桑犢覆甑山溉水所出東北至都昌入海
班志廣縣為山濁水所出東北至廣饒入鉅定臨朐有逢山祠石膏山洋水所出東北至廣饒入鉅定應劭曰臨朐山有伯氏駢邑營陵臣瓚曰春秋謂之緣陵安邱孟康曰今渠邱是淳于臣瓚曰州國名也淳于公國之所都

沔涔丹漻鈞贛湞廬江白粉十水圖

補滁水圩

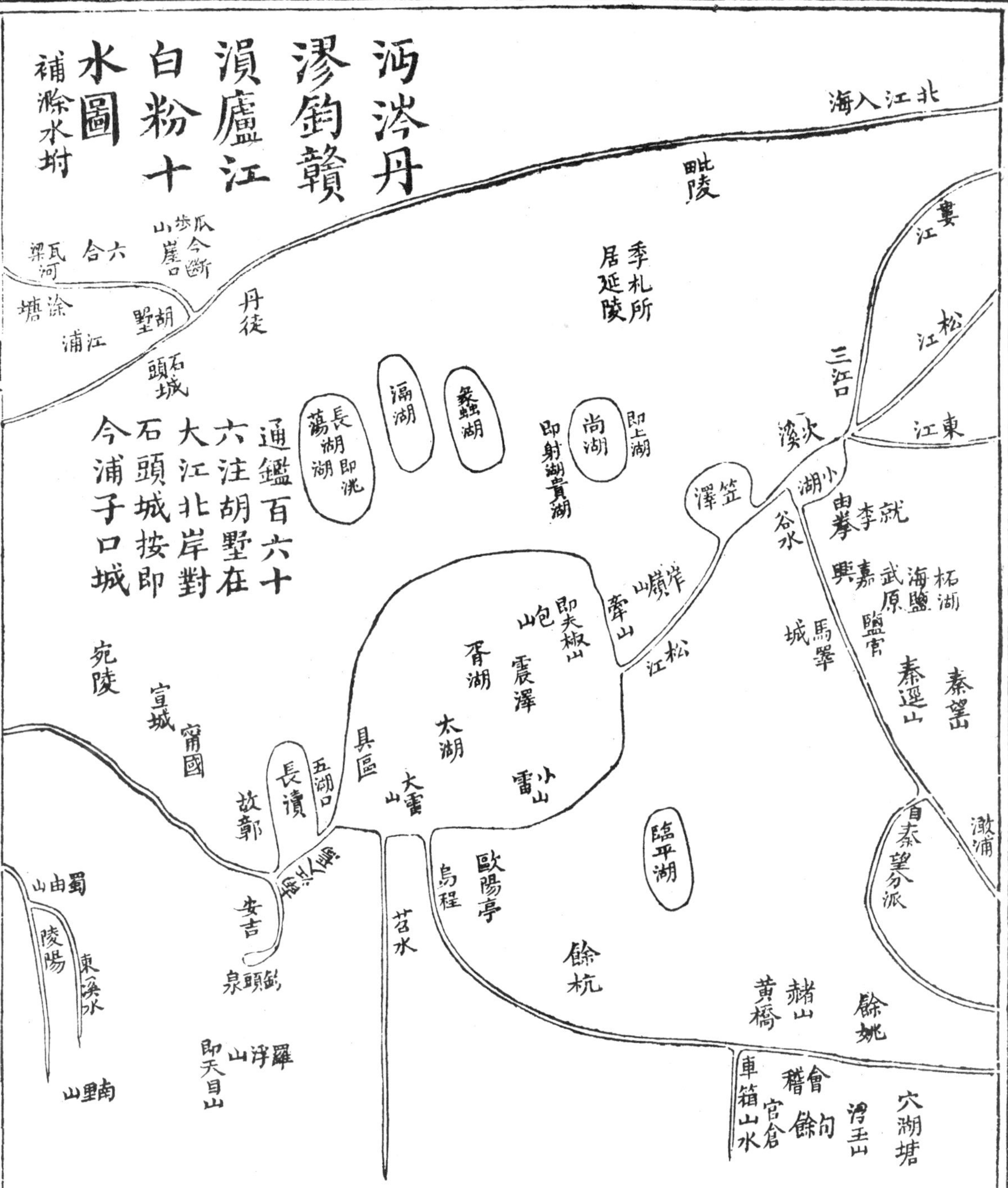

句章

班志吳縣故國周太伯所邑具區澤在西揚州藪古文以爲震澤南江在南東入海揚州川曲阿故雲陽毗陵季札所居江在北東入海揚州川師古曰舊延陵漢改之無錫有歷山丹徒即春秋云朱方也婁縣有南武城闔閭所起以候越烏程有歐陽亭宛陵彭澤聚在西南清水西北至蕪湖入江

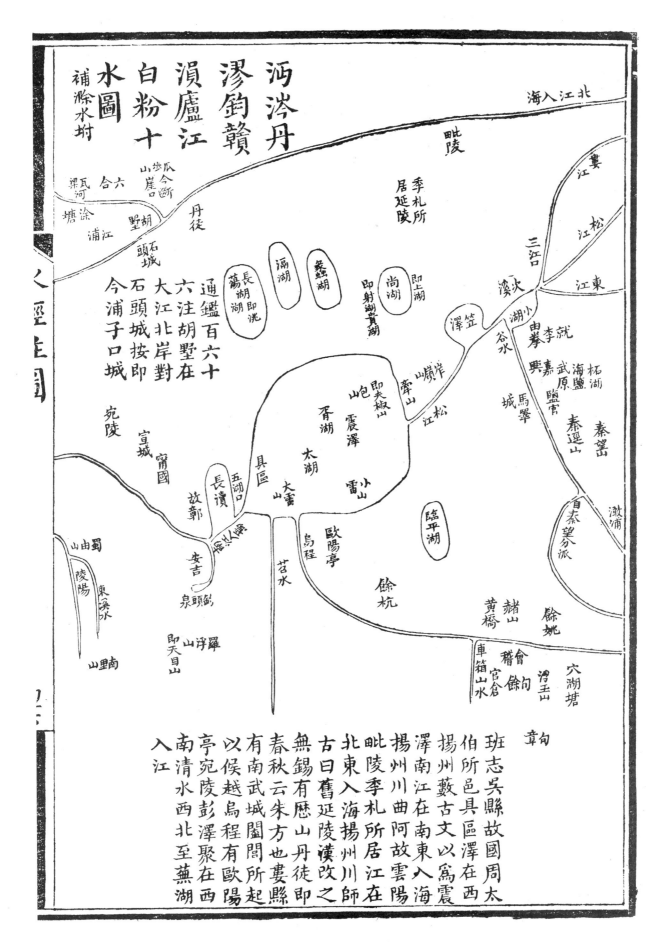

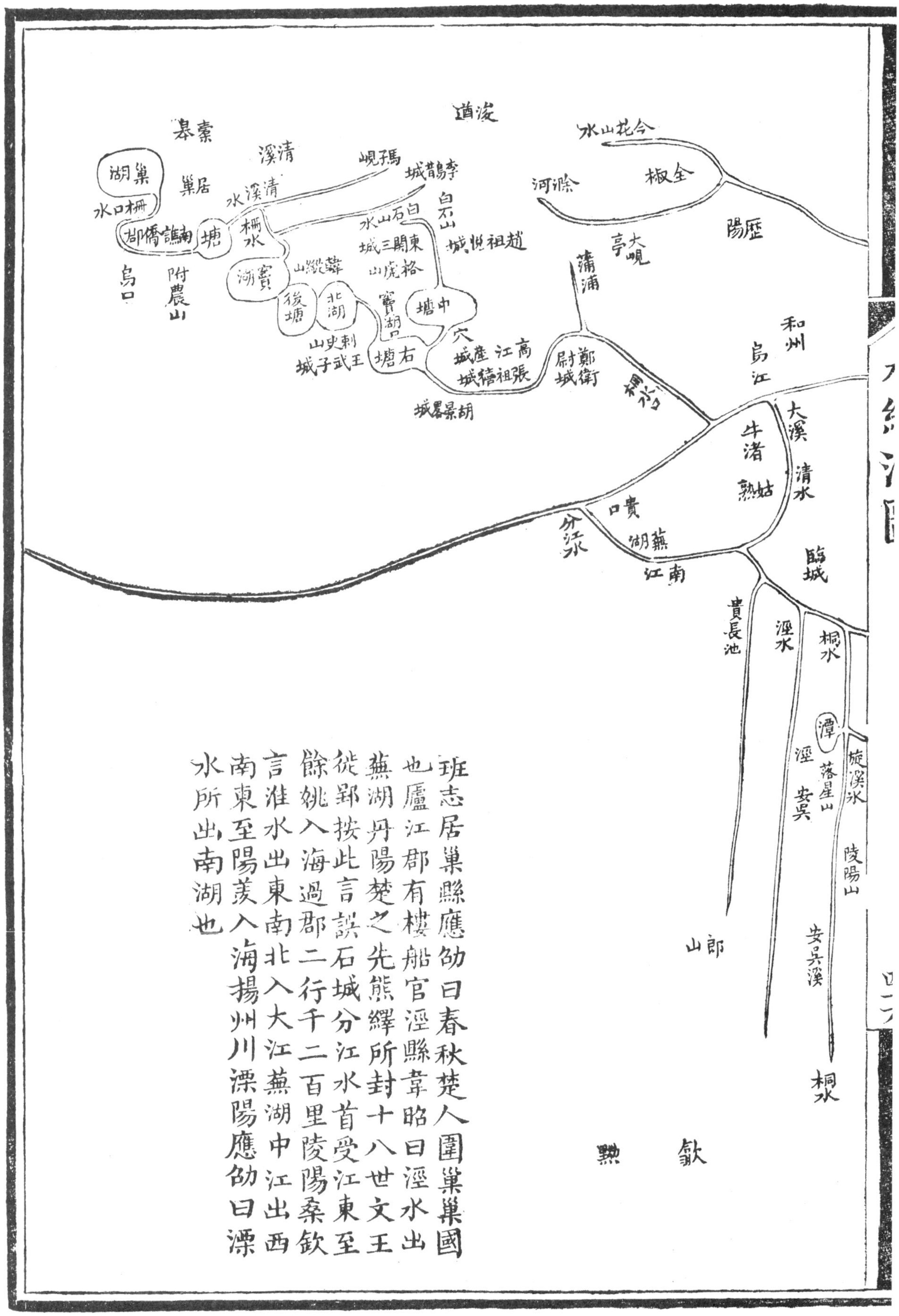

班志居巢縣應劭曰春秋楚人圍巢巢國也廬江郡有樓船官涇縣韋昭曰涇水出蕪湖丹陽楚之先熊繹所封十八世文王徙郢按此言誤石城分江水首受江東至餘姚入海過郡二行千二百里陵陽桑欽言淮水出東南北入大江蕪湖中江出西南東至陽羨入海揚州川溧陽應劭曰溧水所出南湖也

班志彭澤禹貢彭蠡澤在西鄱陽武陽鄉右十餘里有黃金采鄱水西入湖漢歷陵傅陽山傅陽川在南古文以爲傅淺原餘汗餘水在北至鄡陽入湖漢艾縣脩水東北至彭澤入湖漢行六百六十里贛縣豫章水出西南北入大江新淦應劭曰淦水所出西入湖漢也南城盱水西北至南昌入湖漢建成蜀水東至南昌入湖漢宜春南水東至新淦八湖漢雩都湖漢水東至彭澤入江行千九百八十里南埜彭水東入湖漢安成廬水東至廬陵入湖漢

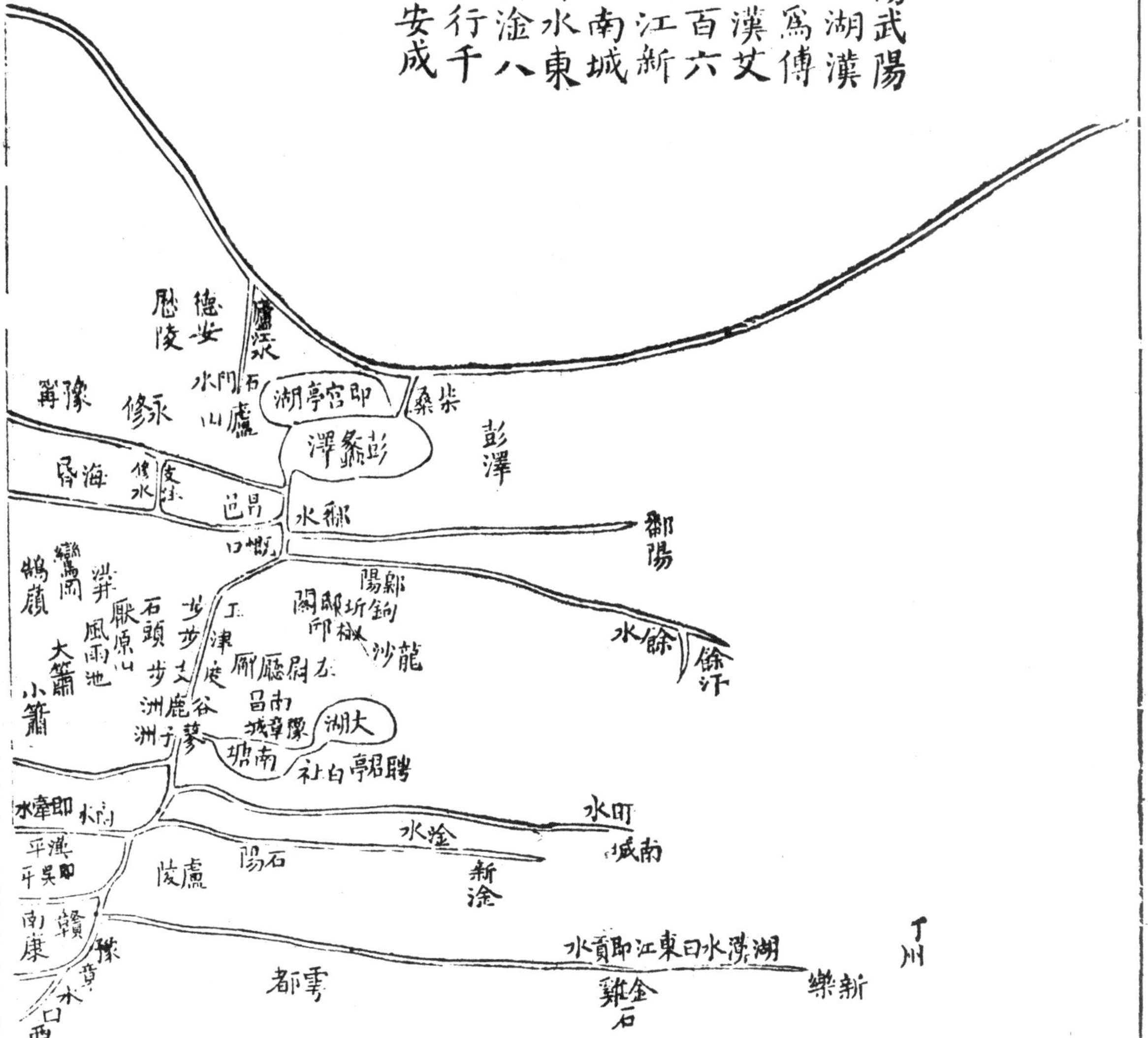

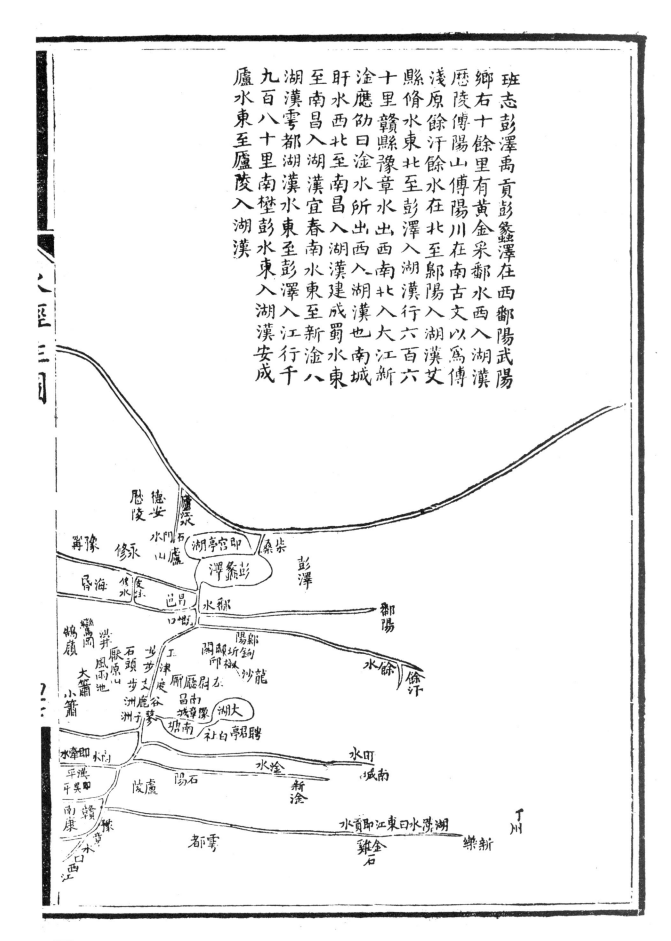

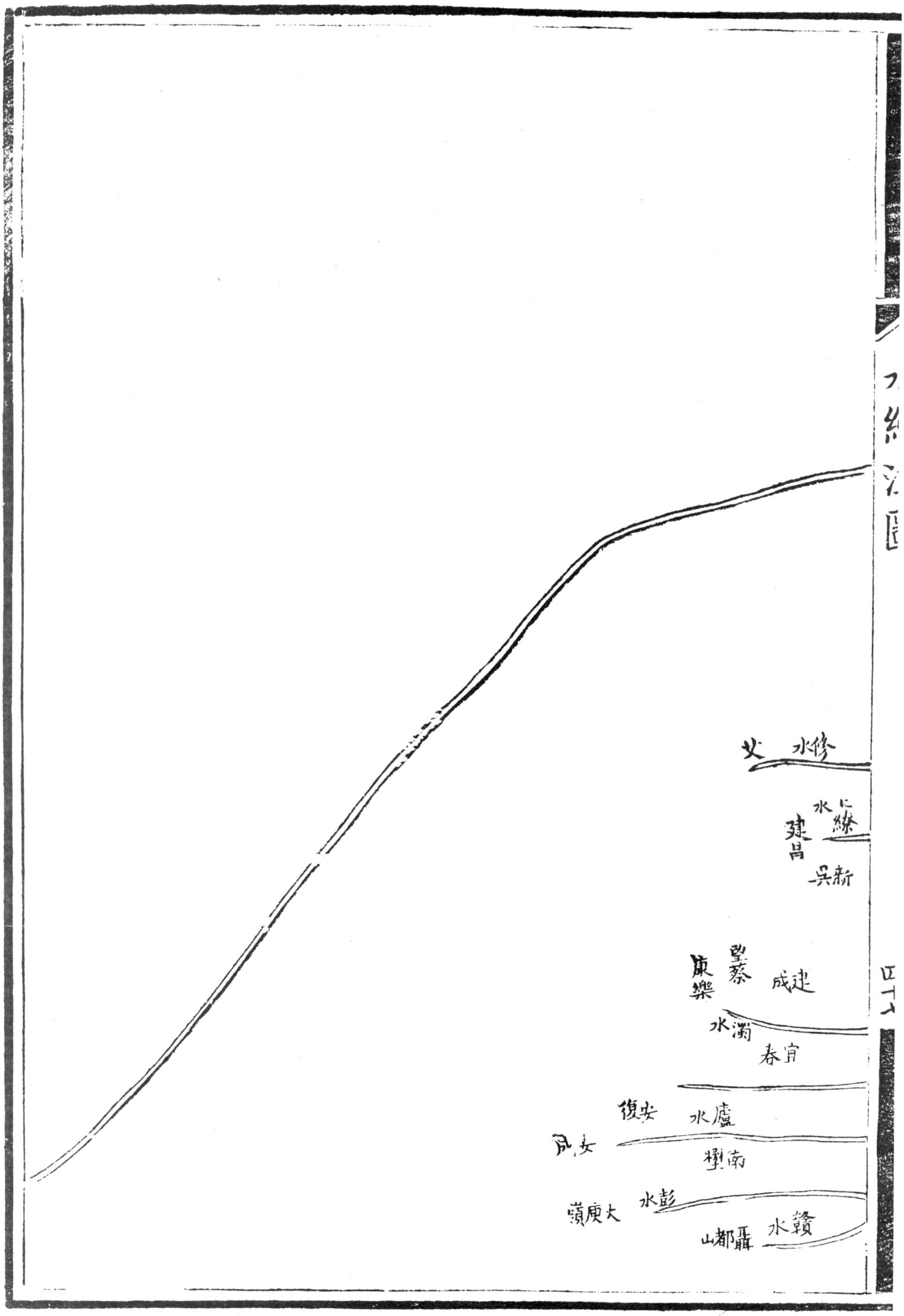
艾
修水
繚水
建昌
新吳
望蔡
康樂
建成
濁水
宜春
安復
盧水
安成
南埜
彭水
大庾嶺
贛水
聶都山

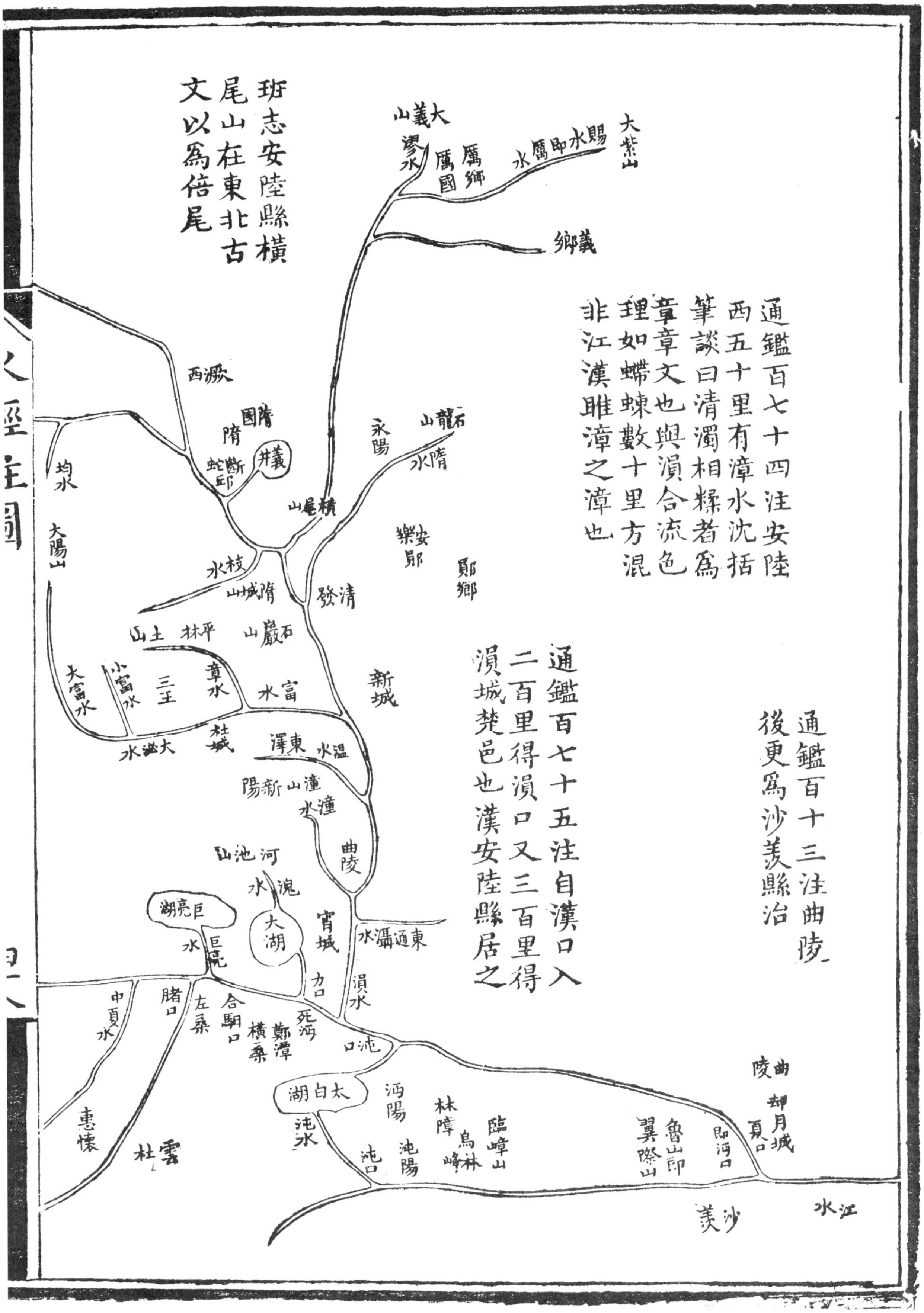

班志安陸縣横尾山在東北古文以爲倍尾
通鑑百七十四注安陸西五十里有漳水沈括筆談曰清濁相糅者爲章章文也與溳合流色理如螮蝀數十里方混非江漢雎漳之漳也
通鑑百七十五注自漢口入二百里得溳口又三百里得溳城楚邑也漢安陸縣居之
通鑑百十三注曲陵後更爲沙羡縣治
大義山
大紫山
厲鄉
厲國
義鄉
隋國
隋
義井
斷蛇邱
均水
石龍山
永陽
隋水
横尾山
大陽山
枝水
隋城山
清發
石巖山
土山
平林
大富水
小富水
三王
章水
富水
新城
杜城
東澤
溫水
潼山
新陽
潼水
曲陵
河池山
巨亮湖
大湖
宵城
巨亮水
溳水
睹口
左桑
合驛口
死沔
鄭潭
横桑
沌口
太白湖
沔陽
林障
烏林峰
臨嶂山
曲陵
却月城
夏口
沌水
沌陽
惠懷
雲杜
沙羡
江水

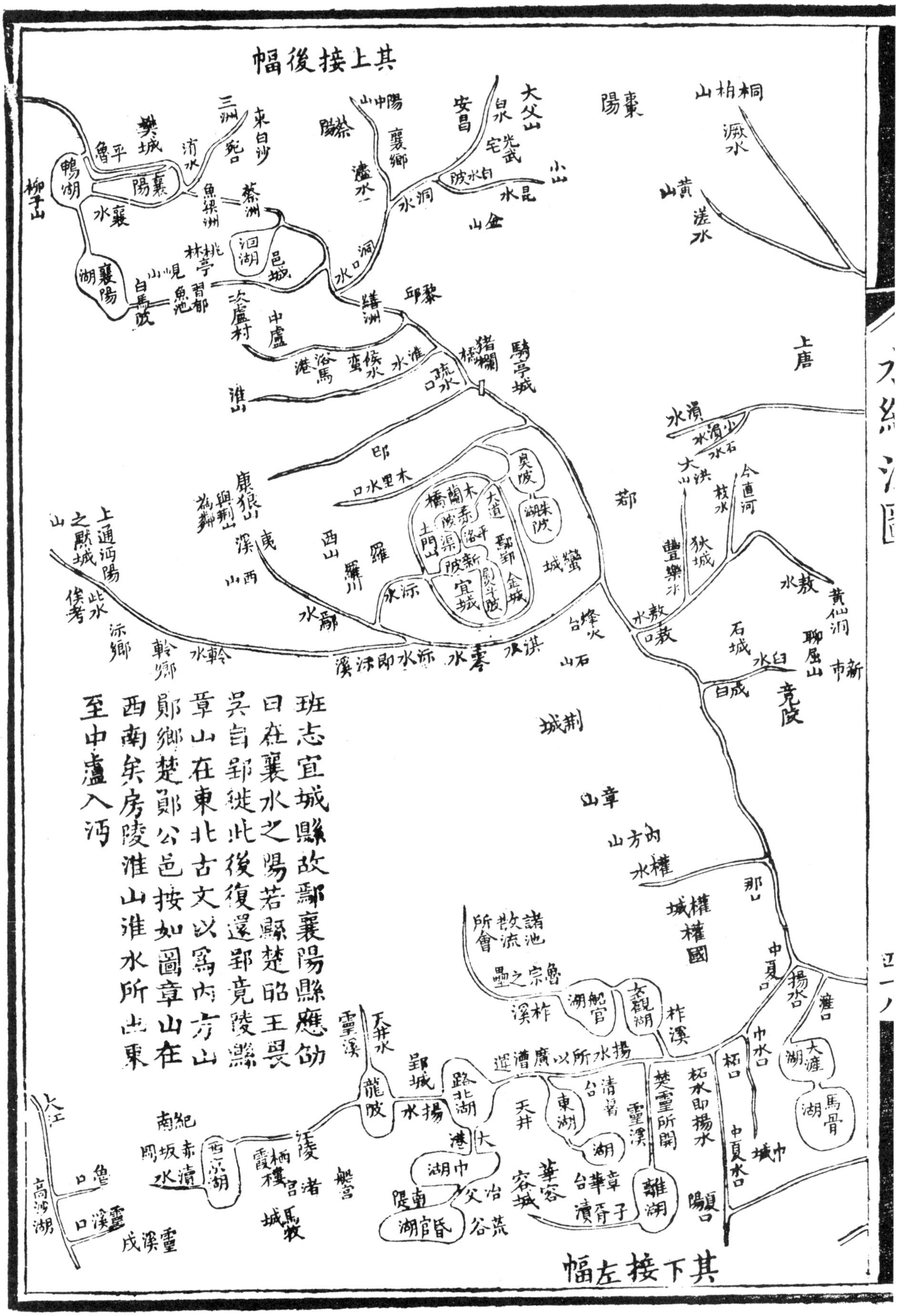
其上接後幅
其下接左幅
班志宜城縣故鄢襄陽縣應劭曰在襄水之陽若縣楚昭王畏吳自郢徙此後復還郢竟陵縣章山在東北古文以爲内方山鄖鄉楚鄖公邑按如圖章山在西南矣房陵淮山淮水所出東至中盧入沔
襄陽
桐柏山
大父山
安昌
鴨湖
襄陽
襄水
蔡洲
邑城
中盧
騎亭城
鄀
唐
竟陵
荊城
章山
内方山
權水
權城
權國
宜城
羅川
西山
楊水
龍陂
華容
離湖
馬骨湖
太湖
夏口
中夏口
揚口
竟陵
揚水所以廣漕運
高沙湖

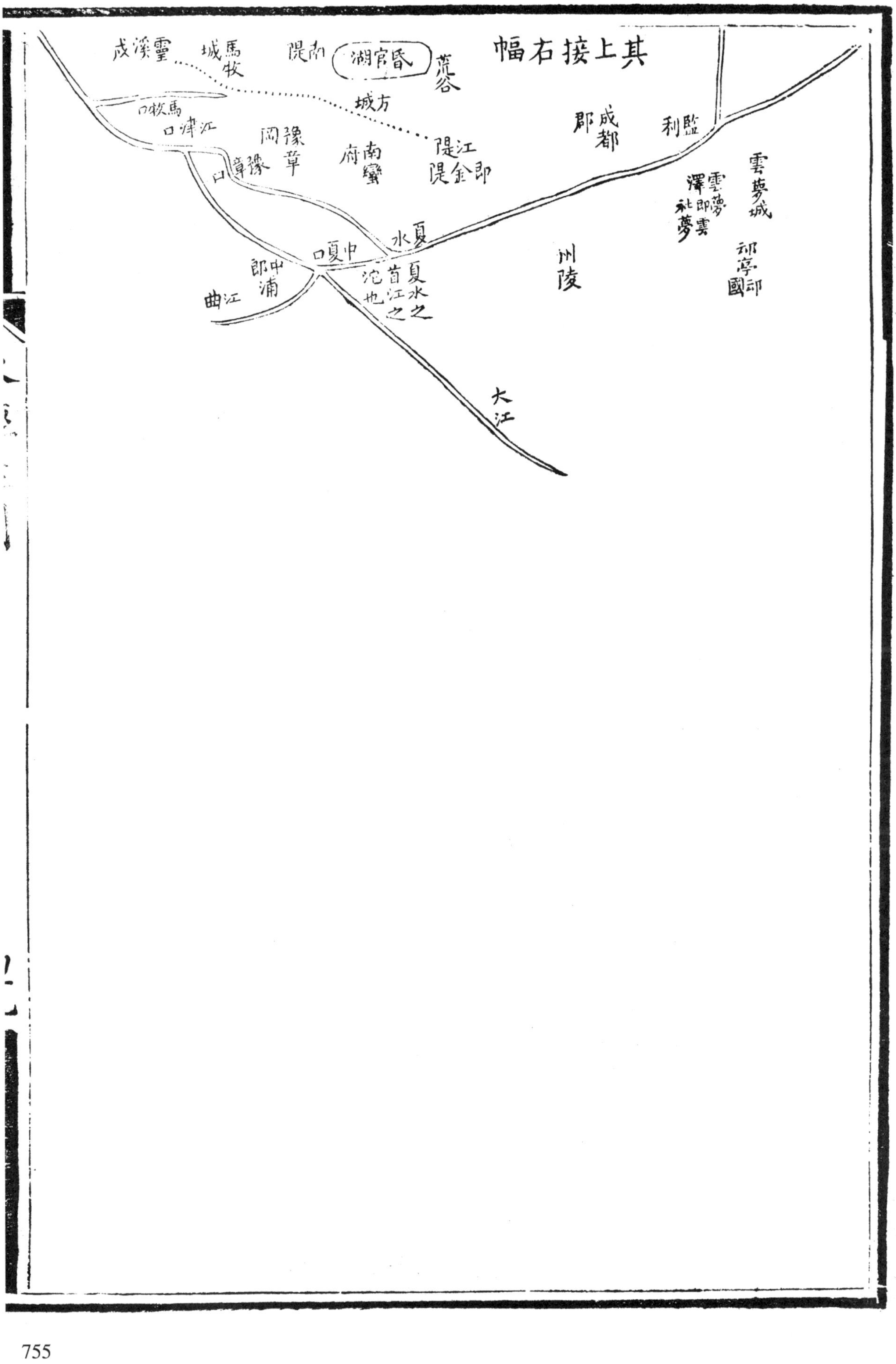
其上接右幅
雲溪戍
馬牧城
南隄
昏官湖
荒谷
方城
馬牧口
江津口
豫章岡
豫章口
南蠻府
江隄
郎金隄
成都郡
監利
雲夢城
州陵
夏水
中夏口
中郎浦
江曲
夏水之首江之沱也
大江

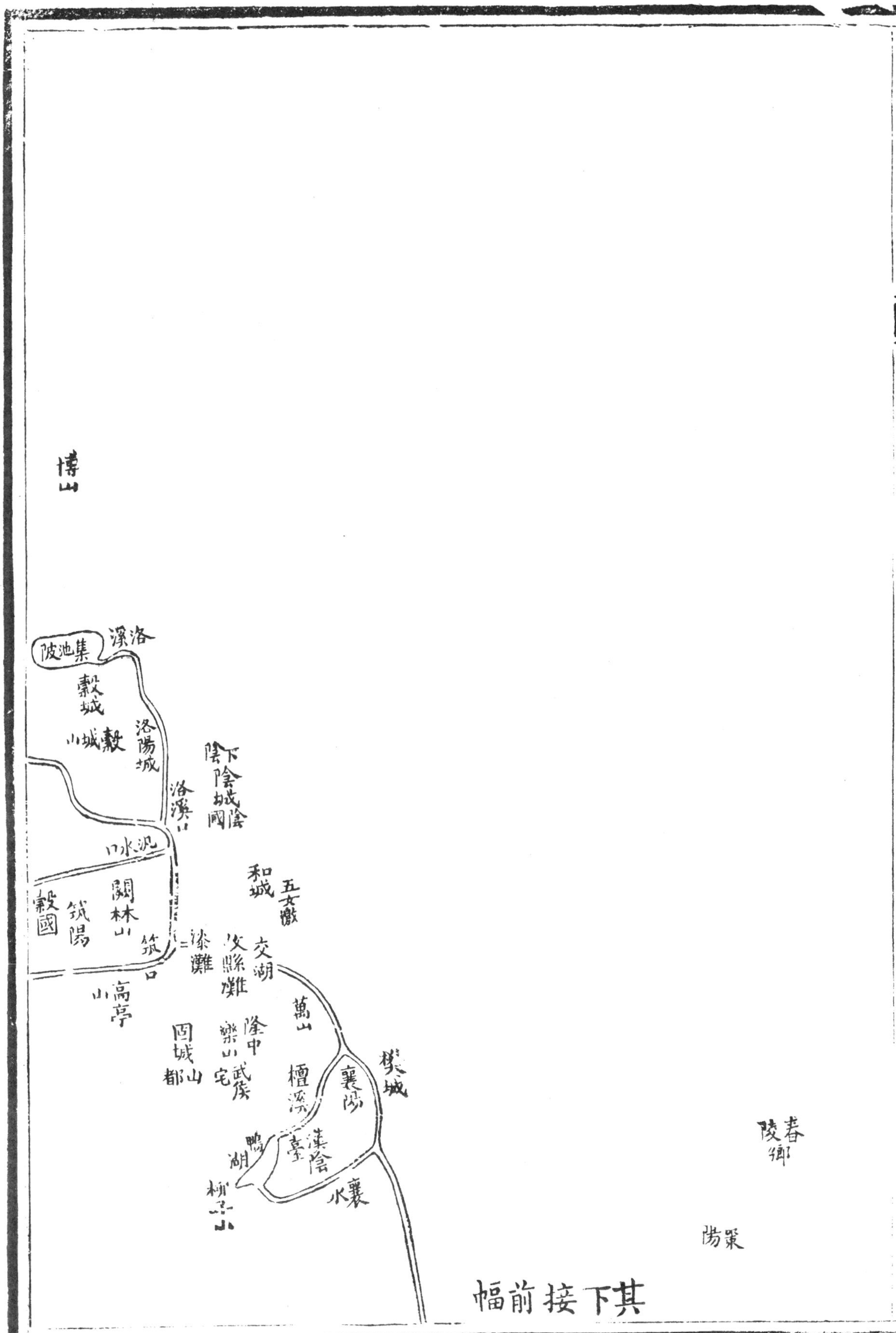
博山
洛溪
集池陂
穀城
穀城山
洛陽城
下陰
陰城
洛溪口
沔水口
和城
五女激
闕林山
築陽
穀國
築口
交湖
萬山
高亭山
隆中
樂山
武侯宅
檀溪
襄陽
樊城
鴨湖
漢陰臺
襄水
春陵鄉
蔡陽

其下接前幅

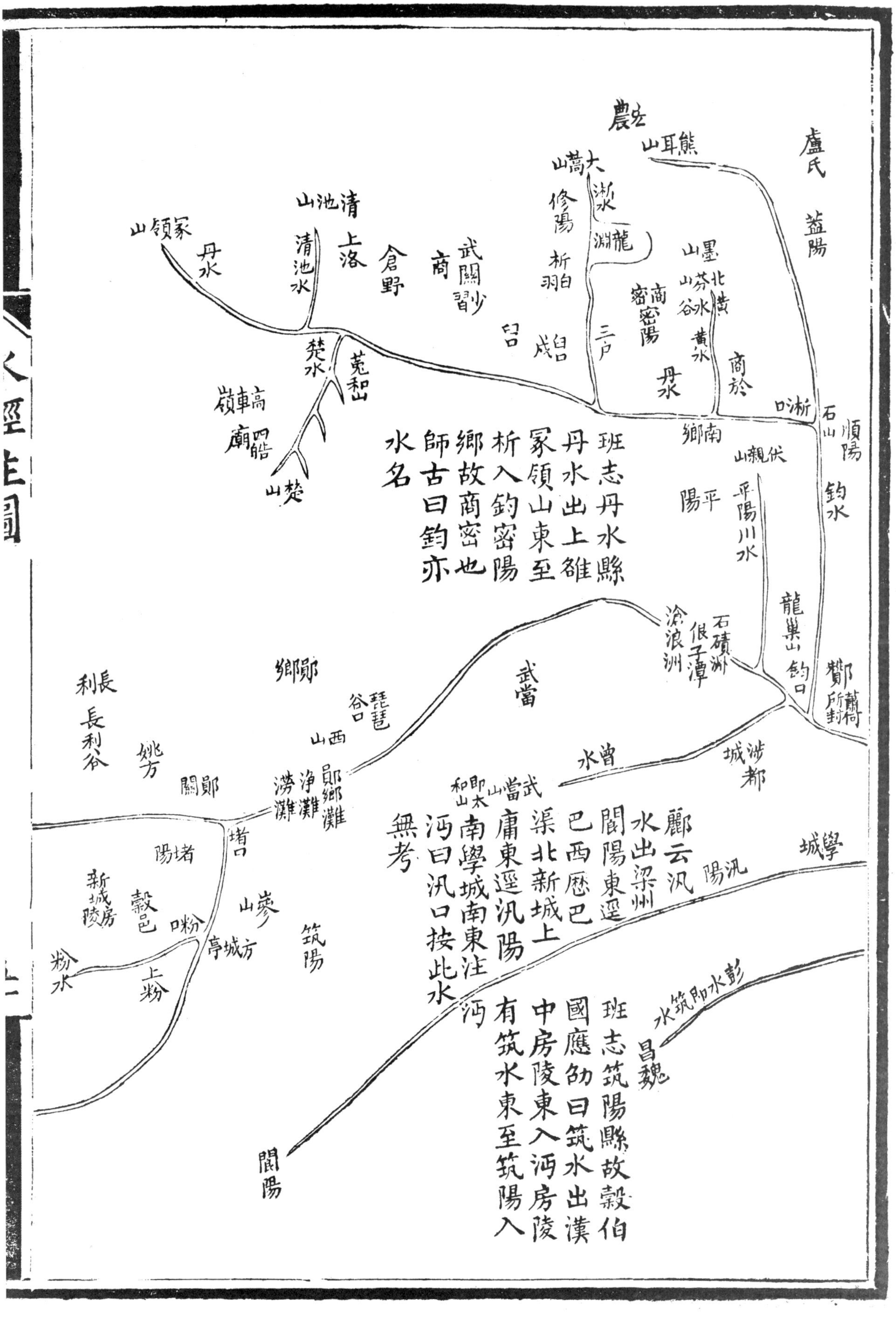

弘農
熊耳山
盧氏
大嵩山
脩陽
淅
龍淵
益陽
清池山
冢領山
丹水
清池水
上洛
倉野
商
武關
少習
墨山
北黃
芬水谷
商密
密陽
析
白羽
黃水
三戶
於商
丹水
淅口
石山
順陽
鈞水
南鄉
伏親山
平陽
平陽川水
楚水
菟和山
高車嶺
四皓廟
楚山
班志丹水縣丹水出上雒冢領山東至析入鈞密陽鄉故商密也師古曰鈞亦水名
滄浪洲
石積洲
龍巢山
鈞口
酇
酇侯所封
武當
鄖鄉
長利
長利谷
琵琶谷
西山
姚方
鄖關
淨灘
澇灘
鄖鄉灘
武當山
即太和山
曾水
涉都城
堵口
堵陽
新城房陵
穀邑
粉口
參山
方城亭
筑陽
粉水
上粉
鄖云沔水出梁州閬陽東遷巴西歷巴渠北新城上庸東遷沔陽南學城南東注沔曰沔口按此水無考
沔陽
學城
沔
彭水
筑水即彭水
魏昌
閬陽
班志筑陽縣故穀伯國應劭曰筑水出漢中房陵東入沔房陵有筑水東至筑陽入

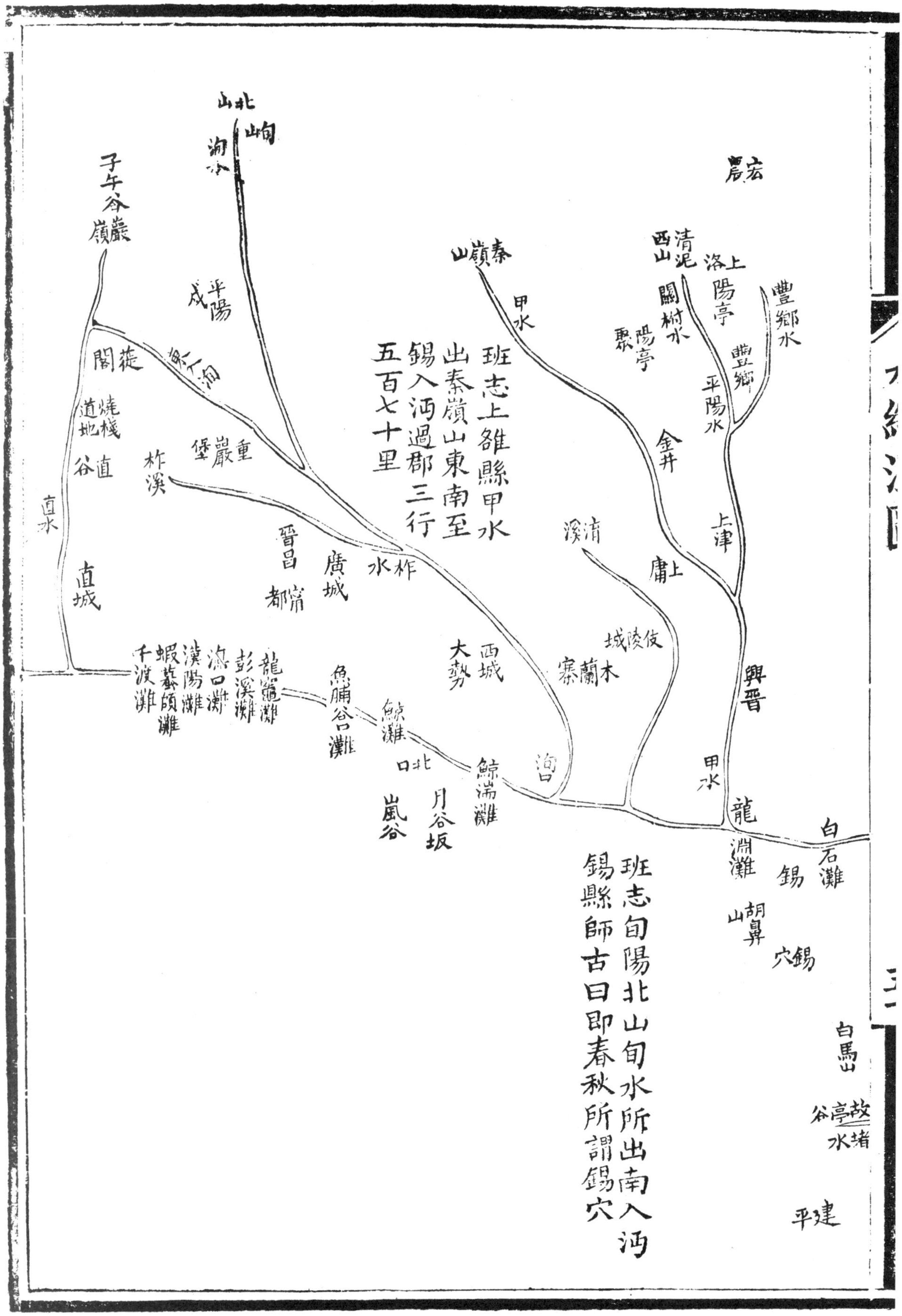
班志上雒縣甲水出秦嶺山東南至錫入沔過郡三行五百七十里
班志旬陽北山旬水所出南入沔錫縣師古曰即春秋所謂錫穴

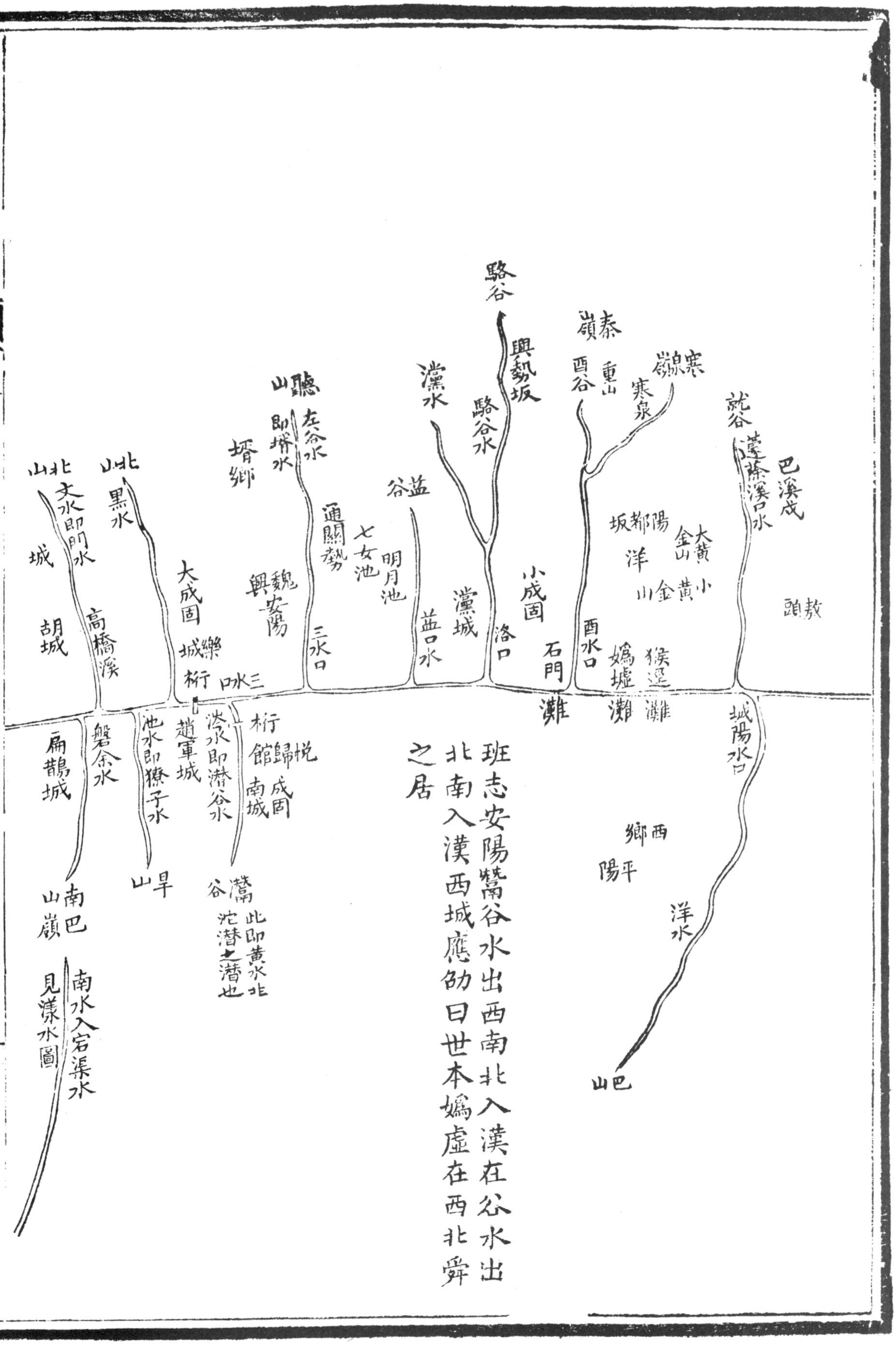

駱谷
興勢坂
駱谷水
灙水
秦嶺
重山
西谷
寒泉嶺
寒泉
聽山
左谷水
即嶓水
壻鄉
北山
文水即門水
北山
黑水
城
胡城
高橋溪
大成固
樂城
魏興安陽
通關勢
七女池
明月池
苗谷
三水口
苗水
灙城
洛口
小成固
石門
灘
西水口
陽都坂
洋
大黃金山
小黃金山
嬀墟
瀨
猴逕
灘
巴溪戍
就谷
蓬溪口水
敖頭
扁鵲城
磬余水
池水即獠子水
趙軍城
涔水即潛谷水
悅歸館
成固南城
城陽水口
西鄉
平陽
洋水
巴山
旱山
灙谷
此即黃水北沱潛之潛也
巴嶺南山
南水入宕渠水
見漾水圖
班志安陽鬵谷水出西南北入漢在谷水出
北南入漢西城應劭曰世本嬀虛在西北舜
之居

兩當水以西見漾水圖

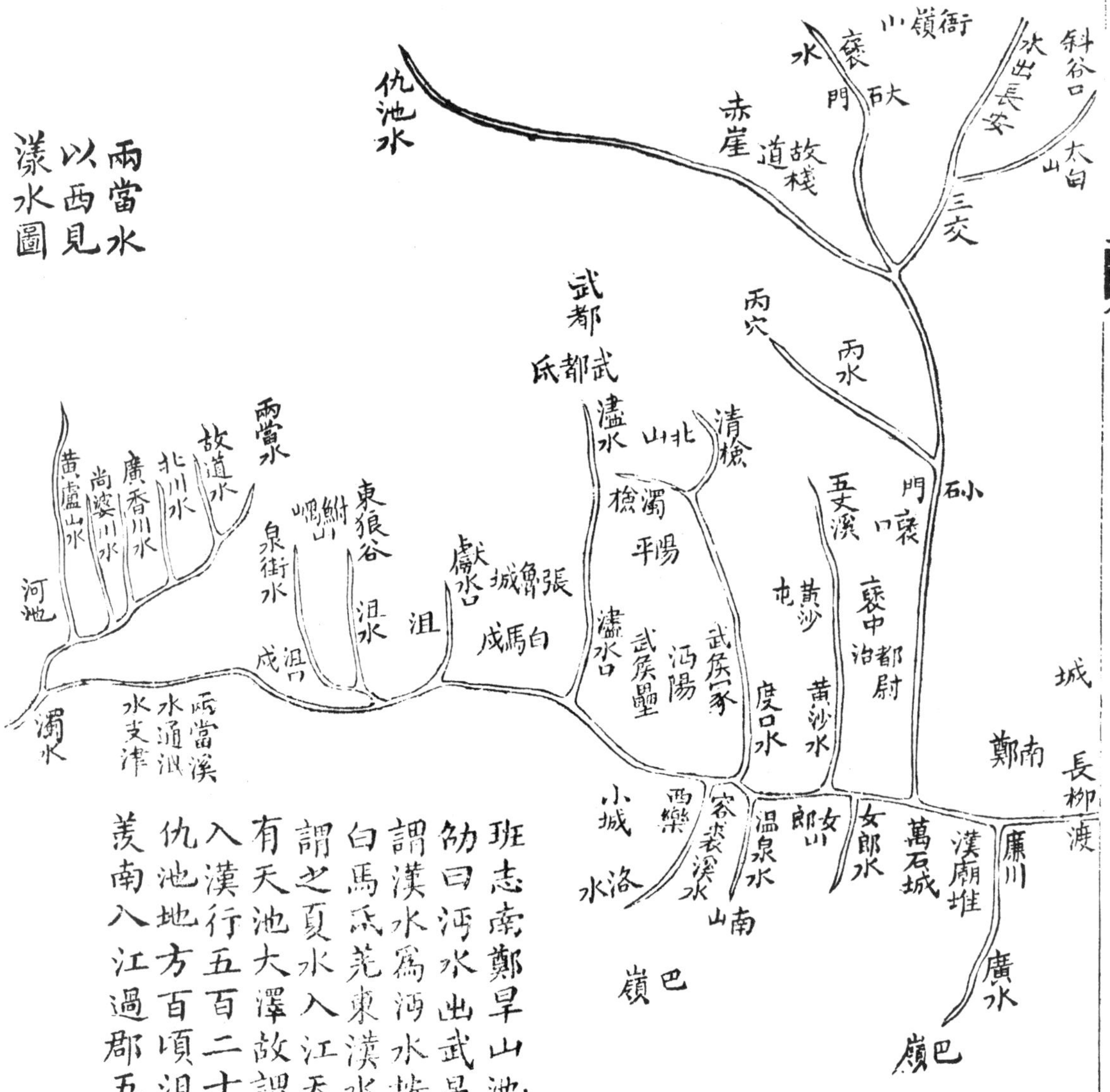

班志南鄭旱山池水所出東北入漢沔陽應劭曰沔水出武昌東南入江如淳曰此方人謂漢水爲沔水按昌當作都武都應劭曰故白馬氐羌東漢水受氐道水一名沔過江夏謂之夏水入江天池大澤在縣西師古曰以有天池大澤故謂之都河池泉街水南至沮入漢行五百二十里師古曰華陽國志一名仇池地方百頃沮縣沮水出東狼谷南至沙羨南入江過郡五行四千里荆州川

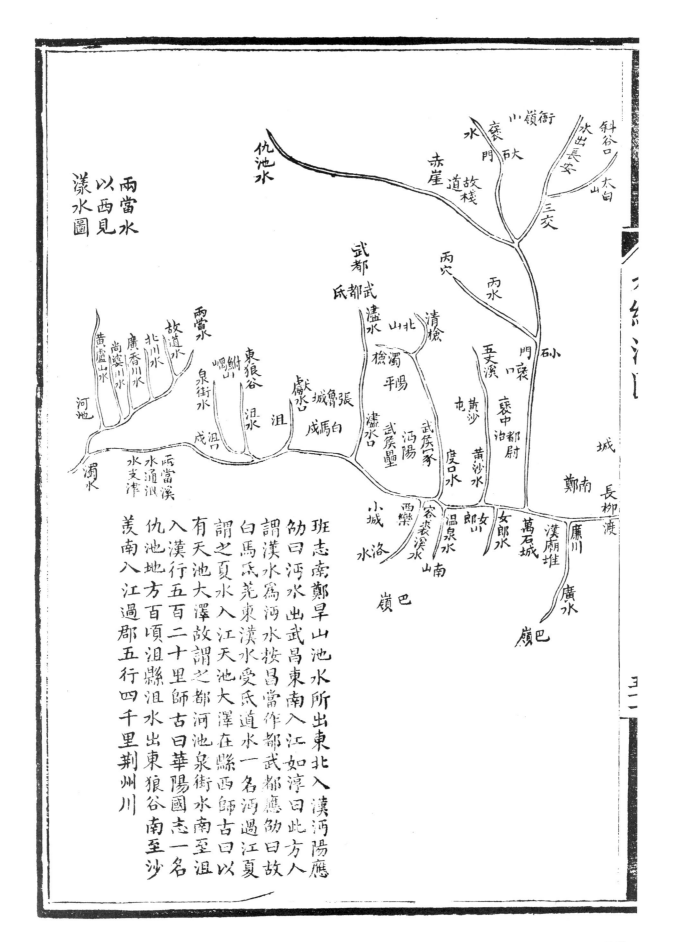

㵐泚瀙三水圖

班志比陽應劭曰比水所出東入蔡
按比即泚

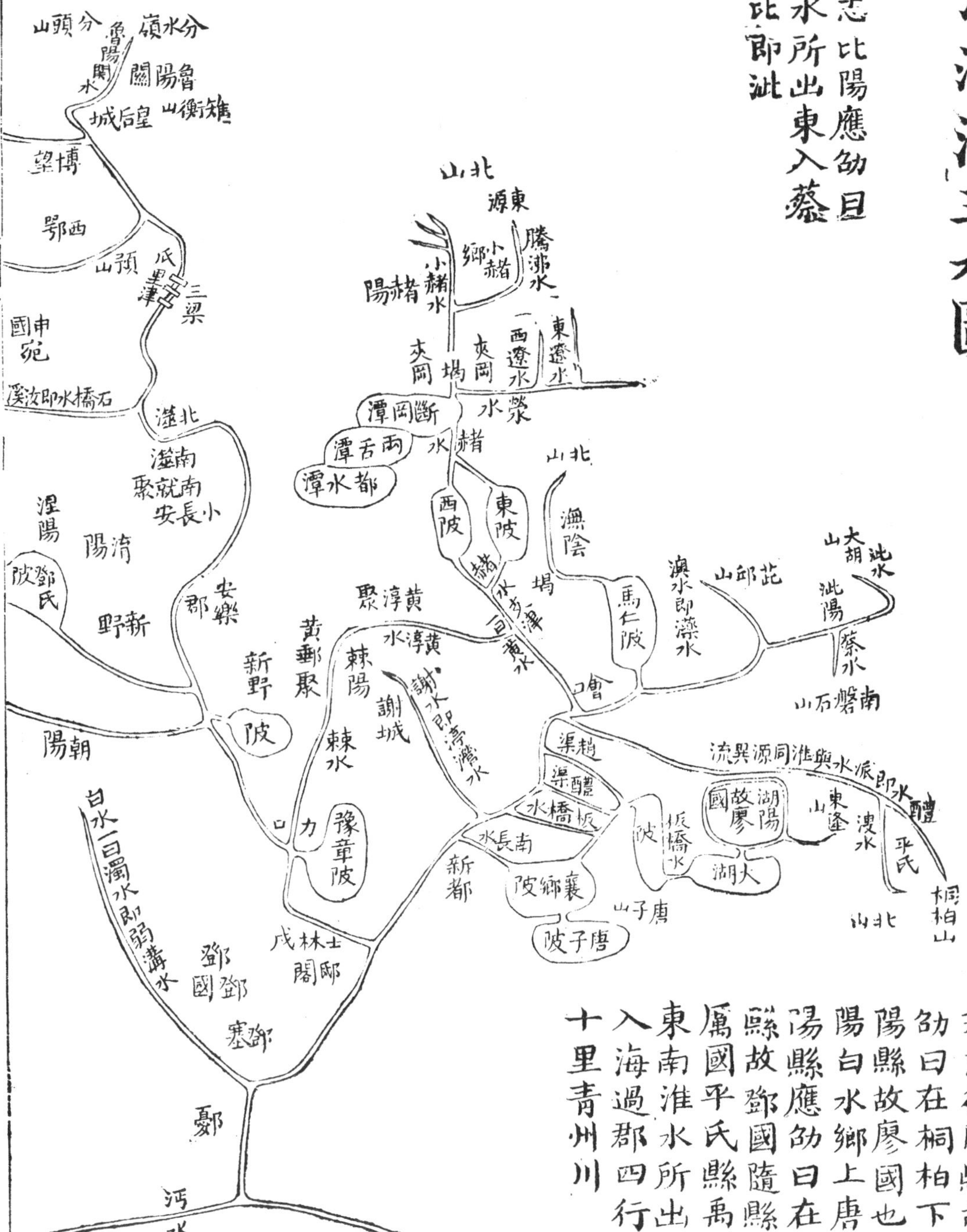

班志復陽縣故湖陽樂鄉應劭曰在桐柏下復山之陽湖陽縣故廖國也舂陵縣故蔡陽白水鄉上唐鄉故唐國朝陽縣應劭曰在朝水之陽鄧縣故鄧國隨縣故國厲鄉故厲國平氏縣禹貢大復山在東南淮水所出東南至淮陵入海過郡四行三千二百四十里青州川

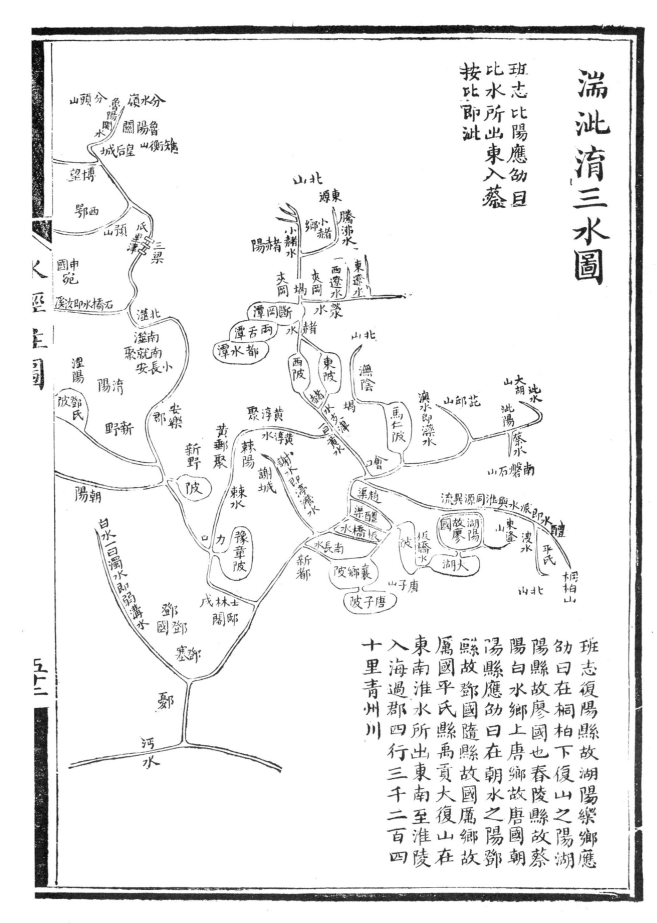

班志酈縣育水出西北南入漢

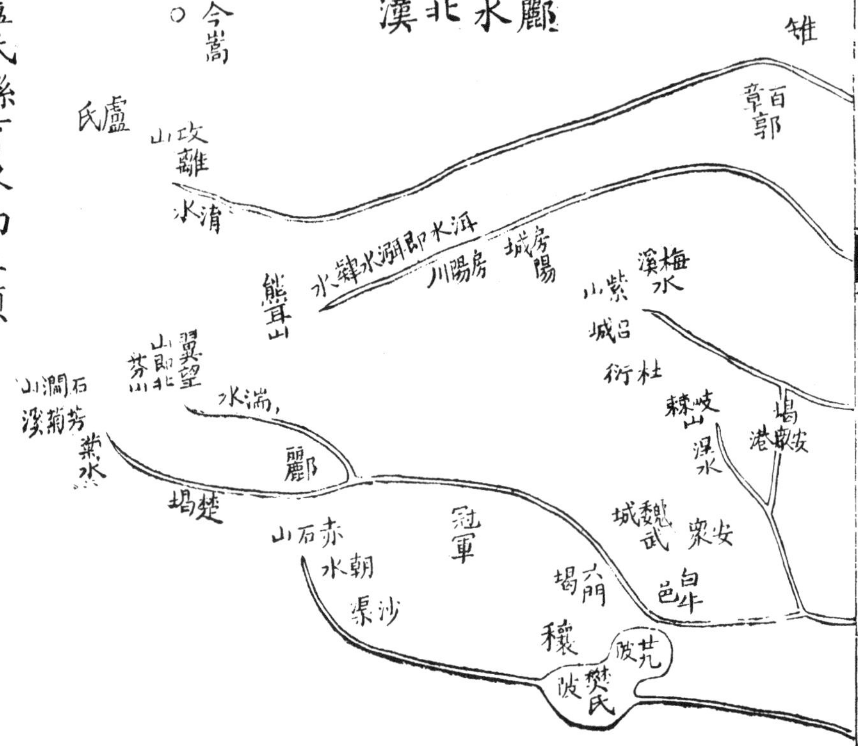

班志盧氏縣育水南至順陽入沔又有淯水東南至魯陽亦入沔皆過郡二行六百里育陽縣應劭曰育水出宏農盧氏南入于沔

班志析縣黃水出黃谷鞠水出析谷俱東至酈入湍水師古曰鞠水即今所謂菊潭也博山縣故順陽應劭曰在順水之陽棘陽應劭曰在棘水之陽朝陽應劭曰在朝水之陽涅陽應劭曰在涅水之陽宛縣故申伯國有屈申城縣南有北筮山育陽有南筮聚

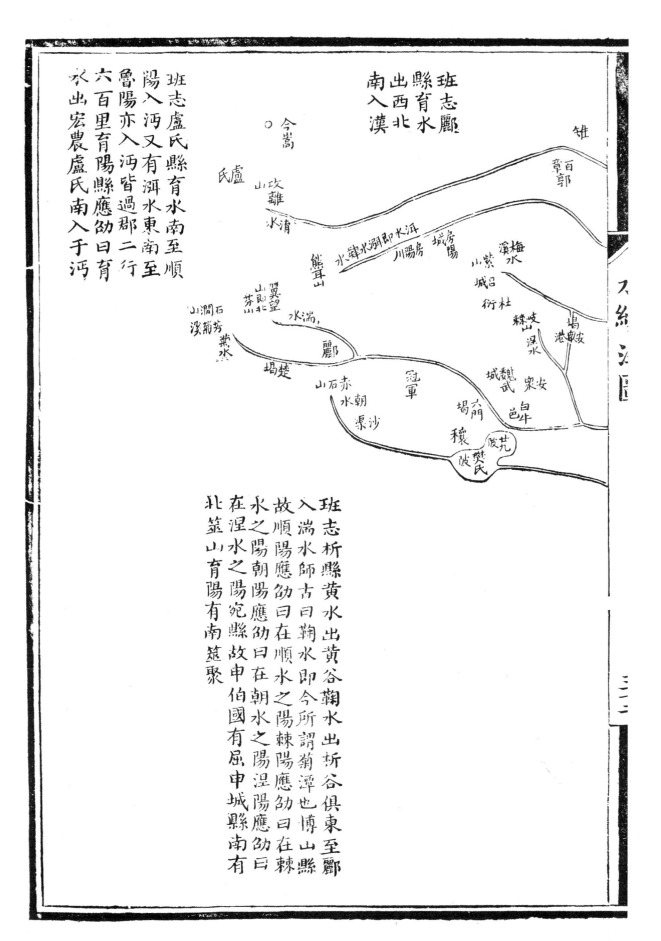

淮決泚泄肥施六水圖

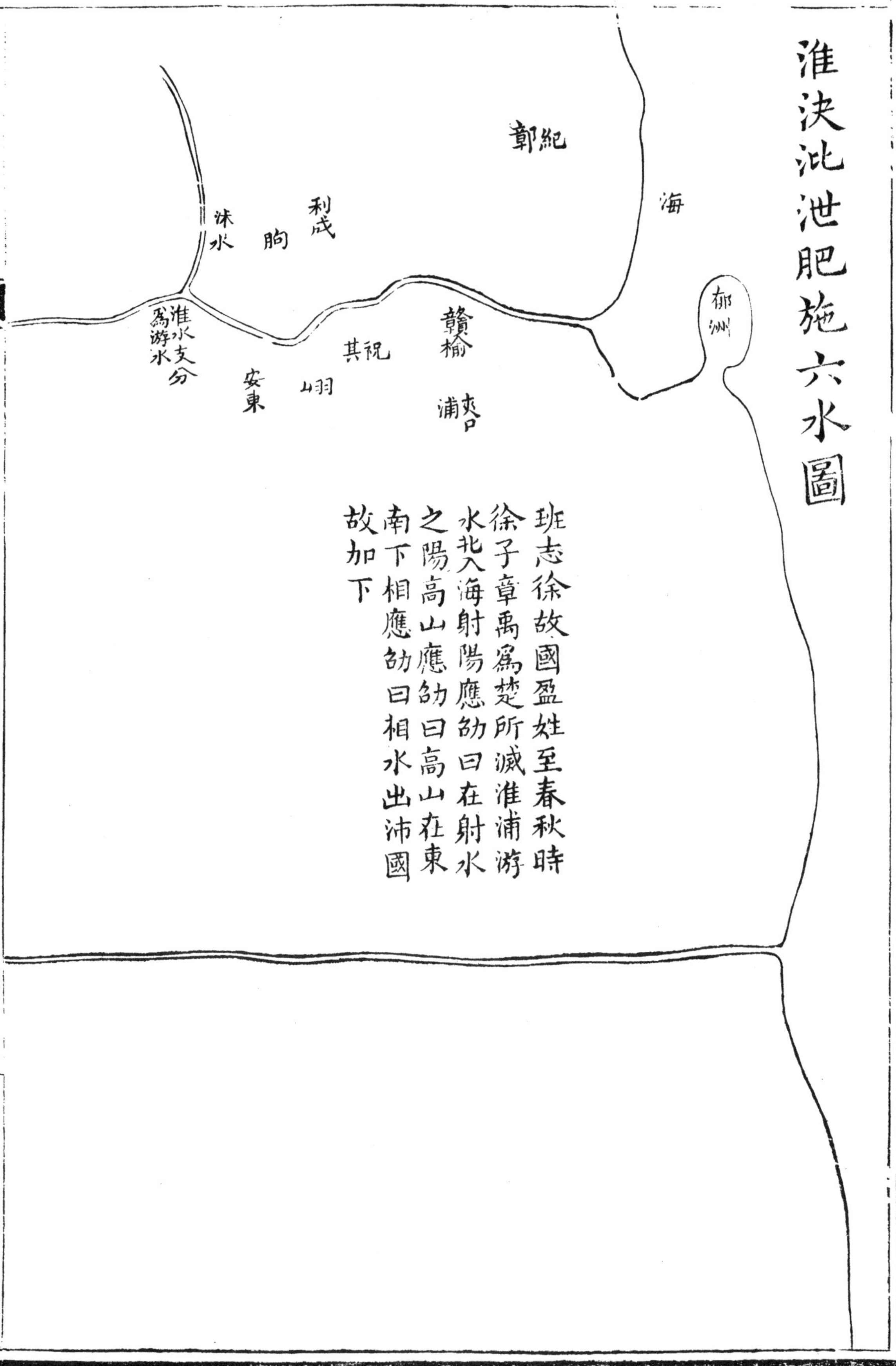
紀鄣
海
利成
朐
沭水
淮水支分爲游水
祝其
贛榆
安東
羽山
浦
郁洲
班志徐故國盈姓至春秋時徐子章禹爲楚所滅淮浦游水北入海射陽應劭曰在射水之陽高山應劭曰高山在東南下相應劭曰相水出沛國故加下

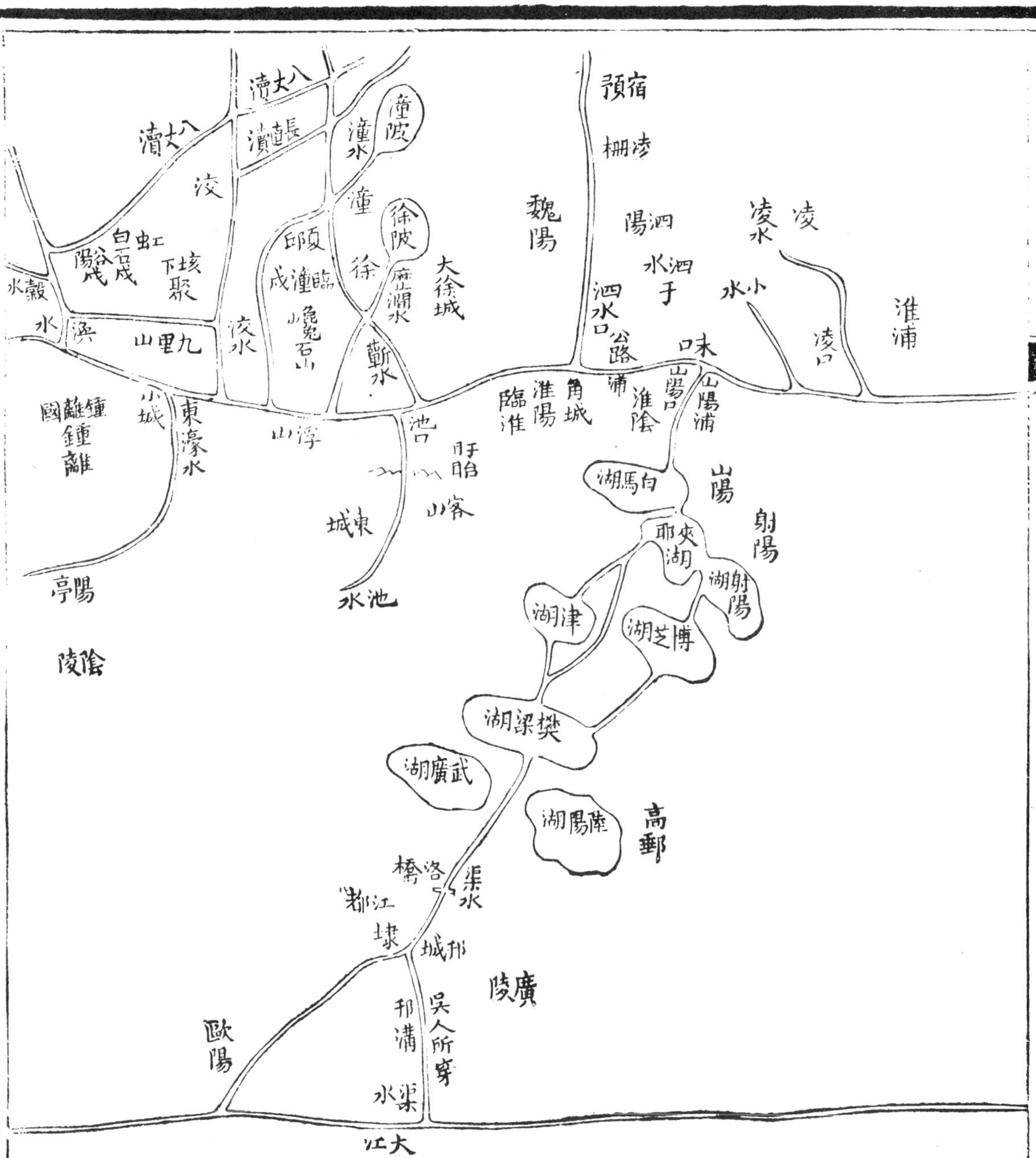

班志廣陵江都易王
非廣陵厲王胥皆都
此并得鄣郡而不得
吴江都有江水祠渠
水首受江北至射陽
入湖

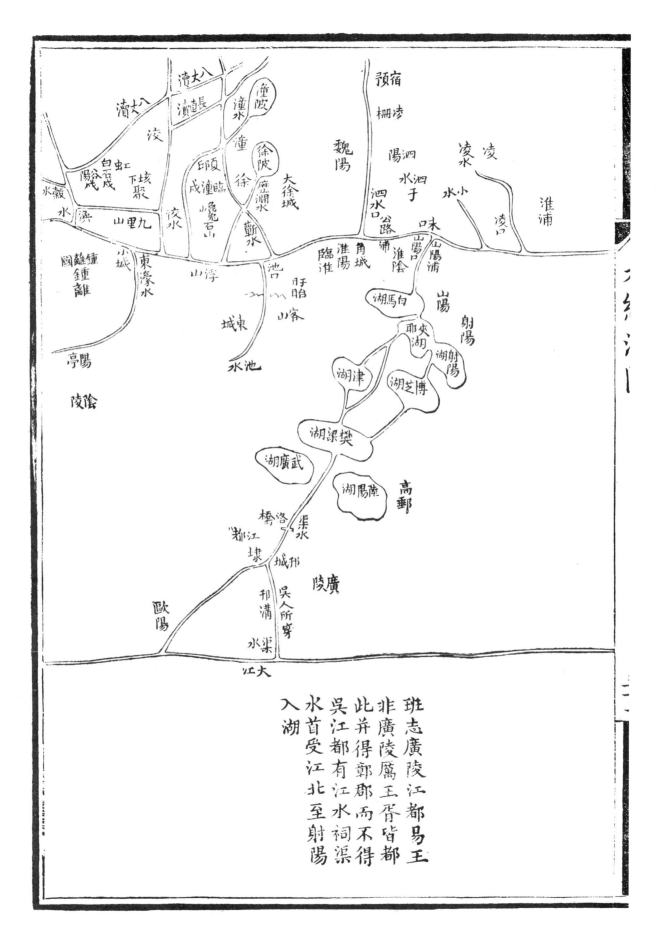

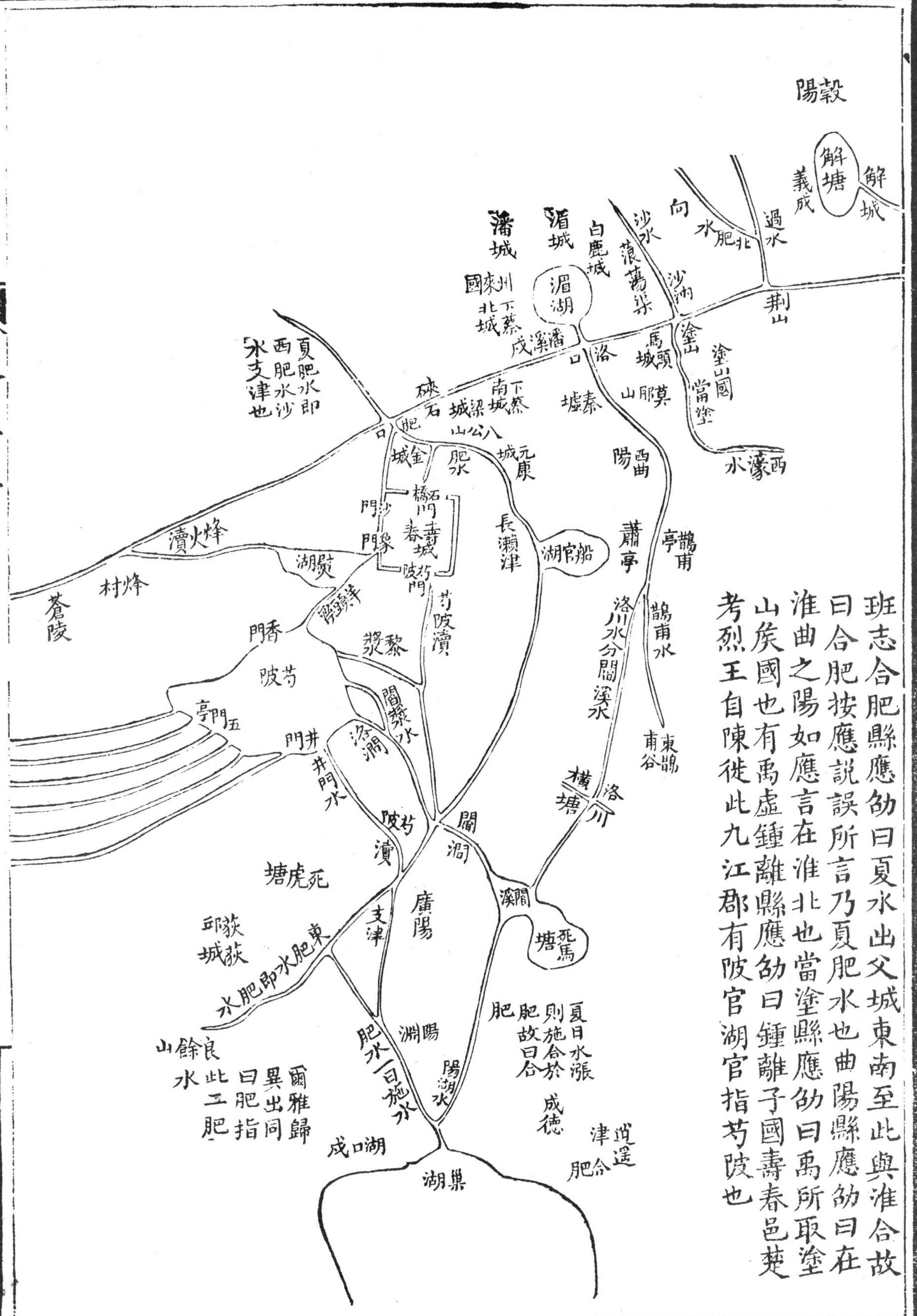

班志合肥縣應劭曰夏水出父城東南至此與淮合故曰合肥按應說誤所言乃夏肥水也曲陽縣應劭曰在淮曲之陽如應言在淮北也當塗縣應劭曰禹所取塗山矦國也有禹虛鍾離縣應劭曰鍾離子國壽春邑楚考烈王自陳徙此九江郡有陂官湖官指芍陂也

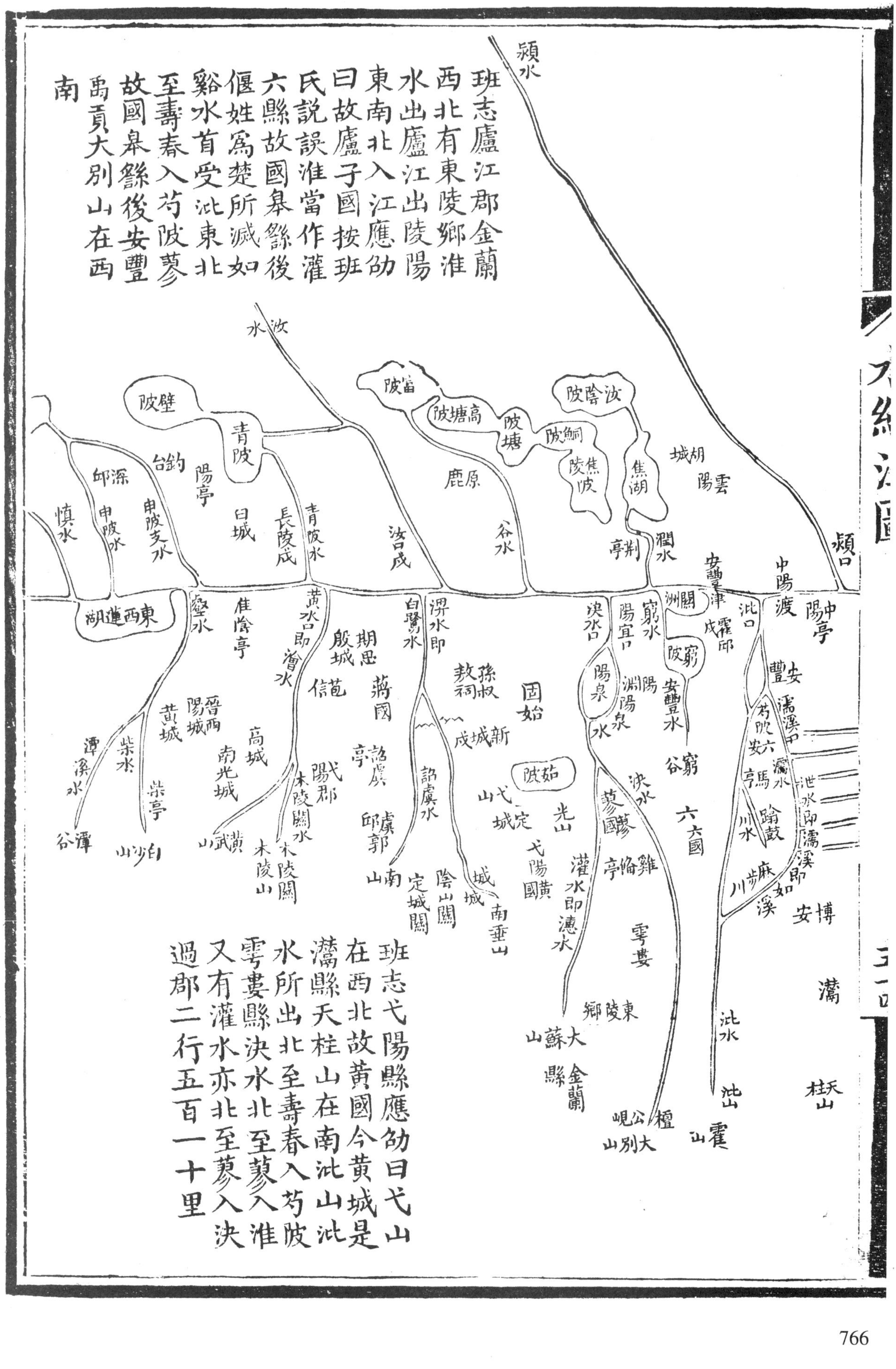
班志廬江郡金蘭西北有東陵鄉淮水出廬江出陵陽東南北入江應劭曰故廬子國按班氏說誤淮當作灌六縣故國皋繇後偃姓爲楚所滅如谿水首受沘東北至壽春入芍陂蓼故國皋繇後安豐禹貢大別山在西南
班志弋陽縣應劭曰弋山在西北故黄國今黄城是灊縣天柱山在南沘山沘水所出北至壽春入芍陂雩婁縣決水北至蓼入淮又有灌水亦北至蓼入決過郡二行五百一十里
潁水
汝水
陂壁
青陂
陂富
高塘陂
塘陂
汝陰陂
鮦陂
焦陵陂
焦湖
胡城
雲陽
鈞台
深邱
陽亭
慎水
申陂水
申陂支水
白城
長陵戍
青陂水
洛戍
原鹿
谷水
荆亭
潤水
安豐津
中陽
潁口
東西蓮湖
鑾水
淮陰亭
黄水口即澮水
期思
殷城
白鷺水
浮水即
孫叔敖祠
固始
蔣國
決水口
窮水
陽宜口
窮陂
沘口
渡
中陽亭
安豐
陽泉
淵陽泉
安豐水
新城戍
陂茹
光山
六國
芍陂
濡溪口
灊水
馬亭
六安
泄水即濡溪
黄城
晉西陽城
高城
南光城
弋陽郡
雩婁
東陵鄉
大蘇山
金蘭縣
大別山
天柱山
霍山
沘水
博安
灊
柴水
柴亭
白沙山
譚谷
黄武山
木陵山
木陵關
南山
定城關
陰山關
城
南垂山
弋山
定城
雞鳴亭
灌水即澮水
窮谷
蹹鼓
麻步川
如溪
檀公峴

通鑑八五注劉昫曰義陽本漢平氏縣之義陽鄉魏黃初中分立義陽縣葢治石城後分南陽立義陽郡治安昌城領安昌平林平氏義陽平春五縣

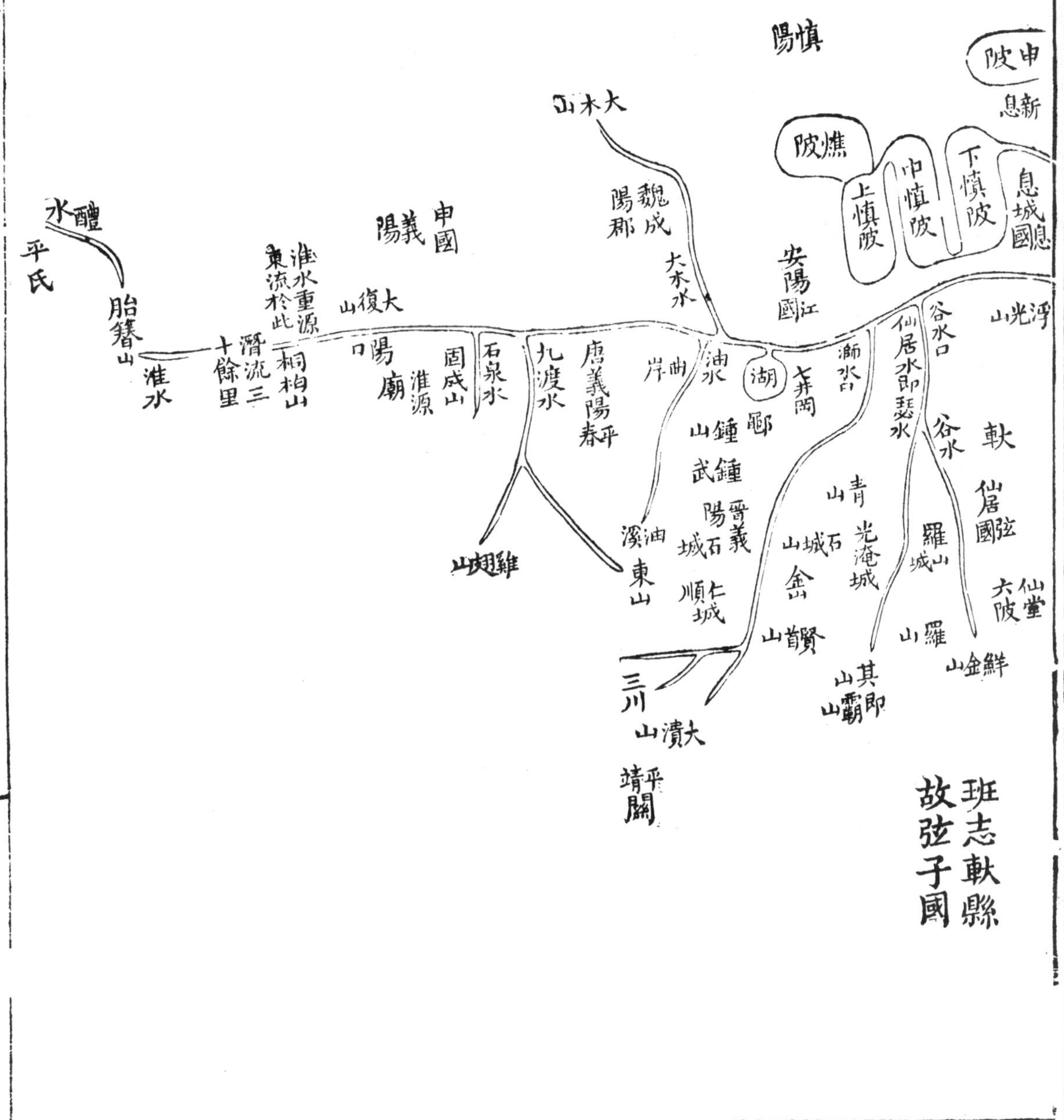

江灊涪梓潼沮漳夏青衣延江夷油蘄十二水圖

班志尋陽縣禹貢九江在南皆東合爲大江九江郡應劭曰江自廬江尋陽分爲九按此皆以湖漢水言也

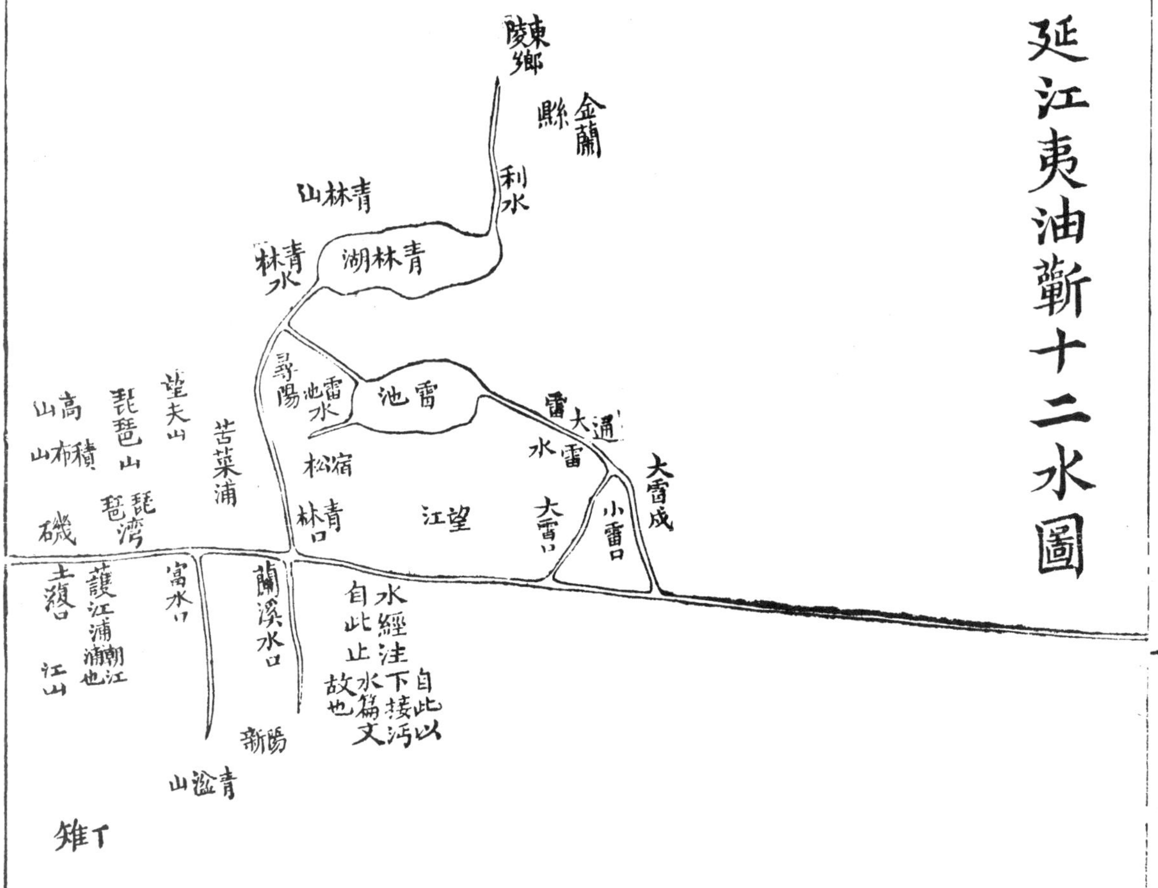

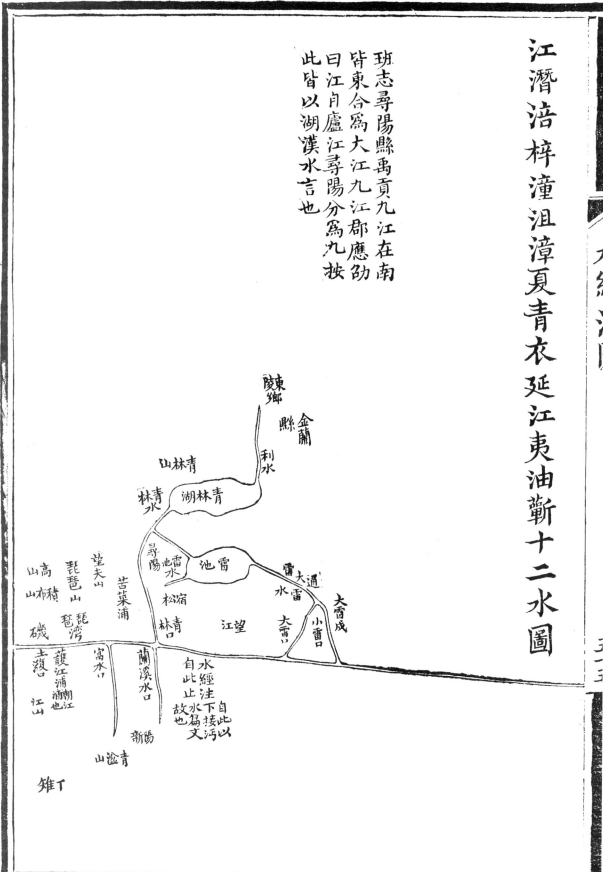

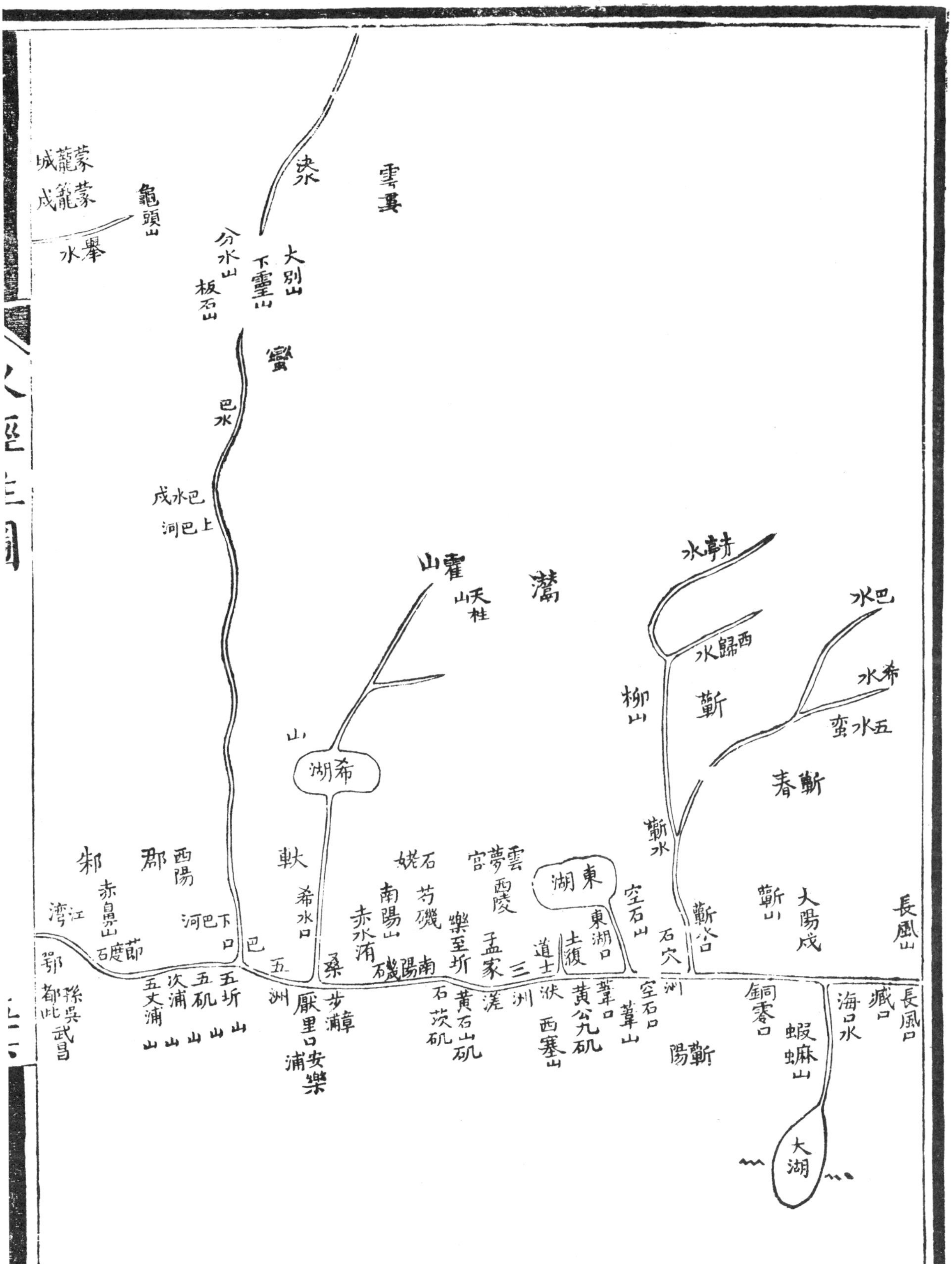

蒙蘢城
蒙籠戍
龜頭山
舉水
大別山
下靈山
分水山
板石山
巴水
巴水戍
上巴河
霍山
天柱山
希湖
東湖
蘄水
西歸水
巴水
希水
五水
柳山
蘄
蘄春
蘄水
石姥
雲夢宮
西陵
西陽
邾
郡
希水口
赤鼻山
下巴河
巴口
五洲
南陽山
赤水浦
樂至圻
孟家
三洲
道士
土復
東湖口
空石山
石穴
蘄口
蘄山
大陽戍
長風山
南陽磯
鄂
孫吳
都此
武昌
五丈浦山
五圻山
厭里口
安樂浦
黃石山
西塞山
黃公九
葦口
空石口
葦山
蘄陽
銅零口
蝦蟆山
海口水
長風口
大湖

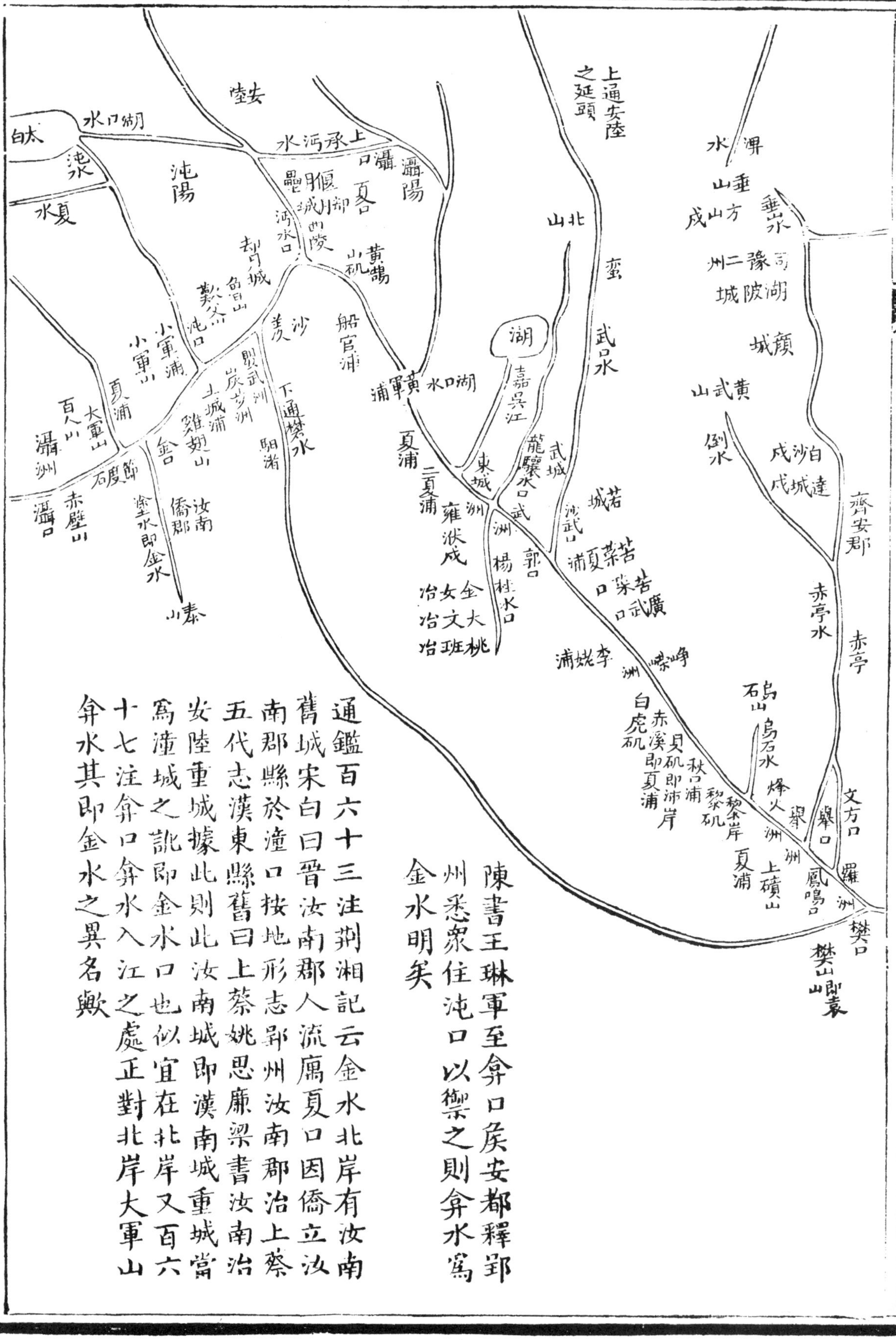

陳書王琳軍至弇口戾安都釋郢州悉衆住沌口以禦之則弇水寫金水明矣

通鑑百六十三注荊湘記云金水北岸有汝南舊城宋白曰晉汝南郡人流寓夏口因僑立汝南郡縣於湰口按地形志郢州汝南郡治上蔡五代志漢東縣舊曰上蔡姚思廉梁書汝南治安陸重城據此則此汝南城即漢南城重城當爲湰城之訛即金水口也似宜在北岸又百六十七注弇口弇水入江之處正對北岸大軍山弇水其即金水之異名歟

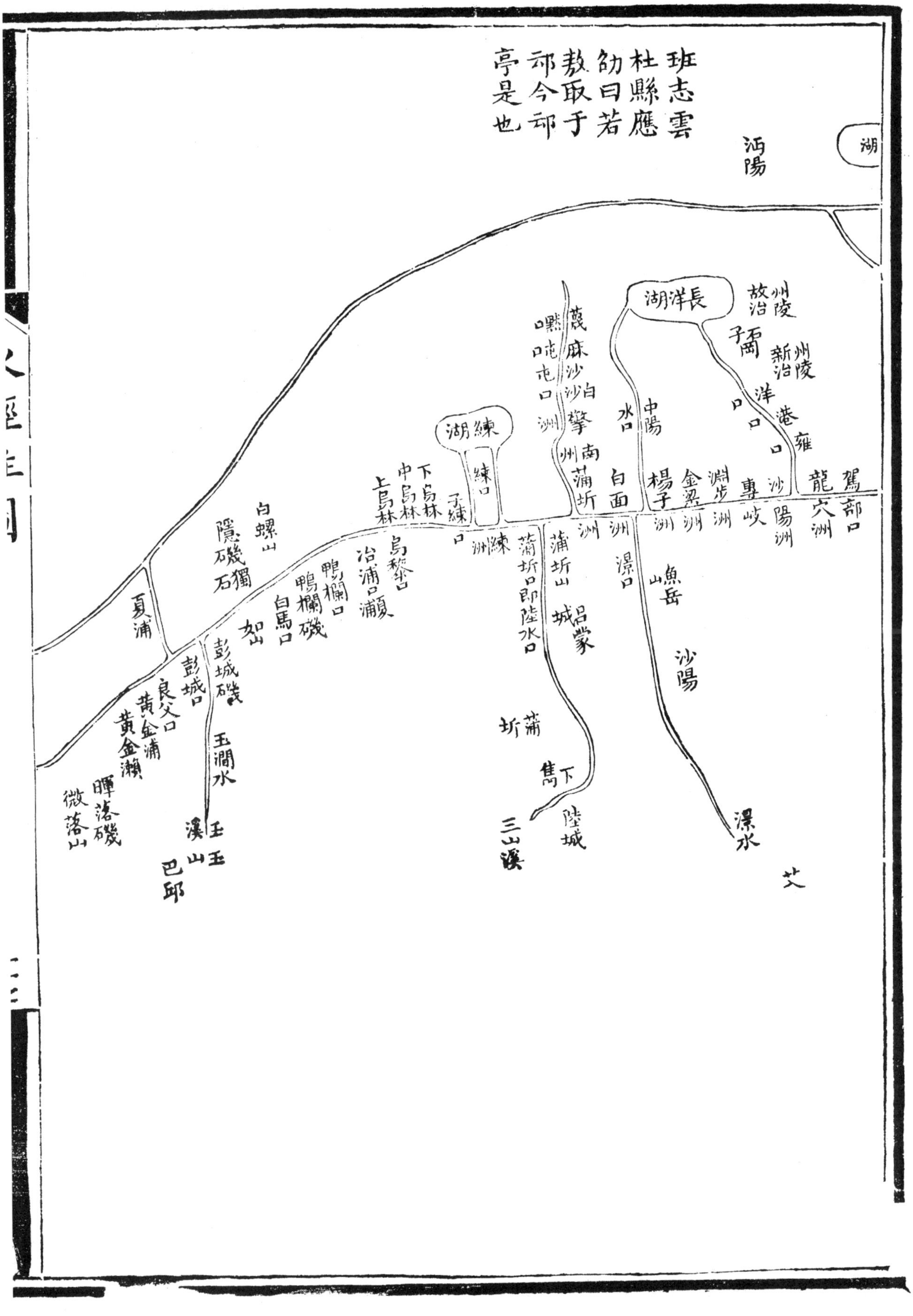
班志云杜縣應劭曰若敖取于邔今邔亭是也
湖
沔陽
長洋湖
故州陵治
新州陵治
中陽水口
洋口
雍港口
駕部口
龍穴洲
沙陽洲
專岐洲
淵步洲
金梁洲
楊子洲
白面洲
南蒲圻洲
白沙洲
練湖
練口
練洲
子練口
下烏林
中烏林
上烏林
烏黎口
治浦口
治浦
鴨闌口
鴨闌磯
白馬口
白螺山
隱磯
石獨
夏浦
彭城口
彭城磯
良父口
黃金浦
黃金瀨
玉潤水
玉山
玉溪
巴邱
蒲圻山
蒲圻口即陸水口
呂蒙城
魚岳山
沙陽
蒲圻
下雋
陸城
三山溪
艾

班志江夏郡應劭曰沔水自江別至南郡華容爲夏水過郡入江故曰江夏

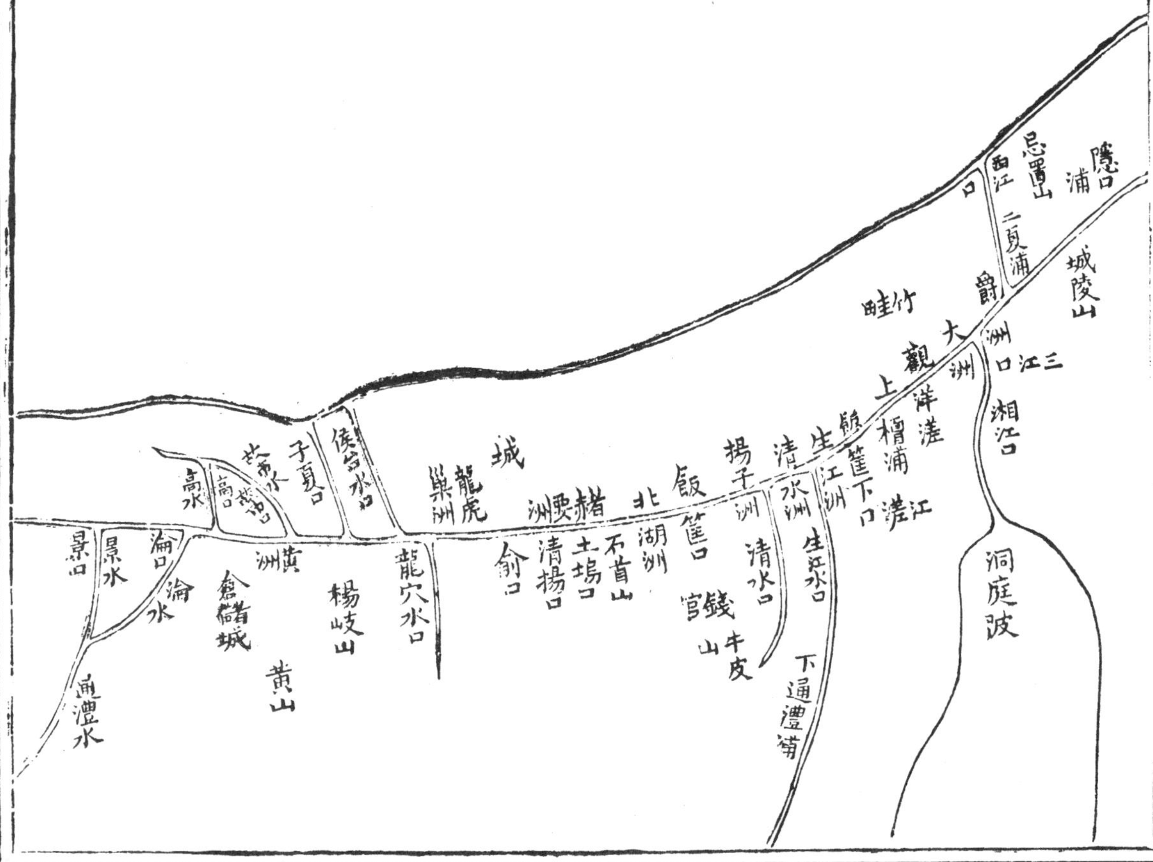

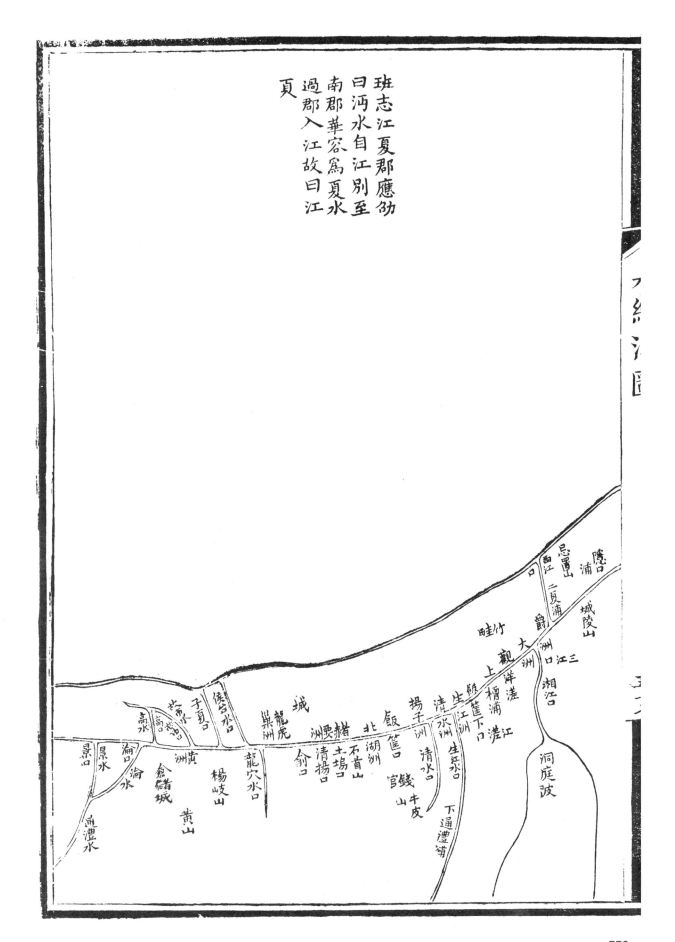

班志江陵縣故楚郢都楚文王自丹陽徙此後九世平王城之臨沮縣禹貢南條荊山在東北漳水所出東至江陵入陽水陽水入沔行六百里應劭曰沮水出漢中房陵東入江郢縣楚別邑枝江縣故羅國江沱出西東入江華容縣雲夢澤在南荆州藪夏水首受江東入沔行五百里高成縣滮山滮水所出東入繇繇水南至華容入江過郡二行五百里按漳水不入陽水也

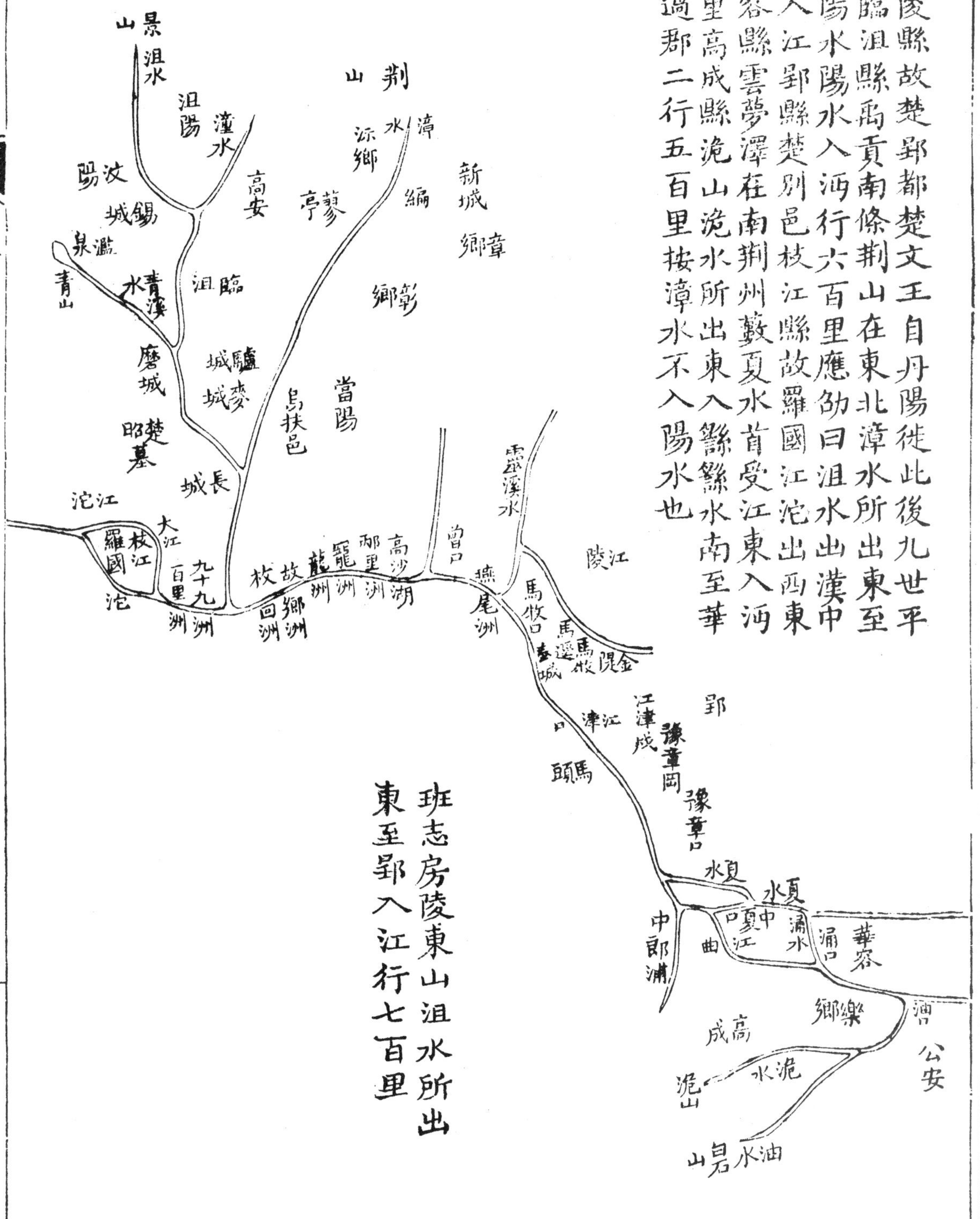

班志夷陵縣應劭曰夷山在西北巫縣夷水東至夷道入江過郡二行五百四十里應劭曰巫山在西南夷道縣應劭曰夷水出巫東入江秭歸縣歸鄉故歸國佷山出藥草

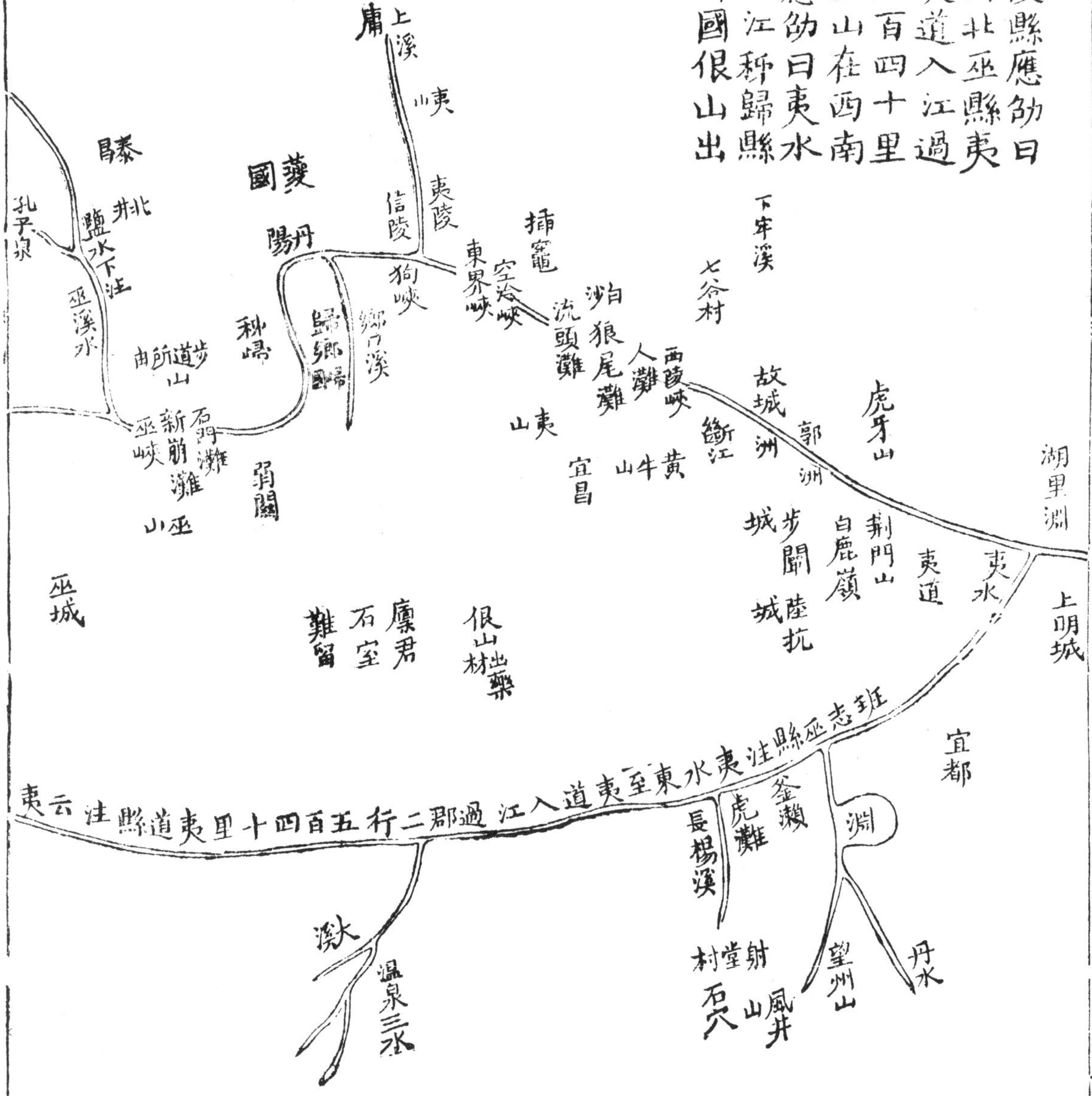

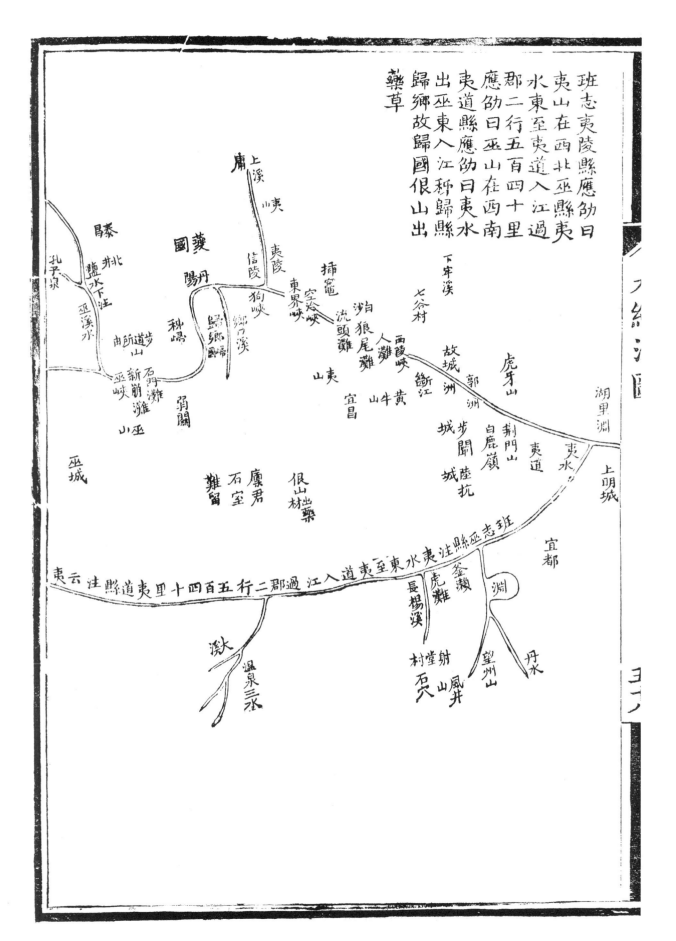

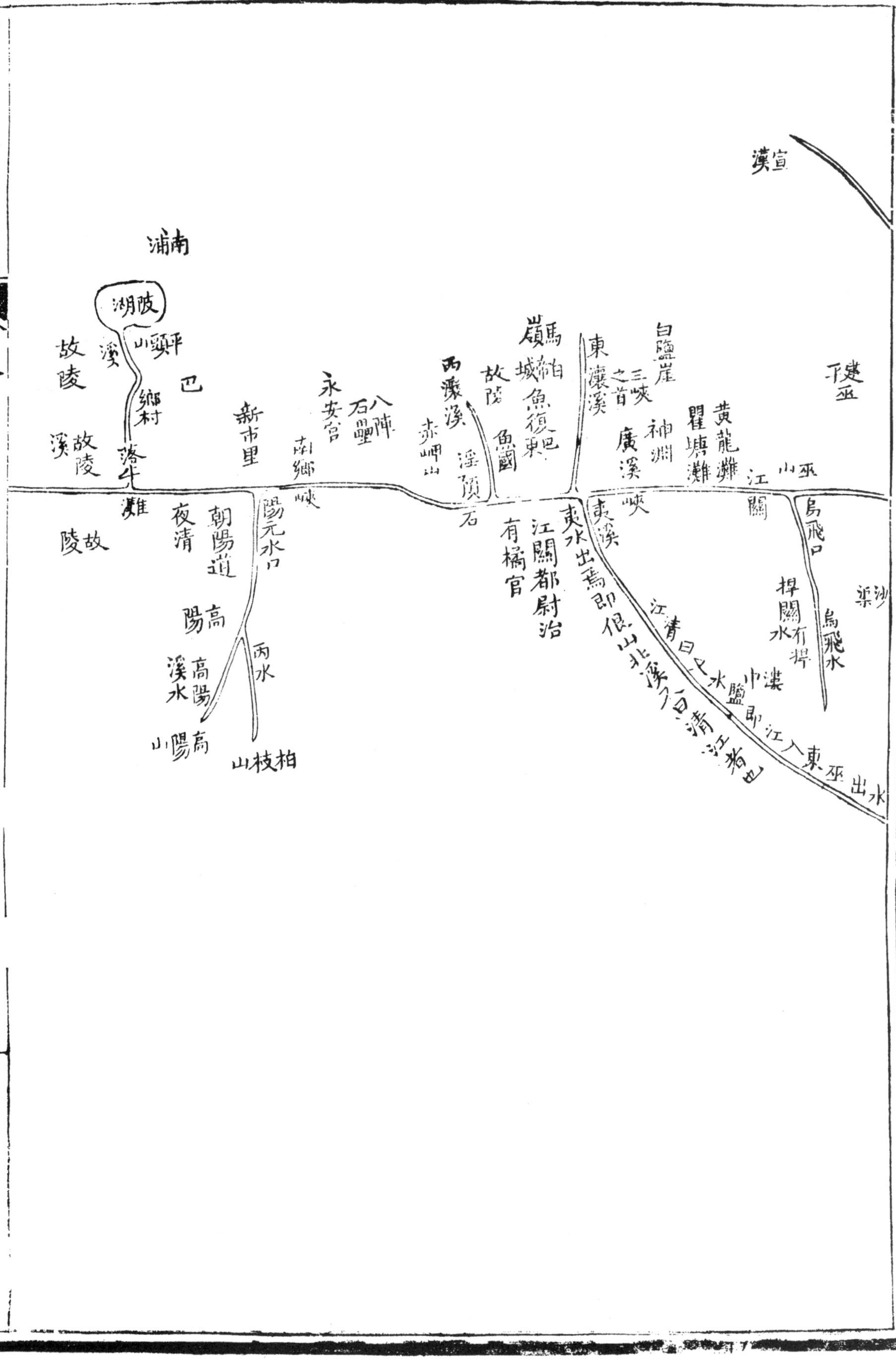
宣漢
南浦
故陵
巴
鄉村
新市里
永安宮
八陣石壘
南鄉峽
朝陽道
高陽
高陽溪水
高陽山
丙水
柏枝山
赤岬山
西瀼溪
故陵
魚復
白帝城
有橘官
江關都尉治
東瀼溪
三峽之首
白鹽崖
廣溪峽
神淵
瞿塘灘
黃龍灘
江關
巫山
烏飛口
烏飛水
捍關水
有捍關
沙渠

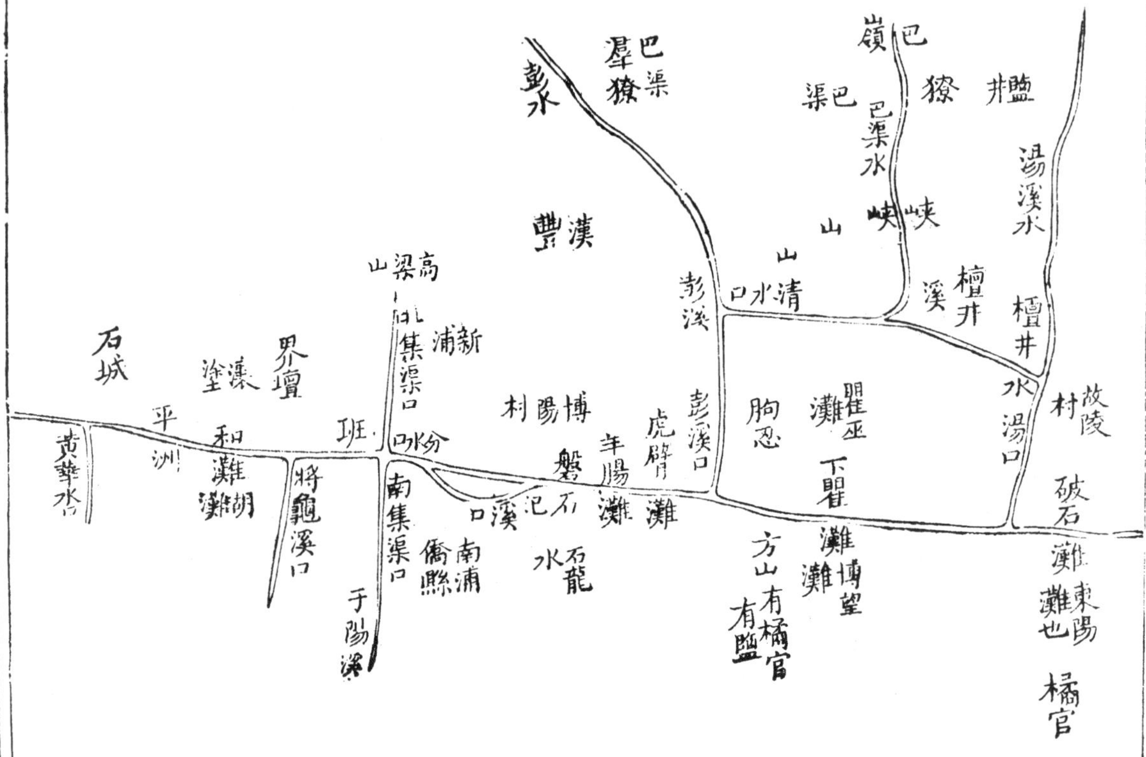

班志朐忍容毋水所出南有橘官按容毋水未聞

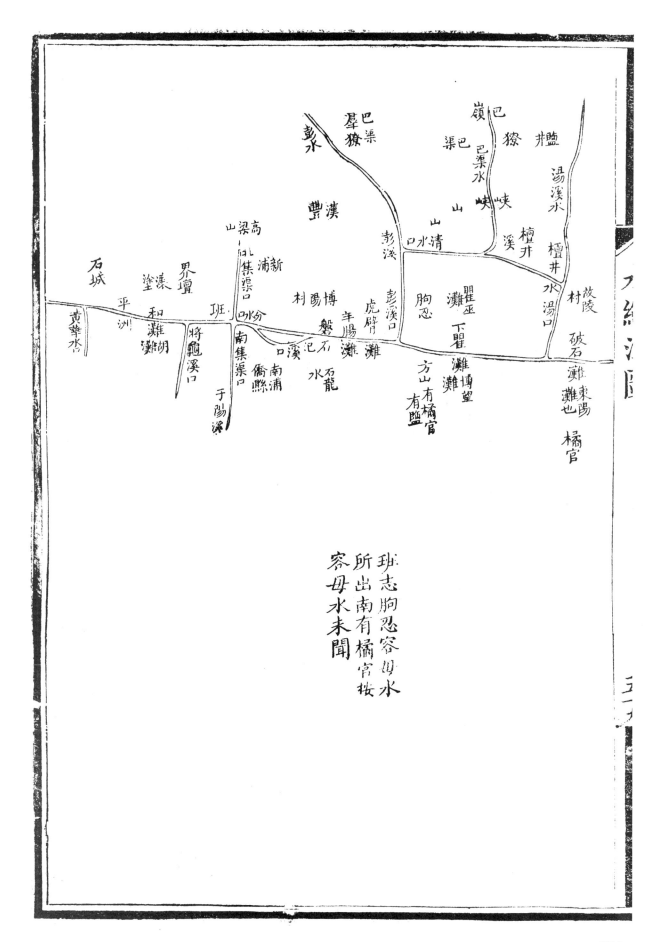

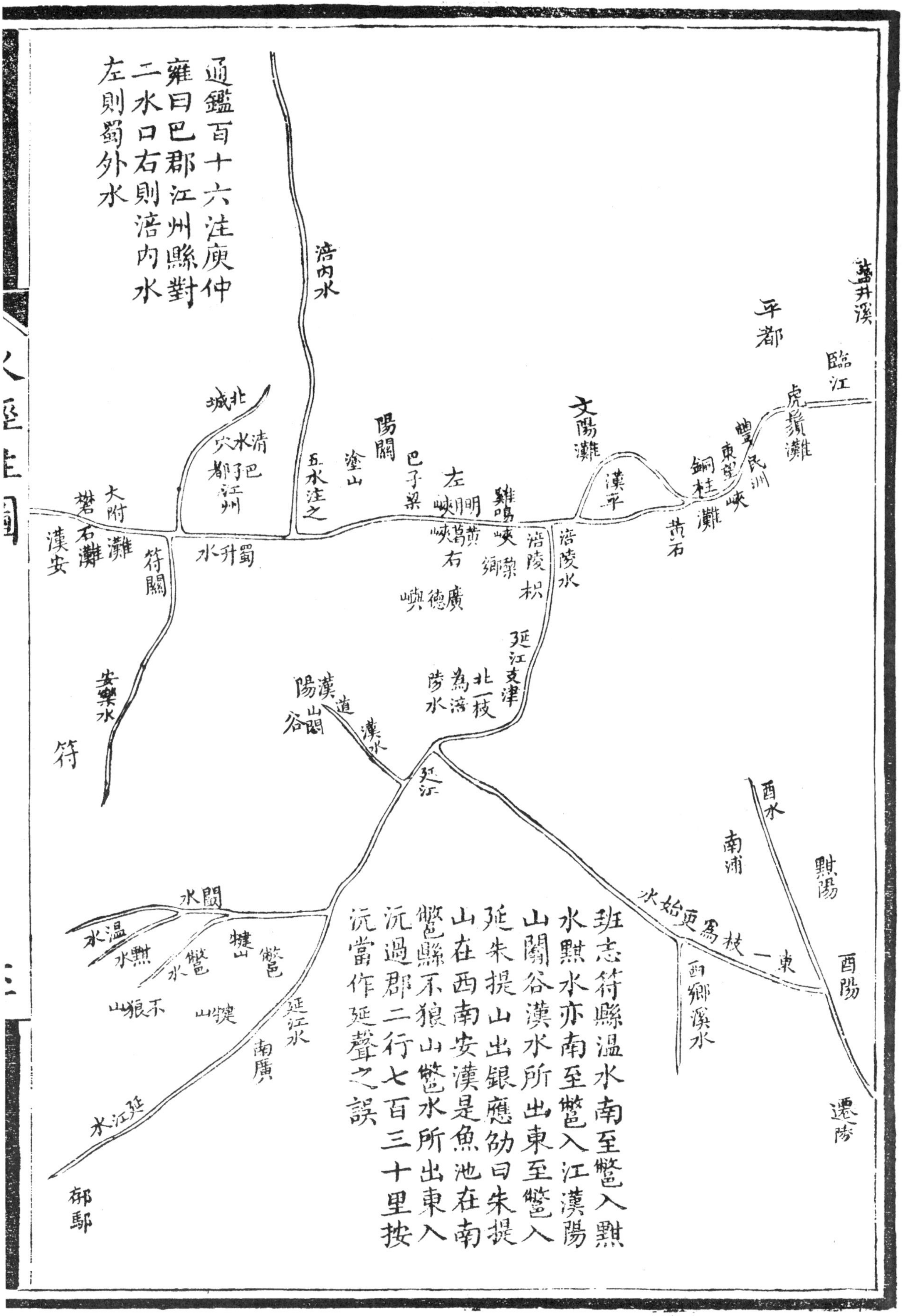
通鑑百十六注庾仲雍曰巴郡江州縣對二水口右則涪內水左則蜀外水
涪內水
平都
臨江
虎鬚灘
文陽灘
陽關
巴子梁
巴郡江州
五水注之
塗山
雞鳴峽
銅柱灘
黃石
漢平
涪陵水
大附灘
漢安
符關
蜀外水
廣德嶼
延江支津
北一枝為涪陵水
漢陽山闕谷
漢道
漢水
延江
安樂水
符
西水
南浦
黚陽
酉陽
遷陵
西鄉溪水
東一枝爲更始水
鄨水
溫水
黚水
鄨邑
不狼山
延江水
南廣
延江水
郁鄢
班志符縣溫水南至鄨入黚水黚水亦南至鄨入江漢陽山闕谷漢水所出東至鄨入延朱提山出銀應劭曰朱提山在西南安漢是魚池在南鄨縣不狼山鄨水所出東入沅過郡二行七百三十里按沅當作延聲之誤

其上接左幅

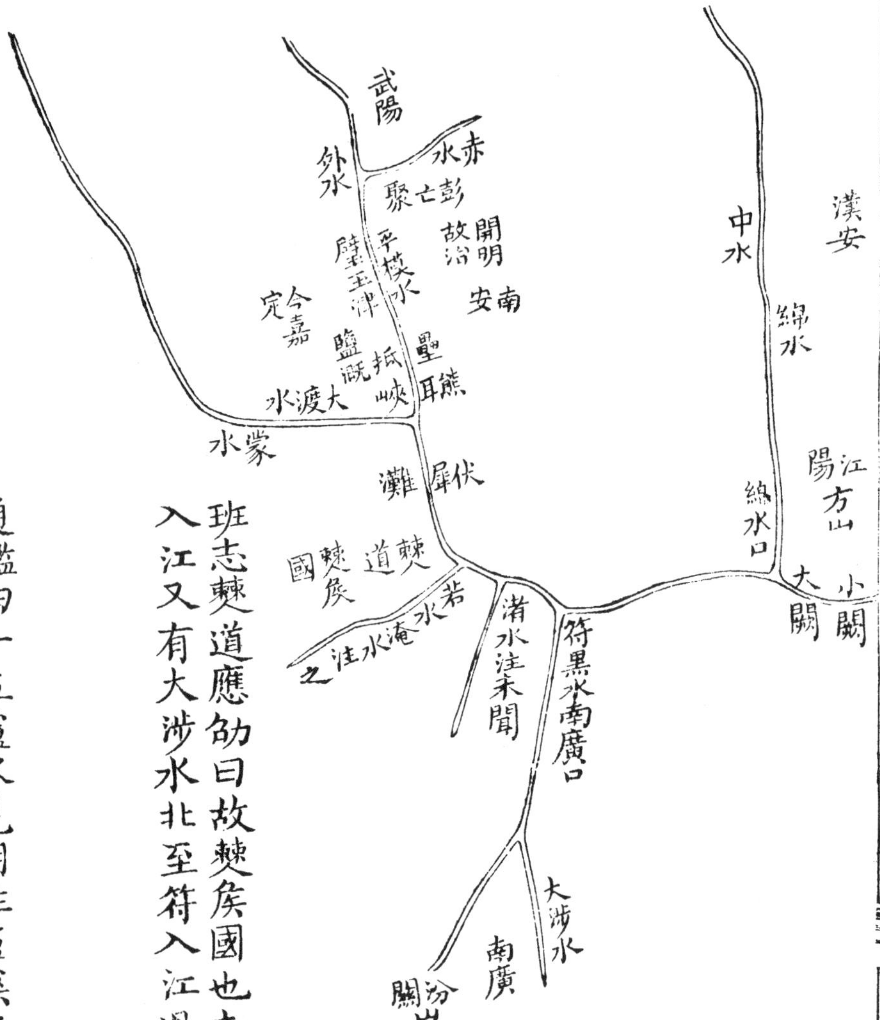

班志僰道應劭曰故僰侯國也南廣汾關山符黑水所出北至僰道入江又有大涉水北至符入江過郡三行八百四十里

通鑑四十五盧水羌胡注盧溪水出西南盧川据西南夷傳冉駹東北有黃石北地盧水胡按湟水篇有盧溪在大河以北此疑今黑水河在松潘之西即上流曰馬爾隆必拉雅爾隆必拉者也

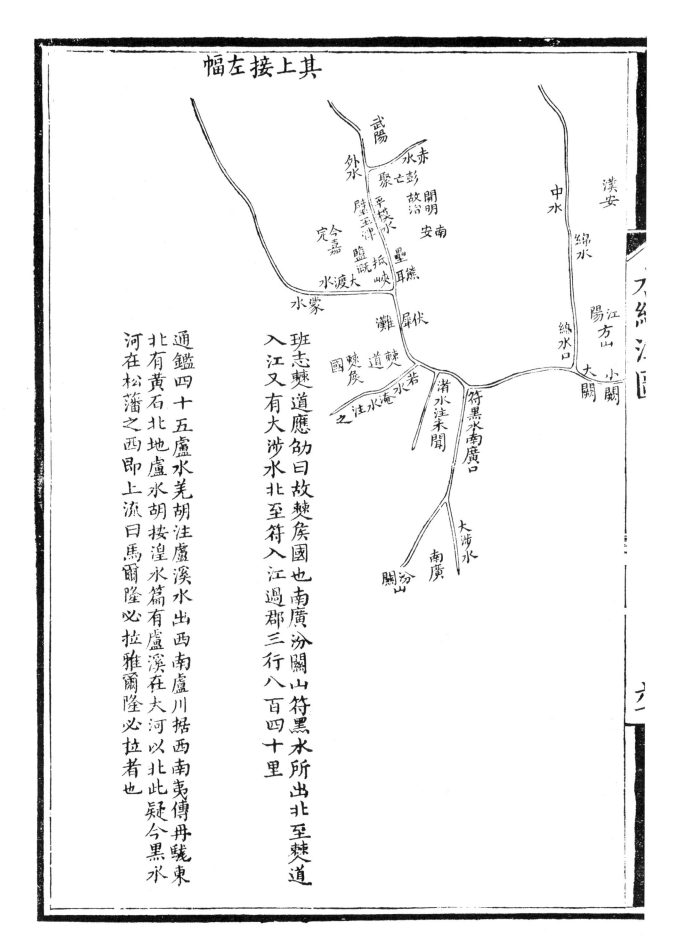

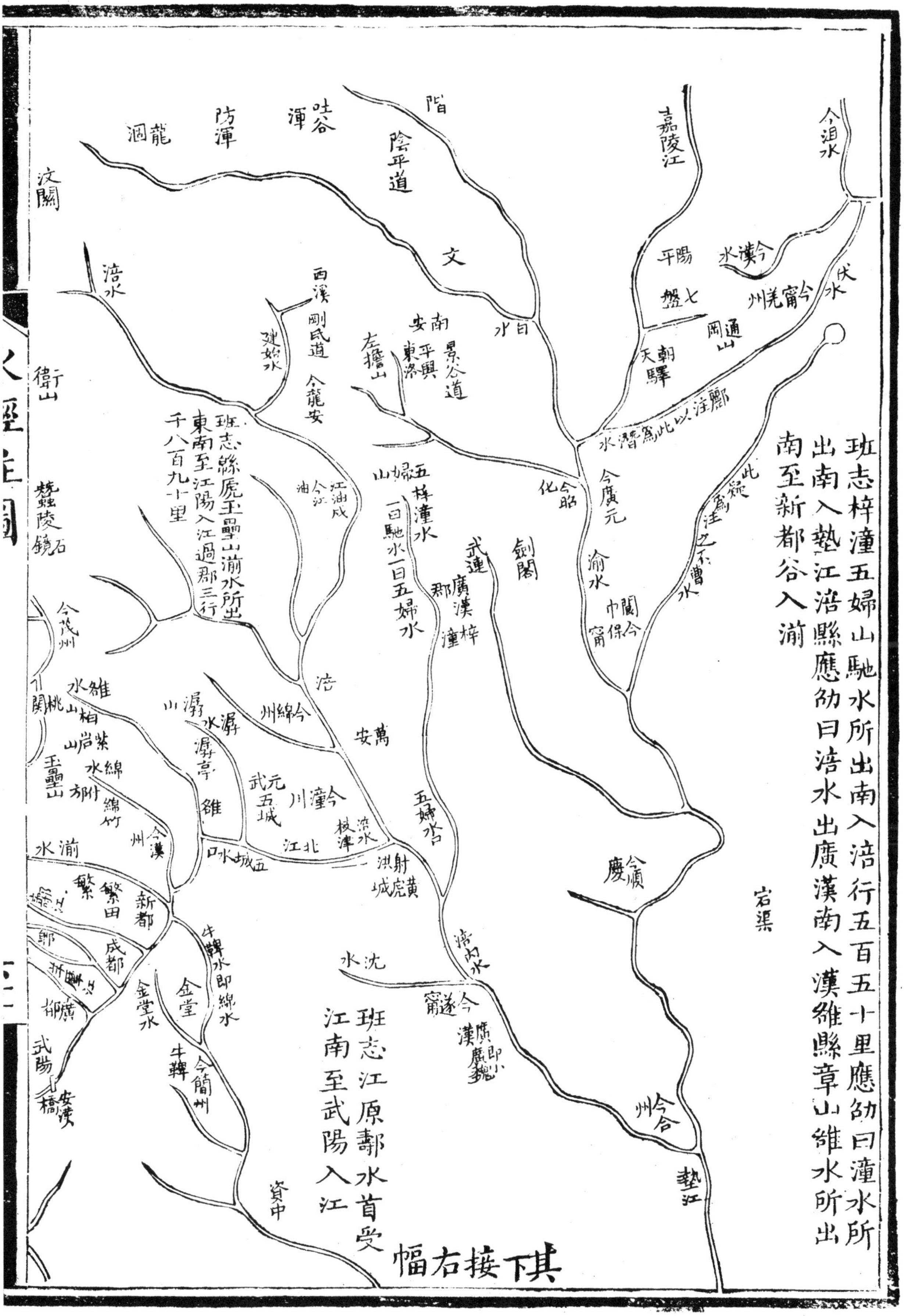
班志梓潼五婦山馳水所出南入涪行五百五十里應劭曰潼水所出南入墊江涪縣應劭曰涪水出廣漢南入漢雒縣章山雒水所出南至新都谷入湔
班志緜虒玉壘山湔水所出東南至江陽入江過郡三行千八百九十里
班志江原鄱水首受江南至武陽入江
其下接右幅
吐谷渾
防渾
龍涸
陰平道
文
嘉陵江
汶關
涪水
西漢
剛氐道
建始水
今龍安
白水
平陽
七盤
今漢水
今寧羌州
伏水
天朝驛
通岡山
鄭注以此爲潛水
南安
左擔山
東洛
平興
景谷道
五婦山
梓潼水
馳水一曰五婦水
今昭化
今廣元
劍閣
武連
廣漢郡
梓潼
渝水
今閬中
保寧
今江油
江油戍
今茂州
蠶陵
雒水
桃關
紫岩山
玉壘山
綿水
什邡
綿竹
今漢州
湔水
繁
新都
成都
郫
廣都
武陽
安漢
今綿州
涪
萬安
今潼川
五城
北江
五城水口
射洪
黃虎城
五婦水口
涪內水
沈水
今遂寧
今廣安
宕渠
今合州
墊江
金堂
金堂水
牛鞞
今簡州
資中

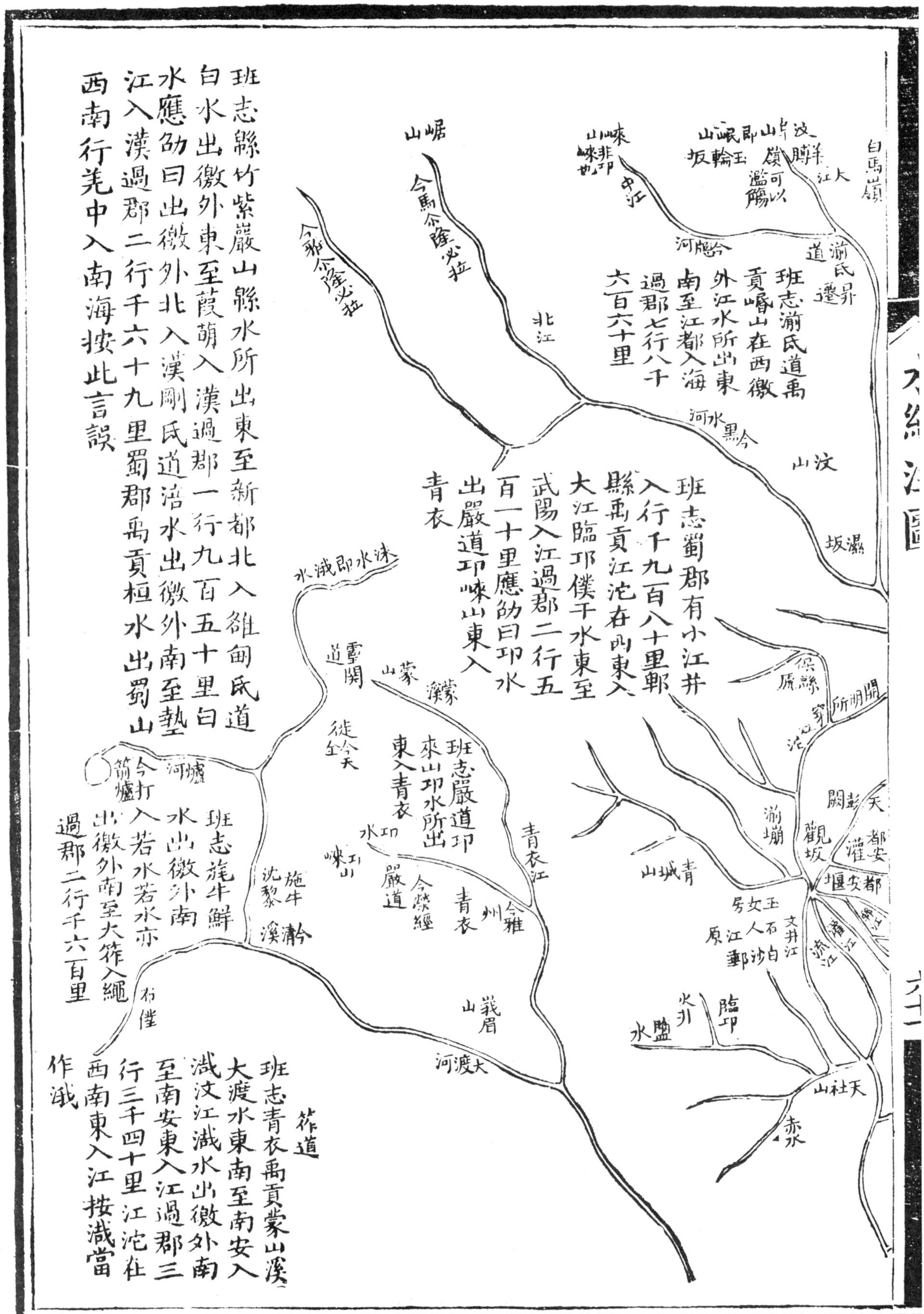

班志緜竹紫巖山緜水所出東至新都北入雒甸氐道
白水出徼外東至葭萌入漢過郡一行九百五十里白
水應劭曰出徼外北入漢剛氐道涪水出徼外南至墊
江入漢過郡二行千六十九里蜀郡禹貢桓水出蜀山
西南行羌中入南海按此言誤
岷山
白馬嶺
大江
中江
北江
汶山
湔氐道
今臨河
今黑水河
班志湔氐道禹
貢嶓山在西徼
外江水所出東
南至江都入海
過郡七行八千
六百六十里
班志蜀郡有小江并
入行千九百八十里郪
縣禹貢江沱在西東入
大江臨邛僕千水東至
武陽入江過郡二行五
百一十里應劭曰邛水
出嚴道邛崍山東入
青衣
沫水即渽水
靈關道
蒙山
蒙溪
開明所
青城山
觀坂
都安
天彭闕
臨邛
鹽水
火井
天社山
赤水
班志嚴道邛
來山邛水所出
東入青衣
邛水
邛崍山
嚴道
今滎經
青衣
今雅州
青衣江
峨眉山
大渡河
班志旄牛鮮
水出徼外南
入若水若水亦
出徼外南至大筰入繩
過郡二行千六百里
旄牛
沈黎
今清溪
今打箭爐
筰道
班志青衣禹貢蒙山溪
大渡水東南至南安入
渽汶江渽水出徼外南
至南安東入江過郡三
行三千四十里江沱在
西南東入江按渽當
作涐

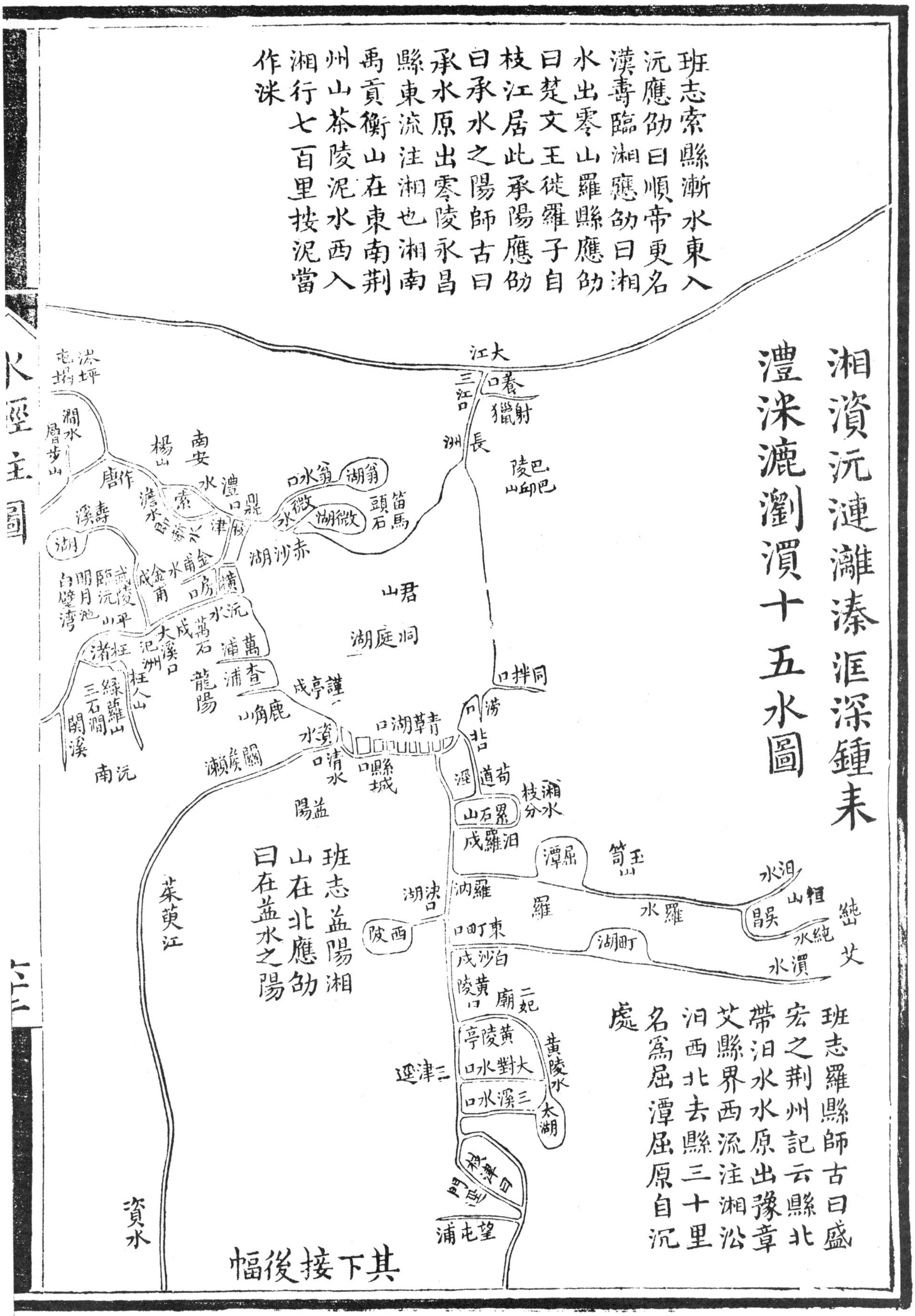
湘澬沅漣灕溱涯深鍾耒
澧洣漉瀏溳十五水圖
班志索縣漸水東入沅應劭曰順帝更名漢壽臨湘縣應劭曰湘水出零山羅縣應劭曰楚文王徙羅子自枝江居此承陽應劭曰承水之陽師古曰承水原出零陵永昌縣東流注湘也湘南禹貢衡山在東南荊州山茶陵泥水西入湘行七百里按泥當作洣
班志益陽湘山在北應劭曰在益水之陽
班志羅縣師古曰盛宏之荊州記云縣北帶汨水水原出豫章艾縣界西流注湘沿汨西北去縣三十里名爲屈潭屈原自沉處
其下接後幅
大江
三江口
長洲
巴陵
君山
洞庭湖
赤沙湖
青草湖口
同拌口
資水
茱萸江
益陽
西陵
羅水
汨水
汨羅戍
湘水
望屯浦
南沅
龍陽
沅水
澧口
作唐
南安
楊山

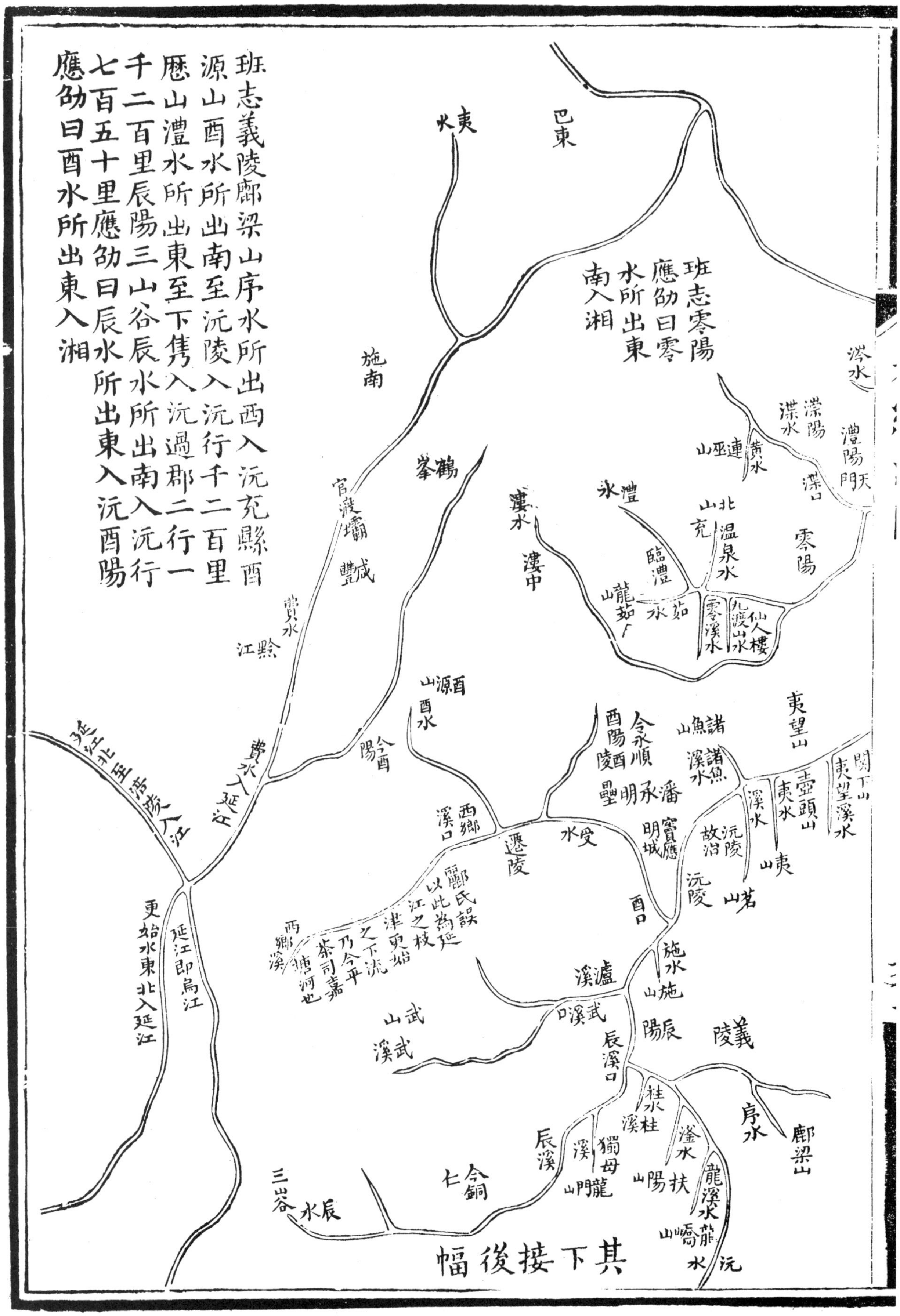
班志義陵鄜梁山序水所出西入沅充縣酉源山酉水所出南至沅陵入沅行千二百里歷山澧水所出東至下雋入沅過郡二行一千二百里辰陽三山谷辰水所出南入沅行七百五十里應劭曰辰水所出東入沅酉陽應劭曰酉水所出東入湘
班志零陽應劭曰零水所出東南入湘
其下接後幅

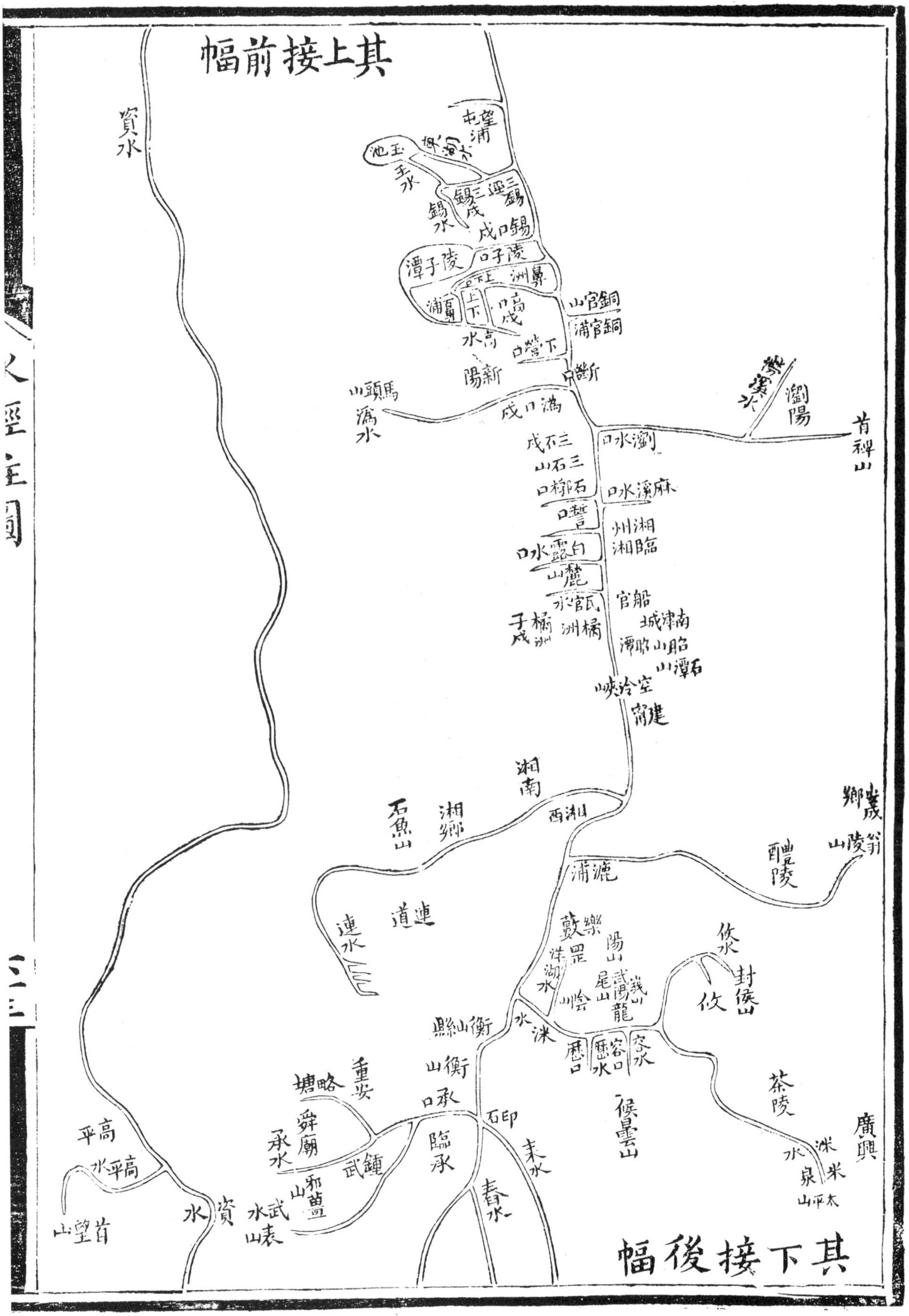
其上接前幅
資水
玉池
錫口戍
陵子口
陵子潭
鼻洲
銅官山
銅官浦
下營口
高水
新陽
斷口
馬頭山
溈口戍
溈水
三石戍
三石山
瀏水口
麻溪水口
瀏陽
首禪山
湘州
臨湘
白露水口
麓山
船官
南津城
橘洲
石潭山
空泠峽
建寧
南湘
湘西
湘鄉
石魚山
漉浦
醴陵
翁陵山
連道
連水
攸水
攸
衡山縣
衡山
洣水
承口
重安
舜廟
承水
鍾武
臨承
印石
耒水
舂水
資水
武水
高平
高平水
首望山
茶陵
廣興
米泉水
洣水
太平山
其下接後幅

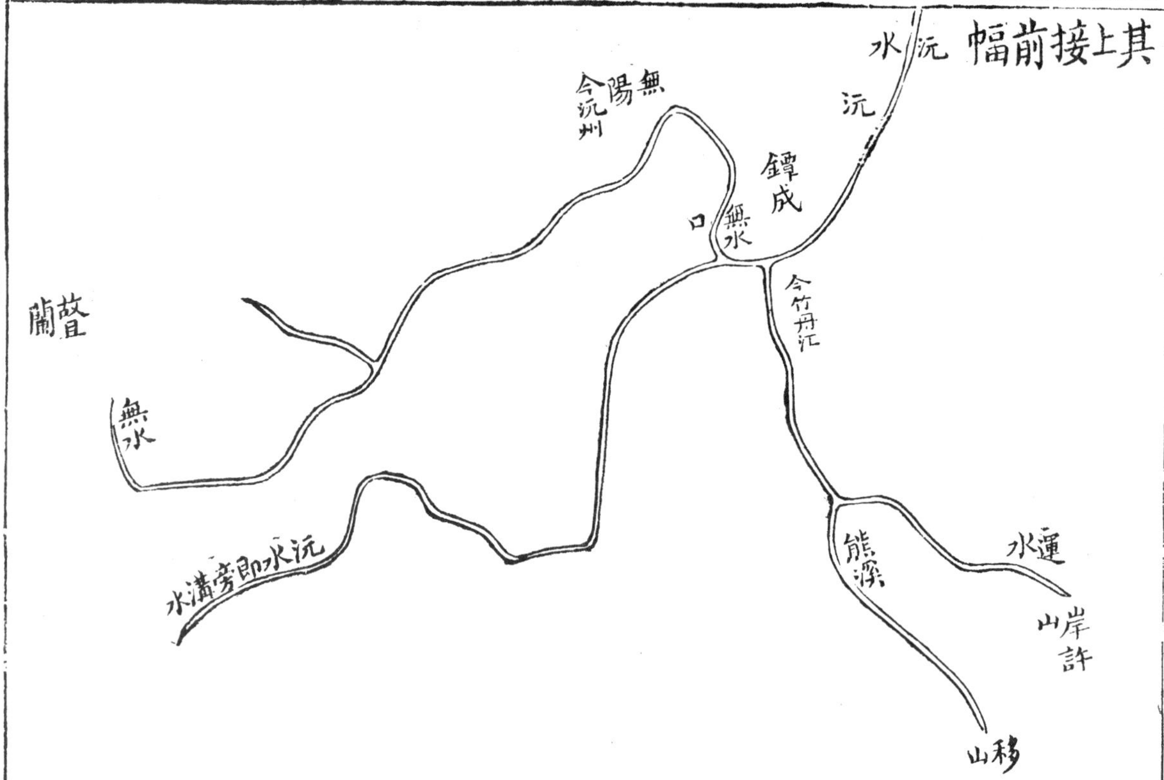

班志無陽無水首受故且蘭南入沅行八百九十里臨沅應劭曰沅水出牂柯入于江故且蘭沅水東南至益陽入江過郡二行二千五百三十里應劭曰故且蘭侯邑也

其上接前幅

班志郴縣耒山耒水所出西至湘南入湖耒陽舂山舂水所出北至酃入湖過郡二行七百八十里師古曰在耒水之陽也

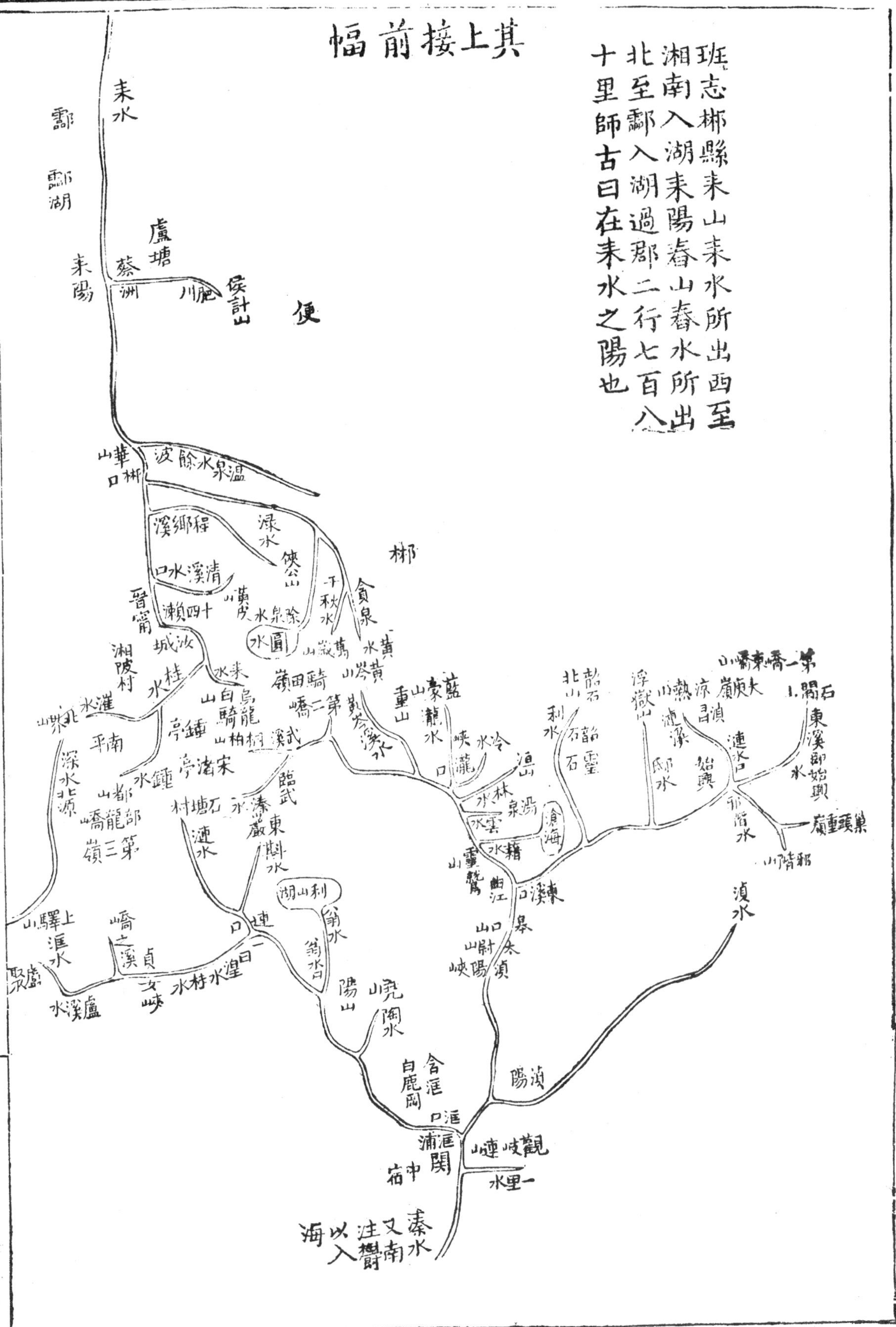

其上接前

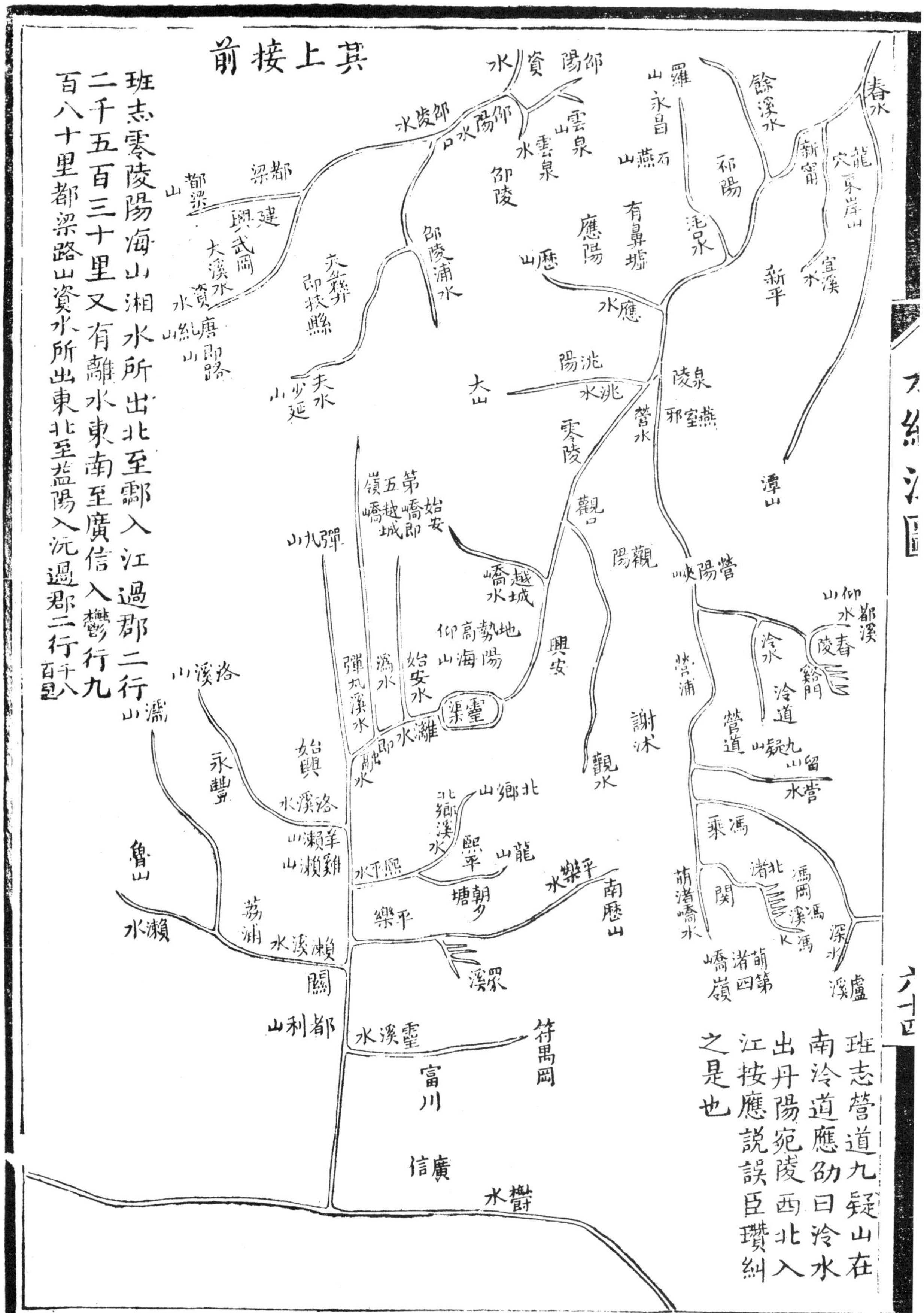

班志零陵陽海山湘水所出北至酃入江過郡二行二千五百三十里又有離水東南至廣信入鬱行九百八十里都梁路山資水所出東北至益陽入沅過郡二行千八百里
班志營道九疑山在南泠道應劭曰泠水出丹陽宛陵西北入江按應說誤臣瓚糾之是也
邵陽
資水
邵陵水
邵陽水
都梁
都梁山
建興
武岡
大溪水
資水
唐糺山
唐路山
邵陵
雲泉山
雲泉水
羅山
永昌
石燕山
餘溪水
祁陽
洮泉水
新甯
龍穴東岸山
舂水
應陽
有鼻墟
應山
應水
新平
宜溪水
夫夷
即扶縣
邵陵浦水
夫水
延少山
大山
洮陽
洮水
泉陵
營水
燕室邪
零陵
觀口
觀陽
營陽峽
都溪
春陵
仰水山
泠水
鍾門
泠道
營道
九疑山
留山
營水
第五嶠
嶺即越城
始安嶠
越城嶠水
地勢高仰
陽海山
始安水
灕水
灕水
彈丸山
彈丸溪水
興安
謝沭
營浦
觀水
始興
洛溪山
洛溪水
永豐
北鄉山
北鄉溪水
熙平
龍山
平樂水
南歷山
乘馮
馮溪
萌渚嶠水
萌渚
鍾阝
第四萌渚嶠
深水
盧溪
羊瀨山
雞瀨山
熙平水
朝夕塘
平樂
瀨溪水
關
衆溪
瀨水
都利山
靈溪水
符禺岡
富川
廣信
鬱水

漸江水圖

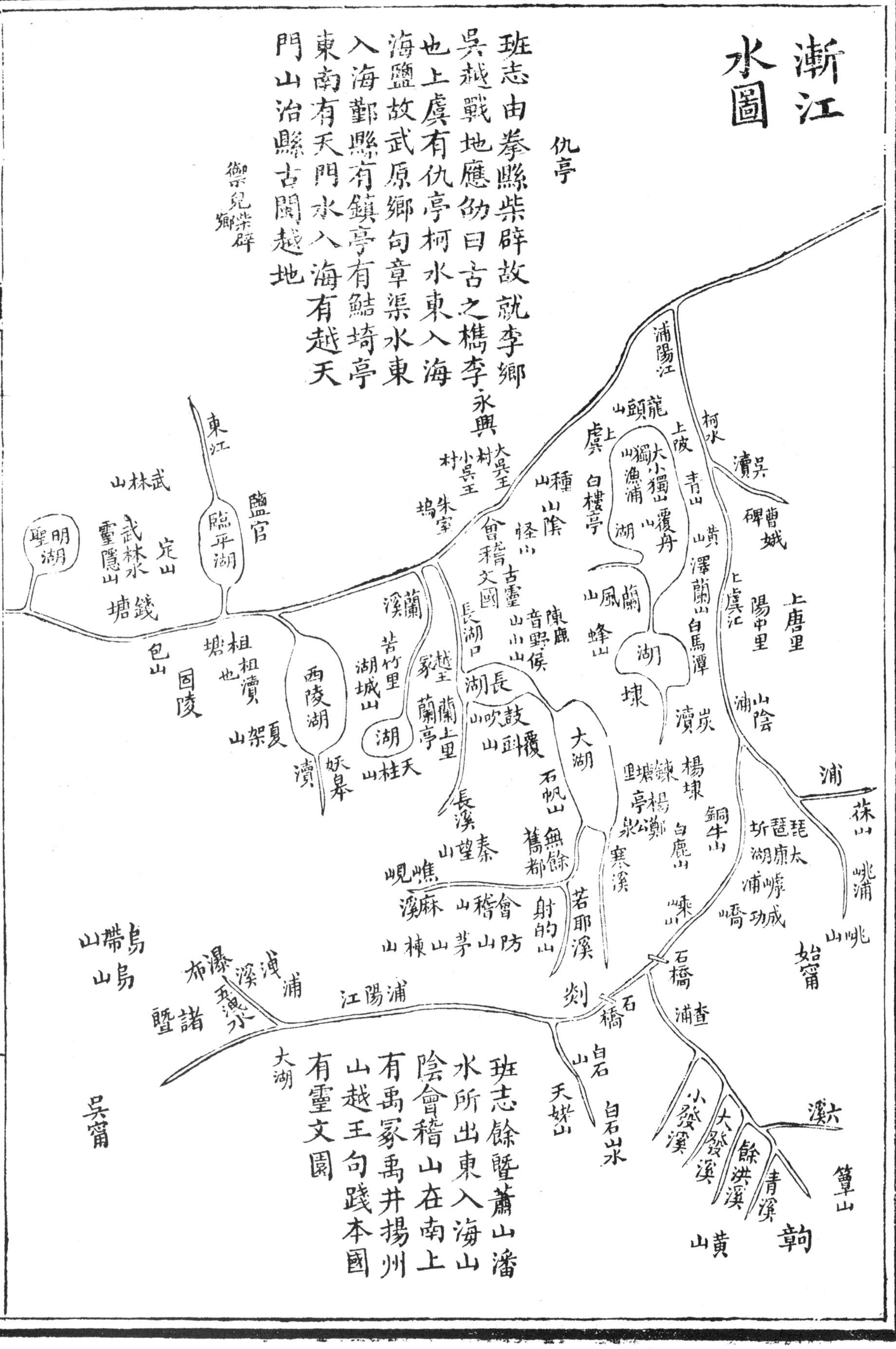

班志由拳縣柴辟故就李鄉吴越戰地應劭曰古之槜李也上虞有仇亭柯水東入海海鹽故武原鄉句章渠水東入海鄞縣有鎮亭有鮚埼亭東南有天門水入海有越天門山治縣古闕越地

班志餘暨蕭山潘水所出東入海山陰會稽山在南上有禹冢禹井揚州山越王句踐本國有靈文園

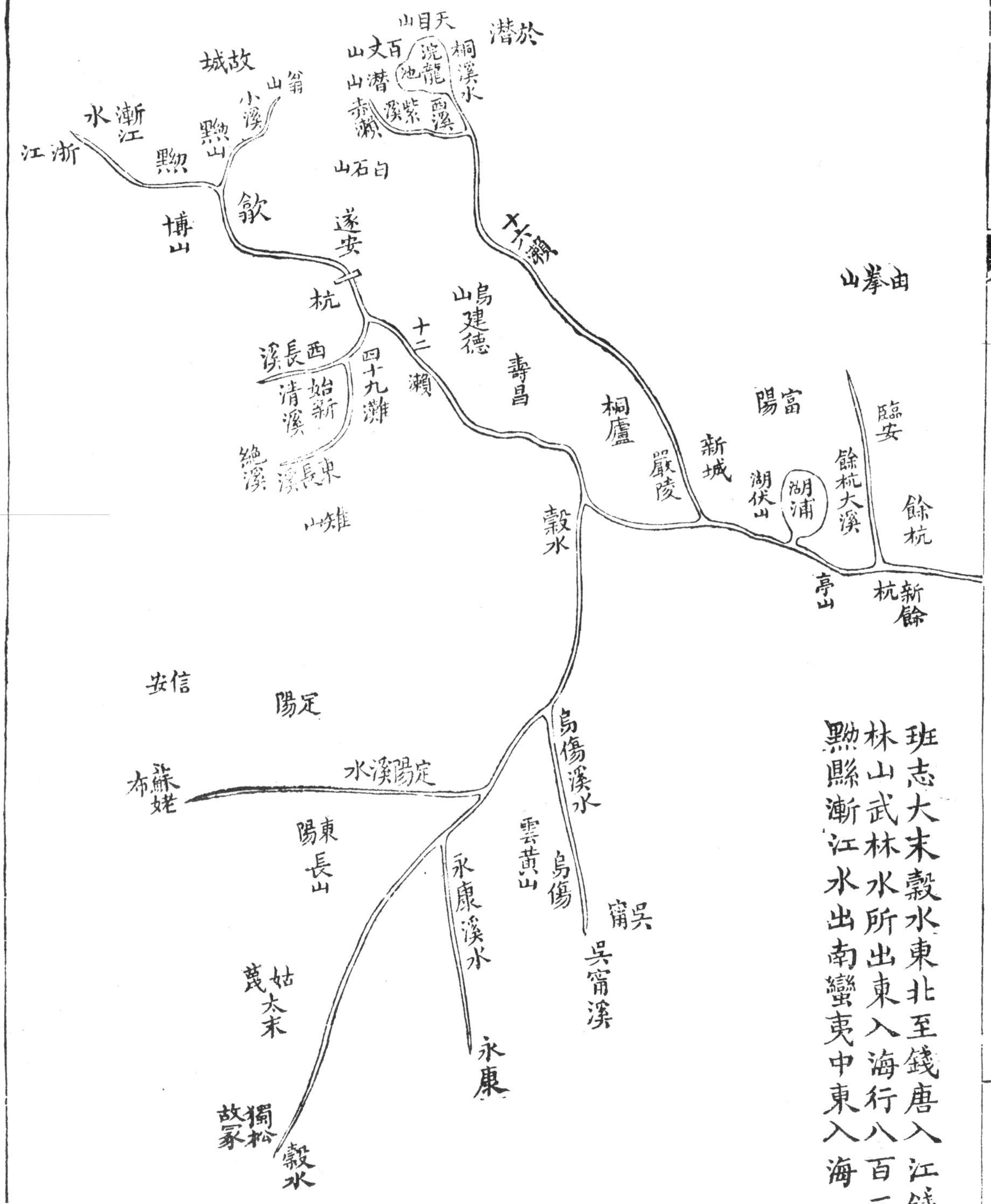

班志大末穀水東北至錢唐入江錢唐武林山武林水所出東入海行八百三十里黟縣漸江水出南蠻夷中東入海

存温葉榆泿斤江圖

班志臨武秦水東南至湞陽入匯行七百里桂陽匯水南至四會入鬱過郡二行九百里應劭曰桂水所出東北入湘含洭應劭曰洭水所出東北入沅湞陽應劭曰湞水出南海龍川西入秦按秦今作溱番禺尉佗都中宿有洭浦官

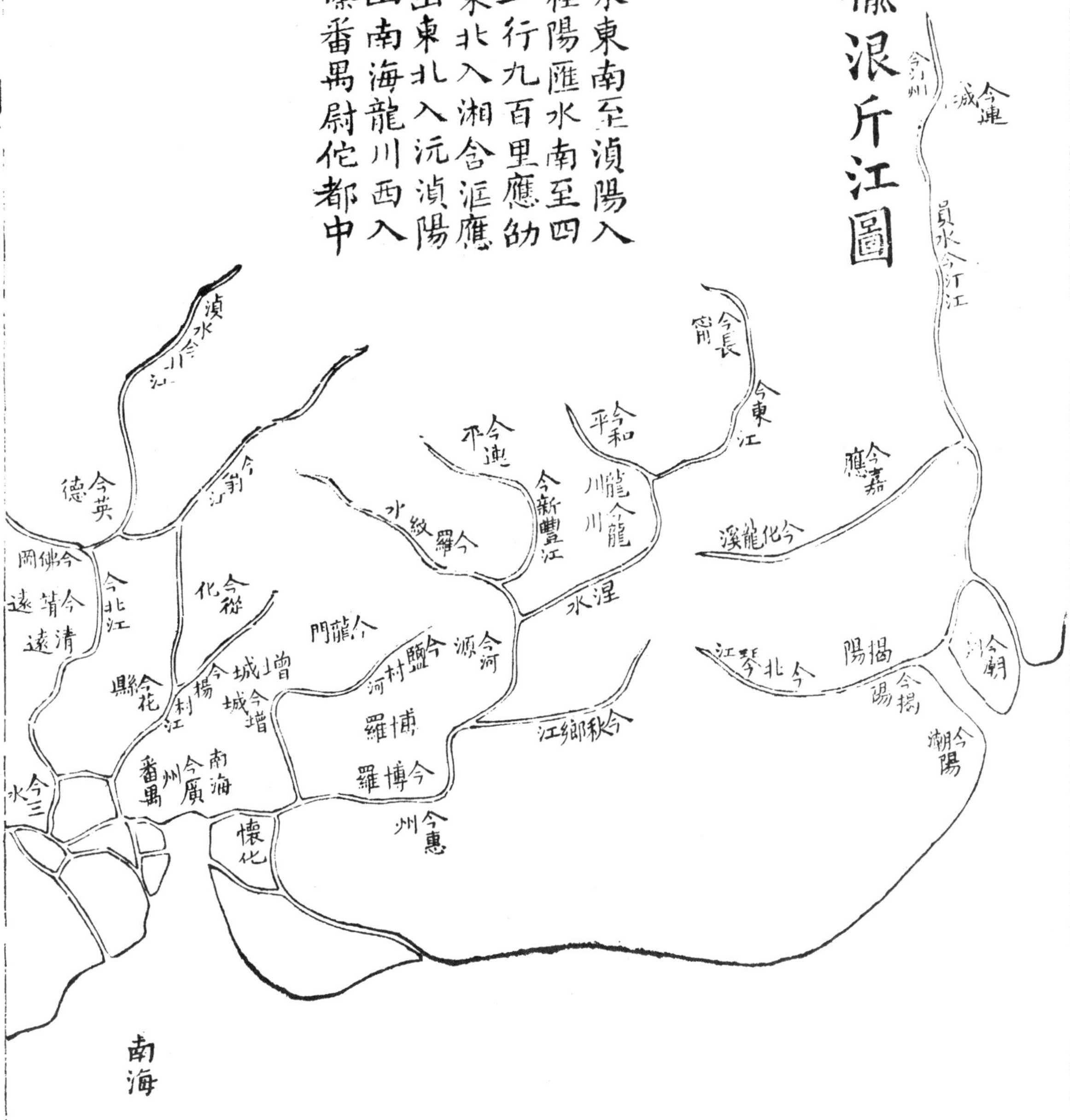

班志鐔成康谷水南入海玉山潭水所出東至阿林入鬱過郡二行七百二十里應劭曰潭水所出東入鬱按康谷水未詳鬱林郡有小谿川水七并行三千一百一十里廣鬱鬱水首受夜郎豚水東至四會入海過郡四行四千三十里中留師古曰水名臨塵朱涯水入領方又有斤員水又有侵離水行七百里定周水首受無斂東入潭行七百九十里增食驩水首受牂柯東界入朱涯水行五百七十里

班志雍雞有關今昆侖關也謝沐有關蒼梧郡有離水關荔浦有荔平關猛陵龍山合水所出南至布山入海封陽應劭曰在封水之陽臨允牢水北至高要入鬱過郡三行五百三十里

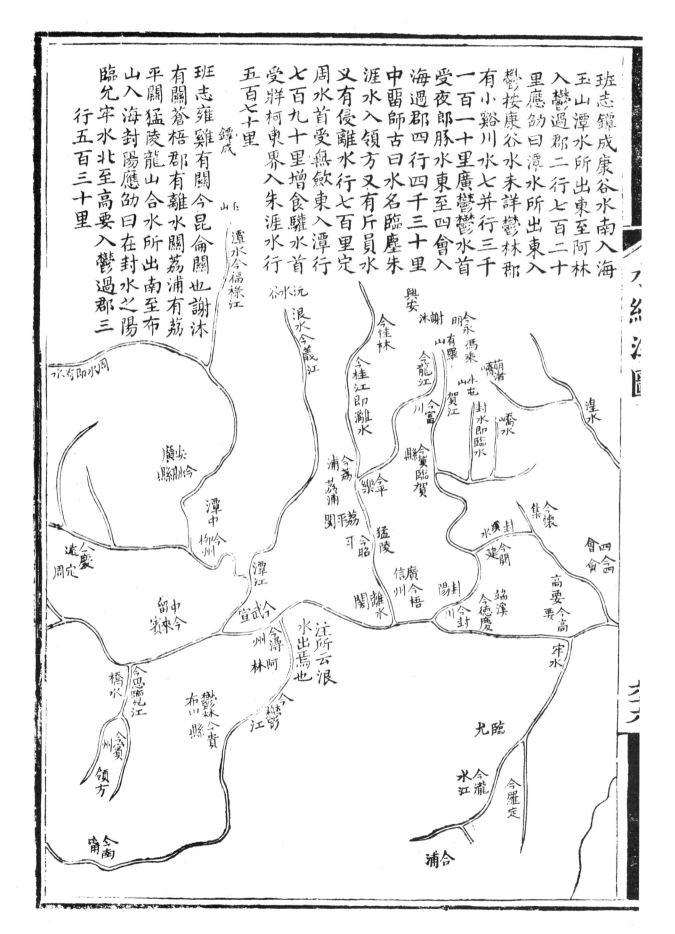

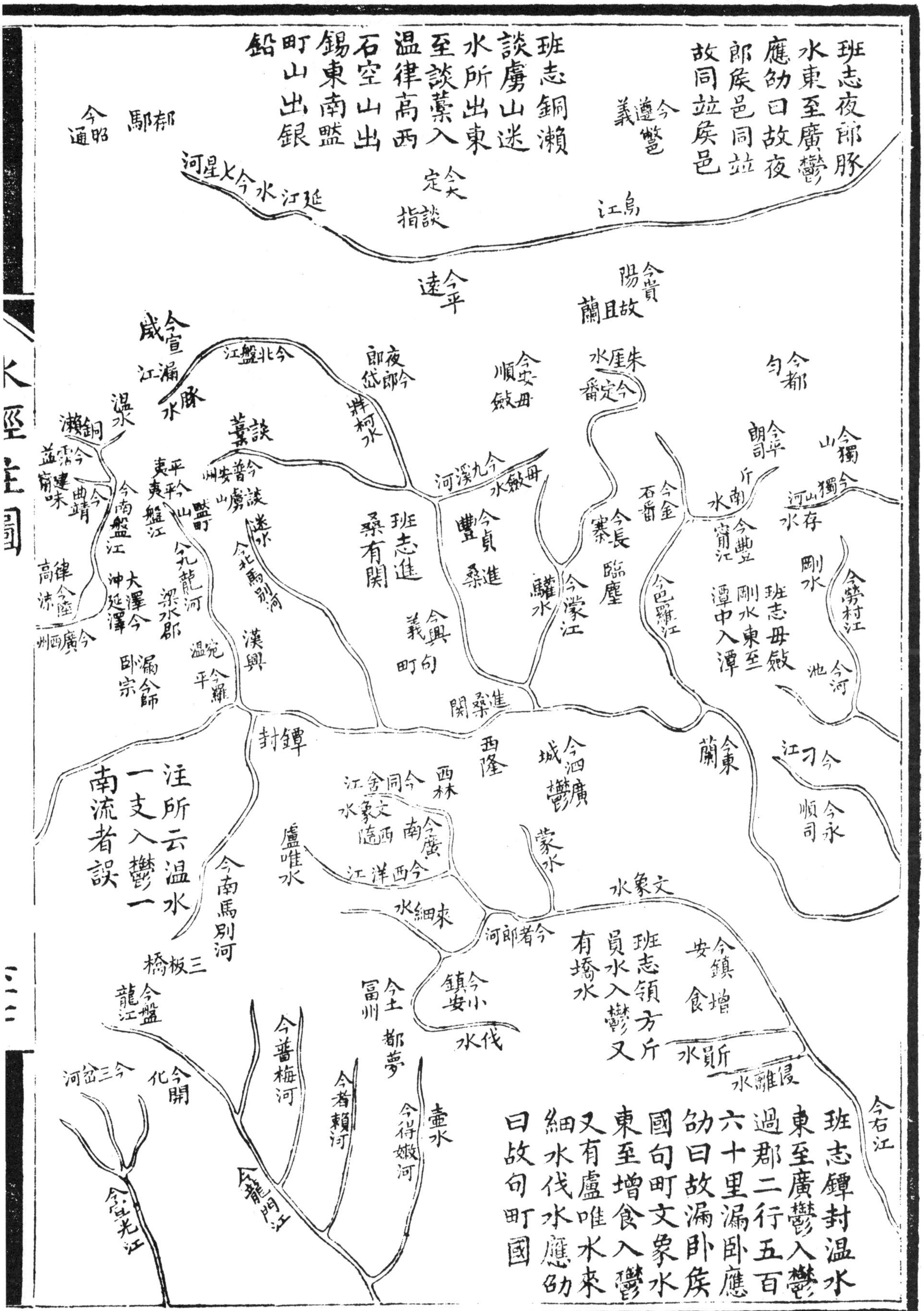
班志夜郎豚水東至廣鬱應劭曰故夜郎侯邑同竝故同竝侯邑
班志銅瀨談虜山迷水所出東至談稾入温律高西石空山出錫東南盬町山出銀鉛
今遵義
鄨
都鄙
今昭通
今大定
談指
延江
烏江
今平遠
今貴陽
故且蘭
今宣威
漏江
豚水
今北盤江
夜郎
今郎岱
牂柯水
今安順
毋斂
朱厓水
今定番
今都匀
銅瀨
温水
談稾
今普安州
談虜山
迷水
今九溪河
毋斂水
班志進桑有關
今貞豐
進桑
今長寨
臨塵
今蒙江
驩水
今金石阡
今朗寧
今獨山
獨山河
南斤水
存水
今豐寧江
班志毋斂剛水東至潭中入潭
剛水
今勞村江
今曲靖
今南盤江
今九龍河
今北馬別河
大澤
沖延澤
梁水郡
高律
今廣西州
漢興
今興義
句町
今河池
漏卧
今師宗
温宛
今羅平
進桑關
鐔封
西隆
今泗城
廣鬱
今東蘭
今刁江
今永順
注所云温水一支入鬱一南流者誤
今同舍江
西林
文象水
今廣南
西隨
盧唯水
今西洋江
蒙水
文象水
今南馬別河
來細水
今者郎河
班志領方斤員水入鬱又有橋水
今鎮安
增食
三板橋
今盤龍江
今小鎮安
今土富州
都夢
伐水
斤員水
侵離水
今三岔河
今開化
今蕃梅河
今者賴河
今得嫩河
牽水
今龍門江
今右江
今白光江
班志鐔封温水東至廣鬱入鬱過郡二行五百六十里漏卧應劭曰故漏卧侯國句町文象水東至增食入鬱又有盧唯水來細水伐水應劭曰故句町國

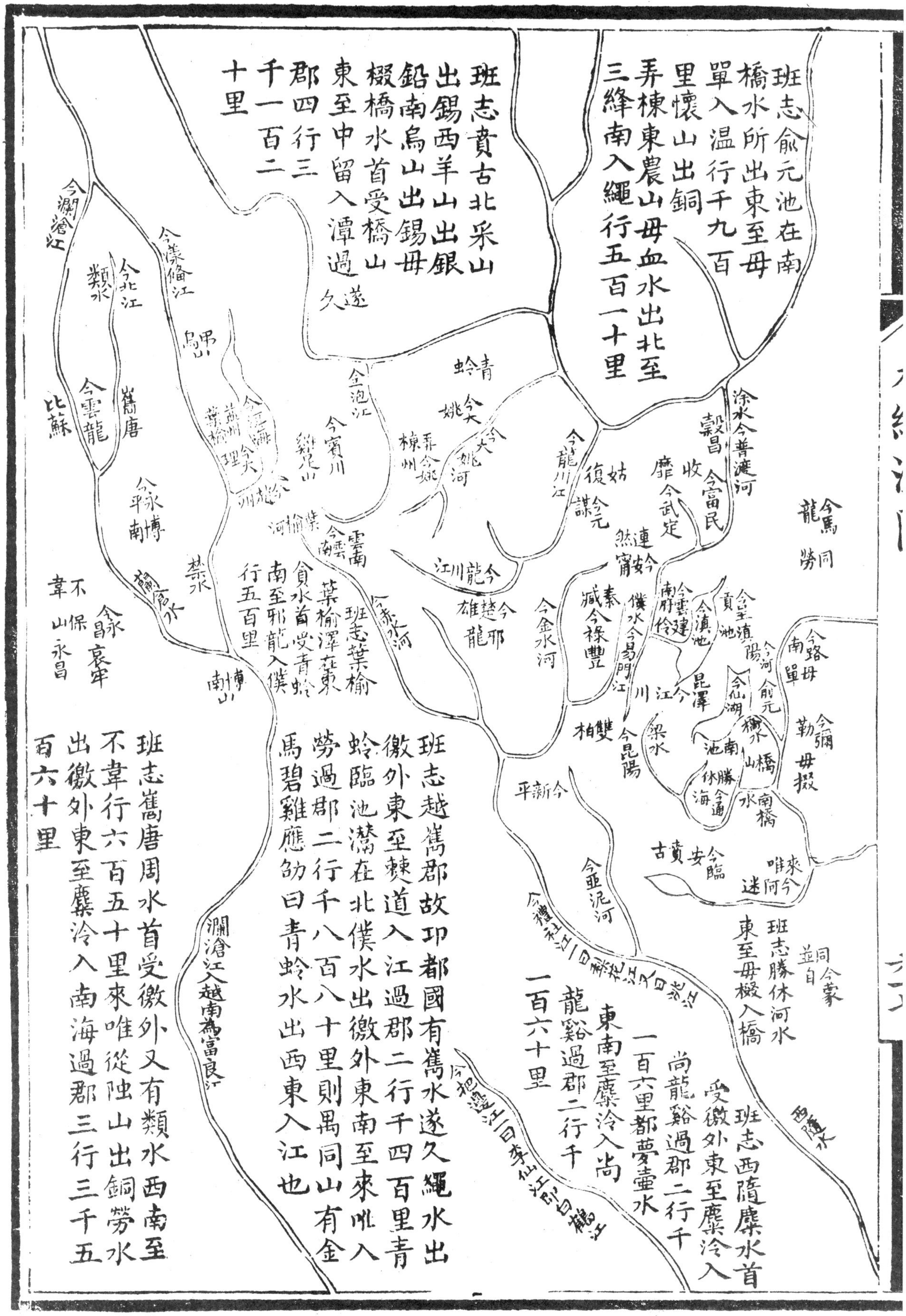
班志俞元池在南橋水所出東至毋單入温行千九百里懷山出銅弄棟東農山毋血水出北至三絳南入繩行五百一十里
班志賁古北采山出錫西羊山出銀鉛南烏山出錫毋棳橋水首受橋山東至中留入潭過郡四行三千一百二十里
遂久
今瀾滄江
今漾備江
今北江
類水
嶲唐
今雲龍
比蘇
弔山
烏
青蛉
今大姚
今金沙江
今賓川
今姚州
今大姚河
今龍川江
姑復
今元謀
涂水今普渡河
穀昌
今富民
收靡
今武定
連然
今安寧
今馬龍
同勞
今永平
博南
禁水
不韋
今永昌
保山
今永平
哀牢
楪榆河
今雲南
雲南
今楚雄
龍川江
今楚雄
邪龍
今金水河
素臧
今祿豐
僕水今易門江
今雲南
建伶
今滇池
滇池
貢今呈貢
今滇陽河
俞元
今路南
毋單
今彌勒
毋棳
昆澤
今江川
雙柏
今昆陽
梁水
南橋水
橋山
今通海
勝休
今新平
今臨安
賁古
來唯
今阿迷
今蒙自
並同
班志葉榆澤在東貪水首受青蛉南至邪龍入僕行五百里
博南山
瀾滄江入越南為富良江
今禮社江
今把邊江
班志越嶲郡故邛都國有嶲水遂久繩水出徼外東至僰道入江過郡二行千四百里青蛉臨池灊在北僕水出徼外東南至來唯入勞過郡二行千八百八十里則禺同山有金馬碧雞靡劬曰青蛉水出西東入江也
班志嶲唐周水首受徼外又有類水西南至不韋行六百五十里來唯從陆山出銅勞水出徼外東至麋泠入南海過郡三行三千五百六十里
班志滕休河水東至毋棳入橋
今亞泥河
班志西隨麋水首受徼外東至麋泠入尚龍谿過郡二行千一百六十里都夢壺水東南至麋泠入尚龍谿過郡二行千一百六十里
西隨水

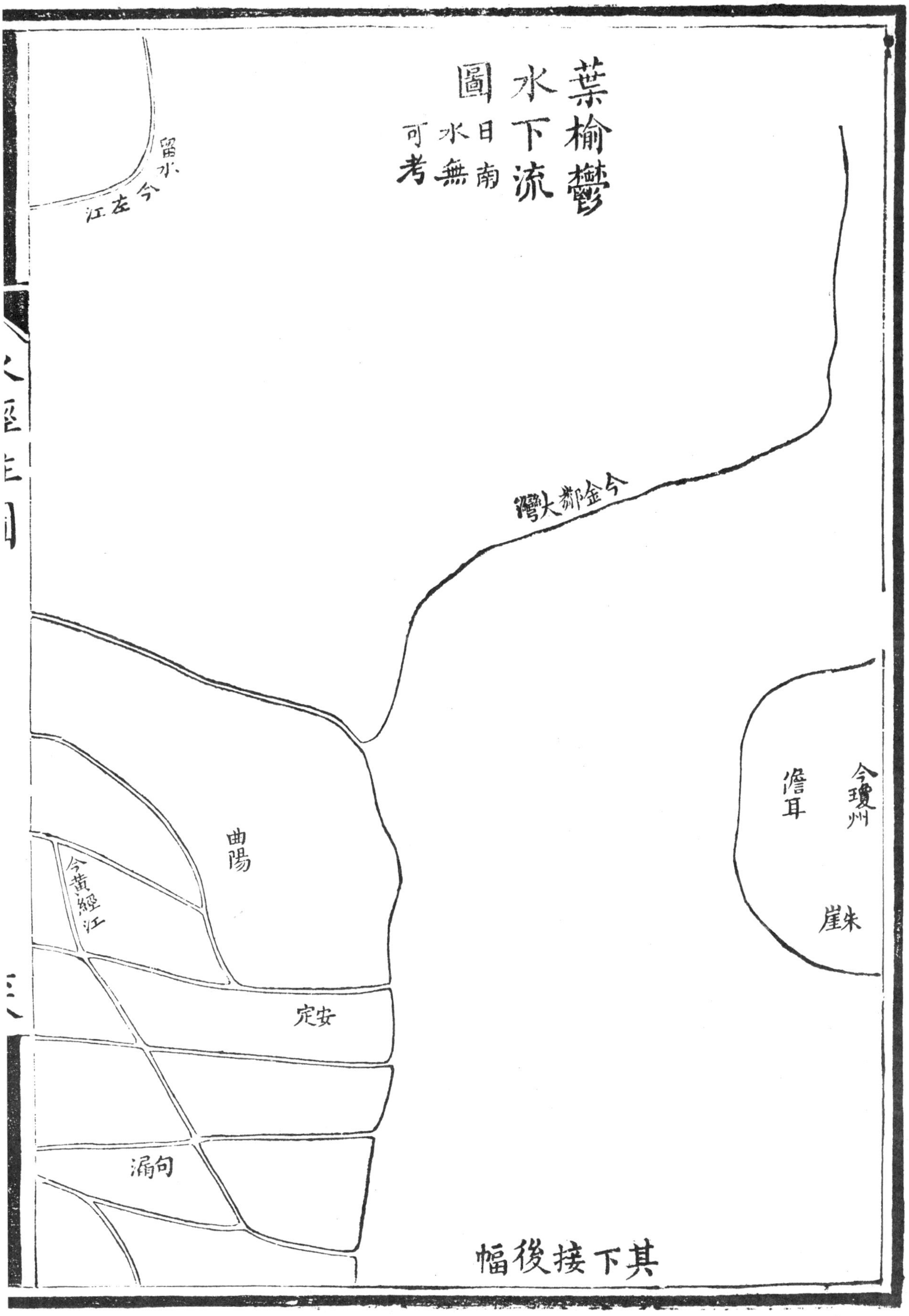

葉榆鬱水下流圖
日南水無可考
留水
今左江
今金鄰大灣
儋耳
今瓊州
朱崖
曲陽
今黃經江
安定
句漏
其下接後幅

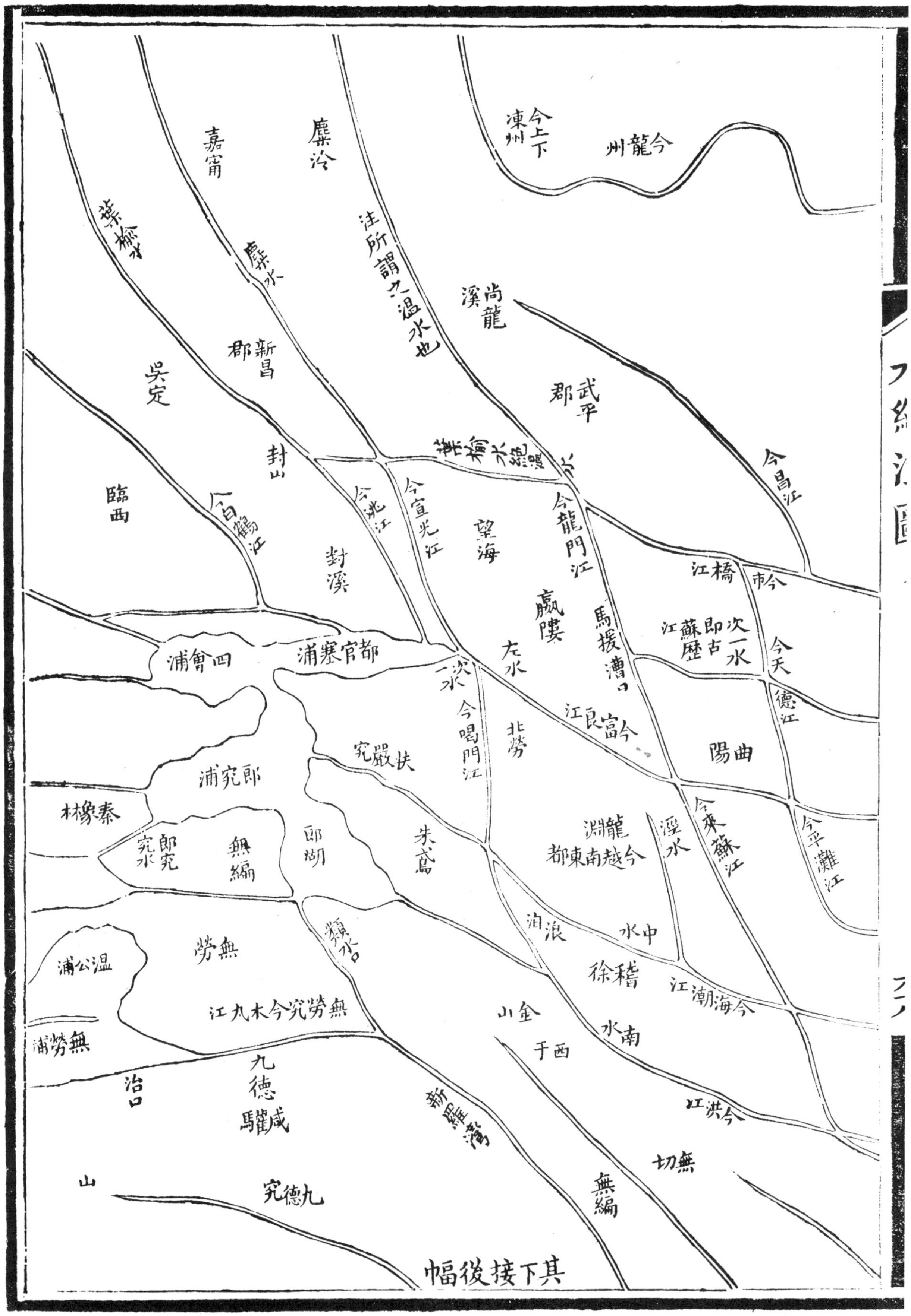
今上下凍州
今龍州
嘉甯
麋泠
葉榆水
麋水
注所謂之溫水也
尚龍溪
新昌郡
吳定
武平郡
封山
臨西
今白鶴江
今洮江
今宣光江
望海
今龍門江
今昌江
封溪
四會浦
都官寨浦
橋江
今市
次一水即古蘇歷江
今天德江
嬴𨻻
馬援漕口
左水
次一水
今喝門江
北帶
今富良江
曲陽
扶嚴究
郎究浦
秦象林
郎究
究水
無編
郎湖
朱鳶
龍淵今越南東都
涇水
今東蘇江
今平灘江
浪泊
中水
稽徐
今海潮江
溫公浦
無勞
無勞究今木九江
金山
西于
南水
無勞浦
九德
咸驩
治口
新羅灣
今洪江
無切
無編
山
九德究
其下接後幅

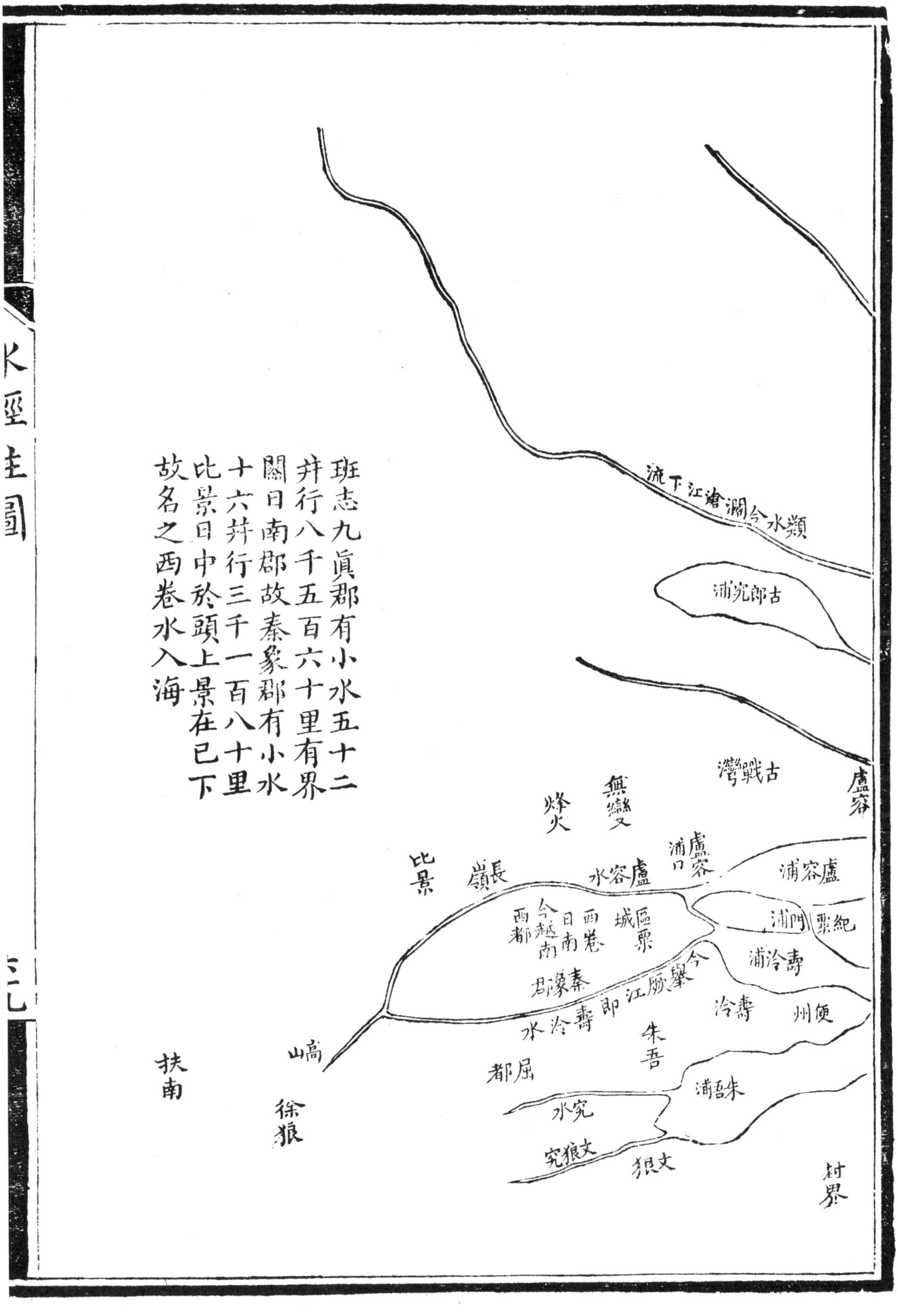
班志九眞郡有小水五十二并行八千五百六十里有界闗日南郡故秦象郡有小水十六并行三千一百八十里比景日中於頭上景在巳下故名之西卷水入海
類水今瀾滄江下流
古郎究浦
古戰灣
盧容
烽火
盧容浦口
盧容水
長嶺
比景
盧容浦
門浦
紀粟
區粟城
西卷
日南
今越南西都
秦象郡
壽泠浦
即壽泠水
壽泠
便州
朱吾
屈都
朱吾浦
究水
文狼究
文狼
高山
扶南
徐狼

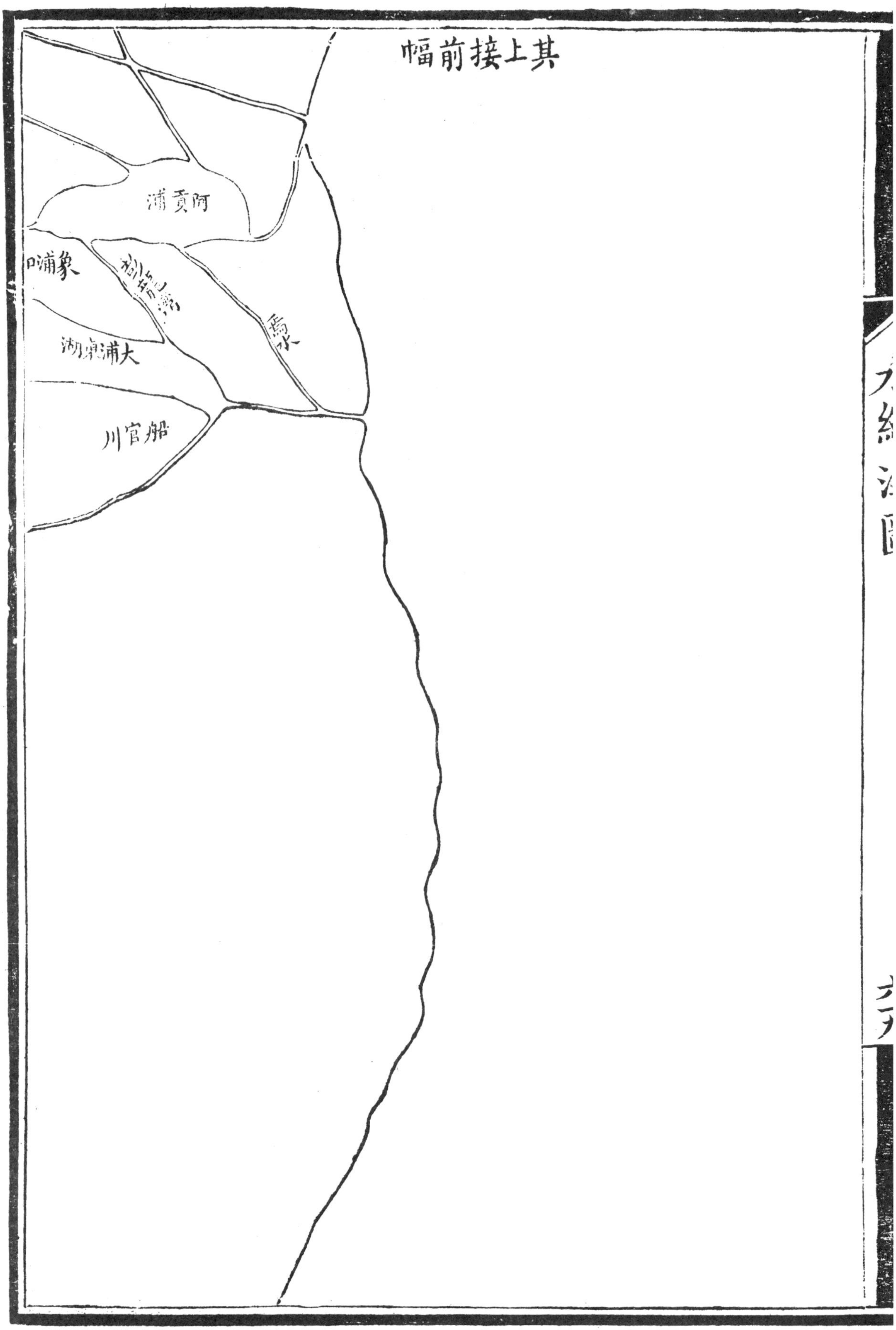
其上接前幅
阿貢浦
象浦口
象水
大浦東湖
船官川

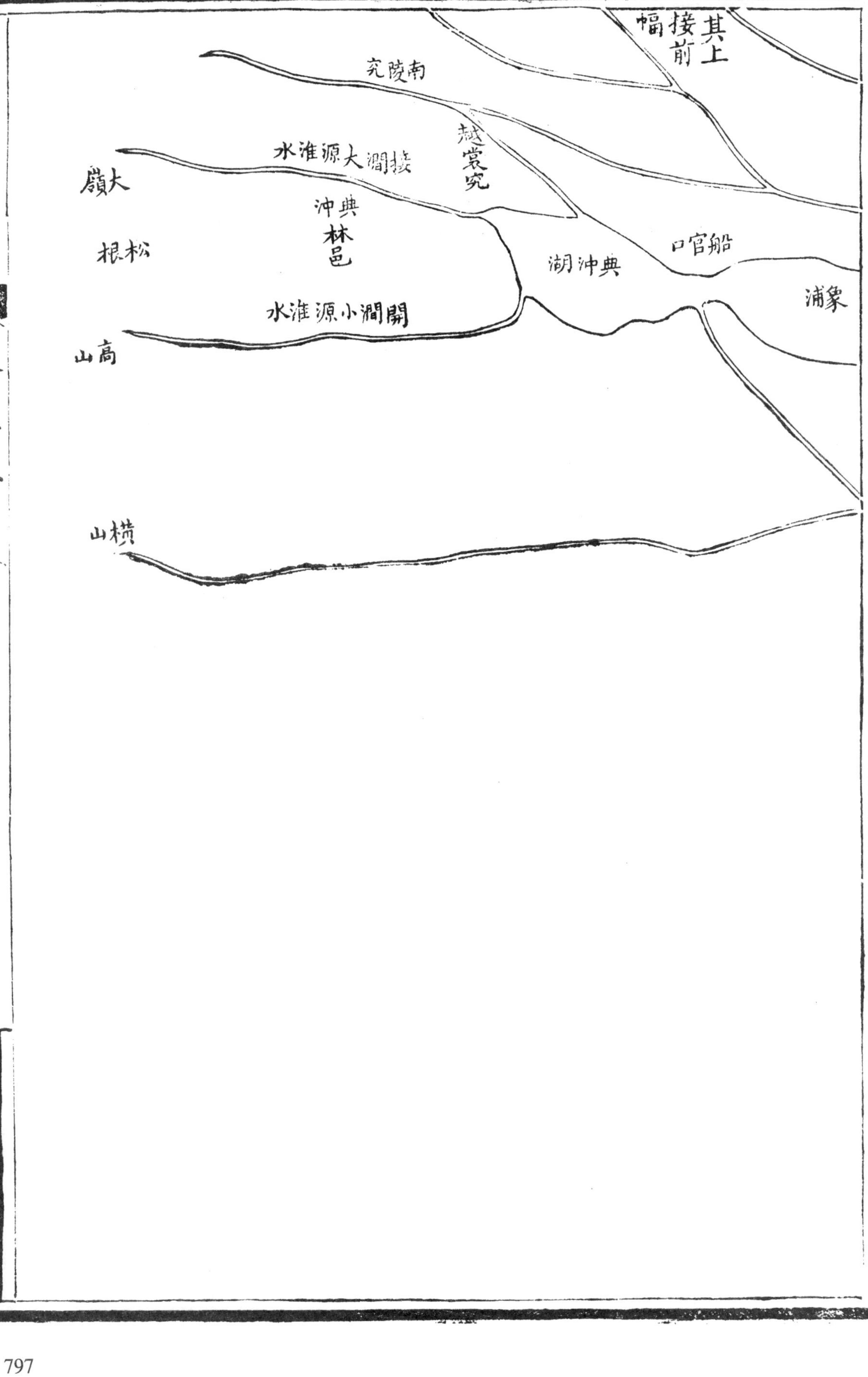
其上接前幅
南陵究
越裳究
接澗大源淮水
大嶺
典沖
林邑
松根
典沖湖
船官口
象浦
關澗小源淮水
高山
橫山

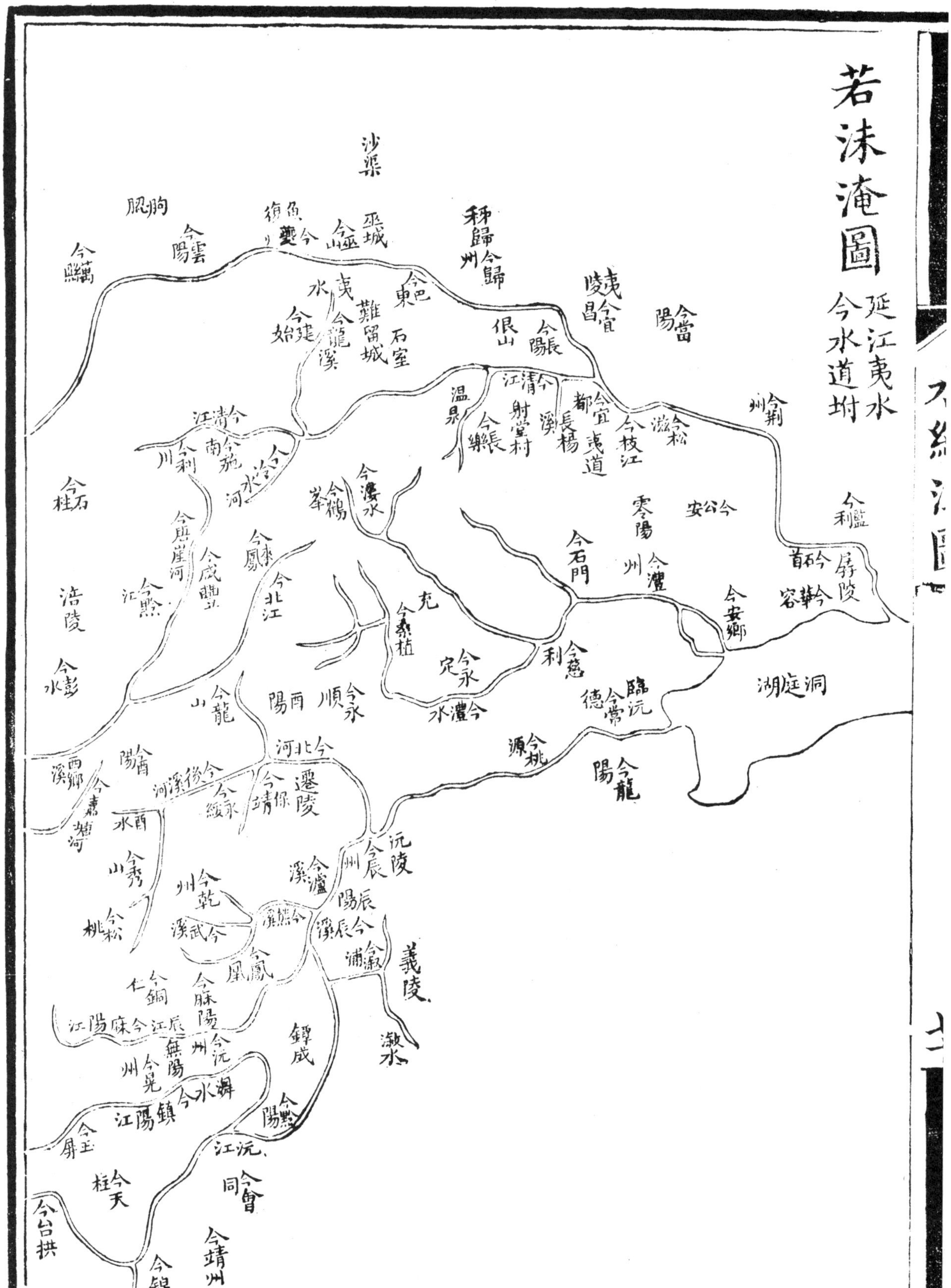
若沫淹圖
延江夷水
今水道附
沙渠
朐䏰
今雲陽
今萬縣
魚復
今夔州
巫城
今巫山
秭歸
今歸州
今巴東
夷陵
今宜昌
今當陽
很山
今長陽
石室
今建始
溫泉
今長樂
佷山
射堂村
今宜都
今枝江
今松滋
今荊州
今監利
今石首
今華容
孱陵
今安鄉
洞庭湖
零陽
今公安
今石門
今澧州
充
今桑植
今永定
今慈利
臨沅
今常德
今桃源
今龍陽
澧水
今永順
酉陽
今龍山
今北河
遷陵
今保靖
今永綏
今酉陽
今秀山
今松桃
今辰州
沅陵
辰陽
今辰溪
今瀘溪
今乾州
今鳳凰
今麻陽
今銅仁
無陽
今沅州
今晃州
鐔成
今黔陽
今會同
今靖州
今錦屏
今天柱
今玉屏
今台拱
義陵
溆水
涪陵
今彭水
今黔江
今石柱
今利川
今施南
今鶴峯
今來鳳
今咸豐

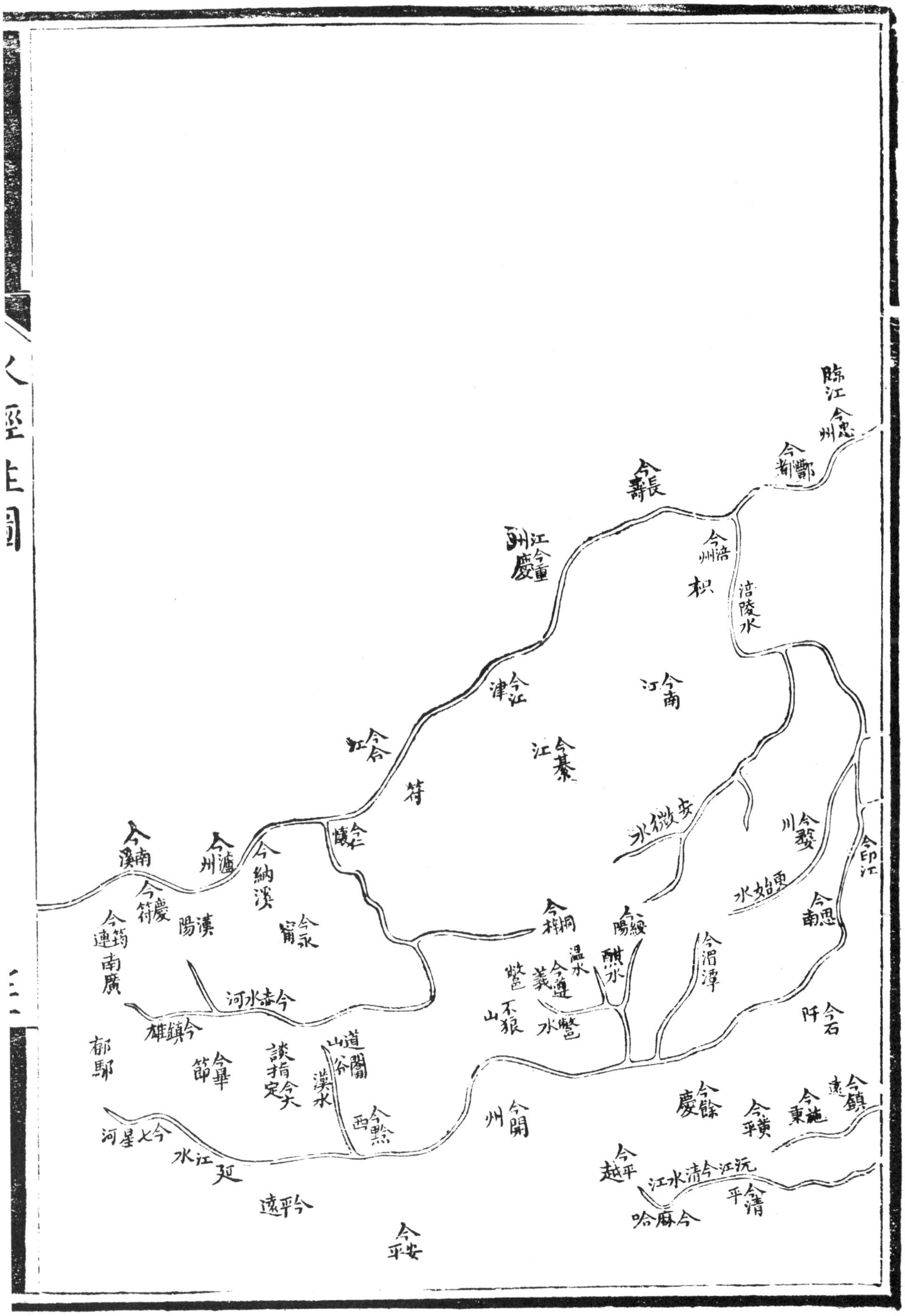
臨江
今忠州
今酆都
今長壽
江州
今重慶
今涪州
枳
涪陵水
今南江
今江津
今綦江
今合江
符
今仁懷
今印江
今瀘州
今納溪
今慶符
漢陽
今永寧
南廣
今赤水河
今桐梓
今綏陽
溫水
今遵義
不狼山
鄨水
今湄潭
今思南
今石阡
今鎮雄
今畢節
談指
今大定
漢水
今黔西
今開州
今餘慶
今黃平
今施秉
今鎮遠
今七星河
延江水
今平遠
今安平
今平越
沅江
今清水江
今麻哈
今清平

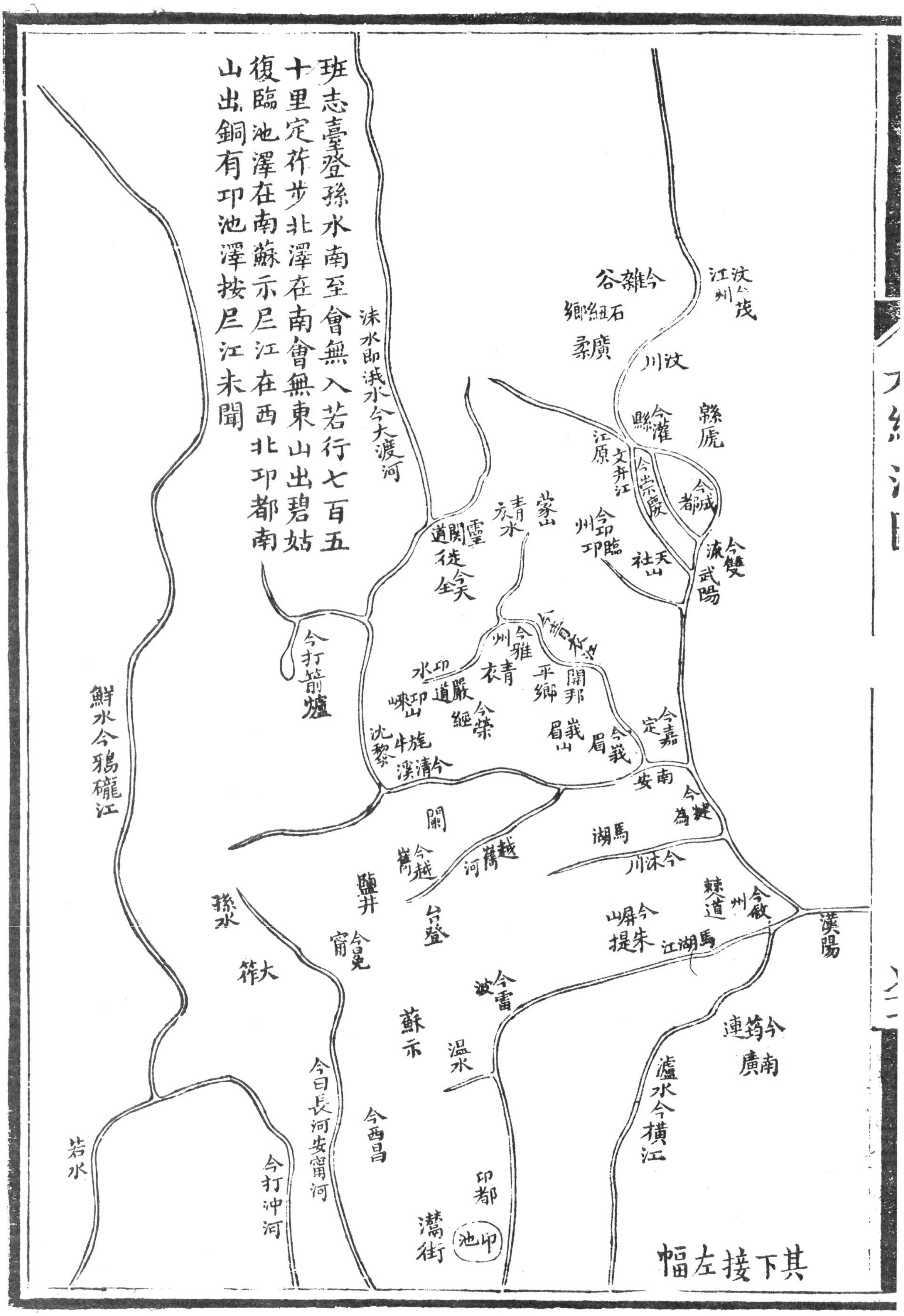

班志臺登孫水南至會無入若行七百五
十里定莋步北澤在南會無東山出碧姑
復臨池澤在南蘇示邛江在西北邛都南
山出銅有邛池澤按邛江未聞
沫水即洪水今大渡河
鮮水今鴉礱江
若水
孫水
大莋
今打沖河
今白長河安甯河
今西昌
今打箭爐
今雜谷
石紐鄉
廣柔
汶川
汶江今茂州
今灌縣
緜虒
江原
文井江
今崇慶
今成都
今雙流
武陽
天社山
今邛州
臨邛
蒙山
青衣水
靈關道
徙
今天全
今雅州
青衣
嚴道
邛水
邛峽山
今榮經
旄牛
沈黎
今清溪
平鄉
今峨眉
今嘉定
南安
今犍為
馬湖
今沐川
闌
今越嶲
鹽井
台登
今冕甯
蘇示
溫水
今雷波
朱提
今屏山
馬湖江
僰道
今敘州
漢陽
今筠連
南廣
瀘水今橫江
邛都
邛池
其下接左幅

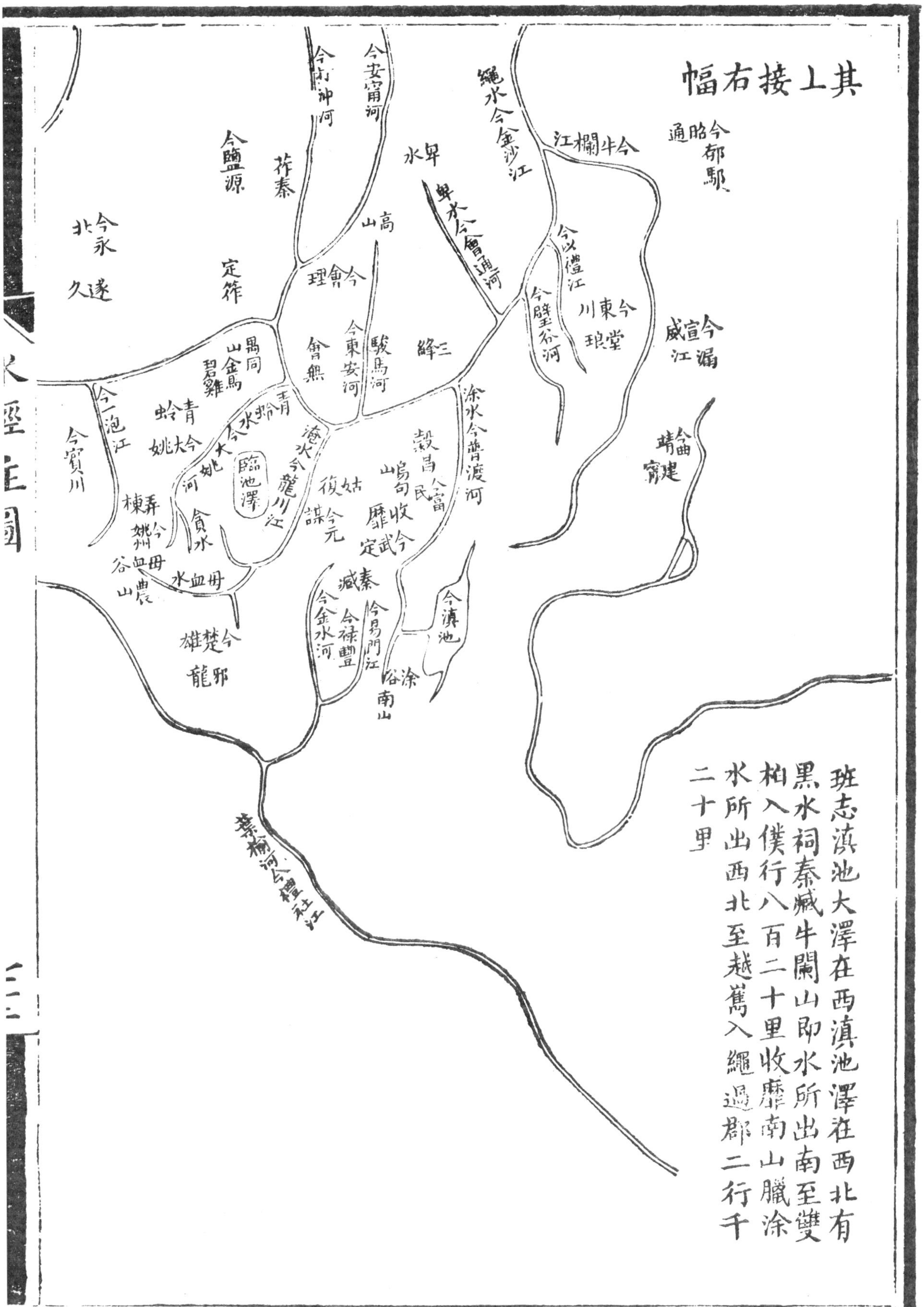
其上接右幅
今昭通府
今牛欄江
繩水今金沙江
今安甯河
今沖河
今鹽源
秦臧
卑水
卑水今會通河
高山
今永北
遂久
定筰
今會理
今以禮江
今東川
堂琅
今壁谷河
今宣威
漏江
三絳
駿馬河
今東安河
會無
同勞山
今金馬碧雞
青蛉
今一泡江
今大姚
今寶川
涂水今普渡河
今尋甸
牧靡
今嵩明
今武定
收靡
姑復
今元謀
淹水今龍川江
臨池澤
母血水
弄棟
今姚州
今楚雄
邪龍
秦臧
今金水河
今祿豐
今易門江
今滇池
涂谷
南山
葉榆河今禮社江
建寧
今霑益
班志滇池大澤在西北有黑水祠秦臧牛闢山即水所出南至雙柏入僕行八百二十里收靡南山臘涂水所出西北至越嶲入繩過郡二行千二十里

漢東萊膠東二郡國圖

班志卽墨有天室山祠下密有三台山祠應劭曰密水出高密觀陽應劭曰在觀水之陽夷安應劭曰故萊夷濰邑莒縣故國盈姓少昊後續志柜縣地道記曰貕養澤在西幽州藪有萊山萊王祠壯武故夷國卽夷有棠鄉襄六年杜注棠國也東安平有鄑亭地道記有羌頭山

按隋志東萊郡舊置光州掖縣有光水光疑尤之誤與屯氏河爲毛州同也續志貕養澤誤系柜縣元和志司馬懿伐遼東造大人城於登州西運糧船從此入

班志腄縣有之罘山祠居山上聲洋丹水所出東北入海黃縣有萊山松林萊君祠臨朐有海水祠曲成有參山萬里沙祠陽邱山治水所出南至沂入海不夜有成山日祠長廣有萊山萊王祠奚養澤在西秦地圖曰劇清池幽州藪按治當作沽沂當作計斤

補居延都野黑弱水圖

班志武威郡故匈奴休屠王地姑臧南山谷水所出北至武威入海行七百九十里武威休屠澤在東北古文以爲豬野澤休屠有熊水障北部都尉治休屠城蒼松南山松陜水所出北至揟次入海張掖郡故匈奴昆邪王地觻得千金渠西至樂涫入澤中羌谷水出羌中東北至居延入海過郡二行二千一百里應劭曰觻得渠西入澤羌谷删丹桑欽以爲道弱水自此西至酒泉合黎日勤都尉治澤索谷居延居延澤在東北古文以爲流沙

注以此為休屠澤即為豬野然又云水流兩分一水北入休屠澤俗謂為西海一水又東逕百五十里入豬野世謂為東海通謂之都野据此又似指朔博泊及剌都克泊者故並圖之於後

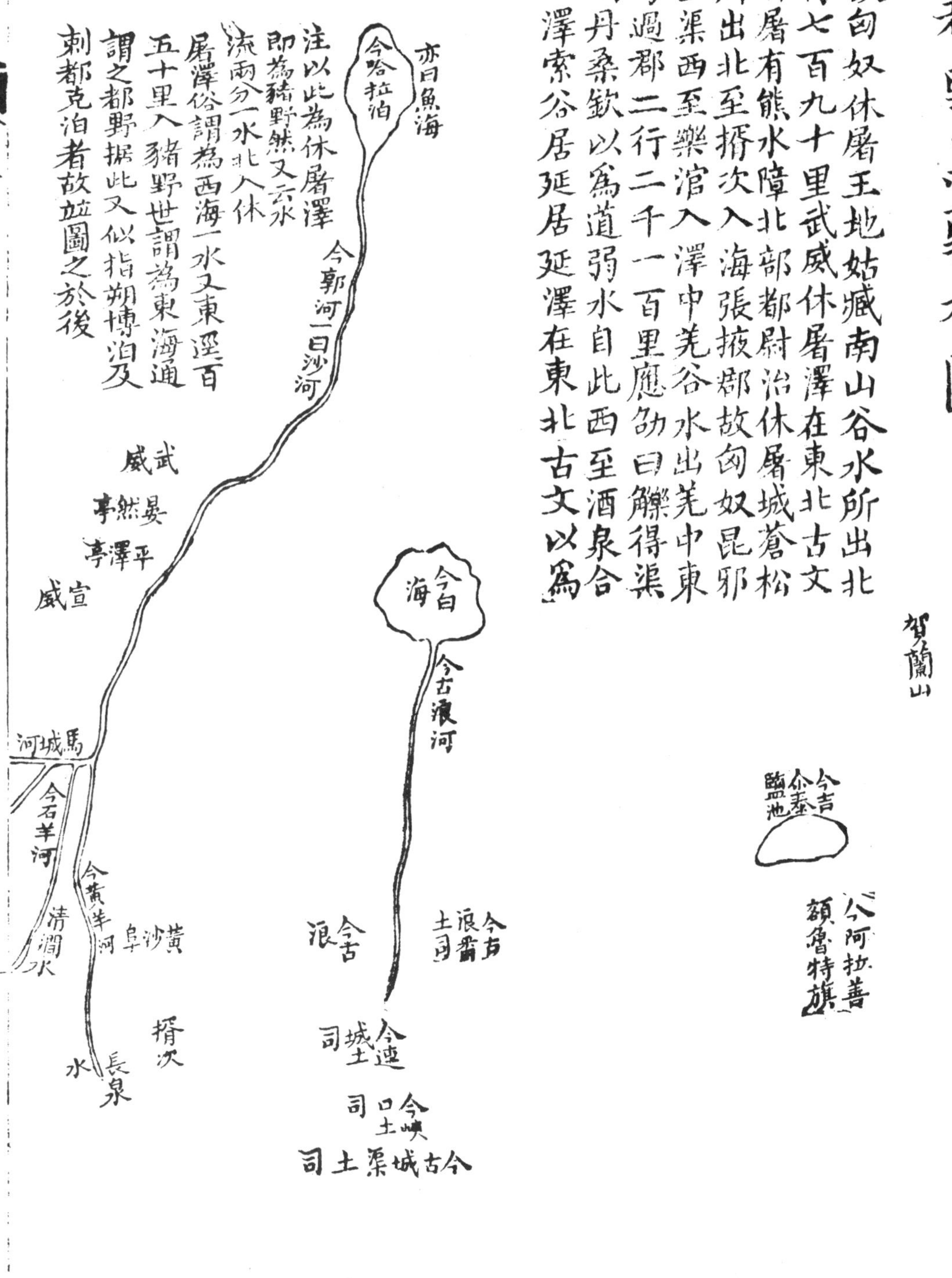

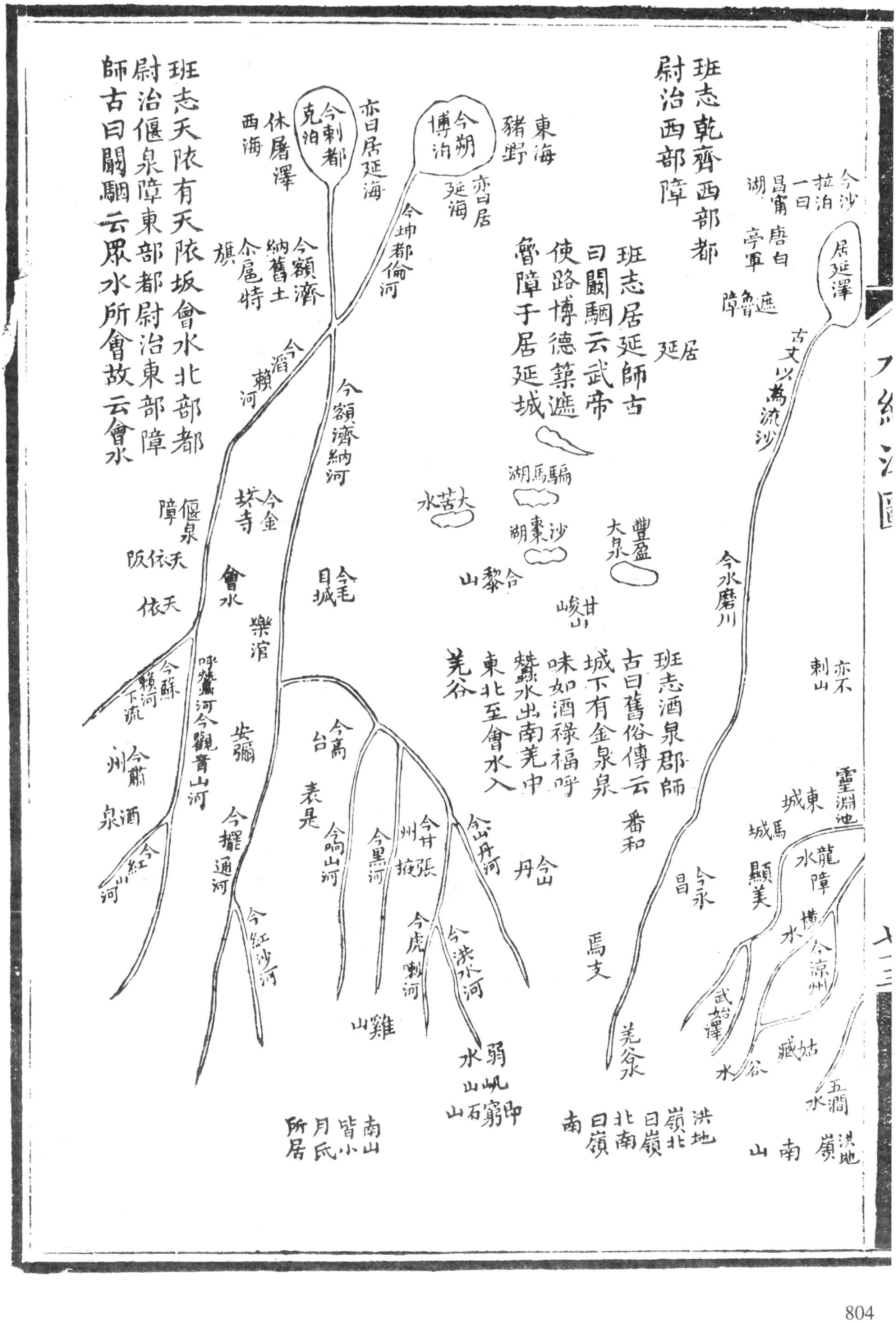

班志乾齊西部都尉治西部障
今沙拉泊一曰昌甯湖
唐白亭軍
居延澤
遮虜障
古文以爲流沙
今水磨川
亦不剌山
靈淵池
東城
馬城
龍水障
顯美
今永昌
番和
馬支
今涼州
武始澤
谷水
姑臧
五澗水
洪池嶺南山
洪池嶺北曰嶺北南曰嶺南
班志居延師古曰闞駰云武帝使路博德築遮虜障于居延城
居延
東海猪野
今胡博泊
亦曰居延海
今坤都倫河
騙馬湖
大苦水
沙東湖
豐盈大泉
合黎山
甘峻山
班志酒泉郡師古曰舊俗傳云城下有金泉泉味如酒祿福呼蠶水出南羌中東北至會水入羌谷
今丹山
今丹河
今洪水河
今虎喇河
今甘州張掖
今黑河
今响山河
表是
今高台
弱水
雞山
印窮石山
南山皆小月氏所居
今紅沙河
今擺通河
安彌
樂涫
今毛目城
會水
今金塔寺
今額濟納河
今滔賴河
今額濟納舊土爾扈特旗
休屠澤西海
今剌都克泊
亦曰居延海
班志天陈有天陈坂會水北部都尉治偃泉障東部都尉治東部障師古曰闞駰云衆水所會故云會水
偃泉障
天依阪
天依
今蘇賴河下流
呼蠶河今觀音山河
今肅州
酒泉
今紅山河

補洛水圖

班志歸德洛水出北蠻夷中入河有堵苑白馬苑直路沮水出東西入洛膚施有五龍山帝原水陽周橋山在南有黄帝冢雕陰雕山在西南上郡塞外有匈歸障

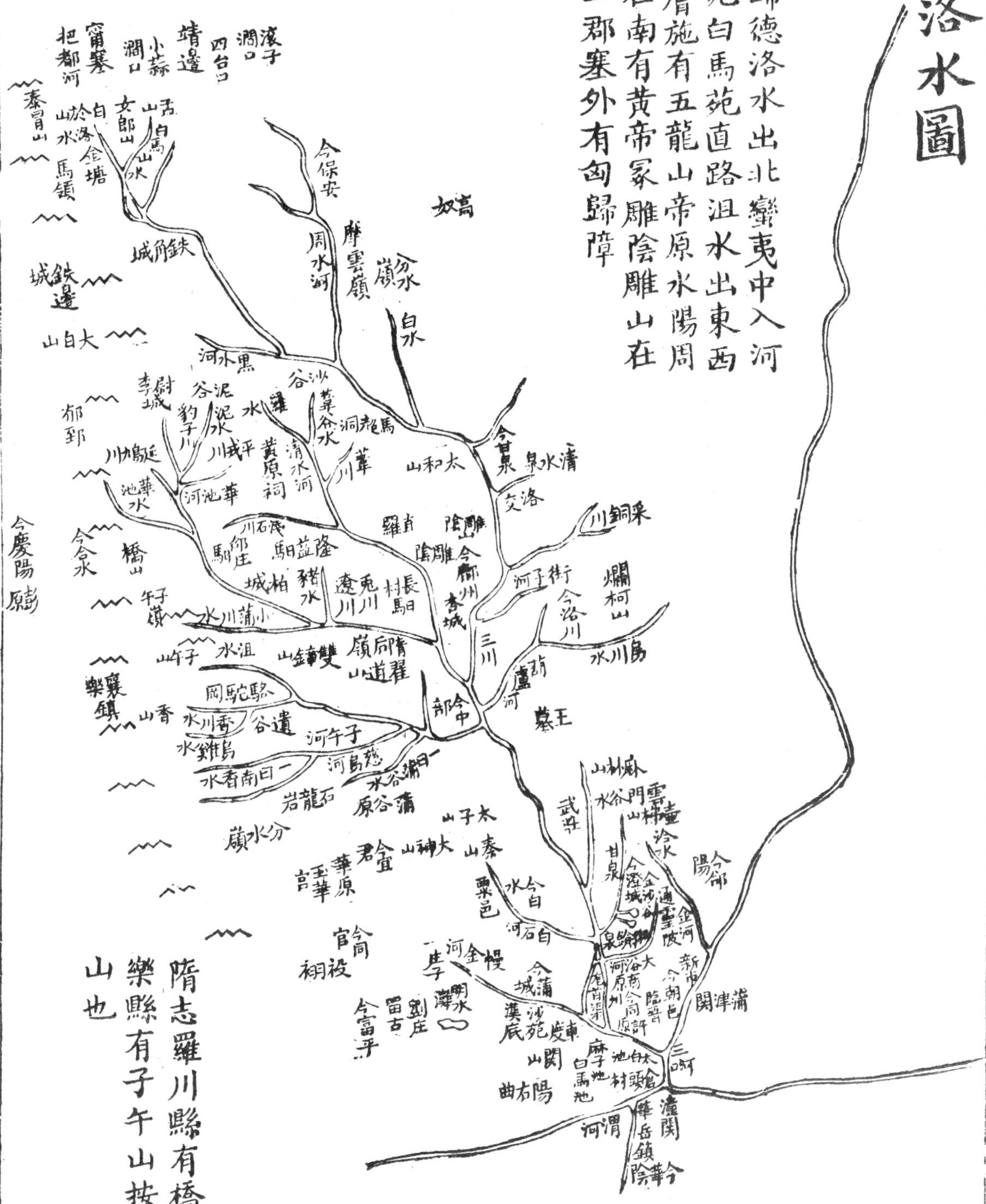

隋志羅川縣有橋山襄樂縣有子午山按實一山也

補涇水圖

班志涇陽开頭山在西禹貢涇水所出東南至陽陵入渭過郡三行千六十里雍州川師古曰今此山在靈州東南土俗語訛謂之汧屯山陰密詩密人國有嚣安亭馬領師古曰川形似馬領故以爲名郁郅泥水出北蠻夷中有牧師苑官泥陽應劭曰泥水出郁郅北蠻中略畔道師古曰有略畔山今在慶州界其土俗呼曰洛盤

通鑑百五十六注彈箏峽杜佑云在百泉縣即漢之朝那縣地九域志謂爲都盧峽

班志栒邑有豳鄉公劉所都

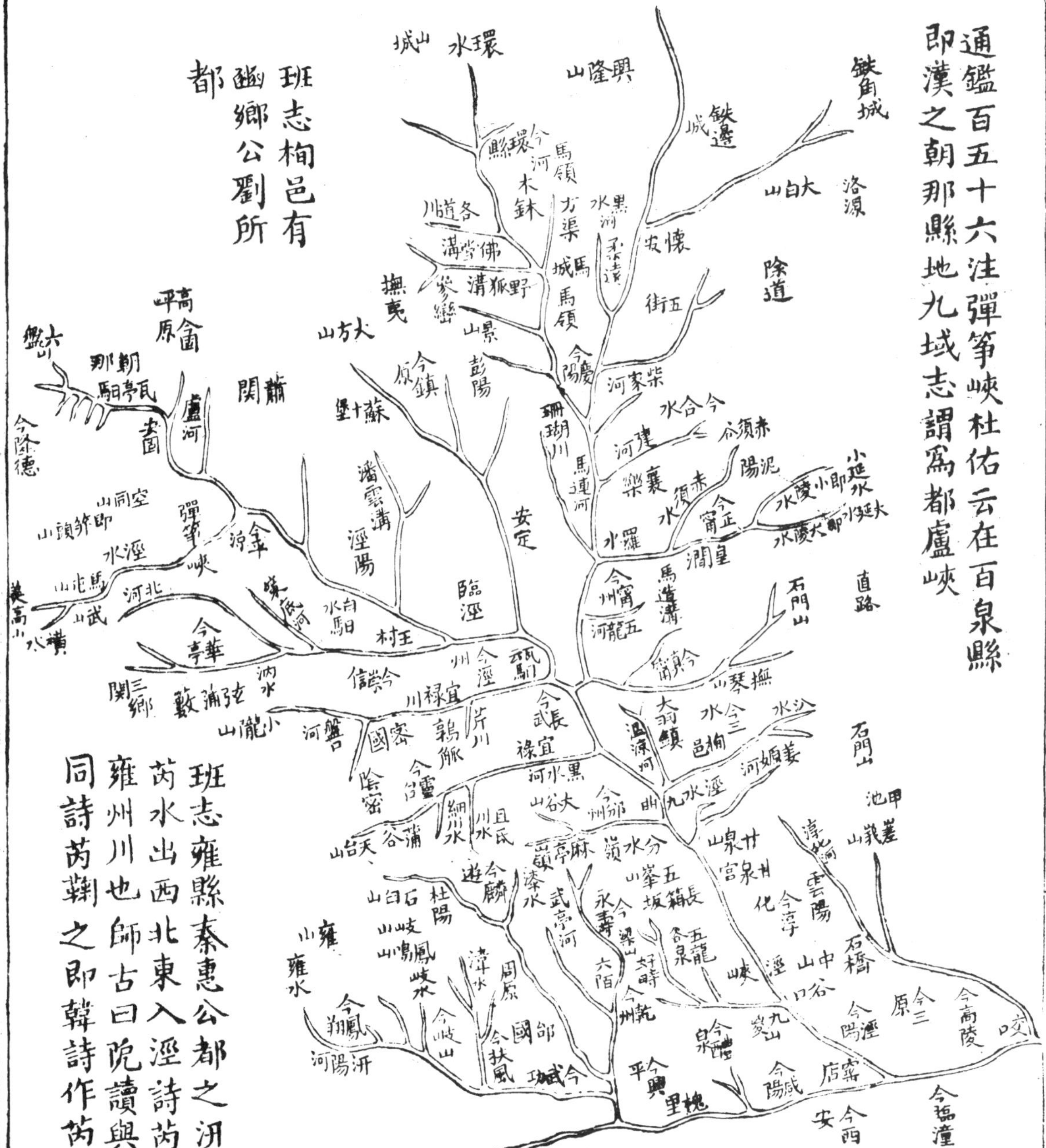

班志雍縣秦惠公都之汧縣芮水出西北東入涇詩芮阮雍州川也師古曰阮讀與鞫同詩芮鞫之即韓詩作芮阮

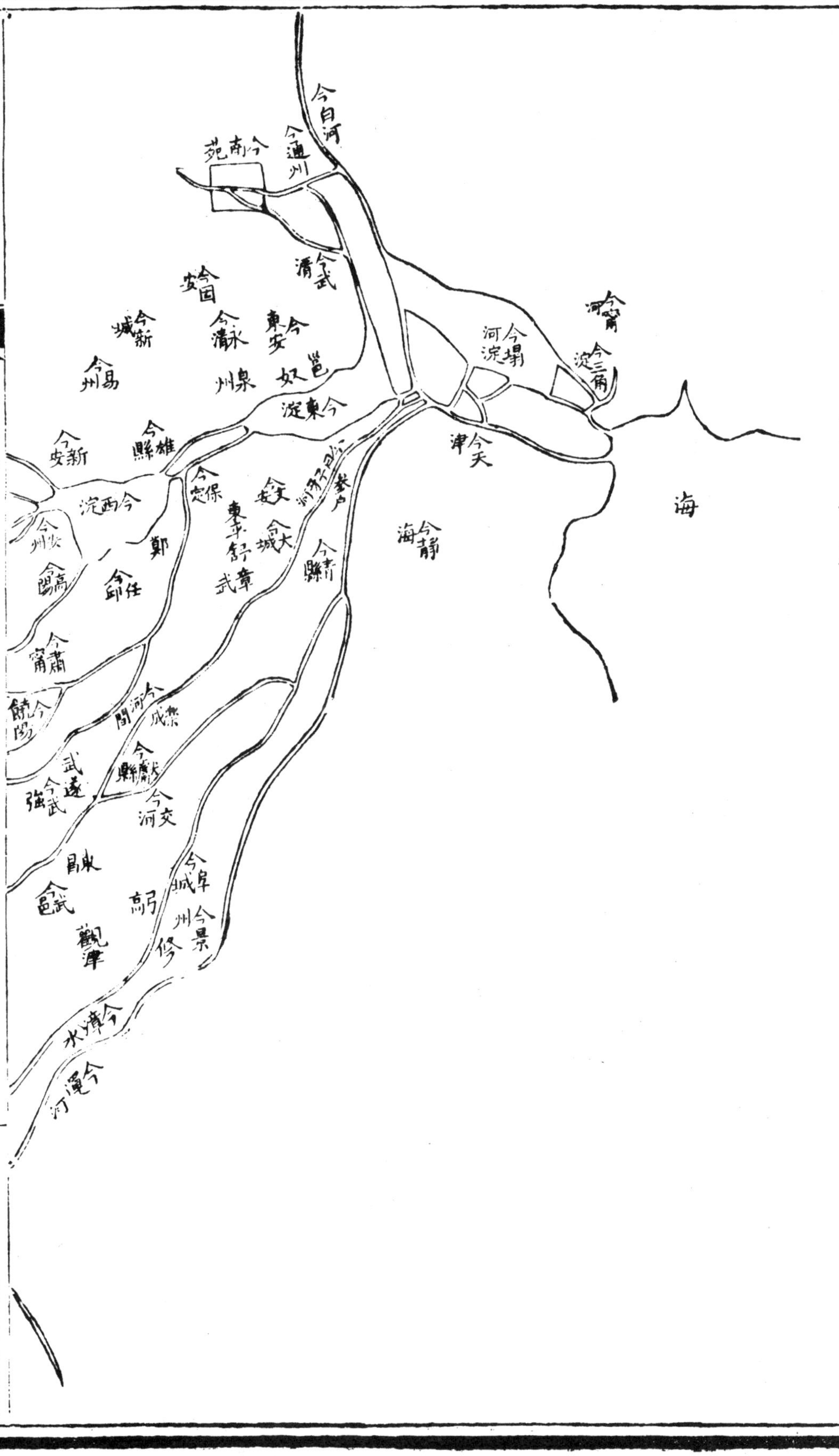
今白河
今通州
今南苑
今武清
今固安
今新城
今永清
今東安
今易州
泉州
今東淀
今雄縣
今新安
今西淀
今保定
今天津
今靜海
今青縣
今文安
今大城
東平舒
章武
鄚
今安州
今高陽
今任邱
今肅甯
今饒陽
今河間
今獻縣
今武強
武遂
今交河
今武邑
弓高
今阜城
今景州
修
觀津
今漳水
海

補滏洺滹沱派滋五水圖

後漢光武紀注滹沱舊在饒陽南曹操決令北注新溝水所以今在縣北王霸傳云下曲陽河北也南宮河南也指滹沱河也

班志鹵城虖池河東至參合入虖池別過郡九行千三百四十里并州川從河東至文安入海過郡六行千三百七十里按從河未聞

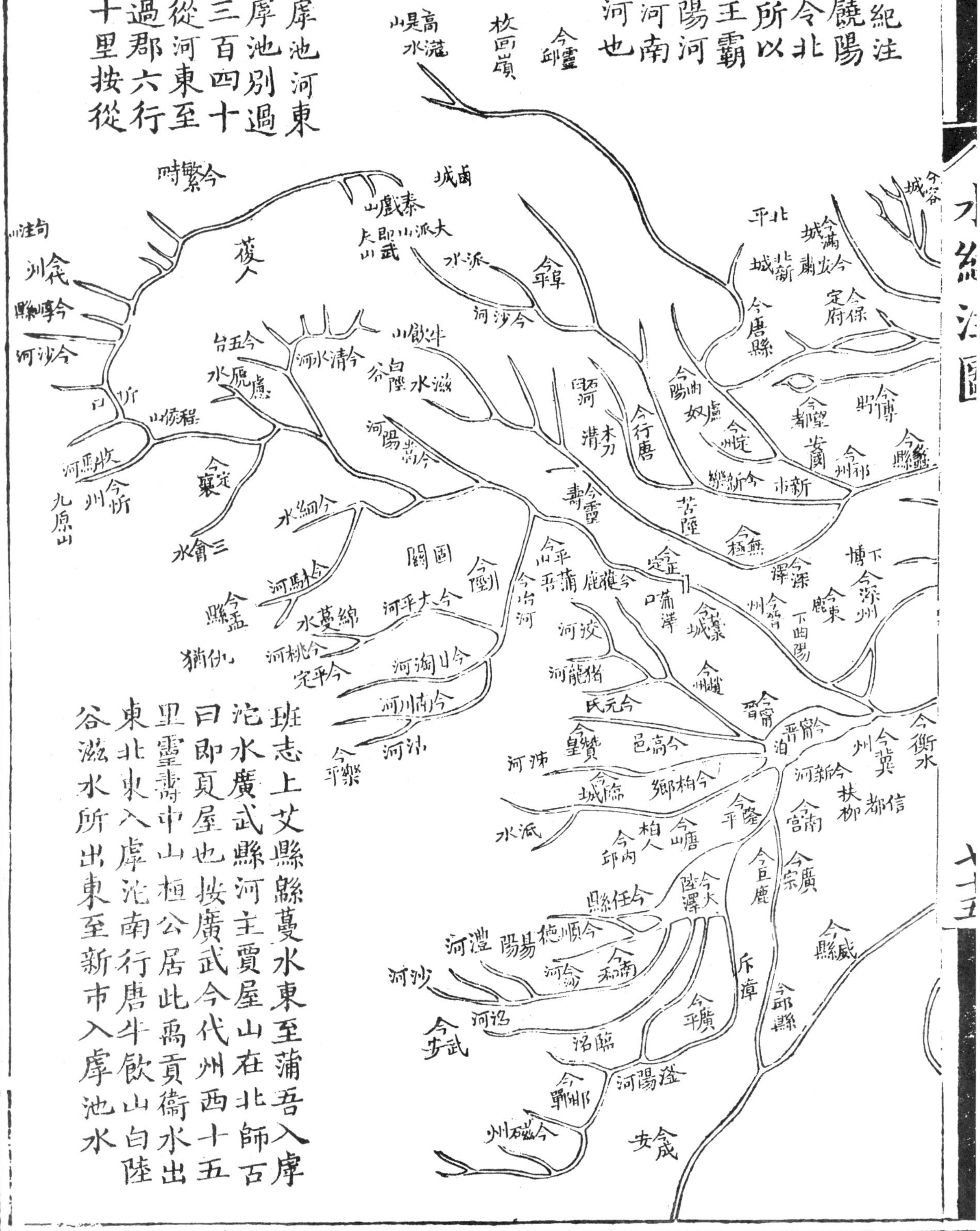

班志上艾縣緜蔓水東至蒲吾入虖沱水廣武縣河主賈屋山在北師古曰即夏屋也按廣武今代州西十五里靈壽中山桓公居此禹貢衛水出東北東入虖沱南行唐牛飲山白陸谷滋水所出東至新市入虖池水

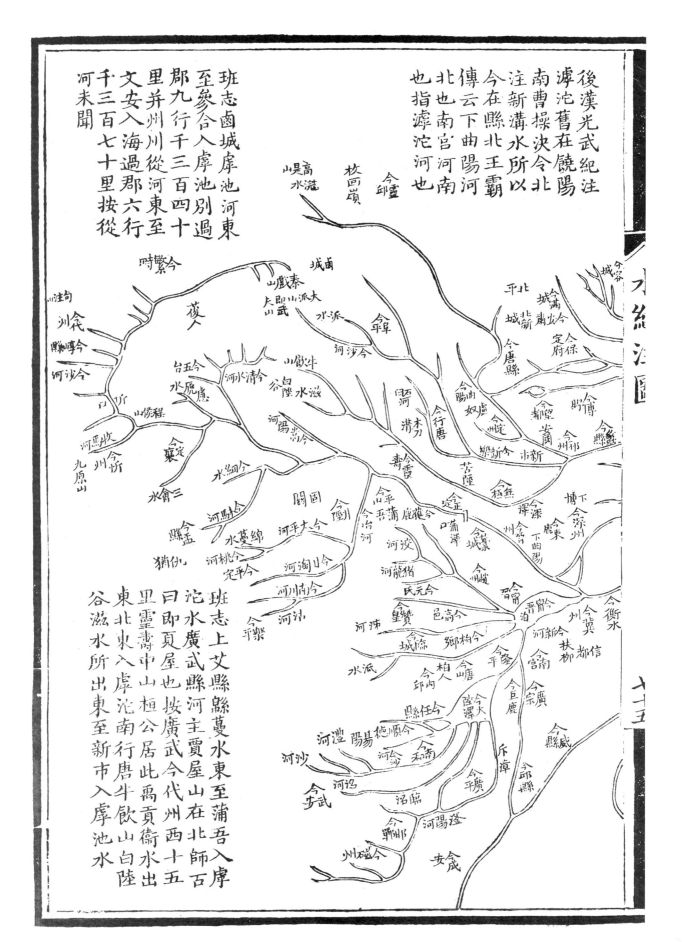

長安城圖

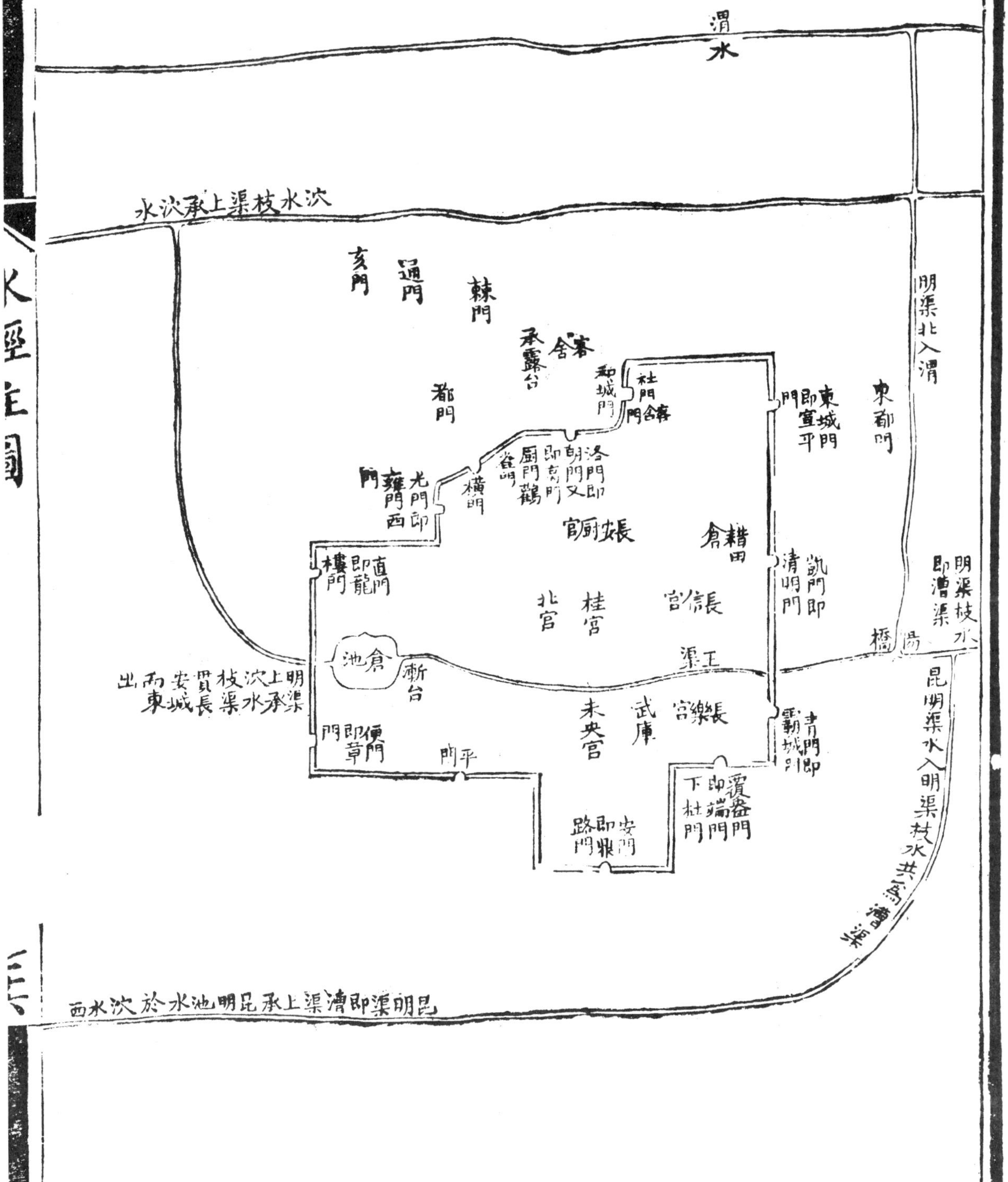
渭水
汭水枝渠上承汭水
明渠北入渭
東都門
東城門即宣平門
長安廚官
藉田倉
長信宮
桂宮
北宮
直門即龍樓門
倉池
漸台
王渠
明渠上承汭水枝渠貫長安城而東出
長樂宮
武庫
未央宮
便門即章門
平門
凱門即清明門
青門即霸城門
覆盎門即端門下杜門
安門即鼎路門
明渠枝水即漕渠
楊橋
昆明渠水入明渠枝水共為漕渠
昆明渠即漕渠上承昆明池水於汭水西

洛陽城圖

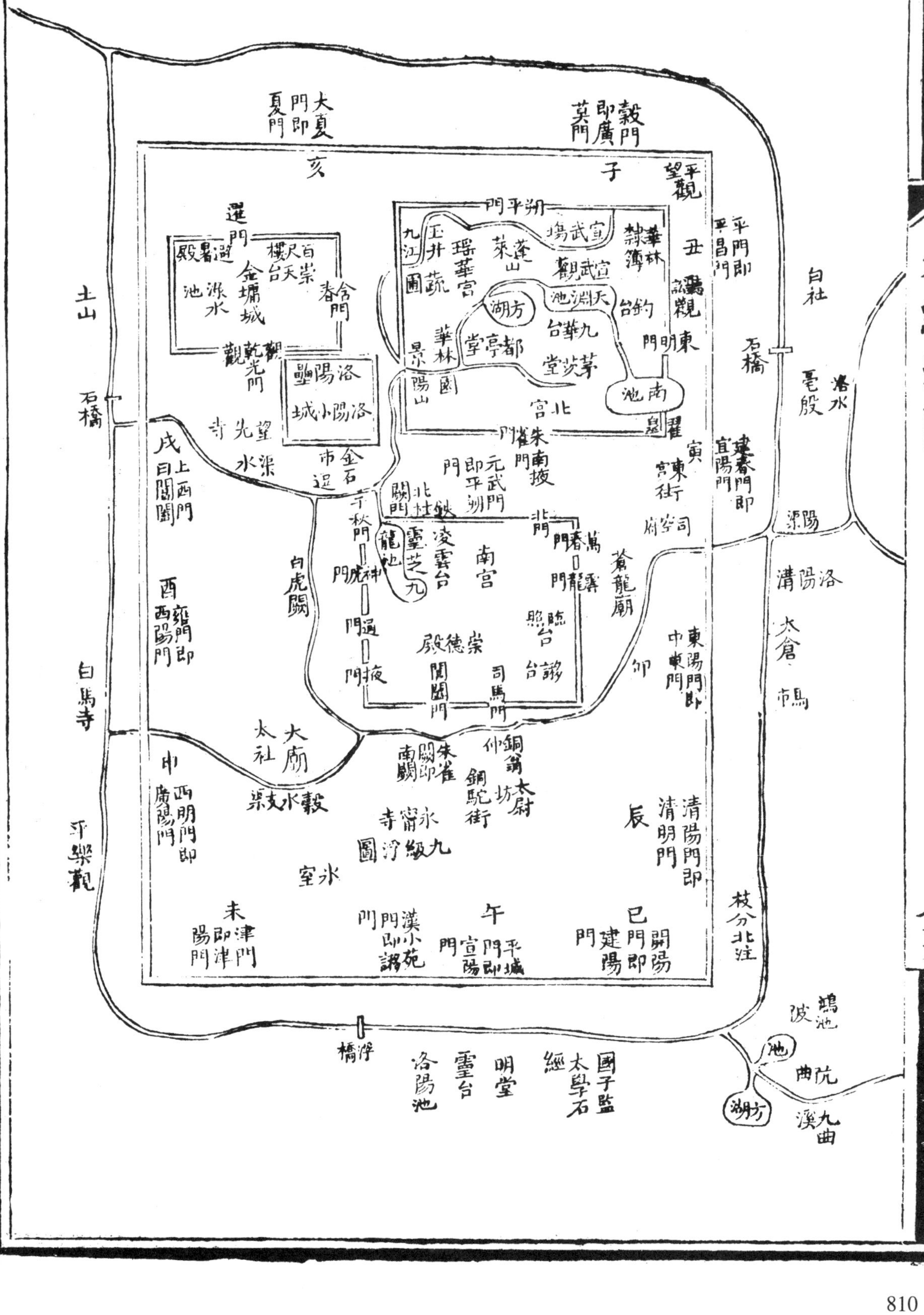
大夏門即夏門
穀門即廣莫門
亥
子
平望觀
丑
平門即平昌門
白社
土山
石橋
石橋
金墉城
崇天台百尺樓
洛陽壘
洛陽小城
望先寺
渠水
金市
蓬萊山
瑤華宮
宣武場
宣武觀
天淵池
方湖
九華台
都亭堂
茅茨堂
華林園
景陽山
南池
北宮
朱雀門
東明門
戌
上西門即閶闔門
寅
司空府
洛水
千秋門
神虎門
南宮
凌雲台
靈芝九龍池
萬春門
蒼龍闕
崇德殿
閶闔門
司馬門
白虎闕
西雍門即西陽門
卯
太倉
馬市
白馬寺
太社
大廟
穀水支渠
朱雀闕即南闕
銅翁仲
銅駝街
太尉坊
永甯寺
九級浮圖
辰
廣陽門即西明門
清明門即清陽門
平樂觀
水室
未
午
巳
津門即津陽門
漢小苑門即謻門
平城門即宣陽門
開陽門即建陽門
分枝北注
浮橋
洛陽池
靈台
明堂
太學石經
國子監
鴻池陂
方湖
九曲瀆

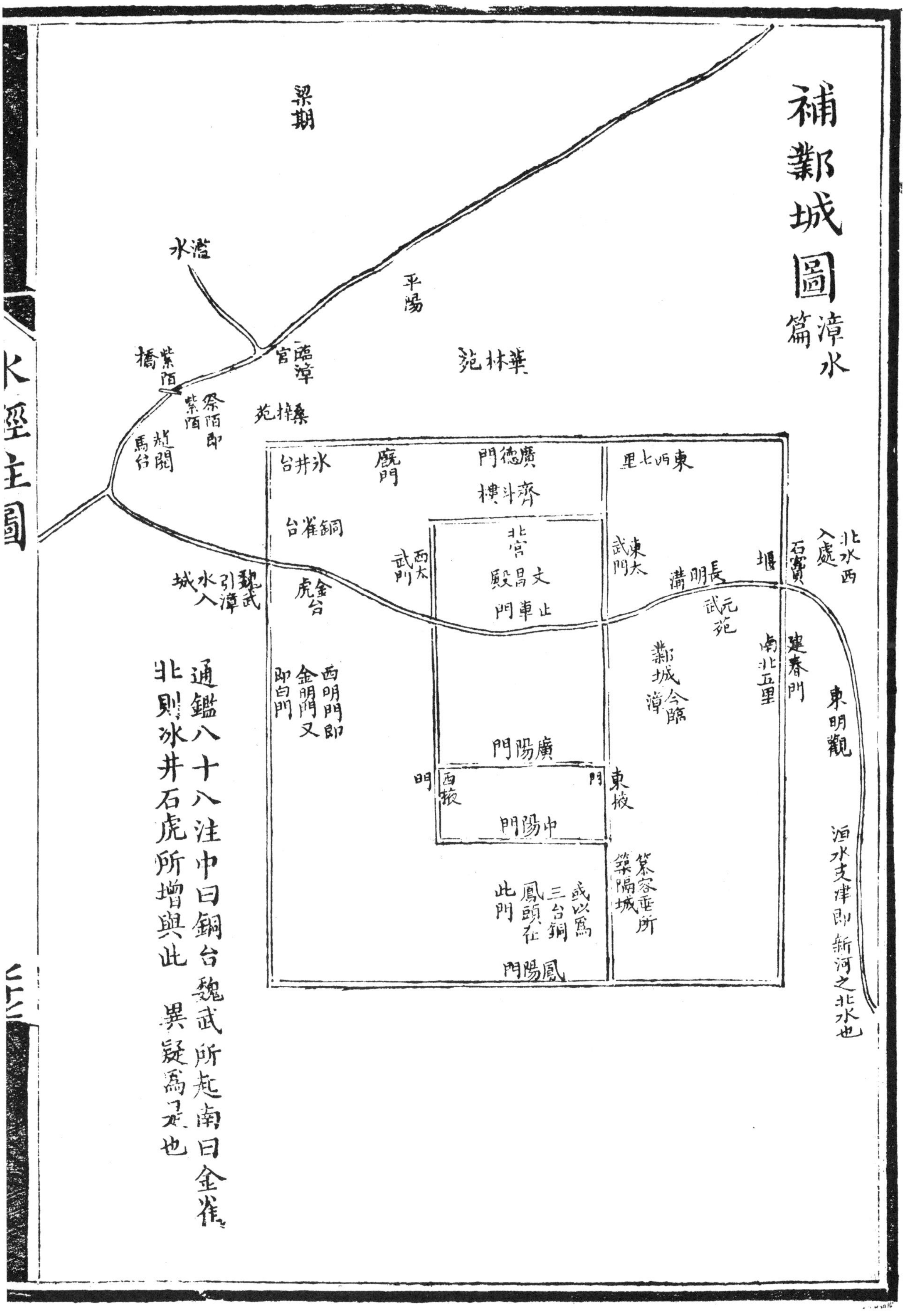
補鄴城圖
漳水篇
梁期
滏水
平陽
臨漳宫
紫陌橋
華林苑
桑梓苑
紫陌 祭陌即
趙閲馬台
冰井台
廄門
廣德門
東西七里
齊斗樓
銅雀台
北宫
西太武門
東太武門
文昌殿
止車門
長明溝
堰
石竇
北水西入處
魏武引漳水入城
金虎台
元武苑
建春門
南北五里
鄴城今臨漳
西明門即金明門又即白門
東明觀
廣陽門
明
西掖
門
東掖
中陽門
慕容垂所築陽城
或以爲三台銅鳳頭在此門
鳳陽門
洹水支津即新河之北水也
通鑑八十八注中曰銅台魏武所起南曰金雀北則冰井石虎所增與此異疑爲誤也

補睢陽城圖

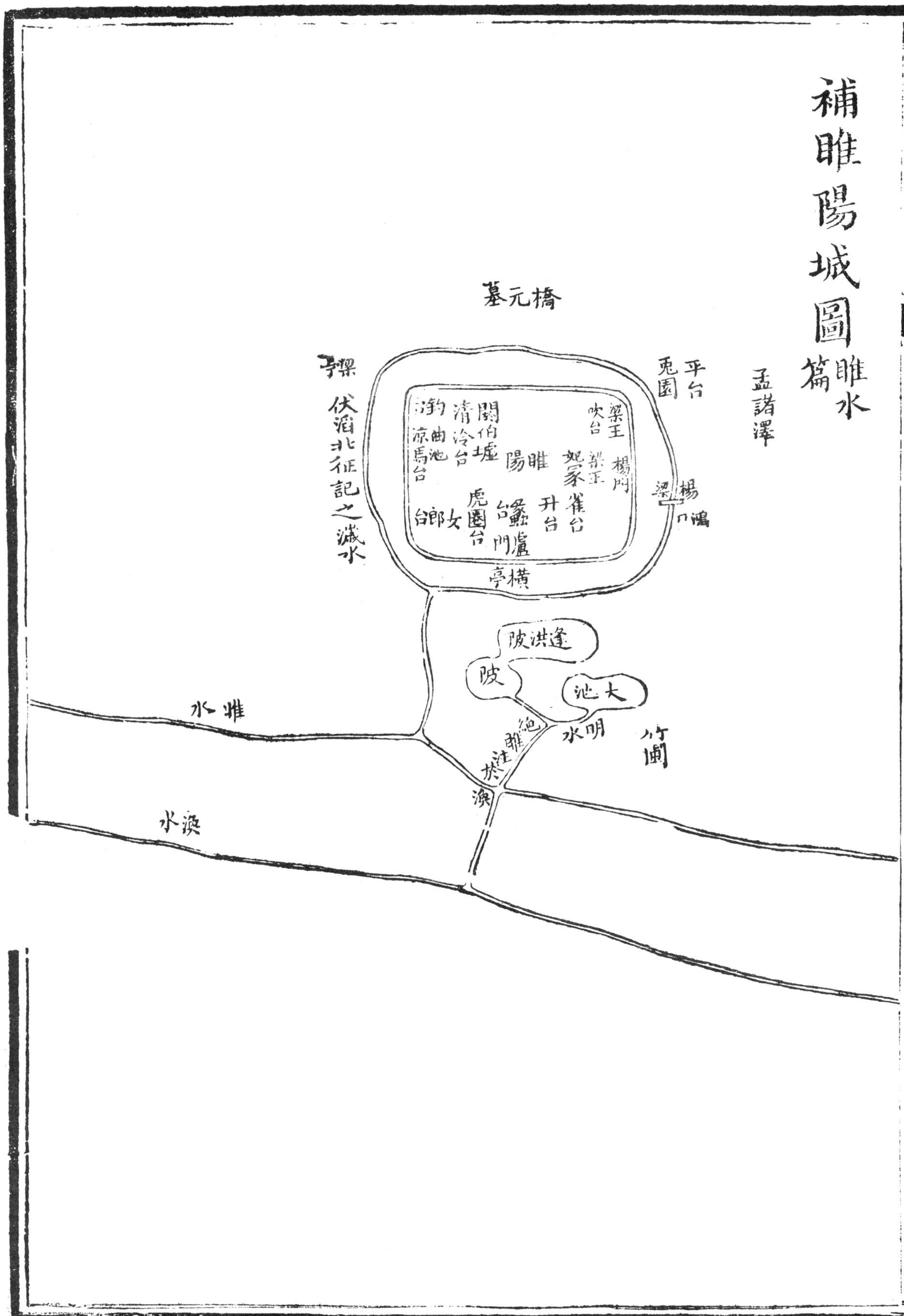
睢水篇
橋元墓
伏滔北征記之濊水
平台
兎園
孟諸澤
曲池
涼馬台
清泠台
閼伯墟
睢陽
梁王吹台
梁王妃冢
雀台
升台
盧門
虎圈台
女郎台
楊門
橫亭
逢洪陂
陂
大池
明水
睢水
絕睢注於渙
渙水

成都橋圖

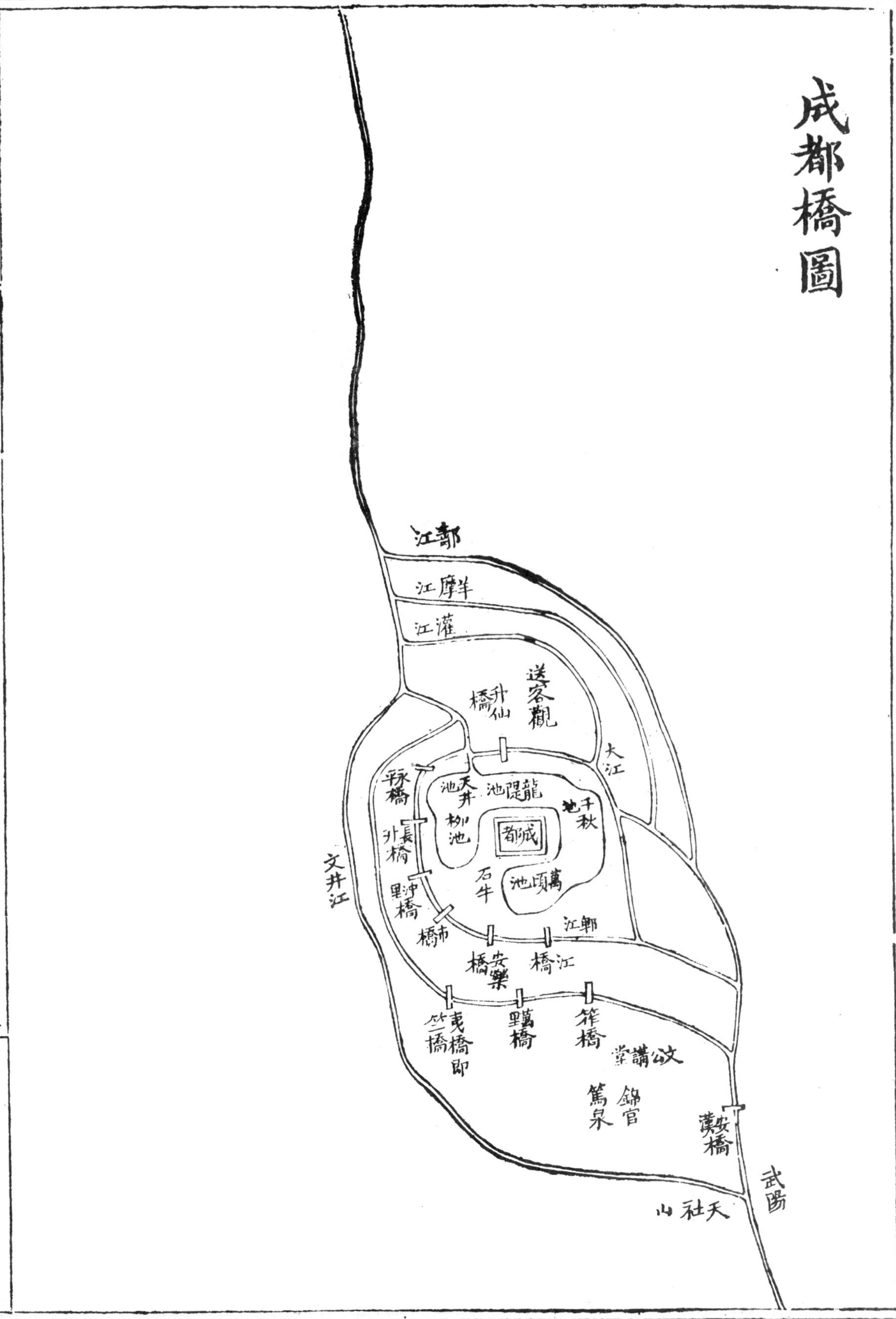

郫江
羊摩江
灌江
送客觀
升仙橋
大江
永平橋
天井池
龍堤池
千秋池
長升橋
柳池
成都
文井江
石牛
萬頃池
沖里橋
市橋
郫江
安樂橋
江橋
夷橋即笮橋
萬里橋
笮橋
文公講堂
錦官
篤泉
安漢橋
武陽
天社山

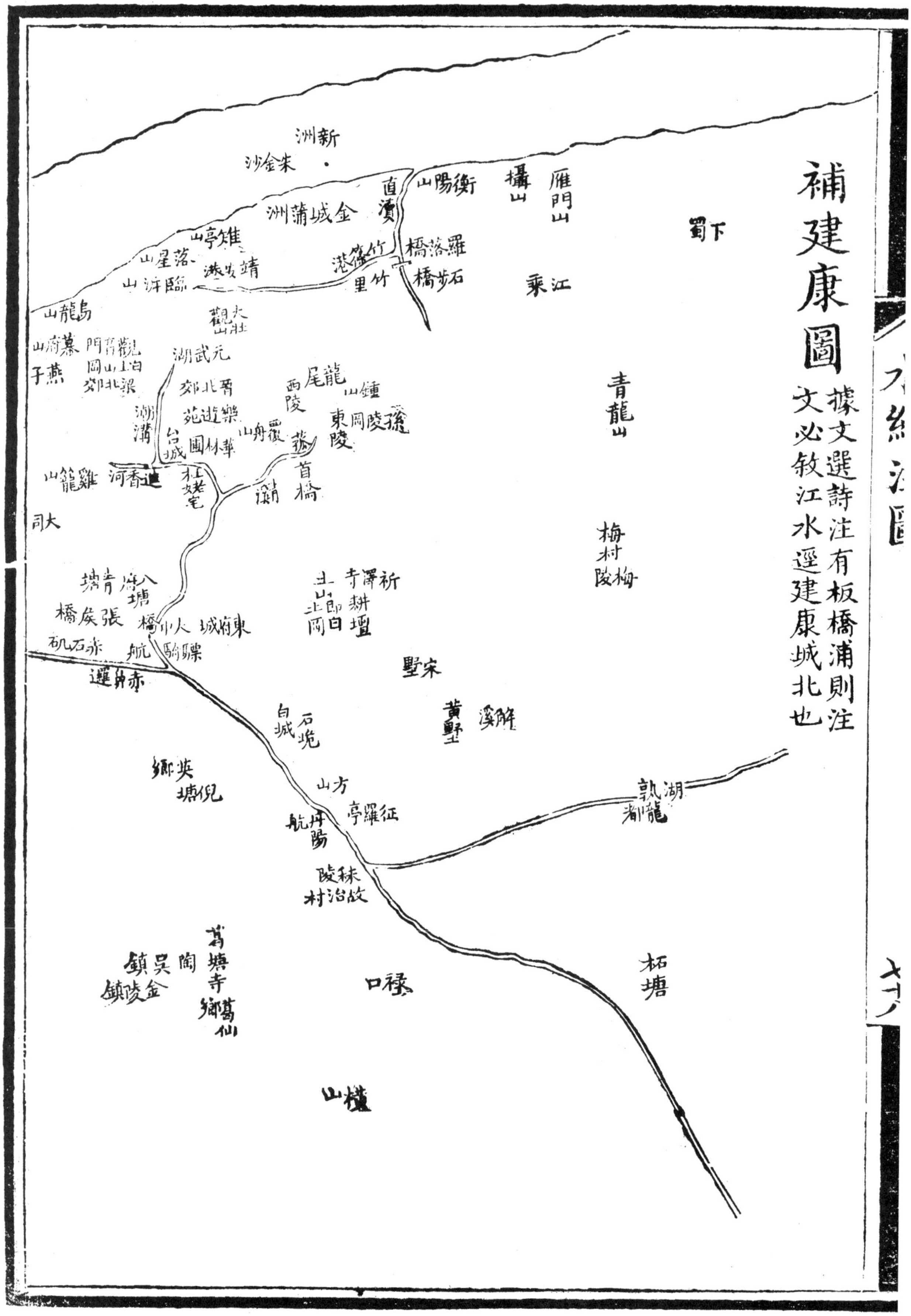
補建康圖
據文選詩注有板橋浦則注文必敘江水逕建康城北也
新洲
朱金沙
金城蒲洲
直瀆
衡陽山
攝山
雁門山
下蜀
江乘
羅落橋
石步橋
竹篠港
竹里
雉亭山
落星山
靖安港
臨沂山
烏龍山
大壯觀山
幕府山
燕子
玄武湖
晉北郊
樂遊苑
華林園
台城
龍尾西陵
鍾山
霞舟山
蔣陵
東陵
青龍山
雞籠山
香河
大司
梅村
梅陵
祈澤寺
宋墅
解溪
黃墅
方山
秣陵
故治村
湖熟
柘塘
祿口
陶吳鎮
金陵鎮
葛塘寺
葛仙鄉
橫山
倪塘
張侯橋
赤石磯
東府城
驃騎航

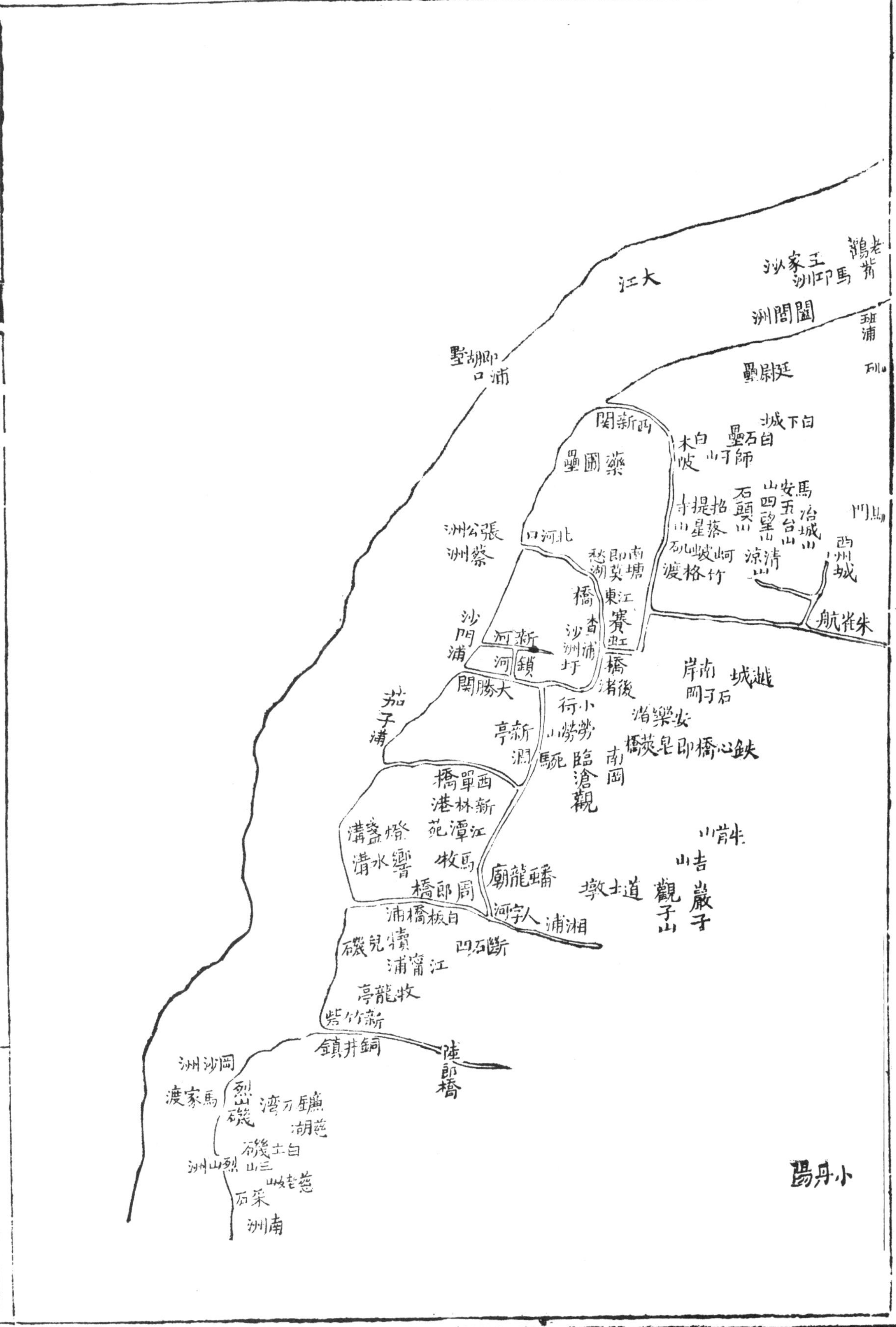
大江
閭閶洲
老鸛觜
馬印洲
王家沙
即胡墅
浦口
廷尉壘
白下城
白石壘
師子山
白木陂
馬冶城
安五台山
四望山
石頭山
招提寺
落星山
清涼山
西州城
朱雀航
張公洲
蔡洲
藥園壘
西新閘
北河口
南塘
即莫愁湖
江東
賽虹橋
杏花橋
沙洲圩
新河
鎮
沙門浦
大勝關
後渚橋
茄子浦
越城
南岸
石子岡
安樂渚
鐵心橋即皂莢橋
小行
勞勞山
新亭
新林浦
臨滄觀
南岡
西單橋
新林港
江潭苑
燈籠溝
響水涓
馬牧
周郎橋
蟠龍廟
道士墩
牛首山
吉山
觀子山
嚴子觀
白板橋浦
人字河
湘浦
斷石岡
江寧浦
牧龍亭
新竹柴
銅井鎮
陸郎橋
岡沙洲
馬家渡
烈山磯
慈湖
白土磯
三山
烈山洲
慈姥峽
采石
南洲
小丹陽

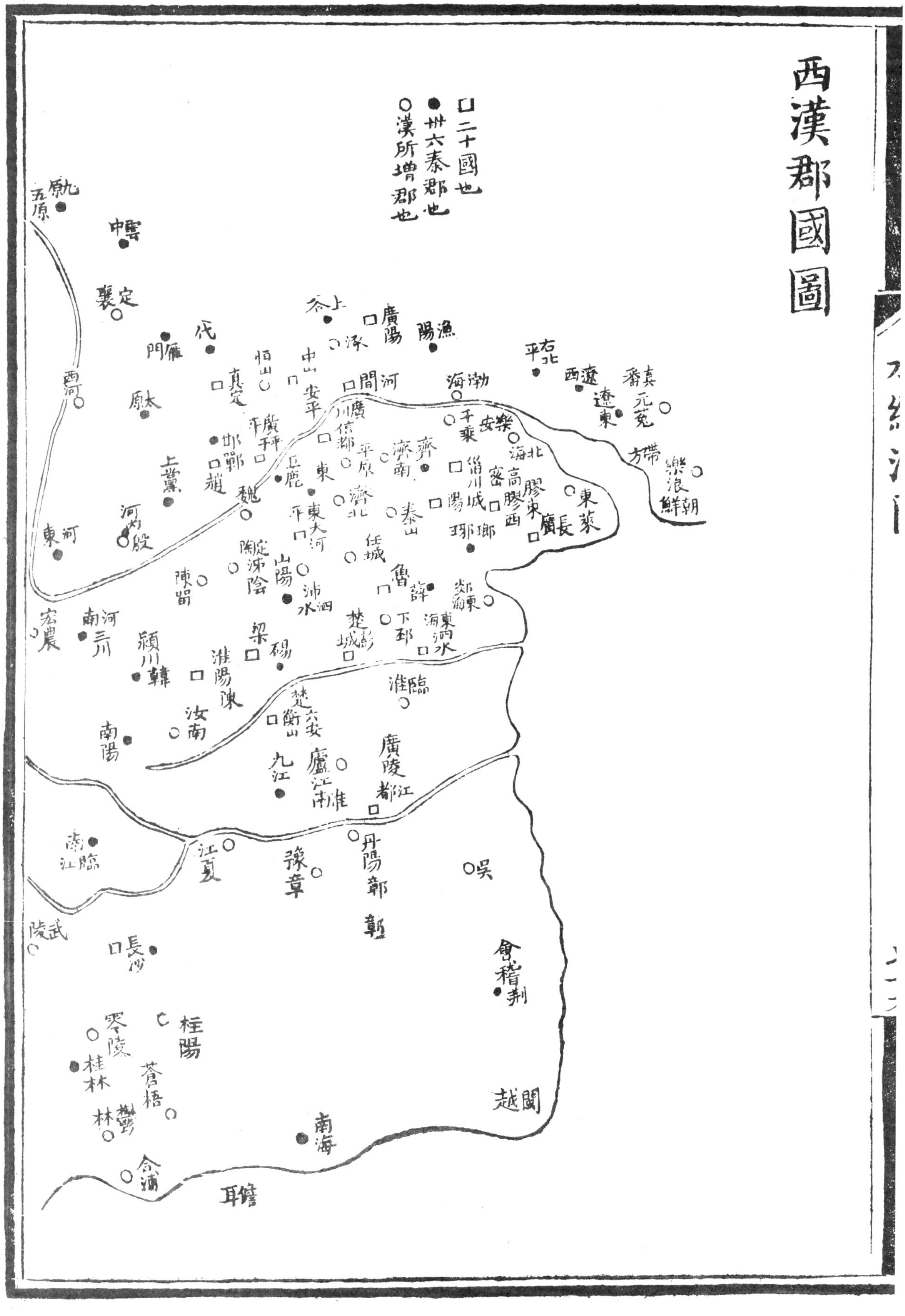
西漢郡國圖
□二十國也
●卅六秦郡也
○漢所增郡也
九原
五原
雲中
定襄
鴈門
代
上谷
廣陽
漁陽
涿
中山
恒山
真定
河間
安平
渤海
右北平
遼西
遼東
真番
元菟
樂浪
朝鮮
帶方
西河
太原
廣平
千乘
樂安
北海
上黨
邯鄲
趙
鉅鹿
東
平原
濟南
齊
菑川
高密
膠東
膠西
東萊
長廣
魏
濟北
泰山
城陽
琅邪
河東
河內
殷
東平
大河
任城
定陶
濟陰
山陽
陳留
魯
薛
東海
弘農
河南
三川
潁川
韓
梁
碭
沛
泗水
楚
彭城
下邳
淮陽
陳
臨淮
汝南
南陽
六安
九江
廬江
廣陵
江都
淮南
南郡
臨江
江夏
豫章
丹陽
鄣
吳
武陵
長沙
會稽
零陵
桂陽
桂林
蒼梧
鬱林
南海
閩越
合浦
儋耳

水經注圖

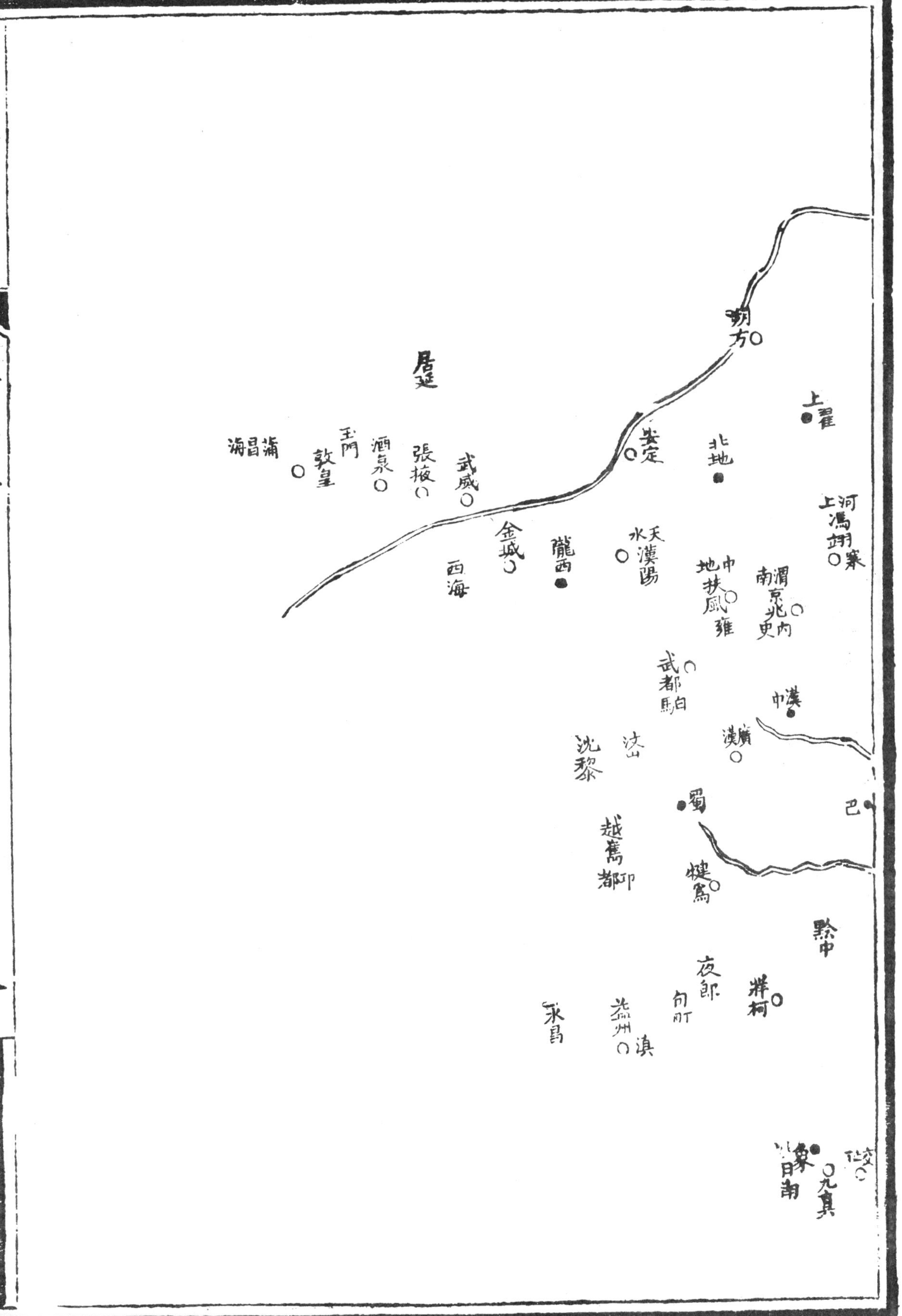
居延
朔方
上郡
安定
北地
蒲昌海
玉門
敦煌
酒泉
張掖
武威
金城
西海
隴西
天水
漢陽
中地
扶風
雍
渭南
京兆
內史
河上
馮翊
武都
白馬
漢中
廣漢
汶山
沈黎
蜀
巴
越巂
邛都
犍爲
黔中
夜郎
牂柯
永昌
益州
滇
象郡
日南
九真
交阯

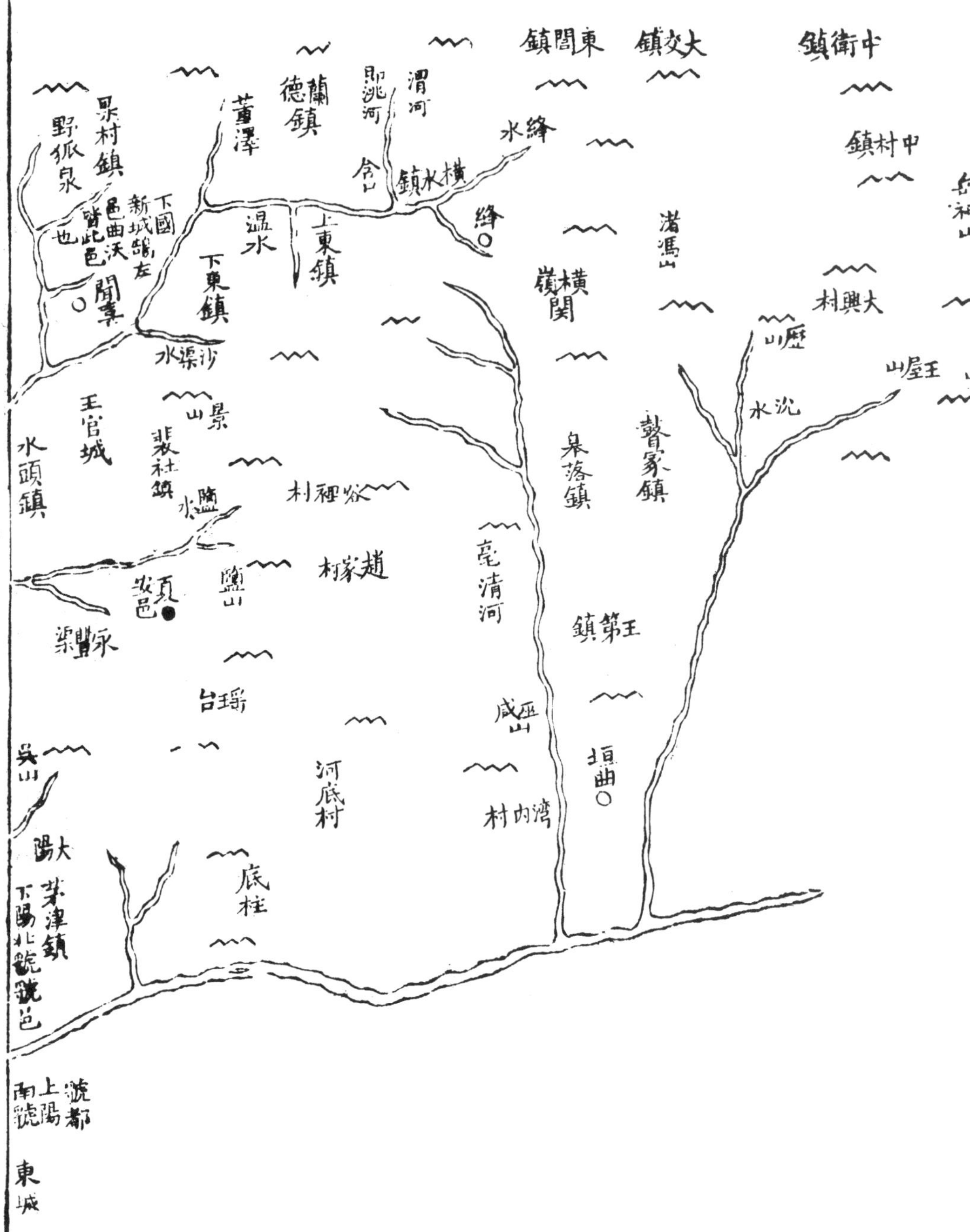

今涑水圖

合康熙乾隆兩內府輿圖寫此而畧坿古地名以識之

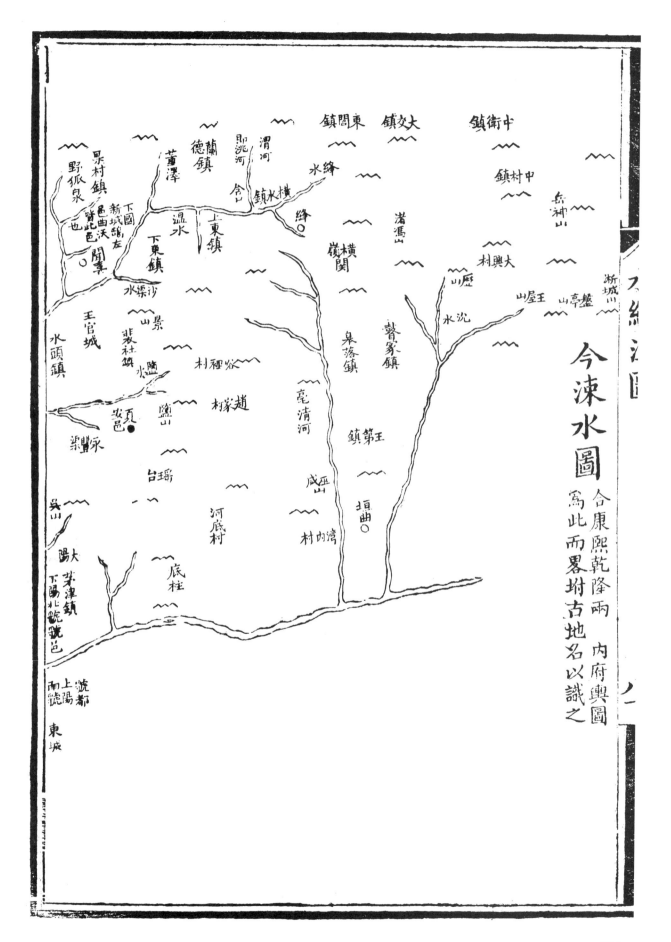

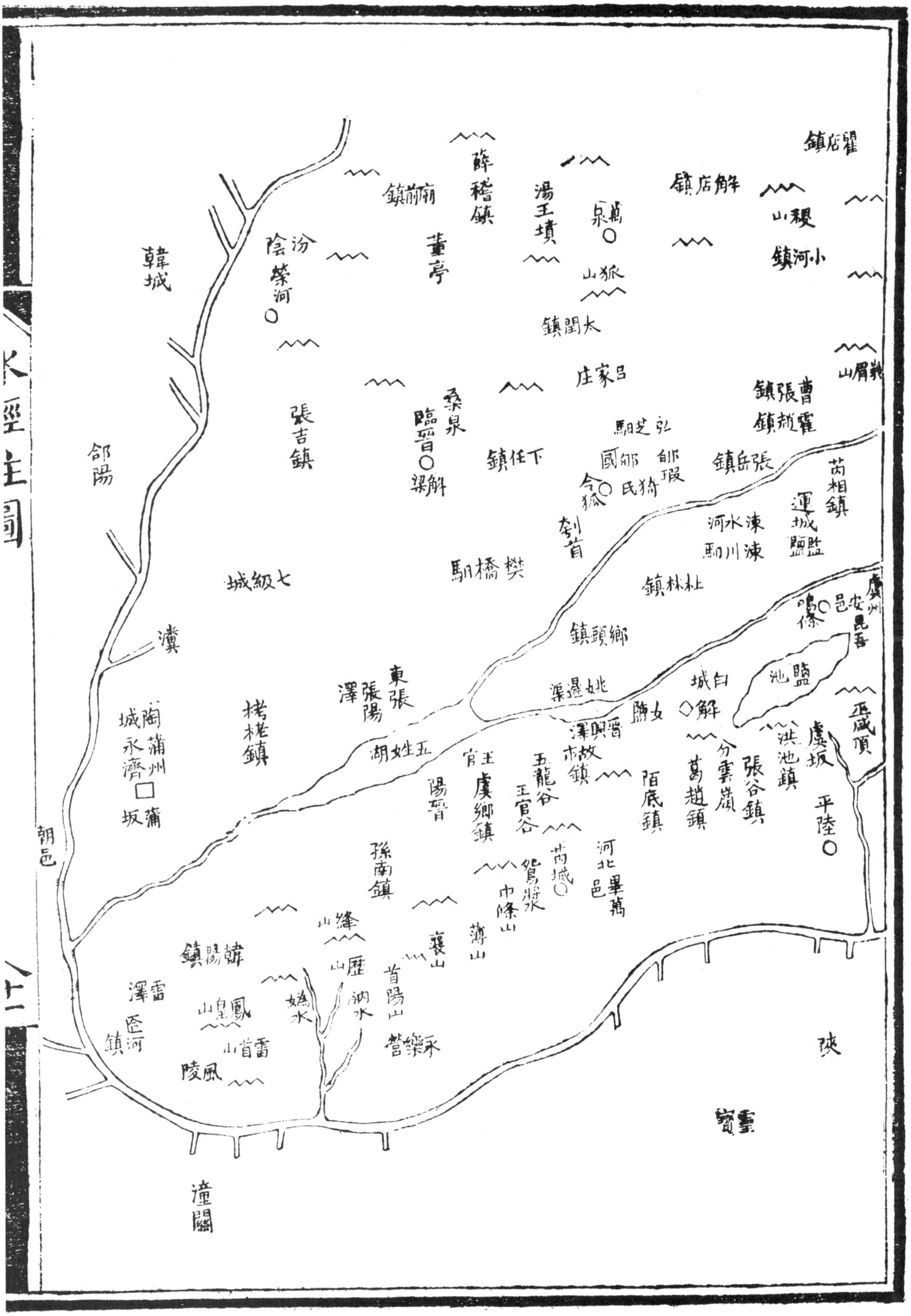

翟店鎮
解店鎮
稷山
小河鎮
薛稽鎮
廟前鎮
湯王墳
萬泉
汾陰
榮河
董亭
狐山
韓城
呂家庄
峩眉山
曹張鎮
張吉鎮
桑泉
臨晉
解梁
下任鎮
弘芝驛
郃陽
郇國
郇瑕
令狐
猗氏
張岳鎮
運城
涑水河
涑川驛
樊橋驛
七級城
杜林鎮
安邑
鳴條
鄉頭鎮
瀵
東張
張陽澤
姚暹渠
白城
解
晉興澤
鹽池
蒲州
陶城
永濟
蒲坂
五姓湖
故市鎮
王官
五龍谷
王官谷
虞鄉鎮
陽晉
陌底鎮
葛趙鎮
分雲嶺
張谷鎮
洪池鎮
虞坂
巫咸頂
平陸
朝邑
孫南鎮
芮城
河北
中條山
薄山
襄山
首陽山
歷山
媯水
汭水
韓陽鎮
雷澤
鳳皇山
雷首山
永樂營
風陵
陝
潼關

水經注圖坿錄

漢志釋地略

京兆尹長安（今縣）新豐（臨潼渭南）船司空（華陰東北）藍田（今縣）華陰（今縣）鄭（華州西北）湖（閿鄉）下邽（渭南東北）南陵（咸甯南）奉明（長安北）霸陵（咸甯東）杜陵（咸甯南）

左馮翊高陵（今縣）櫟陽（臨潼東北）翟道（中部西北）池陽（涇陽西北）夏陽（韓城）衙（白水東北）粟邑（白水西北）谷口（醴泉東北）蓮勺（渭南北）鄜（雒川）頻陽（富平）臨晉（朝邑西南）重泉（蒲城東南）郃陽（今縣）祋祤（同官耀州）武城（華州東北）沈陽（華州東）襄德（朝邑西南）徵（澄城西南）雲陵（淳化北）萬年（高陵北）長陵（咸陽東北）陽陵（咸陽東）雲陽（淳化西北）○臨晉（本大荔）

右扶風渭城（咸陽東）槐里（興平東南）鄠（今縣）盩厔（今縣）斄（武功西南）郁夷（隴州西）美陽（扶風）郿（今縣）雍（岐山）漆（永壽）栒邑（三水）隃麋（汧陽東南）陳倉（寶雞）杜陽（麟遊）汧（隴州）好畤（乾州）虢（寶雞東）安陵（咸陽東北）茂陵（興平東北）平陵（咸陽東北）武功（郿縣東）○槐里（故犬邱）懷德（富平西南　按此縣屬左馮翊應在臨晉之後補錄於此）

宏農郡　宏農靈寶南　盧氏今縣　陝今州　宜陽今縣　黽池今縣　丹水淅川西　新安
今縣　商商南　析析川內鄉　陸渾嵩縣　上雒商州
河東郡　安邑今縣　大陽平陸　猗氏今縣　解臨晉　蒲反永濟　河北芮城　左邑聞喜　汾
陰滎河　聞喜今縣　濩澤陽城　端氏沁水　臨汾太平絳州　垣垣曲　皮氏河津　長修絳州西北
平陽臨汾　襄陵今縣　彘霍州後曰永安　楊洪洞　北屈吉州大甯　蒲子隰州　絳曲沃　狐讘永和
騏鄉甯東南
太原郡　晉陽太原縣　葰人繁時　界休介休　榆次今縣　中都平遙西北　于離汾陽西
茲氏汾陽　狼孟陽曲東北　鄔介休東北　盂陽曲東北八十　平陶文水西南　汾陽陽曲西北九十　京
陵平遙　陽曲定襄　大陵文水　原平崞縣　祁今縣　上艾平定州　慮虒五臺　陽邑太谷　廣
武代州西
上黨郡　長子今縣　屯留今縣　余吾屯留西　銅鞮沁州南　沾樂平　涅氏榆社遼州　襄
垣今縣　壺關長治　泫氏陵川　高都鳳臺　潞潞城　陭氏岳陽　陽阿鳳臺西北　穀遠沁源

河內郡懷武陟西南汲今縣武德武陟東南波濟源東南山陽修武西北河陽孟縣州河內
東南共輝縣平皋溫縣東朝歌淇縣修武修武獲嘉溫今縣埜王河內獲嘉今縣軹濟源
南沁水濟源東北隆慮林縣即林慮蕩陰湯陰

河南郡雒陽今縣成周也滎陽滎澤偃師今縣京滎陽東南平陰孟津中牟今縣平
孟津東陽武今縣河南洛陽西洛邑王城也緱氏偃師南卷原武原武陽武北鞏今縣穀
成洛陽西北故市鄭州西北密今縣新成洛陽南開封今縣成皋汜水苑陵新鄭東北梁
汝州新鄭今縣

東郡濮陽開州西南畔觀觀城聊城今縣頓邱清豐西南發干堂邑西南范今縣茌平
今縣東武陽朝城西博平今縣黎鄆城西清堂邑東南東阿陽穀東北離狐東明臨邑
東阿北利苗平陰北須昌東平西北壽良壽張樂昌南樂西北陽平莘縣白馬滑縣東
南燕延津北廩邱范縣東南○穀成東阿西南樂平即清

陳留郡陳留今縣小黃陳留東北成安汝州東南甯陵今縣雍邱杞縣酸棗延津東

昏儀封蘭陽襄邑睢州西外黃杞縣東封邱今縣長羅長垣北尉氏今縣傿柘城北
長垣今縣平邱封邱東濟陽東明西南浚儀開封西北○已吾甯陵西南
潁川郡陽翟禹州昆陽葉縣東北潁陽許州西南定陵舞陽北長社長葛新汲扶溝
西南襄城今縣郾今縣南郟今縣舞陽今縣潁陰許州東北崈高登封北許今州傿陵
鄢陵臨潁今縣父城寶豐西北成安汝州東南周承休汝州東陽城登封南綸氏登封
東北

汝南郡平輿汝南東南陽安確山東北陽城確山東南濦強臨潁東富波阜陽南汝
陽商水鮦陽新蔡東北吳房遂平安成汝陽南南頓項城北朗陵確山細陽太和東
宜春汝陽西南汝陰阜陽新蔡今縣新息息縣灈陽遂平東南期思固始西北慎陽正陽
北慎潁上召陵郾城東南弋陽光州西西平今縣上蔡今縣濅沈邱東南西華今縣長
平西平東北宜祿沈邱北項項城新郪太和北歸德上蔡西新陽太和西北安昌確山
西安陽正陽西北博陽商水東北成陽信陽東北定陵襄城東南○征羌郾城東南思善

亳州東南 褒信 息縣東北 原鹿 阜陽東南 定潁 西平東 固始 淮寧西北
南陽郡 宛 南陽 犨 魯山東南 杜衍 南陽西南 鄧 光化北 育陽 南陽南 博山 淅川東 涅
陽 鎮平南 陰 光化 堵陽 裕州 雉 南召北 山都 襄陽西北 葉陽 棗陽 新野 今縣 筑陽 穀城
棘陽 唐縣新野 武當 均州 舞陰 泌陽西北 西鄂 南召南 穰 鄧州 酈 內鄉東北 安眾 鎮平東南
冠軍 鄧州西北 比陽 泌陽西 平氏 桐柏西 隨 今州 葉 今縣 鄧 襄陽北 朝陽 鄧州東南 魯
陽 魯山 舂陵 棗陽東 新都 新野東 湖陽 唐縣南 紅陽 裕州西赤石山南 樂成 鄧州西南
博望 南陽東北 復陽 桐柏東 ○ 順陽 淅川東 成都 鄧州西南 襄鄉 襄陽東北 南鄉 淅川
東南
南郡 江陵 今縣 臨沮 當陽遠安 夷陵 東湖 華容 今縣 宜城 今縣南 郢 江陵東南 邔 宜城
東北 當陽 今縣 中廬 襄陽西 枝江 今縣 襄陽 今縣 編 南漳東南 秭歸 歸州 夷道 宜都 州
陵 華容西南 若 宜城東南 巫 巴東 高成 松滋
江夏郡 西陵 黃岡西北 竟陵 天門安陸 西陽 黃岡東 襄 襄陽東北 邾 黃岡 軑 蘄水西北 鄂

武昌安陸今縣沙羨江夏漢陽蘄春蘄州鄳羅山雲杜沔陽下雉興國鍾武信陽東南○
平春信陽西北南新市京山東北
廬江郡舒廬江居巢巢縣龍舒舒城臨湖無為西南雩婁商城東北襄安無為南樅
陽桐城尋陽黃梅廣濟灊潛山霍山睆懷甯湖陵邑太湖松茲宿松
九江郡壽春邑壽州浚遒合肥東北成德壽州東南橐皋巢縣西北陰陵定遠西北歷
陽含山當塗懷遠鍾離鳳陽合肥今縣東城定遠東南博鄉霍邱南曲陽壽州北建
陽滁州來安全椒今縣阜陵全椒東南
山陽郡昌邑金鄉西北南平陽魚臺東北成武城武湖陵魚臺東南東緡金鄉北方
與魚臺橐滋陽西南鉅壄巨野南單父單縣薄曹縣南都關濮州東北城都濮州東黃
定陶東北爰戚嘉祥東南郜成城武東南中鄉金鄉北平樂單縣東鄭拔當作鄆鄆城之鄉也在
濮州東南瑕邱滋陽西留鄉曹縣雎州栗鄉金鄉夏邑曲鄉滕縣魚臺西陽金鄉西南○金
鄉今縣防東金鄉西南

濟陰郡定陶今縣寃句菏澤西呂都菏澤西南葭密菏澤西成陽濮州東南鄄城
濮州東句陽菏澤北秺城武西北乘氏巨野西南
沛郡相宿州西北龍亢懷遠西北竹宿州北穀陽靈璧西南蘄今縣向蒙城東南銍宿州西南
廣戚沛縣東下蔡鳳臺豐今縣酇鹿邑東譙亳州蘄宿州南虹五河西軱與泗州北
山桑蒙城東南公邱滕縣西南符離宿州敬邱永城西北夏邱五河東洨靈璧南沛今縣
芒永城北建成靈璧東南城父蒙城西北建平永城西酇永城東栗夏邑北扶陽亳州
東北高亳州東高柴亳州南漂陽懷遠北平阿懷遠南東鄉宿州東臨都蒙城北
義成懷遠東北祁鄉夏邑東北○太邱卽敬邱
魏郡鄴臨漳館陶今縣斥邱成安沙涉縣內黃今縣清淵臨清西南魏大名西北繁陽
內黃東北元城今縣梁期臨漳東北黎陽濬縣東北卽裴肥鄉西武始邯鄲西北邯會安陽
西北陰安清豐北平恩邱縣邯溝安陽西南武安今縣
鉅鹿郡鉅鹿今縣南䜌鉅鹿北廣阿隆平象氏隆平東北廮陶趙州甯晉宋子趙州

北楊氏甯晉西臨平晉州東南下曲陽晉州貰東鹿西南鄡東鹿東新市晉州西北堂
陽新河西安定東鹿西北敬武趙州東北歷鄉甯晉東樂信東鹿西武陶隆平西柏鄉
今縣安鄉晉州東
常山郡元氏今縣石邑獲鹿桑中平山東南靈壽今縣蒲吾平山上曲陽曲陽九
門藁城西北井陘今縣房子臨城高邑中邱內邱封斯趙州東南關欒城北平棘趙州南
鄗柏鄉北樂陽獲鹿東北平臺趙州西都鄉贊皇南行唐行唐○欒城今縣
清河郡清陽清河東東武城武城繹幕平原西北靈高唐厝清平南即甘陵鄃平原西南
貝邱清平西南信成清河西北搋題棗強南東陽恩縣信鄉夏津西繚南宮東南棗彊
今縣復陽武城東北
涿郡涿今州迺淶水穀邱安平西南故安易州東南南深澤深澤范陽定興蠡吾博野
西南容城新安易雄縣易州廣望清苑西南鄚任邱東北高陽今縣州鄉河間東北安平今縣
樊輿清苑東南成容成良鄉房山利鄉房山西臨鄉固安南益昌霸州陽鄉固安西北

西鄉 涿州西北 饒陽 今縣 中水 獻縣西北 武垣 肅甯 阿陵 獻縣西 阿武 安州 高郭 任邱西 新昌 新城 ○北新成 保定安肅

勃海郡 浮陽 滄州 陽信 慶雲陽信 東光 今縣 阜城 今縣 千童 樂陵西南 重合 樂陵西 南皮 今縣 定 滄州東南 章武 天津 中邑 滄州東 高城 鹽山東南 高樂 南皮東南 參戶 青縣西 成平 交河東 柳 鹽山東 臨樂 甯津 東平舒 靜海大城 重平 吳橋德平 安次 東平永清 修市 景州西北 文安 今縣 景成 交河東北 東州 河閒東北 建成 交河東北 章鄉 滄州東南 蒲領 阜城東北

平原郡 平原 今縣 鬲 德州北 高唐 禹城西 重邱 德州東 平昌 德平西南三十 羽 平原東 般 德平東北二十五 樂陵 今縣 祝阿 齊河長清閒 瑗 禹城南 阿陽 禹城東 漯陰 臨邑西 朸 商河 富平 惠民卽厭次 安悳 陵縣 合陽 武定西南 樓虛 禹城西南卽楊虛 龍頟 景州東三十 安 吳橋西北

千乘郡 千乘 高苑北 東鄒 青城 溼沃 濱州 平安 新城東北 博昌 博興南 蓼城 博興

東建信霑化狄高苑西南琅槐樂安東北樂安博興北被陽蒲臺高昌博興西南繁安
利津高苑今縣延鄉新城東
濟南郡東平陵歷城東鄒平今縣臺歷城東北梁鄒鄒平東土鼓淄川西於陵
長山西南陽邱章邱東南搬陽淄川營章邱西朝陽章邱西北歷城今縣猇章邱北著濟陽
西南宜成齊東
泰山郡奉高泰安東北博泰安東南茌長清西北盧平陰東北肥成今縣虵邱肥城南剛
甯陽東北柴泰安南蓋沂水西北梁父泰安東南東平陽新泰南武陽費縣西北萊蕪今縣
鉅平泰安西南嬴萊蕪西北牟萊蕪東蒙陰今縣華費縣東北甯陽今縣乘邱滋陽西北富
陽肥城南桃山甯陽東南桃鄉汶上東北式萊蕪東南
齊郡臨淄今縣昌國淄川東北利樂安西西安臨淄西鉅定樂安北廣益都廣饒
樂安東北昭南益都西南臨朐今縣北鄉臨淄北平廣臨朐西臺鄉益都西
北海郡營陵昌樂劇魁昌樂西北安邱今縣瓠濰縣東淳于安邱東北益壽光西平

壽濰縣劇壽光東南都昌昌邑西平望壽光東北平的壽光西南柳泉益都東壽光今縣
樂望壽光東饒壽光西北斟濰縣東桑犢濰縣東南平城昌邑南密鄉昌邑東南羊石
昌樂西南樂都昌邑東南石鄉安邱西上鄉濰縣西新成安邱東北成鄉安邱北膠陽
高密西北
東萊郡掖今縣腄文登西平度今州黃今縣臨朐掖縣北曲成招遠牟平黃縣東南
東牟甯海㡉黃縣西南育犁甯海西昌陽萊陽東南不夜文登當利掖縣西南盧鄉萊陽
西南陽樂掖縣西陽石掖縣南徐鄉黃縣西○葛盧膠州東北
琅邪郡東武諸城不其卽墨海曲日照西贛榆今縣朱虛臨朐東南諸諸城西南梧
成安邱西南靈門莒州北姑幕諸城西北虛水莒州南臨原臨朐東南琅邪諸城東南祓
膠州北柜膠州西餅臨朐東北郱卽墨北雩段莒州東黔陬諸城東北雲膠州東北計斤
膠州東稻高密西南皋虞卽墨東北平昌安邱南長廣萊陽西南橫諸城東南東莞沂水東
魏其沂水南昌諸城東南茲鄉諸城東北箕莒州東椑莒州東南高廣莒州西高鄉莒州

南
柔 日照西
卽來 贛榆西
麗 膠州西南
武鄉 安邱北
伊鄉 臨朐東
新山 莒州西南
高陽 高密西北
昆山 諸城西南
參封 膠州南
折泉 諸城西南
博石 諸城南
房山 莒州東南
愼鄉 贛榆西北
駟望 贛榆北
安邱 今縣東南
高陵 日照北
臨安 萊陽西南
石山 諸城東北
○
西海 卽海曲
東海郡
郯 郯城
蘭陵 嶧縣東
襄賁 蘭山西南
下邳 邳州
良成 邳州北
平曲 滕縣西
戚 滕縣西北
朐 海州南
開陽 蘭山北
費 今縣
利成 海州西
海曲 海州西南
蘭祺 嶧縣南
繒 嶧縣東
南成 海州南
山鄉 滕縣東
建鄉 沭陽東
卽邱 蘭山東南
祝其 贛榆西
臨沂 蘭山西北
厚邱 沭陽西北
容邱 邳州東北
東安 沂水西
合鄉 滕縣東
承 嶧縣西北
建陽 嶧縣西
曲陽 海州西南
司吾 宿遷北
于鄉 費縣南
平曲 滕縣西南
都陽 蘭山東北
陰平 嶧縣西南
郚鄉 泗水東南
武陽 費縣西
新陽 沂水西
建陵 沭陽北
昌慮 滕縣東南
都平 蘭山東
○
合城 卽合鄉
臨淮郡
徐 泗州北
取慮 睢陵西南
淮浦 安東
盱眙 今縣
厹猶 宿遷
僮 泗州東北
射陽

山陽開陽興化贅其桃源西南高山泗州東睢陵睢甯鹽瀆鹽城淮陰清河淮陵盱眙
西北下相宿遷西富陵盱眙東北東陽天長播旌盱眙北西平泗州西南高平泗州東南
開陵安東南昌陽阜甯廣平山陽西南蘭陽山陽北襄平天長東海陵通州輿甘泉
西堂邑六合樂陵安東之長樂鎮○東城當塗故屬九江
會稽郡吳今縣曲阿丹陽烏傷義烏毗陵武進餘暨蕭山陽羨宜興諸暨今縣無
錫今縣山陰今縣丹徒今縣餘姚今縣婁今縣上虞今縣海鹽今縣剡嵊縣由拳嘉興
大末西安烏程今縣句章慈溪西南餘杭今縣鄞今奉化縣錢唐今縣鄮鄞縣富春今縣
治閩縣回浦溫州○永甯永嘉安吉今縣東部興化
丹陽郡宛陵宣城於潛於潛江乘句容北春穀繁昌秣陵江甯南故鄣廣德句
容今縣涇今縣丹陽當塗北石城貴池胡孰上元東南陵陽石埭蕪湖今縣黝黟縣溧
陽今縣歙今縣宣城南陵
豫章郡南昌今縣廬陵吉安彭澤今縣鄱陽今縣歷陵德安餘汗餘干柴桑星子

艾甯州贛今縣新淦今縣南城今縣建成高安宜春袁州海昏建昌雩都今縣鄡陽
鄱陽西北南埜南安大庾安平安福○領山甯都東北石陽吉安吉水臨汝臨川撫州建昌
南昌奉新

桂陽郡郴今州臨武今縣便永興南平藍山耒陽今縣桂陽今州陽山今縣曲江
今縣含洭英德西湞陽英德東陰山陽山北○漢甯桂陽州北

武陵郡索武陵東孱陵華容臨沅武陵沅陵今縣鐔成黔陽無陽芷江遷陵保靖
辰陽辰溪酉陽永順義陵溆浦佷山長陽零陽澧州充桑植○沅南桃源作唐安鄉
漢壽卽索

零陵郡零陵今縣營道甯遠西始安桂林東北夫夷新甯營浦道州都梁城步泠
道甯遠東泉陵零陵洮陽全州東鍾武衡陽西○重安卽鍾武湘鄉今縣昭陽
邵陽

漢中郡西城安康西北旬陽洵陽南鄭今縣褒中褒城房陵房縣安陽城固東成

固今縣沔陽沔縣錫白河東武陵竹溪上庸竹山長利鄖西
廣漢郡梓潼今縣什方今縣涪緜州雒漢州緜竹今縣廣漢遂甯葭萌廣元郪三臺
新都今縣甸氏道文縣西北白水廣元西剛氏道平武陰平道文縣○德陽劍州
西北
蜀郡成都今縣郫今縣繁新繁廣都雙流臨邛邛州青衣雅安江原崇慶嚴道滎經
緜虒灌縣旄牛清溪徙天全湔氏道松藩汶江茂州廣柔汶川西北蠶陵松藩南
犍爲郡僰道宜賓江陽榮縣武陽新津南安犍爲資中榮昌符合江牛鞞簡州南
廣高縣漢陽慶符郁鄢昭通東南朱提屏山南堂琅東川北○荷節此符之譌文漢
安瀘州江安
越嶲郡邛都西昌東遂久永北靈關道蘆山西北臺登冕甯東定莋鹽源東南會
無會理西南莋秦鹽源東大莋冕甯西姑復元謀西三絳會理東蘇示西昌北闌
越嶲東卑水會理北灊街西昌東南青蛉大姚

益州郡滇池(呈貢西)雙柏(昆陽西北)同勞(馬龍西南)銅瀨(霑益北)連然(安甯北)俞
元(河陽東南)牧靡(武定和曲)穀昌(富民北)秦臧(祿豐)味(南甯西)昆澤(晉甯江川)律高(陸涼)
弄棟(姚州)貴古(臨安建水)毋棳(彌勒)勝休(通海西)建伶(昆明西南)來唯(阿迷北)○
邪龍(楚雄南以下後志永昌郡)葉榆(大理)不韋(保山)雲南(今縣)巂唐(雲龍東)比蘇(雲龍西)
○哀牢(保山東南)博南(永平南)
牂柯郡故且蘭(貴筑)鐔封(三板橋北馬別河)鄨(遵義)漏臥(師宗東南)平夷(黔西)同並
(蒙自)談指(大定)宛溫(羅平北)毋斂(安順普定)夜郎(水城朗岱)毋單(潞南西)漏江(宣威)西
隨(西隆西林)都夢(土富州)談稾(普安州)進桑(貞豐)句町(興義)
巴郡江州(巴縣)臨江(忠州)枳(涪州)閬中(今縣)墊江(合州)朐忍(雲陽)安漢(南充)宕渠
(渠縣)魚復(奉節)充國(南部)涪陵(彭水)○平都(酆都)宣漢(東鄉)漢昌(保甯)
武都郡武都(成縣東)上祿(成縣西)故道(鳳縣西北)河池(徽縣)平樂道(成縣西南)沮
(略陽東)嘉陵道(禮縣)循成道(成縣南)下辨道(階州)

隴西郡狄道（今縣）上邽（秦州）安故（狄道南）氐道（西和東北）首陽（渭源）予道（狄道西南）大夏（蘭州西）羌道（隴州西）襄武（甯遠）臨洮（洮州）西（西和）○鄣（宜作彰今漳縣）白石（河州西南○毛本後志少一縣則隴西不得云十一城據洪氏補三國疆域志有白石縣補之）

金城郡允吾（皋蘭西北）浩亹（碾伯東）令居（平番西北）枝陽（平番南）金城（皋蘭西南）榆中（金縣）枹罕（河州）白石（河州西南）河關（河州西）破羌（西甯碾伯）安夷（西甯東）允街（平番西南）臨羌（西甯）

天水郡平襄（通渭西南）街泉（秦安東）戎邑道（莊浪東）望垣（秦州西）罕幵（莊浪東南）緜諸道（秦州東北）阿陽（靜甯西）略陽道（秦安東北）冀（伏羌）勇士（金縣東北）成紀（秦安北）清水（秦州）奉捷（通渭西）隴（清水北）豲道（鞏昌北）蘭干（伏羌西）○顯親（秦安西北）

武威郡姑臧（武威）張掖（武威南）武威（鎮番北）休屠（武威北）揟次（古浪北）鸞鳥（武威東南）撲劃（古浪北）媪圍（皋蘭北岸）蒼松（古浪西）宣威（鎮番南）

張掖郡觻得（張掖）昭武（張掖西北）刪丹（山丹）氐池（山丹西南）屋蘭（山丹西北）日勒（山丹）

東南

驪靬 永昌南 番和 永昌西 居延 高臺東北 顯美 永昌東

酒泉郡 祿福 肅州 表是 高臺西南 樂涫 高臺西 天㒩 肅州北 玉門 今縣 會水 高臺西北 沙頭 玉門西 綏彌 肅州東 乾齊 玉門西南 ○ 延壽 故赤斤衛

敦煌郡 敦煌 今縣 冥安 敦煌北 效穀 敦煌西 淵泉 安西東 廣至 安西西 龍勒 敦煌西北

安定郡 高平 固原 復累 中衛西 安俾 中衛東 撫夷 鎮原北 朝那 平涼西 涇陽 崇信 臨涇 鎮原 鹵 中衛東南 烏氏 平涼西北 陰密 靈臺西 安定 涇州北 參䜌 安化西北 三水 固原東北 陰槃 長武西北 安武 鎮原南 祖厲 靖遠西南 爰得 涇州東南 眴卷 中衛 彭陽 鎮原東 鶉陰 蘭州東北 月氏道 靖遠西

北地郡 馬領 環縣 直路 中部西北 靈武 環縣西北 富平 安化西南 靈州 靈州東南 眴衍 靈州南 方渠 環縣南 除道 合州東北 五街 合水北 鶉孤 靈臺 歸德 靖邊西南 回獲 定邊東北 略畔道 合水慶陽 泥陽 慶陽東南 郁郅 安化 義渠道 寧州東北 弋居 定邊北 大黽

甯州東南廉甯夏北
上郡膚施綏德東獨樂米脂北陽周延安安定木禾安塞東平都洛川淺水長武
北京室中部東洛都保安西白土懷遠東北襄洛甯州東北原都洛川西漆垣宜君
西奢延懷遠西南雕陰鄜州推邪綏德西楨林同官北高望延長西雕陰道甘泉
龜茲米脂榆林定陽宜川高奴膚施望松三水北宜都延川西
西河郡富昌偏關西岸騶虞神木西鵠澤富昌北伊蘇臺泊平定甯鄉北美稷偏關
河外西南中陽甯鄉樂街榆林北徒經吳堡皋狼永甯西北大成烏蘭木倫西北廣田府谷
西圜陰葭州益闌嵐縣平周臨縣西鴻門神木西南藺永甯北宣武河曲千章興縣
西增山哈楚爾河西圜陽神木廣衍岢嵐武車保德虎猛烏蘭木倫河西離石永甯穀
羅靖邊東北其虎澤則通哈拉克泊也饒靖邊西北方利神木西南隰成永甯西臨水臨縣西北土
軍石樓西都懷遠契吳山南平陸米脂陰山懷遠南之橫山觬是永甯東南博陵府谷東鹽
官靖遠西北

朔方郡三封鄂爾多斯右翼中旗河西朔方廣牧東哈喇河西修都烏蘭木倫河西南臨河鄂爾多斯右翼後旗北南北河之閒呼遒托賴河西南窳渾哈爾哈納河西渠搜西都爾平河西南沃壄鄂爾吉虎泊西廣牧鄂爾多斯右翼後旗東布爾哈蘇台河西岸臨戎鄂爾多斯右翼中旗南伯穆泊北

五原郡九原蘇爾哲河固陵鄂爾多斯左翼前旗北五原蘇爾哲河南臨沃蘇拉木倫河東文國鄂爾多斯左翼後旗河陰納瑪代泊蒲澤哲格蘇台泊南興察蘇河西武都哈拉奔那河宜梁無黨河曼柏蘇爾哲河北成宜博託河稒陽蘇爾哲河東莫䵣察蘇河北西安陽坤都倫河河目河套北河之北○按此郡全緣北河之北及東北也

雲中郡雲中托克托城咸陽圖爾根河北陶林察哈爾右翼廂紅旗南楨陵圖爾根河南犢和托克托廳東沙陵歸化城西原陽察哈爾右翼廂紅旗西南沙南托克托廳西北輿歸化城東武泉察哈爾右翼廂藍旗陽壽薩拉齊廳○負陵薩拉齊西南

定襄郡成樂朔平北桐過清水河廳都武甯遠廳西武進和林格爾廳東襄陰朔平西北武皋代哈泊北駱平魯西北定陶甯遠廳武城平魯西南武要和林格爾廳北定襄大同西北

復陸偏闕

鴈門郡

善無右玉

沃陽左雲西北

繁畤渾源西

中陵平魯北

陰館朔州東南

樓煩甯武

武州左雲

汪陶山陰南

劇陽應州

崞渾源西

平城懷仁

埒應州西南

馬邑今縣

彊陰大同西北

代郡

桑乾蔚州西北

道人陽高東南

當城蔚州東

高柳陽高西北

馬城懷安北

班氏大同東南

延陵天鎮邊外哈柳台河

狋氏廣靈西北

且如天鎮邊外東洋河南

平邑陽高西南

陽原天鎮西南

東安陽蔚州西北

參合豐鎮廳

平舒廣靈

代蔚州

靈丘今縣

廣昌今縣

鹵城繁畤東

上谷郡

沮陽懷來

泉上保安東南

潘保安西南

軍都懷來南

居庸延慶

雊瞀蔚州東北

夷輿延慶東北

甯萬全

昌平蔚州北

廣甯宣化

涿鹿保安南

且居宣化東

茹宣化南

女祁龍門

下落懷安

漁陽郡

漁陽密雲

狐奴順義

路通州

雍奴武清

泉州武清東南

平谷今縣

安樂順義

西南厍奚灤平西獷平密雲東北要陽密雲東南白檀灤平西南滑鹽灤平南
右北平郡平剛今承德府平泉州豹河閒地無終玉田石成建昌廷陵青龍河西俊靡
遵化西北薋豐寗徐無遵化西字灤平南柳河閒土垠豐潤白狼建昌夕陽灤州南昌城
灤州西驪成樂亭寗河廣成喀喇沁中旗聚陽伊瑪圖河閒平明灤平南
遼西郡且慮義州海陽臨渝新安平寗遠西北柳城土默特左翼旗郛拉特河濱令支
遷安肥如盧龍賓從朝陽交黎昌黎陽樂撫寗西狐蘇土默特右翼徒河錦縣文成
喀喇沁左翼臨渝奈曼旗東南絫樂亭
遼東郡襄平遼陽新昌海城東無慮廣寗望平廣寗東北房廣寗東南侯城承德南
遼隊海城西遼陽新民廳險瀆廣寗南東沙河居就遼陽海城高顯承德安市耀州南
武次岫巖廳平郭蓋平西安平鳳凰城文熊岳城番汗復州沓氏寗海○昌遼
故天遼屬遼西疑前書之遼隊也遼東屬國故邯鄉疑無慮之鄉今廣寗西北
元菟郡高句驪鐵嶺上殷台開原撫順西蓋馬興京以東地○侯城複見遼東

樂浪郡不而十二道溝蠶台該諾爾河華麗據東夷傳為高句驪所攻必地相近疑高圖魯河東西地
邪頭昧馬察河黎河閒前莫朝鮮國咸興道夫租朝鮮國瑞川郡利成縣東暆漁潤河諾羅東山○
樂浪諸縣無考參以後書東夷傳言建武棄嶺東七縣知樂浪元菟二郡以蓋馬大山為界疑今長白山也其西南以單大嶺
為界疑今佟家江西一帶山東南為樂浪西北為元菟也此七縣後漢所省帶方朝鮮國嘉山郡帶水今大定江列
口朝鮮國甯遠德川提奚朝鮮國郭山郡長岑東金河含資朝鮮國博山郡海冥朝鮮國龍水郡
宣川南新晉立疑故吞列改也此七縣在上七縣南朝鮮大同江北之平壤城詽邯朝鮮國黃州道浿水
浿水今大同江此朝鮮成川郡黏蟬朝鮮甯邊郡遂成朝鮮江西郡咸從縣增地朝鮮安岳州三和龍岡開
駟望朝鮮江東郡鏤方朝鮮平山郡昭明朝鮮開城郡屯有朝鮮豐德郡渾彌朝鮮永興
府吞列後志改為樂都晉志改為南新今朝鮮之常川也
南海郡番禺今縣博羅今縣中宿清遠龍川今縣四會今縣揭陽今縣○增城
今縣
鬱林郡布山貴縣北安廣融縣永甯阿林桂平廣鬱泗城中留來賓桂林臨桂潭

中（柳州）臨塵（長寨同知）定周（慶遠）增食（鎮安）領方（賓州）雍雞（南寧）
蒼梧郡廣信（梧州）謝沐（永明）高要（今縣）封陽（封川北）臨賀（賀縣）端溪（德慶東）馮
乘（永明富川）富川（今縣）荔浦（今縣）猛陵（昭平東）○鄣平（合浦東北）
交趾郡羸𨻻（郡治）安定（曲陽東南）苟屚（曲陽南安定西）麊泠（郡之西北）曲陽（郡東南）北
帶（郡西）稽徐（郡南）西于（朱鳶南）龍編（郡治南）朱鳶（郡西南）○封溪（麊泠東）望海
（郡西北）
合浦郡徐聞（今縣）高涼（茂名）合浦（今縣）臨允（羅定）朱盧（鬱林）○朱厓（卽朱盧）
九眞郡胥浦（郡治）居風（郡東）都龐（郡西）餘發（郡南）咸驩（郡治）無切（西于東南）無編
（無切東南）
日南郡朱吾（交趾西南）比景（郡北）盧容（郡東北）西捲（郡東）象林（郡西北）
趙國邯鄲（今縣）易陽（沙河之綦陽鎮）柏人（唐山）襄國（邢臺）○中邱（內邱）
廣平國廣平（雞澤）張（任縣西南）朝平（南和東）南和（今縣）列人（肥鄉）斥章（曲周東南）任

（今縣）曲周（今縣）南曲（曲周南）曲梁（永年）廣鄉（任縣西）平利（曲周東）平鄉（今縣）陽臺（任縣東北）廣年（永年西）城鄉（永年東）○廣宗（威縣東）

眞定國眞定（今縣）槀城（今縣）肥纍（槀城西南）緜曼（獲鹿北）

中山國盧奴（定州）北平（滿城）北新成（安肅）唐（今縣）深澤（今縣）苦陘（無極西北）安國（祁州）曲逆（完縣）望都（今縣）新市（新樂）新處（定州東北）毋極（今縣）陸成（蠡縣）安險（定州東）

信都國信都（冀州）歷（故城北）扶柳（冀州西南）辟陽（冀州東南）南宮（今縣）下博（深州）武邑（今縣）觀津（武邑東南）高隄（棗強東）廣川（棗強東北）樂鄉（深州東南）平隄（棗強東北）桃（衡水）西梁（深州西南）昌成（冀州西）東昌（武邑東北）修（景州）○經（廣宗南）

河閒國樂成（獻縣）候井（東光西）武隧（武強）弓高（阜城西南）

廣陽國薊（大興）方城（固安）廣陽（良鄉）陰鄉（宛平西南）

甾川國劇（壽光東南）東安平（臨淄東）樓鄉（益都西北）

膠東國卽墨（平度東南）昌武（萊陽西南）下密（高密東北）壯武（卽墨西北）郁秩（平度東）挺

萊陽南 觀陽萊陽東 鄒盧平度西南○膠東平度東北

高密國高密今高密縣 昌安高密西北 石泉高密東南 夷安高密東 成鄉高密北

城陽國莒今州 陽都沂水南 東安高密西 慮沂水西南

淮陽國陳淮甯 苦鹿邑 陽夏大康 甯平鹿邑西南 扶溝今縣 固始淮甯西 圉杞縣南

新平淮甯東北 柘柘城○扶樂大康西北 武平鹿邑西北

梁國碭碭山 甾睢州東 杼秋碭山東南 蒙商邱東北 己氏曹縣南 虞虞城 下邑碭山東

睢陽商邱南○穀熟商邱東南

東平國無鹽東平東 任城濟甯 東平陸汶上 富城滋陽西 章東平東北 亢父濟甯

西南 樊滋陽西南○東平今州後漢似有北縣 壽張郎壽良

魯國魯曲阜 卞泗水 汶陽甯陽東北 蕃滕縣 騶鄒縣 薛滕縣南

楚國彭城銅山 留沛縣東南 梧靈璧西北 傅陽銅山東北 呂銅山北 武原邳州西北 甾邱

宿州東北

泗水國淩宿遷東南泗陽宿遷桃源于宿遷南

廣陵國廣陵江都東北江都今縣高郵今州平安寶應

六安國六六安蓼固始東北安豐固始東南安風霍邱西南陽泉霍邱東北

長沙國臨湘善化羅湘陰東北連道湘鄉益陽今縣下雋通城攸今縣酃今縣烝陽衡陽西湘南湘潭西昭陵邵陽東南荼陵今州容陵監利安成安福○醴陵今縣

漢志侯國二百四十一今注只百九十二闕四十九疑西河樂浪等縣多者皆侯國史偶失注也

漢志志疑班志穀遠縣下師古云疑轉寫錯誤此獻疑之始今條志之如左

南陵沂水出藍田谷北至霸陵入霸水按水經注作滻水北至嶢關入霸○池陽應劭曰在池水之陽按此仲遠習語竝無池水乃在大白渠之陰爾頻陽應劭曰在頻水之陽按在大白渠之北爾無頻水也郃陽應劭曰在郃水之陽也按郃水在濩水南○美陽禹貢岐山在西北西當作東武功有垂山斜水淮水祠三所按淮字誤當作褒水祠○盧氏熊耳山在東伊水出東北入雒又有洱水東南至魯陽亦入沔按此漢時別一熊耳山非禹貢者洱

水經注圖附錄　十四

水經注作瀰

丹水 入鈞按卽洶水

析 黃水出黃谷按酈氏以豬水為黃水恐非

上雒 禹貢雒水出冢嶺山東北至葦入河又云熊耳獲輿山在東北按此文誤當云禹貢雒水出熊耳山冢嶺獲輿山在東北

○**平陽** 應劭曰在平河之陽汾之支河也平水首受汾尾入汾猶沱江潛漢也

○**上艾** 綿曼水東至蒲吾入虖池水按此言誤綿曼入大白渠後自入衡水至饒陽通虖池爾

○**長子** 青漳當作清

屯留 桑欽言絳水出西南東入海按桑以絳水為經流二漳水入之耳

沾 大罷谷清漳水所出東北至邑成入大河過郡五行千六百八十里按此言大河故瀆西漢時河也邑當作元東漢以後水經所載漳絳皆河故地也過郡五謂上黨魏廣平云五者三之瀧也里數亦相左右

涅氏 涅水也按水出覆甑山

穀遠 師古曰今沁水至武陟入河此云至滎陽疑誤按漢無武陟縣滎陽在今武陟對岸正西漢武德縣西境班掾不誤

○**壄王** 邪國按爾邪字皆邪之譌

隆慮 國水東北至信成入張甲河過郡三行千八百四十里按國當作清卽淇水也過河內魏東郡信都清河當作五郡

○**中牟** 趙獻侯自耿徙此按非此中牟也

陽武 有博狼沙按在清水之東

○**荏平** 應劭曰在荏山之平地者也按泰山荏應劭曰荏山在東北東當作西或云今東阿山卽荏山

東武陽 禹治漯水云云按禹治漯水在貝邱不當云於此此自漯水故道也

臨邑 師古曰方濟水字按方乃古之訛

○**外黃** 按諸說皆是惟征南東字當作西方合

封邱 濮渠水云過郡三按經陳留東郡沛陰山

陽四郡○**舞陽**應劭曰舞水出南按下脫陽字○**瀙强**應劭曰瀙水出潁川陽城按瀙爲潁之枝津故云

女陽應劭曰汝水出宏農入淮按汝自出河南梁近盧氏爾

定陵汝南郡者云高陵山汝水出按言汝穿此山如今言天生橋爾非出此也語未分晰○又按此與潁川之定陵爲一縣地特分一爲侯國班氏失注也後微此汝南在東北潁川在西南○

博山按洪氏以爲順陽在淅川東順水其清池水與俟考

雉東至鄎入汝按鄎鄎之誤也顏作音非矣

蔡陽應劭曰蔡水所出東入淮

比陽應劭曰比水所出東入蔡按蔡水疑卽派水比水疑卽沘水卽沁河皆形聲之訛二水合醴水以入淮亦南入非東入也徽誤

陰師古曰與酇相近按在酇之東南○

江陵秦拔我郢按我字衍

臨沮東至江陵入陽水陽水入沔按東當作南睢漳自入江不入陽水陽水雖入沔與沮漳無涉也

枝江當有丹陽地以下丹陽郡丹陽注移於其下

襄陽應劭曰在襄水之陽按襄陽無襄水寶慶魏源曰襄乃滄浪急氣呼之卽沔水也

夷道應劭曰夷水出巫東入江

巫夷水東至夷道入江按班應皆言夷水出巫縣不言出江也以爲出魚復江者大誤○應劭云巫山在西南按此言最合江形

高成繇水卽油水乃東入湖以北入江爾○

江夏郡應氏云沔水自江別至南郡華容爲夏水過郡入江故曰江夏應注不分析當云夏水首受江於華容東至雲夢入沔方明○

盧江郡故淮南金蘭西北有東陵鄉淮水出鐸按此淮字乃灌字之訛又云盧江出陵陽東南北入江應劭曰故盧子國按

此班氏之繆廬江自以廬于國名何與陵陽事豈上涉淮宇又涉丹陽陵陽之淮水而牽合之與然風馬牛矣

雩婁 灌水即出東陵鄉者

尋陽 禹貢九江在南皆東合爲大江按九江在荆不在揚然係之衡山下敷淺原上則朱子洞庭九水不若劉氏之湖漢水特不在荆爾

灊 泚水按即渒水

湖陵邑 北湖在南按今大湖縣湖

○**九江郡** 應氏曰江自廬江尋陽分爲九按應氏亦不主湖漢水之說也

合肥 應劭曰夏水出父城東南至此與淮合故曰合肥按此言繆甚夏肥水自城父分沙水東南至下蔡與淮合夏下脫肥宇城父誤倒父城爲潁川縣矣至下蔡亦非至合肥若合肥則肥水施水同出良餘山肥水北入淮施水南入巢湖取爾雅歸異出同之言毛公我思肥泉之傳水在淮南不在淮北也

曲陽 應劭曰在淮曲之陽按縣在淮水之陰宜取洛川之曲爲名始合

○**湖陵** 通於河水河當作菏泲之東入泗者也應注尚書一名湖湖亦當作菏

都關

城都 按酈氏疑班氏爲誤意謂當屬泲陰然瓠子河逸東南流則西漢時亘野西界容有在瓠北者

黃 疑在嘉祥南黃水之側

平樂 淮水東北至泲入泗按淮水當作泡泲當作沛班氏誤宇貫作淮何也

鄭 按恐當作鄄地近鄄城也

○**秺** 水經注誤列於瓠子河北大誤當在南岸

乘氏 泗水當作菏水

○**敬邱** 明帝更名大邱此大宇當作太

祁鄉 疑即表之瀆鄉

○**內黃** 清河水即白溝臣瓚語今陳下脫留字

繁陽 繁水張晏之繁淵也在舊河水之陽非別有繁水也

黎陽 晉灼引古碑取水之陽謂淇水宿胥日之陽也

武始 漳水東至邯鄲入漳按當作渚水卽渚沁水也 **邯溝** 邯水之溝卽上邯山之水 **武安** 又有寖水東北至東昌入虖池河過郡五行六百一里按卽衡漳水也入虖池河者與虖池故瀆通也歷魏鉅鹿信都不得云五郡且當係斥邱卽裴閒方合 ○**堂陽** 嘗分爲涇縣應劭曰在堂水之陽按其東卽長蘆淫水淫水其涇之誤乎堂水想亦絳水之異名 ○**元氏** 沮水首受中邱西山窮泉谷東至堂陽入黃河按沮水泜水異源非首受黃河者指絳水所占古大河也 **石邑** 按泜卽泜湖今甯晉泊 **蒲吾** 入斯洨按陽糜淵爲斯洨上流疑南與泜湖通也○應劭曰蒲水出中山蒲陰東入河按宜系曲逆下班氏以蒲字誤入 **房子** 石濟水在沮水之北成郎河之南 **中邱** 諸水卽渚水濁當作澤卽大陸澤 **平棘** 按注棘蒲究不知所在疑棘蒲平棘非一地而地相近也應說恐非失也 **南行唐** 東至新市入虖池水按水經虖池篇佚趙氏補之功甚鉅 ○**靈** 東北至蓨入屯氏河按至鄃不至蓨也 **信成** 東北至蓨入漳水按此張甲右瀆也 ○**涿** 受首二字倒分字衍淶水無支津也應氏語當系之涿鹿縣下 **故安** 此易水北易水也入濡合北濡水入易耳入淶巨馬河也在容城界 **范陽** 范水疑卽金臺陂 **高陽** 高河疑博水之異名 **良鄉** 垣水卽福祿水 **饒陽** 饒河疑入虖池水 **中水** 應劭曰在易滱二水之閒故曰中水據後漢孝明八王傳注在樂壽縣西北則滱虖池二水之中非易滱二水之中也 **武垣** 垣水見上非沙溝之垣水也 ○**平原** 篤馬河卽屯氏支津 **鬲** 鬲津

卽屯氏支津北一支**高唐**漯水所出桑氏據徙後之河言耳**般**鉤般卽篤馬河之北支**漯陰**應氏又言漯之
在東漢河北者矣○**博昌**應氏語當系之昌陽下昌水卽今清陽水也系此與廬江之淮淥鹿之涿同繆○**朝**
陽應劭曰在朝水之陽按在漯之陽耳朝水豈漯之異名與○**泰山郡**汶水出萊蕪西入沛此大汶**博**岱山
在西北求山上按此語未能明晰**蓋**臨樂于山于字衍西北北當作南池水池當作泗過郡五按泰山瑯邪東海三郡五
爲三之訛**南武陽**沿水今曰小沂水○武水出冠石山之西治水出其東同入泗**萊蕪**傳昌當作博昌汶水班氏
已言於泰山郡下矣○**臨淄**至梁鄉入沛者支津耳**昌國**德會水卽系水**廣**濁水卽纚水也○**平壽**
斗卽斟**桑犢**溉水卽白狼水○**曲成**治水當爲沽水小沽河也沂趙氏以爲計斤之訛也○**朱虛**汶水
東汶也**靈門**入淮淮當作濰**橫**東南至東武入淮東南當作西北淮亦當作濰**箕**昌都當作都昌過郡三者瑯邪
北海中歷高密也**折泉**指泉水北至莫入淮按指字當作折莫當作箕淮當作濰○**藺陵**魯伯是未詳**下**
邳萬當作葛**容邱**祠水卽治水酈說作桐水**承**當作承○**射陽**射水射陽湖也**贅其**章當作音**下**
相應劭曰相水出沛國按後漢沛國有相下邳有下相耳按酈氏有祖水謂在傳陽而亂沂注洮並有相口之偁此因應氏
之言而傳會之又誤作相字無此水也○又按今運河歷嶧縣臺莊貫西迦河岐河燕子河武河小沂河涑河沂河壘河經禹

王臺可以達洙河其相水故道耶

開陽 東海瑯邪接境亦有開陽東海在沂州本非一地乃臨朐之且非安邱定陵之比也○

吳 南江指吳淞江

毗陵 江在北今大江按班言中江至陽羨入海誤陽羨東為震澤豈海耶琊以南江首受中江同入海故南江不言所出耶語未分晰

餘暨 潘水今錢清江

無錫 有歷山其錫音訛邪

上虞 柯水今姚江

句章 渠水今甬江

鄞 天門水今象山北之水

錢唐 武林山武林水所出東入海行八百三十里按此水可疑豈今德清石門海甯之河道與○

宛陵 按宛陵故城今宣城也彭澤聚在西南疑今五丈湖○清水西北至蕪湖入江今水陽江○按泠道應劭曰泠水出丹陽宛陵西北入江臣瓚糾之不知班氏之見泠字而誤系也泠水即此青弋水矣

涇 韋昭曰涇水出蕪湖當云涇水出涇至蕪湖入江

丹陽 此注當系枝江下

石城 石城故城在今貴池西七十里也此注當系蕪湖下○分江水今塘溝河固城湖胥河下入太湖逕湖杭以至餘姚也

陵陽 桑欽言淮水出東南北入大江按此秣陵注誤系此縣今秦淮水也陵陽故城在石埭東北二里○按廬江郡注云廬江出陵陽東南北入江乃此縣注廬江名同一為廬子國一為水名今蕪湖西南石硊河也土俗訛為魯港江北岸即裕溪口以名偶同故班氏誤系廬江郡下又此有誤系之淮水亦因廬江有誤灌為淮之字故展轉三訛至此

蕪湖 中江注當系丹陽下蓋分江水自釆石至博望鎖入湖中江自湖首受分江水也

溧陽 南湖疑即指南猗湖○

建成 蜀水水經誤作濁水○

臨武

秦水當作溱水入匯當作人洭

耒陽 入湖湖當作湘

桂陽 匯字亦洭之訛林衍字

陽山 後漢省入陰山故應云今陰山不誤也

含洭 應劭曰洭水所出東北入沅誤當云東南入鬱古以番禺江爲鬱水也

湞陽 應氏以湞水出南海龍川西入秦按秦當作溱龍川當作中宿龍川隔洭水之東遠矣

○

索 漸水卽興水

鐔成 康谷水南入洧按此未知何縣水誤系於此其南海博羅相坑山水耶系此究誤也

無陽 無水首受未言首受何水然無水自有源非首受也沅下脫行字

西陽 東入湘湘當作沅

零陽 入湘亦入沅之誤

○

都梁 此入沅又入湘之訛

泠道 泠水出九疑山西至泉陵入湘○注當補

○

房陵 東山水經注作景山也

安陽 在水經注作左

沔陽 昌當作都

○

梓潼 五婦山馳水所出南入涪行五百五十里疑今梓潼水應氏以爲潼水是也

涪 南入漢漢上脫西字

雒 章水經注作漳新都谷其縣之谷也

甸氏道 白水卽羌水在桓水南○入漢及下白水應氏注云北入漢皆言西漢水

○

臨邛 僕干水東至武陽入江過郡二行五百一十里疑今青衣江○應劭曰邛水出嚴道邛來山東入青衣疑今縈經水也

青衣 禹貢蒙山谿大渡水東南至南安入渽今大渡河○按峩眉行三峩山大峩山今猶有峩邊廳減爲渽之訛渽既水名非江流至此呼爲渽也

江原 郪水亦江沱也

嚴道 邛水見臨邛嚴道北卽縈經也

緜虒 玉壘山湔水所出東南至江陽入江按此以湔水爲今內江之縉流也

旄牛 鮮水出徼外南入若水按此今之打

沖河又卽淹水○若水亦出徼外南至大莋入繩按此今之瀘河在甯遠府西繩水卽小金沙江又見下越巂郡遂久縣下之注

灊氐道 禹貢嶓山在西徼外江水所出東南至江都入海過郡七行二千六百六十里按此大誤江水凡過蜀廣漢犍爲巴南郡長沙江夏盧江豫章九江丹陽吳十二郡綿延幾萬里此往大相逕庭矣

汶江 溉水出徼外南至南安東入江過郡三行三千四十里江沱在西南東入江按此注費解其指出小阿樹土司西之大金川河爲識而以懋功廳西北之小金川河爲大渡河耶若爾則大渡河至南安三字係衍文○此與上解參互定之○

符 溫水綏陽河鄨遵義也黔水綏陽東境河江烏江非汶江也

南廣 汾闗山符黑水所出北至僰道入江此筠連慶符之河江亦烏江又云大涉水北至符入江過郡三行八百四十里此今赤虺河經犍爲牂柯二郡并三也

漢陽 山闟谷漢水所出東至鄨入延按漢陽今慶符東有符南有南廣無入延江之水此疑今黔西州水也○

越巂郡 有巂水疑指今馬湖

臺登 孫水今白沙江○若水今瀘河卽瀘沽河在甯遠西

定莋 出鹽卽鹽源

蘇示 尼江今冕甯西河

青蛉 臨池灊卽姑復之澤也僕水出徼外東有至來惟入勞過郡二行千八百八十里按此宜系僕水今大礮河勞水險底江也過郡二越巂益州也又云則禺同山有金馬碧雞在今大姚縣又應劭曰青蛉水出西東入江也今一泡江入金沙江也○

銅瀨 談虜山迷水所出東至談槀入溫此霑益州南之水溫水今南盤江也

俞元 池在西橋水所出東至毋單入海行千九百里

按池今撫仙湖海當作溫行里繆甚**牧靡**南山臘涂水所出西北至越嶲入繩今武定府西之涂水北入金沙江也**秦**

臧卽水今祿豐之響水河**葉榆**貪水首受青蛉南至邪龍入僕行五百里按此雲南縣水不首受青蛉也此注誤○

又按貪水首受青蛉則入金沙江矣**嶲唐**周水自受徼外按自字首字之訛似指弩弓河○又有類水西南至不尋行六

百五十里此言瀾滄江**弄棟**東農山毋血水出北至三絳南入繩行五百一十里此龍川江南字屬三絳**毋掇**

橋水首受橋山東至中畱入潭過郡四行三千一百二十里按此以南橋水爲南盤江之經流矣大誤**勝休**河水東至

毋掇入橋此通海之梁水也○按入者南橋水毋掇之橋在兪元橋水之南也**來唯**從陸山出銅按今臨安開化銅厰也

又云勞水出徼外東至糜伶入南海過郡三行三千五百六十里按勞水爲阿底江入越南國下流無考○**牂柯郡**

牂柯江卽豚水則北盤江也洪氏說誤**故且蘭**東南當作東北**鐔封**溫水東至廣鬱入鬱按此以南盤爲溫水

是也前毋掇橋水眞誤矣**鬱**鬱水東入沅沅當作延按云過郡二行七百三十里恐爲更始水遵義水太短也**毋斂**

剛水東至潭中入潭今安順土州之濛江**西隨**糜水西受徼外東至糜伶入侚龍谿過郡二行千一百六里又下都夢云

壺水東南至糜伶入尙龍谿過郡二行千一百六十里疑爲廣南土富州之普梅河及者賴河背入越南者也**句町**文象

水東至增食入鬱今陵雲縣北入南盤之水其盧唯水來細水伐水則西洋江同古河剎江等皆廣南西林一帶水也○

閬中將池將字未詳**胸忍**容毋水所出今檀井水**安漢**是魚之在南之疑池之誤**宕渠**潛水指嘉陵江○不曹水入灊灊卽灊水徐谷當在不曹水上○**武都**東漢水受氐道水一名沔刻誤作汅過江夏謂之夏水入江天池大澤在縣西師古曰以有天池大澤故謂之都按漢水名東者對嘉陵之西漢水言氐道水疑水經之濁水下文氐道縣注云禹貢養水所出至武都爲漢師古曰宇本作漾或作瀁是班以氐道水爲漢水正源也然濁水自入西漢其在河池戍東通東漢者酈氏名爲兩當溪水卽通沮水支津涓流潛行山谷中不得云東漢所受也其南通岡山下東通七盤關者亦然皆不得爲東漢源也考禹貢本文嶓冢導漾東流爲漢梁州言岷嶓旣蓺浮于潛逾于沔入于渭語原明晰誤始班志考班志誤系者甚多疑西縣下禹貢嶓冢山五字在沮縣下下接氐道下養水所出至武都爲漢九字下再接沮縣注沮水出東狼谷武都下當移氐道下禹貢二字冠東漢水上云禹貢漢水一名沔又移沮縣下南至沙羨南入江過江夏謂之夏水過郡五行四千里荆州川下文河池注泉街水下接武都下受氐道水四字再云南至沮入漢行五百二十里此言泉街水卽兩當故道水也受氐道水者濁水合於河池戍南也南至沮卽通沮水支津也如是則不背聖經不誤後學矣安得葫蘆中本一校其是非耶

武都禹貢氐道二字在下東漢水下誤入四字刪一名沔過江夏謂之夏水本文南至沙羨南入江過郡五行四千里荆州川誤在沮縣下天池云云

本文**河池**泉街水本文受氐道水誤在武都下南至沮入漢行五百二十里本文

沮禹貢嶓冢山原在西縣下養水所出至武都爲

漢氐遊隩在沮水出東狼谷妹○

氏道 此縣疑在下辨西南境

羌道 參谷當作參狼谷○過郡三當爲二隴西廣漢也

臨洮 東入西西當作河

西 禹貢嶓冢山五字當在沮縣下見上○以洛不出熊耳以漢不出嶓冢班氏何人敢胖禹貢鈔胥誤耳○又按酈氏以天池系白水疑天池大澤在縣西乃此羌道下注既誤系之顏籓又望文生義爾○

允吾 烏亭逆水在平番縣西

浩亹 浩亹水今大通河

令居 淵水今無考

臨羌 僊海今青海須抵池巴哈池也卑和羌地今爲和碩特游牧○

姑臧 北至武威入海海即休屠澤今哈拉泊也

蒼松 北至揟次入海海今白海也○

觻得 千金渠今氏池下流樂涫澤今額濟納河也羌谷水今考來河居延津今沙拉泊也澤羌谷當作羌谷澤今坤都倫河也下流爲湖博湖都克泊

刪丹 弱水今洪水河合黎山在甘峻山西○

祿福 呼蠶水今觀音山河羌谷即上羌谷澤

會水 衆水所會指壩陽河紅水河桃來河紅山河觀音山河之所會也○

敦煌郡 白龍堆沙今哈拉泊西大戈壁蒲昌海今羅卜泊即河源所匯

敦煌 十當作于

冥安 南籍端水今蘇賴河其澤當作冥澤今昌馬河之泊○冥水今布隆吉河

效穀 魚澤障今舊沙州西北之哈拉泊

淵泉 地多泉水今安西雙城開

龍勒 氏置水今呼魯蘇臺北之河即哈拉泊下流也○東北入澤亦入冥澤也○

卤 灉水出西今未詳其地

烏氏 烏水今高平川

朐卷 河溝今中衞縣南○

直路 沮水出東西入洛當云出西東入洛

泥陽 泥水

環縣北之水○**白土**圜水卽今哈楚爾河也○**稍陽**此當作北○**武進**白渠水今沙陵湖○**武**
皋荒干水今德布色黑河○**陰館**治水卽㶟水今永定河○**代郡**注有五原關據後書烏桓鮮皋傳引
作五阮關**且如**于延水卽阿馬水○入沽沽當作治**平舒**入沽亦治之訛**廣昌**入河亙馬河入滹沱河也**鹵**
城虖池河東至參合入虖池別過郡九行千三百四十里并州川從河東至文安入海過郡六行千三百七十里按此言繆
甚虖池歷代雁門太原常山眞定鉅鹿信都河間涿勃海入海凡十郡入海非入虖池別也從河叉何水且參合乃代郡縣也
亦係鈔胥倒置訛誤遂至不詞今爲正之如下○虖池河東至文安入海過郡十行千三百七十九里并州川此言虖池正流
也從河至饒陽爲四字補虖池別東至參戶非合字也入海此二字補過郡三行六百四十里千字乃十字之訛傎到成文斯不繆矣○
軍都溫餘水當作㶟餘水趙氏辨之甚詳也**且居**樂陽水出東東入海按當作入沽始合○**漁陽**沽當
作沽卽樂陽水入者**白檀**泒水疑今三藏水○**字**榆水出東疑在今灤平界矣○**海陽**龍鮮水今榛子
城西河東入封大水合爲陵河封大水今沙河駟河緩虛水皆南入海今東河**新安平**夷水東入塞外今桃林口外青
隆河**柳城**馬首山在西南今巴奇爾嶺土默特左旗界西部都尉西當作東參柳水今那拉特河北入海海當作湖今烏達圖泊
遼之白馬淀也**肥如**元水今喜峯口外保河東入濡水東當作西濡水南入海陽保河卽豹河今灤河也又有盧水南入

元今希爾哈河**交黎**渝水即榆水首受塞外南入海按此班氏之誤也渝水即榆水即肥如之濡水即今灤河班氏誤以禦

夷鎮東今獨石口外灤源爲白狼河以灤平縣東南流者爲渝水故臨渝注云渝水首受白狼東入塞外又有侯水北入渝酈

氏引十三州志正爲南入則今伊瑪圖河也交黎縣注云渝水首受塞外南入海則自承德府以至入海者交黎應氏以爲昌

黎是也而又以爲東部都尉治故酈氏遂曲爲之說於遼水西增一渝水移交黎臨渝入之皆班氏之謬有以貽之也東部宜

作西部疑與柳城互易**狐蘇**唐就水至徒河入海今蘇爾巴罕河**臨渝**渝水首受白狼東入塞外垷**絫**下官

水南入海今昌黎洋河又有揭石水賓水皆南入下此字衍官今古車峪及瀾屯嶺二水也○**無慮**四當作西**望平**

大遼水出塞外南至安市入海行千二百五十里今巨流河在廣甯東北**遼陽**大梁水西南至遼陽入遼今遼陽牛莊東

之安山河**居就**室僞山室僞水所出北至襄平入梁今牛莊佳哈河**番汗**沛水出塞外西南入海應氏沛作汗今西

高麗城官家山西之畢里河也**沓氏**氏水也今甯海之沙河○**高句驪**遼山遼水所出西南至遼陽入大遼

水今烏魯里山赫爾蘇河又有南蘇水西北經塞外今義屯河西當作東**西蓋馬**馬訾水西北入鹽難水西南至西安

平入海過郡二行二千一百里今鴨綠江西北合佟家江至朝鮮愛州入海○**浿水**水西至增池入海今朝鮮平壤

城南大江**含資**帶水西至帶方入海今朝鮮博川郡水**吞列**分黎山列水所出西至黏蟬入海行八百二十里今

朝鮮大定江東南以二水竝行故日列在今嘉山郡岳山東南○**中宿**有洭浦官按洭滇二水合流也○**鬱林**

郡有小谿川水七幷行三千一百一十里按今廣西水班酈未記甚眾由其時聲教未通故秦地圖僅紀其大略也**廣**

鬱鬱水首受夜郎豚水東至四會入海過郡四行四千三十里據此知廣鬱在兩盤江合處也北盤豚水南盤溫水合為鬱

水**臨塵**朱涯水入領方又有斤員水又有侵離水行七百里朱涯斤員見下侵離水其捧鮮司西之九龍河乎**定**

周水首受無斂東入潭行七百九十里今猛渡河為無斂水不首受北盤江而克孟河為存水亦自有源然倘若首受猛渡

河者特非入潭**增食**驩水首受牂柯東界人朱涯水行五百七十里按朱涯水今阿希河驩水則歸順營水特與三萬坂

徼隔未能首受爾**領方**斤員水入鬱又有墧水按斤員水疑今清水河墧水則隴高水特此為麥林險之清水河非馬

別河西之清水河也○**封陽**在封水之陽今賀縣賀江**猛陵**龍山合水所出南至布山入海今越王山之蒙江也

海當作鬱○**嬴膢**膢音受上籆按上為土之詘廣雅數瓶也即甌甄○**臨允**牢水北入鐳作高要入鬱過郡

三行五百三十里今羅定州之龍江水在高要西也○**九眞郡**有小水五十二并行八千五百六十里按郡在日南

東九德南交州西南地也○**日南郡**有小水十六并行三千一百八十里按在象林之南**西捲**水入海壽洽水

也海當作浦○**邯鄲**牛首水即前渚泌水**易陽**應劭曰易水出涿郡故安師古曰在易水之陽按此注當系涿

易縣下

襄國 渠水疑卽沙河寖大陸澤也蓼水卽達活水湡鴛鴦水也 ○ **南和** 列葭水東入滹按滹水在馮水

南列葭水北 **斥章** 應劭曰漳水出活北入河此治字訛恐是渠字言會白渠南出之水也 ○ **縣曼** 入河衡漳

舊大河故道也 ○ **盧奴** 應劭曰盧水出右北平東入河按此注當系北新城下盧水曹河澤也右北平右字衍入河當

作入徐 **北平** 又有盧水亦至高陽入河按與徐同入河謂入博水也卽上盧水 **北新成** 易水南易水也 **望**

都 入河謂入滱水 ○ **信都** 章卽漳絳水卽漳水 **下博** 應劭曰博水出中山望都入河當系上望都縣下 **廣**

川 長河指淸河與張甲右瀆也 ○ **樂成** 虖池別水首受虖池河東至東光入虖池河弓高注云虖池別河首受虖

池河東至平舒入海按虖池至饒陽北支津南出爲虖池別河經樂成建成東光而會虖池故瀆之水其故瀆亦於饒陽東經

樂成蒲領弓高建成東光會虖池別河而會漳淇經北皮參戶至東平舒入海卽此也○安國東虖池通滱之支津安次有虖

池枯溝大抵水經佚此篇可借爾 ○ **觀陽** 在觀水之陽今萊陽東昌水河也 ○ **卞** 入沛當作入沛謂通沛爲

荷水非入沛水也 **蕃** 沛當入泗 ○ **淩** 入淮南當云南入淮 ○ **江都** 渠水首受江北至射陽入湖此今運

河也 ○ **六** 如谿卽濡溪 **安豐** 禹貢大別山在西南按此大疑獄大別如在安豐西南則去漢入江遠甚疑當系江

夏沙羨下班志誤系甚眾篇內可覆案也 ○ **臨湘** 湘水出零山按零下脫陵海陽三字宜補 **益陽** 應劭曰在益水

之陽以資水爲益水與然益陽舊縣在資水之南不得云陽也**承陽**亦作蒸應劭曰承水之陽然縣亦在水南**茶陵**
泥水卽洙水也
治梁及岐冀州何以治雍之山此當從錐指說矣**島夷**今鄂倫春非鳥字也**夾右**如注山在河左今無
山當之眞淪海與**泲漯達河**漯之達河固然泲不達河也其諸北泲爲濮通於延津因而達河耶**怪石**今萊
州石**淮沂其乂**沂出泰山出下脫東字**嶧陽**懌山當作嶧字**泗濱**泗水出泲陰乘氏縣按此泗字當作
荷宜系下達於河之下**達于河**當注河荷通而補以上注**彭蠡**近魏源默深以安慶大雷池爲彭蠡其說甚辨
詳其書古微禹貢中**三江**此聚訟多矣鐸謂浙爲南江吳松爲中江大江爲北江始括揚州界**島夷**今日本琉球
均江海通于淮泗今以此爲海運之始言江不通淮泗沿江入海而入淮泗也師古訓平非**九江**自以
沅湘資潕辰澧漵酉蒸九水爲正**沱潛**沱在枝江潛在沔陽**三國**新化鄒漢勳未績以箇爲箇桂轄爲駱越楛爲
枯姑引呂覽本味篇指一作枯云枯姑之東越駱之菌云此卽三邦按淮南覽冥訓云軼鶤雞於姑餘卽此注之姑餘山皆今
越南國地**浮于江沱灊漢逾于洛**今亦自襄樊南陽步道也**伊雒**冢領山仍班之訛**滎波**
波水見滎水內**華陽黑水**指金沙江**梁沱潛**沱郫江潛西漢水**蔡蒙**二水名當作山名蔡山疑嶲眉

在峩眉蒙山在雅安接邛來山**和夷**和即桓桓水之夷強臺山羌也**西傾**即強臺山**浮于灊**逆嘉陵江而上

至七盤關**逾于沔**步道入棧渡沔水大安出武關畱壩**入于渭**由寶雞出棧與今驛路同也**黑水西**

河足為雍之西界者其託賴河乎**漆沮**今石川河**荊岐**此言既旅知冀州非此山矣**三危**山名宜在赤斤

衛**三苗**疑瓜州允姓之戎**球琳琅玕**據此知西及和闐界矣**積石**小積石也**會于渭汭**

言西北者由河至龍門南方由渭至河相會也顏注非**織皮**今罽**昆侖**今星宿海地**析支**今馬蘭河圖爾

根河開**渠搜**漢朔方郡今鄂爾多斯七旗地○**道汧**縣四四當作西**太行**師古曰太行二山連延東北接

碣石而入于海據此則碣石似為馬蘭鎖喜峯口三臺營一帶山其說新**外方**故縣即崈高也即宜作為**崏山之**

陽繞金沙江而至衡山則由西藏而南經雲南貴州出沅湘之南故曰陽顏言江所經非也○**流沙**今衛公營邵馬

營雙城萬穆一帶戈壁非敦煌之流沙也**道黑水**此指瀾滄江凡三黑水也此三危應作喀木衛藏之三衛凡兩三危

也○顏注出張掖雞山云云不知輿地也**大伾**注云成皋是也**九河**播訓布言其形似河不兩行古今無二分布為

九恐無此理即曰引河亦嫌大眾疑平原千乘勃海之閒本有此九河泛溢無歸禹道之同入大河以入海非分一河為九也

嶓冢過武關山南按此沿班氏之訛以濁水為漾故須過武關山南也武關在畱壩南四十里其南皆山漢武都郡關也

顏氏曲徇蘭臺非也**南入于江**注觸大別山而南入江也若大別在安豐何以云觸**東為北江**注自彭蠡
江分為三按江上脫下字謂北江分江水中江也**又東至于澧**胡渭據袁宏道澧游說謂澧為南江按水經注
江水自孜回洲兩分為南北江而言北江未言南江南江則今虎渡口也魏默深謂九江在其地今白蓮王茂陳張蕉藤牛浪
鳥汎諸湖皆其遺跡余不敢信為然然虎渡口為南江遺跡則可信嘗證以望涔陽兮極浦橫大江兮揚舲惟澧為江流涔河
始云極浦也涔河南入澧在今楊澧河東**東迆北會于匯**此言江自二夏浦以東遂迆而北今嘉魚以東也匯
指今巢湖始允**中江**北江固也中江在會匯之後宜指丹陽矣○顏注云自彭蠡出大繆**至于荷**即會泗水之荷
東北會于澗瀍今先會伊後會澗瀍豈禹時洛由穀水支瀆東北行先會澗瀍然後乃東會伊耶然支瀆以東
至中提山一帶又何水也**咸則**上用上宜作土○**潁湛**此豫州濅誤系荊州**波溠**此荊州浸誤系豫州波水
入湛水者也○按二州浸非全誤疑豫州宜曰潁波荊州宜曰湛溠潁在豫州無異說波在汝州魯陽亦豫州也湛非湛坂之
湛湛水與波同入滍水在豫州湛宜依職方杜子春注云湛或為淮淮水出平氏兩志皆屬南陽荊州也溠水見湞水注可證
左氏說文皆在荊州也**盧灉**此兗州也鄭以盧為雷澤灉為灉沮自確顏氏非也**川曰漳**各州皆二水冀疑脫
繹字與

世之言輿地者祖班氏然孟堅疏舛殊甚亦或歲久鈔胥譌誤而後人奉爲圭臬雒沔二水至據班以糾禹貢眞所謂但言周孔誤不言服鄭非者矣全謝山有水道記未之見見者錢獻之漢地理志斠詮吳卓信漢地理志補注吳書采集繁富不及錢之簡當既沒於粵寇思之無從得見偶從胡君謙受借得毛刻兩漢故略以所疑錄之無他書是正其非也鄺書墨守蘭臺故坿於其後

訂正水經注文十二篇自休甯戴氏改訂渭水篇水經注始可讀近南海陳蘭甫改訂溫水惜未之見因仿此例而訂正之所據趙氏注釋本也

穀水　澗水出焉北流注於穀戴本下有犨仲治三輔至水也七十九字自澗水注內移入此本脫藥草蔽翳趙氏引朱中尉曰此下宋本今本俱脫錯按當云穀水於雒陽城西北枝分一東流逕金墉城北城就雒陽二十六字下接西北角築之無復髣髴矣下接下文穀水又東逕廣莫門北竝無文刻也

下增穀水自城西北枝分其一水南注然後接下文自閶闔門而南十三人下增陽渠水出焉五字然後接上文漢司
空漁陽王梁非專周公可知矣下接下文陽渠水南暨閶闔門遂因用之下接前文渠水又東
枝分南入華林園故買充宅地此支渠水無歸宿下接下文其一水自千秋門司空府前此下二句
當云出東陽門逕太倉南石橋下注當作為陽渠其下接下文陽渠水又東流逕漢廣野君酈食其廟南莫知所去
矣下增穀水又三字下接上文南出逕西陽門舊漢氏之西明門也阮嗣宗之故居也下接上文亦謂
之九曲瀆徘徊欲何之者也下接下文穀水又東注鴻池陂今無復文字下接下文穀水又東
逕偃師縣南

江水

江水又逕臨邛縣王莽之監邛也縣有火井鹽水昏夜
之時光興上照此二十七字當在下王喬所升之山也之下僕水又南逕永昌郡至
僕水此四十二字移入葉榆篇又逕甯州建甯郡至益州郡置此三十二字移入若水篇
歷雙柏縣至南流入於海此六十四字移入葉榆篇逕葉榆縣四字移入葉榆篇內○
若水今打沖河○鮮水今鴉礱江大渡水上當有又曰二字非今之大渡河也繩水今金沙江華陽

國志遂久有繩水東流注于江誤爲繩水矣所敘二水俱誤越嶲水在越嶲廳注以爲繩
者誤温水建昌南之熱水塘駿馬河今東安水孫水今安寧河蜻蛉水今大姚河貪水入蜻
蛉之小水在姚州東南者淹水今龍川江母血水龍川江上流之在姚州南者華陽國志弄棟有無血水三
絳縣南與淹水合四字自葉榆篇內移此北入繩入淹水也涂水今普渡水牧靡縣
南山導源𦢊谷四字自下文移此逕牧靡縣北五字自存水篇移此縣山并即草
以立名○涂水西北流中導源𦢊谷移入上文故也又逕寗州建寗郡州故
庲降都督屯故南人謂之屯下劉禪建興三年分益州郡置此三
十二字自江水篇內移入涂水二字今增至越嶲入繩○馬湖江今仍此名卑水今會通河
水出卑水四字今增縣而東流注馬湖江也○瀘江水似指敘州南所謂橫江者
豢永昌郡至瀘津水凡三百字移入葉榆篇內
沫水○沫水出岷山西六字自下移於篇首縣有石紐鄉○即蒙山也沫
水又東逕臨邛南而東出於江原縣此十六字自下文移此

延江水○延江水出四字今滑犍爲郁鄢縣王莽之孱鄢也益州大姓雍闓反結壘於山繫馬柳柱柱生成林今夷人名曰雍無梁林梁夷言馬也此四十四字自存水篇移入注首延江水又與漢水合水出犍爲漢陽王莽之新通也導此字自上移此山闟谷東至鱉邑入延江水也此三十二字自下文移此鱉縣故犍爲郡治也○西鄉溪疑指今嘉塘河河蓋山澗故有邃澗傾崖之語許愼曰許君自指鱉縣之水注誤欲牽連之也西水指今後溪河言其實不與嘉塘河合此注之誤

存水此獨山州之獨山河也經注皆似言七星河籛朶河者然七星河爲烏江與籛朶河皆不入潭水也經當云出鬱林臨塵縣東注言周水自縣東南流又東北逕且蘭縣而東南出也○犍爲郁鄢縣經文王莽至馬也注文經注並移入延江篇逕牧靡縣北此五字移入若水篇毋斂水此九溪河也下注牂柯非首受牂柯亦不與存水合也此注之誤亦非舊唐周水也

温水今南盤江○自縣西北句流逕談稾此下與迷水合至右注注水二十六字移入下文鐔

封縣北之下又逕味縣至而無瘴毒溫水又西會大澤此七字自下移此大澤今陸涼州南之中挺澤溫水又西南逕滇池於縣西北溫水在滇池東非西北也且不逕滇池○溫水又西逕昆澤縣句南此九字自上文移於建甯郡治也之下與葉榆僕水合言葉榆河之僕水指今易門江其實不與溫水合也溫水又東南逕牂柯之毋單縣○橋水仙湖水之於彌勒州西入南盤江者南池今仙湖華陽國志河陽在河中洲上郎此與邪龍分浦此五字移入葉榆篇毋掇縣東東當作西左注橋水橋水又逕賁古縣北六字自葉榆篇內移入又東注於溫溫水又逕來唯縣東六字自下文移此又東南逕律高縣南○地道記治此東與盤江合盤水出律高縣東南盢町山東逕梁水郡北至盤東是也此百八十九字自葉榆篇移入溫水又東南逕梁水郡南上合梁水言上既合梁水也○溫水又東南逕鐔封縣北與迷水合華陽國志作米水今北馬別河一曰木郎河水西出益州郡之銅瀨縣談虜山東逕談藳縣右注溫水此二十六字自篇首移此○又逕來唯縣東六字

移入上文而僕水右出焉六字移入葉榆篇內為鬱水按盤江鬱水本各分流注似以二水為相通且多指今盤江為主緣二水於西隆西林之開南北最近也文象水又南右納西隨三水此八字自下文移此蒙水與盧唯水○注於鬱水也此指今右江朱厓水今濛江上流廣順州南之水驢水濛江上承牂柯水下注牂柯水耳上出濛潭也侵離水今平朗司之深河流注鬱水此指右江鬱水此言南盤江卽夜郎豚水也今北盤江華陽國志夜郎有遯水通廣鬱逕談稾縣又東逕漏江縣伏流山下今日天生橋復出蝮口華陽國志謂之蠙口謂之漏江左思蜀都賦曰至是水之南此五十九字自葉榆篇移入東逕牂柯郡○毋斂水今九溪河又東驢水出焉又東出進桑關至所由矣此六十字自葉榆篇移入又逕鬱林廣鬱縣為鬱水又東北逕領方縣北地理志曰橋水東至中畱至書字誤矣此七十一字自下文移此又東逕布山縣北○又逕中畱縣南與溫水合此四字移於下中畱入潭之下又東入阿林縣○潭水今福祿江周水卽存水今獨山河剛水今勞村江東至潭中縣入潭

潭水東逕阿林縣泿水注之此十一字自下文移此潭水又逕中留縣東

阿林縣西右入鬱水此言南盤江北之下橋水今思覽江不如注所云橋溫亂流也地理志曰至誤矣此七十一字移於上文領方縣

鬱水右則留水注之今鬱水左之水○中留

入潭與溫水合四字自上文移此潭水東逕阿林縣此七字移於前文又東逕

猛陵縣泿水注之泿水注之四字宜在阿林縣下此誤到蓋泿水先注潭水後始可云出也泿水出

焉四字自下文移於猛陵縣下又南逕四會至篇末則非矣又南逕之下必有脫文又

東逕蒼梧廣信縣又東上當有鬱水字注于鬱水此則盤江鬱水合流也南海郡西下當脫入于南海四字其泿水出焉以下乃越南國水初與溫水鬱水無涉酈亭牽率書之以爲鬱水蓋以洧之迤西南者爲鬱水猶敘湘水而以洞庭西湖爲湘水也由臣轍未至南方又時無佳圖籍耳

葉榆河此今禮社江下流入越南國者○盧倉禁水耳案承昌郡至瀘津水此三百字自若水篇內移入葉榆水逕葉榆縣四字自江水篇上承蜻蛉水句下移入自縣南逕

遂久縣東下宜有南字又逕姑復縣西與淹水合四字移於若水篇內又東南

逕永昌邪龍縣○自邪龍縣東南與邪龍分浦（五字自溫水內移此）逕秦臧縣南而僕水右出焉（右當作左六字自溫水篇移此下脫去僕水之源矣）僕水又南逕永昌郡邪龍縣而與貪水合（僕水今易門江貪水為姚州東南之水水北注蜻蛉水與僕水無相合之理）水出蜻蛉縣上承蜻蛉水又東南至邪龍縣入於僕僕水歷雙柏縣即水（今金水河）入焉水出秦臧縣牛欄山南流至雙柏縣東注僕水僕水又東至來唯縣入勞水（今新平東之亞泥河）水出徼外東逕其縣與僕水合東至交州交趾郡麊泠縣南流入於海（此百二字自江水篇內移入）葉榆水又東北流逕滇池縣南與僕水同注滇池澤於連然雙柏縣也（原本作與僕水同注滇池澤於連然雙柏縣也葉榆水自澤又東北流逕滇池縣南今倒）○入牂柯郡西隨縣北為西隨水（此經文也其下又東出進桑關亦注文自又東出至所由矣六十字移入溫水篇）葉榆水（三字自上移此）又自澤（二字自葉榆水下移此）東（句言自澤東界非由澤中出也）逕賁古縣南（四字自梁水郡北下移此）同竝縣南葉榆水又東南絕溫水

注以溫鬱為一又以溫水為入交阯故云葉榆水絕之也而東南注於交阯此十六字自下移上自西
隨至交阯崇山接險水路三千里此十五字自上移於下
夷水○魚復縣江江字衍按趙注引東樵之言既非而宛溪以為名黔江者亦非蓋夷水北源隔於都亭山之東麓不與江通胡氏之說非也其西南利川之源隔於七藥山不與後江通南源在施恩者隔於小關山官渡壩不與費水通何緣得名黔江也
沅水○酉水導源益州巴郡臨江縣誤此七字宜屬他篇誤入故武陵之充
縣酉源山東南流逕無陽故縣南誤又東逕遷陵故縣界與西
鄉溪合即延江之枝津更始之下流謂之西鄉溪口誤按延江今烏江更始水今婺川羊子河注意似指來鳳縣南之北河為西鄉溪其水西合唐崖河為費水然與永順桑植龍山酉陽隔以重山絕不相通也
資水○谿水東得高平水口至邵水此三十九字當在邵陽水口下邵水又東
會雲泉水至邵陽水口此四十六字當在故昭陵也之下

湘水○湘水又北逕麓山東〔至〕多所萃焉〔上八字似是經文宜在又北過臨湘縣西之上其山東臨湘川西傍原隰息心之士多所萃焉十八字宜在湘水又左逕麓山東之下上有故城之上〕

蒙向爲水經注圖鈎稽羣籍以爲讀唐以前古書者之一助既罹粤寇焚如棄如乙卯客授績溪追補此卷所居深谷考證無書舛誤之處良多不免辱承座師益陽 胡先生深相閔恤必欲存其鴻爪固辭不獲故志其緣起其水經釋文語稍繁重不敢爲棃棗災也咸豐十年天正晦日

江甯汪士鐸自記

第一葉〔平恩之下 脫清河二字〕三葉〔求水之陽求當作取〕十四葉〔通鑑七十九脫十字〕十五葉〔牢山誤作字山〕廿二葉〔未聞下脫疑洹水之訛〕四十葉〔逢池在東北下脫扶溝渦水東至向入淮〕四十六葉〔季札所居延陵之下脫文選江賦注引水經注云中江東南左合瀆湖又曰朱湖在溧陽〕四十八葉〔荆城之左脫文選江賦注引水經注云沔水又東得滻湖水周三四百里〕六十葉

蜀升水升當作外

七十四葉脫文選北征賦注引水經注云赤須水出赤須谷西南流注羅水

七十九葉江夏郡誤刊于江南

坿錄一葉右扶風各縣尾當補襄德二大字下注云富平西南按此縣屬左馮翊應在臨晉之後脫寫補錄於此

十四葉隆慮注國當作清郎淇水也按國當作洹郎清河也

又臨邑下方濟水字衍字字

十七葉石城注固城湖上脫由字

十八葉青蛉注東有有當作南

十八葉牂柯郡注洪上脫今字

廿一葉斥章注出活北活當作治

廿二葉治梁及岐注此當當字乃難字之誤

又夾右注山在在乃右字之誤

右二十條迺同治元年覆校自記

水經注圖說殘稾四卷

水經注圖說四卷爲方立遺書之六方立年二十五始究心地理之學嘗節取水經注證以今之水道分圖系說自成一書爲之累年僅得四卷卷中圖說俱備惟河水自採桑津以下有圖而無說圖大者徑數尺小者亦徑尺許當別爲一册今錄入遺書者僅其說也方立又以

本朝幅員之廣遠過前代康熙乾隆兩朝

內府輿圖世不多見乃多方求得之精心參校敬謹摹繪更復博稽掌故旁採方志自乾隆迄今數十年間凡疆域之沿革水道之改易罔不考證確實著之於圖以道光二年爲斷東至費雅哈西極蔥嶺北界俄羅斯南

至於海爲直隸圖第一
盛京圖第二吉林所屬北境圖第三吉林所屬南境圖
第四黑龍江所屬北境圖第五黑龍江所屬南境圖第
六山東圖第七山西圖第八河南圖第九江蘇圖第十
安徽圖第十一江西圖第十二福建圖第十三浙江圖
第十四湖北圖第十五湖南圖第十六陝西圖第十七
甘肅關內圖第十八甘肅關外圖第十九新疆北路圖
一第二十新疆北路圖二第二十一新疆南路圖一第
二十二新疆南路圖二第二十三四川圖第二十四廣
東圖第二十五廣西圖第二十六雲南圖第二十七貴
州圖第二十八內蒙古東四盟圖第二十九內蒙古西

二盟圖第三十阿拉善額濟納二旗圖第三十一喀爾喀北路土謝圖汗部圖第三十二喀爾喀中路三音諾顏部圖第三十三喀爾喀東路車臣汗部圖第三十四喀爾喀西路札薩克圖汗部圖第三十五唐努烏梁海圖第三十六科布多圖第三十七青海圖第三十八前藏圖第三十九後藏圖第四十後藏西境阿里圖第四十一時方奉

命修一統志儻得上之史館以備裁擇庶無負作者之志云道光三年冬十有一月六日基誠序

水經注圖說殘稾卷一

陽湖董祐誠

河水

崑崙墟在西北去嵩高五萬里地之中也其高萬一千里河水出其東北陬

此河水自蒲昌海伏流重源所出當崑崙東北陬也今中國諸山之脈皆起自西藏阿里部落東北岡底斯山即梵書之阿耨達山緜亘東北數千里至青海之玉樹土司境爲巴顏哈喇山河源出焉河源左右之山統名枯爾坤即崑崙之轉音蓋自岡底斯東皆崑崙之脊古所稱崑崙墟即在乎此山海經西山經稱崑崙之邱河水赤水洋水黑水出焉郭注洋或作清海內西經稱海內崑崙之墟赤水出東南隅河水出東北隅黑水出西北隅大荒西經稱西海之南流沙之濱赤水之後黑水之前有大山名曰崑崙之邱穆天子傳稱天子宿於崑崙之阿赤水之陽今金沙江上源三曰那木齊圖烏蘭木倫河托克托乃烏蘭木倫河喀齊烏蘭木倫河蒙古謂赤色爲烏蘭蓋即赤水怒江上源

有池曰喀喇池東流曰喀喇烏蘇河蒙古謂黑色爲喀喇蓋即黑水其西流即今青海亦曰西海蒙古曰庫可諾爾庫可者譯言青蓋即青水流沙即今戈壁當安西州南青海之西是青海西南北濱戈壁黃河金沙江怒江三源之間山名昆侖而池東山脊爲昆崙之證惟經敘四水所出之方隅前後互異則傳寫之誤也海內東經稱西胡白玉山在流沙西昆侖墟東今岡底斯山北支爲葱嶺戈壁當其東穆天子傳亦先升昆侖之邱復西征至西王母之邦是池西山脊皆爲昆崙之證昆崙本在域中爾雅以西王母與觚竹北戶日下爲四荒則亦國名周衰德不及遠怪迂之說復興遂謂去中國有五萬里之遠又移昆崙於海外指西王母爲仙人後儒震於怪物并禹貢之昆崙而疑之山海經乃秦漢人據古圖所爲更經錯亂加以附會故太史公已不敢言然遺文軼句猶資考證酈氏有云自不登兩龍於雲轍騁八駿於龜塗等軒轅之訪百靈方大禹之集會計儒墨之說孰使辨哉

聖朝中外一家西陲萬里並入圖籍文軌之盛遠軼軒姒先聖平成之迹絕而復彰酈氏所稱適應今日惜古籍散亡僅存大畧耳

屈從其東南流入渤海又出海外南至積石山下有石門

余考羣書咸言河出昆崙重源潛發淪於蒲昌出於海水逕積石而爲中國河經文在此似如不比積石宜在蒲昌海下矣酈氏此註辨正積石之河爲蔥嶺之河重源所發至爲詳盡知通典所識皆非其實經自此以上爲河之東源下從蔥嶺出者爲河之西源西源至蒲昌海伏流而重見爲東源經乃敘積石於蔥嶺之前故酈以爲不比也所云渤海當即指扎凌鄂凌諸海猶青海之稱西海註所稱淪於蒲昌出於海水也積石山爲大積石今爲雪山蒙古爲木素鄂拉在青海土爾扈特南前旗黃河之南阿里克土司之東今黃河自羅布淖爾伏流至噶達素齊老山復出爲阿勒坦河東流穿鄂敦他拉海而東瀦爲扎凌海又東爲鄂凌海折而南逕蒙古爾津土司又東逕積石山南郎經所謂東南流入渤海又出海外南至積石山也

又南入蔥嶺山又從蔥嶺出而東北流經以河水至積石又南入蔥嶺山故通典譏之酈註則兩源分敘本不相淆也南入趙氏本作南出於義較順然通典所引已作南入矣

河水重源有三非惟二也一源西出捐毒之國蔥嶺之上河水潛發其嶺分爲二水蔥嶺即天山西南之正幹漢書西域傳所稱南山北山皆蔥嶺所分今自西布魯特部落西南至喀什噶爾之西葉爾羌之西南博洛爾拔達克山鄂克善諸部落皆在蔥嶺間西域傳捐毒國東至疏勒南與蔥嶺屬西上蔥嶺則休循是捐毒當今西布魯特地注言河水潛發其嶺分爲二水者蓋謂東西源皆出蔥嶺非必謂一水而東西分流也注引涼土異物志曰蔥嶺之水分流東西西入大海東爲河源斯言簡而該矣今蔥嶺西界之水盤曲嶺中滙爲圖斯庫爾及伊西洱庫爾其西北則入達里岡阿鄂謨然道里較近又與下逕安息入西海之文不合則注所稱蔥嶺西流之一水自當指拔達克山以南之水西北流至布哈爾部落入騰吉斯鄂謨者亦出蔥嶺特南北睽隔蓋西流之水自入安息之西海本非河源酈氏特因蔥嶺而類及之與上注述新頭河恆河

正同今西布魯特西南直接蔥嶺東山曰伊斯克里克水曰赫色爾西山曰吉布察克水曰哈喇庫爾二水南流瀦爲哈拉庫爾庫爾者回語謂池東出爲喀什噶爾達里雅回語謂大河爲達里雅卽蔥嶺之河源也

河水自蔥嶺分源東逕迦舍羅國當在今喀什噶爾極西蔥嶺中大唐西域記稱朅盤陀國大厓東北至奔攘舍羅蔥嶺東岡四山之中商旅往來從此東下蔥嶺唐書地理志疏勒西南蔥嶺守捉故朅盤陀國朅盤陀國爲今葉爾羌所屬喀爾楚遁西地河源之哈拉庫爾正當其北注引釋氏西域記稱爲萬國要道蓋由此東下蔥嶺奔攘舍羅當卽迦舍羅矣

逕岐沙谷出谷分爲二水案今哈拉庫爾水東流逕喀什噶爾南爲喀什噶爾河卽注所言北河其自葉爾羌西南遶城者爲葉爾羌河卽注所言南河二水異源而注稱一水所分與今水道不合今喀什噶爾自西迆南至英吉沙爾西迆東南至葉爾羌西南之山回語呼爲塔爾塔什達巴罕卽古蔥嶺岐沙谷當卽在今喀什噶爾之西蔥嶺中自此以東出山卽爲平地英吉沙爾民多引渠以灌田或舊有水傍

山東下與葉爾羌河相通後更湮塞與

一水東流逕無雷國北

此南河也漢書西域傳無雷南至蒲犂烏秅北與捐毒接蓋在蔥嶺上其難兜國下言西至無雷者誤字也無雷當今西布魯特部落之南博羅爾部落之北喀什噶爾西邊地分流之水當郎傍山東南流逕其北也

又東流逕依耐國北

漢書西域傳依耐國北至疏勒此注在無雷之東蒲犂之西當在今英吉沙爾南界中

又東逕蒲犂國北

漢書西域傳蒲犂東至莎車北至疏勒證以此注在今英吉沙爾葉爾羌之間分流之水當自此東流至葉爾羌合葉爾羌河今葉爾羌河自葉爾羌西南徼外曲流東北逕拉虎爾克什米爾諸部落左合米勒台玉山一水東北歧爲二支環葉爾羌城而東復合回語爲葉爾羌謌斯騰謌斯騰者譯言濬成之河自此以下郎注所言南河矣

又東逕皮山國北

漢書西域傳皮山西南至烏秅南與天篤接北至姑墨千四百五十里唐書地理志于闐西南三百八十里有皮山城當在今葉爾羌之東南和闐之西

其一源出于闐國南山北流與葱嶺所出河合又東注蒲昌海

河水又東與于闐河合此南河也

南源導于闐南山俗謂之仇摩置今和闐南大雪山緜亘數千里東達庫爾坤南接岡底斯西迤北爲葱嶺史記大宛傳天子案古圖書名河所出爲昆崙即此山也蓋山脈緜亘河水所出通爲昆崙梵書則同爲阿耨達山矣今和闐河回語爲和闐達里雅源出和闐所屬皮什雅南五十里南山中北流上源東爲玉曨哈什河西爲哈拉哈什河

自置北流逕于闐國西于闐即今和闐魏書西域傳于闐國城東二十里有大水北流號樹枝水即黃河也一名計式水城西五十五里亦有大水名達利水與樹枝水會俱北流今和闐城東爲玉曨哈什河城西爲哈拉哈什河並北流至喀提里什合與魏書正同此云逕于闐國西是以哈拉哈什河爲正流也

又西北流注于河今自喀提里什合爲和闐達里雅又北流五百里會葉爾羌河即南河也惟今葉爾

羌河右合和闐河即左與北河會通爲塔里木河而注敘南河合北河在且末之下與今水道不合蓋塔里木河所經皆戈壁沮洳之地水道或有改易矣

南河又東逕于闐國北自此至通爲注濱河南北河當相去不遠至今遂合爲一

又東北逕扜彌國北當在今和闐所屬克爾雅城以東

又東逕精絶國北當在今和闐極東大戈壁中

又東逕且末國北今亦爲大戈壁唐書地理志播仙鎮西五百里至于闐東蘭城守捉又西三百里至于闐與注所稱西去于闐里數不合注本漢書西域傳蓋荒遠之地史志里數多未得其實也

又東右會阿耨達大水水無攷詳見下

會流東逝通爲注濱河北河下有注濱城蓋南北自此合流矣以下與南河皆一水所逕

注濱河又東逕鄯善國北當在蒲昌海南少西

其水東注澤澤在樓蘭國北扜泥城城當在蒲昌海南澤卽蒲昌海也注引西域記云南河自于闐東迤北三千里至鄯善入牢蘭海史記正義引括地志云蒲昌海亦名牢蘭海詳見北河

下

北河自岐沙東分南河又東北流分爲二水北河自

疏勒逕流南河之北漢書西域傳疏勒國南至莎車捐毒國東至疏勒莎車國西至

疏勒則疏勒在莎車西北捐毒之東蔥嶺河東流所

經唐書地理志稱疏勒鎭三面皆山自于闐鎭西北

至疏勒鎭千二百三十里又稱疏勒西南入蔥嶺則

即今之喀什噶爾也至耿恭所守疏勒城非疏勒國

治通鑑注所辨甚確此注引之蓋偶失檢耳今哈

喇庫勒東出至喀什噶爾城南爲喀什噶爾河暨

于溫宿之南右合枝水漢書西域傳尉頭國南與疏勒接山道不通溫宿國西至

尉頭三百里疏勒去長安九千三百五十里溫宿去

長安八千二百五十里是溫宿疏勒東西相距約千

里與今烏什至喀什噶爾略同其中大山縣亘尉頭

在溫宿之西故與疏勒山道不通今圖勒扎巴什諸

山是也喀什噶爾河東流逕葉爾羌北又東流逕烏什南北河又東逕姑墨國南

漢書西域傳溫宿東通姑墨二百七十里姑墨南至

于闐馬行十五日今阿克蘇城距烏什城里數略同

自阿克蘇城南渡河循和闐河有道通和闐城即馬行十五日之道唐書地理志撥換城一曰姑墨州西二百里至溫肅州自撥換南至于闐鎮城並與漢書及今地合今喀什噶爾河東流自烏什南逕阿克蘇南又東南即與葉爾羌來之南河會通為塔里木河**姑墨川水注之北河又東逕龜茲國南**漢書西域傳姑墨國東通龜茲六百七十里太平寰宇記唐顯慶三年移安西都護府于龜茲故國正南與于闐城守捉南北相當正西至撥換五百六十里又從撥換西北經拔達嶺至碎葉城大唐西域記屈支國舊曰龜茲西行六百餘里至拔祿迦國舊謂姑墨唐書地理志于闐東蘭城守捉三百里至于闐今庫車城西至阿克蘇南直和闐之東西北由阿克蘇度冰山通伊犂方位道里皆合魏書西域傳龜茲在白山南一百七十里其南三百里有大河東流號計式水即黃河白山即城北天山計式水即北河今塔里木河自阿克蘇城南**又**東流逕庫車所屬沙雅爾南亦為額爾勾河也**東左合龜茲川水大河又東右會敦薨之水**右當作左注自此以下或言大河或言河水不復言北河蓋二河之合在此今塔里木河自沙雅爾南東流至喀喇沙爾

所屬庫勒爾城南合開都河

河水又東逕墨山國南

趙氏據此注謂漢書山國脫去墨字以正小顏之誤案注稱墨山國治墨山城西至尉犂二百四十里蓋皆西域傳文是今本漢書更脫去治墨山城四字也西域傳言西北至焉耆東南至鄯善西至尉犂危須當在今庫勒爾之東南濱塔里木河

河水又東逕注濱城南

蓋以注濱河得名城當在墨山東

又東逕樓蘭城南而東注

注稱墢田士所屯故城禪國名蓋樓蘭田士屯此非樓蘭治也

河水又東注于泑澤卽經所謂蒲昌海也水積鄯善之東北龍城之西南西接鄯善東連三沙爲海之北隘矣故蒲昌亦有鹽澤之稱也其水澄停冬夏不滅卽河水之所潛而出于積石也

蒲昌海今日羅布淖爾蒙古語謂淖爾爲池當土魯番廳之西南周圍數百里停而不流天山以南蔥嶺以東之水皆會于塔里木河而瀦于此自此伏流至鄂敦他拉泉泉並發爲大河重源據注則今羅布淖爾鄯善在其西南龍城在其東北也三沙

當即今敦煌西境外之沙磧古稱白龍堆三國志注引魏畧玉門關西出發都護井回三隴沙北頭藍三隴沙即注所稱三沙矣

阿耨達大水釋氏西域記曰阿耨達山西北有大水北流注牢蘭海者也其水北流逕且末南山又北逕且末城西東北流逕且末北又流而左會南河

隋書地理志且末郡在古且末城有且末水唐書地理志渡且末河至且末城蓋皆指阿耨達大水以此注推之當在蒲昌海西南大戈壁中今自和闐以東塔里木河之南西藏北山之北東至青海西北境數千里中皆大戈壁水皆流入沙中別無大川左會塔里木河者所云阿耨達大水無可指證以理推之流沙之地古今互異漢書西域傳稱從鄯善南水北波河西行至莎車爲南道唐書地理志一路自沙州壽昌縣至陽關故城又西至蒲昌海南岸又西自石城鎮播仙鎮至于闐又唐西域記元奘之歸由瞿薩昌那國即于闐國東過納縛波故國即樓蘭地五代史高居誨使于闐記從陽關涉醎磧渡昭河至于闐皆出大戈壁

中今驛道則自嘉峪關外西經哈密土魯番喀喇沙爾庫車阿克蘇至葉爾羌乃折而東南至和闐無由漢之南道者西域傳南道自陽關以西樓蘭且末精絕扜彌小宛皆在今戈壁中城郭相望元奘所記稱于闐東行入大流沙人畜昏迷屢有喪亡行四百餘里至覩貨邏故國國久空曠城皆荒蕪又六百餘里至折摩馱那故國即涅末地城郭巋然人煙斷絕復東北千餘里至樓蘭是唐時已為無人之境與漢志所稱迥異今則盡為荒服唐代諸鎮城並淪沙磧蓋風沙相搏故道或湮戈壁之中水泉之滙為淖爾者以十數皆潛行入沙在古時或有北行入河之迹與

北河枝水上承北河于疏勒之東西北流逕疏勒國南又東北與疏勒北山水合又東逕莎車國南漢書西域傳疏勒南至莎車莎車西至疏勒南至蒲犂此注言枝河東逕莎車國南則漢莎車國城在葉爾羌北境并在北河之北當今葉爾羌所屬巴爾楚克諸地其境則南有葉爾羌地故疏勒南至莎車也**又東逕溫宿國南于此枝河右入北河**今喀什噶爾河自喀什噶爾城南東

流逕巴爾楚克城南入烏什南界別無支流河北近大山以此注言之當自喀什噶爾城南分枝水北流又東隨山麓東行逕巴爾楚克城諸地至烏什南界合爲一古今或有變徙也

疏勒北山水出北溪東南流逕疏勒城下今喀什噶爾城北山麓有水同源異流北曰赫色勒南曰特爾墨楚克東南流復合入喀什噶爾河又有木什河特們河皆入赫色勒河當即注所稱疏勒北山水也

姑墨川水導姑墨西北歷赤沙山東南流逕姑墨國西又東南流右注北河唐書地理志撥換城西有撥換水當即姑墨川水今阿克蘇河出阿克蘇西北山東南流經阿克蘇城西南烏什河出烏什西山逕烏什城北東流來會又東歧爲二支入塔里木河天山正幹今爲漢騰格里山亘阿克蘇城庫車城北而東庫車北山出硇砂赤砂山當以此得名下龜兹水亦逕赤砂山則赤砂縣亘甚遠也

龜兹川水有二源西源出北大山南其水南流逕赤

沙山又出山東南流枝水左派焉又東南水流三分

右二水俱東南流注北河

東川水出龜茲東北歷赤沙積梨南流枝水右出西南入龜茲城川水又東南流逕于輪臺之東漢書西域傳言輪臺以東接渠犂皆故國地廣饒水草謂今喀喇沙爾所屬布古爾城諸地以此注推之輪臺在庫車河之西近今庫車城也又東南流右會西川枝水又東南逕烏壘國南漢書西域傳龜茲東至都護治所烏壘城三百五十里當在今庫車城東西南接庫車河傳又言烏壘南至渠犂南字當東字之誤又東南注大河

西川枝水有二源俱受西川一源即西川水枝水左派者一源即西川水三分中之一水東流逕龜茲城南合爲一水水間有故城蓋屯校所守也其水東南注東川今拜河二源東曰哈布薩朗河西曰穆薩

爾河俱出阿克蘇屬拜城西北山合于城西南東流逕城南合北來察罕水又逕賽里木南而東赫色爾河出其北山三水合南流來會又東南庫車城南而東庫車河出城東北山二水合南流逕城東來會又東南注塔里木河拜河當即注之西川庫車河當即注之東川其西川逕入北河及枝流分四二流通東川故道多不可考至龜兹城當今近庫車城固無可疑也注于北大山引西域記屈茨北二百里有山夜則火光晝日但煙案回疆通志火焰山白喀喇和卓歷土魯番喀喇沙爾庫車北一帶山皆赤色如火焰形其中產硇砂常有煙霧湧起至夕光焰若炬蓋即注所稱北大山矣

敦薨之水出焉耆之北敦薨之山今裕勒都斯河爲西源出喀喇沙爾西北楚爾達山哈布齊哈河爲東源出喀喇沙爾北和屯博克塔山皆天山正幹即敦薨山也注稱山在匈奴之西烏孫之東今是山迤東爲鎭西府所屬當漢匈奴蒲類王地迤西爲伊犂所屬當漢烏孫地

二源俱導西源東流分爲二水左水西南流出于焉耆之西逕流焉耆之野屈而東南流注于敦薨之渚

左水今無攷以今水道證之則西源應有二一爲裕勒都斯河西南流卽此注之左水一爲達賴克河東流卽此注之右水注云注于敦薨之渚謂合爲敦薨之水也東流分爲四字疑有誤

右水東南流

今裕勒都斯河自楚爾達山西南流至喀爾噶圖北折東達克賴河東流來會之折而東流

又分爲二左右焉耆之國

今裕勒都斯河東流分爲二行百餘里復合後漢書西域傳焉耆四面有大山有海水曲入四山之內周市其城此注言城居四水之中今喀喇沙爾城東海都河環繞之中天山四面環繞焉耆員渠城蓋在此矣

南會兩水同注敦薨之浦

今海都河二水合東南流爲海都河左與哈布齊哈河合而同注于博斯騰淖爾

東源東南流分爲二水俱東南流

今哈布齊哈河東南流當喀喇沙爾東北分爲二水合海都河

逕出焉耆之東導于危須國西

漢書西域傳危須國西至焉耆南至尉犂當卽今喀喇沙爾

又東南流注于敦薨之藪澨而爲海

今海都河滙于喀喇沙爾之南爲博斯騰淖爾東西廣三百餘里南北半之所謂敦薨之

數也敦薨之水自西海逕尉犂國漢書西域傳龜茲東通尉犂焉耆南至尉犂更證以此注尉犂蓋在博斯騰淖爾之西庫車之東後漢班超討焉耆自西而東先至尉犂焉耆絕葦橋以拒漢軍今喀喇沙爾所屬布古爾城有葦湖惟一土橋可渡則尉犂正當今布古爾地也其水又西出沙山鐵關谷今博斯騰淖爾南出西流仍爲海都河又西逕庫勒爾山北山東接額格爾齊山今猶以漢名相傳曰沙山在博斯騰淖爾南一百二十里晉書西戎傳沙州刺史楊宣疆理西域以張植爲前鋒焉耆王熙拒戰于賁崙城爲植所敗植進屯鐵門即所謂鐵關谷矣又西南流逕連城城當在今喀喇沙爾西南庫勒爾城之西自連城西至輪臺皆故屯田地其水又屈而南逕渠犂國西漢書西域傳渠犂城東北與尉犂接西有河今海都河西南流屈南逕喀喇沙爾所屬庫勒爾城當漢渠犂國也又東南流逕渠犂國今海都河折東南逕庫勒爾城南又南流注于河今海都河南入塔里木河注中所稱凡天山南境諸大水入蒲昌海者備舉無遺當元魏時玉門以外久淪異域酈氏博考傳記以成此注今

則蔥嶺以東盡登戶版雖川流變遷古今或異而證以輿圖大勢較然若合符節如敦薨之水敘次詳盡與今道曲折不爽酈氏之書可謂俟百世而不惑者矣

河源附見諸水

阿耨達山西有大水名新頭河西南流屈而東南流逕中天竺國又逕蒲那般河此水逕摩頭羅國而下合新頭河自新頭河至南天竺國迄于南海四萬里也新頭河注引廣志曰甘水曰新陶水釋典亦作辛頭河大唐西域記作信度河梁史諸夷傳謂新陶河總曰恒水非也法顯稱度蔥嶺已入北天竺境順嶺西南行十五日下有水名新頭河山即罽賓盤石之險釋氏西域記又稱新頭河經罽賓犍越摩訶刺諸國而入南海是今巴達克山部落以南至痕都斯坦部落北境爲罽賓地漢書西域傳罽賓東至烏秅東北至難兜難兜在蔥嶺上休循南南無雷西近今巴達克山部落烏秅在蒲犂南難兜東當今葉爾羌西南境外則罽賓爲痕都斯坦無疑大唐西域記迦溼

彌羅國舊日罽賓北印度境是巴達克山南即爲北天竺境矣今痕都斯坦有河東西二源俱出北境西南流折而東南流至痕都斯坦所居阿噶拉城北而合南流逕城東又西南流右合二水又東南流逕得懇部落東又逕斯布部落南入南海通爲札馬訥必拉必拉譯言河疑即新頭河也

阿耨達山西南有水名遙奴山西南小東有水名薩罕小東有水名恒伽此三水同出一山俱入恒水康泰扶南傳曰恒水之源乃極西北出昆侖山中有五大源諸水分流皆由此五大源枝扈黎大江出山西北流東南注大海枝扈黎即恒水也法顯傳曰恒水東南流逕拘夷那褐國南城北雙樹間有希連禪河其水亂流注于恒恒水又東逕毗舍利城北釋氏西域記曰恒曲中次東有僧迦扇奈揭城法顯傳曰恒

水東南流逕僧迦施國南恒水又東逕罽賓饒夷城又東南逕沙祇國北又東南逕迦維羅衛城北又東逕藍莫塔又東至五河口葢五水所會非所詳矣又東南逕小孤石山又西逕王舍新城又西逕迦那城南三十里釋氏西域記曰恒曲次東有瞻婆國城南有卜佉蘭池恒水在北恒水又逕波麗國釋氏西域記曰恒水東流入東海葢二水所注兩海所納自爲東西也恒水之名釋典最著大唐西域記謂之兢伽河記稱兢伽河東岸秣底補羅國中印度境北至婆羅吸摩補羅國北印度境北大雪山中有蘇伐剌拏瞿呾邏國東接土番北接于闐是今後藏西境已爲北天竺中天竺諸國阿耨達山即今後藏西境阿里部落北之岡底斯山爲諸山之大脊東西縣亘康泰扶南傳所稱山出五大水諸水皆由此分流當即指檳榔怒江瀾滄金沙諸水之源今岡底斯山

南瑪帕木達賴池西通朗噶池又西曰狼楚河逕阿里城極西拉楚河出僧格巴喀布山西流折南流來會又南折東流逕阿里城南瑪楚河出阿里北山南流逕城東來會通爲岡噶江東南流逕外夷達噶部落西又東南入南海疑卽此注之恒水案輿圖南海于岡噶扎馬訥二水入處海水皆北溢東西相望與西域記所稱兩海所納自爲東西亦適相合也

葱嶺之上河源潛發其嶺分爲二水一水西逕休循國南又逕難兜國北又西逕罽賓國北又西逕月氏國南又西逕安息國南與蜺羅跂禘水同注雷翥海

葱嶺以西水皆西流不爲中國河源注因葱嶺之源而類及之故亦稱河水也今葱嶺之水西流者盤曲山中其西北入達里岡阿鄂謨者川流較近與安息入海之文不合今巴達克山部落南有水出雅布搭爾西流東南合厄爾古一源又西流東南合達里木一源皆出西南葱嶺中三水合而西流逕科克倫囘部南又西逕贍伊斯巴爾囘城南又西逕哈扎爾巴什紅帽囘部南南合一水西北流又南合一大水又

西北逕布哈爾部落西南又北流入騰吉斯鄂謨與北注西流之河較合騰吉斯鄂謨周圍數千里疑即所謂雷翥海唐書突厥傳西突厥西至雷翥海蓋其時突厥西境至此漢書西域傳捐毒西上葱嶺即休循難兜西至無雷北與休循西與大月氏接罽賓東北至難兜西北與大月氏接大月氏西至安息南與罽賓接安息北與康居接更以此注證之則今巴達克山休循爲其北境難兜爲其南境痕都斯坦北境爲罽賓科克倫諸部落爲大月氏布哈爾諸部落爲安息也西域傳大月氏都嬀水北安息亦臨嬀水嬀水其即葱嶺西流之水與

釋氏西域記曰蜺羅跂禘水出阿耨達山之北西逕于闐國又西逕四大塔北又西逕犍陀衛國北其水至安息注雷翥海

今葱嶺西流之水南合二水其源出和斯替恒占諸部部落皆不逕于闐于闐西南二面葱嶺環帶亦無西流之水蜺羅跂禘無可指證自新頭河以下地處荒遠傳記缺畧惟有釋典未可爲據今並闕疑不復爲圖

本縣沿革記□名實卷一

水經注圖說殘稾卷二

陽湖董祐誠

河水

又東入塞過敦煌酒泉張掖郡南

河自蒲昌有隱淪之證重源又發於西塞之外出於積石之山積石山見上河水自蒲昌伏流至噶達素齊老山而復出注言出于積石之山蓋積石以西古爲荒略故據積石爲限也河水屈而東北流逕析支之地是爲河曲矣今河水遶阿木奈瑪勒占木遜山東而西逕蒙古和碩特前頭旗土爾扈特南前旗南又西北流逕和碩特南左翼中旗南阿里克土司北又東北流逕土爾扈特南中旗東又北流逕和碩特南左翼次旗東南又東流逕和碩特南右翼末旗輝特南旗南又東流入貴德廳界河曲之中爲和碩特前頭旗南左翼中旗南右翼中旗土爾扈特南前旗及察漢諾們罕喇嘛遊牧處卽析支地也東

北逕歷敦煌酒泉張掖南河逕其南而纏絡遠矣自河蒲昌伏流重源再發並行塞外故舉三郡以表其地敦煌郡今安西州地酒泉郡今肅州地張掖郡今甘州地經合言過郡南注言纏絡遠明河去三郡尙遠通典必求河于三郡中誤矣

河水自河曲又東逕西海郡南下注引十三州志龍夷城在臨羌新縣西三百一十里王莽西海郡治此當在今青海南

又東逕允川而歷大榆小榆谷北通鑑注大小榆谷即唐之九曲在積石軍西二百里宋史地理志積石軍北至西甯州八十里則榆谷當在今貴德廳西

又東過隴西河關縣北洮水從東南來流注之

河水右逕沙州北晉書地理志前涼以燉煌西域都護等三郡三營爲沙州則在今安西州界中之沙州也西秦錄乞伏熾磐以沙州刺史魏景鎭西平通鑑呼盧古等攻沙州刺史出連虔于湟河是當時西平湟河諸郡皆屬沙州即此注所稱沙州蓋乞伏氏所移置也熾磐當宋元嘉時隋書經

籍志稱宋新亭侯段國此注引國所撰沙州記有吐谷渾河橋有嵹臺山有塹江源則今貴德循化以南諸番界直接松潘廳北境皆當時沙州地記又有臨洮城臨洮與枹罕西秦同屬隴西郡以記言之則是時北河州雖鎮枹罕而臨洮則屬沙州矣河水所逕之沙州諸地志皆不載賴存此注猶可考證其治當在今貴德廳西所治之城已不可攷詳繹注文似卽漢之河關縣也

段國曰澆河西南百七十里有黃沙沙南北百二十里東西七十里西極大楊川沙州於是取號焉澆河見下大楊川當在今貴德廳西南

地理志曰漢宣帝神爵二年置河關縣今本漢志無此文蓋脫簡也漢志金城郡河關積石山在西南續漢書屬隴西經言隴西河關縣知作者在東京後矣縣當在今貴德廳界中

河水又東北流入西平郡界晉書地理志西平郡領西都臨羌長甯安夷四縣元和郡縣志後漢獻帝分金城置西平郡後魏以爲鄯善鎮葢在河水北界今自貴德以北皆西平郡地

左合二川

二川南流入河今貴德廳西北有公庫勒諸水疑即二川也

河水又東北濟川水注之

濟川水西南出濫瀆東北流入大谷谷當在今貴德廳南謂之

大谷水北逕澆河城西南元和郡縣志南涼禿髮烏孤以西平河南地爲澆河郡下注云有二城東西角倚東北去西平二百二十里太平寰宇記廓州至鄯州一百八十里達化縣西三十里澆河城在縣西一百二十里則城在今西甯縣西南近今貴德廳治今貴德廳東有野橋下必拉西有和卓蘭台必拉皆出廳南北流入河未審何者爲濟川水也北流注于河

河水又東逕澆河故城北即濟川水所逕城也又東北逕黃川城城無攷唐書地理志達化縣東有黃沙戍疑即此當在今貴德廳東又東逕石城南元和郡縣志廓州化城縣郭下本後魏石城縣黃河在縣南八十步即此石城也當今西甯縣直南南臨河水魏書地形志無石城縣蓋屬鄯州今本闕也左合北谷水水當在今西甯縣南又

東北逕黃河城南通典廓州前涼以其地爲湟河郡張猛龍頌有涼黃河太守諸書無黃河郡則黃河郡即湟河郡也太平寰宇記引周地圖記云湟河郡後魏太平眞君十六年置洮河郡屬鄯州今本地形志鄯州下郡縣俱闕此注稱黃河西北去西平二百一十七里當在今西甯縣東南巴燕戎格廳西境又東北逕廣違城北通典廓州廣威縣本後魏石城縣是廣威與石城相近唐之廣威蓋即以此廣違得名當在今循化貴德二廳閒右合烏頭川水烏頭川水發遠川引納支津北逕城東而北流注于河今有清水河出貴德廳南東流合南來一水北流東爲循化廳界西爲貴德廳界又北入于河疑即烏頭川水其南來一水疑即所謂支津也河水又東逕邯川城南後漢書馬武追擊羌到東西邯注云蓋以此水分流謂之東西邯也在今化隆縣東案化隆即化城唐爲廓州郭下縣廓州故石城也邯川城當在今巴燕戎格廳所屬土司境元和郡縣志合川郡守捉在鄯州南百八十里邯合聲相近疑爲一地城之左右

有二水注于河今巴燕戎格廳西境東有克欠河西有克羣河疑卽東西邯水也

河水又東臨津谿水注之

臨津谿水自南山北逕臨津城西晉書地理志永甯中張軌分西平界置晉興郡所統有臨津縣魏書地形志縣闕當在今循化廳西北土司境而北流注于河水當在今循化廳西

河水又東逕臨津城北白土城南二漢志白土皆屬上郡非此城也晉書地理志金城郡有白土三國志正始九年叛羌屯河關白土故城則漢末已有城矣魏書地形志縣闕此注引十三州志左南津西六十里有白土城當近今巴燕戎格廳治又東左會白土川水

白土川水出白土城西北下東南流逕白土城北又東南注于河水當近今巴燕戎格廳治

河水又東北會兩川右合二水當在今巴燕戎格廳西河北有層山爲唐述山元和郡縣志枹罕縣積石山一名唐述山今名小積石山在縣西北七十里又龍支縣積石山在縣西九十八里南與河州枹罕縣分界今爲河州西北黃河之北巴燕戎格廳之西下封有水戴氏曰下封未詳疑是地名趙氏引全氏說謂下封卽下邽避道武帝諱然下邽與此相距絕遠當從戴氏闕疑爲正導自是山谿水南注河謂之唐述水水當在巴燕戎格廳西河水又東得野亭南戴氏曰南字有訛舛此下敘野亭水所出之文亦脫又東北流歷研川謂之研川水又東北注于河謂之野亭口水當在今河州西河水又東歷鳳林北元和郡縣志枹罕縣鳳林山在北三十五里今爲河州之北

又東與灘水合

灘水導源塞外羌中水今曰大夏河源出循化廳西南邊外山曰荅蘇爾海阿林水曰和爾藏必拉歷野虜中逕消銅城西城當在今循化廳南又東北逕列城東城當在今循化廳南通鑑秦王熾磐築列渾城于汁羅方輿紀要列渾城在河州西南百八十里疑即列城也左合列水

列水出西北谿東北流逕列城北右入灘水今循化廳西南山曰達那阿林南有水東流合和爾藏必拉疑即列水也

灘水又北逕可石孤城西城當在今河州西南又東北右合黑城谿水右當作左

黑城谿水出西北山下東南流逕黑城南城當在今循化廳南

又東南枝水左出焉又東南入灘水水當在今循化廳南

灕水又東北逕榆城東城當在今循化廳東南榆城溪水注之

榆城谿水出素和細越西北山下東南流逕細越川

又東南出狄周峽當並在今循化廳西南東南右合黑城谿之

枝津

黑城谿枝津水上承谿水東北逕黑城東東北注之

榆谿水當在今循化廳南

榆谿水又東南逕榆城南東北注灕水

灕水又東北逕石門口山疑即皋蘭山門也元和郡縣志石門山在鳳林縣東北二十八里即皋蘭山門也鳳林縣元和志謂東南至河州八十里太平寰宇記謂在州西南八十里寰宇記爲是山在今河州西南

灕水又東北皋蘭山水自山左右翼注灕水當在今河州西

南

灕水又東白石川水注之

白石川水出縣西北山下縣即白石縣也東南流枝津東注焉又南逕白石城西即下所云白石故城也漢志白石縣屬金城郡續漢志屬隴西郡晉廢故下云故城元和郡縣志言鳳林縣本漢白石縣地下注引闞駰謂在狄道西北二百八十五里則當在今河州西南而注灕水水當在今河州西南

灕水又東逕白石縣故城南又東逕白石山北山當在今河州西南羅谿水注之

羅谿水出西南山下東入灕水今牛脊河出河州西南牛脊山東北入大夏水疑即羅谿水也

灕水又東左合罕幵南谿水

罕幵南谿水出罕幵西東南流逕罕幵南蓋罕幵羌所居當在今河州西注之水當在今河州西

灕水又東逕枹罕縣故城南漢志縣屬金城郡續漢志屬隴西郡魏書地形志河州治枹罕而無枹罕縣元和郡縣志魏置枹罕鎮太和十六年改爲河州此注云枹罕故城下又別出枹罕城則後魏之枹罕非二漢故城矣諸家地志皆以漢魏迄唐之枹罕皆即今河州治此注引十三州志灕水在城南門前東過今大夏河北至州城尚四五里而洪水河經州南門外東入大夏河似與白石枝津相合疑今河州城爲北魏以後之枹罕而二漢故城尚在今州治之南濱于灕水也又東

北故城川水注之

故城川水有二源南源出西南山下東北流逕金紐大嶺北又東北逕一故城南又東北與北水會北源自西南逕故城北右入南水亂流東北注灕水今河州東

南有廣通河有二源當和政驛東西北流合爲一入大夏河疑卽故城川水而方位稍異

灕水又東北左合白石川之枝津水

白石川枝津水上承白石川東逕白石城北當卽前白石故城

又東絕罕幵谿又東逕枹罕城南此後魏之枹罕城也疑卽今河州治

又東入灕水今河州西南洪水河源出大溝河流逕州治南門外又東入大夏河疑卽白石枝津

灕水又東北出峽峽在今河州東北

北流注于河今灕水發源循化廳西南邊地東流逕循化廳南又東北流逕河州南折北流逕州東及東北入河在漢爲逕白石枹罕二縣境故漢書地理志曰白石縣灕水出西塞外東至枹罕入河

河水又逕左南城南晉書地理志永甯中張軌置左南縣屬晉興郡魏書地形志闕此注引十三州志石城西一百四十里有左南城當在今巴燕戎格廳之東大夏河口之北

津亦

取名焉晉書載記張瑁從左南渡河襲麻秋軍後蓋其地爲河水津渡又東逕赤岸

北即河夾岸也晉書載記張瑁屯于河夾岸麻秋襲敗之當在今河州東北大夏洮河二口之間又東洮水注之

地理志曰洮水出塞外羌中沙州記曰洮水與墊江水俱出強臺山山南即墊江源山東則洮水源強臺西傾之異名也西傾山在今洮州廳西南接青海所屬蒙古境當和碩特前頭旗之東山脊南北橫亘洮水出其東曰巴爾巴必拉東南流折而東流爲洮河其西即黃河當積石東東流折而北流又折而西北流之處迤南山脊東出有水出其陽爲祥楚必拉即墊江水源下會西漢水入江山爲江河之大戒故禹貢導山以西傾爲次陰列之首

洮水東北流逕吐谷渾中今洮州廳西南皆吐谷渾故地又東北流逕洮陽曾城北晉書地理志洮陽屬狄道郡惠帝立後廢元和郡縣志後周置洮州唐爲洮州治臨潭縣其城東西北三面並枕洮水強臺山在縣

西南三百里與此注所引沙州記塩城東北三百里有曾城正合今洮州廳西南七十里故城即洮陽城也

又東逕洪和山南城在四山中

魏書地形志洪和郡屬河州元和郡縣志貞觀四年洮州自洮陽城移治故洪和城八年復舊美相縣西至州七十五里貞觀移州縣亦隨徙是洪和在洮陽東七十餘里也今爲洮州廳治方輿紀要魏鄧艾敗姜維于侯和涼張駿置侯和屯護軍苻秦王猛討叛羌使別將守侯和後魏太和十五年吐谷渾傛泥和城置戍魏攻拔之侯和洪和泥和迷和即一城也音轉耳案下注言又東逕迷和城北則迷和在洮水南與洪和之在水北者不同洪侯音相轉侯和當即洪和泥迷音相近泥和當即迷和也

又東逕迷和城北

城當在今岷州西

又東逕甘枳亭歷望曲

注言在臨洮西南是洮水逕其北也通鑑後漢建初二年馬防擊解臨洮圍布橋等屯望曲谷不下注引此注爲證當在今岷州西南

又東逕臨洮縣故城北

二漢志縣並屬隴西郡晉志屬狄道郡魏書地形志有臨洮郡無臨洮縣蓋郡治在龍城故此言故城也元和郡縣志岷州城即秦臨洮城案唐州治即今州治

又東北流

屈而逕索西城西俗名赤水城亦曰臨洮東城也魏書地形志赤水縣屬河州臨洮郡注引沙州記東洮至西洮百二十里在今岷州東北又屈而北逕龍桑城西而西北流俗名龍城魏書地形志河州臨洮郡龍城縣太和十年置城當在今岷州東北麻竜里諸土司境又西北逕步和亭東亭當在今洮州廳東北步和川水注之

步和川水出西山下東北流出山逕步和亭北東北注洮水水當在今洮州廳北土司境

洮水又北出門峽峽當在今狄道州南界歷求厥川蕈川水注之

蕈川水出桑嵐西谿東流歷桑嵐川又東逕蕈川北東入洮水魏書地形志河州洪和郡蕈川縣延興四年置卽此注所稱蕈川也隋書地理志水

池縣後魏曰蕈川水池故城在今洮州廳東北一百六十里蕈川水當在其北

洮水又北歷峽今狄道州南六十里有鎖林峽洮水所經兩崖懸絕疑即此峽也逕偏橋出夷始梁右合蕈塏川水

蕈塏川水東南出石底橫下北歷蕈塏川西北注洮水今狄道州南有南川水源出州東南渭源縣界露骨山西北流逕抹邦山曰抹邦河至州南六十里入洮疑即蕈塏川水

洮水又東北逕桑城東晉書載記劉曜陷安定南陽王保遷于桑城通鑑注保欲自桑城奔河西也城當在今狄道州西南土司境又北會藍川水

藍川水源出求厥川西北谿東北流逕藍川歷桑城北東入洮水魏書地形志河州洪和郡藍川縣眞君八年置郡後改即此注所稱藍川也當在今狄道州西南土司境

洮水又北逕外羌城西城當在今狄道州南又北逕和博城東城當在今狄道州西南土司境左合和博川水

和博川水出城西南山下東北逕和博城南東北注于洮水水當在今狄道州西南土司境州西南有水出番界山曰札噶爾阿林東北流逕八角城北入于洮水未知其爲藍川與和博川也

洮水北逕安故縣故城西二漢志縣並屬隴西郡晉省十六國春秋前涼復置兼置郡西秦亦曰安固郡魏書地形志無之是縣廢也注引十三州志縣在郡南四十七里郡謂隴西郡二漢並治狄道也故城當在今狄道州南又北逕降狄道故城西二漢志狄道並屬隴西郡晉書地理志惠帝置狄道郡前涼置武始郡太平寰宇記晉惠帝時以狄道爲降狄道十三州志云降狄道今曰武始魏書地形志河州武始郡領狄道縣此云故城疑有改治戴氏據漢書删去降字今案寰宇記所引十三州志即此注所稱闞駰說是原本作降惟下引漢書則本無降字後人因前後文

而誤增耳今狄道州南里許有舊土城俗名番城當即狄道故城其城北之武始故城則後魏之武始郡治勇田者也

又北隴水注之

隴水即山海經所謂濫水也今本山海經稱濫水西流注于漢水漢字當誤

水出鳥鼠山西北高城嶺今渭源縣北分水嶺即鳥鼠山之幹東則渭水源西則濫水源也俗曰東峪河

西逕隴坻當在今狄道州東此與天水之隴坻地異而字亦異注引揚雄解嘲響若坻頹文選注引應劭曰天水有大坂名曰隴坻坻丁禮切韋昭曰坻音若是理之是字書曰巴蜀名山堆落曰坻依應說則當作坻依韋說則當作坻顏師古注從韋說是也若西京賦右有隴坻之隘則當作坻字耳

又西北歷白石山下當在今狄道州東

又西北逕武街城南晉書惠帝分狄道置武街縣又云咸和五年張駿置武街護軍當在今狄道州東

又西北逕降狄道故城東又西北流注于洮水今東峪河自渭源縣北西北流入狄道州境逕州城東又逕城北入洮水

洮水右合二水今洮水自會東峪河後右合之水有打壁水又北有好水又北有東結河又北有沙泥河又北有石井泉皆在狄道州迤北境未知二水何指也左會大夏川水

大夏川水出西山二源合舍而亂流逕金紐城南魏書地形志大夏有金柳城隋書地理志大夏有金紐山太平寰宇記大夏縣西二十里金劍山亦有金劍故城一號金柳城今案金紐金柳金劍皆一也當在今河州東南又東北逕大夏縣故城南二漢志縣並屬隴西魏書地形志金城郡領大夏此曰故城則縣當徙治元和郡縣志太平寰宇記並云大夏縣西北至河州七十里金劍山在縣西二十里而此注引十三州志縣西金紐城去縣四十里本都尉治是唐宋之大夏即元魏大夏城而二漢故城尚在其東二十里也城當在今河州東南境接狄道州界又東北出山注于洮水今三岔河自河州東南合麻山關大馬家灘火石界內三派合東北流逕狄道州西北又東北入洮水當即大夏川水也

洮水又北翼帶三水亂流北入河洮水今自鞏昌府洮州廳西東南流

折東北流逕廳南又逕岷州北折北流又西北流逕洮州廳東又北流逕蘭州府狄道州西又北逕皋蘭縣西河州東入于河在漢則逕隴西郡之臨洮安故狄道至金城郡之枹罕東境故漢志云臨洮洮水出西羌中北至枹罕東入河

又東過金城允吾縣北

金城郡治也河水逕其南不在其北二漢志允吾皆金城郡治晉廢元和郡縣志廣武縣前涼置廣武郡開皇罷郡置縣允吾故城在縣西南一百六十里又龍支縣本漢允吾縣後魏于此置金城縣是允吾在後魏爲廣武金城而地形志並闕疑皆屬鄯州也唐廣武縣郎今莊浪廳治允吾故城當在廳西南河水之北西接巴燕戎格廳界南接皋蘭縣界**南有湟水注于河**湟水下云逕允吾縣北與此不合元和郡縣志鄯州湟水縣郭下本漢破羌縣地龍支縣本漢允吾縣北至州一百二十五里是允吾在破羌南以下文湟水逕破羌城南及澗水不言逕允吾縣推之此南字當作北

湟水出塞外東逕西王母石室石釜西海鹽池北漢書地理志臨羌西北至塞外有西王母石室僊海鹽池北則湟水所出即此注所本僊海即西海今日青海蒙古曰庫庫諾爾鹽池在其西南蒙古曰達布遜諾爾庫庫謂青達布遜謂鹽諾爾則積水之名也今湟水出青海東北實不逕青海鹽池之北漢志北則湟水所出蓋指縣北言之與上西北一例非蒙上僊海鹽池也酈氏偶失檢耳

又東南流逕龍夷城即河水所逕之西海郡也後漢書永元中曹鳳請收復西海郡將徒士屯龍耆耆夷蓋聲之轉湟水雖不逕城北然以上鹽池下皐禾羌海及河水自河曲東流逕郡南推之城當在今青海南河水北折轉東蒙古游牧之地

又東南逕皐禾羌海北皐禾羌海即西海也今湟水出青海東北有二源當和碩東上旗之南南右翼後旗南左翼末旗之間西曰博羅沖克克必拉西曰昆都侖必拉合而東南流下流曰西川河皆青海東境也

東流逕湟中城北亦曰小湟中通鑑注湟水兩岸之地通謂之湟中城本小月支之地因謂之小湟中後漢建安十九年夏侯淵遣別將張郃渡河入小湟中是也城當在今青海東湟水

南

水又東右控四水

四水導源四谿東北流注于湟四水當在今青海東南綽羅斯南右翼頭旗之東

湟水又東逕赤城北隋書大業中宇文述出西平至臨羌城進拔吐谷渾曼頭赤水二城疑赤水城即赤城正當臨羌之西也城當在今綽羅斯南右翼頭旗東西

而東入逕戎峽口右合羌水

羌水出西南山下逕護羌城東通鑑注漢宣帝置護羌校尉治金城令居東漢初治安夷建初二年徙治臨羌當即此城也城當在今綽羅斯南右翼頭旗東輝特南旗北

又東北逕臨羌城西此即下臨羌縣故城也二漢志縣屬金城郡晉志屬西平郡後魏廢注別見臨羌新縣故城則此爲二漢故縣矣注引十三州志臨羌新縣在郡西百八十里龍夷城在臨羌新縣西三百一十里故縣新縣中隔湟水相去不遠西平郡即今西甯府城以道里約之臨羌城東至今

西甯縣幾茂二百里出邊外百里西去西海郡幾茂三百里也當在西甯縣西鎮海堡邊外輝特南旗之東北圖爾根察罕必拉入湟水處

東北流注于湟今邊外有水曰圖爾根察罕必拉出西南山東北流入博羅沖克克河當郎羌水也

湟水又東逕臨羌縣故城北又東盧谿水注之

盧谿水出西南盧川東北流注于湟水水當在今西甯縣西邊外接青海境

湟水又東逕臨羌新縣故城南臨羌徙治年代無攷注言故城當魏晉間所徙也注引十三州志在郡西百八十里郡即西平郡城當在今西甯縣西邊外接青海境又東

右合溜谿伏溜石杜蠡四川左會臨羌谿水

四川東北流注之四川當在今西甯縣西

臨羌谿水發新縣西北東南流歷縣北東南入湟水

今和碩特南左翼末旗東南有水合四水東南流至西甯縣西鎮海堡入湟水疑卽臨羌谿水也

湟水又東龍駒川水注之

龍駒川水右出西南山下東北流逕龍駒城城當在今西甯縣西注不言逕城之東西明西甯衛志謂城在鎮海堡東則水當逕其東也北流注于湟水水當在今西甯縣西

湟水又東長甯川水注之

長甯川水出松山長甯水今曰北川河有二源東源卽此水西源則養女川水也東源有二水其西一水東南流當卽長甯水北山曰阿爾坦阿林當大通縣南土司境卽松山也東南流逕晉昌城城當在今西甯縣北土司境注不言逕城之東西以東南流合晉昌川推之則逕城之西矣晉昌川水注之此東源二水之東一水也西南流與西一水相合又東南養女川水注之

養女川水發養女北山有二源皆長湍逵發南總一川逕養女山謂之養女川今青海和碩特東上旗東北有水曰布庫克必拉出北山曰沙拉克圖阿林其水東南流右合一水曰沙庫克必拉出和碩特南左翼末旗東北山曰察罕鄂博圖阿林所謂水有二源皆長湍逵發也自沙拉克圖阿林至阿爾坦阿林皆重山緜亘當大通縣西南諸土司境北至大通河南抵西甯縣北注引闞駰所謂浩亹山郎西平北山也亂流出峽今北川河東西二水至西甯縣西西北相合

長甯水南逕長甯亭東城有東西門東北隅有金城晉書地理志長甯屬西平郡後魏廢或屬鄯州今本地形志闕也注言在西平西北四十里當在今西甯縣西北北川上司境又東南與一水合

水出西山東南流水南山上有風伯祠其水東南逕長甯亭南東入長甯水水當在今西甯縣西北

長甯水又東南流注于湟水（今北川河至西甯縣西北入湟水）

湟水又東牛心川水注之

牛心川水出西南遠山（牛心川水今曰南川河出西甯縣西南土司境）東北流逕牛心堆東（亦曰牛心山通鑑貞觀九年敗吐谷渾于曼頭山進敗之于牛心山當在今西甯縣西西南）又北逕西平亭西（西平郡之亭也）東北入湟水（今南川水東北逕西甯縣西又北入湟水）

湟水又東逕西平城北（元和郡縣志後漢獻帝立西平郡與注言魏黃初中立者小異後魏于此置鄯州郡當為州屬今本地形志鄯州下闕隋唐鄯州治湟水縣在西平故郡東唐儀鳳中分湟水置鄯城則與故郡相接元和郡縣志湟水縣本破羌縣地土樓山在縣西百三十里鄯城縣東至州一百二十里北枕湟水西即土樓山以此注上樓在西平亭東北五里推之則土樓正當故鄯之北鄯城在東其地相接太平寰宇記鄯城縣下西平故城在今縣西一百三十二里者蓋由湟水縣言之猶

元和志土樓在鄯城之西而湟水縣下猶云在縣西一百三十里皆誤錄舊圖經之文未及改正也輿地廣記鄯城縣唐沒于吐蕃皇朝收復改爲西寧州是宋之西寧州城爲唐鄯善縣非隋唐鄯州治州城之西郎與西平故城相屬今西寧府治郎宋之州城明之衞城陝西行都司志謂自衞城西至南涯東約八里餘乃古城信矣

又東逕土樓南在今西寧縣北右則五泉注之泉發西平亭北鴈次相綴東北流至土樓南北入湟水泉當在今西寧縣西北

湟水又東右合葱谷水

葱谷水有四源亂流注于湟水當在今西寧縣東

湟水又東逕東亭北西平郡之東亭也當在西寧縣東東出漆峽當在今西寧縣東東流右則漆谷常谿注之左則甘夷川水入焉二水當在今西寧縣東又東安夷川水注之

安夷川水發遠山西北流控引衆川北屈逕安夷城西北此安夷城在湟水南卽下安夷縣故城也二漢志縣屬金城郡晉志屬西平郡禿髮利鹿孤鎮安夷蓋卽此城後廢下注云在西平亭東七十里闞駰曰四十里以下宜春水西南流至安夷城南入湟推之知別是一城在湟水北此水以安夷名則由來已久所逕城自卽故城矣當在今西甯縣東接碾伯縣界明西甯衛志以衛東七十里平戎驛當之東入湟水水當在今西甯縣東界

湟水又東逕安夷縣故城注不言逕城之南北以安夷川水推之當逕城北也

又東左合宜春水

宜春水出東北宜春谿西南流至安夷城南此安夷城在湟水北非二漢故縣安夷之廢地志不詳或後魏時尚置縣以屬鄯州故地形志闕之歟城當在今西甯縣東北碾伯縣西入湟水水當在今碾伯縣西

湟水又東勒且谿水注之

勒且谿水出縣東南勒且谿北流逕安夷城東而北入湟水（水當在今碾伯縣西南所逕安夷城當即故城在湟水南者）

湟水又東左則承流谷水南入右會達扶東西二谿水參差北注亂流東出期頓雞谷二水北流注之又東吐那孤長門兩川南流入湟水（諸水當並在今碾伯縣西境湟水左右）

湟水又東逕樂都城南（漢書趙充國傳夜引兵至落都即樂都也後涼有樂都太守田瑤則郡即呂氏所置南涼禿髮烏孤大城樂都而居之後魏置鄯州領縣並闕隋唐爲湟水縣地志皆以樂都即今碾伯縣治而後漢書注輿地廣記皆言破羌縣故城在湟水縣西與此注先逕樂都後逕破羌者不合當以此注爲正蓋二城俱相近也）東流右會來谷乞斤二水左會陽非流谿細谷三水（諸水並當近今碾伯縣治）東逕破羌縣故

城南二漢縣屬金城郡晉廢當在今碾伯縣東明西寧衛志謂即碾伯東四十里老雅驛六谷水自南破羌川自北左右翼注又東南逕小晉興城北晉書地理志張軌分西平界置晉興郡一統志云小晉興蓋即晉興郡治之晉興縣猶沛郡沛縣之爲小沛也後魏廢注引闞駰說城在允吾縣西四十里當在今碾伯縣南又東與閤門河合即浩亹河也

閤門河出西塞外浩亹河今曰大通河出青海西北山曰阿木尼厄庫阿林水曰烏蘭木倫必拉當安西州東境之直南東入塞逕敦煌酒泉張掖南今當肅州甘州府南境邊外爲青海北境東南逕西平之鮮谷塞尉故城南城當在今青海北又東南與湛水合

湛水有二源西水出白嶺下東源發于白岸谷合爲一川東南流至霧山注閤門河水當在今青海東北

閤門河又東逕養女北山養女山見上閤門逕其北在今大通縣西境東南左合南流川水

南流川水出北山南流入于閤門河水當在今大通縣西境

閤門河又東逕浩亹縣故城南二漢晉志俱屬金城郡後廢元和郡縣志浩亹故城在廣武縣西南一百三十里允吾故城在廣武縣西南一百六十里是水流二縣間也當在今平番縣西南土司境又東流注于湟水今大通河自青海西北東流逕和碩特前左翼頭旗北又東逕和碩特右翼前旗南又東逕和碩特東上旗北又東逕大通縣南又東南逕碾伯縣東平番縣西又東南逕莊浪廳西南碾伯縣東南入湟水大通以下爲漢浩亹允吾二縣境故漢志云浩亹水出浩亹西塞外東至允吾入湟水

湟水又東逕允吾縣北爲鄭伯津與澗水合

澗水出令居縣西北塞外二漢志令居屬金城郡晉廢前涼復置後廢故城當

在今平番縣西北土司境南流逕其縣故城西又南逕永登亭西當在今平番縣西歷黑石谷當在今莊浪廳西南流注鄭伯津今有可可川出古浪縣西南東南流逕平番縣西又南逕莊浪廳東南入湟當卽澗水漢志云澗水出令居西北塞外至縣西南入鄭伯津

湟水又東逕允街縣故城南二漢晉志縣屬金城郡後廢太平寰宇記謂在昌松縣南案允街爲湟水所經不得越廣武而入昌松也城當在今莊浪廳西南又東逕枝陽縣二漢志屬金城郡晉廢前涼復置後魏廢當在今莊浪廳南逆水注之

逆水出允吾縣之參街谷允吾當作允街允吾在湟水南不得越允街令居諸縣而有逆水源太平寰宇記所引亦誤蓋由允吾允街相近王莽又並改曰脩遠故漢志錯入允吾下後人遂據以誤改耳漢代未有廣武縣今平番西南迤北至縣西北皆當在漢允街地莊浪廳則枝陽地也參街谷疑亦允街谷之誤東南流逕街亭城南十六國春秋禿髮烏孤敗呂光將于

街亭卽此太平寰宇記言允街故城在昌松縣東南城臨麗水卽逆水輿地廣記亦言在昌松東南疑卽此街亭城非允街故城也當在今平番縣西北

又東南逕陽非亭北十六國春秋涼將馬健自陽非退屯清塞卽此亭也當在今平番縣西

又東南逕廣武城西元和郡縣志廣武本漢枝陽縣前涼置廣武郡隋書地理志後魏置廣武縣并郡魏書地形志無之城當在今平番縣南近莊浪廳治

又東逕枝陽縣故城南東南入于湟水今莊浪河出平番縣北東南流繞莊浪廳西而南當卽逆水然入河不入湟或古今有變遷也

湟水又東流注于金城河今湟水自青海東北和碩特東上旗南和碩特南右翼後旗北東流逕和碩特南左翼末旗南又東入邊逕西甯縣北又東逕碾伯縣北又東南逕巴燕戎格廳東南莊浪廳西南入河在漢爲臨羌安夷破羌允吾允街枝陽境故漢志云臨羌北則湟水所出東至允吾入河

河水又東逕石城南謂之石城津晉書載記苻堅使荀萇等伐涼濟自

石城津即此津也當在今莊浪廳南接皋蘭縣界**又東南逕金城縣故城北**二漢晉志縣俱屬金城郡元和郡縣志後魏于允吾置金城縣則在河北故此言故城也城在今皋蘭縣西四十里曰西古城北臨黃河**有梁泉注之**

梁泉出縣之南山自縣北流注于河泉當在今皋蘭縣界明一統志以東南八十里白石山泉當之

又東過榆中縣北魏書地形志金城郡榆中二漢晉屬通鑑注榆中在蘭州東五十里今皋蘭縣東境接金縣界

又東過天水北界勇士縣漢志屬天水郡蓋榆中之東即勇士縣界

苑川水出勇士縣之子城南山勇士縣漢志屬天水續漢志屬漢陽晉廢十六國春秋苻秦置勇士護軍漢故城當在今金縣東北此云子城蓋西秦後所置輿地廣記稱苑川城乞伏國仁據此後曰子城縣是也當近今金縣治**東北流歷此成川世謂之**

子城川又北逕牧師苑東西二苑城相去七十里西城即乞佛所都也十六國春秋乞伏國仁置苑川郡乞伏乾歸自金城遷都西城二城當在今金縣界中又北入于河今金縣南有水出馬寒山峽中東北逕縣南門外北流逕縣西又北流入河俗亦曰浩亹河當即苑川水也

又東北過武威媼圍縣南二漢志縣皆屬武威郡晉省在今皋蘭縣西北

河水逕其界東北流縣西南有泉源東逕其縣南又東北入河也泉當在今皋蘭縣西北

又東北過天水勇士縣北

有水出縣西世謂之二十八渡水北逕其縣而下注河水當在今金縣東北

赤嘩川水南出赤蒿谷北流逕赤嘩川又北逕牛官川又北逕義城西北北流歷三城川而北流注于河水當在今金縣東北接靖遠縣界

又東北過安定北界麥田山

河水東北流逕安定祖厲縣故城西北漢志祖厲縣屬安定郡續漢志屬武威郡晉省元和郡縣志前涼張軌收其縣入于故武威縣側近別置祖厲縣是前涼祖厲縣在今涼州魏書地形志隴東郡有祖厲縣又在今平涼皆非河水所逕也故城在今靖遠縣西南一百三十里

又東北祖厲川水注之

祖厲川水出祖厲南山今會甯縣故漢祖厲縣地川水出其南也西北流注于河祖厲川今日南玉河出會甯縣東南西北流逕縣南及西又西北流逕靖遠縣西南入河

河水又東北逕麥田城西十六國春秋西秦乞伏傉大寒自苑川遷于麥田無

孤山即此在今靖遠縣東北又北與麥田泉水合

北麥田泉水出麥田城西北西南流注于河水當在今靖遠縣東

河水又東北逕麥田山西谷在今靖遠縣東北注稱在安定西北六百四十里又東北逕于黑城北當在今中衞縣南又東北高平川水注之

高平川水即苦水也今曰清水河水出高平大隴山苦水谷今清水河出固原州西南六盤山即大隴山也東北流逕高平縣故城東

高平二漢皆安定郡治魏書地形志原州太延二年置鎭正光五年改置并置郡縣治高平城領郡二高平郡領高平元和郡縣志平高縣後魏太延二年于今縣理置平高縣屬平高郡是地形志高平當作平高矣原州之高平爲漢縣地形志不注而高平二漢屬安定之文乃反在新平郡移置之高平下誤矣諸

志皆以今固原州城爲漢魏迄唐之城然此注既言故城而元和志又明言于今理置平高縣則魏城非漢城矣下注言長城在高平北十五里而元和志作十里今州志亦同是高平故城當近今固原州治而稍南也方志多以高平在鎮原誤

其水又北龍泉水注之

龍泉水出縣東北七里龍泉東北流注高平川今州北五里有暖泉流入清水河疑即此

高平川水又北出秦長城注稱在縣北一十五里今州西北十里有遺址又西北流逕東西二太樓故城門北朱氏本作太婁箋曰太字疑戴氏據永樂大典本作土樓趙氏曰晉太元十六年乞伏乾歸擊鮮卑部帥沒奕干沒奕干奔他樓隋有他樓縣他太聲之轉樓婁形之近不得云誤字今太字從趙氏本樓字從戴氏本城當在今固原州北合一水

水有五源咸出隴山西東水發源縣西南二十六里

湫淵淵在四山中湫水北流史記封禪書湫淵祠朝那即此蓋朝那故城在今平涼縣西北與固原州西南接壤也今固原州西南六盤山之陰山腰有泉徑廣一里名曰西海下流爲海子河卽此北流之水也西北出長城北與次水會

水出縣西南四十里長城西山中今硝河出固原州西山北流逕魏行宮故殿東當在今固原州西北硝河上又北次水注之

水出縣西南四十里山中今須滅都河出硝河之西北流逕行宮故殿西又北合次水

水出縣西南四十八里今小黑河出須滅都河之西東北流又與次水合

水出縣西南六十里酸陽山今大黑河出小黑河之西東北流左會右水總爲一川今五水會于固原州西北東逕西樓北太樓之西城也

二城當夾清水河東注苦水今五水合清水河于固原州北

苦水又北與石門水合

石門川水有五源東水導源高平縣西八十里西北流次水注之水出縣西百二十里如州泉東北流右入東水亂流左會三川參差相得東北同爲一川混濤歷峽峽即隴山之北垂也謂之石門口水曰石門水在縣西北八十餘里石門之水又東北注高平川

按方志輿圖皆無石門水姑從闕疑以俟博訪

高平川水又北自延水注之

自延水西出自延谿東流歷峽謂之自延口在縣西北百里又東北逕延城南城當在今固原州北東入高平川水當

在今固原州北舊州志謂即甜水河一統志辨之

高平川水又北逕廉城東 注稱按地理志北地有廉縣闕駰言在富平北自昔匈奴侵漢新秦之土率為狄場故城舊壁盡從胡目地理淪移不可復識當是世人誤證也蓋下文河水所經方為漢縣故城此廉城當在今固原州東北

又北苦水注之

苦水發縣東北百里山流注高平川 今固原州東北百餘里有水西北流入清水河疑即苦水也

高平川水又北逕三水縣西 縣見下 肥水注之

肥水出高平縣西北二百里牽條山西 今固原州西北二百十里有海喇都堡西有水牽條山當在此 東北流與若勃谿合

若勃谿水有二源總歸一瀆東北流入肥 水當在今固原州西北

肥水又東北流違泉水注焉

逹泉水泉流所發導于若勃谿東東北流入肥水當在今固原州西北

肥水又東北出峽注于高平川今海喇都堡西之水東北流右合小水東北流入清水河當即肥水也水東有山山東有三水縣故城二漢志縣屬安定後魏移置三水縣于新平故此言故城也城當在今固原州東北清水河東隔山接環縣界通典謂在安定元和郡縣志謂在良原或魏晉廢縣時更有遷徙皆非漢縣也

高平川水又北入于河今清水河自固原州北流至中衞縣東靈州鳴沙堡西入于河

河水又東北逕眴卷縣故城西漢志縣屬安定郡後漢省故城在今清水河口當靈州西南近鳴沙堡地理志曰河水別出爲河溝東至富平北入河河溝當即下河枝津河水于此有上河之名也

又北過北地富平縣西

河側有兩山相對水出其間卽上河峽也世謂之青山峽今曰峽口山亦曰青銅峽在靈州西河出其中河水歷峽北注枝分東出卽下枝津河水又北逕薄骨律鎭城在河渚上城卽唐宋靈州城在今靈州西南十餘里又逕宏靜鎭東諸本皆作逕典農城東趙氏據太平寰宇記所引作朔方郡宏靜縣典農城東又改縣爲鎭案元和郡縣志保靜縣本漢富平縣地後漢立宏靜鎭今爲甯夏縣東南境與此注合然典農城旣兩見而甯夏亦非朔方郡地寰宇記所引當非原文今刪朔方郡及典農城六字又北逕上河城東在今甯夏縣南又北逕典農城東太平寰宇記保靜縣有典農城當在今甯夏縣東又東北逕廉縣故城東二漢志縣皆屬北地郡漢末廢注于高平川水下引闞駰曰在富平北當在今甯夏縣北境又北與枝津合

枝津水受大河東北逕富平城所在分裂以溉田圃北流入河今無水今靈州漢伯渠自青銅峽之麓釃河東出相傳爲漢時所鑿當即枝津亦即漢志之河溝也下流數改在酈氏時已無水則今渠亦非盡舊蹟矣

河水又東北逕渾懷障西注云南去北地三百里元和郡縣志廢靈武城在懷遠縣東北隔河一百里其城本蒙恬所築古謂之渾懷障案懷遠即今甯夏渾懷障當在河東鄂爾多斯右翼中旗界中

又東北歷石崖山西當即今阿爾布斯諸山在鄂爾多斯右翼中旗界中

又北過朔方臨戎縣西

河水東北逕三封縣故城東二漢志三封俱屬朔方郡漢末廢元和郡縣志漢三封在今豐州西一百里又云夏州長澤縣本漢三封縣也即今縣北二十里三封故城二說互異長澤在今榆林非漢朔方地且志言夏州西北至豐州七百五十里長澤又在夏州西南一百二十里相悖

顯然志又言豐州治九原縣本廣牧縣州西一百六十里永豐縣本臨戎縣三封又在臨戎之西則所云豐州西百里亦有誤字此注引十三州志曰三封在臨戎縣西一百四十里當在今鄂爾多斯右翼中旗西北河外

又北逕臨戎縣故城西

二漢縣屬朔方郡注云舊朔方郡治而元和郡係縣志謂朔方理三封趙氏據續漢志謂酈注所稱郡後漢治所然酈注多詳前漢事蹟而前志所書每郡第一縣不必皆爲郡治且志稱元朔二年開朔方郡而臨戎即城于五年當與郡同置三封之置則漢志及此注俱在元狩三年朔方之治臨戎二漢當無改易也元和郡縣志永豐縣豐州西一百六十里本漢臨戎舊地後漢末廢北人謂之賀葛眞城當在今鄂爾多斯右翼後旗西界內與三封城隔河相望

又北有枝渠

枝渠東出謂之銅口東逕沃野縣故城南

二漢志縣屬朔方郡漢末廢當在廣牧臨戎二縣之間今爲鄂爾多斯右翼後旗西境元和郡縣志所稱天德軍北沃野故城當是後魏鎭城非漢舊縣注敘枝渠于河水逕臨戎縣故城西之下屈爲南河之上則沃野之在臨戎東

北及南河之南可知而南河下不言逕沃野縣北疑不能明也枝渠東注以溉田渠當在今鄂爾多斯右翼後旗界中

河水又北屈而爲南河出焉南河見下又北迤西溢于窳渾縣故城東漢志縣屬朔方郡後漢省故城當在今鄂爾多斯右翼後旗西北河外騰格里鄂謨之西其水積而爲屠申澤闞駰謂之窳渾澤矣今日騰格里鄂謨在鄂爾多斯右翼後旗西河水西岸

屈從縣北東流

河水又屈而東流爲北河東逕高闕南史記正義引括地志云臨戎縣北有連山俗名曰高闕當即今鄂爾多斯右翼後旗西北河外阿爾坦山也又東逕臨河縣故城北漢志縣屬朔方郡後漢省元和郡縣志西受降城漢臨河縣故理蓋臨河兼有河北地也故城當在今鄂爾多斯右翼後旗北兩河之間

至河目縣西

河水自臨河縣東逕陽山南當郎今鄂爾多斯右翼後旗北河外翁金碩隆迤東達爾德爾諸山東流逕石跡阜西當在今烏喇特旗西境大河之東南屈逕河目縣漢志縣屬五原郡後漢省當在今烏喇特旗西境大河之東在北假中今自阿爾坦山迤東至烏喇特南至黃河皆古北假地北河又南合南河

南河上承西河今河水自鄂爾多斯右翼後旗西境騰格里鄂謨之南別支東出東逕臨戎縣故城北又東逕臨河縣南並上見又東逕廣牧縣故城北二漢志縣並屬朔方郡魏晉移置屬新興郡非此城也元和郡縣志豐州九原縣郭下本漢之廣牧舊地當在今鄂爾多斯右翼後旗界內地逕流二百許里會于河今南河逕鄂爾多斯後旗之北東會北河

河水又南逕馬陰山西今自烏喇特旗西北噶扎爾諸山迤東歷茂明安旗四子

部落旗南接歸化城諸山皆古陰山侯應所謂陰山東西千餘里是也又東南逕朔方縣故城東北二漢志縣俱屬朔方郡漢末廢當在今鄂爾多斯右翼後旗境內注引魏土地記縣有大鹽池當即今之哈拉莽乃鄂謨漢志謂鹽澤在縣縣南則故城在鄂謨北矣

屈南過五原西安陽縣南

河水自朔方東轉逕渠搜縣故城北漢志縣屬朔方郡後漢省當在今鄂爾多斯右翼後旗之東接左翼後旗界又東逕西安陽縣故城南二漢志縣屬五原郡漢末廢當在今烏喇特旗南北距陰山南臨河水又東逕田辟城南當亦在烏喇特旗南爲西安陽之東

屈東過九原縣南

河水又東逕成宜縣故城南二漢志縣屬五原郡漢末廢又東逕原亭城南又東逕宜梁縣之故城南二漢志縣屬五原郡漢末廢

又東逕副陽城南舊本皆作副陽趙氏戴氏據漢志改作稒陽謂與下稒陽縣爲兩地然或酈氏所見漢書本作副陽亦未可定今姑闕疑仍從舊本自西安陽以下諸城當並在今烏喇特旗之南大河之北東西相列

又逕河陰縣故城北二漢志縣屬五原郡漢末廢當在今鄂爾多斯左翼後旗界內

又東逕九原縣故城南二漢志五原郡治九原縣漢末廢元和郡縣志敬本故城在中受降城北四十里賈耽古今述曰以地理求之前代九原郡城也當在今烏喇特旗東南境

西北對一城蓋五原縣之故城也二漢志縣屬五原郡漢末廢當在今烏喇特旗之東近茂明安旗界

又東過臨沃縣南二漢志縣屬五原郡漢末廢當在今烏喇特旗東南接歸化城土默特界蘇爾哲河之西

河水又東枝津出焉枝津見下又東流石門水南注之

石門水出石門山地理志曰北出石門障即此山也

當在今茂明安旗南烏喇特旗東西北趣光祿城城東北即懷朔鎮城也元和郡縣志光祿城東北有懷朔古城在今中受降城界向北化栅側近光祿城當在今烏喇特旗界內懷朔城當在今茂明安旗界內其水自障東南流逕臨沃城東東南注于河今蘇爾哲河自茂明安旗南南流入河當即石門水也

河水又東逕稒陽縣故城南河水決其東南隅漢志縣屬五原郡後漢省當在今歸化城所屬薩拉齊廳西境蘇爾哲河之東南臨大河又東南枝津注焉

枝津水上承大河于臨沃縣東流七十里北溉田南北二十里注于河水當在今鄂爾多斯左翼前旗北境

河水又東逕塞泉城南而東注城當在今薩拉齊廳西境

又東過雲中楨陵縣南又東過沙南縣北從縣東屈南

過沙陵縣西

大河東逕咸陽縣故城南屈而流白渠水注之 二漢志縣屬雲中郡漢末廢當在今薩拉齊廳西境

白渠水出塞外西拉烏蘇出托克托城東山 白渠水當即今黃水河蒙古曰

西逕定襄武進縣故城北 漢志縣屬定襄郡續漢志屬雲中郡漢末廢城當近今托克托城

西北逕成樂城北 漢志成樂屬定襄續漢志作盛樂屬雲中後魏初都于此魏書有雲中之盛樂有定襄之盛樂通鑑注定襄之盛樂即雲中之盛樂魏書什翼犍立三年移都于雲中之盛樂明年築盛樂城于故城南八里則已非後漢之盛樂城疑定襄之盛樂乃前漢之成樂城也雲中定襄地名混亂而盛樂則一今按此注作成樂又引郡國志成樂故屬定襄之文知同在一地又按定襄郡縣在東雲中郡縣在西疑此為定襄之盛樂下雲中宮為雲中之盛樂也城當在今歸化城南

又西逕魏雲中宮南 注引魏土地記成樂在雲中城東八十里雲中宮在雲中城東四十里則

宮在成樂西亦四十里

又西南逕雲中故城南二漢志雲中郡治雲中後魏雲中治盛樂故此言故城當在今歸化城西南今黃水河自托克托城北左合南來一水西北流至歸化城西南會黑水河入湖不西南流亦不逕入湖或古今之異也

又西北逕沙陵縣故城南二漢志縣屬雲中郡漢末廢當在今歸化城西南黑水河之南

其水西注沙陵湖湖見下

芒干水出塞外今黑水河蒙古曰哈喇烏蘇出綏遠城東北境近四子部落旗界

南逕鍾山注云郎陰山也

其水西南逕武皋縣漢志縣屬定襄郡後漢省當在今綏遠城東北四子部落旗之南

又南逕原陽縣故城西二漢志縣屬雲中郡後漢末省當在今綏遠城東北黑水河西

又西南與武泉水合

武泉水東出武泉縣之故城西南二漢志縣屬雲中郡後漢末廢當在今歸化城東武泉水疑即今之哲爾德必拉也

水南流又西屈逕北輿縣故

城南二漢志縣屬雲中郡漢末廢當在今歸化城城東哲爾德必拉之北又西南入芒干水今哲爾德必拉西流至歸化城東境合哈喇烏蘇通爲圖爾根必拉芒干水又西南逕白道南谷口有城謂之白道城城當與今歸化城相近又西南逕雲中城北即上雲中故城也白道中谿水注之

白道中谿水發源武川北塞中其水南流逕武川鎮城元和郡縣志武川鎮今名黑城在東受降城北三百里當在今歸化城西北今克魯倫必拉出歸化城西北接茂明安界西南流逕城西境會圖爾根河疑即白道中谿水也其水西南流歷谷逕魏帝行宮東當在今歸化城西又西南歷中谿出山西南流于雲中城北南注芒干水

芒干水又西塞水出懷朔鎮東北荒中懷朔鎮見上今克魯倫必

拉之西有多羅圖必拉察蘇七必拉皆南流入圖爾根必拉未知何水爲塞水也南流逕廣德殿山下殿當郎在行宮中二水夾之其水歷谷南出山西南入

芒干水

芒干水又西南注沙陵湖今圖爾根必拉逕薩拉齊廳南境又西南滙爲澤西流入河澤郎沙陵湖也湖水西南入于河漢志白渠水出武進塞外西至沙陵入河荒干水出武皐塞外西至沙陵入河是漢時二水各入河也此注二水俱入沙陵湖是白渠下流徙而東北與荒干水相合今黃水河合黑水河更在沙陵湖之上流是白渠益徙而東也

河水南入楨陵縣西北緣胡山楨陵漢志屬雲中郡後漢省志云緣胡山在西北當郎今托克托城西北臨河諸山楨陵城當在托克托城之西南太平寰宇記謂在榆林縣西北非歷沙南縣東北二漢志縣屬雲中郡漢末廢當在今鄂爾多斯左翼前旗界中兩山二縣之間南出楨陵縣在山南北去雲中城一百

二十里縣南六十許里有東西大山山西桃河河水南流脈水尋經殊乖川去之次似非關究也此駁正經文之誤

又南過赤城東城當在今鄂爾多斯左翼前旗界中

又南過定襄桐過縣西漢志縣屬定襄郡續漢志屬雲中郡漢末廢當在今托克托城西南烏蘭木倫河之北

河水于二縣之間趙氏云沙南桐過也濟有君子之名今曰湖灘河朔

又東南左合一水

水出契吳東山西逕故里南北俗謂之契吳亭其水

又西流注于河水當在今湖灘河朔南烏蘭木倫河北

河水又南樹頽水注之又南太羅水注之又左得湳

水口（左當作右）河水左合一水而爲呂梁洪蓋大禹所闢以通河也司馬彪曰呂梁在離石縣西今于縣西歷山尋河並無過垣（朱氏云當作過阻）至是乃爲河之巨險即呂梁矣在離石北以東可二百有餘里也（今河曲縣西南天橋峽河經其中激浪如雷聲聞數十里即注所云呂梁也）

又南過西河圁陽縣東（圁陽二漢志皆作圜陽屬西河郡漢末廢顏師古漢書注圜陰圜字本作圁王莽改爲方陰則是當時已誤爲圜字今有銀州銀水即是舊名猶存但字變耳案少室開毋石闕所刻圁陽圁陰字皆從睘此漢時已作圜字之證至銀州之水即此注之奢延水與此圁水迴異元和郡縣志謂銀州治儒林縣本漢圁陰縣地亦與顏氏同誤儒林在奢延水北當漢龜茲膚施諸縣地今爲米脂縣境圁陰則今葭州也惟麟州有銀城縣則當以圁水得名耳故城見圁水下）

圁水東流注于河河水又東端水入焉又南諸次之

水入焉又南湯水注之

又南離石縣西戴氏云南下脫過字縣故城見離石水下

河水又南陵水注之又南得離石水口

奢延水注之五字舊刻及永樂大典本俱作經戴氏以不言從某來改爲注文又注文奢延水入河本在陵水離石水上案離石今永甯州離石水今州西之北川河奢延水今綏德州之無定河奢延水入河實在離石水入河之下河東西俱在萬山中水口當無改易詳繹經文河水先過離石西而後右會奢延水則以五字仍作經文正與水道相合其不言自某來者或更有脫佚而注中奢延水一條當移在離石水口之下則經注皆符矣

奢延水東入于河

又南過中陽縣西

中陽縣故城在東東翼汾水隔越重山不濱于河也

中陽二漢志屬西河郡漢末廢一統志云西河郡前漢治富昌後漢治離石所領諸縣皆夾黃河兩岸從無東附汾水者漢末寇亂諸郡荒蕪曹魏時始移郡東出縣亦隨之元和郡縣志云曹魏移中陽縣于茲氏縣界是已酈注反以魏所移之城爲兩漢故縣誤案經所稱河水過中陽縣西者兩漢之中陽在今甯鄉縣西者也文水注所稱文湖逕中陽縣故城東者曹魏移治之中陽在今孝義縣北者也注于文湖所逕之中陽故城下僅引晉代地志初不以爲二漢之中陽于原公水下又明言魏置西河郡分割太原四縣以爲邦邑而此乃誤證以駁經蓋偶有不照耳

又南過土軍縣西

吐京郡治故城卽土軍縣之故城也漢志上軍屬西河郡後漢省魏書地形志吐京郡眞君九年置元和郡縣志石樓縣本漢土軍縣今石樓縣治卽唐舊治有龍泉水西北入于河河水又南合契水又南至祿谷水口又南得大蛇水又南右納辱水又南左合信支水又

南左會石羊水

又南過上郡高奴縣東高奴二漢志屬上郡晉廢元和郡縣志延州理即漢上郡高奴縣之城案唐延州城在今膚施縣城東北延水之東

域谷水西南入于河河水又南合孔谿口又右會區水又南蒲川水西南入于河水又南合黑水

又南過河東北屈縣西

河水南逕北屈縣故城西二漢志縣屬河東郡晉志屬平陽郡魏書地形志平陽郡禽昌二漢屬河東即漢晉之北屈也神䴥元年世祖禽赫連昌仍置禽昌郡眞君二年改七年並永安屬焉又定陽郡定陽延興四年置元和郡縣志後魏孝文帝于北屈縣南二十一里置定陽郡即慈州理是也太平寰宇記魏于白馬城置禽昌縣案禽昌治白馬城即今臨汾不得在北屈考魏平陽郡北屈與狐讘等縣同屬太平寰宇記永和縣西南三十五里漢狐讘縣故城曹魏別置狐讘縣是魏晉之狐讘

已非漢舊今吉州北接大甯爲漢北屈其北則永和爲漢狐讘又北則爲漢西河郡地葢漢末地荒西河之中陽諸縣既移治太原而狐讘北屈亦移治平陽狐讘以寰宇記曹魏別置之文人猶知其移治而移治所在已不可攷則名存而實晦北屈徙治世無知者然地形志既謂禽昌卽北屈寰宇記又謂禽昌在白馬城與二漢志所稱北屈有壺口山采桑津者明爲二地則實存而名晦參互考之猶可得其大畧司馬子政廟碑云西河舊處山林漢末擾攘百姓失所葢狐讘北屈近接西河其移治必在同時晉以後皆因魏舊魏世祖所置禽昌乃魏晉移治之北屈至延興中始于漢北屈縣地置定陽郡縣也唐慈州城卽今吉州則北屈故城亦在今州北

西四十里有風山元和郡縣志慈州吉昌縣郭下風山在縣北三十里卽今吉州治北

風山西四十里河南孟門山元和郡縣志文城縣東南至慈州六十五里孟門山俗名石槽在縣西南三十六里案山在河中故曰河南在今吉州之西北宜川之東北河流所經

孟門卽龍門之上口也南距龍門幾二百里

實爲河之巨阸兼孟門津之名矣又有燕完水注之

又南得鯉魚澗又南羊求水入焉又南爲採桑津左氏傳杜注北屈縣西南有採桑津史記晉世家作齧桑集解引服虔曰翟地索隱曰衛地案齧桑有二晉與翟戰之齧桑卽採桑在北屈西南今鄉甯縣西是也秦張儀與齊楚相會之齧桑徐廣謂在梁與彭城之間漢武帝瓠子歌齧桑浮兮淮泗滿後漢王梁擊佼彊蘇茂於楚沛間拔大梁齧桑皆梁楚間之齧桑也索隱又謂平陽西南七十里有采桑津亦因徙治而誤

水經注圖說殘槀卷三

陽湖董祐誠

汾水　澮水　文水　原公水　洞過水　晉水

汾水出太原汾陽縣北管涔山

十三州志曰出武州之燕京山亦管涔之異名也武州二漢縣屬雁門郡今管涔山縣亘甯武五寨諸縣漢武州城在今清水河廳界中偏關五寨縣地皆其東南境矣

泉源導於南麓之下又西南夾岸連山聯峰接勢又南與東西溫溪合又南逕一城東俗謂之代城代城關朱氏本作代城城疑係伏戎城之誤元和郡縣志伏戎城在靜樂縣北八十里在今甯武縣西南

又南出二城間世謂之侯莫干城當在今靜樂縣又南逕汾陽縣故城東續漢志無汾陽葢省入晉陽故城在陽曲縣西北有羊腸坂羊腸

山在交城縣東北一百二十里案漢永平中通呼沱石臼河自都慮至羊腸倉將憑汾水以漕太原苦役連年肅宗知其難而止葢漢鑿此道以通汾于虖沱太平寰宇記引皇甫謐羊腸塞即龍山晉陽西北九十里交城本分晉陽地故言晉陽西北也海內東經虖沱水出晉陽城南而西至陽曲北東注渤海必因舊圖有永平所通故道故竟以虖沱爲出晉陽下文南而西三字當有錯誤知今本山海經尚有東漢人羼入者并非建平定本漢陽曲爲今定襄縣虖沱經其北永平所鑿當自今交城太原北山絕汾逕陽曲忻州之北至定襄會虖沱正可因誤而得其大畧也

又南逕秀容城東本注引魏土地記東去汾水六十里今爲嵐縣秀容太平寰宇記以爲郎漢汾陽故城誤都**南與酸水合**

又南出山東南流洛陰水注之汾水又南逕陽曲城西南注也元和郡縣志陽曲本漢舊縣今定襄縣是也後漢末移于太原縣北四十五里陽曲故城後魏又移于今縣南四里又云縣城故木井城也案陽曲縣志木井城在東北七十里則直南四里郎魏城

東南過晉陽縣東晉水從縣南東流注之

汾水西逕晉陽城南晉陽二漢晉魏志皆屬太原郡即今太原縣治汾水在城東南流不得屈西過縣南觀晉水注可見此有誤字

又南洞過水從東來注之

汾水又南逕梗陽縣故城東縣故二字衍城在清源縣南闕今縣廢入徐溝

汾水又南即洞過水會者也

又南過大陵縣東大陵見文水下

汾水於縣左迤爲鄔澤

又南過平陶縣東平陶見文水下

文水從西來流注之

汾水又南與石桐水合又西南逕界休縣故城西漢二

志界休屬太原郡晉志屬西河國曰介休魏書地形志曾亂罷太和八年復有介休城是後魏徙治也故城在今介休縣東南

汾水之右有左部城太平寰宇記左部城在孝義縣南二十五里案今縣治即宋城

又南過冠爵津

在界休縣之西南俗謂之雀鼠谷今在介休縣西南接孝義縣界

又南入河東界又南過永安縣西永安見彘水下

歷唐城東本注引薛瓚注漢書云堯所都也東去彘十里詩正義引作東於彘十里則在彘東汾水不得出其東正義本誤也城在今霍州西臣瓚以爲堯所都諸家皆以爲誤

汾水又南與彘水合又南逕霍城東史記索隱永安縣西南汾水西有霍城在今霍州西南十六里

又逕趙城西南魏書地形志永安縣有趙城太平寰宇記趙城在趙城縣南三十五里案今縣治南至洪洞縣治二十五里洪洞治即宋治今趙城治又視宋城稍

移而北記所云三十五里當有誤字或卽義甯所置縣在宋城之西三里今縣之西南也又南霍水入焉

又南過楊縣東

澗水西流入于汾水汾水逕楊城西不于東矣魏書地形志永安郡楊縣二漢屬河東晉罷太和二十一年復治楊城在今洪洞縣東南

西南過高梁邑西

黑水西流入于汾水汾水又南逕高梁故城西魏書地形志平陽郡平陽有高梁城在今臨汾縣東北

又南過平陽縣東

汾水又南逕白馬城西今平陽郡治魏書地形志平陽郡郡太和十八年置一統志云白馬故城卽今平陽府治又卽魏禽昌縣又云神麚時置禽昌郡在北屈眞君時改縣乃

東徙太和時又徙白馬城

汾水又南逕平陽縣故城東

魏書地形志平陽郡平陽二漢屬河東晉屬眞君六年併禽昌太和十一年復自魏以前諸志並不言徙治案太平寰宇記劉元海築平陽城太平御覽引和苞漢趙記石勒攻平陽小城是前趙築城置都時已有改易故此言故城也在今臨汾縣西南

南與平水合又南歷襄陵縣故城西

在今縣東南魏書地形志平陽郡襄陵二漢屬河東晉屬治襄陵城是漢晉及魏未嘗徙治此云故城所未詳矣

又南過臨汾縣東

臨汾見古水下

天井水西流入汾

案古水故溝東流入汾亦當在此下

又屈從縣南西流

汾水又逕絳縣故城北

元和郡縣志曲沃漢絳縣後漢加邑字後魏孝文于今縣東南十里置曲沃縣屬正平郡在今曲沃縣西南案此絳爲新田二漢皆治此屬河東郡詩譜晉穆侯遷絳孝侯改絳爲翼後魏置北絳郡今爲翼城史記晉世家城聚都之命曰絳後魏于此置南絳縣今爲絳

縣春秋大事表云左氏城聚城絳非一地史記混而一之誤 又西逕魏正平郡南本注云故東雍州治太和中罷州立郡魏書地形志東雍州太和中罷正平郡故南太平神䴥元年改爲征平太和十八年復是正平故有郡特罷州而改郡名也元和郡縣志絳州正平縣郭下因故郡城爲名案今絳州治即唐治 又西逕王澤在今絳州西南七里 澮水入焉

又西過長脩縣南

汾水又西與古水合又西南逕長脩縣故城南漢志縣屬河東後漢省在今絳州西北 脩水西南流入汾汾水又西逕清原城北在今稷山縣南 又逕冀亭南元王思誠圖記冀亭在河津縣北十五里案冀亭在華水及稷山之東不得在河津北續漢志皮氏有冀亭杜預曰在縣東北諸家俱以稷山爲漢聞喜地故皮氏專屬河津續漢志聞喜有董池陂稷山亭涑水洮水皆不及汾北則今稷山當爲皮氏東境冀亭即在界中 又西與華水合又逕稷山北在水南四十許里

西去介山十五里稷山在今稷山縣南介山在今萬泉縣東

又西過皮氏縣南

汾水西逕鄭邱北在今萬泉縣東北介山之北又西逕耿鄉城北在今河津縣南又西逕皮氏縣南見河水下

又西至汾陰縣北西注于河汾陰縣見河水下

水南有長阜汾水歷其陰西入河見河水下河津縣志汾水舊西南流至滎河入河明隆慶四年徙縣西南入河則滎河入河之流爲水經故道也今汾水自甯武府之甯武縣北逕忻州之靜樂縣西太原之陽曲縣西太原縣東徐溝縣西交城縣東文水縣東汾州之汾陽縣東平遙縣西孝義縣東介休縣西霍州之靈石縣西平陽府之汾西縣東霍州之州治西趙城縣西平陽府之洪洞縣西臨汾縣西襄陵縣東太平縣東曲沃縣西絳州之州治南稷山縣南河津縣南入河在漢則逕太原郡之汾陽晉陽大陵平陶鄔茲氏界休河東郡之彘楊平陽襄陵臨汾絳長脩聞喜皮氏汾陰入河

故漢志云過郡二

入汾諸水

東西溫溪水出左右近溪聲流翼注二溪常在今甯武縣

酸水源西出少陽之山元和郡縣志太平寰宇記皆稱少陽山在交城縣西南九十五里自天授移縣後山在縣北云西南者舊圖經之文二家仍而未改方志皆以交城爲漢晉陽地此亦據舊治言自唐以來縣治實漢大陵地也諸志俱不言酸水所在李吉甫言少陽山周廻二十里則山之縣亘可知今孔河出交城縣西北龍顏山東南流又東逕故交村巡檢司入汾疑即酸水也東南流注于汾水

洛陰水出新興郡魏書地形志肆州永安郡後漢末置新興郡永安中改鄺氏時尚爲新興郡也晉志新興郡治九原蓋後漢僑縣即今忻州治今洛陰水自忻州流入陽曲縣又忻州別有洛陰水合牧馬河入滹沱非此水也西流逕洛陰城北魏書地形志永安郡陽曲有羅

陰城洛羅聲相轉在今陽曲縣東北**又西逕盂縣故城南**二漢晉志屬太原郡元和郡縣志陽曲縣東北八十里故盂縣城是也後魏省屬石艾縣案唐陽曲城在今治東北盂縣故城又在其東北也今平定州屬盂縣隋代所置元和郡縣志辨之甚明後漢書注謂卽漢縣誤**又西逕狼盂縣故城南**二漢晉志屬太原郡元和郡縣志晉末省在陽曲縣東北三十六里**又西南逕陽曲城北西南流注于汾水**今洛陰水自忻州至陽曲縣北入汾

汾水於大陵縣左迤爲鄔澤今爲鄔城泊在平遙縣西南跨介休縣界注敘鄔澤於大陵之下平陶之上與地形不合案注言迤爲鄔澤下言西北入鄔陂而歸於汾流屢雅言水自汾出爲汾陂是汾水別出在大陵平陶之左迤南至平遙介休爲鄔澤也昭餘祁旣涸汾水復從而西而故道多湮矣**呂氏春秋謂之大陸又名之曰漚洟之澤**趙氏云呂覽九藪旣云晉之大陸又云趙之鉅鹿則一澤不應兩見故道元以鄔澤當之案呂覽又稱燕之昭

餘高誘以爲鄔澤酈氏蓋又以鄔澤不當在燕也全謝山說善長于滱水則指爲漚夷而鄔水又引之蓋失檢

許愼說文曰漹水出西河中陽縣北沙南入河即此水也漹水又左會嬰侯之水酈氏以曹魏徙治之中陽縣爲二漢縣河水下既誤據以駁經此引說文亦爲誤證二漢中陽在甯鄉西漹水無越汾而東會嬰侯以入鄔澤之理戴氏之辨甚明說文所稱當即離石諸水固言入河不言入汾也全謝山說鄔爲漹字之變今案左氏昭二十八年傳有鄔臧釋文云鄔舊烏戶反又音偃案地名在周者烏戶反隱十一年王取鄔留是也在鄭者音偃成十六年戰于鄢陵是也在楚者音於建反又音偃昭十三年王沿夏將入鄢是也在晉者音於庶反字林乙祛反郭璞三倉解詁音瘀於庶反闞駰音厭飫之飫重言之太原有鄔縣唯周地名從烏餘皆從焉字林亦作隖音同舊音誤據陸氏說則呂忱郭璞諸家皆以太原之鄔从焉不从烏酈氏既以鄔澤爲漹水則凡篇中鄔字亦當作鄢今仍作鄔或後人所改說文鄔太原縣名从邑烏聲鄢南郡縣从邑焉聲二字之別較然固不當舍說文而從字林說文既不以太原之鄔爲鄢則鄔澤必非漹水矣

海經稱謁戾之山嬰侯之水出於其陰太平寰宇記謁戾山一名麓臺山在今平遙縣東南四十七里中都水出焉即此北流注于祀水祀水出祀山注於嬰侯之水今平遙縣東南十五里有源祠水北注中都水疑即祀水也亂流逕中都縣南此故縣也見下俗又謂之中都水侯甲水注之逕鄔縣故城南魏書地形志太原郡鄔二漢晉屬有鄔城介休下亦有鄔城蓋二縣之交亦後魏徙治之證在今介休縣東北又西北入鄔陂而歸于汾流矣今中都水自平遙縣東南橫嶺下西合源祠水逕平遙城南至介休東北鄔城泊入汾

侯甲水發源祁縣胡甲山魏書地形志太原郡祁二漢晉屬胡甲山在今武鄉縣西北一百里又西北歷宜歲郊當在今武鄉西北境逕太谷謂之太谷水太平寰宇記太谷縣太谷山山海經云少山晉地記云少山即太谷水所出經祁縣界案當在

今太谷縣南出谷西北流逕祁縣故城南魏書地形志太原郡祁二漢晉屬有祁城元和郡縣志漢祁縣在祁縣東南五里明一統志後魏徙今治自縣連延西接鄔澤是爲祁藪即爾雅所謂昭餘祁矣今無復有水又西逕京陵縣故城北二漢志晉志縣屬太原郡魏書地形志太原郡平遙有京陵城是魏省京陵改置平遙也在今平遙縣東注以爲春秋九原之地日知錄辨其非而以太平西南二十五里九原山當之又西北逕中都縣故城南魏書地形志太原郡中都二漢晉屬有榆次城鄔有中都是魏以中都入鄔縣別于榆次置中都縣也在今平遙縣西北又西合于嬰侯之水昭餘祁既涸侯甲水亦獨入汾不復會嬰侯水今水出武鄉西北逕祁平遙南東入于汾石桐水即緜水也水出界休縣之緜山今亦曰洪山水出介休東南三十里洪山四泉並發石桐水出其下北流逕石桐寺西又西流注于汾水今水在介休入汾

彘水出彘縣東北太岳山霍山在今霍州東南南接趙城洪洞二縣界周二百餘里有石鼻谷在霍州南五里即彘水所出又西流逕觀阜北今有觀堆祠在霍州東南又西流逕永安縣故城南魏書地形志永安郡永安二漢屬河東前漢曰彘順帝改眞君七年併禽昌正始二年復屬治仇池壁是魏時徙治故稱故城太平寰宇記魏末復還治在鄴氏後漢永安城即今霍州治西南流注于汾水今彘水出霍州東南西流至州西南入汾水

霍水出霍太山今爲趙城縣霍山西麓西南逕趙城南西流注于汾水今至洪洞縣北入汾

澗水東出穀遠縣西山穀遠二漢志屬上黨郡晉省魏書地形志義寧郡治孤遠城即穀遠也城在今沁源縣南門外今澗水出岳陽縣東北堆金嶺爲漢穀遠縣西境西南逕霍山南又西逕楊縣故城北楊縣見上魏書地形志楊治楊城是魏末徙治

此云故城未詳西流入于汾水今自洪洞縣南入汾

黑水出黑山山在今浮山縣北四十里接岳陽縣界澇水所出即黑水也又西與

巢山水會

巢山水源東南出巢山東谷巢山今爲崇山在襄陵縣東南三交水出焉即巢山水也北逕浮山東山在今臨汾縣東南又西北流與澇水合亂流西北逕高梁城北西流入于汾水今澇水會潏至臨汾縣北入汾水

平水出平陽縣西壺口山漢志壺口在北屈爲禹貢之壺口此注以平陽之壺口當之禹貢錐指已辨其誤酈氏篤守班志何以忽生異文茲魏晉之北屈移治平陽本非漢縣故北屈之山亦誤移于此魏收地形志以禽昌爲二漢北屈是北屈徙治當時罕知之者酈氏不察故亦有此誤元和郡縣志平山一名壺口山今平山在臨汾縣西南而臨汾治即白馬城以地形志禽昌即北屈寰宇

記禽昌在白馬城證之蓋誤以魏晉北屈縣西南之山當二漢北屈縣西南之山也漢志壺口山在北屈東南禹貢錐指謂在西南而斥漢志爲非以其水東此注致誤之由推之則知漢志本作西南矣

逕狐谷亭北在今襄陵縣西又東逕平陽城南東入汾今平水出俗以爲晉水非也魏書

臨汾縣西南平山東流至縣西爲平湖分流至襄陵縣界入汾地形志平陽有晉水太平寰宇記引冀州圖平水即晉水皆俗說也

天井水出東陘山山西南北有長嶺東西有通道即鈃隥也太平寰宇記烏嶺山即鈃隥山在今翼城縣東北六十五里今天井水出臥龍山蓋即東陘山也其水三泉奇發西北流總成一川今有溫泉諸水會之西逕堯城南元和郡縣志故唐城在縣西二十里堯裔子所封此堯城當在曲沃縣北蓋別一堯城也又西流入汾今日合水出臥龍山逕曲沃縣北入于汾

古水出臨汾縣故城西黃阜下魏書地形志平陽郡臨汾二漢屬河東晉

屬眞君七年倂秦平太和十一年復此云故城是太和復縣及分臨汾置正平郡時縣更徙治也故城在今絳州東北水在西北古山下亦名鼓堆泉其大若輪西南流故溝橫出焉又西南逕魏正平郡北又西逕荀城東在今絳州西十五里又西南入于汾今古水出絳州西北南入汾隋唐後穿渠溉田故道多易矣

古水故溝東注于汾今無水

脩水出長脩縣南今泉掌泉在絳州西北三十里卽脩水西南流入汾今泉水分渠溉田

華水出皮氏北山華谷水在今稷山縣北亦曰淸水亦曰黃華谷澗西南流逕一故城西俗謂之梗陽城非也故漢上谷長史侯相碑云晉卿士蔿食采華陽今蒲坂北亭卽是城也城在今稷山縣西北二十里爲華谷鎭其水西南流注于汾

澮水出河東絳縣東澮交東高山

澮水東出絳高山亦曰河南山又曰澮山澮山又名翔高山在今翼城縣東南十五里說文澮水出霍山西南入汾蓋沁汾二水之間皆霍太山之脈也西逕翼城南在今翼城東南十五里地名故城村又西南合黑水又西南與諸水合謂之澮交今大交鎮在絳縣東北四十里卽澮交魏書地形志南絳郡治會交川卽澮交矣北絳南絳置郡皆在酈氏作注後又西南與絳水合

西過其縣南

晉景公居新田又謂之絳卽絳陽也蓋在絳澮之陽注據史記以絳縣爲漢洚陽侯國趙氏云漢表作絳陵又稱曾孫於陵大夫蓋絳陵卽於陵之誤於陵屬濟南縣南對絳山面背二水今故城基址猶存南對紫金山有中城有外城其南面爲澮水衝沒紫金山蓋卽絳山矣

又西南過虒祁宮南

宮在新田絳縣故城西四十里元和郡縣志在正平縣南六里案宮當在王澤西史記正義引括地志王澤在正平縣西南宮亦當在西南元和志脫西字今爲絳州西南也西則兩川之交會也

又西至王澤注于汾水今澮水出翼城縣東南逕絳縣及曲沃縣南至絳州西南入汾水

黑水導源東北黑水谷水出今翼城縣北烏嶺山西南流逕翼城北右引北川川水亂流西南入澮水

北川水出平川南流注黑水當亦在翼城縣北

賀水東出近川在今翼城縣東南賀水村西南至澮交入澮

高泉水出東南近川在今翼城縣東南西北趣澮交注澮

紫谷水東出白馬山白馬川太平寰宇記絳縣絳山東距白馬山蓋在翼城縣南西逕熒庭城南在今翼城縣東南七十五里而西出紫谷太平寰宇記熒庭城與紫谷相當與乾河合卽教水之枝川也見河水下其水西與田川水合

田川水出東溪西北至澮交入澮

于家水出于家谷今亦曰女家水在絳縣東北大交鎮東范壁水出于壁下今亦曰故郡水在絳縣東北四十里其地有范壁里亦曰范壁水並西北流至翼廣城當近今大交鎮二水合而西北流今至大交鎮西合至澮交入澮

絳水俗謂之白水非也史記正義引括地志絳水一名白水卽俗說也出絳山東山在今絳縣北懸流奔壑一十許丈水經今曲沃縣景明山懸崖瀑布而

下

其水西北流注于澮今至曲沃縣南入澮史記稱汾水可以浸安邑絳水可以浸平陽汾水灌安邑或亦有之絳水灌平陽未識所出也此條戴氏據通鑑注改正蓋梁書韋叡傳所稱爲史記本文鄺氏所見史記本上下互易故深以爲疑今史記戰國策本並與鄺氏所見同諸家爲渠接引及交互錯舉之説皆爲强解絳水灌安邑中隔涑水故顧景范有涑水上流卽絳水之解然絳涑二水實不相通趙氏注釋辨之當矣

文水出大陵縣西山文谷今文水有二源一出孝文山後名渾谷水一出劉王嶂山名西谷水流至榆城合渾谷水孝文山在交城縣西北一百六十里劉王嶂山在交城縣西北一百九十里榆城在交城縣西北一百三十里元和郡縣志交城縣文水出縣西南文谷東南流入文水縣界行八十里蓋天授移治後在縣西南者皆爲西北榆城以上通冡文谷之稱故交城西北九十里文水旁復有文山也

東到其縣南屈南到平陶縣東北東入于汾

文水逕大陵縣故城西二漢晉志縣皆屬太原郡魏書地形志太原郡受陽有大陵城文谷水是魏移受陽至汾西而省大陵也在今文水縣東北而南流有泌水注之又南逕平陶縣之故城東西逕其城內南流出郭二漢晉志縣皆屬太原魏書地形志太原郡平遙有平遙城蓋避陶作遙又改治也元和郡縣志漢平陶縣城在文水縣西南二十五里案今縣治移而西當在今縣南平陶以下經注不合詳原公水下又南逕縣此後魏平遙縣也元和郡縣志後魏改平遙縣後西胡內侵遷居京陵塞酈氏時尚未徙治京陵故縣在汾水之西漢平陶城之南也注不言逕縣之東西今無攷右會隱泉口原公水入文水在此下又南逕茲氏縣故城東二漢志縣屬太原郡魏書地形志西河郡晉亂罷太和八年復治茲氏城原公水注所謂茲氏故秦置魏黃初二年分置西河郡故縣有西河也故城即今汾陽縣治爲文湖東西十五里南北三十里世謂

之西湖在縣直東十里當在今汾陽縣東湖之西側臨湖又有一城謂之瀦城在今汾陽縣東文湖又東下當脫南字逕中陽縣故城東此魏晉中陽縣也二漢志中陽屬西河郡元和郡縣志孝義本漢茲氏縣地曹魏移西河郡中陽縣于今理永嘉後省入隰城後魏又分隰城于靈石縣東三十里置永安縣故鄔氏謂之故城又引太康地記西河有中陽城也孝義縣志以縣西二十五里故城當魏中陽城以此注推之當在縣北文水又東南流與勝水合又東南入于汾水也今文水在文水縣東入汾與注所稱異詳原公水下

泌水出大陵縣西南山下武氏穿井水溢平地東南注文水水在今文水縣北寰宇記謂之神福泉

隱泉水出謁泉山之上頂山在今汾陽縣北隱泉水所出接文水縣界史記正義引括地志云謁泉山一名隱泉山在汾州隰城縣北四十里注水經云崖半有石室隨國集記云此爲

子夏石室退老西河史記考異云竭泉當作謁泉堰城當作隱城案隱城即今汾陽在漢爲茲氏屬太原無以爲西河者子夏石室蓋魏晉移西河郡於此因而附會與酈氏中陽之誤證正同然酈氏於夏陽石室云子夏敎授西河疑即此也無以辨之而此謁泉山石室下不言子夏其於中陽故城下亦惟引晉書地道記太康地記不及漢代亦足見立言之愼而河水及濝水之誤證誠千慮之偶失矣

雨澤豐澍則通入文水

勝水西出狐岐之山

山在今孝義縣西八十里勝水出焉亦曰孝水有南北二川南川即勝水北川即陽泉水也

東逕六壁城南

魏書地形志顯州永安中置治汾州六壁城在酈氏後今爲孝義縣西六壁村

又東逕中陽縣故城南又東合文水

陽泉水出西山陽谿東逕六壁城北又東南注于勝水

今南川二川合于六壁村曰勝水陂

原公水出茲氏縣西羊頭山白彪山在汾陽縣西北三十里原公水一名壺溪水又名馬跑泉出白彪山麓

又東入于汾今原公水分灌溉田下流入汾趙氏謂原公水即原過水善長失於分疏誤

水注文湖不至汾也案文水原公水注與經異以今水道證之則又與經合而與注異經言文水止于平陶原公水逕入于汾注言文水至茲氏縣東爲文湖東南注于汾水入原公水注文湖不至汾今文水自文水縣之東入汾不入古茲氏境而汾陽亦無復有文湖原公水勝水皆逕入汾並與經合推校其故由汾水有遷徙故諸水皆有變更元和郡縣志文水縣下云城甚寬大約三十里汾水經縣東十五里文水自交城縣界入經縣西又南入隰城縣界西河縣下云隰城縣上元元年改爲西河縣文湖在縣東十里多蒲魚之利是唐時文水與鄥注正同也一統志文水故城在今縣東十里宋元符間因水患徙此宋時汾水西徙之證太原府志汾水舊西南流入汾陽縣界明代東徙南流入平遙縣界是明以前汾水益西今乃稍東也汾水既西文水下流皆爲所奪故逕自文水縣東入汾不復南注文湖既

湮而原公水勝水亦獨流注汾經所言者漢魏之文水注所言者後魏至宋初之文水而宋以來之文水又近于經而異于注也又案元和郡縣志言文水城中種水田新唐書地理志文水有栅城渠甘泉渠蕩沙渠靈長渠千畝渠俱引文谷水溉田旣多則水皆入田故道之湮或由此歟

洞過水出沾縣北山二漢志沾屬上黨郡晉志屬樂平郡其故城在今樂平縣西南今洞過水出縣西當時則爲北山也一統志陡泉山在樂平縣西四十里洞過水出其西

其水西流與南溪水合又西北合黑水又西蒲水注之又西與原過水合魏書地形志太原郡晉陽下云同過水出木瓜嶺一出沾嶺一出大廉山一出原過祠下五水合道故曰同過案志所述止四水其出沾嶺者爲洞過水出木瓜嶺者爲蒲水水出大廉山者即涂水出原過祠者即原過水此注自原過水以上有南溪水黑水蒲水并洞過已有五水

西過榆次縣南又西到晉陽縣南

榆次縣南側水有鑿臺榆次二漢晉志皆屬太原郡魏書地形志眞君九年併晉陽景明元年復故注不言故城然後魏移置中都縣于榆次郎元和郡縣志所稱中都故城在榆次東十里者地形志中都下有榆次城似漢榆次城已廢入中都而別於縣東南置榆次縣者不言故城或注偶有脫畧歟元和郡縣志榆次縣高齊移中都縣于廢榆次城郎今縣理是也廢城郎漢城今治郎唐治則今城郎漢城矣元和郡縣志鑿臺在縣南四里

又西南流逕武灌城西北在今榆次縣西南二十里陳侃村

又西南爲湄湖謂之洞過澤今分渠日多不復成澤

澤南涂水注之

西入于汾出晉水下口者也今洞過水亦曰洞渦水俗名小河自樂平縣西逕壽陽榆次至徐溝縣西北入于汾

南溪水出南山西北流注洞過水當亦在樂平縣西接壽陽界

黑水西出山三源合舍同歸一川水出今壽陽縣西北七十里西山又有龍

門河在壽陽縣西北三十里壽水在壽陽縣南二里俱入黑水蓋龍門河爲西源壽水爲東源也

東流南屈逕受陽縣故城東魏書地形志太原郡受陽有大陵城中都有壽陽城是魏移晉受陽于大陵又移中都于榆次以受陽入之也魏元和郡縣志受陽貞觀十一年更名壽陽今晉志亦作壽陽此注尚係受字元和郡縣志言隋于受陽故城別置受陽縣即今縣也方志皆以今壽陽城即唐城然注言黑水逕其東今乃逕其西或唐以後更徙治歟

又西南入洞過水黑水至壽陽縣南五十里入洞過水

蒲水南出蒲谷北流注洞過水一統志云涂水在榆次縣南一曰大涂水出和順縣八縛嶺西北流至縣東南十五里入洞過水一曰小涂水源出鷹山西流入大涂水經注涂水入洞過在原過水之下今此水反在上流蓋水經所謂涂水即今金水河而此實蒲水也案今涂水即注所稱蒲水八縛嶺以上又有木瓜水出遼州木瓜嶺西流至八縛嶺入蒲水魏收所謂同過水出木瓜嶺者也

原過水近北便水源也水西阜上有原過祠一統志在榆次縣東南流注于洞過水

涂水出陽邑東北大嵰山涂谷二漢晉魏志陽邑皆屬太原郡一統志金水河即涂水出太谷縣東北大塔山案陽邑故城在太谷縣東則大塔山即大嵰山魏收所謂大廉山地形志又稱陽邑有徐水即涂水之誤西南逕蘿藦亭南元和郡縣志蘿藦亭俗名洛漢城在太谷縣西北十九里今爲太谷縣登豐村與蔣谷水合今金水河至徐溝縣合象谷水

蔣谷水出陽邑縣東南蔣溪元和郡縣志蔣谷水今名象谷水今水出榆社縣恤張嶺下流逕太谷縣東北西北流西逕箕城北城在今太谷縣東水北即陽邑縣故城也元和郡縣志太谷縣本漢陽邑今縣東故城是也後魏景明復置陽邑縣即今縣也是後魏徙治之證又西合涂水亂流西北入洞過澤也今象谷水西北流至徐溝縣界入洞渦水

晉水出晉陽縣西懸甕山

晉書地道記及十三州志竝言晉水出龍山一名結屈山在縣西北非也魏書地形志晉陽有懸甕山一名龍山晉水所出元和郡縣志因之是又合龍山懸甕山爲一山海經曰懸甕之山晉水出焉今在縣之西南漢志晉陽龍山在西北有鹽官晉水所出東入汾蓋別志龍山所在非蒙下晉水也續志以下因之而誤故酈氏辨之山在今太原縣西南十里晉水所出曰滴瀝泉昔智伯遏晉水以灌晉陽其川上源後人踵其遺跡蓄以爲沼

又東過其縣南又東入于汾水

沼水分爲二派北瀆卽智氏故渠其瀆乘高東北注入晉陽城東南出城流注于汾水其南瀆于石塘之下伏流逕舊溪東南出逕晉陽城南又東南流入于

元和郡縣志晉水初泉出處砌石爲塘自塘東分
汾爲三派其北一派名智伯渠東北流入州城中出
城人汾水其次派東流逕晉澤南又東流入汾水此
二派即酈道元所言分爲二派者其南派隋開皇四
年開東南流入汾水唐書地理志貞觀中引晉水入
城謂之晉渠太原縣志晉渠俗謂之北派餘復分二
派中派曰中河又分流爲陸堡河南派曰南河會
流曰清水河今入城之流已涸餘引爲渠以溉田

水經注圖說殘稾卷四

陽湖董祐誠

涑水

涑水出河東聞喜縣東山黍葭谷二漢晉志聞喜屬河東郡魏書地形志屬正平郡漢聞喜縣卽下左邑城故曰東山

涑水所出俗謂之華谷水在今聞喜縣東南源出絳縣陳村谷伏流至柳莊復出流入縣界陳村谷當卽華谷也趙氏謂與汾水篇下華水所出之華谷其地相連接案二谷相距尙遠且隔汾水趙氏偶失檢耳

至周陽與洮水合

西過周陽邑南

其城南臨涑水北倚山原魏書地形志聞喜有周陽城史記正義引括地志在聞喜縣東三十九里案唐初聞喜治甘泉谷在今縣東二十里則周陽城當在今縣東六十里涑水

董方立遺書六

西逕董澤陂南左氏傳杜注以蒐于董爲汾陰之董亭與酈氏異澤在今聞喜縣東北四十里又與景水合

又西南過其縣南戴氏本作左邑縣按續漢志有聞喜無左邑太平寰宇記後漢廢左邑移聞喜理之是左邑即後漢聞喜經云其縣承上聞喜言尤水經作于東京以後之證今從朱氏趙氏本

涑水又西逕仲郵郹北趙氏云仲郵郹疑有誤又西逕桐鄉城北元和郡縣志桐鄉故城漢聞喜縣也在聞喜縣西南八里按當在今縣東南又西與沙渠水合又西南逕左邑縣故城南經所謂聞喜縣也漢志屬河東郡後漢移聞喜來治即今聞喜縣治也又西逕王官城北元和郡縣志王官城在虞鄉非注所言王官也在今聞喜縣南

又西南過安邑縣西二漢晉志縣皆屬河東郡魏書地形志河北郡北安邑太和十年置爲郡十八年復屬元和郡縣志後魏孝文太和十一年別置安邑縣十八年改爲夏縣按地形志言太

和十一年置郡不言置縣言十八年復屬不言別置夏縣元和志未知何本下注言故城是分縣時徙治元和郡縣志安邑故城在夏縣西北十五里今夏縣郎唐縣

涑水西南逕監鹽縣故城下注云司鹽都尉治杜預曰後罷尉司分猗氏安邑置縣以守之是晉嘗置縣旋省也在今安邑縣西南十五里郎運城南有鹽池鹽池圖考今池東西長五十五里周一百四十四里安邑南者為東池安邑西南村者為中池解州東三里者為西池

池西又有一池謂之女鹽澤在今解州西北亦生硝曰硝池在猗氏故城南猗氏縣二漢晉魏志俱屬河東郡太平寰宇記猗氏縣漢舊縣在南二十里此言故城是後魏時已徙治也今縣治郎宋治

又南過解縣東又西南注于張陽池

涑水又西逕猗氏縣故城北又西逕郇城史記正義引括地志郇城在猗氏西南八里案今治郎唐治又西南逕解縣故城南二漢晉志屬河

東郡魏書地形志分南解北解案一統志云解縣故城在臨晉縣東南又云地形志言南解有桑泉城在今臨晉縣其地在北北解有張揚城其地在南又以漢解縣改爲南解縣與寰宇記不合則今本魏志南北二字傳寫互易

又西南逕瑕城注引京相璠曰解縣西南五里當在今臨晉縣南此爲郇瑕之瑕非詹嘉所處日知錄辨之審矣城下當脫南字

又西南逕張陽城東在今虞鄉縣西北

涑水又西南屬于陂陂分爲二東陂世謂之晉興澤南對鹽道山今亦曰壇道山在虞鄉縣西南**西陂即張澤也西北去蒲坂十五里冬夏積水亦時有盈耗也**今日五姓湖在永濟縣東南三十里分屬臨晉虞鄉界

涑水又西南流注于河左傳謂之涑川也此條見河水下左傳涑川杜注涑水至蒲坂縣入河是晉時涑已入河而經不言故酈注補見于河水下秦渡河伐晉循涑川而至王官正其道也雷水在河北與涑水隔山注有脫文遂上下互易詳見河水下今涑水自絳州之絳縣西逕聞喜縣南解州之夏縣北安邑縣北蒲州府

之猗氏縣南臨晉縣南虞鄉縣北至永濟縣東南入五姓湖又西南入河

洮水源東出清野山世人以爲清襄山也其水東逕大嶺下水出今絳縣橫嶺山迴莊谷山在聞喜縣東南九十里跨絳及垣曲界在聞喜者名小橫嶺在絳縣南者名大橫嶺在垣曲西北者名清廉山清廉清營清野清襄四名皆橫嶺山也西流出謂之唅口即烟莊谷口出谷即聞喜縣界又西合涑水今陳村谷水即涑水也司馬彪曰洮水出聞喜縣故王莽以縣爲洮亭也

趙氏引全謝山說漢志莽以左邑爲洮亭不以聞喜下注可驗善長失檢今案續漢志別無左邑而聞喜移治左邑則後漢之聞喜正王莽之洮亭注兩見洮亭引前志則曰左邑引續志則曰聞喜精審如此不得云失檢也然則涑水殆亦洮水之兼稱乎

景水出景山北谷山在今聞喜縣東南三十里即中條最高峰也景水即在縣東南西北流注于涑水

沙渠水出東南近川今曰呂莊河在聞喜縣東南西北流注于涑

水

鹽池上承鹽水水出東南薄山今鹽水出夏縣南中條山一名白沙河又名姚暹渠又名巫咸河河水注以中條山在蒲坂者爲薄山此爲安邑之薄山亦中條山河水注所云通謂之薄山也西北流逕巫咸山漢志安邑巫咸山在南在今夏縣東亦即中條山也其水又逕安邑故城南又西流注于鹽池今鹽水自夏縣南逕安邑解州之北至虞鄉北入五姓湖水入鹽池則鹽不成故故障之不復入池注云注于鹽池蓋今昔懸殊矣

鹽道山清泉灌頂郭景純云世所謂鴦漿也發于上而潛于下水自山北流五里而伏云潛通澤渚所未詳也在今虞鄉縣南十二里方山頂注云潛通澤渚蓋即五姓湖矣